Caro(a) Leitor(a),

Recentemente, o Tribunal Superior do Trabalho (TST) consolidou sua jurisprudência em novos temas sobre os quais não há divergência entre os órgãos julgadores do Tribunal. Os casos foram julgados como incidentes de recursos de revista repetitivos, com fixação de teses jurídicas de caráter vinculante. Embora ainda não tenha sido divulgada a redação final das teses aprovadas, disponibilizamos aos leitores, no *QR Code* abaixo, todos os temas e as definições adotadas pela Corte Superior Trabalhista, com comentários e também com remissões de eventuais alterações em alguns capítulos da obra, visando sempre a entrega de um material para estudo e consulta o mais atualizado possível.

Ressaltando que precedentes vinculantes são decisões judiciais que devem ser obrigatoriamente seguidas por outros tribunais e juízes em casos semelhantes, a adoção dessas teses pelo TST terá impacto direto na admissibilidade de recursos sobre os temas pacificados, além de servir para agilizar a tramitação dos processos e para evitar decisões conflitantes.

Os temas de **Direito do Trabalho** com tese vinculante fixada são de grande relevância, sendo estes os seguintes: impossibilidade de pagamento de FGTS direto ao empregado; rescisão indireta por atraso nos depósitos do FGTS; intervalo para a mulher (art. 384, CLT), em caso de horas extras; multa por atraso nas verbas rescisórias, em caso de rescisão indireta; comissões de bancários; pedido de demissão da empregada gestante e assistência sindical; efeitos da reversão de justa causa por acusação de improbidade; banheiro e área para alimentação para trabalhadores de limpeza e conservação que realizam atividades externas; comissões sobre vendas canceladas e sobre vendas a prazo; dano moral em transporte de valores; ausência de anotação na CTPS do empregado e dano moral; revista de bolsas e pertences; natureza do contrato de transporte de cargas e terceirização; funções consideradas no cálculo da cota de aprendizes.

Esperamos que o material ora disponibilizado seja de grande valia para todos os leitores !

HISTÓRICO DA OBRA

- **1.ª edição:** jan./2013
- **2.ª edição:** abr./2014; 2.ª tir., ago./2014
- **3.ª edição:** mar./2015
- **4.ª edição:** fev./2017; 2.ª tir., ago./2017; 3.ª tir., set./2017
- **5.ª edição:** jan./2018
- **6.ª edição:** jul./2019
- **7.ª edição:** jan./2021
- **8.ª edição:** jun./2022
- **9.ª edição:** mar./2023
- **10.ª edição:** mar./2025

COORDENADOR PEDRO LENZA

Carla Teresa Martins Romar

Doutora e Mestre em Direito do Trabalho pela PUC-SP, Professora Doutora dos Cursos de Pós-Graduação *stricto sensu*, de Pós-Graduação *lato sensu* e de Graduação da Faculdade de Direito da PUC-SP

DIREITO DO TRABALHO

10.ª edição
2025

Inclui MATERIAL SUPLEMENTAR
- Teses vinculantes do TST aprovadas em 24/02/2025, com comentários da autora
- Questões de concursos

COLEÇÃO ESQUEMATIZADO®

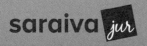

saraiva jur

- A autora deste livro e a editora empenharam seus melhores esforços para assegurar que as informações e os procedimentos apresentados no texto estejam em acordo com os padrões aceitos à época da publicação, *e todos os dados foram atualizados pela autora até a data de fechamento do livro.* Entretanto, tendo em conta a evolução das ciências, as atualizações legislativas, as mudanças regulamentares governamentais e o constante fluxo de novas informações sobre os temas que constam do livro, recomendamos enfaticamente que os leitores consultem sempre outras fontes fidedignas, de modo a se certificarem de que as informações contidas no texto estão corretas e de que não houve alterações nas recomendações ou na legislação regulamentadora.

- Data do fechamento do livro: 25/02/2025

- A autora e a editora se empenharam para citar adequadamente e dar o devido crédito a todos os detentores de direitos autorais de qualquer material utilizado neste livro, dispondo-se a possíveis acertos posteriores caso, inadvertida e involuntariamente, a identificação de algum deles tenha sido omitida.

- Direitos exclusivos para a língua portuguesa
  Copyright ©2025 by
  Saraiva Jur, um selo da SRV Editora Ltda.
  Uma editora integrante do GEN | Grupo Editorial Nacional
  Travessa do Ouvidor, 11
  Rio de Janeiro – RJ – 20040-040

- **Atendimento ao cliente: https://www.editoradodireito.com.br/contato**

- Reservados todos os direitos. É proibida a duplicação ou reprodução deste volume, no todo ou em parte, em quaisquer formas ou por quaisquer meios (eletrônico, mecânico, gravação, fotocópia, distribuição pela Internet ou outros), sem permissão, por escrito, da **SRV Editora Ltda.**

- Capa: Lais Soriano
  Diagramação: Mônica Landi

- **DADOS INTERNACIONAIS DE CATALOGAÇÃO NA PUBLICAÇÃO (CIP)**
  VAGNER RODOLFO DA SILVA – CRB-8/9410

R761c	Romar, Carla Teresa Martins
	Coleção Esquematizado® – direito do trabalho / Carla Teresa Martins Romar ; coordenado por Pedro Lenza. – 10. ed. – São Paulo: Saraiva Jur, 2025.
	896 p. – (Coleção Esquematizado®)
	ISBN: 978-85-5362-187-3
	1. Direito. 2. Direito do Trabalho. I. Título. II. Lenza, Pedro. III. Série.
	CDD 344.01
2025-671	CDU 349.2

Índices para catálogo sistemático:
1. Direito do Trabalho   344.01
2. Direito do Trabalho   349.2

Ao Pedro Morales Neto, companheiro de sempre e de todas as horas. Escrever este livro não seria possível sem o seu amor, sem o seu apoio, sem o incentivo constante e sem a paz e a felicidade que tenho estando ao seu lado.

AGRADECIMENTOS

Primeiramente, agradeço ao Pedro Lenza pelo convite para escrever esta obra e pela confiança por ele depositada em meu trabalho desde a primeira edição. Obrigada, Pedro, por nunca ter deixado de confiar no resultado do meu trabalho. É uma honra fazer parte dessa Coleção Esquematizado®.

Agradeço aos meus colaboradores, tanto do escritório como de casa, que me apoiaram em tudo que foi necessário para que eu tivesse o tempo imprescindível para me dedicar à atualização deste livro e sempre me incentivaram.

Agradeço, por fim, e principalmente, aos meus alunos, de todos os cursos e lugares neste País por onde passei dando aulas, em mais de 35 anos de carreira acadêmica. Tudo o que vocês me ensinaram, e ainda me ensinam, e toda a inspiração que me dão sempre serviram de incentivo para as minhas aulas e para a elaboração desta obra, que dedico a vocês. A maior *paixão* da minha vida profissional – ensinar, ser professora – sempre me moveu no sentido de buscar transmitir o máximo de conhecimento e da forma mais didática e envolvente possível, para que os alunos possam aprender e se encantar com o Direito do Trabalho. A oportunidade de escrever este livro – *Direito do trabalho esquematizado* – veio ao encontro desse ideal. As suas reedições me fazem acreditar que estou no caminho certo. Nesses tempos de discussão sobre o futuro do trabalho e de grandes mudanças no Direito do Trabalho espero que essa nova edição do livro sirva como incentivo para o estudo e a compreensão dessa disciplina apaixonante e permita que todos que dele se utilizem alcancem o sucesso profissional na carreira que escolheram.

METODOLOGIA ESQUEMATIZADO

Durante o ano de **1999**, portanto, **há 25 anos**, pensando, naquele primeiro momento, nos alunos que prestariam o exame da OAB, resolvemos criar uma **metodologia de estudo** que tivesse linguagem "fácil" e, ao mesmo tempo, oferecesse o conteúdo necessário à preparação para provas e concursos.

O trabalho, por sugestão de **Ada Pellegrini Grinover**, foi batizado como *Direito constitucional esquematizado*. Em nosso sentir, surgia ali uma **metodologia pioneira**, idealizada com base em nossa experiência no magistério e buscando, sempre, otimizar a preparação dos alunos.

A metodologia se materializou nos seguintes "pilares" iniciais:

- **Esquematizado:** verdadeiro método de ensino, rapidamente conquistou a preferência nacional por sua estrutura revolucionária e por utilizar uma linguagem clara, direta e objetiva.
- **Superatualizado:** doutrina, legislação e jurisprudência, em sintonia com os concursos públicos de todo o País.
- **Linguagem clara:** fácil e direta, proporciona a sensação de que o autor está "conversando" com o leitor.
- **Palavras-chave (*keywords*):** a utilização do negrito possibilita uma leitura "panorâmica" da página, facilitando a recordação e a fixação dos principais conceitos.
- **Formato:** leitura mais dinâmica e estimulante.
- **Recursos gráficos:** auxiliam o estudo e a memorização dos principais temas.
- **Provas e concursos:** ao final de cada capítulo, os assuntos são ilustrados com a apresentação de questões de provas de concursos ou elaboradas pelo próprio autor, facilitando a percepção das matérias mais cobradas, a fixação dos temas e a autoavaliação do aprendizado.

Depois de muitos anos de **aprimoramento**, o trabalho passou a atingir tanto os candidatos ao **Exame de Ordem** quanto todos aqueles que enfrentam os **concursos em geral**, sejam das **áreas jurídica** ou **não jurídica**, de **nível superior** ou mesmo os de **nível médio**, assim como **alunos de graduação** e demais **operadores do direito, como poderosa ferramenta para o desempenho de suas atividades profissionais cotidianas.**

Ada Pellegrini Grinover, sem dúvida, anteviu, naquele tempo, a evolução do *Esquematizado*. Segundo a Professora escreveu em **1999**, "a obra destina-se, declaradamente, aos candidatos às provas de concursos públicos e aos alunos de graduação, e, por isso mesmo, após cada capítulo, o autor insere questões para aplicação da parte teórica. Mas será útil também aos operadores do direito mais experientes, como fonte de consulta rápida e imediata, por oferecer grande número de informações buscadas em diversos autores, apontando as posições predominantes na doutrina, sem eximir-se de criticar algumas delas e de trazer sua própria contribuição. Da leitura amena surge um livro 'fácil', sem ser reducionista, mas que revela, ao contrário, um grande poder de síntese, difícil de encontrar mesmo em obras de autores mais maduros, sobretudo no campo do direito".

Atendendo ao apelo de "concurseiros" de todo o País, sempre com o apoio incondicional da Saraiva Jur, convidamos professores das principais matérias exigidas nos concursos públicos das *áreas jurídica* e *não jurídica* para compor a **Coleção Esquematizado®**.

Metodologia pioneira, vitoriosa, consagrada, testada e aprovada. **Professores** com larga experiência na área dos concursos públicos e com brilhante carreira profissional. Estrutura, apoio, profissionalismo e *know-how* da **Saraiva Jur**. Sem dúvida, ingredientes indispensáveis para o sucesso da nossa empreitada!

O resultado foi tão expressivo que a **Coleção Esquematizado®** se tornou **preferência nacional**, extrapolando positivamente os seus objetivos iniciais.

Para o **Direito do Trabalho**, tivemos a honra de contar com a dedicação e a obra de **Carla Teresa Martins Romar**, que soube, com maestria, aplicar a **metodologia "esquematizado"** à sua vasta e reconhecida experiência profissional.

Carla Romar formou-se na prestigiosa Faculdade de Direito do Largo São Francisco, sendo Mestre e Doutora em Direito do Trabalho pela PUC-SP, além de ser Perita em relações de trabalho – Organização Internacional do Trabalho (OIT).

Professora respeitada e admirada dos cursos de Graduação, Especialização, Mestrado e Doutorado em Direito do Trabalho da PUC-SP.

Além de toda essa bagagem acadêmica, a professora Romar tem vasta experiência prática, atuando como requisitada Advogada trabalhista.

Estamos certos de que este livro será um valioso aliado para "encurtar" o caminho do ilustre e "guerreiro" concurseiro na busca do "sonho dourado", além de ser uma **ferramenta indispensável** para estudantes de Direito e profissionais em suas atividades diárias.

Esperamos que a **Coleção Esquematizado®** cumpra plenamente o seu propósito. Seguimos juntos nessa **parceria contínua** e estamos abertos às suas críticas e sugestões, essenciais para o nosso constante e necessário aprimoramento.

Sucesso a todos!

Pedro Lenza
Mestre e Doutor pela USP
Visiting Scholar pela Boston College Law School
✉ pedrolenza8@gmail.com
http://instagram.com/pedrolenza
https://www.youtube.com/pedrolenza
https://www.facebook.com/pedrolenza
saraiva *jur* https://www.grupogen.com.br/colecao-esquematizado
(cupom: VALELENZA)

NOTA DA AUTORA À 10.ª EDIÇÃO

Mais uma edição deste *Direito do Trabalho Esquematizado*, o que demonstra a generosa acolhida pelos leitores e o consequente sucesso da metodologia Esquematizado para o estudo do Direito do Trabalho. Agradeço de coração aos estimados alunos, aos profissionais do Direito e àqueles que com tanto afinco e com tanta determinação dedicam-se aos estudos direcionados aos concursos públicos.

No último ano, novas leis foram editadas e temas polêmicos e relevantes do Direito do Trabalho foram julgados pelo Supremo Tribunal Federal e outros tantos foram apreciados pelo Tribunal Superior do Trabalho, consolidando a jurisprudência.

Buscamos trazer ao leitor todas as modificações e os posicionamentos jurisprudenciais adotados pelos Tribunais Superiores. No entanto, em relação a algumas das profundas modificações ocorridas no âmbito do Direito do Trabalho a partir da Reforma Trabalhista (Lei n. 13.467/2017), alertamos os leitores sobre as discussões relevantes ainda existentes nos Tribunais Superiores, que aguardam decisões, razão pela qual solicitamos que estejam atentos aos temas envolvidos e a como se dará a evolução dos posicionamentos respectivos.

A obra contempla todas as alterações legislativas recentes, as Teses de Repercussão Geral e os julgamentos relevantes do STF em matéria trabalhista e o posicionamento atualizado da jurisprudência do TST, permitindo que o leitor tenha uma fonte ampla e segura sobre os rumos do Direito do Trabalho na atualidade.

Por fim, como não poderia deixar de ser, já que nosso objetivo é sempre o aprimoramento da obra, fizemos correções, algumas delas decorrentes da preciosa ajuda dos leitores que, por fazerem uma leitura atenta e dedicada do texto, apontam eventuais falhas que, infelizmente, pelo tamanho da obra, acabam involuntariamente ocorrendo.

O escopo maior foi fazer com que a obra fique cada vez melhor, sempre com o intuito de otimizar a consulta e facilitar o estudo e o trabalho de pesquisa.

Esperando que esta edição sirva aos propósitos de todos aqueles que estudam o Direito do Trabalho, especialmente alunos de graduação e pós-graduação e candidatos aos diversos cargos em concursos públicos e ao exame da OAB, mas também a todos os profissionais que atuam na seara trabalhista, reitero meus agradecimentos e reafirmo que estarei sempre à disposição para analisar as colaborações e as críticas enviadas, visando o contínuo aprimoramento e a qualidade da obra.

Carla Teresa Martins Romar
Mestre e Doutora pela PUC-SP
carlaromar@uol.com.br
http://instagram.com/professoracarlaromar
https://www.facebook.com/professoracarlaromar

SUMÁRIO

Agradecimentos VII
Metodologia esquematizado IX
Nota da autora à 10.ª edição XI

PARTE I
PARTE GERAL

1 DIREITO DO TRABALHO 3
    1.1.   Conceito de Direito do Trabalho 3
        1.1.1.   Teoria subjetivista 5
        1.1.2.   Teoria objetivista 6
        1.1.3.   Teoria mista 6
    1.2.   Evolução Histórica do Direito do Trabalho 7
        1.2.1.   Sociedade pré-industrial 7
        1.2.2.   Sociedade industrial 8
        1.2.3.   Constitucionalismo social 13
        1.2.4.   Direito do Trabalho no Brasil 14
    1.3.   Futuro do Trabalho 18
    1.4.   Características do Direito do Trabalho 20
    1.5.   Funções do Direito do Trabalho 22
    1.6.   Natureza jurídica do Direito do Trabalho 24
    1.7.   Autonomia do Direito do Trabalho 26
    1.8.   Divisão do Direito do Trabalho 27
    1.9.   Questões .... *online*

2 PRINCÍPIOS DO DIREITO DO TRABALHO 31
    2.1.   Importância e conceito 31
    2.2.   Distinção entre princípio e norma 33
    2.3.   Princípios constitucionais gerais 34
    2.4.   Princípios específicos do Direito do Trabalho 35
        2.4.1.   Princípio protetor 35
        2.4.2.   Princípio da irrenunciabilidade 40
        2.4.3.   Princípio da continuidade da relação de emprego 41
        2.4.4.   Princípio da primazia da realidade 42
        2.4.5.   Princípio da razoabilidade 43
        2.4.6.   Princípio da boa-fé 43
    2.5.   Questões .... *online*

3 FONTES DO DIREITO DO TRABALHO 45
    3.1.   Fonte material 46
    3.2.   Fontes formais 46
        3.2.1.   Fontes heterônomas 46
            3.2.1.1.   Constituição Federal 47
            3.2.1.2.   Leis 47
            3.2.1.3.   Atos administrativos 48

		3.2.1.4.	Sentenças normativas	48
		3.2.1.5.	Jurisprudência	49
		3.2.1.6.	Sentença arbitral	50
	3.2.2.	Fontes autônomas		50
		3.2.2.1.	Convenção Coletiva de Trabalho	51
		3.2.2.2.	Acordo Coletivo de Trabalho	52
		3.2.2.3.	Costume	52
		3.2.2.4.	Regulamento interno da empresa	53
	3.2.3.	Tratados internacionais e Convenções da Organização Internacional do Trabalho (OIT)		54
3.3.	Equidade e princípios gerais do Direito			55
3.4.	Hierarquia das fontes no Direito do Trabalho			56
3.5.	Questões			online

4 NORMAS JURÍDICAS TRABALHISTAS 59

4.1.	Integração		59
4.2.	Interpretação		63
4.3.	Aplicação		67
	4.3.1.	Aplicação no tempo	67
	4.3.2.	Aplicação no espaço	74
	4.3.3.	Hierarquia das normas trabalhistas	79
4.4.	Indisponibilidade		80
4.5.	Renúncia e transação		81
	4.5.1.	Comissões de Conciliação Prévia	85
4.6.	Flexibilização e desregulamentação		87
4.7.	Tratados internacionais e o direito do trabalho		89
	4.7.1.	Convenções e recomendações da OIT	90
4.8.	Questões		online

PARTE II
DIREITO INDIVIDUAL DO TRABALHO

1 RELAÇÃO DE EMPREGO 95

1.1.	Características	96
1.2.	Sujeitos	105
1.3.	Natureza jurídica	105
1.4.	Questões	online

2 RELAÇÃO DE TRABALHO 109

2.1.	Autônomo	109
2.2.	Eventual	110
2.3.	Avulso e portuário	111
2.4.	Temporário	118
2.5.	Voluntário	124
2.6.	Estagiário	125
2.7.	Pequeno empreiteiro	131
2.8.	Cooperativas de trabalho	131
2.9.	Terceirização	135
2.10.	Contrato de trabalho por equipe	143
2.11.	Contrato de parceria na área de beleza	145
2.12.	Questões	online

3	**SUJEITOS DA RELAÇÃO DE EMPREGO**		**149**
	3.1.	Empregado	149
		3.1.1. Capacidade	150
		3.1.1.1. Empregado diferenciado ("hipersuficiente")	152
		3.1.2. Exercentes de cargo de confiança	153
		3.1.3. Diretores de sociedade	161
		3.1.4. Empregado e sócio	164
		3.1.5. Trabalho intelectual	166
		3.1.6. Trabalho a distância	166
		3.1.6.1. Teletrabalho	167
		3.1.7. Mãe social	169
		3.1.8. Índios	171
		3.1.9. Aprendiz	174
	3.2.	Empregado doméstico	179
		3.2.1. Características	179
		3.2.2. Direitos	181
	3.3.	Empregado rural	193
		3.3.1. Características	193
		3.3.2. Direitos	196
	3.4.	Empregador	201
		3.4.1. Empresa e estabelecimento	202
		3.4.2. Poder de direção do empregador	203
		3.4.3. Grupo econômico	213
		3.4.4. Sucessão de empregadores	223
		3.4.5. Consórcio de empregadores	228
		3.4.6. Cartório não oficializado	229
		3.4.7. Situações de responsabilidade empresarial	234
	3.5.	Questões	*online*
4	**CONTRATO DE TRABALHO**		**237**
	4.1.	Denominação	237
	4.2.	Conceito e caracterização	238
	4.3.	Classificação	241
		4.3.1. Contrato de trabalho por prazo determinado	242
		4.3.2. Contrato de trabalho intermitente	255
	4.4.	Elementos integrantes	257
		4.4.1. Nulidades	264
	4.5.	Contrato de trabalho e contratos afins	269
		4.5.1. Contrato de prestação de serviços	270
		4.5.2. Contrato de empreitada	271
		4.5.3. Contrato de representação comercial ou de agência	273
		4.5.4. Contrato de mandato	274
		4.5.5. Contrato de sociedade	275
		4.5.6. Contrato de parceria rural	276
		4.5.7. Contrato de franquia	280
	4.6.	Pré-contratação	282
	4.7.	Efeitos	285
		4.7.1. Efeitos próprios — direitos e obrigações das partes	285
		4.7.1.1. Termo de quitação anual de obrigações trabalhistas	288
		4.7.2. Efeitos conexos	288

		4.7.2.1.	Direitos intelectuais	288
		4.7.2.2.	Dano moral e dano material	292
		4.7.2.3.	Da reparação do dano extrapatrimonial	301
4.8.	Questões			online

5 DURAÇÃO DO TRABALHO 311

5.1.	Limitação do tempo de trabalho			311
	5.1.1.	Fundamentos e objetivos		311
	5.1.2.	Evolução histórica		311
5.2.	Jornada de trabalho			313
	5.2.1.	Jornada normal		316
		5.2.1.1.	Sobreaviso e prontidão	317
	5.2.2.	Jornadas especiais		320
		5.2.2.1.	Bancário	321
		5.2.2.2.	Professor	324
		5.2.2.3.	Telefonista (empregado nos serviços de telefonia, de telegrafia submarina e subfluvial, de radiotelegrafia e radiotelefonia)	325
		5.2.2.4.	Advogado empregado	327
		5.2.2.5.	Turno ininterrupto de revezamento	328
		5.2.2.6.	Jornada a tempo parcial	329
		5.2.2.7.	Motorista profissional empregado	330
	5.2.3.	Jornada e horário de trabalho		334
		5.2.3.1.	Controle de horário	335
	5.2.4.	Jornada extraordinária		337
		5.2.4.1.	Horas extras decorrentes de força maior ou de serviços inadiáveis	340
		5.2.4.2.	Supressão das horas extras	340
		5.2.4.3.	Compensação de jornada	341
		5.2.4.4.	Empregados excluídos do direito a horas extras	343
	5.2.5.	Trabalho noturno		345
5.3.	Períodos de repouso			348
	5.3.1.	Intervalos intrajornadas		348
		5.3.1.1.	Intervalo intrajornada não remunerado	349
		5.3.1.2.	Intervalos intrajornadas remunerados	351
	5.3.2.	Intervalos interjornadas		352
		5.3.2.1.	Intervalo interjornada não remunerado	352
		5.3.2.2.	Intervalo interjornada remunerado	353
			5.3.2.2.1. Repouso semanal remunerado	353
			5.3.2.2.2. Feriados civis e religiosos	357
5.4.	Férias			358
	5.4.1.	Natureza jurídica		358
	5.4.2.	Irrenunciabilidade		359
	5.4.3.	Aquisição do direito		360
	5.4.4.	Duração das férias		361
	5.4.5.	Concessão das férias		362
	5.4.6.	Remuneração das férias		363
	5.4.7.	Efeitos da cessação do contrato de trabalho nas férias		364
	5.4.8.	Férias coletivas		366
5.5.	Questões			online

6 SALÁRIO E REMUNERAÇÃO 367
- 6.1. Conceito e distinções... 367
- 6.2. Gorjeta 367
- 6.3. Caracteres do salário 369
- 6.4. Classificação do salário... 370
- 6.5. Composição do salário 372
  - 6.5.1. Salário-base.. 373
  - 6.5.2. Comissões 373
  - 6.5.3. Gratificações legais... 379
  - 6.5.4. Outras modalidades de verbas de natureza salarial 381
    - 6.5.4.1. "Bicho"... 381
    - 6.5.4.2. "Luvas" 382
    - 6.5.4.3. Direito de arena... 384
- 6.6. Parcelas não salariais... 387
  - 6.6.1. Ajuda de custo 388
  - 6.6.2. Diárias para viagem 388
  - 6.6.3. Prêmios ou bônus 389
  - 6.6.4. *Stock options* 390
  - 6.6.5. Participação nos lucros e resultados 390
- 6.7. Salário e indenização 394
- 6.8. Meios de pagamento do salário 395
  - 6.8.1. Salário-utilidade.. 395
- 6.9. Regras de proteção ao salário... 399
- 6.10. Salário mínimo, salário normativo, salário profissional e piso salarial......... 420
  - 6.10.1. Salário mínimo 421
  - 6.10.2. Piso salarial 422
  - 6.10.3. Salário profissional 423
  - 6.10.4. Salário normativo 424
- 6.11. Equiparação salarial 425
  - 6.11.1. Efeitos da equiparação salarial 429
  - 6.11.2. Fatores impeditivos da equiparação salarial 429
  - 6.11.3. Desvio de função, acúmulo de função e substituição 431
- 6.12. Adicionais de remuneração 434
  - 6.12.1. Adicionais legais 434
- 6.13. Gratificação de natal (décimo terceiro salário) 437
- 6.14. Questões .... online

7 ALTERAÇÃO DO CONTRATO DE TRABALHO 443
- 7.1. Caracterização.. 443
  - 7.1.1. Diferença entre alteração do contrato de trabalho e *jus variandi* do empregador.. 449
- 7.2. Classificação... 451
- 7.3. Alteração de função... 453
- 7.4. Alteração de localidade da prestação de serviços — transferência 458
- 7.5. Alteração de jornada e do turno de trabalho 463
- 7.6. Alteração de salário... 465
- 7.7. Questões .... online

8 INTERRUPÇÃO E SUSPENSÃO DO CONTRATO DE TRABALHO 467
- 8.1. Casos de interrupção do contrato de trabalho 469

8.2.		Casos de suspensão do contrato de trabalho...	472
8.3.		Situações controvertidas de interrupção e suspensão do contrato de trabalho	475
8.4.		Contrato de trabalho por prazo determinado — efeitos da suspensão e da interrupção...	482
8.5.		Questões	online

9 TÉRMINO DO CONTRATO DE TRABALHO 485

9.1.		Princípios aplicáveis	487
9.2.		Restrições ao término do contrato de trabalho...	488
9.3.		Aviso prévio..	490
9.4.		Verbas rescisórias	499
9.5.		Formas de término do contrato de trabalho...	501
	9.5.1.	Extinção dos contratos por prazo determinado............................	502
	9.5.2.	Extinção dos contratos por prazo indeterminado	504
		9.5.2.1. Dispensa sem justa causa..	504
		9.5.2.2. Extinção da empresa ou do estabelecimento e falência...	508
		9.5.2.3. Dispensa por justa causa...	509
		9.5.2.4. Pedido de demissão..	517
		9.5.2.5. Dispensa indireta	519
		9.5.2.6. Culpa recíproca	521
		9.5.2.7. Rescisão por acordo entre empregado e empregador	522
		9.5.2.8. Morte do empregado ou do empregador pessoa física...	522
		9.5.2.9. Extinção decorrente de força maior e *factum principi*........	527
		9.5.2.10. Aposentadoria..	528
		9.5.2.11. Outras hipóteses..	531
9.6.		Efeitos do término do contrato de trabalho	531
9.7.		Formalidades na extinção do contrato de trabalho...................................	535
9.8.		Seguro-desemprego...	538
9.9.		Questões	online

10 ESTABILIDADE NO EMPREGO 545

10.1.		Noções introdutórias	545
10.2.		Estabilidade geral e estabilidade especial...	546
10.3.		Estabilidade definitiva e estabilidades provisórias	546
	10.3.1.	Estabilidade de empregados públicos...	551
10.4.		Garantias ou estabilidades provisórias de emprego	554
	10.4.1.	Gestante...	554
	10.4.2.	Dirigente sindical...	559
	10.4.3.	Representante dos empregados na CIPA.......................................	566
	10.4.4.	Empregado acidentado...	568
	10.4.5.	Diretores de sociedades cooperativas...	570
	10.4.6.	Membros de Comissão de Conciliação Prévia	571
	10.4.7.	Representantes dos empregados no Conselho Curador do FGTS.....	571
	10.4.8.	Representantes dos empregados no Conselho Nacional de Previdência Social	572
	10.4.9.	Membro da comissão de representantes dos empregados..............	572
	10.4.10.	Outras hipóteses de estabilidade no emprego	574
		10.4.10.1. Reabilitados ou pessoas com deficiência habilitadas	575
		10.4.10.2. Leis eleitorais	576
		10.4.10.3. Hipóteses asseguradas em Precedentes Normativos do TST..	576

| | | 10.4.11. | Regras gerais sobre estabilidade no emprego.................................. | 577 |
| 10.5. | Questões .... | | | online |

11 FUNDO DE GARANTIA DO TEMPO DE SERVIÇO (FGTS)............................ 583
11.1.	Características		583
	11.1.1.	Conselho Curador do FGTS..	586
11.2.	Abrangência...		587
11.3.	Hipóteses de saque		587
11.4.	Acréscimo rescisório...		592
	11.4.1.	Contribuição social — Lei Complementar n. 110/2001	593
11.5.	Finalidade social..		594
11.6.	Questões		online

12 PRESCRIÇÃO E DECADÊNCIA NO DIREITO DO TRABALHO........................ 597
12.1.	Prescrição no direito do trabalho..	597
	12.1.1.	Fundamentos da prescrição	598
	12.1.2.	Evolução legislativa da prescrição trabalhista	600
	12.1.3.	Elementos da prescrição no direito do trabalho	600
	12.1.4.	Normas gerais sobre a prescrição	601
	12.1.5.	Prazo prescricional no direito do trabalho	606
		12.1.5.1. Prescrição parcial e prescrição total...........................	608
		12.1.5.2. FGTS	611
		12.1.5.3. Férias...	613
		12.1.5.4. Alterações contratuais..	613
		12.1.5.5. Ato nulo..	614
		12.1.5.6. Empregado menor..	614
	12.1.6.	Prazo prescricional no direito do trabalho — situações especiais decorrentes da ampliação da competência da Justiça do Trabalho ...	616
		12.1.6.1. Acidente do trabalho..	616
		12.1.6.2. Indenização por danos morais	620
	12.1.7.	Prescrição em ações coletivas...	622
	12.1.8.	Prescrição intercorrente...	623
	12.1.9.	Interrupção e suspensão da prescrição......................................	625
	12.1.10.	Arguição da prescrição no direito do trabalho.........................	629
12.2.	Decadência no direito do trabalho	631
12.3.	Distinção entre prescrição, decadência, perempção e preclusão	633
12.4.	Questões	online

13 SEGURANÇA E MEDICINA DO TRABALHO 635
13.1.	Meio ambiente do trabalho..	644
13.2.	Trabalho em condições perigosas	646
13.3.	Trabalho em condições insalubres	652
13.4.	Trabalho em condições penosas..	657
13.5.	Acidentes do trabalho...	657
13.6.	Órgãos de segurança e medicina do trabalho — CIPA e SESMT...........	664
13.7.	Instrumentos de prevenção e tutela do meio ambiente do trabalho	667
13.8.	Questões	online

14 TRABALHO DA CRIANÇA, DO MENOR E DA MULHER 671
| 14.1. | Trabalho da criança.. | 671 |
| 14.2. | Trabalho do menor... | 672 |

	14.2.1.	Restrições ao trabalho do menor	674
	14.2.2.	Aprendizagem	677
	14.2.3.	Trabalho educativo	678
	14.2.4.	Trabalho em regime familiar	679
	14.2.5.	Estágio	679
14.3.	Trabalho da mulher		680
	14.3.1.	O princípio da não discriminação e a igualdade	680
	14.3.2.	Proteções específicas em relação ao trabalho da mulher	684
	14.3.3.	Proteção à gravidez e à maternidade	686
14.4.	Questões		online

15 DISCRIMINAÇÃO NO TRABALHO... **689**

15.1.	Proteção constitucional		690
15.2.	Normas internacionais		691
15.3.	Espécies de discriminação no trabalho		693
	15.3.1.	Hipóteses de discriminação no trabalho	696
15.4.	Pessoa com deficiência		699
15.5.	Reparação pelos danos causados em decorrência da discriminação		703
15.6.	Questões		online

16 IDENTIFICAÇÃO PROFISSIONAL... **705**

16.1.	Carteira de Trabalho e Previdência Social (CTPS)		705
	16.1.1.	Emissão da CTPS	705
	16.1.2.	Anotações na CTPS	705
	16.1.3.	Reclamações por falta ou recusa de anotação	706
	16.1.4.	Valor das anotações	707
16.2.	Livro de registro de empregados		708
16.3.	Penalidades		708
16.4.	Questões		online

PARTE III
DIREITO INTERNACIONAL DO TRABALHO

1 ORGANIZAÇÃO INTERNACIONAL DO TRABALHO (OIT)............................ **713**

1.1.	Origens e história		714
	1.1.1.	Constituição da OIT	715
	1.1.2.	Declaração de Filadélfia	716
	1.1.3.	Declaração dos Direitos e Princípios Fundamentais no Trabalho	717
	1.1.4.	Declaração sobre Justiça Social para uma Globalização Equitativa	718
	1.1.5.	Declaração do Centenário da OIT para o Futuro do Trabalho	719
1.2.	Natureza jurídica e competência da OIT		719
1.3.	Órgãos da OIT		721
	1.3.1.	Conferência Internacional do Trabalho	721
	1.3.2.	Conselho de Administração	722
	1.3.3.	Repartição Internacional do Trabalho	722
	1.3.4.	Comissão de Peritos na Aplicação de Convenções e Recomendações	723
	1.3.5.	Comitê de Liberdade Sindical	724
1.4.	Anexos		725
	1.4.1.	Constituição da OIT e Declaração de Filadélfia	725
	1.4.2.	Declaração da OIT sobre os Princípios e Direitos Fundamentais no Trabalho	742

		1.4.3.	Declaração do Centenário da OIT para o Futuro do Trabalho........	746
	1.5.	Questões		online

2 NORMAS INTERNACIONAIS DO TRABALHO.. 753
2.1.	Criação das normas internacionais do trabalho..		754
2.2.	Aplicação das normas internacionais do trabalho...		756
2.3.	Convenções da OIT		759
	2.3.1.	Vigência e aplicação no Brasil..	759
2.4.	Convenções fundamentais...		761
	2.4.1.	Convenção n. 87 — sobre liberdade sindical e proteção do direito de sindicalização	762
	2.4.2.	Convenção n. 98 — sobre direito de sindicalização e de negociação coletiva	764
	2.4.3.	Convenção n. 29 — sobre trabalho forçado	764
	2.4.4.	Convenção n. 105 — sobre abolição do trabalho forçado............	765
	2.4.5.	Convenção n. 138 — sobre idade mínima para o trabalho	765
	2.4.6.	Convenção n. 182 — sobre as piores formas de trabalho infantil...	766
	2.4.7.	Convenção n. 100 — sobre igualdade de remuneração	766
	2.4.8.	Convenção n. 111 — sobre discriminação (emprego e ocupação)..	767
2.5.	Recomendações da OIT		767
	2.5.1.	Recomendação n. 146 — sobre idade mínima para o trabalho.......	768
	2.5.2.	Recomendação n. 190 — sobre as piores formas de trabalho infantil ..	769
2.6.	Questões		online

3 ORGANIZAÇÃO MUNDIAL DO COMÉRCIO (OMC) E CONCORRÊNCIA INTERNACIONAL.. 771
3.1.	*Dumping* social..	772
3.2.	Cláusula social...	774
3.3.	Selo social..	775
3.4.	Questões	online

PARTE IV
DIREITO COLETIVO DO TRABALHO

1 DIREITO COLETIVO DO TRABALHO 779
1.1.	Definição, denominação, conteúdo e função...	779
1.2.	Fontes do Direito Coletivo do Trabalho..	781
1.3.	Princípios do Direito Coletivo do Trabalho	783
1.4.	Representação dos trabalhadores nos locais de trabalho	787
1.5.	Questões	online

2 LIBERDADE SINDICAL 791
2.1.	Liberdade sindical no âmbito internacional..	791
2.2.	Definição	792
2.3.	Aspectos individuais e coletivos da liberdade sindical. Liberdade sindical positiva e negativa	795
2.4.	Liberdade sindical no Brasil...	796
2.5.	Questões	online

3 MODELO SINDICAL 801
3.1.	Liberdade sindical e estrutura organizacional dos sindicatos.......................	801

	3.2.	Constituição de sindicatos e representação: pluralidade, unidade e unicidade sindicais	802
	3.3.	Estrutura sindical brasileira	804
		3.3.1. Sindicatos	804
		3.3.2. Federações e Confederações	809
		3.3.3. Centrais sindicais	809
	3.4.	Categorias	811
		3.4.1. Categorias profissional e econômica	811
		3.4.2. Categoria diferenciada	814
		3.4.3. Surgimento e desmembramento de categorias	814
		3.4.4. Representação e representatividade sindical	817
		3.4.5. Sindicatos e setor público	818
	3.5.	Custeio da estrutura sindical	819
	3.6.	Atividades do sindicato	824
		3.6.1. Garantias sindicais	825
		3.6.2. Condutas antissindicais	828
	3.7.	Questões	*online*
4	**FORMAS DE SOLUÇÃO DOS CONFLITOS COLETIVOS DE TRABALHO**		**837**
	4.1.	Relações individuais e coletivas de trabalho	837
	4.2.	Conflitos coletivos de trabalho	837
		4.2.1. Formas de solução dos conflitos coletivos de trabalho	839
	4.3.	Negociação coletiva	840
		4.3.1. Funções da negociação coletiva	847
		4.3.2. Níveis de negociação	849
		4.3.3. Acordo coletivo de trabalho	849
		4.3.4. Convenção coletiva de trabalho	850
		4.3.5. Cláusulas coletivas	851
		4.3.5.1. Aplicação das cláusulas coletivas	852
		4.3.6. Aspectos comuns da convenção e do acordo coletivo de trabalho	855
	4.4.	Mediação	856
	4.5.	Arbitragem	858
	4.6.	Solução judicial	858
	4.7.	Questões	*online*
5	**A GREVE NO DIREITO BRASILEIRO**		**863**
	5.1.	Natureza jurídica	865
	5.2.	Greves típicas e atípicas	866
	5.3.	Serviços ou atividades essenciais e serviços inadiáveis	868
	5.4.	Limites legais e abuso de direito	869
	5.5.	Procedimento	870
	5.6.	Direitos e obrigações recíprocos	871
	5.7.	*Lock-out*	871
	5.8.	Questões	*online*
REFERÊNCIAS			**873**

PARTE I

PARTE GERAL

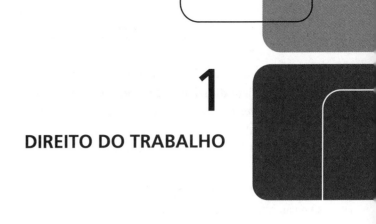

1 DIREITO DO TRABALHO

1.1. CONCEITO DE DIREITO DO TRABALHO

O estudo do conceito de Direito do Trabalho permite identificar o conteúdo e a extensão desse ramo da Ciência do Direito, ou seja, a partir do conceito é possível distinguir a relação jurídica base que compõe o seu objeto, os sujeitos que integram tal relação jurídica e a finalidade das normas jurídicas que o compõem.

Em relação ao **conteúdo amplo do Direito do Trabalho**, podemos, a partir de uma síntese simplista, dizer que é representado pelo conceito fundamental de *trabalho*. Assim, de forma genérica, é possível afirmar que o Direito do Trabalho é o ramo do Direito que disciplina as relações de trabalho.

No entanto, o conceito não pode se ater apenas ao conteúdo, mas é necessária também a fixação de sua extensão, ou seja, é preciso definir quais os tipos de trabalho abrangidos pelo conteúdo do Direito do Trabalho, quais são os sujeitos que integram a relação jurídica específica e qual o fundamento desta regulamentação.

Considerando que *trabalho* é uma expressão genérica que abrange toda e qualquer forma de prestação de serviço de uma pessoa física a outrem (trabalho autônomo, trabalho eventual, trabalho voluntário etc.), podemos afirmar que nem toda atividade considerada como trabalho é regulada pelo Direito do Trabalho.

Existem diversas formas de *trabalho*, sendo certo que somente uma dessas formas compõe o **objeto do Direito do Trabalho** e é por ele regulada. Trata-se da ***relação de trabalho subordinado***, que tem características específicas que a diferenciam das demais formas de trabalho e que estudaremos mais adiante. Portanto, o objeto do Direito do Trabalho é a relação de trabalho subordinado, também denominada **relação de emprego**.[1]

Os **sujeitos desta relação** são o *empregado* e o *empregador*, que se relacionam não só no âmbito individual, como também de forma coletiva, por intermédio de grupos organizados (*categorias*) e dos seus órgãos de representação (*sindicatos*).

O **fundamento do Direito do Trabalho** é a *proteção do trabalhador*, parte economicamente mais fraca da relação jurídica. Sem a proteção jurídica do trabalhador, sua relação com o empregador se revela desequilibrada e, portanto, injusta.

Assim, de maneira objetiva, podemos conceituar o ***Direito do Trabalho*** como o ramo da Ciência do Direito composto pelo conjunto de normas que regulam, no âmbito individual e coletivo, a ***relação de trabalho subordinado***, que determinam seus sujeitos (***empregado*** e ***empregador***) e que estruturam as organizações destinadas à ***proteção do trabalhador***.[2]

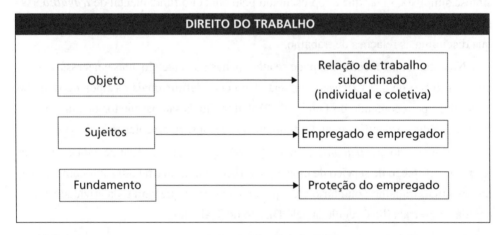

---

[1] O trabalho humano, como analisado e discutido no item 1.3. deste Capítulo, tem sofrido constantes, profundas e importantes transformações decorrentes, entre outros aspectos, da tão intensa e implacável evolução tecnológica. Essas modificações têm levado a grandes discussões sobre o futuro do trabalho e, consequentemente, sobre que tipos de relação de trabalho devem ser objeto da regulamentação e preocupação do Direito do Trabalho. Ou seja, o questionamento ainda sem resposta, mas que tem sido o centro das atenções dos estudiosos e também da Organização Internacional do Trabalho, é: qual será o futuro do trabalho e, portanto, qual será o futuro do Direito do Trabalho e do objeto de sua regulamentação?

[2] Ainda que as relações de trabalho estejam se modificando e que as discussões sobre o futuro do trabalho indiquem dificuldades na manutenção do modelo de emprego tradicional, o fato é que a proteção do trabalhador deve ser sempre o objetivo principal, em especial no aspecto de sua dignidade e na garantia de que lhe sejam asseguradas condições de trabalho justo e decente, nos moldes definidos pela Organização Internacional do Trabalho.

A conceituação do Direito do Trabalho pela doutrina não é, no entanto, tema tratado de forma simples. Embora o conteúdo e a extensão também sejam a base das definições de Direito do Trabalho enunciadas pelos diversos doutrinadores, estes divergem em relação ao enfoque dado, ou seja, há quem considere o Direito do Trabalho como o ramo do Direito de tutela ou de proteção dos *trabalhadores*, formando a chamada **teoria subjetivista**. Outros autores entendem que a visão subjetivista, ligada aos sujeitos tutelados, não é suficiente para definir o Direito do Trabalho, devendo ser levado em conta o objeto das relações de trabalho (***teoria objetivista***). Alguns outros afirmam que tanto o enfoque dos sujeitos como o enfoque do objeto isoladamente são insuficientes para se conceituar o Direito do Trabalho, ou seja, a sua definição, além dos sujeitos e do objeto, deve necessariamente incluir os aspectos que o diferenciam dos demais ramos do Direito (***teoria mista***).

Assim, identificaremos a seguir os elementos encontrados nas definições doutrinárias do Direito do Trabalho, elementos estes que variam conforme a teoria adotada.

1.1.1. Teoria subjetivista

Subjetivistas são as definições de Direito do Trabalho que têm como enfoque os sujeitos da relação jurídica por ele regulada, isto é, os trabalhadores e os empregadores.

A teoria subjetivista adota como centro da definição do Direito do Trabalho o **caráter protecionista das normas** que o compõem. Os doutrinadores adeptos de tal teoria têm por fundamento a busca constante de meios para se alcançar a **melhoria da condição econômica e social do trabalhador**.

No Brasil, o maior defensor do subjetivismo foi Cesarino Junior que, desenvolvendo a tese do Direito Social, afirmou ser este um sistema legal de proteção aos fracos, "um complexo de normas tendentes à proteção aos economicamente débeis".[3]

Assim, para os subjetivistas, o Direito do Trabalho se caracteriza como o Direito especial de proteção aos trabalhadores, como o conjunto de normas que têm por finalidade proteger a parte economicamente mais fraca (hipossuficiente) da relação jurídica, qual seja, o empregado.

Maurício Godinho Delgado afirma ser esse o enfoque menos consistente para a construção da definição do Direito do Trabalho, entendendo que "considerada a *relação de emprego* como a categoria fundamental sobre que se constrói o Direito do Trabalho, obviamente que o ramo jurídico especializado não irá definir-se, sob o ponto de vista técnico, a partir de qualquer de seus sujeitos, *mas a partir de sua categoria fundamental*. Por outro lado, o caráter expansionista desse ramo jurídico tem-no feito regular, mesmo que excepcionalmente, relações jurídicas de trabalho que não envolvem exatamente o *empregado* — o que torna o enfoque subjetivista inábil a apreender todas as relações regidas pelo ramo jurídico em análise".[4]

---

[3] CESARINO JUNIOR, A. F.; CARDONI, Marly. *Direito social*. 2. ed. São Paulo: LTr, 1993. v. I, p. 27.
[4] DELGADO, Maurício Godinho. *Curso de direito do trabalho*. 18. ed. São Paulo: LTr, 2019. p. 48.

1.1.2. Teoria objetivista

Formam a *teoria objetivista* as definições de Direito do Trabalho que têm em vista a **relação de emprego e seu resultado (trabalho subordinado)**, e não as pessoas que participam daquela relação. Em tais definições, a relação jurídica de emprego é disposta como objeto do Direito do Trabalho.

Enquadra-se como objetivista a definição de Orlando Gomes e Elson Gottschalk: "Direito do Trabalho é o conjunto de princípios e regras jurídicas aplicáveis às relações individuais e coletivas que nascem entre os empregadores privados — ou equiparados — e os que trabalham sob sua direção e de ambos com o Estado, por ocasião do trabalho ou eventualmente fora dele".[5]

O enfoque conceitual está, portanto, na relação jurídica de dependência ou subordinação que se forma entre as pessoas que exercem certa atividade em proveito de outrem e sob suas ordens.

1.1.3. Teoria mista

As definições *mistas* são aquelas que fazem uma **combinação dos elementos objetivo e subjetivo**, isto é, consideram tanto o sujeito como o objeto da relação jurídica regulada pelo Direito do Trabalho, além da finalidade do conjunto de normas que compõem este ramo da Ciência do Direito.

A maioria dos doutrinadores contemporâneos assumiu uma conceituação de Direito do Trabalho a partir da teoria mista.

Para Amauri Mascaro Nascimento, o Direito do Trabalho é "o ramo da ciência do direito que tem por objeto as normas jurídicas que disciplinam as relações de trabalho subordinado, determinam os seus sujeitos e as organizações destinadas à proteção desse trabalho, em sua estrutura e atividade".[6]

Afirmando que as concepções mistas são as que "têm maior aptidão para o atendimento da meta científica estabelecida para uma definição", Maurício Godinho Delgado conceitua o Direito Individual do Trabalho como sendo o "complexo de princípios, regras e institutos jurídicos que regulam, no tocante às pessoas e matérias envolvidas, a relação empregatícia de trabalho, além de outras relações laborais normativamente especificadas", e o Direito Coletivo do Trabalho como sendo o "complexo de princípios, regras e institutos jurídicos que regulam as relações laborais de empregados e empregadores, além de outros grupos jurídicos normativamente especificados, considerando sua ação coletiva, realizada autonomamente ou através das respectivas associações".[7]

---

[5] GOMES, Orlando; GOTTSCHALK, Elson. *Curso de direito do trabalho*. 17. ed. rev. e atual. por José Augusto Rodrigues Pinto e Otávio Augusto Reis de Souza. Rio de Janeiro: Forense, 2005. p. 10.

[6] NASCIMENTO, Amauri Mascaro. *Curso de direito do trabalho*. 24. ed. rev., atual. e ampl. São Paulo: Saraiva, 2009. p. 196.

[7] DELGADO, Maurício Godinho. *Curso de direito do trabalho*. 18 ed., São Paulo: LTr, 2019, p. 49.

Dessa forma, as definições de Direito do Trabalho que se fundam na teoria mista consideram o seu objeto (a relação de emprego), seus sujeitos (empregado e empregador), considerados em suas relações individuais e em suas relações coletivas, e o seu fim (a proteção do trabalhador e a melhoria de sua condição social).

CONCEITO DE DIREITO DO TRABALHO	
Teorias	Bases da conceituação
SUBJETIVISTA	▫ Sujeito da relação jurídica que necessita de proteção (trabalhador).
OBJETIVISTA	▫ Relação jurídica e seu resultado (relação de trabalho subordinado).
MISTA	▫ Sujeitos (empregado e empregador). ▫ Relação jurídica (relação de trabalho subordinado). ▫ Finalidade das normas (proteção da parte economicamente mais fraca).

1.2. EVOLUÇÃO HISTÓRICA DO DIREITO DO TRABALHO

1.2.1. Sociedade pré-industrial

Trabalho é toda **atividade desenvolvida pelo homem** para **prover o seu sustento** e para **produzir riquezas** e, ao longo do tempo, diversas foram as suas formas, que variaram conforme as condições históricas que vigoraram em cada época.

A história do trabalho começa exatamente quando o homem percebe que é possível utilizar a mão de obra alheia não só para a produção de bens em proveito próprio, mas também como forma de produzir riquezas. Assim, o trabalho se desenvolve e torna-se dependente e ligado às relações sociais e econômicas vigentes em cada período histórico específico.

Escravismo, feudalismo e capitalismo podem ser considerados como marcos históricos definidos na evolução das relações econômicas e sociais e, consequentemente, na evolução do trabalho humano e de suas formas de proteção.

No período histórico que pode ser caracterizado como de *sociedade pré-industrial* — que tem início nos primórdios da humanidade e vai até o final do século XVIII, quando se inicia a chamada Revolução Industrial —, várias são as formas de trabalho encontradas, das quais podemos destacar, em momentos distintos, a **escravidão**, a **servidão** e as **corporações de ofício**.

No entanto, até pelas características de cada uma dessas formas de trabalho, não há, na sociedade pré-industrial, como se falar em um sistema de normas jurídicas de proteção ao trabalhador e, muito menos, em Direito do Trabalho.

Em todas as sociedades que nesse período histórico adotaram a **escravidão** como modo de produção, o trabalho era executado por quem, em razão de sua própria condição, era destituído de personalidade, sendo equiparado a *coisa*, incapaz de adquirir direitos e de contrair obrigações. Desta forma, resta evidente que a escravidão era absolutamente incompatível com a ideia de direito. A condição do escravo era da mais absoluta inferioridade jurídica em relação aos demais membros da sociedade, homens livres, para quem o trabalho era visto como impróprio e até desonroso.

Durante a **Idade Média**, a principal forma de prestação de trabalho era a realizada pelos camponeses, na modalidade de **servidão**, que, apesar de não apresentar grandes diferenças em relação à escravidão, pois os trabalhadores ainda não tinham uma condição livre, caracterizava-se por uma certa proteção política e militar prestada ao servo pelo senhor feudal, dono das terras. Os servos eram obrigados a entregar parte da produção como preço pela fixação na terra e pela defesa recebida, e os senhores feudais detinham um poder absoluto no exercício do controle e organização do grupo social. Não havia, portanto, como se falar em direito dos trabalhadores.

Com o declínio da sociedade feudal e o consequente desenvolvimento do comércio, atividades urbanas, como a produção artesanal de bens, foram estimuladas. Com isso, surgiram os artesãos profissionais, muitos deles antigos servos, que tinham algum ofício e até então o praticavam exclusivamente para seus senhores.

Visando assegurar determinadas prerrogativas de ordem comercial e social, os **artesãos** fundaram associações profissionais, dando início às chamadas **corporações de ofício**. Em todas as cidades europeias da época, havia uma corporação para cada tipo de atividade especializada. Nelas agrupavam-se os artesãos ou comerciantes do mesmo ramo, em uma determinada localidade, compostas pelos mestres, pelos companheiros e pelos aprendizes.

A disciplina das relações de trabalho existentes nas corporações era prevista em estatuto próprio de cada uma delas. Nas corporações de ofício, a produção era integrada, mas ainda não havia uma ordem jurídica semelhante ao Direito do Trabalho, embora existisse maior liberdade do trabalhador.

Com o surgimento dessas corporações, a vida econômica e social sofreu uma grande transformação, mas ainda assim não se podia falar em inteira liberdade de trabalho, pois a sua estrutura baseava-se no controle, não só profissional, mas também pessoal, que o mestre exercia sobre os trabalhadores a ele subordinados. Além disso, a corporação impunha diretrizes fundamentais que subordinavam os seus integrantes, que tinham seus ofícios por ela limitados e regulados.

Portanto, **durante este longo período histórico**, inexistiu qualquer sistema de proteção jurídica dos trabalhadores e, consequentemente, **não se pode falar em Direito do Trabalho**.

1.2.2. Sociedade industrial

A invenção da máquina a vapor, o declínio da sociedade feudal, o crescimento das cidades e o desenvolvimento e ampliação do comércio levaram a Europa Ocidental, **a partir de meados do século XVIII**, a um extenso processo de transformação que marcou o estabelecimento do **sistema capitalista** como **modelo econômico dominante**.

O acúmulo de capitais pela burguesia permitiu investimentos na produção, que propiciaram o aperfeiçoamento das técnicas e a invenção e desenvolvimento de máquinas capazes de fabricar milhares de produtos em pouco tempo.

As mudanças na forma de produção levaram a uma grande transformação socioeconômica, que, em seu conjunto, denominou-se *Revolução Industrial*.[8]

Sob o aspecto social, a sociedade tipicamente rural se transformou em uma **sociedade urbana**. No âmbito econômico, a produção, que até então era artesanal, passou, com o aperfeiçoamento dos métodos produtivos e o avanço tecnológico, a ser uma **produção em larga escala**. As pequenas oficinas dos artesãos foram sendo substituídas pelas fábricas. As ferramentas foram sendo substituídas pelas **máquinas**. Como fontes de energia passaram a ser utilizados o carvão e a eletricidade.

Como consequência das mudanças sociais e econômicas, as relações de trabalho também se modificaram.

A Revolução Industrial fez surgir o **trabalho humano livre, por conta alheia e subordinado**, e significou uma cisão clara e definitiva entre os detentores dos meios de produção e os trabalhadores. Como esclarece Maurício Godinho Delgado, "trabalhador separado dos meios de produção (portanto, juridicamente livre), mas subordinado no âmbito da relação empregatícia ao proprietário (ou possuidor, a qualquer título) desses mesmos meios produtivos".[9]

Com o objetivo de ampliação dos mercados consumidores e de obtenção de uma lucratividade cada vez maior, os donos das fábricas queriam mais liberdade econômica e mão de obra barata para trabalhar nas fábricas. Pagava-se o menor salário possível, enquanto se explorava ao máximo a capacidade de trabalho dos operários.

O *liberalismo econômico*, aliado ao *não intervencionismo do Estado* nas relações econômicas e sociais (**Estado Liberal**) e ao *individualismo* que marcava o campo jurídico de então (todos frutos da **Revolução Francesa** de 1789), fez com que a desproporção de forças do trabalhador frente ao empregador se agravasse, o que gerou uma realidade de grave injustiça no modelo das relações de trabalho e levou ao surgimento da chamada *Questão Social*, ou seja, a luta entre capital e trabalho derivada do estado de extrema exploração em que se encontravam os trabalhadores.

O sistema jurídico derivado da Revolução Francesa, fundado em conceitos abstratos de liberdade e igualdade, permitiu que, como decorrência da Revolução Industrial, surgisse um cenário de extrema *injustiça social*, no qual a natural **desigualdade econômica entre as partes da relação de trabalho** era acentuada.

---

[8] Hoje conhecida como 1.ª Revolução Industrial. A ela seguiram-se a 2.ª (a partir do final do século XIX) e a 3.ª (a partir da década de 1960) Revoluções Industriais, respectivamente marcadas pelo advento da eletricidade e da linha de montagem e pela revolução digital ou do computador. Atualmente estamos vivenciando a 4.ª Revolução Industrial, também chamada de Revolução 4.0, iniciada a partir da virada do século XX para o século XXI e marcada pelo intenso e profundo avanço tecnológico (inteligência artificial, robótica, internet das coisas, nanotecnologia etc.), que tem gerado grandes transformações econômicas e sociais (por exemplo, a chamada economia compartilhada ou de plataforma).

[9] DELGADO, Maurício Godinho. *Curso de direito do trabalho*. 18. ed. São Paulo: LTr, 2019, p. 99.

À medida que a relação de emprego se concretizava como "categoria dominante" de "vinculação do trabalhador ao sistema produtivo",[10] a crise social se agravava e mesmo aqueles que defendiam o liberalismo começaram a perceber que o Estado não poderia permanecer por muito mais tempo sem atender aos anseios da sociedade e sem intervir nas relações individuais a fim de assegurar uma igualdade jurídica entre trabalhadores e empregadores, sob pena de comprometer a estabilidade e a paz social.

O rico e caloroso debate ideológico que surgiu na época e que se fundamentou na valorização do trabalho e na necessidade de modificação da condição de exploração em que se encontravam os trabalhadores levou à publicação, em 1848, do **Manifesto Comunista**, escrito por Marx e Engels, no qual as ideias do socialismo científico são difundidas, e, ainda, à publicação pelo Papa Leão XIII, no final do século XIX (1891), da **Encíclica Rerum Novarum**, caracterizando-se como marco no surgimento da doutrina social da Igreja Católica.

As ideias defendidas em tais documentos tiveram grande relevância no surgimento do Direito do Trabalho, à medida que contribuíram para que o Estado percebesse que não podia deixar a regulamentação das relações de trabalho à livre negociação das partes interessadas, passando, então, a intervir na ordem econômica e social e a fixar normas coativas, com **condições mínimas de proteção** que deveriam ser respeitadas pelos empregadores.

Assim, a evolução histórica do trabalho humano leva ao surgimento de uma legislação estabelecendo normas mínimas de proteção ao trabalhador, cuja importância foi aumentando com a evolução econômica e política dos países.

O trabalho assalariado e subordinado que caracteriza a relação de emprego passou a ser regulado de forma ampla, estando sujeito a mecanismos de proteção contra eventuais arbítrios do empregador, ou seja, houve limitação da vontade das partes, à medida que não se poderia mais negociar livremente as condições de trabalho.

Surge, então, o Direito do Trabalho, substituindo "a igualdade pura pela igualdade jurídica, como regra de direito que impõe o interesse geral sobre o particular sem que, entretanto, se anule o indivíduo".[11]

A partir desse momento o **Direito do Trabalho** se fixa como **estrutura de proteção do trabalhador** e entra em um processo de evolução contínua e dinâmica, tendo em vista a própria dinamicidade das relações sociais e econômicas que dele são inseparáveis, sendo "produto cultural do século XIX e das transformações econômico-sociais e políticas ali vivenciadas".[12]

---

[10] DELGADO, Maurício Godinho. *Curso de direito do trabalho*. 18. ed. São Paulo: LTr, 2019, p. 99.
[11] SÜSSEKIND, Arnaldo et al. *Instituições de direito do trabalho*. 22. ed. atual. São Paulo: LTr, 2005. v. 1, p. 39.
[12] DELGADO, Maurício Godinho. *Curso de direito do trabalho*. 18. ed. São Paulo: LTr, 2019, p. 99.

Os sistemas de proteção do trabalhador resultantes da evolução ocorrida após a Revolução Industrial deparam-se atualmente com uma nova revolução tecnológica — a da informática e das telecomunicações, que tem imposto significativas modificações nos modos de produção e, consequentemente, nos empregos, à medida que se verifica uma automatização da produção e dos serviços, levando, em muitos casos, à substituição do ser humano por máquinas e robôs.

Assim, no contexto de sua evolução, o Direito do Trabalho convive nos dias atuais com os efeitos do impacto tecnológico, da globalização econômica e, paralelamente, com elevados índices de desemprego, caracterizando uma nova realidade socioeconômica que terá que ser enfrentada.[13]

A flexibilização das leis trabalhistas,[14] que tem se ampliado nos diversos ordenamentos jurídicos, coloca no centro das discussões a função primordial do Direito do Trabalho, que é a proteção do trabalhador, revelando, em certa medida, uma piora das condições de trabalho, inclusive no que tange a salários, e algumas incertezas para o futuro.[15]

Nesse contexto de revolução tecnológica e de nova realidade socioeconômica, que caracterizam o mundo atual, insere-se o trabalho por meio das chamadas plataformas. Nesse universo, relações jurídicas constituídas entre o prestador material (por exemplo, motoristas de veículos por aplicativos) e a empresa intermediadora (detentoras de plataformas digitais que interligam o usuário e aquele executor) desafiam os conceitos construídos desde o surgimento do Direito do Trabalho. Em diversos países estão sendo travadas discussões jurídicas sobre a natureza da relação havida entre o trabalhador (motorista, entregador, entre outros) e a plataforma que, aparentemente, é apenas uma ferramenta tecnológica que faz as vezes de intermediária entre o usuário final e o prestador do serviço ou entre o consumidor e o vendedor, e, como consequência, o tema tem sido levado aos tribunais, e as decisões das cortes dos diversos países têm adotado

---

[13] Algumas considerações sobre o futuro do trabalho são encontradas no item 1.3. deste Capítulo.
[14] Para um melhor entendimento sobre a flexibilização *vide* Capítulo 4, item 4.6.
[15] SÜSSEKIND, Arnaldo. *Curso de direito do trabalho*. 3. ed. rev. e atual. Rio de Janeiro: Renovar, 2010, p. 12 e 51 a 57.

entendimentos diversos. Inclusive em um mesmo país, como é o caso do Brasil, os Tribunais Trabalhistas estão longe de fixar um entendimento único sobre a questão.[16]

O grande desafio diante dos avanços tecnológicos é, de fato, encontrar uma maneira de regulamentar diversas novas formas de trabalho que surgiram e continuam surgindo, evitando a precarização e a exploração daqueles que laboram nesse novo cenário.

Entendemos que ainda levará algum tempo para que, enfim, se regule de forma mais ampla a relação entre empresas de plataforma e os trabalhadores que colocam sua força de trabalho à disposição e por intermédio delas. No entanto, destaque-se que (em 5 de janeiro de 2022) foi promulgada a **Lei n. 14.297**, que, sem reconhecer a existência de relação de emprego entre as partes **(art. 10)**, mas visando assegurar condições mais dignas de trabalho e medidas de proteção ao entregador que presta serviço por intermédio de empresa de aplicativo durante a vigência de emergência em saúde pública decorrente do coronavírus, responsável pela Covid-19 (e só durante esse período), imputou às empresas de aplicativo de entrega o dever de fornecer aos entregadores itens como água potável, álcool em gel e máscaras, além de acesso aos banheiros das suas instalações.

Além disso, a Lei prevê a obrigação da empresa de aplicativo de entrega de contratar seguro contra acidentes, sem franquia, em benefício do entregador nela cadastrado, exclusivamente para acidentes ocorridos durante o período de retirada e entrega de produtos e serviços, devendo cobrir, obrigatoriamente, acidentes pessoais, invalidez permanente ou temporária e morte **(art. 3.º)**. Caso o entregador preste serviços para mais de uma empresa de aplicativo de entrega, a indenização, no caso de acidente, será paga pelo seguro contratado pela empresa para a qual o entregador prestava o serviço no momento do acidente.

Também foi previsto o dever de assistência financeira prestada pela empresa de aplicativo ao entregador em caso de afastamento do trabalho em razão de infecção pelo coronavírus **(art. 4.º)**. Essa assistência financeira, calculada de acordo com a média dos três últimos pagamentos mensais recebidos pelo entregador, será prestada pelo período de 15 dias, o qual pode ser prorrogado por mais dois períodos de 15 dias, mediante apresentação de comprovante de resultado positivo para Covid-19 ou de laudo médico que ateste condição de Covid-19 que justifique o afastamento **(§§ 1.º e 2.º)**.

A Lei prevê, ainda, que do contrato ou do termo de registro celebrado entre a empresa de aplicativo de entrega e o entregador deverão constar expressamente as hipóteses de bloqueio, de suspensão ou de exclusão da conta do entregador da plataforma eletrônica, e a aplicação da exclusão da conta será precedida de comunicação prévia, com antecedência mínima de três dias úteis, e será acompanhada das razões que a motivaram, que deverão ser devidamente fundamentadas, preservadas a segurança e a privacidade do usuário da plataforma eletrônica, excetuando-se a incidência dessa obrigação em casos de ameaça à segurança e à integridade da plataforma eletrônica, dos fornecedores e dos consumidores, em razão de suspeita de prática de infração penal prevista em lei **(art. 8.º)**.

---

[16] *Vide*, por exemplo: E-RR 1000123-89.2017.5.02.0038 e E-RR 100353-02.2017.5.01.0066. A questão aguarda julgamento na SDI-1 do TST. Consulta realizada no site do TST em 02.01.2025.

As penalidades às empresas de aplicativo previstas pela Lei em caso de descumprimento das obrigações dependem de definição em regulamento **(art. 9.º)**, mas as garantias nela previstas podem ser exigidas judicialmente, se descumpridas.

Embora trate-se de legislação de caráter temporário ou excepcional, visto ser um diploma que previu período certo de duração, sendo autorrevogável (aliás, em 22.04.2022, através da Portaria GM/MS n. 913/2022 foi declarado o encerramento da Emergência de Saúde Pública de Importância Nacional — ESPIN), o fato é que a Lei n. 14.297/2022 demonstrou a preocupação do legislador com a situação de total desproteção dos trabalhadores por intermédio das plataformas, em especial os de entrega, e tem importante papel no debate sobre a necessidade de regulamentação dessa modalidade de relação de trabalho e na busca de condições dignas de trabalho para esses trabalhadores.[17]

1.2.3. Constitucionalismo social

O *constitucionalismo social* é o movimento que teve início em 1917, com a Constituição Mexicana, e que se caracteriza pela inserção de direitos trabalhistas e sociais fundamentais nos textos das Constituições dos países.[18]

Considerando-se que uma das principais funções do Estado é a promoção da justiça social, nada mais lógico do que a Constituição, como norma fundamental, prever os direitos e garantias básicas que levem à realização deste objetivo. As Constituições passaram a se preocupar também com o homem social, e não mais apenas com o homem político.

A **Constituição Mexicana de 1917** foi a primeira a construir uma estrutura significativa de direitos sociais do trabalhador e inspirou muitas Constituições de países da América Latina.

Na mesma esteira de constitucionalização dos direitos sociais, a Alemanha, em 1919, adotou a **Constituição de Weimar**, que continha um capítulo sobre ordem econômica e social, previa a participação dos trabalhadores nas empresas e no próprio governo por meio de conselhos específicos, assegurava a liberdade sindical e colocava o trabalhador sob a proteção do Estado.

A Constituição de Weimar, por motivos óbvios, foi rechaçada pelo nazismo, mas, apesar de sua curta vigência, foi, em termos de direitos sociais, modelo para várias Constituições europeias.

---

[17] No âmbito internacional o tema vem sendo amplamente discutido, sendo relevante o estudo de 2021 publicado pela Organização Internacional do Trabalho — OIT, denominado *Perspectivas sociais e de emprego no mundo — O papel das plataformas digitais na transformação do mundo do trabalho*, do qual recomendamos a leitura (https://www.ilo.org/wcmsp5/groups/public/---dgreports/---dcomm/---publ/documents/publication/wcms_823119.pdf), complementado pelo Informe da OIT, de janeiro de 2024, denominado Tornar Realidade o trabalho decente na economia de plataformas. Disponível em: https://www.ilo.org/sites/default/files/2024-07/ILC113-V%281%29-%5BWORKQ-231121-002%5D-Web-SP.pdf). Acesso em: jan. 2025.

[18] Antes de 1917, algumas Constituições já tinham inserido direitos do trabalhador em seu texto, tais como a Constituição Suíça de 1874, emendada em 1896, e a Constituição Francesa de 1848. No entanto, somente em 1917 a Constituição Mexicana o fez de forma mais ampla e sistemática.

Fator de grande importância para o avanço do constitucionalismo social foi, também em 1919, como parte do Tratado de Versalhes que terminou com a Primeira Guerra Mundial, **a criação da Organização Internacional do Trabalho (OIT)**, refletindo a convicção de que a justiça social é essencial para alcançar uma paz universal e permanente.

A criação da OIT fundou-se em razões de segurança, humanitárias, políticas e econômicas. Houve um verdadeiro reconhecimento da importância da justiça social, em contraste com um passado de exploração dos trabalhadores nos países industrializados da época. Houve também uma compreensão cada vez maior da interdependência econômica do mundo e da necessidade de cooperação internacional para obtenção de igualdade das condições de trabalho em todos os países.

Nesse sentido, e sintetizando os ideais de justiça social, o Tratado de Versalhes prevê expressamente que o trabalho não é uma mercadoria.[19]

A partir de todos esses fatos e da mudança de paradigma do trabalho humano previsto no Tratado de Versalhes e incorporado nas Constituições Mexicana de 1917 e Alemã de 1919, aos poucos, as Constituições modernas dos Estados democráticos foram reproduzindo os princípios das Cartas do México e da Alemanha, principalmente após a *Declaração de Filadélfia* de 1944, instrumento jurídico aprovado na Conferência da Organização Internacional do Trabalho (OIT) realizada naquele ano e que reforçou expressamente o princípio de que o trabalho não deve ser considerado como simples mercadoria, e a adoção pela Organização das Nações Unidas (ONU) em 1948 da *Declaração Universal dos Direitos do Homem*, embora nem todas as Constituições hoje em vigor disponham especificamente sobre direitos sociais do trabalhador.

1.2.4. Direito do Trabalho no Brasil

A concepção de Direito do Trabalho, como um conjunto de normas jurídicas de proteção do trabalhador, é bastante recente no Brasil. Do surgimento das primeiras leis trabalhistas até os dias de hoje, ainda não se passaram cem anos, o que, em termos da Ciência do Direito, é considerado muito pouco tempo.

Pode-se afirmar que o **Direito do Trabalho no Brasil** inicia-se **a partir da *Revolução de 1930***, quando o Governo Provisório chefiado por Getúlio Vargas criou o Ministério do Trabalho, Indústria e Comércio e deu início à elaboração de uma legislação trabalhista ampla e geral.

Antes disso, as poucas leis existentes com dispositivos e conteúdo de caráter trabalhista não podem ser consideradas para efeito do estabelecimento de uma normatização capaz de ser caracterizada como um sistema de proteção dos trabalhadores.

Somente a partir de 1930, com a mudança da maneira de encarar a questão social, a legislação trabalhista começou a ganhar corpo, e inúmeras leis foram elaboradas, entre as quais destacamos o Decreto n. 19.671-A, de 4 de fevereiro de 1931, que dispunha sobre a

---

[19] Ideal reafirmado na Declaração do Centenário da OIT para o Futuro do Trabalho (adotada na 108.ª Conferência Internacional do Trabalho — 2019).

organização do Departamento Nacional do Trabalho, o Decreto n. 19.770, de 19 de março de 1931, que regulava a sindicalização, e os Decretos n. 21.186, de 22 de março de 1932, e n. 21.364, de 4 de maio de 1932, que regulavam, respectivamente, o horário de trabalho dos empregados no comércio e na indústria.

Em relação ao direito coletivo do trabalho, destacaram-se o Decreto n. 24.594, de 12 de julho de 1934, que estabelecia a reforma da Lei Sindical, e o Decreto-lei n. 1.402, de 5 de julho de 1939, que regulava a associação profissional ou sindical.

Durante a década de trinta, foram tantas as leis trabalhistas expedidas e outras tantas revogadas, que em um determinado momento havia grande dificuldade para sua aplicação e seu estudo.

Conforme esclarece Arnaldo Süssekind, "a multiplicidade de normas legais no campo do trabalho, sancionadas ou decretadas em distintas fases de nossa evolução jurídico-política, confundindo os seus destinatários, intérpretes e aplicadores, estava a exigir o ordenamento das respectivas disposições num único texto".[20]

Assim, em janeiro de 1942, o então Ministro do Trabalho, Indústria e Comércio, Alexandre Marcondes Filho, autorizado por Getúlio Vargas, nomeou uma comissão constituída de dez membros que, sob sua presidência, ficou encarregada da elaboração do que foi designado de *anteprojeto de Consolidação das Leis do Trabalho e Previdência Social*.

Em 1.º de maio de 1943, a **Consolidação das Leis do Trabalho** foi aprovada pelo Decreto-lei n. 5.452, que, no entanto, somente foi publicado no *Diário Oficial* em 9 de agosto daquele ano, entrando em vigor três meses depois, em 10 de novembro de 1943.

Desde sua entrada em vigor, a CLT sofreu inúmeras alterações, inclusive com a revogação de diversos dispositivos a partir da promulgação da Constituição Federal de 1988, mas a sua base original continuou a mesma.

A despeito das críticas que sempre foram feitas à CLT, principalmente aquelas que se referiam ao seu caráter intervencionista, não há como negar sua importância única para o desenvolvimento do Direito do Trabalho no Brasil.[21]

Através da **Lei n. 13.467, de 13 de julho de 2017, a CLT sofreu a sua mais ampla e significativa alteração**. Dos 922 (novecentos e vinte e dois) artigos da CLT, foram alterados 54 (cinquenta e quatro), inseridos 43 (quarenta e três) novos artigos e 9 (nove) foram revogados, totalizando 106 (cento e seis) modificações. Muitas dessas alterações, em especial as que consubstanciam a previsão de **prevalência do negociado sobre o legislado**, geraram **reflexos significativos na própria estrutura do Direito do Trabalho** e inauguram um **novo momento das relações de trabalho no Brasil**. Conforme se verá ao longo dos demais capítulos, as modificações do Direito do Trabalho no Brasil prosseguem, e desde a promulgação da Lei n. 13.417/2017 diversas foram as alterações

---

[20] SÜSSEKIND, Arnaldo et al. *Instituições de direito do trabalho*, 22. ed., v. 1, p. 60.

[21] Maurício Godinho Delgado fala em "fase de institucionalização autoritária e corporativista do Direito do Trabalho" que, segundo ele, estende-se de 1930 até pelo menos a Constituição de 1988. *Curso de direito do trabalho*. 18. ed. São Paulo: LTr, 2019, p. 132.

legislativas realizadas, sendo necessário um grande esforço da doutrina e da jurisprudência para o entendimento e correta aplicação destas.

Exatamente por isso alguns diplomas legais posteriores à Reforma Trabalhista são bastante importantes, já que foram editados com o intuito de reorganização da legislação trabalhista e, especialmente, de facilitação e desburocratização em relação ao entendimento e aplicação das normas. O que foi chamado de "Marco Regulatório Trabalhista Infralegal". Mais uma vez, uma tentativa de ordenamento dos dispositivos legais trabalhistas. Entre essas normas que compõem o chamado "Marco Regulatório Trabalhista Infralegal" destacam-se os Decretos indicados a seguir.

Em 5 de novembro de **2019** foi publicado o **Decreto n. 10.088**, que consolida os atos normativos sobre promulgação das Convenções da Organização Internacional do Trabalho — OIT, ratificadas pelo Brasil.[22]

Em 10 de novembro **2021** foi publicado o **Decreto n. 10.854**, que, nos seus 188 artigos, traz uma regulamentação de disposições relativas à legislação trabalhista. O Decreto reúne dezesseis temas em um único diploma legal (Livro de Inspeção do Trabalho Eletrônico[23]; fiscalização das normas de proteção ao trabalho e de segurança e saúde no trabalho; diretrizes para elaboração e revisão das normas regulamentadoras de segurança e saúde no trabalho; certificado de aprovação do equipamento de proteção individual; registro eletrônico de controle de jornada de trabalho; mediação de conflitos coletivos de trabalho; empresas prestadoras de serviços a terceiros; trabalho temporário; gratificação de Natal; relações individuais e coletivas de trabalho rural; vale-transporte; Programa Empresa Cidadã, destinado à prorrogação da licença-maternidade e da licença-paternidade; situação de trabalhadores contratados ou transferidos para prestar serviços no exterior; repouso semanal remunerado e pagamento de salário nos feriados civis e religiosos; Relação Anual de Informações Sociais — RAIS; e Programa de Alimentação do Trabalhador — PAT), além de instituir o Programa Permanente de Consolidação, Simplificação e Desburocratização de Normas Trabalhistas Infralegais e o Prêmio Nacional Trabalhista.

No que concerne ao Programa Permanente de Consolidação, Simplificação e Desburocratização de Normas Trabalhistas Infralegais no âmbito do Ministério do Trabalho e Previdência, o Decreto prevê que o Programa abrangerá iniciativas de revisão, compilação e consolidação dos normativos do Ministério do Trabalho, observadas a oportunidade, conveniência e compatibilização da matéria com as políticas e as diretrizes do Governo Federal e com o marco regulatório, com atenção aos seguintes objetivos gerais: promover a conformidade às normas trabalhistas infralegais e o direito do trabalho digno; buscar a simplificação e a desburocratização do marco regulatório trabalhista, de modo a observar o respeito aos direitos trabalhistas e a redução dos custos de conformidade das empresas;

---

[22] Este Decreto será mais bem analisado no Capítulo 2, da Parte III, que trata sobre "Normas internacionais do trabalho".

[23] Com alterações decorrentes do Decreto n. 11.905/2024, que incluiu disposições sobre o Domicílio Eletrônico Trabalhista.

promover a segurança jurídica; alcançar marco regulatório trabalhista infralegal harmônico, moderno e dotado de conceitos claros, simples e concisos; aprimorar a interação do Ministério do Trabalho e Previdência com os administrados; ampliar a transparência do arcabouço normativo aos trabalhadores, aos empregadores, às entidades sindicais e aos operadores do direito por meio de acesso simplificado ao marco regulatório trabalhista infralegal; promover a integração das políticas de trabalho e de previdência; e melhorar o ambiente de negócios, o aumento da competitividade e a eficiência do setor público, para a geração e a manutenção de empregos.

Os objetivos específicos do Programa são: triar e catalogar a legislação trabalhista infralegal com matérias conexas ou afins; garantir, por meio da articulação entre as áreas, que o repositório de normas trabalhistas infralegais seja disponibilizado em ambiente único e digital, constantemente atualizado; promover a participação social, inclusive por meio de consultas públicas; buscar a harmonização das normas trabalhistas e previdenciárias infralegais.

No âmbito constitucional, a análise do Direito do Trabalho no Brasil deve ser feita em dois períodos, tendo como marco divisor a Revolução de 1930, ou seja, as Constituições Brasileiras anteriores a 1930 (1824 e 1891) e as posteriores a 1930 (1934, 1937, 1946, 1967, com as modificações introduzidas pela Emenda Constitucional n. 1 de 1969, e 1988).

A primeira destas fases é caracterizada pela ausência de proteção aos trabalhadores. As Constituições de 1824 e de 1891 não continham qualquer previsão nesse sentido. A Constituição do Império consagrava a filosofia liberal da Revolução Francesa e, portanto, não poderia impor qualquer intervenção estatal nas relações contratuais de trabalho que, além do mais, eram pouquíssimas, visto que ainda nesta época e até 1888 a mão de obra no Brasil era basicamente escrava. A primeira Carta Republicana foi influenciada pela Constituição norte-americana, estabelecendo um Estado federal, republicano, presidencialista e liberal, o que a impedia de cuidar dos direitos sociais do trabalhador.[24]

A partir de 1930, refletindo o início da intervenção do Estado nas relações de trabalho, as Constituições que se seguiram (1934, 1937, 1946, 1967; e a Emenda Constitucional n. 1, de 1969) trataram dos direitos sociais, passando a proteção do trabalhador, portanto, ao plano de garantia constitucional.

A **Constituição Federal de 1988** tem um **forte conteúdo social**, englobando disposições referentes aos direitos e garantias individuais (art. 5.º), aos direitos sociais (art. 5.º a 11) e, ainda, às disposições que compõem o Título VIII (Da Ordem Social).[25]

---

[24] A Constituição Federal de 1891 limitou-se a prever a liberdade de exercício de profissão (art. 127, § 24).
[25] Conforme afirma Arnaldo Süssekind, apesar do forte conteúdo social da Carta Política de 1988, existe em seu texto uma contradição: ela não é rigorosamente liberal-democrática, mas também não chega a ser social-democrática. *Direito constitucional do trabalho*. Rio de Janeiro: Renovar, 1999. p. 55.

1.3. FUTURO DO TRABALHO

Os avanços tecnológicos que caracterizam a chamada **4.ª Revolução Industrial** que está em curso, em especial a inteligência artificial, a automação e a robótica, estão transformando o mundo do trabalho e têm gerado uma grande discussão sobre qual será o **futuro do trabalho e do Direito do Trabalho**.

As profissões, o ambiente de trabalho e o próprio modo de relação entre o trabalhador e o tomador dos serviços estão sendo alterados e um dos pontos que vem gerando discussões e apreensões diz respeito à **manutenção dos postos de trabalho/desemprego**. Embora a tecnologia gere novos postos de trabalho, o fato é que os trabalhadores que perdem seu trabalho nessa transição provavelmente não estejam preparados para as novas oportunidades de emprego. As competências exigidas hoje dos trabalhadores certamente não coincidirão com os trabalhos do futuro, e as competências recém adquiridas podem rapidamente tornar-se obsoletas.

Outro aspecto central nessa discussão é a **economia de plataformas**, uma das formas mais visíveis da revolução digital. A enorme diversidade de plataformas e aplicações, a variedade de novos modelos de negócio digital e engenharia financeira, as incubadoras, os espaços de *coworking*, a "smartificação" dos territórios, a grande diversidade e vulnerabilidade do trabalho digital, são alguns dos temas principais da economia da transformação tecnológica e digital.

A economia das plataformas, devido à sua grande variedade e possibilidades, assenta-se em modelos de trabalho muito diversificados que não têm, ainda, no âmbito do Direito do Trabalho em vigor, um regramento bem estabelecido, isto é, reina a precariedade do trabalho como regra. Trabalho independente, trabalho intermitente, trabalho contributivo, trabalho a pedido, entre outras, são modalidades que vêm sendo adotadas nos diversos países e que têm gerado grandes discussões sobre a existência ou não de vínculo de emprego na forma tradicionalmente reconhecida.[26-27-28]

---

[26] A relação entre o trabalhador e a plataforma Uber é a que vem sendo mais discutida no mundo todo. Nos países e nas diversas cidades do mundo em que a Uber está presente, o entendimento que vem prevalecendo é no sentido de não se tratar de relação de emprego. No Brasil, decisão do TST (fev./2020) concluiu que não há vínculo empregatício entre o motorista e a empresa Uber (TST — **ERR — 1000123-89.2017.5.02.0038** — 5.ª T., rel. Min. Breno Medeiros). A decisão foi no sentido de reconhecer a autonomia do motorista no desempenho das atividades, o que descaracteriza a subordinação: *"A ampla flexibilidade do trabalhador em determinar a rotina, os horários de trabalho, os locais em que deseja atuar e a quantidade de clientes que pretende atender por dia é incompatível com o reconhecimento da relação de emprego, que tem como pressuposto básico a subordinação."* Outro ponto considerado na decisão é que, entre os termos e condições relacionados aos serviços, está a reserva ao motorista do equivalente a 75% a 80% do valor pago pelo usuário. Segundo o ministro, esse percentual é superior ao que o TST vem admitindo como bastante para a caracterização da relação de parceria entre os envolvidos. *"O rateio do valor do serviço em alto percentual a uma das partes evidencia vantagem remuneratória não condizente com o liame de emprego."*

Estão em causa os direitos sociais e sindicais, as remunerações, os benefícios da segurança social, o direito à empregabilidade etc.[29]

Em meio a tantas e tão velozes alterações, o futuro do trabalho e, consequentemente, a própria existência e objetivos do Direito do Trabalho estão no centro das discussões, dividindo opiniões entre os que acreditam que será o fim do Direito do Trabalho e aqueles que, esperançosos, creem que soluções e caminhos serão encontrados para que, apesar dos novos modelos e contextos do trabalho, o trabalhador continue a ser o foco de uma proteção necessária.

Nesse sentido, em 2017 a Organização Internacional do Trabalho (OIT) criou a Comissão Mundial sobre o Futuro do Trabalho, com função de realizar um exame aprofundado do futuro do trabalho, análise essa que serviu de base para a adoção pela Organização, na 108.ª Conferência Internacional realizada em 2019 e na qual se comemorou o seu centenário, da ***Declaração do Centenário da OIT para o Futuro do Trabalho***.

Na Declaração, a OIT convoca todos os Estados Membros a agirem no sentido de: assegurar que todas as pessoas possam se beneficiar das transformações do mundo do trabalho, garantir uma relação de trabalho adequada e de longa duração, zelar por uma proteção adequada a todos os trabalhadores, promover um desenvolvimento econômico sustentável e inclusivo, o pleno emprego e o trabalho digno.

---

[27] Em sentido contrário, porém, a 3.ª Turma do TST adotou entendimento de que há vínculo de emprego entre motorista e o Uber, sob o fundamento de que estão presentes na relação mantida entre empresa e motoristas todas as características da relação de emprego e, especificamente quanto à subordinação, além das modalidades já conhecidas da doutrina e jurisprudência ("clássica", "objetiva" e "estrutural"), há verdadeira *"subordinação algorítmica",* tendo em vista *"a empresa valer-se de um sistema sofisticado de arregimentação, gestão, supervisão, avaliação e controle de mão de obra intensiva, à base de ferramentas computadorizadas, internáuticas, eletrônicas, de inteligência artificial e hiper-sensíveis, aptas a arquitetarem e manterem um poder de controle empresarial minucioso sobre o modo de organização e de prestação dos serviços de transportes justificadores da existência e da lucratividade da empresa reclamada"* (TST — **E-RR — 100353-02.2017.5.01.0066** — rel. Min. Maurício Godinho Delgado).

[28] Diante da divergência jurisprudencial (processos acima indicados), no TST a questão aguarda julgamento pela SDI-1 (consulta realizada em 02.01.2025).

[29] No Brasil, especificamente durante a vigência de emergência em saúde pública decorrente do coronavírus responsável pela covid-19, e somente em relação aos entregadores através de plataformas, vide a Lei n. 14.297, de 05.01.2022. No âmbito internacional há propostas da Comissão da União Europeia de Diretiva tratando da questão. As propostas visam, entre outros aspectos, determinar corretamente o estatuto profissional dos trabalhadores de plataformas através de um conjunto de critérios claros que lhes permitam aceder aos direitos laborais e sociais existentes, incluindo o direito a um salário mínimo (se existir), a negociação coletiva, o tempo de trabalho e a proteção da saúde, o direito a férias remuneradas ou a um melhor acesso à proteção contra acidentes de trabalho, subsídios de desemprego e de doença, bem como pensões de velhice, e, também, dar uma maior segurança jurídica para as plataformas de trabalho digitais, que se beneficiarão de uma redução das despesas de contencioso e dos encargos administrativos, evitando processos judiciais individuais.

A Declaração também estabelece prioridades para a atuação da OIT, conforme previsto em seu Programa para o Futuro do Trabalho que, centrado nas pessoas, busca fortalecer o contrato social, situando os trabalhadores e o trabalho que realizam no centro das políticas econômicas e sociais e na prática empresarial. O Programa prevê três eixos de atuação que, combinados entre si, terão, de acordo com a OIT, capacidade de gerar crescimento, igualdade e sustentabilidade para as gerações atuais e futuras: investimento na capacitação das pessoas, incremento das instituições do trabalho, investimento em trabalho digno e sustentável.

O relatório de 11 de março de 2019 da OIT, elaborado pela Comissão Mundial sobre o Futuro do Trabalho, reflete sobre as forças que estão mudando o mundo do trabalho e afirma, entre outros aspectos, a necessidade de aproveitar as oportunidades que estas mudanças transformadoras oferecem para criar um futuro melhor e alcançar segurança econômica, igualdade de oportunidades e justiça social e, em última instância, reforçar o tecido social das sociedades, tendo sido apresentado pelo Diretor-Geral da OIT à Conferência do Centenário (108.ª Sessão).

Assim, o Direito do Trabalho encontra-se em um **momento de grandes desafios**, sendo necessário um novo olhar sobre ele, uma adaptação imprescindível para sua continuidade e um consenso sobre a sua importância no contexto das relações de trabalho.

No Brasil, o questionamento que se coloca é se as diversas alterações legislativas que vêm sendo verificadas desde 2017 são suficientes para a modernidade exigida pelos cenários mundiais acima indicados, mas com a manutenção da tão necessária proteção do trabalhador. Mais uma vez, o desafio que se apresenta, e que parece mais atual do que nunca, é identificar e definir o tamanho dessa proteção, com a manutenção da busca da justiça social, mas sem impedir o desenvolvimento econômico e acompanhando o turbilhão de modificações advindas da Revolução Tecnológica.

1.4. CARACTERÍSTICAS DO DIREITO DO TRABALHO

O Direito do Trabalho tem características que o singularizam e o diferenciam dos demais ramos da ciência jurídica. Estes caracteres dos quais se reveste dão fisionomia própria e única ao Direito do Trabalho, que só pode ser compreendido a partir da análise de seu conjunto.

São **características do Direito do Trabalho**:[30]

■ *é um direito em constante formação e evolução* — as relações jurídicas reguladas pelo Direito do Trabalho são dinâmicas e estão continuamente em mudança, sofrendo influência direta dos fatos econômicos, sociais e políticos. O Direito do

---

[30] MORAES FILHO, Evaristo de; MORAES, Antonio Carlos Flores de. *Introdução ao direito do trabalho*. 8. ed. rev., atual. e ampl. São Paulo: LTr, 2000. p. 52-59.

Trabalho evolui e se modifica a partir das transformações ocorridas na sociedade, caracterizando-se por esta razão como um dos ramos mais dinâmicos da Ciência do Direito;[31]

■ *é um direito especial* — o Direito do Trabalho refere-se a categorias determinadas de pessoas — preponderantemente aos trabalhadores que exercem trabalho subordinado e remunerado — sendo o direito comum sua fonte **subsidiária**.[32] Isso o torna um direito especial;

■ *é intervencionista* — o caráter intervencionista do Direito do Trabalho está ligado à sua própria origem histórica. Diante do desequilíbrio econômico-social surgido a partir da Revolução Industrial, o Estado deixa de lado a postura de mero espectador e passa a intervir nas relações entre empregadores e trabalhadores, equilibrando as forças e diminuindo os efeitos da desigualdade econômica existente entre as partes;[33]

■ *tem cunho nitidamente universal* — como instrumento de regulação das relações humanas, o Direito do Trabalho tem cunho nitidamente universal. O caráter universal do Direito do Trabalho afirmou-se com o Tratado de Versalhes de 1919, que previu a necessidade de uniformizar e internacionalizar as legislações de proteção ao trabalho e, nesse sentido, criou a Organização Internacional do Trabalho (OIT), que, desde então, vem formulando regras de aplicação universal, que tendem a igualar as condições de trabalho no mundo todo;[34]

■ *seus principais institutos são de ordem coletiva e socializante* — o Direito do Trabalho, tal como é hoje, é fruto da consciência e da atuação coletiva dos trabalhadores, pela organização de associações ou grupos de proteção de seus interesses. O reconhecimento de que, além do interesse individual de cada trabalhador, existem interesses dos grupos de trabalhadores que também necessitam ser protegidos (interesses coletivos) dá ao Direito do Trabalho um forte cunho coletivo e social. Aliás, exatamente por seus institutos de índole coletiva é que o Direito do Trabalho mais se particulariza em relação aos demais ramos da ciência jurídica;

---

[31] Nesse sentido, *vide* o item 1.3 deste Capítulo, que trata do futuro do trabalho e do Direito do Trabalho.

[32] Nesse sentido, o § 1.º do art. 8.º da CLT, estabelece: "O direito comum será fonte subsidiária do direito do trabalho".

[25] A despeito das grandes mudanças introduzidas pela Lei n. 13.467/2017, em especial no que tange à prevalência do negociado sobre o legislado, de um modo geral a característica intervencionista do Direito do Trabalho não deixa de existir, embora mitigada. Diante dos grandes desafios impostos pela 4.ª Revolução Industrial, para o futuro a definição da intensidade e da amplitude desse intervencionismo estará no centro das discussões e o Direito do Trabalho precisa encontrar a melhor solução para a equação tecnologia X globalização X desenvolvimento econômico X geração de empregos dignos e sustentáveis X proteção do trabalhador.

[34] Em 2019 a OIT completou 100 anos e adotou, em sua 108.ª Conferência, a *Declaração do Centenário da OIT para o Futuro do Trabalho*, através da qual tem por objetivo manter sua importante atuação na busca da justiça social, mesmo diante dos desafios que o futuro do trabalho descortina.

■ *é direito de transição e de transação* — é inegável que, em um Estado social ou democrático de direito, a principal tarefa da ciência do Direito é a obtenção da paz social, pelo advento de uma sociedade menos injusta socialmente.[35] O Direito do Trabalho é o ramo do Direito que melhor reflete esse **ideal de justiça social**.

CARACTERÍSTICAS DO DIREITO DO TRABALHO
▣ Direito em constante formação e evolução
▣ Direito especial
▣ Intervencionismo
▣ Cunho universal
▣ Ordem coletiva e socializante de seus principais institutos
▣ Direito de transição e de transação

1.5. FUNÇÕES DO DIREITO DO TRABALHO

Falar em *funções* significa referir-se ao sistema de valores que o Direito do Trabalho pretende realizar, aos objetivos ou propósitos do ordenamento trabalhista, ao papel que este ramo da ciência do Direito desempenha na sociedade.

A doutrina aponta as seguintes funções do Direito do Trabalho: a) função social; b) função econômica; c) função tutelar; d) função integradora ou de coordenação; e) função conservadora ou opressora do Estado.

No entanto, segundo Amauri Mascaro Nascimento, ao se estudar tais funções não se pode olvidar que o Direito do Trabalho é instrumento de realização da justiça social e de tutela do trabalhador, e que suas funções somente podem ser cumpridas se previstas em uma estrutura jurídica formal que molde o seu conteúdo e fixe os preceitos e as sanções determinantes dos comportamentos autorizados ou proibidos nas relações entre trabalhadores e empregadores.[36]

São **funções do Direito do Trabalho:**

■ *função social* — é a que estabelece que tal ramo jurídico é o meio de realização de valores sociais, pois visa a preservação da dignidade humana do trabalhador, considerada como valor absoluto e universal (justiça social);

■ *função econômica* — segundo tal função, a concessão de vantagens econômicas ao trabalhador é necessária para que possa ter meios de subsistência para si e para sua família, mantendo-se o equilíbrio econômico na sociedade. O Direito do Tra-

---

[35] A Constituição Federal de 1988 reflete de forma inequívoca esse ideal: no art. 1.º, estabelece que a República Federativa do Brasil é um Estado Democrático de Direito e indica entre seus fundamentos a dignidade da pessoa humana e os valores sociais do trabalho e da livre-iniciativa; no art. 3.º, indica, entre os seus objetivos fundamentais, o de construir uma sociedade livre, justa e solidária e o de reduzir as desigualdades sociais. Além disso, contém um capítulo (II) referente aos direitos sociais e, no art. 170, estabelece que a ordem econômica deve ter por fundamento os ditames da justiça social.

[36] NASCIMENTO, Amauri Mascaro. *Teoria geral do direito do trabalho*. São Paulo: LTr, 1998. p. 58.

balho tem por função, portanto, estabelecer os meios necessários para evitar a desestabilização econômica do sistema;

■ *função tutelar* — o Direito do Trabalho protege o trabalhador contra os abusos do poder econômico e contra a exploração. Esta função, que fundamenta o próprio surgimento do Direito do Trabalho, é cumprida por meio da elaboração de normas jurídicas de tutela do trabalhador e restritivas da autonomia individual, seja pelo próprio Estado, por meio da elaboração de leis, seja pelo poder de representação concedido aos sindicatos. Tal função visa diminuir o desequilíbrio existente entre as partes da relação de trabalho;[37]

■ *função integradora ou de coordenação* — por essa função, o Direito do Trabalho deve integrar e coordenar os interesses sociais com os interesses econômicos, ou seja, sua finalidade protetora deve combinar com a coordenação dos interesses do capital e do trabalho;

■ *função conservadora ou opressora do Estado* — o Direito do Trabalho é expressão da força e da opressão do Estado, que se utiliza das leis para ofuscar e sufocar os movimentos operários e para restringir a autonomia privada coletiva, impedindo ou dificultando as reivindicações dos trabalhadores.[38]

Maurício Godinho Delgado afirma serem funções do Direito do Trabalho a *melhoria das condições de pactuação da força de trabalho na ordem socioeconômica* (que o autor aponta como sendo valor e direção finalística do Direito do Trabalho), *o caráter modernizante e progressista, do ponto de vista econômico e social e, por fim, a função civilizatória e democrática.*[39]

FUNÇÕES DO DIREITO DO TRABALHO	
SOCIAL	■ Realização de valores sociais. ■ Preservação da dignidade humana do trabalhador. ■ Justiça social.
ECONÔMICA	■ Garantia de subsistência do trabalhador e de sua família. ■ Equilíbrio econômico da sociedade.
TUTELAR	■ Proteção do trabalhador.

---

[37] Muito embora a *Reforma Trabalhista* trazida pela Lei n. 13.467/2017 tenha ampliado as possibilidades de exercício da autonomia individual pelo trabalhador, em especial em razão da inclusão do parágrafo único do art. 444, CLT, a função tutelar do Direito do Trabalho não desapareceu, mormente porque o fundamento desta, qual seja, o desequilíbrio existente entre as partes da relação de trabalho, continua a existir e a ser verificado concretamente.

[38] Ainda que se considere essa função do Direito do Trabalho, apontada por alguns autores, o fato é que a mesma foi bastante mitigada pela *Reforma Trabalhista* perpetrada pela Lei n. 13.467/2017, que, como principal alteração, prevê a prevalência do negociado sobre o legislado, e prevê, ainda, uma ampliação da autonomia de vontade do trabalhador, validando pactuações individuais entre o mesmo e o empregador, ou seja, diminuiu sensivelmente a atuação conservadora ou opressora do Estado nas relações entre trabalhadores e empregadores.

[39] DELGADO, Maurício Godinho. *Curso de direito do trabalho*. 18. ed. São Paulo: LTr, 2019, p. 55-61.

COORDENADORA	▪ Integração e coordenação de interesses sociais e econômicos.
OPRESSORA DO ESTADO	▪ Exercício da força do Estado para controlar os movimentos operários e restringir a autonomia privada coletiva (que, porém, foi mitigada pela prevalência do negociado sobre o legislado prevista pela Lei n. 13.467/2017).

1.6. NATUREZA JURÍDICA DO DIREITO DO TRABALHO

Determinar a natureza jurídica de um ramo do Direito significa classificá-lo entre os demais ramos da ciência jurídica a partir da dicotomia entre direito público e direito privado, conforme as suas normas refiram-se à organização do Estado ou aos interesses dos particulares.

Diversas são as teorias desenvolvidas pela doutrina sobre a natureza do Direito do Trabalho, entre elas a do *direito público* e do *direito privado* (as duas principais), a do *direito misto*, a do *direito social* e, por fim, a do *direito unitário*, sendo certo que o estudo sobre a natureza do Direito do Trabalho é de grande importância teórica e prática, tendo em vista que a aplicação e a interpretação das normas jurídicas, conforme sejam de direito público ou de direito privado, subordinam-se a regras e princípios diferentes.

Os juristas que afirmam ser o Direito do Trabalho um ramo do **Direito Público** fundamentam sua posição na constatação de que, na sua maior parte, é fruto do intervencionismo estatal, ou seja, o Estado intervém nas relações privadas de trabalho e substitui a livre manifestação de vontade de cada um, pela sua própria vontade, manifestada por meio da lei. As relações jurídicas reguladas pelo Direito do Trabalho são, portanto, aprioristicamente delineadas pela lei e só por exceção derivadas do exercício da autonomia da vontade das partes.

Amauri Mascaro Nascimento ensina que os argumentos apontados pelos adeptos desta teoria são de três ordens: 1) *natureza administrativa de algumas das normas trabalhistas*, como é o caso das normas de fiscalização trabalhista; 2) *imperatividade das normas trabalhistas*, sendo nulo qualquer ato destinado a desvirtuar, impedir ou fraudar sua aplicação (CLT, art. 9.º); 3) *caráter estatutário das normas trabalhistas*, tendo em vista a semelhança que possuem com as relações mantidas pelo Estado com os agentes públicos no âmbito do Direito Administrativo.[40]

Somam-se, ainda, a estes argumentos a *irrenunciabilidade* e a *impossibilidade de se reconhecer o conteúdo contratual das normas* trabalhistas. A irrenunciabilidade decorre da necessidade de proteção ao trabalhador, enquanto o segundo argumento fundamenta-se na quantidade de normas que regulam a relação de emprego e que devem ser cumpridas sob pena de aplicação das sanções previstas em lei.

Com a **Reforma Trabalhista** trazida pela **Lei n. 13.467/2017** amplia-se significativamente a autonomia individual do trabalhador e o negociado passa a prevalecer sobre o legislado, o que, sem dúvida alguma, afeta os fundamentos da teoria do Direito do Trabalho como ramo do Direito Público que, a nosso ver, perde, de vez, relevância.

---

[40] NASCIMENTO, Amauri Mascaro. *Iniciação ao direito do trabalho*. 34. ed. São Paulo: LTr, 2009. p. 74.

A irrenunciabilidade e a impossibilidade de se reconhecer o conteúdo contratual das normas trabalhistas foram mitigadas pela *Reforma Trabalhista*.

Aqueles que sustentam ser o Direito do Trabalho um ramo do *Direito Privado*, o fazem com base na sua origem e nos seus sujeitos.

Em relação à origem, o Direito do Trabalho nasceu mesclado às normas do Direito Civil, e o contrato de trabalho deriva da locação de serviços do Código Civil. No que tange aos sujeitos do contrato de trabalho, estes são dois particulares agindo no seu próprio interesse.

O fato de no Direito do Trabalho existirem normas irrenunciáveis e, portanto, de ordem pública, não tem força suficiente para deslocá-lo para o âmbito do Direito Público, mesmo porque isso ocorre também no Direito Civil em relação, por exemplo, às normas relativas ao direito de família.

A posição majoritária encontrada na doutrina é no sentido de considerar o Direito do Trabalho um ramo do Direito Privado. Adepto desta corrente, Amauri Mascaro Nascimento afirma que a liberdade sindical e a proibição de interferência do Estado na organização sindical reforçam a natureza de direito privado do Direito do Trabalho.[41]

Parece-nos que a *Reforma Trabalhista* trazida pela **Lei n. 13.467/2017**, ao ampliar significativamente a autonomia individual do trabalhador e ao prever que o negociado passa a prevalecer sobre o legislado, insere definitivamente o *Direito do Trabalho* no âmbito do Direito Privado. A irrenunciabilidade foi mitigada pela *Reforma Trabalhista*.

Os doutrinadores que afirmam ser o Direito do Trabalho um ramo do *Direito Social* sustentam que ele reúne normas de proteção às pessoas economicamente mais fracas (também chamadas de hipossuficientes), sendo impossível, por esta razão, a sua classificação em direito público ou direito privado. O homem trabalhador é visto como integrante do social e, por sua hipossuficiência, deve ser protegido.

A corrente doutrinária que sustenta ser o Direito do Trabalho um *Direito Misto* fundamenta sua posição no fato de que tal ramo do Direito tem em sua composição tanto normas de direito público como normas de direito privado, ora predominando umas, ora outras, razão pela qual não pode ser enquadrado em qualquer um dos âmbitos da dicotomia clássica.

Os adeptos de tal teoria não reconhecem a unidade conceitual do Direito do Trabalho e afirmam ser necessário examinar parcialmente cada um dos grupos homogêneos de suas normas, para enquadrá-las dentro do Direito Público ou do Direito Privado.

A teoria que sustenta que o Direito do Trabalho é um terceiro gênero resultante da fusão entre o público e o privado é chamada de *Direito Unitário*. Diferentemente da teoria do *direito misto*, que afirma que no Direito do Trabalho as normas de direito público coexistem com as normas de direito privado sem, no entanto, se fundirem, a teoria do *direito unitário* afirma que a fusão das normas de direito público com as normas de

---

[41] NASCIMENTO, Amauri Mascaro. *Iniciação ao direito do trabalho*, p. 76.

direito privado faz surgir uma terceira realidade, diferente das concepções clássicas derivadas da dicotomia do Direito.

NATUREZA JURÍDICA DO DIREITO DO TRABALHO	
DIREITO PÚBLICO	▪ Intervencionismo estatal nas relações privadas de trabalho. ▪ Imperatividade das normas trabalhistas. ▪ Irrenunciabilidade de direitos pelo trabalhador.
DIREITO PRIVADO	▪ Deriva da locação de serviços do Código Civil. ▪ Os sujeitos do contrato de trabalho são dois particulares agindo no seu próprio interesse. ▪ A autonomia individual do trabalhador é reconhecida (Lei n. 13.467/2017). ▪ O negociado prevalece sobre o legislado (Lei n. 13.467/2017).
DIREITO MISTO	▪ Tem em sua composição tanto normas de direito público como normas de direito privado, que convivem entre si.
DIREITO SOCIAL	▪ Normas de proteção às pessoas economicamente mais fracas, que não podem ser classificadas nem como de direito público, nem como de direito privado.
DIREITO UNITÁRIO	▪ Fusão das normas de direito público com as normas de direito privado faz surgir uma terceira realidade, diferente das concepções clássicas derivadas da dicotomia do Direito.

1.7. AUTONOMIA DO DIREITO DO TRABALHO

O conceito de autonomia no campo do Direito resulta de seu intenso e contínuo desenvolvimento ao longo da história, o que faz com que as necessidades da sociedade obriguem o seu desmembramento e a sua especialização.

Portanto, o Direito se apresenta, no quadro geral da ciência, como um todo orgânico, como um tronco comum do qual partem diversos ramos, que vão se diferenciando à medida que o meio social, pela maior complexidade de suas relações, vai exigindo novas regulamentações.

Formam-se, então, sistemas particulares de normas jurídicas que, embora sejam autônomos entre si, coordenam-se e subordinam-se ao sistema geral do Direito, ou seja, surge a especialização, que não pode, porém, significar a perda da unidade do conjunto.

A autonomia de um determinado ramo do Direito decorre da existência de autonomia legislativa, de autonomia didática e de autonomia científica ou doutrinária.

Atualmente, os doutrinadores sustentam a autonomia do Direito do Trabalho, já que, como ramo do Direito, além de preencher os requisitos acima, tem ainda autonomia jurisdicional.

A *autonomia legislativa* do Direito do Trabalho no Brasil teve início na década de 1930, quando foram elaboradas inúmeras leis trabalhistas, firmou-se com o advento da Consolidação das Leis do Trabalho em 1943 e se confirmou definitivamente a partir da promulgação da Constituição Federal de 1988, que contém inúmeros dispositivos relativos ao Direito do Trabalho.

Em decorrência da sua própria autonomia legislativa, o Direito do Trabalho é composto de normas cada vez mais numerosas, o que leva à exigência de uma atenção especial do jurista em relação a elas: para poder estudá-las e aplicá-las nas situações concretas, é preciso nelas se especializar. Assim, a bibliografia trabalhista é vasta, formada por tratados, cursos, teses, entre outros, resultando, sem dúvida, em uma *autonomia doutrinária*.

A *autonomia didática* do Direito do Trabalho decorre de sua maturidade científica, que faz com que seja estudado como disciplina específica, não só nas Faculdades de Direito, como também em outras, como Administração de Empresas e Economia.

Completa a convicção acerca da autonomia do Direito do Trabalho o fato de contar com uma jurisdição especial (Justiça do Trabalho), conforme disposto pelo **art. 92 da Constituição Federal de 1988**. Assim, a existência de uma estrutura judicial específica para tratar de questões trabalhistas revela sua *autonomia jurisdicional*.

AUTONOMIA DO DIREITO DO TRABALHO
▪ Autonomia legislativa
▪ Autonomia doutrinária
▪ Autonomia didática
▪ Autonomia jurisdicional

1.8. DIVISÃO DO DIREITO DO TRABALHO

Assim como o Direito divide-se em ramos, o Direito do Trabalho também apresenta uma divisão, que leva em conta a diversidade das normas trabalhistas e a necessidade de agrupá-las de uma forma ordenada em setores específicos, que compõem o todo.

Tradicionalmente e de acordo com grande parte dos doutrinadores, essa divisão se dá em dois grupos: o direito individual do trabalho e o direito coletivo do trabalho.

No entanto, alguns outros doutrinadores afirmam que essa divisão em dois grandes grupos é genérica, sendo necessária uma maior especificidade para que se possa entender todo o conjunto de normas trabalhistas. Nesse sentido, tais autores dividem o Direito do Trabalho também em direito tutelar do trabalho e direito público do trabalho.

Assim, segundo o tipo de relação mantida pelos sujeitos na relação jurídica trabalhista, **o Direito do Trabalho se divide em:**

- Direito Individual do Trabalho.
- Direito Tutelar do Trabalho.
- Direito Coletivo do Trabalho.
- Direito Público do Trabalho.

O objeto do ***Direito Individual do Trabalho*** é o estudo das relações individuais de trabalho subordinado mantidas por seus sujeitos (empregado e empregador), analisando os direitos e as obrigações decorrentes do contrato de trabalho.

O ***Direito Tutelar do Trabalho*** compõe-se das normas jurídicas que impõem ao trabalhador e ao empregador deveres jurídicos públicos, com vistas à proteção do primeiro, ou seja, normas jurídicas por meio das quais o intervencionismo estatal mostra-se mais acentuado do que em outras áreas da mesma disciplina, com o objetivo claro de conferir maior proteção ao trabalhador.[42]

Nesse sentido, compõem o Direito Tutelar do Trabalho as normas relativas a: identificação e registro profissional; limitação da jornada de trabalho; períodos de descanso, incluindo descanso semanal remunerado e férias; proteção ao trabalho da mulher; proteção ao trabalho do menor; e medicina e segurança do trabalho.

O ***Direito Coletivo do Trabalho*** tem por base as relações coletivas de trabalho (grupos de empregados e grupos de empregadores), os conflitos delas advindos e os órgãos que representam os grupos respectivos. Além disso, o Direito Coletivo do Trabalho abrange as normas jurídicas derivadas da solução dos conflitos coletivos e que são fonte do próprio Direito do Trabalho.

Portanto, o Direito Coletivo do Trabalho é composto basicamente das normas que regulam: a organização de trabalhadores e de empregadores, no âmbito da profissão e da empresa; as convenções e os acordos coletivos de trabalho; os conflitos coletivos e as formas de solucioná-los.

Por fim, ***Direito Público do Trabalho*** é a parte do Direito do Trabalho composta pelo conjunto de normas e princípios que regulam a relação de cada um dos sujeitos da relação de emprego com o Estado. Entre as normas aqui abrangidas estão, por exemplo, as referentes à fiscalização do trabalho, à formação, qualificação e colocação da mão de obra, ao fundo de amparo ao trabalhador, ao seguro-desemprego.

Alguns autores, no entanto, adotam uma classificação mais ampla e mais segmentada do Direito do Trabalho ou, como diz Maurício Godinho Delgado, da "área jurídica trabalhista".[43] Nesse contexto mais ampliado, o autor destaca:[44]

> ■ **Direito Constitucional do Trabalho** — estruturado, sob a perspectiva científica, a partir da Constituição Federal de 1988, que contém inúmeros aspectos de definição e influência no Direito do Trabalho (por exemplo, Estado Democrático de Direito, direitos e garantias individuais e sociais fundamentais, princípio da dignidade humana)
>
> ■ **Direito Internacional do Trabalho** — desde a criação da Organização Internacional do Trabalho (OIT), a normatização internacional, principalmente através das Convenções, "tem mantido e até incrementado sua influência no âmbito interno das realidades normativas nacionais". A isso "some-se o fato de que também a Organização das Nações Unidas (ONU), desde a sua instituição (1945), tem aprovado Declarações e/ou Convenções Internacionais que também ostentam relevância para o Direito do Trabalho".

---

[42] Muito embora a *Reforma Trabalhista* trazida pela Lei n. 13.467/2017 tenha ampliado as possibilidades de exercício da autonomia individual pelo trabalhador, em especial em razão da inclusão do parágrafo único do art. 444, CLT, o intervencionismo estatal não desapareceu, tendo sido apenas mitigado. O fundamento da tutela ao trabalhador, qual seja, o desequilíbrio existente entre as partes da relação de trabalho, continua a existir e a ser verificado concretamente.

[43] DELGADO, Maurício Godinho. *Curso de direito do trabalho*. 18. ed. São Paulo: LTr, 2019, p. 63-64.

[44] DELGADO, Maurício Godinho. *Curso de direito do trabalho*. 18. ed. São Paulo: LTr, 2019, p. 64-69.

■ **Direito Ambiental do Trabalho** — constituído pela "concentração de estudos e regramentos jurídicos sobre o meio ambiente do trabalho", que ganhou destaque a partir da Constituição Federal de 1988, principalmente pela "circunstância de se ter tornado possível, do ponto de vista jurídico, a responsabilização do empregador e/ou do tomador de serviços pelos danos materiais e morais" decorrentes de acidentes do trabalho e/ou de doenças profissionais.

1.9. QUESTÕES

QUESTÕES DE CONCURSOS
> uqr.to/1z7e5

2

PRINCÍPIOS DO DIREITO DO TRABALHO

2.1. IMPORTÂNCIA E CONCEITO

Considerando-se que o Direito do Trabalho é um ramo jurídico autônomo, torna-se evidente que possui princípios próprios diferentes dos que inspiram os outros ramos da ciência jurídica.

Os princípios são os preceitos fundamentais de uma determinada disciplina e, como tal, servem de fundamento para seus institutos e para sua evolução. Constituem o núcleo inicial do próprio Direito, em torno dos quais vai tomando forma toda a estrutura científica da disciplina em questão.

Há princípios que valem para todas as formas de saber, outros são aplicáveis a diversos campos de conhecimento e outros, ainda, referem-se especificamente a uma ciência. Miguel Reale os chama, respectivamente, de **princípios onivalentes**, **plurivalentes** e **monovalentes**.[1]

- Princípios onivalentes → aplicáveis a todas as ciências
- Princípios plurivalentes → aplicáveis a diversas ciências
- Princípios monovalentes → aplicáveis especificamente a uma ciência

Os princípios devem iluminar tanto o legislador, ao elaborar as leis dos correspondentes sistemas, como o intérprete, ao aplicar as normas ou sanar omissões do respectivo ordenamento legal.

Os **princípios do Direito do Trabalho** são as **ideias fundamentais e informadoras do ordenamento jurídico trabalhista**, ou seja, constituem postulados e diretrizes que inspiram as normas que regulam as relações de trabalho.

Segundo Américo Plá Rodriguez, são três os **elementos que integram a noção de princípios do Direito do Trabalho**:[2]

- são enunciados básicos que abrangem uma série indefinida de situações, ou seja, "um princípio é algo mais geral do que uma norma porque serve para inspirá-la,

---

[1] REALE, Miguel. *Lições preliminares de direito*. 11. ed. rev. São Paulo: Saraiva, 1984. p. 299.
[2] PLÁ RODRIGUEZ, Américo. *Princípios de direito do trabalho*. 3. ed. atual. São Paulo: LTr, 2000. p. 37-38.

para entendê-la, para supri-la. E cumpre essa missão relativamente a um número indeterminado de normas";

■ são próprios do Direito do Trabalho e exatamente por isso o diferenciam dos demais ramos do Direito, confirmando sua autonomia e peculiaridade;

■ é imprescindível que tenham alguma conexão ou relação entre si, pois considerados em sua totalidade representam a própria fisionomia do Direito do Trabalho, servindo para harmonizar e ligar as suas normas umas às outras, evitando que se transformem em uma série de fragmentos desconexos.

A compreensão do seu sentido põe em relevo a importância dos princípios do Direito do Trabalho: eles são o alicerce científico, as vigas de sustentação de toda a construção doutrinária e normativa relativa aos seus fundamentos.

A **Reforma Trabalhista** introduzida pela Lei n. 13.467/2017, porém, trouxe profundas e significativas modificações no Direito do Trabalho no Brasil, a ponto de, como se verá adiante, afetar concretamente alguns dos seus princípios, levando a uma aplicação diferente dos mesmos.

Assim, os *princípios do Direito do Trabalho* e suas funções, indicadas a seguir, devem, a partir de agora, ser analisados e aplicados de acordo com as modificações decorrentes da **Reforma Trabalhista**.[3]

Os **princípios têm como função** a criação, a aplicação e a interpretação do Direito do Trabalho, ou seja, conforme Plá Rodriguez, têm: *função informadora* (inspiram o legislador, servindo de fundamento para o ordenamento jurídico); *função normativa* (atuam como fonte supletiva, no caso de ausência de lei; são meios de integração do Direito); e *função interpretativa* (operam como critério orientador do juiz ou do intérprete).[4]

FUNÇÃO DOS PRINCÍPIOS
■ *Função informadora* → criação de norma/inspiração ao legislador
■ *Função normativa* → integração do Direito em caso de lacuna/fonte supletiva
■ *Função interpretativa* → critério orientador na interpretação do Direito

Para cumprir a função integrativa do direito, o intérprete conta com técnicas que são indicadas pelo ordenamento jurídico, entre elas a utilização dos princípios gerais de direito e dos princípios específicos do Direito do Trabalho. Nesse sentido, a **Lei de Introdução às Normas do Direito Brasileiro (art. 4.º)**, que é uma lei de aplicação geral, e o **Código de Processo Civil (art. 140)**, autorizam o juiz, quando a lei for omissa, a

---

[3] Entre as previsões legais trazidas pela Reforma Trabalhista que de algum modo afetam os princípios do Direito do Trabalho destaca-se o art. 611-A da CLT, que prevê a prevalência do negociado sobre o legislado, e que, inclusive, já foi objeto de análise pelo STF, com a definição do Tema 1.046 de Repercussão Geral, que será analisado, quanto aos seus efeitos e consequências, nos capítulos seguintes.

[4] PLÁ RODRIGUEZ, Américo. *Princípios de direito do trabalho*, p. 43-44.

decidir de acordo com a analogia, os costumes e os princípios gerais de direito. Da mesma forma, a **CLT, em seu art. 8.º**, estabelece que as autoridades administrativas e a Justiça do Trabalho podem, para sanar omissões, socorrerem-se dos princípios e normas gerais de direito, principalmente do Direito do Trabalho.

> **Art. 4.º, LINDB:** "Quando a lei for omissa, o juiz decidirá o caso de acordo com a analogia, os costumes e os **princípios gerais do direito**".

> **Art. 140, CPC:** "O juiz não se exime de decidir sob a alegação de lacuna obscuridade do ordenamento jurídico".

> **Art. 8.º, *caput*, CLT:** "As autoridades administrativas e a Justiça do Trabalho, na falta de disposições legais ou contratuais, decidirão, conforme o caso, pela jurisprudência, por analogia, por equidade e **outros princípios e normas gerais de direito, principalmente do direito do trabalho**, e, ainda, de acordo com os usos e costumes, o direito comparado, mas sempre de maneira que nenhum interesse de classe ou particular prevaleça sobre o interesse público".

2.2. DISTINÇÃO ENTRE PRINCÍPIO E NORMA

Tendo em vista que o Direito é um conjunto composto por princípios e por normas, necessário se faz distingui-los.

As principais **diferenças entre ambos** são: a) somente os princípios exercem um papel constitutivo da ordem jurídica; b) as normas são interpretadas segundo o método de interpretação jurídica, enquanto a interpretação dos princípios se dá não pelo exame da linguagem, mas, sim, em função dos valores que os compõem; c) às normas se obedece, aos princípios se adere; d) as normas determinam o que devemos e o que não devemos fazer, o que podemos ou não podemos fazer nas situações nelas previstas, enquanto os princípios fornecem critérios que permitem tomar posição diante de situações *a priori* indeterminadas, quando se concretizam; e) as normas podem ser aplicadas mecânica e passivamente, enquanto em relação aos princípios isso é inconcebível, pois são aplicados a partir da ponderação.

Outro aspecto relevante da distinção entre normas e princípios é o relativo à dimensão de sua importância, ou seja, em caso de oposição ou de contradição entre diversos princípios, quem tem que resolver o conflito deve levar em conta o peso ou a importância de cada um deles; já no caso de conflito entre normas, os critérios de solução são distintos, considerando-se, por exemplo, grau hierárquico ou critério temporal.

DIFERENÇAS	
Princípios	Normas
Exercem papel constitutivo da ordem jurídica.	São a própria ordem jurídica.
Interpretação segundo valores.	Interpretação por métodos de interpretação jurídica.
A eles se adere.	A elas se obedece.

■ Fornecem critérios para adotar-se posição diante de situações *a priori* indeterminadas, quando se concretizam.	■ Determinam o que se deve ou não fazer, o que se pode ou não fazer diante das situações nelas previstas.
■ São aplicados a partir da ponderação.	■ Podem ser aplicadas mecânica e passivamente.
■ Adoção de critério de peso e importância na solução de conflitos entre princípios.	■ Adoção de critérios jurídicos (hierárquico ou temporal, por exemplo) na solução de conflitos entre normas.

2.3. PRINCÍPIOS CONSTITUCIONAIS GERAIS

A Constituição Federal de 1988 não enumerou expressamente os princípios do Direito do Trabalho, como fez, por exemplo, com os princípios da Seguridade Social (art. 194).

No entanto, é inquestionável a existência no texto constitucional de princípios explícitos ou induzidos que são aplicáveis no âmbito do Direito do Trabalho.

O **art. 1.º da Constituição Federal** estabelece os fundamentos da República Federativa do Brasil, entre os quais se destacam a *dignidade humana* **(III)** e os *valores sociais do trabalho* **(IV)**.

Assim, é inegável que todas as normas trabalhistas devem sempre ter por base o respeito à dignidade humana do trabalhador, além de visar os valores sociais do trabalho.

No mesmo sentido, a regra insculpida no **art. 193 da Carta Magna**, segundo a qual "a ordem social tem como base o primado do trabalho, e como objetivo o bem-estar e a justiça sociais".

O **art. 170 da Constituição Federal** indica como princípios gerais da atividade econômica a valorização do trabalho humano (*caput*), a justiça social (*caput*), a função social da propriedade **(III** — esta também prevista no **art. 5.º, XXIII, CF)** e a busca do pleno emprego **(VIII)**.

Também o princípio da isonomia enunciado pelo **art. 5.º,** *caput* **e I, da Constituição** é inegavelmente aplicável ao Direito do Trabalho.

Da mesma forma, aplicam-se ao Direito do Trabalho a inviolabilidade da intimidade, da vida privada, da honra e da imagem **(art. 5.º, X, CF)**, a liberdade de trabalho **(art. 5.º, XIII, CF)**, a liberdade de associação **(art. 5.º, XVII a XX, CF)**, a não discriminação **(art. 5.º, XLI e XLII, CF)**.

Em relação à não discriminação em matéria trabalhista, o **art. 7.º da Constituição Federal** proíbe a diferença de salários, de exercício de funções e de critério de admissão por motivo de sexo, idade, cor ou estado civil **(inciso XXX)**, proíbe qualquer discriminação no tocante a salário e critérios de admissão do trabalhador portador de deficiência **(inciso XXXI)** e proíbe a distinção entre trabalho manual, técnico e intelectual ou entre os profissionais respectivos **(inciso XXXII)**.

2.4. PRINCÍPIOS ESPECÍFICOS DO DIREITO DO TRABALHO

Além dos princípios gerais indicados no item anterior, que guardam íntima relação com o Direito do Trabalho, existem princípios específicos desse ramo da ciência jurídica forjado por fatos econômicos e sociais típicos.

Os **principais princípios do Direito do Trabalho**, segundo as lições de **Plá Rodriguez**, e que serão analisados a seguir, são:

- **princípio protetor, ou de proteção;**
- **princípio da irrenunciabilidade;**
- **princípio da continuidade da relação de emprego;**
- **princípio da primazia da realidade;**
- **princípio da razoabilidade;**
- **princípio da boa-fé.**

2.4.1. Princípio protetor

O **princípio protetor** é o critério que orienta todo o Direito do Trabalho e com base no qual as normas jurídicas devem ser elaboradas, interpretadas e aplicadas e as relações jurídicas trabalhistas devem ser desenvolvidas.

Este princípio tem por fundamento a proteção do trabalhador enquanto parte economicamente mais fraca da relação de trabalho e visa assegurar uma igualdade jurídica entre os sujeitos da relação, permitindo que se atinja uma isonomia substancial e verdadeira entre eles. "Seu propósito consiste em tentar corrigir desigualdades, criando uma superioridade jurídica em favor do empregado, diante da sua condição de hipossuficiente".[5]

A concepção protecionista adotada pelo Direito do Trabalho remonta à própria formação histórica deste ramo do Direito e tem como fundamento a constatação de que a liberdade contratual assegurada aos particulares não poderia prevalecer em situações nas quais se revelasse uma desigualdade econômica entre as partes contratantes, pois isso significaria, sem dúvida nenhuma, a exploração do mais fraco pelo mais forte.

Conforme afirma Plá Rodriguez, ao reconhecer a desigualdade natural das partes na relação de trabalho, o legislador inclinou-se para uma compensação dessa desigualdade econômica desfavorável ao trabalhador com uma proteção jurídica a ele favorável, ou seja, o Direito do Trabalho passou a responder ao propósito fundamental de nivelar desigualdades.[6]

No entanto, com a *Reforma Trabalhista* trazida pela **Lei n. 13.467/2017**, a sistemática do Direito do Trabalho brasileiro, fundada na proteção do trabalhador enquanto

---

[5] BARROS, Alice Monteiro de. *Curso de direito do trabalho*. 5. ed. rev. e ampl. São Paulo: LTr, 2009, p. 181.
[6] PLÁ RODRIGUEZ, Américo. *Princípios de direito do trabalho*, p. 85.

parte hipossuficiente na relação laboral, restou modificada, o que alterou aparentemente afeta o princípio em estudo.

De fato, considerado a espinha dorsal do Direito do Trabalho, pode-se dizer que o princípio da proteção ao hipossuficiente foi relativizado, em alguns aspectos, pela *Reforma Trabalhista*.

Nesse contexto, ponto de extrema relevância decorrente da **Lei n. 13.467/2017** é a **ampliação da autonomia individual do trabalhador**, permitindo e considerando válida a negociação direta entre este e o empregador sobre diversos temas, como, por exemplo, para pactuação de compensação de jornada através de banco de horas (**§ 5.º, art. 59, CLT**), e das regras do teletrabalho (**art. 75-C, CLT**), a rescisão do contrato de trabalho sem necessidade de homologação (**art. 477, CLT**) e a extinção do contrato de trabalho por comum acordo entre as partes (**art. 484-A, CLT**). Verifica-se, portanto, que a *Reforma Trabalhista* adota posicionamento no sentido de considerar que o trabalhador tem condições de negociar diretamente com o empregador em diversos aspectos decorrentes da relação de emprego, não entendendo aquele como parte economicamente mais fraca da relação em toda e qualquer situação, e relativizando, portanto, o conceito de hipossuficiência.

Além de afastar o conceito de hipossuficiência sobre diversos aspectos decorrentes da relação de emprego, o legislador passa a entender, ainda, que existem trabalhadores que não podem ser considerados economicamente mais fracos e sobre os quais não se pode pressupor desigualdade em relação ao empregador. **O parágrafo único do art. 444 da CLT**, acrescido pela **Lei n. 13.467/2017**, considera como diferenciados os trabalhadores portadores de **diploma de nível superior** e que percebam **salário mensal igual ou superior a duas vezes o limite máximo dos benefícios do Regime Geral de Previdência Social** (chamados por alguns autores de "**hipersuficientes**"), autorizando a **livre estipulação** pelos mesmos sobre os direitos em relação aos quais a negociação coletiva foi ampliada (**art. 611-A, CLT**).[7]

Ressalte-se, ainda, que outra das grandes modificações introduzidas pela **Lei n. 13.467/2017** é a prevalência do negociado sobre o legislado. Partindo do pressuposto de que a lei não dá conta de contemplar todas as situações e de atender às necessidades particulares de cada categoria, o legislador valorizou a negociação coletiva, considerando-a válida mesmo que esta contrarie certos preceitos legais. Nesse sentido, citam-se, em especial, as previsões contidas no **§ 3.º do art. 8.º**, no **art. 611-A, caput e parágrafos**, no **parágrafo único do art. 611-B** e no **art. 620**, todos da **CLT**.

---

[7] Sobre esse tema, importante destacar que a Lei n. 13.874/2019 (que instituiu a Declaração de Direitos de Liberdade Econômica) alterou a redação do art. 421 do Código Civil, sendo que o parágrafo único desse dispositivo passou a prever que, "nas relações contratuais privadas, prevalecerão o princípio da intervenção mínima e a excepcionalidade da revisão contratual". Essa regra legal pode ser invocada na interpretação dos contratos firmados pelos empregados diferenciados previstos no parágrafo único do art. 444 da CLT.

Reconhecido como o princípio mais importante do Direito do Trabalho, o princípio protetor **se expressa sob três formas distintas**, que podem ser caracterizadas como suas regras de aplicação,[8] que, no entanto, também foram afetadas pela *Reforma Trabalhista* trazida pela **Lei n. 13.467/2017**:

- a regra *in dubio pro operario*;
- a regra da norma mais favorável;
- a regra da condição mais benéfica.

A **regra *in dubio pro operario*** é regra de interpretação de normas jurídicas, segundo a qual, diante de vários sentidos possíveis de uma determinada norma, o juiz ou o intérprete deve optar por aquele que seja mais favorável ao trabalhador.

Importante ressaltar que, embora parte da doutrina não aceite mais essa regra na descrição do princípio protetor e dos princípios do Direito do Trabalho em geral, sob o fundamento de tratar-se de uma velha dimensão superada que, sob o aspecto da interpretação de normas jurídicas, já estaria englobada no princípio da norma mais favorável,[9] o fato é que a ideia de interpretação mais favorável ao trabalhador, no contexto geral, sempre embasou o conceito de proteção fixado como princípio do Direito do Trabalho.

No entanto, tal regra foi mitigada pela *Reforma Trabalhista* introduzida pela **Lei n. 13.467/2017**, em especial no que tange à restrição de interpretação imposta à Justiça do Trabalho em relação ao conteúdo das convenções coletivas e dos acordos coletivos de trabalho (**art. 8.º, § 3.º, e art. 611-A, § 1.º, CLT**).

A **regra da norma mais favorável** determina que, havendo mais de uma norma aplicável a um caso concreto, deve-se optar por aquela que seja mais favorável ao trabalhador, ainda que não seja a que se encaixe nos critérios clássicos de hierarquia de normas.

A aferição da norma mais favorável deve-se basear em um critério de comparação entre as mesmas, o que, segundo Alice Monteiro de Barros, caracteriza um "problema de ordem técnica", tendo em vista existirem três critérios distintos:[10]

- teoria do conglobamento — a aferição da norma mais favorável se dá após o confronto da integralidade das normas em comparação ("confronto em bloco").
- teoria da acumulação — a aferição se dá a partir da seleção, em cada uma das normas objeto da comparação, das previsões mais favoráveis ao trabalhador, utilizando-se, de cada uma delas, a que for mais favorável.

---

[8] Alguns autores consideram essas regras de aplicação do princípio protetor como princípios específicos do Direito do Trabalho. Nesse sentido, DELGADO, Mauricio Godinho. *Curso de direito do trabalho*, 2019.

[9] Mauricio Godinho Delgado critica duramente o "princípio" do *in dubio pro operario*, especialmente por entender que tem uma dimensão processual de valoração dos fatos trazidos a exame do intérprete e aplicador do Direito (exame de fatos e provas), superada pela teoria do ônus da prova (*Curso de direito do trabalho*, 18. ed. p. 248-250).

[10] BARROS, Alice Monteiro. *Curso de direito do trabalho*, p. 181.

■ teoria do conglobamento orgânico ou por instituto — a aferição da norma mais favorável deve ser feita pela comparação entre partes das normas ou entre grupo de matérias.

Mauricio Godinho Delgado entende que se deve fazer a comparação com base na teoria do conglobamento, admitindo, excepcionalmente, a adoção da teoria do conglobamento orgânico ou por instituto: "o operador do direito deve buscar a regra mais favorável enfocando globalmente o conjunto de regras componentes do sistema, discriminando, no máximo, os preceitos em função da matéria, de modo a não perder, ao longo desse processo, o caráter sistemático da ordem jurídica e os sentidos lógico e teleológico básicos que sempre devem informar o fenômeno do direito".[11]

Alice Monteiro de Barros, ao contrário, entende que se deve sempre adotar a teoria do conglobamento orgânico ou por instituto, tendo em vista tratar-se de definição do legislador brasileiro: "a legislação brasileira adotou, no nosso entendimento, a teoria do conglobamento parcial, orgânico, mitigado ou por instituto, como se infere do art. 3.º, I, da Lei n. 7.064, de 1982, que estabelece: 'a aplicação da legislação brasileira de proteção ao trabalho, naquilo que não for incompatível com o disposto nesta Lei, quando mais favorável do que a legislação territorial, no conjunto de normas e em relação a cada matéria'".[12-13]

---

[11] DELGADO, Mauricio Godinho. *Curso de direito do trabalho*, 18. ed., p. 236.

[12] BARROS, Alice Monteiro. *Curso de direito do trabalho*, p. 181-182.

[13] O entendimento do TST é no sentido de aplicação da teoria do conglobamento clássica, não admitindo o conglobamento mitigado. "[...] RECURSO DE REVISTA DO AUTOR. ACÓRDÃO DO REGIONAL PUBLICADO NA VIGÊNCIA DA LEI N. 13.467/2017. ACORDO COLETIVO X CONVENÇÃO COLETIVA. PREVALÊNCIA. TEORIA DO CONGLOBAMENTO. TRANSCENDÊNCIA POLÍTICA RECONHECIDA. 1. Cinge-se a controvérsia a se perquirir qual a norma coletiva aplicável ao caso concreto, se Acordo Coletivo de Trabalho ou Convenção Coletiva de Trabalho, em virtude do pedido de pagamento de diferenças salariais com base nos pisos salariais, horas *in itinere*, adicional de horas extras, piso salarial diferenciado para mão de obra especializada, jornada reduzida para aplicadores de herbicida, entre outros. 2. Em obediência ao princípio *tempus regit actum* e considerando que os atos que ensejaram a presente ação ocorreram antes da promulgação da Lei n. 13.467/17, também conhecida como Reforma Trabalhista, e que a ação fora ajuizada antes da entrada em vigor dessa norma, o artigo 620 da Consolidação das Leis do Trabalho, em análise neste caso concreto, é aquele com a redação dada pelo Decreto-Lei n. 229, de 28/02/1967, que preceitua que "as condições estabelecidas em Convenção, quando mais favoráveis, prevalecerão sobre as estipuladas em Acordo". 3. No caso ora em apreço, o egrégio Tribunal Regional adotou a Teoria do Conglobamento mitigado ou setorizado, segundo a qual as cláusulas dos instrumentos coletivos devem ser comparadas de acordo com a matéria disciplinada. 4. Ocorre que **a jurisprudência predominante nesta Corte Superior, em razão do respeito ao princípio da unicidade das normas coletivas, adota a Teoria do Conglobamento Clássica, segundo a qual deve ser realizada uma análise total das normas aplicáveis, com o fito de verificar-se a que seja mais benéfica ao trabalhador no caso concreto.** Precedentes. 4. Assim sendo, merece reforma a decisão regional que concluiu pela aplicação tanto dos ACTs quanto das CCTSs (observando-se, em relação a cada instituto jurídico, a norma que mais beneficie o empregado), bem como determinou a aplicação das CCTs quanto às matérias não disciplinadas pelos ACTs, sem, contudo, demonstrar que realizou o confronto analítico da totalidade das normas estipuladas em

A aplicação da regra da norma mais favorável torna flexível a hierarquia das normas trabalhistas, devendo ser considerada como mais importante, em cada caso concreto, a norma mais favorável ao trabalhador, ainda que esta não seja a Constituição Federal ou uma lei federal.

Destaque-se, porém, que a nova redação do **art. 620 da CLT**, dada pela **Lei n. 13.467/2017**, desconsidera a regra da norma mais favorável, na medida em que dispõe que as condições fixadas em acordo coletivo de trabalho **sempre prevalecerão** sobre as estipuladas em convenção coletiva de trabalho, não devendo se considerar, portanto, se seu conteúdo é ou não mais favorável.

Segundo a **regra da condição mais benéfica**, a aplicação de uma nova norma trabalhista nunca pode significar diminuição de condições mais favoráveis em que se encontra o trabalhador.

As condições mais favoráveis devem ser verificadas em relação às situações concretas anteriormente reconhecidas ao trabalhador, e que não podem ser modificadas para uma situação pior ou menos vantajosa.

Situações pessoais mais vantajosas incorporam-se ao patrimônio do empregado, por força do próprio contrato de trabalho, e não podem ser retiradas, sob pena de violação ao art. 468 da CLT. A cláusula **contratual** mais vantajosa reveste-se de caráter de direito adquirido **(CF, art. 5.º, XXXVI)**.

Essa regra também foi impactada pela *Reforma Trabalhista* introduzida pela **Lei n. 13.467/2017**, em razão da ampliação da autonomia individual e da validação das pactuações decorrentes de acordo direto entre empregado e empregador, especialmente em relação aos empregados considerados pelo parágrafo único do art. **444 da CLT** como diferenciados (que têm diploma de nível superior e recebem salário igual ou superior a duas vezes o limite máximo dos benefícios do Regime Geral de Previdência Social),[14] sendo vistas como válidas as estipulações por eles negociadas diretamente com o empregador em relação aos direitos indicados no art. **611-A da CLT**.

Assim, a análise sobre uma condição mais benéfica deve ser feita de forma diferente em relação aos chamados trabalhadores "hipersuficientes", já que o conceito de mais benéfico deixou de ser considerado pelo legislador como decorrência da ideia de proteção da parte economicamente mais fraca da relação de emprego, passando a ser inserido no âmbito da autonomia da vontade do trabalhador, ou seja, de um modo geral, se o trabalhador negociou, exercendo livremente sua autonomia da vontade, é porque considerou que, para ele, essa nova condição é mais benéfica. Esse é o contexto trazido pela *Reforma Trabalhista*.[15]

---

cada um dos referidos instrumentos coletivos. Recurso de revista conhecido por divergência jurisprudencial e provido. Prejudicado o exame do tema remanescente do agravo de instrumento do autor. Prejudicado o exame do agravo de instrumento da ré." (RRAg-1042-42.2017.5.09.0025, 8.ª T., rel. Min. Alexandre de Souza Agra Belmonte, *DEJT* 16.05.2022).

[14] Chamados por alguns autores de trabalhadores "*hipersuficientes*".

[15] Ideia reforçada pela Lei n. 13.874/2019 (que instituiu a Declaração de Direitos de Liberdade Econômica), que alterou a redação do art. 421 do Código Civil, em especial o parágrafo único, passando

2.4.2. Princípio da irrenunciabilidade

O **princípio da irrenunciabilidade**[16] é aceito de forma unânime na doutrina como uma das principais bases do Direito do Trabalho e constitui-se no reconhecimento da não validade do ato voluntário praticado pelo trabalhador no sentido de abrir mão de direito reconhecido em seu favor.

Portanto, a irrenunciabilidade, que está vinculada à ideia de imperatividade, isto é, de indisponibilidade de direitos, diz respeito à impossibilidade de que o trabalhador prive-se voluntariamente, em caráter amplo e por antecipação, de direitos que lhe são garantidos pela legislação trabalhista.

Sempre se entendeu que a interpretação do princípio da irrenunciabilidade deve ser a mais ampla possível, abrangendo tanto a privação total de direitos como a parcial, e tanto a que se realize por antecipação como a que ocorra posteriormente à extinção da relação jurídica da qual decorre o direito que é objeto da renúncia.

Como fundamento desse princípio, a doutrina trabalhista apresenta diversos argumentos, entre eles a indisponibilidade, o caráter imperativo das normas trabalhistas, a noção de ordem pública e a limitação à autonomia da vontade.

A adoção da irrenunciabilidade como regra geral sempre decorreu do fato de que a legislação trabalhista brasileira não continha previsão explícita sobre a permissão ou não da renúncia, sendo apenas previsto pela **CLT**, em seu **art. 9.º**, que são considerados nulos de pleno direito os atos destinados a impedir, fraudar ou desvirtuar a aplicação dos seus preceitos.

No entanto, a irrenunciabilidade de direitos trabalhistas foi mitigada pela ***Reforma Trabalhista*** introduzida pela **Lei n. 13.467/2017**, com a inserção no ordenamento jurídico **(parágrafo único, art. 444, CLT)** da figura do trabalhador diferenciado, assim considerado o portador de diploma de nível superior (**suficiência técnica**) e com salário mensal igual ou superior a duas vezes o limite máximo dos benefícios do Regime Geral de Previdência Social (**suficiência econômica**), a quem é permitida a livre estipulação em relação ao rol dos direitos previstos no **art. 611-A da CLT**.

Assim, aos referidos trabalhadores é permitido negociar condições de trabalho menos benéficas, em comparação com os direitos trabalhistas previstos na legislação, salvo aqueles garantidos pela Constituição Federal, ainda que isso signifique renúncia a tais direitos.[17]

---

a prever que, "nas relações contratuais privadas, prevalecerão o princípio da intervenção mínima e a excepcionalidade da revisão contratual". Essa regra legal pode ser invocada na interpretação dos contratos firmados pelos empregados diferenciados previstos no parágrafo único do art. 444 da CLT.

[16] Também chamado por alguns autores de princípio da indisponibilidade (DELGADO, Mauricio Godinho. *Curso de direito do trabalho*, 18. ed., p. 237).

[17] Ideia reforçada pela Lei n. 13.874/2019 (que instituiu a Declaração de Direitos de Liberdade Econômica), que alterou a redação do art. 421 do Código Civil, em especial o parágrafo único, passando a prever que, "nas relações contratuais privadas, prevalecerão o princípio da intervenção mínima e

2.4.3. Princípio da continuidade da relação de emprego

Este princípio consiste no objetivo que têm as normas trabalhistas de dar ao contrato individual de trabalho a maior duração possível e tem por fundamento o fato de ser o contrato de trabalho um contrato de trato sucessivo, que não se esgota com a execução de um único e determinado ato, mas, ao contrário, perdura no tempo, regulando obrigações que se renovam.

A **continuidade da relação de emprego** como princípio do Direito do Trabalho fundamenta-se no fato de que nela está a fonte de subsistência e de sustento do empregado e de sua família, tendo nítida natureza alimentar.

Assim, as normas trabalhistas devem tomar como base a continuidade da relação de emprego e estabelecer mecanismos eficazes para sua preservação pelo maior tempo possível.

Analisando os fundamentos do princípio ora em estudo, Plá Rodriguez afirma que "tudo o que vise à conservação da fonte de trabalho, a dar segurança ao trabalhador, constitui não apenas um benefício para ele, enquanto lhe transmite uma sensação de tranquilidade, mas também redunda em benefício da própria empresa e, através dela, da sociedade, na medida em que contribui para aumentar o lucro e melhorar o clima social das relações entre as partes".[18]

Assim, quanto mais duradoura for a relação de emprego, maior será o equilíbrio pessoal e familiar do empregado, possibilitando que se atinja um maior nível de desenvolvimento social.

Nesse sentido, o Tribunal Superior do Trabalho adotou o entendimento de que o ônus de provar o término do contrato de trabalho, quando negados a prestação de serviço e o despedimento, é do empregador, pois o princípio da continuidade da relação de emprego constitui presunção favorável ao empregado (**Súmula 212**).

Também esse princípio foi relativizado pela ***Reforma Trabalhista*** introduzida pela **Lei n. 13.467/2017**, como se verifica, por exemplo, com a previsão da possibilidade de rescisão do contrato de trabalho por comum acordo entre as partes (**art. 484-A, CLT**) e a previsão de possibilidade mais facilitada de o empregador proceder a dispensas coletivas ou plúrimas, na medida em que o **art. 477-A da CLT** prevê que nesses casos não há necessidade de autorização prévia de entidade sindical ou de celebração de convenção coletiva ou acordo coletivo de trabalho para sua efetivação.[19]

---

a excepcionalidade da revisão contratual". Essa regra legal pode ser invocada na interpretação dos contratos firmados pelos empregados diferenciados previstos no parágrafo único do art. 444 da CLT.

[18] PLÁ RODRIGUEZ, Américo. *Princípios de direito do trabalho*, p. 240.
[19] Em relação ao tema, em 08.06.2022 o STF fixou a Tese 638 de Repercussão Geral, definindo que "a intervenção sindical prévia é exigência procedimental imprescindível para a dispensa em massa de trabalhadores, que não se confunde com autorização prévia por parte da entidade sindical ou celebração de convenção ou acordo coletivo".

2.4.4. Princípio da primazia da realidade

O **princípio da primazia da realidade**, derivado da ideia de proteção, tem por objetivo fazer com que a realidade verificada na relação entre o trabalhador e o empregador prevaleça sobre qualquer documento que disponha em sentido contrário.

Assim, em caso de discordância entre a realidade emanada dos fatos e a formalidade dos documentos, deve-se dar preferência à primeira, ou seja, a realidade de fato da execução da relação mantida entre as partes prevalece sobre sua concepção jurídica.

Plá Rodriguez afirma que "em matéria de trabalho importa o que ocorre na prática, mais do que aquilo que as partes hajam pactuado de forma mais ou menos solene, ou expressa, ou aquilo que conste em documentos, formulários e instrumentos de controle".[20]

O fundamento do princípio ora em estudo pode ser encontrado não só na necessidade de proteção do trabalhador, mas também na exigência de boa-fé, da qual necessariamente decorre a prevalência da verdade.[21]

Com base no **art. 9.º da CLT**, verifica-se que, se o documento foi formalmente elaborado com o intuito de, encobrindo a realidade dos fatos, fraudar as normas trabalhistas, será nulo de pleno direito, aplicando-se ao caso concreto o quanto disposto nas normas, isto é, a regra que prevalece no Direito do Trabalho é a de nulidade absoluta do ato anormal praticado com o intuito de evitar ou desvirtuar a aplicação das normas jurídicas de proteção ao trabalho.

Segundo Plá Rodriguez, a primazia da realidade, que é algo mais que uma presunção (constitui um critério básico que ordena que se prefiram os fatos a papéis, às formalidades e aos formalismos), é princípio que **se aplica e deve ser aplicado a ambas as partes do contrato de trabalho, e não apenas aos trabalhadores**: *"Cumpre formular a seguinte pergunta: os princípios do Direito do Trabalho só podem ser invocados pelos trabalhadores?, ou também pelos empregadores? Uma primeira resposta diria que, como os princípios do Direito do Trabalho atendem à razão de ser do Direito do Trabalho e como este surgiu para defender os trabalhadores, esses princípios só podem ser invocados pelos trabalhadores. Mas uma reflexão um pouco mais demorada sobre a questão impõe uma resposta mais matizada e complexa. Entendemos que devemos começar por uma distinção entre os princípios que derivam da ideia de proteção (princípio de proteção com suas três regras: princípio de irrenunciabilidade,*

---

[20] PLÁ RODRIGUEZ, Américo. *Princípios de direito do trabalho*, p. 352.
[21] Sobre esse tema, importante destacar que a Lei n. 13.874/2019 (que instituiu a Declaração de Direitos de Liberdade Econômica) alterou a redação do art. 113 do Código Civil, sendo que o § 1.º desse dispositivo passou a prever que "a interpretação do negócio jurídico deve lhe atribuir o sentido que: I — for confirmado pelo comportamento das partes posterior à celebração do negócio; II — corresponder aos usos, costumes e práticas do mercado relativas ao tipo de negócio; III — corresponder à boa-fé; IV — for mais benéfico à parte que não redigiu o dispositivo, se identificável; e V — corresponder a qual seria a razoável negociação das partes sobre a questão discutida, inferida das demais disposições do negócio e da racionalidade econômica das partes, consideradas as informações disponíveis no momento de sua celebração".

princípio de continuidade do contrato de trabalho e princípio de não discriminação) e os demais princípios (primazia da realidade, razoabilidade, boa-fé). Se nos restringirmos aos primeiros, devemos reconhecer que só a parte trabalhadora poderá invocá-los. Em compensação, dos outros três, qualquer um pode ser invocado por ambas as partes. Isto se explica seja pela própria natureza dos princípios de que se trata. Na busca da verdade real — que inspira o princípio da primazia da realidade — qualquer das partes pode invocar a verdade verdadeira diante dos aspectos formais que a desfigurem. O trabalhador não pode invocar o formal para contestar o argumento derivado da verdade dos fatos. Ou melhor, se vier a fazê-lo, o empregador poderá invocar esse princípio da primazia da realidade para fazer prevalecer a verdade sobre a aparência, o formalismo ou a ficção".[22]

2.4.5. Princípio da razoabilidade

Embora a maioria da doutrina não faça referência à razoabilidade como um dos princípios do Direito do Trabalho, Plá Rodriguez defende sua importância e utilidade e o estuda como princípio que "consiste na afirmação essencial de que o ser humano, em suas relações trabalhistas, procede e deve proceder conforme a razão",[23] ou seja, nas relações de trabalho as partes e os operadores do Direito devem sempre buscar a solução mais razoável para os conflitos dela advindos.

A definição acima conduz à ideia de que o **princípio da razoabilidade** não é exclusivo do Direito do Trabalho, mas próprio de todos os ramos do Direito, e se baseia em critérios de razão e de justiça. Tal constatação, no entanto, não afasta a aplicação e a importância deste princípio no âmbito trabalhista, pois um determinado princípio não precisa ser exclusivo do Direito do Trabalho para ser considerado como uma das linhas diretrizes que inspiram o sentido de suas normas.

Assim, verifica-se que o princípio da razoabilidade pode ser aplicado no Direito do Trabalho em casos em que seja necessário medir a verossimilhança de determinada explicação ou solução, ou em que se pretenda distinguir a realidade da simulação, podendo ser invocado tanto pelo trabalhador, como pelo empregador.

2.4.6. Princípio da boa-fé

Este princípio abrange tanto o empregado como o empregador. No primeiro caso, baseia-se na suposição de que o trabalhador deve cumprir seu contrato de boa-fé, que tem, entre suas exigências, a de que coloque todo o seu empenho no cumprimento de suas tarefas. Em relação ao empregador, supõe que deva cumprir lealmente suas obrigações para com o trabalhador.

---

[22] PLÁ RODRIGUEZ, Américo. *Princípios de direito do trabalho*, p. 25.
[23] PLÁ RODRIGUEZ, Américo. *Princípios de direito do trabalho*, p. 392-393.

Assim, a boa-fé é elemento que deve estar presente não só no momento da celebração do contrato de trabalho, mas, principalmente, na sua execução.

Tal como o princípio da razoabilidade, o **princípio da boa-fé** não é exclusivo do Direito do Trabalho, mas, neste campo, apresenta-se como complemento dos demais princípios que têm por objetivo efetivar a proteção do trabalhador e alcança um sentido especial.[24]

2.5. QUESTÕES

---

[24] Sobre esse tema, importante destacar que a Lei n. 13.874/2019 (que instituiu a Declaração de Direitos de Liberdade Econômica) alterou a redação do art. 113 do Código Civil, sendo que o § 1.º desse dispositivo passou a prever que a interpretação do negócio jurídico deve, entre outros, lhe atribuir o sentido que corresponder à boa-fé (inciso III).

3
FONTES DO DIREITO DO TRABALHO

O ordenamento jurídico é composto de disposições que provêm de diversas fontes. A expressão **"fontes do Direito"** é utilizada em sentido metafórico[1] e significa origem, manancial de onde surge o Direito; **são os modos de formação ou de revelação das normas jurídicas**.

Vários são os critérios utilizados pela doutrina para classificar as fontes do Direito. No entanto, a classificação mais aceita é a que as divide em *fontes materiais* e *fontes formais*.

Fontes materiais são todos os elementos que inspiram a formação das normas jurídicas; "são as fontes potenciais do direito e compreendem o conjunto dos fenômenos sociais, que contribuem para a formação da substância, da matéria do direito".[2]

As **fontes formais**, por sua vez, são os diferentes meios pelos quais se estabelecem as normas jurídicas, ou seja, são os meios de manifestação das normas jurídicas, mediante os quais se reconhece sua positividade.

Em relação à origem, ao núcleo de produção das fontes jurídicas formais, duas são as teorias que tratam do tema:

- ▪ **Teoria monista:** segundo a qual as fontes jurídicas formais derivam de um único centro de produção — o Estado; ou seja, para esta teoria as normas jurídicas são única e exclusivamente de origem estatal, pois só o Estado pode exercer coerção e aplicar sanção em caso de descumprimento da norma.
- ▪ **Teoria pluralista:** sustenta a possibilidade de a norma jurídica emanar de diversos centros de positivação, e não somente do Estado. O *plurinormativismo jurídico* evidencia-se de forma muito clara no âmbito do Direito do Trabalho, no qual as chamadas normas coletivas (acordos e convenções coletivos de trabalho) constituem uma realidade concreta que, estabelecendo regras, condutas e direitos diferentes e além dos previstos em lei, conferem dinamicidade às relações entre trabalhadores e empregadores.

---

[1] Do mesmo modo que a água pode vir de diferentes fontes, o Direto também tem diversas origens possíveis.
[2] SÜSSEKIND, Arnaldo et al. *Instituições de direito do trabalho*, 22. ed., v. 1, p. 149.

A questão das fontes é comum a todos os ramos jurídicos, mas no Direito do Trabalho possui peculiaridades que levantam algumas dificuldades e, portanto, merecem um estudo específico.

3.1. FONTE MATERIAL

A **fonte material do Direito do Trabalho** são os fatos verificados em uma sociedade em determinado momento histórico e que contribuirão para a formação e a substância das normas jurídicas trabalhistas.

No Direito do Trabalho, até mesmo por sua origem histórica e pelo papel que desempenha na busca do equilíbrio entre o desenvolvimento econômico e o desenvolvimento social, é inegável a relevância dos fatos sociais, econômicos e políticos na formação de seu substrato e na caracterização de sua dinamicidade, à medida que as normas jurídicas trabalhistas devem adaptar-se, mais rapidamente do que em qualquer outro ramo do Direito, à cambiante realidade social.

3.2. FONTES FORMAIS

As **fontes formais do Direito do Trabalho** são as próprias normas jurídicas trabalhistas, que podem ser divididas em fontes de direito interno e em fontes de direito internacional. As fontes de direito interno, por sua vez, classificam-se em fontes heterônomas ou fontes autônomas, conforme a origem do comando normativo.

As **fontes heterônomas** são as elaboradas por terceiros, alheios às partes da relação jurídica que regulam; o comando normativo vem de fora.

Fontes autônomas são aquelas elaboradas pelos próprios destinatários da norma, ou seja, as partes da relação jurídica.

3.2.1. Fontes heterônomas

As **fontes formais heterônomas do Direito do Trabalho**, como normas jurídicas elaboradas por terceiros, alheios à relação jurídica regulada, são:

- **as normas jurídicas de origem estatal**, entre as quais se destacam a Constituição Federal, as leis, os atos administrativos;
- **as sentenças normativas da Justiça do Trabalho**, que constituem uma peculiaridade deste ramo do Direito;
- **a jurisprudência**, formada pelas decisões reiteradas do Tribunal Superior do Trabalho, consubstanciadas por meio das Súmulas, das Orientações Jurisprudenciais, dos Precedentes Normativos; e
- **a sentença arbitral**, como norma jurídica decorrente da solução de conflitos coletivos de trabalho.

3.2.1.1. Constituição Federal

Nos sistemas jurídicos em que a Constituição Federal é escrita e rígida, como é o caso do Brasil, esta **é a principal fonte do Direito** e, consequentemente, do Direito do Trabalho.

Em nosso País, o Direito do Trabalho passou a ser previsto constitucionalmente com a Constituição de 1934 e, a partir de então, integrou o texto de todas as Constituições posteriores, o que certamente o reveste de maior garantia e o coloca em um plano institucional mais elevado em relação às leis ordinárias.

Atualmente, a Constituição Federal de 1988 inscreve um grande número de disposições trabalhistas em seu texto, abrangendo normas de direito individual, de direito tutelar, de direito coletivo e de direito processual do trabalho, constituindo-se na mais importante fonte do Direito do Trabalho, uma vez que nela se encontram os contornos básicos e essenciais dos direitos e garantias dos trabalhadores, com os quais todas as demais normas trabalhistas devem estar em consonância.

Das disposições constitucionais trabalhistas, é óbvio que nem todas são desde logo autoexecutáveis, dependendo de regulamentação específica; outras são meramente programáticas, funcionando como princípios.

3.2.1.2. Leis

Lei é o preceito comum e obrigatório, emanado dos poderes competentes e provido de sanção.[3] No sentido material, é toda regra de direito geral, abstrata e permanente, tornada obrigatória pela vontade da autoridade competente para produzir direito e expressa numa fórmula escrita; no sentido estrito, é a norma jurídica emanada do Poder Legislativo, sancionada e promulgada pelo Presidente da República.[4]

Enquadram-se no conceito genérico de lei como fonte do Direito do Trabalho tanto as leis complementares e as leis ordinárias como as leis delegadas **(art. 68, CF)**, os decretos-lei e decretos, e também as medidas provisórias **(art. 62, CF)**.

Importante ressaltar também que, conforme esclarece Délio Maranhão,[5] no caso de determinadas relações jurídicas serem reguladas por tratados internacionais (Convenções da OIT, por exemplo), estes são aplicáveis no país por meio de uma lei nacional que os incorpora ao próprio sistema legislativo, após o procedimento de ratificação.[6]

---

[3] MAGANO, Octavio Bueno. *Manual de direito do trabalho*. Parte geral. 4. ed. rev. e atual. 2. tir. São Paulo: LTr, 1993. p. 97.
[4] SÜSSEKIND, Arnaldo et al. *Instituições de direito do trabalho*, 22. ed., v. 1, p. 154.
[5] SÜSSEKIND, Arnaldo et al. *Instituições de direito do trabalho*, 22. ed., v. 1, p. 155.
[6] *Vide* Decreto n. 10.088, de 05.11.2019, que consolida os atos normativos sobre promulgação das Convenções da OIT ratificadas.

No Brasil, as leis sobre Direito do Trabalho são abundantes, até porque a autorregulamentação das relações trabalhistas por meio da negociação coletiva, por razões ligadas às próprias deficiências da organização sindical em nosso País, ainda não atingiu um patamar ideal como conquista dos trabalhadores. Nesse sentido, a Consolidação das Leis do Trabalho e as diversas leis esparsas formam o conjunto de leis consideradas como fontes do Direito do Trabalho.

Cumpre ressaltar que compete privativamente à União legislar sobre Direito do Trabalho **(art. 22, I, CF)**, podendo, porém, lei complementar autorizar os Estados a legislar sobre questões trabalhistas específicas **(art. 22, parágrafo único, CF)**.[7]

Ressalte-se que o direito comum será fonte subsidiária do Direito do Trabalho **(art. 8.º, § 1.º, CLT)**.

3.2.1.3. Atos administrativos

O **art. 84, IV, da Constituição Federal** prevê que compete privativamente ao Presidente da República expedir decretos e regulamentos que permitam a fiel execução das leis.

Trata-se de **poder regulamentar**, no exercício do qual a **Administração Pública** estabelece normas jurídicas que, em sentido material, revestem-se de características de lei. Assim, os regulamentos relativos à legislação trabalhista são fontes formais do Direito do Trabalho.

As **Portarias**, como regra, não constituem fontes formais do Direito, tendo em vista que obrigam apenas os funcionários a que se dirigem. No entanto, é possível que tais diplomas assumam caráter normativo, criando direitos e obrigações no âmbito trabalhista, como ocorre, por exemplo, em relação às questões de segurança e medicina do trabalho (Portaria MTE n. 3.214/78 e suas alterações posteriores).

3.2.1.4. Sentenças normativas

A **sentença normativa** constitui fonte peculiar do Direito do Trabalho, pois constitui a **exteriorização do poder normativo da Justiça do Trabalho** previsto no § 2.º do **art. 114 da Constituição Federal**.

A sentença normativa, como norma jurídica que é, estabelece uma regra geral, abstrata e impessoal que vai reger as relações entre trabalhadores e empregadores de uma determinada categoria. Materialmente, é lei, embora tenha a forma de sentença.

---

[7] Nesse sentido, a Lei Complementar n. 103/2000, que autoriza os Estados e o Distrito Federal a instituir o piso salarial a que se refere o inc. V, do art. 7.º, da CF.

3.2.1.5. Jurisprudência

A doutrina diverge sobre a inclusão da **jurisprudência** entre as fontes do Direito. Alguns autores negam tal condição,[8] enquanto outros entendem ser possível considerar a jurisprudência como fonte formal do Direito na medida em que se converta em costume.[9]

A doutrina tradicional nega à jurisprudência a condição de fonte do Direito, sob o fundamento de que as decisões judiciais referem-se a casos concretos específicos, não tendo o caráter de generalidade, impessoalidade e abstração inerentes às normas jurídicas.[10]

No entanto, modernamente vários doutrinadores têm incluído a jurisprudência, considerada como o conjunto de posições judiciais adotadas de forma similar e reiterada pelos tribunais, no rol das fontes formais do Direito.[11]

Conforme esclarece Mauricio Godinho Delgado, a corrente que entende ser a jurisprudência fonte formal do Direito reconhece o **inegável papel de criação do Direito que têm as interpretações dos tribunais acerca da ordem jurídica**. Segundo referido autor, "no âmbito justrabalhista, a presença de uma jurisprudência principiológica sempre foi marca distintiva da Justiça do Trabalho, antecipando as repercussões, no Brasil, do *Constitucionalismo Humanístico e Social*, desde muito antes de 1988. E com o advento da nova Constituição da República, tal linha de atuação jurisprudencial se afirmou, em particular a partir das modificações mais amplas arquitetadas em seus verbetes sumulares desde 2003 pelo Tribunal Superior do Trabalho".[12]

Tal entendimento sempre foi corroborado pelo fato de o Direito do Trabalho apresentar uma abundância de decisões jurisprudenciais cristalizadas por meio de Súmulas, Orientações Jurisprudenciais e Precedentes Normativos do Tribunal Superior do Trabalho, que sempre possuíram um papel importante para o entendimento da estrutura e da dinâmica deste ramo do Direito.

---

[8] Conforme esclarece DELGADO, Mauricio Godinho. *Curso de direito do trabalho*. 18. ed. São Paulo: LTr, 2019. p. 201-202, trata-se da posição tradicional, que encontra fundamentos em construções teóricas civilistas antigas.

[9] Posicionamento adotado por Délio Maranhão, in SÜSSEKIND, Arnaldo et al. *Instituições de direito do trabalho*, 22. ed., v. 1, p. 158.

[10] Muitos dos que não consideram a jurisprudência como fonte formal do Direito, têm entendido tratar-se de uma fonte informativa ou intelectual, dada a sua importância para o Direito do Trabalho.

[11] Classificando as fontes formais a partir do processo de produção do direito, tem-se: fontes legislativas (leis em geral), fontes costumeiras (usos e costumes), fontes negociais (convenções e acordos coletivos de trabalho), e fontes jurisdicionais (precedentes, súmulas e orientações jurisprudenciais). BELMONTE, Alexandre Agra. Instituições civis no Direito do Trabalho. 5.ª ed. rev., atual., ampl., Salvador: Jus Podivm, 2020, p. 85.

[12] DELGADO, Mauricio Godinho. *Curso de direito do trabalho*, 18. ed., p. 202-203.

Nesse contexto, acolhendo expressamente a corrente moderna, o **art. 8.º da CLT** reconhece a jurisprudência como fonte normativa do Direito do Trabalho.

No entanto, a concepção da jurisprudência como fonte formal do Direito do Trabalho foi abalada pela *Reforma Trabalhista* introduzida pela **Lei n. 13.467/2017**, que incluiu o **§ 2.º ao art. 8.º da CLT**, com previsão expressa de que *"Súmulas e outros enunciados de jurisprudência editados pelo Tribunal Superior do Trabalho e pelos Tribunais Regionais do Trabalho não poderão restringir direitos legalmente previstos nem criar obrigações que não estejam previstas em lei"*. Assim, o papel criador do Direito decorrente das interpretações dos tribunais restou mitigado.[13]

3.2.1.6. Sentença arbitral

Sentença arbitral é a decisão tomada por um **árbitro** escolhido pelas partes para a **solução de um conflito de interesses** entre elas.

No âmbito trabalhista, em decorrência do previsto no **§ 1.º do art. 114 da Constituição Federal**, que indicou a arbitragem como uma das formas de solução dos conflitos coletivos de trabalho, o laudo arbitral pode ser definido como a decisão de caráter normativo tomada por alguém escolhido por sindicatos e por empresas para a solução de um conflito coletivo.

Com base na previsão constitucional, a arbitragem é indicada expressamente pela **Lei n. 7.783/89** (Lei de Greve), pela **Lei n. 10.101/2000** (Lei da Participação dos Trabalhadores nos Lucros ou Resultados da Empresa) e pela **Lei n. 12.815/2013** (Lei do Trabalho Portuário) como forma de solução de conflitos coletivos de trabalho, sendo nos dois primeiros casos facultativa e, no último, obrigatória.

Sob o enfoque coletivo, a sentença arbitral é fonte do Direito do Trabalho à medida que, ao decidir o conflito, o árbitro estabelece, de forma geral, impessoal e abstrata, normas e condições que regularão as relações entre as partes envolvidas.

3.2.2. Fontes autônomas

As **fontes autônomas** constituem um aspecto peculiar e relevante do **Direito do Trabalho**, à medida que se originam da atuação das organizações de trabalhadores e empregadores na busca de soluções para os conflitos coletivos de trabalho, ou seja, **decorrem da atuação direta dos próprios destinatários da norma, pela negociação coletiva de trabalho**.

---

[13] Quanto aos critérios para a criação ou a alteração de súmulas e outros enunciados da jurisprudência uniforme do Tribunal, que foram modificados pela Lei n. 13.467/2017 (*Reforma Trabalhista*), o Pleno do TST declarou a inconstitucionalidade do art. 702, alínea "f" e § 3.º, da CLT. Por maioria, o colegiado concluiu que as alterações, introduzidas pela Lei n. 13.467/2017, violam a prerrogativa de os tribunais, no exercício de sua autonomia administrativa, elaborar seus próprios regimentos internos e, por conseguinte, os requisitos de padronização da jurisprudência (Processo: ArgInc-696-25.2012.5.05.0463, *DEJT* 17.06.2022).

Assim, por meio dos costumes ou dos instrumentos de negociação coletiva, os próprios interessados estabelecem a disciplina das suas condições de vida e de trabalho de forma democrática e dinâmica.

São consideradas **fontes formais autônomas** do Direito do Trabalho:

- **convenção coletiva de trabalho**, como norma jurídica decorrente de negociação coletiva, adotada como forma de solução de conflitos entre categorias profissional e econômica;
- **acordo coletivo de trabalho**, como norma jurídica decorrente de negociação coletiva, adotada como forma de solução de conflitos entre uma ou mais empresas e seus respectivos empregados, representados por seu sindicato;
- **costume**, como prática reiterada adotada em um âmbito determinado e que, como decorrência da repetição, firma um modelo de conduta geral, abstrata e aplicável a todos os trabalhadores que se encontrem na situação concreta regulada; e
- **regulamento interno da empresa**, como norma elaborada de forma bilateral por empregador e empregados, que estabelece regras e condições a serem adotadas no âmbito interno da empresa.

3.2.2.1. Convenção Coletiva de Trabalho

A **convenção coletiva de trabalho**, fruto da negociação coletiva entre os sindicatos representativos das categorias profissionais e econômicas, é norma jurídica de autodisciplina das relações de trabalho, considerada, por isso mesmo, como um **misto de contrato e de lei.**

O caráter normativo da convenção coletiva de trabalho é reconhecido pelo **art. 611 da CLT**, que assim dispõe: "Convenção Coletiva de Trabalho é o acordo de caráter normativo, pelo qual dois ou mais Sindicatos representativos de categorias econômicas e profissionais estipulam condições de trabalho aplicáveis, no âmbito das respectivas representações, às relações individuais de trabalho".

A Constituição Federal de 1988 conferiu inegável importância às convenções coletivas de trabalho, prestigiando-as como fontes do Direito do Trabalho **(art. 7.º, XXVI, CF)** capazes não só de estabelecer normas e condições de trabalho, mas também de flexibilizar direitos fundamentais dos trabalhadores (salário — **art. 7.º, VI, CF**, e duração do trabalho — **art. 7.º, XIII e XIV, CF)**.

A *Reforma Trabalhista* introduzida pela **Lei n. 13.467/2017** acrescentou o **art. 611-A à CLT**, prevendo a prevalência da convenção coletiva de trabalho sobre a lei, indicando um rol exemplificativo de temas e questões a respeito dos quais referida norma autônoma pode dispor com esse efeito de prevalência à lei.[14]

---

[14] O STF fixou a Tese 1046 de Repercussão Geral: "São constitucionais os acordos e as convenções coletivos que, ao considerarem a adequação setorial negociada, pactuam limitações ou afastamentos de direitos trabalhistas, independentemente da explicitação especificada de vantagens compensatórias, desde que respeitados os direitos absolutamente indisponíveis". Trânsito em julgado em 09.05.2023.

3.2.2.2. Acordo Coletivo de Trabalho

Instrumento normativo de aplicação mais restrita, o **acordo coletivo de trabalho** também é fruto da negociação coletiva e, consequentemente, estabelece condições de trabalho que devem ser respeitadas por seus próprios destinatários.

De acordo com o disposto no § 1.º, do art. 611, da CLT, "é facultado aos Sindicatos representativos de categorias profissionais celebrar Acordos Coletivos com uma ou mais empresas da correspondente categoria econômica, que estipulem condições de trabalho, aplicáveis no âmbito da empresa ou das empresas acordantes às respectivas relações de trabalho".

Portanto, embora de âmbito mais limitado que as convenções coletivas (referindo-se a empresa ou empresas, e não a toda a categoria), a Constituição Federal reconhece os acordos coletivos de trabalho como sendo **típicas normas jurídicas** e, como tais, fixam condições gerais, abstratas e impessoais, destinadas à regulamentação de relações jurídicas **(art. 7.º, XXVI, CF)**.

A *Reforma Trabalhista* introduzida pela **Lei n. 13.467/2017** acrescentou o **art. 611-A à CLT**, prevendo a prevalência do acordo coletivo de trabalho sobre a lei, indicando um rol exemplificativo de temas e questões a respeito dos quais referida norma autônoma pode dispor com esse efeito de prevalência à lei.[15]

Com a alteração da redação do **art. 620 da CLT**, introduzida pela **Lei n. 13.467/2017**, as condições estabelecidas em acordo coletivo de trabalho sempre prevalecerão sobre as estipuladas em convenção coletiva de trabalho.

3.2.2.3. Costume

Considera-se **costume a prática reiterada e espontânea de certo modo de agir de conteúdo jurídico por determinado grupo social**.

A doutrina aponta uma origem primitiva dos costumes como fonte do Direito, afirmando que as tradições costumeiras levavam à constituição de verdadeiras normas coletivas de conduta, obrigatórias e sancionadas pela autoridade social, por meio das quais se exerce o controle da sociedade.[16]

Délio Maranhão ensina que o costume pressupõe um fenômeno social e jurídico espontâneo e, como tal, permite a constatação de que "há mais de uma ordem jurídica

---

[15] O STF fixou a Tese 1046 de Repercussão Geral: "São constitucionais os acordos e as convenções coletivos que, ao considerarem a adequação setorial negociada, pactuam limitações ou afastamentos de direitos trabalhistas, independentemente da explicitação especificada de vantagens compensatórias, desde que respeitados os direitos absolutamente indisponíveis". Trânsito em julgado em 09.05.2023.

[16] Eram os chamados *folkways* ou *mores*. MORAES FILHO, Evaristo de; MORAES, Antonio Carlos Flores de. *Introdução ao direito do trabalho*, p. 158.

dentro da sociedade, de que nem todo direito é 'legislado' (teoria pluralista das fontes do direito)".[17]

Os costumes também constituem fonte do Direito do Trabalho à medida que, enquanto não se promulga uma lei relativamente a uma determinada prática, são utilizados como fonte informativa das relações entre empregados e empregadores.

Vários são os institutos do Direito do Trabalho que hoje são previstos em lei e que, originalmente, derivaram do costume. Entre eles, podemos citar o 13.º salário ou gratificação natalina, o aviso prévio, as férias, o descanso semanal, entre outros.

A legislação trabalhista faz referência aos costumes como fonte integradora do Direito do Trabalho, como, por exemplo, nos **arts. 8.º, 458 e 460 da CLT** e no **art. 5.º da Lei n. 5.889/73** (Lei do Trabalho Rural).

3.2.2.4. Regulamento interno da empresa

O **regulamento interno da empresa** é um ato jurídico que, no âmbito interno da empresa, cria regras a serem adotadas nas relações jurídicas mantidas entre o empregador e seus empregados.

A caracterização do regulamento de empresa como fonte do Direito do Trabalho é bastante discutida pela doutrina, havendo aqueles que negam tal possibilidade[18] e aqueles que afirmam se tratar de fonte normativa trabalhista.[19]

Esclarece Mauricio Godinho Delgado que "seus dispositivos integrantes têm aparente qualidade de regra jurídica, uma vez que são gerais, abstratos e impessoais; mas o Direito do Trabalho do país, mediante sua maciça jurisprudência, tem lhe negado tal natureza e respectivos efeitos".[20]

O regulamento de empresa constitui-se no conjunto de normas relativas aos problemas técnicos inerentes à organização produtiva e aos problemas que envolvem o objeto do contrato de trabalho. Assim, **regula as condições concretas de trabalho existentes no dia a dia da empresa**, podendo ser instituído unilateralmente pelo empregador ou por meio de discussão entre trabalhadores e empresa (bilateral).

A dificuldade em reconhecer a natureza normativa do regulamento de empresa decorre do fato de ser, como regra, elaborado unilateralmente pelo empregador, no exercício do poder de organização que lhe é conferido pelo ordenamento jurídico.

---

[17] SÜSSEKIND, Arnaldo et al. *Instituições de direito do trabalho*, 22. ed., v. 1, p. 151.
[18] Esta é a opinião de Délio Maranhão, in SÜSSEKIND, Arnaldo et al. *Instituições de direito do trabalho*, 22. ed., v. 1, p. 166.
[19] MORAES FILHO, Evaristo de; MORAES, Antonio Carlos Flores de. *Introdução ao direito do trabalho*, p. 157.
[20] DELGADO, Mauricio Godinho. *Curso de direito do trabalho*, 18. ed., p. 200.

No entanto, não se pode olvidar que o regulamento de empresa também pode ser fruto de consenso entre empregador e empregados, caso em que a natureza de fonte formal do Direito do Trabalho fica mais evidenciada.

Alice Monteiro de Barros considera que, tanto na hipótese de elaboração unilateral, como na bilateral, o regulamento de empresa é fonte formal do Direito do Trabalho. No primeiro caso, trata-se de fonte formal heterônoma, enquanto na segunda hipótese o regulamento será fonte formal autônoma.[21]

O regulamento empresarial pode ser previsto por convenção coletiva ou acordo coletivo de trabalho **(art. 611-A, VI, CLT)**.

3.2.3. Tratados internacionais e Convenções da Organização Internacional do Trabalho (OIT)

Alguns autores incluem entre as fontes do Direito do Trabalho os **tratados internacionais** que tratem de matéria trabalhista e as **convenções da Organização Internacional do Trabalho (OIT)**.[22]

Outros autores, porém, entendem que os tratados e as convenções internacionais, à medida que são ratificados e ingressam no ordenamento do país, devem ser incluídos no conceito de lei em sentido amplo, não devendo ser destacados como fonte específica do Direito do Trabalho.[23]

Conforme ensina Mauricio Godinho Delgado, *tratados* "são documentos obrigacionais, normativos e programáticos firmados entre dois ou mais Estados ou entes internacionais". As *convenções*, por sua vez, "são espécies de tratados. Constituem-se em documentos obrigacionais, normativos e programáticos aprovados por entidades internacionais, a que aderem voluntariamente seus membros".[24]

A Organização Internacional do Trabalho (OIT) atribui o nome de *Convenção* aos tratados multilaterais adotados por sua Conferência. As Convenções tratam de assuntos específicos relativos às questões de trabalho (por exemplo, Convenção n. 87 sobre liberdade sindical; Convenção n. 132 sobre férias etc.).

Tanto os tratados como as convenções são fontes formais, mas dependem de **ratificação** para que passem a **integrar o ordenamento de cada país**. Com a ratificação, portanto, perde relevância a distinção entre fontes internas e de origem internacional, já que se tornam normas jurídicas internas.

---

[21] BARROS, Alice Monteiro de. *Curso de direito do trabalho*, p. 125.
[22] Nesse sentido, *vide* BARROS, Alice Monteiro de. *Curso de direito do trabalho*, cit.; DELGADO, Mauricio Godinho. *Curso de direito do trabalho*, cit.
[23] Este é o entendimento de Délio Maranhão, in SÜSSEKIND, Arnaldo et al. *Instituições de direito do trabalho*, 22. ed., v. 1, p. 155. Nesse sentido, o Decreto n. 3.197/99, que promulgou o texto da Convenção n. 132 da OIT sobre férias e introduziu-a no ordenamento jurídico do país.
[24] DELGADO, Mauricio Godinho. *Curso de direito do trabalho*, 18.. ed., p. 180-181.

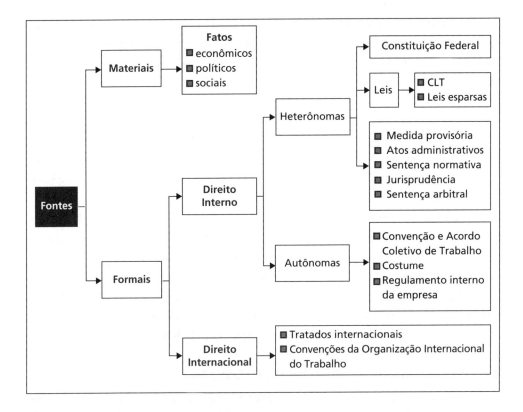

3.3. EQUIDADE E PRINCÍPIOS GERAIS DO DIREITO

O estudo das fontes do Direito do Trabalho requer uma análise específica em relação à *equidade*, à medida que, não sendo, como regra, considerada fonte do Direito, no âmbito justrabalhista é revestida de certa peculiaridade que leva a doutrina a afirmar sua condição de fonte.

Segundo Délio Maranhão, a regra de direito, embora sendo geral, impessoal e abstrata, deve ser aplicada a casos particulares. Exatamente por isso a aplicação da lei ao caso concreto deve ser revestida de equidade. A equidade é, portanto, a justiça do juiz, em contraposição à lei, justiça do legislador.[25]

A **função da equidade** é, portanto, a **adaptação da norma jurídica** a uma situação particular, individualizada por circunstâncias específicas, com a finalidade de solucionar o caso concreto.

No âmbito do Direito do Trabalho, a aceitação da equidade como fonte é afirmada pela doutrina que, com fundamento no disposto no **art. 8.º da CLT**, considera-a como fonte normativa subsidiária a ser invocada em caso de lacuna.

---

[25] SÜSSEKIND, Arnaldo et al. *Instituições de direito do trabalho*, 22. ed., v. 1, p. 164.

No entanto, a CLT, em duas oportunidades, trata a equidade como fonte do Direito do Trabalho em sentido próprio. Primeiramente quando, no procedimento sumaríssimo, autoriza o juiz a adotar em cada caso a decisão que reputar mais equânime, atendendo aos fins sociais da lei e às exigências do bem comum (**§ 1.º, art. 852-I**). Também quando se permite que a Justiça do Trabalho profira sentença normativa e, a partir das condições concretas vivenciadas pelas categorias econômica e profissional em conflito, ajuste a lei à realidade fática. Nesse sentido, o **art. 766 da CLT**, que assim dispõe: "Nos dissídios sobre estipulação de salários, serão estabelecidas condições que, assegurando justos salários aos trabalhadores, permitam também justa retribuição às empresas interessadas".

De acordo com o disposto no **art. 4.º da Lei de Introdução às normas do Direito Brasileiro** e no **art. 8.º da CLT**, os *princípios gerais do direito* desempenham papel de integradores da norma jurídica, não se constituindo exatamente em fonte do Direito.

Especificamente em relação ao Direito do Trabalho, os princípios gerais "são aqueles que lhe servem de fundamento, que justificam a sua própria existência como norma tutelar, reguladora de um verdadeiro equilíbrio social e econômico, mas sempre tendo em vista a paz social, o bem-estar e a organização do trabalho".[26]

3.4. HIERARQUIA DAS FONTES NO DIREITO DO TRABALHO

A questão referente à *hierarquia das fontes* fundamenta-se na constatação de que, diante da pluralidade de fontes formais, é possível que mais de uma delas disponha de maneira conflitante sobre a mesma hipótese. Assim, é essencial a disposição ordenada das fontes formais segundo uma preferência.

Como muito bem esclarece Délio Maranhão ao tratar da questão das fontes formais do Direito, "reconhecer que há várias ordens jurídicas na sociedade não importa negar a unidade do ordenamento jurídico na sua expressão total. Dentro da ordem jurídica maior, que é a estatal, incluem-se outras de âmbito menor, e entre estas e aquela há de existir um vínculo de subordinação: é o problema da hierarquia das fontes".[27]

No Direito do Trabalho, tal como ocorre em relação às fontes do Direito em geral, as diversas fontes compõem uma unidade coerente, havendo uma hierarquia entre elas.

Como é óbvio, a Constituição Federal é a norma fundamental e, nesta condição, coloca-se no topo da ordem hierárquica das fontes formais do Direito do Trabalho.

Abaixo da Constituição, alinham-se, em ordem hierárquica decrescente, as leis, os atos do Poder Executivo, as sentenças normativas, as convenções e os acordos coletivos de trabalho, e os costumes.

---

[26] MORAES FILHO, Evaristo de; MORAES, Antonio Carlos Flores de. *Introdução ao direito do trabalho*, p. 159.
[27] SÜSSEKIND, Arnaldo et al. *Instituições de direito do trabalho*, 22. ed., v. 1, p. 151.

No entanto, apesar da existência de uma ordem entre as fontes do **Direito do Trabalho**, sempre se entendeu que a **hierarquia** existente entre elas seria bastante peculiar, podendo ser chamada de **flexível**, e diferindo da regra de hierarquia rígida e inflexível aplicável no Direito Comum.

Esclarece Mauricio Godinho Delgado que no Direito Comum há uma "verticalidade fundamentadora" entre as diversas normas jurídicas, de tal sorte que uma encontra respaldo e fundamento na norma que lhe é superior, definindo uma hierarquia rígida e inflexível entre elas.[28]

No âmbito do Direito do Trabalho considerava-se que a hierarquia de normas não é revestida da mesma rigidez, uma vez que a fonte superior poderia ser superada pela inferior, **desde que esta seja mais benéfica ao empregado**, ou seja, não há uma distribuição estática entre as normas jurídicas, de tal forma que **a norma mais favorável ao empregado, ou a que lhe garanta condição mais benéfica, prevaleceria sobre as demais**.

Esse entendimento tradicional de que **no Direito do Trabalho deveria ser aplicada sempre a norma que ofereça maiores vantagens ou benefícios ao trabalhador** é critério fundamentado no princípio protetor do Direito do Trabalho.

Ocorre que, com a *Reforma Trabalhista* introduzida pela **Lei n. 13.467/2017**, foram alteradas as premissas acima indicadas, com a previsão pelo legislador de hipótese de hierarquia rígida de normas, na qual não é possível falar em norma mais benéfica (prevê o **art. 620 da CLT** que *as condições estabelecidas em acordo coletivo de trabalho sempre prevalecerão* sobre as estipuladas em convenção coletiva de trabalho) e na possibilidade de que a convenção coletiva e o acordo coletivo de trabalho tenham prevalência sobre a lei, não sendo feita qualquer exigência no sentido de que isso somente ocorra quando contenham previsão mais benéfica para o trabalhador, até porque o legislador impede que a Justiça do Trabalho faça qualquer valoração nesse sentido, limitando sua atuação à análise apenas da conformidade dos elementos essenciais do negócio jurídico, respeitando o princípio da intervenção mínima na autonomia da vontade coletiva **(art. 611-A e § 3.º, art. 8.º, CLT)**.[29]

3.5. QUESTÕES

---

[28] DELGADO, Mauricio Godinho. *Curso de direito do trabalho*, 18. ed., p. 211.
[29] O STF fixou a Tese 1046 de Repercussão Geral: "São constitucionais os acordos e as convenções coletivos que, ao considerarem a adequação setorial negociada, pactuam limitações ou afastamentos de direitos trabalhistas, independentemente da explicitação especificada de vantagens compensatórias, desde que respeitados os direitos absolutamente indisponíveis". Trânsito em julgado em 09.05.2023.

4

NORMAS JURÍDICAS TRABALHISTAS

A norma jurídica não é elaborada para regular um determinado caso concreto, mas toda e qualquer situação que, por ela prevista de forma abstrata, realize-se concretamente. A conduta prevista abstratamente pela norma é a que deve ser observada pelos indivíduos em suas relações jurídicas.

A partir desta constatação é que se fala em integração, interpretação e aplicação do Direito.

A *integração* faz-se necessária nos casos em que não se encontre uma norma jurídica específica que regule uma determinada relação jurídica, formando-se lacunas no sistema. Nestes casos, deve-se *integrar* as normas existentes por meio de métodos específicos, com a finalidade de solucionar o conflito decorrente do caso concreto.

A *interpretação* da norma jurídica é necessária sempre que sua aplicação concreta se distancie da ideia abstrata do legislador quando da sua elaboração.

Por fim, e como decorrência da generalidade e da abstração de que se revestem as normas jurídicas, torna-se necessária uma definição do seu âmbito territorial e temporal de *aplicação*, bem como de quais as pessoas a quem se aplicam.

No âmbito do Direito do Trabalho, o problema da integração, da interpretação e da aplicação das normas jurídicas também existe e, até pela peculiaridade de suas normas, merece análise específica.

4.1. INTEGRAÇÃO

A análise relativa à *integração das normas jurídicas* tem por base a constatação de que, a despeito de as normas jurídicas terem por objetivo a regulamentação das relações existentes na vida social, é impossível que consigam prever todos os futuros e possíveis casos que o juiz seja chamado a resolver.

Assim, denomina-se *lacuna* o "vazio" normativo concernente a um estado incompleto do sistema jurídico. Há lacuna quando o juiz é chamado a resolver determinada questão fundamentada objetivamente pelas circunstâncias sociais e não encontra satisfação para ela na ordem jurídica.

Três são os tipos de lacuna:

- **lacuna normativa:** decorre de ausência de norma sobre determinado caso;

■ **lacuna ontológica:** verifica-se sempre que, embora existente, a norma não corresponde aos fatos sociais, tendo em vista, por exemplo, o grande desenvolvimento das relações sociais e o progresso tecnológico;

■ **lacuna axiológica:** decorre da ausência de norma justa, isto é, existe um preceito normativo, mas, se for aplicado, sua solução será insatisfatória ou injusta.

O juiz, ainda que a norma seja omissa, não pode se escusar de decidir a questão que lhe é submetida a julgamento. Caberá a ele, portanto, integrar as lacunas da norma, dando a solução jurídica ao caso concreto (indeclinabilidade da jurisdição).

O próprio legislador reconhece a impossibilidade de regulamentar todas as condutas sociais e, exatamente por isso, prescreve normas com o escopo de estabelecer uma "plenitude do ordenamento", proibindo a denegação de justiça pelo juiz.[1]

Nesse sentido, o **art. 140 do Código de Processo Civil** dispõe:

"O juiz não se exime de decidir sob a alegação de lacuna ou obscuridade do ordenamento. Parágrafo único. O juiz só decidirá por equidade nos casos previstos em lei".

Assim, fala-se em **integração das normas jurídicas** sempre que, por inexistir uma norma prevendo o fato a ser decidido, o aplicador do direito, por meio de certas técnicas, promova a solução do caso, **preenchendo as lacunas** decorrentes da falta de norma jurídica.

| A integração preenche as lacunas e busca a plenitude do ordenamento jurídico. |

A **analogia**, o **costume**, a **equidade** e os **princípios gerais do direito** são indicados pelo próprio legislador como procedimentos ou métodos de integração das normas jurídicas, conforme disposto nos **arts. 4.º e 5.º da Lei de Introdução às normas do Direito Brasileiro (LINDB)**.[2]

Como ensinam Nelson Nery e Rosa Maria Nery, "a regra geral hierárquica para o juiz decidir é a seguinte: em primeiro lugar deve aplicar as normas escritas (legais); não as havendo, decidirá a lide, aplicando, pela ordem, a analogia, os costumes ou princípios gerais do direito".[3]

No âmbito do Direito do Trabalho, além dos procedimentos supraindicados, **a integração das normas jurídicas se dá também por meio da *subsidiariedade*** que, embora não se constitua em um procedimento, é utilizada neste ramo, por sua peculiaridade, como meio de integração das normas jurídicas. Nesse sentido, assim dispõe o **art. 8.º da CLT:**

---

[1] A este respeito, *vide* DINIZ, Maria Helena. *Compêndio de introdução à ciência do direito*. 7. ed. atual. São Paulo: Saraiva, 1995. p. 401-406.

[2] "Art. 4.º Quando a lei for omissa, o juiz decidirá o caso de acordo com a analogia, os costumes e os princípios gerais de direito."
"Art. 5.º Na aplicação da lei, o juiz atenderá aos fins sociais a que ela se dirige e às exigências do bem comum."

[3] NERY Junior, Nelson; NERY, Rosa Maria de Andrade. *Código de Processo Civil Comentado*. São Paulo: RT, 2022, p. 521.

"As autoridades administrativas e a Justiça do Trabalho, na falta de disposições legais ou contratuais, decidirão, conforme o caso, pela jurisprudência, por analogia, por equidade e outros princípios e normas gerais de direito, principalmente do direito do trabalho, e, ainda, de acordo com os usos e costumes, o direito comparado, mas sempre de maneira que nenhum interesse de classe ou particular prevaleça sobre o interesse público. § 1.º. O direito comum será fonte subsidiária do direito do trabalho".[4]

■ *Analogia:* procedimento pelo qual se aplica, a um caso não regulado direta e especificamente por uma norma jurídica, uma prescrição normativa para uma hipótese distinta, porém semelhante ao caso cuja solução se está buscando.

Trata-se de procedimento que serve para integrar a norma jurídica a partir de um exame comparativo entre duas situações jurídicas similares, aplicando-se à não normatizada a solução dada pela norma à outra que tem característica essencial semelhante.

São **pressupostos da analogia:**

■ existência de um caso previsto em lei e de um outro não previsto;
■ semelhança real entre os casos.

As **modalidades da analogia** são:

■ analogia *legis* — busca da solução para a lacuna em uma determinada norma;
■ analogia *juris* — toma por base um conjunto de normas do qual se extrai elementos que possibilitem sua aplicabilidade ao caso concreto não previsto, mas similar.

■ *Costume:* pode ser utilizado pelo magistrado como método de integração da norma jurídica quando, nos termos do **art. 4.º da LINDB**, esgotarem-se todas as possibilidades legais para preenchimento da lacuna.

Diante de uma lacuna, o costume exerce, juntamente com a prática jurisprudencial e a doutrina, uma valiosa função reveladora do Direito decorrente do povo, principalmente nos casos de *lacuna axiológica* (quando há lei aplicável ao fato, mas ante a injustiça ou inconveniência que sua aplicação traria, deve ser afastada) e de *lacuna ontológica* (quando há desajuste entre os fatos e as normas, caindo estas em desuso).[5]

■ *Princípios gerais do direito:* são diretrizes para a integração da norma jurídica que devem ser utilizados sempre que a analogia e o costume não tiverem sido suficien-

---

[4] § 1.º, art. 8.º, CLT, com redação dada pela Lei n. 13.467/2017 — *Reforma Trabalhista*. Não há mais exigência de compatibilidade entre o direito comum e os princípios fundamentais do direito do trabalho.

[5] DINIZ, Maria Helena. *Compêndio de introdução à ciência do direito*, p. 417-418.

tes para o preenchimento da lacuna. Adotando os princípios gerais de direito, o magistrado supre a deficiência da ordem jurídica e realiza a função normativa desses princípios.[6]

■ *Equidade:* é elemento de adaptação da norma ao caso concreto e apresenta-se como a capacidade que a norma tem de atenuar o seu rigor, adaptando-se ao caso *sub judice*. A partir dessas características, pode-se afirmar que a equidade possui uma inegável função de *suplementar a lei*, ante as possíveis lacunas.[7]

A caracterização da equidade como elemento de integração é confirmada pela análise dos **arts. 4.º e 5.º da LINDB:** o art. 4.º estabelece os mecanismos de integração da norma jurídica e, uma vez esgotados todos eles, o art. 5.º permite corrigir a inadequação da norma ao caso concreto, atendendo aos fins sociais a que ela se dirige. Pode-se afirmar, portanto, que a equidade, à medida que autoriza o juiz a apreciar, segundo a lógica do razoável, interesses e fatos não determinados *a priori* pelo legislador, estabelecendo uma norma individual para o caso concreto, confere àquele um poder discricionário (mas não arbitrário). Trata-se de um poder conferido ao magistrado para revelar o direito latente.[8]

Nesse contexto, o **art. 8.º do Código de Processo Civil** prevê: "Ao aplicar o ordenamento jurídico, o juiz atenderá aos fins sociais e às exigências do bem comum, resguardando e promovendo a dignidade da pessoa humana e observando a proporcionalidade, a razoabilidade, a legalidade, a publicidade e a eficiência".

No entanto, o próprio Código de Processo Civil limita o julgamento por equidade ao prever que "o juiz só decidirá por equidade nos casos previstos em lei" **(parágrafo único, art. 140)**.

As normas jurídicas trabalhistas também são integradas por meio da *subsidiariedade*, que é a autorização legal para aplicar, na solução das questões trabalhistas, o Direito comum nos casos de lacuna. Portanto, "o Direito comum é fonte subsidiária do Direito do Trabalho e cumpre uma função integradora para cobrir as suas lacunas"[9] **(art. 8.º, § 1.º, CLT)**.

Com a *Reforma Trabalhista* introduzida pela **Lei n. 13.467/2017**, o legislador, embora mantendo a previsão de utilização subsidiária do Direito comum, deixou de considerar necessária para a validade de tal aplicação a existência de compatibilidade com os princípios fundamentais do Direito do Trabalho (**§ 1.º, art. 8.º, CLT**).

---

[6] Conforme exposto no item 2.1 do presente capítulo, os princípios têm as seguintes funções: a) informadora; b) normativa; e c) interpretativa. É a função normativa dos princípios que abrange sua caracterização como meios de integração de direito.

[7] DINIZ, Maria Helena. *Compêndio de introdução à ciência do direito*, p. 428-429.

[8] DINIZ, Maria Helena. *Compêndio de introdução à ciência do direito*, p. 429-430.

[9] NASCIMENTO, Amauri Mascaro. *Teoria geral do direito do trabalho*, p. 96.

4.2. INTERPRETAÇÃO

Toda norma requer interpretação, por mais clara que pareça. Isto porque a **clareza de uma norma é sempre relativa**, à medida que a mesma disposição normativa pode ser clara em sua aplicação a casos mais imediatos e pode ser duvidosa quando for aplicada a outras questões que nela possam se enquadrar, embora a elas não se refira diretamente ou, ainda, a questões futuras que possam surgir.

Os contornos imprecisos das normas jurídicas é que levam à necessidade de interpretação de todas elas.

> **Interpretar a norma jurídica significa atribuir-lhe um significado, estabelecer sua exata extensão e definir a possibilidade de sua aplicação a um determinado caso concreto.**

Várias são as correntes doutrinárias que compõem a **hermenêutica**,[10] delas resultando os seguintes *sistemas interpretativos*:

- **Sistema Exegético:** parte do pressuposto de que o intérprete está preso à lei, devendo definir exatamente o seu significado em conformidade com a vontade do legislador. Todo direito está na lei, sendo esta, apenas, a expressão da vontade do legislador.

- **Sistema Histórico:** parte da premissa de que não basta inquirir a vontade geradora da lei, sendo necessário observar também a evolução histórica da sociedade para se compreender a vontade da norma no momento de sua aplicação. Não se deve apenas observar o que o legislador *quis*, mas também o que ele *quereria* se vivesse no meio atual e tivesse que enfrentar determinado caso concreto, ou se tivesse consciência das necessidades contemporâneas de garantias, sequer suspeitadas pelos antepassados.[11]

- **Sistema Teleológico (ou Finalístico):** afirma que a interpretação deve ser feita conforme a finalidade da norma, "devendo o intérprete orientar-se pelas necessidades práticas a que o direito visa a atender, considerando e procurando preservar o necessário equilíbrio entre os interesses em jogo".[12]

---

[10] **Hermenêutica** é a teoria científica da arte de interpretar. A hermenêutica jurídica tem por objeto o estudo e a sistematização dos processos aplicáveis para determinar o sentido e o alcance das expressões do Direito. Para um estudo mais profundo da hermenêutica, *vide* MAXIMILIANO, Carlos. *Hermenêutica e aplicação do direito*. 19. ed. Rio de Janeiro: Forense, 2002.

[11] Amauri Mascaro Nascimento esclarece que os fundamentos da Escola Histórica de interpretação do direito são encontrados nas ideias difundidas por Savigny, para quem o direito é um produto da história, surgindo da consciência do povo, desenvolvendo-se com o povo e modificando-se conforme se modifiquem os costumes. NASCIMENTO, Amauri Mascaro. *Curso de direito do trabalho*, 24. ed., p. 356.

[12] SÜSSEKIND, Arnaldo et al. *Instituições de direito do trabalho*, 22. ed., p. 194.

■ **Sistema da Livre Pesquisa Científica:** admitindo que a lei não se constitui em uma fonte completa e suficiente do direito, tal sistema proclama que o juiz, no silêncio da lei, deve procurar a solução na natureza objetiva das coisas.

■ **Sistema do Direito Livre:** a interpretação é um problema metajurídico, "e não contendo a lei todos os comandos necessários para abranger todos os fatos que ocorrem na vida concreta, a sentença é, também, um ato criativo, de justa distribuição do direito. A lei só pode governar para o presente e não para o futuro. Sua interpretação é uma constante adaptação da norma às contingências".[13] Portanto, este sistema admite a possibilidade de que o juiz possa decidir *contra legem*.

A análise acima torna evidente que se interpreta a lei ou segundo a ***vontade do legislador*** ou segundo as ***necessidades sociais do momento***. Os sistemas de interpretação, portanto, oscilam entre um ou outro extremo.

Mas o problema referente à interpretação da lei não se limita à análise dos sistemas, sendo necessário estudar também as ***técnicas (ou métodos) que podem ser utilizadas pelo intérprete na atuação do direito***, que são as seguintes:

■ **Interpretação gramatical:** pela qual o intérprete busca o sentido literal do texto normativo, tentando estabelecer o alcance das palavras empregadas pelo legislador que são, em regra, ambíguas ou vagas e não apresentam, quase nunca, um sentido unívoco.

■ **Interpretação lógica:** pela qual o intérprete emprega raciocínios lógicos que levam em consideração os períodos da norma, combinando-os entre si com o objetivo de atingir o perfeito alcance e sentido dela. Fazem parte do método lógico de interpretação, entre outras, as regras gerais relativas à aplicação da lei no espaço (*lex loci*) e no tempo (lei posterior revoga a anterior), bem como o critério da especialidade (lei especial revoga a geral). As regras lógicas de interpretação permitem a adoção de uma solução mais justa ou precisa para um determinado caso concreto.

■ **Interpretação sistemática:** busca estabelecer uma conexão entre os diversos textos normativos, ou seja, considera o sistema em que se insere a norma, relacionando-a com outras normas que tratam do mesmo objeto. Trata-se de uma das técnicas de interpretação mais importantes, pois revela uma das tarefas da ciência jurídica, que é estabelecer as conexões sistemáticas existentes entre as diversas normas que compõem o ordenamento jurídico. Deve o intérprete, portanto, "comparar o texto normativo, em exame, com outros do mesmo diploma legal ou de leis diversas, mas referentes ao mesmo objeto; pois por umas normas pode-se desvendar o sentido das outras. Examinando as normas, conjuntamente, é possível verificar o sentido de cada uma delas".[14]

---

[13] NASCIMENTO, Amauri Mascaro. *Curso de direito do trabalho*, 24. ed., p. 357.
[14] DINIZ, Maria Helena. *Compêndio de introdução à ciência do direito*, p. 390-391.

■ **Interpretação histórica:** baseia-se nos antecedentes da norma, referindo-se ao seu processo de elaboração, incluindo o aspecto formal (por exemplo, tratando-se de lei, o projeto, a exposição de motivos, as emendas) e o aspecto fático (condições culturais ou psicológicas sob as quais a norma surgiu).

■ **Interpretação sociológica ou teleológica:** tem por objetivo adaptar a finalidade das normas às novas exigências sociais e, para atingir este objetivo, o intérprete deve procurar o fim, a *ratio* do preceito normativo para, a partir dele, determinar o seu sentido.

Isso não quer dizer, porém, que o intérprete deve utilizar todas as técnicas ao mesmo tempo. Cabe a ele escolher, entre todas elas, a que pode dar mais resultado em determinado caso concreto, sem perder de vista, porém, que a interpretação é uma e não se fraciona, sendo apenas exercida por meio da utilização de diversas técnicas que conduzem ao resultado: o verdadeiro alcance e sentido da norma.

> **As técnicas de interpretação não são utilizadas isoladamente, não se excluem, mas, ao contrário, completam-se e formam um conjunto.**
> **A utilização das diversas técnicas de interpretação permite que se atinja o verdadeiro alcance e sentido da norma.**

O estudo da interpretação das normas exige ainda a análise dos *efeitos que o ato interpretativo pode ter* e, nesse sentido, fala-se nas seguintes técnicas de interpretação:

■ **Interpretação restritiva:** as palavras da norma abrangem hipóteses que não fazem parte do seu conteúdo, ou seja, o legislador disse mais do que queria dizer. Assim, deve o intérprete limitar a incidência do comando normativo, impedindo que produza efeitos não pretendidos.

■ **Interpretação extensiva:** deve ser utilizada sempre que uma determinada norma usar de expressões menos amplas do que a *mens legislatoris*, abrangendo apenas de forma implícita certas hipóteses pretendidas pelo legislador; visa atingir-lhe o verdadeiro alcance. O fato já está contido na norma, mas suas palavras foram insuficientes para alcançá-lo. Assim, o intérprete, agindo dentro das fronteiras da própria norma, vai definir-lhe o sentido exato, abarcando todas as situações que a norma contém.

■ **Interpretação autêntica:** denominada também interpretação legal ou legislativa, é aquela realizada pelo próprio órgão que elaborou a norma interpretada e que, por meio de outra norma jurídica, tem por finalidade declarar o seu sentido e conteúdo.

Especificamente **no âmbito do Direito do Trabalho,** tudo o quanto visto em relação à interpretação das normas jurídicas pode ser aplicado, desde que, porém, não se perca de vista as particularidades deste ramo do Direito, principalmente porque nele, ao contrário do Direito Civil, é preciso investigar, antes de mais nada, que norma é aplicável, posto que a função das fontes formais de Direito do Trabalho não é, como no Direito Civil, cobrir lacunas da lei, mas melhorá-las em benefício dos trabalhadores.[15]

Portanto, o Direito do Trabalho não tem um método específico e diferenciado de interpretação de normas. Os meios de interpretação são os mesmos utilizados nos demais ramos do Direito; o que difere são as **normas jurídicas trabalhistas**.

Tendo em vista a peculiaridade do Direito do Trabalho, ao estudar as regras interpretativas, em geral deve-se invocar os princípios peculiares deste ramo, principalmente o princípio protetor, sendo certo que, em caso de dúvida sobre o alcance de uma determinada norma trabalhista, deve-se adotar a interpretação mais favorável ao trabalhador, ou seja, dentre várias interpretações possíveis — todas ajustadas ao direito — o intérprete deve seguir a que mais favoreça o trabalhador (*in dubio pro operario*).

Deve-se ressalvar, porém, que nem sempre é possível adotar uma interpretação mais favorável ao trabalhador, pois a aplicação dessa regra de forma absoluta estaria, sem dúvida, contrariando outra, segundo a qual nenhum interesse de classe ou particular deve prevalecer sobre o interesse público (**art. 8.º, CLT**).

Da mesma forma, deve-se ater às novas previsões sobre as normas jurídicas trabalhistas trazidas pela ***Reforma Trabalhista*** (**Lei n. 13.467/2017**), que, por exemplo:

- na aplicação subsidiária do direito comum, deixou de exigir compatibilidade com os princípios fundamentais do Direito do Trabalho (**art. 8.º, § 1.º, CLT**);
- restringiu o âmbito de interpretação pela Justiça do Trabalho das convenções e acordos coletivos de trabalho, estabelecendo que no exame de tais normas ela analisará exclusivamente a conformidade dos elementos essenciais do negócio jurídico, e balizará sua atuação pelo princípio da intervenção mínima na autonomia da vontade coletiva (**art. 8.º, § 3.º, CLT**);
- passou a prever a prevalência do negociado sobre a lei em relação às matérias que expressamente elencou (**art. 611-A, CLT**);[16]
- determinou que as condições estabelecidas em acordo coletivo de trabalho sempre prevalecerão sobre as estipuladas em convenção coletiva de trabalho (**art. 620, CLT**).

Assim, embora subsista e seja considerado legítimo, o princípio *in dubio pro operario* não pode ser considerado em termos absolutos, primeiro porque muitas vezes uma determinada norma concilia os interesses tanto dos trabalhadores como dos empregadores e, ainda, os interesses da coletividade, e interpretar a norma unicamente em favor

---

[15] NASCIMENTO, Amauri Mascaro. *Curso de direito do trabalho*, 24. ed., p. 361-371.
[16] Em 02.06.2022 o STF fixou a Tese 1046 de Repercussão Geral: "São constitucionais os acordos e as convenções coletivos que, ao considerarem a adequação setorial negociada, pactuam limitações ou afastamentos de direitos trabalhistas, independentemente da explicitação especificada de vantagens compensatórias, desde que respeitados os direitos absolutamente indisponíveis". Trânsito em julgado em 09.05.2023.

dos trabalhadores, sem dúvida, romperia o equilíbrio desejado;[17] segundo porque a **Reforma Trabalhista** trouxe inovações importantes em relação à interpretação e à aplicação de normas trabalhistas, alterando as regras até então aplicáveis.

4.3. APLICAÇÃO

A **aplicação do Direito** consiste em fazer incidir a norma jurídica, prevista de forma abstrata e genérica, a uma determinada situação concreta. Nesse sentido, Mauricio Godinho Delgado fala em "passagem do plano abstrato ao plano do concreto, do plano geral ao particular".[18] Trata-se de operação a ser efetuada pelo juiz, que parte da premissa maior (norma jurídica), passa pela premissa menor (fato), para chegar a uma conclusão (sentença).

Ao aplicar a norma jurídica ao caso concreto, o juiz deve, porém, ater-se à sua eficácia temporal (aplicação da norma jurídica no tempo) e à sua eficácia espacial (aplicação da norma jurídica no espaço).

Outro aspecto importante em relação à aplicação da norma diz respeito às hipóteses em que há duas ou mais normas possíveis de serem aplicadas ao caso concreto, cada uma delas com previsão distinta sobre um mesmo aspecto, ou seja, o aplicador do direito se vê diante de duas normas conflitantes, válidas e emanadas de autoridade competente, sem que possa dizer, de plano, qual delas deve ser aplicada na situação específica a ser solucionada. Trata-se da chamada antinomia de normas.

Segundo a doutrina,[19] três são os critérios que podem ser levados em conta para a solução das antinomias: a) critério cronológico (norma posterior prevalece sobre a anterior); b) critério da especialidade (norma especial prevalece sobre norma geral); e c) critério hierárquico (norma superior prevalece sobre norma inferior).

O primeiro dos critérios (cronológico) é o mais frágil de todos, deixando de ser aplicado em face dos demais. A especialidade da norma é considerada pela doutrina como um critério intermediário, comparando-se em relação aos demais e, por fim, o critério da hierarquia é o que deve prevalecer perante os demais.[20]

4.3.1. Aplicação no tempo

A questão da aplicação da norma trabalhista no tempo refere-se à sua eficácia, à sua vigência, ou seja, ao ciclo de existência durante o qual produz efeitos sobre as

---

[17] Nesse sentido, vale notar que o Decreto n. 10.854/2021 instituiu o Programa Permanente de Consolidação, Simplificação e Desburocratização de Normas Trabalhistas Infralegais, e indicou entre os seus objetivos não somente "promover a conformidade às normas trabalhistas infralegais e o direito ao trabalho digno", mas também "melhorar o ambiente de negócios e o aumento da competitividade". Portanto, a interpretação das normas trabalhistas deve sempre levar em conta a necessidade de equilíbrio entre esses objetivos.

[18] DELGADO, Mauricio Godinho. *Curso de direito do trabalho*, 18. ed., p. 281.

[19] DINIZ, Maria Helena. *Conflito de normas*. São Paulo: Saraiva, 2003, p. 34 a 51.

[20] *Vide* no item 4.3.3 a solução da antinomia das normas trabalhistas pela aplicação do critério hierárquico.

relações jurídicas. Assim, podemos dizer que a norma jurídica nasce, vive e morre, correspondendo tais momentos à determinação do início, da continuidade e da cessação de sua vigência.

O estudo da eficácia das normas trabalhistas deve levar em conta não só as leis, mas também as chamadas normas coletivas (acordo coletivo de trabalho, convenção coletiva de trabalho e sentença normativa).

■ **Eficácia da lei trabalhista**

A lei trabalhista nasce com a promulgação, mas somente começa a vigorar com sua publicação no *Diário Oficial* **(art. 3.º, LINDB)**.

Salvo se dispuser de forma contrária, a lei trabalhista começa a vigorar quarenta e cinco dias após oficialmente publicada **(art. 1.º, *caput*, LINDB)**. Portanto, a lei torna-se aplicável no dia por ela indicado, ou, na falta de indicação expressa, quarenta e cinco dias depois da publicação.

No entanto, a lei pode fixar um prazo maior entre a data da publicação e o início efetivo de sua vigência (aplicabilidade). Este interregno é chamado de *vacatio legis* e destina-se a tornar a lei melhor conhecida e a facilitar a sua execução.

> **Não é comum a ocorrência da *vacatio legis* no Direito do Trabalho, dada a premência dos fatos sociais que as normas trabalhistas regulam, iniciando-se sua vigência normalmente na data de sua publicação. Como exceção, cita-se a Lei n. 13.467/2017 (*Reforma Trabalhista*), que indicou *vacatio legis* de 120 (cento e vinte) dias (art. 6.º).**

Em relação ao **período de vigência, as normas jurídicas** podem ter:

■ *vigência temporária* ou determinada, o que ocorrerá na hipótese de seu elaborador fixar seu tempo de duração; ou

■ *vigência para o futuro*, sem prazo determinado, com duração até que sejam modificadas ou revogadas por outra norma **(art. 2.º, LINDB)**.

> **As leis trabalhistas normalmente têm vigência para o futuro, não contendo prazo determinado de vigência.**[21]
> **OBS.:** isso não ocorre com as normas coletivas (convenção coletiva, acordo coletivo e sentença normativa), que, por suas próprias características, têm vigência temporária.

---

[21] Como exceção a essa regra pode ser citada a Lei n. 14.297/2022, que dispõe sobre medidas de proteção asseguradas ao entregador que presta serviço por intermédio de empresa de aplicativo de entrega **durante a vigência da emergência em saúde pública** decorrente do coronavírus responsável pela covid-19. Trata-se de lei com vigência definida e, portanto, autorrevogável.

Imediatidade e irretroatividade

As leis de proteção ao trabalho são de **aplicação imediata**, atingindo, desde o início de sua vigência, as relações de trabalho em curso, imprimindo-lhes, desde logo, os novos preceitos, pouco importando que tenham se iniciado sob a égide da lei anterior.

A **imediatidade da aplicação da lei no Direito do Trabalho** decorre da sua natureza de regra imperativa e cogente, sobre a qual se apoiam todos os contratos de trabalho.

Importante ressaltar, porém, que a **imediatidade das leis trabalhistas não significa retroatividade**.

> **Retroatividade:** é a aplicação da lei a relações jurídicas já extintas ou consumadas.
> **Irretroatividade:** a lei não atinge os efeitos de atos jurídicos praticados anteriormente ao início de sua vigência (as normas trabalhistas têm esta característica).

Isto porque, de acordo com o disposto no **art. 5.º, XXXVI, da CF e no art. 6.º da LINDB**, *a nova norma em vigor tem efeito imediato e geral, mas deve sempre respeitar o ato jurídico perfeito, o direito adquirido e a coisa julgada*.

O **princípio da irretroatividade das normas** foi adotado expressamente pelo legislador trabalhista no **art. 912 da CLT** que, embora se refira expressamente ao texto consolidado, indica o entendimento que deve ser adotado em relação a todas as novas normas trabalhistas que entrem em vigor: "Os dispositivos de caráter imperativo terão aplicação imediata às relações iniciadas, mas não consumadas, antes da vigência desta Consolidação".

"RECURSO DE REVISTA COM AGRAVO. I — AGRAVO DE INSTRUMENTO. RECURSO DE REVISTA NA VIGÊNCIA DA LEI 13.467/2017. [...) FUNÇÃO DE CONFIANÇA PERCEBIDA HÁ MAIS DE 10 ANOS. REQUISITO TEMPORAL IMPLEMENTADO ANTES DA VIGÊNCIA DA LEI N. 13.467/2017. INCORPORAÇÃO DEVIDA. DIREITO ADQUIRIDO. 1. O direito processual consagra o princípio da lei do tempo rege o ato (*tempus regit actum*). Aplica-se em regra a legislação vigente ao tempo em que os atos processuais foram praticados e as situações jurídicas consolidadas. 2. A LINDB por sua vez declara em seu art. 6.º, § 2.º, que são direitos adquiridos aqueles que seu titular, ou alguém por ele, possa exercer, como aqueles cujo começo do exercício tenha termo pré-fixo, ou condição pre-estabelecida inalterável, a arbítrio de outrem. Se incorporam definitivamente ao patrimônio jurídico do titular. 3.'Não constitui demasia enfatizar que, no sistema de direito constitucional positivo brasileiro, a eficácia retroativa das leis (a) é excepcional, (b) não se presume, (c) deve emanar de texto expresso de lei e — circunstância que se reveste de essencialidade inquestionável — (d) não deve e nem pode gerar lesão ao ato jurídico perfeito, ao direito adquirido e à coisa julgada.' (STF-AI 244.578/RS, rel. Min. Celso de Mello, *DJ* 18.09.1999). 4. Tem-se por outro lado que há muito consagrado no âmbito da jurisprudência desta eg. Corte Superior o direito do empregado à incorporação de gratificação de função se percebida por mais de 10 anos, em franco prestígio aos princípios da estabilidade financeira do trabalhador e da irredutibilidade salarial, na esteira da Súmula 372, I, do c. TST, que regulava a matéria. 5. Sucede que a Lei n. 13.467/17 incluiu os parágrafos 1.º e 2.º ao art. 468 da CLT, de seguinte teor: '§ 1.º

Não se considera alteração unilateral a determinação do empregador para que o respectivo empregado reverta ao cargo efetivo, anteriormente ocupado, deixando o exercício de função de confiança'. '§ 2.º A alteração de que trata o § 1.º deste artigo, com ou sem justo motivo, não assegura ao empregado o direito à manutenção do pagamento da gratificação correspondente, que não será incorporada, independentemente do tempo de exercício da respectiva função.' Assim, para os casos em que o empregado completar dez anos de função gratificada, após a vigência Lei n. 13.467/2017, não mais se aplica a Súmula 372, I, da CLT. 6. A SBDI-1/TST, contudo, no julgamento do processo TST-E-ED-RR-43-82.2019.5.11.0019, da Relatoria do Exmo. Ministro Lelio Bentes Corrêa, julgado em 9.9.2021 (*DEJT* 22.10.2021), firmou que a alteração promovida pela Lei n. 13.467/TST não tem o condão de afastar daqueles empregados que cumpriram o requisito temporal de dez anos, estabelecido pela Súmula 372, I, do c. TST, antes da entrada em vigor da Lei n. 13.467/2017, o direito à incorporação da gratificação de função. Portanto, inaplicável em circunstâncias tais o art. 486, § 2.º, da CLT. Precedente da c. SBDI-1 do c. TST. 7. A jurisprudência do TST é firme no sentido de que readequações na estrutura administrativa do empregador não configuram o 'justo motivo' indicado no item I, da Súmula 372/TST, antes da entrada em vigor da Lei n. 13.467/2017. Precedentes. Assim, diante da conformidade do acórdão regional com o entendimento consolidado nesta Corte Superior, incide o óbice do art. 896, § 7.º, da CLT e Súmula n. 333, do TST. Precedentes. Agravo de instrumento conhecido e desprovido. [...]" (RRAg-1899-69.2017.5.09.0678, 7.ª T., rel. Min. Alexandre de Souza Agra Belmonte, *DEJT* 19.12.2024).

■ Revogação e direito adquirido

Segundo o disposto no **art. 2.º da LINDB**, a lei terá vigência até que outra a modifique ou revogue.

> **Revogar** é tornar sem efeito uma norma jurídica, retirando a sua obrigatoriedade.

A revogação pode ser:

- ■ **total** (ab-rogação); ou
- ■ **parcial** (derrogação);
- ■ **expressa:** quando a nova norma declara extintos os efeitos da norma antiga; ou
- ■ **tácita:** se houver incompatibilidade entre a lei nova e a antiga, tendo em vista que a nova passa a regular inteiramente a matéria tratada na anterior.

No entanto, diante do disposto no **art. 5.º, XXXVI, da CF** e no **art. 6.º da LINDB**, **revogada a norma**, independentemente da espécie de revogação de que se trate, **os direitos adquiridos durante sua vigência permanecerão**.

> **Direito adquirido** é aquele que já se incorporou definitivamente ao patrimônio e à personalidade de seu titular, que dele não pode ser privado pela vontade de terceiros **(art. 6.º, § 2.º, LINDB)**.

Em relação às disposições da **Lei n. 13.467/2017 (*Reforma Trabalhista*)**, logo após sua promulgação passou a haver muita discussão sobre a possibilidade ou não de sua aplicação aos **contratos de trabalho que estavam vigentes quando da sua entrada em vigor**. A **Medida Provisória n. 808, de 14 de novembro de 2017** pareceu trazer solução para a celeuma, já que previa expressamente no seu art. 2.º que "o disposto na Lei n. 13.467, de 13 de julho de 2017, se aplica, na integralidade, aos contratos de trabalho vigentes". No entanto, com a perda de vigência da referida Medida Provisória os questionamentos sobre a aplicabilidade ou não da *Reforma Trabalhista* aos contratos em vigor voltaram à tona[22].

A questão foi levada ao Pleno do TST que, em 25.11.2024, adotou o entendimento pacificado no que tange às alterações legais de direito material: no julgamento do Tema 23 da Tabela de Recursos de Revista Repetitivos (IncJulgRREmbRep-528-80.2018.5.14.0004), o TST firmou a tese de que a Lei n. 13.467/2017 possui aplicação imediata aos contratos de trabalho em curso, passando a regular os direitos decorrentes de lei cujos fatos geradores tenham se efetivado a partir de sua vigência.

"DIREITO PROCESSUAL DO TRABALHO. DIREITO DO TRABALHO. AGRAVO DE INSTRUMENTO. RECURSO DE REVISTA. TRABALHO EXTERNO. REVISÃO DE FATOS E PROVAS. SÚMULA N. 126 DO TST. TRANSCENDÊNCIA NÃO RECONHECIDA. 1. A Corte Regional, valorando fatos e provas, firmou convencimento de que as horas extraordinárias são devidas, sob o fundamento de que a recorrente não se desincumbiu do seu ônus de provar que o autor realizava trabalho externo. 2. Como se observa, para a aferição da tese recursal contrária em ordem a permitir que se afaste a tese do Tribunal Regional e se conclua que, de fato, o empregado prestava trabalho externo, implicaria necessário revolvimento do acervo fático probatórios dos autos, razão pela qual incide o óbice da Súmula n. 126 do TST. 4. Em tal contexto, a incidência do óbice da Súmula n. 126 do TST é suficiente para afastar as indicações de violação e contrariedade nos termos suscitados no recurso de revista e emerge como óbice suficiente a afastar o reconhecimento da transcendência do recurso de revista, sob a perspectiva de qualquer de seus indicadores (art. 896-A, § 1.º, da CLT). Agravo de instrumento a que se nega provimento. RECURSO DE REVISTA. INTERVALO INTRAJORNADA. CONCESSÃO PARCIAL. PAGAMENTO DA INTEGRALIDADE DA HORA COM ADICIONAL DE 50% E REFLEXOS. LIMITAÇÃO DA CONDENAÇÃO ATÉ O DIA ANTERIOR DA ENTRADA EM VIGOR DA LEI N. 13.467/2017. TRANSCENDÊNCIA JURÍDICA RECONHECIDA. 1. A Corte Regional firmou entendimento no sentido de que a Lei n. 13.467/2017 é inaplicável aos contratos em curso, condenando a ré ao pagamento total do período correspondente ao intervalo intrajornada, com acréscimos normativos sobre o valor da remuneração da hora normal de trabalho e preservada sua natureza salarial. 2. O Tribunal Pleno desta Corte Superior, em 25.11.2024, no julgamento do Tema 23 da Tabela de Recursos de Revista Repetitivos (IncJulgRREmbRep-528-80.2018.5.14.0004), firmou a tese de que a Lei n. 13.467/2017 possui aplicação imediata aos contratos de trabalho em curso, passando a regular os direitos decorrentes de lei cujos fatos geradores tenham se efetivado

---

[22] Em relação às alterações legais que versam sobre matéria processual, o TST pacificou o entendimento por meio da Instrução Normativa n. 41/2018.

a partir de sua vigência. 3. Assim, conforme nova redação do § 4.º do art. 71 da CLT, a partir de 11.11.2017 é devido o pagamento apenas dos minutos suprimidos e sem reflexos, pela concessão parcial do intervalo intrajornada. Recurso de revista conhecido e provido" (RRAg-0000216-69.2022.5.05.0019, 1.ª T., rel. Min. Amaury Rodrigues Pinto Junior, *DEJT* 16.12.2024).

▣ Peculiaridades relativas às normas coletivas

As convenções coletivas de trabalho, os acordos coletivos de trabalho e as sentenças normativas apresentam algumas peculiaridades em relação à sua vigência e, exatamente por isso, merecem uma análise específica sobre o tema.

As convenções e os acordos coletivos de trabalho são normas jurídicas derivadas da negociação coletiva desenvolvida entre as categorias econômica e profissional, diferenciando-se pela extensão da negociação, que abrange toda a categoria econômica e toda a categoria profissional no primeiro caso, mas apenas parte das respectivas categorias no segundo caso **(art. 611, CLT)**.

De acordo com o disposto no **art. 614 da CLT**, no prazo de oito dias após a celebração da convenção ou do acordo coletivo, uma via do respectivo instrumento normativo deverá ser depositada, para efeitos de registro e arquivo, no Ministério do Trabalho. Três dias após o depósito no Ministério do Trabalho, inicia-se a vigência da convenção ou do acordo coletivo **(art. 614, § 1.º, CLT)**.

O prazo de vigência da convenção e do acordo coletivo deverá ser indicado expressamente no instrumento normativo **(art. 613, CLT)**, mas não poderá ser superior a dois anos, admitindo-se revogação total ou parcial antes do término do prazo de vigência mediante aprovação pela Assembleia Geral dos sindicatos convenentes, sendo vedada, porém, a ultratividade de suas cláusulas **(art. 614, § 3.º, e art. 615, CLT)**.

A vigência máxima da convenção e do acordo coletivo prevista em lei deve ser respeitada, não sendo válida previsão de vigência daqueles por prazo indeterminado. Nesse sentido o entendimento pacificado pela jurisprudência do TST:

> **OJ-SDI1 322, TST:** "Nos termos do art. 614, § 3.º, da CLT, é de 2 anos o prazo máximo de vigência dos acordos e das convenções coletivas. Assim sendo, é inválida, naquilo que ultrapassa o prazo total de 2 anos, a cláusula de termo aditivo que prorroga a vigência do instrumento coletivo originário por prazo indeterminado".

Reitere-se que a nova redação do **§ 3.º do art. 614 da CLT veda a ultratividade** das cláusulas das convenções e dos acordos coletivos de trabalho.

Em se tratando de sentença normativa proferida em dissídio coletivo, a regra sobre o início da vigência é a estabelecida no **art. 867, parágrafo único, da CLT**: a sua vigência se dá a partir da data da respectiva publicação; salvo se, havendo convenção, acordo ou sentença normativa em vigor, o dissídio coletivo tiver sido ajuizado dentro dos sessenta dias anteriores ao respectivo termo final, caso em que o início da vigência retroagirá a essa data.

A sentença normativa também deverá fixar o prazo de sua vigência, que não poderá ser superior a quatro anos **(art. 868, parágrafo único, CLT)**.

Importante destacar que o prazo de vigência da norma coletiva não se confunde com os efeitos de suas cláusulas nos contratos individuais de trabalho.

As cláusulas normativas dos acordos coletivos ou convenções coletivas integram os contratos individuais de trabalho apenas no período de sua vigência, não havendo que se falar em ultratividade ou efeito ultra-ativo das normas coletivas.

A redação da Súmula 277, TST, que afastava a limitação de efeitos das normas coletivas à sua vigência temporal, passando a adotar a ultratividade das normas coletivas, foi questionada na Arguição de Descumprimento de Preceito Fundamental (ADPF) 323 — Distrito Federal, proposta pela Confederação Nacional dos Estabelecimentos de Ensino — CONFENEN. O STF, por maioria, julgou procedente a ADPF, declarando a **inconstitucionalidade da Súmula 277 do TST**, na versão atribuída pela Resolução 185, de 27 de setembro de 2012, assim como a inconstitucionalidade de interpretações e de decisões judiciais que entendem que o art. 114, § 2.º, da Constituição Federal, na redação dada pela Emenda Constitucional n. 45/2004, autoriza a aplicação do princípio da ultratividade de normas de acordos e de convenções coletivas.[23-24]

---

[23] Redação da **Súmula 277, TST declarada inconstitucional pelo STF**: "As cláusulas normativas dos acordos coletivos ou convenções coletivas integram os contratos individuais de trabalho e somente poderão ser modificadas ou suprimidas mediante negociação coletiva de trabalho".

[24] "AGRAVO INTERNO EM EMBARGOS DE DECLARAÇÃO EM AGRAVO DE INSTRUMENTO EM RECURSO DE REVISTA DO AUTOR. [...] DESCANSO SEMANAL REMUNERADO. REFLEXOS. INCORPORAÇÃO AO SALÁRIO-HORA PREVISTA EM NORMA COLETIVA. VIGÊNCIA EXPIRADA. ULTRATIVIDADE VEDADA. MATÉRIA VERSADA NA ADPF N. 323. Constatado equívoco na decisão agravada, dá-se provimento ao agravo interno para melhor exame do agravo de instrumento. Agravo interno conhecido e provido. AGRAVO DE INSTRUMENTO EM RECURSO DE REVISTA DO AUTOR. CPC/1973. DESCANSO SEMANAL REMUNERADO. REFLEXOS. INCORPORAÇÃO AO SALÁRIO-HORA PREVISTA EM NORMA COLETIVA. VIGÊNCIA EXPIRADA. ULTRATIVIDADE VEDADA. MATÉRIA VERSADA NA ADPF N. 323. Agravo de instrumento provido para determinar o processamento do recurso de revista, em face de haver sido demonstrada possível violação ao artigo 614, § 3.º, da CLT (redação anterior a dada pela Lei n. 13.467/2017). RECURSO DE REVISTA DO AUTOR. CPC/1973. DESCANSO SEMANAL REMUNERADO. REFLEXOS. INCORPORAÇÃO AO SALÁRIO-HORA PREVISTA EM NORMA COLETIVA. VIGÊNCIA EXPIRADA. ULTRATIVIDADE VEDADA. MATÉRIA VERSADA NA ADPF N. 323. No caso, a Corte de origem esclareceu: 'Quanto à vigência da norma coletiva, é de se lembrar que o acordo coletivo firmado em 1997 determinou a incorporação definitiva do DSR ao salário hora do empregado, sendo certo que o fato dessa cláusula não ter sido renovada apenas significa que os empregados admitidos posteriormente a sua vigência não estão abrangidos pela forma de cálculo, o que não é o caso do reclamante'. Assim, é incontroverso nos autos que a ré, por força de instrumento coletivo de 1997, incorporou o DSR ao salário-hora e manteve tal procedimento durante a contratualidade. De fato, a jurisprudência desta Corte se firmou no sentido de que a incorporação do DSR ao salário-hora determinada em norma coletiva é válida, não se caracterizando salário complessivo. Todavia, ao contrário do posicionamento exarado pelo TRT, deverá ser observado o prazo de vigência das normas coletivas juntadas aos autos, para fins de se reconhecer a regularidade do procedimento adotado. Isso porque, a questão da ultratividade das normas coletivas pactuadas antes da vigência da Lei n. 13.467/2017 — objeto da Súmula n. 277 desta Corte Superior —, não demanda maiores debates, pois já decidida pelo Supremo Tribunal Federal que, ao julgar procedente a ADPF n. 323/DF, declarou: '[...] a inconstitucionalidade da Súmula n. 277 do Tribunal Superior do Trabalho, na

De toda forma, a previsão expressa pelo **art. 614, § 3.º, da CLT** de vedação da ultratividade, não deixa dúvidas a respeito da questão, sendo certo que os efeitos das normas coletivas nos contratos individuais de trabalho estão vinculados à vigência temporal das referidas normas.

4.3.2. Aplicação no espaço

Em razão da soberania estatal, o sistema de direito positivo de cada Estado é aplicável no espaço delimitado por suas fronteiras. Portanto, as normas jurídicas têm uma **vigência espacial, obrigando, como regra, somente no território nacional**. Trata-se do *princípio da territorialidade*.

O TST, por meio da Súmula 207, adotava entendimento segundo o qual o Direito do Trabalho também se submeteria ao princípio da territorialidade, razão pela qual se afirmava que **a norma jurídica a ser aplicada à relação de emprego é a do local da execução dos serviços** (*lex loci executionis*). Referida Súmula, porém, foi cancelada pelo TST, passando a prevalecer, por força das disposições legais abaixo indicadas, a previsão de aplicação da lei trabalhista brasileira, salvo se a legislação estrangeira for mais favorável, independentemente do local da prestação dos serviços.[25]

---

versão atribuída pela Resolução 185, de 27 de setembro de 2012, assim como a inconstitucionalidade de interpretações e de decisões judiciais que entendem que o art. 114, § 2.º, da Constituição Federal, na redação dada pela Emenda Constitucional n. 45/2004, autoriza a aplicação do princípio da ultratividade de normas de acordos e de convenções coletiva' (grifei). Nesse contexto, merece reparo a decisão regional. Recurso de revista conhecido e provido" (RRAg-321-62.2013.5.02.0466, 7.ª T., rel. Min. Claudio Mascarenhas Brandao, *DEJT* 19.12.2024).

[25] "AGRAVO. AGRAVO DE INSTRUMENTO EM RECURSO DE REVISTA. ACÓRDÃO PUBLICADO NA VIGÊNCIA DA LEI N. 13.467/2017. EMPREGADO CONTRATADO NO BRASIL. EMPRESA ESTRANGEIRA. PRESTAÇÃO DE SERVIÇO NO EXTERIOR. LEGISLAÇÃO APLICÁVEL. ÔNUS DA PROVA. AUSÊNCIA DE TRANSCENDÊNCIA. Extrai-se do acórdão regional que o autor firmou contrato em novembro de 2015, ainda em terras brasileiras, com empresa estrangeira (Moçambique), para trabalhar em solo moçambicano a partir de janeiro de 2016. Nesse contexto, o e. TRT concluiu pela aplicação da lei brasileira, tendo em vista que esta é mais favorável ao autor, e registrou que 'o ônus probatório quanto à norma mais favorável é da empresa, uma vez que esta detém melhores condições para trazer aos autos a legislação estrangeira' e que desse encargo não se desincumbiram as rés. Em relação ao ônus da prova, esta Corte já se posicionou no sentido de que cabe à reclamada o ônus de comprovar que a legislação estrangeira não é menos favorável que a brasileira e, não tendo o empregador se desincumbido de demonstrar tal fato, isso por si só, já é suficiente para a aplicação do direito brasileiro. Precedente. Ainda, a jurisprudência da SBDI-I desta Corte, ao analisar o processo E-RR-10614-63.2019.5.15.0064, (acórdão publicado em 07.12.2023), firmou entendimento de que 'nos termos do art. 3.º, II, da Lei n. 7.064/1982, aos trabalhadores nacionais contratados no país ou transferidos do país para trabalhar no exterior, aplica-se a legislação brasileira de proteção ao trabalho naquilo que não for incompatível com o diploma normativo especial, quando for mais favorável do que a legislação territorial estrangeira', sendo competente a Justiça do Trabalho para processar e julgar o feito. Precedente. Nesse contexto, incide a Súmula n. 333 do TST como obstáculo à extraordinária intervenção deste Tribunal Superior no feito. A existência de obstáculo processual apto a inviabilizar o exame da matéria de fundo veiculada, como no caso, acaba por evidenciar, em última análise, a própria au-

■ **Técnicos estrangeiros domiciliados ou residentes no exterior e que sejam contratados para a execução de serviços especializados no Brasil, em caráter provisório:** assegurada a aplicação das normas trabalhistas brasileiras, com as peculiaridades previstas no **Decreto-lei n. 691/69** (lei do local da prestação dos serviços).

■ **Trabalhadores brasileiros que vão prestar serviços no exterior:** a Lei n. **7.064/82**, com as alterações da Lei n. 11.962/2009, regulamentada pelo **Decreto n. 10.854/2021**, determina a aplicação da legislação trabalhista brasileira "quando mais favorável do que a legislação territorial, no conjunto de normas e em relação a cada matéria" (**art. 3.º, II**). Assim, **aplica-se** ora a lei brasileira, ora a lei do local da prestação dos serviços, conforme **a que seja mais favorável ao trabalhador** (aplicação concomitante de dois elementos de conexão).

■ As diretrizes fixadas pela Lei n. 7.064/82 são universais, devendo ser aplicadas a todo trabalhador brasileiro contratado ou transferido para prestar serviços no exterior.

■ **Marítimos em geral:** em relação a este tipo de trabalhadores, Délio Maranhão esclarece que é aplicável a **lei do pavilhão da embarcação**. No entanto, afirma que não se trata de regra absoluta, que "pode sofrer limitações impostas pela *lex loci executionis* ou pela *lex loci contractus*. Negar-se-á, por exemplo, a competência da lei da bandeira, quando invocada com o fim de impedir ou fraudar a aplicação de normas de proteção ao trabalho".[26] O tema foi pacificado pelo TST no sentido de que os empregados contratados ou mesmo recrutados em solo brasileiro se sujeitam à aplicação da legislação brasileira, naquilo que não for incompatível com o disposto na Lei n. 7.064/82, quando mais favorável do que a legislação territorial, no conjunto de normas e em relação a cada matéria.[27]

---

sência de transcendência do recurso de revista, em qualquer das suas modalidades. Agravo não provido. [...]" (RRAg-Ag-817-94.2021.5.17.0013, 5.ª T., rel. Min. Breno Medeiros, *DEJT* 23.08.2024).

[26] SÜSSEKIND, Arnaldo et al. *Instituições de direito do trabalho*, 22. ed., v. 1, p. 173.

[27] "EMPRESA DE CRUZEIROS MARÍTIMOS. CONTRATAÇÃO EM TERRITÓRIO NACIONAL. PRESTAÇÃO DE SERVIÇOS NA COSTA BRASILEIRA E EM ÁGUAS NACIONAIS E INTERNACIONAIS. APLICAÇÃO DA LEGISLAÇÃO TRABALHISTA BRASILEIRA. DECISÃO REGIONAL DE ACORDO COM O ENTENDIMENTO FIRMADO PELA SBDI-1 DO TST. CONHECIMENTO E PROVIMENTO DO AGRAVO. I. Os fundamentos da decisão agravada merecem ser desconstituídos, em razão do recente entendimento firmado pela SBDI-1 desta Corte Superior, no julgamento do processo de n. E-ED-RR-15-72.2019.5.13.0015. II. Agravo de que se conhece e a que se dá provimento para, reformando a decisão agravada, reexaminar o agravo de instrumento em recurso de revista interposto pelas Reclamadas. B) AGRAVO DE INSTRUMENTO EM RECURSO DE REVISTA. RECLAMADAS. ACÓRDÃO REGIONAL PUBLICADO NA VIGÊNCIA DAS LEIS N. 13.015/2014 E 13.467/2017. EMPRESA DE CRUZEIROS MARÍTIMOS. CONTRATAÇÃO EM TERRITÓRIO NACIONAL. PRESTAÇÃO DE SERVIÇOS NA COSTA BRASILEIRA E EM ÁGUAS NACIONAIS E INTERNACIONAIS. APLICAÇÃO DA LEGISLAÇÃO TRABALHISTA BRASILEIRA. DECISÃO REGIONAL DE ACORDO COM O ENTENDIMENTO FIRMADO PELA SBDI-1 DO TST. ÓBICE DA SÚMULA N. 333 DO TST. TRANSCENDÊNCIA JURÍDICA RECONHECIDA. CONHECIMENTO E NÃO PROVIMENTO. I. A SBDI-1 deste Tribunal Superior, no julgamento do processo de n. E-ED-RR-15-72.2019.5.13.0015, publicado no *DEJT* em 07.12.2023, firmou o entendimento no sentido de que

■ **Marítimos e aeronautas de empresas brasileiras, contratados no Brasil, prestando serviços nas embarcações ou aeronaves em viagens internacionais:** aplica-se a legislação trabalhista brasileira, salvo se houver estipulação mais favorável expressa.[28]

A partir da análise feita acima, constata-se que a delimitação da eficácia espacial da norma trabalhista não é tão simples assim, pois, na prática, frequentes são os conflitos que, aliás, têm aumentado devido à grande mobilidade da mão de obra e aos efeitos da globalização da economia no mundo de hoje.

Destaque-se que em 9 de abril de 2021 foi promulgada pelo **Decreto n. 10.671** a Convenção da OIT sobre Trabalho Marítimo (Convenção n. 186), que passou, portanto, a integrar o ordenamento jurídico brasileiro. A partir da ratificação da referida Convenção, algumas decisões do TST eram no sentido de reconhecer a aplicação da lei do pavilhão.

No entanto, a SDI-1 do TST firmou jurisprudência no sentido de que a Justiça do Trabalho é competente para decidir a matéria e que se aplica à espécie a legislação brasileira. Esse o teor da ementa do precedente:

"RECURSO DE EMBARGOS EM EMBARGOS DE DECLARAÇÃO EM RECURSO DE REVISTA. INTERPOSIÇÃO NA VIGÊNCIA DA LEI N. 13.467/2017. APLICAÇÃO DA LEI TRABALHISTA NO ESPAÇO. EMPREGADO DE NAVIO DE CRUZEIROS MARÍTIMOS. **LABOR EM ÁGUAS NACIONAIS E INTERNACIONAIS. CONTRATO FIRMADO NO BRASIL. LEGISLAÇÃO APLICÁVEL**. ART. 3.º, II, DA LEI N. 7.064/82. CÓDIGO DE BUSTAMANTE. LEI DO PAVILHÃO. 'BANDEIRA DE CONVENIÊNCIA'. TEORIA DO CENTRO DA GRAVIDADE. DIREITO INTERNACIONAL DOS DIREITOS HUMANOS. PREVALÊNCIA DA NORMA MAIS FAVORÁVEL AO SER HUMANO ('PRINCÍPIO *PRO HOMINE*'). 'CLÁUSULA DE BARREIRA' CONTIDA NO ART. 19, ITEM 8, DA CONSTITUIÇÃO DA ORGANIZAÇÃO INTERNACIONAL DO TRABALHO — OIT. CONSTITUIÇÃO

---

aos empregados contratados ou mesmo recrutados em solo brasilei-ro se sujeitam à aplicação da legislação brasileira, 'naquilo que não for incompatível com o disposto na Lei n. 7.064/82, quando mais favorável do que a legislação territorial, no conjunto de normas e em relação a cada matéria'. II. No presente caso, extrai-se do conjunto fático descrito no acórdão Regional que a seleção do Reclamante, o seu treinamento e as medidas pré-contratuais ocorreram todas em solo brasileiro, tendo o trabalho sido prestado em águas nacionais e internacionais. III. Logo, a decisão regional em que se entendeu aplicável ao caso a legislação trabalhista brasileira está em conformidade com o entendimento da SDBI-1 do TST, motivo pelo inviável o processamento do recurso de revista em razão do óbice da Súmula n. 333 do TST e do art. 896, § 7.º, da CLT. Ressalvado o entendimento deste Relator. IV. Por se tratar de matéria cujo entendimento não se encontra pacificado no âmbito desta Corte Superior, bem como considerando que o Supremo Tribunal Federal ainda não referendou a validade dos tratados internacionais pertinentes, reconheço a transcendência jurídica da matéria, nos termos do art. 896-A, § 1.º, IV, da CLT, considerando que o Supremo Tribunal Federal ainda não referendou a validade dos tratados internacionais pertinentes. V. Agravo de instrumento de que se conhece e a que se denega seguimento" (RR-0000100-68.2019.5.07.0001, 4.ª T., rel. Min. Alexandre Luiz Ramos, *DEJT* 27.09.2024).

[28] NASCIMENTO, Amauri Mascaro. *Curso de direito do trabalho*, 24. ed., p. 309-310.

BRASILEIRA, ART. 4.º, II. CONVENÇÃO N. 186 DA OIT. GARANTIA DE DIREITOS MÍNIMOS NA ORDEM INTERNACIONAL. TEMA DE REPERCUSSÃO GERAL 210 DO STF. APLICAÇÃO RESTRITA À RESPONSABILIDADE PATRIMONIAL DAS TRANSPORTADORAS INTERNACIONAIS DE PASSAGEIROS. As normas de regência do trabalho executado no interior de embarcações estrangeiras são definidas a partir do critério estabelecido no Código de Bustamante (Convenção de Direito Internacional Privado de Havana, ratificada pelo Brasil por meio do Decreto n. 18.871/1929). Referido Diploma, nos seus arts. 274 e seguintes, determina a incidência da chamada 'Lei do Pavilhão', segundo a qual a lei material aplicável a tais relações é a do país da bandeira da embarcação. A jurisprudência nacional e a comunidade jurídica internacional, contudo, têm relativizado essa regra, principalmente nas hipóteses de adoção de 'bandeiras de conveniência ou de aluguel' — prática na qual a empresa armadora/proprietária faz o registro da embarcação em país diverso daquele em que concentra suas operações, com o intuito de se submeter a leis e controles governamentais mais brandos. Conforme ilustra a doutrina, as consequências advindas de tal prática são gravíssimas e de diversas ordens, sobretudo no que tange à violação de direitos humanos e da dignidade dos trabalhadores. Por outro lado, a Convenção das Nações Unidas sobre o Direito do Mar (CNUDM), ratificada pelo Brasil, exige, em seu artigo 91, a existência de 'vínculo substancial entre o Estado e o navio' que arvora sua bandeira. No presente caso, as próprias reclamadas afirmaram, na contestação, que os navios em que o reclamante prestou serviços arvoram bandeira do Panamá, não obstante a primeira ré possua sede na Suíça e a segunda, empresa armadora, na República de Malta. Destaca-se que o Panamá há muito tem sido visto como nação cuja bandeira é comumente adotada como de conveniência, aspecto já reconhecido por esta Justiça, há, pelo menos, 59 anos e, ainda hoje, figura na lista de países associados a 'bandeiras de conveniência' elaborada pela Federação Internacional dos Trabalhadores em Transportes (ITF) — entidade sindical internacional cujas normas coletivas as rés sustentam cumprir. **Afastada a Lei do Pavilhão para os navios em que o reclamante prestou serviços, remanesceria aplicável à hipótese a regra geral da Lei n. 7.064/82, que trata dos empregados brasileiros contratados ou transferidos para prestar serviços no exterior, tendo em vista que, de acordo com o quadro fático dos autos, o autor iniciou seu contrato de trabalho em território brasileiro, ou, pelo menos, aqui foi recrutado por meio de empresa de recrutamento, a pedido da reclamada. Incide, assim, o artigo 2.º, I e III, da aludida Lei. Nessa hipótese, consoante o artigo 3.º do mencionado Diploma, aplica-se a lei brasileira quando mais favorável que a legislação territorial, no conjunto de normas em relação a cada matéria. Esse aspecto, aliás, faz atrair fundamento que suplantaria qualquer outro no âmbito do direito internacional dos direitos humanos, concernente à aplicabilidade da norma mais favorável ao ser humano, em caso de eventual conflito, por estreita aderência ao disposto no art. 19, item 8, da Constituição da Organização Internacional do Trabalho — OIT (norma vigente no Brasil e na Suíça), que, de forma clara, estabelece inequívoca 'cláusula de barreira' à aplicação do direito internacional e ao mesmo tempo a prevalência do direito interno, quando mais favorável.** Significa dizer que o conjunto normativo oriundo daquela

Organização somente prevalecerá se e somente se for mais favorável que o direito interno, seja ele proveniente de lei, decisão judicial, normas coletivas ou mesmo consuetudinárias. Ao ratificar a mencionada norma internacional, base de toda a hermenêutica dos direitos humanos e, em especial, dos direitos sociais, o Brasil incorporou essa diretriz e deve ser ela observada, de forma imperativa, pelo Poder Judiciário. Diga-se de passagem, sequer seria necessária a menção expressa a ela, pois o princípio da prevalência da norma mais favorável ao indivíduo orienta a aplicação de todo direito internacional dos direitos humanos (princípio *pro homine*). Sobre o tema, André de Carvalho Ramos observa ser 'aparente' o eventual conflito entre normas, em virtude da prevalência do citado princípio, segundo o qual 'nenhuma norma de direitos humanos pode ser invocada para limitar, de qualquer modo, o exercício de qualquer direito ou liberdade já reconhecida por outra norma internacional ou nacional'. Dirley da Cunha Júnior lembra do sistema aberto de direitos humanos, consagrado por meio da 'cláusula de abertura material ou de inesgotabilidade dos direitos fundamentais' prevista no artigo 5.º, § 2.º, da Constituição da República Federativa do Brasil, que permite a incorporação de quaisquer outros, desde que em consonância com o regime democrático, vinculado ao Estado de Direito Democrático, e com os princípios nela adotados. Permite acolher outros direitos além daqueles nela previstos, ainda que não 'estejam incluídos numa constituição ou declaração formalizada [...]. Basta que ostentem a natureza de fundamentalidade material'. Valério de Oliveira Mazzuoli denomina como 'cláusula de diálogo' ou 'cláusula de retroalimentação', por permitir a contínua interpenetração do direito internacional e do direito interno na regência do caso e desse conjunto extrair-se a norma mais benéfica a incidir sobre a controvérsia, amparado no princípio da prevalência dos direitos humanos. Essa diretriz, aliás, encontra-se materializada na previsão contida no artigo 4.º, II, da Constituição brasileira, ao relacionar o princípio da prevalência dos direitos humanos como um dos que re-gem as relações internacionais do País, expressamente reconhecido pelo Supremo Tribunal Federal. Quanto à aplicação da Convenção n. 186 da OIT (Convenção sobre Trabalho Marítimo — CTM), vigente na ordem internacional a partir de 20.8.2013 e incorporada ao direito brasileiro pelo Decreto n. 10.671, de 09.04.2021, que se destina a assegurar direitos iguais a essa categoria de trabalhadores — a denominada 'gente do mar' — e se imporia às respectivas legislações nacionais por uniformizar as normas sobre trabalho marítimo, ainda que não possa ser aplicada de forma retroativa, não pode colidir com o citado princípio, indicado expressamente na Constituição Federal, também se choca — e de modo frontal — com a Constituição da OIT (art. 19, item 8, já mencionado). Com efeito, quando, no direito interno, houver norma mais benéfica, o direito internacional cede-lhe passagem. Não seria diferente, na medida em que busca aquela entidade internacional de direitos humanos assegurar o patamar mínimo de direitos aos trabalhadores, indistintamente, mas em nenhum momento, ao pretender atingir esse desiderato, afasta os sistemas normativos dos diversos países que consagrem preceitos vantajosos. Admitir-se tal hipótese revelaria insustentável contrassenso e importaria, ao final, proteção às avessas, por acarretar redução de direitos. Aliás, a própria CTM expressamente destaca essa orientação, ao relembrá-la (o termo é nela utilizado) no seu Preâmbulo. Ainda, em relação à invocação feita ao artigo 178 da Constituição da República e ao Tema 210 de Repercussão Geral, tese firmada pelo Supremo Tribunal Federal no julgamento do RE 363.331/RJ, segundo a qual haveria prevalência das normas e tratados internacionais limitadores da responsabilidade das transportadoras aéreas de passageiros, especialmente as Convenções de Varsóvia e Montreal, em relação ao Código de Defesa do Consumidor, a simples leitura do precedente invocado afasta a tese de aplicação da mesma *ratio decidendi*, conforme estabelecido pelo próprio relator, Ministro Gilmar Mendes, porque o caso analisado não tratava de direitos humanos, o que levou à solução com base nos métodos de solução de antinomias entre normas de igual hierarquia, em especial os critérios cronológicos e de especialidade, o que, seguramente, não se aplica às normas internacionais de direitos humanos, como as Convenções da OIT. Ademais, a doutrina e jurisprudência também têm admitido o afastamento da Lei do Pavilhão com base no Princípio do Centro da Gravidade, ou do *most significant relationship*, segundo a qual as regras de Direito Internacional Privado podem ceder espaço a outra legislação, quando demonstrado que esta possui ligação mais forte com os fatos e a relação jurídica em análise. Em situações análogas a do presente caso, este Tribunal já decidiu pela aplicação da Teoria do Centro Gravitacional. Na hipótese, considerando que o autor: a) foi recrutado e treinado no Brasil, por meio da agência Rosa dos Ventos; b) teve passagens para embarque custeadas pela empregadora; c) embarcou, ao menos em uma oportunidade, em porto brasileiro; e d) prestou parte de seus serviços na costa brasileira, correta, ainda, a aplicação da Teoria do Centro da Gravidade, pois nítido que os fatos e o problema jurídico ora em análise possuem maior ligação com o ordenamento trabalhista brasileiro. Precedentes. Recurso de embargos conhecido e provido" (E--ED-RR-15- 72.2019.5.13.0015, red. Designado Min. Cláudio Mascarenhas Brandão).

4.3.3. Hierarquia das normas trabalhistas

Conforme visto no capítulo anterior (item 3.4), as normas jurídicas trabalhistas compõem uma unidade coerente, havendo uma hierarquia entre elas.

A Constituição Federal é a norma fundamental e, nesta condição, coloca-se no topo da ordem hierárquica das fontes formais do Direito do Trabalho. Abaixo da Constituição, alinham-se, em ordem hierárquica decrescente, as leis, os atos do Poder Executivo, as sentenças normativas, as convenções e acordos coletivos de trabalho, os costumes.

No entanto, apesar da existência de uma ordem entre as normas jurídicas trabalhistas, a **hierarquia existente entre elas sempre foi considerada, em regra, flexível**, diferindo da hierarquia rígida e inflexível aplicável no Direito Comum, uma vez que a fonte superior pode ser superada pela inferior, **desde que esta seja mais benéfica ao empregado**, de tal forma que **a norma que for mais favorável ao empregado ou a norma que lhe garanta condição mais benéfica prevalecerá sobre as demais.**

Ocorre que a ***Reforma Trabalhista***, introduzida pela **Lei n. 13.467/2017**, trouxe alterações importantes em relação às normas trabalhistas, que relativizaram a regra geral de hierarquia acima indicada, entre as quais merecem destaque:

- na aplicação subsidiária do direito comum, deixou-se de exigir compatibilidade com os princípios fundamentais do Direito do Trabalho **(art. 8.º, § 1.º, CLT)**;
- restringiu-se o âmbito de interpretação pela Justiça do Trabalho das convenções e acordos coletivos de trabalho, estabelecendo que no exame de tais normas ela analisará exclusivamente a conformidade dos elementos essenciais do negócio jurídico, e balizará sua atuação pelo princípio da intervenção mínima na autonomia da vontade coletiva **(art. 8.º, § 3.º, CLT)**;
- passou-se a prever a prevalência do negociado sobre a lei em relação a diversas matérias, entre as quais as expressamente elencadas **(art. 611-A, CLT)**;[29]
- determinou-se que as condições estabelecidas em acordo coletivo de trabalho sempre prevalecerão sobre as estipuladas em convenção coletiva de trabalho **(art. 620, CLT)**.

Assim, embora subsista a regra geral de que, **no Direito do Trabalho, deve ser aplicada a norma que oferecer maiores vantagens ou benefícios ao trabalhador**, com a *Reforma Trabalhista* não é mais possível afirmar taxativamente que a hierarquia de normas é flexível, e que sempre será aplicada a norma mais favorável.

Isso porque, em relação às normas coletivas, o legislador determina que sempre as condições do acordo coletivo prevaleçam sobre as estipuladas em convenção coletiva de trabalho **(art. 620, CLT)**, não havendo que se perquirir qual norma é mais benéfica. O critério adotado foi o da especialidade e não o da norma mais favorável.

Além disso, a concepção do que é mais favorável também foi relativizada, tendo o legislador restringido a interpretação da norma autônoma (convenção e acordo coletivo de trabalho) pela Justiça do Trabalho **(art. 8.º, § 3.º, CLT)**, prevendo ainda a prevalência do negociado sobre o legislado em muitas matérias, sem que se indague qual a norma mais favorável **(art. 611-A, CLT)**.

4.4. INDISPONIBILIDADE

As **normas jurídicas trabalhistas** são, em sua maioria, **imperativas**, ou seja, obrigatórias, não podendo ter sua aplicação afastada pela simples manifestação de vontade das partes.

Como esclarece Mauricio Godinho Delgado, "esta restrição é tida como instrumento assecuratório eficaz de garantias fundamentais do trabalhador, em face do desequilíbrio de poderes inerentes ao contrato de emprego".[30]

---

[29] Em 02.06.2022 o STF fixou a Tese 1046 de Repercussão Geral: "São constitucionais os acordos e as convenções coletivos que, ao considerarem a adequação setorial negociada, pactuam limitações ou afastamentos de direitos trabalhistas, independentemente da explicitação especificada de vantagens compensatórias, desde que respeitados os direitos absolutamente indisponíveis". Trânsito em julgado em 09.05.2023.

[30] DELGADO, Mauricio Godinho. *Curso de direito do trabalho*, 18. ed., p. 237.

A **indisponibilidade das normas trabalhistas** decorre dessa imperatividade e visa equilibrar a desigualdade clássica existente entre os sujeitos da relação de emprego. Assim, o trabalhador não pode abrir mão dos direitos assegurados pelas leis trabalhistas (**princípio da irrenunciabilidade**).

4.5. RENÚNCIA E TRANSAÇÃO

A *renúncia* é ato jurídico unilateral, pelo qual o titular de um direito certo, assegurado pelas normas jurídicas, dele se despoja. Portanto, é ato que, pressupondo a certeza, pelo menos subjetiva, de um direito, importa em concessão de uma só das partes da relação jurídica, consubstanciada na desistência do direito.

A *transação*, por sua vez, é ato jurídico bilateral que importa em concessões recíprocas das partes. Pressupõe uma incerteza subjetiva sobre direito patrimonial, no que concerne à sua existência, aos seus limites ou modalidades e, portanto, extingue obrigações litigiosas ou duvidosas.[31]

Não há na legislação trabalhista brasileira dispositivo proibindo expressamente a renúncia ou a transação. O legislador optou por declarar nulo de pleno direito qualquer ato que contrarie as disposições das normas de proteção ao trabalho. Nesse sentido, o **art. 9.º da CLT**, que prescreve: "Serão nulos de pleno direito os atos praticados com o objetivo de desvirtuar, impedir ou fraudar a aplicação dos preceitos contidos na presente Consolidação".

Além disso, a primazia dos preceitos de ordem pública é realçada por dispositivos legais que limitam a liberdade contratual das partes, tanto no momento da celebração do contrato quanto no seu curso.

Nesse sentido, como regra o *caput* do **art. 444 da CLT** estabelece que: "As relações contratuais de trabalho podem ser objeto de livre estipulação das partes interessadas em tudo quanto não contravenha às disposições de proteção ao trabalho, aos contratos coletivos que lhes sejam aplicáveis e às decisões das autoridades competentes". E o **art. 468 da CLT** restringe a possibilidade de alteração das condições de trabalho pactuadas no contrato, exigindo que decorram do mútuo consentimento das partes e que delas não resulte prejuízo direto ou indireto ao trabalhador, sob pena de nulidade da cláusula infringente desta garantia.[32]

No entanto, a **Lei n. 13.467/2017 (*Reforma Trabalhista*)** relativizou a regra restritiva de exercício da autonomia da vontade no campo trabalhista, ao estabelecer o

---

[31] Ressalte-se que o art. 841 do Código Civil de 2002 permite a transação apenas em relação a *direitos patrimoniais privados*, o que leva à conclusão de que a transação não é válida quando se referir a controvérsia decorrente de norma de ordem pública.

[32] Há hipóteses, no entanto, em que excepcionalmente a renúncia é reconhecida como válida. Nesse sentido, o entendimento do TST em relação à adesão de empregado a um novo regulamento de empresa: Súmula 51. **NORMA REGULAMENTAR. VANTAGENS E OPÇÃO PELO NOVO REGULAMENTO. ART. 468 DA CLT.** I — As cláusulas regulamentares, que revoguem ou alterem vantagens deferidas anteriormente, só atingirão os trabalhadores admitidos após a revogação ou alteração do regulamento. II — Havendo a coexistência de dois regulamentos da empresa, a opção do empregado por um deles tem **efeito jurídico de renúncia** às regras do sistema do outro.

reconhecimento da livre estipulação em relação às hipóteses previstas no **art. 611-A da CLT**,[33] com a mesma eficácia legal e preponderância sobre os instrumentos coletivos, no caso de empregado portador de diploma de nível superior e que perceba salário mensal igual ou superior a duas vezes o limite máximo dos benefícios do Regime Geral de Previdência Social[34] **(art. 444, parágrafo único, CLT)**.

Assim, embora **as hipóteses de renúncia no Direito do Trabalho ainda sejam limitadas para os trabalhadores considerados** *hipossuficientes*, o fato é que o legislador ampliou as possibilidades de renúncia para os trabalhadores considerados como *hipersuficientes*. Quanto à transação, **que já era aceita de uma forma um pouco mais ampla**, teve suas possibilidades efetivamente ampliadas pelo legislador para os chamados trabalhadores *hipersuficientes*.[35]

Em relação à renúncia de direitos previstos em normas jurídicas, ensina Arnaldo Süssekind que, "ainda que se trate de direito não imposto por norma jurídica de ordem pública, a renúncia, admitida em princípio, deve ser examinada de conformidade com os princípios tendentes a restringi-la. Portanto, são irrenunciáveis os direitos que a lei, as convenções coletivas, as sentenças normativas e as decisões administrativas conferem aos trabalhadores, salvo se a renúncia for admitida por norma constitucional ou legal ou se não acarretar uma desvantagem para o trabalhador ou um prejuízo à coletividade".

No que diz respeito à renúncia de direitos decorrentes da negociação entre as partes, fixados por contrato de trabalho, referido autor se posiciona no sentido de sua renunciabilidade, desde que não haja proibição legal a respeito, que inexista vício de consentimento e que da renúncia não decorra prejuízo ao empregado.[36]

Assim, considerando que a **Lei n. 13.467/2017** passou a autorizar expressamente a pactuação sobre as matérias indicadas no **art. 611-A da CLT**, para os trabalhadores portadores de diploma de nível superior e que percebam salário mensal igual ou superior a duas vezes

---

[33] Pacto quanto à jornada de trabalho, observados os limites constitucionais; banco de horas anual; intervalo intrajornada, respeitado o limite mínimo de trinta minutos para jornadas superiores a seis horas; adesão ao Programa Seguro-Emprego (PSE); plano de cargos, salários e funções compatíveis com a condição pessoal do empregado, bem como identificação dos cargos que se enquadram como funções de confiança; regulamento empresarial; representante dos trabalhadores no local de trabalho; teletrabalho, regime de sobreaviso, e trabalho intermitente; remuneração por produtividade, incluídas as gorjetas percebidas pelo empregado, e remuneração por desempenho individual; modalidade de registro de jornada de trabalho; troca do dia de feriado; enquadramento do grau de insalubridade; prorrogação de jornada em ambientes insalubres, sem licença prévia das autoridades competentes do Ministério do Trabalho; prêmios de incentivo em bens ou serviços, eventualmente concedidos em programas de incentivo; participação nos lucros ou resultados da empresa.

[34] Que é chamado de trabalhador *hipersuficiente* por parte da doutrina.

[35] Denominação utilizada por parte da doutrina.

[36] SÜSSEKIND, Arnaldo et al. *Instituições de direito do trabalho*, 22. ed., v. 1, p. 213-214.

o limite máximo dos benefícios do Regime Geral de Previdência Social **(art. 444, parágrafo único)**, válida eventual renúncia nesses casos.

Para os demais trabalhadores, porém, continuamos a entender que a análise da validade da renúncia no Direito do Trabalho deve levar em consideração o momento em que ocorre:

- **No momento da celebração do contrato:** é nula de pleno direito a renúncia, presumindo-se nesses casos, de forma absoluta (presunção *jure et de jure*), que o empregado foi coagido a renunciar por imposição do empregador, pois de outra forma não conseguiria ingressar ou permanecer no emprego.
- **Na vigência do contrato de trabalho:** a regra é a da irrenunciabilidade dos direitos. Admite-se, porém, a renúncia relativamente às condições decorrentes do ajuste contratual das partes, se dela não decorrer prejuízo direto ou indireto ao empregado.
- **No momento da extinção do contrato de trabalho, ou depois dela:** a renúncia é vista com menos restrições. Os únicos limites impostos para que se considere lícito ao empregado renunciar nesta hipótese são que a renúncia seja fruto do exercício livre de vontade e que se dê em relação a direitos já adquiridos, isto é, já incorporados ao patrimônio do empregado em consequência ou por força de lei.

Não obstante o fato de não haver tantas restrições em relação à renúncia no momento da extinção do contrato de trabalho, o Tribunal Superior do Trabalho posiciona-se no sentido da invalidade da renúncia do aviso prévio, salvo se o trabalhador tiver obtido novo emprego:

> **SÚMULA 276, TST:** "O direito ao aviso prévio é irrenunciável pelo empregado. O pedido de dispensa de cumprimento não exime o empregador de pagar o respectivo valor, salvo comprovação de haver o prestador dos serviços obtido novo emprego".

Quanto à ***transação***, a sua caracterização depende da ocorrência dos seguintes requisitos:

- presença de duas ou mais pessoas;
- incerteza sobre direito patrimonial privado; e
- concessões recíprocas.

Presentes as condições que a autorizam, a **transação é válida**, havendo no Direito do Trabalho **exemplos** bastante característicos de sua utilização, tais como a *conciliação judicial* em reclamações trabalhistas (considerada como transação válida, mesmo porque efetivada sob a vigilância e a tutela da Justiça do Trabalho);[37] o *termo de conciliação em Comissão de Conciliação Prévia* (instituído pela Lei n. 9.958/2000 e que, em

---

[37] O art. 831 da CLT dispõe que o termo de conciliação firmado na Justiça do Trabalho tem validade de decisão irrecorrível.

relação às parcelas nele expressamente indicadas, outorga ao empregador quitação, tendo eficácia liberatória); o *acordo extrajudicial* celebrado entre trabalhador e empregador, que pode ser levado à homologação pela Justiça do Trabalho **(art. 652, *f*, CLT, introduzido pela Lei n. 13.467/2017)**; a *extinção do contrato de trabalho* por acordo entre empregado e empregador. **(art. 484-A, incluído pela Lei n. 13.467/2017)**; a *possibilidade de pactuação* de cláusula compromissória de arbitragem, nos contratos individuais de trabalho cuja remuneração seja superior a duas vezes o limite máximo estabelecido para os benefícios do Regime Geral de Previdência Social **(art. 507-A, CLT, incluído pela Lei n. 13.467/2017)**.

A extinção do contrato de trabalho decorrente de transação entre as partes, por meio da adesão do empregado a plano de demissão voluntária **previsto em convenção coletiva ou acordo coletivo de trabalho**, enseja quitação plena e irrevogável dos direitos decorrentes da relação empregatícia, salvo disposição em contrário estipulada entre as partes **(art. 477-B, CLT, incluído pela Lei n. 13.467/2017)**.

Embora fosse considerada válida pelo Tribunal Superior do Trabalho antes do advento da **Lei n. 13.467/2017**, a transação relativa à adesão do empregado a plano de demissão voluntária restringia-se à quitação de direitos rescisórios, conforme se observa da seguinte orientação jurisprudencial:

> **OJ SDI-1 270, TST:** "A transação extrajudicial que importa rescisão do contrato de trabalho ante a adesão do empregado a plano de demissão voluntária implica quitação exclusivamente das parcelas e valores constantes do recibo".

No entanto, em relação a essa questão de adesão do empregado a plano de demissão voluntária, em 30.04.2015, o Supremo Tribunal Federal (STF) julgou o mérito de tema com repercussão geral ("Renúncia genérica a direitos mediante adesão a plano de demissão voluntária") — Tema 152, e, por unanimidade e nos termos do voto do Relator (Ministro Roberto Barroso), fixou a tese de que a transação extrajudicial que importa rescisão do contrato de trabalho em razão de adesão voluntária do empregado a plano de dispensa incentivada enseja quitação ampla e irrestrita de todas as parcelas objeto do contrato de emprego caso essa condição tenha constado expressamente do acordo coletivo que aprovou o plano, bem como dos demais instrumentos celebrados com o empregado.[38]

---

[38] "AGRAVO. RECURSO EXTRAORDINÁRIO DENEGADO. TEMA 152 DO STF. RENÚNCIA GENÉRICA A DIREITOS MEDIANTE ADESÃO A PLANO DE DEMISSÃO VOLUNTÁRIA. DECISÃO RECORRIDA EM CONFORMIDADE COM TESE DE REPERCUSSÃO GERAL. DESPROVIMENTO. MULTA POR PROTELAÇÃO DO FEITO. Deve ser mantida a decisão que negou seguimento ao recurso extraordinário, uma vez que a controvérsia debatida nos autos enquadra-se no Tema 152 do Supremo Tribunal Federal, que reconheceu a repercussão geral da matéria e fixou a tese jurídica de que 'a transação extrajudicial que importa rescisão do contrato de trabalho, em razão de adesão voluntária do empregado a plano de dispensa incentivada, enseja quitação ampla e irrestrita de todas as parcelas objeto do contrato de emprego, caso essa condição tenha cons-

Portanto, a **Lei n. 13.467/2017, art. 477-B**, veio de encontro a entendimento que já havia sido fixado pelo Supremo Tribunal Federal (STF).

4.5.1. Comissões de Conciliação Prévia

A **Lei n. 9.958, de 12 de janeiro de 2000**, com o objetivo de estabelecer formas de solucionar conflitos entre empregados e empregadores por meio da autocomposição, acrescentou à **CLT** os **arts. 625-A a 625-H**, instituindo as **Comissões de Conciliação Prévia** e estabelecendo seu funcionamento, bem como as regras e os limites a elas aplicáveis.

Portanto, com fundamento no objetivo de sua criação, pode-se dizer que as Comissões de Conciliação Prévia têm por **finalidade tentar conciliar os conflitos individuais de trabalho**.

As Comissões de Conciliação Prévia **poderão ser instituídas** tanto pelas empresas como pelos sindicatos **(art. 625-A, parágrafo único, CLT)**.

Caso na localidade exista uma Comissão de empresa e uma Comissão sindical, o interessado **optará por uma delas** para submeter a sua demanda **(art. 625-D, § 4.º, CLT)**.

As Comissões de Conciliação Prévia têm **composição paritária**, ou seja, são compostas por representantes dos empregados e por representantes dos empregadores.

Caso seja **instituída no âmbito da empresa**, a Comissão de Conciliação será composta de, no mínimo, dois e, no máximo, dez membros e observará as seguintes normas **(art. 625-B, CLT):**

- metade de seus membros será indicada pelo empregador, e a outra metade, eleita pelos empregados em escrutínio secreto, fiscalizado pelo sindicato da categoria profissional;
- haverá na Comissão tantos suplentes quantos forem os respectivos titulares;
- o mandato dos membros das Comissões de Conciliação, titulares e suplentes, será de um ano, permitida uma recondução.

O **§ 1.º do art. 625-B da CLT** estabelece que os **representantes dos empregados** nas Comissões de Conciliação **terão estabilidade no emprego**, sendo vedada sua dispensa **até um ano após o final do mandato**, salvo se cometerem justa causa.

O representante dos empregados desenvolverá normalmente seu trabalho na empresa, afastando-se de suas funções apenas quando convocado para atuar como

---

tado expressamente do acordo coletivo que aprovou o plano, bem como dos demais instrumentos celebrados com o empregado'. No caso, consta na decisão recorrida que o PDV celebrado entre as partes não foi objeto de acordo coletivo. Constatado o caráter protelatório do agravo, incide a penalidade pecuniária prevista no art. 1.021, § 4.º, do CPC. Agravo desprovido, com aplicação de multa" (Ag-Ag-AIRR-10909-93.2019.5.18.0007, Órgão Especial, rel. Min. Aloysio Correa da Veiga, *DEJT* 10.12.2024).

conciliador, sendo o período dispendido nessa atividade computado como tempo de trabalho efetivo **(art. 625-B, § 2.º, CLT)**.

Caso a Comissão de Conciliação seja instituída no âmbito do sindicato, sua constituição e as normas de seu funcionamento serão estabelecidas em convenção coletiva de trabalho **(art. 625-C, CLT)**.

Prevê o **art. 625-D da CLT** que qualquer demanda de natureza trabalhista será submetida à Comissão de Conciliação caso tenha sido instituída. O **§ 2.º** do mesmo artigo declara que o empregado deverá juntar à eventual reclamação trabalhista cópia da declaração fornecida pela Comissão da tentativa de conciliação frustrada. Isso significa que o empregado necessariamente terá que submeter sua reivindicação à Comissão de Conciliação antes de ajuizar ação na Justiça do Trabalho.

Existindo motivo relevante que o tenha impedido de submeter o conflito à Comissão de Conciliação Prévia, o empregado terá que indicar expressamente na petição inicial referido motivo quando for ajuizar reclamação perante a Justiça do Trabalho **(art. 625-D, § 3.º, CLT)**.

A leitura do **art. 625-D da CLT** parece levar à conclusão de que a submissão do conflito trabalhista à Comissão de Conciliação Prévia, antes de ser ajuizada reclamação trabalhista, é obrigatória.

No entanto, em 13.05.2009, o **Supremo Tribunal Federal** concluiu o julgamento das medidas cautelares requeridas nas **Ações Diretas de Inconstitucionalidade n. 2.139 e 2.160**, deferindo-as parcialmente, por maioria, para **dar interpretação conforme à Constituição da República relativamente ao art. 625-D da CLT**, no sentido de **afastar a obrigatoriedade da fase de conciliação prévia** que referido dispositivo legal disciplina.

Assim, entendeu o Supremo Tribunal Federal que **demandas trabalhistas podem ser submetidas à Justiça do Trabalho antes que tenham sido analisadas por uma Comissão de Conciliação Prévia**. No entendimento dos ministros do Supremo, a decisão preserva o direito universal dos cidadãos de **acesso à Justiça**.

As Comissões de Conciliação Prévia **apenas podem analisar matéria de natureza trabalhista**, sendo que a demanda poderá ser formulada por escrito ou reduzida a termo por qualquer dos membros da Comissão **(art. 625-D, § 1.º, CLT)**.

Não sendo possível a conciliação, a Comissão fornecerá ao empregado e ao empregador declaração da tentativa conciliatória frustrada.

Na hipótese de as partes se conciliarem, a Comissão lavrará **termo** assinado pelo empregado, pelo empregador ou seu preposto e pelos membros da Comissão. A previsão legal é no sentido de que referido termo **é título executivo extrajudicial e tem força liberatória geral, exceto quanto às parcelas expressamente ressalvadas (art. 625-E,**

CLT). No entanto, o posicionamento da jurisprudência é divergente, adotando o TST entendimento no sentido de que a eficácia liberatória se dá apenas em relação às parcelas consignadas no termo conciliatório.[39]

As Comissões de Conciliação Prévia têm o **prazo de dez dias para a realização da sessão de tentativa de conciliação**, a partir da provocação do interessado **(art. 625-F, CLT)**.

O **prazo prescricional será suspenso a partir da provocação da Comissão de Conciliação Prévia**, recomeçando a fluir, pelo tempo faltante, a partir da tentativa frustrada de conciliação ou do esgotamento do prazo de dez dias sem que tenha sido realizada a sessão de tentativa de conciliação **(art. 625-G, CLT)**.

4.6. FLEXIBILIZAÇÃO E DESREGULAMENTAÇÃO

Conceitualmente, **flexibilização** é um modelo que **tem por objetivo tornar menos rígido o sistema de normas trabalhistas**, permitindo a adoção de formas opcionais ou flexíveis de estipulação de condições de trabalho, tanto por intermédio da negociação coletiva como por negociação direta entre empregador e empregado, em detrimento da regulamentação normativa imperativa.

---

[39] "[...] 2. RECURSO DE REVISTA DO RECLAMADO. COMISSÃO DE CONCILIAÇÃO PRÉVIA. VALIDADE DO ACORDO HOMOLOGADO. EFICÁCIA LIBERATÓRIA GERAL APENAS QUANTO AOS VALORES CONCILIADOS. ADIs 2139/DF, 2160/DF E 2237/DF. Hipótese em que, por meio de decisão monocrática, foi dado provimento ao recurso de revista do Banco Reclamado para reconhecer a eficácia liberatória geral do acordo homologado perante a Comissão de Conciliação Prévia, extinguindo-se o processo em relação ao pedido de condenação ao pagamento das 7ª e 8ª horas como extras, tendo em vista que o Tribunal Regional entendeu que o termo conciliatório da CCP não assegura quitação total das verbas consignadas no respectivo documento, mas apenas das expressamente mencionadas e nos limites dos valores consignados. Ressaltou, mais, a possibilidade de o trabalhador, independentemente de haver ou não expressa ressalva, postular em juízo eventuais diferenças, inclusive de parcelas parcialmente adimplidas. Em que pese o entendimento anteriormente consolidado na SBDI-1 do TST, no sentido de reconhecer que o termo de conciliação homologado perante a Comissão de Conciliação Prévia, sem expressão de ressalvas, detém eficácia liberatória geral quanto aos títulos reclamados em juízo, o STF, no julgamento das ADIs 2139/DF, 2160/DF e 2237/DF, entendeu que a eficácia liberatória geral está relacionado apenas às verbas trabalhistas conciliadas. Efetivamente, destacou a Ministra Carmem Lúcia, no julgamento da ADI 2139/DF, que 'A interpretação sistemática das normas controvertidas nesta sede de controle abstrato conduz à compreensão de que a 'eficácia liberatória geral', prevista na regra do parágrafo único do art. 625-E da CLT, diz respeito aos valores discutidos em eventual procedimento conciliatório, não se transmudando em quitação geral e indiscriminada de verbas trabalhistas'. Nesse cenário, a decisão agravada, em que reconhecida a eficácia liberatória geral do acordo homologado perante a CCP, extinguindo o processo em relação ao pedido de condenação ao pagamento das 7ª e 8ª horas como extras, verbas trabalhistas conciliadas, constantes do referido termo, encontra-se em conformidade com o entendimento do Supremo Tribunal Federal. Não afastados os fundamentos da decisão agravada, nenhum reparo enseja a decisão. Julgados da SBDI-1. Agravo não provido, com acréscimo de fundamentação" (Ag-RRAg-56-65.2016.5.12.0017, 5.ª T., rel. Min. Douglas Alencar Rodrigues, *DEJT* 28.10.2024).

Segundo Amauri Mascaro Nascimento, "a flexibilização do Direito do Trabalho postou-se como uma reação contrária à rigidez da legislação tutelar do trabalhador. Pode ser explicada. Nem sempre pode ser justificada".[40]

Para Arnaldo Süssekind, a flexibilização significa a previsão pelo sistema legal de "fórmulas opcionais de estipulação de condições de trabalho, seja pelos instrumentos de negociação coletiva, ou pelos contratos individuais de trabalho, seja pelos próprios empresários".[41]

No Brasil, a **Constituição Federal de 1988** permitiu a **flexibilização** de algumas de suas normas, estabelecendo especificamente a possibilidade, por meio de negociação coletiva, de redução salarial, de compensação de jornada de trabalho e de fixação de jornada diferenciada para os turnos ininterruptos de revezamento **(art. 7.º, VI, XIII e XIV)**.

A **negociação coletiva** foi, consequentemente, **privilegiada pelo constituinte**, que a elegeu como principal forma de solução dos conflitos coletivos de trabalho **(§§ 1.º e 2.º, do art. 114)**, além de estabelecer como garantia dos trabalhadores o reconhecimento das convenções e dos acordos coletivos de trabalho **(art. 7.º, XXVI)**.

A previsão constitucional de flexibilização de condições básicas do contrato de trabalho (salário e jornada) iniciou uma nova etapa do Direito do Trabalho em nosso País, dando uma certa maleabilidade a direitos que até então eram previstos de forma rígida pela CLT.

A *Reforma Trabalhista* introduzida pela **Lei n. 13.467/2017** ampliou a flexibilização no Brasil, afirmando a autonomia da vontade coletiva e restringindo a intervenção da Justiça do Trabalho na negociação coletiva **(art. 8.º, § 3.º, e art. 611-A, § 1.º, CLT)**, prevendo expressamente a prevalência do negociado sobre a lei em relação às matérias que enumera **(art. 611-A, CLT)** e reconhecendo que as condições estabelecidas em acordo coletivo de trabalho sempre prevalecerão sobre as estipuladas em convenção coletiva de trabalho **(art. 620, CLT)**.

Importante ressaltar que **flexibilização não se confunde com** *desregulamentação*. São conceitos distintos, embora alguns autores entendam ser a desregulamentação uma espécie de flexibilização.

A *desregulamentação* é a **ausência de proteção do Estado ao trabalhador**, ou seja, o Estado deixa de intervir nas relações de trabalho e passa às próprias partes a tarefa de regulamentar as condições de trabalho e os direitos e obrigações dela advindos. A autonomia privada, individual ou coletiva, é exercida em sua plenitude.

A *flexibilização*, por sua vez, **mantém a intervenção estatal, porém de uma forma menos rígida**, ou seja, ao Estado cabe fixar normas básicas de proteção, abaixo das

---

[40] NASCIMENTO, Amauri Mascaro. *Teoria geral do direito do trabalho*, p. 37.
[41] SÜSSEKIND, Arnaldo et al. *Instituições de direito do trabalho*, 22. ed., v. 1, p. 206.

quais não se pode conceber a vida do trabalhador em condições dignas, com as quais convivem normas jurídicas autônomas, fruto da negociação coletiva.

DESREGULAMENTAÇÃO	FLEXIBILIZAÇÃO
▫ Ausência de proteção do Estado ao trabalhador. ▫ Não intervenção do Estado nas relações de trabalho. ▫ Exercício pleno da autonomia privada, individual e coletiva.	▫ Mantém a intervenção estatal nas relações de trabalho. ▫ Normas básicas de proteção ao trabalhador fixadas pelo Estado (preservação dos bens jurídicos fundamentais). ▫ Existência de normas jurídicas autônomas, fruto da negociação coletiva.

4.7. TRATADOS INTERNACIONAIS E O DIREITO DO TRABALHO

Tratado é a mais importante fonte geradora de direitos e obrigações no âmbito do **Direito Internacional Público**, sendo definido pela Convenção de Viena sobre o direito dos tratados como "acordo internacional celebrado por escrito entre Estados e regido pelo direito internacional, constante de um instrumento único ou de dois ou mais instrumentos conexos e qualquer que seja sua denominação particular".[42]

Os tratados podem adotar uma grande variedade de denominações (tratados, convenção, protocolo, carta, pacto, estatuto etc.), sendo que a Organização Internacional do Trabalho em geral atribui o nome de "convenção" aos tratados multilaterais adotados por sua Assembleia Geral, denominada Conferência Internacional do Trabalho.

Portanto, as **Convenções da OIT** são os *tratados internacionais* **que versam sobre questões trabalhistas**, compondo o denominado *Direito Internacional do Trabalho*. São tratados *multilaterais abertos*, permitindo a adesão de qualquer Estado Membro da Organização.

Questão de extrema relevância sobre os **tratados internacionais** é que se refere à necessidade de **manifestação de consentimento pelo Estado em obrigar-se em relação às suas disposições**. Este consentimento deve ser manifestado por meio de **ratificação ou adesão** e tem por objetivo "o respeito à soberania do Estado, em virtude da qual a vinculação a um tratado depende da manifestação da sua vontade, constitui um dos princípios fundamentais do Direito Internacional Público".[43]

Nesse sentido, a **Convenção de Viena sobre o direito dos tratados** prescreve que "se entende por 'ratificação', 'aceitação', 'aprovação' e 'adesão', segundo o caso, o ato internacional assim denominado, pelo qual o Estado faz constar, no âmbito internacional, seu consentimento em obrigar-se por um tratado".

O **procedimento de ratificação** varia de Estado para Estado, pois depende das regras determinadas pelo direito interno de cada um.

---

[42] SÜSSEKIND, Arnaldo. *Direito internacional do trabalho*. 3. ed. atual. São Paulo: LTr, 2000. p. 33.
[43] SÜSSEKIND, Arnaldo. *Direito internacional do trabalho*, p. 33.

No **Brasil**, o procedimento de ratificação decorre do **texto constitucional**, mais especificamente do **art. 49, I**, que prescreve ser da competência exclusiva do **Congresso Nacional** resolver definitivamente sobre tratados, acordos ou atos internacionais que acarretem encargos ou compromissos gravosos ao patrimônio nacional, e do **art. 84, VIII**, que prevê ser da competência privativa do **Presidente da República** celebrar tratados, convenções e atos internacionais, sujeitos a referendo do Congresso Nacional.

A aprovação ou **referendo do Congresso Nacional** se dá por meio de **decreto legislativo**. Em seguida, o **Presidente da República** expede o **Decreto de promulgação**, tornando pública sua ratificação, registrando quando se inicia sua vigência para o Brasil e determinando que as disposições nele contidas sejam respeitadas em todo o território nacional. Importante ressaltar, como esclarece Arnaldo Süssekind, que "o Decreto Legislativo, mediante o qual o Congresso Nacional resolve 'definitivamente sobre tratados, convenções e atos internacionais' no exercício de sua 'competência exclusiva', não sobe à sanção do Presidente da República, que, assim, não lhe pode apor qualquer veto".[44]

RATIFICAÇÃO DOS TRATADOS INTERNACIONAIS
▪ 1.º momento → celebração (Presidente da República)
▪ 2.º momento → aprovação definitiva (Congresso Nacional) → Decreto Legislativo
▪ 3.º momento → expedição de Decreto de Promulgação (Presidente da República)

A **Convenção de Viena** sobre o direito dos tratados prevê a possibilidade de um tratado internacional prever disposições específicas sobre sua **terminação** e sobre a possibilidade de **denúncia ou retirada** dele por qualquer Estado pactuante. Não havendo previsão expressa a respeito, o tratado não poderá ser objeto de denúncia ou retirada, a menos que conste ter sido intenção das partes admitir a possibilidade de denúncia ou retirada, ou que o direito de denúncia ou de retirada decorra da própria natureza do tratado. A parte que quiser denunciar um tratado ou retirar-se dele deve proceder à notificação sobre sua intenção com doze meses de antecedência.

Após a ratificação e a entrada em vigor de um tratado internacional, surge para as partes a **obrigação de cumprimento**, com a adoção das medidas necessárias à integração do tratado no direito nacional.

4.7.1. Convenções e recomendações da OIT

Em 1919, as Nações signatárias do **Tratado de Versalhes** criaram a *Organização Internacional do Trabalho*, reconhecendo o fato de que "existem condições de trabalho que representam um grau tão elevado de injustiça, de miséria e de privações para um grande número de seres humanos, que o descontentamento causado constitui uma ameaça para a paz e para a harmonia universais".[45]

---

[44] SÜSSEKIND, Arnaldo. *Direito internacional do trabalho*, p. 47.
[45] Tradução livre de texto do Tratado de Versalhes.

Para fazer frente a este problema, a OIT criou um sistema de normas internacionais de trabalho, denominadas *Convenções Internacionais* e *Recomendações Internacionais*, elaboradas pelos representantes dos trabalhadores, dos empregadores e dos Governos na OIT. Tais normas abrangem todos os temas relacionados com o trabalho e têm por objetivo estabelecer um conjunto de regras claras para garantir a existência constante de um equilíbrio entre o progresso econômico e a justiça social, assegurando a prosperidade e a paz para todos.

As **normas internacionais do trabalho** (*Convenções* e *Recomendações*) compõem hoje um conjunto bastante amplo, apoiado por um sistema de controle de aplicação das normas no âmbito nacional de cada um dos países-membros.

As *Convenções da OIT* são tratados internacionais legalmente vinculantes que podem ser ratificados pelos Países-membros. As *Recomendações da OIT* caracterizam-se como diretrizes não vinculantes. Em muitos casos, uma Convenção estabelece os princípios básicos que os países que a ratificarem devem cumprir, e uma Recomendação complementar é elaborada, estabelecendo diretrizes mais detalhadas sobre a aplicação da Convenção. Cumpre ressaltar, porém, que uma Recomendação pode ser autônoma, ou seja, não vinculada a nenhuma Convenção.

Após ratificada por um determinado País-membro, em geral a **Convenção entra em vigor neste país um ano depois da data da ratificação**. Os países que ratificam uma Convenção estão obrigados a inserir o seu conteúdo no ordenamento jurídico interno, por meio da elaboração de lei específica e da adoção de práticas próprias e, ainda, a enviar à Repartição Internacional do Trabalho informes periódicos sobre sua aplicação. Além disso, podem ser iniciados procedimentos de reclamação e de queixa contra os países por violação das Convenções que ratificaram.

De acordo com o **Conselho de Administração da OIT**, oito são as **Convenções fundamentais**. Tais Convenções envolvem temas que são considerados como **princípios e direitos fundamentais no trabalho:** a liberdade de associação, a liberdade sindical e o reconhecimento efetivo do direito de negociação coletiva; a eliminação de todas as formas de trabalho forçado ou obrigatório; a abolição efetiva do trabalho infantil; e a eliminação da discriminação em matéria de emprego e de ocupação.[46]

As normas internacionais do trabalho são adotadas a partir do voto da maioria de dois terços dos integrantes da OIT, razão pela qual é possível dizer que são universalmente reconhecidas. Ao mesmo tempo, as normas refletem o fato de que os países têm diferentes heranças culturais e históricas, diferentes sistemas jurídicos e níveis de desenvolvimento econômico. Exatamente por isso, as normas sempre são formuladas para que possuam flexibilidade suficiente para que possam ser trasladadas à legislação e às práticas nacionais, sempre levando em conta essas diferenças.

---

[46] As *Convenções* fundamentais são as seguintes: *Convenção n. 87* (sobre a liberdade sindical e a proteção do direito de sindicalização); *Convenção n. 98* (sobre o direito de sindicalização e de negociação coletiva); *Convenção n. 29* (sobre trabalho forçado); *Convenção n. 105* (sobre abolição do trabalho forçado); *Convenção n. 138* (sobre idade mínima); *Convenção n. 182* (sobre as piores formas de trabalho infantil); *Convenção n. 100* (sobre igualdade de remuneração); e *Convenção n. 111* (sobre emprego e ocupação).

O **Decreto n. 10.088, de 5 de novembro de 2019**, consolida os atos normativos sobre promulgação das Convenções da OIT ratificadas pelo Brasil.

A Convenção da OIT sobre Trabalho Marítimo foi ratificada pelo Brasil e promulgada pelo **Decreto n. 10.671, de 9 de abril de 2021**.

4.8. QUESTÕES

QUESTÕES DE CONCURSOS
> uqr.to/1z7e8

PARTE II

DIREITO INDIVIDUAL DO TRABALHO

RELAÇÃO DE EMPREGO

A vida em sociedade acarreta o desenvolvimento de diversificadas relações entre os homens; existem relações sociais que se desenvolvem sem que seus efeitos repercutam na esfera jurídica; todavia, algumas dessas relações sociais produzem efeitos no mundo jurídico, razão pela qual são denominadas relações jurídicas; dentro do universo das relações jurídicas, encontram-se as **relações de trabalho** e, dentro destas, situam-se as **relações de trabalho subordinado** ou **relações de emprego**.

Desta forma, a **relação de trabalho** é o vínculo jurídico genérico pelo qual uma pessoa presta serviços a outrem.

A **relação de emprego** é uma espécie de relação de trabalho, que se baseia no nexo entre empregador e empregado, caracterizado pela prestação pessoal de serviços, de forma não eventual e subordinada, mediante o pagamento de salário. É a relação jurídica que tem como fato social original o trabalho subordinado, prestado com pessoalidade, mediante remuneração, e que tem como disciplina jurídica o conjunto humano não eventual e de normas que compõem o Direito do Trabalho. Na relação de emprego, o vínculo jurídico é estabelecido entre empregado e empregador e é regulado pelas normas jurídicas trabalhistas.

Ao contrário da relação de trabalho, que é genérica e que se refere a todas as relações jurídicas fundadas em uma obrigação de fazer consubstanciada no trabalho humano, a relação de emprego, embora também tenha por fundamento o trabalho humano, é específica, possuindo características próprias que a distinguem das demais formas de prestação de serviço. A relação de trabalho é, deste modo, gênero, que tem, entre uma de suas espécies, a relação de emprego.

Portanto:

> Todo empregado é trabalhador, mas nem todo trabalhador é empregado.

Assim, como objeto do Direito do Trabalho, a relação de emprego deve ser analisada a partir do estudo das suas características, de seus sujeitos e de sua natureza jurídica.

1.1. CARACTERÍSTICAS

A caracterização da relação de emprego é essencial ao Direito do Trabalho, à medida que a identificação dela como objeto deste ramo específico da Ciência do Direito permite a aplicação dos princípios, regras e institutos que lhe são próprios.

Existe relação de emprego sempre que os **serviços prestados por uma pessoa física** a outrem se revestirem de características específicas que os diferenciem de outras formas de prestação de serviços.

Não se distingue entre o trabalho realizado no estabelecimento do empregador, o executado no domicílio do empregado e o realizado a distância, desde que estejam caracterizados os pressupostos da relação de emprego **(art. 6.º, CLT)**.

Os **elementos característicos da relação de emprego** decorrem do disposto nos **arts. 2.º e 3.º da CLT** e são:

- pessoalidade;
- não eventualidade (ou continuidade);
- subordinação; e
- onerosidade (ou remuneração).

A existência de **relação de emprego** somente se verifica quando todas estas características estiverem **presentes ao mesmo tempo**. A ausência de um ou de alguns destes elementos caracterizadores pode implicar na existência de uma relação de trabalho, mas, jamais, de uma relação de emprego.

■ **Pessoalidade** — empregado é um trabalhador que presta serviços pessoalmente, isto é, não pode fazer-se substituir por terceiros **(art. 2.º, *caput*)**.

Portanto, na relação de emprego **o trabalho** prestado **tem caráter infungível**, pois quem o executa deve realizá-lo pessoalmente, não podendo fazer-se substituir por outra pessoa.

Importante ressaltar que tal característica não deriva simplesmente do fato de que o prestador de serviço na relação de emprego é uma pessoa física. O trabalho pode ser prestado por pessoa física, mas sem pessoalidade, pois nem sempre o trabalhador assume obrigação de pessoalmente prestar o serviço.

A relação de emprego é, pois, uma **relação *intuitu personae***, sendo tal característica derivada do fato de que neste tipo de relação jurídica o que se contrata não é o serviço como resultado, mas, sim, o serviço prestado pessoalmente por alguém.

O empregado obriga-se a prestar pessoalmente os serviços contratados, não podendo, por sua iniciativa, fazer-se substituir por terceiros.

A característica da pessoalidade produz efeitos não só para a configuração do vínculo empregatício e durante a execução do contrato de trabalho, mas também no momento da sua própria extinção, pois, em razão da pessoalidade, a relação de emprego e as obrigações a ela inerentes não se transmitem a herdeiros e sucessores. A morte do empregado, portanto, implica necessariamente na extinção da relação de emprego.[1]

Observações:

■ substituições eventuais com o consentimento do empregador ou substituições previstas e autorizadas por lei ou por norma coletiva (por exemplo, férias, licença-gestante, afastamento para exercício de mandato sindical etc.) são válidas e não afastam a característica da pessoalidade. O que não se admite na relação de emprego é que o próprio empregado, por conta própria e de forma unilateral, designe terceiro para substituí-lo no trabalho, pois neste tipo de relação o que se contrata é o trabalhador, e não simplesmente a execução do serviço;

■ a pessoalidade é uma característica que apenas diz respeito ao sujeito empregado, **não se aplicando ao empregador**. Exatamente por isso, em relação a esse último, vigora a regra da despersonificação, podendo ocorrer alteração subjetiva neste polo da relação de emprego, caracterizando a sucessão trabalhista prevista nos **arts. 10 e 448 da CLT.**

■ **Não eventualidade (ou continuidade)** — empregado é um trabalhador que presta serviços continuamente, ou seja, serviços não eventuais.

Portanto, na relação de emprego, a prestação de serviço é habitual, repetitiva, rotineira. As obrigações das partes se **prolongam no tempo**, com **efeitos contínuos**. O trabalho deve, portanto, ser *não eventual*, o que significa dizer que o empregado se obriga a prestar serviços com continuidade, da mesma forma que as obrigações do empregador em relação aos benefícios trabalhistas assegurados ao empregado permanecem enquanto durar a relação de emprego.

O trabalho prestado como decorrência da relação de emprego não é esporádico, não é eventual, não ocorre de vez em quando, mas exige do trabalhador um comprometimento de execução contínua de atividades com as quais o empregador pode certamente contar.

Observação:

■ não é necessário que os serviços sejam prestados diariamente. O importante é que haja a expectativa de retorno do empregado ao serviço, isto é, já se sabe que os serviços serão desenvolvidos em determinado dia, por determinada pessoa, e sua ausência acarretará prejuízos. O que caracteriza a habitualidade não é a prestação diária de trabalho, mas, sim, o sentido de permanência e de prolongamento no tempo que a prestação dos serviços tem.

No entanto, na prática, a diferenciação entre a relação de emprego e o trabalho meramente eventual ou ocasional não é tão simples. Tal constatação levou a doutrina a desenvolver diversas **teorias**, com o intuito de tentar **definir com mais precisão o**

---

[1] DELGADO, Mauricio Godinho. *Curso de direito do trabalho*, 18. ed., p. 340.

conceito da não eventualidade e, consequentemente, diferenciar a relação de emprego do trabalho eventual:

TEORIAS	RELAÇÃO DE EMPREGO	TRABALHO EVENTUAL	OBSERVAÇÕES
TEORIA DA DESCONTINUIDADE	▫ A prestação de serviços deve ser contínua e ininterrupta em relação ao mesmo tomador de serviços.	▫ É o que se desenvolve de maneira descontínua, fracionado no tempo, sofrendo interrupções que implicam na perda da fluidez temporal necessária para a caracterização da relação de emprego.	▫ Estará descaracterizada a relação de emprego sempre que os serviços não forem prestados diariamente, cumprindo-se integralmente a jornada de trabalho máxima prevista em lei. A intermitência do trabalho (por exemplo, alguns dias da semana apenas) impediria falar-se em relação de emprego, levando à configuração do trabalho eventual. ▫ Esta teoria não foi adotada pelo legislador brasileiro, que permite a contratação de um empregado para laborar em jornada inferior à duração máxima prevista em lei, possibilitando, por exemplo, o trabalho uma, duas ou três vezes por semana, sem desnaturação da relação de emprego. Ainda que os serviços não sejam diários, havendo prolongamento no tempo (prestado por vários meses seguidos), haverá relação de emprego.
TEORIA DO EVENTO	▫ O trabalho não depende de um certo fato ou evento específico, estando inserido em um contexto temporal mais amplo, que se prolonga no tempo. ▫ O empregado executa todas as atividades inerentes à função para a qual foi contratado, e não apenas um serviço específico, delimitado no tempo.	▫ O trabalhador eventual é aquele que é contratado para um evento específico e determinado, sendo que o serviço será prestado apenas enquanto durar o evento. ▫ O trabalho é casual, fortuito, incerto.	▫ Esta teoria é utilizada em conjunto com outras teorias, auxiliando na análise da caracterização do tipo de relação de trabalho de que se está tratando: relação de emprego ou trabalho eventual.
TEORIA DOS FINS DO EMPREENDIMENTO	▫ O exercício das atividades inseridas nos fins normais da empresa caracteriza relação de emprego.	▫ O exercício de atividades que não se inserem na finalidade empresarial, sendo esporádicas e de curta duração, e que podem ser executadas por trabalhadores eventuais.	▫ Talvez esta seja a teoria de maior prestígio na doutrina, sendo utilizada com muita frequência para a caracterização da prestação de serviços não eventuais.

TEORIA DA FIXAÇÃO	▪ Existe relação de emprego sempre que o prestador de serviços estiver fixado ao tomador de serviços.	▪ No trabalho eventual, ao contrário, não há a fixação do prestador de serviços a uma única fonte de trabalho, sendo a atividade colocada à disposição de diversos tomadores de serviço.	▪ Esta teoria é utilizada em conjunto com outras teorias, auxiliando na análise da caracterização do tipo de relação de trabalho de que se está tratando: relação de emprego ou trabalho eventual.

▪ **Subordinação** — é a sujeição do empregado às ordens do empregador, é o estado de dependência do trabalhador em relação ao seu empregador.

A subordinação deriva da própria estrutura da relação jurídica de emprego, que se baseia na transferência pelo empregado ao empregador do poder de direção sobre o seu trabalho.

A doutrina aponta diferentes enfoques da *subordinação* do empregado em relação ao seu empregador:

> ▪ *subordinação econômica* — leva em conta a dependência econômica do empregado em relação ao seu empregador e tem por base a ideia de que o empregado recebe ordens do empregador e as cumpre porque depende economicamente da remuneração que recebe para o sustento próprio e de sua família;
>
> ▪ *subordinação técnica* — existe uma suposta prevalência dos conhecimentos técnicos do empregador em relação aos do empregado, o que determinaria a necessidade de que este último acate as ordens e determinações do primeiro para a execução dos serviços;
>
> ▪ *dependência social* — o empregado cumpre as ordens do empregador porque o interesse social da empresa exige uma estrutura perfeita de organização do trabalho, para que se possa atingir um bem comum de ordem econômico-social.

Hoje, no entanto, tais teorias são superadas pela **concepção jurídica da dependência do empregado em relação ao empregador**, segundo a qual a relação de dependência decorre do fato de que o empregado transfere ao empregador o poder de direção e este assume os riscos da atividade econômica, passando a estabelecer os contornos da organização do trabalho do empregado (*poder de organização*), a fiscalizar o cumprimento pelo empregado das ordens dadas no exercício do poder de organização (*poder de controle*), podendo, em caso de descumprimento pelo empregado das determinações, impor-lhe as sanções previstas no ordenamento jurídico (*poder disciplinar*). A natureza da subordinação é, portanto, jurídica.

Mauricio Godinho Delgado fala, ainda, em "dimensões da subordinação", apontando a subordinação clássica, a subordinação objetiva e a subordinação estrutural.[2]

---

[2] DELGADO, Mauricio Godinho. *Curso de direito do trabalho*. 18. ed., p. 352-354.

Para referido autor,

■ **subordinação clássica** (ou tradicional) é a "consistente na situação jurídica derivada do contrato de trabalho, pelo qual o trabalhador compromete-se a acolher o poder de direção empresarial no tocante ao modo de realização de sua prestação laborativa. Manifesta-se pela intensidade de ordens do tomador de serviços sobre o respectivo trabalhador".

■ **subordinação objetiva** é a que "se manifesta pela integração do trabalhador nos fins e objetivos do empreendimento do tomador de serviços, ainda que afrouxadas 'as amarras do vínculo empregatício'. A subordinação é vinculada a um critério exclusivamente objetivo: poder jurídico sobre atividade e atividade que se integra em atividade".

■ **subordinação estrutural** é a que "se expressa pela inserção do trabalhador na dinâmica do tomador de seus serviços, independentemente de receber (ou não) suas ordens diretas, mas acolhendo, estruturalmente, sua dinâmica de organização e funcionamento. Nesta dimensão da subordinação, não importa que o trabalhador se harmonize (ou não) aos objetivos do empreendimento, nem que receba ordens diretas das específicas chefias deste: o fundamental é que esteja estruturalmente vinculado à dinâmica operativa da atividade do tomador de serviços".[3]

---

[3] A teoria da subordinação estrutural era um dos fundamentos do entendimento que considerava ilícita a terceirização em atividade-fim, com o consequente reconhecimento do vínculo de emprego com a tomadora de serviços (Súm. 331, TST). Ocorre que, com o advento das Leis n. 13.429/2017 e 13.467/2017, que passaram a regular de forma sistematizada o instituto da terceirização no Brasil, e com o entendimento adotado pelo STF no sentido de declarar a inconstitucionalidade da Súmula 331, TST (Tema 725 de Repercussão Geral: "É lícita a terceirização ou qualquer outra forma de divisão do trabalho entre pessoas jurídicas distintas, independentemente do objeto social das empresas envolvidas, mantida a responsabilidade subsidiária da empresa contratante."), o conceito de subordinação estrutural foi mitigado.
"I — AGRAVO DE INSTRUMENTO EM RECURSO DE REVISTA. 1 — TERCEIRIZAÇÃO DE SERVIÇO BANCÁRIOS. TELEATENDIMENTO/*TELEMARKETING*. LICITUDE. DECISÃO PROFERIDA PELO SUPREMO TRIBUNAL FEDERAL NA ADPF N. 324 E NO RE N. 958.252, COM REPERCUSSÃO GERAL RECONHECIDA (TEMA 725). AUSÊNCIA DE *DISTINGUISHING*. 1. A matéria em discussão, concernente à licitude da terceirização de atividade-fim, restou pacificada pelo Supremo Tribunal Federal, no julgamento conjunto da ADPF n. 324 e do RE n. 958.252/MG, com repercussão geral (Tema 725), o qual reputou lícita a terceirização de serviços independentemente da natureza da atividade. 2. Nesse diapasão, esta Corte vem considerando superado o entendimento jurisprudencial uniformizado na Súmula n. 331, I, e na Orientação Jurisprudencial 383 da SBDI-I do TST. 3. Dessa forma, nos termos da jurisprudência vinculante do Supremo Tribunal Federal, sendo lícita a terceirização, afigura-se inviável o reconhecimento de vínculo de emprego diretamente com o tomador de serviços, bem como o pretendido o enquadramento na categoria dos bancários e/ou financiários. 4. Ademais, cabe destacar que não há elementos fáticos no acórdão regional que permitam concluir configurada alguma situação de distinguishing, tais como fraude na contratação ante a existência de subordinação direta da empregada ao banco tomador dos serviços. Agravo de instrumento de que se conhece e a que se nega provimento. [...]" (RRAg-11655-65.2015.5.01.0009, 3.ª T., rel. Min. Alberto Bastos Balazeiro, *DEJT* 13.12.2024).

"A) AGRAVO DE INSTRUMENTO. RECURSO DE REVISTA. PROCESSO SOB A ÉGIDE DA LEI N. 13.015/2014 E ANTERIOR À LEI N. 13.467/2017. 1. HONORÁRIOS ADVOCATÍCIOS SUCUMBENCIAIS. AÇÃO AJUIZADA ANTES DA VIGÊNCIA DA LEI N. 13.467/2017. ART. 6.º DA INSTRUÇÃO NORMATIVA N. 41/2018, DO TST. AUSÊNCIA DE ASSISTÊNCIA SINDICAL. CONDENAÇÃO INDEVIDA. Nos termos do art. 6.º da Instrução Normativa n. 41/2018 do TST, a condenação em honorários advocatícios sucumbenciais, prevista no art. 791-A, e parágrafos, da CLT (Lei n. 13.467/2017), será passível de discussão apenas nas ações propostas após 11.11.2017, subsistindo as diretrizes do art. 14 da Lei n. 5.584/1970 e das Súmulas n. 219 e 329/TST nas ações propostas anteriormente. No presente caso, a reclamação foi ajuizada em 16.2.2016, antes, portanto, do marco temporal definido pelos art. 6.º da IN n. 41/2018, e a Reclamante não está assistida por sindicato de sua categoria. Nesse contexto, indevida a condenação da Reclamada ao pagamento de honorários advocatícios. Agravo de instrumento desprovido. 2. CONSTITUIÇÃO DE EMPRESA PELA RECLAMANTE. PEJOTIZAÇÃO. FRAUDE TRABALHISTA. REPRESENTANTE COMERCIAL. VÍNCULO DE EMPREGO. DADOS FÁTICOS CONSTANTES DO ACÓRDÃO REGIONAL DEMONSTRANDO A EXISTÊNCIA DE RELAÇÃO EMPREGATÍCIA. ELEMENTOS DEMONSTRATIVOS DA SUBORDINAÇÃO OBJETIVA E SUBORDINAÇÃO ESTRUTURAL. Demonstrado no agravo de instrumento que o recurso de revista preenchia os requisitos do art. 896 da CLT, dá-se provimento ao agravo de instrumento, para melhor análise da arguição de violação do art. 9.º da CLT, suscitada no recurso de revista. Agravo de instrumento provido no aspecto. B) RECURSO DE REVISTA. PROCESSO SOB A ÉGIDE DA LEI N. 13.015/2014 E ANTERIOR À LEI N. 13.467/2017 . CONSTITUIÇÃO DE EMPRESA PELA RECLAMANTE. PEJOTIZAÇÃO. FRAUDE TRABALHISTA. REPRESENTANTE COMERCIAL. VÍNCULO DE EMPREGO. DADOS FÁTICOS CONSTANTES NO ACÓRDÃO REGIONAL DEMONSTRANDO A EXISTÊNCIA DE RELAÇÃO EMPREGATÍCIA. ELEMENTOS DEMONSTRATIVOS DA SUBORDINAÇÃO OBJETIVA E SUBORDINAÇÃO ESTRUTURAL. O princípio da primazia da realidade sobre a forma amplia a noção civilista de que o operador jurídico, no exame das declarações volitivas, deve atentar mais à intenção dos agentes do que ao envoltório formal através de que transpa-receu a vontade (art. 112, CCB/2002). No Direito do Trabalho, deve-se pesquisar, preferencialmente, a prática concreta efetivada ao longo da prestação de serviços, independentemente da vontade eventualmente manifestada pelas partes na respec-tiva relação jurídica. A prática habitual — na qualidade de uso — altera o contrato pactuado, gerando direitos e obrigações novos às partes contratantes (respeitada a fronteira da inalterabilidade contratual lesiva). Desse modo, o conteúdo do contrato não se circunscreve ao transposto no correspondente instrumento escrito, incorporando amplamente todos os matizes lançados pelo cotidiano da prestação de serviços. O princípio da primazia da realidade sobre a forma constitui-se em poderoso instrumento para a pesquisa e encontro da verdade real em uma situação de litígio trabalhista. Não deve, contudo, ser brandido unilateralmente pelo operador jurídico. Desde que a forma não seja da essência do ato, o intérprete e aplicador do Direito deve investigar e aferir se a substância da regra protetiva trabalhista foi atendida na prática concreta efetivada entre as partes, ainda que não seguida estritamente a conduta especificada pela legislação. No presente caso, discute-se se a prestação de serviços, por pessoa jurídica constituída pela Reclamante, configura relação de emprego. O Tribunal Regional, sob o fundamento de que não havia subordinação e pessoalidade na relação havida entre as partes, manteve a sentença, que julgou improcedente o pedido de reconhecimento de vínculo empregatício. Nada obstante, as informações contidas na sentença, transcrita no acórdão regional, demonstram que a Reclamante, inicialmente, prestou serviços à Reclamada na qualidade de empregada e, posteriormente, continuou prestando os mesmos serviços na qualidade de autônoma, pela constituição de duas pessoas jurídicas. Saliente-se, a propósito, que o próprio Juízo de Primeiro Grau considerou que a atividade exercida pela Autora (venda de produtos odontológicos e assistência técnica) é muito próxima do objeto social da Ré, porquanto o art. 2.º do seu Estatuto Social define como atividade-fim da Reclamada, entre outras, a de 'prestação de serviços de assistência técnica 'e' comercialização de partes e peças de seus produtos e de ter-

Os **avanços tecnológicos** têm alterado substancialmente a rotina de muitos empregados, permitindo que **executem suas tarefas fora das dependências do empregador**, como, por exemplo, na sua própria casa (*home office*). Com isso, instaurou-se discussão a respeito de quais seriam os **contornos da subordinação** nesses casos. Alterando a redação do art. **6.º da CLT**, pela **Lei n. 12.551/2011**, o legislador passou a reconhecer que **não se distingue** entre o trabalho realizado no estabelecimento do empregador, o executado no domicílio do empregado e o realizado a distância, **desde que estejam caracterizados os pressupostos da relação de emprego**, prevendo que **os meios telemáticos e informatizados de comando, controle e supervisão se equiparam**, para fins de subordinação jurídica, **aos meios pessoais e diretos de comando, controle e supervisão do trabalho alheio (art. 6.º, parágrafo único, CLT)**.

Regulamentando o trabalho à distância, denominado de **teletrabalho**, a *Reforma Trabalhista*, introduzida pela **Lei n. 13.467/2017**, acrescentou à **CLT os arts. 75-A a 75-E**. Nesse sentido, considera-se teletrabalho ou trabalho remoto a prestação de serviços fora das dependências do empregador, de maneira preponderante ou não, com a utilização de tecnologias de informação e de comunicação que, por sua natureza, não configure trabalho externo.

Segundo Mauricio Godinho Delgado, a equiparação do trabalho exercido nas dependências do empregador e dos executados à distância, através da utilização de tecnologias feita por referido dispositivo legal, "se dá em face das dimensões objetiva e também estrutural que caracterizam a subordinação, já que a dimensão tradicional (ou clássica) usualmente não comparece nessas relações de trabalho à distância".[4]

Observação:

▪ *parassubordinação* — o conceito de parassubordinação tem origem na constatação de que a concepção binária adotada pela legislação trabalhista (autonomia — subordinação) não é suficiente para abranger toda a multiplicidade de situações

---

ceiros'. Com efeito, os dados fáticos constantes no acórdão regional permitem concluir que a prestação de serviços da Autora à Reclamada, por intermédio das empresas constituídas pela Reclamante, visava a mascarar o vínculo empregatício anteriormente existente entre as partes, evidenciando-se nítida fraude trabalhista (fraude denominada na comunidade trabalhista de pejotização, isto é, uso fraudulento da pessoa jurídica para mascarar a relação empregatícia). Diante de tal constatação, e considerando que as informações constantes no acórdão regional demonstram a existência dos elementos caracterizadores da relação de emprego, merece reforma a decisão do Tribunal Regional. Registre-se que a subordinação enfatizada pela CLT (arts. 2.º e 3.º) não se circunscreve à dimensão tradicional, subjetiva, com profundas, intensas e irreprimíveis ordens do tomador ao obreiro. Pode a subordinação ser do tipo objetivo, em face da realização pelo trabalhador dos fins sociais da empresa. Ou pode ser simplesmente do tipo estrutural, harmonizando-se o obreiro à organização, dinâmica e cultura do empreendimento que lhe capta os serviços. Presente qualquer das dimensões da subordinação (subjetiva, objetiva ou estrutural), considera-se configurado esse elemento fático-jurídico da relação de emprego. Nesse contexto, forçoso reconhecer o vínculo de emprego entre as Partes. Recurso de revista conhecido e provido no aspecto" (RRAg-100168-73.2016.5.01.0041, 3.ª T., rel. Min. Mauricio Godinho Delgado, *DEJT* 14.11.2024).

[4] DELGADO, Mauricio Godinho. *Curso de direito do trabalho*, 18. ed., p. 354.

de trabalho e toda a tipologia de contratos encontradas na sociedade de hoje.[5] A *parassubordinação* é caracterizada como um "modelo intermediário entre o trabalho subordinado e o trabalho autônomo".[6] O trabalhador parassubordinado é aquele que não é empregado, pois lhe falta a subordinação jurídica típica desta condição, mas também não é autônomo, porque mantém uma certa dependência em relação ao tomador dos serviços. Assim, segundo proposição doutrinária — especialmente estrangeira —, o parassubordinado não teria todos os direitos trabalhistas assegurados aos empregados, mas a ele deveriam ser garantidos alguns direitos, "como os direitos fundamentais do trabalho decente, a proteção contra discriminações, a proibição do trabalho forçado, a defesa das crianças e adolescentes que trabalham e a proteção da seguridade social".[7] Para Amauri Mascaro Nascimento "a parassubordinação se concretiza nas relações de natureza contínua, nas quais os trabalhadores desenvolvem atividades que se enquadram nas necessidades organizacionais dos tomadores de seus serviços, contribuindo para atingir o objeto social do empreendimento, quando o trabalho pessoal deles seja colocado, de maneira predominante, à disposição do contratante, de forma contínua"[8]. Nesse contexto, o trabalho dos representantes comerciais pode ser considerado como parassubordinado, tendo em vista que os mesmos possuem liberdade quanto ao horário de trabalho e visita a clientes, mas ao mesmo tempo respeitam regras impostas pela empresa representada, seguem suas diretrizes, utilizam-se da estrutura empresarial do tomador e prestam os serviços de maneira continuada e com pessoalidade. Assim, verifica-se concretamente uma linha tênue que separa a autonomia do trabalhador de um certo controle exercido pelo tomador do serviço. A condição de autônomo, portanto, admite uma subordinação leve em relação ao tomador de serviços, a qual é chamada de parassubordinação.[9]

---

[5] NASCIMENTO, Amauri Mascaro. *Curso de direito do trabalho*, 24. ed., p. 431.
[6] BARROS, Alice Monteiro de. *Curso de direito do trabalho*, p. 289.
[7] NASCIMENTO, Amauri Mascaro. *Curso de direito do trabalho*, 24. ed., p. 432.
[8] NASCIMENTO, Amauri Mascaro. *Ordenamento jurídico trabalhista*. São Paulo: LTr, 2013, p. 322.
[9] O entendimento do TST, no entanto, é no sentido de que a *parassubordinação* é forma de precarização do trabalho:
"[...] RECURSO DE REVISTA. PROCESSO SOB A ÉGIDE DAS LEIS 13.015/2014 E 13.467/2017. VÍNCULO EMPREGATÍCIO DOMÉSTICO. DADOS FÁTICOS CONSTANTES DO ACÓRDÃO REGIONAL DEMONSTRANDO A EXISTÊNCIA DE RELAÇÃO EMPREGATÍCIA DOMÉSTICA. O Direito do Trabalho, classicamente e em sua matriz constitucional de 1988, é ramo jurídico de inclusão social e econômica, concretizador de direitos sociais e individuais fundamentais do ser humano (art. 7.º, 'caput', da CF). Volta-se a construir uma sociedade livre, justa e solidária (art. 3.º, I, CF), erradicando a pobreza e a marginalização e reduzindo as desigualdades sociais e regionais (art. 3.º, IV, CF). Instrumento maior de valorização do trabalho e especialmente do emprego (art. 1.º, IV, art. 170, 'caput' e VIII, CF) e veículo mais pronunciado de garantia de segurança, bem-estar, desenvolvimento, igualdade e justiça às pessoas na sociedade econômica (Preâmbulo da Constituição), o Direito do Trabalho não absorve fórmulas diversas de precarização do labor, como a parassubordinação e a informalidade. Esclareça-se que o vínculo de emprego doméstico se concretiza a partir de oito elementos fático-jurídico: os cinco genéricos a qualquer relação empregatícia (sendo um deles submetido a conformação jurídica diferenciadora) e três

Onerosidade (ou remuneração) — a relação de emprego não é gratuita ou voluntária, ao contrário, haverá sempre uma **prestação (serviços)** e uma **contraprestação (remuneração)**. A onerosidade caracteriza-se pelo **ajuste da troca de trabalho por salário**. O que importa não é o *quantum* a ser pago, mas, sim, o pacto, a promessa de prestação de serviço de um lado e a promessa de pagamento do salário de outro lado.

A onerosidade como característica da relação de emprego deve ser vista por dois ângulos distintos:

a) **ângulo *objetivo***, segundo o qual a onerosidade se manifesta "pelo pagamento, pelo empregador, de parcelas dirigidas a remunerar o empregado em função do contrato empregatício pactuado"; e

b) **ângulo *subjetivo***, pelo qual se deve identificar a intenção contraprestativa, em especial pelo empregado, que presta os serviços esperando uma contraprestação pecuniária por parte do empregador.[10]

Observação:

■ o fato de o empregador deixar de pagar o salário não afasta a existência de onerosidade e, portanto, não descaracteriza o contrato de trabalho, pois a obrigação de pagar o salário existe, apenas não está sendo cumprida.

Portanto, sempre que uma **pessoa física** prestar serviços a outrem com **pessoalidade**, **não eventualidade**, **subordinação** e **onerosidade**, haverá relação de emprego.

Importante ressaltar, ainda, que, além das quatro características acima apontadas, alguns autores afirmam ser a *alteridade* um outro traço distintivo que pode ser atribuído à relação de emprego. A alteridade decorre do fato de que, na relação de emprego, *os serviços são prestados por conta alheia*, ou seja, o **empregador** é quem *assume os riscos da atividade econômica*.

No entanto, atualmente o entendimento prevalecente na doutrina é no sentido de que o trabalho por conta alheia também se verifica em outros tipos de relações jurídicas, como, por exemplo, no mandato, na parceria, na empreitada, o que, portanto, impede que se diga ser a alteridade um critério exclusivo de caracterização da relação de emprego. "Todavia,

---

elementos fático-jurídicos especialmente estipulados apenas no tocante a essa específica relação de emprego, quais sejam: finalidade não lucrativa dos serviços, a prestação laboral à pessoa ou família e o âmbito residencial de prestação laborativa. Na hipótese, as informações constantes no acórdão regional demonstram a existência dos elementos caracterizadores da relação de emprego doméstico, porquanto o trabalho do Autor para o Reclamado era pessoal, subordinado, oneroso, não eventual, com finalidade não lucrativa dos serviços, a prestação laboral à pessoa ou família e o âmbito residencial de prestação laborativa (sítio da família). Forçoso, portanto, reconhecer o vínculo de emprego entre as Partes. Recurso de revista conhecido e provido" (RR-10470-24.2019.5.03.0129, 3.ª T., rel. Min. Mauricio Godinho Delgado, *DEJT* 27.05.2022).

Vide também: Ag-AIRR — 647-28.2018.5.07.0039; RRAg — 20998-39.2015.5.04.0741.

[10] DELGADO, Mauricio Godinho. *Curso de direito do trabalho*, 18. ed., p. 349-350.

a alteridade deve ser tida como nota adicional conducente à mesma caracterização e isso no sentido — repita-se — de que constitui trabalho prestado sem risco, risco este que se transfere para o empregador".[11]

Sobre a exclusão do vínculo de emprego, sem que se analise as características da relação de emprego, destaca-se que em relação ao trabalho religioso o legislador prevê expressamente que não existe vínculo empregatício entre entidades religiosas de qualquer denominação ou natureza ou instituições de ensino vocacional e ministros de confissão religiosa, membros de instituto de vida consagrada, de congregação ou de ordem religiosa, ou quaisquer outros que a eles se equipararem, ainda que se dediquem parcial ou integralmente a atividades ligadas à administração da entidade ou instituição a que estejam vinculados ou estejam em formação ou treinamento (**art. 442, § 2.º, CLT**). O vínculo de emprego nesses casos poderá ser reconhecido em caso de desvirtuamento da finalidade religiosa e voluntária (**§ 3.º**).

1.2. SUJEITOS

Os **sujeitos da relação de emprego** são empregado e empregador.

O conceito legal de **empregado** está expresso no **art. 3.º da CLT**: "Considera-se empregado toda pessoa física que prestar serviços de natureza não eventual a empregador, sob a dependência deste e mediante salário". A definição de empregado deve ser completada por mais um requisito expresso no **art. 2.º da CLT**, qual seja, a prestação pessoal de serviços.

Empregador é "a empresa, individual ou coletiva, que, assumindo os riscos da atividade econômica, admite, assalaria e dirige a prestação pessoal de serviços" (**art. 2.º, CLT**).

Especificamente em relação ao empregado e ao empregador rurais e domésticos, a conceituação será feita no capítulo específico. No entanto, cabe indicar, por ora, que as definições legais decorrem, respectivamente, dos **arts. 2.º e 3.º da Lei n. 5.889/73** e do **art. 1.º da Lei Complementar n. 150/2015**.

1.3. NATUREZA JURÍDICA

A investigação acerca da **natureza jurídica da relação de emprego** visa **identificar os elementos fundamentais que integram sua estrutura específica**, diferenciando-a de outras figuras para, então, classificá-la e inseri-la no conjunto composto pelas relações jurídicas mais próximas, entre todas as existentes no universo do Direito.

Conforme ensina Mauricio Godinho Delgado, para se identificar a natureza jurídica de um determinado instituto é necessário realizar uma operação intelectual de separação e subsequente classificação.[12]

---

[11] MAGANO, Octavio Bueno. *Manual de direito do trabalho:* direito individual do trabalho. 4. ed. rev. e atual. São Paulo: LTr, 1993. v. II, p. 54.

[12] DELGADO, Mauricio Godinho. *Curso de direito do trabalho*, 18. ed., p. 357.

Definir qual é a natureza jurídica da relação de emprego não é uma tarefa fácil, pois o tema é envolvido por interessantes discussões doutrinárias polarizadas em duas teorias:

■ **Teoria contratualista** — sustenta a existência de um **vínculo contratual entre empregado e empregador**, vínculo este que não enquadra essa relação em nenhum dos modelos contratuais existente, mas, ao contrário, tomando por base a própria estrutura da relação de emprego, reconhece nela um **negócio jurídico** que tem como elemento essencial a vontade e que, embora tenha por objeto a prestação de serviços, diferencia-se das demais figuras contratuais clássicas em razão desta prestação de serviços ser subordinada.

A relação de emprego é fruto da **autonomia da vontade das partes**, autonomia esta que é, como regra, exercida de forma **limitada**, tendo em vista que a definição do conteúdo do vínculo empregatício é restringida pelas normas trabalhistas. Portanto, embora seja possível argumentar que o contrato de trabalho, na sua maior parte, não é fruto da vontade livre das partes, não se pode negar que a vontade sempre está presente na efetiva pactuação do vínculo, ou seja, quando se celebra o contrato.[13]

Assim, pode-se dizer que na relação de emprego a atuação da vontade deve ser analisada em dois momentos distintos: o primeiro, quando da celebração da relação pelas partes, sendo a vontade aqui exercida em sua plenitude; o segundo, quando da pactuação do conteúdo da relação de emprego, que poderá ser objeto de livre estipulação das partes interessadas em tudo quanto não contravenha às normas de proteção ao trabalho **(art. 444, CLT)**, sendo essa autonomia individual bastante ampliada quando se tratar de empregado portador de diploma de nível superior e que perceba salário mensal igual ou superior a duas vezes o limite máximo dos benefícios do Regime Geral de Previdência Social **(parágrafo único, art. 444, CLT)**. Nesse sentido, o conteúdo do contrato é formado por um **núcleo obrigatório** (fixado pelas normas trabalhistas) e um **núcleo negociado** (fruto da livre vontade das partes).

Tendo origem na autonomia da vontade das partes, a relação de emprego tem inegável natureza contratual. Por esta razão, o **art. 442 da CLT** estabelece que: "Contrato individual de trabalho é o acordo tácito ou expresso, correspondente à relação de emprego".

■ **Teoria anticontratualista** — a autonomia da vontade não tem qualquer influência ou relevância na formação e no desenvolvimento deste tipo específico de relação jurídica denominada relação de emprego. Partindo desta constatação básica, as ideias defendidas pelos anticontratualistas podem ser identificadas em dois grupos fundamentais:

---

[13] ROMAR, Carla Teresa Martins. *Alterações do contrato de trabalho:* função e local. São Paulo: LTr, 2001. p. 27.

▪ ***Teoria da relação de trabalho*** — sustenta que os contornos jurídicos da relação de emprego não decorrem de qualquer manifestação subjetiva ou da prática de qualquer ato volitivo pelas partes, sendo fruto das atitudes das próprias partes que praticam, no mundo físico e natural, atos denominados emprego.

Nesse sentido, a relação de emprego é considerada como um *ato jurídico objetivo,* consubstanciada na própria prestação de serviços que, sendo geradora de direitos e obrigações para as partes, leva à configuração da relação jurídica específica. Assim, "pisar os pés no estabelecimento e começar a prestação efetiva dos serviços é o quanto basta" para a caracterização da relação de emprego[14] que, exatamente por isso, não tem qualquer natureza contratual.

▪ ***Institucionalismo*** — parte do conceito de *instituição* para afastar a relação de emprego da ideia de contrato. Considerando a empresa como uma instituição ("uma realidade estrutural e dinâmica que teria prevalência e autonomia em face de seus próprios integrantes"),[15] os institucionalistas afirmam que esta se sobrepõe à vontade de seus componentes, empregador e empregados.

A partir da análise das teorias acima indicadas, nota-se que a ideia de **contrato** é fundamental para a definição da natureza jurídica da relação de emprego, sendo que a primeira teoria afirma a natureza contratual da relação de emprego e a segunda a nega.

Em relação à posição adotada pelo legislador acerca da natureza jurídica da relação de emprego, como afirma Alice Monteiro de Barros, "prevalece no **Brasil**, como regra geral a forma livre de celebração do contrato, que pode assumir o caráter expresso (verbal ou escrito) ou tácito (arts. 442 e 443 da CLT)". Referida autora alerta, porém, que "infere-se do art. 468 da CLT que a legislação brasileira adotou a corrente contratualista, mas os art. 2.º, 503 e 766 da CLT enquadram-se na corrente institucionalista, confundindo empregador com empresa. Daí sustentarem alguns autores o perfil eclético da nossa legislação trabalhista".[16]

Assim, resta evidente que em nosso País prevalece a teoria contratualista, que considera a vontade como elemento indispensável à configuração do contrato.

1.4. QUESTÕES

---

[14] NASCIMENTO, Amauri Mascaro. *Curso de direito do trabalho*, 24. ed., p. 576.
[15] DELGADO, Maurício Godinho. *Curso de direito do trabalho*, 18. ed., p. 367.
[16] BARROS, Alice Monteiro de. *Curso de direito do trabalho*, p. 244.

2
RELAÇÃO DE TRABALHO

Conforme visto no capítulo anterior, a diferença entre relação de emprego e relação de trabalho está no fato de a primeira ser específica e a última ser genérica, ou seja, como relação de trabalho podem ser consideradas todas as relações jurídicas fundadas em uma obrigação de fazer consubstanciada no trabalho humano, enquanto somente existirá relação de emprego quando o trabalho humano se desenvolver de forma não eventual e subordinada, sendo prestado com pessoalidade e mediante remuneração.

> A relação de trabalho é gênero, sendo a relação de emprego uma de suas espécies.

O trabalho desenvolvido com pessoalidade, com não eventualidade, com subordinação e mediante remuneração leva à caracterização de uma **relação de emprego** (relação de trabalho *stricto sensu*), enquanto o trabalho prestado com ausência de uma ou de algumas dessas características implica na existência de uma **relação de trabalho**.

Entre as diversas espécies de relação de trabalho, analisaremos o trabalho autônomo, o trabalho eventual, o trabalho avulso e portuário, o trabalho temporário, o voluntário, o estagiário, o pequeno empreiteiro, as cooperativas de mão de obra, a terceirização de serviços, o contrato de trabalho por equipe e o contrato de parceria na área de beleza, buscando identificar as características específicas que as diferenciam da relação de emprego.

2.1. AUTÔNOMO

O **trabalho autônomo** é aquele que **se desenvolve por conta própria, sem subordinação**, ou seja, o trabalhador autônomo exerce suas atividades com independência, não se subordinando às ordens e ao controle do tomador dos serviços, o que o diferencia do empregado. O trabalho é executado de forma habitual, para destinatários (tomadores de serviço) distintos. A habitualidade na prestação de serviços diferencia o trabalhador autônomo do trabalhador eventual, que também exerce atividade sem subordinação, sendo o trabalho prestado, porém, de maneira esporádica ou fortuita.

> **Trabalhador autônomo é a pessoa física que exerce, habitualmente e por conta própria, atividade profissional remunerada. A independência e a habitualidade são, portanto, as notas características deste tipo de trabalho.**

Considera-se autônomo o prestador de serviços que desenvolve sua atividade sem estar subordinado a horário, livre de fiscalização do destinatário dos serviços e, eventualmente, com auxílio de terceiros. O autônomo tem ampla liberdade quanto à forma e o modo de execução dos serviços, estabelece o preço dos serviços e, como decorrência da ausência de subordinação, assume os riscos da própria atividade, diferentemente do empregado, que transfere os riscos ao empregador **(art. 2.º, CLT)**.

Os trabalhadores autônomos mais típicos são os profissionais liberais (médicos, dentistas, advogados, engenheiros etc.). No entanto, também profissionais técnicos (desenhistas, contadores, tradutores e intérpretes etc.) e trabalhadores que, mesmo sem possuir diploma de nível superior ou técnico, exercem seu trabalho com autonomia (pedreiros, marceneiros, mecânicos etc.) podem ser trabalhadores autônomos. Em qualquer caso, porém, é essencial a inexistência de subordinação na prestação dos serviços para que seja caracterizado o trabalho autônomo.

O trabalho autônomo insere-se no âmbito do Direito Civil, sendo o trabalhador contratado mediante contrato de prestação de serviços regido basicamente pelos **arts. 593 a 609 do Código Civil**, sendo certo que "toda a espécie de serviço ou trabalho lícito, material ou imaterial, pode ser contratada mediante retribuição" **(art. 594, CC)**. Também são contratos de trabalho autônomo o contrato de empreitada **(arts. 610 a 626, CC)** e o contrato de representação comercial ou de agência e distribuição **(arts. 710 a 721, CC)**.

Observação:

▪ O fato de o trabalho ser prestado sem subordinação não significa que há liberdade absoluta do trabalhador, sem que haja a possibilidade de qualquer interferência por parte do tomador dos serviços na execução do trabalho. O tomador dos serviços não interfere nas condições de trabalho do autônomo, seja na forma de sua prestação, seja nas questões técnicas que o envolvem, mas pode dar orientações gerais sobre o trabalho em si.

Nesse sentido, podemos exemplificar com a contratação de um marceneiro para a confecção dos móveis da residência do tomador dos serviços. Este definirá o estilo dos móveis (moderno, clássico etc.), o tipo de madeira a ser utilizado, mas as questões técnicas que envolvem o trabalho (forma de elaboração), bem como o horário, o local e a maneira como o trabalho será executado, são definidas pelo trabalhador.

▪ A contratação do autônomo, cumpridas por este todas as formalidades legais, com ou sem exclusividade, de forma contínua ou não, afasta a qualidade de empregado do mesmo, ou seja, sendo o trabalho prestado por conta própria e sem subordinação ao tomador de serviços, não há que se falar em vínculo empregatício entre as partes, ainda que se verifique continuidade na prestação dos serviços **(art. 442-B, CLT)**.

2.2. EVENTUAL

O **trabalhador eventual** é aquele que **exerce suas atividades de forma esporádica, descontínua, fortuita**.

> O trabalhador eventual presta serviços de curta duração para vários tomadores de serviço, sem habitualidade ou continuidade.

Várias são as teorias encontradas na doutrina e que têm como intuito buscar uma fundamentação clara e definida para diferenciar o trabalhador eventual do empregado: *teoria da descontinuidade, teoria do evento, teoria dos fins do empreendimento* e *teoria da fixação*. Para uma análise detalhada de cada uma destas teorias, *vide* **Capítulo 1 desta Parte II**, no tópico que trata das características da relação de emprego **(1.1)**.

2.3. AVULSO E PORTUÁRIO

Trabalhador avulso é aquele que presta **serviços esporádicos**, de **curta duração** e **a diversos tomadores**, sem se fixar a qualquer um deles, realizando, por tal razão, uma espécie de trabalho eventual.

No entanto, o trabalho avulso é **prestado por intermediação de entidade específica**, o que faz com que a relação seja necessariamente triangular, envolvendo o fornecedor de mão de obra (entidade intermediária), o trabalhador avulso e o tomador do serviço. Nesta modalidade de trabalho, não há a contratação direta do trabalhador pelo tomador dos serviços. Inexiste vínculo de emprego entre o trabalhador avulso e o fornecedor de mão de obra, e também entre o trabalhador avulso e o tomador dos serviços.

Por muito tempo, embora fosse possível o exercício de trabalho avulso em diversas atividades específicas, em nosso País tratava-se de uma modalidade de trabalho executada tipicamente nos portos.

No entanto, a partir da promulgação da **Lei n. 12.023, de 28.08.2009**, passou a haver regulamentação para a **atividade urbana ou rural de movimentação de carga**, exercida por **trabalhador avulso**.

A contratação de movimentador de carga avulso é feita mediante intermediação obrigatória do sindicato da categoria, por meio de acordo ou convenção coletiva de trabalho, não havendo vínculo de emprego entre o tomador dos serviços e os trabalhadores, e nem entre estes e o sindicato (**art. 1.º**).

Nos termos do **art. 2.º** da referida Lei, são atividades de movimentação de mercadoria em geral:

- carga e descarga de mercadorias a granel e ensacados;
- costura, pesagem, embalagem, enlonamento, ensaque, arrasto, posicionamento, acomodação, reordenamento, reparação da carga;
- amostragem, arrumação, remoção, classificação, empilhamento da carga;
- transporte com empilhadeiras, paletização, ova e desova de vagões;
- carga e descarga em feiras livres;
- abastecimento de lenha em secadores e caldeiras;
- operações de equipamentos de carga e descarga;
- pré-limpeza e limpeza em locais necessários à viabilidade das operações ou à sua continuidade.

As atividades acima indicadas poderão ser exercidas para as empresas tomadoras dos serviços por trabalhadores tanto com vínculo empregatício como em regime de trabalho avulso **(art. 3.º)**.

A **Lei n. 12.023/2009** não se aplica às relações de trabalho regidas pela **Lei n. 12.815/2013** e pela **Lei n. 9.719/98, ou seja, suas regras não se aplicam aos trabalhadores avulsos portuários (art. 11)**.

Em relação aos trabalhadores movimentadores de carga avulsos, a **Lei n. 12.023/2009** estabelece os seguintes deveres do sindicato e do tomador dos serviços:

DEVERES DO SINDICATO (ART. 5.º)	DEVERES DO TOMADOR DO SERVIÇO (ART. 6.º)
▪ Divulgar amplamente as escalas de trabalho dos avulsos, com a observância do rodízio entre os trabalhadores. ▪ Proporcionar equilíbrio na distribuição das equipes e funções, visando a remuneração em igualdade de condições de trabalho para todos e a efetiva participação dos trabalhadores não sindicalizados. ▪ Repassar aos respectivos beneficiários, no prazo máximo de 72 horas úteis, contadas a partir do seu arrecadamento, os valores devidos e pagos pelos tomadores do serviço, relativos à remuneração do trabalhador avulso, sob pena de responsabilidade pessoal e solidária dos dirigentes da entidade sindical. ▪ Exibir para os tomadores da mão de obra avulsa e para as fiscalizações competentes os documentos que comprovem o efetivo pagamento das remunerações devidas aos trabalhadores avulsos. ▪ Zelar pela observância das normas de segurança, higiene e saúde no trabalho. ▪ Firmar acordo ou convenção coletiva de trabalho para normatização das condições de trabalho. ▪ OBS.: a identidade de cadastro para a escalação do trabalhador avulso para o trabalho não será a carteira do sindicato e não assumirá nenhuma outra forma que possa dar ensejo à distinção entre trabalhadores sindicalizados e não sindicalizados para efeito de acesso ao trabalho **(§ 2.º)**.	▪ Pagar ao sindicato os valores devidos pelos serviços prestados ou dias trabalhados, acrescidos dos percentuais relativos a repouso remunerado, 13.º salário e férias acrescidas de 1/3, para viabilizar o pagamento do trabalhador avulso, bem como os percentuais referentes aos adicionais extraordinários e noturnos. ▪ Efetuar o pagamento da remuneração dos trabalhadores no prazo máximo de 72 horas úteis, contadas a partir do encerramento do trabalho requisitado. ▪ Recolher os valores devidos ao FGTS, acrescido dos percentuais relativos ao 13.º salário, férias, encargos fiscais, sociais e previdenciários, observando o prazo legal.

Nos termos do **art. 7.º, XXXIV, da Constituição Federal**, os movimentadores de carga avulsos têm todos os direitos trabalhistas assegurados aos empregados.

A remuneração, a definição das funções, a composição de equipes e as demais condições de trabalho serão objeto de negociação entre as entidades representativas dos trabalhadores avulsos e dos tomadores de serviços **(art. 1.º, parágrafo único, Lei n. 12.023/2009)**.

O sindicato elaborará a escala de trabalho e as folhas de pagamento dos trabalhadores avulsos, com a indicação do tomador do serviço e dos trabalhadores que participaram da operação, devendo prestar, com relação a estes, as seguintes informações **(art. 4.º)**:

- os respectivos números de registros ou cadastro no sindicato;
- o serviço prestado e os turnos trabalhados;
- as remunerações pagas, devidas ou creditadas a cada um dos trabalhadores,

registrando-se as parcelas referentes ao DSR, ao FGTS, ao 13.º salário, às férias remuneradas mais 1/3, ao adicional noturno e ao adicional de horas extras.

As **empresas tomadoras** do trabalho avulso são responsáveis pelo fornecimento dos Equipamentos de Proteção Individual **(EPIs)**, bem como por zelar pelo cumprimento das **normas de segurança no trabalho (art. 9.º)**, e **respondem solidariamente** pela efetiva remuneração do trabalho contratado e são responsáveis pelo recolhimento dos encargos fiscais e sociais, bem como das contribuições ou de outras importâncias devidas à Seguridade Social, no limite do uso que fizerem do trabalho avulso intermediado pelo sindicato **(art. 8.º)**.

Na modalidade de **trabalho avulso portuário**, os tomadores de serviço são basicamente os navios, os armazéns, as empresas importadoras e exportadoras e os operadores portuários em geral. Os trabalhadores avulsos portuários são, como regra, trabalhadores portuários de capatazia, estiva, conferência de carga, conserto de carga, bloco e vigilância de embarcações **(art. 40, Lei n. 12.815/2013)**, que constituem **categorias profissionais diferenciadas (art. 40, § 4.º, Lei n. 12.815/2013)**.

As atividades do trabalhador avulso portuário são assim definidas pelo **§ 1.º do art. 40 da Lei n. 12.815/2013**:

ATIVIDADE	DESCRIÇÃO
CAPATAZIA	Atividade de movimentação de mercadorias nas instalações dentro do porto, compreendendo o recebimento, conferência, transporte interno, abertura de volumes para a conferência aduaneira, manipulação, arrumação e entrega, bem como o carregamento e a descarga de embarcações, quando efetuados por aparelhamento portuário.
ESTIVA	Atividade de movimentação de mercadorias nos conveses ou nos porões das embarcações principais ou auxiliares, incluindo o transbordo, arrumação, peação e despeação, bem como o carregamento e a descarga, quando realizados com equipamentos de bordo.
CONFERÊNCIA DE CARGA	Contagem de volumes, anotação de suas características, procedência ou destino, verificação do estado das mercadorias, assistência à pesagem, conferência do manifesto e demais serviços correlatos nas operações de carregamento e descarga de embarcações.
CONSERTO DE CARGA	Reparo e restauração das embalagens de mercadorias, nas operações de carregamento e descarga de embarcações, reembalagem, marcação, remarcação, carimbagem, etiquetagem, abertura de volumes para vistoria e posterior recomposição.
VIGILÂNCIA DE EMBARCAÇÕES	Atividade de fiscalização da entrada e saída de pessoas a bordo das embarcações atracadas ou fundeadas ao largo, bem como da movimentação de mercadorias nos portalós, rampas, porões, conveses, plataformas e em outros locais da embarcação.
BLOCO	Atividade de limpeza e conservação de embarcações mercantes e de seus tanques, incluindo batimento de ferrugem, pintura, reparos de pequena monta e serviços correlatos.

Desde que possuam a qualificação necessária, os trabalhadores portuários avulsos registrados e cadastrados poderão desempenhar quaisquer das atividades previstas pelo **§ 1.º do art. 40 da Lei n. 12.815/2013**, vedada a exigência de novo registro ou cadastro específico, independentemente de acordo ou convenção coletiva **(§ 5.º)**.

A **Lei n. 12.815, promulgada em 05.06.2013**, dispõe sobre **a exploração direta e indireta pela União de portos e instalações portuárias e sobre as atividades desempenhadas pelos operadores portuários**, estabelecendo as regras que dizem respeito à **mão de obra portuária**. Anteriormente, a Lei n. 8.630/93 havia revogado todos os dispositivos legais que tratavam do trabalho nos portos, inclusive os arts. 254 a 292 e 544, VIII, da CLT **(arts. 75 e 76)**, revogação esta mantida mesmo após o advento da Lei n. 12.815/2013.

As normas e condições gerais de proteção ao trabalho portuário são previstas pela **Lei n. 9.719/98**.

O **Decreto n. 8.033/2013** regulamenta o disposto na Lei n. 12.815, de 5 de junho de 2013, e as demais disposições legais que regulam a exploração de portos organizados e de instalações portuárias.

As **principais regras sobre o trabalho portuário** estabelecidas pelas normas acima indicadas são as seguintes:

- o trabalho portuário pode ser realizado tanto por **trabalhadores portuários com vínculo empregatício a prazo indeterminado** como por **trabalhadores portuários avulsos (art. 40, Lei n. 12.815/2013)**, sendo vedada, porém, a contratação de trabalhadores temporários nos moldes da Lei n. 6.019/74 **(art. 40, § 3.º, Lei n. 12.815/2013)**;

- o **operador portuário**, que é a pessoa jurídica pré-qualificada para exercer as atividades de movimentação de passageiros ou movimentação e armazenagem de mercadorias, destinadas ou provenientes de transporte aquaviário, dentro da área do porto organizado **(art. 2.º, XIII, Lei n. 12.815/2013)**, deve constituir um *órgão de gestão de mão de obra do trabalho portuário*, que tem como **finalidade (art. 32, Lei n. 12.815/2013)**:

    - administrar o fornecimento da mão de obra do trabalhador portuário e do trabalhador portuário avulso;
    - manter, com exclusividade, o cadastro do trabalhador portuário e o registro do trabalhador portuário avulso;
    - treinar e habilitar profissionalmente o trabalhador portuário, inscrevendo-o no cadastro;
    - selecionar e registrar o trabalhador portuário avulso;
    - estabelecer o número de vagas, a forma e a periodicidade para acesso ao registro do trabalhador portuário avulso;
    - expedir os documentos de identificação do trabalhador portuário;
    - arrecadar e repassar aos respectivos beneficiários os valores devidos pelos operadores portuários relativos à remuneração do trabalhador portuário avulso e aos correspondentes encargos fiscais, sociais e previdenciários;

- a inscrição no cadastro do trabalhador portuário dependerá exclusivamente de prévia habilitação profissional do interessado, mediante treinamento realizado em entidade indicada pelo órgão de gestão de mão de obra, sendo certo que o ingresso no registro do trabalhador portuário avulso depende de prévia seleção e inscrição

no cadastro, obedecidas a disponibilidade de vagas e a ordem cronológica de inscrição no cadastro **(art. 41, §§ 1.º e 2.º, Lei n. 12.815/2013)**;
■ a inscrição no cadastro e o registro do trabalhador portuário extinguem-se por morte ou cancelamento **(art. 41, § 3.º, Lei n. 12.815/2013)**;
■ o órgão gestor de mão de obra deixará de intervir nas relações de trabalho portuário caso venha a ser celebrado contrato, acordo ou convenção coletiva de trabalho entre trabalhadores e tomadores de serviço **(art. 32, parágrafo único, Lei n. 12.815/2013)**;
■ o órgão gestor de mão de obra pode ceder trabalhador portuário avulso em caráter permanente ao operador portuário **(art. 35, Lei n. 12.815/2013)**. No entanto, o registro do trabalhador portuário avulso deve ser mantido pelo órgão gestor de mão de obra **(art. 3.º, I, Lei n. 9.719/98)**;
■ o órgão gestor de mão de obra é reputado pelo legislador como de *utilidade pública*, não podendo ter fins lucrativos e sendo-lhe vedada a prestação de serviços a terceiros ou o exercício de qualquer atividade não vinculada à gestão da mão de obra **(art. 39, Lei n. 12.815/2013)**;
■ as cooperativas formadas por trabalhadores portuários avulsos, devidamente registrados, poderão estabelecer-se como operadores portuários **(art. 29, Lei n. 12.815/2013)**;
■ são **competências** do órgão gestor de mão de obra **(art. 33, Lei n. 12.815/2013)**:
  ■ aplicar, quando couber, normas disciplinares previstas em lei, contrato, convenção ou acordo coletivo de trabalho, inclusive, no caso de transgressão disciplinar, as seguintes penalidades: a) repreensão verbal ou por escrito; b) suspensão do registro pelo período de 10 a 30 dias; e c) cancelamento do registro;
  ■ promover a formação profissional do trabalhador e do trabalhador portuário avulso, adequando-a aos modernos processos de movimentação de carga e de operação de aparelhos e equipamentos portuários, o treinamento multifuncional do trabalhador portuário e do trabalhador portuário avulso, bem como criar programas de recolocação e de cancelamento do registro, sem ônus para o trabalhador;
  ■ arrecadar e repassar aos respectivos beneficiários as contribuições destinadas a incentivar o cancelamento do registro e a aposentadoria voluntária;
  ■ arrecadar as contribuições destinadas ao custeio do órgão;
  ■ zelar pelas normas de saúde, higiene e segurança no trabalho portuário avulso;
  ■ submeter à administração do porto propostas para aprimoramento da operação portuária e valorização econômica do porto;
■ no âmbito do órgão de gestão de mão de obra deve ser constituída **Comissão Paritária** para **solucionar litígios** decorrentes da aplicação das normas a que se referem os arts. 32, 33 e 35, § 1.º, da Lei n. 12.815/2013. **Em caso de impasse,**

as partes devem recorrer à **arbitragem de ofertas finais**, devendo os árbitros ser escolhidos de comum acordo entre as partes, e o **laudo arbitral** proferido para a solução da pendência **constitui título executivo extrajudicial**. Firmado o compromisso arbitral, não será admitida a desistência de qualquer das partes **(art. 37, Lei n. 12.815/2013)**;

■ a remuneração, a definição das funções, a composição dos termos, a multifuncionalidade e as demais condições do trabalho portuário avulso serão objeto de negociação entre as entidades representativas dos trabalhadores portuários avulsos e dos operadores portuários, sendo que tal negociação deverá contemplar a garantia de renda mínima inserida no item 2 do art. 2 da Convenção n. 137 da Organização Internacional do Trabalho — OIT **(art. 43, Lei n. 12.815/2013)**;

■ a **Constituição Federal de 1988** confirmou de maneira inequívoca a proteção dos trabalhadores avulsos antes assegurada por diversas leis esparsas, **garantindo-lhes os mesmos direitos previstos para os empregados urbanos e rurais (CF, art. 7.º, XXXIV)**;

■ é assegurado, na forma do regulamento, **benefício assistencial mensal**, de até um salário mínimo, aos **trabalhadores portuários avulsos, com mais de 60 anos**, que não cumprirem os requisitos para aquisição das modalidades de aposentadoria previstas na Lei n. 8.213/91 e que não possuam meios para prover a sua subsistência, sendo que tal benefício não pode ser acumulado pelo beneficiário com qualquer outro no âmbito da seguridade social ou de outro regime, salvo os da assistência médica e da pensão especial de natureza indenizatória **(art. 10-A, Lei n. 9.719/98)**;

■ as **ações relativas aos créditos** decorrentes da relação de trabalho avulso **prescrevem** em cinco anos até o limite de dois anos **após o cancelamento do registro ou do cadastro** no órgão gestor de mão de obra (**§ 4.º, art. 37, Lei n. 12.815/2013**);

■ cabe ao operador portuário recolher ao órgão gestor de mão de obra os valores devidos pelos serviços prestados, referentes à remuneração por navio, acrescidas dos percentuais relativos ao 13.º salário, férias, FGTS, encargos fiscais e previdenciários, no prazo de 24 horas da realização dos serviços **(art. 2.º, I, Lei n. 9.719/98)**;

■ o pagamento pelos serviços executados será feito pelo órgão gestor de mão de obra diretamente ao trabalhador avulso, no prazo de 48 horas após o término do serviço **(art. 2.º, II, e § 1.º, Lei n. 9.719/98)**;

■ o pagamento das parcelas referentes ao 13.º salário e às férias do trabalhador portuário avulso deve ser feito pelo órgão gestor de mão de obra por meio de depósito feito separada e respectivamente em contas individuais vinculadas, a serem abertas em instituição bancária de sua livre escolha, sobre as quais incidirão rendimentos aplicáveis aos depósitos de poupança **(art. 2.º, § 2.º, Lei n. 9.719/98)**;

■ o órgão gestor de mão de obra responde solidariamente com os operadores portuários pela remuneração devida ao trabalhador avulso portuário e pelas indenizações decorrentes de acidente de trabalho **(art. 33, § 2.º, Lei n. 12.815/ 2013)**, bem como pelo pagamento dos encargos trabalhistas, das contribuições previdenciárias e demais obrigações, inclusive acessórias, devidas à Seguridade Social **(art. 2.º, § 4.º, Lei n. 9.719/98)**, podendo, porém, exigir dos operadores portuários garantia prévia dos respectivos pagamentos, para atender a requisição de trabalhadores portuários avulsos **(art. 33, § 3.º, Lei n. 12.815/2013)**;

▪ o órgão gestor de mão de obra não responde por prejuízos causados pelos trabalhadores portuários avulsos aos tomadores dos seus serviços ou a terceiros **(art. 33, § 1.º, Lei n. 12.815/2013)**;

▪ é assegurado ao trabalhador portuário avulso cadastrado no órgão gestor de mão de obra o direito de concorrer à escala diária complementando a equipe de trabalho do quadro dos registrados **(art. 4.º, Lei n. 9.719/98)**;

▪ cabe ao órgão gestor de mão de obra fazer a escalação do trabalhador portuário avulso, em sistema de rodízio **(art. 5.º, Lei n. 9.719/98)**;

▪ somente fará jus à remuneração o trabalhador avulso que, constante da escala diária, estiver em efetivo serviço **(art. 6.º, parágrafo único, Lei n. 9.719/98)**;

▪ na escalação diária do trabalhador portuário avulso sempre deve ser observado um intervalo mínimo de 11 horas consecutivas entre duas jornadas, salvo em situações excepcionais, constantes de acordo ou convenção coletiva de trabalho **(art. 8.º, Lei n. 9.719/98)**;

▪ ao órgão gestor de mão de obra, ao operador portuário ou ao empregador, conforme o caso, compete cumprir e fazer cumprir as normas concernentes à saúde e à segurança do trabalho portuário **(art. 9.º, Lei n. 9.719/98)**;

▪ a seleção e o registro do trabalhador portuário avulso serão feitos pelo órgão gestor de mão de obra avulsa, de acordo com as normas que forem estabelecidas em contrato, convenção ou acordo coletivo de trabalho **(art. 42, Lei n. 12.815/2013)**, sendo certo que a gestão da mão de obra do trabalho portuário avulso deve observar as normas do contrato, convenção ou acordo coletivo de trabalho **(art. 36, Lei n. 12.815/2013)**;

▪ inexiste vínculo empregatício entre o órgão gestor de mão de obra e o trabalhador avulso **(art. 34, Lei n. 12.815/2013)**;

▪ a contratação de trabalhadores portuários de capatazia, bloco, estiva, conferência de carga, conserto de carga e vigilância de embarcações com vínculo empregatício por prazo indeterminado será feita exclusivamente dentre os trabalhadores portuários avulsos registrados **(art. 40, § 2.º, Lei n. 12.815/2013)**.

O **operador portuário** responderá perante o **trabalhador portuário** pela remuneração dos serviços prestados e respectivos encargos; o **órgão local de gestão de mão de obra do trabalho avulso**, pelas contribuições não recolhidas; e os **órgãos competentes**, pelo recolhimento dos tributos incidentes sobre o trabalho portuário avulso **(art. 26, IV, V e VI, Lei n. 12.815/2013)**.

Sempre que for pago ao trabalhador com vínculo permanente, o **adicional de riscos** é devido, nos mesmos termos, ao trabalhador portuário avulso (STF — RE 597.124, *DJe* 23.10.2020, Tema 222 de Repercussão Geral).

É facultada aos titulares de instalações portuárias sujeitas a regime de autorização a contratação de trabalhadores a prazo indeterminado, observado o disposto no contrato, convenção ou acordo coletivo de trabalho **(art. 44, Lei n. 12.815/2013)**.

2.4. TEMPORÁRIO

O **trabalho temporário** é disciplinado pela **Lei n. 6.019, de 03.01.1974,**[1] e **corresponde a uma relação composta por três pessoas (relação triangular)**, que gera, entre elas, vínculos jurídicos distintos e independentes, inconfundíveis entre si.

Considera-se trabalho temporário aquele prestado por pessoa física contratada por uma empresa de trabalho temporário que a coloca à disposição de uma tomadora de serviços ou cliente, para atender à necessidade de substituição transitória de pessoal permanente ou à demanda complementar de serviços. O trabalho temporário não se confunde com terceirização de serviços.

Desta forma, a relação de trabalho temporário é desenvolvida entre uma **empresa tomadora de serviços**, uma **empresa de trabalho temporário** e o **trabalhador temporário**. Há, portanto, uma intermediação de mão de obra que rompe com a tradicional simetria da relação mantida entre empregado e empregador.

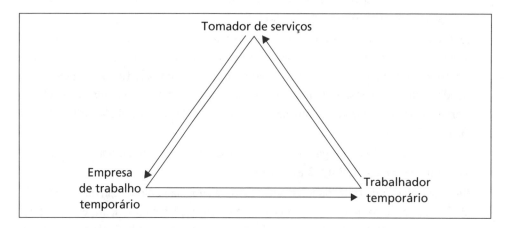

A partir da triangulação criada e definida pela Lei n. 6.019/74 surgem, em uma mesma relação:

- ■ um *vínculo de natureza civil* — entre a empresa tomadora de serviços e a empresa de trabalho temporário;
- ■ um *vínculo de natureza trabalhista* — entre a empresa de trabalho temporário e o trabalhador temporário.

---

[1] Com a redação dada pela Lei n. 13.429/2017. Regulamentada pelo Decreto n. 10.060/2019.

A empresa de trabalho temporário, que a Lei exige que seja registrada como tal no Ministério do Trabalho **(art. 4.º)**, é contratada pela tomadora de serviços para colocar trabalhadores à disposição desta, sempre que houver *demanda complementar de serviços* ou quando seja necessária a *substituição transitória de pessoal permanente* **(art. 2.º)**.

Portanto, a **Lei n. 6.019/74** restringe a **possibilidade de contratação de trabalho temporário** a duas **hipóteses excepcionais**:

■ **substituição transitória de empregado permanente da tomadora**, sempre que houver algum motivo justificador, como, por exemplo, situações de afastamento por férias, auxílio-doença, licença-maternidade etc. Destaca-se que é proibida a contratação de trabalhador temporário para a substituição de trabalhadores em greve, salvo nos casos previstos em lei **(art. 2.º, § 1.º)**;

■ **demanda complementar de serviços**, ou seja, aquela oriunda de fatores imprevisíveis ou, quando decorrente de fatores previsíveis, tenha natureza intermitente, periódica, sazonal **(art. 2.º, § 2.º)**.

A contratação de trabalhadores temporários fora das hipóteses acima indicadas não é revestida de validade jurídica.[2]

Não é permitida a contratação de trabalhadores portuários sob o regime de trabalho temporário **(art. 40, § 3.º, Lei n. 12.815/2013)**.

O contrato de trabalho temporário pode versar sobre o desenvolvimento de **atividades-meio e atividades-fim** a serem executadas na empresa tomadora de serviços **(art. 9.º, § 3.º)**.

A **Lei n. 6.019/74** define empresa de trabalho temporário como "pessoa jurídica, devidamente registrada no Ministério do Trabalho, responsável pela colocação de trabalhadores à disposição de outras empresas temporariamente" **(art. 4.º)**.

São **requisitos para funcionamento e registro da empresa de trabalho temporário no Ministério do Trabalho**: a) prova de inscrição no Cadastro Nacional de Pessoa Jurídica (CNPJ) do Ministério da Fazenda; b) prova do competente registro na Junta Comercial da localidade em que tenha sede; c) prova de possuir capital social de, no mínimo, R$ 100.000,00 (cem mil reais) **(art. 6.º)**.

A empresa de trabalho temporário é obrigada a fornecer ao Departamento Nacional de Mão de Obra, quando solicitada, os elementos de informação julgados necessários ao estudo do mercado de trabalho **(art. 8.º)**.

Às empresas de trabalho temporário, **é vedado**:

■ cobrar do trabalhador qualquer importância, mesmo a título de mediação **(art. 18)**. Eventuais descontos na remuneração do temporário restringem-se às hipóte-

---

[2] O desvirtuamento da utilização de trabalho temporário, sem que se trate das hipóteses autorizadas e previstas por lei, leva ao reconhecimento do vínculo de emprego com o tomador dos serviços (AIRR 20567-98.2014.5.04.0010, *DEJT* 11.03.2022).

ses expressamente autorizadas por lei. O descumprimento dessas proibições importa no cancelamento do registro para funcionamento da empresa de trabalho temporário, sem prejuízo das sanções administrativas e penais cabíveis;

■ contratar estrangeiros com visto provisório de permanência no país **(art. 17)**;

■ ter ou utilizar, em seus serviços, trabalhador temporário, exceto quando o trabalhador seja contratado por outra empresa de trabalho temporário, e seja comprovada a necessidade de substituição transitória de pessoal permanente ou demanda complementar de serviços **(art. 52, Decreto n. 10.854/2021)**.

O **vínculo trabalhista** mantido entre a empresa de trabalho temporário e o trabalhador temporário possui as seguintes **peculiaridades:**

■ o trabalho é realizado em favor de terceiros (empresa tomadora ou cliente);

■ a direção da prestação pessoal de serviços fica a cargo da tomadora dos serviços;

■ o vínculo de subordinação é mantido não com o empregador (empresa de trabalho temporário), mas, sim, com aquele que aproveita economicamente do trabalho realizado de forma temporária (tomadora dos serviços);

■ a responsabilidade pelo pagamento dos salários e pelos direitos assegurados em lei permanece com a empresa de trabalho temporário.

Exatamente em razão desta peculiaridade da relação de trabalho temporário (desdobramento do poder de direção), a **Lei n. 6.019/74** prevê que constituem **justa causa para rescisão do contrato de trabalho temporário** os atos e circunstâncias previstas nos **arts. 482 e 483 da CLT**, ocorridas tanto entre o trabalhador e a empresa de trabalho temporário, como também entre aquele e a empresa tomadora ou cliente para a qual estiver prestando serviços **(art. 13)**.

O legislador estabelece um **limite temporal de duração para a relação de trabalho temporário**, fixando como **prazo máximo de cento e oitenta dias, consecutivos ou não,** para a duração do contrato de trabalho temporário celebrado entre a empresa de trabalho temporário e a tomadora dos serviços, **em relação ao mesmo trabalhador**, admitindo-se a **prorrogação** do referido prazo por até **noventa dias, consecutivos ou não,** quando comprovada a manutenção das condições que o ensejaram (art. 10, §§ 1.º e 2.º).

Após o prazo máximo, ou sua prorrogação, se for o caso, o trabalhador temporário somente poderá ser colocado à disposição da mesma tomadora de serviços em novo contrato de trabalho temporário, **após noventa dias do término do contrato anterior**, sendo que a contratação anterior a esse prazo caracteriza vínculo de emprego com a tomadora **(art. 10, §§ 5.º e 6.º)**.

O contrato celebrado entre a empresa de trabalho temporário e cada um dos assalariados colocados à disposição da empresa tomadora ou cliente **deve obrigatoriamente ser celebrado por escrito,** com indicação expressa dos **direitos conferidos** aos trabalhadores de acordo com a Lei **(art. 11)**.

O contrato celebrado pela empresa de trabalho temporário e a tomadora de serviços será **escrito**, ficará à disposição da autoridade fiscalizadora no estabelecimento da tomadora de serviços e **conterá**: a) qualificação das partes; b) motivo justificador da demanda de trabalho temporário; c) prazo da prestação de serviços; d) valor da prestação de serviços; e) disposições sobre a segurança e a saúde do trabalhador, independentemente do local de realização do trabalho (**art. 9.º**).

A **Lei n. 6.019/74** impõe expressamente a **nulidade** de qualquer **cláusula de reserva que proíba a contratação do trabalhador pela empresa tomadora ou cliente ao final do prazo em que aquele tenha sido colocado à sua disposição** pela empresa de trabalho temporário (**art. 11, parágrafo único**).

Não se aplica ao trabalhador temporário, contratado pela tomadora de serviços, o contrato de experiência previsto pela CLT (**art. 10, § 4.º**).

Não se aplica ao trabalhador temporário a indenização prevista no art. 479, CLT (**art. 64, II, Decreto n. 10.854/2021**).[3]

---

[3] "[...] RECURSO DE REVISTA. CONTRATO DE TRABALHO TEMPORÁRIO. RESCISÃO ANTECIPADA. INDENIZAÇÃO PREVISTA NO ART. 479 DA CLT. Discute-se, no caso, acerca da possibilidade de se aplicar a indenização prevista no artigo 479 da CLT aos contratos de trabalho temporário, regidos pela Lei n.º 6.019/74, quando há rescisão antes do termo estipulado. O trabalho temporário difere do trabalho celetista por prazo determinado pela natureza, prazo e hipóteses ensejadoras de sua configuração. No trabalho temporário regido pela Lei n. 6.019/1974, a contratação é feita mediante intermediação lícita entre uma empresa fornecedora de mão de obra e uma empresa utilizadora, em que o trabalhador não é empregado de nenhuma das duas. No contrato por prazo determinado, existe uma necessidade permanente em relação ao serviço a ser prestado, que motiva a contratação. O que justifica a predeterminação, no entanto, é a necessidade de experimentação, por até 90 dias, para o cargo; a transitoriedade da atividade, pela sazonalidade ou tempo certo de sua duração ou a necessidade de realização de um serviço especializado, mas inerente à atividade empresarial. O trabalhador temporário não visa suprir uma necessidade permanente da empresa tomadora e sim uma necessidade temporária, de substituição de pessoal regular ou para o atendimento de uma demanda extraordinária de serviços, sem ter sequer reconhecida a condição de empregado, porque já existe empregado contratado para habitualmente realizar o trabalho e sem ter direito à permanência na empresa utilizadora durante o prazo previsto. Consequentemente, distinguindo a necessidade permanente da temporária, a lei considera empregado o trabalhador contratado por prazo determinado e estabelece, para o trabalhador temporário, que não considera empregado, apenas um rol de direitos, previstos na Lei n. 6.019/74. Por todos esses aspectos, a indenização prevista no art. 479 da CLT é incabível, tanto assim que não figura entre os direitos devidos ao trabalhador temporário na Lei n.º 6.019/74, que, aliás, não a prevê em virtude da possibilidade de substituição imediata do trabalhador junto à empresa prestadora de serviço temporário. Precedentes. No caso, o Tribunal Regional manteve a sentença que deferiu ao autor a indenização prevista no art. 479 da CLT, por rescisão contratual antecipada, não obstante tenha reconhecido que as partes firmaram contrato de trabalho temporário sob a égide da Lei n. 6.019/74. Nesse contexto, a decisão da Corte de origem ofende os arts. 12, 'f', da Lei 6.019/74 e 479 da CLT. Recurso de revista parcialmente conhecido por violação dos arts. 12, 'f', da Lei 6.019/74 e 479 da CLT e provido" (RRAg-11684-79.2017.5.03.0142, 8.ª T., rel. Min. Alexandre de Souza Agra Belmonte, *DEJT* 06.09.2022).

Atendidos os requisitos da Lei n. 6.019/74 (hipóteses de contratação e prazo máximo), **o trabalho temporário é plenamente válido**, mantendo-se a forma de relação triangular que lhe é característica, com um vínculo de natureza civil entre o tomador dos serviços e a empresa de mão de obra temporária e um vínculo trabalhista entre esta e o trabalhador temporário, sem que se possa falar em fraude. Nesse sentido, qualquer que seja o ramo da empresa tomadora de serviços, não existe vínculo de emprego entre ela e os trabalhadores contratados pela empresa de trabalho temporário **(art. 10)**.

São **assegurados aos trabalhadores temporários** os seguintes **direitos (art. 12):**

■ remuneração equivalente à percebida pelos empregados da mesma categoria da empresa tomadora, garantido em qualquer caso o pagamento de salário mínimo (salário equitativo);

■ jornada de 8 horas diárias e 44 horas semanais, remuneradas as horas extraordinárias não excedentes de duas, com adicional de 50% sobre a hora normal. A jornada de trabalho poderá ter duração superior a oito horas diárias na hipótese de a empresa tomadora de serviços ou cliente utilizar jornada de trabalho específica **(art. 61, § 1.º, Decreto n. 10.854/2021)**;

■ férias proporcionais, acrescidas de 1/3, nas hipóteses de dispensa sem justa causa, pedido de demissão, ou término normal do contrato individual de trabalho temporário **(art. 60, II, Decreto n. 10.854/2021)**;

■ repouso semanal remunerado, preferencialmente aos domingos;

■ adicional noturno de 20% sobre a hora diurna;

■ indenização por dispensa sem justa causa ou término normal do contrato, correspondente a 1/12 (um doze avos) do pagamento recebido;[4]

---

[4] Quanto à indenização de 40% dos depósitos do FGTS, o TST tem entendimento de esta ser devida em caso de rescisão antecipada do contrato de trabalho temporário, quando inexistir justa causa do trabalhador: "AGRAVO. AGRAVO DE INSTRUMENTO EM RECURSO DE REVISTA. PROCESSO SOB A ÉGIDE DA LEI N. 13.015/2014 E ANTERIOR À LEI N. 13.467/2017. 1. MULTA DO ART. 477, § 8.º, DA CLT. PAGAMENTO DAS PARCELAS RESCISÓRIAS. AUSÊNCIA DE COMPROVAÇÃO. PROLAÇÃO DE JULGAMENTO PELA TÉCNICA DA MOTIVAÇÃO RELACIONAL. 2. CONTRATO TEMPORÁRIO. RESCISÃO ANTECIPADA DO CONTRATO A TERMO. PARCELA DE 40% DO FGTS DEVIDA. O contrato temporário consiste em contrato de emprego, do tipo pacto a termo, submetido às regras especiais da Lei n. 6.019/74, no qual as Partes sabem, previamente, a data do termo final do ajuste. Todavia, nos casos de rescisão antecipada do contrato a termo, cabe o pagamento das verbas rescisórias com os 40% de acréscimo sobre o FGTS, conforme disposto no art. 7.º, I, da CF/88, que prevê proteção contra despedida arbitrária ou sem justa causa, e do no art. 14 do Decreto n. 99.684/1990 (Regulamento do FGTS), que assim dispõe: 'Art. 14. No caso de contrato a termo, a rescisão antecipada, sem justa causa ou com culpa recíproca, equipara-se às hipóteses previstas nos §§ 1.º e 2.º do art. 9.º, respectivamente, sem prejuízo do disposto no art. 479 da CLT'. Julgados desta Corte. Desse modo, há de ser mantida a condenação ao pagamento da parcela de 40% sobre os depósitos do FGTS. Assim sendo, a decisão agravada foi proferida em estrita observância às normas processuais (art. 557, caput, do CPC/1973; arts. 14 e 932, IV, 'a', do CPC/2015), razão pela qual é insuscetível de reforma ou reconsideração. Agravo desprovido" (Ag-ARR-100996-98.2017.5.01.0020, 3.ª T., rel. Min. Mauricio Godinho Delgado, *DEJT* 10.02.2023).

- indenização por dispensa sem justa causa (40% dos depósitos do FGTS);
- seguro contra acidente do trabalho;
- proteção previdenciária;
- anotação da condição de temporário na Carteira de Trabalho e Previdência Social do trabalhador.

Também são assegurados ao trabalhador temporário:

- Fundo de Garantia do Tempo de Serviço — FGTS (art. 7.º, III, CF, e art. 15, Lei n. 8.036/90);
- vale-transporte (art. 106, III, Decreto n. 10.854/2021);
- seguro-desemprego (Lei n. 7.998/90).

A contratante é **subsidiariamente responsável** pelas obrigações trabalhistas referentes ao período em que ocorrer o trabalho temporário, e o recolhimento das contribuições previdenciárias observará o disposto no art. 31 da Lei n. 8.212/91 **(art. 10, § 7.º)**.

É de responsabilidade da empresa contratante garantir as condições de segurança, higiene e salubridade dos trabalhadores, quando o trabalho for realizado em suas dependências ou em local por ela designado **(art. 9.º, § 1.º)**.

A empresa tomadora ou cliente é obrigada a **comunicar** à empresa de trabalho temporário a ocorrência de todo **acidente cuja vítima seja um trabalhador temporário** colocado à sua disposição. Considera-se como local de trabalho para fins de caracterização do acidente de trabalho tanto aquele onde se efetua a prestação do serviço (tomador) como a sede da empresa de trabalho temporário **(art. 12, § 2.º)**.

A contratante estenderá ao trabalhador da empresa de trabalho temporário o mesmo atendimento médico, ambulatorial e de refeição destinado aos seus empregados, existente nas dependências da contratante, ou local por ela designado **(art. 9.º, § 2.º)**.

Tendo em vista que a contratação do trabalhador temporário é feita por prazo determinado, aplica-se ao mesmo a previsão da **Súmula 378, III, TST**, sendo-lhe assegurado o direito à **estabilidade provisória no emprego em caso de acidente de trabalho**, prevista no art. 118, da Lei n. 8.213/91.[5]

Em relação à trabalhadora temporária gestante, o Tribunal Pleno do TST, ao apreciar o Incidente de Assunção de Competência n. TST-IAC-5639-31.2013.5.12.0051, decidiu, por maioria dos votos, fixar a seguinte tese jurídica: *"é inaplicável ao regime*

---

[5] Nesse sentido o entendimento da jurisprudência do TST: "AGRAVO INTERNO. AGRAVO DE INSTRUMENTO EM RECURSO DE REVISTA. INTERPOSIÇÃO SOB A ÉGIDE DA LEI N. 13.467/2017. ESTABILIDADE PROVISÓRIA — CONTRATO TEMPORÁRIO — ACIDENTE DE TRABALHO. . Esta Corte Superior possui entendimento de que empregado goza do direito à estabilidade provisória quando o acidente de trabalho ocorrer no curso do contrato temporário, ainda que regido pela Lei n. 6.019/74. Precedentes. Adota-se o teor restritivo do artigo 896, § 7.º, da CLT e da Súmula n. 333 do TST. Agravo interno não provido" (Ag-AIRR-1047-76.2021.5.20.0006, 2.ª T., rel. Min. Liana Chaib, *DEJT* 26.04.2024).

de trabalho temporário, disciplinado pela Lei n. 6.019/74, a garantia de estabilidade provisória à empregada gestante, prevista no art. 10, II, 'b' , do Ato das Disposições Constitucionais Transitórias". Trata-se de precedente de caráter vinculante.[6]

O **art. 16 da Lei n. 6.019/74** estabelece que, **no caso de falência da empresa de trabalho temporário**, a **empresa tomadora** ou cliente será **solidariamente responsável** pelos referidos direitos, relativamente ao tempo em que o trabalhador esteve sob suas ordens. A jurisprudência adota o entendimento no sentido de que a **responsabilidade solidária da empresa tomadora** somente incide no caso de falência da empresa de trabalho temporário, sendo que, em caso de **inadimplência dos direitos do trabalhador por parte da empresa de trabalho temporário**, a responsabilidade desta é subsidiária, nos termos da Súmula 331, IV, TST.[7]

2.5. VOLUNTÁRIO

Trabalho voluntário, regulamentado pela **Lei n. 9.608, de 18.02.1998**, é aquele prestado *com ânimo e causa benevolentes*.[8] O trabalho prestado de forma gratuita ou voluntária caracteriza uma relação de trabalho, mas não uma relação de emprego.

---

[6] *Vide* RR — 1000410-02.2019.5.02.0032 (*DJe* 01.04.2022); RR — 1000299-33.2014.5.02.0601 (*DJe* 17.12.2021).

[7] RESPONSABILIDADE SOLIDÁRIA. EMPRESA DE TRABALHO TEMPORÁRIO. FALÊNCIA. 1. Consoante o disposto no artigo 16 da Lei n. 6.019/1974, a empresa tomadora ou cliente, na hipótese de falência da empresa de trabalho temporário, é solidariamente responsável pela remuneração e indenização previstas na referida Lei no tocante ao tempo em que o trabalhador esteve sob suas ordens. 2. Acórdão regional que mantém a declaração de responsabilidade solidária da tomadora de serviços, ante o inadimplemento de verbas contratuais e rescisórias, restrita à hipótese de falência da empresa de trabalho temporário, revela-se em consonância com o artigo 16 da Lei n. 6.019/1974. 3. Agravo de instrumento de que se conhece e a que se nega provimento (TST — AIRR 237-17. 2011.5.15.0160, 4.ª T., rel. Min. João Oreste Dalazen, *DEJT* 13.12.2013).
TRABALHO TEMPORÁRIO. RESPONSABILIDADE SUBSIDIÁRIA DO TOMADOR DOS SERVIÇOS PELO EVENTUAL INADIMPLEMENTO DAS OBRIGAÇÕES TRABALHISTAS. O artigo 16 da Lei n. 6.019/74 dispõe que "No caso de falência da empresa de trabalho temporário, a empresa tomadora ou cliente é solidariamente responsável pelo recolhimento das contribuições previdenciárias, no tocante ao tempo em que o trabalhador esteve sob suas ordens, assim como em referência ao mesmo período, pela remuneração e indenização previstas nesta Lei". Por outro lado, nos termos da Súmula 331, IV, do TST, a responsabilidade do tomador dos serviços pelas verbas trabalhistas inadimplidas oriundas da terceirização, inclusive quando se trata de trabalho temporário disciplinado pela Lei n. 6.019/74, é subsidiária. Desse modo, o eventual inadimplemento das obrigações trabalhistas, que no caso dos autos é o pagamento da indenização prevista no artigo 479 da CLT, implica para a empresa tomadora dos serviços a responsabilidade subsidiária e não solidária. Recurso de revista de que se conhece e a que se dá provimento (TST-RR 2074-11.2011.5.02.0018, 7.ª T., rel. Min. Cláudio Mascarenhas Brandão, *DEJT* 06.06.2014).

[8] DELGADO, Mauricio Godinho. *Curso de direito do trabalho*, 18. ed., p. 412.

Considera-se serviço voluntário a atividade não remunerada prestada por pessoa física a entidade pública de qualquer natureza ou a instituição privada de fins não lucrativos que tenha objetivos cívicos, culturais, educacionais, científicos, recreativos ou de assistência à pessoa **(art. 1.º, Lei n. 9.608/98)**.

São elementos essenciais do trabalho voluntário:

■ **elemento subjetivo:** caracterizado pela intenção do trabalhador. O trabalhador voluntário presta serviços **com intenção ou ânimo de caridade, de benemerência, e não espera uma retribuição pecuniária pelo trabalho**. O trabalhador tem intenção, ânimo de trabalhar, de forma graciosa, fundado em motivos de convicção pessoal, inexistindo qualquer expectativa por parte dele em receber um salário pelo trabalho executado. Inexiste neste tipo de relação o caráter oneroso típico da relação de emprego;

■ **elemento objetivo:** caracterizado pela causa ou finalidade da prestação de serviços.

O trabalho voluntário, portanto, tem **caráter filantrópico, benemerente, social ou de caridade**.

Exatamente por isso o trabalho voluntário não pode ser utilizado como instrumento para se obter qualquer tipo de vantagem ou finalidade econômica.

Em relação aos **sujeitos da relação de trabalho voluntário**, o art. 1.º da Lei n. 9.608/98 prevê:

■ **trabalhador voluntário** — pessoa física;

■ **tomador do serviço** — entidade pública de qualquer natureza ou instituição privada de fins não lucrativos que tenha objetivos cívicos, culturais, educacionais, científicos, recreativos ou de assistência à pessoa.

O trabalho voluntário **não gera vínculo empregatício, nem qualquer obrigação de natureza trabalhista ou previdenciária entre as partes**.

A Lei n. 9.608/98 reveste o trabalho voluntário de certa formalidade, exigindo a **celebração de termo de adesão entre a entidade, pública ou privada, e o prestador do serviço**, devendo do termo constar o objeto e as condições do trabalho (art. 2.º).

O prestador do serviço voluntário poderá ser ressarcido pelas despesas que comprovadamente realizar no desempenho das atividades voluntárias, desde que estejam expressamente autorizadas pela entidade a que for prestado o serviço voluntário (art. 3.º).

2.6. ESTAGIÁRIO

O estágio, regulado pela **Lei n. 11.788, de 25.09.2008**, é definido como o "ato educativo escolar supervisionado, desenvolvido no ambiente de trabalho, que visa à preparação para o trabalho produtivo de educandos que estejam frequentando o ensino regular em instituições de educação superior, de educação profissional, de ensino médio, da educação especial e dos anos finais do ensino fundamental, na modalidade profissional da educação de jovens e adultos" **(art. 1.º)**.

O estágio também pode ser realizado por estudantes estrangeiros regularmente matriculados em cursos superiores no País, autorizados ou reconhecidos, sempre observado o prazo de vigência do visto temporário de estudante **(art. 4.º)**.

Podem **oferecer estágio**, na condição de **parte concedente (art. 9.º)**:

- pessoas jurídicas de direito privado;
- órgãos da administração pública direta, autárquica e fundacional de qualquer dos Poderes da União, dos Estados, do Distrito Federal e dos Municípios;
- profissionais liberais de nível superior devidamente registrado em seus respectivos conselhos de fiscalização profissional.

São **objetivos do estágio**:

- ao fazer parte do projeto pedagógico do curso, **integrar o itinerário formativo do educando (§ 1.º, art. 1.º)**;
- ao visar o aprendizado de competências próprias da atividade profissional e a contextualização curricular, **desenvolver o educando para a vida cidadã e para o trabalho (§ 2.º, art. 1.º)**.

O estágio **classifica-se em:**

- **estágio obrigatório** — aquele definido como tal no projeto do curso, cuja carga horária é requisito para aprovação e obtenção do diploma **(§ 1.º, art. 2.º)**;
- **estágio não obrigatório** — aquele desenvolvido como atividade opcional, acrescida à carga horária regular e obrigatória **(§ 2.º, art. 2.º)**.

Observação:

As atividades de extensão, de monitorias e de iniciação científica na educação superior, desenvolvidas pelo estudante, somente poderão ser equiparadas ao estágio em caso de previsão no projeto pedagógico do curso **(§ 3.º, art. 2.º)**.

A figura do **estagiário** ocupa uma posição singular no universo das relações de trabalho, tendo em vista que sua prestação de serviço pode reunir todas as características da relação de emprego (pessoalidade, não eventualidade, subordinação e remuneração, esta última se o estágio for remunerado), mas, mesmo assim, **a relação jurídica existente entre ele e a parte concedente não é de emprego**, tendo em vista os objetivos educacionais que revestem a contratação. O **objetivo do estágio** é, essencialmente, a **complementação do ensino teórico** recebido nas escolas, com a experiência prática obtida no concedente do estágio.

No entanto, no caso de desvirtuamento do estágio, com a frustração inequívoca da sua finalidade, desaparece o tratamento especial conferido pelo legislador, decorrendo o reconhecimento do vínculo de emprego e dos direitos trabalhistas assegurados a todos os empregados.[9]

---

[9] "I — AGRAVO DO RECLAMADO. RECURSO DE REVISTA. CONTRATO DE ESTÁGIO. DESVIRTUAMENTO CONSTATADO PELO REGIONAL. AUSÊNCIA DE ACOMPANHAMENTO PELAS INSTITUIÇÕES DE ENSINO. MATÉRIA FÁTICA. SÚMULA N. 126 DO TST. Trata-se de hipótese em que o TRT reconheceu o desvirtuamento do contrato de estágio ao identificar que não foi realizado acompanhamento pelas instituições de ensino. Uma vez que tal acompanhamento constitui requisito de validade desse tipo de prestação de serviço, nos termos da Lei n. 11.788/2008, correta a decisão regional que o descaracterizou. Agravo a que se nega provimento. [...]" (RRAg-20131-09.2015.5.04.0333, 2.ª T., rel. Min. Maria Helena Mallmann, *DEJT* 13.12.2024).
"AGRAVO. AGRAVO DE INSTRUMENTO EM RECURSO DE REVISTA. PROCESSO SOB A ÉGIDE DA LEI N. 13.015/2014 E ANTERIOR À LEI N. 13.467/2017. 1. ENQUADRAMENTO SINDICAL. CATEGORIA PROFISSIONAL DIFERENCIADA. PRESTAÇÃO DE SERVIÇOS EM LOCALIDADE DIVERSA DA SEDE DA EMPRESA. NORMAS COLETIVAS APLICÁVEIS. PRINCÍPIO DA TERRITORIALIDADE. 2. GRATIFICAÇÃO POR TEMPO DE SERVIÇO. 3. DIFERENÇA SALARIAL. 4. INDENIZAÇÕES RELACIONADAS AO USO DE VEÍCULO. 5. MULTA NORMATIVA. 6. HONORÁRIOS ADVOCATÍCIOS. ART. 896, § 1.º-A, I, DA CLT. EXIGÊNCIA DE TRANSCRIÇÃO DOS FUNDAMENTOS EM QUE SE IDENTIFICA O PREQUESTIONAMENTO DAS MATÉRIAS OBJETO DE RECURSO DE REVISTA. TRANSCRIÇÃO INSUFICIENTE DO ACÓRDÃO RECORRIDO. ÓBICE ESTRITAMENTE PROCESSUAL. 7. CONTRATO DE ESTÁGIO. DESVIRTUAMENTO. VÍNCULO DE EMPREGO RECONHECIDO. MATÉRIA FÁTICA. SÚMULA N. 126/TST. 8. HORAS EXTRAS. ATIVIDADE EXTERNA. CONTROLE DE JORNADA. SÚMULA 126/TST. 9. INTERVALO INTRAJORNADA. AUSÊNCIA DE INDICAÇÃO DOS PRESSUPOSTOS DO ART. 896 DA CLT. APELO DESFUNDAMENTADO. 10. INTERVALO INTERJORNADAS. REPOUSO SEMANAL REMUNERADO E FERIADO. SÚMULA N. 337/IV/TST. 11. PRÊMIO. ÔNUS DA PROVA. N ão obstante o estagiário possa reunir, concretamente, todos os cinco elementos da relação empregatícia (trabalho por pessoa física, com pessoalidade, não eventualidade, onerosidade e subordinação), a relação jurídica que o prende ao tomador de serviços não é, legalmente, considerada empregatícia, em virtude dos objetivos educacionais do pacto instituído. Esse vínculo sociojurídico foi pensado e regulado para favorecer o aperfeiçoamento e complementação da formação acadêmico-profissional do estudante. Nesse sentido, no tocante ao favorecido pelo estágio, deve se tratar de estudante. Mais especificamente, de educandos que estejam frequentando o ensino regular em instituições de educação superior, de educação profissional, de ensino médio, da educação especial e dos anos finais do ensino fundamental, na modalidade profissional da educação de jovens e adultos (art. 1.º, *caput*, *in fine*, da Lei n. 11.788/2008). Frustradas, entretanto, a causa e a destinação nobres do vínculo estagiário formado, transmutando-se sua prática real em simples utilização menos onerosa de força de trabalho, sem qualquer efetivo ganho educacional para o estudante, esvai-se o tratamento legal especialíssimo antes conferido, prevalecendo, em todos os seus termos, o reconhecimento do vínculo empregatício (art. 3.º, § 2.º, da Lei n. 11.788/2008). O estágio, portanto, tem de ser correto, harmônico ao objetivo educacional que presidiu sua criação pelo Direito; sendo incorreto, irregular, trata-se de simples relação empregatícia dissimulada. No presente caso, o Tribunal Regional, com base no conjunto probatório dos autos, concluiu que houve desvirtuamento dessa relação jurídica educativa especial, tendo em vista que, não obstante ter sido firmado contrato de estágio, não foram cumpridos os requisitos da excepcional figura jurídica. Portanto, comprovado o desvirtuamento do contrato de estágio, caracterizado está o vínculo de emprego e o direito às verbas trabalhistas dele decorrentes. Ademais, afirmando a Instância Ordinária que houve o desvirtuamento do estágio, torna-se inviável, em recurso de revista, reexaminar o conjunto probatório dos autos, por não se tratar o TST de suposta terceira instância, mas de Juízo rigorosamente extraordinário — limites da Súmula n. 126/TST. Assim sendo, a decisão agravada foi proferida em estrita observância às normas processuais (art. 557, *caput*, do CPC/1973; arts. 14 e 932, IV, 'a', do CPC/2015), razão pela qual é insusce-

Assim, o estágio **não cria vínculo empregatício** de qualquer natureza, desde que **observados os seguintes requisitos (art. 3.º):**

- matrícula e frequência regular do educando no curso;
- celebração de termo de compromisso entre o educando, a parte concedente do estágio e a instituição de ensino (o termo será firmado pelo estagiário ou com seu representante ou assistente legal e pelos representantes da parte concedente e da instituição de ensino — **art. 16**);
- compatibilidade entre as atividades desenvolvidas no estágio e aquelas previstas no termo de compromisso;
- acompanhamento efetivo pelo professor orientador da instituição de ensino e por supervisor da parte concedente, comprovado por meio de vistos nos relatórios obrigatórios.

O reconhecimento do vínculo empregatício em caso de desvirtuamento do estágio não se verifica, porém, quando o concedente é ente da Administração Pública direta ou indireta.[10]

> **OJ SDI-1 366, TST:** "Ainda que desvirtuada a finalidade do contrato de estágio celebrado na vigência da Constituição Federal de 1988, é inviável o reconhecimento do vínculo empregatício com ente da Administração Pública direta ou indireta, por força do art. 37, II, da CF/1988, bem como o deferimento de indenização pecuniária, exceto em relação às parcelas previstas na Súmula n. 363 do TST, se requeridas".

A contratação de estagiários, *com exceção dos estágios de nível superior e de nível médio profissional*, deve limitar-se a um **número máximo**, atendendo a uma proporção em relação ao quadro de pessoal (empregados) da parte concedente, considerada em relação a cada estabelecimento **(art. 17):**

- de 1 a 5 empregados: 1 estagiário;
- de 6 a 10 empregados: até 2 estagiários;
- de 11 a 25 empregados: até 5 estagiários;
- acima de 25 empregados: até 20% de estagiários (em caso de o cálculo resultar em fração, será feito arredondamento para o número inteiro imediatamente superior).

---

tível de reforma ou reconsideração. Agravo desprovido" (Ag-AIRR-21596-52.2015.5.04.0010, 3.ª T., rel. Min. Mauricio Godinho Delgado, *DEJT* 02.06.2023).

[10] "RECURSO DE REVISTA DA SEGUNDA RECLAMADA. — CONTRATO DE ESTÁGIO. DESVIRTUAMENTO. NULIDADE. ADMINISTRAÇÃO PÚBLICA. EFEITOS. O entendimento desta Corte é pacífico no sentido de que, no caso de desvirtuamento do contrato de estágio, a responsabilidade do ente público limita-se às parcelas previstas na Súmula 363 do TST. Inteligência da OJ 366 da SbDI-1 do TST. Recurso de revista conhecido e provido" (TST — RR 1133-40.2011.5.04.0007, 8.ª T., rel. Min. Márcio Eurico Vitral Amaro, *DEJT* 29.04.2019).

Observação:
Das vagas de estágio oferecidas pela parte concedente, 10% são asseguradas às pessoas portadoras de deficiência (**§ 5.º, art. 17**).

São **obrigações da parte concedente** do estágio (**art. 9.º**):

■ celebrar termo de compromisso com a instituição de ensino e educando, zelando por seu cumprimento;
■ ofertar instalações que tenham condições de proporcionar ao educando atividades de aprendizagem social, profissional e cultural;
■ indicar funcionário de seu quadro de pessoal, com formação ou experiência profissional na área de conhecimento desenvolvida no curso do estagiário, para orientar e supervisionar até 10 estagiários simultaneamente;
■ contratar em favor do estagiário seguro contra acidentes pessoais, cuja apólice seja compatível com valores de mercado, conforme fique estabelecido no termo de compromisso (no caso de estágio obrigatório, o seguro pode ficar sob responsabilidade da instituição de ensino);
■ por ocasião do desligamento do estagiário, entregar termo de realização do estágio com indicação resumida das atividades desenvolvidas, dos períodos e da avaliação de desempenho;
■ manter à disposição da fiscalização documentos que comprovem a relação de estágio;
■ enviar à instituição de ensino, com periodicidade mínima de 6 meses, relatório de atividades, com vista obrigatória ao estagiário.

São **obrigações da instituição de ensino (art. 7.º):**

■ celebrar termo de compromisso com o educando ou com seu representante ou assistente legal e com a parte concedente, indicando as condições de adequação do estágio à proposta pedagógica do curso, à etapa e modalidade de formação escolar do estudante e ao horário e calendário escolar;
■ avaliar as instalações da parte concedente do estágio e sua adequação à formação cultural e profissional do educando;
■ indicar professor orientador, da área a ser desenvolvida no estágio, como responsável pelo acompanhamento e avaliação das atividades do estágio;
■ exigir do educando a apresentação periódica, em prazo não superior a 6 meses, de relatório das atividades;
■ zelar pelo cumprimento do termo de compromisso, reorientando o estagiário para outro local em caso de descumprimento de suas normas;
■ elaborar normas complementares e instrumentos de avaliação dos estágios de seus educandos;
■ comunicar à parte concedente do estágio, no início do período letivo, as datas de realização de avaliações escolares ou acadêmicas.

O **estágio** não poderá, em relação à mesma parte concedente, ter **duração** superior a **2 anos**, exceto quando se tratar de estagiário portador de deficiência **(art. 11)**.

O **art. 13 da Lei n. 11.788/2008** prevê o direito a um recesso, que será remunerado sempre que o estagiário receber bolsa ou outra forma de contraprestação, e que terá a seguinte duração:

- estágio com **duração igual ou superior a 1 ano** — recesso de **30 dias**;
- estágio com **duração inferior a 1 ano** — recesso **proporcional ao tempo de estágio**.

Em relação à **jornada de atividade** do estagiário, o **art. 10 da Lei n. 11.788/2008** dispõe que deve ser **definida de comum acordo** entre a instituição de ensino, a parte concedente e o aluno ou seu representante legal, devendo constar **do termo de compromisso** e ser **compatível com as atividades escolares**.

O limite da duração da jornada de atividade do estagiário é assim definida:

MODALIDADE DE ESTÁGIO	DURAÇÃO DA JORNADA DE ATIVIDADE
Educação especial Anos finais do ensino fundamental, na modalidade de educação de jovens e adultos	4 horas diárias, 20 horas semanais
Ensino superior Educação profissional de nível médio Ensino médio regular	6 horas diárias, 30 horas semanais
Qualquer um dos cursos, desde que alternem teoria e prática e desde que haja previsão no projeto pedagógico do curso e da instituição de ensino	Até 40 horas semanais, nos períodos em que não estão programadas aulas presenciais
Qualquer um dos cursos	Reduzida pelo menos à metade, nos períodos de verificações de aprendizagem periódicas ou finais

Em relação ao pagamento de uma bolsa ou outra forma de contraprestação ao estagiário, o **art. 12 da Lei n. 11.788/2008** prevê:

CLASSIFICAÇÃO DO ESTÁGIO	BOLSA/OUTRA FORMA DE CONTRAPRESTAÇÃO
Estágio não obrigatório	Concessão compulsória de bolsa Concessão compulsória de vale-transporte Concessão facultativa de vale-alimentação, plano de saúde e outros benefícios
Estágio obrigatório	Concessão facultativa de bolsa Concessão facultativa de vale-transporte, vale-alimentação, plano de saúde e outros benefícios

O estagiário pode inscrever-se e contribuir como segurado facultativo do Regime Geral da Previdência Social **(§ 2.º, art. 12, Lei n. 11.788/2008)**.

As normas relacionadas à saúde e segurança no trabalho são de aplicação obrigatória em relação ao estagiário, sendo sua implementação de responsabilidade da parte concedente **(art. 14, Lei n. 11.788/2008)**.

2.7. PEQUENO EMPREITEIRO

Pequeno empreiteiro é a pessoa física que, como profissional autônomo, executa, só e pessoalmente (ou, no máximo, com algum auxiliar), a empreitada, de valor econômico não elevado.[11]

A pequena empreitada é relação de natureza civil. Trata-se de típico contrato de empreitada, mas no qual o serviço prestado é de pequena monta, o valor da retribuição pelos serviços é pequeno e o trabalhador é mais humilde. O contrato de empreitada, embora se trate de **pequena empreitada**, não gera vínculo de emprego entre o trabalhador e o tomador do serviço.

Tal regra somente deixa de prevalecer no caso de fraude, ou seja, na hipótese da chamada "falsa empreitada". Caso se verifique tratar-se de contrato de empreitada simulado, deve-se reconhecer a relação de emprego, assegurando ao trabalhador todos os direitos trabalhistas.

Por fim, cumpre ressaltar que o **art. 652, *a*, III, da CLT** prevê, desde muito antes da nova redação do **art. 114 da Constituição Federal**, dada pela Emenda Constitucional n. 45/2004, a competência da Justiça do Trabalho para conhecer e julgar lides resultantes de contratos de empreitada em que o empreiteiro seja operário ou artífice, ou seja, nos casos de pequena empreitada.

2.8. COOPERATIVAS DE TRABALHO

A **Constituição Federal de 1988**, no Título que trata da ordem econômica e financeira, fixa como comando ao legislador infraconstitucional o **apoio e o estímulo ao cooperativismo**. Nesse sentido, a **Lei n. 5.764, de 16.12.1971**, que dispõe sobre **a criação e o funcionamento de cooperativas sociais**, visando **à integração social dos cidadãos**, a **Lei n. 9.867, de 10.11.1999**, e a **Lei n. 12.690, de 19.07.2012**, que dispõe sobre a **organização e o funcionamento das Cooperativas de Trabalho** e institui o **Programa Nacional de Fomento às Cooperativas de Trabalho** (PRONACOOP). Também o **Código Civil de 2002** contém disposições sobre as sociedades cooperativas **(arts. 1.093 a 1.096)**.

As **cooperativas**, que são formadas pela **reunião de pessoas** que se unem a partir de um **vínculo de solidariedade e de ajuda mútua**, têm inegável função econômica.

No entanto, a despeito desta função econômica, o **cooperativismo se funda**, entre outras coisas, **na ideia de ausência de lucro**. Nesse sentido, a Lei n. 5.764/71 prevê que "celebram contrato de sociedade cooperativa as pessoas que reciprocamente se

---

[11] DELGADO, Mauricio Godinho. *Curso de direito do trabalho*, 18. ed., p. 402-403.

obrigam a contribuir com bens ou serviços para o exercício de uma atividade econômica, de proveito comum, sem objetivo de lucro" **(art. 3.º)**.

Conforme expressamente previsto no **art. 4.º, da Lei n. 5.764/71**, as **cooperativas:**

- são sociedades de pessoas;
- com forma e natureza jurídica próprias;
- de natureza civil;
- não sujeitas a falência;
- constituídas para prestar serviços aos associados.

As cooperativas distinguem-se das demais sociedades em razão das seguintes **características e princípios:**

- adesão voluntária;
- número limitado de associados;
- variabilidade do capital social representado por quotas-partes;
- limitação do número de quotas-partes do capital para cada associado;
- inacessibilidade das quotas-partes do capital a terceiros estranhos à sociedade;
- singularidade de voto.

De acordo com o disposto no **§ 1.º, do art. 442 da CLT**, "qualquer que seja o ramo de atividade da sociedade cooperativa, não existe vínculo empregatício entre ela e seus associados, nem entre estes e os tomadores de serviços daquela". No mesmo sentido já dispunha o **art. 90 da Lei n. 5.764/71**.[12]

---

[12] No entanto, o TST adota entendimento de que esta previsão legal deixa de prevalecer em caso de fraude na utilização de cooperativas: "DIREITO DO TRABALHO E PROCESSUAL DO TRABALHO. AGRAVO. AGRAVO DE INSTRUMENTO. RECURSO DE REVISTA. [...] COOPERATIVA. FRAUDE. RECONHECIMENTO DE RELAÇÃO DE EMPREGO. MATÉRIA FÁTICA. SÚMULA N. 126 DO TST. TRANSCENDÊNCIA NÃO RECONHECIDA. 1. Agravo interno interposto em face de decisão monocrática que negou seguimento ao agravo de instrumento interposto pela ré. 2. Na hipótese, o Tribunal Regional, valorando os fatos e as provas dos autos, consignou que 'não restou evidenciado que o reclamante tenha se associado à ré em um empreendimento comum, a fim de prestar serviços à coletividade e a terceiros, sem intermediação. Pelo contrário, depreende-se do conjunto probatório que não havia independência e autonomia dos cooperados, autogestão e participação na tomada de decisões, porquanto o autor recebia ordens diretas quanto a atividade laborativa, com subordinação direta a outrem'. Pontuou que 'analisado o conjunto probatório, conclui-se, tal como o MM. Juízo a quo, que a natureza do contrato de cooperativa foi desvirtuada, sendo imperiosa a declaração de sua nulidade'. Asseverou que 'a prestação de serviços com pessoalidade, habitualidade, onerosidade, e mediante subordinação jurídica, implica no reconhecimento de vínculo empregatício entre as partes, por satisfeitos os requisitos previstos nos artigos 2.º e 3.º da CLT'. 3. Nesses termos, diante do quadro fático assentado no acórdão regional, para se chegar a entendimento diverso, como quer a recorrente, no sentido de que não estão presentes os elementos caracterizadores da relação de emprego, necessário seria o revolvimento do conjunto fático-probatório dos autos, o que atrai o óbice da Súmula n. 126 do TST,

As cooperativas podem ser empregadoras e, nessa condição, "igualam-se às demais empresas em relação aos seus empregados para os fins da legislação trabalhista e previdenciária" **(art. 91, Lei n. 5.764/71)**.

As cooperativas podem ser classificadas em: cooperativa de consumo, cooperativa de crédito e cooperativa de trabalho.

Considera-se **cooperativa de trabalho** a sociedade constituída por trabalhadores para o exercício de suas atividades laborativas ou profissionais com proveito comum, autonomia e autogestão para obterem melhor qualificação, renda, situação socioeconômica e condições gerais de trabalho **(art. 2.º, Lei n. 12.690/2012)**.

A **autonomia** da cooperativa de trabalho deve ser exercida de forma coletiva e coordenada, mediante a fixação, em Assembleia Geral, das regras de funcionamento da cooperativa e da forma de execução dos trabalhos **(§ 1.º, art. 2.º, Lei n. 12.690/2012)**.

Considera-se **autogestão** o processo democrático pelo qual a Assembleia Geral define as diretrizes para o funcionamento e as operações da cooperativa, e os sócios decidem sobre a forma de execução dos trabalhos **(§ 2.º, art. 2.º, Lei n. 12.690/2012)**.

As **cooperativas de trabalho podem ser: de produção**, quando constituída por sócios que contribuem com o trabalho para a produção em comum de bens e a cooperativa detém, a qualquer título, os meios de produção; ou **de serviço**, quando constituída por sócios para a prestação de serviços especializados a terceiros, sem a presença dos pressupostos da relação de emprego **(art. 4.º, Lei n. 12.690/2012)**.

Não são consideradas como cooperativas de trabalho: as cooperativas de assistência à saúde na forma da legislação de saúde suplementar; as cooperativas que atuam no setor de transporte regulamentado pelo poder público e que detenham, por si ou por seus sócios, a qualquer título, os meios de trabalho; as cooperativas de profissionais liberais cujos sócios exerçam as atividades em seus próprios estabelecimentos; e as cooperativas de médicos cujos honorários sejam pagos por procedimento **(art. 1.º, parágrafo único, Lei n. 12.690/2012)**.

As **cooperativas de trabalho**, que poderão ser constituídas com **um número mínimo de sete sócios (art. 6.º, Lei n. 12.690/2012)**, regem-se pelos seguintes **princípios e valores (art. 3.º, Lei n. 12.690/2012)**:

- adesão voluntária e livre;
- gestão democrática;
- participação econômica dos membros;
- autonomia e independência;
- educação, formação e informação;
- intercooperação;

---

suficiente a impedir a cognição do recurso de revista e macular a transcendência da causa. Agravo a que se nega provimento. [...]" (Ag-AIRR-1000510-80.2021.5.02.0033, 1.ª T., rel. Min. Amaury Rodrigues Pinto Junior, *DEJT* 12.11.2024).

- interesse pela comunidade;
- preservação dos direitos sociais, do valor social do trabalho e da livre-iniciativa;
- não precarização do trabalho;
- respeito às decisões de assembleia;
- participação na gestão em todos os níveis de decisão de acordo com o previsto em lei e no Estatuto Social.

Tendo a cooperativa de trabalho por finalidade a prestação de serviços a tomadores diversos, sua contratação caracteriza inegável hipótese de terceirização, que é perfeitamente lícita.

No entanto, a cooperativa de trabalho **não pode ser utilizada para intermediação de mão de obra subordinada (art. 5.º, Lei n. 12.690/2012)**.

Nesse sentido, comprovado que o envoltório cooperativista não atende às finalidades e princípios inerentes ao cooperativismo (princípio da dupla qualidade e princípio da retribuição, por exemplo), fixando, ao revés, vínculo caracterizado por todos os elementos fático-jurídicos da relação de emprego, esta deverá ser reconhecida, afastando-se a simulação perpetrada.[13]

A **cooperativa de trabalho que intermediar mão de obra subordinada** e os **contratantes de seus serviços** estarão **sujeitos a multa (art. 17, § 1.º, Lei n. 12.690/2012)**, sendo que a **constituição ou utilização de cooperativa de trabalho para fraudar** deliberadamente a legislação trabalhista, previdenciária ou o disposto na Lei específica acarretará aos responsáveis as **sanções penais, cíveis e administrativas** cabíveis, sem prejuízo da **ação judicial visando a dissolução da cooperativa (art. 18, Lei n. 12.690/2012)**.

A cooperativa de trabalho deve **assegurar aos sócios** os seguintes **direitos**, além de outros que a Assembleia Geral venha a instituir **(art. 7.º, Lei n. 12.690/2012):**

- retiradas não inferiores ao piso da categoria profissional e, na ausência deste, não inferiores ao salário mínimo, calculadas de forma proporcional às horas trabalhadas ou às atividades desenvolvidas;
- duração do trabalho normal não superior a 8 horas diárias e 44 horas semanais, exceto quando a atividade, por sua natureza, demandar a prestação de trabalho por meio de plantões ou escalas, facultada a compensação de horários;
- repouso semanal remunerado, preferencialmente aos domingos (exceto para os casos em que as operações entre o sócio e a cooperativa sejam eventuais, salvo decisão assemblear em contrário);
- repouso anual remunerado (exceto para os casos em que as operações entre o sócio e a cooperativa sejam eventuais, salvo decisão assemblear em contrário);
- retirada para o trabalho noturno superior à do diurno;

---

[13] DELGADO, Maurício Godinho. *Curso de direito do trabalho*, 18. ed., p. 394-395.

- adicional sobre a retirada para as atividades insalubres ou perigosas;
- seguro de acidente de trabalho.

As **atividades das cooperativas de serviço**, quando **prestadas fora do estabelecimento da cooperativa**, deverão ser **submetidas a uma coordenação** com mandato nunca superior a um ano ou ao prazo estipulado para a realização dessas atividades, eleita em reunião específica pelos sócios que se disponham a realizá-las, em que serão expostos os requisitos para sua consecução, os valores contratados e a retribuição pecuniária de cada sócio partícipe (**art. 7.º, § 6.º, Lei n. 12.690/2012**).

As **cooperativas de trabalho** devem **observar as normas de saúde e segurança do trabalho** previstas na legislação em vigor e em atos expedidos pelas autoridades competentes, sendo que o **contratante de cooperativa de serviço responde solidariamente pelo cumprimento das normas de saúde e segurança do trabalho** quando os **serviços forem prestados no seu estabelecimento ou em local por ele determinado** (arts. 8.º e 9.º, Lei n. 12.690/2012).

2.9. TERCEIRIZAÇÃO

Terceirização é a contratação de trabalhadores por interposta pessoa, ou seja, o serviço é prestado por meio de uma relação triangular da qual fazem parte o trabalhador, a empresa terceirizante (prestadora de serviços) e a tomadora dos serviços. O trabalhador presta serviços para a tomadora, mas sempre por intermédio da empresa terceirizante, não havendo contratação direta neste caso. Trata-se, portanto, de uma **subcontratação de mão de obra**. O trabalho não é prestado por meio de uma relação bilateral, como tradicionalmente ocorre na relação de emprego.

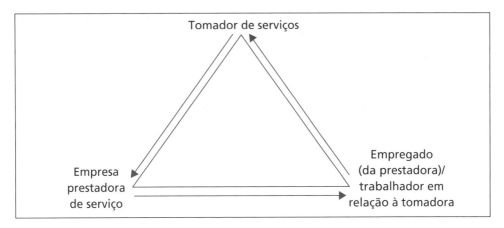

No **Brasil,** por muito tempo não houve lei **disciplinando a terceirização de forma genérica**. As hipóteses de subcontratação previstas na CLT (**art. 455**, que trata da empreitada e da subempreitada, e o **art. 652, *a*, III**, que trata da pequena empreitada) referiam-se a situações peculiares que eram consideradas como embrião da ideia e do modelo de terceirização utilizado nos dias de hoje. Da mesma forma, a **Lei n. 6.019/74**

(trabalho temporário), em sua redação original, e a **Lei n. 7.102/83** (terceirização de serviços de vigilância bancária) tratam de situações específicas e não abrangiam todas as hipóteses e possibilidades de subcontratação de mão de obra.[14]

No entanto, a inexistência de uma legislação mais abrangente não impediu que nas décadas de 1980 e 1990 fosse verificado um aumento crescente da terceirização de serviços, o que levou o Poder Judiciário a examinar a questão de uma forma mais aprofundada, tendo o Tribunal Superior do Trabalho pacificado o entendimento jurisprudencial a respeito, primeiramente, pelo Enunciado 256 e, posteriormente, pela Súmula 331, que revisou o entendimento constante do Enunciado 256.

Assim, diante da ausência de uma regulamentação legislativa, por muito tempo os **contornos da terceirização** foram definidos a partir da análise do posicionamento jurisprudencial consolidado pelo **TST**, pela **Súmula 331**, que assim dispunha:

> **SÚMULA 331, TST:** "I — A contratação de trabalhadores por empresa interposta é ilegal, formando-se o vínculo diretamente com o tomador dos serviços, salvo no caso de trabalho temporário (Lei n. 6.019, de 03.01.1974).
>
> II — A contratação irregular de trabalhador, mediante empresa interposta, não gera vínculo de emprego com os órgãos da Administração Pública direta, indireta ou fundacional (art. 37, II, da CF/1988).
>
> III — Não forma vínculo de emprego com o tomador a contratação de serviços de vigilância (Lei n. 7.102, de 20.06.1983) e de conservação e limpeza, bem como a de serviços especializados ligados à atividade-meio do tomador, desde que inexistente a pessoalidade e a subordinação direta.
>
> IV — O inadimplemento das obrigações trabalhistas, por parte do empregador, implica a responsabilidade subsidiária do tomador dos serviços quanto àquelas obrigações, desde que haja participado da relação processual e conste também do título executivo judicial.
>
> V — Os entes integrantes da Administração Pública direta e indireta respondem subsidiariamente, nas mesmas condições do item IV, caso evidenciada a sua conduta culposa no cumprimento das obrigações da Lei n. 8.666, de 21.06.1993, especialmente na fiscalização do cumprimento das obrigações contratuais e legais da prestadora de serviço como empregadora. A aludida responsabilidade não decorre de mero inadimplemento das obrigações trabalhistas assumidas pela empresa regularmente contratada.
>
> VI — A responsabilidade subsidiária do tomador de serviços abrange todas as verbas decorrentes da condenação referentes ao período da prestação laboral".

---

[14] A terceirização de serviços também é prática comum na administração pública, existindo nesta esfera algumas normas específicas que contêm mecanismos jurídicos propiciadores da chamada *descentralização administrativa*. Trata-se, especificamente, do Decreto-lei n. 200/67 (art. 10) e da Lei n. 5.645/70. DELGADO, Mauricio Godinho. *Curso de direito do trabalho*, 18. ed., p. 545-546.

A Súmula 331 do TST adotou como critério para a definição da licitude ou ilicitude da terceirização a distinção entre *atividades-fim* e *atividades-meio* do tomador de serviço.

No entanto, diante da diversidade de atividades que hoje são terceirizadas, nem sempre foi tarefa fácil conceituar atividades-fim e atividades-meio. Apesar do inegável esforço da doutrina em apresentar definições com o intuito de delimitar a abrangência de cada um desses termos, o fato é que a jurisprudência não foi capaz, ao longo do tempo, de sedimentar um entendimento sobre o que, em uma empresa, poderia ser considerado como atividade-fim e como atividade-meio, tudo dependendo de cada caso concreto, havendo entendimentos bastante divergentes no âmbito da jurisprudência, o que gerava uma insegurança em relação à terceirização, tanto para os tomadores de serviço, como para as empresas prestadoras e para os trabalhadores em si.

Assim, depois de muitas discussões e controvérsias, finalmente foram promulgadas as **Leis n. 13.429/2017** e **13.467/2017**, que, alterando a **Lei n. 6.019/74**, passaram a prever as regras sobre terceirização em nosso País. Assim, com a regulamentação legal, deixa de ser aplicada a Súmula 331, TST, sendo a partir de então os contornos e as regras sobre terceirização derivados de lei. O **Decreto n. 10.854/2021** regulamenta a legislação sobre empresas prestadoras de serviço, nos termos do disposto na Lei n. 6.019/74.

Considera-se **prestação de serviços a terceiros** a transferência feita pela contratante da execução de **quaisquer de suas atividades, inclusive sua atividade principal**, à pessoa jurídica de direito privado prestadora de serviços que possua capacidade econômica compatível com a sua execução **(art. 4.º-A, Lei n. 6.019/74)**.

Em razão das previsões das Leis n. 13.429/2017 e n. 13.467/2017 não há mais, portanto, diferenciação entre terceirização em atividade-fim e em atividade-meio, sendo permitida a terceirização em qualquer atividade da empresa tomadora de serviços, ainda que esta seja sua atividade principal. Tal ampliação das possibilidades de terceirização é confirmada pelo legislador quando este define o contratante (tomador dos serviços), assim dispondo: *"Contratante é a pessoa física ou jurídica que celebra contrato com empresa de prestação de serviços relacionados a quaisquer de suas atividades, inclusive sua atividade principal"* **(art. 5.º-A, Lei n. 6.019/74)**. As referidas Leis têm aplicação imediata a partir de sua promulgação, o que significa que as contratações de serviços terceirizados não têm mais restrições no que tange à inserção ou não nas atividades-fim das tomadoras de serviço.

As situações pretéritas não estão, por óbvio, abrangidas pela nova legislação, já que as mesmas têm efeito para o futuro.

No entanto, em 30.08.2018, o **STF** encerrou o julgamento referente à **ADPF 324** e ao **RE 958.252**, analisando em ambos a constitucionalidade da terceirização na denominada atividade-fim. Tais ações envolviam processos que tinham como objeto a terceirização na atividade-fim anteriores à entrada em vigor das Leis n. 13.429/2017 e n. 13.467/2017. Na ocasião, por maioria de votos (7 a 4), o STF entendeu pela constitucionalidade da terceirização da atividade-fim, fixando a seguinte **tese de repercussão** geral (Tema 725): *"É lícita a terceirização ou qualquer outra forma de divisão do trabalho entre pessoas jurídicas distintas, independentemente do objeto social das empresas envolvidas, mantida a responsabilidade subsidiária da contratante".*

Assim, não se configura vínculo empregatício entre os trabalhadores, ou sócios das empresas prestadoras de serviços, qualquer que seja o seu ramo, e a empresa contratante **(art. 4.º-A, § 2.º, Lei n. 6.019/74 e Tema 725 de Repercussão Geral)**. A verificação de vínculo empregatício, quando se tratar de trabalhador terceirizado, será realizada contra a empresa prestadora dos serviços e não em relação à empresa contratante, exceto quando for comprovada fraude na contratação da prestadora, situação em que deverá ser indicado o dispositivo da Lei n. 6.019, de 1974, que houver sido infringido **(art. 39, § 3.º, Decreto n. 10.854/2021)**.

No entanto, continua **não podendo haver pessoalidade e subordinação direta** com o tomador de serviços, sob pena de, com fundamento no **art. 9.º**, **CLT**, ser reconhecido o vínculo de emprego diretamente com este. Na hipótese de configuração de vínculo empregatício com a empresa contratante, o reconhecimento do vínculo deverá ser precedido da caracterização individualizada dos elementos da relação de emprego: não eventualidade, subordinação jurídica, onerosidade e pessoalidade **(art. 39, § 4.º, Decreto n. 10.854/2021)**.

A mera identificação do trabalhador na cadeia produtiva da contratante ou o uso de ferramentas de trabalho ou de métodos organizacionais e operacionais estabelecidos pela contratante não implicará a existência de vínculo empregatício, sendo que a caracterização da subordinação jurídica deverá ser demonstrada no caso concreto e incorporará a submissão direta, habitual e reiterada do trabalhador aos poderes diretivo, regulamentar e disciplinar da empresa contratante, dentre outros **(art. 39, §§ 5.º e 6.º, Decreto n. 10.854/2021)**.

Além da **capacidade econômica compatível com a execução dos serviços terceirizados**, são **requisitos para o funcionamento da empresa de prestação de serviços a terceiros (art. 4.º-B, Lei n. 6.019/74)**:

- prova de inscrição no Cadastro Nacional de Pessoa Jurídica (CNPJ);
- registro na Junta Comercial;
- capital social compatível com o número de empregados, de acordo com os seguintes parâmetros: a) empresa com até dez empregados — capital mínimo de R$ 10.000,00 (dez mil reais); b) empresas com mais de dez e até vinte empregados — capital mínimo de R$ 25.000,00 (vinte e cinco mil reais); c) empresas com mais de vinte e até cinquenta empregados — capital mínimo de R$ 45.000,00 (quarenta e cinco mil reais); d) empresas com mais de cinquenta e até cem empregados — capital mínimo de R$ 100.000,00 (cem mil reais); e) empresas com mais de cem empregados — capital mínimo de R$ 250.000,00 (duzentos e cinquenta mil reais).[15]

---

[15] A Lei n. 13.429/2017 autorizou a terceirização de forma ampla, mas, como forma de garantir o cumprimento das obrigações trabalhistas, impôs requisitos ao funcionamento das empresas pres-

A **empresa prestadora de serviços** contrata, remunera e dirige o trabalho realizado por seus trabalhadores, **ou subcontrata outras empresas** para a realização desses serviços **(art. 4.º-A, § 1.º, Lei n. 6.019/74)**. Verifica-se que a lei, ao autorizar a prestadora de serviços a subcontratar outras empresas, prevê a possibilidade de *"quarteirização"* de serviços. De toda forma, em qualquer caso, seja quando os serviços são prestados diretamente pelos empregados da empresa prestadora de serviços, seja quando prestados por empregados de empresas subcontratadas por aquela, como visto acima, **não pode haver pessoalidade e subordinação direta entre o trabalhador e a tomadora de serviços**, sob pena de caracterização do vínculo de emprego entre eles.

Não pode figurar como contratada a pessoa jurídica cujos titulares ou sócios tenham, **nos últimos dezoito meses, prestado serviços à contratante** na qualidade de empregado ou trabalhador sem vínculo empregatício, **exceto** se os referidos titulares ou sócios forem aposentados **(art. 5.º-C, Lei n. 6.019/74)**.

Da mesma forma, em relação à **contratação de antigos empregados da contratante como empregados da contratada** a Lei estabelece uma restrição, determinando que o empregado que for demitido não poderá prestar serviços para esta mesma empresa na qualidade de empregado de empresa prestadora de serviços antes do **decurso de prazo de dezoito meses**, contados a partir da demissão do empregado **(art. 5.º-D, Lei n. 6.019/74)**.

O **contrato de prestação de serviços** conterá **(art. 5.º-B, Lei n. 6.019/74)**:
- qualificação das partes;
- especificação dos serviços a ser prestado;
- prazo para a realização do serviço, quando for o caso;
- valor.

É **vedada à contratante** a utilização dos trabalhadores em **atividades distintas daquelas que foram objeto do contrato** com a empresa prestadora de serviços **(art. 5.º-A, § 1.º, Lei n. 6.019/74)**.

Nos termos do **art. 4.º-C, Lei n. 6.019/74**, são **assegurados aos empregados** da empresa prestadora de serviços, **quando e enquanto os serviços**, que podem ser de qualquer uma das atividades da contratante, **forem executados nas dependências da tomadora**, as mesmas condições:

- relativas a: a) alimentação garantida aos empregados da contratante, quando oferecida em refeitórios; b) direito de utilizar os serviços de transporte; c) atendimento médico ou ambulatorial existente nas dependências da contratante ou local por ela designado; d) treinamento adequado, fornecido pela contratada, quando a atividade o exigir;
- sanitárias, de medidas de proteção à saúde e de segurança no trabalho e de instalações adequadas à prestação do serviço.

---

tadoras de serviços, entre eles a compatibilidade entre o capital social e o número de empregados. Nesse sentido, RR 10709-83.2018.5.03.0025, *DJe* 29.04.2022.

Nos contratos que impliquem **mobilização de empregados da contratada em número igual ou superior a 20%** (vinte por cento) dos empregados da contratante, esta poderá disponibilizar aos empregados da contratada os **serviços de alimentação e atendimento ambulatorial em outros locais** (não sendo necessário que seja nas suas próprias dependências), desde que tais locais sejam **apropriados e com igual padrão de atendimento**, com vistas a manter o pleno funcionamento dos serviços existentes **(art. 4.º-C, § 2.º, Lei n. 6.019/74)**.

Contratante e contratada **poderão** estabelecer, **se assim entenderem**, que os empregados da contratada farão jus a salário equivalente ao pago aos empregados da contratante, além de outros direitos **(art. 4.º-C, § 1.º, Lei n. 6.019/74)**. Pagamento de salário equivalente ou de isonomia salarial depende, pois, de ajuste expresso entre as partes contratantes, não havendo que se falar em direito a equiparação salarial.

Nesse contexto, o STF decidiu, por maioria de votos, que não é possível a equiparação de direitos trabalhistas entre terceirizados e empregados de empresa pública. O entendimento foi firmado no julgamento do Recurso Extraordinário 635.546, com repercussão geral reconhecida (Tema 383).[16]

Prevaleceu, no julgamento, o voto do ministro Luís Roberto Barroso, constando do voto que "exigir que os valores de remuneração sejam os mesmos entre empregados da tomadora de serviço e da contratada significa, por via transversa, retirar do agente econômico a opção pela terceirização para fins de redução de custos (ou, ainda, incentivá-lo a não ter qualquer trabalhador permanente desempenhando a mesma atividade)". O voto ressalta ainda que a decisão proferida na ADPF 324 ressalvou expressamente alguns direitos que devem ser assegurados em igualdade de condições aos empregados da empresa tomadora de serviços e da contratada, como treinamentos, material e normas de segurança e saúde no trabalho. Esse entendimento, no entanto, não se aplica à remuneração. "Os mesmos princípios — da liberdade de iniciativa e livre concorrência — vedam que se imponha à contratada as decisões empresariais da tomadora do serviço sobre quanto pagar a seus empregados, e vice-versa".

Os serviços contratados poderão ser **executados nas instalações físicas da empresa contratante ou em outro local**, de comum acordo entre as partes **(art. 5.º-A, § 2.º, Lei n. 6.019/74)**.

No entanto, em qualquer caso, é de **responsabilidade da contratante** garantir as condições de **segurança, higiene e salubridade** dos trabalhadores **(art. 5.º-A, § 3.º, Lei n. 6.019/74)**.

Não há qualquer restrição na legislação em relação a **quem pode ser contratante dos serviços terceirizados**. Assim, empresas privadas, administração pública e entidades sem finalidade lucrativa podem terceirizar.

---

[16] Tese de Repercussão Geral. Tema 383. "A equiparação de remuneração entre empregados da empresa tomadora de serviços e empregados da empresa contratada (terceirizada) fere o princípio da livre-iniciativa, por se tratar de agentes econômicos distintos, que não podem estar sujeitos a decisões empresariais que não são suas".

A **empresa contratante é subsidiariamente responsável** pelas obrigações trabalhistas referentes ao período em que ocorrer a prestação de serviços **(art. 5.º-A, § 5.º, Lei n. 6.019/74)**.

A responsabilidade subsidiária pelas obrigações trabalhistas referentes ao período em que ocorrer a prestação de serviços não implicará qualquer tipo de desconsideração da cadeia produtiva quanto ao vínculo empregatício entre o empregado da empresa prestadora de serviços e a empresa contratante, sendo vedada a caracterização de grupo econômico pela mera identidade de sócios, hipótese em que será necessária, para sua configuração, a demonstração do interesse integrado, da efetiva comunhão de interesses e da atuação conjunta das empresas que o integram **(art. 40, Decreto n. 10.854/2021)**.

Sendo contratante a Administração Pública, no julgamento da Ação Direta de Constitucionalidade **(ADC) 16** e do Recurso Extraordinário 760.931, com repercussão geral reconhecida (**Tese 246 de Repercussão Geral**), o STF afastou a responsabilização automática da Administração e condicionou sua condenação à existência de prova inequívoca de conduta omissiva ou comissiva na fiscalização dos contratos de terceirização. De acordo com o entendimento do STF, somente está autorizada a mitigação da regra de não responsabilização, contida no art. 71, § 1.º, da Lei de Licitações (Lei n. 8.666/93), se for demonstrado que a Administração Pública teve ciência do reiterado descumprimento de deveres trabalhistas relativamente ao contrato de terceirização e, apesar disso, permaneceu inerte.[17]

---

[17] Sobre o tema, Reclamação 15.052, através da qual o STF reiterou que não pode ser generalizada a responsabilidade subsidiária da Administração Pública na tomada de serviços terceirizados, sob pena de se inobservar o disposto ADC 16, devendo ser observado o art. 71, § 1.º, da Lei n. 8.666/90, no que exclui a citada responsabilidade (*DJe* 08.04.2021).
"I — AGRAVO DE INSTRUMENTO EM RECURSO DE REVISTA INTERPOSTO PELO SEGUNDO RECLAMADO (MUNICÍPIO DE MACAU) — REGÊNCIA PELA LEI N. 13.467/2017 — RESPONSABILIDADE SUBSIDIÁRIA. TERCEIRIZAÇÃO DE SERVIÇOS. ENTE PÚBLICO. AUSÊNCIA DE PROVA DE FISCALIZAÇÃO. TEMA 246 DO EMENTÁRIO DE REPERCUSSÃO GERAL DO STF. TRANSCENDÊNCIA POLÍTICA RECONHECIDA. Para melhor análise da apontada violação do § 1.º do artigo 71 da Lei n. 8.666/1993, merece provimento o agravo de instrumento para determinar o processamento do recurso de revista. Agravo de instrumento a que se dá provimento. II — RECURSO DE REVISTA INTERPOSTO PELO SEGUNDO RECLAMADO (MUNICÍPIO DE MACAU) — REGÊNCIA PELA LEI N. 13.467/2017 — RESPONSABILIDADE SUBSIDIÁRIA. TERCEIRIZAÇÃO DE SERVIÇOS. ENTE PÚBLICO. AUSÊNCIA DE PROVA DE FISCALIZAÇÃO. TEMA 246 DO EMENTÁRIO DE REPERCUSSÃO GERAL DO STF. TRANSCENDÊNCIA POLÍTICA RECONHECIDA. O Supremo Tribunal Federal, ao examinar a ADC-16/DF e o RE-760931/DF (leading case do Tema n. 246 do Ementário de Repercussão Geral), firmou tese no sentido de que a inadimplência da empresa contratada não transfere ao ente público tomador de serviços, de forma automática, a responsabilidade pelo pagamento dos encargos trabalhistas e fiscais, sendo necessário verificar, caso a caso, a eventual ocorrência de culpa da Administração Pública. Embora o Tema n. 1.118 ainda esteja pendente de julgamento, o Supremo Tribunal Federal tem reiteradamente cassado decisões da Justiça do Trabalho em que se atribui responsabilidade subsidiária ao ente público em razão de este não ter se desincumbido do encargo de demonstrar a efetiva fiscalização do contrato. Considerando que o Supremo Tribunal Federal delineia o alcance dos seus precedentes vinculantes por meio de decisões proferidas em reclamações constitucionais, constata-se que a mera ausência de prova quanto à fiscalização da execução do contrato não induz à

Destaque-se que no julgamento da ADC 48 o STF, em decisão plenária, assentou, com efeitos vinculantes, a seguinte tese: "Uma vez preenchidos os requisitos dispostos na Lei n. 11.441/2007, estará configurada a relação comercial de natureza civil e afastada a configuração de vínculo trabalhista". Em convergência com o determinado pelo STF, a jurisprudência do TST vem reconhecendo que, nos contratos de prestação de serviços de transporte de carga regidos pela Lei n. 11.442/2007, por possuir natureza comercial, e não de prestação de serviços, é inaplicável a Súmula 331, IV, do TST, não sendo possível reconhecer a responsabilidade subsidiária da tomadora dos serviços.

Em relação ao **recolhimento das contribuições previdenciárias**, a **empresa contratante** dos serviços terceirizados **deverá reter 11% (onze por cento) do valor bruto da nota fiscal ou fatura de prestação de serviços** e recolher, em nome da empresa cedente da mão de obra, a importância retida até o dia 20 (vinte) do mês subsequente ao da emissão da respectiva nota fiscal ou fatura, ou até o dia útil imediatamente anterior se não houver expediente bancário naquele dia **(art. 5.º-A, § 5.º, Lei n. 6.019/74)**.

Hipótese específica a ser analisada é a relativa aos **contratos de subempreitada**, que se caracterizam como uma forma de terceirização. Trata-se de relação na qual o dono da obra contrata um empreiteiro para realização da obra por empreita e este, por sua vez, subempreita total ou parcialmente o serviço. Os trabalhadores são empregados do subempreiteiro.

Diante da situação fática que deriva desta relação, torna-se necessário definir as responsabilidades do subempreiteiro, do empreiteiro principal e do dono da obra em relação aos direitos trabalhistas dos empregados do primeiro.

O **art. 455, *caput*, da CLT** prevê expressamente: "Nos contratos de subempreitada responderá o subempreiteiro pelas obrigações derivadas do contrato de trabalho que celebrar, cabendo, todavia, aos empregados, o direito de reclamação contra o empreiteiro principal pelo inadimplemento daquelas obrigações por parte do primeiro".

Portanto, o subempreiteiro responde como devedor principal pelos direitos trabalhistas de seus empregados, cabendo a responsabilidade do empreiteiro principal no caso de inadimplemento das obrigações trabalhistas por parte do subempreiteiro.

Embora sempre tenha havido discussões a respeito da natureza da **responsabilidade do empreiteiro principal** — subsidiária ou solidária —, o fato é que diante da previsão geral da Lei n. 6.019/74 (com a redação dada pelas Leis n. 13.429/2017 e 13.467/2017) não resta dúvida tratar-se de hipótese de **responsabilidade subsidiária**, ou seja,

---

responsabilização do Poder Público. Caso contrário, estar-se-ia diante da possibilidade de novas condenações do Estado por simples inadimplemento, em desrespeito à tese vinculante ora destacada. Recurso de revista de que se conhece e a que se dá provimento. HONORÁRIOS ADVOCATÍCIOS SUCUMBENCIAIS — CORREÇÃO MONETÁRIA E JUROS. FAZENDA PÚBLICA. Julga-se prejudicado o exame das matérias, em razão do provimento do recurso de revista para afastar a responsabilidade subsidiária do município reclamado" (RR-0001370-34.2020.5.21.0024, 8.ª T., rel. Min. Sergio Pinto Martins, *DEJT* 16.12.2024).

primeiro deve-se cobrar do subempreiteiro e somente depois, se este não pagar, pode-se cobrar do empreiteiro principal.

O **parágrafo único do art. 455 da CLT** assegura ao empreiteiro principal o **direito de regresso** contra o subempreiteiro e a **retenção de importâncias** a este devidas, para garantia das obrigações que teve que assumir em relação aos empregados do subempreiteiro.

Em relação ao **dono da obra**, a jurisprudência do TST firmou posicionamento no sentido de **não ter ele, como regra, responsabilidade** pelos direitos trabalhistas referentes a empregados vinculados ao empreiteiro, seja diretamente, seja indiretamente, por intermédio de subempreitada. No entanto, o TST entende haver responsabilidade **do dono da obra** quando este for **empresa que exerça atividade econômica ligada à construção ou à incorporação**.[18]

> **OJ SDI-1 191, TST:** "Diante da inexistência de previsão legal específica, o contrato de empreitada de construção civil entre o dono da obra e o empreiteiro não enseja responsabilidade solidária ou subsidiária nas obrigações trabalhistas contraídas pelo empreiteiro, salvo sendo o dono da obra uma empresa construtora ou incorporadora".

2.10. CONTRATO DE TRABALHO POR EQUIPE

O **contrato de trabalho por equipe** "requer o concurso de um grupo de trabalhadores organizados espontaneamente para realizar um trabalho comum".[19]

O contrato por equipe pode ser utilizado tanto no caso de prestação de serviços autônomos quanto no caso de empreitada ou de relação de emprego (neste caso, é chamado de contrato de trabalho por equipe).

Na primeira hipótese, trata-se de contrato de natureza civil, disciplinado pelo direito comum e ficando à margem do Direito do Trabalho.

Em se tratando de contrato de trabalho por equipe, estar-se-á diante de uma relação na qual há um vínculo de subordinação. Por tal contrato, os trabalhadores mantêm-se "vinculados ao empregador por uma unidade indissociável de interesses".[20] A relação jurídica é única e tem por sujeitos, de um lado, o empregador e, de outro lado, o próprio grupo.

Tendo em vista que nosso ordenamento jurídico não prevê expressamente o contrato de trabalho por equipe, a doutrina e a jurisprudência majoritárias têm entendido que **não se trata de um contrato único, mas, sim, de um feixe de contratos, um conjunto**

---

[18] O TST tem, no entanto, adotado entendimento no sentido de que fica afastada a responsabilidade do dono da obra apenas quanto às obrigações estritamente trabalhistas contraídas pelo empreiteiro, não alcançando essa isenção a responsabilidade subsidiária por multas a ele aplicadas como causador de infrações decorrentes do não cumprimento das obrigações relacionadas à segurança e à medicina do trabalho (RR11728-36.2015.5.15.0045, *DJe* 01.07.2022).
[19] BARROS, Alice Monteiro de. *Curso de direito do trabalho*, p. 233.
[20] DELGADO, Maurício Godinho. *Curso de direito do trabalho*, 18. ed., p. 347.

de contratos individuais que são mantidos entre cada empregado e o empregador comum. Como esclarece Mauricio Godinho Delgado, é inquestionável que os objetos de tais contratos vinculam-se em conexão orgânica e a prestação de trabalho somente ganha sentido se efetuada em harmônica integração.[21]

Embora seja comum a existência de um líder do grupo, **não há hierarquia ou relação de subordinação entre os integrantes da equipe ou grupo**, mas, sim, de todos eles em relação ao empregador. A remuneração é paga ao grupo (mesmo que quem receba seja o líder) e distribuída entre seus integrantes na forma de rateio.

Exemplo típico de contrato de trabalho por equipe é aquele celebrado com músicos (orquestra, banda, conjuntos musicais).

Analisando as características deste tipo de contrato, especificamente em relação à contratação de músicos, Alice Monteiro de Barros indica duas situações distintas:[22]

- Quando o líder do grupo organiza a orquestra (ou conjunto, ou banda) e oferece os serviços do grupo a terceiro, mas trabalha como os demais músicos, subordinado ao empregador, sem assumir os riscos da atividade econômica, o vínculo de emprego configura-se entre o grupo e o empregador, e não entre o líder e os demais integrantes da equipe. O fato de o líder receber uma remuneração global e distribuir os respectivos valores aos integrantes do grupo não descaracteriza sua condição de empregado, pois ele não lucra com a atividade do grupo, sendo apenas um de seus componentes.

- Quando o líder do grupo atua como diretor ou chefe, organizando, dirigindo e remunerando a prestação de serviços, estabelecem-se relações individuais de emprego entre ele e cada um dos membros da equipe. Neste caso, a relação entre o contratante do serviço e o grupo será disciplinada pelo Direito Civil, não havendo qualquer responsabilidade trabalhista do tomador dos serviços em relação aos direitos dos integrantes do grupo. Tais direitos são de responsabilidade do diretor ou chefe, que, por manter uma relação de subordinação com os demais músicos, é o seu verdadeiro empregador.

---

[21] DELGADO, Mauricio Godinho. *Curso de direito do trabalho*, 18. ed., p. 647. Nesse sentido: "AGRAVO DE RECURSO ORDINÁRIO. INSTRUMENTO PARTICULAR DE PRESTAÇÃO DE SERVIÇOS AUTÔNOMOS. NULIDADE. CONTRATO DE EQUIPE. VÍNCULO EMPREGATÍCIO COM O CONTRATANTE. Embora os elementos constantes dos autos levem a crer que as demandadas firmaram instrumentos particulares de prestação de serviços com cada um dos trabalhadores, restou evidente a constituição de uma equipe, para a realização da segurança das diversas entidades religiosas contratantes. Por conseguinte, como o contrato de equipe agrupa um feixe de contratos individuais, e estando presentes os elementos exigidos pelos arts. 2.º e 3.º, da CLT, na relação de trabalho que foi desenvolvida entre os litigantes, o corolário lógico é a declaração da nulidade do contrato de prestação de serviços autônomos (art. 9.º, CLT), e o reconhecimento da existência de vínculo empregatício com a contratante. Recurso provido" (TRT6 — RO 0000491-34.2016.5.06.0008, 4.ª T., Desembargadora Gisane Barbosa de Araújo, *DEJT* 05.02.2018).

[22] BARROS, Alice Monteiro de. *Curso de direito do trabalho*, p. 234.

2.11. CONTRATO DE PARCERIA NA ÁREA DE BELEZA[23]

A **Lei n. 12.592/2012**, com as alterações da **Lei n. 13.352/2016**, dispõe sobre o **contrato de parceria** entre os profissionais que exercem as atividades de cabeleireiro, barbeiro, esteticista, manicure, pedicure, depilador e maquiador (denominados profissionais-parceiros) e pessoas jurídicas registradas como salão de beleza (denominado salão-parceiro).

O contrato de parceria será firmado por escrito, devendo ser homologado pelo sindicato da categoria profissional e laboral e, na ausência desses, pelo órgão local competente do Ministério do Trabalho, perante duas testemunhas (**art. 1.º-A, § 8.º, Lei n. 12.592/2012**).

O profissional-parceiro, mesmo que inscrito como pessoa jurídica, será assistido pelo sindicato de categoria profissional e, na ausência deste, pelo órgão local competente do Ministério do Trabalho (**art. 1.º-A, § 9.º, Lei n. 12.592/2012**).

O profissional-parceiro **não terá relação de emprego** ou de sociedade com o salão-parceiro enquanto perdurar a parceria (**art. 1.º-A, § 11**). Essa é a regra. No entanto, o **vínculo de emprego** entre a pessoa jurídica do salão-parceiro e o profissional-parceiro **será configurado quando não existir contrato de parceria formalizado** na forma prevista pela **Lei n. 13.352/2016** e **quando o profissional-parceiro desempenhar funções diferentes das descritas no contrato de parceria (art. 1.º-C, Lei n. 12.592/2012)**. Da mesma forma, o contrato civil de parceria será nulo quando utilizado para dissimular relação de emprego de fato existente, a ser reconhecida sempre que se fizerem presentes seus elementos caracterizadores (**STF, ADI 5.625**).

O contrato de parceria deverá **necessariamente conter cláusulas** que estabeleçam (**art. 1.º-A, § 10, Lei n. 12.592/2012**):

- percentual das retenções pelo salão-parceiro dos valores recebidos por cada serviço prestado pelo profissional-parceiro;
- obrigação, por parte do salão-parceiro, de retenção e de recolhimento dos tributos e contribuições sociais e previdenciárias devidos pelo profissional-parceiro em decorrência da atividade deste na parceria;
- condições e periodicidade do pagamento do profissional-parceiro, por tipo de serviço oferecido;
- direitos do profissional-parceiro quanto ao uso de bens materiais necessários ao desempenho das atividades profissionais, bem como sobre o acesso e circulação nas dependências do estabelecimento;
- possibilidade de rescisão unilateral do contrato, no caso de não subsistir interesse na sua continuidade, mediante aviso prévio de, no mínimo, trinta dias;

---

[23] Na ADI 5.625, de relatoria do Ministro Edson Fachin, foi fixada a seguinte tese de julgamento: "1) É constitucional a celebração de contrato civil de parceria entre salões de beleza e profissionais do setor, nos termos da Lei 13.352, de 27 de outubro de 2016; 2) É nulo o contrato civil de parceria referido, quando utilizado para dissimular relação de emprego de fato existente, a ser reconhecida sempre que se fizerem presentes seus elementos caracterizadores" (*DJe* 29.03.2022).

■ responsabilidades de ambas as partes com a manutenção e higiene de materiais e equipamentos, das condições de funcionamento do negócio e do bom atendimento aos clientes;

■ obrigação, por parte do profissional-parceiro, de manutenção da regularidade de sua inscrição perante as autoridades fazendárias.

Em relação aos **pagamentos e recebimentos decorrentes das atividades de prestação de serviços de beleza**, a **Lei n. 12.592/2012** estabelece que:

■ o salão-parceiro será responsável pela centralização dos pagamentos e recebimentos decorrentes da prestação de serviços pelo profissional-parceiro **(art. 1.º-A, § 2.º)**;

■ o salão-parceiro realizará a retenção de sua cota-parte percentual, fixada no contrato de parceria, bem como dos valores de recolhimento dos tributos e contribuições sociais e previdenciárias devidos pelo profissional-parceiro incidentes sobre a cota-parte que a este couber na parceria **(art. 1.º-A, § 3.º)**;

■ a cota-parte retida pelo salão-parceiro ocorrerá a título de atividade de aluguel de bens móveis e de utensílios para o desempenho das atividades de serviços de beleza e/ou a título de serviços de gestão, de apoio administrativo, de escritório, de cobrança e de recebimentos de valores transitórios recebidos de clientes das atividades de serviços de beleza **(art. 1.º-A, § 4.º)**;

■ a cota-parte destinada ao profissional-parceiro ocorrerá a título de atividades de prestação de serviços de beleza **(art. 1.º-A, § 4.º)**;

■ a cota-parte destinada ao profissional-parceiro não será considerada para o cômputo da receita bruta do salão-parceiro, ainda que adotado o sistema de nota fiscal unificada ao consumidor **(art. 1.º-A, § 5.º)**.

O **profissional-parceiro não poderá assumir as responsabilidades e obrigações decorrentes da administração da pessoa jurídica do salão-parceiro**, de ordem contábil, fiscal, trabalhista e previdenciária incidentes, ou quaisquer outras relativas ao funcionamento do negócio **(art. 1.º-A, § 6.º, Lei n. 12.592/2012, incluído pela Lei n. 13.352/2016)**.

Os profissionais-parceiros poderão ser qualificados, perante as autoridades fazendárias, como pequenos empresários, microempresários ou microempreendedores individuais **(art. 1.º-A, § 7.º, Lei n. 12.592/2012, incluído pela Lei n. 13.352/2016)**.

O **salão-parceiro é responsável** pela preservação e manutenção das adequadas condições de trabalho do profissional-parceiro, especialmente quanto aos seus equipamentos e instalações, possibilitando as condições adequadas ao **cumprimento das normas de segurança e de saúde (art. 1.º-B, Lei n. 12.592/2012, incluído pela Lei n. 13.352/2016)**, em especial as normas sanitárias, e a realização de esterilização de materiais e utensílios utilizados no atendimento aos clientes, na forma prevista no art. 4.º da Lei n. 12.592/2012.

2.12. QUESTÕES

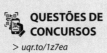

QUESTÕES DE CONCURSOS
> uqr.to/1z7ea

3

SUJEITOS DA RELAÇÃO DE EMPREGO

Os sujeitos da relação de emprego são *empregado* e *empregador*.

Nos itens seguintes, não só serão analisados o conceito e as características genéricas de empregado e empregador, como também serão estudadas as formas e situações específicas que podem envolver tais sujeitos da relação de emprego.

Em itens específicos, serão analisadas as figuras do empregado doméstico e do empregado rural, que são sujeitos de relações de emprego regidas por normas específicas e que, exatamente por esta razão, merecem ser estudados em separado.

3.1. EMPREGADO

Admitindo-se a natureza contratual da relação de emprego e considerando que o contrato de trabalho é sinalagmático, resta evidente que os seus sujeitos — empregado e empregador — estão ligados entre si por vínculo obrigacional recíproco e equivalente. Ao direito de um dos sujeitos corresponde a obrigação do outro. "São credores e devedores entre si, ao mesmo tempo".[1] O **empregado** é devedor do trabalho e credor do salário; o empregador, ao contrário, é devedor do salário e credor do trabalho.

O **empregado** é, portanto, o **prestador dos serviços**; aquele que **coloca à disposição do empregador**, de forma pessoal, subordinada, contínua e mediante remuneração, o **seu trabalho**.

De acordo com o disposto no **art. 3.º da CLT**, *empregado* é "toda pessoa física que prestar serviços de natureza não eventual a empregador, sob a dependência deste e mediante salário". Acrescente-se ainda que os serviços devem ser prestados com *pessoalidade* **(art. 2.º, parte final, CLT)**.

Da definição legal resultam, portanto, as **características que permitem que se considere um trabalhador como empregado:**

- somente **pessoa física** ou natural pode ser empregado;

---

[1] MORAES FILHO, Evaristo de; MORAES, Antonio Carlos Flores de. *Introdução ao direito do trabalho*, p. 253.

■ os **serviços são prestados pessoalmente pelo empregado** (*pessoalidade*), que não pode fazer-se substituir no trabalho por qualquer outra pessoa (esta característica afasta de vez a possibilidade de que o empregado possa ser uma pessoa jurídica);

■ os **serviços prestados são contínuos**, não eventuais, devendo estar inseridos nas necessidades normais da atividade econômica em que são empregados;

■ a prestação de serviços não se dá de forma autônoma, ou seja, o empregado **presta serviços de forma subordinada** às ordens e ao controle do empregador;

■ os **serviços prestados são sempre remunerados**, ou seja, ao trabalho corresponde sempre uma contraprestação pecuniária paga pelo empregador.

Importante ressaltar, ainda, que o ordenamento jurídico pátrio veda qualquer distinção entre o trabalho manual, técnico ou intelectual, bem como entre os profissionais respectivos **(art. 7.º, XXXII, CF, e art. 3.º, parágrafo único, CLT)**. Este critério de não discriminação adotado pelo legislador leva à conclusão de que será considerado empregado qualquer pessoa física que prestar serviços com pessoalidade, não eventualidade, subordinação e remuneração, independentemente do trabalho executado ser manual, técnico ou intelectual, tendo todos o mesmo tratamento justrabalhista.

Por fim, conforme esclarece Amauri Mascaro Nascimento, "pode ser empregado alguém de qualquer condição pessoal, seja brasileiro ou estrangeiro, maior ou menor, homem ou mulher, observadas certas proibições ou normas de capacidade".[2]

3.1.1. Capacidade

Capacidade é a aptidão para ser sujeito de direitos e obrigações e para exercer por si ou por outrem os atos da vida civil. Decorre da aquisição da personalidade e é prevista no **art. 1.º do Código Civil**, que assim estabelece: "Toda pessoa é capaz de direitos e deveres na ordem civil".

Duas são as **espécies de capacidade:**

■ *capacidade de direito ou de gozo* — é a possibilidade de gozar dos direitos subjetivos. Toda pessoa tem essa capacidade, sendo atributo da personalidade;

■ *capacidade de fato ou de exercício* — é a capacidade de exercer por si só os atos da vida civil. Em razão de determinados fatos expressamente previstos em lei, essa capacidade é restringida, de forma absoluta ou relativa. Portanto, nem todos têm essa capacidade, sendo necessário, nestes casos, que o exercício dos direitos se dê por meio dos representantes legais.

---

[2] NASCIMENTO, Amauri Mascaro. *Curso de direito do trabalho*, 24. ed., p. 613.

Segundo a **lei civil**, são:

ABSOLUTAMENTE INCAPAZES (ART. 3.º, CC), COM A REDAÇÃO DADA PELA LEI N. 13.146/2015	▪ os menores de 16 anos.
RELATIVAMENTE INCAPAZES (ART. 4.º, CC), COM A REDAÇÃO DADA PELA LEI N. 13.146/2015	▪ os maiores de 16 e menores de 18 anos; ▪ os ébrios habituais e os viciados em tóxicos; ▪ aqueles que, por causa transitória ou permanente, não puderem exprimir sua vontade; ▪ os pródigos.
CAPACIDADE DOS ÍNDIOS (ART. 4.º, PARÁGRAFO ÚNICO, CC), COM A REDAÇÃO DADA PELA LEI N. 13.146/2015	▪ depende de regulamentação por legislação especial.

Especificamente em relação à idade, o **art. 5.º do Código Civil** estabelece que a menoridade cessa aos 18 anos completos, quando a pessoa fica habilitada à prática de todos os atos da vida civil. No entanto, a **incapacidade dos menores pode cessar antes disso**:

▪ pela concessão dos pais, ou de um deles na falta do outro, mediante instrumento público, independentemente de homologação judicial, ou por sentença do juiz, ouvido o tutor, se o menor tiver 16 anos completos;

▪ pelo casamento;

▪ pelo exercício de emprego público efetivo;

▪ pela colação de grau em curso de ensino superior; pelo estabelecimento civil ou comercial, ou pela existência de relação de emprego, desde que, em função deles, o menor com 16 anos completos tenha economia própria.

Por fim, cumpre ressaltar que é *nulo* **o negócio jurídico** quando **celebrado por pessoa absolutamente incapaz (art. 166, I, CC)** e *anulável* nos casos de **incapacidade relativa do agente (art. 171, I, CC)**.

As regras básicas sobre a capacidade no âmbito civil são **aplicáveis a empregadores e a empregados, excepcionando em relação a estes últimos a capacidade especificamente no que diz respeito à idade**, que é regulada pelo Direito do Trabalho.

De modo geral, qualquer pessoa física pode ser empregado. No entanto, algumas restrições existem, sendo necessário definir quais são as **condições para a aquisição da capacidade trabalhista**. Tais restrições referem-se à *idade*, cujas regras estão definidas pelo **art. 7.º, XXXIII, da Constituição Federal**, que assim estabelece:

"proibição de trabalho noturno, perigoso ou insalubre a menores de 18 (dezoito) e de qualquer trabalho a menores de 16 (dezesseis) anos, salvo na condição de aprendiz, a partir dos 14 (quatorze) anos".

Da leitura do referido dispositivo constitucional, é possível extrair-se as seguintes **conclusões**:

■ o menor de 16 anos é **absolutamente incapaz** para ser empregado, sendo admitida a existência de trabalho antes desta idade somente para fins educacionais, por meio da aprendizagem, a partir dos 14 anos;

■ o menor entre 16 e 18 anos é **relativamente incapaz**, podendo ser empregado somente mediante autorização dos pais ou do representante legal;

■ o menor de 18 anos é **absolutamente incapaz** para ser empregado caso o trabalho a ser realizado seja **insalubre, perigoso ou noturno**. Tal previsão visa proteger a saúde e a integridade física do menor e veda o trabalho nestas condições, não podendo ser suprida a incapacidade por autorização do responsável legal;

■ a partir dos 18 anos adquire-se **plena capacidade** para ser empregado, inclusive em trabalhos insalubres, perigosos ou realizados em horário noturno.

Observações:

■ o menor entre 16 e 18 anos pode validamente, sem a assistência dos pais ou responsáveis, assinar **recibos** dos pagamentos de salário efetuados durante a vigência do contrato **(art. 439, CLT)** e também de benefícios pagos ou concedidos como decorrência da relação de emprego, como vale-transporte, vale-alimentação, entre outros;

■ o menor entre 16 e 18 anos necessita da assistência dos pais ou responsáveis para assinatura do **termo de rescisão** do contrato de trabalho **(art. 439, CLT)**;

■ para a **propositura de reclamação trabalhista** (capacidade processual), o menor entre 16 e 18 anos necessita da assistência dos pais ou responsáveis legais **(art. 793, CLT)**.

3.1.1.1. Empregado diferenciado ("hipersuficiente")

A **Lei n. 13.467/2017 (*Reforma Trabalhista*)**, introduzindo um **parágrafo único no art. 444 da CLT**, prevê a figura de **empregado diferenciado, chamado por parte da doutrina de *"hipersuficiente"***, assim entendido o empregado que:

> é **portador de diploma de curso superior**
> E perceba **salário mensal igual ou superior a duas vezes o limite dos benefícios do Regime Geral de Previdência Social**.

Os **requisitos** previstos pela lei para a caracterização do empregado como *"hipersuficiente"* **são cumulativos**, ou seja, devem estar presentes concomitantemente, não bastando a existência concreta de apenas um deles.

Em relação a esses empregados o legislador prevê uma **significativa ampliação da autonomia da vontade**, impondo uma mitigação dos princípios protetor e da irrenunciabilidade, bem como das restrições para a alteração do contrato de trabalho, e, portanto, diferenciando-os evidentemente dos demais empregados que não preenchem tais requisitos.

Nesse sentido, para esses empregados, a *livre estipulação* das relações de trabalho prevista no *caput* do **art. 444 da CLT** aplica-se às hipóteses previstas no **art. 611-A da CLT**, com a **mesma eficácia legal e preponderância sobre os instrumentos coletivos**.

Assim, serão **passíveis de estipulação individual entre empregado e empregador** temas como: I — pacto quanto à jornada de trabalho, observados os limites constitucionais; II — banco de horas anual; III — intervalo intrajornada, respeitado o limite mínimo de trinta minutos para jornadas superiores a seis horas; IV — adesão ao Programa Seguro-Emprego (PSE), de que trata a Lei n. 13.189, de 19 de novembro de 2015; V — plano de cargos, salários e funções compatíveis com a condição pessoal do empregado, bem como identificação dos cargos que se enquadram como funções de confiança; VI — regulamento empresarial; VII — representante dos trabalhadores no local de trabalho; VIII — teletrabalho, regime de sobreaviso, e trabalho intermitente; IX — remuneração por produtividade, incluídas as gorjetas percebidas pelo empregado, e remuneração por desempenho individual; X — modalidade de registro de jornada de trabalho; XI — troca do dia de feriado; XII — enquadramento do grau de insalubridade; XIII — prorrogação de jornada em ambientes insalubres, sem licença prévia das autoridades competentes do Ministério do Trabalho; XIV — prêmios de incentivo em bens ou serviços, eventualmente concedidos em programas de incentivo; e XV — participação nos lucros ou resultados da empresa.

Ressalte-se que a **enumeração** das hipóteses passíveis de negociação pelo **art. 611-A da CLT** é **meramente exemplificativa**, o que significa que, com exceção do quanto previsto no **art. 611-B da CLT**, outros temas abrangidos por negociação direta entre o empregador e o empregado diferenciado também serão considerados válidos.

Nos contratos individuais de trabalho dos empregados cuja remuneração seja superior a duas vezes o limite máximo estabelecido para os benefícios do Regime Geral de Previdência Social poderá ser pactuada **cláusula compromissória de arbitragem**, desde que **por iniciativa do empregado ou mediante sua concordância expressa**, caso em que os conflitos derivados da relação de emprego serão solucionados pela via arbitral, nos termos da Lei n. 9.307/96 (**art. 507-A, CLT**). Ressalte-se que, de acordo com a previsão legal, para a pactuação de cláusula compromissória de arbitragem no contrato de trabalho, não é necessário que o empregado seja portador de diploma de nível superior, bastando que sua remuneração seja igual ou superior ao teto máximo fixado pelo legislador.

3.1.2. Exercentes de cargo de confiança

Cargo de confiança é aquele caracterizado pelo especial relevo que se dá ao elemento fiduciário decorrente do contrato de trabalho, tendo em vista que as **funções**

desempenhadas pelo empregado ocupante de tal cargo são **revestidas de atribuições de gestão**. Em razão disso, os cargos de confiança implicam necessariamente em um padrão salarial mais elevado.

Como ensina Délio Maranhão, os cargos de confiança são aqueles "cujo exercício *põe, necessariamente*, em jogo os próprios destinos da atividade do empregador. Assim, o empregado que *administra* o estabelecimento, ou aquele que *chefia* determinado setor vital para os interesses do estabelecimento" exercem cargo de confiança. O autor ainda esclarece que "não é possível enumerar, *a priori*, quais sejam esses cargos. Tudo depende da natureza da função, em relação à *finalidade* do estabelecimento".[3]

Amauri Mascaro Nascimento afirma que os cargos de confiança são aqueles da "alta cúpula administrativa da empresa, cujo exercente tenha o poder de representá-la, não sendo de confiança os cargos técnicos". Esclarece, porém, que este poder que é atribuído ao empregado que exerce cargo de confiança "evidentemente não pressupõe a representação geral da empresa", pois, caso assim fosse, estariam excluídos dos contornos do cargo de confiança os chefes de filial ou departamento, os gerentes de área, entre outros, o que não ocorre.[4] O que importa é que ao empregado tenha sido conferido pelo empregador poderes específicos de mando, de gestão, agindo o exercente de cargo de confiança como *longa manus* do empregador. O exercente de cargo de confiança é um empregado e, como tal, evidente que não tem poderes absolutos na empresa. De poderes desta ordem, apenas o empregador é detentor.

Não há definição legal de cargo de confiança, cabendo à doutrina a conceituação e os limites que envolvem o exercício deste tipo de cargo. No entanto, o legislador faz uma enumeração, não taxativa, desses cargos, adotando um critério geral **(art. 62, II e parágrafo único, CLT)** e um critério especial relativamente aos empregados bancários **(art. 224, § 2.º, CLT)** para a sua caracterização.

Para todos os **empregados, em geral**, são considerados **cargos de confiança** os *gerentes, assim considerados os exercentes de cargos de gestão, os diretores e os chefes de departamento ou filial* **(art. 62, II, CLT)**, sendo necessário para sua caracterização[5]:

---

[3] SÜSSEKIND, Arnaldo et al. *Instituições de direito do trabalho*, 22. ed., v. 1, p. 313.
[4] NASCIMENTO, Amauri Mascaro. *Curso de direito do trabalho*, 24. ed., p. 633.
[5] "AGRAVO DA RECLAMADA GOL LINHAS AÉREAS S.A. RECURSO DE REVISTA COM AGRAVO DE INSTRUMENTO. LEI N. 13.467/2017. [...] TEMA DO RECURSO DE REVISTA PROVIDO DO RECLAMANTE. PERÍODO DE ATUAÇÃO COMO COORDENADOR DE INSPEÇÃO. NÃO CARACTERIZAÇÃO DE CARGO DE CONFIANÇA. MAJORAÇÃO SALARIAL INFERIOR À 40%. Na decisão monocrática foi reconhecida a transcendência e dado provimento ao recurso de revista do reclamante para, constatado que não houve acréscimo salarial superior a 40%, afastar o enquadramento no regime especial de duração de trabalho do art. 62, II, da CLT, condenando a reclamada ao pagamento de horas extras. A reclamada insiste que houve exercício de cargo de confiança e acréscimo salarial superior a 100% da remuneração exercida na função anterior. Constou na decisão monocrática que para o empregado ser enquadrado na exceção legal é

■ exercício de poder de gestão;

■ pagamento de uma remuneração diferenciada, ou seja, o salário do cargo de confiança, compreendendo a gratificação de função, se houver, não pode ser inferior ao valor do respectivo salário efetivo acrescido de 40% **(art. 62, parágrafo único, CLT)**.

Analisando-se o conceito de *poder de gestão*, importante destacar que atualmente não é razoável supor que, para a caracterização do cargo de confiança, o trabalhador tenha que receber apenas ordens diretas de seu empregador, sobretudo nas grandes estruturas empresariais, em que há diversos níveis de hierarquia e considerável despersonalização das funções de comando. A antiga unidade de produção fordista e verticalizada, de forma piramidal, vem dando lugar a uma organização mais horizontal, em que os controles se encontram diluídos nos estratos intermediários, e não mais concentrados na cúpula administrativa, como no tempo em que se concebeu a noção de cargo de confiança.

Do ponto de vista organizacional, com a progressiva separação entre a propriedade e a administração das empresas contemporâneas, especialmente após a generalização das sociedades anônimas, ficou mais difícil definir qual o alcance dos poderes de gestão atribuídos aos ocupantes de cargo de confiança, já que o próprio empregador parece ter-se despersonalizado. Trata-se de uma manifestação peculiar da transição, bastante comum atualmente, da sociedade de pessoas para a sociedade de capitais.

Nos processos de negócios dos dias atuais, a antiga visão funcional tem dado lugar à visão por processos. Nessa abordagem, diversos departamentos de uma organização executam etapas distintas de processos corporativos que cruzam a organização horizontalmente. A troca da visão da organização funcional (setorial) para a visão por processos tem sido apontada como o caminho para integração entre os departamentos. As estruturas tradicionais, construídas sobre um modelo baseado em departamentos praticamente independentes, parecem não mais atender às solicitações atuais dos mercados e sua dinâmica.

Empresas estruturadas verticalmente e geridas funcionalmente, onde os colaboradores necessitam da autorização dos níveis hierárquicos de supervisão para a condução

---

fundamental o preenchimento de dois requisitos, quais sejam, a percepção de acréscimo salarial não inferior a 40% (quarenta por cento) do cargo efetivo (elemento objetivo) e a demonstração do exercício de cargo de gestão em sentido amplo, com prerrogativas decorrentes de especial fidúcia creditada pelo empregador (elemento subjetivo). Contudo, no caso, o TRT revelou que o elemento objetivo não fora atendido (o reclamante não atinha acréscimo de 40% no salário, visto que recebia R$ 11.556,28 e seu subordinado recebia R$ 8.447,19, sendo que o reclamante deveria receber R$ 11.826,06, dados constantes no acórdão do TRT e que não podem ser alterados nesta instância — Súmula n. 126 do TST), o que acarreta o não enquadramento do reclamante no regime especial previsto no art. 62, II, da CLT. Julgado da SBDI-1. Agravo a que se nega provimento" (Ag-RRAg-11348-35.2018.5.03.0144, 6.ª T., rel. Min. Katia Magalhaes Arruda, *DEJT* 13.12.2024).

dos processos, passaram a operar com extrema dificuldade, tendo em vista a aceleração dos tempos de resposta para as exigências de mercado, demandando modelos mais flexíveis e descentralizados de gestão.

Entretanto, a despeito de essas mudanças serem evidentes, a maior parte da doutrina e da jurisprudência não foi capaz de acompanhá-las a contento, permanecendo atada aos parâmetros tradicionais na caracterização dos cargos de confiança.

Assim, ainda que alguns sinais de renovação possam ser encontrados na jurisprudência, temos de levar em conta a tendência predominante nos tribunais,[6] qual seja, a de exigir que o exercente do cargo de confiança seja, praticamente, o *alter ego* do empregador.

---

[6] "AGRAVO. AGRAVO DE INSTRUMENTO EM RECURSO DE REVISTA. [...] BANCÁRIO. EXERCÍCIO DE CARGO DE CONFIANÇA. COMPROVAÇÃO DA FIDÚCIA ESPECIAL. HORAS EXTRAS. JORNADA DE 6 (SEIS) HORAS. MATÉRIA FÁTICA. SÚMULA N. 126 DO TST. 1. Em interpretação ao art. 224, § 2.º, da CLT, esta Corte Superior firmou entendimento no sentido de que a configuração do cargo de confiança bancária pressupõe o exercício de atividades de coordenação, supervisão ou fiscalização, que demonstrem fidúcia diferenciada e peculiar do empregador em relação aos demais empregados, não se exigindo amplos poderes de mando, representação e gestão, características que identificam o empregado enquadrado no art. 62, II, da CLT. 2. Na hipótese, no entanto, o Tribunal Regional, valorando fatos e provas, concluiu que o autor, contratado para exercer cargo denominado 'Gerente de Empresas (Gerente de Contas)', não detinha poderes diferenciados dos demais empregados, não sendo possível enquadrá-lo nem mesmo na exceção prevista no art. 224, § 2.º, da CLT. 3. Nesse contexto, o pretendido enquadramento da jornada de trabalho do autor nas hipóteses dos arts. 62, II, ou 224, § 2.º, da CLT, implicaria necessariamente o revolvimento de fatos e provas, o que é vedado nesta fase recursal de natureza extraordinária, a teor da Súmula n. 126 do TST. 4. Ademais, na forma da Súmula n. 102, I, do TST, a configuração do exercício da função de confiança depende de prova das atribuições, sendo insuscetível de exame mediante recurso de revista ou de embargos. [...]" (Ag-AIRR-21170-04.2014.5.04.0001, 1.ª T., rel. Min. Amaury Rodrigues Pinto Junior, *DEJT* 17.05.2024).

"AGRAVO INTERNO. [...] HORAS EXTRAS — BANCÁRIO — CARGO DE CONFIANÇA — FIDÚCIA ESPECIAL COMPROVADA. O Tribunal Regional, soberano na análise dos fatos e provas dos autos, de inviável reexame nesta atual instância recursal, a teor da Súmula/TST n. 126, constatou que 'Os recibos de pagamentos carreados aos autos, revelam que a autora recebeu diferença salarial, a gratificação do cargo de confiança exigida pela CLT e pela norma coletiva da categoria (ID. 7212342)' e que 'As funções elencadas pela autora em depoimento, confirmam o exercício efetivo de cargo de confiança, alegado pelo Banco e demonstram que ela não exercia, absolutamente, função meramente de bancário, pois representava externamente o banco, captando novos clientes, sendo, inclusive, remunerada de forma diferenciada, pelo exercício da fidúcia inerente ao cargo ocupado'. Concluiu que 'Diante das provas dos autos, inegável a condição da reclamante de ocupante de cargo de confiança e, portanto, sujeito às regras excepcionais no § 2.º, do art. 224, da CLT, não fazendo jus ao pagamento das horas extras pleiteadas'. Observe-se que conclusão diversa da que chegou o Tribunal Regional implicaria o revolvimento de fatos e provas — o que é defeso nesta esfera recursal, a teor da já citada Súmula/TST n. 126. Assim, incólumes os dispositivos legais apontados como violados, bem como à Súmula n. 102 do TST, visto que foram analisadas as reais atribuições da reclamante para seu enquadramento na exceção do artigo 224, § 2.º, da CLT. Recurso de revista não conhecido. [...]" (RR-11277-74.2013.5.01.0011, 2.ª T., rel. Min. Liana Chaib, *DEJT* 19.12.2024).

O **exercício de cargo ou função de confiança** gera os seguintes **efeitos no contrato de trabalho**:

▪ **O exercício de cargo de confiança se dá sempre de forma interina**, ou seja, o empregado pode deixar o exercício da função de confiança sempre que o empregador assim o determinar.

Nesse sentido, o legislador prevê que não implica alteração unilateral ou ilícita do contrato de trabalho a determinação do empregador para que o respectivo empregado reverta ao cargo efetivo anteriormente ocupado, deixando o exercício de função de confiança **(art. 468, § 1.º, CLT)**, sendo certo que, em relação à **gratificação de função** percebida durante o período de ocupação do cargo, com a reversão ao cargo anterior, com ou sem justo motivo, a gratificação não se incorpora à remuneração do empregado, não sendo assegurado a este o direito à manutenção do seu pagamento, independentemente do tempo de exercício da respectiva função **(art. 468, § 2.º, CLT)**.[7]

No entanto, mantido o empregado no exercício da função comissionada, não pode o empregador reduzir o valor da gratificação (Súmula 372, II, TST).[8]

▪ Sendo o **empregado exercente de cargo de confiança**, o empregador pode **transferi-lo sem necessidade de anuência expressa**, sempre que a transferência decorra de **real necessidade de serviço (art. 469, § 1.º, CLT)**. Sendo a transferência provisória, o fato de o empregado exercer cargo de confiança não exclui o direito ao adicional de transferência prevista no art. 469, § 3.º, CLT **(OJ SDI-1 113, TST)**.[9]

▪ O empregado que exerce cargo de confiança, por não estar sujeito a **controle de jornada** de trabalho, **não tem direito a horas extras (art. 62, II, CLT)**. Tal fato decorre da natureza e das prerrogativas inerentes ao cargo de confiança.

No entanto, como bem ressalta Mauricio Godinho Delgado, referido dispositivo legal apenas estabelece uma *presunção*, admitindo-se prova em sentido contrário. Portanto, "comprovado, inequivocamente, que o obreiro, ainda que exercente de

---

[7] O TST adota posicionamento no sentido de que é inaplicável a nova redação do art. 468, § 2.º, da CLT às situações em que o empregado já tenha cumprido o requisito temporal consignado na Súmula n. 372, I, do TST, para a incorporação da gratificação de função, antes da vigência da Lei n. 13.467/2017 (Ag-AIRR-10135-87.2020.5.03.0058, *DEJT* 02.12.2022; Ag-AIRR-24598-48.2019.5.24.0005, *DEJT* 02.12.2022). Destaque-se que, em 25.11.2024, o Pleno do TST adotou o entendimento pacificado no que tange às alterações legais de direito material: no julgamento do Tema 23 da Tabela de Recursos de Revista Repetitivos (IncJulgR-REmbRep - 528-80.2018.5.14.0004), o TST firmou a tese de que a **Lei n. 13.467/2017 possui aplicação imediata aos contratos de trabalho em curso**, passando a regular os direitos decorrentes de lei cujos fatos geradores tenham se efetivado a partir de sua vigência.

[8] O item I da Súmula 372, TST, não mais prevalece, tendo em vista o disposto no § 2.º do art. 468 da CLT, introduzido pela Lei n. 13.467/2017 (*Reforma Trabalhista*), previsão que **possui aplicação imediata aos contratos de trabalho em curso** (Tema 23 da Tabela de Recursos de Revista Repetitivos).

[9] RR 10588-61.2014.5.15.0025, *DEJT* 23.05.2022.

cargo ou função de confiança ou gestão, vê-se submetido a *rigoroso controle de horários ao longo de seu cotidiano de trabalho*, não há que se falar em exclusão de tal empregado do regime de jornada delimitada e, por consequência, da possibilidade de aferição de sobrejornada".[10]

Considerando que os exercentes de cargo de confiança, de acordo com o art. 62, II, da CLT, não são abrangidos pelo regime geral de duração do trabalho, e considerando que o sobreaviso previsto no art. 244, § 2.º, da CLT diz respeito aos limites de jornada, sendo exigível, para sua aplicação, que os horários de trabalho sejam controlados, a estes **não são devidas horas de sobreaviso**.[11]

Importante destacar que o art. 62, II, da CLT, não obsta o direito do empregado ao pagamento em dobro pelo trabalho realizado aos domingos e feriados, porquanto o direito previsto nos arts. 7.º, XV, da Constituição Federal, e 1.º da Lei n. 605/49 é assegurado a todos os trabalhadores indistintamente.[12]

---

[10] DELGADO, Mauricio Godinho. *Curso de direito do trabalho*, 18. ed., p. 428.

[11] "RECURSO DE EMBARGOS EM RECURSO DE REVISTA. INTERPOSIÇÃO SOB A ÉGIDE DA LEI 13.015/2014. EMPREGADO EXERCENTE DE CARGO DE CONFIANÇA NA FORMA DO ART. 62, II, DA CLT. HORAS DE SOBREAVISO. PAGAMENTO INDEVIDO. 1. Nos termos do art. 62, II, da CLT, os gerentes, assim considerados os exercentes de cargos de gestão, aos quais se equiparam, para efeito do disposto neste artigo, os diretores e chefes de departamento e filial, não são abrangidos pelo regime previsto no capítulo II da CLT, que trata da "duração do trabalho". 2 . Isso porque, pela natureza e pelas prerrogativas do cargo ocupado, presume-se que há incompatibilidade entre a atividade exercida pelo empregado enquadrado no art. 62, II, da CLT e a sistemática de controle da jornada de trabalho. E, não havendo fiscalização dos horários de trabalho, não há como aferir a prestação de horas extraordinárias pelo trabalhador. 3 . No caso, o reclamante, prestando serviços como "Coordenador de TI", exercia cargo de confiança nos moldes do art. 62, II, da CLT. E a questão devolvida à apreciação do TST diz respeito ao direito desse empregado ao pagamento de horas de sobreaviso. 4 . É certo que o art. 244, § 2.º, da CLT, que disciplina o pagamento de horas de sobreaviso aos ferroviários e que é analogicamente aplicável às demais categorias profissionais, não está inserido no capítulo II da CLT. Não obstante, a previsão nele contida diz respeito aos limites da jornada laboral, sendo exigível, para a sua aplicação, que os horários de trabalho sejam controlados. Com efeito, nos termos do item II da Súmula 428 do TST, "considera-se em sobreaviso o empregado que, à distância e submetido a controle patronal por instrumentos telemáticos ou informatizados, permanecer em regime de plantão ou equivalente, aguardando a qualquer momento o chamado para o serviço durante o período de descanso". 5. Conclui-se, assim, que o empregado exercente do cargo de confiança de que trata o art. 62, II, da CLT não faz jus ao pagamento de horas de sobreaviso. 6 . Precedente da SDI-I do TST. Recurso de embargos conhecido e não provido" (E-RR-10070-04.2015.5.01.0065, Subseção I Especializada em Dissídios Individuais, rel. Min. Hugo Carlos Scheuermann, *DEJT* 20.08.2021).

Note-se, porém, que a decisão da SDI-1 do TST foi adotada por maioria, sendo que parte dos Ministros entendeu que, como a SDI-1 considera que o ocupante de cargo de gestão deve receber em dobro pelo trabalho prestado nos dias de repouso semanal e feriados, também tem direito ao pagamento das horas de sobreaviso.

[12] Nesse sentido, *vide*: RRAg-10893-69.2017.5.18.0053, 3.ª T., rel. Min. Alberto Luiz Bresciani de Fontan Pereira, *DEJT* 01.10.2021.

O **cargo de confiança bancária**, nos termos do **art. 224, § 2.º, CLT**, é ocupado por aqueles que exercem funções de direção, gerência, fiscalização, chefia e equivalentes, ou que desempenhem outros cargos de confiança, sendo necessário para sua caracterização:[13]

- exercício de poder de gestão;
- recebimento de gratificação não inferior a 1/3 do salário do cargo efetivo.

Observações:

- O exercício de cargo de confiança bancária não se confunde com o cargo de confiança previsto no **art. 62, II, da CLT**.
- Os poderes de mando exigíveis do bancário pelo **art. 224, § 2.º, da CLT** não são tão amplos e acentuados como aqueles inerentes ao empregado que exerce cargo de confiança nos termos do **art. 62, II, da CLT**.[14]

---

[13] "[...] AGRAVO DE INSTRUMENTO DO RECLAMANTE. RECURSO DE REVISTA INTERPOSTO NA ÉGIDE DA LEI N. 13.015/2014. HORAS EXTRAS. CARGO DE CONFIANÇA. FIDÚCIA COMPROVADA. REEXAME FÁTICO-PROBATÓRIO. INCIDÊNCIA DA SÚMULA 102, I, DO TST. O enquadramento do empregado no cargo de confiança bancário do art. 224, § 2.º, da CLT pressupõe o exercício de atividades de coordenação, supervisão ou fiscalização, que demonstrem fidúcia diferenciada e peculiar do empregador em relação aos demais empregados. A aferição do exercício da função de confiança do bancário deve levar em consideração as reais atividades por ele desempenhadas dentro do banco, não bastando a nomenclatura do cargo, tampouco a percepção de gratificação superior a um terço do salário. No caso, amparado na prova documental e oral, o Tribunal Regional concluiu que a reclamante exercia função de confiança, com uma especial confiança do empregador. Assentou que o demandante, como 'Analista Crédito SR', desempenhava atividades consideradas de extrema confiança, com acesso a informações confidenciais dos clientes, como faturamento das empresas, análise do rendimento dos sócios, consulta de pendências, endividamentos e restrições no mercado financeiro por meio do sistema GRB, acesso ao SERASA e BACEN. Anotou que a testemunha ouvida corroborou a tese defensiva, bem como o 'documento 56', que se refere às avaliações profissionais do autor realizadas desde 2009. O documento contém comentários realizados pelo próprio empregado, a partir dos quais se extrai que este exercia função de chefia e liderança em relação a outros funcionários. Concluiu estar suficientemente demonstrado que o autor exerceu funções que demandam especial fidúcia, estando enquadrado no § 2.º do art. 224 da CLT. A decisão está assente no conjunto fático-probatório, cujo reexame se esgota nas instâncias ordinárias. Incide na hipótese a Súmula 102, I, do TST. Agravo de instrumento a que se nega provimento" (AIRR-235-38.2014.5.02.0052, 2.ª T., rel. Min. Maria Helena Mallmann, *DEJT* 02.12.2022).

[14] "RECURSO DE REVISTA. PROCESSO SOB A ÉGIDE DA LEI N. 13.015/2014 E ANTERIOR À LEI N. 13.467/2017. HORAS EXTRAS. GERENTE DE PROJETOS. NÃO APLICAÇÃO DO ART. 62, II, DA CLT. INCIDÊNCIA APENAS DO ART. 224, § 2.º, DA CLT. A caracterização do cargo de confiança bancária é, sem dúvida, específica, derivando do texto diferenciado do art. 224, § 2.º, da CLT, em contraponto com o cargo de confiança geral do art. 62 da CLT. São dois os requisitos para enquadramento do empregado na situação excepcional do art. 62, II, da CLT, quais sejam, elevadas atribuições e poderes de gestão (até o nível de chefe de departamento ou filial); distinção remuneratória, à base de, no mínimo, 40% a mais do salário do cargo efetivo. O preceito celetista quer excluir as regras relativas à jornada de trabalho quanto aos detentores de cargo de confiança, por considerar tais regras incompatíveis, em face dos amplos poderes desses

■ A restrição imposta pelo legislador no que diz respeito ao bancário exercente de cargo de confiança tem por finalidade apenas estabelecer a duração da jornada de trabalho, ou seja, a jornada de trabalho de seis horas diárias e trinta horas semanais prevista no *caput* do art. 224 da CLT não se aplica ao bancário que exerce cargo de confiança, que está sujeito à jornada normal de trabalho de oito horas diárias, quarenta e quatro horas semanais.

■ Assim, o bancário em geral terá direito a horas extras a partir da 6.ª hora diária, porém o bancário sujeito à regra do **art. 224, § 2.º, da CLT** cumpre jornada de trabalho de 8 (oito) horas, sendo extraordinárias as trabalhadas além da oitava (**Súmula 102, IV, TST**).[15]

■ Somente não terá direito a horas extras o bancário que exerce função de confiança nos termos do **art. 62, II, da CLT**, ou seja, aquele cujos poderes de mando e gestão sejam mais amplos e mais acentuados do que aqueles previstos no **art. 224, § 2.º, da CLT**.

Nesse sentido, a **Súmula 287 do TST** estabelece que:

> "A jornada de trabalho do empregado de banco gerente de agência é regida pelo art. 224, § 2.º, da CLT. Quanto ao gerente-geral de agência bancária, presume-se o exercício de encargo de gestão, aplicando-se-lhe o art. 62 da CLT".

Importante destacar que a **identificação dos cargos que se enquadram como funções de confiança** pode ser feita em **convenção ou acordo coletivo de trabalho (art. 611-A, CLT)**, e no caso de **empregado *"hipersuficiente"*** a identificação do cargo ocupado por ele na empresa como sendo de confiança pode constar expressamente do **contrato individual de trabalho (art. 444, parágrafo único, CLT)**, sendo certo que nesses casos, em princípio, não haverá discussão sobre se tratar ou não de empregado exercente de cargo de confiança para fins de **exclusão do direito a horas extras (art. 62, II, CLT)** ou para **não caracterização como bancário típico (art. 224, § 2.º, CLT)**.

---

altos empregados. Para enquadrar o empregado nas disposições contidas no art. 224, § 2.º, da CLT, por sua vez, é necessário ficar comprovado que o empregado exerce efetivamente função de confiança e, ainda, que ela se revestia de fidúcia especial, que extrapola aquela básica, inerente a qualquer empregado, independentemente de norma da empresa ou de adesão a PCS que prevê pagamento de adicional de 1/3 da remuneração a título de exercício de função de fidúcia bancária. No caso concreto, a análise do conjunto fático-probatório feita pelo TRT evidencia que o Reclamante exerce a função de gerente de projetos, e não de gerente-geral da agência. As circunstâncias registradas comprovam, ainda, que o Obreiro desempenhou atividades aptas a caracterizarem o efetivo exercício de função de confiança, pois suas atribuições se revestiam de fidúcia especial, que extrapola aquela básica, inerente a qualquer empregado. Todavia, não possuía poderes de gestão aptos a enquadrá-lo em cargo de gestão, nos moldes descritos no art. 62, II, da CLT. Assim, o Reclamante deve ser enquadrado nas disposições contidas no art. 224, § 2.º, do CLT. Recurso de revista conhecido e provido" (TST — RR 1000987-58.2017.5.02.0061, 3.ª T., rel. Min. Mauricio Godinho Delgado, *DEJT* 07.01.2020).

[15] *Vide* as demais regras sobre cargo de confiança bancário previstas na Súmula 102 do TST.

3.1.3. Diretores de sociedade

A condição do **diretor de sociedade** e a sua compatibilidade com a figura do empregado sempre foram objeto de discussões no âmbito tanto da doutrina como da jurisprudência. No entanto, nos últimos tempos as controvérsias sobre o tema vêm se ampliando, tendo em vista uma realidade bastante comum no ambiente empresarial: a modernização das empresas tem gerado a profissionalização de suas direções. Com isso, a ideia de que, como regra, os próprios sócios dirigem a empresa foi sendo deixada de lado, afastando-se cada vez mais o conceito de diretor do conceito de sócio.

Ensina Mauricio Godinho Delgado que, "neste quadro contextual, a ideia de *direção* tem-se afastado cada vez mais da ideia de *propriedade* (e, portanto, da noção de sócio), descolando-se do padrão clássico característico dos primórdios do processo industrial e organizacional do sistema econômico contemporâneo. Surge, assim, o claro interesse em se discutir a incidência ou não sobre os *diretores não proprietários* das normas próprias à relação de emprego".[16]

No âmbito das *sociedades anônimas*, a administração da sociedade é exercida por dois órgãos da estrutura societária: a diretoria e o conselho de administração. A eles aplicam-se igualmente as normas sobre requisitos, impedimentos, investidura, remuneração, deveres e responsabilidades **(art. 145, da Lei n. 6.404/76 — Lei das Sociedades Anônimas)**. Exatamente pela posição ocupada pela diretoria na estrutura societária, surge a indagação sobre a natureza jurídica do vínculo estabelecido entre o diretor e a sociedade anônima: trata-se de vínculo societário ou de vínculo de emprego? Aplicam-se as regras do Direito Societário ou do Direito do Trabalho?

Na realidade, o vínculo entre o diretor e a companhia pode ser trabalhista ou societário, dependendo das circunstâncias. Consequentemente, da natureza que se lhe atribua decorrem importantes definições, relativas à extensão dos seus direitos.

A análise da condição do diretor deve ser feita a partir de duas possíveis situações:

1. Empregado da empresa que é eleito para exercer o cargo de diretor da sociedade — neste caso, embora haja posições bastante divergentes na doutrina, entende a jurisprudência pacífica do TST que:

> **SÚMULA 269, TST:** "O empregado eleito para ocupar cargo de diretor tem o respectivo contrato de trabalho suspenso, não se computando o tempo de serviço deste período, salvo se permanecer a subordinação jurídica inerente à relação de emprego".

Do posicionamento adotado pelo TST, podem ser extraídas algumas **conclusões** importantes:

- o fato de o empregado passar a exercer o cargo de diretor não extingue o contrato de trabalho, ficando este apenas suspenso pelo tempo de duração do mandato;

---

[16] DELGADO, Mauricio Godinho. *Curso de direito do trabalho*, 18. ed., p. 431.

■ somente se o empregado passar a exercer cargo na mais elevada estrutura administrativa da empresa é que seu contrato de trabalho ficará suspenso, ou seja, é necessário que se trate de diretor que não mantenha traços de subordinação em relação ao empregador, agindo ele próprio como o empregador. É o caso do diretor-presidente, por exemplo;

■ deve o diretor ter poderes de mando, de gestão, de representação, concentrando em sua pessoa decisões importantes do cotidiano e dos destinos da organização empresarial. Ocupando cargo de diretor, mas estando sujeito às ordens e aos limites impostos pelo empregador, não tendo autonomia decisória, o empregado permanece subordinado, não havendo que se falar em suspensão do contrato de trabalho.[17]

2. Cargo de diretor é ocupado por alguém contratado externamente, especificamente para exercê-lo — neste caso a doutrina também diverge quanto ao seu enquadramento jurídico. Mauricio Godinho Delgado esclarece que são duas as posições encontradas:[18]

■ **teoria clássica (ou tradicional):** há uma incompatibilidade entre a posição societária assumida pelo diretor (de representação da companhia, nos termos do art. 138, § 2.º, da Lei n. 6.404/76) e a posição assumida pelo empregado na estrutura organizacional da empresa (de subordinação, nos termos do **art. 3.º da CLT**). Direção e subordinação são termos necessariamente excludentes entre si;

■ **teoria moderna (ou intervencionista):** em razão do disposto no **art. 157, § 1.º, *d*, da Lei n. 6.404/76**, há contrato de trabalho entre o executivo escolhido ou eleito para exercer a direção e a companhia. Referido dispositivo legal afirma que o administrador de companhia aberta é obrigado a revelar à assembleia geral ordinária, a pedido de acionistas que representem 5% (cinco por cento) ou mais do capital social, *as condições dos contratos de trabalho que tenham sido firmados pela companhia com os diretores e os empregados de alto nível.*

---

[17] "RECURSO DE REVISTA EM FACE DE DECISÃO PUBLICADA ANTES DA VIGÊNCIA DA LEI N. 13.015/2014. SUSPENSÃO DO CONTRATO DE TRABALHO. DIRETOR EMPREGADO. CONFIGURAÇÃO DA SUBORDINAÇÃO JURÍDICA. O Tribunal Regional, soberano na análise do conjunto fático e probatório, constatou que, "além do réu/reconvindo não se enquadrar como diretor estatutário, na forma do que previsto na Súmula 269 do C. TST, consoante bem considerado pelo MM. Juízo ' a quo', mantinha a condição de diretor empregado, subordinado ao presidente da empresa no Brasil, ao qual devia submeter todas as suas decisões, incidindo na excludente prevista em referido entendimento jurisprudencial". Ademais, asseverou que "os recibos de pagamento de fls. 428/494 demonstram o pagamento de salários mensalmente, cestas básicas e outros direitos trabalhistas, com recolhimentos de FGTS e INSS". Assim, concluiu que não houve a suspensão formal do contrato de trabalho e que ficou comprovado o caráter fraudulento da medida, que visava, apenas, mascarar o real vínculo do autor com a empresa, a fim de sonegar direitos trabalhistas. O exame da tese recursal, em sentido contrário, em especial no que tange à ausência de subordinação jurídica, esbarra no teor da Súmula 126 do TST, pois demanda o revolvimento dos fatos e das provas. Logo, a Corte de origem decidiu em consonância com a parte final da Súmula 269 do TST. Recurso de revista não conhecido" (TST — RR 203800-35.2008.5.15.0097, 7.ª T., rel. Min. Cláudio Mascarenhas Brandão, *DEJT* 27.04.2018).

[18] DELGADO, Mauricio Godinho. *Curso de direito do trabalho*, 18. ed., p. 431-433.

Caso seja admitido como verdadeiro tal posicionamento, importante ressaltar que os contratos de trabalho dos diretores de sociedades anônimas seriam regidos por normas especiais, entre as quais se destacam:

- necessidade de que os contratos de trabalham sejam por prazo determinado, tendo em vista que o **art. 143, III, da Lei n. 6.404/76** estabelece que o prazo do mandado do diretor não pode ser superior a três anos, permitida uma reeleição;
- possibilidade de destituição dos diretores a qualquer tempo (demissão *ad nutum*), nos termos do *caput* do **art. 143 da Lei n. 6.404/76**.[19]

Especificamente em relação ao diretor estatutário, eleito em assembleia pelo Conselho de Administração, este tem suas atribuições, poderes e deveres estabelecidos nas normas societárias, mais especificamente na Lei das Sociedades Anônimas (**Lei n. 6.404/76**), no Código Civil e no próprio estatuto da companhia e, como regra, não é empregado, eis que **inexistente** a subordinação hierárquica e **existente** a autonomia e independência para a tomada de decisões estratégicas comerciais e de investimentos em nome da companhia.

Observa-se que, o fato de o diretor estatutário prestar contas ao presidente ou ao Conselho de Administração da empresa, por si só, não caracteriza a subordinação; a subordinação às decisões e orientações do Conselho de Administração são distintas da subordinação hierárquica verificada na relação de um empregado com um superior.

Em relação aos diretores de sociedades anônimas, qualquer que seja a forma de sua investidura no cargo, importante destacar que "sempre que presentes, na relação entre dois sujeitos de direito, os pressupostos delineados no **art. 3.º da CLT** (isto é, uma prestação de serviços não eventual e sob dependência, por pessoa física, a certo empregador, mediante o pagamento de salário), será reputado trabalhista o vínculo, independentemente do conteúdo de eventuais documentos por eles firmados. Desse modo, ainda que formalizada a eleição e investidura do administrador no cargo de diretor da companhia nas atas e documentos desta, com estrita observância do direito societário, essa documentação não afastará a sujeição do vínculo ao direito trabalhista se restar provada, perante a Justiça do Trabalho, a presença, basicamente, dos pressupostos legais da subordinação e da não eventualidade".[20]

Em relação à ***sociedade limitada***, a sua diretoria é integrada por uma ou mais pessoas físicas e tem por atribuição, no plano interno, administrar a empresa e, no plano externo, manifestar a vontade da pessoa jurídica. Os seus administradores (diretores ou gerentes) podem ser sócios ou não. A sua designação pode ser feita no contrato social ou em ato apartado (**arts. 1.060 e 1.061, CC**).[21]

---

[19] DELGADO, Mauricio Godinho. *Curso de direito do trabalho*, 18. ed., p. 433.
[20] COELHO, Fábio Ulhoa. *Curso de direito comercial*. 6. ed. rev. e atual. São Paulo: Saraiva, 2003. v. II, p. 241.
[21] Cabe ressaltar que, nos termos do art. 1.061 do Código Civil, a designação de administradores não

Especificamente em relação aos diretores-sócios, não há que se falar em vínculo empregatício.

Quanto ao diretor não sócio, caso este mantenha um vínculo de subordinação com os sócios, sua condição de empregado da empresa é evidente. Ao contrário, tratando-se de diretor estatutário (administrador não sócio) nomeado pelos sócios, e que exerce atividades de grande responsabilidade no contexto da administração da empresa, não há que se falar em vínculo empregatício, sendo reconhecida a existência de relação de natureza civil entre as partes.[22]

Tratando-se, no entanto, de diretor empregado, caso este preencha os requisitos do **parágrafo único do art. 444 da CLT**, será considerado **empregado *"hipersuficiente"***, com **maior autonomia de vontade** sendo-lhe reconhecida para fins de pactuação das condições que regerão sua relação de emprego.

3.1.4. Empregado e sócio

Embora haja alguma divergência em relação ao tema, a doutrina tem entendido que **o sócio pode ser empregado da sociedade de que participe**.

Délio Maranhão afirma que, por ter **a sociedade personalidade distinta da dos seus membros**, em princípio nada impede que o empregado, sem perder essa qualidade, também seja sócio da pessoa jurídica para a qual trabalha. Tal hipótese é plenamente factível em relação às sociedades anônimas, em que o empregado pode se tornar acionista

---

sócios dependerá de aprovação da unanimidade dos sócios, enquanto o capital não estiver integralizado, e de 2/3, no mínimo, após a integralização.

[22] "AGRAVO. AGRAVO DE INSTRUMENTO EM RECURSO DE REVISTA. REGIDO PELA LEI N. 13.015/2014. [...] 2. DIRETOR ESTATUTÁRIO. VÍNCULO DE EMPREGO. AUSÊNCIA DE SUBORDINAÇÃO. ÓBICE DA SÚMULA N. 333/TST. Caso em que o Tribunal Regional manteve a sentença em que não reconhecido o vínculo de emprego no período em que o Reclamante atuou na condição de diretor estatutário da sociedade anônima, reconhecendo a prescrição da pretensão quanto ao período anterior. Registrou que 'a partir de 2008 passou o autor a exercer cargo de confiança e de representação da empresa, o que afasta a possibilidade da existência de vínculo empregatício, eis que inexistente qualquer tipo de subordinação jurídica, eis que na qualidade de diretor, o recorrente compunha o corpo executivo da sociedade, com poderes de representação social, competindo a ele administrar a empresa em seus diferentes aspectos e com amplos poderes para geri-la, tendo como foco o seu objetivo social'. O entendimento desta Corte Superior é no sentido de que o diretor eleito de sociedade anônima, não é empregado da empresa, dado o alto grau de autonomia e confiança, próprios da função ocupada. Apenas com a comprovação da circunstância excepcional da existência de subordinação jurídica típica da relação de emprego, poderia afastar a aplicação da regra geral. Nesse sentido, dispõe a Súmula n. 269 desta Corte. Julgados. Nesse contexto, a Corte Regional, ao não reconhecer o vínculo de emprego no período em que o Autor foi eleito diretor estatutário de sociedade anônima, por ausência da subordinação jurídica, proferiu decisão em consonância com a atual, iterativa e notória jurisprudência desta Corte. Incide o óbice da Súmula n. 333/TST como óbice ao processamento do recurso de revista. Decisão agravada mantida, com acréscimo de fundamentação. [...]" (Ag-AIRR-10735-77.2015.5.01.0046, 5.ª T., rel. Min. Douglas Alencar Rodrigues, *DEJT* 24.04.2023).

da sociedade, ou no caso das sociedades limitadas, onde também há a possibilidade de tornar-se pequeno cotista. No entanto, segundo afirma o referido autor, "o mesmo já não poderá ocorrer em relação a uma sociedade em nome coletivo, uma vez que, aí, todos os sócios são solidariamente responsáveis pelas dívidas sociais: a qualidade de sócio exclui, logicamente, a de empregado".[23]

Porém, importante ressaltar que a possibilidade do sócio cumular a condição de empregado da mesma sociedade **depende da participação societária que detenha**. No caso de uma **sociedade por ações**, a participação acionária majoritária ou a posição de acionista controlador exclui automaticamente a condição de empregado. O mesmo se diga em relação à **sociedade limitada**, sendo impossível considerar empregado aquele que é detentor da maioria das quotas do capital social ou aquele que, embora não sendo quotista majoritário, é sócio-administrador.

> Portanto, a condição simultânea de sócio e de empregado depende do grau, da intensidade, da participação acionária ou na administração da empresa.

Destaque-se, ainda, que em alguns casos o contrato de sociedade pode traduzir uma simulação, escondendo a real condição do empregado. Caso a inclusão como sócio no estatuto ou no contrato social tenha apenas o objetivo de evitar o reconhecimento da relação de emprego e, consequentemente, a aplicação da lei trabalhista, pode o empregado, nos termos do **art. 167 do Código Civil**, alegar e provar em juízo a simulação.[24-25]

---

[23] SÜSSEKIND, Arnaldo et al. *Instituições de direito do trabalho*, 22. ed., v. 1, p. 319-320.
[24] SÜSSEKIND, Arnaldo et al. *Instituições de direito do trabalho*, 22. ed., v. 1, p. 320.
[25] "EMPREGADO GUINDADO À CONDIÇÃO DE SÓCIO. NULIDADE EVIDENCIADA. CONSEQUÊNCIAS. Na hipótese dos autos, sem dúvida, o Autor foi exitoso no cumprimento do seu ônus de demonstrar que a realidade fática de suas atividades na empresa sempre permaneceu a mesma, em relação àquela atinente ao período em que o vínculo de emprego é incontroverso (art. 818 da CLT c/c 333, I, do CPC), ou seja, juridicamente subordinada, onerosa, pessoal e não eventual. Por outro lado, não se desincumbiram as Demandadas de comprovar a efetiva existência da *affectio societatis* (art. 333, II, do CPC), não se podendo admitir que as formalidades documentais invocadas pelas Rés sobreponham-se — especificamente, no particular — à clara realidade apurada neste processado. Em nenhum momento, restou evidente a verdadeira intenção do Autor de se tornar sócio da primeira Ré. Pelo contrário, a prova testemunhal conduz este Juízo recursal, seguramente, ao convencimento de que a formalização de tal condição era, praticamente, uma imposição empresária condicionante da promoção do Reclamante ao cargo de 'Diretor Técnico', aclarando-se o fraudulento intuito das Rés de se esquivarem da majoração de seus ônus trabalhistas, em decorrência da promoção do Autor, impondo-se, aqui, atentar para o que dispõe o art. 9.º da CLT. Também não há prova da participação verdadeiramente igualitária do Reclamante — na forjada condição de sócio — para a obtenção dos fins da sociedade, na busca de lucro a partilhar. Pelo contrário, o Reclamante manteve-se juridicamente subordinado ao seu superior hierárquico, a quem devia explicações, perpetuando o desempenho das mesmas atividades empregatícias (ainda que de grande fidúcia) que sempre realizou. Portanto, não se há falar em desacerto da r. sentença no aspecto, devendo ser ratificada a decisão que reconheceu a nulidade da integração do Autor ao quadro societário da primeira Ré, condenando as Demandadas ao pagamento de seus haveres empregatícios rescisórios, considerada, porém, a sua condição de demissionário" (TRT 3.ª R.,

3.1.5. Trabalho intelectual

Trabalho intelectual é aquele que supõe uma especial cultura científica ou artística, um conhecimento diferenciado em relação aos demais trabalhadores.

A determinação no sentido de que **não há distinção entre o trabalho intelectual, técnico e manual (art. 3.º, parágrafo único, CLT)** é reforçada pelo princípio isonômico que **proíbe a distinção entre o trabalho manual, técnico e intelectual ou entre os profissionais respectivos (art. 7.º, XXXII, CF)**.[26]

O simples fato de o trabalho ser de natureza intelectual não afasta a possibilidade de caracterização da condição de empregado de quem o executa.

No entanto, nem sempre quem executa trabalho intelectual é empregado. Orlando Gomes e Elson Gottschalk identificam os principais modos de exercício do trabalho intelectual:[27]

- **trabalho para uma só pessoa, sob a exclusiva direção desta** — neste caso, inegavelmente o trabalhador intelectual será empregado;
- **trabalho para o público, isto é, para todos os que, eventualmente, precisam e procuram os seus serviços** — neste caso, trata-se do típico trabalhador autônomo, inexistindo, portanto, vínculo empregatício;
- **trabalho para uma só pessoa e para o público permanentemente** — neste caso, há uma cumulação da condição de empregado e de trabalhador autônomo; e
- **trabalho para diversas pessoas, permanentemente, sob a direção de cada uma delas** — neste caso, verifica-se a existência de diversos contratos de trabalho simultâneos, o que é plenamente admitido pelo ordenamento jurídico pátrio, excetuando a hipótese em que haja cláusula de exclusividade em um dos contratos de trabalho.

3.1.6. Trabalho a distância

A legislação trabalhista brasileira não exige, para a caracterização da relação de emprego, que o trabalho seja realizado no estabelecimento do empregador. Na realidade, o **vínculo de emprego** emerge sempre que o trabalho seja exercido com subordinação, **independentemente do local onde é prestado**. O recebimento de ordens ou instruções, aliado à obrigação de uma produção determinada, permite afirmar que o **trabalhador a distância ou em domicílio é um empregado**.

RO-0000069-83.2012.5.03.0137, 8.ª T., Relator Desembargador Márcio Ribeiro do Valle, *DEJT* 29.11.2013).

[26] A Constituição Federal de 1988 apenas repetiu o princípio isonômico inserido no ordenamento jurídico brasileiro pela Constituição Federal de 1934 e mantido pelos textos constitucionais de 1946 e de 1967/69.

[27] GOMES, Orlando; GOTTSCHALK, Elson. *Curso de direito do trabalho*. 15. ed. rev. e atual. Rio de Janeiro: Forense, 1998. p. 88-89.

Délio Maranhão esclarece que pouco importa o fato de ser o trabalhador auxiliado por pessoas de sua família. Existindo subordinação, o trabalhador é empregado. Ao contrário, o trabalho a distância ou em domicílio que assuma a feição de *empreendimento* autônomo, com um mínimo de organização dos fatores de produção, não pode ser caracterizado como decorrente de uma relação de emprego.[28] No primeiro caso, embora trabalhando a distância, inexiste autonomia, logo o trabalhador é empregado. Na segunda hipótese, o trabalhador organiza livremente seu trabalho e assume os riscos de sua atividade, sendo autônomo.

Nesse sentido, o **art. 6.º da CLT** estabelece que "não se distingue entre o trabalho realizado no estabelecimento do empregador, o executado no domicílio do empregado e o realizado a distância, desde que estejam caracterizados os pressupostos da relação de emprego".

Afastando qualquer discussão sobre a existência ou não de subordinação do empregado que executa seu trabalho a distância, o legislador considera que o controle do empregador pode se dar de diversas formas, inclusive através de meios telemáticos e informatizados de comando, sendo certo que nesses casos controle e supervisão se equiparam, para fins de subordinação jurídica, aos meios pessoais e diretos de comando, controle e supervisão do trabalho alheio **(art. 6.º, parágrafo único, CLT)**.

3.1.6.1. Teletrabalho[29]

O trabalho realizado fora das dependências do empregador, que não se confunde com trabalho externo, mas que é possível em razão da utilização dos meios tecnológicos e de comunicação existentes, foi regulamentado pela **Lei n. 13.467/2017 (*Reforma Trabalhista*)**, sob a denominação de teletrabalho. Foi incluído o Capítulo II-A no Título II da CLT, com a previsão do teletrabalho nos arts. 75-A a 75-E.

Considera-se **teletrabalho** ou trabalho remoto a prestação de serviços **fora das dependências do empregador**, de maneira preponderante ou não, com a utilização de tecnologias de informação e de comunicação que, por sua natureza, não configure trabalho externo **(art. 75-B, *caput*, CLT)**.

O **comparecimento do empregado**, ainda que de modo habitual, **às dependências do empregador** para a realização de atividades específicas que exijam a presença daquele no estabelecimento **não descaracteriza** o regime de teletrabalho **(art. 75-B, § 1.º, CLT)**.

Aos empregados em regime de teletrabalho aplicam-se as disposições previstas na legislação local e nas convenções e nos acordos coletivos de trabalho relativas à base territorial do estabelecimento de lotação do empregado **(art. 75-B, § 7.º, CLT)**.

---

[28] SÜSSEKIND, Arnaldo et al. *Instituições de direito do trabalho*, 22. ed., v. 1, p. 314.
[29] A constitucionalidade dos dispositivos que tratam do teletrabalho está sendo questionada através das ADIs 5826, 6154 e 5829 (apensadas), que aguardam julgamento pelo STF.

O empregado submetido ao regime de teletrabalho ou trabalho remoto poderá prestar serviços por jornada ou por produção ou tarefa e, se isso ocorrer, o mesmo não terá direito a horas extras **(art. 75-B, §§ 2.º e 3.º, e art. 62, III, CLT)**.

Acordo individual poderá dispor sobre os horários e os meios de comunicação entre empregado e empregador, desde que assegurados os repousos legais **(art. 75-B, § 9.º, CLT)**.

O tempo de uso de equipamentos tecnológicos e de infraestrutura necessária, bem como de *softwares*, de ferramentas digitais ou de aplicações de internet utilizados para o teletrabalho, fora da jornada de trabalho normal do empregado não constitui tempo à disposição ou regime de prontidão ou de sobreaviso, exceto se houver previsão em acordo individual ou em acordo ou convenção coletiva de trabalho **(art. 75-B, § 5.º, CLT)**.

O regime de teletrabalho ou trabalho remoto não se confunde nem se equipara à ocupação de operador de telemarketing ou de teleatendimento **(art. 75-B, § 4.º, CLT)**.

É permitida a adoção do regime de teletrabalho ou trabalho remoto para estagiários e aprendizes **(art. 75-B, § 6.º, CLT)**.

Ao contrato de trabalho do empregado admitido no Brasil que optar pela realização de teletrabalho fora do território nacional aplica-se a legislação brasileira, excetuadas as disposições constantes da Lei n. 7.064/82, salvo disposição em contrário estipulada entre as partes **(art. 75-B, § 8.º, CLT)**.

A prestação de serviços na modalidade de teletrabalho deverá constar expressamente de **contrato individual de trabalho (art. 75-C, *caput*, CLT)**.

A **alteração da modalidade de regime de trabalho** é permitida, desde que respeitadas as regras previstas em lei **(§§ 1.º e 2.º, art. 75-C, CLT)**:

- **presencial para o teletrabalho** — deve haver mútuo acordo entre as partes, registrado em aditivo contratual;
- **teletrabalho para o presencial** — se decorrente de determinação do empregador, deve ser garantido ao empregado o prazo de transição mínimo de quinze dias, com correspondente registro em aditivo contratual.

O empregador não será responsável pelas despesas resultantes do retorno ao trabalho presencial, na hipótese de o empregado optar pela realização do teletrabalho ou trabalho remoto fora da localidade prevista no contrato, salvo se houver disposição em sentido contrário definida pelas partes **(art. 75-C, § 3.º, CLT)**.

As disposições relativas à responsabilidade por **aquisição, manutenção ou fornecimento dos equipamentos tecnológicos e da infraestrutura** necessária e adequada à prestação do trabalho remoto, bem como ao **reembolso de despesas** arcadas pelo empregado, serão previstas em **contrato escrito**, sendo que tais utilidades, se fornecidas pelo empregador, **não integram a remuneração** do empregado **(art. 75-D, CLT)**.

O regime de teletrabalho não exclui a **responsabilidade do empregador por doenças e acidentes** decorrentes do trabalho exercido pelo empregado.

Por essa razão, é **dever do empregador** instruir os empregados, de maneira expressa e ostensiva, quanto às precauções a tomar a fim de evitar doenças e acidentes de trabalho, sendo **obrigação do empregado** assinar termo de responsabilidade comprometendo-se a seguir as instruções fornecidas pelo empregador **(art. 75-E, CLT)**.

Os empregadores deverão dar prioridade aos empregados com deficiência e aos empregados com filhos ou criança sob guarda judicial até 4 anos de idade na alocação em vagas para atividades que possam ser efetuadas por meio de teletrabalho ou trabalho remoto **(art. 75-F, CLT)**.

3.1.7. Mãe social

A **Lei n. 7.644/87** regula a situação jurídica da **mãe social**, que é aquela que, dedicando-se à assistência ao menor abandonado, exerça o encargo em nível social, dentro do sistema de casas-lares **(art. 2.º)**.

As **casas-lares** são criadas por instituições sem finalidade lucrativa, ou de utilidade pública de assistência ao menor abandonado, visando propiciar ao menor as condições familiares ideais ao seu desenvolvimento e reintegração social **(art. 1.º)**.

As **casas-lares** devem seguir as seguintes **regras (art. 3.º)**:

- abrigam, no máximo, 10 menores;
- serão isoladas, formando, quando agrupadas, uma aldeia assistencial ou vila de menores;
- a instituição deve fixar os limites de idade em que os menores ficarão sujeitos às casas-lares.

A mãe social **mantém vínculo empregatício** com a instituição assistencial para a qual trabalha, e a ela são **assegurados os seguintes direitos (art. 5.º)**:

- anotação do contrato de trabalho na CTPS;
- remuneração não inferior ao salário mínimo, que sofrerá a incidência dos reajustes legais, podendo ser deduzido o percentual de alimentação fornecida pelo empregador **(art. 7.º)**;
- repouso semanal remunerado de 24 horas consecutivas;
- apoio técnico, administrativo e financeiro no desempenho de suas funções;
- férias anuais de 30 dias, remuneradas com pelo menos 1/3 a mais do que a remuneração normal;
- benefícios e serviços previdenciários, inclusive em caso de acidente do trabalho, na qualidade de segurada obrigatória;
- 13.º salário;
- FGTS;

■ indenização de 40% do FGTS em caso de dispensa sem justa causa **(art. 14, parágrafo único)**.

O trabalho desenvolvido pela mãe social é de caráter intermitente, realizando-se pelo tempo necessário ao desempenho de suas tarefas **(art. 6.º)**.[30]

A Lei n. 7.644/87 prevê as condições para a admissão como mãe social **(art. 9.º)**, bem como suas atribuições **(art. 4.º)**:

---

[30] "AGRAVO DE INSTRUMENTO EM RECURSO DE REVISTA. 'MÃE SOCIAL'. TRABALHO INTERMITENTE. JORNADA DE TRABALHO. HORAS EXTRAS INDEVIDAS. LEI N. 7.644/1987. O artigo 6.º da Lei n. 7.644/1987 estabelece que 'O trabalho desenvolvido pela mãe social é de caráter intermitente, realizando-se pelo tempo necessário ao desempenho de suas tarefas'. A aludida lei define a 'mãe social' como aquela que se dedica à assistência da criança abandonada, exercendo esse encargo em nível social, dentro do sistema de 'casas-lares', ou seja, unidades residenciais sob sua responsabilidade, abrigando até dez crianças. A 'mãe social' e as crianças a ela confiadas devem residir juntas, e essas serão, inclusive, suas dependentes para efeitos dos benefícios previdenciários, nos termos dispostos nos artigos 2.º e 3.º, *caput* e § 3.º, da Lei n. 7.644/1987. Consta como atribuição da 'mãe social' dedicar-se 'com exclusividade', às crianças e à 'casa-lar' que lhe for confiada, o que abrange: orientar e assistir as crianças, propiciando o surgimento de condições próprias de uma família, e administrar a casa, realizando e organizando todas as tarefas a ela pertinentes (artigo 4.º da Lei n. 7644/1987). Verifica-se que não é possível estabelecer ou controlar a jornada de trabalho da 'mãe social', já que o conjunto de suas atribuições demanda, por lei, disponibilidade constante para as crianças. Realmente, isso é o que estabelece o artigo 6.º da Lei n. 7644/1987, segundo o qual o trabalho desenvolvido pela 'mãe social' realiza-se pelo tempo necessário ao desempenho de suas tarefas em caráter 'intermitente', o que significa dizer que o trabalho se desenvolve mediante sucessivos períodos de atividade e de paralisações, de acordo com a dinâmica natural de um lar. Nesse contexto, o fato de a reclamante ficar disponível ao longo de 24 horas, podendo ser acionada a qualquer momento, não desvirtua o caráter intermitente do trabalho da 'mãe social', ao contrário, é exatamente essa a previsão da lei. Incabível, pois, o deferimento de horas extras. Cumpre registrar que a limitação da jornada de trabalho é direito assegurado aos trabalhadores urbanos e rurais, nos termos do artigo 7.º, inciso XIII, da Constituição Federal. Não obstante, esse importante direito social comporta exceções, desde que legalmente estabelecidas, tal como aquela relativa ao trabalho da 'mãe social', tendo em vista o próprio conceito, finalidade e condições nas quais esse relevante trabalho é prestado. Impende salientar que não se nega o caráter fundamental da atividade da 'mãe social', e que os direitos assegurados por lei estão muito aquém da responsabilidade assumida por essas profissionais, bem como dos deveres que lhe são impostos, demandando aperfeiçoamento legislativo. Com efeito, a 'mãe social' não é responsável apenas pelos cuidados físicos com a criança, como a higienização e alimentação, mas pelo oferecimento da afetividade necessária ao seu desenvolvimento psicológico, emocional e social. Tais atribuições nem sequer podem ser mensuradas monetariamente, tamanha é a sua importância e complexidade. Não obstante, é inviável o deferimento de horas extras quando a previsão da lei é de inexistência de limitação de jornada diária, bem como de intervalos fixos para refeição. Assim, conclui-se que, na hipótese, de fato, resta indevido o deferimento de horas extras à agravante, de modo que não há falar em nulidade do regime 12x36. Precedentes. Agravo de instrumento desprovido" (AIRR-819-68.2019.5.09.0656, 3.ª T., rel. Min. Jose Roberto Freire Pimenta, *DEJT* 21.10.2022).

CONDIÇÕES PARA ADMISSÃO DA MÃE SOCIAL	ATRIBUIÇÕES DA MÃE SOCIAL
◘ Idade mínima de 25 anos. ◘ Boa sanidade física e mental. ◘ Curso de 1.º grau, ou equivalente. ◘ Ter sido aprovada em treinamento e estágio exigidos pelo art. 8.º da Lei n. 7.644/87. ◘ Boa conduta social. ◘ Aprovação em teste psicológico específico.	◘ Propiciar o surgimento de condições próprias de uma família, orientando e assistindo os menores colocados sob seus cuidados. ◘ Administrar o lar, realizando e organizando as tarefas a ele pertinentes. ◘ Dedicar-se com exclusividade aos menores e à casa-lar que lhes forem confiados. ◘ Residir, juntamente com os menores que lhes forem confiados, na casa-lar que lhe for destinada.

As mães sociais ficam sujeitas às seguintes penalidades aplicáveis pela entidade empregadora: advertência, suspensão e dispensa por justa causa **(art. 14)**.

A instituição deverá manter mães sociais substitutas, que atuarão no lugar das efetivas durante seus períodos de afastamento do serviço. No período de substituição, receberão a mesma remuneração percebida pela titular e ficará sujeita ao mesmo horário de trabalho. Quando não estiver em efetivo serviço de substituição, a mãe social substituta deverá residir na aldeia assistencial e cumprir as tarefas determinadas pelo empregador **(art. 10)**.

A extinção do contrato de trabalho implica na imediata retirada da mãe social da casa-lar que ocupava, cabendo ao empregador providenciar sua substituição **(art. 13)**.

3.1.8. Índios

A contratação de **índios como empregados** é plenamente possível e está amparada pelo ordenamento jurídico brasileiro.

O **Código Civil de 2002** inovou em relação à capacidade dos indígenas, à medida que deixou de indicar os silvícolas no rol dos relativamente incapazes, deixando para a legislação especial a regulamentação da capacidade deles **(art. 4.º, parágrafo único)**. Enquanto outra lei específica sobre capacidade do índio não for elaborada, a matéria continua sendo regulada pelo Estatuto do Índio **(Lei n. 6.001/73)** que, em seu **art. 7.º**, prevê que os índios e as comunidades indígenas ainda não integrados à comunhão nacional ficam sujeitos a regime tutelar.

A referida **tutela é exercida pela União**, por intermédio do órgão federal de assistência aos silvícolas **(FUNAI)**, e deve **obedecer aos usos e costumes das comunidades indígenas** e seus efeitos, salvo se tais comunidades optarem pela adoção dos princípios e normas do direito comum **(art. 7.º, §§ 1.º e 2.º, da Lei n. 6.001/73)**.

No que tange à **capacidade**, os índios podem ser considerados como:

■ *isolados* — aqueles que vivem em grupos desconhecidos ou dos quais se tem poucas e vagas informações por meio de contatos eventuais com a civilização;

■ *em vias de integração* — aqueles que mantêm as condições de sua vida nativa, mas, em razão de manterem contato intermitente ou permanente com a civilização, aceitam algumas práticas e modos de existência comuns da civilização, e dela vão necessitando cada vez mais para o próprio sustento;

■ *integrados* — aqueles incorporados à civilização e reconhecidos no pleno exercício dos direitos civis, ainda que conservem usos, costumes e tradições característicos de sua cultura **(art. 4.º, Lei n. 6.001/73)**.

Nos termos do **art. 9.º, da Lei n. 6.001/73**, o índio poderá requerer ao Juiz competente sua **liberação do regime tutelar**, desde que preencha os seguintes **requisitos:**

■ ter idade mínima de 21 anos (nos termos do Código Civil de 2002, art. 5.º, a maioridade é atingida aos 18 anos; logo, a idade mínima para o índio requerer a liberação do regime tutelar foi reduzida para 18 anos);

■ ter conhecimento da língua portuguesa;

■ ter habilitação para o exercício de atividade ou trabalho na civilização;

■ ter razoável compreensão dos usos e costumes da civilização. O Juiz decidirá sobre a liberação do regime tutelar, após instrução sumária, ouvidos o Ministério Público e a FUNAI **(parágrafo único, art. 9.º, da Lei n. 6.001/73)**.

A comunidade indígena poderá liberar-se do regime tutelar mediante decreto do Presidente da República, desde que tal emancipação seja requerida pela maioria e que tenha sido demonstrado o preenchimento dos requisitos previstos no art. 9.º, exigidos para a liberação individual do índio do regime tutelar **(art. 11, Lei n. 6.001/73)**.

Assim, conclui-se que:

■ **índios** *isolados* — são incapazes para celebrar contrato de trabalho, sendo nula sua eventual contratação;

■ **índios** *em via de integração* — podem celebrar contrato de trabalho, desde que com a autorização do órgão encarregado de sua tutela (FUNAI);

■ **índios** *integrados* — são capazes para a celebração de contratos de trabalho;

■ são nulos os atos praticados entre o **índio não integrado** e qualquer pessoa estranha à comunidade indígena quando não tenha havido a assistência do órgão tutelar **(art. 8.º, Lei n. 6.001/73)**.

Nos termos do **art. 231 da Constituição Federal**, os contratos de trabalho celebrados por trabalhadores indígenas devem levar sempre em conta a **proteção à organização social, aos costumes, às línguas, às crenças e às tradições dos povos indígenas**. Nesse sentido, o **Decreto n. 5.051, de 19.04.2004**, promulga a **Convenção n. 169 da Organização Internacional do Trabalho (OIT)**, sobre Povos Indígenas e Tribais, que, em seu **art. 8.º**, estabelece que a aplicação da legislação nacional aos povos indígenas deve sempre levar em conta seus costumes e instituições próprias.[31]

---

[31] *Vide* Decreto n. 10.088/2019, que consolida os atos normativos sobre promulgação das Convenções da OIT ratificadas.

O **art. 20 da Convenção n. 169 da OIT** (promulgada pelo **Decreto n. 5.051/2004**) prevê a obrigatoriedade de que a legislação nacional, em cooperação com as comunidades indígenas, adote medidas especiais para garantir aos trabalhadores pertencentes a essas comunidades uma **proteção eficaz em matéria de contratação e condições de emprego**, devendo ser respeitada em relação a eles a legislação aplicável aos trabalhadores em geral.

Além disso, a legislação deve prever **medidas contra qualquer tipo de discriminação entre os trabalhadores indígenas e os demais trabalhadores**, especialmente em relação a:

- acesso ao emprego, inclusive aos empregos qualificados e às medidas de promoção e ascensão;
- remuneração igual por trabalho de igual valor;
- assistência médica e social, segurança e higiene no trabalho, todos os benefícios da seguridade social e demais benefícios derivados do emprego, bem como a habitação;
- direito à associação, direito a se dedicar livremente a todas as atividades sindicais para fins lícitos, e direito de celebrar acordos ou convenções coletivas de trabalho com empregadores ou com organizações patronais.

A **Convenção n. 169 da OIT** prevê ainda que a legislação sobre trabalho indígena deve **garantir que estes trabalhadores**:

- gozem da proteção conferida pela legislação a outros trabalhadores das mesmas categorias e setores, e sejam plenamente informados de seus direitos e dos recursos de que dispõem nos termos da lei;
- não sejam submetidos a condições de trabalho perigosas para sua saúde, em particular como consequência de sua exposição a pesticidas ou a outras substâncias tóxicas;
- não sejam submetidos a sistemas de contratação coercitivos, incluindo-se todas as formas de servidão por dívidas;
- gozem de igualdade de oportunidade e tratamento para homens e mulheres no emprego e de proteção contra o assédio sexual **(art. 20)**.

Como forma de assegurar efetividade às medidas que estabelece, a **Convenção n. 169 da OIT** prevê a necessidade da criação de **serviços especiais de inspeção do trabalho** nas regiões onde existam trabalhadores indígenas que exerçam atividades remuneradas.

O Estatuto do Índio **(Lei n. 6.001/73, arts. 14 a 16)** dispõe as seguintes **condições de trabalho** que devem ser asseguradas aos trabalhadores indígenas:

- não discriminação entre trabalhadores indígenas e os demais trabalhadores, com aplicação a eles de todos os direitos e garantias das leis trabalhistas e de previdência social;

■ promoção de adaptação das condições de trabalho aos usos e costumes da comunidade a que pertencer o índio;

■ nulidade do contrato de trabalho celebrado com o índio *isolado*;

■ necessidade de prévia aprovação pela FUNAI dos contratos de trabalho celebrados com os índios *em vias de integração*, sendo que nestes casos deverá ser estimulada a realização de contratos por equipe, ou a domicílio, de modo a favorecer a continuidade da vida comunitária;

■ permanente fiscalização pela FUNAI das condições de trabalho dos índios ainda não integrados, sendo denunciados os abusos e aplicadas as sanções cabíveis;

■ facilitação do acesso dos índios *integrados* aos quadros da FUNAI, estimulando sua especialização indigenista.

Os índios, suas comunidades e organizações são partes legítimas para ingressar em juízo em defesa de seus direitos e interesses, intervindo o Ministério Público em todos os atos do processo **(art. 232, CF)**.

3.1.9. Aprendiz

A **aprendizagem** pode ser definida como o "sistema em virtude do qual o empregador se obriga, por contrato, a empregar um jovem trabalhador e a lhe ensinar ou a fazer que se lhe ensine metodicamente um ofício, durante período previamente fixado, no transcurso do qual o aprendiz se obriga a trabalhar a serviço do dito empregador".[32]

A aprendizagem está prevista na **CLT (arts. 428 a 433)** e no **Decreto n. 9.579/2018**.

O **art. 428 da CLT** estabelece as **regras gerais sobre o contrato de aprendizagem**:

■ é um contrato especial;
■ ajustado por escrito;
■ celebrado por prazo determinado.

Considera-se contrato de aprendizagem o contrato de trabalho especial, ajustado por escrito e por prazo determinado não superior a dois anos, em que o empregador se compromete a assegurar ao aprendiz formação técnico-profissional metódica compatível com o seu desenvolvimento físico, moral e psicológico e o aprendiz se compromete a executar, com zelo e diligência, as tarefas necessárias a sua formação **(art. 45, Decreto n. 9.579/2018)**.

São **sujeitos do contrato de aprendizagem:**

■ **empregador** — empresas de qualquer natureza (o empregador deve necessariamente ser pessoa jurídica);

---

[32] MAGANO, Octavio Bueno. *Manual de direito do trabalho*: direito tutelar do trabalho. 2. ed. rev. e atual. São Paulo: LTr, 1992. v. IV, p. 145.

■ **aprendiz** — maior de 14 e menor de 24 anos, inscrito em programa de aprendizagem.

A idade máxima **não se aplica** a aprendizes portadores de deficiência (**art. 428, § 5.º**). No entanto, para o aprendiz com deficiência com 18 anos ou mais, a validade do contrato de aprendizagem pressupõe anotação na CTPS e matrícula e frequência em programa de aprendizagem desenvolvido sob orientação de entidade qualificada em formação técnico-profissional metódica (**art. 428, § 8.º**).

Como **obrigações decorrentes do contrato de aprendizagem**, referido dispositivo legal ressalta:

■ **para o empregador** — assegurar ao aprendiz formação técnico-profissional metódica, compatível com o seu desenvolvimento físico, moral e psicológico. A **formação técnico-profissional** caracteriza-se por atividades teóricas e práticas, metodicamente organizadas em tarefas de complexidade progressiva desenvolvidas no ambiente de trabalho (**art. 428, § 4.º**) e será realizada por meio de programas de aprendizagem profissional organizados e desenvolvidos sob a orientação e a responsabilidade de entidades qualificadas (serviços nacionais de aprendizagem; instituições educacionais que oferecem educação profissional e tecnológica; entidades sem fins lucrativos que tenham por objetivos a assistência ao adolescente e à educação profissional, registradas no conselho municipal dos direitos da criança e do adolescente; entidades de prática desportiva das diversas modalidades filiadas ao Sistema Nacional do Desporto e aos sistemas de desporto estaduais, distrital e municipais) — (**arts. 48 e 50, Decreto n. 9.579/2018**);

■ **para o aprendiz** — executar com zelo e diligência as tarefas necessárias à sua formação técnico-profissional.

A formação técnico-profissional do aprendiz obedecerá aos seguintes princípios (**art. 49, Decreto n. 9.579/2018**):

■ garantia de acesso e frequência obrigatória no ensino básico;
■ horário especial para o exercício das atividades;
■ qualificação profissional adequada ao mercado de trabalho.

Os **requisitos essenciais para a validade** do contrato de aprendizagem são (**art. 428, § 1.º, CLT e art. 46, Decreto n. 9.579/2018**):

■ anotação na Carteira de Trabalho e Previdência Social;
■ matrícula e frequência do aprendiz à escola, caso não haja concluído o ensino médio. Excepcionalmente, nas localidades onde não houver oferta de ensino médio para cumprimento de tal requisito, a contratação do aprendiz poderá ocorrer sem a frequência à escola, desde que ele já tenha concluído o ensino fundamental (**art. 428, § 7.º**);

■ inscrição em programa de aprendizagem desenvolvido sob a orientação de entidade qualificada em formação técnico-profissional metódica.

A **comprovação da escolaridade** de aprendiz **com deficiência psicossocial** deve considerar, sobretudo, as habilidades e competências relacionadas com a profissionalização **(art. 428, § 6.º e art. 46, parágrafo único, Decreto n. 9.579/2018)**.

O aprendiz é **empregado regido pelo Direito do Trabalho**, sendo-lhe, portanto, aplicáveis os **direitos** assegurados pelas normas trabalhistas, com as seguintes **peculiaridades:**

■ A **duração do trabalho** do aprendiz não excederá de **6 horas diárias**, sendo vedadas a prorrogação e a compensação de jornada. Esse limite poderá ser aumentado para até **8 horas diárias** para os aprendizes que já tiverem completado o ensino fundamental, se nelas forem computadas as horas destinadas à aprendizagem teórica **(art. 432, CLT e arts. 60, *caput* e § 1.º, e art. 61, Decreto n. 9.549/2018)**. A jornada semanal do aprendiz inferior a 25 horas não caracterizará trabalho em regime de tempo parcial **(art. 60, § 2.º, Decreto n. 9.579/2018)**.

A jornada de trabalho do aprendiz compreenderá as horas destinadas às atividades teóricas e práticas, simultâneas ou não, estabelecidas no plano do curso pela entidade qualificada em formação técnico-profissional metódica. Na hipótese de aprendiz menor de 18 anos ser empregado em mais de um estabelecimento, as horas da jornada de trabalho em cada um deles deverão ser somadas, respeitando o limite diário **(arts. 62 e 63, Decreto n. 9.579/2018)**.

■ A **remuneração** do aprendiz será o **salário mínimo hora**, salvo condição mais favorável **(art. 428, § 2.º, da CLT)**.

A expressão **"condição mais favorável"** vem definida no **Decreto n. 9.579/2018**, no seu **art. 59, parágrafo único**, ao dispor: "Entende-se por condição mais favorável aquela estabelecida no contrato de aprendizagem ou prevista em convenção ou acordo coletivo de trabalho, em que se especifique o salário mais favorável ao aprendiz e o piso regional de que trata a *Lei Complementar n. 103, de 14 de julho de 2000*".

De acordo com o dispositivo legal acima transcrito, a condição mais favorável ao aprendiz pode ser:

■ fixada no contrato de aprendizagem;
■ prevista em convenção ou acordo coletivo de trabalho;
■ piso regional de que trata a **Lei Complementar n. 103/2000**.

Isso quer dizer que o aprendiz poderá ser remunerado:

■ pelo salário mínimo-hora **(art. 428, § 2.º, CLT)**;
■ pelo valor fixado no "contrato de aprendizagem";

■ pelo valor que se especificar em convenção ou acordo coletivo;
■ pelo que dispuser a respeito o piso regional.

O contrato de aprendizagem será **extinto nas seguintes hipóteses (art. 433, CLT, e art. 71, Decreto n. 9.519/2018):**

■ no término de seu prazo;
■ quando o aprendiz completar 24 anos, exceto se for aprendiz com deficiência;
■ antecipadamente, no caso de:
   ■ desempenho insuficiente ou inadaptação do aprendiz;[33]
   ■ falta disciplinar grave;
   ■ ausência injustificada à escola que implique perda do ano letivo;
   ■ a pedido do aprendiz.

No caso de rescisão antecipada do contrato de aprendizagem, não são aplicáveis os arts. 479 e 480 da CLT **(art. 433, § 2.º, e art. 73, Decreto n. 9.579/2018).**

---

[33] "RECURSO DE REVISTA. PROCEDIMENTO SUMARÍSSIMO. CONTRATO DE APRENDIZAGEM. GESTANTE. ESTABILIDADE PROVISÓRIA. POSSIBILIDADE DE RESCISÃO ANTECIPADA. JUSTA CAUSA. 1. A discussão alusiva à aplicabilidade da estabilidade provisória da gestante assegurada pelo art. 10, II, *b*, do ADCT aos contratos de aprendizagem não comporta maiores debates no âmbito deste Tribunal Superior, uma vez que o contrato de aprendizagem constitui modalidade de contrato por tempo determinado, atraindo a incidência da diretriz perfilhada pelo item III da Súmula n. 244 desta Corte. 2. Remanesce, tão somente, a controvérsia acerca da possibilidade, ou não, de rescisão antecipada do contrato de aprendizagem de gestante, tendo em vista a garantia da estabilidade provisória. 3. Consoante entendimento doutrinário e jurisprudencial, a estabilidade provisória da gestante tem caráter relativo, pois não obsta a dispensa por justa causa nem aquela fundada em motivo técnico, financeiro, disciplinar ou econômico, na medida em que a garantia assegurada pelo art. 10, II, *b*, do ADCT veda apenas a dispensa arbitrária ou sem justa causa. 4. Idêntica *ratio juris* deve ser aplicada em relação ao contrato de aprendizagem, com as peculiaridades que lhe são inerentes. Trata-se de modalidade de contrato especial por prazo determinado que, via de regra, será extinto ao seu termo final ou quando o aprendiz completar 24 anos, conforme se depreende do art. 433 da CLT. Contudo, referido preceito também estabelece as hipóteses de rescisão antecipada, quais sejam a pedido do aprendiz ou quando verificado o desempenho insuficiente ou inadaptação do aprendiz, a falta disciplinar grave ou a ausência injustificada à escola que implique perda do ano letivo, sendo estas últimas hipóteses configuradoras do justo motivo para a resolução contratual antecipada. 5. No caso concreto, restou amplamente demonstrado pela prova documental carreada aos autos o desempenho insuficiente da reclamante e as ausências injustificadas capazes de resultar na perda do curso escolar. 6. Por conseguinte, sendo motivada a dispensa em razão do desempenho insuficiente e das faltas injustificadas em percentual superior ao mínimo estabelecido, não há falar em garantia à estabilidade provisória da gestante assegurada pelo art. 10, II, *b*, do ADCT, a qual veda tão somente a dispensa arbitrária ou sem justa causa, situação não identificada no caso concreto. Recurso de revista não conhecido" (TST — RR 24926-17.2015.5.24.0005, 8.ª T., rel. Min. Dora Maria da Costa, *DEJT* 14.09.2018).

A **aprendiz gestante** tem direito à **estabilidade provisória** no emprego, de acordo com a Súmula 244, III, do TST.[34]

Observações:

- O Estatuto da Criança e do Adolescente **(Lei n. 8.069/90)** também garante o direito à profissionalização **(art. 69)**, observados os seguintes aspectos:
    - respeito à condição peculiar de pessoa em desenvolvimento;
    - capacitação profissional adequada ao mercado de trabalho.

A profissionalização deve ser assegurada ao adolescente, conforme preceito constitucional **(art. 227, CF)**.

O **art. 429 da CLT** estabelece a chamada **"cota de aprendizagem"**, ou seja, os estabelecimentos de qualquer natureza são obrigados a empregar e matricular, nos cursos dos Serviços Nacionais de Aprendizagem, número de aprendizes equivalente a 5%, no mínimo, e 15%, no máximo, dos trabalhadores existentes em cada estabelecimento, cujas funções demandem formação profissional. As frações de unidade, no cálculo da cota, darão lugar à admissão de um aprendiz (§ 1.º).

A "cota de aprendizagem" **não se aplica** quando o empregador for entidade sem fins lucrativos, que tenha por objetivo a educação profissional (§ 1.º-A).

Os estabelecimentos poderão destinar o equivalente a **até 10% (dez por cento) de sua cota** de aprendizes à **formação técnico-profissional** metódica em áreas relacionadas a **práticas de atividades desportivas**, à prestação de serviços relacionados à **infraestrutura**, incluindo as atividades de construção, ampliação, recuperação e manutenção de **instalações esportivas** e à organização e promoção de **eventos esportivos** (§ 1.º-B).

---

[34] "RECURSO DE REVISTA INTERPOSTO SOB A ÉGIDE DA LEI N. 13.015/2014. INSTRUÇÃO NORMATIVA 40 DO TST. MATÉRIA NÃO IMPUGNADA POR MEIO DE INTERPOSIÇÃO DE AGRAVO DE INSTRUMENTO. PRECLUSÃO. A decisão de admissibilidade do presente recurso de revista é posterior a 15.04.2016, portanto, segue a nova sistemática processual estabelecida por esta Corte Superior a partir do cancelamento da Súmula 285 do TST e da edição da Instrução Normativa 40 do TST. Nessa senda, tem-se que é ônus da parte impugnar, mediante a interposição de agravo de instrumento, os temas constantes do recurso de revista que não foram admitidos, sob pena de preclusão. No caso, o Tribunal Regional não admitiu o recurso de revista da reclamante quanto ao item "Dano Moral", e a parte deixou de interpor agravo de instrumento em face de tal decisão, razão por que fica inviabilizada a análise do recurso em relação a tal matéria, ante a preclusão. Recurso de revista não conhecido. GESTANTE. ESTABILIDADE PROVISÓRIA. CONTRATO DE APRENDIZAGEM. O Tribunal Regional entendeu não fazer jus a reclamante à garantia provisória de emprego prevista à gestante, uma vez que contratada mediante contrato de trabalho de aprendizagem. Consoante o entendimento da Súmula n. 244, item III, desta Corte Superior, é pacífico que "a empregada gestante tem direito à estabilidade provisória prevista no art. 10, inciso II, alínea *b*, do Ato das Disposições Constitucionais Transitórias, mesmo na hipótese de admissão mediante contrato por tempo determinado". Nesta esteira, a jurisprudência prevalecente nesta Corte Superior firmou-se no sentido de que a estabilidade provisória da gestante é aplicável às trabalhadoras contratadas mediante contrato de aprendizagem, o que se amolda à hipótese dos autos. Precedentes. Recurso de revista conhecido e provido" (RR-1002111-63.2016.5.02.0012, 2.ª T., rel. Min. Maria Helena Mallmann, *DEJT* 17.12.2021).

Os estabelecimentos ofertarão vagas de aprendizes a adolescentes usuários do **Sistema Nacional de Atendimento Socioeducativo** (Sinase) nas condições a serem dispostas em instrumentos de cooperação celebrados entre os estabelecimentos e os gestores do Sinase **(§ 2.º)**.

Os estabelecimentos poderão ofertar vagas de aprendizes a adolescentes usuários do **Sistema Nacional de Políticas Públicas sobre Drogas** — SISNAD nas condições a serem dispostas em instrumentos de cooperação celebrados entre os estabelecimentos e os gestores locais responsáveis pela prevenção do uso indevido, atenção e reinserção social de usuários e dependentes de drogas **(§ 3.º)**.

As **microempresas e as empresas de pequeno porte** são dispensadas de empregar e matricular seus aprendizes nos cursos dos Serviços Nacionais de Aprendizagem **(art. 51, III, Lei Complementar n. 123/2006)**.

Na hipótese de os Serviços Nacionais de Aprendizagem não oferecerem cursos ou vagas suficientes para atender à demanda dos estabelecimentos, esta poderá ser **suprida por outras entidades qualificadas em formação técnico-profissional metódica**, que deverão contar com estrutura adequada ao desenvolvimento dos programas de aprendizagem, de forma a manter a qualidade do processo de ensino. Tais entidades são **(art. 430, CLT)**:

- Escolas Técnicas de Educação;
- entidades sem fins lucrativos, que tenham por objetivo a assistência ao adolescente e à educação profissional, registradas no Conselho Municipal dos Direitos da Criança e do Adolescente;
- entidades de prática desportiva das diversas modalidades filiadas ao Sistema Nacional do Desporto e aos Sistemas de Desporto dos Estados, do Distrito Federal e dos Municípios.

Aos aprendizes que concluírem os cursos de aprendizagem, com aproveitamento, será concedido certificado de qualificação profissional **(art. 430, § 2.º, CLT)**.

A regulamentação e o detalhamento quanto à obrigatoriedade da contratação de aprendiz (cota de aprendizagem) são previstos nos **arts. 51 a 56 do Decreto n. 9.579/2018**, com as alterações decorrentes do **Decreto n. 11.479/2023**.

3.2. EMPREGADO DOMÉSTICO

3.2.1. Características

As características específicas da relação de emprego doméstico e também as regras de proteção deste empregado estão previstas na Constituição Federal e na Lei Complementar n. 150, de 01.06.2015.[35]

---

[35] Que revogou a Lei n. 5.859/72, que dispunha sobre a profissão do empregado doméstico.

Empregado doméstico é "aquele que presta serviços de forma contínua, subordinada, onerosa e pessoal e de finalidade não lucrativa à pessoa ou à família, no âmbito residencial destas, por mais de 2 (dois) dias por semana" **(art. 1.º, Lei Complementar n. 150/2015).**

Assim, são fatores que diferenciam o doméstico dos demais empregados:

- trabalho para pessoa ou família;
- trabalho no âmbito residencial;
- inexistência de fins lucrativos no trabalho que exerce.

O **empregador doméstico somente pode ser pessoa física**[36] e **não pode** utilizar o trabalho do doméstico com **objetivo de lucro**, sob pena de caracterizá-lo como empregado em geral.

A **inexistência de finalidade lucrativa no trabalho** deve ser considerada em relação ao tomador dos serviços, mas não significa que em relação ao empregado não haja um evidente conteúdo econômico, o que é caracterizado pela onerosidade. Os serviços prestados pelo empregado doméstico não podem se constituir em fator de produção para aquele que deles se aproveita (pessoa ou família). Mas o empregado doméstico tem o direito de receber o salário como contraprestação pecuniária pelos serviços prestados ao empregador.[37]

São empregados domésticos a arrumadeira, a cozinheira, o motorista, o jardineiro etc., desde que o trabalho seja realizado no âmbito residencial do empregador e que este não utilize os serviços do empregado com finalidade de obtenção de lucro. Na hipótese de a casa ser utilizada como pensão, a cozinheira não será doméstica, mas, sim, empregada, com seu contrato regido pela CLT.

Considera-se como **âmbito residencial** não só a **residência permanente** do empregador, mas também as **residências de veraneio**, tais como casa de praia, chácara ou sítio, desde que nelas não haja exercício de atividade econômica com finalidade lucrativa. Assim, por exemplo, sendo a chácara ou sítio utilizados exclusivamente para o lazer do empregador e de sua família e sendo eventual produção agrícola unicamente para consumo próprio, o empregado será doméstico. Ao contrário, havendo na propriedade produção agrícola ou pecuária com a finalidade de comercialização, o empregado não será doméstico, mas, sim, rural.[38]

---

[36] A Lei refere-se a *pessoa* ou *família*, mas um grupo de pessoas físicas que não estejam ligadas por vínculos familiares, mas que residem em uma mesma casa (república de estudantes, por exemplo), pode ser empregador doméstico, à medida que atuando estritamente em função de interesses pessoais e individuais, sem finalidade lucrativa, contrata um empregado para a execução de tarefas domésticas.

[37] Nesse sentido, Mauricio Godinho Delgado afirma que "o doméstico produz, exclusivamente, valor de uso, jamais valor de troca", *Curso de direito do trabalho*, 18. ed., p. 448.

[38] Sobre as características e os direitos do empregado rural, *vide* item 3.3 deste capítulo.

O trabalho doméstico, como ocorre em qualquer tipo de relação de emprego, é prestado com **pessoalidade, de forma contínua, subordinada** e **com onerosidade**, ou seja, o empregado doméstico presta serviços pessoais, não eventuais e remunerados, sob as ordens do empregador.

Existem certos tipos de serviços prestados pelo empregado que geram **dúvida** em relação à caracterização ou não do trabalho doméstico. Tais situações são as seguintes:

■ **Trabalhos intelectuais ou que exigem uma certa especialização da mão de obra**

A doutrina e a jurisprudência têm se posicionado no sentido de não fazer qualquer diferença o tipo de serviço prestado para que se possa caracterizar o trabalho doméstico. A natureza intelectual ou manual da atividade não exclui a qualidade do doméstico, desde que o serviço seja prestado para pessoa ou família, no âmbito residencial destas e sem finalidade lucrativa.

Nesse sentido, Mauricio Godinho Delgado afirma que podem ser considerados domésticos "professores (ou "preceptores") particulares, secretárias particulares, enfermeiras particulares e outros trabalhadores, desde que, insista-se, estejam presentes, na situação sociojurídica examinada, todos os elementos fático-jurídicos gerais e especiais da relação de emprego da Lei n. 5.859/72".[39]

■ **Trabalho exercido pelos porteiros, faxineiros, zeladores e serventes de prédios de apartamentos residenciais**

A **Lei n. 2.757, de 23.04.1956**, excluiu estes trabalhadores, desde que trabalhem a serviço da administração do edifício, das regras específicas do trabalho doméstico, razão pela qual são considerados trabalhadores urbanos, a eles sendo aplicáveis todos os direitos previstos no **art. 7.º da Constituição Federal**.

É vedada a contratação de menor de 18 anos para desempenho de trabalho doméstico (art. 1.º, parágrafo único, Lei Complementar n. 150/2015).[40]

3.2.2. Direitos

Tendo em vista a exclusão expressa da relação de emprego doméstico do sistema de proteção da CLT, o regramento específico deste tipo de trabalho foi dado inicialmente apenas pela **Lei n. 5.859/72**, que previa os seguintes direitos aplicáveis aos domésticos:

---

[39] DELGADO, Mauricio Godinho. *Curso de direito do trabalho*, 18. ed., p. 449. A referência hoje é à Lei Complementar n. 150/2015, que dispõe sobre o contrato de trabalho doméstico, e revogou expressamente a Lei n. 5.589/1972. No mesmo sentido, os posicionamentos de Octavio Bueno Magano, *Manual de direito do trabalho*. 2. ed. São Paulo: LTr, 1986. v. II, p. 27, e de Orlando Gomes e Elson Gottschalk, *Curso de direito do trabalho*, 17. ed., p. 97.

[40] Disposição de acordo com a Convenção n. 182, de 1999, da OIT e o Decreto n. 6.481/2008. Aliás, a Convenção n. 189/2011, da OIT, sobre Trabalho Decente para as Trabalhadoras e Trabalhadores Domésticos, promulgada no Brasil pelo Decreto n. 12.009/2024, prevê expressamente, como obrigação dos países-membros da OIT, a erradicação efetiva do trabalho infantil no âmbito do trabalho doméstico.

férias anuais remuneradas de 20 dias úteis, após cada período de 12 meses de trabalho prestado à mesma pessoa ou família; anotação na CTPS; e inscrição como segurado obrigatório da Previdência Social. O decreto regulamentador da referida Lei **(Decreto n. 71.885/73, art. 2.º)** determinava que fosse aplicado ao empregado doméstico o capítulo da CLT relativo às férias, com exceção das regras sobre prazo, em relação às quais já havia previsão específica.

A legislação instituidora e regulamentadora do vale-transporte **(Leis n. 7.418/85 e 7.619/87 e Decreto n. 10.854/2021)** estendeu tal benefício à categoria dos trabalhadores domésticos.

A **Constituição Federal de 1988** foi um marco na proteção trabalhista dos domésticos, à medida que lhes **assegurou** um **leque de direitos muito mais extenso** do que o que lhe era conferido pela legislação existente até então. No entanto, muito embora seja inegável a melhoria das condições de proteção trabalhista do doméstico a partir da Constituição de 1988, era inescusável a constatação de que o constituinte adotou um critério desigual entre os trabalhadores domésticos e os trabalhadores urbanos e rurais, à medida que o **art. 7.º** prevê uma proteção ampla e integral a estes últimos em detrimento da proteção assegurada aos primeiros, que se restringia aos direitos previstos em alguns poucos incisos do referido dispositivo.

De toda sorte, **a partir da Constituição Federal de 1988** os domésticos passaram a ter os direitos previstos no **art. 7.º, parágrafo único:**

- salário mínimo;
- irredutibilidade de salário;
- décimo terceiro salário;
- repouso semanal remunerado preferencialmente aos domingos;
- férias anuais remuneradas com pelo menos um terço a mais do que o salário normal;
- licença-gestante de 120 dias sem prejuízo do emprego e do salário;
- licença-paternidade;
- aviso prévio de no mínimo 30 dias;
- aposentadoria;
- integração à Previdência Social.

A **Lei n. 11.324, de 19.07.2006**, trouxe nova **ampliação de direitos** do trabalhador doméstico:

- descanso remunerado em feriados (foi **revogada** expressamente a exclusão prevista no **art. 5.º, Lei n. 605/49**);
- 30 dias corridos de férias, para períodos aquisitivos iniciados após a data de publicação da Lei (**art. 3.º, Lei n. 5.859/72**, com nova redação, e **art. 5.º, Lei n. 11.324/2006**);
- proibição de descontos no salário do doméstico por fornecimento de alimentação, vestuário, higiene ou moradia (**art. 2.º-A, Lei n. 5.859/72**);

■ garantia de emprego à empregada gestante, desde a confirmação da gravidez até cinco meses após o parto **(art. 4.º-A, Lei n. 5.859/72)**.

Em resposta às discussões sobre a desigualdade de tratamento constitucional entre os trabalhadores urbanos e rurais e os trabalhadores domésticos, e atendendo aos anseios dessa última categoria, que somente no Brasil soma mais de seis milhões de trabalhadores, a **Emenda Constitucional n. 72/2013** estabeleceu uma nova **ampliação aos direitos do empregado doméstico**.

Assim, **mantendo os direitos já originalmente previstos pela Constituição Federal de 1988** (salário mínimo, irredutibilidade de salário, décimo terceiro salário, repouso semanal remunerado preferencialmente aos domingos, férias anuais remuneradas com pelo menos um terço a mais do que o salário normal, licença-gestante de 120 dias sem prejuízo do emprego e do salário, licença-paternidade, aviso prévio proporcional ao tempo de serviço, sendo no mínimo de 30 dias, aposentadoria e integração à Previdência Social), o parágrafo único do art. 7.º da Constituição Federal passou, com a redação dada pela Emenda Constitucional n. 72/2013, a garantir à categoria dos trabalhadores domésticos os seguintes direitos:

■ garantia de salário, nunca inferior ao mínimo, para os que percebem remuneração variável;

■ proteção do salário na forma da lei, constituindo crime sua retenção dolosa;

■ duração do trabalho normal não superior a oito horas diárias e quarenta e quatro semanais, facultada a compensação de horários e a redução da jornada, mediante acordo ou convenção coletiva de trabalho;

■ remuneração do serviço extraordinário superior, no mínimo, em cinquenta por cento à do normal;

■ redução dos riscos inerentes ao trabalho, por meio de normas de saúde, higiene e segurança;

■ reconhecimento das convenções e acordos coletivos de trabalho;

■ proibição de diferença de salários, de exercício de funções e de critério de admissão por motivo de sexo, idade, cor ou estado civil;

■ proibição de qualquer discriminação no tocante a salário e critérios de admissão do trabalhador portador de deficiência;

■ proibição de trabalho noturno, perigoso ou insalubre a menores de dezoito e de qualquer trabalho a menores de dezesseis anos, salvo na condição de aprendiz, a partir de quatorze anos.

Além disso, atendidas as condições estabelecidas em lei e observada a simplificação do cumprimento das obrigações tributárias, principais e acessórias, decorrentes da relação de trabalho e suas peculiaridades, também se assegurou aos trabalhadores domésticos:

■ relação de emprego protegida contra despedida arbitrária ou sem justa causa, nos termos de lei complementar, que preverá indenização compensatória, entre outros direitos;

- seguro-desemprego, em caso de desemprego involuntário;
- fundo de garantia do tempo de serviço;
- remuneração do trabalho noturno superior à do diurno;
- salário-família pago em razão do dependente do trabalhador de baixa renda nos termos da lei;
- assistência gratuita aos filhos e dependentes desde o nascimento até 5 (cinco) anos de idade em creches e pré-escolas;
- seguro contra acidentes de trabalho, a cargo do empregador, sem excluir a indenização a que este está obrigado, quando incorrer em dolo ou culpa.

Após esse longo período no qual os direitos dos domésticos foram sendo gradativamente reconhecidos (sendo que alguns ainda dependiam de regulamentação), finalmente, em 1.º de junho de 2015, foi promulgada a **Lei Complementar n. 150**, que, revogando a Lei n. 5.559/72 e diversos outros dispositivos legais, passou a dispor, de forma sistematizada, sobre o contrato de trabalho doméstico.

Assim, dentre os **direitos assegurados aos trabalhadores domésticos** pelo art. 7.º, parágrafo único, da Constituição Federal, destaca-se:

- Contratação:
    - a Carteira de Trabalho e Previdência Social (CTPS) será obrigatoriamente apresentada, contra recibo, pelo empregado ao empregador que o admitir, o qual terá o prazo de 48 horas para nela anotar, especificamente, a data de admissão, a remuneração e, quando for o caso, o contrato por prazo determinado **(art. 9.º, Lei Complementar n. 150/2015)**.
- Contrato por prazo determinado:
    - o empregado doméstico pode ser contratado por prazo determinado nas seguintes situações **(art. 4.º, Lei Complementar n. 150/2015)**:
        - mediante contrato de experiência; ou
        - para atender necessidades familiares de natureza transitória e para substituição temporária de empregado doméstico com contrato de trabalho interrompido ou suspenso;
    - o contrato de experiência não poderá exceder de 90 dias. Sendo celebrado em prazo inferior, o contrato de experiência poderá ser prorrogado uma vez, desde que a soma dos dois períodos não ultrapasse o limite máximo de duração (90 dias). Não respeitadas as limitações de duração máxima e de prorrogação, o contrato de experiência passará a vigorar como contrato por prazo indeterminado **(art. 5.º, Lei Complementar n. 150/2015)**;
    - nas demais hipóteses de contrato por prazo determinado autorizadas por lei para a contratação do empregado doméstico (necessidades transitórias e substituição temporária), a duração é limitada ao término do evento que motivou

a contratação, obedecido o limite máximo de dois anos **(art. 4.º, parágrafo único, Lei Complementar n. 150/2015)**;

◼ na contratação por prazo determinado, e desde que a extinção do contrato se dê no prazo estipulado, não haverá a obrigação, para qualquer das partes, de aviso prévio **(art. 8.º e art. 23, Lei Complementar n. 150/2015)**;

◼ a rescisão antecipada pelo empregador do contrato por prazo determinado (dispensa sem justa causa) impõe-lhe a obrigação de pagar ao empregado, a título de indenização, metade da remuneração a que teria direito até o termo do contrato **(art. 6.º, Lei Complementar n. 150/2015)**.

Por sua vez, a rescisão antecipada pelo empregado do contrato por prazo determinado (pedido de demissão) gera a obrigação de indenizar o empregador dos prejuízos que desse fato lhe resultarem, sendo que referida indenização não poderá exceder aquela a que teria direito o empregado em idênticas condições[41] **(art. 7.º, Lei Complementar n. 150/2015)**.

◼ Jornada de trabalho:

◻ a duração normal do trabalho doméstico não excederá 8 horas diárias e 44 horas semanais, sendo a remuneração da hora extraordinária, no mínimo, 50% superior ao valor da hora normal **(art. 2.º, *caput* e § 1.º, Lei Complementar n. 150/2015)**;

◻ os intervalos, o tempo de repouso, as horas não trabalhadas, os feriados e os domingos livres em que o empregado que mora no local de trabalho nele permaneça não serão computados como horário de trabalho **(art. 2.º, § 7.º, Lei Complementar n. 150/2015)**;

◻ o trabalho não compensado prestado em domingos e feriados deve ser pago em dobro, sem prejuízo da remuneração relativa ao repouso semanal **(art. 2.º, § 8.º, Lei Complementar n. 150/2015)**;

◻ é obrigatório o registro do horário de trabalho do empregado doméstico por qualquer meio manual, mecânico ou eletrônico, desde que idôneo **(art. 12, Lei Complementar n. 150/2015)**;

◻ o salário-hora normal, em caso de empregado mensalista, será obtido dividindo-se o salário mensal por 220 horas, salvo se o contrato estipular jornada mensal inferior que resulte em divisor diverso **(art. 2.º, § 2.º, Lei Complementar n. 150/2015)**;

◻ o salário-dia normal, em caso de empregado mensalista, será obtido dividindo-se o salário mensal por 30 e servirá de base para pagamento do repouso semanal remunerado e dos feriados trabalhados **(art. 2.º, § 3.º, Lei Complementar n. 150/2015)**;

---

[41] Metade da remuneração a que teria direito até o término do contrato.

■ o legislador autoriza expressamente a instituição de regime de compensação de horas mediante acordo escrito entre empregador e empregado. Nesse caso, poderá ser dispensado o acréscimo de salário, se o excesso de horas de um dia for compensado em outro dia **(art. 2.º, § 4.º, Lei Complementar n. 150/2015)**;

■ o regime de compensação deve obedecer às seguintes regras **(art. 2.º, §§ 5.º e 6.º, Lei Complementar n. 150/2015)**:

■ será devido o pagamento, como horas extraordinárias, das primeiras 40 horas mensais excedentes ao horário normal de trabalho;

■ das primeiras 40 horas mensais excedentes poderão ser deduzidas, sem o correspondente pagamento, as horas não trabalhadas, em função de redução do horário normal de trabalho ou de dia útil não trabalhado, durante o mês;

■ o saldo de horas que excederem as 40 primeiras horas mensais, com a dedução, quando for o caso, será compensado no período máximo de um ano;

■ na hipótese de rescisão do contrato de trabalho sem que tenha havido a compensação integral da jornada extraordinária, o empregado fará jus ao pagamento das horas extras não compensadas, calculadas sobre o valor da remuneração na data da rescisão.

■ Situações especiais em relação à jornada de trabalho:

■ Tendo em vista as peculiaridades do trabalho doméstico, o legislador regulou algumas situações especiais em relação à fixação e cumprimento da jornada de trabalho:

■ é facultado às partes, mediante acordo escrito, estabelecer horário de trabalho de 12 horas seguidas por 36 horas ininterruptas de descanso, observados ou indenizados os intervalos para repouso e alimentação, sendo que a remuneração pactuada por esse horário de trabalho abrange os pagamentos devidos pelo descanso semanal remunerado e pelo descanso em feriados, e serão considerados compensados os feriados e as prorrogações de trabalho noturno, quando houver **(art. 10, Lei Complementar n. 150/2015)**;

■ considera-se trabalho em regime de tempo parcial aquele cuja duração não exceda 25 horas semanais, hipótese em que o salário pago ao empregado será proporcional à sua jornada, em relação ao empregado que cumpre, nas mesmas funções, tempo integral. A duração normal do trabalho de empregado em regime de tempo parcial poderá ser acrescida de horas suplementares, em número não excedente a uma hora diária, mediante acordo escrito entre empregador e empregado, com limite de seis horas diárias **(art. 3.º, *caput* e §§ 1.º e 2.º, Lei Complementar n. 150/2015)**.

■ em relação ao empregado responsável por acompanhar o empregador prestando serviços em viagem, o que está condicionado à prévia existência de acordo escrito entre as partes, serão consideradas apenas as horas efetivamente trabalhadas no período, podendo ser compensadas as horas extraordinárias em outro dia. A remuneração-hora do serviço em viagem será, no mínimo, 25% superior ao valor do salário-hora normal, podendo, mediante acordo, ser convertido em acréscimo no banco de horas, a ser utilizado a critério do empregado **(art. 11, Lei Complementar n. 150/2015)**;

◘ considera-se noturno o trabalho executado entre as 22 horas de um dia e as 5 horas do dia seguinte, sendo que a hora noturna terá duração de 52 minutos e 30 segundos, e será remunerada com acréscimo de, no mínimo, 20% sobre o valor da hora diurna. Em caso de contratação, pelo empregador, de empregado exclusivamente para desempenhar trabalho noturno, o acréscimo será calculado sobre o salário anotado na CTPS. Nos horários mistos, assim entendidos os que abrangem períodos diurnos e noturnos, aplicam-se às horas de trabalho noturno as disposições da Lei a respeito **(art. 14, Lei Complementar n. 150/2015)**.

◘ Intervalos:
  ◘ intervalo intrajornada **(art. 13, Lei Complementar n. 150/2015)**:
  ◘ é obrigatória a concessão de intervalo para repouso ou alimentação pelo período de, no mínimo, uma hora e, no máximo, duas horas, admitindo-se, mediante prévio acordo escrito entre empregador e empregado, sua redução a 30 minutos, sendo, nesse caso, obrigatória a sua anotação no registro diário de horário, vedada sua prenotação;
  ◘ caso o empregado resida no local de trabalho, o período de intervalo poderá ser desmembrado em dois períodos, desde que cada um deles tenha, no mínimo, uma hora, até o limite de quatro horas ao dia.
  ◘ intervalo interjornadas **(art. 15.º, Lei Complementar n. 150/2015)**: entre duas jornadas de trabalho deve haver período mínimo de 11 horas consecutivas para descanso;
  ◘ repouso semanal remunerado **(art. 16, Lei Complementar n. 150/2015)**: com duração de, no mínimo, 24 horas consecutivas, deve ser concedido preferencialmente aos domingos, sendo assegurado o direito além do descanso remunerado em feriados. Observadas as peculiaridades do trabalho doméstico, a ele também se aplicam, em relação ao DSR, a Lei n. 605/49 e, subsidiariamente, a CLT **(art. 19, Lei Complementar n. 150/2015)**.

◘ Férias:
  ◘ após cada período de 12 meses de trabalho prestado à mesma pessoa ou família, o empregado doméstico terá direito a férias anuais remuneradas de 30 dias, com acréscimo de, pelo menos, um terço do salário normal **(art. 17, Lei Complementar n. 150/2015)**;
  ◘ após cada período de 12 meses de vigência do contrato de trabalho, o empregado contratado na modalidade do regime de tempo parcial terá direito a férias, na seguinte proporção **(art. 3.º, § 3.º, Lei Complementar n. 150/2015)**:
    ◘ 18 dias, para duração do trabalho semanal superior a 22 horas, até 25 horas;
    ◘ 16 dias, para duração do trabalho semanal superior a 20 horas, até 22 horas;

- 14 dias, para duração do trabalho semanal superior a 15 horas, até 20 horas;
- 12 dias, para duração do trabalho semanal superior a 10 horas, até 15 horas;
- 10 dias, para duração do trabalho semanal superior a 5 horas, até 10 horas;
- 8 dias, para duração do trabalho igual ou inferior a 5 horas.

- as férias serão concedidas pelo empregador nos 12 meses subsequentes à data em que o empregado tiver adquirido o direito **(art. 17, § 6.º, Lei Complementar n. 150/2015)**;
- o período de férias poderá, a critério do empregador, ser fracionado em até dois períodos, sendo um deles de, no mínimo, 14 dias corridos **(art. 17, § 2.º, Lei Complementar n. 150/2015)**;
- o empregado que reside no local de trabalho pode licitamente nele permanecer durante as férias **(art. 17, § 5.º, Lei Complementar n. 150/2015)**;
- é facultado ao empregado doméstico converter um terço do período de férias a que tiver direito em abono pecuniário, no valor da remuneração que lhe seria devida nos dias correspondentes, devendo o referido abono ser requerido até 30 dias antes do término do período aquisitivo **(art. 17, §§ 3.º e 4.º, Lei Complementar n. 150/2015)**;
- na cessação do contrato de trabalho, o empregado, desde que não tenha sido demitido por justa causa, terá direito à remuneração relativa ao período incompleto de férias, na proporção de um doze avos por mês de serviço ou fração superior a 14 dias corridos **(art. 17, § 1.º, Lei Complementar n. 150/2015)**.

- Descontos no salário:
    - é vedado ao empregador doméstico efetuar descontos no salário do empregado por fornecimento de alimentação, vestuário, higiene ou moradia, bem como por despesas com transporte, hospedagem e alimentação em caso de acompanhamento em viagem, sendo que tais despesas não têm natureza salarial nem se incorporam à remuneração para quaisquer efeitos **(art. 18, *caput* e § 3.º, Lei Complementar n. 150/2015)**;
    - em relação à moradia, o legislador prevê, ainda, duas situações:
        - moradia em local diverso da residência em que ocorrer a prestação de serviço: poderão ser descontadas as despesas com a moradia, desde que essa possibilidade tenha sido expressamente acordada entre as partes **(art. 18, § 2.º, Lei Complementar n. 150/2015)**;
        - moradia na própria residência ou em morada anexa, de qualquer natureza: não gera ao empregado qualquer direito de posse ou de propriedade sobre a referida moradia **(art. 18, § 4.º, Lei Complementar n. 150/2015)**;
    - é facultado ao empregador efetuar descontos no salário do empregado em caso de adiantamento salarial e, mediante acordo escrito entre as partes, para a inclusão do empregado em planos de assistência médico-hospitalar e odontológica, de seguro e de previdência privada, não podendo a dedução ultrapassar 20% do salário **(art. 18, § 1.º, Lei Complementar n. 150/2015)**.

- FGTS:
    - é devida a inclusão do empregado doméstico no Fundo de Garantia do Tempo de Serviço, na forma do regulamento editado pelo Conselho Curador e pelo agente operador do FGTS, no âmbito de suas competências **(art. 21, Lei Complementar n. 150/2015)**;
    - mensalmente o empregador depositará a importância de 8% sobre a remuneração devida no mês anterior, a cada empregado, a título de FGTS **(art. 34, IV, Lei Complementar n. 150/2015)**;
    - mensalmente o empregador doméstico depositará a importância de 3,2% sobre a remuneração devida no mês anterior, a cada empregado, destinada ao pagamento da indenização compensatória da perda do emprego, sem justa causa ou por culpa do empregador, não se aplicando ao empregado doméstico a indenização de 40% sobre os depósitos do FGTS **(art. 22, *caput*, e art. 34, V, Lei Complementar n. 150/2015)**;
    - nas hipóteses de dispensa por justa causa, de pedido de demissão, de término do contrato de trabalho por prazo determinado, de aposentadoria e de falecimento do empregado doméstico, os valores relativos à indenização compensatória da perda do emprego que foi depositada ao longo do período de vigência do contrato serão movimentados pelo empregador **(art. 22, § 1.º, Lei Complementar n. 150/2015)**;
    - na hipótese de culpa recíproca, metade dos valores referentes à indenização compensatória da perda do emprego será movimentada pelo empregado, enquanto a outra metade será movimentada pelo empregador **(art. 22, § 2.º, Lei Complementar n. 150/2015)**.

- Gratificação de Natal:
    - em relação à gratificação de Natal (13.º salário), observadas as peculiaridades do trabalho doméstico, a ele se aplicam as disposições das Leis n. 4.090/62 e 4.749/65 **(art. 19, Lei Complementar n. 150/2015)**.

- Vale-transporte:
    - em relação ao vale-transporte, observadas as peculiaridades do trabalho doméstico, a ele se aplicam as disposições da Lei n. 7.418/85, sendo possível, a critério do empregador, a substituição do benefício (fornecimento de vale) pela concessão, mediante recibo, dos valores para aquisição das passagens necessárias ao custeio das despesas decorrentes do deslocamento residência-trabalho e vice-versa **(art. 19, *caput* e parágrafo único, Lei Complementar n. 150/2015)**.

- Licença-maternidade:
    - a empregada doméstica gestante tem direito a licença-maternidade de 120 dias, sem prejuízo do emprego e do salário **(art. 25, *caput*, Lei Complementar n. 150/2015)**.

■ Estabilidade provisória no emprego:

■ a confirmação do estado de gravidez durante o curso do contrato de trabalho, ainda que durante o prazo do aviso prévio trabalhado ou indenizado, garante à empregada gestante a estabilidade provisória prevista no art. 10, II, "b", do Ato das Disposições Constitucionais Transitórias, desde a confirmação da gravidez até cinco meses após o parto (**art. 25, parágrafo único, Lei Complementar n. 150/2015**).

■ Aviso prévio:

■ não havendo prazo estipulado no contrato de trabalho, a parte que, sem justo motivo, quiser rescindi-lo deverá avisar a outra de sua intenção (**art. 23, *caput*, Lei Complementar n. 150/2015**);

■ o aviso prévio será concedido na proporção de 30 dias ao empregado que conte com até um ano de serviço para o mesmo empregador, sendo que a partir de um ano serão acrescidos 3 dias por ano de serviço prestado para o mesmo empregador, até o máximo de 60 dias, perfazendo um total de até 90 dias (**art. 23, §§ 1.º e 2.º, Lei Complementar n. 150/2015**);

■ a falta de aviso prévio (**art. 23, §§ 3.º e 4.º, Lei Complementar n. 150/2015**):

■ por parte do empregador dá ao empregado o direito aos salários correspondentes ao prazo do aviso, garantida sempre a integração desse período ao seu tempo de serviço;

■ por parte do empregado dá ao empregador o direito de descontar os salários correspondentes ao prazo respectivo;

■ quando a rescisão do contrato de trabalho tiver sido promovida pelo empregador, durante o aviso prévio o horário normal de trabalho do empregado será reduzido de 2 horas diárias, sem prejuízo do salário integral, sendo facultado ao empregado trabalhar sem a redução das 2 horas diárias, caso em que poderá faltar ao serviço, sem prejuízo do salário integral, por 7 dias corridos (**art. 24, *caput* e parágrafo único, Lei Complementar n. 150/2015**);

■ o valor das horas extraordinárias habituais integra o aviso prévio indenizado (**art. 23, § 5.º, Lei Complementar n. 150/2015**).

■ Rescisão do contrato de trabalho por justa causa, do empregado ou do empregador:

■ considera-se justa causa do empregado doméstico (**art. 27, Lei Complementar n. 150/2015**):

■ submissão a maus-tratos de idoso, de enfermo, de pessoa com deficiência ou de criança sob cuidado direto ou indireto do empregado;

■ prática de ato de improbidade;

■ incontinência de conduta ou mau procedimento;

■ condenação criminal do empregado transitada em julgado, caso não tenha havido suspensão da execução da pena;

■ desídia no desempenho das respectivas funções;

- embriaguez habitual ou em serviço;
- ato de indisciplina ou de insubordinação;
- abandono de emprego, assim considerada a ausência injustificada ao serviço por, pelo menos, 30 dias corridos;
- ato lesivo à honra ou à boa fama ou ofensas físicas praticadas em serviço contra qualquer pessoa, salvo em caso de legítima defesa, própria ou de outrem;
- ato lesivo à honra ou à boa fama ou ofensas físicas praticadas contra o empregador doméstico ou sua família, salvo em caso de legítima defesa, própria ou de outrem;
- prática constante de jogos de azar.
■ o contrato de trabalho poderá ser rescindido por culpa do empregador quando **(art. 27, parágrafo único, Lei Complementar n. 150/2015)**:
  - o empregador exigir serviços superiores às forças do empregado doméstico, defesos por lei, contrários aos bons costumes ou alheios ao contrato;
  - o empregado doméstico for tratado pelo empregador ou por sua família com rigor excessivo ou de forma degradante;
  - o empregado doméstico correr perigo manifesto de mal considerável;
  - o empregador não cumprir as obrigações do contrato;
  - o empregador ou sua família praticar, contra o empregado doméstico ou pessoas de sua família, ato lesivo à honra e à boa fama;
  - o empregador ou sua família ofender o empregado doméstico ou sua família fisicamente, salvo em caso de legítima defesa, própria ou de outrem;
  - o empregador praticar qualquer das formas de violência doméstica ou familiar contra mulheres de que trata o art. 5.º da Lei n. 11.340/2006.

■ Seguro-desemprego:
  - o empregado doméstico que for dispensado sem justa causa fará jus ao benefício do seguro-desemprego no valor de um salário mínimo, por período máximo de 3 meses, de forma contínua ou alternada, sendo que a concessão do benefício se dará nos termos do regulamento do Conselho Deliberativo do Fundo de Amparo ao Trabalhador — Codefat **(art. 26, *caput* e § 1.º, Lei Complementar n. 150/2015)**;
  - para se habilitar ao benefício do seguro-desemprego, o trabalhador doméstico deverá apresentar ao órgão competente do Ministério do Trabalho **(art. 28, Lei Complementar n. 150/2015)**:
    - CTPS, na qual deverão constar a anotação do contrato de trabalho doméstico e a data da dispensa, de modo a comprovar o vínculo empregatício, como empregado doméstico, durante pelo menos 15 meses nos últimos 24 meses;
    - termo de rescisão do contrato de trabalho;
    - declaração de que não está em gozo de benefício de prestação continuada da Previdência Social, exceto auxílio-acidente e pensão por morte;

- declaração de que não possui renda própria de qualquer natureza suficiente à sua manutenção e de sua família.
- o seguro-desemprego deverá ser requerido de 7 a 90 dias contados da data da dispensa **(art. 29, Lei Complementar n. 150/2015)**;
- o benefício do seguro-desemprego será cancelado, sem prejuízo das demais sanções civis e penais cabíveis **(art. 26, § 2.º, Lei Complementar n. 150/2015)**:
    - pela recusa, por parte do trabalhador desempregado, de outro emprego condizente com sua qualificação registrada ou declarada e com sua remuneração anterior;
    - por comprovação de falsidade na prestação das informações necessárias à habilitação;
    - por comprovação de fraude visando à percepção indevida do benefício do seguro-desemprego;
    - por morte do segurado.
- novo seguro-desemprego só poderá ser requerido após o cumprimento de novo período aquisitivo, cuja duração será definida pelo Codefat **(art. 30, Lei Complementar n. 150/2015)**.
- Previdência Social:
    - o empregado doméstico é segurado obrigatório da Previdência Social, sendo-lhe devidas as prestações previdenciárias previstas em lei, observadas as características especiais do trabalho doméstico **(art. 20, Lei Complementar n. 150/2015)**.

O pagamento de tributos, de contribuições e dos demais encargos do empregador doméstico é feito através do regime unificado de pagamento Simples Doméstico **(art. 31, Lei Complementar n. 150/2015)**.

O Simples Doméstico assegurará o recolhimento mensal, mediante documento único de arrecadação, dos seguintes valores, incidentes sobre a remuneração paga ou devida no mês anterior, a cada empregado, incluída na remuneração a gratificação de Natal **(art. 34, *caput* e § 1.º, Lei Complementar n. 150/2015)**:

- 8% a 11% de contribuição previdenciária, a cargo do segurado empregado doméstico;
- 8% de contribuição patronal previdenciária para a seguridade social, a cargo do empregador doméstico;
- 0,8% de contribuição social para financiamento do seguro contra acidentes do trabalho;
- 8% de recolhimento para o FGTS;
- 3,2% a título de indenização compensatória da perda do emprego;
- imposto de renda retido na fonte, se incidente.

A contribuição previdenciária a cargo do segurado e o imposto de renda serão descontados da remuneração do empregado pelo empregador, que é responsável por seu recolhimento **(art. 34, § 2.º, Lei Complementar n. 150/2015)**.

O empregador fornecerá mensalmente ao empregado doméstico cópia do documento único de arrecadação — Simples Doméstico **(art. 34, § 6.º, Lei Complementar n. 150/2015)**.

É de responsabilidade do empregador o arquivamento de documentos comprobatórios do cumprimento das obrigações fiscais, trabalhistas e previdenciárias, enquanto não prescreverem **(art. 42, Lei Complementar n. 150/2015)**.

O direito de ação quanto a créditos resultantes das relações de trabalho doméstico prescreve em 5 anos, até o limite de 2 anos após a extinção do contrato de trabalho **(art. 43, Lei Complementar n. 150/2015)**.

A Lei Complementar n. 150/2015 passou a prever a possibilidade de fiscalização do trabalho doméstico pelo Ministério do Trabalho, estabelecendo as seguintes regras **(art. 44, Lei Complementar n. 150/2015)**:

- a verificação pelo Auditor-Fiscal do Trabalho, do cumprimento das normas que regem o trabalho do empregado doméstico, no âmbito do domicílio do empregador, dependerá de agendamento e de entendimento prévios entre a fiscalização e o empregador;
- a fiscalização deverá ter natureza prioritariamente orientadora;
- será observado o critério de dupla visita para lavratura de auto de infração, salvo quando for constatada infração por falta de anotação da CTPS ou, ainda, na ocorrência de reincidência, fraude, resistência ou embaraço à fiscalização;
- durante a inspeção do trabalho o Auditor-Fiscal do Trabalho far-se-á acompanhar pelo empregador ou por alguém de sua família por este designado.

A proteção ao trabalhador doméstico ganhou reforço com a ratificação pelo Brasil da Convenção n. 189 da Organização Internacional do Trabalho (OIT) e a Recomendação n. 201, sobre trabalho decente para as trabalhadoras e trabalhadores domésticos (Decreto Legislativo n. 172/2017). Efetivando a inclusão das normas internacionais sobre trabalho doméstico no ordenamento jurídico brasileiro, os textos da Convenção sobre o Trabalho Decente para as Trabalhadoras e os Trabalhadores Domésticos (n. 189) e da Recomendação sobre o Trabalho Doméstico Decente para as Trabalhadoras e os Trabalhadores Domésticos (n. 201), da Organização Internacional do Trabalho foram promulgados pelo Decreto n. 12.009/2024.

3.3. EMPREGADO RURAL

3.3.1. Características

O **art. 7.º, b, da CLT** excluiu expressamente a aplicação das normas trabalhistas nela previstas ao trabalhador rural, "assim considerados aqueles que, exercendo funções diretamente ligadas à agricultura e à pecuária, não sejam empregados em atividades que, pelos métodos de execução dos respectivos trabalhos ou pela finalidade de suas operações, se classifiquem como industriais ou comerciais".

A exclusão dos rurais do sistema de proteção trabalhista, que foi criado no Brasil a partir dos anos de 1930 e que culminou com a aprovação da CLT em 1943, permaneceu até o início dos anos de 1960, quando, com a entrada em vigor, em 02.06.1963, do Estatuto do Trabalhador Rural (ETR), implantado pela Lei n. 4.214, foi conferida proteção trabalhista a eles.

Posteriormente, as relações de emprego rural passaram a ser reguladas pela **Lei n. 5.889, de 08.06.1973**, que aproximou, em grande parte, a proteção do rural à conferida aos empregados urbanos.

No entanto, somente com a **Constituição Federal de 1988** foi instituído um **sistema de proteção paritária aos urbanos e aos rurais**. Nesse sentido, o *caput* **do art. 7.º** da Constituição Federal estabelece: "São direitos dos trabalhadores urbanos e rurais, além de outros que visem à melhoria de sua condição social: [...]".

Assim, atualmente, os direitos dos empregados rurais são os mesmos dos urbanos, havendo, porém, algumas especificidades previstas na **Lei n. 5.889/73** e no decreto regulamentador **(Decreto n. 10.854/2021)**.

> **Empregado rural** é "toda pessoa física que, em propriedade rural ou prédio rústico, presta serviços de natureza não eventual a empregador rural, sob a dependência deste e mediante salário" **(art. 2.º, Lei n. 5.889/73)**.

O conceito de rurícola tem por base o segmento da **atividade econômica desenvolvida pelo empregador**.

> **Empregador rural** é "a pessoa física ou jurídica, proprietária ou não, que explore atividade agroeconômica, em caráter permanente ou temporário, diretamente ou através de prepostos e com auxílio de empregados" **(art. 3.º, da Lei n. 5.889/73)**.[42]

Em relação ao empregado rural estão presentes as características da relação de emprego, ou seja, o trabalho é desenvolvido por pessoa física, com pessoalidade, com continuidade, com subordinação e mediante remuneração.

No entanto, existem requisitos específicos que necessariamente devem estar presentes para que se possa caracterizar a relação de emprego rural:

- que o trabalho seja desenvolvido para empregador rural;
- que o trabalho seja desenvolvido em propriedade rural ou prédio rústico.

Em relação ao **primeiro requisito (trabalho para empregador rural)**, considera-se como atividade agroeconômica a exploração de atividade agrícola e rural com finalidade lucrativa, bem como a exploração de atividade industrial em estabelecimento agrário não compreendido na CLT e a exploração de turismo rural ancilar à exploração agroeconômica **(art. 3.º, § 1.º, Lei n. 5.889/73)**.

---

[42] Sobre grupo econômico rural, *vide* item 3.4.3. deste capítulo.

Portanto, ainda que haja processo de industrialização no estabelecimento, se a atividade desenvolvida for agroeconômica, o empregado será rural.

Nesse sentido, os empregados que trabalham em empresas de reflorestamento que, embora tecnicamente sejam consideradas como empresas que exercem atividades urbanas, têm seus empregados caracterizados como rurais **(OJ 38, SDI-1, TST)**.

O **§ 4.º, do art. 84, do Decreto n. 10.854/2021** prevê que são consideradas como exploração industrial em estabelecimento agrário as atividades que compreendem o primeiro tratamento dos produtos agrários *in natura* sem transformá-los em sua natureza, tais como:

I — o beneficiamento, a primeira modificação e o preparo dos produtos agropecuários e hortigranjeiros e das matérias-primas de origem animal ou vegetal para posterior venda ou industrialização; e

II — o aproveitamento dos subprodutos oriundos das operações de preparo e modificação dos produtos *in natura* indicados no item anterior.

O **segundo elemento específico** necessário para a caracterização da relação de emprego rural é o **local da prestação de serviços do trabalhador: propriedade rural ou prédio rústico**.

A conceituação de propriedade rural ou prédio rústico pode ser analisada sob dois enfoques:

- **genérico** — propriedade rural ou prédio rústico são os imóveis onde haja exploração, por empregador rural, de atividade agrícola ou pecuária com finalidade lucrativa;
- **específico** — a diferença entre propriedade rural e prédio rústico está definida a partir da **localização do imóvel**, ou seja, tratando-se de imóvel localizado em área rural, teremos uma **propriedade rural** para fins da Lei n. 5.889/73; estando, porém, o imóvel localizado em área considerada geograficamente urbana, mas nele sendo exercida atividade agroeconômica, será considerado como **prédio rústico** e os trabalhadores que ali exercem suas atividades serão rurais.

Observações:

- Equipara-se a empregador rural "a pessoa física ou jurídica que, habitualmente, em caráter profissional, e por conta de terceiros, execute serviços de natureza agrária mediante utilização do trabalho de outrem" **(art. 4.º, da Lei n. 5.889/73)**, e o consórcio simplificado de produtores rurais de que trata o art. 25-A da Lei n. 8.212/91[43] **(§ 1.º, art. 84, Decreto n. 10.854/2021)**.
- A Classificação Brasileira de Ocupações (CBO) do Ministério do Trabalho inclui os **trabalhadores da pesca** no mesmo grupo das atividades agropecuárias e

---

[43] Sobre consórcio de empregadores rurais, *vide* item 3.4.5. deste capítulo.

florestais, classificando-os, portanto, como trabalhadores rurais. Assim, desde que o trabalhador exerça funções ligadas à pesca, prestando serviços para empregador que explore atividade pesqueira com finalidade lucrativa, será considerado empregado rural.

3.3.2. Direitos

A Constituição Federal de 1988 igualou os direitos do trabalhador rural aos do trabalhador urbano. Portanto, **todos os direitos previstos no art. 7.º também são assegurados aos rurais**.

No entanto, apesar de os direitos do trabalhador rural serem previstos hoje basicamente pela Constituição Federal, não se pode perder de vista que a regulamentação específica de tal relação de emprego é dada pela **Lei n. 5.889/73** e, naquilo que não dispuser em contrário, pela CLT e pela legislação especial. Além disso, o **Decreto n. 10.854/2021** indica expressamente os artigos da CLT e de outras leis esparsas que são aplicáveis aos trabalhadores rurais.

As especificidades relativas aos direitos do empregado rural estabelecidas pela **Lei n. 5.889/73** e pelo **Decreto n. 10.854/2021** são as seguintes:

■ **Jornada de trabalho (art. 89, Decreto n. 10.854/2021):**

■ permitido o trabalho em horas suplementares não excedentes de duas, mediante acordo individual, convenção coletiva ou acordo coletivo de trabalho, sendo que do instrumento deve obrigatoriamente constar a importância da remuneração da hora suplementar que será, no mínimo, 50% superior à da hora normal.

■ poderá ser dispensado o acréscimo de salário se, por força de acordo ou convenção coletiva de trabalho, o excesso de horas em um dia for compensado pela diminuição correspondente em outro dia, de maneira que não exceda, no período máximo de um ano, à soma das jornadas semanais de trabalho previstas, nem seja ultrapassado o limite máximo de dez horas diárias.

■ é lícito o regime de compensação de jornada estabelecido por acordo individual, tácito ou escrito, para a compensação no mesmo mês.

■ **Prorrogação de jornada em caso de força maior ou serviços inadiáveis (art. 90, Decreto n. 10.854/2021):**

■ possibilidade de exceder o limite legal ou convencionado da jornada de trabalho, independentemente de convenção ou acordo coletivo de trabalho.

■ nas hipóteses de excesso de horário por motivo de força maior, a remuneração da hora excedente será, no mínimo, 50% superior à hora normal, e nas demais hipóteses de excesso (serviços inadiáveis), as horas que excederem à jornada de trabalho serão remuneradas com acréscimo de, no mínimo, 50%, e o trabalho não poderá exceder a 12 horas, desde que a lei não estabeleça expressamente outro limite.

- a duração da jornada de trabalho, sempre que ocorrer interrupção resultante de causas acidentais ou de força maior que determinem a impossibilidade de sua realização, poderá ser prorrogada pelo tempo necessário até o máximo de duas horas, durante o número de dias indispensáveis à recuperação do tempo perdido, desde que não exceda a dez horas diárias, em período não superior a quarenta e cinco dias por ano, sujeita essa recuperação à autorização prévia da autoridade competente.

Intervalo intrajornada (art. 5.º, Lei n. 5.889/73, e art. 87, Decreto n. 10.854/2021):
- obrigatória a concessão de intervalo para repouso e alimentação em qualquer trabalho contínuo de duração superior a 6 horas;
- duração de no mínimo 1 hora, observados os usos e costumes da região;
- intervalo não computado na duração da jornada.
- a não concessão ou a concessão parcial do intervalo intrajornada mínimo, para repouso e alimentação, implica o pagamento, de natureza indenizatória, apenas do período suprimido, com acréscimo de, no mínimo, 50% sobre o valor da remuneração da hora normal de trabalho **(art. 71, § 4.º, da CLT)**.[44]

Intervalo interjornada (art. 5.º, Lei n. 5.889/73, e art. 88, Decreto n. 10.854/2021):
- entre duas jornadas de trabalho haverá um período mínimo de 11 horas consecutivas para descanso.

Intervalo em serviços intermitentes (art. 6.º, Lei n. 5.889/73, e art. 91, Decreto n. 10.854/2021):
- serviço intermitente — aquele que, por sua natureza, seja normalmente executado em duas ou mais etapas diárias distintas, desde que haja interrupção do trabalho de, no mínimo, 5 horas entre uma e outra parte da execução da tarefa;
- nos serviços intermitentes, não serão computados, como de efetivo exercício, os intervalos entre uma e outra parte da execução da tarefa diária, desde que tal hipótese seja expressamente ressalvada na Carteira de Trabalho do empregado.

Jornada noturna (art. 7.º, Lei n. 5.889/73, e art. 92, Decreto n. 10.854/2021):
- trabalho na lavoura — das 21 horas de um dia às 5 horas do dia seguinte;
- trabalho na pecuária — das 20 horas de um dia às 4 horas do dia seguinte;
- adicional noturno — 25% sobre a remuneração normal.

Desconto nos salários (art. 9.º, Lei n. 5.889/73, e art. 95, Decreto n. 10.854/2021): somente podem ser descontadas do rural as seguintes parcelas, cal-

---

[44] Diante da nova redação do § 4.º do art. 71 da CLT, dada pela Lei n. 13.467/2017 (*Reforma Trabalhista*), a previsão do item I da Súmula 437, TST, perdeu vigência.

culadas sobre o salário mínimo e desde que autorizadas previamente pelo empregado, sob pena de nulidade **(§ 1.º)**:

- *moradia* — até o limite de 20%:
    - A moradia fornecida deve atender às condições peculiares de cada região e deve satisfazer os requisitos de salubridade e higiene estabelecidos pelo Ministério do Trabalho.
    - Tratando-se de moradia coletiva, o desconto será dividido proporcionalmente ao número de empregados, sendo vedada a moradia coletiva de famílias.
    - A cessão pelo empregador de moradia e de sua infraestrutura básica, assim como bens destinados à produção para sua subsistência e de sua família, não integra o salário do trabalhador rural, desde que haja previsão no contrato de trabalho escrito, com assinatura de testemunhas e, ainda, notificação do sindicato de trabalhadores rurais.
    - Rescindido ou findo o contrato de trabalho, o empregado será obrigado a desocupar a casa dentro de 30 dias;
- *alimentação* (que deve ser sadia e farta) — até o limite de 25%;
- *adiantamentos em dinheiro.*

- **Normas de segurança e higiene (art. 13, Lei n. 5.889/73):**
    - de observância obrigatória nos locais de trabalho do empregado rural;
    - aos rurais é assegurado o direito ao adicional de insalubridade e ao adicional de periculosidade quando expostos a agentes nocivos à saúde ou a condições de risco de vida, na forma dos arts. 189 a 193 da CLT;
    - não têm direito ao adicional de insalubridade os rurícolas que desenvolvam atividades a céu aberto e, portanto, trabalhem expostos à luz solar;
    - tem direito ao adicional de insalubridade o rurícola que exerce atividade exposto ao calor acima dos limites de tolerância, inclusive em ambiente externo com carga solar.

> **OJ SDI-1 173, TST:** "I — Ausente previsão legal, indevido o adicional de insalubridade ao trabalhador em atividade a céu aberto, por sujeição à radiação solar (art. 195 da CLT e anexo 7 da NR 15 da Portaria n. 3.214/78 do MTE).
>
> II — Tem direito ao adicional de insalubridade o trabalhador que exerce atividade exposto ao calor acima dos limites de tolerância, inclusive em ambiente externo com carga solar, nas condições previstas no Anexo 3 da NR 15 da Portaria n. 3.214/78 do MTE".

- **Redução da jornada de trabalho durante o aviso prévio (art. 15, Lei n. 5.889/73, art. 99, Decreto n. 10.854/2021):**

- sendo a rescisão promovida pelo empregador, o empregado rural terá direito a 1 (um) dia por semana, sem prejuízo do salário integral, para procurar outro trabalho.

Fornecimento de escola (art. 16, Lei n. 5.889/73, art. 102, Decreto n. 10.854/2021):
- toda propriedade rural que mantenha a seu serviço ou trabalhando em seus limites mais de 50 famílias de trabalhadores, é obrigada a possuir e conservar em funcionamento escola primária, inteiramente gratuita, para os filhos destes, com tantas classes quantos sejam os grupos de 40 crianças em idade escolar;
- o empregador rural está obrigado a efetuar a matrícula da população em idade escolar.

Plantação subsidiária ou intercalar (art. 12, Lei n. 5.889/73):
- nas regiões em que se adota a plantação subsidiária ou intercalar (cultura secundária), a cargo do empregado rural, quando autorizada ou permitida, será objeto de contrato em separado;
- a plantação subsidiária ou intercalar não poderá compor a parte correspondente ao salário mínimo da remuneração geral do empregado durante o ano agrícola.

Contrato de safra (art. 14, Lei n. 5.889/73, e arts. 96 e 97, Decreto n. 10.854/2021):
- safreiro ou safrista — aquele que se obriga à prestação de serviços mediante contrato de safra;
- contrato de safra — aquele que tenha sua duração dependente de variações estacionais das atividades agrárias, assim entendidas as tarefas normalmente executadas no período compreendido entre o preparo do solo para o cultivo e a colheita;
- expirado normalmente o contrato, o safrista poderá levantar os depósitos efetuados na conta do FGTS (direito assegurado pela **CF/88** aos trabalhadores rurais, inclusive safristas), além do direito à indenização do tempo de serviço, no valor correspondente a um doze avos do salário mensal por mês de serviço (**art. 14, Lei n. 5.889/73**, art. 97, Decreto n. 10.854/2021);[45]

---

[45] A jurisprudência do TST é firme no sentido de que é possível a cumulação da indenização prevista no art. 14 da Lei n. 5.889/73, ao empregado rural por prazo determinado, com o regime do FGTS, contido no art. 7.º, III, da CF/88.
"RECURSO DE REVISTA INTERPOSTO PELO RECLAMANTE SOB A ÉGIDE DA LEI N. 13.467/2017. INDENIZAÇÃO DO ART. 14 DA LEI N. 5.889/73. CONTRATO DE SAFRA. POSSIBILIDADE DE CUMULAÇÃO COM O REGIME DO FGTS. TRANSCENDÊNCIA POLÍTICA RECONHECIDA. A jurisprudência desta Corte entende não haver incompatibilidade entre a

- na hipótese de dispensa sem justa causa do safrista, antes do término do contrato, a ele deve ser paga indenização de 40% dos depósitos do FGTS, sem prejuízo do disposto no **art. 479 da CLT (art. 14, Decreto n. 99.684/90)**.[46]

- **Contrato de trabalho por pequeno prazo (art. 14-A, Lei n. 5.889/73):**
    - somente pode ser celebrado entre produtor rural pessoa física, proprietário ou não, que explore diretamente atividade agroeconômica, e trabalhador rural;
    - cabível para o exercício de atividades de natureza temporária;
    - a contratação de trabalhador rural por pequeno prazo que dentro do período de 1 (um) ano superar 2 (dois) meses fica convertida em contrato de trabalho por prazo indeterminado;
    - o contrato de trabalho por pequeno prazo deverá ser formalizado mediante:
        - inclusão do trabalhador na guia de recolhimento do FGTS e Informações à Previdência Social (GFIP);
        - anotação do contrato na CTPS do empregado;
        - celebração de contrato escrito, em 2 (duas) vias, do qual conste, no mínimo, expressa autorização em acordo coletivo ou convenção coletiva, a identificação do produtor rural e do imóvel rural onde o trabalho será realizado e indicação da respectiva matrícula, e a identificação do trabalhador, com o respectivo número de inscrição do trabalhador (NIT);
    - são assegurados ao trabalhador rural contratado por pequeno prazo, além da remuneração equivalente à do trabalhador rural permanente, os demais direitos de natureza trabalhista.

---

indenização por tempo de serviço de que trata o art. 14 da Lei n. 5.889/73, prevista para os safristas, e o regime do FGTS, já que o art. 7.º, III, da CF/1988, que estabelece aos trabalhadores urbanos e rurais o direito ao FGTS, revogou a indenização prevista no art. 477 da CLT para contratos de trabalho por prazo indeterminado, e não as indenizações voltadas a contratos por prazo determinado, que é o caso do safrista. Assim, o art. 14 da Lei n. 5.889/73 foi recepcionado pela Constituição Federal de 1988, não havendo que se cogitar de substituição dessa indenização pelo FGTS, nem em bis in idem quando da cumulação de ambas. O acórdão recorrido, ao excluir a condenação ao pagamento da indenização do art. 14 da Lei n. 5.889/73, terminou por desrespeitar jurisprudência consolidada desta Corte Superior, o que torna necessário o reconhecimento da transcendência política da causa, nos moldes do art. 896-A, § 1.º, II, da CLT. Recurso de revista conhecido e provido" (RR-10017-42.2019.5.15.0146, 6.ª T., rel. Min. Antonio Fabricio de Matos Goncalves, *DEJT* 06.12.2024).

[46] "RECURSO DE REVISTA INTERPOSTO SOB A ÉGIDE DA LEI N. 13.015/2014. [...] CONTRATO DE SAFRA. RESCISÃO ANTECIPADA. INDENIZAÇÃO DO ARTIGO 479 DA CLT. Tratando-se de contrato de safra, rescindido antecipadamente, sem justa causa, é devida a indenização do art. 479 da CLT. Precedente. Recurso de revista conhecido e provido" (RR-418-46.2014.5.03.0063, 2.ª T., rel. Min. Maria Helena Mallmann, *DEJT* 19.03.2021).

3.4. EMPREGADOR

Como sujeito da relação de emprego, o **empregador é o tomador dos serviços**; aquele que contrata o trabalho prestado de forma pessoal, subordinada, contínua e mediante remuneração pelo empregado.

O conceito de empregador está essencialmente relacionado à definição de empregado, ou seja, se em um dos polos da relação jurídica existir trabalho prestado por alguém com pessoalidade, não eventualidade, subordinação e remuneração, do outro lado haverá um empregador.

O legislador define ***empregador*** como "a empresa, individual ou coletiva, que, assumindo os riscos da atividade econômica, admite, assalaria e dirige a prestação pessoal de serviço" (**art. 2.º,** *caput***, CLT**).

No entanto, ao optar por adotar uma definição explícita de empregador, o legislador utilizou uma redação não dotada da melhor técnica jurídica, o que gera, há tempos, discussões doutrinárias.

Entre elas, a utilização do termo ***empresa***. Vários são os doutrinadores que afirmam que se equivocou o legislador ao utilizar esta expressão, tendo em vista que *empresa* significa *atividade*, sendo objeto de direito, não podendo ser considerada como sujeito de direito.

Assim, afastada a ideia de que o empregador é a *empresa*, é possível afirmar que **empregador será a pessoa física ou jurídica que contratar empregados**. A doutrina admite também que os **entes não dotados de personalidade jurídica** (entes despersonificados) sejam empregadores, sendo considerados sujeitos de direito. É o caso, por exemplo, dos condomínios, espólios e massas falidas.

A lei **equiparou ao empregador**, "para os efeitos exclusivos da relação de emprego", e desde que admitam empregados (**art. 2.º, § 1.º, CLT**):

- os profissionais liberais;
- as instituições de beneficência;
- as associações recreativas;
- outras instituições sem fins lucrativos.

Portanto, ter finalidade lucrativa não é elemento fático-jurídico necessário para caracterizar o empregador. Na realidade são empregadores (e não são apenas *equiparados* a empregador) todo e qualquer ente sem fim lucrativo, desde que utilize a força de trabalho de empregados. Se um profissional liberal ou uma entidade beneficente contratarem empregados, não serão *equiparados* a empregador, mas *serão* verdadeiros empregadores.

Especificamente sobre o trabalho religioso, o legislador prevê que não existe vínculo empregatício entre entidades religiosas de qualquer denominação ou natureza ou instituições de ensino vocacional e ministros de confissão religiosa, membros de instituto de vida consagrada, de congregação ou de ordem religiosa, ou quaisquer outros que a eles se equiparem, ainda que se dediquem parcial ou integralmente a atividades ligadas à administração da entidade ou instituição a que estejam vinculados ou estejam em formação ou treinamento, salvo em caso de desvirtuamento da finalidade religiosa e voluntária (**art. 442, §§ 2.º e 3.º, CLT**).

A partir das ideias acima analisadas, é possível se adotar uma definição bastante simples: *empregador* é o ente, dotado ou não de personalidade jurídica, com ou sem finalidade lucrativa, que admitir empregados, ou seja, existindo apreensão de trabalho de uma pessoa física, prestado com pessoalidade, continuidade, subordinação e mediante remuneração, o sujeito de direito tomador desse serviço será empregador.

Muito embora inexistam características específicas ou elementos essenciais para a caracterização do empregador, podem ser identificados alguns *efeitos jurídicos* que **decorrem de tal figura:**

■ *Assunção pelo empregador dos riscos da atividade econômica* (também denominada *alteridade*) — decorre do disposto no **art. 2.º, caput, da CLT** e "consiste na circunstância de impor a ordem justrabalhista à exclusiva responsabilidade do empregador, em contraponto aos interesses obreiros oriundos do contrato pactuado, os ônus decorrentes de sua atividade empresarial ou até mesmo do contrato empregatício celebrado".[47]

■ *Despersonalização* do empregador — é o elemento que permite que haja a modificação do sujeito passivo da relação de emprego, sem prejuízo da manutenção do contrato de trabalho e dos direitos do empregado.

A característica da pessoalidade é inerente ao sujeito ativo da relação de emprego (o empregado), não existindo em relação ao empregador. Como decorrência da despersonalização do empregador, surgem alguns efeitos práticos bastante importantes, como, por exemplo, o princípio da continuidade da relação de emprego, que impõe, como regra, a manutenção das condições pactuadas quando da celebração do contrato de trabalho, limitando as alterações durante sua vigência **(art. 468, CLT)**, e que garante a manutenção do próprio contrato de trabalho e dos direitos adquiridos pelos empregados nas hipóteses de sucessão de empregadores decorrentes da alteração da propriedade ou da estrutura jurídica da empresa **(arts. 10 e 448, CLT)**.

3.4.1. Empresa e estabelecimento

A CLT utiliza os termos *empresa* e *estabelecimento* de forma bastante confusa e contraditória. No entanto, "do estudo de sua possível sistemática, conclui-se que o conceito dominante é o do estabelecimento como localização física, concreta e material da exploração e empresarial. Em nossa legislação fica para a empresa o tratamento abstrato, incorpóreo, de bem complexo, de coisas materiais e imateriais, inclusive relações de trabalho para o exercício da atividade econômica. O estabelecimento, como uma de suas partes, é a sua manifestação mais forte, concebido sempre como algo de concreto, de

---

[47] DELGADO, Mauricio Godinho. *Curso de direito do trabalho*, 18. ed., p. 495.

material, que se manifesta em determinados limites do espaço, pressupondo a empresa da qual é instrumento de realização".[48]

A *empresa* é a **unidade econômica**, enquanto o *estabelecimento* é a **unidade técnica de produção**. Afirma Délio Maranhão que o estabelecimento é *a organização produtora que constitui um capital*, e a empresa é *a atividade profissional do empresário*. "Os dois **conceitos estão intimamente ligados**, porque a organização produtora é posta em marcha pela atividade profissional do empresário, isto é, pelo exercício da empresa. Mas esta supõe, por sua vez, uma organização por meio da qual se exercita a atividade".[49]

Por fim, importante ressaltar que "uma empresa pode dispor de um só estabelecimento, com o qual se confunde materialmente, ainda que não conceitualmente. Pode dispor de dois ou vários, do mesmo ou de diversos ramos de indústria ou comércio. O que importa é a unidade econômico-financeira, como objetivo último e ativístico da empresa, de vez que somente ela goza de independência jurídica e financeira, o que não acontece com os diferentes estabelecimentos".[50]

3.4.2. Poder de direção do empregador

Ao ser contratado, o empregado transfere para o empregador o poder de direção sobre seu trabalho, passando a ser a ele subordinado. Assim, **estrutura-se a relação jurídica objeto do Direito do Trabalho:**

- ■ de um lado, o poder de direção reconhecido pela ordem jurídica ao empregador e exercido como contrapartida aos riscos da atividade econômica inerentes à própria atividade empresarial;
- ■ de outro lado, o estado de subordinação do empregado, que se submete às regras de caráter hierárquico e técnico impostas pelo empregador.

O poder de direção se divide em *poder de organização* (ou de comando), em *poder de controle* (ou de fiscalização) e *poder disciplinar*.

■ **Poder de organização** — consiste na faculdade que tem o empregador de determinar as atividades que serão exercidas pelo empregado e de definir as condições concretas e as regras gerais de trabalho a serem obedecidas pelo empregado, tais como jornada e horário de trabalho, processos de trabalho adotados no estabelecimento e na empresa etc. O poder de organização permite que o empregador utilize a força de trabalho do empregado da forma que melhor atenda aos interesses da empresa.

---

[48] MORAES FILHO, Evaristo de; MORAES, Antonio Carlos Flores de. *Introdução ao direito do trabalho*, p. 258.
[49] SÜSSEKIND, Arnaldo et al. *Instituições de direito do trabalho*, 22. ed., v. 1, p. 291.
[50] MORAES FILHO, Evaristo de; MORAES, Antonio Carlos Flores de. *Introdução ao direito do trabalho*, p. 257-258.

As ordens dadas pelo empregador no exercício do poder de organização podem ser expedidas verbalmente ou por escrito e podem ser individuais (dirigidas especificamente a um empregado) ou gerais (dirigidas a todos ou a um grupo de empregados ao mesmo tempo).[51]

Formas de exteriorização do poder de organização do empregador são o *regulamento de empresa*, que pode ser bilateral ou unilateral, conforme tenha havido ou não a participação dos empregados em sua elaboração, e o *quadro de carreira* (ou plano de cargos e salários), prevendo promoções alternadas segundo critérios de antiguidade e de merecimento **(art. 461, §§ 2.º e 3.º, CLT)**.

O **regulamento de empresa** decorre do poder diretivo conferido ao empregador e consiste no conjunto de regras que devem ser observadas no âmbito da empresa e do estabelecimento. O regulamento pode ser geral, quando estabelece regras de conduta genéricas aplicáveis à totalidade dos empregados, ou pode ser específico, sempre que instituir regras que dizem respeito a uma situação específica que o empregador pretende ver regulada na empresa ou a alguma condição especial que se verifica em relação a alguns empregados (por exemplo, regulamento ou política de uso de carros da frota da empresa, regulamento ou política de uso da internet etc.).

O regulamento de empresa não é uma efetiva norma jurídica, mas institui cláusulas contratuais que geram obrigações de conduta aos empregados, bem como ao empregador.

Analisando o poder regulamentar do empregador, especificamente em relação à natureza dos dispositivos regulamentares, Mauricio Godinho Delgado afirma que "é inquestionável que tais diplomas (principalmente o regulamento empresarial) contêm regras gerais, abstratas, impessoais e de cumprimento obrigatório no contexto empregatício (desde que lícitas, evidentemente); é inquestionável, portanto, que tais diplomas têm as qualidades inerentes às normas jurídicas, embora incidentes sobre um universo relativamente restrito — o estabelecimento ou a empresa". No entanto, o autor conclui que as regras do regulamento de empresa não podem assumir o *status* de norma jurídica, sendo apenas simples cláusula contratual, tendo em vista que os regulamentos resultam, em geral, do exercício unilateral de vontade do empregador, o que faz com que falte em relação a eles o caráter dialético que tende a caracterizar as normas jurídicas.[52]

Aspecto importante de diferenciação entre o regulamento de empresa e a norma jurídica diz respeito ao critério de revogação deles. Em relação à norma jurídica vigora a regra prevista no **art. 2.º da Lei de Introdução às Normas do Direito Brasileiro**, segundo a qual uma nova norma jurídica revoga a norma anterior. No que tange ao regulamento de empresa, o novo regulamento somente terá validade em relação aos novos empregados contratados, permanecendo em vigor, quanto aos antigos empregados, as

---

[51] Ressalte-se que o descumprimento de ordens pessoais de serviço caracteriza a *insubordinação* e o desrespeito a ordens gerais de serviço é considerado como *indisciplina*. Ambas as figuras caracterizam justas causas para a rescisão do contrato de trabalho, previstas no art. 482, *h*, da CLT.

[52] DELGADO, Mauricio Godinho. *Curso de direito do trabalho*, 18. ed., p. 794.

regras do regulamento anterior, cujas cláusulas incidem nos seus contratos de trabalho e, consequentemente, estão sujeitas à inalterabilidade prevista no **art. 468 da CLT**.

Nesse sentido, o entendimento adotado pelo TST:

> **SÚMULA 51, TST:** "I — As cláusulas regulamentares, que revoguem ou alterem vantagens deferidas anteriormente, só atingirão os trabalhadores admitidos após a revogação ou alteração do regulamento. II — Havendo a coexistência de dois regulamentos da empresa, a opção do empregado por um deles tem efeito jurídico de renúncia às regras do sistema do outro".

Ressaltando o caráter obrigacional do **regulamento de empresa**, o TST pacificou ainda os seguintes entendimentos:

> **SÚMULA 77, TST:** "Nula é a punição de empregado se não precedida de inquérito ou sindicância internos a que se obrigou a empresa por norma regulamentar".
>
> **SÚMULA 87, TST:** "Se o empregado, ou seu beneficiário, já recebeu da instituição previdenciária privada, criada pela empresa, vantagem equivalente, é cabível a dedução de seu valor do benefício a que faz jus por norma regulamentar anterior".
>
> **SÚMULA 97, TST:** Instituída complementação de aposentadoria por ato da empresa, expressamente dependente de regulamentação, as condições desta devem ser observadas como parte integrante da norma.
>
> **SÚMULA 186, TST:** "A licença-prêmio, na vigência do contrato de trabalho, não pode ser convertida em pecúnia, salvo se expressamente admitida a conversão no regulamento da empresa".
>
> **SÚMULA 288, TST:** "I — A complementação dos proventos da aposentadoria, instituída, regulamentada e paga diretamente pelo empregador, sem vínculo com as entidades de previdência privada fechada, é regida pelas normas em vigor na data da admissão do empregado, ressalvadas as alterações que forem mais benéficas. II — Na hipótese de coexistência de dois regulamentos de planos de previdência complementar, instituídos pelo empregador ou por entidade de previdência privada, a opção do beneficiário por um deles tem efeito jurídico de renúncia às regras do outro. III — Após a entrada em vigor das Leis Complementares ns. 108 e 109, de 29.05.2001, reger-se-á a complementação dos proventos de aposentadoria pelas normas vigentes na data da implementação dos requisitos para obtenção do benefício, ressalvados o direito adquirido do participante que anteriormente implementara os requisitos para o benefício e o direito acumulado do empregado que até então não preenchera tais requisitos. IV — O entendimento da primeira parte do item III aplica-se aos processos em curso no Tribunal Superior do Trabalho em que, em 12.04.2016, ainda que não haja sido proferida decisão de mérito por suas Turmas e Seções".

No exercício do poder de organização, cabe ao empregador definir o padrão de vestimenta no meio ambiente laboral, sendo lícita a inclusão no uniforme de logomarcas da própria empresa ou de empresas parceiras e de outros itens de identificação relacionados à atividade desempenhada **(art. 456-A, CLT)**.

O poder de organização do empregador não é ilimitado. Ao contrário, deve ser exercido de acordo com os seguintes parâmetros decorrentes do próprio ordenamento jurídico:

■ **As ordens dadas pelo empregador ao empregado devem:**
- referir-se às atividades decorrentes da função para a qual foi contratado;
- ser possíveis de cumprimento;
- ser lícitas e de acordo com os bons costumes;
- respeitar a dignidade humana do empregado.

O empregado pode validamente recusar-se a cumprir ordens que contrariem tais limites. Ressalte-se que o **art. 483, a, da CLT** considera justa causa do empregador, permitindo a rescisão indireta do contrato de trabalho pelo empregado, a exigência de serviços superiores às suas forças, defesos por lei, contrários aos bons costumes, ou alheios ao contrato.

■ **O dever de obediência do empregado vai até onde vai o contrato**, ou seja, não se pode exigir que o empregado cumpra ordens que estejam fora dos contornos da relação jurídica contratual estabelecida com o empregador.[53]

O contraponto aos excessos praticados pelo empregador manifesta-se por meio do *jus resistentiae* do empregado, que nada mais é do que a legítima possibilidade que lhe é assegurada de se opor e, portanto, de deixar de cumprir ordens que extrapolem os limites do poder de organização (exercício regular de direito, nos termos do **art. 160, I, in fine, CC**).[54]

---

[53] "RECURSO DE REVISTA DA RECLAMANTE. INTERPOSIÇÃO NA VIGÊNCIA DA LEI N. 13.467/2017. WMS SUPERMERCADOS DO BRASIL. INDENIZAÇÃO POR DANOS MORAIS. 'CHEER' (CANTO MOTIVACIONAL). DANO *IN RE IPSA*. Discute-se nos autos o direito à indenização por danos morais, em virtude da prática do empregador de entoar cantos de guerra motivacionais nos quais a trabalhadora era obrigada a cantar, dançar e rebolar, sob pena de punição. Em conformidade com a jurisprudência desta Corte, a referida conduta patronal, por si só, enseja o pagamento de indenização por danos morais em razão da situação vexatória e humilhante a que era exposta a empregada, ou seja, entende este Tribunal Superior que se trata de dano *in re ipsa*, sendo desnecessária a efetiva prova do abalo psicológico sofrido pela trabalhadora. Precedentes. Recurso de Revista conhecido e provido. [...]" (RRAg-946-11.2018.5.09.0019, 1.ª T., rel. Min. Luiz Jose Dezena da Silva, *DEJT* 18.11.2024).

[54] "RECURSO DE REVISTA. INTERPOSIÇÃO ANTERIOR À LEI N. 13.467/2017. INDENIZAÇÃO POR DANOS MORAIS. DISPENSA DISCRIMINATÓRIA. RECUSA NA PRESTAÇÃO DE HORAS EXTRAS. Conquanto a Lei n. 9.029/95, que trata das práticas discriminatórias nas relações de trabalho traga, no seu art. 1.º, os fatores considerados discriminantes para a dispensa, como sexo, origem, raça, cor, estado civil, situação familiar, deficiência, reabilitação profissional, idade, ela não é taxativa, mas meramente exemplificativa, uma vez que, após a enumeração dos referidos fatores, ela acrescenta: 'entre outros'. Dessa forma, a lei sinaliza a possibilidade de serem considerados outros fatores que impeçam o acesso ou a manutenção à relação de emprego, além daqueles descritos na referida lei. Atento ao fato de que, embora a dispensa imotivada seja um direito potestativo empresarial, situando-se na esfera do poder diretivo do empregador, identificada, porém, a dispensa amparada em ato discriminatório ou abuso de direito, é ela considerada ilícita nos termos do art. 187 do CCB. No caso, a

O poder empregatício não é ilimitado. Encontra resistência, ainda que diluída no próprio contrato e nas normas autônomas e heterônomas. Não pode servir de justificativa para o desrespeito a direitos e garantias fundamentais. O seu contraponto é o direito de resistência do empregado e que consiste na possibilidade de se opor ao comando empresarial. Mas, pela sua fragilidade, o direito de resistência acaba não possuindo feições reparadoras. De fato, a resistência decorrente do estado de subordinação é reduzida, já que não existem formas de proteção contra a dispensa do trabalhador, o que lhe possibilita também rescindir indiretamente o contrato de trabalho.

■ **Poder de controle** — aquele pelo qual o empregador verifica o exato cumprimento pelo empregado das determinações relativas à prestação do trabalho. A atividade do empregado, sendo subordinada ao poder de direção do empregador, não é exercida da forma ou do modo pretendido pelo empregado, mas, sim, da maneira como foi determinada pelo empregador.

O poder de controle não se limita, porém, ao modo como o trabalho é prestado, estendendo-se ao comportamento do empregado no ambiente da empresa. A fiscalização que pode ser exercida pelo empregador abrange diversas medidas, desde o controle de jornada e horário de trabalho por meio de cartões ou livros de ponto, o controle de qualidade das peças produzidas pelo empregado e a prestação de contas (aplicável a determinadas funções, como vendedores, por exemplo), até a revista dos pertences do empregado quando este deixa o estabelecimento empresarial e a utilização de câmeras de vídeo e de fotografia.

Se é certo que o poder de controle encontra respaldo no **art. 2.º, caput, da CLT**, que contempla de forma genérica o poder diretivo do empregador, e tem, entre outros objetivos, o de proteger o patrimônio do empregador, não menos certo é que esse poder

---

dispensa teria ocorrido em razão de ter o autor se recusado a prestar horas extras. Ora, a prática de horas extras não é uma obrigação ordinária do contrato de trabalho. Em face do sinalagma do contrato de trabalho o empregado está obrigado apenas a cumprir a jornada contratual, sendo vedada inclusive a pré- contratação de horas extras, nos termos da Súmula 199, I, do TST, de aplicação analógica aos demais empregados, conforme inclusive já decidiu a SBDI-1 desta Corte (E-RR — 179800-44.2007.5.02.0201, de relatoria do Ministro Augusto César Leite de Carvalho, DEJT 06.10.2017). Acresça-se, ainda, que o contrato de trabalho não cria para o empregado um estado de sujeição, podendo haver o direito de resistência do empregado (*jus resistentiae*) em se contrapor ao poder diretivo do empregador, quando este extrapolar os poderes de direção e organização do empreendimento. Assim, se o empregado não está obrigado a cumprir horas extras e sua realização é uma faculdade, afigura-se abusiva a dispensa do autor que se recusou em prestá-las por motivos justificados e relevantes, no caso, o trabalho de conclusão de curso superior. Tal como prevê a lei, a conduta abusiva do empregador que impede a manutenção do emprego afigura-se discriminatória e, portanto, causadora de dano moral, gerando profunda insatisfação íntima, conforme bem ressaltado pelo Regional, que não pode ser mensurada. Logo, intactos os arts. 818 da CLT e 333, I, do CPC, ao argumento de que não houve comprovação do dano e também inespecíficos os arestos colacionados, nos termos da Súmula 297 do TST, visto que trazem a premissa de que não houve comprovação do dano. Recurso de revista não conhecido" (TST — RR 44-70.2010.5.09.0041, 3.ª T., rel. Min. Alexandre de Souza Agra Belmonte, *DEJT* 04.05.2018).

encontra limites também legalmente traçados, não sendo tolerada a prática de atos que importem em violação dos direitos da personalidade do empregado **(arts. 186 e 927, *caput*, CC, e art. 5.º, X, CF)**.

Diante de uma aparente colisão de princípios constitucionais — de um lado a livre-iniciativa **(art. 170, CF)** e de outro a tutela aos direitos fundamentais do cidadão **(art. 5.º, X, CF)** —, deve-se optar pela prevalência do respeito à dignidade da pessoa humana.[55]

Assim é que, por exemplo, em relação a revistas efetuadas pelo empregador em seus empregados ao final do expediente, o **art. 373-A, VI, da CLT** dispõe que é vedado proceder o empregador ou preposto a revistas íntimas nas empregadas ou funcionárias. Esse entendimento é estendido pela jurisprudência para todos os empregados, independentemente de serem do sexo feminino ou masculino.[56] No que tange à fiscalização do conteúdo das mochilas, sacolas e bolsas dos empregados, destaque-se que o entendimento da SDI

---

[55] Nesse sentido, interessante a análise da circunstância que decorre da "regulamentação" pelo empregador do uso de banheiros por seus empregados, sendo necessário se verificar concretamente quando as determinações do empregador têm ou não justificativa que não signifiquem atingimento da dignidade dos trabalhadores.
"AGRAVO INTERNO. RECURSO DE REVISTA. ACÓRDÃO REGIONAL PUBLICADO NA VIGÊNCIA DA LEI N. 13.015/14. RESTRIÇÃO DO USO DE BANHEIRO — DANO MORAL CARACTERIZADO. O Tribunal Regional, soberano no exame dos fatos e das provas, de inviável reexame nessa esfera recursal, a teor da Súmula n. 126 do TST, consignou que 'Em que pese as duas testemunhas ouvidas a rogo da autora (ID 0fbb247) terem informado, contrariando o depoimento da única testemunha ouvida pela reclamada, que o tempo de espera por um substituto para ir ao banheiro poderia durar até 40 minutos, [...]'. A 'prova' do dano moral, portanto, é a existência do próprio fato danoso — a partir do qual se presume sua configuração. O TST vem se posicionando no sentido de que a simples restrição do uso do banheiro, ainda que tal prática esteja inserida no contexto organizacional da empresa, afronta à dignidade humana do trabalhador, possibilitando a reparação moral do reclamante, mormente porque o Anexo II da NR n. 17 do MTE, item 5.7, estabelece expressamente que, 'Com o fim de permitir a satisfação das necessidades fisiológicas, as empresas devem permitir que os operadores saiam de seus postos de trabalho a qualquer momento da jornada, sem repercussões sobre suas avaliações e remunerações'. Frente a situações como essa, a jurisprudência deste Tribunal entende que o ato ilícito caracteriza dano moral *in re ipsa*, o qual dispensa a comprovação do abalo moral experimentado pelo ofendido. Precedentes. Agravo interno conhecido e desprovido. DANO MORAL — VALOR DA INDENIZAÇÃO. O entendimento exarado pela Corte Regional contraria a jurisprudência consolidada por este Tribunal, pelo que se revela acertada a reforma do acórdão regional para condenar a reclamada ao pagamento de indenização por danos morais, arbitrada no valor de R$ 10.000,00, o qual é totalmente coerente com os princípios da razoabilidade e da proporcionalidade. Agravo interno conhecido e desprovido" (Ag-RR-10734-76.2019.5.03.0182, 2.ª T., rel. Min. Liana Chaib, *DEJT* 19.12.2024).

[56] "RECURSO DE REVISTA. INDENIZAÇÃO POR DANO MORAL. REVISTA ÍNTIMA. CONTATO FÍSICO. O quadro fático delimitado pelo Tribunal Regional é de que houve comprovação testemunhal quanto ao contato físico durante as revistas dos empregados. O entendimento predominante nesta Corte Superior é de que as revistas que envolvem contato físico com o revistado autoriza o deferimento da indenização por dano moral. Recurso de revista de que se conhece e a que se dá provimento" (RR-20844-47.2020.5.04.0029, 2.ª T., rel. Min. Liana Chaib, *DEJT* 25.08.2023).

do TST é no sentido de que se isso for feito de maneira indiscriminada (sem ser direcionada especificamente a um ou a alguns trabalhadores) e sem qualquer contato físico ou revista íntima, não caracteriza ofensa à honra ou à intimidade da pessoa, capaz de gerar dano moral passível de reparação.[57]

A **Lei n. 13.271/2016** também proíbe expressamente as empresas privadas e os órgãos e entidades da administração pública, direta e indireta, de adotar qualquer prática de revista íntima de suas funcionárias **(art. 1.º)**.

Em relação a situações que não caracterizam revista dos trabalhadores, mas decorrem de exigências de órgãos de controle e fiscalização em razão do tipo de atividade desenvolvida pela empresa, a SDI-1 do TST adotou entendimento no sentido de que o atendimento desstes procedimentos não autoriza violação à intimidade do empregado que, à luz do art. 5.º, X, da CF, tem assegurado o direito da personalidade. Nesse contexto, se restar confirgurado o constrangimento sofrido pelo trabalhador, entende-se haver ofensa a intimidade, dignidade humana e direito da personalidade, ensejando o direito à indenização por danos morais.

> "[...] II — RECURSO DE REVISTA. ACÓRDÃO REGIONAL PUBLICADO NA VIGÊNCIA DA LEI N. 13.467/2017. DANO MORAL. CARACTERIZAÇÃO. OFENSA AO DIREITO À INTIMIDADE. TRAVESSIA EM VESTIÁRIO DE USO COLETIVO EMTRAJES ÍNTIMOS — 'BARREIRA SANITÁRIA'. TRANSCENDÊNCIA POLÍTICA RECONHECIDA. 1. Na hipótese dos autos, o Tribunal Regional consignou que 'não foi produzida qualquer prova de que tivesse o empregado sido objeto de chacota ou ironia pelo fato de ficar por alguns instantes em trajes íntimos perante as colegas, ou seja, de que

---

[57] "[...] II — RECURSO DE REVISTA DA RECLAMADA. ACÓRDÃO PUBLICADO NA VIGÊNCIA DA LEI N. 13.467/2017. REVISTA PESSOAL. AUSÊNCIA DE CONTATO FÍSICO. DANOS MORAIS. A jurisprudência pacífica do TST é no sentido de que a revista pessoal nos pertences dos empregados (bolsas, sacolas, mochilas, etc.), realizada pelo empregador sem discriminação entre os empregados, de forma impessoal, geral e sem contato físico ou exposição do funcionário a situação humilhante e vexatória, não configura dano moral. Considera-se que a conferência dos pertences do empregado (revista pessoal) realizada de forma indiscriminada é uma medida razoável para a proteção do patrimônio do empregador e inserida no seu poder diretivo, diferentemente do que ocorre na hipótese em que o empregado é obrigado a se despir ou há alguma espécie de contato físico (revista íntima). No presente caso, verifica-se que a revista, realizada quando da entrada e saída do local de trabalho, era feita sob os pertences de todos os funcionários, havendo somente a observação do interior das bolsas e sacolas, sem mexer nos pertences dos trabalhadores, o que, portanto, não configura situação vexatória apta a ensejar danos morais. Recurso de revista conhecido e provido. [...]" (RRAg-1385-43.2016.5.05.0006, 2.ª T., rel. Min. Liana Chaib, *DEJT* 13.12.2024).

"[...] RECURSO DE REVISTA INTERPOSTO PELA PARTE RÉ. INDENIZAÇÃO POR DANO MORAL. REVISTA ÍNTIMA. PERTENCES. AUSÊNCIA DE CONTATO FÍSICO. DANOS MORAIS. NÃO CONFIGURAÇÃO. TRANSCENDÊNCIA POLÍTICA CONSTATADA. Segundo o entendimento da SBDI-1 desta Corte, a revista pessoal (sem contato físico) não afronta a intimidade, a dignidade e a honra. Indevida, portanto, a indenização por dano moral. Ressalva de entendimento do Relator. Precedentes. Recurso de revista conhecido e provido" (RR-1011-60.2017.5.05.0016, 7.ª T., rel. Min. Claudio Mascarenhas Brandão, *DEJT* 30.10.2024).

tenha sofrido algum dano moral'. 2. A sujeição das empresas do ramo alimentício às normas de controle sanitário, para segurança dos produtos fabricados e proteção da população, não afasta o dever do empregador de adotar mecanismos que atendam, simultaneamente, às diretrizes dos órgãos de controle e ao resguardo da intimidade dos empregados envolvidos no processo de fabricação. 3. Nesse contexto, a travessia dos trabalhadores em vestiário de uso coletivo, em trajes íntimos, para colocação de uniforme, ofende direito da personalidade sendo devida a reparação. Precedente da SBDI-1. Recurso de revista conhecido e provido" (ARR-1313-55.2016.5.12.0008, 5.ª T., rel. Min. Morgana de Almeida Richa, *DEJT* 13.12.2024).

"AGRAVO. RECURSO DE REVISTA DANOS MORAIS. CONSTRANGIMENTO SOFRIDO DURANTE TROCA DE UNIFORME. CIRCULAÇÃO EM TRAJES ÍNTIMOS 1. Trata-se a hipótese dos autos em saber se a circulação de empregado, trajando peças íntimas, em vestiário coletivo, para cumprir diversos procedimentos de limpeza e sanitização — denominado 'barreira sanitária' — com a finalidade de prevenir a contaminação dos produtos em empresa que atua no mercado alimentício enseja reparação dano moral. 2. Assinale-se, inicialmente que a 'barreira sanitária' é um procedimento exigido pelo Ministério da Agricultura por meio da Portaria 210 e Circular 175/2005/CGPE/DIPOA destinado às empresas que atuam no mercado alimentício, para assegurar o processamento de alimentos em ambiente higienizado. Assim, a questão deve ser analisada para além da qualidade higiênico-sanitária dos produtos, ou seja, sob a perspectiva da proteção dos direitos de personalidade, representando um limitador na definição sobre novas bases da atividade econômica, nos termos do art. 5.º, X, da Constituição da República. 3. Neste sentido, a SDI-1 desta Corte assentou o entendimento de que a 'barreira sanitária' é uma opção do empregador, que ' não autoriza o desapreço à proteção da intimidade do empregado que, à semelhança de toda a generalidade de pessoas protegida pelo art. 5.º, X, da Constituição, deve esgrimir contra quem os ofenda a existência, em nosso ordenamento jurídico, de direitos da personalidade' (E-ARR-10402-49.2016.5.18.0101, Subseção I Especializada em Dissídios Individuais, Redator Ministrored. Min. Augusto César Leite de Carvalho, *DEJT* 09.02.2024). 4. Assinale-se que a partir da hermenêutica contida na ideia de trabalho digno o poder diretivo empresarial não pode, em nenhuma hipótese, fazer oposição aos direitos constitucionais do trabalhador. Isto é, referido poder não deve ser desnaturado ao ponto de violar os direitos de pleno acesso ao trabalho decente, mediante práticas que exponha o empregado a situações que lhe causem constrangimento, violando a sua intimidade. Assim, a exposição da intimidade do empregado ao coletivo, redunda em ofensa aos interesses jurídicos máximos do Estado Democrático de Direito. As condutas que expõem o trabalhador a situações que violem o direito de personalidade são rechaçadas pela normativa constitucional (arts. 3.º, I, III e IV; 5.º, *caput*, I, VIII, XLI, XLII; 7.º, XX, XXX, XXXI, XXXII; 12, § 2.º; 19, III, todos da Constituição da República/1988) infraconstitucional (arts. 1.º e 3.º, da Lei n. 9.029/95; arts. 3.º, §parágrafo único, 5.º, 461 e 373-A da CLT) e internacional (Convenções 111 e 100 da OIT, bem como a Recomendação 111 também da OIT; Item 2.d da Declaração da OIT de 1998; arts. 1.º, 2.º, 7.º e 23.2 da Declaração Universal de Direitos Humanos; arts. 2.º, 3.º e 7.º do Pacto Internacional sobre Direitos Econômicos, Sociais e Culturais e art. 2.1 e 3 do Pacto Internacional sobre os Direitos Civis e Políticos; arts. 1.1 e 24 da Convenção Americana de Direitos Humanos; arts. 3.º e 7.º do Protocolo de San Salvador). 5. Nesse norte, a prática de condutas vexatórias viola o princípio da igualdade material, que no ambiente de trabalho somente se concretiza mediante a efetivação dos preceitos constitucionais trabalhistas, dentre os quais está o acesso ao mercado de trabalho sem qual-quer restrição que viole os direitos fundamentais. 6. No caso concreto, o Tribunal Regional entendeu pela improcedência do pedido de indenização por danos morais, asseverou que a reclamada 'é empresa que atua no mercado alimentício e está obrigada ao cumprimento de diversos procedimentos de limpeza e sanitização, com a finalidade de prevenir a contaminação dos produtos', que a rotina de 'troca de uniforme decorre do cumprimento de normas federais de saúde pública e é inerente ao trabalho desenvolvido pela autora', concluindo que 'Não ignoro que a circunstância de a trabalhadora ter de permanecer com roupas íntimas em vestiário coletivo, no momento da colocação do uniforme, possa eventualmente lhe causar algum tipo de desconforto. Entretanto, o procedimento não importa em ato passível de indenização por dano moral. Tendo em conta a natureza humana e o padrão do homem médio, a situação leva a mero dissabor, que não enseja ofensa ao patrimônio imaterial. 7. Com efeito, a 'barreira sanitária' é um procedimento destinado às empresas que atuam no mercado alimentício, para assegurar o processamento de alimentos em ambiente higienizado. No entanto, o atendimento destes procedimentos não autoriza violação à intimidade do empregado que, à luz do art. 5.º, X, da Constituição da República tem assegurado o direito da personalidade. Nesse contexto, ante a configuração do constrangimento sofrido pelo reclamante, resta configurada ofensa à intimidade, dignidade humana e direito da personalidade, ensejando o direito à indenização por danos morais nos termos do art. 5.º, X, da Constituição da República. Agravo de que se conhece e a que se nega provimento" (Ag-RRAg- 493-78.2019.5.12.0057, 3.ª T., rel. Min. Alberto Bastos Balazeiro, *DEJT* 22.11.2024).

■ **Poder disciplinar** — é o direito do empregador de impor sanções disciplinares aos seus empregados, em caso de descumprimento das obrigações contratuais.

A doutrina diverge sobre os fundamentos do poder disciplinar, podendo ser identificadas neste aspecto três correntes distintas:

- ■ o poder disciplinar é fundado no próprio contrato que, como expressão da vontade das partes, revela um estado de sujeição do empregado em relação ao empregador característico do vínculo empregatício **(teoria contratualista)**;
- ■ o poder disciplinar tem origem na propriedade privada, ou seja, no conjunto de bens pertencentes ao empregador, que tem o direito de defendê-los inclusive em face dos seus empregados, aplicando-lhes sanções caso seja necessário **(teoria da propriedade privada)**;
- ■ o poder disciplinar do empregador decorre do fato de que em qualquer comunidade deve haver um poder ou uma autoridade que estabeleça os contornos da atuação social; esse poder é social, não é individual, exercido, portanto, para o bem da coletividade e se expressando pelos meios necessários para o cumprimento das suas finalidades, as penas ou sanções disciplinares **(teoria do institucionalismo)**.

A **teoria contratualista é majoritária**, afirmando a doutrina e a jurisprudência que o poder disciplinar do empregador somente pode ter origem na própria relação jurídica contratual, que determina a sujeição do empregado às ordens e ao controle exercido pelo empregador.

No entanto, como o dever de obediência do empregado **decorre do contrato de trabalho**, evidente que **é limitado**:

- em razão da matéria — somente pode ser exercido em relação a obrigações relativas e conexas à prestação de trabalho; e
- em razão do tempo — vigora apenas durante a vigência do contrato.

O poder disciplinar do empregador pode ser **exercitado segundo uma forma**, que será:

- *estatutária* (quando o regime disciplinar estiver previsto em regulamento da empresa, instituído formalmente por escrito,[58] ou, embora não estabelecido por escrito, decorra dos usos e costumes regularmente adotados na empresa); ou
- *convencional* (quando decorrente de previsões em convenções ou acordos coletivos de trabalho).

Em relação a este poder, **devem ser observadas as seguintes regras**:

- o exercício do poder disciplinar deverá estar sempre subordinado a uma previsão legal;
- o exercício do poder disciplinar deverá estar sempre subordinado à existência de culpa do empregado;
- deve haver uma proporção entre a gravidade da falta praticada pelo empregado e a espécie de punição aplicada;
- havendo forma prevista (estatutária ou convencional), esta deve ser respeitada.

Pode-se concluir, portanto, que o poder disciplinar do empregador **não pode ser exercido de forma ilimitada e não pode caracterizar arbitrariedade ou abuso de direito**, estando submetido a controle tanto pelo Ministério do Trabalho ou pelo Poder Judiciário (controle estatal), como pelos sindicatos ou pelos órgãos internos de relação entre pessoal e empresa (controle não estatal).

No direito brasileiro, as sanções disciplinares que podem ser aplicadas aos empregados em geral são:

- advertência;
- suspensão;
- dispensa por justa causa.

Observações:

- A legislação brasileira proíbe, a **imposição de multa** como sanção disciplinar.

---

[58] Ao prever em regulamento empresarial os tipos de penalidades a serem aplicadas aos empregados em caso de prática de faltas e o procedimento para cada uma das sanções, o empregador obriga-se ao cumprimento exato e integral do quanto estipulado, sob pena de nulidade da punição. Neste sentido, a **Súmula 77 do TST**, que estabelece: "Nula é a punição de empregado se não precedida de inquérito ou sindicância internos a que se obrigou a empresa por norma regulamentar".

■ Também não são admitidos o rebaixamento de função ou a transferência de empregado para outra localidade decorrentes de intuito punitivo.[59]

■ Para cada falta praticada pelo empregado, pode ser aplicada apenas uma punição (**princípio do *non bis in idem***).

Analisando-se as sanções que podem ser aplicadas pelo empregador, tem-se que:

■ *Advertência* — é a **mais branda de todas as punições**, pois consiste apenas em um aviso ou um alerta para que o empregado não volte a praticar determinada falta, sob pena de lhe ser aplicada sanção mais grave, não havendo afastamento do trabalho, nem desconto de qualquer valor do salário.

Não é prevista pela lei trabalhista, mas a doutrina e a jurisprudência a admitem sob o argumento de que, prevendo a lei sanção mais grave, que é a suspensão, não haveria por que não se aceitar uma punição que tem apenas o condão de alertar o empregado e, quando muito, compor o seu histórico faltoso, com o intuito de justificar a aplicação posterior de uma penalidade mais severa e que exige reiteração de conduta.

A advertência pode ser meramente verbal ou pode ser dada por escrito, sendo necessário, em qualquer caso, que o empregado tome ciência inequívoca da advertência recebida.

■ *Suspensão* — como medida disciplinar, **é mais grave que a advertência**, pois implica no afastamento do empregado do trabalho, que deixa de receber o salário correspondente aos dias de suspensão, não sendo computado este período como tempo de serviço para fins trabalhistas.

O **art. 474 da CLT** proíbe a suspensão sem vencimentos por mais de trinta dias, sob pena de considerar-se o ato patronal como dispensa sem justa causa. Também pode ser dada por escrito ou verbalmente, sendo indispensável que seja comunicado ao empregado, de forma clara, o fato que gerou a suspensão e o número de dias de afastamento do trabalho.

■ *Dispensa por justa causa* — é a mais grave das sanções disciplinares, pois implica no rompimento do vínculo empregatício sem que o empregado receba as verbas rescisórias previstas para outras modalidades de extinção do contrato de trabalho.[60]

3.4.3. Grupo econômico

Existe **grupo econômico**, para fins trabalhistas, sempre que uma ou mais empresas, tendo, embora, cada uma delas personalidade jurídica própria, estiverem sob a direção, controle ou administração de outra, ainda que guardem cada uma sua autonomia.

---

[59] Sobre a nulidade de transferência que não decorra de estrita necessidade de serviço, *vide* **Súmula 43 do TST**.
[60] Para estudo das justas causas, *vide* Capítulo 9, item 9.5.2.3.

Caracterizado o grupo econômico, serão **solidariamente responsáveis** pelas obrigações decorrentes da relação de emprego, a empresa principal e cada uma das subordinadas **(art. 2.º, § 2.º, CLT)**.

Não caracteriza grupo econômico a mera identidade de sócios, sendo necessárias, para a configuração do grupo, a demonstração de interesse integrado, a efetiva comunhão de interesses e a atuação conjunta das empresas dele integrantes **(art. 2.º, § 3.º, CLT)**.

A partir da definição legal de grupo econômico, Octavio Bueno Magano identifica os seguintes **elementos componentes da estrutura de tal figura jurídica**: "1) participantes (empresas); 2) autonomia dos participantes (personalidade jurídica); 3) relação entre participantes (relação de dominação, através da direção, controle ou administração da empresa principal sobre as filiadas; 4) natureza da atividade (industrial, comercial, ou qualquer outra de caráter econômico); 5) efeito (solidariedade); 6) objetivo sobre que recai (relação de emprego)".[61]

O grupo econômico previsto no **§ 2.º do art. 2.º da CLT** é restrito ao campo do Direito do Trabalho, não tendo qualquer efeito de caráter comercial, civil ou tributário. Exatamente por isso, no âmbito trabalhista não são exigidas as formalidades previstas por outros ramos do Direito para sua tipificação, como, por exemplo, o disposto nos **arts. 265 a 277 da Lei n. 6.404/76** (Lei das Sociedades Anônimas) que, entre outras coisas, preveem a necessidade de elaboração de uma convenção previamente aprovada pelas sociedades integrantes do grupo, devendo referida convenção ser arquivada na Junta Comercial da sede da sociedade de comando.

Portanto, no Direito do Trabalho não se exige sequer prova da constituição formal do grupo, podendo ser acolhida sua existência sempre que existam **evidências probatórias de uma integração interempresarial da qual decorre um controle, uma administração ou uma direção única de empresas**.

Outro aspecto importante em relação ao grupo econômico é o que Mauricio Godinho Delgado chama de *abrangência subjetiva*[62] e que tem a ver com os sujeitos de direito que podem compor a figura do grupo. O **§ 2.º do art. 2.º da CLT**, à medida que fala em *atividade econômica*, é restritivo quanto aos componentes do grupo, não permitindo que sejam quaisquer pessoas físicas, jurídicas ou entes despersonificados, **sendo essencial que possuam dinâmica e fins econômicos**. Portanto, não podem compor um grupo econômico empregadores que não tenham finalidade econômica, tais como o empregador doméstico ou as entidades beneficentes ou sem fins lucrativos.

Questão de grande importância em relação à caracterização do grupo econômico para fins trabalhistas é saber qual é a **natureza da relação que deve existir entre as empresas para que o grupo seja configurado**. A doutrina e a jurisprudência divergem sobre o tema, sendo possível identificar duas correntes:

■ **1.ª corrente** — defende a necessidade de que haja efetivamente um controle, uma administração ou uma direção da empresa principal em relação às demais para que o

---

[61] MAGANO, Octavio Bueno. *Manual de direito do trabalho*: direito individual do trabalho, p. 78.
[62] DELGADO, Mauricio Godinho. *Curso de direito do trabalho*, 18. ed., p. 502-503.

grupo seja reconhecido, ou seja, o vínculo entre elas tem que ser de verdadeira *dominação* ou *hierarquia*.

Ao utilizar os termos "controle", "administração" e "direção", o **§ 2.º do art. 2.º da CLT** parece não deixar dúvidas quanto à correção deste entendimento, ou seja, a relação entre as empresas deve ser de efetiva dominação.

Nesse sentido, o posicionamento de Octavio Bueno Magano, que afirma: "No modelo da Consolidação das Leis do Trabalho, a relação entre as empresas componentes do grupo econômico é sempre de dominação, o que supõe uma empresa principal ou controladora e uma ou várias empresas controladas. A dominação se exterioriza através da direção, controle ou administração das empresas subordinadas".[63]

■ **2.ª corrente** — defende não ser necessário um controle efetivo de uma empresa em relação às demais para que se caracterize o grupo econômico, admitindo que uma simples relação de *coordenação* entre as empresas é suficiente para tal finalidade.

Este entendimento tem por fundamento duas ideias básicas:

■ a informalidade do Direito do Trabalho impede que se adote um conceito rígido de grupo econômico, dependente sempre da verificação concreta de uma relação de subordinação e controle entre seus componentes para que seja caracterizado; e

■ o objetivo do legislador ao prever o grupo econômico foi o de garantir aos trabalhadores o recebimento de seus créditos, sendo mais coerente com esta finalidade protetiva a adoção de um entendimento mais amplo sobre a caracterização do grupo, no sentido de apenas se exigir uma relação de coordenação entre as empresas.

Este é o entendimento de Délio Maranhão que, alertando que a lei deve ser aplicada de acordo com os fins sociais a que se dirige, afirma que para a configuração do grupo econômico previsto no **§ 2.º do art. 2.º da CLT** não é indispensável a existência de uma sociedade controladora (*holding company*), pois a concentração econômica pode assumir os mais variados aspectos. Assim, ao se deparar com um fenômeno dessa natureza, o dever impõe ao juiz a aplicação daquele dispositivo legal, sempre com o intuito de proteger o trabalhador, garantindo-lhe o recebimento do crédito trabalhista.[64]

No âmbito do Tribunal Superior do Trabalho, houve por muito tempo divergência sobre a natureza da relação que deve existir entre as empresas para a caracterização do grupo econômico, e a jurisprudência acabou se pacificando no sentido de que para tal caracterização é necessária a existência de controle e fiscalização de uma empresa líder sobre as demais, não sendo suficiente a mera existência de sócios em comum e de relação de coordenação entre elas.[65]

---

[63] MAGANO, Octavio Bueno. *Manual de direito do trabalho*: direito individual do trabalho, p. 80.

[64] SÜSSEKIND, Arnaldo et al. *Instituições de direito do trabalho*, 22. ed., v. 1, p. 303.

[65] Nesse sentido, os seguintes julgados: "RECURSO DE REVISTA INTERPOSTO PELO SEGUNDO RECLAMADO — COMÉRCIO E INDÚSTRIA BREITHAUPT S/A. RESPONSABILIDADE SOLIDÁRIA. GRUPO ECONÔMICO. NÃO CONFIGURAÇÃO. PROVIMENTO. A jurisprudência

No entanto, a alteração do **§ 2.º do art. 2.º da CLT** veio a reconhecer, ao lado do grupo econômico vertical (por direção ou subordinação), a figura do grupo econômico horizontal (por integração), no qual não existe o exercício de um poder centralizado. Ampliou-se, por expressa disposição legal, a garantia dos créditos trabalhistas na hipótese de grupo por coordenação.[66]

Todavia, com a introdução do **§ 3.º ao art. 2.º da CLT**, foram fixados elementos robustos para a configuração do grupo econômico, complementando o conceito do grupo por coordenação entre as diversas empresas que o compõem. Houve, assim, uma

---

desta Corte, inclusive em precedente da SBDI-1 (E-ED-RR-214940-39.2006.5.02.0472), julgado em 22.05.2014, ao interpretar o teor do art. 2.º, § 2.º, da CLT, pacificou o entendimento de que a mera existência de sócios em comum e de relação de coordenação entre as empresas não constitui elemento suficiente para a caracterização do grupo econômico. No caso, o egrégio Tribunal Regional considerou que as circunstâncias apontadas em sentença e verificadas nos autos demonstram a existência de laços de direção ou, no mínimo, coordenação entre as atividades desenvolvidas pelas empresas que compõem o polo passivo da presente demanda, sendo prescindível, sob esse viés, o estabelecimento de um controlador ou administrador único para todas elas ou qualquer forma de hierarquia entre elas para que se configure o grupo econômico. Assim, concluiu pela caracterização do grupo econômico, apto a autorizar a responsabilização solidária pelas parcelas deferidas na presente ação. Tal decisão contraria o entendimento desta Corte Superior sobre a matéria, que exige a existência de controle e fiscalização de uma empresa líder para a configuração do grupo econômico, circunstância não noticiada no acórdão recorrido. Recurso de revista de que se conhece e a que se dá provimento" (TST — ARR 2952-46.2014.5.12.0019, 4.ª T., rel. Min. Guilherme Augusto Caputo Bastos, *DEJT* 10.05.2019).

"RECURSO DE REVISTA INTERPOSTO PELA 4.ª RECLAMADA — ASSOCIAÇÃO EDUCACIONAL DE CIÊNCIAS DA SAÚDE — AECISA. RESPONSABILIDADE SOLIDÁRIA. GRUPO ECONÔMICO. A controvérsia dos autos se refere a período anterior à alteração do § 2.º do art. 2.º consolidado dada pela Lei n. 13.467/2017. E, nos moldes elencados pelo art. 2.º, § 2.º, da CLT, em vigência por ocasião da ocorrência dos fatos correlatos aos presentes autos e do ajuizamento da presente reclamatória trabalhista, a caracterização do grupo econômico depende de que uma empresa esteja sob direção, controle ou administração de outra. Nesse contexto, a mera existência de sócios comuns e de relação de coordenação entre as empresas não tem o condão de resultar na responsabilização solidária da recorrente, porquanto se faz necessária a configuração de hierarquia entre as empresas para a caracterização do grupo econômico, hipótese não verificada nos presentes autos. Ocorre que, das premissas fáticas lançadas pelo Tribunal *a quo*, constata-se que não havia direção, administração ou controle de sócio comum ou de uma empresa sobre a outra, não havendo provas da configuração de grupo econômico, mormente diante da inexistência de atos gerenciais de uma empresa sobre outra. Precedentes. Recurso de revista conhecido e provido" (TST — ARR 1131-82.2016.5.05.0196, 8.ª T., rel. Min. Dora Maria da Costa, *DEJT* 10.05.2019).

[66] "AGRAVO DA RECLAMADA. AGRAVO DE INSTRUMENTO EM RECURSO DE REVISTA. 1. PEJOTIZAÇÃO. CONSTATAÇÃO DA PRESENÇA DOS REQUISITOS DO CONTRATO DE EMPREGO. RECONHECIMENTO DO VÍNCULO DE EMPREGO. IMPOSSIBILIDADE DO REEXAME DE FATOS E PROVAS. ÓBICE DA SÚMULA N. 126 DO TST. 2. GRUPO ECONÔMICO. CONTRATO DE TRABALHO INICIADO ANTES DA REFORMA TRABALHISTA E EXTINTO APÓS A VIGÊNCIA DA LEI N. 13.467/2017. RELAÇÃO HIERÁRQUICA ENTRE AS EMPRESAS. DESNECESSIDADE. CARACTERIZAÇÃO MEDIANTE COORDENAÇÃO. Impõe-se confirmar a decisão monocrática, mediante a qual se negou provimento ao agravo de instrumento da parte. Agravo conhecido e não provido, nos temas" (Ag-EDCiv-AIRR-852-35.2021.5.12.0032, 1.ª T., rel. Min. Hugo Carlos Scheuermann, *DEJT* 07.01.2025).

maior clareza na definição da figura do grupo econômico por coordenação, atribuindo maior segurança jurídica ao conceito, fixando-lhe requisitos e elementos que, antes, dependiam de uma função integradora jurisprudencial nem sempre exata e objeto de grandes controvérsias.

Assentou-se que mera identidade de sócios não é elemento suficiente para a configuração de grupo econômico. Pode, contudo, constituir um indício a lastrear uma presunção relativa quanto à existência do grupo, transferindo à empresa que se almeja responsabilizar o ônus da prova de que não pertence a ele. No entanto, o legislador apontou os requisitos para a configuração do grupo econômico por coordenação: a) "demonstração de interesse integrado"; b) "efetiva comunhão de interesses"; c) "atuação conjunta das empresas".

De acordo com Márcio Mendes Granconato, sobre o requisito da *"atuação conjunta"*, as empresas guardam sua autonomia, mas têm interesses em comum e chegam até mesmo a atuar de maneira complementar no mesmo seguimento econômico. Isso quer dizer que elas devem necessariamente ter *uma vida em comum*. Não podem atuar de forma totalmente independente uma da outra, porque se completam e interagem no exercício de suas atividades empresariais. Seria o caso de um conglomerado que atua no mercado financeiro, em que cada uma das empresas trabalha com seguimento econômico específico, mas sempre com os mesmos objetivos, defendendo a mesma política de investimentos e visando a uma clientela que lhe é característica. Almejando objetivos em comum, apesar da independência que possuem umas das outras no tocante à gestão de cada negócio.[67]

Por *'interesse integrado'*, prossegue Granconato, deve-se compreender que as empresas mantêm uma relação de reciprocidade na forma como atuam. Ou seja, elas operam de maneira complementar ou subsidiária em seus negócios.

Por fim, o requisito *'comunhão de interesses'* pode ser entendido como a necessidade de que exista entre as empresas reciprocidade em vantagens e desvantagens, perdas e ganhos, benefícios e prejuízos. Elas compartilham o sucesso e a ruína de seus empreendimentos, de sorte que o negócio de uma influencia o da outra, surgindo daí o interesse comum.[68]

O que se exige, portanto, aduz Carlos Eduardo Oliveira Dias, "é que haja uma atuação interligada das empresas, vale dizer, um encadeamento de atividades econômicas, ausentes quando as empresas desenvolverem atividades sem qualquer afinidade. Em síntese, as empresas precisam somar esforços, como fornecimento de bens ou até de matéria-prima (em comum), para que reste configurada uma efetiva comunhão de

---

[67] GRANCONATO, Márcio. Empregador. In: MONTEIRO, Carlos Augusto Marcondes de Oliveira; GRANCONATO, Márcio Mendes (Coord.). *Reforma Trabalhista de acordo com a Lei 13.467/2017*. Indaiatuba: Foco Jurídico, 2017, p. 3-4.

[68] GRANCONATO, Márcio. Empregador. In: MONTEIRO, Carlos Augusto Marcondes de Oliveira; GRANCONATO, Márcio Mendes (Coord.). *Reforma Trabalhista de acordo com a Lei 13.467/2017*. Indaiatuba: Foco Jurídico, 2017, p. 4.

interesses entre elas, de modo que as atividades econômicas sejam interdependentes, numa cadeia produtiva que se mostre plenamente integrada, numa ação conjunta em prol de objetivos comuns".[69]

Sobre as disposições referentes ao grupo econômico decorrentes da alteração do § 2.º, do art. 2.º da CLT pela Lei n. 13.467/2017, destaque-se que o Tribunal Pleno do TST, em 25.11.2024, no julgamento do Tema 23 da Tabela de Recursos de Revista Repetitivos (IncJulgRREmbRep-528-80.2018.5.14.0004), firmou a tese de que a Lei n. 13.467/2017 possui aplicação imediata aos contratos de trabalho em curso, passando a regular os direitos decorrentes de lei cujos fatos geradores tenham se efetivado a partir de sua vigência.

O estudo do grupo econômico leva, ainda, à análise do **efeito decorrente de sua caracterização**, qual seja, a **responsabilidade solidária** dos integrantes do grupo em relação aos créditos trabalhistas dos empregados. A questão envolve a discussão sobre o tipo de solidariedade que resulta do grupo econômico:

■ **Solidariedade passiva entre os integrantes do grupo econômico** — tal entendimento decorre do próprio texto do **§ 2.º do art. 2.º da CLT**. Como efeito jurídico clássico e incontroverso do grupo econômico, está "a imposição de solidariedade *passiva* entre as entidades componentes do grupo perante os créditos trabalhistas derivados de contrato de trabalho subscrito por uma ou algumas dessas entidades. Solidariedade passiva, isto é, por obrigações trabalhistas, portanto".[70]

Trata-se de hipótese de solidariedade decorrente de lei, nos exatos termos do **art. 265 do Código Civil**, e que tem como consequência o fato de o credor ter o direito de exigir e de receber de qualquer um dos devedores, parcial ou totalmente, a dívida comum **(art. 275 do Código Civil)**.

Aspecto processual importante decorrente da responsabilidade solidária dos integrantes do grupo econômico diz respeito ao **litisconsórcio passivo nas reclamações trabalhistas**.

O antigo Enunciado 205 do TST (cancelado pela Resolução 121/2003 do TST) previa que "o responsável solidário, integrante de grupo econômico, que não participou da relação processual como reclamado e que, portanto, não consta do título executivo judicial como devedor, não pode ser sujeito passivo na execução". Exigia-se, portanto, a formação do litisconsórcio passivo.

Com o cancelamento do referido Enunciado, o TST passou a entender ser possível a verificação da existência de grupo econômico apenas na fase de execução, adotando entendimento no sentido de não ser necessário que a reclamação trabalhista tivesse sido

---

[69] DIAS, Carlos Eduardo Oliveira. In: DIAS, Carlos Eduardo Oliveira et al. *Comentários à lei da reforma trabalhista*: dogmática, visão crítica e interpretação constitucional. São Paulo: LTr, 2018, p. 25.
[70] DELGADO, Mauricio Godinho. *Curso de direito do trabalho*, 18. ed., p. 506.

ajuizada em face de todas as empresas integrantes do grupo econômico para que respondam pelo crédito trabalhista.

O **STF**, no entanto, em decisão proferida em 14/09/2021, sem efeito vinculante, trouxe novamente ao centro dos debates a questão da possibilidade ou não de executar integrante do grupo econômico que não tenha participado da fase de conhecimento. Nos autos do processo ARE 1.160.361, o Ministro Gilmar Mendes cassou decisão do TST, que não admitiu Recurso Extraordinário interposto, determinando o retorno dos autos ao mesmo Tribunal para análise da constitucionalidade do art. 513, § 5.º, do Código de Processo Civil (utilizado de forma subsidiária na Justiça do Trabalho), que estabelece: "O cumprimento da sentença não poderá ser promovido em face do fiador, do coobrigado ou do corresponsável que não tiver participado da fase de conhecimento". Segundo o Ministro, ao desconsiderar esse dispositivo e o art. 15 do CPC (que determina sua aplicação subsidiária quando não houver normas de processo do trabalho), o TST incorreu em erro de procedimento e violou a Súmula Vinculante 10 do STF e a cláusula de reserva de plenário do art. 97 da Constituição Federal, razão pela qual a decisão do TST foi cassada, com a determinação de que outra seja proferida, observando-se a Súmula Vinculante 10 e o art. 97, da CF.[71]

A **ADPF 488**, que discutia a questão, não foi conhecida, por entender o STF que a medida havia sido ajuizada com o propósito de revisão de decisões judiciais, o que é vedado (ADPF não é cabível como sucedâneo recursal).[72]

Em 09.09.2022 o STF, por maioria, reconheceu a existência de repercussão geral da questão, adotando o Tema 1232, que aguarda julgamento: "Possibilidade de inclusão no polo passivo da lide, na fase de execução trabalhista, de empresa integrante de grupo econômico que não participou do processo de conhecimento".[73]

■ **Solidariedade ativa das empresas componentes do grupo econômico** — trata-se de tema bastante discutido.

Há quem defenda a existência de uma solidariedade ativa, além da solidariedade passiva inerente à hipótese (haveria, portanto, uma *responsabilidade dual*). Assim, as obrigações das empresas que integram o grupo não se limitam aos créditos trabalhistas, mas abrangem o contrato de trabalho como um todo, assumindo o grupo a posição de *empregador único*. Disto resulta o entendimento de que o empregado presta serviços ao grupo, e não a uma empresa especificamente, razão pela qual estará sujeito ao poder de comando deste *empregador único*.[74]

---

[71] O processo retornou ao TST (RR — 68600-43.2008.5.02.0089) e foi julgado em 08.02.2022, com o seguinte resultado: "por maioria, conhecer do recurso de revista por violação do art. 5.º, LIV e LV, da CF, e, no mérito, dar-lhe provimento, para afastar a responsabilidade da recorrente". Acórdão publicado em 12.05.2022.

[72] Descião transitada em julgado em 28.02.2024.

[73] Consulta no site do TST em 17.01.2025.

[74] Como, por exemplo, MAGANO, Octavio Bueno. *Manual de direito do trabalho*: direito individual do trabalho, p. 94.

Todavia, este posicionamento encontra resistência em parte da doutrina. Alguns autores afirmam que a intenção do legislador foi apenas a de fixar a responsabilidade passiva das empresas integrantes do grupo econômico, pois não inseriu na redação do **§ 2.º do art. 2.º da CLT** o texto que constava do parágrafo único da revogada Lei n. 435, de 17.05.1937, que dispunha expressamente que a solidariedade decorrente do grupo econômico "não se dará entre as empresas subordinadas, nem diretamente, nem por intermédio da empresa principal, a não ser para o fim único de se considerarem todas elas como um mesmo empregador".[75]

Trazendo mais elementos que fomentam a discussão sobre o **tipo de responsabilidade solidária decorrente da caracterização do grupo econômico**, o TST adota o seguinte entendimento:

> **SÚMULA 129, TST:** "A prestação de serviços a mais de uma empresa do mesmo grupo econômico, durante a mesma jornada de trabalho, não caracteriza a coexistência de mais de um contrato de trabalho, salvo ajuste em contrário".

Ao que parece, o Tribunal Superior do Trabalho adotou com a Súmula 129 um posicionamento conflitante com o critério adotado pelo legislador trabalhista. Assim, ao dispor que a prestação de serviços a mais de uma empresa do mesmo grupo econômico, durante a mesma jornada de trabalho, não caracteriza a coexistência de mais de um contrato de trabalho, o TST pendeu "para a diretriz fixada pela teoria da *solidariedade ativa*, porque considera um só contrato de trabalho, mesmo que o empregado preste serviços para mais de uma empresa do grupo, desde que o faça no mesmo local e expediente. A derrogação, que é a exceção, só será reconhecida no caso de existir, entre o empregado e as empresas do mesmo grupo, contrato específico com cada uma das empresas".[76]

Nesse contexto, verifica-se que, a jurisprudência dominante do TST acolhe a tese de que o grupo econômico enseja solidariedade ativa e passiva (solidariedade dual), entre os seus integrantes, formando o chamado *empregador único*. O reconhecimento da existência de grupo econômico para fins trabalhistas é mera consequência da constatação de que outras empresas integram a mesma rede econômico-financeira, mantendo entre si relação de controle ou coordenação. Presente, portanto, o instituto da solidariedade dual, que faz com que todas essas empresas se beneficiem de uma mesma mão de obra e, ao mesmo tempo, por ela respondam em igual medida.[77]

---

[75] Nesse sentido, por exemplo, o posicionamento de NASCIMENTO, Amauri Mascaro. *Curso de direito do trabalho*, 24. ed., p. 654, e de MORAES FILHO, Evaristo de; MORAES, Antonio Carlos Flores de. *Introdução ao direito do trabalho*, p. 260.

[76] NASCIMENTO, Amauri Mascaro. *Curso de direito do trabalho*, 24. ed., p. 655.

[77] Conforme: TST — RR 1000268-79.2020.5.02.0705, 7.ª T., rel. Min. Cláudio Mascarenhas Brandão, *DEJT* 09.12.2022; TST — Ag-AIRR 10210-32.2015.5.03.0146, 5.ª T., rel. Min. Breno Medeiros,

Por fim, cumpre ressaltar que, adotando-se a **tese do empregador único**, importantes **efeitos jurídicos** são verificados em relação aos contratos de trabalho dos empregados, como, por exemplo, a contagem única do tempo de serviço, sempre que haja trabalho para mais de uma empresa do grupo econômico; possibilidade de transferência do empregado de uma empresa para outra integrante do mesmo grupo econômico; pagamento de um único salário, concessão de um único período de férias etc., mesmo que haja trabalho concomitante a mais de uma empresa integrante do grupo econômico.

Especificamente, porém, no que tange à possibilidade de equiparação salarial entre empregados que trabalham em empresas distintas, mas que fazem parte do mesmo grupo econômico, o TST tem entendimento no sentido de que se as atividades de reclamante e paradigma são desenvolvidas em prol de cada uma das suas respectivas empresas empregadoras, não há como se reconhecer o direito à equiparação salarial. A equiparação somente será possível quando, embora os contratos de trabalho de reclamante e paradigma sejam celebrados com diferentes empresas do grupo econômico, há comprovação de que o trabalho de ambos, de fato, é desenvolvido em prol do grupo (prestação de serviços simultânea a empresas integrantes do grupo) e não de cada empresa específica.[78] A prestação de serviços pelos empregados paradigma e paragonado para empresas distintas obsta o reconhecimento da equiparação salarial.[79]

DEJT 03.05.2019; TST — RR 85800-14.2007.5.02.0052, 1.ª T., rel. Min. Luiz José Dezena da Silva, *DEJT* 26.04.2019.

[78] "AGRAVO. AGRAVO DE INSTRUMENTO EM RECURSO DE REVISTA. ACÓRDÃO PUBLICADO NA VIGÊNCIA DA LEI N. 13.467/2017. [...] EQUIPARAÇÃO SALARIAL. EMPRESAS DISTINTAS. TRABALHO EM PROL DO GRUPO ECONÔMICO. AUSÊNCIA DE TRANSCENDÊNCIA. O e. TRT manteve a equiparação salarial, consignando que 'a reclamante e o paradigma prestam serviços em favor das empresas do grupo econômico, trabalhando com os mesmos produtos e medicamentos', e que 'não há elementos nos autos que comprovem diferença de produtividade ou disparidade da qualidade de prestação de serviços'. Não se desconhece o entendimento to de ser indevida a equiparação salarial entre empregados de empresas distintas, ainda que os referidos empregadores pertençam ao mesmo grupo econômico, haja vista a ausência do requisito relativo ao 'mesmo empregador'. Entretanto, esta Corte vem firmando entendimento de que, quando comprovadas a identidade de serviços, a mesma produtividade e perfeição técnica, e sobretudo quando o trabalho prestado por paradigma e paragonado se dá em prol do mesmo grupo econômico, restam preenchidos os requisitos configuradores da equiparação salarial. No caso concreto, o e. TRT, além de constatar os requisitos do art. 461 da CLT, consignou que o trabalho foi desempenhado em proveito do grupo econômico como um todo. Pontuou para tanto que 'Nos termos em que foi apresentada a defesa e de acordo com a prova oral, pode-se concluir que a reclamante e o paradigma prestam serviços em favor das empresas do grupo econômico, trabalhando com os mesmos produtos e medicamentos, nos termos do entendimento consagrado pelo TST'. Tal como proferido, o v. acórdão recorrido está em consonância com a atual e notória jurisprudência desta Corte. Precedentes. Incidem na espécie, os óbices Súmula n. 333 do TST e o art. 896, § 7.º, da CLT como obstáculos à extraordinária intervenção deste Tribunal Superior no feito. Agravo não provido. [...]" (RRAg-21656-60.2017.5.04.0008, 5.ª T., rel. Min. Breno Medeiros, *DEJT* 27.10.2023). "RECURSO DE REVISTA REGIDO PELO CPC/2015 E PELA INSTRUÇÃO NORMATIVA N. 40/2016 DO TST E INTERPOSTO NA VIGÊNCIA DA LEI N. 13.015/2014. EQUIPARAÇÃO

SALARIAL. EMPREGADOS CONTRATADOS POR EMPRESAS FORMALMENTE DISTINTAS PERTENCENTES AO MESMO GRUPO ECONÔMICO. PRESTAÇÃO DE SERVIÇOS EM BENEFÍCIO DO GRUPO. EMPREGADOR ÚNICO. TEORIA DO CONTRATO-REALIDADE. POSSIBILIDADE. VERBAS DE CARÁTER PERSONALÍSSIMO. Na situação em análise, a Corte regional consignou na decisão recorrida que, embora a reclamante e o paradigma fossem formalmente contratados por empresas distintas componentes do mesmo grupo econômico, 'caso o trabalho favoreça diretamente o grupo econômico, como nos presentes autos, não há óbice para o reconhecimento da equiparação salarial. Ressalte-se que há procurações outorgadas unilateralmente por todas as empresas do grupo econômico a vários funcionários, inclusive à obreira e à paradigma como se fossem empregadas de todas elas' (grifou-se). Ressalta-se que, embora a jurisprudência deste Tribunal Superior venha se posicionando no sentido de que não há a possibilidade de configuração de equiparação salarial entre empregados de empresas distintas, ainda que pertencentes ao mesmo grupo econômico, este entendimento não se amolda à situação dos autos. No caso, todavia, constata-se a fraude implementada pelo reclamado, tendo em vista que o Regional expressamente reconheceu que a reclamante e o paradigma prestavam serviço ao grupo econômico como um todo, evidenciando a figura do empregador único, porquanto o labor foi desempenhado em proveito do grupo econômico ao qual integram as duas instituições financeiras empregadoras. Importante destacar que, a despeito da empregada indicada como paradigma ter sido formalmente contratada por instituição financeira distinta da empregadora da reclamante, para fins de apuração da equiparação salarial, deve prevalecer a figura do contrato-realidade, uma vez que exerciam exatamente a mesma atividade, possuindo inclusive 'procurações outorgadas unilateralmente por todas as empresas do grupo econômico a vários funcionários, inclusive à obreira e à paradigma como se fossem empregadas de todas elas'. Nesse contexto, diante da peculiaridade do caso dos autos, quanto à identidade funcional dos serviços prestados pela reclamante e pelo paradigma, nos moldes do artigo 461 da CLT, em proveito do mesmo empregador, a partir da concepção de contrato-realidade de empregador único, deve ser mantida a equiparação salarial. Ademais, é irrelevante, no caso dos autos, a configuração de grupo econômico, porquanto, evidenciada a figura do empregador único a partir do contrato-realidade, perfeitamente possível a equiparação salarial, ao contrário da jurisprudência indicada. Incólume, portanto, o artigo 461, *caput*, da CLT. Contudo, a decisão regional merece pequeno reparo, visto que, ao dar provimento ao apelo ordinário da reclamante, deferiu o pagamento das diferenças salariais a serem apuradas em liquidação de sentença, inclusive sobre verbas de caráter personalíssimo, em contrariedade ao entendimento firmado por esta Corte superior, por meio do item VI da Súmula n. 6 do TST. Necessário, assim, o provimento parcial do apelo para determinar que, na apuração das diferenças salariais decorrentes da equiparação reconhecida, sejam desconsideradas as verbas de caráter personalíssimo, tanto da reclamante como do paradigma, preservando-se, assim, a irredutibilidade salarial. Recurso de revista conhecido e parcialmente provido" (TST — RR 1002324-95.2016.5.02.0068, 2.ª T., rel. Min. José Roberto Freire Pimenta, *DEJT* 13.09.2019).

[79] "A) AGRAVO DE INSTRUMENTO EM RECURSO DE REVISTA INTERPOSTO PELO RECLAMADO FUSUS COMÉRCIO E PARTICIPAÇÕES LTDA. ACÓRDÃO REGIONAL PUBLICADO NA VIGÊNCIA DA LEI N. 13.015/2014. 1. EQUIPARAÇÃO SALARIAL. EMPRESAS INTEGRANTES DO MESMOGRUPO ECONÔMICO. IMPOSSIBILIDADE. AUSÊNCIA DO REQUISITO 'MESMO EMPREGADOR'. CONHECIMENTO E PROVIMENTO. I. Hipótese em que o Tribunal Regional manteve a condenação referente ao pagamento de diferenças salariais, por equiparação, sob o fundamento de que o Reclamante e o paradigma foram empregados de empresas integrantes do mesmo grupo econômico, considerado empregador único, nos moldes do art. 2.º, § 2.º, da CLT. II. Demonstrada violação do art. 461 da CLT. III. Agravo de instrumento de que se conhece e a que se dá provimento, para determinar o processamento do recurso de revista, observando-se o disposto no ATO SEGJUD.GP N. 202/2019 do TST. B) RECURSO DE REVISTA INTERPOSTO PELO RECLAMADO FUSUS COMÉRCIO E PARTICIPAÇÕES LTDA. ACÓRDÃO REGIONAL PUBLICADO NA VIGÊNCIA DA LEI N. 13.015/2014. 1. EQUIPARAÇÃO SALARIAL. EMPRESAS

Em relação ao pagamento de um único salário para trabalho prestado a diversas empresas do grupo, mas na mesma jornada de trabalho, ressalte-se o seguinte entendimento do TST:

> **SÚMULA 93, TST:** "Integra a remuneração do bancário a vantagem pecuniária por ele auferida na colocação ou venda de papéis ou valores mobiliários de empresas pertencentes ao mesmo grupo econômico, se exercida essa atividade no horário e no local de trabalho e com o consentimento, tácito ou expresso, do banco empregador".

3.4.4. Sucessão de empregadores

O termo **sucessão**, em sua concepção mais ampla, refere-se às hipóteses em que ocorre a alteração da titularidade do direito ou da obrigação em razão da modificação do sujeito. Tratando-se de obrigações e direitos previstos em um contrato, é possível afirmar-se que a sucessão refere-se a uma alteração subjetiva na relação jurídica contratual.

No campo do **Direito do Trabalho**, a sucessão tem **reflexos diretos na relação de emprego** e implica em direitos e obrigações para os seus sujeitos, empregado e empregador. No entanto, considerando-se que para a caracterização da relação de emprego deve estar presente, entre outras características, a pessoalidade na prestação dos serviços, resta evidente que o tema da sucessão assume real importância no que tange ao outro sujeito da relação de emprego, o empregador.

A sucessão de empregadores é prevista pelos **arts. 10 e 448 da CLT**, que dispõem que qualquer alteração na estrutura jurídica da empresa ou na sua propriedade não afeta os contratos de trabalho dos respectivos empregados nem os direitos adquiridos por eles.

Trata-se de instituto que se **fundamenta** nas ideias de:

- garantia dos direitos trabalhistas;
- despersonalização do empregador;
- continuidade da relação de emprego.

INTEGRANTES DO MESMO GRUPO ECONÔMICO. IMPOSSIBILIDADE. AUSÊNCIA DO REQUISITO 'MESMO EMPREGADOR'. CONHECIMENTO E PROVIMENTO. I. O entendimento adotado por esta Corte Superior é de não ser possível o reconhecimento de equiparação salarial entre empregados que trabalham para empresas diversas, ainda que pertencentes ao mesmo grupo econômico, porquanto, nessa hipótese, está ausente a identidade de empregador exigida no referido dispositivo. II. No caso em apreço, o Tribunal Regional manteve o deferimento do pedido do Reclamante à equiparação salarial, sob o único fundamento de que esse e o paradigma foram empregados de empresas integrantes do mesmo grupo econômico, considerado empregador único, nos moldes do art. 2.º, § 2.º, da CLT . III. Recurso de revista de que se conhece, por violação do art. 461 da CLT, e a que se dá provimento" RR-403-90.2012.5.02.0252, 4.ª T., rel. Min. Alexandre Luiz Ramos, *DEJT* 11.09.2020).

A sucessão decorrente de alteração na estrutura jurídica da empresa abrange hipóteses como mudança de sociedade para firma individual, ou vice-versa, alteração do tipo societário, fusão, incorporação, cisão etc. Essas modificações formais são irrelevantes para **os contratos de trabalho que seguem normalmente seu curso**. Mauricio Godinho Delgado[80] ressalta, porém, a impropriedade da expressão utilizada pelo legislador, uma vez que a norma tem em vista alterações na *estrutura jurídica do titular da empresa, e não nela própria*.

A sucessão decorrente da alteração na propriedade do empreendimento deve ser analisada de acordo com a hipótese concreta:

▪ **alienação total ou parcial do empreendimento, com a continuação da prestação de serviços, pelos empregados, para o novo titular** — neste caso, o **sucessor responderá por todos os direitos trabalhistas** dos empregados que passaram a trabalhar para ele, pois os respectivos contratos de trabalho consideram-se inseridos na universalidade de bens por ele adquirida, logo passam a ser de sua responsabilidade. Aliás, até a aquisição de bens singulares, desde que acompanhada da continuidade da prestação laborativa para o novo titular, pode caracterizar sucessão de empregadores quanto aos empregados transferidos;

▪ **transferência de parte do empreendimento, mas com a permanência de todos os empregados prestando serviços ao sucedido** — neste caso, em princípio, **não haveria razão para o sucessor responder por dívidas trabalhistas** de empregados com os quais não teve qualquer relação.

A esse respeito, a doutrina mais moderna e também a jurisprudência têm entendido que o fim da norma em questão não é apenas dar aplicação ao princípio da continuidade do contrato de trabalho, mas também dar garantias aos créditos trabalhistas dos empregados.

Por isso, se a mencionada transação for capaz de diminuir essa garantia, entende-se, hoje, que o sucessor poderá ser acionado para adimplir as obrigações trabalhistas do sucedido. Importante notar que, neste caso, é necessário que a parte do empreendimento transferida seja relevante, caracterizando a transferência de uma universalidade. Como não há continuidade da prestação de serviços para o novo titular, a sucessão só se configura se essa alienação parcial for capaz de causar um prejuízo à satisfação dos créditos laborais dos empregados do sucedido.

Assim, caracterizada a sucessão empresarial ou de empregadores, as **obrigações trabalhistas**, inclusive as contraídas à época em que os empregados trabalhavam para a empresa sucedida, são de **responsabilidade do sucessor (art. 448-A, *caput*, CLT)**.

Em relação à **possibilidade de responsabilização do sucedido**, o **parágrafo único do art. 448-A da CLT** prevê que a empresa sucedida **responderá solidariamente** com a sucessora quando ficar comprovada **fraude** na transferência.

---

[80] DELGADO, Mauricio Godinho. *Curso de direito do trabalho*, 18. ed., p. 511-512.

Quanto ao título jurídico que transfere os bens, ele não se restringe à alienação propriamente dita. Pelo contrário, deve ter a maior amplitude possível, abrangendo cessões, doações, arrendamentos etc.

Há, porém, situações peculiares nas quais **não ocorrem os efeitos da sucessão trabalhista**, como, por exemplo:

◻ No caso de **aquisição dos bens em hasta pública** cujos editais mencionaram, expressamente, a elisão dos referidos efeitos.

◻ No caso de **falência**, quando ocorrer a alienação conjunta ou separada de ativos, inclusive da empresa ou de suas filiais. Nos termos do **art. 141, II, da Lei n. 11.101/2005**, o objeto da alienação estará livre de qualquer ônus e não haverá sucessão do arrematante nas obrigações do devedor, inclusive as derivadas da legislação do trabalho e as decorrentes de acidentes de trabalho.

Os empregados do devedor contratados pelo arrematante serão admitidos mediante novos contratos de trabalho, e o arrematante não responderá por obrigações decorrentes do contrato anterior **(§ 2.º)**.

A **exclusão** prevista no **art. 141, II**, da referida Lei **não prevalecerá**, porém, quando o arrematante for: a) sócio da sociedade falida ou de sociedade controlada pelo falido; b) parente, em linha reta ou colateral até o 4.º (quarto) grau, consanguíneo ou afim, do falido ou de sócio da sociedade falida; ou c) identificado como agente do falido com o objetivo de fraudar a sucessão **(§ 1.º)**.

◻ No caso de recuperação extrajudicial de empresas, sendo a **Lei n. 11.101/2005** bastante clara quanto à exclusão **(art. 60, parágrafo único, art. 161, § 1.º)**.[81] Ressalte-se que o STF, por ocasião do julgamento da ADIn 3.934/DF (rel. Min. Ricardo Lewandoswski, Tribunal Pleno, *DJ* 6.11.2009), declarou constitucionais as disposições contidas nos arts. 60, parágrafo único, e 141, II, da Lei n. 11.101/2005, no ponto em que estabelecem a inocorrência de sucessão dos créditos trabalhistas nas alienações judiciais durante processo de recuperação judicial e de falência.

---

[81] "AGRAVO EM AGRAVO DE INSTRUMENTO EM RECURSO DE REVISTA INTERPOSTO PELA PRIMEIRA E SEGUNDA RECLAMADAS — EMPRESAS EM RECUPERAÇÃO JUDICIAL — ARREMATAÇÃO — AQUISIÇÃO DA UNIDADE PRODUTIVA — SUCESSÃO EMPRESARIAL — INEXISTÊNCIA. 1. A Lei n. 11.101/2005, em seu art. 60, parágrafo único, determina que quando ocorrer a alienação de unidades produtivas na recuperação judicial, não haverá sucessão de nenhuma espécie por parte do adquirente. 2. Tal comando normativo, declarado constitucional pelo STF, no julgamento da ADI n. 3.394/DF, visa a preservar a sociedade empresária e os interesses que em torno dela gravitam (a citar consumerista, trabalhista, fiscal, previdenciário), razão pela qual constitui exceção ao disposto nos arts. 10 e 448 da CLT e impede a responsabilização trabalhista da empresa adquirente. 3. Assim, à luz da referida decisão vinculante, sedimentou-se nesta Corte Superior o entendimento de que a responsabilidade da adquirente de unidade produtiva de empresa em recuperação judicial restringe-se aos encargos trabalhistas posteriores à arrematação. Agravo interno desprovido" (Ag-AIRR-1005-38.2017.5.09.0567, 2.ª T., rel. Des. Convocada Margareth Rodrigues Costa, *DEJT* 02.07.2024).

■ Na hipótese de **desmembramento de município**, conforme entendimento pacífico da jurisprudência:

> **OJ SDI-1 92, TST:** "Em caso de criação de novo município, por desmembramento, cada uma das novas entidades responsabiliza-se pelos direitos trabalhistas do empregado no período em que figurarem como real empregador".

Na hipótese de compra de uma empresa integrante de grupo econômico, como regra inexiste sucessão em relação às demais empresas integrantes do grupo que não foram adquiridas, conforme entendimento pacífico da jurisprudência:

> **OJ SDI-1 411, TST:** "O sucessor não responde solidariamente por débitos trabalhistas de empresa não adquirida, integrante do mesmo grupo econômico da empresa sucedida, quando, à época, a empresa devedora direta era solvente ou idônea economicamente, ressalvada a hipótese de má-fé ou fraude na sucessão".

As **normas sobre sucessão trabalhista são de ordem pública** e, por isso, não podem ser afastadas por vontade das partes. Qualquer ajuste feito entre o sucessor e o sucedido, no sentido de eximir aquele da responsabilidade pelos contratos de trabalho e pelos direitos trabalhistas dos empregados, não servirá para impedir que seja chamado a saldar os créditos dos empregados, podendo, no máximo, ter o efeito de assegurar-lhe ação de regresso contra o alienante, pelas vias próprias.

A **Lei n. 13.874, de 20.09.2019** (Declaração de Direitos de Liberdade Econômica), alterou dispositivos do Código Civil com o intuito de definir que situações de responsabilização dependem da existência de abuso da personalidade jurídica, caracterizado pelo desvio de finalidade ou pela confusão patrimonial, sendo que a mera existência de grupo econômico sem a presença de tais requisitos não autoriza a desconsideração da personalidade da pessoa jurídica (**art. 50, CC**).

Situações especiais:

■ **Pessoa jurídica de direito privado sucedida pela União ou por Estado-membro** — embora seja hipótese de sucessão, o TST tem entendimento específico a respeito da penhora de bens:

> **OJ SDI-1 343, TST:** "É válida a penhora de bens de pessoa jurídica de direito privado, realizada anteriormente à sucessão pela União ou por Estado-membro, não podendo a execução prosseguir mediante precatório. A decisão que a mantém não viola o art. 100 da CF/1988".

■ **Concessão de serviço público** — como regra, ocorrerá sucessão quando o novo concessionário adquire não só atribuições, mas também bens materiais da antiga concessionária.

No entanto, o TST adotou entendimento específico sobre o tema, restringindo a ocorrência da sucessão em algumas hipóteses:

> **OJ SDI-1 225, TST:** "Celebrado contrato de concessão de serviço público em que uma empresa (primeira concessionária) outorga a outra (segunda concessionária), no todo ou em parte, mediante arrendamento ou qualquer outra forma contratual, a título transitório, bens de sua propriedade:
> I — em caso de rescisão do contrato de trabalho após a entrada em vigor da concessão, a segunda concessionária, na condição de sucessora, responde pelos direitos decorrentes do contrato de trabalho, sem prejuízo da responsabilidade subsidiária da primeira concessionária pelos débitos trabalhistas contraídos até a concessão;
> II — no tocante ao contrato de trabalho extinto antes da vigência da concessão, a responsabilidade pelos direitos dos trabalhadores será exclusivamente da antecessora".

■ **Bancos** — havendo transferência de ativos e de agências de um banco para outro, resta evidente a caracterização da sucessão. Nesse sentido, o entendimento do TST:

> **OJ SDI-1 261, TST:** "As obrigações trabalhistas, inclusive as contraídas à época em que os empregados trabalhavam para o banco sucedido, são de responsabilidade do sucessor, uma vez que a este foram transferidos os ativos, as agências, os direitos e deveres contratuais, caracterizando típica sucessão trabalhista".

Observações:

■ **As regras de sucessão trabalhista não se aplicam ao empregador doméstico**, tendo em vista que:

■ o **art. 7.º, *a*, da CLT** determina a não incidência da sucessão na relação de emprego doméstico;

■ não há a despersonalização do empregador doméstico;

■ a lei se refere a sucessão de *empresas,* conceito este totalmente incompatível com o de empregador doméstico.

■ **Recuperação judicial de empresa** — o Plenário do Supremo Tribunal Federal, no julgamento da ADI n. 3.934/DF, declarou a constitucionalidade dos arts. 60, parágrafo único, e 141, II, da Lei n. 11.101/05, os quais estabelecem que o objeto da alienação, aprovado em plano de recuperação judicial, estará livre de qualquer ônus e não haverá sucessão do arrematante nas obrigações do devedor, inclusive as de natureza tributária, as derivadas da legislação do trabalho e as decorrentes de acidente de trabalho. Assim, conforme a jurisprudência do STF, a alienação de unidade produtiva de empresa em processo de recuperação judicial não acarreta a sucessão dos créditos trabalhistas pela arrematante, sendo indevida a atribuição de responsabilidade solidária à empresa que adquiriu a unidade produtiva.[82]

---

[82] Nesse sentido: TST — 20327-51.2019.5.04.0781, 1.ª T., rel. Min. Amaury Rodrigues Pinto Junior, *DEJT* 20.05.2022; TST — RR 20283-17.2015.5.04.0023, 6.ª T., rel. Min. Lelio Bentes Correa, *DEJT*

■ **Em regra, o empregado não pode se opor à sucessão**, uma vez que se trata de alteração unilateral do contrato de trabalho expressamente autorizada pela lei. A única exceção que poderia ser admitida seria a dos contratos de trabalho em que a pessoa do sucedido aparece como causa determinante da celebração.

3.4.5. Consórcio de empregadores

A figura do **consórcio de empregadores** existe quando duas ou mais pessoas físicas se reúnem e celebram acordo no sentido de compartilhar a mão de obra do mesmo empregado.

Neste acordo, estabelecem quais as atividades a serem desenvolvidas, como será dividida entre os vários empregadores a prestação de serviços dos empregados contratados, com quanto cada um contribuirá para a remuneração destes etc. Certo é, porém, que este ajuste de responsabilidade só tem efeitos civis, pois para o Direito do Trabalho **todos respondem solidariamente pelos créditos trabalhistas dos empregados**.

Como esclarece Mauricio Godinho Delgado, trata-se de figura recente no Direito do Trabalho Brasileiro, elaborada a partir da iniciativa da sociedade civil (trabalhadores rurais, empregadores rurais, Ministério Público do Trabalho, Ministério do Trabalho e INSS).[83] O instituto ganhou regulamentação por meio da **Lei n. 10.256/2001**, que alterou a **Lei n. 8.212/91**, acrescentando-lhe o **art. 25-A**.

Tal diploma legal trata de questões previdenciárias e, neste enfoque, equipara o chamado **Consórcio Simplificado de Empregadores Rurais** ao empregador rural pessoa física.

São **características** do Consórcio **(art. 25-A, Lei n. 8.212/91)**:

■ união de produtores rurais pessoas físicas;

■ a um dos produtores rurais são outorgados poderes para contratar, gerir e demitir trabalhadores para prestação de serviços, exclusivamente, aos seus integrantes;

■ não tem personalidade jurídica;

■ deve ter seus atos constitutivos registrados no Cartório de Títulos e Documentos, sendo necessário que de tais atos constem a identificação de cada produtor, seu endereço pessoal e o de sua propriedade rural, bem como o respectivo registro no Instituto Nacional de Colonização e Reforma Agrária (INCRA) ou informações sobre arrendamento, parceria ou equivalente, e, ainda, a matrícula no INSS de cada um dos produtores rurais.

Após o registro dos atos constitutivos em Cartório, o Consórcio deve obter **matrícula específica no INSS**, em nome do empregador a quem hajam sido outorgados os

---

01.10.2021.

[83] DELGADO, Mauricio Godinho. *Curso de direito do trabalho*, 18. ed., p. 537.

poderes em relação à contratação, gestão e demissão dos empregados (§ 2.º, art. 25-A, Lei n. 8.212/91).

Entre os integrantes do Consórcio, existe um **vínculo de solidariedade** em relação aos seus empregados, vínculo este que, neste caso, é tanto ativo como passivo (*solidariedade dual*, como afirma Mauricio Godinho Delgado):[84]

■ **solidariedade ativa** — tendo em vista que todos os integrantes do Consórcio irão beneficiar-se da mão de obra dos empregados (empregador único);

■ **solidariedade passiva** — pois todos eles são responsáveis pelas obrigações previdenciárias (§ 3.º, art. 25-A, Lei n. 8.212/91) e, embora não previsto expressamente na Lei, também pelas obrigações trabalhistas decorrentes da contratação dos trabalhadores.

Apesar de previsto apenas para o trabalhador rural, nada impede que o Consórcio de Empregadores seja **aplicado também em relação aos empregadores urbanos**. Aliás, não há sentido em pretender defender essa "exclusividade" ao âmbito rural.[85]

Portanto, tendo em vista a sua própria finalidade, o consórcio de empregadores revela-se em uma **possibilidade maior de formalização das relações de trabalho**, ressalvando-se, porém, que ele não é, por si só, garantia de lisura, pois os empregadores consorciados podem cometer as mesmas fraudes que qualquer outro.

3.4.6. Cartório não oficializado

A atividade dos cartórios é dividida entre os cartórios judiciais e os cartórios não oficializados.

Os cartórios judiciais, também denominados serventias judiciais, subordinam-se ao Poder Judiciário, exercem função pública típica e os que neles trabalham são servidores públicos estatutários.

Quanto aos **cartórios notariais ou de registros**, prevê o **art. 236 da Constituição Federal** que seus **serviços são exercidos em caráter privado, por delegação do Poder Público**, sendo seus titulares escolhidos mediante aprovação em concurso público de provas e títulos (**§ 3.º**).

Assim, os notários e tabeliães prestam **serviço público por delegação**. Os agentes delegados são particulares que recebem a incumbência da execução de determinada atividade, obra ou serviço público e o realizam em nome próprio. Realizam suas atividades por sua conta e risco, mas segundo as normas do Estado e sob a permanente fiscalização do poder delegante.

---

[84] DELGADO, Mauricio Godinho. *Curso de direito do trabalho*, 18. ed., p. 539.
[85] O Projeto de Lei n. 6.906/2013, de autoria do Senador — DF Rodrigo Rollenberg, que acrescenta art. 2.º-A à CLT e altera a Lei n. 8.212/1991, para instituir o consórcio de empregadores urbanos, está aguardando análise da Comissão de Trabalho, Administração e Serviço Público (CTASP) da Câmara dos Deputados.

Nesse passo, o titular do cartório não oficializado, no exercício de delegação estatal, contrata, assalaria e dirige a prestação de serviços dos auxiliares que julgar necessários, além de auferir renda com a exploração do cartório, **equiparando-se**, portanto, **ao empregador comum**. Como consequência, seus empregados não são servidores públicos, sendo irrelevante o fato de que os respectivos contratos de trabalho devam seguir os requisitos impostos por regulamento próprio, como, por exemplo, a Lei de Organização Judiciária dos Estados.

Tal entendimento tornou-se pacífico a partir da promulgação da **Lei n. 8.935, de 18.11.1994**, que, nos termos do § 1.º do art. **236 da Constituição Federal**, passou a disciplinar as atividades dos serviços notariais e de registro.

No entanto, em relação ao período compreendido entre a promulgação da **Constituição Federal de 1988 (art. 236)** e a **Lei n. 8.935, de 18.11.1994**, muito se discutiu sobre qual o regime de contratação dos serventuários dos cartórios. A discussão originou-se da redação do **art. 48 da Lei n. 8.935/94**, que prevê:

> "**Art. 48.** Os notários e os oficiais de registro poderão contratar, segundo a legislação trabalhista, seus atuais escreventes e auxiliares de investidura estatutária ou em regime especial desde que estes aceitem a transformação de seu regime jurídico, em opção expressa, no prazo improrrogável de 30 (trinta) dias, contados da publicação desta Lei.
> § 1.º Ocorrendo opção, o tempo de serviço prestado será integralmente considerado, para todos os efeitos de direito.
> § 2.º Não ocorrendo opção, os escreventes e auxiliares de investidura estatutária ou em regime especial continuarão regidos pelas normas aplicáveis aos funcionários públicos ou pelas editadas pelo Tribunal de Justiça respectivo, vedadas novas admissões por qualquer desses regimes, a partir da publicação desta Lei".

A discussão polarizou-se em **duas correntes:**

■ **1.ª corrente:** posicionou-se no sentido de que até a publicação da **Lei n. 8.935/94** os escreventes e auxiliares das serventias estavam sujeitos a regime de trabalho especial ou estatutário, e não ao regime trabalhista, ou seja, afirmavam que anteriormente à referida Lei, muito embora o **art. 236 da Constituição Federal** estabeleça que os serviços notariais são exercidos em caráter privado, por delegação do Poder Público, a relação entre os cartórios e seus serventuários ainda não era de natureza trabalhista. Somente a partir da promulgação da **Lei n. 8.935/94** é que os cartórios passaram a ser obrigados a contratar novos serventuários pelo regime celetista, sendo que os serventuários contratados antes da Lei, por opção própria, ou permaneceriam no regime estatutário ou especial, ou passariam a ser regidos pela legislação trabalhista;[86]

---

[86] "SERVENTUÁRIOS DE CARTÓRIO NÃO OFICIALIZADO X TITULARES DAS SERVENTIAS — RELAÇÃO JURÍDICA. O § 1.º, do art. 236, da Constituição da República, previu a edição de lei complementar disciplinadora das atividades dos serviços notariais e de registro, o que efetivamente ocorreu com a promulgação da Lei n. 8.935, de 18.11.1994. O art. 48 desta Lei, em seus

■ **2.ª corrente:** caracterizando o entendimento majoritário, inclusive no âmbito do Tribunal Superior do Trabalho, afirma que, a partir da **Constituição Federal de 1988** e anteriormente à **Lei n. 8.935/94**, os cartórios poderiam contratar seus serventuários tanto pelo regime trabalhista da CLT como pelo regime especial ou estatutário, sendo que, neste último caso, com o advento da **Lei n. 8.935/94**, os serventuários poderiam, no prazo de 30 dias, optar pela modificação de regime. Não fazendo a opção, permaneceriam no regime especial ou estatutário. Os novos serventuários contratados após a publicação da **Lei n. 8.935/94** necessariamente são regidos pelo regime trabalhista.[87]

Outra questão que foi bastante discutida em relação aos cartórios não oficializados é a que diz respeito à **modificação da titularidade do cartório**, sendo necessário definir se tal fato atrai a incidência dos **arts. 10 e 448 da CLT**.

Posicionamentos distintos podiam ser encontrados na doutrina e na jurisprudência.

■ O **primeiro posicionamento** baseava-se no fato de o cartório não ser dotado de personalidade jurídica e, ainda, no que dispõem os **arts. 14 e 39 da Lei n. 8.935/94 e 236 da Constituição Federal**, afirmando que a vinculação trabalhista ocorre exclusivamente com o notário, de forma pessoal, **inexistindo sucessão trabalhista** na hipótese de novo titular assumir a serventia.

Como desdobramento de tal posicionamento, entendia-se que o novo titular dos serviços notariais, nomeado por concurso público, não pode ser responsabilizado por débitos trabalhistas oriundos de relações de emprego das quais sequer participou, ou

---

§§ 1.º e 2.º, não deixa dúvidas no sentido de que, até sua publicação, os escreventes e auxiliares das serventias estavam sujeitos a regime especial ou estatutário: tanto que autorizou a transformação do regime jurídico destes para o celetista, mediante opção expressa, no prazo de 30 (trinta) dias. Determinou, ainda, que não ocorrendo referida opção, continuariam regidos pelas normas aplicáveis aos funcionários públicos ou pelas editadas pelo Tribunal de Justiça respectivo (no presente caso, pelo Tribunal de Justiça do Estado de São Paulo). No caso em tela, forçoso concluir que o reclamante esteve sob a égide do regime estatutário até 06 de dezembro de 1994, haja vista que os direitos de opção ao FGTS e à legislação trabalhista só lhe foram outorgados em 07/12/94 após a publicação da Lei n. 8.935/94. Correto o entendimento de, só a partir daquela data, ter sido seu contrato de trabalho devidamente anotado na Carteira de Trabalho e Previdência Social" (TRT 15.ª Região, RO 024648/1998, 5.ª T., rel. Olga Aída Joaquim Gomieri, *DOE* 13.03.2000).

[87] "VÍNCULO DE EMPREGO COM CARTÓRIO NÃO OFICIALIZADO. ART. 48 DA LEI N. 8.935/94. O art. 48 da Lei n. 8.935/94 em nenhum momento estabelece a qual regime estavam submetidos os serventuários dos Cartórios extrajudiciais antes da edição desta lei. Apenas dispõe que os notários e os oficiais de registro poderiam, a partir da edição da norma, contratar sob o regime celetista seus escreventes e auxiliares que fossem contratados sob regime estatutário ou especial, desde que esses fizessem opção expressa no prazo de trinta dias. Ocorre que, no caso dos autos, foi comprovado que os reclamantes já eram regidos pela CLT desde a admissão, de modo que esse dispositivo legal não tem aplicação. Recurso de revista não conhecido" (TST-RR 703230/2000, 15.ª Região, 5.ª T., rel. Min. Rider Nogueira de Brito, *DJ* 31.05.2002).

seja, não é sucessor em relação a contratos de trabalho celebrados e rescindidos anteriormente ao início de sua delegação.[88]

A delegação é outorgada à pessoa natural, que pela serventia responde, sendo descabida a responsabilização da própria serventia que sequer personalidade possui.[89]

---

[88] "MUDANÇA DE TITULARIDADE DE CARTÓRIO EXTRAJUDICIAL. RESPONSABILIDADE. SUCESSÃO TRABALHISTA. A atual jurisprudência desta Corte entende que a sucessão de empregadores, no caso de cartório extrajudicial, somente se opera quando, além da transferência da unidade econômico-jurídica que integra o estabelecimento, não haja solução de continuidade na prestação dos serviços. Na hipótese dos autos, verifica-se do acórdão recorrido que o Reclamante não laborou para o novo titular da serventia. Portanto, o entendimento firmado pelo Tribunal Regional encontra-se em dissonância com a jurisprudência desta Corte. Recurso de Revista conhecido e provido" (TST-RR-245900-41.2007.5.02.0084, 5.ª T., rel. Min. Maria Helena Mallmann, *DEJT* 31.03.2015).
"RECURSO DE REVISTA DO RECLAMADO. CARTÓRIO EXTRAJUDICIAL. REQUISITOS DA FIGURA SUCESSÓRIA: TRANSFERÊNCIA DA UNIDADE ECONÔMICO-JURÍDICA E CONTINUIDADE DA PRESTAÇÃO DE SERVIÇOS. A sucessão de empregadores, figura regulada pelos arts. 10 e 448 da CLT, consiste no instituto em que há transferência interempresarial de créditos e assunção de dívidas trabalhistas entre alienante e adquirente envolvidos, sendo indiferente à ordem justrabalhista a modalidade de título jurídico utilizada para o trespasse efetuado. No caso de cartório extrajudicial, não possuindo este personalidade jurídica própria, seu titular equipara-se ao empregador comum, sobretudo porque aufere renda proveniente da exploração das atividades do cartório. O fato de a delegação para o exercício da atividade notarial e de registro estar submetida à habilitação em concurso público (Lei Federal n. 8.935/94) não desnatura essa condição, uma vez que se trata de imposição legal apenas para o provimento do cargo de Escrivão, não tendo relação com os vínculos de emprego existentes na Serventia (art. 21, Lei n. 8.935, de 1994). Sob esse enfoque, nada obsta a que o novo titular do Cartório extrajudicial, ao assumir o acervo do anterior ou manter parte das relações jurídicas por ele contratadas, submeta-se às regras atinentes à sucessão trabalhista prescritas nos artigos 10 e 448 da CLT, quanto a esse acervo e relações que tiveram continuidade sob a nova titularidade. Desse modo, responde o novo empregador por todos os efeitos jurídicos dos contratos mantidos após a sucessão, inclusive com respeito ao período pretérito, pois, no caso, operaram-se os efeitos dos arts. 10 e 448 da CLT. Para que aconteça a sucessão trabalhista, entretanto, dois requisitos são imprescindíveis: a) transferência de unidade econômico-jurídica; b) continuidade na prestação laborativa. Na hipótese dos autos, verifica-se que não ocorreu a sucessão de empregadores pela ausência de continuidade na prestação laborativa, pois se extrai do acórdão regional que o Reclamante prestou serviços em prol do Tabelionato apenas até o ano de 1996 e a designação do Reclamado para responder pelo 7.º Tabelião de Notas de Campinas ocorreu em 2005. Portanto, o entendimento firmado pelo Tribunal Regional encontra-se em dissonância com os arts. 10 e 448 da CLT. Recurso de revista conhecido e provido. [...]" (RR 191300-69.2007.5.15.0032, 3.ª T., rel. Min. Mauricio Godinho Delgado, *DEJT* 31.10.2014).

[89] "O réu 2.º Tabelionato de Notas de Osasco/SP alega que a autora o colocou no polo passivo, porém não existe a figura jurídica do respectivo "Tabelionato", sendo que o então réu, pessoa natural (física), e seu atual Titular, Sr. Antônio Carlos Zanotti que deve responder pelos atos praticados, havendo então uma "irregularidade na citação". Com razão. O cartório extrajudicial não detém personalidade jurídica própria, sendo o titular da serventia o responsável pelos serviços, inclusive em relação à contratação dos empregados e pagamento de salários, conforme prevê o § 1.º do art. 236 da Constituição Federal e os arts. 22 e 48 da Lei n. 8.935/94. Assim, acolho a preliminar de ilegitimidade passiva do 1.º réu para declarar extinta, sem resolução do mérito, a pretensão em relação ao SEGUNDO TABELIONATO DE NOTAS DE OSASCO, nos

■ Os que adotavam o **segundo posicionamento** reconheciam que os serviços notariais são delegações do poder público a um terceiro, o qual é inteiramente responsável pela organização física e pela contratação do pessoal que entender necessário à viabilização da prestação dos serviços cartorários (**arts. 20 e 21 da Lei n. 8.935/94**). No entanto, argumentavam que o fato de o cartório extrajudicial ser confundido com a própria pessoa do tabelião, não dispondo de personalidade jurídica, não impede que haja a sucessão trabalhista, havendo ou não continuidade na prestação dos serviços. Esse foi o posicionamento que prevaleceu na jurisprudência do TST.[90]

■ Uma posição intermediária se baseava no entendimento de que, ainda que haja a extinção da delegação, se ficar constatado que o empregado continuou a prestar serviços para o novo titular do cartório, **tem-se caracterizada a sucessão trabalhista**, nos termos dos **arts. 10 e 448 da CLT**, não havendo que se falar em violação aos preceitos contidos na **Lei n. 8.935/94**.[91]

---

termos do inciso VI, do art. 485 do CPC" (TRT — 2.ª Região, Ação Rescisória 1000669-93.2019.5.02.0000, publicado em 17.06.2020).

[90] "RECURSO DE EMBARGOS. CARTÓRIO EXTRAJUDICIAL. TRANSFERÊNCIA DE TITULARIDADE. PRESTAÇÃO DE SERVIÇOS DIRETAMENTE AO NOVO TITULAR DO CARTÓRIO. SUCESSÃO TRABALHISTA CONFIGURADA. De acordo com a jurisprudência iterativa, notória e atual desta Subseção I Especializada em Dissídios Individuais, a alteração da titularidade do serviço notarial, com a correspondente transferência da unidade econômico-jurídica que integra o estabelecimento, além da continuidade na prestação dos serviços, caracteriza a sucessão trabalhista prevista nos arts. 10 e 448 da CLT, de modo que o Tabelião sucessor é responsável pelos direitos trabalhistas oriundos da relação de emprego vigente à época do repasse, bem como pelos débitos de igual natureza decorrentes dos contratos de trabalho já rescindidos. Recurso de embargos de que não se conhece" (TST — E-ED-RR 153500-54.2004.5.01.0047, SDI-1, rel. Min. Walmir Oliveira da Costa, *DEJT* 07.12.2018).

[91] RECURSO DE REVISTA — SUCESSÃO TRABALHISTA. DESCONTINUIDADE DE SERVIÇOS AO NOVO SUCESSOR. TABELIÃO. A jurisprudência desta Corte é firme no sentido de que a alteração da titularidade do serviço notarial, com a correspondente transferência da unidade econômico-jurídica que integra o estabelecimento, além da continuidade na prestação dos serviços, caracteriza a sucessão de empregadores. Na hipótese dos autos, contudo, apesar da alteração na titularidade do serviço notarial, o contexto fático delineado no acórdão regional não deixa dúvida quanto à ausência de prestação de serviços pelo reclamante ao atual 2.º Tabelião de Notas de São Paulo. Nesse contexto, à luz dos arts. 10 e 448 da CLT, o novo titular não é responsável pelos direitos trabalhistas oriundos das relações laborais vigentes antes da investidura na delegação. Julgados. Recurso de revista conhecido e provido" (TST — RR 2156-29.2015.5.02.0074, 8.ª T., rel. Min. Márcio Eurico Vitral Amaro, *DEJT* 22.03.2019).
"RECURSO DE REVISTA. LEI N. 13.015/2014. MUDANÇA DE TITULARIDADE DE CARTÓRIO EXTRAJUDICIAL. APROVAÇÃO EM CONCURSO PÚBLICO. CONTINUIDADE DA PRESTAÇÃO DOS SERVIÇOS. SUCESSÃO TRABALHISTA. Depreende-se do acórdão recorrido que a alteração da titularidade do cartório ocorreu por ocasião da aprovação em concurso público do novo notarial, tendo assumido o acervo em 09.05.2014, sendo incontroverso que a reclamante continuou a prestar serviços ao novo titular após mudança de titularidade do cartório. Com efeito, ainda que a titularidade notarial tenha se operado em razão de aprovação em concurso público do novo titular, não há óbice ao reconhecimento da sucessão trabalhista, porquanto houve aprovei-

Outro aspecto que gerou bastante discussão diz respeito à responsabilidade do oficial interino, ou seja, se há ou não sucessão de empregadores.

O TST, em geral, adota o entendimento de que a alteração da titularidade do serviço notarial, aliada à transferência da unidade econômico-jurídica e à continuidade na prestação dos serviços pelo empregado ao novo titular, são elementos determinantes para caracterizar a sucessão de empregadores, segundo o disposto nos arts. 10 e 448 da CLT, respondendo o tabelião sucessor pelos créditos trabalhistas relativos tanto aos contratos laborais vigentes quanto aos já extintos.[92]

No entanto, considerando o julgamento pelo STF do RE 808.202, com repercussão geral reconhecida (Tema 779), estabeleceu a tese de que *"os substitutos ou interinos desig-nados para o exercício de função delegada não se equiparam aos titulares de serventias extrajudiciais, visto não atenderem aos requisitos estabelecidos nos arts. 37, inciso II, e 236, § 3.º, da Constituição Federal para o provimento originário da função, inserindo-se na categoria dos agentes estatais, razão pela qual se aplica a eles o teto remuneratório do art. 37, inciso XI, da Carta da República"*. Algumas decisões do TST têm sido no sentido de que a responsa-bilidade pelos encargos trabalhistas durante o período de interinidade deve recair sobre o Poder Público, tendo em vista figurar o oficial interino como preposto do Estado.[93]

A questão, portanto, não está pacificada, sendo necessário acompanhar até que haja uma posição segura por parte do TST a respeito.

3.4.7. Situações de responsabilidade empresarial

Após o estudo sobre relação de emprego e relação de trabalho e, principalmente, sobre os sujeitos da relação de emprego, importante destacar, de forma mais direta e precisa, as principais formas de responsabilização por verbas trabalhistas.[94]

---

tamento dos empregados do titular sucedido pelo sucessor, que também se beneficiou da força de trabalho da reclamante. Nesse contexto, a jurisprudência desta Corte pacificou o entendimento de que, demonstradas a transferência da unidade econômica jurídica pelo titular e a continuidade da prestação de serviços, hipótese dos autos, resta caracterizada a sucessão trabalhista. Precedentes. Recurso de revista conhecido e provido" (TST — RR 10700-06.2014.5.18.0006, 2.ª T., rel. Min. Maria Helena Mallmann, *DEJT* 05.10.2018).

[92] Nesse sentido: RR-100980-56.2020.5.01.0080, 3.ª T., rel. Min. Alberto Bastos Balazeiro, *DEJT* 29.11.2024.

[93] Nesse sentido: RRAg-Ag-10949-13.2019.5.03.0001, 4.ª T., rel. Min. Maria Cristina Irigoyen Peduzzi, *DEJT* 06.12.2024.

[94] Em relação à responsabilidade dos sócios, a Lei n. 13.874, de 20.09.2019 (Declaração de Direitos de Liberdade Econômica), alterou dispositivos do Código Civil com o intuito de fixar de forma bastante incisiva a separação entre a pessoa jurídica e os sócios. Assim, o art. 49-A, CC, prevê que "a pessoa jurídica não se confunde com os seus sócios, associados, instituidores ou administradores", complementando que "a autonomia patrimonial das pessoas jurídicas é um instrumento lícito de alocação e segregação de riscos, estabelecido pela lei com a finalidade de estimular empreendimentos, para a geração de empregos, tributo, renda e inovação em benefício de todos". No que tange à desconsideração da personalidade jurídica, o art. 50 do Código Civil passou a prever o abuso de personalidade jurídica, caracterizado pelo desvio de finalidade ou pela confusão patrimonial, como requisito para que o juiz, a requerimento da parte, ou do

SITUAÇÃO	RESPONSABILIDADE POR DIREITOS TRABALHISTAS
EMPREGADOR (COMO SUJEITO DA RELAÇÃO DE EMPREGO)	▫ **Responsabilidade principal** pelos direitos trabalhistas de seus empregados.
SÓCIO	**a)** Sociedade em nome coletivo e sociedade de fato: **responsabilidade ilimitada e solidária** pelas obrigações trabalhistas; **b)** sociedade por cotas de responsabilidade limitada: **responsabilidade subsidiária** pelas dívidas trabalhistas da sociedade (teoria da desconsideração da personalidade jurídica), relativas ao período em que figurou como sócio, somente em ações ajuizadas até dois anos depois de averbada a modificação do contrato, observada a seguinte ordem de preferência: I — a empresa devedora; II — os sócios atuais; e III — os sócios retirantes **(art. 10-A, CLT)**. No entanto, o sócio retirante responderá solidariamente com os demais quando ficar comprovada fraude na alteração societária decorrente da modificação do contrato **(art. 10-A, parágrafo único, CLT)**; **c)** sociedade anônima: **responsabilidade subsidiária** dos gestores e controladores, **mas somente** quando reste provado que houve **gestão fraudulenta ou ilícita**.[72]
GRUPO ECONÔMICO	▫ **Responsabilidade solidária** das empresas integrantes do grupo econômico em relação aos direitos trabalhistas dos empregados de todos os integrantes do grupo (art. 2.º, § 2.º, CLT).
SUCESSÃO DE EMPRESAS	▫ **Responsabilidade integral** do sucessor pelos direitos trabalhistas decorrentes dos contratos de trabalho (que permanecem intactos), bem como pelos direitos trabalhistas não cumpridos pelo sucedido anteriormente à sucessão **(arts. 10 e 448, CLT)**. ▫ A empresa sucedida responderá solidariamente com a sucessora quando ficar comprovada fraude na transferência **(art. 448, parágrafo único, CLT)**.

Ministério Público quando lhe couber intervir no processo, possa decretá-la, para que os efeitos de certas e determinadas relações de obrigações sejam estendidos aos bens particulares de administradores ou de sócios da pessoa jurídica beneficiados direta ou indiretamente pelo abuso. Nesse sentido, os parágrafos do referido artigo preveem: "§ 1.º Para os fins do disposto neste artigo, desvio de finalidade é a utilização da pessoa jurídica com o propósito de lesar credores e para a prática de atos ilícitos de qualquer natureza.

§ 2.º Entende-se por confusão patrimonial a ausência de separação de fato entre os patrimônios, caracterizada por: I — cumprimento repetitivo pela sociedade de obrigações do sócio ou do administrador ou vice-versa; II — transferência de ativos ou de passivos sem efetivas contraprestações, exceto os de valor proporcionalmente insignificante; e III — outros atos de descumprimento da autonomia patrimonial.

§ 3.º O disposto no *caput* e nos §§ 1.º e 2.º deste artigo também se aplica à extensão das obrigações de sócios ou de administradores à pessoa jurídica.

§ 4.º A mera existência de grupo econômico sem a presença dos requisitos de que trata o *caput* deste artigo não autoriza a desconsideração da personalidade da pessoa jurídica.

§ 5.º Não constitui desvio de finalidade a mera expansão ou a alteração da finalidade original da atividade econômica específica da pessoa jurídica."

No que tange às empresas individuais, foi incluído o § 7.º, no art. 980-A do Código Civil, com a previsão de que "somente o patrimônio social da empresa responderá pelas dívidas da empresa individual de responsabilidade limitada, hipótese em que não se confundirá, em qualquer situação, com o patrimônio do titular que a constitui, ressalvados os casos de fraude".

CONSÓRCIO DE EMPREGADORES	■ **Responsabilidade solidária** dos integrantes do consórcio pelas obrigações previdenciárias (§ 3.º, art. 25-A, Lei n. 8.212/91) e também pelas obrigações trabalhistas em relação aos empregados do consórcio.
TOMADOR DE SERVIÇOS (TRABALHO TEMPORÁRIO)	■ **Responsabilidade solidária** em caso de falência da empresa de trabalho temporário (art. 16, Lei n. 6.019/74).
TOMADOR DE SERVIÇOS (TERCEIRIZAÇÃO)	■ **Responsabilidade subsidiária** em caso de inadimplemento das obrigações trabalhistas, por parte do empregador, referentes ao período em que ocorreu a prestação de serviços (art. 5.º-A, § 5.º, Lei n. 6.019/74). No caso do tomador de serviços ser ente da administração pública, a responsabilidade subsidiária depende de caracterização de conduta culposa no cumprimento das obrigações da **Lei n. 8.666/93**, especialmente na fiscalização do cumprimento das obrigações contratuais e legais da prestadora de serviço como empregadora (a responsabilidade não decorre de mero inadimplemento das obrigações trabalhistas assumidas pela empresa regularmente contratada).
TOMADOR DE SERVIÇOS (MOVIMENTADOR DE MERCADORIAS AVULSO)	■ **Responsabilidade solidária** pela efetiva remuneração do trabalho contratado e pelo recolhimento dos encargos fiscais e sociais, bem como das contribuições ou de outras importâncias devidas à Seguridade Social, no limite do uso que fizerem do trabalho avulso intermediado pelo sindicato (art. 8.º, Lei n. 12.023/2009).
SUBEMPREITEIRO	■ **Responsabilidade principal** pelas obrigações trabalhistas, na condição de empregador (art. 455, CLT).
EMPREITEIRO PRINCIPAL (SUBEMPREITADA)	■ **Responsabilidade subsidiária** em relação às obrigações trabalhistas contraídas pelo subempreiteiro (art. 455, CLT).
DONO DA OBRA	■ **Regra geral:** diante da inexistência de previsão legal, o contrato de empreitada entre o dono da obra e o empreiteiro **não enseja responsabilidade solidária ou subsidiária** nas obrigações trabalhistas contraídas pelo empreiteiro **(OJ SDI-1 191, TST)**. ■ **Exceção:** quando o dono da obra for empresa construtora ou incorporadora, terá **responsabilidade subsidiária** nas obrigações trabalhistas contraídas pelo empreiteiro **(OJ SDI-1 191, TST)**.

Observação:

■ Situação especial de exclusão de responsabilidade é a que decorre da relação mantida entre o Estado-membro e as associações de pais e mestres (APM) existentes nas escolas estaduais:

OJ SDI-1 185, TST: "O Estado-Membro não é responsável subsidiária ou solidariamente com a Associação de Pais e Mestres pelos encargos trabalhistas dos empregados contratados por esta última, que deverão ser suportados integral e exclusivamente pelo real empregador".

3.5. QUESTÕES

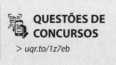

QUESTÕES DE CONCURSOS
> uqr.to/1z7eb

4

CONTRATO DE TRABALHO

4.1. DENOMINAÇÃO

Considerando que a **denominação** ideal de uma figura jurídica deve ser aquela que melhor representa o seu conteúdo, parte da doutrina critica a denominação *contrato de trabalho*, afirmando que não corresponde ao pacto laborativo a que se reporta, que é a relação de emprego. Afirmam ainda alguns autores que a expressão *trabalho* é ampla demais, abarcando todo e qualquer tipo de prestação de serviço de uma pessoa física a outrem, e não só o trabalho subordinado.[1]

Exatamente por tais razões, e com o intuito de distinguir a forma de prestação de serviço a que se refere, o contrato de trabalho vem sendo denominado por alguns autores *contrato de emprego*.[2]

No entanto, a denominação *contrato de emprego* não é a mais utilizada, tendo sido consagrada a expressão *contrato de trabalho*, adotada em sentido estrito e referindo-se à relação de emprego, até porque é a denominação utilizada pelo legislador (o Título IV da CLT é denominado *Do Contrato Individual do Trabalho*, sendo que o art. 442, que inicia o referido Título, define contrato individual de trabalho como sendo o acordo tácito ou expresso, *correspondente à relação de emprego*).

Como esclarece Mauricio Godinho Delgado, "a expressão contrato de trabalho pode ser também utilizada no *sentido lato*. Se o for, estará abarcando todos os contratos que tenham como objeto a pactuação de prestação de serviços *por uma pessoa natural* a outrem. Abrangeria, pois, o contrato de trabalho no sentido estrito (ou contrato de emprego, isto é, contrato que tenha como objeto a prestação empregatícia de trabalho), englobando, ainda, o contrato de empreitada, o contrato de prestação de serviços de estágio e outros contratos de prestação laboral distinta da empregaticiamente pactuada".[3]

---

[1] DELGADO, Mauricio Godinho. *Curso de direito do trabalho*, 18. ed., p. 614-615.
[2] NASCIMENTO, Amauri Mascaro. *Curso de direito do trabalho*, 24. ed., p. 546.
[3] DELGADO, Mauricio Godinho. *Curso de direito do trabalho*, 18. ed., p. 615.

4.2. CONCEITO E CARACTERIZAÇÃO

O **art. 442 da CLT** define *contrato de trabalho* como "o acordo tácito ou expresso, correspondente à relação de emprego".

O *conceito* constante do texto da CLT é bastante criticado pela doutrina, que afirma não ter o legislador utilizado da melhor técnica de construção de definições. Na realidade, "o texto celetista verdadeiramente resultou de um 'acordo teórico' entre as correntes contratualistas e acontratualistas na época da elaboração da CLT, na década de 1940: a norma legal reverenciou, a um só tempo, tanto a noção de *contrato* (teoria contratualista) como a noção de *relação de emprego* (teorias da relação de trabalho e institucionalista) — em franco prejuízo da melhor técnica jurídica".[4]

Assim, considerando as críticas que são feitas à definição legal contida no **art. 442 da CLT**, podemos definir o contrato de trabalho como sendo o **acordo de vontades**, manifestado de forma expressa (verbalmente ou por escrito) ou de forma tácita, por meio do qual uma pessoa física (empregado) se compromete a prestar, **pessoalmente** e **de forma subordinada serviços contínuos** a uma outra pessoa física, a uma pessoa jurídica ou a um ente sem personalidade jurídica (empregador), **mediante remuneração**.

Quanto à *caracterização do contrato de trabalho*, entre os caracteres apontados pela doutrina, destacamos os seguintes:

■ **É um contrato de Direito Privado** — não obstante o fato de o Direito do Trabalho se caracterizar pela predominância de normas imperativas e indisponíveis, o contrato de trabalho insere-se no âmbito do Direito Privado.

A caracterização do contrato de trabalho como sendo um contrato de Direito Privado respalda-se nos seguintes fundamentos:

■ natureza essencialmente privada de seus sujeitos (mesmo o Estado, quando contrata empregados, sob o regime da CLT, age como particular, submetendo-se à legislação trabalhista sem qualquer privilégio ou prerrogativa especial);
■ natureza privada dos interesses envolvidos;
■ celebração do contrato de trabalho como fruto do exercício da autonomia da vontade das partes, que voluntariamente se obrigam reciprocamente;
■ possibilidade de pactuação pelas partes das condições que vão reger a relação a ser mantida durante a vigência do contrato. Importante notar que a imperatividade das normas trabalhistas não retira das partes esta possibilidade, pois, conforme estipula o **art. 444 da CLT**, "as relações contratuais de trabalho podem ser objeto de livre estipulação das partes interessadas em tudo quanto não contravenha às disposições de proteção ao trabalho, aos contratos coletivos que lhes sejam aplicáveis e às decisões das autoridades competentes".

---

[4] DELGADO, Mauricio Godinho. *Curso de direito do trabalho*, 18. ed., p. 614.

■ **É um contrato consensual** — o contrato de trabalho pode ser ajustado livremente pelas partes contratantes, sem necessidade da observância de formalidades imperativas, sendo suficiente para atribuir validade ao contrato o simples consentimento.

Nasce da manifestação da vontade livre das partes e, como regra, não depende de forma prevista em lei, podendo ser celebrado verbalmente, por escrito ou até tacitamente **(art. 442, CLT)**. Somente em casos excepcionais, decorrentes de expressa previsão legal, o contrato de trabalho sujeita-se a uma pactuação formal, tais como o contrato de trabalho do atleta profissional de futebol e o do artista profissional.[5] Importante notar, porém, que a imperatividade das normas trabalhistas limita o âmbito e a amplitude da manifestação das partes do contrato de trabalho, sendo certo que, nos termos do **art. 444 da CLT**, "as relações contratuais de trabalho podem ser objeto de livre estipulação das partes interessadas em tudo quanto não contravenha às disposições de proteção ao trabalho, aos contratos coletivos que lhes sejam aplicáveis e às decisões das autoridades competentes".

Trata-se do chamado *dirigismo contratual*, peculiaridade presente no Direito do Trabalho desde sua formação e que se fundamenta na necessidade de proteção do trabalhador, parte economicamente mais fraca da relação de emprego. Como forma de compensar essa desigualdade, o Direito do Trabalho cria um sistema de proteção fundado em normas imperativas, que limitam a atuação da vontade das partes.

Como ensina Amauri Mascaro Nascimento, "dirigismo contratual é a política jurídica destinada a restringir a autonomia negocial na determinação dos efeitos do contrato".[6]

No entanto, importante destacar que a **Lei n. 13.467/2017** (*Reforma Trabalhista*) instituiu a figura do **empregado diferenciado (chamado por parte da doutrina de "hipersuficiente")**, assim considerado aquele que é portador de diploma de curso superior e que perceba salário mensal igual ou superior a duas vezes o limite máximo dos benefícios do Regime Geral de Previdência Social **(art. 444, parágrafo único, CLT)**, estabelecendo em relação a esse empregado uma ampliação considerável da **autonomia de vontade**, permitindo uma ampla negociação por este com seu empregador em relação às matérias previstas no **art. 611-A, CLT** (livre estipulação, com a mesma eficácia legal e preponderância sobre os instrumentos coletivos). Portanto, em relação a tais empregados, o dirigismo contratual não se verifica.

■ **É um contrato sinalagmático** — trata-se de pacto de natureza bilateral que gera obrigações recíprocas às partes contratantes, resultando um equilíbrio formal entre as prestações ajustadas.

O sinalagma deve ser aferido levando-se em consideração o conjunto do contrato de trabalho, e não apenas o contraponto de obrigações específicas (trabalho *x* salário, por

---

[5] Para melhor compreensão deste tema, *vide* item 4.4 deste capítulo.
[6] NASCIMENTO, Amauri Mascaro. *Curso de direito do trabalho*, 24. ed., p. 588-589.

exemplo). Isto porque nos períodos de interrupção contratual, como, por exemplo, no período de férias, a obrigação do trabalho não é exigida, permanecendo, porém, a obrigação de pagamento do salário.[7]

■ **É um contrato celebrado *intuitu personae*** — o contrato de trabalho gera uma obrigação pessoal em relação a um de seus sujeitos, o empregado. A obrigação de prestar serviços é infungível. Tal característica está ligada à fidúcia que decorre do contrato de trabalho e que permite que o empregador exija a prestação de serviços daquele que contratou como empregado.

A pessoa do empregado é crucial e determinante para a celebração do contrato de trabalho. A escolha do empregado é feita *intuitu personae* e se funda em uma série de fatores que o distinguem de outros candidatos e influenciam decisivamente na sua contratação.

■ **É um contrato comutativo** — na celebração do contrato de trabalho é dado conhecimento prévio às partes das vantagens que receberão por conta do adimplemento do contrato: o empregado sabe quanto receberá pelos serviços prestados e o empregador sabe quais atividades laborais poderá exigir do empregado.

■ **É um contrato de trato sucessivo** — o contrato de trabalho vincula as partes contratantes ao cumprimento de obrigações de débito permanente, que se sucedem continuamente no tempo, cumprindo-se e vencendo-se seguidamente. O contrato de trabalho não se esgota com o cumprimento da obrigação, que, após cumprida, renasce. Tal dinâmica perdura enquanto vigorar o contrato.

■ **É um contrato oneroso** — as obrigações assumidas em decorrência do contrato de trabalho são, para ambas as partes, economicamente mensuráveis. Do contrato decorrem perdas e vantagens econômicas tanto para o empregado como para o empregador.

Importante ressaltar que "a ausência da onerosidade só descaracteriza o contrato de emprego quando o trabalhador voluntariamente dela se despoja, trabalha gratuitamente, do contrário, o que existe é mora salarial do empregador".[8]

■ **É um contrato complexo** — uma das características do contrato de trabalho é a possibilidade de que sejam celebrados contratos acessórios a ele, como, por exemplo, um contrato de locação, um contrato de mandato, um contrato de comodato etc. Tais contratos auxiliares dependem do contrato principal, o que significa dizer que seguem a sorte dele: extinto o contrato de trabalho, extinguem-se os contratos acessórios.

---

[7] BARROS, Alice Monteiro de. *Curso de direito do trabalho*, p. 238; DELGADO, Mauricio Godinho. *Curso de direito do trabalho*, 18. ed., p. 617.

[8] BARROS, Alice Monteiro de. *Curso de direito do trabalho*, p. 240.

Alguns autores ainda apontam a **alteridade** como uma das características do contrato de trabalho, tendo em vista que a prestação laboral empregatícia se desenvolve em favor e por conta de outrem, que aufere os frutos do trabalho do empregado e, por isso, assume os riscos do empreendimento.[9]

4.3. CLASSIFICAÇÃO

O contrato de trabalho **pode ser classificado**:

◾ **Quanto à forma de manifestação de vontade que levou à sua celebração** — os contratos de trabalho podem ser celebrados mediante duas formas de manifestação de vontade das partes:

◾ **contrato expresso:** aquele que decorre de uma expressão explícita de vontade, pela qual as partes estipulam os direitos e as obrigações que vão reger a relação jurídica;

◾ **contrato tácito:** aquele que se revela por um conjunto de atos praticados pelas partes, sem que tenha havido manifestação inequívoca de vontade. A conduta das partes revela elementos indicativos da pactuação empregatícia, sem que tenham manifestado expressamente sua vontade.

No Direito do Trabalho, como regra, o contrato de trabalho não exige formalidade ou solenidade para sua formação válida. Pode ser celebrado tanto por manifestação expressa de vontade (por escrito ou verbalmente) como por manifestação de vontade apenas tácita. Nesse sentido, o disposto nos **arts. 442 e 443 da CLT**.

Apenas excepcionalmente, e em decorrência de previsão legal, alguns contratos de trabalho devem necessariamente ser celebrados por escrito, tais como o contrato de trabalho temporário **(art. 11, Lei n. 6.019/74)**, o contrato do atleta profissional de futebol **(art. 3.º, § 1.º, I, Lei n. 9.615/98)** e do artista profissional **(art. 9.º, Lei n. 6.533/78)**. Os contratos por prazo determinado, inclusive o contrato de experiência, também devem ser celebrados por escrito, tendo em vista a necessidade de comprovação do preenchimento dos requisitos exigidos pela lei para sua validade **(art. 443 da CLT)**.

◾ **Quanto ao número de sujeitos ativos componentes do respectivo polo da relação jurídica** — o contrato de trabalho é um ato jurídico bilateral, à medida que necessariamente decorre do ajuste de vontade de dois sujeitos: de um lado, o empregado; de outro, o empregador. Sempre que o contrato for celebrado entre o empregador e um único empregado, o que é o normal, fala-se em *contrato individual de trabalho*, expressão utilizada pelo legislador **(arts. 442 e 443, CLT)**. De outra

---

[9] BARROS, Alice Monteiro de. *Curso de direito do trabalho*, p. 238; DELGADO, Mauricio Godinho. *Curso de direito do trabalho*, 18. ed., p. 619.

forma, quando, em razão da unidade necessária que cerca a prestação do serviço, o contrato de trabalho for celebrado com diversos empregados ao mesmo tempo, trata-se do *contrato de trabalho plúrimo* ou *contrato de trabalho por equipe*.[10]

▪ **Quanto à sua duração** — os contratos de trabalho podem classificar-se em *contrato por prazo indeterminado*, que são aqueles que têm duração indefinida no tempo; *contratos por prazo determinado*, cujo período de duração é estabelecido desde o início da pactuação; e *contratos de trabalho intermitente*, no qual a prestação de serviços, com subordinação, não é contínua, ocorrendo com alternância de períodos de prestação de serviços e de inatividade, determinados em horas, dias ou meses, independentemente do tipo de atividade do empregado e do empregador.

A **duração indeterminada** dos contratos de trabalho é a **regra geral**. Exatamente por isso, em qualquer contratação incide a presunção de que a relação de emprego foi pactuada sem determinação de prazo, salvo se existir prova em sentido contrário **(Súmula 212, TST)**.

A indeterminação do prazo de duração do contrato de trabalho faz prevalecer, na prática e concretamente, o princípio da *continuidade da relação de emprego* e o princípio da *norma mais favorável*, tendo em vista que esta modalidade de contratação assegura ao trabalhador um conjunto mais amplo de direitos rescisórios.

Assim, **somente por exceção** os contratos de trabalho são **celebrados por prazo determinado**.

4.3.1. Contrato de trabalho por prazo determinado

Caracterizando-se como exceção à regra geral de contratação por prazo indeterminado, os **contratos de trabalho por prazo determinado** (ou contratos a termo) dependem de previsão legal para validade de sua pactuação, ou seja, somente podem ser celebrados regularmente nas hipóteses expressamente previstas em lei.

As hipóteses de pactuação do contrato por prazo determinado são previstas na CLT **(art. 443)** ou em legislação extravagante (contrato de safra e contrato rural por pequeno prazo — **Lei n. 5.889/73**; contrato de trabalho temporário — **Lei n. 6.019/74**; contrato de trabalho do atleta profissional de futebol — **Lei n. 9.615/98 e Lei n. 12.395/2011**; contrato de trabalho do artista — **Lei n. 6.533/78**; contrato por obra certa — **Lei n. 2.959/56**; contrato de trabalho de técnico estrangeiro — **Decreto-lei n. 691/69**; contrato por prazo determinado instituído por convenção coletiva ou por acordo coletivo de trabalho — **Lei n. 9.601/98**). Outra hipótese de contrato por prazo determinado é o denominado contrato por temporada.[11]

---

[10] Para melhor compreensão do contrato de trabalho por equipe, *vide* item 2.10 (Parte II).

[11] Embora atualmente a chamada "contratação por temporada" também possa ser feita através da modalidade de trabalho intermitente.

Ocorrendo a contratação por prazo determinado fora das hipóteses autorizadas por lei, será irregular, considerando-se o contrato, neste caso, como sendo por prazo indeterminado.

Como ensina Mauricio Godinho Delgado, os contratos a termo distinguem-se dos contratos por prazo indeterminado por estarem submetidos a lapsos temporais estreitos e rígidos; por se pautarem por normas rigorosas no que tange à sua sucessividade e à sua prorrogação; por produzirem direitos rescisórios mais restritos; por não se subordinarem à mesma amplitude de efeitos própria à interrupção e à suspensão contratuais e às garantias de emprego que incidem nos contratos por prazo indeterminado.[12]

◼ **Contrato de trabalho por prazo determinado — art. 443 da CLT**

Contrato por prazo determinado é aquele cuja vigência dependa de termo prefixado ou da execução de serviços especificados ou ainda da realização de certo acontecimento suscetível de previsão aproximada (**§ 1.º**).

O **termo** pode ser **certo** (quando é fixado por meio de data especificada, por exemplo, 23 de janeiro do próximo ano) ou **incerto** (quando não há fixação exata de data, embora seja certa sua ocorrência em futuro previsível, por exemplo, final da temporada de verão na praia ou final da temporada de inverno na serra).

A contratação por prazo determinado somente **será válida** nas seguintes hipóteses (**§ 2.º**):

a) Quando a natureza ou a transitoriedade do serviço justifiquem a predeterminação do prazo	◼ O contrato a termo pode ser celebrado sempre que a necessidade dos serviços prestados pelo empregado não seja permanente, como, por exemplo, quando o empregador necessita contratar um empregado por um período em que ocorrerá um aumento da demanda de trabalho, ou no caso de necessidade de substituição de algum empregado permanente que se encontra afastado do trabalho, ou, ainda, quando o trabalho a ser realizado for certo e delimitado no tempo, como no caso de obra específica.
b) Nas atividades empresariais transitórias	◼ A transitoriedade diz respeito à própria atividade da empresa, e não à atividade a ser desenvolvida pelo empregado. A atividade da empresa é passageira, provisória, não se justificando a contratação de empregados por prazo indeterminado para a execução das tarefas a ela ligadas, por exemplo, atividades empresariais em feiras ou eventos, ou atividades empresariais sazonais que, embora ocorram todos os anos, dependem do consumo e da demanda do mercado (venda de ovos de chocolate na época de Páscoa; venda de produtos em época de Natal etc.).
c) Pactuação mediante contrato de experiência	◼ Tem por objetivo permitir o conhecimento recíproco das partes do contrato de trabalho, aferindo o desempenho e o entrosamento do empregado no local de trabalho e, de outro lado, permitindo-lhe verificar se lhe são ou não convenientes as condições da prestação de serviço. Trata-se de um tipo de contrato a termo que tem vocação para se transformar em

---

[12] DELGADO, Mauricio Godinho. *Curso de direito do trabalho*, 18. ed., p. 653.

c) Pactuação mediante contrato de experiência	contrato por prazo indeterminado, tendo em vista que é utilizado de início, como forma de se verificar a conveniência e o interesse das partes na manutenção do vínculo empregatício. ◼ Observação: O contrato de experiência não se confunde com o **período de experiência** previsto no **art. 478, § 1.º, da CLT**, que se refere ao **primeiro ano de duração do contrato de trabalho por prazo indeterminado**, que pode ser estipulado pelas partes com o objetivo de aferir o desempenho e o entrosamento do empregado no local de trabalho e de permitir que este verifique as condições de trabalho. Importante ressaltar que a previsão do referido dispositivo legal no sentido de que antes de um ano o empregado não faz jus à indenização de antiguidade prevista como reparação nos contratos por prazo indeterminado foi **revogada tacitamente pelo art. 7.º, I, da CF/88**. O contrato de experiência e o período de experiência dizem respeito a períodos considerados a partir do momento em que o empregado foi contratado (máximo de 90 dias no primeiro caso, e máximo de um ano no segundo caso). Situação distinta é a experiência profissional que o empregado tem, ou seja, que adquiriu em atividades exercidas antes de ser contratado para o novo emprego. O empregador, para contratar o empregado, pode exigir que tenha experiência prévia no mesmo tipo de atividade, mas limitada a um tempo máximo de seis meses. É vedado ao empregador exigir comprovação de experiência por período superior a este **(art. 442-A, CLT)**.

Tendo em vista tratar-se de modalidade de contratação excepcional, o legislador estabelece diversas regras para os contratos por prazo determinado. O desrespeito a essas regras faz com que o contrato passe a reger-se pelas normas do contrato de trabalho por prazo indeterminado.

◼ **Prazo máximo de duração:** nos casos de **serviços transitórios** e de **atividades empresariais transitórias**, o contrato por prazo determinado não poderá ser estipulado por mais de **2 (dois) anos**. O **contrato de experiência** não poderá ultrapassar **90 (noventa) dias (art. 445, CLT)**.

◼ **Prorrogação do contrato:** caso seja celebrado por prazo inferior ao máximo permitido pelo **art. 445 da CLT**, o contrato por prazo determinado, qualquer que seja sua modalidade, somente poderá ser prorrogado, expressa ou tacitamente, uma única vez, sob pena de passar a vigorar por prazo indeterminado **(art. 451, CLT)**. A soma dos dois períodos contratuais (primeiro período de contratação e o período de prorrogação) não pode ultrapassar o prazo máximo de duração do contrato por prazo determinado.

SÚMULA 188, TST: "O contrato de experiência pode ser prorrogado, respeitado o limite máximo de 90 (noventa) dias".

◾ **Celebração de novo contrato por prazo determinado (sucessividade):** será considerado como de prazo indeterminado o contrato que suceder, no prazo de seis meses, a outro contrato por prazo determinado, salvo se a expiração deste dependeu da execução de serviços especializados ou da realização de certos acontecimentos **(art. 452, CLT)**.

A **extinção do contrato de trabalho por prazo determinado** pode ocorrer devido ao cumprimento do prazo previsto **(extinção normal)**, mas também de forma antecipada, com a dispensa do empregado pelo empregador, com o pedido de demissão formulado pelo empregado, ou com a prática de justa causa por qualquer das partes **(extinção anormal)**.

Na hipótese de **extinção normal** do contrato por prazo determinado, são devidas as seguintes verbas rescisórias: saldo de salário; 13.º proporcional; férias proporcionais, acrescidas de 1/3; liberação do FGTS (sem a indenização de 40%).

A **extinção anormal** do contrato por prazo determinado pode se dar pelos seguintes motivos:

◾ **Rescisão antecipada por iniciativa do empregador** (dispensa sem justa causa) — gera ao empregado o direito ao recebimento de **verbas rescisórias** (saldo de salário; 13.º proporcional; férias proporcionais, acrescidas de 1/3; liberação do FGTS), além do recebimento de **indenização específica prevista no art. 479 da CLT**, correspondente ao valor da metade dos salários que lhe seriam devidos pelo período faltante do contrato.

Em relação à compatibilidade entre o regime do FGTS e a incidência do **art. 479 da CLT**, a jurisprudência pacificou-se há bastante tempo (mesmo antes da Constituição Federal de 1988):

> **SÚMULA 125, TST:** "O art. 479 da CLT aplica-se ao trabalhador optante pelo FGTS admitido mediante contrato por prazo determinado, nos termos do art. 30, § 3.º, do Decreto n. 59.820, de 20.12.1966".

Quanto à indenização de 40% dos depósitos do FGTS, embora o tema não seja pacífico na doutrina e na jurisprudência, o **art. 14 e o art. 9.º, §§ 1.º e 2.º, do Decreto n. 99.684/90** (Regulamento do FGTS) preveem que, na hipótese de rescisão antecipada do contrato por iniciativa do empregador, é devida a indenização de 40% dos depósitos do FGTS.[13]

◾ **Rescisão antecipada por iniciativa do empregado** (pedido de demissão) — gera o direito ao recebimento de **verbas rescisórias** (saldo de salário; 13.º proporcional; férias proporcionais, acrescidas de 1/3). O empregado, no entanto, deverá **indenizar o**

---

[13] DELGADO, Mauricio Godinho. *Curso de direito do trabalho*, 18. ed., p. 662.

empregador pelos prejuízos que resultarem desta ruptura antecipada. Tal indenização não poderá, porém, ser superior àquela a que teria direito o empregado caso a rescisão antecipada tivesse sido por iniciativa do empregador **(art. 480, CLT)**.[14]

■ **Rescisão antecipada por iniciativa de qualquer uma das partes, em contrato contendo cláusula assecuratória de rescisão antecipada** — na hipótese das partes terem inserido no contrato de trabalho por prazo determinado cláusula que assegure reciprocamente o direito de rescindir o pacto antecipadamente, exercido o direito, a extinção do contrato será regida pelas regras dos contratos por prazo indeterminado **(art. 481, CLT)**. Assim, neste caso, além do pagamento do saldo de salário, do 13.º salário proporcional e das férias proporcionais, acrescidas de 1/3, é devido aviso prévio e, no caso de dispensa sem justa causa, também é devida a indenização de 40% dos depósitos do FGTS.

SÚMULA 163, TST: "Cabe aviso prévio nas rescisões antecipadas dos contratos de experiência, na forma do art. 481 da CLT".

■ **Rescisão antecipada em decorrência de prática de justa causa** — a prática de justa causa pelo empregado implica na rescisão imediata do contrato de trabalho por prazo determinado, com pagamento apenas do saldo de salário. Sendo a justa causa praticada pelo empregador, ocorre a rescisão indireta do contrato, incidindo todos os direitos rescisórios característicos de uma dispensa sem justa causa, inclusive aviso prévio e indenização de 40% dos depósitos do FGTS (além do saldo de salário, 13.º salário proporcional, férias proporcionais acrescidas de 1/3 e levantamento do FGTS).

■ **Rescisão antecipada por culpa recíproca** — a ocorrência de culpa recíproca (justa causa de ambas as partes) implica na rescisão imediata do contrato a termo, tendo o empregado direito a 50% do valor do aviso prévio, do 13.º salário, das férias proporcionais (Súmula 14, TST) e a metade da indenização, ou seja, 20% dos depósitos do FGTS **(art. 14 e art. 9.º, § 2.º, Decreto n. 99.684/90)**.

---

[14] A jurisprudência entende ser necessária, nesse caso, a prova do prejuízo, bem como de seu montante. "[...] CONTRATO POR PRAZO DETERMINADO. RESCISÃO ANTECIPADA PELO EMPREGADO. INDENIZAÇÃO DO ART. 480 DA CLT. PROVA DO PREJUÍZO SOFRIDO PELO EMPREGADOR. O disposto no art. 479 da CLT, que prevê o critério de cálculo da indenização a cargo do empregador quando houver a dispensa antecipada do empregado em contratos por prazo determinado (metade da remuneração a que teria direito o empregado até o termo do contrato), não deve ser aplicado de forma imediata para o cálculo da indenização devida pelo empregado, como fez a reclamada. Há necessidade de prova não apenas do prejuízo, como do seu montante, a fim de fixar-se a indenização cabível. No caso em exame, o TRT consignou que não houve prova do prejuízo. Nesse contexto, para dissentir da tese consignada no acórdão recorrido, seria necessária nova incursão no conjunto probatório dos autos, a fim de concluir que a análise das provas e as impressões obtidas pelo julgador ao instruir a causa não deveriam prevalecer. Tal procedimento, contudo, é vedado nessa esfera recursal extraordinária, nos termos da Súmula 126 do TST. Agravo de instrumento a que se nega provimento" (AIRR-1641-26.2014.5.12.0017, 2.ª T., rel. Min. Maria Helena Mallmann, *DEJT* 10.08.2017).

Observação:

■ Nada impede que o **contrato de trabalho** seja celebrado por prazo indeterminado, mas **com previsão de duração mínima**, que pode ser entendida como uma garantia de estabilidade pelo período fixado na referida cláusula.

Rescindido sem justa causa pelo empregador, antes de vencido o prazo de garantia mínima, deve ser liberado ao empregado o "FGTS, acrescido de 40%, sem prejuízo da indenização prevista no art. 479 da CLT, pelo ato abusivo que impediu o cumprimento da duração mínima, além do aviso prévio, das férias e do 13.º salário proporcionais alusivos ao período trabalhado. Vencida a duração mínima, persiste o liame empregatício".[15]

■ **Contrato de safra — Lei n. 5.889/73**

Contrato de safra é o pacto empregatício rural que tem sua duração dependente de **variações estacionais das atividades agrárias**, assim entendidas as tarefas normalmente executadas no período compreendido entre o preparo do solo para cultivo e a colheita **(art. 14, Lei n. 5.889/73, e art. 96, parágrafo único, Decreto n. 10.854/2021)**.

Trata-se de contrato por prazo determinado que possui as características básicas dessa modalidade de contratação prevista na CLT **(art. 443)**, tendo em vista que a contratação do empregado pelo período da safra corresponde a uma típica hipótese de serviços transitórios (§ 2.º). Assim, **aplicam-se a este tipo de contrato todas as regras previstas na CLT para o contrato por prazo determinado**, tais como prazo máximo de duração, prorrogação, sucessividade, rescisão.

Importante ressaltar que contratações sucessivas de um mesmo empregado e com intervalo extremamente reduzido entre uma contratação e outra descaracterizam o contrato de safra, levando ao reconhecimento da unicidade contratual.[16]

Questão relevante diz respeito à previsão contida no **art. 14 da Lei n. 5.889/73**, de pagamento ao empregado de uma indenização equivalente a 1/12 do salário mensal, por mês de serviço ou fração igual ou superior a 14 dias, por ocasião da extinção normal do contrato de safra. Os doutrinadores divergem a respeito de sua revogação pela Constituição Federal de 1988.

Alguns autores afirmam que a Constituição, ao assegurar a todos os empregados rurais o direito ao FGTS, inclusive ao safrista, retirou-lhe o direito à indenização prevista no **art. 14 da Lei n. 5.889/73**, assegurando-lhe, porém, por ocasião da extinção normal do contrato, o direito ao levantamento dos depósitos do FGTS.[17]

---

[15] BARROS, Alice Monteiro de. *Curso de direito do trabalho*, p. 506.
[16] Nesse sentido *vide*: TST — RR 37200-41.2008.5.15.0156, 2.ª T., rel. Min. Delaíde Miranda Arantes, *DEJT* 01.07.2014.
[17] BARROS, Alice Monteiro de. *Curso de direito do trabalho*, p. 497.

Outros, porém, entendem não ter havido revogação do **art. 14 da Lei n. 5.889/73** pelo texto constitucional, tendo em vista não haver incompatibilidade entre a indenização específica e o FGTS, sendo certo que "a indenização especial safrista não se prejudica pelo saque dos simples depósitos do FGTS".[18] Nesse sentido o entendimento adotado pelo Tribunal Superior do Trabalho.[19]

Na hipótese de rescisão antecipada do contrato de safra por iniciativa do empregador, é devida a indenização de 40% dos depósitos do FGTS.

◾ **Contrato rural por pequeno prazo — Lei n. 5.889/73**

O contrato rural por pequeno prazo é aquele que pode ser celebrado diretamente entre o empregador rural pessoa física e o empregado rural e que tem duração **máxima de 2 (dois) meses**, a cada período de um ano **(art. 14-A, Lei n. 5.889/73)**. Não há intermediário nesta modalidade de contratação, não se tratando, portanto, de terceirização.

Esta modalidade de contratação pode ser utilizada para atividades de natureza temporária que não se caracterizem no conceito de safra, como, por exemplo, "acréscimo extraordinário de serviços no tratamento do gado; melhorias de cercas, equipamentos e instalações da fazenda",[20] entre outras.

O contrato será convertido em por prazo indeterminado caso seja desrespeitado o prazo máximo de duração **(§ 1.º)**.

O contrato de trabalho rural por pequeno prazo não precisa ser anotado na CTPS do empregado ou em Livro ou Ficha de Registro de Empregados, desde que seja celebrado contrato escrito com o fim específico de comprovação para fiscalização trabalhista da situação do trabalhador **(§ 3.º)**.

A não inclusão do trabalhador na Guia de Recolhimento do Fundo de Garantia do Tempo de Serviço e Informações à Previdência Social (GFIP) pressupõe a inexistência de contratação por pequeno prazo, sem prejuízo de comprovação, por qualquer meio de prova admitido em direito, da existência de relação jurídica diversa **(§ 6.º)**.

---

[18] DELGADO, Mauricio Godinho. *Curso de direito do trabalho*, 18. ed., p. 685.

[19] "RECURSO DE REVISTA INTERPOSTO PELO RECLAMANTE SOB A ÉGIDE DA LEI N. 13.467/2017. INDENIZAÇÃO DO ART. 14 DA LEI N. 5.889/73. CONTRATO DE SAFRA. POSSIBILIDADE DE CUMULAÇÃO COM O REGIME DO FGTS. TRANSCENDÊNCIA POLÍTICA RECONHECIDA. A jurisprudência desta Corte entende não haver incompatibilidade entre a indenização por tempo de serviço de que trata o art. 14 da Lei n. 5.889/73, prevista para os safristas, e o regime do FGTS, já que o art. 7.º, III da CF/1988, que estabelece aos trabalhadores urbanos e rurais o direito ao FGTS, revogou a indenização prevista no art. 477 da CLT para contratos de trabalho por prazo indeterminado, e não as indenizações voltadas a contratos por prazo determinado, que é o caso do safrista. Assim, o art. 14 da Lei n. 5.889/73 foi recepcionado pela Constituição Federal de 1988, não havendo que se cogitar de substituição dessa indenização pelo FGTS, nem em bis in idem quando da cumulação de ambas. O acórdão recorrido, ao excluir a condenação ao pagamento da indenização do art. 14 da Lei n. 5.889/73, terminou por desrespeitar jurisprudência consolidada desta Corte Superior, o que torna necessário o reconhecimento da transcendência política da causa, nos moldes do art. 896-A, § 1.º, II da CLT. Recurso de revista conhecido e provido" (RR-10017-42.2019.5.15.0146, 6.ª T., rel. Min. Antonio Fabricio de Matos Goncalves, *DEJT* 06.12.2024).

[20] DELGADO, Mauricio Godinho. *Curso de direito do trabalho*, 18. ed., p. 685.

Ao trabalhador contratado por pequeno prazo, são assegurados, além da remuneração equivalente à do trabalhador rural permanente, todos os direitos trabalhistas **(§§ 7.º e 9.º)**, sendo certo que todas as parcelas devidas ao empregado serão calculadas dia a dia e pagas diretamente a ele, mediante recibo **(§ 8.º)**.

◘ Contrato de trabalho temporário — Lei n. 6.019/74

Conforme já analisado no item 2.4 do Capítulo 2 desta Parte II, o trabalho temporário envolve uma relação triangular mantida entre um tomador de serviço, uma empresa de trabalho temporário e um trabalhador temporário. O contrato de trabalho temporário tem por objeto o trabalho prestado pelo trabalhador temporário, por intermédio da empresa de trabalho temporário, a um tomador do serviço, para atender a **necessidade de substituição transitória de pessoal ou permanente** ou à **demanda complementar de serviços (art. 2.º, Lei n. 6.019/74)**. Considera-se complementar a demanda de serviços que seja oriunda de fatores imprevisíveis ou, quando decorrente de fatores previsíveis, tenha natureza intermitente, periódica ou sazonal **(§ 2.º)**.

É proibida a contratação de trabalho temporário para a substituição de trabalhadores em greve, salvo nos casos previstos em lei **(art. 2.º, § 1.º, Lei n. 6.019/74)**.

Referido contrato deve necessariamente ser **celebrado por escrito (art. 9.º e 11)** e tem **prazo máximo de duração, em relação a um mesmo empregador, de cento e oitenta dias**, consecutivos ou não **(art. 10, § 1.º)**, dele devendo constar expressamente os direitos assegurados ao trabalhador temporário **(art. 11)**. O contrato poderá ser **prorrogado por até noventa dias**, consecutivos ou não, quando comprovada a manutenção das condições que o ensejaram **(art. 10, § 2.º)**.

◘ Contrato de trabalho do atleta profissional — Lei n. 9.615/98

A entidade de prática desportiva empregadora deve registrar o contrato especial de trabalho desportivo do atleta profissional na entidade de administração da respectiva modalidade desportiva **(art. 34, I, Lei n. 9.615/98)**.

São **nulos de pleno direito** os contratos firmados pelo atleta ou por seu representante legal com agente desportivo, pessoa física ou jurídica, com cláusulas contratuais ou de instrumentos procuratórios que contenham qualquer das previsões do **art. 27-C da Lei n. 9.615/98**.

Embora a **Lei n. 9.615/98** institua normas gerais sobre desporto, nos termos do seu **art. 94**, alguns de seus dispositivos são **obrigatórios exclusivamente para atletas e entidades de prática profissional da modalidade de futebol**: arts. 27, 27-A, 28, 29-A, 30, 39, 43, 45 e § 1.º do art. 41.

Assim, em relação ao **atleta profissional de futebol, as principais regras relativas ao contrato de trabalho são as seguintes**:

O contrato de trabalho do atleta profissional terá prazo determinado, com vigência nunca inferior a três meses nem superior a cinco anos **(art. 30, Lei n. 9.615/98)**.

Não se aplica ao contrato especial de trabalho desportivo do atleta profissional o disposto nos arts. 445 e 451 da CLT **(art. 30, parágrafo único, Lei n. 9.615/98)**.

Aplicam-se ao atleta profissional as **normas gerais da legislação trabalhista e da Seguridade Social, ressalvadas as peculiaridades previstas pela Lei n. 9.615/98**, especialmente as seguintes **(art. 28, § 4.º)**:

■ se conveniente à entidade de prática desportiva, a **concentração** não poderá ser superior a 3 (três) dias consecutivos por semana, desde que esteja programada qualquer partida, prova ou equivalente, amistosa ou oficial, devendo o atleta ficar à disposição do empregador por ocasião da realização de competição fora da localidade onde tenha sua sede;

■ o **prazo de concentração** poderá ser ampliado, independentemente de qualquer pagamento adicional, quando o atleta estiver à disposição da entidade de administração do desporto;

■ **acréscimos remuneratórios em razão de períodos de concentração**, viagens, pré-temporada e participação do atleta em partida, prova ou equivalente, conforme previsão contratual;

■ **repouso semanal remunerado de 24 horas ininterruptas**, preferencialmente em dia subsequente à participação do atleta em partida, prova ou equivalente, quando realizada no final de semana;

■ **férias anuais remuneradas de 30 dias**, acrescidas do abono de férias, coincidentes com o recesso das atividades desportivas;

■ **jornada de trabalho desportiva normal de 44 horas semanais**.

A entidade de prática desportiva poderá **suspender o contrato especial de trabalho desportivo do atleta profissional**, ficando dispensada do pagamento da remuneração nesse período, quando o atleta for impedido de atuar, por prazo ininterrupto superior a 90 dias, em decorrência de ato ou evento de sua exclusiva responsabilidade, desvinculado da atividade profissional, conforme previsto no referido contrato **(art. 28, § 7.º, Lei n. 9.615/98)**, que restará prorrogado automaticamente, conforme previsão em cláusula expressa nesse sentido **(art. 28, § 8.º, Lei n. 9.615/98)**.

O **vínculo desportivo do atleta com a entidade de prática desportiva contratante** constitui-se com o **registro do contrato especial de trabalho desportivo** na entidade de administração do desporto, tendo natureza acessória ao respectivo vínculo empregatício, dissolvendo-se, para todos os efeitos legais **(art. 28, § 5.º, Lei n. 9.615/98)**:

■ com o término da vigência do contrato ou o seu distrato;

■ com o pagamento da cláusula indenizatória desportiva ou da cláusula compensatória desportiva;[21]

---

[21] Em relação às cláusulas indenizatória e compensatória desportivas *vide* art. 28, *caput*, e §§ 1.º a 3.º, da Lei n. 9.615/98.

- com a rescisão decorrente do inadimplemento salarial, de responsabilidade da entidade de prática desportiva empregadora, nos termos da Lei n. 9.615/98;
- com a rescisão indireta, nas demais hipóteses previstas na legislação trabalhista;
- com a dispensa imotivada do atleta.

Quando o contrato especial de trabalho desportivo for por prazo inferior a 12 meses, o atleta profissional terá direito, por ocasião da rescisão contratual por culpa da entidade de prática desportiva empregadora, a tantos doze avos da remuneração mensal quantos forem os meses da vigência do contrato, referentes a férias, abono de férias e 13.º salário **(art. 28, § 9.º, Lei n. 9.615/98)**.

Não se aplicam ao contrato especial de trabalho desportivo os arts. 479 e 480 da CLT **(art. 28, § 10, Lei n. 9.615/98)**.

A entidade de prática desportiva empregadora que estiver com pagamento de salário ou de contrato de direito de imagem de atleta profissional em atraso, no todo ou em parte, por período igual ou superior a três meses, terá o contrato especial de trabalho desportivo daquele atleta rescindido, ficando o atleta livre para transferir-se para qualquer outra entidade de prática desportiva de mesma modalidade, nacional ou internacional, e exigir a cláusula compensatória desportiva e os haveres devidos. São entendidos como salário, para esse fim, o abono de férias, o décimo terceiro salário, as gratificações, os prêmios e demais verbas inclusas no contrato de trabalho. A mora contumaz será considerada também pelo não recolhimento do FGTS e das contribuições previdenciárias **(art. 31, Lei n. 9.615/98)**.

O atleta com contrato especial de trabalho desportivo rescindido em razão da mora do empregador fica autorizado a transferir-se para outra entidade de prática desportiva, inclusive da mesma divisão, independentemente do número de partidas das quais tenha participado na competição, bem como a disputar a competição que estiver em andamento por ocasião da rescisão contratual **(art. 31, § 5.º, Lei n. 9.615/98)**.

■ **Contrato de trabalho do artista — Lei n. 6.533/78**

Inicialmente o contrato de trabalho do artista era regido pela CLT, que o inseria entre os de prazo determinado, mencionando tratar-se de "artistas de teatro e congêneres".

A Lei n. 101/47 estabeleceu outras normas para a forma dos contratos dos artistas, que foram regulamentados posteriormente pela Portaria n. 398/68, do Ministério do Trabalho.

No entanto, todas essas disposições legais foram revogadas pela **Lei n. 6.533/78**, que dispõe sobre a regulamentação das profissões de artista e de técnico em espetáculos de diversões.

A lei define **artista** como "o profissional que cria, interpreta ou executa obra de caráter cultural de qualquer natureza, para efeito de exibição ou divulgação pública, através de meios de comunicação de massa ou em locais onde se realizam espetáculos de diversão pública" **(art. 2.º, I, Lei n. 6.533/78)**.

Já o **técnico em espetáculos de diversões** é "o profissional que, mesmo em caráter auxiliar, participa, individualmente ou em grupo, de atividade profissional ligada diretamente à elaboração, registro, apresentação ou conservação de programas, espetáculos e produções" **(art. 2.º, II, Lei n. 6.533/78)**.

O **Decreto n. 82.385/78**, que regulamenta a **Lei n. 6.533/78**, traz as denominações e a discriminação das funções em que se desdobram as atividades de tais profissionais.

O exercício das profissões de artista e de técnico em espetáculos de diversões requer prévio registro no Ministério do Trabalho, valendo tal registro em todo o território nacional **(art. 6.º, Lei n. 6.533/78)**.

Os **contratos de artistas** requerem **forma solene (art. 9.º, Lei n. 6.533/78)**:

- são padronizados nos termos de instruções expedidas pelo Ministério do Trabalho;
- devem ser vistados pelo Sindicato, no prazo de 2 dias após a celebração. Negado o visto, o artista poderá recorrer ao Ministério do Trabalho;
- ficam sujeitos ao **prévio registro no Ministério do Trabalho** (o registro se dará após o visto do Sindicato ou no prazo de 2 dias após a celebração, se neste prazo o Sindicato não vistar o contrato).

Tais contratos podem ser celebrados por **prazo indeterminado ou por prazo determinado (art. 10, Lei n. 6.533/78)**.

O contrato de trabalho conterá obrigatoriamente **(art. 10, Lei n. 6.533/78)**:

- qualificação das partes;
- prazo de vigência;
- natureza da função profissional, com definição das obrigações respectivas;
- título do programa, espetáculo ou produção, ainda que provisório, com indicação do personagem nos casos de contrato por tempo determinado;
- locais onde atuará o contrato, inclusive os opcionais;
- jornada de trabalho, com especificação do horário e intervalo de repouso;
- remuneração e sua forma de pagamento;
- disposição sobre eventual inclusão do nome do contratado no crédito de apresentação, cartazes, impressos e programas;
- dia de folga semanal;
- ajuste sobre viagens e deslocamentos;
- período de realização de trabalhos complementares, inclusive dublagem, quando posteriores à execução do trabalho de interpretação objeto do contrato;
- número da CTPS do artista.

Do contrato de trabalho por prazo indeterminado, deverá constar, ainda, cláusula relativa ao pagamento de adicional, devido em caso de deslocamento para prestação do serviço fora da cidade ajustada no contrato de trabalho.

A rescisão antecipada do contrato por prazo determinado do artista sujeita as partes às regras dos **arts. 479 a 481 da CLT**.

■ **Contrato por obra certa — Lei n. 2.959/56**

O **contrato por obra certa ou serviço certo** é uma espécie do gênero contrato de prazo determinado **(Lei n. 2.959/56)**, sendo obrigatória a sua anotação na CTPS do empregado.

Importante ressaltar que, se o empregado for contratado para prestar serviços em várias obras da empresa de construção civil, o contrato deverá ser necessariamente celebrado por prazo indeterminado, tendo em vista que o pressuposto objetivo do contrato não é mais específico, e o trabalhador pode ser deslocado de uma obra para outra.

O contrato por obra certa **se extingue pelo término da obra, ou serviço**, não sendo necessário que tenha sido prefixada a data do evento. No término do contrato por obra certa, o empregado fará jus às férias e ao 13.º salário proporcionais, bem como ao levantamento do FGTS. Não é devido aviso prévio, nem a multa de 40% do FGTS.

■ **Contrato de trabalho de técnico estrangeiro — Decreto-lei n. 691/69**

Nos termos do **Decreto-lei n. 691/69**, os **contratos de técnicos estrangeiros** domiciliados ou residentes no exterior, para execução, no Brasil, de serviços especializados em caráter provisório, com estipulação de salários em moeda estrangeira, serão **obrigatoriamente celebrados por prazo determinado e prorrogáveis sempre a termo certo**, não estando sujeitos, porém, às regras da CLT quanto ao prazo máximo de duração, à prorrogação, à renovação **(art. 451 a 453)**, ou seja, não se transformam em contrato por prazo indeterminado caso celebrados em desacordo com as regras dos contratos por prazo determinado.

A rescisão destes contratos, porém, sujeita-se às regras dos **arts. 479 a 481 da CLT**.

■ **Contrato por prazo determinado instituído por convenção coletiva ou por acordo coletivo de trabalho — Lei n. 9.601/98**

O **contrato de trabalho por prazo determinado instituído por convenção coletiva ou acordo coletivo de trabalho**, nos termos da **Lei n. 9.601/98**, regulamentada pelo **Decreto n. 2.490/98**, é espécie do gênero contrato por prazo determinado, sendo considerado como um dos primeiros passos para a flexibilização do Direito do Trabalho, por conter normas que tornaram menos rígida essa forma de contratação.

A celebração deste tipo de contrato **depende da previsão em uma convenção coletiva ou em um acordo coletivo de trabalho**.

Pode ser utilizado para **qualquer atividade desempenhada pela empresa**, não se restringindo às hipóteses de validade previstas no **§ 2.º, art. 443 da CLT** para a celebração de contrato por prazo determinado.

São **características** deste tipo de contrato:

- abrange qualquer atividade desenvolvida pela empresa ou estabelecimento;
- prazo máximo de duração de dois anos;
- aumento de empregados do estabelecimento é pré-condição para utilização desta modalidade de contrato, na proporção estabelecida no **art. 3.º**:

NÚMERO DE EMPREGADOS	PERCENTUAL MÁXIMO DE CONTRATOS POR PRAZO DETERMINADO
Inferior a 50	50% do número de trabalhadores
Entre 50 e 199	35% do número de trabalhadores
Acima de 200	20% do número de trabalhadores

- instituído por convenção ou acordo coletivo de trabalho, que estipulará as regras básicas, além de outras cláusulas de interesse das partes, respeitados os limites da lei;
- pode ser prorrogado mais de uma vez sem que se transforme em contrato por prazo indeterminado, desde que não ultrapasse o limite máximo de dois anos;
- pode ser sucedido por outro contrato por prazo indeterminado.

Esta modalidade de contratação não se confunde com o contrato de trabalho temporário, regulado pela **Lei n. 6.019/74**, que é usado para atender à necessidade de substituição transitória de pessoal permanente ou à demanda complementar de serviços, sempre contratado por meio de empresa de trabalho temporário.

São **direitos do trabalhador** contratado sob esta modalidade de contratação:

- anotação na CTPS, com referência expressa à modalidade de contratação com base na **Lei n. 9.601/98**;
- remuneração equivalente à percebida pelos empregados da mesma função da empresa contratante;
- 13.º salário;
- férias;
- assegurada, durante a vigência do contrato, a estabilidade provisória da empregada gestante, do dirigente sindical, do cipeiro, do acidentado;
- contagem de tempo de serviço para aposentadoria;
- FGTS;
- demais direitos normais do contrato, durante sua vigência (DSR, intervalos, limite de jornada etc.).

Na hipótese de rescisão antecipada deste tipo de contrato, não se aplica o disposto nos **arts. 479 e 480 da CLT**, devendo a indenização para este caso ser estipulada em convenção ou acordo coletivos de trabalho **(art. 1.º, § 1.º)**.

◼ Contrato por temporada

Também denominado *contrato adventício*, o **contrato por temporada** é aquele que tem por objeto a prestação de trabalho em períodos específicos, delimitados em razão da atividade empresarial, como, por exemplo, a contratação de empregado durante o verão para trabalhar em hotel localizado na praia, ou a contratação de empregado durante o inverno para trabalhar em restaurante localizado em cidade serrana.

O contrato por temporada é **celebrado**, portanto, **em razão de uma situação temporal específica, fora da qual não há necessidade de manter o empregado**, pois não há volume de trabalho (porque, por exemplo, poucas pessoas frequentam as cidades praianas fora da temporada de verão) ou até nem há trabalho (porque, por exemplo, o restaurante fica fechado fora da temporada, somente reabrindo na próxima estação turística).

Trata-se, na verdade, de uma espécie de contrato por prazo determinado, com possibilidade, porém, de que a contratação do empregado seja repetida a cada temporada.

Parte da doutrina, no entanto, forma uma corrente que adota o entendimento de que este tipo de contrato deve ser considerado como por prazo indeterminado, apenas com a característica de que a prestação do trabalho é intermitente no tempo. Mauricio Godinho Delgado ensina que "para esta vertente interpretativa, os contratos de temporada, na qualidade de pactos de prestação laboral intermitente, abrangeriam desde aqueles contratos que preveem curto espaçamento na efetiva prestação laboral (empregado em banca de feira, que, por longos anos, sempre labora uma ou duas vezes por semana para o mesmo feirante) até aqueles em que o espaçamento é sumamente significativo (empregado de hotel de veraneio, que, por longos anos, sempre labora na temporada de verão no respectivo hotel)".[22] Considerando-se esse posicionamento, pode-se afirmar, portanto, que, para a contratação por temporada pode ser celebrado o contrato de trabalho intermitente **(art. 443, § 3.º, CLT)**.

4.3.2. Contrato de trabalho intermitente[23]

Contrato de trabalho intermitente é aquele no qual a prestação de serviços, com subordinação, não é contínua, ocorrendo com alternância de períodos de prestação de serviços e de inatividade, determinados em horas, dias ou meses, independentemente do tipo de atividade do empregado e do empregador **(art. 443, § 3.º, CLT)**. Não se aplicam as regras do contrato de trabalho intermitente aos aeronautas, regidos por legislação própria.

---

[22] DELGADO, Mauricio Godinho. *Curso de direito do trabalho*, 18. ed., p. 688.

[23] *Vide* ADI 5.826, ADI 5.829 e ADI 6.154, por meio das quais se questiona a constitucionalidade das alterações legislativas que incluíram no ordenamento jurídico o contrato de trabalho intermitente — Na Sessão Virtual de 06.12.2024 a 13.12.2024, o Plenário do STF, por maioria, conheceu parcialmente das ações diretas n. 5.826, 5.829 e 6.154 e, na parte conhecida, julgou-as improcedentes, declarando a constitucionalidade dos dispositivos legais impugnados, nos termos do voto do Ministro Nunes Marques (Redator para o acórdão), vencidos parcialmente os Ministros Edson Fachin (Relator), Cármen Lúcia, Rosa Weber, Luiz Fux e Cristiano Zanin. Não votou o Ministro Flávio Dino, sucessor da Ministra Rosa Weber, que já havia proferido voto em assentada anterior.

O legislador confere disciplina própria a essa modalidade atípica do contrato de trabalho, regulamentando-o no **art. 452-A da CLT**.

Referido contrato deve ser **celebrado por escrito**, devendo conter especificamente o **valor da hora de trabalho,** que não pode ser inferior ao valor horário do salário mínimo ou àquele devido aos demais empregados do estabelecimento que exerçam a mesma função em contrato intermitente ou não **(art. 452-A, *caput*, CLT)**.

Uma vez celebrado o contrato de trabalho, havendo serviço a ser prestado, **com pelo menos três dias corridos de antecedência**, o empregador, por qualquer meio de comunicação eficaz, **convocará o empregado para essa prestação**, informando qual será a jornada a ser cumprida **(art. 452-A, § 1.º, CLT)**.

Recebida a convocação, o empregado terá o **prazo de um dia útil para responder** ao chamado **(art. 452-A, § 2.º, CLT)**, podendo o empregado:

■ **não responder à convocação**, permanecendo em silêncio, o que faz com que se presuma a recusa **(§ 2.º)**;

■ **recusar a oferta**, o que não descaracteriza a subordinação para fins do contrato de trabalho intermitente **(§ 3.º)**;

■ **aceitar a oferta**, executando os serviços determinados pelo empregador para o período.

Aceita a oferta para comparecimento ao trabalho, a parte que descumprir, sem justo motivo, pagará à outra parte, no prazo de trinta dias, multa de 50% da remuneração que seria devida, permitida a compensação em igual prazo **(art. 452-A, § 4.º, CLT)**.

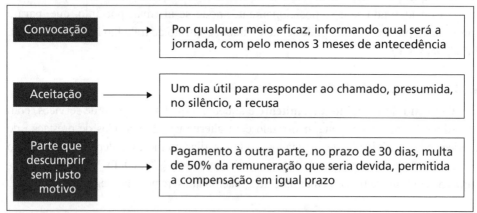

O período de inatividade não será considerado tempo à disposição do empregador, podendo o trabalhador prestar serviços a outros contratantes **(art. 452-A, § 5.º, CLT)**.

Ao final de cada período de prestação de serviço, o empregado receberá **pagamento imediato** das seguintes parcelas **(art. 452-A, § 6.º, CLT)**:

■ remuneração;
■ férias proporcionais com acréscimo de um terço;

■ décimo terceiro proporcional;
■ repouso semanal remunerado;
■ adicionais legais.

Referidas verbas e seus respectivos valores devem ser **discriminados no recibo** de pagamento **(art. 452-A, § 7.º, CLT)**.

O empregador efetuará o recolhimento da **contribuição previdenciária** e o depósito do **Fundo de Garantia do Tempo de Serviço, na forma da lei,** com base nos valores pagos no período mensal e fornecerá ao empregado comprovante do cumprimento dessas obrigações **(art. 452-A, § 8.º, CLT)**.

A cada doze meses de vigência do contrato de trabalho o empregado adquire o direito a usufruir, nos doze meses subsequentes, **um mês de férias**. Durante esse período não poderá ser convocado pelo mesmo empregador para prestar serviços **(art. 452-A, § 9.º, CLT)**. A lei não prevê qualquer impedimento de que o trabalhador seja convocado para trabalhar nesse período por outro empregador ao qual esteja vinculado por força de outro contrato de trabalho intermitente (a lei permite que haja contratos de trabalho intermitente celebrados simultaneamente pelo mesmo empregado — **art. 452-A, § 5.º, CLT**, sendo isso plenamente possível). As férias serão concedidas, mas **não haverá pagamento destas por ocasião de sua concessão**, tendo em vista que ao final de cada período de prestação de serviço ao longo dos doze meses **já houve o respectivo pagamento proporcional** das férias, acrescido de um terço **(art. 452-A, § 6.º, II, CLT)**.

Outras regras sobre o trabalho intermitente podem ser objeto de negociação coletiva, na forma prevista no **art. 611-A, VIII, da CLT**.

4.4. ELEMENTOS INTEGRANTES

Os elementos integrantes ou constitutivos do contrato de trabalho não diferem, em geral, daqueles identificados pelo Direito Civil, denominados *elementos essenciais, elementos naturais* ou *elementos acidentais*.

Os **elementos essenciais** são aqueles imprescindíveis à formação do contrato. Sua ausência ou irregularidade pode comprometer a própria existência ou validade do contrato.

Os **elementos naturais**, embora não sejam imprescindíveis à existência do contrato, geralmente são encontrados na sua execução concreta. Sua verificação no contrato é comum, recorrente e quase inevitável.

Por fim, os **elementos acidentais** são excepcionais e sua verificação no contrato é episódica.

Antes de estudarmos os elementos integrantes do contrato de trabalho, é necessário, porém, ressaltar que tal análise somente tem sentido após constatar-se a existência da relação de emprego entre as partes, ou seja, "é inútil discutir-se a respeito da validade do contrato (tema abordado a partir do exame de seus elementos essenciais ou jurídico-formais) sem se ter presente a efetiva existência de uma relação de emprego entre as partes (tema abordado a partir do exame dos elementos fático-jurídicos da relação de emprego)".[24]

■ **Elementos essenciais do contrato de trabalho**

Nos termos do **art. 104 do Código Civil**, a validade do negócio jurídico requer: I — agente capaz; II — objeto lícito, possível, determinado ou determinável; III — forma prescrita ou não defesa em lei.

Como negócio jurídico que é, o contrato de trabalho exige para sua validade a presença dos elementos essenciais indicados acima (chamados de **pressupostos do contrato de trabalho**), aos quais se acresce o consentimento válido **(requisito do contrato de trabalho)**.

■ **Capacidade das partes**[25] — capacidade é a aptidão para adquirir direitos e para contrair obrigações. A capacidade trabalhista revela-se, portanto, como sendo aquela que permite o exercício de atos da vida laborativa.

Em relação ao **empregador**, a capacidade trabalhista não difere da capacidade civil. Portanto, a toda pessoa física, pessoa jurídica ou ente despersonificado a quem a ordem jurídica confira aptidão para exercer direitos e contrair obrigações, reconhece-se a capacidade trabalhista.

Em relação ao **empregado**, no entanto, as regras sobre capacidade são distintas, sendo indicadas no **art. 7.º, XXXIII**, da Constituição Federal:

a) Menores de 16 anos — são incapazes para celebrar contrato de trabalho, salvo na condição de aprendiz, a partir dos 14 anos.

b) Entre 16 e 18 anos — são relativamente incapazes para celebrar contrato de trabalho, necessitando da assistência dos pais ou responsáveis para a prática de tal ato.

A restrição de capacidade neste caso abrange também a assinatura do termo de rescisão do contrato de trabalho **(art. 439, CLT)**, ato em relação ao qual também é necessária a assistência dos pais ou responsáveis do menor.

Alguns atos, porém, são autorizados ao trabalhador com idade entre 16 e 18 anos, sem necessidade de assistência do responsável, tais como assinatura de recibo de pagamento de salário **(art. 439, CLT)** e de outros recibos ao longo do contrato de trabalho, tais como recibo de vale-transporte, de vale-refeição etc.

c) Maiores de 18 anos — são capazes para a celebração de contrato de trabalho.

Tratando-se, porém, de **trabalho a ser prestado em horário noturno, em condições perigosas ou insalubres**, o contrato **somente pode ser celebrado com o maior de 18 anos**. Assim, nestas circunstâncias não há que se falar em relativamente incapaz: ou é capaz, porque tem 18 anos ou mais, ou é incapaz.

---

[24] DELGADO, Mauricio Godinho. *Curso de direito do trabalho*, 18. ed., p. 620.
[25] Sobre capacidade das partes dos sujeitos do contrato de trabalho *vide*, também, item 3.1.1 (Parte II).

A contratação de empregados com desrespeito às regras de capacidade acima indicadas é proibida, tornando **inválido o contrato de trabalho**.

Questão bastante discutida acerca da capacidade do empregado diz respeito à aplicabilidade ou não no Direito do Trabalho das regras contidas no parágrafo único do **art. 5.º do Código Civil**, que prevê que cessa, para os menores, a incapacidade: I — pela emancipação (que pode ser concedida a partir dos 16 anos); II — pelo casamento; III — pelo exercício de emprego público efetivo; IV — pela colação de grau em curso de ensino superior; V — pelo estabelecimento civil ou comercial, ou pela existência de relação de emprego, desde que, em função deles, o menor, a partir dos 16 anos, tenha economia própria.

Em relação às hipóteses previstas nos incisos I a IV, bem como em relação ao estabelecimento civil ou comercial, o entendimento já consagrado antes mesmo do Código Civil de 2002 era no sentido de sua aplicabilidade no âmbito do Direito do Trabalho. No entanto, o Código Civil de 2002 acrescentou a relação de emprego que gere economia própria como causa de cessação da menoridade. O conceito de *economia própria* não é preciso, nem esclarece o texto qual a situação do menor que venha a perder o emprego após curto período de maioridade, antes dos 18 anos, ou seja, se voltaria a ser considerado relativamente incapaz ou não.[26]

Assim, exatamente por tais motivos é que a doutrina vem adotando em relação a esta situação o entendimento de que "a cessação da incapacidade civil pela existência de relação empregatícia que assegure a economia própria ao menor com 16 anos completos (art. 5.º, parágrafo único, V, CCB/2002) é dispositivo que não repercute no plano dos preceitos justrabalhistas examinados. Afinal, a diretriz civilista não invade o Direito do Trabalho na seara em que este estabeleça regras imperativas específicas, em decorrência de fundamentos e objetivos próprios".[27]

■ **Objeto lícito** — o contrato de trabalho, como negócio jurídico que é, não poderá ter como objeto a prestação de serviços contrários à moral e aos bons costumes, cuja prática se caracteriza como crime ou contravenção penal (por exemplo, tráfico de drogas, exploração de prostituição, jogos de azar proibidos etc.).

Assim, **não será válido contrato de trabalho** que tenha por objeto trabalho ilícito.

O trabalho ilícito não se confunde com o trabalho irregular ou proibido. Como ensina Mauricio Godinho Delgado, "ilícito é o trabalho que compõe um tipo legal penal ou concorre diretamente para ele; irregular é o trabalho que se realiza em desrespeito a norma imperativa vedatória do labor em certas circunstâncias ou envolvente de certos tipos de empregados".[28]

São exemplos de trabalho irregular ou proibido o exercício da medicina por quem não tem diploma de médico e o exercício da advocacia por quem não é formado em

---

[26] MANUS, Pedro Paulo Teixeira; ROMAR, Carla Teresa Martins. *CLT e legislação complementar em vigor*. 7. ed. São Paulo: Atlas, 2009. p. 59.
[27] DELGADO, Mauricio Godinho. *Curso de direito do trabalho*, 18. ed., p. 624.
[28] DELGADO, Mauricio Godinho. *Curso de direito do trabalho*, 18. ed., p. 625.

Direito ou não é inscrito regularmente na Ordem dos Advogados do Brasil. Também, como visto acima, o trabalho de menores em horário noturno ou em condições perigosas ou insalubres e o trabalho de estrangeiro sem o respectivo visto são considerados proibidos.

Em relação ao trabalho ilícito, duas espécies de discussão são encontradas na doutrina: a primeira refere-se à hipótese em que o **trabalhador comprovadamente desconhece a ilicitude da atividade que está executando**; a segunda gira em torno do fato de o **trabalho executado não ser ilícito em si (ex.: garçom), embora sua prestação se dê em um contexto de exploração econômica de atividade ilícita (ex.: casa que explora prostituição)**.

No que tange ao desconhecimento pelo trabalhador acerca da ilicitude do trabalho, dois aspectos devem ser analisados. Um deles diz respeito ao desconhecimento de que a atividade é prevista em lei como crime ou contravenção penal (por exemplo, desconhecer que o jogo do bicho é considerado contravenção penal). Neste caso, não há como dar validade ao contrato de trabalho celebrado, tendo em vista que ninguém pode alegar desconhecer a lei. O outro aspecto diz respeito ao desconhecimento da ilicitude em razão da "aparência" de licitude dada pelo contratante e, consequentemente, à boa-fé do trabalhador ao ser contratado. Ainda que realmente o trabalhador esteja de boa-fé, o entendimento prevalecente na doutrina é no sentido de considerar inválido o contrato de trabalho, pois a prestação de trabalho fica contaminada pela ilicitude da atividade econômica que a explora.[29]

Em relação à segunda discussão, o TST tem adotado entendimento no sentido de que a licitude da atividade do trabalhador (por exemplo, ser garçom) não pode ser contaminada pela ilicitude da atividade econômica explorada.

"AGRAVO INTERNO. AGRAVO DE INSTRUMENTO. RECURSO DE REVISTA. INTERPOSIÇÃO SOB A ÉGIDE DA LEI N. 13.467/2017. VÍNCULO DE EMPREGO — JOGO DO BICHO — OBJETO ILÍCITO — IMPOSSIBILIDADE. EXERCÍCIO CONCOMITANTE DE ATIVIDADE ILÍCITA E DE ATIVIDADE LÍCITA — AUSÊNCIA DE COMPROVAÇÃO. Nos termos do art. 104 do Código Civil, a validade do negócio jurídico requer agente capaz, objeto lícito, possível, determinado ou determinável, e forma prescrita ou não defesa em lei. Por ser um negócio jurídico, o contrato de trabalho para ser válido precisa atender aos mesmos requisitos legais. Assim, apenas há que se falar em formação de vínculo empregatício caso o objeto da prestação de serviços envolva atividade lícita, o que não é o caso do jogo do bicho. Inteligência da OJ n. 199 da SDI-1 do TST. No caso dos autos, o Regional consignou que não restou provado que a reclamante exerça atividades lícitas de modo paralelo ao jogo do bicho. Aplica-se o óbice da Súmula n. 126 do TST. Adota-se, ademais, o teor restritivo do artigo 896, § 7.º, da CLT e da Súmula

---

[29] DELGADO, Mauricio Godinho. *Curso de direito do trabalho*, 18. ed., p. 626. Em sentido contrário, entendendo ser possível atribuir-se efeitos ao contrato de trabalho quando a atividade do empregado é lícita, não obstante o fato de ser exercida em um contexto de ilicitude, BARROS, Alice Monteiro de. *Curso de direito do trabalho*, p. 525.

n. 333 do TST. Agravo interno não provido" (AIRR-0000620-41.2023.5.06.0122, 2.ª T., rel. Min. Liana Chaib, *DEJT* 06.11.2024).

"PROCESSO POSTERIOR ÀS LEIS N. 13.015/2014 E 13.467/2017. AGRAVO DE INSTRUMENTO EM RECURSO DE REVISTA. TRANSCENDÊNCIA. De plano, há de se reconhecer a transcendência econômica, nos termos do art. 896-A, § 1.º, I, da CLT. SEGURANÇA DE ESTABELECIMENTO QUE EXPLORA ATIVIDADE CLANDESTINA DE BINGO. RECONHECIMENTO DO CONTRATO DE TRABALHO. Cinge-se a controvérsia sobre o reconhecimento do vínculo de emprego do trabalhador que exerce o cargo de segurança em local que explora atividade clandestina de bingo. Em controvérsia semelhante a respeito do 'jogo do bicho', o Tribunal Pleno desta Corte Superior, reunido no dia 07.12.2006, julgou o Incidente de Uniformização Jurisprudencial (IUJ), suscitado nos autos do processo n. TST-E-RR-621145/2000, tendo decidido manter o entendimento consubstanciado na Orientação Jurisprudencial n. 199 da Subseção I Especializada em Dissídios Individuais, no sentido de que não há contrato de trabalho, ante a ilicitude do objeto. Há, porém, que se identificar, primeiramente, se a atividade do tomador de serviços é ilícita e o serviço é igualmente ilícito, porque inerente à atividade, logo, o objeto do contrato é ilícito, recaindo no art. 166 do CCB. Existem casos em que a atividade é ilegal ou ilícita, mas o serviço prestado não diz respeito diretamente ao seu desenvolvimento, cuida-se, não de trabalho ilícito, mas sim de trabalho vulgarmente chamado de proibido, são serviços como segurança, faxineiros, garçons, ou seja, de pessoas que casualmente estão trabalhando em estabelecimento ilegal, mas que poderiam perfeitamente executar o mesmo trabalho em locais lícitos. Negar a proteção do direito a esses trabalhadores seria injusto perante a ordem jurídica, porque corresponderia a beneficiar o empresário que atua ilegalmente, sonegando ao trabalhador honesto seus direitos trabalhistas. Assim, há de se reconhecer a validade do contrato de trabalho do empregado que, a despeito de prestar serviço em local destinado a atividade ilícita, não realiza atividade diretamente vinculada à contravenção legal, como é o caso dos autos, em que o autor exerce a atividade de segurança. Nesse esteio, estando o trabalho do reclamante em conformidade com a lei, dissociado da atividade fim do bingo, é certo que o recorrente não pode se favorecer da própria torpeza para não arcar com as obrigações trabalhistas. Portanto, correta a decisão do Regional que reconheceu o vínculo de emprego. Agravo de instrumento conhecido e desprovido" (TST — AIRR 1021-85.2016.5.11.0012, 3.ª T., rel. Min. Alexandre de Souza Agra Belmonte, *DEJT* 30.08.2019).

■ **Forma** — a forma prescrita ou não proibida em lei é essencial à validade do negócio jurídico. No âmbito do Direito do Trabalho, como regra, a lei não exige forma especial para a celebração do contrato de trabalho, que pode decorrer de acordo tácito ou expresso, podendo este ser verbal ou escrito (**art. 442,** *caput,* **e art. 443, CLT**).

Como esclarece Arnaldo Süssekind, "a falta de pactuação expressa não impossibilita o reconhecimento das obrigações fundamentais do contrato".[30] Nesse sentido, as seguintes regras previstas na CLT:

---

[30] SÜSSEKIND, Arnaldo. *Curso de direito do trabalho*. 2. ed. rev. e atual. Rio de Janeiro: Renovar, 2004. p. 245.

> **Art. 456, parágrafo único:** "À falta de prova ou inexistindo cláusula expressa a tal respeito, entender-se-á que o empregado se obrigou a todo e qualquer serviço compatível com a sua condição pessoal".

> **Art. 460:** "Na falta de estipulação do salário ou não havendo prova sobre a importância ajustada, o empregado terá direito a perceber salário igual ao daquele que, na mesma empresa, fizer serviço equivalente, ou do que for habitualmente pago para serviço semelhante".

Há, porém, **exceções quanto à inexigibilidade de forma**. Em alguns casos, embora não se possa dizer que o contrato de trabalho deve-se revestir de forma rígida, certo é que o legislador estabelece um mínimo de instrumentalização formal que deve ser respeitada pelas partes. No entanto, o desrespeito à forma nestes casos "não elimina por inteiro os efeitos trabalhistas do pacto estabelecido, em virtude das peculiaridades da teoria das nulidades trabalhistas".[31]

Assim, entre outros, são contratos solenes no Direito do Trabalho, que devem ser celebrados por escrito e registrados no órgão competente, o contrato de artistas, de atletas profissionais e de tripulantes de embarcações marítimas. Também o contrato de aprendizagem deve ser celebrado por escrito.

Questão decorrente da forma **contrato de trabalho** é a relativa à sua **prova**. O contrato de trabalho é, portanto, negócio jurídico **não solene**, **consensual**, o que faz com que **sua comprovação possa se dar por qualquer meio de prova**. Como regra, porém, a prova do contrato de trabalho será feita pelas anotações constantes da carteira profissional ou por instrumento escrito, sendo suprida por todos os meios permitidos em direito **(art. 456, CLT)**.

Assim, importante ressaltar que a obrigação formal do empregador de **anotação do contrato de trabalho na CTPS do empregado (art. 29, CLT)** independe da forma de celebração do contrato de trabalho (tácita, escrita ou verbal). No entanto, ainda que tal obrigação não seja cumprida, a existência do contrato de trabalho pode ser comprovada, pois "essa anotação não constitui um elemento formal indispensável ao aperfeiçoamento do contrato, porquanto este pode ser comprovado por todos os meios permitidos em Direito".[32]

■ **Consentimento válido** — o contrato de trabalho é o acordo de vontades correspondente à relação de emprego **(art. 442, CLT)**, sendo certo que a manifestação de vontade que leva à celebração do contrato de trabalho deve ser livre de vícios, sob pena de invalidade do pacto. O consentimento sem vícios é, portanto, **requisito para a validade do contrato de trabalho**.

Mauricio Godinho Delgado, no entanto, esclarece que no contrato de trabalho a presença do consentimento válido é menos relevante. Explica o autor tal assertiva a partir de três constatações: a) o contrato de trabalho é um contrato de adesão, para cujo conteúdo a vontade obreira, em rigor, pouco contribui; b) o Direito do Trabalho leva em

---

[31] DELGADO, Mauricio Godinho. *Curso de direito do trabalho*, 18. ed., p. 627.
[32] SÜSSEKIND, Arnaldo. *Curso de direito do trabalho*, p. 245.

consideração a pouca influência da vontade do empregado na elaboração do pacto, razão pela qual prevê, como contrapartida, regras imperativas que compõem obrigatoriamente o contrato de trabalho como seu conteúdo mínimo, voltadas a reequilibrar a relação entre as partes e evitar os efeitos de uma possível coação exercida pelo empregador sobre o empregado; e c) o Direito do Trabalho tem solução mais prática e ágil do que a anulação do contrato em caso de vício de consentimento, qual seja, a resilição contratual por ato de qualquer das partes, independentemente da prova de irregularidade em sua formação.[33]

Aspecto relevante em relação ao consentimento válido manifestado na celebração do contrato de trabalho diz respeito às hipóteses em que há condições administrativas previstas para o exercício da atividade profissional. Não obstante o fato de incidirem as sanções de ordem administrativa e penal cabíveis, em relação ao contrato de trabalho, se foi celebrado com base no pressuposto de existência da habilitação profissional do empregado, ocorrerá erro substancial quanto à pessoa. Nesta hipótese, Délio Maranhão aponta diferentes soluções:[34]

> **a)** o contrato pode ser rompido pelo empregador, induzido em erro, inclusive pelo silêncio intencional da outra parte, constituindo a omissão dolosa do empregado justa causa para sua dispensa;
> **b)** não havendo dolo ou culpa do empregado, se o empregador, verificado o erro, não quiser continuar a relação de trabalho, ter-lhe-á de pagar o que for devido em caso de dispensa sem justa causa;
> **c)** caso a continuação do contrato se torne impossível em virtude de ato da autoridade administrativa, por não satisfazer o empregado os requisitos exigidos para o exercício da profissão, o contrato será extinto, com pagamento apenas dos salários devidos pelos serviços já prestados.

A existência de habilitação exigida para o exercício de determinadas profissões, além de influenciar a validade do contrato, também é requisito para a manutenção do vínculo. Nesse contexto, a perda da habilitação ou dos requisitos estabelecidos em lei para o exercício da profissão, em decorrência de conduta dolosa do empregado, caracteriza justa causa para a rescisão do contrato de trabalho (**art. 482, *m*, CLT**).

■ **Elementos naturais do contrato de trabalho**

Os elementos naturais do contrato de trabalho não são imprescindíveis à sua formação, mas geralmente estão presentes nele, como ocorre, por exemplo, com a estipulação, expressa ou tácita, da jornada de trabalho a ser cumprida pelo empregado e da localidade da prestação dos serviços.

Os elementos naturais estão relacionados, em regra, à estipulação sobre as condições da prestação dos serviços.

---

[33] DELGADO, Mauricio Godinho. *Curso de direito do trabalho*, 18. ed., p. 628-629.
[34] SÜSSEKIND, Arnaldo et al. *Instituições de direito do trabalho*, 22. ed., v. 1, p. 249-250.

Importante ressaltar, porém, que tais elementos não são essenciais ao contrato de trabalho e, portanto, a ausência de previsão a respeito não traz qualquer consequência para a validade ou não dele. Exemplo bastante claro a este respeito é o contrato de trabalho que não contém estipulação do salário. Nesse caso, o **art. 460 da CLT** dispõe que "na falta de estipulação do salário ou não havendo prova sobre a importância ajustada, o empregado terá direito a perceber salário igual ao daquele que, na mesma empresa, fizer serviço equivalente ou do que for habitualmente pago para serviço semelhante".

■ **Elementos acidentais do contrato de trabalho**

Elementos acidentais são aqueles presentes apenas excepcionalmente no contrato de trabalho. São o **termo** e a **condição**, que podem ser, respectivamente, inicial ou final, e suspensiva ou resolutiva.

A diferença entre eles está na certeza ou incerteza do acontecimento que levará ao início ou ao término do contrato de trabalho.

Termo "é o acontecimento futuro e certo determinante do início ou do fim da relação contratual", enquanto **condição** "é o acontecimento futuro e incerto determinante do início ou do término da eficácia da relação contratual".[35]

O termo inicial e a condição suspensiva são elementos inaplicáveis no contrato de trabalho, tendo em vista que "celebra-se o contrato individual de emprego no momento em que se faz necessária a utilização da força de trabalho do empregado, daí a inviabilidade de sujeitar-se o início dessa utilização a acontecimento futuro, certo ou incerto".[36]

Em relação ao termo final e à condição resolutiva, no entanto, trata-se de elementos encontrados nos contratos de trabalho por prazo determinado **(art. 443 da CLT e Lei n. 9.601/98)**. Como no Direito do Trabalho a regra é que os contratos sejam celebrados por prazo indeterminado, sendo certo que somente como situação excepcional é que o termo é inserido no contrato como seu elemento, caracteriza-se, neste caso o contrato por prazo determinado.

4.4.1. Nulidades

Um dos temas mais controvertidos no âmbito da doutrina e da jurisprudência trabalhistas diz respeito à nulidade do contrato de trabalho, principalmente aos efeitos que decorrem da sua declaração.

---

[35] PINTO, José Augusto Rodrigues. *Curso de direito individual do trabalho*. 4. ed. São Paulo: LTR, 2000. p. 173.

[36] PINTO, José Augusto Rodrigues. *Curso de direito individual do trabalho*, p. 173.

A nulidade implica na invalidação do ato ou do negócio, gerando, no plano jurídico, a não "produção dos efeitos visados pelo agente, em face da inobservância das condições necessárias à sua formação".[37]

A nulidade pode ser **total** (quando atinge o ato ou o negócio por inteiro) ou **parcial**, também chamada de anulabilidade (quando atinge apenas parte do ato ou do negócio, sendo o restante aproveitado). A nulidade pode ser, ainda, **subjetiva** (quando a invalidação decorre de falta de capacidade do sujeito ou de vício de vontade) ou **objetiva** (quando a invalidação diz respeito a outros elementos integrantes do ato ou do negócio, tais como a falta de licitude do objeto, o desrespeito à forma ou a existência de vício social).[38]

Embora a conceituação e a classificação das nulidades derivem do Direito Civil, no Direito do Trabalho, em razão das suas peculiaridades e princípios, acabou-se por adotar uma teoria das nulidades específica, diferente daquela construída pelo Direito Civil.

A primeira questão importante diz respeito à diferenciação entre nulidade total e nulidade parcial.

A **nulidade é total** quando o contrato afronta normas de proteção ao trabalho que envolvem interesse público e se sobrepõem aos interesses meramente individuais. Ao contrário, a **nulidade parcial** é aquela que afronta norma protetiva de interesses individuais do trabalhador. A diferença reside, portanto, na "natureza predominante do interesse protegido pela norma e do tipo de tutela jurídica por esta concedida".[39]

Havendo afronta a norma de proteção que envolve interesse público, o ato será **absolutamente/totalmente nulo**, independentemente de prova de ter causado prejuízo ao trabalhador:

> **Art. 9.º, CLT:** "Serão nulos de pleno direito os atos praticados com o objetivo de desvirtuar, impedir ou fraudar a aplicação dos preceitos contidos na presente Consolidação".

Ao contrário, quando a violação for de norma protetiva que envolve interesse meramente individual do trabalhador, a **nulidade do ato é apenas relativa/parcial**, pois depende de comprovação de que de tal violação decorreu-lhe prejuízo:

> **Art. 468, CLT:** "Nos contratos individuais de trabalho só é lícita a alteração das respectivas condições por mútuo consentimento, e ainda assim desde que não resultem,

---

[37] BELMONTE, Alexandre Agra. *Instituições civis no direito do trabalho:* curso completo de Direito Civil com aplicação subsidiária nas relações de trabalho. 5. ed. rev., atual. e ampl. Salvador: JusPodivm, 2020. p. 258-259.

[38] BELMONTE, Alexandre Agra. *Instituições civis no direito do trabalho*: curso completo de Direito Civil com aplicação subsidiária nas relações de trabalho, p. 258.

[39] DELGADO, Mauricio Godinho. *Curso de direito do trabalho*, 18. ed., p. 637.

> direta ou indiretamente, prejuízos ao empregado, sob pena de nulidade da cláusula infringente desta garantia".[40]

Outro aspecto a ser considerado é o de que, como ensina Mauricio Godinho Delgado, "no Direito Civil, prevalece a conduta normativa geral indicadora de que, verificada a nulidade, o ato (ou seu componente viciado) deve ser suprimido do mundo sociojurídico, reposicionando-se as partes à situação fático-jurídica anterior".[41]

Portanto, no campo do Direito Civil, o ato ou negócio nulo não gera nenhuma consequência jurídica, sendo certo que a decretação da nulidade tem efeito *ex tunc*, ou seja, retroage à data da prática do ato ou da celebração do negócio, com o inevitável retorno das partes ao estado anterior.

Três são as razões pelas quais esta rigidez de tratamento dada às nulidades pelo Direito Civil não é compatível com o Direito do Trabalho. Tais razões fundamentam a chamada ***teoria trabalhista de nulidades***:[42]

- após a concretização do trabalho, é impossível o retorno das partes ao estado anterior, pois com sua prestação o seu valor já foi totalmente transferido ao tomador, que dele se apropria de forma irreversível. O trabalho é um bem infungível, portanto;
- a transferência da força de trabalho do prestador gerou ao tomador um benefício econômico que deve necessariamente ser acompanhado da respectiva contraprestação pecuniária, sob pena de se verificar o enriquecimento ilícito deste. Assim, somente o pagamento dos direitos trabalhistas ao prestador pode corrigir, ainda que parcialmente, o desequilíbrio gerado entre as partes;
- a ordem jurídica dá ao trabalho e aos direitos trabalhistas uma prevalência incontestável em relação aos demais direitos, criando um critério de salvaguarda deles, em confronto com outros valores e normas que também são considerados relevantes. Por tal razão, deve ser assegurada a repercussão dos direitos trabalhistas relativos ao trabalho prestado até o momento da declaração da nulidade (os efeitos da nulidade são, portanto, *ex nunc*).

No entanto, a questão das nulidades no campo trabalhista não é tão simples assim, razão pela qual encontramos divergências na doutrina sobre a aplicação da teoria trabalhista de nulidades nas situações concretas derivadas do contrato de trabalho, ou seja, discute-se se referida teoria tem aplicação plena em todas as hipóteses, ou se haveria uma aplicação apenas parcial em alguns casos e a inaplicabilidade em outros.

---

[40] Essa regra não é aplicável ao empregado "*hipersuficiente*", a quem o legislador conferiu uma ampla autonomia da vontade na pactuação dos contornos de seu contrato de trabalho (art. 444, parágrafo único, CLT).

[41] DELGADO, Mauricio Godinho. *Curso de direito do trabalho*, 18. ed., p. 632.

[42] DELGADO, Mauricio Godinho. *Curso de direito do trabalho*, 18. ed., p. 632-633.

A *aplicação plena da teoria trabalhista das nulidades* é reconhecida nas hipóteses de trabalho proibido e nas hipóteses em que se verificam defeitos contratuais referentes à sua forma.

Assim, ao menor de 14 anos, em qualquer situação, ao menor de 16 anos não aprendiz e ao menor de 18 anos quando o trabalho for noturno, insalubre ou perigoso, falta capacidade para celebrar contrato de trabalho, razão pela qual o **trabalho é proibido**. Nestes casos, o contrato de trabalho será nulo, sendo **assegurados**, porém, **ao menor o recebimento de todos os direitos trabalhistas até o momento da decretação da nulidade**, a partir do qual a permanência do contrato de trabalho fica inviabilizada (efeito *ex nunc*).

Em relação à **forma**, quando, embora exigida (por exemplo, para a celebração de contrato de artista, de atleta profissional etc.), não seja respeitada, a consequência é o reconhecimento ao trabalhador de todos os direitos trabalhistas até o momento da decretação da nulidade. Neste caso, a primazia da realidade prevalece sobre a forma, ou seja, "verificada a relação de emprego, mesmo sem a formalidade legal imperativa, todas as repercussões justrabalhistas deverão ser reconhecidas ao contrato irregularmente celebrado".[43]

Por outro lado, *a aplicação da teoria trabalhista das nulidades é afastada* quando se trata de trabalho ilícito.

O objeto do contrato de trabalho deve estar em consonância com a lei, com a ordem pública e com os bons costumes. Sendo **ilícito o objeto**, o contrato de trabalho não gera efeitos.

Trata-se de situações em que "a nulidade percebida é tão intensa, afrontando bem social tão relevante, que o Direito do Trabalho cede espaço à regra geral do Direito Civil, também negando qualquer repercussão justrabalhista à prestação laborativa concretizada".[44]

A prática de atividade ilícita não pode ser tolerada e, portanto, o contrato que tenha sido celebrado tendo por objeto o trabalho a ser realizado em tal tipo de atividade "é nulo e não produz nenhum efeito, sequer compensação pecuniária razoável pelo serviço realizado (inteligência dos arts. 104, II, 166, II, 66 e parágrafo único do Código Civil de 2002). O valor protegido, nesse caso, 'é a realização da ordem pública'".[45]

---

[43] DELGADO, Mauricio Godinho. *Curso de direito do trabalho*, 18. ed., p. 633. Alguns autores, por entenderem que a exigência de forma no contrato de trabalho restringe-se às hipóteses de contratação por prazo determinado, afirmam que o desrespeito à forma não gera nulidade do contrato, mas apenas a presunção de que tenha sido celebrado por prazo indeterminado. Nesse sentido, BARROS, Alice Monteiro de. *Curso de direito do trabalho*, p. 527.

[44] DELGADO, Mauricio Godinho. *Curso de direito do trabalho*, 18. ed., p. 636.

[45] BARROS, Alice Monteiro de. *Curso de direito do trabalho*, p. 527.

OJ SDI-1 199, TST: "É nulo o contrato de trabalho celebrado para o desempenho de atividade inerente à prática do jogo do bicho, ante a ilicitude de seu objeto, o que subtrai o requisito de validade para a formação do ato jurídico".

Por fim, a *aplicação parcial da teoria trabalhista das nulidades* refere-se a situação bastante peculiar, em que há afronta ao interesse público, sem que, no entanto, a contratação tenha se fundado em objeto ilícito. Trata-se da hipótese de **contratação de empregados pela Administração Pública sem o respectivo concurso**, conforme exigido pelo **art. 37, II e § 2.º, da Constituição Federal**.

Embora haja muita discussão a respeito do tema, o fato é que o TST adotou posicionamento sobre a questão no sentido de **aplicação apenas parcial da teoria trabalhista das nulidades**. A nulidade do contrato de trabalho é decretada, assegurando-se, porém, ao trabalhador a contraprestação pelos serviços prestados e o direito ao FGTS.

Sobre o tema, o STF adotou a **Tese 308 de Repercussão Geral**: "A Constituição de 1988 comina de nulidade as contratações de pessoal pela Administração Pública sem a observância das normas referentes à indispensabilidade da prévia aprovação em concurso público (CF, art. 37, § 2.º), não gerando, essas contratações, quaisquer efeitos jurídicos válidos em relação aos empregados contratados, a não ser o direito à percepção dos salários referentes ao período trabalhado e, nos termos do art. 19-A da Lei n. 8.036/1990, ao levantamento dos depósitos efetuados no Fundo de Garantia por Tempo de Serviço — FGTS".

Esse já era o posicionamento adotado pelo TST, que não assegura ao trabalhador todos os direitos trabalhistas do período anterior à decretação da nulidade (e, portanto, não aplica inteiramente a teoria trabalhista das nulidades), mas também não retira do trabalhador todo e qualquer direito, afastando a aplicação integral de tal teoria.[46]

---

[46] "RECURSO DE REVISTA DO RECLAMANTE. INTERPOSIÇÃO EM FACE DE ACÓRDÃO PUBLICADO ANTES DA VIGÊNCIA DA LEI N. 13.015/2014. [...] NULIDADE DO CONTRATO DE TRABALHO — CONTRATAÇÃO SEM CONCURSO PÚBLICO — NULIDADE DO CONTRATO DA UNICAMP COM A FUNCAMP (alegação de violação dos artigos 37, XIX, § 6.º, e 39, da CF/88, 5.º, IV, do Decreto-Lei 200/67, à Lei n. 8.958/94 e à EC 19/98). O Egrégio Tribunal Regional, soberano na análise do conteúdo fático-probatório, à luz da Súmula n. 126 do TST, asseverou que "está correta a sentença de piso ao reconhecer que a contratação da autora foi irregular porque não atentou para comando constitucional da submissão a concurso público de provas e títulos, de modo que o contrato celebrado entre a reclamante e a FUNDAÇÃO DE DESENVOLVIMENTO DA UNICAMP — FUCAMP encontra-se eivado de nulidade, ante a violação expressa e frontal da regra constitucional inserta no art. 37, II da CF/88, o que afasta a possibilidade de condenação das rés ao pagamento de outras verbas que não aquelas constantes da Súmula 363, do C. TST" e que, "as disposições contidas no art. 39 da CF, EC 19/98 e Lei n. 8.958/94 não se aplicam ao contrato nulo", o que afasta as violações apontadas. Precedentes desta Corte envolvendo as mesmas reclamadas. Recurso de revista não conhecido. EFEITOS DA DECLARAÇÃO DA NULIDADE DO CONTRATO — APLICAÇÃO DA SÚMULA/TST N. 363 (alegação de violação ao artigo 9.º da CLT). "A contratação de servidor público, após a CF/1988, sem prévia aprovação em concurso público, encontra óbice no respectivo art. 37, II e § 2.º, somente lhe conferindo direito ao pagamento da contraprestação pactuada, em relação ao

SÚMULA 363, TST: "A contratação de servidor público, após a CF/1988, sem prévia aprovação em concurso público, encontra óbice no respectivo art. 37, II e § 2.º, somente lhe conferindo direito ao pagamento da contraprestação pactuada, em relação ao número de horas trabalhadas, respeitado o valor da hora do salário mínimo, e dos valores referentes aos depósitos do FGTS".

O art. 19-A da Lei n. 8.036/90, dispõe ser devido o depósito do FGTS na conta de trabalhador cujo contrato seja declarado nulo por ausência de prévia aprovação em concurso público, desde que mantido o direito ao salário. A constitucionalidade do referido dispositivo legal foi reconhecida pelo STF que, sobre o tema, adotou a **Tese 191 de Repercussão Geral**.

A privatização do ente da Administração Pública indireta convalida os efeitos do contrato de trabalho que seria considerado nulo por ausência de aprovação em concurso público.

SÚMULA 430, TST: "Convalidam-se os efeitos do contrato de trabalho que, considerado nulo por ausência de concurso público, quando celebrado originalmente com ente da Administração Pública Indireta, continua a existir após a sua privatização".

4.5. CONTRATO DE TRABALHO E CONTRATOS AFINS

Diversos são os tipos contratuais encontrados no mundo jurídico, cada qual regulando situações sociojurídicas específicas. Muitos destes contratos, porém, tem como objeto a atividade humana, ou seja, a prestação de serviços de uma pessoa física a outrem. São os chamados **contratos de atividade**.

O contrato de trabalho é um dos tipos de contrato de atividade e, como somente a ele são aplicáveis o Direito do Trabalho, necessário se faz distingui-lo dos demais contratos de atividade, quais sejam, contrato de prestação de serviços, contrato de empreitada, contrato de representação comercial, contrato de mandato, contrato de sociedade e contrato de parceria, o que será feito nos itens seguintes.

---

número de horas trabalhadas, respeitado o valor da hora do salário mínimo, e dos valores referentes aos depósitos do FGTS" (Súmula/TST n. 363). Recurso de revista não conhecido. [...] CONTRATO NULO — AUSÊNCIA DE CONCURSO PÚBLICO — EFEITOS — DOENÇA PROFISSIONAL — DIREITO À ESTABILIDADE — INDENIZAÇÃO DO PERÍODO (alegação de contrariedade à Súmula/TST n. 363). O entendimento desta Corte firmou-se no sentido de que a nulidade do contrato de trabalho de empregado em razão da ausência de concurso público, pelo não atendimento do artigo 37, II, da CF/88, implica no retorno das partes ao *status quo ante*, sendo devidos somente a indenização do equivalente ao número de horas trabalhadas e os valores referentes aos depósitos do FGTS (Súmula n. 363 desta Corte), restando indevida a condenação ao pagamento dos salários relativos ao período de estabilidade decorrente de acidente de trabalho ou doença ocupacional. Precedentes. Recurso de revista não conhecido" (RR-90500-59.2009.5.15.0130, 7.ª T., rel. Min. Renato de Lacerda Paiva, *DEJT* 04.12.2020).

O contrato de franquia, embora não se insira no rol de contratos de atividade, estabelece uma relação entre o franqueador e o franqueado fundada no trabalho deste último, e de seus empregados, em prol do desenvolvimento do negócio de produção ou distribuição de produtos e serviços, o que pode gerar dúvidas sobre eventual possibilidade de se falar em vínculo de emprego entre as partes. Assim, no item 4.5.7. faremos uma breve análise sobre o contrato de franquia.

4.5.1. Contrato de prestação de serviços

A origem do contrato de prestação de serviços remonta à antiga *locatio conductio operarum* do Direito Romano.

O contrato de prestação de serviços, atual denominação da locação de serviços do Código Civil de 1916, é regulado pelos **arts. 593 a 609 do Código Civil de 2002** e é aquele pelo qual uma pessoa física (na condição de autônomo ou de trabalhador eventual), ou uma pessoa jurídica, presta serviço a outrem mediante remuneração.

A prestação de serviços regulada pelo Código Civil não abrange os serviços prestados de forma subordinada, que são regulados pela CLT, os serviços prestados pelo servidor público estatutário e os serviços regulados por lei especial (**art. 593, CC**).

Os contratos de prestação de serviços **podem ou não ser pactuados com pessoalidade do prestador dos serviços**. No entanto, neste tipo de contrato **sempre estará ausente o elemento subordinação**. A prestação de serviços deve sempre ser pautada pela **autonomia do prestador**, que não pode estar sujeito às ordens do tomador dos serviços e não pode ter seu trabalho dirigido por ele. A direção do trabalho deve permanecer com o prestador dos serviços, sob pena de descaracterização deste tipo contratual e o reconhecimento da existência de vinculação empregatícia entre as partes.

Importante ressaltar que **subordinação não se confunde com orientações gerais para o serviço**. A **subordinação** decorre de uma relação de dependência do prestador em relação ao tomador dos serviços e é fundada na direção dos serviços prestados e nas ordens que emanam do tomador. **Orientações sobre o serviço**, ao contrário, caracterizam-se como o "mínimo de diretrizes e avaliações básicas à prestação efetuada", sem que haja direção ou fiscalização do cotidiano na prestação.[47]

A diferença está, na verdade, na **intensidade e na repetição**, ou seja, ordens são repetidas e dadas de forma contundente, obrigando o trabalhador ao seu cumprimento, sujeitando-o às punições previstas pelo ordenamento jurídico em caso de descumprimento; orientações são descontínuas e dadas sem intensidade, pois não implicam em punição em caso de descumprimento, embora possam gerar as consequências obrigacionais previstas no contrato.

---

[47] DELGADO, Mauricio Godinho. *Curso de direito do trabalho*, 18. ed., p. 709.

4.5.2. Contrato de empreitada

O contrato de empreitada, regulado pelos **arts. 610 a 626 do Código Civil**, é aquele pelo qual alguém (empreiteiro) se obriga, sem subordinação ou dependência e mediante remuneração, a fazer determinada obra para outrem (dono da obra).

Neste tipo de contrato, **o que se visa é o resultado do serviço**, que pode ser um fazer material (construção de uma casa, de uma parede etc.) ou um fazer imaterial (execução de uma obra artística ou intelectual). **O que se contrata é o resultado** e, para se obtê-lo, o dono da obra pode contratar somente o serviço do empreiteiro ou pode contratar o serviço e o fornecimento do material.

Trata-se de contrato que tem origem na antiga *locatio conductio operis* do Direito Romano.

A **diferença entre o contrato de empreitada e o contrato de trabalho** pode ser analisada **a partir de quatro critérios**:

☐ **Quanto ao objeto do pacto (ou quanto à natureza da prestação do serviço)** — no contrato de empreitada o que se busca é o resultado da obra, enquanto no contrato de trabalho contrata-se o serviço em si, havendo uma indeterminação quanto ao seu resultado.

No entanto, tal critério distintivo não é essencial e definitivo, pois pode existir contrato de trabalho por meio do qual se contrate uma prestação de serviço vinculada a um resultado determinado e previsto pelas partes quando da contratação.[48] Trata-se, portanto, de um elemento a mais a ser considerado na análise sobre a natureza de um determinado pacto de prestação de serviços, ou seja, para saber se se trata de empreitada ou de contrato de trabalho.

☐ **Quanto à forma de remuneração** — no contrato de empreitada a remuneração é ajustada de acordo com o resultado obtido com a execução da obra. O pagamento é feito por obra, ou unidade de obra, ou peça, não se levando em conta o tempo gasto. No contrato de trabalho, a remuneração é fixada por unidade de tempo, sendo irrelevante o resultado obtido com o trabalho.

Trata-se de critério distintivo bastante criticado pela doutrina, pois, nos termos do **art. 78 da CLT**, o salário do empregado pode ser fixado por empreitada, por peça, por tarefa, não sendo apenas fixo, baseado no cumprimento da jornada de trabalho. Aliás, o salário por produção tem sido cada vez mais utilizado nos contratos de trabalho atuais.

☐ **Quanto à pessoalidade** — na empreitada, via de regra, contrata-se sem a necessidade da pessoalidade do trabalhador, que pode ser substituído, reiteradamente, no transcorrer da concretização da obra, ou seja, a empreitada normalmente é pactuada sem cláusula de infungibilidade do prestador dos serviços. No contrato de trabalho, ao

---

[48] DELGADO, Mauricio Godinho. *Curso de direito do trabalho*, 18. ed., p. 711; BARROS, Alice Monteiro de. *Curso de direito do trabalho*, p. 508.

contrário, a pessoalidade do empregado é requisito essencial à própria existência da relação de emprego.

No entanto, "a diferenciação da pessoalidade não é absoluta, dado que é viável a contratação de empreitada com pessoa natural em que a cláusula e a prática da pessoalidade sejam integrantes do contrato civil celebrado".[49]

■ **Quanto à subordinação** — trata-se do critério mais importante para a diferenciação ora em estudo. Sendo autônoma a prestação dos serviços e mantendo o prestador a direção sobre sua atividade executada em decorrência do contrato celebrado entre as partes, teremos um contrato de empreitada. Ao contrário, havendo dependência, subordinação do prestador em relação ao tomador dos serviços, sendo este quem dirige o trabalho executado, teremos um contrato de trabalho. O empreiteiro trabalha com autonomia, sem qualquer fiscalização ou controle de quem contratou os seus serviços.

Alice Monteiro de Barros acrescenta, ainda, mais um elemento que pode ser analisado, em conjunto com os demais, para o fim de identificar o tipo contratual específico. Assim, **quanto à "profissionalidade" do tomador do serviço**, temos que no contrato de empreitada o serviço pode ser contratado por qualquer pessoa, pois os serviços do empreiteiro são oferecidos ao público em geral, enquanto no contrato de trabalho o tomador do serviço é um empregador "profissional", pois utiliza o trabalho do empregado na atividade que exerce profissionalmente.[50]

No entanto, a própria autora admite a fragilidade deste critério, pois os contratos de empreitada também podem ser celebrados por quem, na condição de tomador do serviço, exerce uma atividade profissional, enquanto o contrato de trabalho também pode ser celebrado por quem não exercer uma atividade profissional (como no caso do empregador doméstico, por exemplo).

Observação:

O **art. 652, a, III, da CLT** faz referência à chamada **pequena empreitada**, que pode assim ser chamada sempre que o empreiteiro for, na expressão utilizada pelo legislador, "operário ou artífice".

Fundadas são as críticas feitas à redação do referido dispositivo legal que, segundo a doutrina, é tecnicamente imprópria. No entanto, o fato é que a hipótese ora em comento diz respeito aos contratos de empreitada para execução de pequenas obras, "cujo montante não seja economicamente significativo e cuja realização se faça com o simples concurso do trabalhador empreiteiro".[51]

Trata-se, portanto, de um típico contrato de empreitada, de natureza civil. Mauricio Godinho Delgado alerta, no entanto, que "se a pequena empreitada for meramente simulatória, conferindo aparência civil à relação jurídica do tipo empregatício (inclusive com a subordinação do prestador de serviços e não sua autonomia perante o

---

[49] DELGADO, Mauricio Godinho. *Curso de direito do trabalho*, 18. ed., p. 711.
[50] BARROS, Alice Monteiro de. *Curso de direito do trabalho*, p. 508-509.
[51] DELGADO, Mauricio Godinho. *Curso de direito do trabalho*, 18. ed., p. 712.

tomador), evidente que a matéria será trabalhista (por força da incidência dos **arts. 2.º e 3.º, *caput*, da CLT** — e não das regras competenciais especificadas)".[52]

4.5.3. Contrato de representação comercial ou de agência

Pelo contrato de agência, uma pessoa assume, em caráter não eventual e sem vínculos de dependência, a obrigação de promover, à conta de outra, mediante retribuição, a realização de certos negócios, em zona determinada **(art. 710, CC)**. A representação, regulada pela **Lei n. 4.886/65**, com as alterações da **Lei n. 8.420/92**, "antes prevista apenas para a área comercial, agora, sob a denominação de agência, foi inserida no Código Civil com normas regulatórias do agenciamento ou representação de qualquer atividade de natureza empresarial, onde está compreendida a comercial". Logo, a intenção do legislador civil foi a de regular o contrato de agência e distribuição com cunho mais amplo do que o de representação comercial.[53]

A obrigação de agenciamento de propostas em favor do agenciado ou representado, conforme instruções recebidas, é assumida pelo agente ou representante comercial de forma profissional e sem dependência hierárquica. A profissionalidade pode ser notada em razão da prática reiterada de atos de agenciamento ou representação.[54] A ausência de subordinação é inerente a este tipo de contrato. Importante ressaltar que a previsão legal de que o agente, no desempenho que lhe foi cometido, deve agir com toda diligência, atendo-se às instruções recebidas do proponente **(art. 712, CC)**, não pode ser confundida com subordinação.

O agente ou representante pode ser pessoa física ou jurídica e pode ter empregados que trabalhem na atividade de agenciamento ou representação. Salvo disposição contratual em contrário, todas as despesas com a agência ou representação correm por conta do agente ou representante.

Na representação comercial ou agência, o que se contrata é o resultado útil do trabalho, razão pela qual a remuneração do representante ou agente é estipulada à base de comissão, que é calculada sobre o montante dos negócios agenciados. Nesse sentido, importante ressaltar que "as comissões não constituem retribuição pelo trabalho prestado, mas contraprestação resultante da utilidade decorrente da mediação feita. Elas somente serão devidas, em consequência, com a conclusão do negócio ou à proporção de sua efetuação pelo interessado".[55]

Diante das considerações *supra*, é possível concluir-se que a **diferença entre o contrato de representação comercial ou agência e o contrato de trabalho** está baseada fundamentalmente em **dois critérios:**[56]

---

[52] DELGADO, Mauricio Godinho. *Curso de direito do trabalho*, 18. ed., p. 713.
[53] BELMONTE, Alexandre Agra. *Instituições civis no direito do trabalho*, cit., p. 561-562.
[54] BELMONTE, Alexandre Agra. *Instituições civis no direito do trabalho*, cit., p. 561.
[55] DELGADO, Mauricio Godinho. *Curso de direito do trabalho*, 18. ed., p. 720.
[56] O STF adotou a tese de que "preenchidos os requisitos dispostos na Lei n. 4.886/65, compete à Justiça Comum o julgamento de processos envolvendo relação jurídica entre representante e representada comerciais, uma vez que não há relação de trabalho entre as partes (Tema 550 de Repercussão Geral).

■ **quanto à subordinação** — a atividade de representação comercial ou agência é necessariamente autônoma, inexistindo subordinação do agente ou representante em relação ao representado. O contrato de trabalho, ao contrário, tem como sua característica mais marcante o vínculo de subordinação e dependência que liga o empregado ao empregador. A representação ou agência é realizada por quem assume os riscos de sua própria atividade, pois somente receberá contraprestação material (comissão) quando os negócios agenciados sejam efetivamente celebrados;

■ **quanto à pessoalidade** — a representação ou agência pode ser realizada por pessoa física ou jurídica, diretamente ou por intermédio de empregados. No contrato de trabalho, o empregado somente pode ser pessoa física e deve prestar seus serviços pessoalmente, não podendo delegá-los a terceiros.

4.5.4. Contrato de mandato

Opera-se o mandato quando alguém (mandatário) recebe de outrem (mandante) poderes para, em seu nome, praticar atos ou administrar interesses. A procuração é o instrumento do mandato **(art. 653, CC)**. O mandato é sempre revogável.

No contrato de mandato, estabelece-se, portanto, uma relação jurídica tríplice, envolvendo mandante, mandatário e terceira pessoa. Desta constatação, surge a primeira diferença essencial entre este tipo contratual e o contrato de trabalho, pois neste último a relação jurídica é sempre bilateral, envolvendo empregado e empregador.

Além disso, diferentemente do que ocorre com o contrato de trabalho, em que o empregado assume obrigação pessoal e intransferível, o mandato, embora *intuitu personae*, admite a substituição mediante previsão em substabelecimento.

No entanto, a **diferença entre o contrato de mandato e o contrato de trabalho** pode, ainda, ser analisada **a partir de quatro critérios**:

■ **quanto à gratuidade** — o mandato é, em regra, um contrato gratuito, *podendo ser* oneroso. Já o contrato de trabalho é essencialmente oneroso;

■ **quanto à natureza da atividade** — o mandatário realiza atos jurídicos, sendo o objeto do mandato a obtenção de um resultado jurídico ou a criação de um direito para o mandante. O empregado realiza atos materiais;

■ **quanto à representação** — o mandatário é sempre um representante, enquanto o empregado *pode ser* um representante do empregador (cargo de confiança, por exemplo). A representação no contrato de trabalho é apenas circunstancial e não abrange a maior parte dos empregados;

■ **quanto ao grau de subordinação** — o mandatário goza de relativa independência na realização de sua função. O empregado, ao contrário, exerce suas atividades sob as ordens do empregador, estando sujeito a elas.

Na realidade, como esclarece Mauricio Godinho Delgado, não é próprio falar-se em subordinação no mandato, pois o que ocorre é apenas uma especificação prévia de poderes. Ao outorgar o mandato, o mandante já estabelece os limites mínimos e máximos de atuação do mandatário, não havendo uma sequência contínua e indeterminada de ordens.[57]

4.5.5. Contrato de sociedade

Celebram contrato de sociedade as pessoas que reciprocamente se obrigam a contribuir, com bens ou serviços, para o exercício de atividade econômica e a partilha, entre si, dos resultados **(art. 981, CC)**.

Trata-se de pacto que, podendo ser bilateral ou plurilateral, "dá origem a direitos e obrigações recíprocas entre os sócios, propiciando também o surgimento de um feixe de direitos e obrigações entre tais sócios e o ente societário surgido em face do negócio jurídico celebrado".[58]

As **diferenças entre o contrato de sociedade e o contrato de trabalho** são bastante acentuadas e podem ser analisadas **a partir de cinco critérios**:

- **quanto aos sujeitos** — no contrato de sociedade, os sujeitos encontram-se em situação de convergência de interesses jurídicos, enquanto no contrato de trabalho os sujeitos colocam-se em situação de contraposição de interesses jurídicos;
- **quanto ao objeto do contrato** — no contrato de sociedade, o objeto principal é a formação de determinada entidade, para a obtenção de resultados concretos em decorrência de seu surgimento e atuação.[59] O contrato de trabalho tem como objeto principal a prestação de serviços por uma das partes à parte tomadora, de forma subordinada e mediante remuneração;
- *affectio societatis* — trata-se de elemento característico do contrato de sociedade, do qual se conclui que os sócios compartilham dos lucros, das perdas e dos riscos da atividade econômica. Neste tipo de contrato, existe um elemento subjetivo essencial: a vontade de cooperação, para a realização, em comum, de um fim pré-estabelecido. No contrato de trabalho, embora existam a ideia e a realidade de certa confiança mínima entre as partes contratuais, não há, no relacionamento entre elas, o elemento subjetivo da *affectio societatis*. Os riscos da atividade são do empregador.

Mauricio Godinho Delgado afirma que, "na verdade, pode prevalecer, até mesmo e sem prejuízo do tipo contratual empregatício, um frontal choque de interesses entre os sujeitos contratuais";[60]

---

[57] DELGADO, Mauricio Godinho. *Curso de direito do trabalho*, 18. ed., p. 713-714.
[58] DELGADO, Mauricio Godinho. *Curso de direito do trabalho*, 18. ed., p. 717.
[59] DELGADO, Mauricio Godinho. *Curso de direito do trabalho*, 18. ed., p. 717.
[60] DELGADO, Mauricio Godinho. *Curso de direito do trabalho*, 18. ed., p. 718.

■ **quanto à remuneração** — os empregados podem receber participação nos lucros, comissões e gratificações ajustadas, sem se tornarem parte da sociedade. A retribuição dos sócios é incerta, aleatória, pois depende da lucratividade obtida pela sociedade, razão pela qual pode jamais se concretizar. Nas hipóteses em que os sócios recebam um *pro labore* fixo, nem por isso passam à condição de empregado;

■ **quanto à subordinação** — no contrato de sociedade, inexiste dependência de um sócio em relação ao outro, todos tendo iguais direitos. Os sócios participam em conjunto da formação da vontade social.[61] No contrato de trabalho, o empregado está sujeito à direção do empregador, exercendo seu trabalho de forma subordinada.

4.5.6. Contrato de parceria rural

Contrato de parceria rural é aquele mediante "o qual uma ou mais pessoas comprometem-se a realizar ou mandar realizar uma ou mais tarefas agrícolas ou pecuárias, em área rural ou prédio rústico, para um tomador de serviços rural, sob a imediata direção do próprio prestador e mediante uma retribuição especificada".[62]

A **retribuição** é obtida a partir da **divisão dos resultados do cultivo ou da produção pecuária, na proporção fixada pelas partes**. Assim, os riscos do negócio são divididos entre os contratantes, o que faz com que o parceiro participe dos lucros e das perdas. Trata-se de diferença essencial em relação ao contrato de trabalho, pois neste último os riscos da atividade econômica são integralmente de um dos contratantes, o empregador.

Além da questão acima indicada, a **diferença entre o contrato de parceria rural e o contrato de trabalho** pode, ainda, ser analisada **a partir de dois critérios**:

■ **quanto à pessoalidade** — a parceria rural em geral é cumprida sem pessoalidade em relação ao prestador de serviço. No contrato de trabalho, ao contrário, a pessoalidade é característica essencial;

■ **quanto à subordinação** — na parceria rural, as atividades são executadas com autonomia pelo prestador, que mantém a direção sobre seu próprio trabalho. A subordinação é, porém, inerente ao contrato de trabalho. O empregado exerce suas atividades sob as ordens do empregador, estando sujeito a elas.

O contrato de parceria rural era previsto pelo Código Civil de 1916, no art. 1.410. No entanto, o Código Civil de 2002 não faz referência a esta modalidade contratual, razão pela qual alguns autores afirmam que a parceria passou a ter estrutura associativa.[63]

---

[61] DELGADO, Mauricio Godinho. *Curso de direito do trabalho*, 18. ed., p. 718.
[62] DELGADO, Mauricio Godinho. *Curso de direito do trabalho*, 18. ed., p. 714.
[63] BARROS, Alice Monteiro de. *Curso de direito do trabalho*, p. 514.

CONTRATO DE TRABALHO E CONTRATOS AFINS

Tipo contratual	Fundamento legal	Características	Diferenças
PRESTAÇÃO DE SERVIÇOS	Arts. 593 a 609, CC	1.ª) O prestador de serviços é um trabalhador autônomo, que tem um razoável conhecimento técnico-profissional para cumprir suas tarefas. Essa circunstância não reduz o contrato de prestação de serviços a apenas profissionais especializados, porém o conhecimento do trabalhador tem que ser suficiente para ele desenvolver os serviços contratados sob sua própria condução e análise. 2.ª) A prestação de serviços pode se dar com ou sem pessoalidade.	O ponto diferenciador principal entre o contrato de emprego e o contrato de prestação de serviços é a **autonomia**. O trabalho prestado por meio do contrato de emprego é sempre subordinado, enquanto o trabalho prestado por meio do contrato de prestação de serviços é autônomo.
EMPREITADA	Arts. 610 a 626, CC	1.ª) O contrato fica vinculado à obra resultante do trabalho, e não ao desenvolvimento de uma atividade. 2.ª) A empreitada pode abranger apenas o fornecimento, pelo empreiteiro, do trabalho necessário à consecução da obra ou o conjunto do trabalho e respectivo material.	**1.ª) Critério do objeto** Na empreitada, enfatiza-se a obra concretizada pelo serviço. No contrato de emprego, não há determinação quanto ao resultado do serviço contratado. **2.ª) Critério da remuneração** Na empreitada, a remuneração do trabalhador é fixada conforme o valor da obra produzida pelo empreiteiro. O pagamento é feito por obra feita, ou unidade de obra, ou peça, não se levando em conta o tempo gasto. No contrato de trabalho, a remuneração do trabalhador é proporcional ao tempo de trabalho (horista, semanalista, diarista, mensalista). **3.ª) Critério da pessoalidade** Na empreitada, via de regra, contrata-se sem a necessidade da pessoalidade do trabalhador, que é substituído, reiteradamente, no transcorrer da concretização da obra. No contrato de emprego, a pessoalidade do empregado é requisito essencial. **4.ª) Critério da subordinação** Na empreitada, o empreiteiro dirige a obra pactuada, exerce sua atividade com autonomia. No contrato de emprego, o empregado está subordinado ao empregador e tem sua prestação de serviço dirigida por este.

REPRESENTAÇÃO COMERCIAL OU AGÊNCIA	◘ Arts. 710 a 721, CC, e Lei n. 4.886/65	1.ª) O representante comercial ou agente não é um simples mandatário, mas, sim, uma pessoa que pratica atos jurídicos que comprometem o representado e provoca a ocorrência dos atos, dos quais pode em seguida participar. 2.ª) O representante ou agente não presta serviços mediante contrato de prestação de serviços, fazendo-o por meio de um contrato típico específico, regulado pelo CC e pela Lei n. 4.886/65. 3.ª) A obrigação de agenciamento de propostas em favor do agenciado ou representado, conforme instruções recebidas, é assumida pelo agente ou representante comercial de forma profissional e sem dependência hierárquica. 4.ª) A retribuição material do agente ou representante é estipulada à base de comissões, que são calculadas percentualmente ao montante dos negócios agenciados. 5.ª) O agente ou representante pode ser pessoa física ou jurídica e pode ter empregados que trabalhem na atividade de agenciamento ou representação. 6.ª) Salvo disposição contratual em contrário, todas as despesas com a agência ou representação correm por conta do agente ou representante. 7.ª) A rescisão contratual é precedida de um rol de motivos justos para o representado rescindir o contrato: a) desídia do representante; b) prática de atos que importem descrédito comercial do representado; c) descumprimento de obrigação; d) condenação definitiva por crime contra o patrimônio; e) força maior.	**1.ª) Critério da subordinação** ◘ O representante comercial é um trabalhador autônomo. ◘ O empregado é subordinado ao empregador. **2.ª) Critério da pessoalidade** ◘ O representante pode agenciar os negócios por intermédio de prepostos por ele credenciados, que podem, inclusive, ser seus empregados. ◘ O empregado tem que prestar o serviço pessoalmente, não podendo delegá-lo a ninguém.

MANDATO	Arts. 653 a 692, CC	**1.ª)** O mandante recebe do mandatário poderes para, em seu nome, praticar atos ou administrar bens. **2.ª)** A procuração é o instrumento do mandato. **3.ª)** O mandato pode ser gratuito ou oneroso. **4.ª)** Embora *intuitu personae*, o mandato admite a substituição prevista em substabelecimento. **5.ª)** O mandato se desenvolve a partir de uma relação jurídica tríplice, envolvendo mandante, mandatário e terceira pessoa. **6.ª)** O mandato é sempre revogável.	**1.ª) Critério da gratuidade** ▫ O mandato é, em regra, um contrato gratuito, podendo ser oneroso. ▫ O contrato de trabalho é essencialmente oneroso. **2.ª) Critério da natureza da atividade** ▫ O mandatário realiza atos jurídicos, sendo o objeto do mandato a obtenção de um resultado jurídico ou a criação de um direito para o mandante. ▫ O empregado realiza atos materiais. **3.ª) Critério da representação** ▫ O mandatário é sempre um representante. ▫ O empregado pode ser um representante do empregador (cargo de confiança, por exemplo). **4.ª) Critério do grau de subordinação** ▫ O mandatário goza de relativa independência na realização de sua função. ▫ O empregado exerce suas atividades sob as ordens do empregador, estando sujeito a elas.
SOCIEDADE	Arts. 981 e seg., CC	**1.ª)** Ajuste feito entre pessoas físicas ou jurídicas que se obrigam a contribuir com bens ou serviços para o exercício da atividade econômica e a partilha dos resultados. **2.ª)** O pacto pode ser bilateral ou plurilateral. **3.ª)** O contrato de sociedade dá origem a direitos e obrigações recíprocas entre os sócios e, ainda, entre estes e a própria sociedade.	**1.ª) Critério dos sujeitos** ▫ No contrato de sociedade, os sujeitos encontram-se em situação de convergência de interesses jurídicos. ▫ No contrato de trabalho, os sujeitos colocam-se em situação de contraposição de interesses jurídicos. **2.ª) Critério do objeto do contrato** ▫ No contrato de sociedade, o objeto principal é a formação de determinada entidade, para a obtenção de resultados concretos em decorrência de seu surgimento e atuação. ▫ O objeto principal do contrato de trabalho é a prestação de serviços por uma das partes subordinadamente à parte tomadora, em troca da contraprestação econômica. **3.ª)** *Affectio societatis* ▫ Elemento característico do contrato de sociedade, do qual se conclui que os sócios compartilham dos lucros, das perdas e dos riscos da atividade econômica. ▫ No contrato de trabalho, embora existam a ideia e a realidade de certa confiança mínima entre as partes contratuais, não há, no relacionamento entre elas, o elemento subjetivo da *affectio societatis*. Os riscos da atividade são do empregador.

			4.ª) Critério da remuneração ■ Os empregados podem receber participação nos lucros, comissões e gratificações ajustadas, sem se tornarem parte da sociedade. ■ Os sócios podem receber um *pro labore* fixo e nem por isso passam à condição de empregado. 5.ª) Critério da subordinação ■ Na sociedade, inexiste dependência de um sócio em relação ao outro, todos têm iguais direitos. ■ No contrato de trabalho, o empregado está sujeito à direção do empregador.
SOCIEDADE			
PARCERIA RURAL	■ Art. 1.410 CC/1916 (sem correspondente no CC/2002)	1.ª) O trabalhador recebe do tomador de serviço rural um imóvel ou prédio rústico para cultivo agrícola ou criação pecuária. 2.ª) Os resultados da produção agrícola ou pecuária são divididos entre as partes, na proporção por elas estabelecidas. 3.ª) Trata-se de tipo de contrato de sociedade.	1.ª) Critério da subordinação ■ O parceiro rural é um trabalhador autônomo. ■ O empregado é subordinado ao empregador. 2.ª) Critério da pessoalidade ■ A parceria em geral é cumprida sem pessoalidade. ■ O empregado tem que prestar o serviço pessoalmente, não podendo delegá-lo a ninguém, sendo a pessoalidade a essência do contrato de trabalho.

4.5.7. Contrato de franquia

O contrato de franquia era regulado pela Lei n. 8.955/94, que previa ser a franquia empresarial o sistema pelo qual um franqueador cede ao franqueado o direito de uso de marca ou patente, associado ao direito de distribuição exclusiva ou semiexclusiva de produtos ou serviços e, eventualmente, também ao direito de uso de tecnologia de implantação e administração de negócio ou sistema operacional desenvolvidos ou detidos pelo franqueador, mediante remuneração direta ou indireta, sem que, no entanto, fique caracterizado vínculo empregatício.

A questão que sempre gerou dúvidas na seara trabalhista sobre o contrato de franquia dizia respeito ao grau de ingerência que o franqueador poderia ter sobre o franqueado e o negócio deste, sem que restasse caracterizado um vínculo que pudesse ser entendido como subordinação e, portanto, caracterizasse vínculo de emprego entre as partes. Evidentemente, a jurisprudência sempre esteve atenta às situações de fraude na utilização do contrato de franquia apenas com o intuito de mascarar a existência de relação de emprego.[64] No entanto, ainda que não se tratasse propriamente

---

[64] "AGRAVO INTERNO EM AGRAVO DE INSTRUMENTO EM RECURSO DE REVISTA DA EMPRESA FOLHA DA MANHÃ S.A. LEI N. 13.467/2017. RESPONSABILIDADE SOLIDÁRIA. CONTRATO DE FRANQUIA. DESVIRTUAMENTO. FRAUDE COMPROVADA. ARTIGO 9.º DA CLT. AUSÊNCIA DE TRANSCENDÊNCIA DA CAUSA. Ao sistema típico de franquia empresarial, tal como definido no art. 2.º da Lei n. 8.955/94 — vigente à época do contrato de

de situações de fraude, outros pontos, como as orientações, os treinamentos dados pelo franqueador ao franqueado e a seus empregados e o grau de ingerência do franqueador no negócio do franqueado, eram sensíveis e geravam discussões que eram levadas aos tribunais trabalhistas.[65]

---

trabalho —, são inaplicáveis as responsabilidades solidária e subsidiária. Isso porque a franqueada, por meio de seus próprios empregados, explora atividade de forma autônoma e independente em relação ao franqueador. Na verdade, o que ocorre é apenas a cessão do direito de uso de marca ou patente por este associado ao direito de distribuição do produto, com remuneração, ou seja, haverá uma colaboração entre duas empresas. Todavia, é possível a condenação quando se evidenciar a descaracterização deste ajuste, marcada pela ingerência e controle do franqueador sobre as atividades do franqueado. No caso, o Tribunal Regional, soberano no exame do conjunto fático-probatório, registrou: 'o que se verifica é simplesmente terceirização dos serviços de entrega dos periódicos editoriais pertencentes às segunda e terceira reclamadas às primeira e quarta reclamadas. Ou seja, não se vislumbra a suposta transferência de qualquer conhecimento técnico específico e diferenciado praticado pela empresa SPDL — SÃO PAULO DISTRIBUIÇÃO E LOGÍSTICA LTDA que justificasse a formalização do indigitado contrato de franquia'. Concluiu que 'houve fraude perpetrada pelas segunda e terceiras reclamadas, em conluio com as primeiras e quartas reclamadas, com fins de obstar os direitos trabalhistas do autor durante o pacto laboral, devendo a quarta reclamada, ora recorrente, responder solidariamente ao pagamento das parcelas deferidas na presente demanda, com fulcro no dispositivo legal descrito no artigo 942 do Código Civil e artigo 9.º da CLT'. Assim, diante de tais premissas — insuscetíveis de reexame nesta seara recursal, nos termos da Súmula n. 126 do TST —, deve ser mantida a responsabilidade solidária da agravante, nos termos do artigo 9.º da CLT. Precedentes. Agravo conhecido e não provido. [...]"(Ag-AIRR-573-68.2013.5.02.0271, 7.ª T., rel. Min. Claudio Mascarenhas Brandao, *DEJT* 18.11.2022).

[65] "AGRAVO DE INSTRUMENTO. RECURSO DE REVISTA. RECLAMADA. LEI N. 13.015/2014. CONTRATO DE FRANQUIA. DESVIRTUAMENTO. RESPONSABILIDADE SOLIDÁRIA. 1 — Estão atendidas as exigências do art. 896, § 1.º-A, da CLT. 2 — No caso dos autos, o Tribunal Regional consignou que ficou evidenciada a ocorrência de fraude no contrato havido entre as reclamadas, na medida em que a segunda reclamada (franqueadora) realizava verdadeira ingerência administrativa na condução empresarial da primeira reclamada (franqueada), e que os serviços prestados visavam alcançar tão somente os interesses daquela, distanciando-se do modelo de contrato de franquia, figurando a 1.ª reclamada como empresa interposta. 3 — Registre-se que a Corte de origem explicitou de forma clara e precisa os fundamentos que embasaram sua decisão, e, amparada no conjunto fático-probatório dos autos, concluiu que não se tratava de contrato de franquia, mas de terceirização ilícita dos serviços, onde a agravante regulava toda a atividade desenvolvida pela primeira reclamada, deturpando assim a relação de franquia formalmente pactuada. 4 — A constatação de fraude, como no caso em análise, afasta a incidência da Súmula 331, IV, do TST, não havendo que se considerar a empresa recorrente como responsável subsidiária, mas sim responsável direta e, por isso, solidária pelos créditos trabalhistas sonegados pela empresa prestadora de serviços, conforme inteligência do art. 9.º da CLT, e 942 do Código Civil. Julgados. 5 — Agravo de instrumento a que se nega provimento" (AIRR-10799-26.2014.5.18.0054, 6.ª T., rel. Min. Kátia Magalhães Arruda, *DEJT* 02.12.2016).

"I — AGRAVO DE INSTRUMENTO — LEI 13.015/2014 — RELAÇÃO DE EMPREGO. CONTRATO DE FRANQUIA. INEXISTÊNCIA. Ante possível violação dos artigos 2.º e 3.º da CLT, dá-se provimento ao agravo de instrumento para mandar processar o recurso de revista. Agravo de instrumento conhecido e provido. II — RECURSO DE REVISTA. A Lei n. 8.955/94, que regula os contratos de franquia empresarial (*franchising*), e que expressamente afasta a configuração de vínculo de emprego entre os contratantes, é clara no sentido de que o franqueador deverá prestar, entre outros,

A **Lei n. 13.966, de 26.12.2019**, revogou a Lei n. 8.955/94, passando a disciplinar o *sistema de franquia empresarial*, pelo qual um franqueador autoriza por meio de contrato um franqueado a usar marcas e outros objetos de propriedade intelectual, sempre associados ao direito de produção ou distribuição exclusiva ou não exclusiva de produtos ou serviços e também ao direito de uso de métodos e sistemas de implantação e administração de negócio ou sistema operacional desenvolvido ou detido pelo franqueador, mediante remuneração direta ou indireta. Juntamente com a definição do sistema, passou a ser definido legalmente o que já vinha sendo decidido de forma reiterada pelos tribunais trabalhistas: **não há** vínculo empregatício entre o franqueador e o franqueado ou entre seus empregados e o franqueador, **ainda que** durante o período de treinamento **(art. 1.º)**. No entanto, a jurisprudência continua atenta às eventuais situações de fraude, nas quais se utiliza de contratos de franquia para encobrir a existência de relação de emprego, burlando-se os direitos trabalhistas.[66]

4.6. PRÉ-CONTRATAÇÃO

Nos contratos, inclusive no contrato de trabalho, pode haver um **período pré-contratual**. Esta fase contratual prévia decorre do fato de que nem sempre o contrato tem formação instantânea. No contrato de trabalho, embora a regra seja sua celebração instantânea, é possível verificar-se casos em que há uma formação progressiva, caracterizada por conversações preliminares que são entabuladas sem qualquer propósito de obrigatoriedade. No entanto, tais conversações, "se não obrigam a concluir o contrato, nem por este motivo deixam de produzir, em alguns casos, efeitos jurídicos".[67]

---

serviços de orientação ao franqueado, proporcionar-lhe e a seus empregados o necessário treinamento e até mesmo prestar auxílio na análise e escolha do ponto onde será instalada a franquia, pelo que as sugestões e até mesmo eventual auxílio financeiro do franqueador ao franqueado inserem-se na variada gama de direitos e obrigações decorrentes dessa modalidade de contrato, sem que se possa falar em relação de emprego. Recurso de revista conhecido e provido" (TST — RR 20202-17.2016.5.04.0352, 8.ª T., rel. Min. Márcio Eurico Vitral Amaro, *DEJT* 08.11.2019).

[66] "AGRAVO DE INSTRUMENTO. LEI 13.467/2017. CONTRATO DE FRANQUIA. RESPONSABILIDADE SUBSIDIÁRIA DA EMPRESA FRANQUEADORA. TERCEIRIZAÇÃO. TRANSCENDÊNCIA. Reconhecida transcendência política da causa, deve ser provido o agravo de instrumento para exame da adequação à Súmula n. 331, IV, do TST acerca da ausência de responsabilização subsidiária em contratos de franquia. Agravo de instrumento provido. RECURSO DE REVISTA. LEI N. 13.467/2017. CONTRATO DE FRANQUIA. RESPONSABILIDADE SUBSIDIÁRIA DA EMPRESA FRANQUEADORA. INEXISTÊNCIA. A franquia empresarial não se confunde com terceirização de serviços, sendo, por expressa disposição legal, um sistema de colaboração mútua entre duas empresas que, contudo, são absolutamente independentes e autônomas entre si, inclusive no que concerne ao regime de contratação de seus respectivos empregados, como dispõe o artigo 1.º da Lei n. 13.966/2019. Não demonstrada fraude, com a configuração de típica terceirização, não há que se falar em responsabilidade subsidiária da franqueadora. Precedentes do TST. Recurso de revista conhecido e provido" (RR-20671-11.2019.5.04.0303, 8.ª T., rel. Min. Aloysio Correa da Veiga, *DEJT* 02.09.2022).

[67] MARANHÃO, Délio. In: SÜSSEKIND, Arnaldo et al. *Instituições de direito do trabalho*, 22. ed., v. 1, p. 251.

O período pré-contratual não se confunde com a proposta de contrato que, nos termos do **art. 427, CC**, é a oferta dos termos de um negócio visando a aceitação da parte contrária, que obriga o proponente, salvo se o contrário resultar dos seus termos, da natureza do negócio, ou das circunstâncias do caso.[68]

---

[68] O TST vem adotando entendimento segundo o qual o contrato de trabalho não impõe obrigações nem produz efeitos apenas enquanto vigente formalmente. A responsabilidade civil do empregador não está limitada ao período contratual, mas igualmente alcança as fases pré e pós-contratual. "AGRAVO EM RECURSO DE REVISTA EM FACE DE DECISÃO PUBLICADA ANTES DA VIGÊNCIA DA LEI N. 13.015/2014. RESPONSABILIDADE CIVIL DO EMPREGADOR. DANOS MORAIS E MATERIAIS CAUSADOS AO EMPREGADO. CARACTERIZAÇÃO. PROCESSO SELETIVO. FASE PRÉ-CONTRATUAL. A responsabilidade civil do empregador pela reparação decorrente de danos morais e materiais causados ao empregado pressupõe a existência de três requisitos, quais sejam: a conduta (culposa, em regra), o dano propriamente dito (violação aos atributos da personalidade) e o nexo causal entre esses dois elementos. O primeiro é a ação ou omissão de alguém que produz consequências às quais o sistema jurídico reconhece relevância. É certo que esse agir de modo consciente é ainda caracterizado por ser contrário ao Direito, daí falar-se que, em princípio, a responsabilidade exige a presença da conduta culposa do agente, o que significa ação inicialmente de forma ilícita e que se distancia dos padrões socialmente adequados, muito embora possa haver o dever de ressarcimento dos danos, mesmo nos casos de conduta lícita. O segundo elemento é o dano que, nas palavras de Sérgio Cavalieri Filho, consiste na "[...] subtração ou diminuição de um bem jurídico, qualquer que seja a sua natureza, quer se trate de um bem patrimonial, quer se trate de um bem integrante da própria personalidade da vítima, como a sua honra, a imagem, a liberdade etc. Em suma, dano é lesão de um bem jurídico, tanto patrimonial como moral, vindo daí a conhecida divisão do dano em patrimonial e moral". Finalmente, o último elemento é o nexo causal, a consequência que se afirma existir e a causa que a provocou; é o encadeamento dos acontecimentos derivados da ação humana e os efeitos por ela gerados. No caso, o quadro fático registrado pelo Tribunal Regional revela: "em outubro de 2010 a reclamada apresentou ao reclamante a lista com os documentos necessários à subscrição do contrato (fls. 11) e que em novembro do mesmo ano emitiu ofício à instituição financeira para a abertura da conta salário, fazendo alusão a dados dos documentos exigidos do trabalhador". Ademais, consignou: "a empresa não pautou as tratativas de formalização do contrato pela boa-fé, tendo dispensado tratamento até mesmo desrespeitoso com o trabalhador, que se mobilizou durante três meses para atender todas as suas exigências pré-contratuais e, mesmo tendo reunido todos os elementos exigidos, foi surpreendido pela sua recusa injustificada. Trata-se, portanto, de abuso de direito". Ainda, ficou consignado: "a alegação de que o curso de vigilante do reclamante estava vencido ou em vias de vencer não socorre ao recorrente, uma vez que o documento de fls. 15 demonstra que o reclamante realizou e concluiu curso de reciclagem para postergar a validade de sua habilitação profissional em dezembro de 2010 e a comunicação do desinteresse da empresa em admiti-lo se deu em janeiro de 2011. Em nenhum momento, nos três meses das tratativas o reclamante esteve desabilitado". É verossímil que todos os atos por ela praticados denotavam que o empregado seria contratado. Desde as negociações preliminares vigora o princípio da boa-fé no dever de conduta dos sujeitos, conforme dispõe o art. 422 do Código Civil. O empregador tem o dever de agir com lealdade, lisura, respeito e consideração com o empregado, sobretudo ante o seu estado de necessidade econômica e a sua condição de hipossuficiente, de modo que o fomento a uma expectativa de direito ao contrato de trabalho causa prejuízos não apenas financeiros, mas também afeta a moral de permanecer na situação de desemprego e faz emergir o dever de reparação baseado na perda de uma chance. Evidenciados os danos, assim como a conduta culposa do empregador e o nexo causal entre ambos, deve ser mantido o acórdão regional que condenou a ré a indenizá-lo. Agravo conhecido e não provido" (TST — Ag-RR 180-83.2011.5.05.0028, 7.ª T., rel. Min. Cláudio Mascarenhas Brandão, *DEJT* 12.04.2019).

A **força obrigatória das tratativas prévias do contrato** tem fundamento no **princípio da boa-fé**. Assim, "se os entendimentos preliminares chegaram a um ponto que faça prever a conclusão do contrato e uma das partes o rompe sem motivo justo e razoável (culpa *in contrahendo*)",[69] resta evidente a violação ao dever de boa-fé, que leva à obrigação de indenizar o dano ocasionado à outra parte. Fala-se, portanto, em **responsabilidade pré-contratual**. O ressarcimento do dano causado pelo rompimento poderá ser exigido se a parte prejudicada puder comprovar que, "confiando na previsível conclusão do contrato, fez despesas em virtude de tais entendimentos, ou deixou de aceitar outra oferta mais vantajosa".[70]

A boa-fé aqui referida é vista "sob o prisma objetivo, alusiva ao dever recíproco de se comportar com lealdade; é assegurada desde as fases preparatórias do contrato. Não guarda relação com o estado de espírito dos envolvidos, dispensando-se a intenção de prejudicar, a má-fé".[71]

O **pré-contrato** decorre da proposta de contratação e **difere do chamado contrato preliminar**, que é aquele que, sem conter todas as formalidades necessárias, é celebrado pelas partes antes do contrato final ou definitivo. Uma vez concluído o contrato preliminar, qualquer das partes pode exigir, em prazo que for por ela assinado, a celebração do contrato definitivo, salvo se dele constar cláusula de arrependimento **(art. 463, CC)**.

Conforme ensina Alice Monteiro de Barros, são apontados pela doutrina como **elementos genéricos da responsabilidade pré-contratual:**[72]

- **consentimento** — a manifestação do consentimento é imprescindível à caracterização da responsabilidade pré-contratual. Se não houve consentimento da parte sobre o que foi discutido nesta fase, não há como responsabilizá-la por eventual rompimento;
- **dano patrimonial** — somente se houver comprovação de que uma das partes sofreu prejuízos materiais decorrentes da fase pré-contratual (por exemplo, perda de tempo e de trabalho; perda de uma outra chance; despesas de viagem realizada em razão da confiança de futura contratação) é que surge para a outra o dever de indenizar;
- **relação de causalidade** — deve haver uma relação de causa e efeito entre o consentimento manifestado pelas partes no período da pré-contratação e o dano patrimonial experimentado por uma delas em razão do rompimento pela outra parte;
- **inobservância do princípio da boa-fé** — o rompimento do quanto negociado na fase contratual deve ter decorrido de uma atuação desleal de uma das partes, que

---

[69] MARANHÃO, Délio. In: SÜSSEKIND, Arnaldo et al. *Instituições de direito do trabalho*, 22. ed., v. 1, p. 251.
[70] MARANHÃO, Délio. In: SÜSSEKIND, Arnaldo et al. *Instituições de direito do trabalho*, 22. ed., v. 1, p. 251.
[71] BARROS, Alice Monteiro de. *Curso de direito do trabalho*, p. 515.
[72] BARROS, Alice Monteiro de. *Curso de direito do trabalho*, p. 515.

deixou de se pautar pelo princípio da boa-fé. Inexiste o dever de indenizar quando o rompimento se deu por motivo de força maior.

Como **elementos específicos da responsabilidade pré-contratual** podem ser apontados:[73]

- **confiança na seriedade das tratativas** — este elemento é que faz com que a parte adquira uma convicção razoável no cumprimento do negócio. Com o rompimento injustificado do negócio, a frustração da parte, aliada aos prejuízos materiais sofridos, gera o dever de indenizar;
- **enganosidade da informação** — as informações divulgadas na fase pré-contratual devem ser claras, verdadeiras. Sendo enganosas, ou porque contêm dados inverídicos, ou porque a parte proponente sabe de algum risco que não divulga para a outra, caracterizada está a responsabilidade pré-contratual.

O dever de indenizar fundamenta-se na chamada **responsabilidade civil pré-contratual**. Assim, caso o executante não dê cumprimento ao contrato após o que foi negociado na fase pré-contratual, poderá a parte contrária considerá-lo desfeito e pedir perdas e danos, nos termos do **art. 465 do CC**.

4.7. EFEITOS

O contrato de trabalho é um negócio jurídico que gera diversos direitos e obrigações para as partes. Tais efeitos podem ser classificados em *efeitos próprios* e *efeitos conexos*.

4.7.1. Efeitos próprios — direitos e obrigações das partes

Efeitos próprios são os inerentes ao próprio contrato de trabalho e decorrem de sua natureza e de seu objeto. Compõem o conjunto natural das cláusulas contratuais e referem-se aos direitos e obrigações naturais das partes do contrato, que são empregado e empregador.

Os **efeitos próprios do contrato de trabalho** são os a seguir relacionados.

- **Execução de boa-fé**

Como decorrência do **princípio da boa-fé**, princípio geral de aplicação inegável no campo das relações contratuais de emprego, **o contrato de trabalho deve ser executado de boa-fé**. Trata-se de **obrigação aplicável a ambas as partes** — empregado e empregador — e constitui a base da sistemática jurídica do contrato de trabalho. Diz respeito ao comportamento das partes em relação a elas mesmas.

Do princípio da execução contratual de boa-fé, decorre o **dever de colaboração das partes**, que **impõe a ambas as partes** a obrigação de dar à outra parte toda ajuda

---

[73] BARROS, Alice Monteiro de. *Curso de direito do trabalho*, p. 515.

necessária para permitir a execução de boa-fé do contrato. "Ambas devem, mútua e lealmente, fornecer todo o apoio necessário para conduzir o contrato a bom termo".[74]

Por fim, importante ressaltar que a execução de boa-fé ganhou relevo nas questões que envolvem a interpretação do contrato. Isto porque a interpretação das cláusulas contratuais não deve mais ser feita apenas com base na intenção demonstrada pelas partes, como dispõe o **art. 112 do Código Civil** ("Nas declarações de vontade se atenderá mais à intenção nelas consubstanciada do que ao sentido literal da linguagem"), mas também com base na boa-fé, como prevê o **art. 113 do Código Civil** ("Os negócios jurídicos devem ser interpretados conforme a boa-fé e os usos do lugar de sua celebração"). Complementando a amplitude da boa-fé nas relações contratuais, a **Lei n. 13.874, de 20.09.2019** (que instituiu a Declaração de Direitos de Liberdade Econômica) incluiu o **§ 1.º ao art. 113 do Código Civil**, prevendo que **a interpretação do negócio jurídico deve lhe atribuir o sentido que**: I — for confirmado pelo comportamento das partes posterior à celebração do negócio; II — corresponder aos usos, costumes e práticas do mercado relativas ao tipo de negócio; III — **corresponder à boa-fé**; IV — for mais benéfico à parte que não redigiu o dispositivo, se identificável; e V — corresponder a qual seria a razoável negociação das partes sobre a questão discutida, inferida das demais disposições do negócio e da racionalidade econômica das partes, consideradas as informações disponíveis no momento de sua celebração.

Os **arts. 421 e 422 do Código Civil de 2002** inovaram ao não privilegiar apenas a vontade das partes, dando mais amplitude à avença, ao conformarem o contrato a uma **função social**.

Assim, "o Código vigente dá ênfase maior à função social do contrato, à justiça do contrato, à ética e boa-fé do contrato, por todo o seu ciclo vital. Está, a nosso ver, incluída nessa premissa maior a busca da intenção das partes mais que a da literalidade das cláusulas, como dizia o artigo 85, e como diz igualmente o art. 112, do atual. Mas a intenção das partes não pode afastar-se, nem no momento da celebração nem no da execução do contrato, de sua função social, que visa ao desenvolvimento dos negócios dentro da ótica da boa-fé, da probidade, da segurança jurídica e da justiça".[75]

■ **Obrigações do empregado**

A principal obrigação do empregado decorrente do contrato de trabalho é a **prestação dos serviços contratados (obrigação de fazer)**.

No entanto, o cumprimento dessa obrigação deve se dar com diligência e fidelidade e, ainda, de forma assídua.

---

[74] MARANHÃO, Délio. In: SÜSSEKIND, Arnaldo et al. *Instituições de direito do trabalho*, 22. ed., v. 1, p. 257-258.

[75] TEIXEIRA FILHO, João de Lima. In: SÜSSEKIND, Arnaldo et al. *Instituições de direito do trabalho*, 22. ed., v. 1, p. 257-258.

O **dever de diligência** deve ser considerado levando-se em conta a natureza da obrigação, as condições pessoais do trabalhador e as circunstâncias de tempo e lugar, e impõe ao empregado a prestação dos serviços na quantidade e com a qualidade que o empregador pode legitimamente esperar.

O **dever de fidelidade** caracteriza-se como um não fazer e traduz-se na lealdade que o empregado deve ter em relação ao empregador e também ao próprio empreendimento em que trabalha, manifestando-se, "principalmente, pela proibição de difundir notícias que possam implicar dano moral ou patrimonial ao empregador e à empresa, assim como de praticar atos de concorrência à atividade econômica por este exercida".[76] Esta obrigação decorre do caráter fiduciário do contrato de trabalho.

A **assiduidade** consiste na obrigação de prestar os serviços nos dias e nos horários previstos no contrato de trabalho, ou seja, sem faltas injustificadas e sem atrasos.

Obrigações do empregador

Os efeitos decorrentes do contrato de trabalho em relação ao empregador caracterizam-se, como regra, em **obrigações de dar**, sendo certo que a principal delas é o **pagamento do salário** como contraprestação ajustada pelos serviços prestados pelo empregado.

Importante obrigação do empregador é a de **dar trabalho** ao empregado e, ainda, de possibilitar-lhe a execução normal dos serviços, proporcionando-lhe os meios necessários para tanto.

Como **obrigações de fazer** podem ser citadas, entre outras, a anotação da CTPS do empregado, a concessão de períodos de férias e de intervalos e o fornecimento de equipamentos de proteção individual.

Também caracteriza efeito próprio do contrato de trabalho a obrigação do empregador de respeitar a personalidade moral do empregado e a sua dignidade humana. Nesse sentido, o empregador deve abster-se de praticar atos, por si ou por seus prepostos, que causem dano moral ao empregado e que firam a sua dignidade de pessoa humana.

Poder de direção do empregador

O poder de direção do empregador, que se desdobra no poder de organização, no poder de controle e no poder disciplinar, é um dos principais efeitos do contrato de trabalho.

O exercício do poder de direção decorre da própria estrutura jurídica da relação empregatícia, prevista nos **arts. 2.º e 3.º da CLT**, e consubstancia-se no conjunto de prerrogativas colocadas à disposição do empregador para dirigir a prestação de serviços do empregado. Consequência do poder de direção do empregador é a subordinação do empregado.

Para estudo mais aprofundado do tema, *vide* **item 3.4.2 (Parte II)**.

---

[76] MARANHÃO, Délio. In: SÜSSEKIND, Arnaldo et al. *Instituições de direito do trabalho*, 22. ed., v. 1, p. 259.

4.7.1.1. Termo de quitação anual de obrigações trabalhistas

A **Lei n. 13.467/2017** (*Reforma Trabalhista*) passou a prever a possibilidade de ser realizada uma **quitação anual das obrigações trabalhistas** do empregador decorrentes do contrato de trabalho, durante a vigência do contrato, ou mesmo após a extinção deste. Trata-se de uma faculdade das partes, não sendo obrigatória sua realização.

Assim, é **facultado a empregados e empregadores** na vigência ou não do contrato de trabalho, firmar o termo de quitação anual de obrigações trabalhistas, **perante o sindicato** dos empregados da categoria **(art. 507-B, CLT)**.

O referido termo de quitação **discriminará** as obrigações de dar e as obrigações de fazer cumpridas mensalmente, e dele constará a quitação anual dada pelo empregado, com **eficácia liberatória** das parcelas nele especificadas **(art. 507-B, parágrafo único, CLT)**.

4.7.2. Efeitos conexos

Efeitos conexos do contrato de trabalho são aqueles que, embora não derivem de sua natureza, de seu objeto e do conjunto natural de obrigações dele decorrentes, são a ele acoplados. São efeitos que **não têm natureza trabalhista**, "mas que se submetem à estrutura e dinâmica do contrato de trabalho, por terem surgido em função ou em vinculação a ele".[77]

Entre os diversos efeitos conexos que o contrato de trabalho pode ter, merecem destaque e estudo específico os direitos intelectuais devidos ao empregado em razão de invenção ou da execução de obra intelectual e, ainda, as indenizações por danos morais ou materiais que sejam devidas ao empregado em razão de atos ilícitos praticados pelo empregador ou por seus prepostos.

4.7.2.1. Direitos intelectuais

Direitos intelectuais são vantagens jurídicas que decorrem da criação intelectual, seja por meio de produção científica, literária ou artística, seja por meio de inventos.

A proteção à propriedade intelectual é reconhecida mundialmente como um direito a ser assegurado pelos ordenamentos jurídicos internos de cada país. Nesse sentido, a Declaração Universal dos Direitos do Homem de 1948 prevê:

> "Art. 27.2. Todo homem tem direito à proteção dos interesses morais e materiais decorrentes de qualquer produção científica, literária ou artística da qual seja autor".

O ordenamento jurídico brasileiro também consagra a proteção à propriedade intelectual, regulamentando as modalidades a seguir indicadas. O interesse relativo aos efeitos conexos ao contrato de trabalho diz respeito às duas últimas espécies.

---

[77] DELGADO, Mauricio Godinho. *Curso de direito do trabalho*, 18. ed., p. 730.

■ **Direitos do autor**, regulados pelo **art. 5.º, incisos XXVI e XXVIII, CF**, e pela Lei de Direitos Autorais **(Lei n. 9.610/98)**.[78]

■ **Direitos da propriedade industrial**, regulados pelo **art. 5.º, inciso XXIX, CF**, pela Lei de Patentes **(Lei n. 9.279/96)** e pelo **Decreto n. 2.553/98**, bem como pela Lei de Cultivares **(Lei n. 9.456/97)**:

■ *Propriedade industrial:*

Nos termos da **Lei n. 9.279/96**, os direitos da propriedade industrial são assegurados em razão de uma invenção ou de um modelo de utilidade:

■ **invenção** "é uma obra inédita do espírito, é a revelação concreta de uma ideia-força ou engenho de criação, com aplicação utilitária, antes inexistente.

---

[78] "AGRAVO DE INSTRUMENTO EM RECURSO DE REVISTA. ACÓRDÃO REGIONAL PUBLICADO ANTES DA ENTRADA EM VIGOR DA LEI N. 13.015/2014. [...] INDENIZAÇÃO POR DANOS MORAIS E MATERIAIS. GRAVAÇÃO DE VÍDEO-AULAS. ELABORAÇÃO DE MATERIAL DIDÁTICO E APOSTILAS. EXISTÊNCIA DE CLÁUSULA CONTRATUAL EXPRESSA POR MEIO DA QUAL HOUVE CESSÃO TOTAL E DEFINITIVA DOS DIREITOS AUTORAIS E DO USO DE IMAGEM. UTILIZAÇÃO DO MATERIAL APÓS A RESCISÃO CONTRATUAL. O Tribunal Regional registrou que as partes firmaram contrato em que a reclamante se obrigou a produzir material didático e a gravação de vídeo-aulas para uso da reclamada, mediante contraprestação pecuniária. Consignou também a cláusula 5.ª do contrato, em que ficaram cedidos à reclamada, de pleno direito e em caráter definitivo, 'todos os direitos patrimoniais relativos à obra até então produzida, autorizada a publicação da mesma a todo tempo, independentemente de qualquer pagamento à contratada/cedente'. Diante disso, entendeu que o trabalho prestado pela reclamante já havia sido devidamente remunerado, uma vez que 'ajustou o percebimento de pagamento pecuniário em contraprestação às cem aulas ministradas da grade curricular, autorizando a reprodução do conteúdo pela reclamada'. Ressaltou que 'a cessão dos direitos autorais e também o de transmissão da imagem foram feitos pela autora, sem qualquer limitação no tempo, já que o contrato não faz restrição alguma, por isso não é devida indenização material pelo uso das vídeo-aulas e da apostila elaboradas pela autora'. Os arts. 28 e 29 da Lei n. 9.610/1998 estabelecem que é direito exclusivo do autor da obra sua utilização, reprodução parcial ou integral, por meio televisivo, exibição audiovisual e que sua utilização por terceiros depende da autorização expressa do criador da obra. Contudo, o referido diploma legal determina, nos arts. 49 e 50, que os direitos de uso e exploração da obra podem ser cedidos de forma parcial ou total e em caráter definitivo. No presente caso, constou do acórdão regional a existência de cláusula contratual expressa, no sentido de que a reclamante cedeu em caráter definitivo 'todos os direitos patrimoniais relativos à obra até então produzida, autorizada a publicação da mesma a todo tempo, independentemente de qualquer pagamento à contratada/cedente'. Assim, incólumes os arts. 93, IX, 131 e 458 do CPC/73, 832 da CLT, 5.º, LV, da Constituição Federal, 4.º, 22, 24, IV, e V, 27, 28, 31, 49, 50, 53, 57 e 82, da Lei 9.610/98, 186, 187 e 927 do Código Civil. Precedente específico envolvendo a mesma situação e a mesma reclamada. Agravo de instrumento de que se conhece e a que se nega provimento. [...]" (AIRR-796-38.2010.5.09.0010, 2.ª T., Relator Desembargador Convocado Marcelo Lamego Pertence, *DEJT* 03.12.2021).

Daí a lei exigir que essa descoberta atenda aos requisitos da novidade, atividade inventiva e aplicação industrial";[79]

■ **modelo de utilidade** "não é a manifestação de um engenho original, mas o aperfeiçoamento de invenção já existente. Esse desenvolvimento tem que ter a ver com o processo, com a forma, não com o bem propriamente dito. Como diz a lei, é a apresentação de nova forma ou disposição para um objeto de uso prático, ou parte dele, envolvendo ato inventivo, que resulte em melhoria funcional no seu uso ou em sua fabricação".[80]

Quando a invenção e o modelo de utilidade **decorrerem do contrato de trabalho** ou resultarem dos serviços para os quais foi o empregado contratado, **pertencem exclusivamente ao empregador (art. 88, Lei n. 9.279/96)**.

Neste caso, salvo expressa disposição contratual em contrário, a retribuição pelo trabalho a que se refere este artigo limita-se ao salário ajustado **(art. 88, § 1.º, Lei n. 9.279/96)**.

No entanto, tendo em vista o disposto no **art. 218, § 4.º, da Constituição Federal**, que prevê que "a lei apoiará e estimulará as empresas que invistam em pesquisa, criação de tecnologia adequada ao País, formação e aperfeiçoamento de seus recursos humanos e que pratiquem sistemas de remuneração que assegurem ao empregado, desvinculada do salário, participação nos ganhos econômicos resultantes da produtividade de seu trabalho", o empregador, titular da patente, poderá conceder ao empregado, autor de invento ou aperfeiçoamento, participação nos ganhos econômicos resultantes da exploração da patente, mediante negociação com o interessado ou conforme disposto em norma da empresa **(art. 89, Lei n. 9.279/96)**.

Salvo prova em sentido contrário, considera-se invenção desenvolvida na vigência do contrato de trabalho aquela invenção ou modelo de utilidade cuja patente seja requerida pelo empregado até 1 (um) ano após a extinção do vínculo empregatício **(art. 88, § 2.º, Lei n. 9.279/96)**.

A invenção ou o modelo de utilidade desenvolvido pelo empregado, **desvinculada do contrato de trabalho** e não decorrente da utilização de recursos, meios, dados, materiais, instalações ou equipamentos do empregador, pertencem **exclusivamente ao empregado (art. 90, Lei n. 9.279/96)**.

A **propriedade** da invenção ou o modelo de utilidade desenvolvido **será comum**, em partes iguais, quando resultar da contribuição pessoal do empregado e de recursos, meios, dados, materiais, instalações ou equipamentos do empregador, ressalvada expressa disposição contratual em contrário **(art. 91, Lei n. 9.279/96)**.

---

[79] TEIXEIRA FILHO, João de Lima. In: SÜSSEKIND, Arnaldo et al. *Instituições de direito do trabalho*, 22. ed., v. 1, p. 260.

[80] TEIXEIRA FILHO, João de Lima. In: SÜSSEKIND, Arnaldo et al. *Instituições de direito do trabalho*, 22. ed., v. 1, p. 260.

Caso haja mais de um empregado, a parte que lhes couber será dividida igualmente entre todos, salvo ajuste em contrário. No caso de cessão, qualquer dos cotitulares, em igualdade de condições, poderá exercer o direito de preferência **(art. 91, §§ 1.º e 4.º, Lei n. 9.279/96)**.

Além disso, é garantido ao empregador o direito exclusivo de licença de exploração e assegurada ao empregado a justa remuneração. A exploração do objeto da patente, na falta de acordo, deverá ser iniciada pelo empregador dentro do prazo de 1 (um) ano, contado da data de sua concessão, sob pena de passar à exclusiva propriedade do empregado a titularidade da patente, ressalvadas as hipóteses de falta de exploração por razões legítimas **(art. 91, §§ 2.º e 3.º, Lei n. 9.279/96)**.

Cultivares:

Consideram-se **cultivares** "o gênero ou espécie vegetal nova desenvolvida por derivação dos existentes na natureza, ambos dotados de características peculiares e propriedades utilitárias à alimentação humana ou animal, à produção de combustíveis, óleos, corantes, fibras de demais insumos para fins industrial, medicinal, florestal e ornamental".[81]

Quando as cultivares **decorrerem do contrato de trabalho** ou resultarem dos serviços para os quais foi o empregado contratado, pertencerão **exclusivamente ao empregador (art. 38, Lei n. 9.456/97)**.

Cultivares desenvolvidas na vigência do contrato de trabalho são as novas cultivares, bem como as cultivares essencialmente derivadas, desenvolvidas ou obtidas pelo empregado durante a vigência do contrato de trabalho, resultantes de cumprimento de dever funcional ou de execução do contrato, cujo objeto seja a atividade de pesquisa no Brasil, devendo constar obrigatoriamente do pedido e do Certificado de Proteção o nome do melhorista. Salvo convenção em contrário, também são assim consideradas as cultivares novas ou as essencialmente derivadas cujo Certificado de Proteção seja requerido pelo empregado até 36 meses após a extinção do respectivo contrato **(art. 38, § 2.º, Lei n. 9.456/97)**.

Salvo expressa disposição contratual em contrário, a contraprestação do empregado ou do prestador de serviço ou outra atividade laboral, na hipótese prevista neste artigo, será limitada ao salário ou remuneração ajustada **(art. 38, § 1.º, Lei n. 9.456/97)**.

Pertencerão a **ambas as partes**, salvo expressa estipulação em contrário, as novas cultivares, bem como as cultivares essencialmente derivadas, obtidas pelo empregado ou prestador de serviços ou outra atividade laboral, não compreendidas no quanto disposto no art. 38, quando decorrentes de contribuição pessoal e mediante a utilização de recursos, dados, meios, materiais, instalações ou equipamentos do empregador ou do tomador dos serviços **(art. 39, Lei n. 9.456/97)**.

---

[81] TEIXEIRA FILHO, João de Lima. In: SÜSSEKIND, Arnaldo et al. *Instituições de direito do trabalho*, 22. ed., v. 1, p. 263.

No entanto, fica assegurado ao empregador ou tomador dos serviços ou outra atividade laboral o direito exclusivo de exploração da nova cultivar ou da cultivar essencialmente derivada e garantida ao empregado ou prestador de serviços ou outra atividade laboral a remuneração que for acordada entre as partes, sem prejuízo do pagamento do salário ou da remuneração ajustada **(art. 39, § 1.º, Lei n. 9.456/97)**.

Por fim, sendo mais de um empregado ou prestador de serviços ou outra atividade laboral, a parte que lhes couber será dividida igualmente entre todos, salvo ajuste em contrário **(art. 39, § 2.º, Lei n. 9.456/97)**.

■ **Direitos intelectuais relativos à criação e utilização de "software"**, regulados pela **Lei n. 9.609/98**.

Os direitos relativos ao programa de computador, **desenvolvido e elaborado durante a vigência do contrato de trabalho**, expressamente destinado à pesquisa e desenvolvimento, ou em que a atividade do empregado ou contrato de serviço seja prevista, pertencerão **exclusivamente ao empregador (art. 4.º)**.

A compensação do trabalho limita-se à remuneração ou ao salário convencionado, salvo se houver ajuste em contrário **(art. 4.º, § 1.º)**.

Pertencerão, com **exclusividade, ao empregado**, os direitos concernentes a programa de computador gerado **sem relação com o contrato de trabalho** e sem a utilização de recursos, informações tecnológicas, segredos industriais e de negócios, materiais, instalações ou equipamentos do empregador, da empresa ou entidade com a qual o empregador mantenha contrato de prestação de serviços ou assemelhados **(art. 4.º, § 2.º)**.

O tratamento acima descrito é aplicável aos casos em que o programa de computador for desenvolvido por bolsistas, estagiários e assemelhados **(art. 4.º, § 3.º)**.

4.7.2.2. *Dano moral e dano material*

Importante dimensão dos efeitos conexos do contrato de trabalho é a que diz respeito às indenizações a que o empregado faz jus em caso de danos sofridos como decorrência de atos praticados pelo empregador ou por seus prepostos durante a execução do contrato.

Os **danos sofridos pelo empregado em razão do contrato de trabalho** podem ser **de ordem material** ou **de ordem moral**, gerando, em cada um dos casos, o direito à indenização correspondente.

O **dano material** "implica lesão aos bens materiais de alguém, sujeitos à avaliação econômica. Compreende o *dano emergente* traduzido pelos gastos feitos pela vítima que deverão ser ressarcidos pelo autor do dano e o *lucro cessante* constituído de vantagens que a vítima deixou de auferir durante certo período em virtude do dano".[82]

Dano moral é aquele que decorre do prejuízo ou lesão causados aos bens ou direitos estritamente pessoais do sujeito de direito; é o dano que atinge os direitos da personalidade.

---

[82] BARROS, Alice Monteiro de. *Curso de direito do trabalho*, p. 648.

O dever de indenizar o empregado pelos danos materiais e morais por ele sofridos decorre da **ordem jurídica constitucional**, mais especificamente dos seguintes dispositivos:

- *dignidade da pessoa humana e valores sociais do trabalho* (**art. 5.º, III e IV**);
- *proibição de qualquer forma de discriminação* (**art. 3.º, IV, e art. 7.º, XXX, XXXI e XXXII**);
- *direito de resposta*, proporcional ao agravo, além da *indenização por dano material, moral e à imagem* (**art. 5.º, V**);
- *inviolabilidade da intimidade, da vida privada, da honra e da imagem das pessoas*, assegurado o direito a *indenização pelo dano material e moral decorrente de sua violação* (**art. 5.º, X**);
- *proteção da saúde e da integridade física do trabalhador*, assegurado o direito a *indenização quando o empregador incorrer em dolo ou culpa* (**art. 7.º, XXII e XXVIII**).

O Código Civil estabelece as diretrizes necessárias para que seja cumprido o que determina o texto constitucional, prevendo a responsabilidade decorrente da prática de ato ilícito:

- *aquele que por ação ou omissão voluntária, negligência ou imprudência, violar direito e causar dano a outrem, ainda que exclusivamente moral, comete ato ilícito* (**art. 186**);
- *aquele que, por ato ilícito, causar dano a outrem, fica obrigado a repará-lo. Haverá obrigação de reparar o dano, independentemente de culpa, nos casos especificados em lei, ou quando a atividade normalmente desenvolvida pelo autor do dano implicar, por sua natureza, risco para os direitos de outrem* (**art. 927, *caput* e parágrafo único**).

Assim, de conformidade com os dispositivos acima indicados, a **responsabilidade extracontratual, ou aquiliana**, é configurada sempre que presentes os seguintes elementos: **a)** ato ilícito decorrente de conduta comissiva ou omissiva; **b)** culpa do agente (elemento subjetivo); e **c)** dano material ou moral causado ao ofendido (elemento objetivo). A **exclusão do elemento subjetivo** (culpa do agente) depende de condição específica, qual seja, desenvolvimento de atividade que, por sua natureza, exponha terceiros a **condição de risco**. Nesta hipótese, o dever de indenizar depende apenas da verificação da prática de ato ilícito e da ocorrência, como consequência do ato ilícito, do dano moral ou material ao ofendido.

No campo do Direito do Trabalho, as indenizações em favor do empregado decorrem de duas concepções distintas: **a)** indenizações por dano moral ou dano à imagem que não decorram do campo da proteção à saúde e à integridade física do trabalhador. São aquelas imputadas ao empregador em razão, por exemplo, de discriminação, por violação à intimidade e à privacidade do empregado, por assédio moral, por uso indevido da imagem do trabalhador etc.; **b)** indenizações por dano material, por dano moral ou por dano estético decorrentes do campo de proteção à segurança e à saúde do trabalhador (lesões acidentárias).

■ **Direitos não patrimoniais: indenização por dano moral ou à imagem** — a ofensa ao patrimônio imaterial do trabalhador deve ser reparada pelo empregador por meio do pagamento de indenizações por dano moral ou por dano à imagem.

A responsabilidade imputada ao empregador neste caso decorre, entre outras, das seguintes condutas praticadas por ele ou por seus prepostos contra o trabalhador:

■ **Prática de ato discriminatório** — atitudes discriminatórias praticadas quando da admissão do empregado, durante a vigência do contrato de trabalho ou no término deste impõem ao empregador o dever de indenizar o trabalhador.

A **discriminação** por motivo de sexo, idade, cor, estado civil e deficiência física ou mental é expressamente proibida pelo **art. 7.º, incisos XXX e XXXI, da Constituição Federal**.

Através do **Decreto n. 10.932/2022** foi promulgada a Convenção Interamericana contra o Racismo, a Discriminação Racial e Formas Correlatas de Intolerância, firmado pela República Federativa do Brasil, na Guatemala, em 5 de junho de 2013. Entre as disposições da Convenção, destaca-se o compromisso dos países em formular e implementar políticas cujo propósito seja proporcionar tratamento equitativo e gerar igualdade de oportunidade para todas as pessoas. O texto da Convenção fala expressamente em "políticas de caráter educacional, medidas trabalhistas ou sociais, ou qualquer outro tipo de política promocional".

A **Lei n. 9.029/95** proíbe a adoção de qualquer **prática discriminatória** e limitativa para efeito de acesso à relação de emprego, ou sua manutenção, por motivo de sexo, origem, raça, cor, estado civil, situação familiar ou idade.

Portanto, qualquer forma de discriminação praticada contra o empregado não pode ser aceita, gerando ao mesmo o **direito ao recebimento de indenização por danos morais**.

A prática de atos discriminatórios pelo empregador ou por seus prepostos em relação ao empregado é passível de imposição de multa administrativa de dez vezes o valor do maior salário pago pelo empregador, elevado em 50% em caso de reincidência, além da proibição de que o empregador obtenha financiamento junto a instituições financeiras oficiais **(art. 3.º, Lei n. 9.029/95)**.

Na hipótese de **dispensa do empregado, fundada em motivo discriminatório**, além da reparação pelo dano moral, a ele é facultado optar entre: **a) a readmissão no emprego, com ressarcimento integral de todo o período de afastamento**, mediante pagamento das remunerações devidas, corrigidas monetariamente e acrescidas de juros legais; ou **b) a percepção, em dobro, da remuneração do período de afastamento**, corrigida monetariamente e acrescida de juros legais **(art. 4.º, Lei n. 9.029/95)**.

A **dispensa** de empregado **portador do vírus HIV** ou de outra **doença grave que suscite estigma ou preconceito** é **presumidamente discriminatória**, gerando o direito do empregado à **reintegração no emprego**.

> **SÚMULA 443, TST:** "Presume-se discriminatória a despedida de empregado portador do vírus HIV ou de outra doença grave que suscite estigma ou preconceito. Inválido o ato, o empregado tem direito à reintegração no emprego".

A **Lei n. 12.984/2014** passou a **definir como crime condutas discriminatórias contra o portador do vírus HIV**, entre as quais: negar emprego ou trabalho, segregar no ambiente de trabalho e divulgar a condição do portador do vírus HIV ou de doente de AIDS, com intuito de ofender-lhe a dignidade.

Através da **Lei n. 14.238/2021** foi instituído o Estatuto da Pessoa com Câncer, o qual indica, entre seus princípios essenciais, o respeito à dignidade da pessoa humana, à igualdade, à não discriminação e à autonomia individual (**art. 2.º, I**). O Estatuto também prevê que "nenhuma pessoa com câncer será objeto de qualquer tipo de negligência, discriminação ou violência, e todo atentado aos seus direitos, por ação ou omissão, será punido na forma da lei", sendo que "considera-se discriminação qualquer distinção, restrição ou exclusão em razão da doença, mediante ação ou omissão, que tenha o propósito ou o efeito de prejudicar, de impedir ou de anular o reconhecimento dos direitos assegurados" (**art. 6.º**).

Sobre o tema, questão relevante é a exigência de *certidão de antecedentes criminais* para a contratação de empregados, que pode ser considerada exigência discriminatória. Através do Incidente de Recursos Repetitivos (IRR) 24300-58.2013.5.13.0023, a SDI-1 do TST fixou a tese de que exigência de certidão só é legítima se for justificada por lei, natureza do ofício ou grau especial de fidúcia exigido.

Observação:

A utilização das chamadas *listas negras*, das quais constam os nomes de empregados que, por exemplo, participaram de greves ou ajuizaram reclamações trabalhistas contra o empregador, tem por objetivo discriminar e impedir a obtenção de novo emprego e, portanto, gera o direito ao recebimento de indenização por dano moral.

■ **Ofensa à intimidade** — intimidade refere-se ao que é íntimo, interior, particular e restrito ao indivíduo. O direito à intimidade insere-se no âmbito de proteção à dignidade humana e deve ser assegurado não só no ambiente domiciliar da pessoa (onde revela ser mais incisivo), mas também no ambiente de trabalho (onde há uma certa relativização do direito que, no entanto, não deixa de existir e de necessitar de proteção).

A preservação da intimidade do empregado deve ser respeitada mesmo antes da celebração do contrato de trabalho. Assim, os testes (por exemplo, exames grafotécnico, médico e psicotécnico), as entrevistas e as dinâmicas de grupo realizados durante o processo seletivo do candidato ao emprego devem limitar-se às informações necessárias e devem ser realizados de forma razoável, sob pena de se ferir o direito à intimidade.

Durante a vigência do contrato de trabalho, as situações que mais têm suscitado discussões no campo doutrinário e jurisprudencial dizem respeito à utilização de câmeras e de escutas no local de trabalho, bem como a realização de revistas no empregado e em seus pertences. A adoção destes procedimentos não pode ultrapassar a fronteira da **proteção à dignidade humana**.

A **utilização de câmeras e escutas** somente é admitida se tal conduta for de conhecimento dos empregados e desde que os aparelhos estejam espalhados no ambiente de trabalho de forma aleatória, sem estarem dirigidos diretamente a um ou a alguns empregados especificamente. A **revista em pertences do empregado** somente é admitida se realizada na presença dele e, mesmo assim, desde que não seja realizada de forma invasiva e violenta. A **revista no corpo do empregado**, principalmente a chamada *revista íntima*, não é aceita, tendo em vista que agride frontalmente a dignidade humana do trabalhador.

O **monitoramento do correio eletrônico (e-mail)** utilizado pelo empregado pode ser feito desde que ele seja avisado de que tal conduta passará a ser adotada pelo empregador e, ainda, desde que seja realizada no correio eletrônico fornecido pelo empregador para ser utilizado com exclusividade para questões de trabalho. E-mails pessoais não podem ser monitorados pelo empregador.

▪ **Ofensa à vida privada** — vida privada é um conceito mais amplo que intimidade e **abrange a convivência familiar e de amizades**. Haverá lesão à vida privada do empregado quando ocorrer "intromissão patronal nessas esferas restritas do convívio, percutindo no âmbito da relação de emprego ou vice-versa".[83]

A ofensa à vida privada do empregado **pode ocorrer mesmo antes de sua contratação**, sempre que as entrevistas feitas durante o processo seletivo forem invasivas ou quando o empregador realizar investigações sobre a vida pessoal do empregado.[84]

Durante a **vigência do contrato de trabalho**, caracterizam-se como ofensa à privacidade situações em que o empregador, por exemplo, pretende impedir que o empregado mantenha relacionamentos pessoais, namoros ou casamento com outros empregados da empresa ou realize investigações sobre sua vida pessoal.

▪ **Ofensa à honra** — o conceito de honra está ligado ao juízo de valor que é feito por outrem a respeito de determinado indivíduo. A proteção à honra do empregado é, na

---

[83] TEIXEIRA FILHO, João de Lima. In: SÜSSEKIND, Arnaldo et al. *Instituições de direito do trabalho*, 22. ed., v. 1, p. 650.
[84] Como, por exemplo, a exigência de antecedentes criminais de candidatos a emprego.
O Tribunal Superior do Trabalho, por meio da sua Subseção 1 de Dissídios Individuais, nos autos do no julgamento de incidente de recurso repetitivo, com efeito vinculante, concluiu que "não é legítima e caracteriza lesão moral a exigência de Certidão de Antecedentes Criminais de candidato a emprego quando traduzir tratamento discriminatório ou não se justificar em razão de previsão em lei, da natureza do ofício ou do grau especial de fidúcia exigido" (precedente vinculante).

verdade, uma das maneiras de preservar-lhe a dignidade humana. Todas as condutas do empregador que coloquem o empregado em situação vexatória, humilhante ou constrangedora agridem sua honra e merecem reparação pelos danos morais suportados.

Da mesma forma, o tratamento do empregado com rigor excessivo e o exercício abusivo do poder de direção (abrangendo os poderes de organização, de controle e disciplinar) caracterizam ofensa à honra e geram o direito ao recebimento de indenização por dano moral.

■ **Ofensa à imagem** — decorre do uso deturpado ou não autorizado da figura do empregado, para fins comerciais ou não.[85] Assim, a utilização de fotos do empregado em campanhas publicitárias da empresa, sem sua autorização prévia, fere-lhe a imagem, gerando o direito a uma indenização.

A imagem também se relaciona ao conceito valorativo que é feito de um determinado indivíduo pelos demais. Portanto, divulgar informações inverídicas ou desabonadoras sobre o empregado ofende a sua imagem e impõe o dever de indenizar.

Também "o exercício imoderado do poder disciplinar pelo empregador pode gerar, perante o 'público interno', deformidades à imagem do trabalhador injustamente apenado".[86]

Em relação ao **momento em que o empregado pode sofrer dano moral**, três possibilidades são verificadas no dia a dia das relações trabalhistas:

■ **lesão que ocorre antes mesmo da celebração do contrato de trabalho:** neste momento, o "futuro" empregador ou seus prepostos podem praticar atos que ofendam a honra, a imagem, a privacidade e a intimidade do "futuro" empregado (por exemplo, a aplicação de alguns tipos de testes durante os processos de seleção, a obtenção de informações sobre o empregado em cadastros de crédito, a realização de alguns tipos de exames médicos ou de exames grafotécnicos etc.);

■ **lesão que ocorre durante a vigência do contrato de trabalho:** considerando que dano moral é todo sentimento de sofrimento, de humilhação, de dor psíquica decorrente da prática de atos lesivos a interesses não patrimoniais de alguém, toda vez que o empregador ou seus prepostos agirem de forma ofensiva aos direitos imateriais do empregado, tais como procedimentos discriminatórios, vexatórios, excessivamente rigorosos, degradantes, invasivos da intimidade ou da privacidade, a Constituição Federal garante-lhe o direito de ser indenizado pelos danos morais sofridos;

■ **lesão que ocorre no momento da rescisão do contrato de trabalho:** ainda que a rescisão do contrato seja formalmente legal, caso seja fundada em motivo

---

[85] TEIXEIRA FILHO, João de Lima. In: SÜSSEKIND, Arnaldo et al. *Instituições de direito do trabalho*, 22. ed., v. 1, p. 655.
[86] TEIXEIRA FILHO, João de Lima. In: SÜSSEKIND, Arnaldo et al. *Instituições de direito do trabalho*, 22. ed., v. 1, p. 658.

discriminatório ou venha acompanhada da divulgação de falsas informações desabonadoras da conduta do empregado, este faz jus à compensação pelo dano moral sofrido.

Portanto, a proteção à integridade moral do empregado deve ser observada antes, durante e após o término do contrato de trabalho.

Sobre a questão do dano moral decorrente da relação de emprego, importante ressaltar que a doutrina adota entendimento no sentido de que **há uma reciprocidade do dever de preservar a integridade moral**, ou seja, o empregador também está protegido pela garantia constitucional que veda as violações à honra e à imagem, sendo certo que o **art. 5.º, X, da Constituição Federal** garante indenização a todas as pessoas, inclusive às jurídicas. Nesse sentido, João de Lima Teixeira Filho afirma que "no Direito do Trabalho esta posição se nos afigura inatacável em virtude da formulação simétrica dos arts. 482, *k*, e 483, *e*, da CLT colocar indistintamente empregado e empregador na posição de agente ou objeto do mesmo ilícito trabalhista — 'ato lesivo à honra e à boa fama'. É certo que tal se dá para fins de extinção da relação de emprego. Todavia, não menos exato é que a lei pressupõe que a honra e a boa fama do 'empregador' possam ser tisnadas. E, se podem sê-lo, é porque o empregador as tem". E conclui, afirmando que "a maior incidência do ilícito em relação a uma das partes do contrato de trabalho, o empregado, não pode gerar o raciocínio simplista de que o outro contratante está ao desabrigo de igual direito, quando episodicamente agravado"[87].

■ **Lesões acidentárias: indenização por dano material, dano moral ou dano estético** — durante a vigência do contrato de trabalho, também podem ocorrer lesões à saúde e à integridade física do trabalhador, decorrentes de acidentes do trabalho ou de doenças adquiridas por ele em razão da atividade laboral exercida na empresa. São as chamadas **lesões acidentárias**, que também podem gerar o dever do empregador de indenizar o empregado pelos danos materiais, morais e estéticos suportados.

Em relação aos **danos materiais**, estes têm origem no fato de que, em razão das lesões acidentárias, o trabalhador pode sofrer perdas patrimoniais significativas, decorrentes dos gastos que tiver com sua recuperação e, ainda, de restrições ou de impossibilidade de trabalho que possam sobrevir por incapacidade parcial ou total, consequências da lesão sofrida.

Portanto, como ensina Mauricio Godinho Delgado, os danos materiais têm **duas dimensões distintas**: **a)** aquilo que efetivamente se perdeu (danos emergentes); e **b)** aquilo que se deixou de ganhar (lucros cessantes).[88]

Além dos danos materiais, as lesões acidentárias, dependendo de sua gravidade, podem causar também **danos morais** e **danos estéticos** ao empregado, sendo passíveis

---

[87] SÜSSEKIND, Arnaldo et al. *Instituições de direito do trabalho*, 22. ed., v. 1, p. 642.
[88] DELGADO, Mauricio Godinho. *Curso de direito do trabalho*, 18. ed., p. 740.

de reparação. O acidente do trabalho e a doença decorrente da atividade laboral podem deixar sequelas temporárias ou permanentes no indivíduo, causando-lhe, além das dores físicas, dor psíquica, o que enseja o pagamento de indenização compensatória.

Em decorrência da lesão acidentária, o empregado pode experimentar perda material, perda moral e perda estética. Exatamente por esta razão "a ordem jurídica acolhe a possibilidade de cumulação de indenizações por dano material, dano moral e dano estético, ainda que a lesão acidentária tenha sido a mesma".[89]

Como forma de minimizar os prejuízos materiais sofridos pelo empregado em razão do acidente do trabalho, o TST adota entendimento no sentido de ser **obrigatória a manutenção do plano de saúde ou de assistência médica** oferecido pela empresa, **durante o período de afastamento** do trabalho com percepção de **auxílio-doença acidentário** ou de **aposentadoria por invalidez**.

> **SÚMULA 440, TST:** "Assegura-se o direito à manutenção de plano de saúde ou de assistência médica oferecido pela empresa ao empregado, não obstante suspenso o contrato de trabalho em virtude de auxílio-doença acidentário ou de aposentadoria por invalidez".

Responsabilidade indenizatória do empregador — requisitos

Em qualquer uma das situações acima estudadas, os **elementos que devem ser aferidos para que se possa responsabilizar o empregador** são:

- *dano* — o dano alegado, seja ele material ou moral, deve estar evidenciado, ou seja, sua existência deve ser comprovada no caso concreto, "sob pena de faltar um requisito essencial à incidência da indenização viabilizada pela ordem jurídica", sendo certo, porém, "que certos danos, na presente seara temática, são, como se sabe, até mesmo *autoevidentes*";[90]

- *nexo causal* — deve o julgador perquirir a existência fática de um liame de causa e efeito entre a conduta praticada pelo empregador, ou por seus prepostos, e o dano sofrido pelo empregado. Somente o dano comprovadamente decorrente de ação ou omissão do empregador, ou de seus prepostos, gera-lhe o dever de indenizar o empregado;

- *culpa* — a ação ou omissão do empregador, ou de seus prepostos, deve ser culposa. Somente o dano, material ou moral, causado ao empregado em decorrência de negligência, imprudência ou imperícia do empregador, ou de seus prepostos, é passível de ser indenizado.

---

[89] DELGADO, Mauricio Godinho. *Curso de direito do trabalho*, 18. ed., p. 742.
[90] DELGADO, Mauricio Godinho. *Curso de direito do trabalho*, 18. ed., p. 744.

A análise dos elementos da responsabilidade civil permite concluir que, como regra, **a responsabilidade do empregador por danos causados aos seus empregados é** *subjetiva*, não tendo a Constituição Federal de 1988 e o Código Civil de 2002 alterado essa situação.

Especificamente em relação à responsabilidade do empregador por acidente do trabalho, o **art. 7.º, XXVIII, da Constituição Federal** prevê expressamente que o empregador está obrigado a indenizar **quando *incorrer em dolo ou culpa***. O texto constitucional fala genericamente em culpa, sem graduá-la (leve, grave ou gravíssima), o que implica em concluir que basta a comprovação de culpa, ainda que leve, para a responsabilização indenizatória. Todavia, como esclarece Mauricio Godinho Delgado, "sendo levíssima a culpa empresarial, tal circunstância deve, sem dúvida, afetar a estipulação do valor indenizatório, atenuando-o".[91]

Da mesma forma, o **art. 186 do Código Civil**, ao estabelecer a responsabilidade por ato ilícito fala expressamente em *negligência ou imprudência*, ou seja, em *culpa*, posicionamento mantido no **art. 927,** *caput*, que, fazendo remissão expressa ao **art. 186**, prevê o dever de indenizar. Portanto, a regra sobre responsabilidade civil estabelecida pelo Código Civil (que, aliás, manteve a regra do Código de 1916 — art. 159) é bastante clara: quem, *por culpa*, causar dano a outrem deve indenizá-lo.

No entanto, o Código Civil de 2002, diferentemente do Código anterior, passou a prever uma **situação de relativização da teoria da responsabilidade subjetiva por danos**. Trata-se da regra contida no **parágrafo único do art. 927**, que prevê: "Haverá obrigação de reparar o dano, independentemente de culpa, nos casos especificados em lei, ou quando a atividade normalmente desenvolvida pelo autor do dano implicar, por sua natureza, risco para os direitos de outrem".

Mauricio Godinho Delgado entende que uma **tendência de *objetivação da responsabilidade civil***, mais especificamente em relação à responsabilização do empregador por danos acidentários, foi trazida pela própria Constituição de 1988, tendo sido reforçada pela previsão do **parágrafo único do art. 927 do Código Civil de 2002**. Nesse sentido, afirma que, "tratando-se de atividade empresarial, ou de dinâmica laborativa (independentemente da atividade da empresa), fixadoras de risco para os trabalhadores envolvidos, desponta a exceção ressaltada pelo parágrafo único do art. 927 do CCB/2002, tornando objetiva a responsabilidade empresarial por danos acidentários (responsabilidade em face do risco)".[92]

O **Supremo Tribunal Federal**, no julgamento do RE n. 828.040/DF (**Tema 932 de Repercussão Geral**), fixou a seguinte tese jurídica: " O artigo 927, parágrafo único, do Código Civil é compatível com o artigo 7.º, XXVIII, da Constituição Federal, sendo constitucional a responsabilização objetiva do empregador por danos decorrentes de acidentes de trabalho, nos casos especificados em lei, ou quando a atividade

---

[91] DELGADO, Mauricio Godinho. *Curso de direito do trabalho*, 18. ed., p. 745.
[92] DELGADO, Mauricio Godinho. *Curso de direito do trabalho*, 18. ed., p. 746.

normalmente desenvolvida, por sua natureza, apresentar exposição habitual a risco especial, com potencialidade lesiva e implicar ao trabalhador ônus maior do que aos demais membros da coletividade".

A **responsabilidade objetiva do empregador é, portanto, excepcional**, somente se aplicando em relação aos danos decorrentes de acidentes do trabalho e, mesmo assim, apenas se a atividade normalmente desenvolvida pelo empregador implicar, por sua natureza, em risco para os trabalhadores envolvidos. A **regra continua sendo a da responsabilidade subjetiva**, que depende da comprovação de culpa, sendo aplicável mesmo em caso de acidente do trabalho quando a atividade do empregador não envolver, por sua própria natureza, condição normal de risco aos empregados.

Não obstante a discussão doutrinária e jurisprudencial que vem sendo travada sobre a questão da responsabilidade objetiva do empregador, o fato é que o Tribunal Superior do Trabalho vem se posicionando reiteradamente sobre a manutenção do critério da responsabilidade subjetiva do empregador como regra e, somente por exceção, nos estritos limites do parágrafo único do **art. 927 do Código Civil**, vem admitindo a aplicação da teoria da responsabilidade objetiva por acidentes do trabalho.[93]

4.7.2.3. Da reparação do dano extrapatrimonial

A **Lei n. 13.467/2017** (*Reforma Trabalhista*) instituiu regramento próprio para a **reparação de danos de natureza extrapatrimonial decorrentes da relação de trabalho (arts. 223-A a 223-G, CLT)**, sendo que esses dispositivos são aplicáveis a situações decorrentes de ação ou omissão das quais decorram ofensa à esfera moral ou existencial da pessoa física ou jurídica, as quais são **titulares exclusivas do direito à reparação (art. 223-A e art. 223-B, CLT)**.

O art. 223-B da CLT, ao prever que as pessoas físicas ou jurídicas ofendidas são as titulares exclusivas do direito à reparação, aparentemente teria afastado o chamado "dano em ricochete", ou seja, afastaria a possibilidade de reconhecimento da legitimidade ativa de herdeiros (ascendentes ou descendentes) do trabalhador para pleitear indenização por dano extrapatrimonial causado a este último, o que vinha gerando bastante discussão. No entanto, a questão foi dirimida pelo STF no julgamento das ADIs n. 6.050,

---

[93] "RECURSO DE REVISTA. LEI N. 13.467/2017. ACIDENTE DE TRABALHO. MOTORISTA DE CAMINHÃO EM RODOVIA. ATIVIDADE DE RISCO. RESPONSABILIDADE OBJETIVA DA RECLAMADA. TRANSCENDÊNCIA JURÍDICA RECONHECIDA. Conforme se extrai do acórdão recorrido, o acidente ocorreu quando o empregado estava na condução de veículo automotor no exercício de suas funções laborais com risco maior de acidente de trânsito, do que aquele a que se submete a coletividade. Portanto a controvérsia deve ser examinada sob o enfoque da responsabilidade objetiva da empregadora ante o risco acentuado a que estava exposto o Empregado (art. 927, parágrafo único, do CCB c/c art. 7.º, *caput*, da CF/1988). Esta Corte tem adotado o entendimento de que se aplica a responsabilidade objetiva pelo risco profissional nas atividades que envolvem a condução de veículo, no exercício da função de motorista, laborando no interesse da Empregadora como função de trabalho. Nesse sentido, os julgados desta Corte. Recurso de revista conhecido e provido" (RR-0010678-78.2022.5.03.0104, 6.ª T., rel. Min. Antonio Fabricio de Matos Goncalves, *DEJT* 26.11.2024).

6.069 e 6.082, restando definido que "As redações conferidas aos arts. 223-A e 223-B, da CLT, não excluem o direito à reparação por dano moral indireto ou dano em ricochete no âmbito das relações de trabalho, a ser apreciado nos termos da legislação civil".[94]

Assim, aplica-se o art. 943 do Código Civil, que prevê que "o direito de exigir reparação e a obrigação de prestá-la transmite-se com a herança" e também o art. 12 do mesmo diploma legal, que dispõe que "pode-se exigir que cesse a ameaça, ou a lesão, a direito da personalidade, e reclamar perdas e danos, sem prejuízo de outras sanções previstas em lei".

"[...] II — RECURSO DE REVISTA INTERPOSTO SOB A ÉGIDE DA LEI N. 13.467/2017. ESPÓLIO. LEGITIMIDADE ATIVA. ACIDENTE DE TRABALHO. MORTE DO EMPREGADO. BRUMADINHO. INDENIZAÇÃO POR DANO MORAL. POSSIBILIDADE. TRANSCENDÊNCIA POLÍTICA RECONHECIDA. Cinge a controvérsia a respeito da legitimidade ativa do espólio para pleitear indenização por danos extrapatrimoniais e existenciais provenientes do evento morte do empregado em razão da tragédia de Brumadinho. Na hipótese, o Tribunal Regional declarou, de ofício, a ilegitimidade do espólio, argumentando que não possui legitimidade para o pedido de reparação por danos morais decorrente do falecimento do trabalhador. De acordo com o art. 943 do Código Civil 'o direito de exigir reparação e a obrigação de prestá-la transmite-se com a herança' e o art. 12 do mesmo diploma legal dispõe que 'pode-se exigir que cesse a ameaça, ou a lesão, a direito da personalidade, e reclamar perdas e danos, sem prejuízo de outras sanções previstas em lei. Parágrafo único. Em se tratando de morto, terá legitimação para requerer a medida prevista neste artigo o cônjuge sobrevivente, ou qualquer parente em linha reta, ou colateral até o quarto grau'. Diante disso, o dano porventura sofrido pelo empregado falecido na tragédia integra o patrimônio transmitido com a herança e assim, nasce o direito do espólio em pedir a reparação por danos morais e existenciais. Portanto, com base nessa premissa e nos fundamentos legais citados, a jurisprudência desta Corte é firme no sentido de que o direito de ação para pleitear indenização de danos morais, decorrente de empregado falecido em acidente de trabalho, é transmitido com a herança, pois tal ação possui natureza patrimonial e assim, o espólio se torna parte legítima para o pedido. Nesse sentido, ainda, a Súmula n. 642 do STJ. Recurso de revista conhecido e provido." (TST, RR-0010688-02.2021.5.03.0026, rel. Jose Pedro de Camargo Rodrigues de Souza, 6.ª T., *DEJT* 19.04.2024).

"[...] B) RECURSO DE REVISTA. PROCESSO SOB A ÉGIDE DA LEI N. 13.015/2014 E ANTERIOR À LEI N. 13.467/2017. LEGITIMIDADE ATIVA PARA A CAUSA. ESPÓLIO. DOENÇA OCUPACIONAL. INDENIZAÇÃO POR DANO MORAL. AÇÃO DE NATUREZA PATRIMONIAL. Trata-se a discussão sobre a legitimidade ativa do espólio para pleitear indenização por dano moral em decorrência de suposta doença ocupacional que acometeu o empregado falecido. O TRT, ao examinar o tema, concluiu que 'agiu com acerto juízo a quo quando extinguiu processo sem resolução do mérito, por ilegi-timidade ativa ad causam'. A propósito, fundamentou: 'O espólio é parte ilegítima na demanda que tem por objeto o pagamento de indenização por dano moral decorrente da morte do *de cujus*. Isto porque o direito ao recebimento da reparação por lesão extra patrimonial

---

[94] Decisão transitada em julgado em 26.08.2023.

possui natureza personalíssima, sendo, destarte, intransferível. O espólio não é titular da pretensão de reparação dos danos morais sofridos em decorrência da morte do *de cujus*, pois impassível de sofrer a dor, ou de sentir qualquer repercussão íntima, pela passagem do falecido. Apenas os herdeiros possuem legitimidade para vindicar, em nome próprio, reparação por danos morais decorrentes da dor experimentada por cada um deles, advinda do fatídico acidente'. Conforme se depreende das razões do recurso de revista (fl. 1541 — pdf), a Parte Autora aduz que 'o julgado regional destoa do entendimento majoritário de diversos outros tribunais que consideram o espólio e os herdeiros parte legítima para pleitear reparação por danos morais pelo empregado falecido'. Acrescenta que 'no caso da vítima vir a falecer em função do acidente estão legitimados para propor a ação os herdeiros, visando buscar o pagamento da respectiva indenização para integrar o espólio do falecido, pois o fato gerador se dá com o evento danoso, fazendo nascer para o titular da pretensão e para seus herdeiros, o direito de buscar em juízo a reparação devida, não havendo falar-se em transmissibilidade do dano moral, mas em sucessão do direito de acionar o causador da ofensa à vítima'. Depreende-se dos autos que a pretensão de reparação por dano moral decorre de dano eventualmente sofrido pelo ex-empregado falecido e, por conseguinte, incorporado ao patrimônio a ser transmitido com a herança. Feitas essas considerações, registre-se que o espólio é o conjunto dos bens que integra o patrimônio deixado pelo de cujus e que será partilhado, no inventário, entre os herdeiros, sendo representado em Juízo, ativa e passivamente, pelo inventariante, conforme o disposto no art. 75, VII, do CPC/2015. O art. 943 do CCB preceitua que 'o direito de exigir reparação e a obrigação de prestá-la transmitem-se com a herança'. O art. 12, *caput*, e parágrafo único, do CCB, por sua vez, dispõe: 'Art. 12. Pode-se exigir que cesse a ameaça, ou a lesão, a direito da personalidade, e reclamar perdas e danos, sem prejuízo de outras sanções previstas em lei. Parágrafo único. Em se tratando de morto, terá legitimação para requerer a medida prevista neste artigo o cônjuge sobrevivente, ou qualquer parente em linha reta, ou colateral até o quarto grau'. Com fundamento no disposto nos arts. 12, *caput*, parágrafo único, e 943 do CCB, a jurisprudência desta Corte direciona-se no sentido de que, apesar de os direitos da personalidade serem personalíssimos e, portanto, intransmissíveis, a natureza da ação é patrimonial, sendo o Espólio parte legítima para tal pleito. Logo, o Espólio de empregado falecido em decorrência de suposta doença ocupacional detém legitimidade ativa ad causam para pleitear indenização por dano moral decorrente desse evento. São legitimados, também, aqueles que compõem o núcleo familiar, ou seja, as pessoas que, de fato, mantinham vínculos de afeição, amizade e amor com a vítima, ou, ainda, os dependentes habilitados perante a Previdência Social ou na forma da legislação específica dos servidores civis e militares e, na sua falta, aos sucessores previstos na lei civil, indicados em alvará judicial, independentemente de inventário ou arrolamento, conforme o teor do art. 1.º da Lei n. 6.858/80. A decisão do Tribunal Regional, portanto, ao considerar o espólio parte ilegítima para figurar no polo ativo da presente lide, quanto ao pedido de indenização por dano moral decorrente de suposta doença ocupacional, violou o art. 943 do CCB. Julgados desta Corte e do STJ. Recurso de revista conhecido e provido." (TST, RR-00000973020175050037, rel. Mauricio Godinho Delgado, 3.ª T., *DEJT* 09.08.2024).

São **responsáveis pelo dano extrapatrimonial** todos os que tenham colaborado para a ofensa ao bem jurídico tutelado, na proporção da ação ou da omissão **(art. 223-E, CLT)**.

O legislador indica quais são os **bens juridicamente tutelados (art. 223-C e art. 223-D, CLT)**:

■ **da pessoa natural** — a etnia, a idade, a nacionalidade, a honra, a imagem, a intimidade, a liberdade de ação, a autoestima, o gênero, a orientação sexual, a saúde, o lazer e a integridade física;

■ **da pessoa jurídica** — a imagem, a marca, o nome, o segredo empresarial e o sigilo da correspondência.

A indenização por danos extrapatrimoniais pode ser **pedida cumulativamente** com a indenização por danos materiais decorrentes do mesmo ato lesivo, sendo que, havendo cumulação de pedidos, o juízo, ao proferir a decisão, discriminará os valores das indenizações a título de danos patrimoniais e das reparações por danos de natureza extrapatrimonial **(art. 223-F, *caput* e § 1.º, CLT)**. As perdas e danos, compreendendo os **lucros cessantes e danos emergentes**, não interfere na avaliação dos danos extrapatrimoniais **(art. 223-F, § 2.º, CLT)**.

Outra questão relevante sobre a responsabilização do empregador é a relativa às hipóteses que permitem uma **atenuação ou até a exclusão da responsabilidade**, aplicáveis mesmo quando se esteja diante de uma circunstância de responsabilidade objetiva nos termos do **parágrafo único do art. 927 do Código Civil**.

A **responsabilidade do empregador é excluída** sempre que não tenha havido a comprovação do dano ou do nexo causal entre o dano e a conduta omissiva ou comissiva do empregador ou de seus prepostos (não há relação com o ambiente laboral) e, ainda, quando o empregador comprovar que o dano decorreu de culpa exclusiva do empregado.[95]

---

[95] "[...] RECURSO DE REVISTA INTERPOSTO PELA PARTE AUTORA. RESPONSABILIDADE CIVIL DO EMPREGADOR. ACIDENTE DE TRABALHO. MORTE DO EMPREGADO. MOTORISTA CARRETEIRO. ATIVIDADE DE RISCO. RESPONSABILIDADE OBJETIVA. CULPA EXCLUSIVA DA VÍTIMA. CONFIGURAÇÃO. 1. Não há dúvidas de que a atividade do motorista carreteiro é de risco e atrai a responsabilidade objetiva do empregador, jurisprudência pacífica deste Tribunal Superior do Trabalho, também consagrada pelo Supremo Tribunal Federal que admitiu sua incidência no âmbito dos acidentes de trabalho (Tema 932). 2. Não obstante, a doutrina é remansosa ao reconhecer a existência de excludentes da responsabilidade objetiva, como é o caso em que o acidente se verifica exclusivamente em razão da desatenção do trabalhador. 3. De fato, quando se trata de risco profissional ou da atividade laborativa, o empresário só pode (e deve) tomar providências acautelatórias e protetivas da saúde e integridade física do trabalhador até determinado limite (e esse é o limite de sua responsabilidade subjetiva), pois como a atividade laborativa é desenvolvida pelo empregado, boa parcela de comportamentos e providências acautelatórias caberá a ele próprio (o empregado) adotar. Por assim dizer: mesmo nas atividades laborativas arriscadas, pode (e deve) o trabalhador controlar a intensidade desse risco. 4. Mais do que isso: se a redução dos riscos da atividade laborativa depende, também, do comportamento do próprio trabalhador, ignorar esse dever de diligência e atenção aos mais básicos e intuitivos preceitos de segurança seria edificar um sistema que, no dizer de Ramón Domínguez Águila, 'desalienta el comportamiento responsable de los trabajadores y termina por alentar conductas irresponsables, ajenas a todo deber de autocuidado'. 5. Não se descarta a possibilidade de se reconhecer a concausalidade quando a contribuição causal do trabalhador é pequena, porém, no caso dos autos o acórdão regional registra que as circunstâncias de risco acentuado não existiam: o dia estava claro, não havia chuva ou falta de visibilidade e o veículo com o qual o autor colidiu pela traseira, estava parado e devidamente sinalizado. 6. Assim, verifica-se que

A **atenuação da responsabilidade do empregador** ocorre sempre que comprove que houve culpa concorrente do empregado, situação em que a indenização devida pelo dano deve ser reduzida de forma proporcional à extensão da culpa do trabalhador.[96]

Ao **apreciar o pedido de indenização por dano extrapatrimonial**, o juiz deverá considerar (**art. 223-G, CLT**):

- a natureza do bem jurídico tutelado;
- a intensidade do sofrimento ou da humilhação;
- possibilidade de superação física ou psicológica;
- os reflexos pessoais e sociais da ação ou da omissão;
- a extensão e a duração dos efeitos da ofensa;
- as condições em que ocorreu a ofensa ou o prejuízo moral;
- o grau de dolo ou culpa;
- a ocorrência de retratação espontânea;
- o esforço efetivo para minimizar a ofensa;
- o perdão, tácito ou expresso;
- a situação social e econômica das partes envolvidas;
- o grau de publicidade da ofensa.

Ao julgar as ADIs n. 6.050, 6.069 e 6.082, o STF, adotando interpretação conforme a Constituição, estabeleceu que "os critérios de quantificação de reparação por dano extrapatrimonial previstos no art. 223-G, *caput* e § 1.º, da CLT deverão ser observados

---

o acidente que vitimou o trabalhador foi causado exclusivamente por sua desatenção, circunstância suficiente para afastar o risco como fator concausal. Recurso de revista não conhecido" (Ag-RRAg-394-19.2021.5.09.0673, 1.ª T., red. Min. Amaury Rodrigues Pinto Junior, *DEJT* 19.11.2024).
"AGRAVO — AGRAVO DE INSTRUMENTO EM RECURSO DE REVISTA DA RECLAMANTE INTERPOSTO SOB A ÉGIDE DA LEI N. 13.467/2017 — ACIDENTE DO TRABALHO — ATIVIDADE DE RISCO — RESPONSABILIDADE CIVIL OBJETIVA — CULPA EXCLUSIVA DA VÍTIMA — EXCLUDENTE DE RESPONSABILIDADE. Esta Corte Superior consolidou entendimento no sentido de que a culpa exclusiva da vítima afasta a responsabilidade objetiva do empregador, por excluir o nexo de causalidade entre o dano e a atividade de risco. Agravo a que se nega provimento" (Ag-AIRR-11460-30.2017.5.18.0141, 4.ª T., rel. Min. Maria Cristina Irigoyen Peduzzi, *DEJT* 08.11.2024).

[96] "[...] II. RECURSO DE REVISTA REGIDO PELA LEI 13.015/2014. 1. ACIDENTE DE TRABALHO. INDENIZAÇÃO POR DANO MATERIAL. PENSÃO MENSAL. CULPA CONCORRENTE. VALOR. REDUÇÃO. Caso em que o Tribunal Regional, soberano na análise dos fatos e das provas dos autos, reconheceu a culpa concorrente do Reclamante para a ocorrência do acidente de trabalho (queda de escada), que resultou em fraturas no antebraço esquerdo, gerando incapacidade para o exercício da função de cabista. Nada obstante, manteve a condenação das Reclamadas ao pagamento de pensão mensal equivalente a 100% da remuneração do obreiro. Ao fixar a pensão em tal montante, a Corte Regional não considerou a necessidade de redução do valor, em razão da culpa concorrente da vítima, violando o artigo 945 do Código Civil. Recurso de revista conhecido e provido. [...]" (RR-16075-54.2014.5.16.0002, 5.ª T., rel. Min. Douglas Alencar Rodrigues, *DEJT* 13.12.2024).

pelo julgador como critérios orientativos de fundamentação da decisão judicial. É constitucional, porém, o arbitramento judicial do dano em valores superiores aos limites máximos dispostos nos incisos I a IV do § 1.º do art. 223-G, quando consideradas as circunstâncias do caso concreto e os princípios da razoabilidade, da proporcionalidade e da igualdade."[97]

◼ **Valor da indenização**

Uma vez comprovada a ocorrência do dano e a culpa do empregador, ou de seus prepostos, deve-se aferir sua extensão.

Tratando-se de **danos materiais**, a aferição é mais objetiva e precisa, partindo o julgador de elementos concretos que facilitam a fixação dos danos emergentes e dos lucros cessantes e, ainda, de valores vinculados à perda patrimonial decorrente da incapacidade parcial ou total para o trabalho.

No caso de **dano moral**, de **dano à imagem** ou de **dano estético**, porém, a subjetividade de que é revestido impõe ao julgador mais prudência e razoabilidade para o arbitramento da indenização, devendo sempre ser utilizados os **parâmetros que lhe servem de balizamento**, de acordo com a previsão do **art. 223-G, caput, CLT**.[98]

Importante ressaltar, porém, que mesmo se utilizando dos parâmetros supraindicados, o julgamento relativo ao dano moral ou ao dano estético é feito por meio de um **juízo de equidade**, pelo qual o juiz, atuando com sensatez, isenção e imparcialidade, arbitrará o valor da indenização compensatória pelo dano moral, pelo dano à imagem ou pelo dano estético.

Com base nessa análise, o juiz deverá definir o **grau da ofensa** verificada em cada caso concreto, para, a partir dessa definição, fixar a **indenização a ser paga** a cada um dos ofendidos, **com base nos valores estabelecidos em lei**, sendo **vedada a acumulação (art. 223-G, § 1.º, CLT)**[99]:

---

[97] Decisão transitada em julgado em 26.08.2023.

[98] "AGRAVO EM AGRAVO DE INSTRUMENTO EM RECURSO DE REVISTA. ACÓRDÃO PUBLICADO NA VIGÊNCIA DA LEI N. 13.467/2017. [...] ACIDENTE DE TRABALHO. INDENIZAÇÃO POR DANOS MORAIS. VALOR ARBITRADO. A decisão monocrática está correta, ao registrar tese no sentido de que esta Corte Superior somente efetua a revisão de valores de indenização por dano moral, nas hipóteses em que fixadas em quantia exorbitante ou irrisória. No caso em exame, o Tribunal Regional fixou em R$ 55.000,00 (cinquenta e cinco mil reais) o valor total da indenização por danos morais, sendo R$ 13.750,00 para cada reclamante. Para tanto, examinou as circunstâncias do caso, em especial o dano sofrido pelos entes queridos (esposa e filhos) do empregado falecido, a capacidade econômica da empresa e o fato de que o trabalhador concorreu para o acontecimento do infortúnio. Assim, percebe-se que o arbitramento da quantia observou os princípios da razoabilidade e proporcionalidade, motivo pelo qual não há falar em reforma do julgado. Agravo de que se conhece e a que se nega provimento" (Ag-AIRR-11151-23.2014.5.15.0068, 2.ª T., rel. Min. Sergio Pinto Martins, *DEJT* 01.07.2022).

[99] Ao julgar as ADIs n. 6.050, 6.069 e 6.082, o STF, adotando interpretação conforme a Constituição, estabeleceu que "os critérios de quantificação de reparação por dano extrapatrimonial previstos no art. 223-G, *caput* e § 1.º, da CLT deverão ser observados pelo julgador como critérios orientativos

- **ofensa de natureza leve** — até três vezes o último salário contratual do ofendido;
- **ofensa de natureza média** — até cinco vezes o último salário contratual do ofendido;
- **ofensa de natureza grave** — até vinte vezes o último salário contratual do ofendido;
- **ofensa de natureza gravíssima** — até cinquenta vezes o último salário contratual do ofendido.

Sendo o **ofendido pessoa jurídica**, os parâmetros acima indicados deverão ser utilizados pelo juiz, considerando o grau da ofensa, mas **utilizando o valor do salário contratual do ofensor** como base de cálculo da indenização fixada **(art. 223-G, § 2.º, CLT)**.

Na **reincidência entre partes idênticas**, o juízo **poderá elevar ao dobro** o valor da indenização **(art. 223-G, § 3.º, CLT)**.

Para a fixação do valor da indenização por danos morais, o TST adota o critério denominado de "bifásico" utilizado pelo Superior Tribunal de Justiça — STJ. Nesse modelo, busca-se, parâmetro inicial para o exame da reparação integral, bem como para se identificar um método capaz de tornar tangíveis, ou menos abstratos, os conceitos de "exorbitante" e "insignificante". Na primeira etapa, avalia-se a resposta jurisprudencial para casos análogos, buscando um valor médio das indenizações conce-didas em casos similares, para a fixação de um valor base adaptado às circunstâncias do caso concreto. Em um segundo momento, na fixação definitiva do valor da indenização civil, observa--se o caso concreto e suas circunstâncias particulares sob o enfoque gravidade do fato em si, culpabilidade do agente, culpa concorrente da vítima, e condição econômica das partes.

"I — AGRAVO DE INSTRUMENTO EM RECURSO DE REVISTA. [...] DANO EXTRAPATRIMONIAL. RESTRIÇÃO AO USO DO BANHEIRO. REVISÃO. MÉTODO BIFÁSICO. Em face de possível violação do art. 5.º, V, da CF, dá-se provimento ao agravo de instrumento para determinar o processamento do recurso de revista. Agravo de instrumento conhecido e provido. II — RECURSO DE REVISTA. DANO EXTRAPATRIMONIAL. RESTRIÇÃO AO USO DO BANHEIRO. REVISÃO. MÉTODO BIFÁSICO. TRANSCENDÊNCIA JURÍDICA. A controvérsia se refere à indenização por dano extrapatrimonial decorrente de limitação de uso do banheiro durante a jornada de trabalho. O col. TRT fixou o valor de R$ 3.000,00 (três mil reais) a título de danos extrapatrimoniais. A monetização dos prejuízos causados à esfera íntima de qualquer indivíduo certamente consubstancia-se em uma das tarefas mais tormentosas impostas ao magistrado. Isso porque, se já é difícil ao próprio ofendido quantificar a exata extensão daquilo que o aflige,

---

de fundamentação da decisão judicial. É constitucional, porém, o arbitramento judicial do dano em valores superiores aos limites máximos dispostos nos incisos I a IV do § 1.º do art. 223-G, quando consideradas as circunstâncias do caso concreto e os princípios da razoabilidade, da proporcionalidade e da igualdade." Decisão transitada em julgado em 26.08.2023.

quem dirá ao juiz, possuidor de experiências de vida e entendimento de mundo evidentemente diverso. Nos termos do art. 944, *caput* e parágrafo único, do Código Civil, a indenização deve ser avaliada segundo os critérios da extensão ou integralidade do dano e da proporcionalidade da culpa em relação ao dano. Assim, é preciso estabelecer o que deve ser razoavelmente considerado na avaliação da extensão do dano e a proporcionalidade da culpa em relação ao dano. Devem, pois, informar a fixação da indenização por danos extrapatrimoniais: — o princípio da extensão do dano (integralidade da indenização); — os princípios da razoabilidade e da proporcionalidade (respectivamente, para a moderação e delimitação proporcional à parcela de culpa, intensidade e duração da dor, repercussão da ofensa e condições pessoais do ofensor e do ofendido). Por fim, deve ainda informar a fixação: — o princípio da tripla função: caráter compensatório, dissuasório e exemplar. Relativamente à extensão do dano, a indenização, que não tem caráter retributivo ou reparatório, deve ser integral, de sorte a compensar a ofensa, em valor significativo para o ofendido, segundo as suas condições pessoais, assim consistindo, a um só tempo, em montante capaz de dar uma resposta social à ofensa, para servir de lenitivo para o ofendido e de desestímulo a novas investidas do ofensor. O valor da indenização deve, portanto, ser compensatório para o ofendido, dissuasório para o ofensor e exemplar frente à sociedade. No tocante aos princípios da razoabilidade e da proporcionalidade, atuam de modo distinto. A proporcionalidade, que surgiu no Estado liberal como reação ao Estado absolutista, ou seja, como freio aos desmandos do monarca, para limitação dos excessos, tem sempre em mira outro direito, na busca da adequação ou pertinência, necessidade ou exigibilidade para o alcance legítimo de um direito, na comparação com outro. Esse procedimento equivale ao chamado método bifásico, há muito utilizado pelo STJ, com o fim de se assegurar um arbitramento equitativo, minimizar eventual arbitrariedade decorrente da utilização de critérios unicamente subjetivos e, ainda, impedir a tarifação do dano. Por meio desse critério — que, na doutrina, foi ressaltado por Judith Martins — Costa, amparada na obra de Paulo de Tarso Sanseverino — *Princípio da Reparação Integral: indenização no Código Civil* — o julgador estabelece a observância de duas etapas para o arbitramento da indenização: 'Na primeira fase, arbitra-se o valor básico ou inicial da indenização, considerando-se o interesse jurídico atingido, em conformidade com os precedentes jurisprudenciais acerca da matéria (grupo de casos). Assegura-se, com isso, uma exigência da justiça comutativa que é uma razoável igualdade de tratamento para casos semelhantes, assim como que situações distintas sejam tratadas desigualmente na medida em que se diferenciam. Na segunda fase, procede-se à fixação definitiva da indenização, ajustando-se o seu montante às peculiaridades do caso com base nas suas circunstâncias. Partindo-se, assim, da indenização básica, eleva-se ou reduz-se esse valor de acordo com as circunstâncias particulares do caso (gravidade do fato em si, culpabilidade do agente, culpa concorrente da vítima, condição econômica das partes) até se alcançar o montante definitivo. Procede-se, assim, a um arbitramento efetivamente equitativo, que respeita as peculiaridades do caso. Chega-se, com isso, a um ponto de equilíbrio em que as vantagens dos dois critérios estarão presentes. De um lado, será alcançada uma razoável correspondência entre o valor da indenização e o interesse jurídico lesado, enquanto, de outro lado, obter-se-á um montante que corresponda às peculiaridades do caso com um arbitramento equitativo e a devida fundamentação pela decisão judicial'. Dessa forma, utilizando-se do mesmo método para a avaliação do valor fixado, se verifica, em primeiro momento, que esta Corte Superior, em causas envolvendo teleatendimento ('call center') e a quantificação do dano extrapatrimonial decorrente de restrição ao uso de banheiros, tem fixado/

mantido o valor de R$ 10.000,00. Em segundo momento, observadas as peculiaridades do caso concreto (a gravidade da conduta ilícita, a duração do contrato de trabalho e a capacidade econômica do ofensor — empresa de grande porte), associada à natureza punitivo-pedagógica da reparação, considera-se razoável e adequado à função do dano extrapatrimonial a quantia de R$ 10.000,00 (dez mil reais). Assim, por constatar que o valor fixado pelo TRT se revela irrisório (três mil reais), frente ao critério acima mencionado, impõe-se a reforma do v. acórdão regional. Precedentes. Recurso de revista conhecido por violação do art. 5.º, V, da CF e provido" (RRAg-0000001-76.2022.5.09.0021, 7.ª T., rel. Min. Alexandre de Souza Agra Belmonte, *DEJT* 27.11.2024).

4.8. QUESTÕES

5
DURAÇÃO DO TRABALHO

5.1. LIMITAÇÃO DO TEMPO DE TRABALHO

5.1.1. Fundamentos e objetivos

As normas sobre duração do trabalho têm por finalidade estabelecer **limite temporal ao trabalho executado** pelo empregado em favor do empregador, visando a **proteção da saúde e da integridade física do trabalhador**.

A obrigação do empregado de prestar serviços como decorrência do contrato de trabalho não pode ser indefinida no tempo, sob pena de serem causados prejuízos inegáveis tanto à sua saúde física como à sua saúde mental e, ainda, de ser o mesmo exposto a um considerável risco à sua integridade física decorrente de acidentes do trabalho. Quanto mais cansado estiver o trabalhador em razão de longas horas de trabalho, mais suscetível a sofrer acidentes de trabalho estará, principalmente quando as atividades que desenvolve dependem de atenção, agilidade de movimentos e reflexos rápidos.

Assim, a limitação do tempo de trabalho objetiva a proteção integral do trabalhador, evitando as consequências danosas da fadiga. Trata-se de fundamento de ordem fisiológica extremamente importante e que não pode ser desconsiderado pelo ordenamento de proteção trabalhista.

No entanto, a limitação do tempo de trabalho também tem fundamento em questões de ordem econômica, qual seja, permitir uma maior produtividade e um aprimoramento do trabalho executado pelo empregado. O empregado descansado produz muito mais e com melhor qualidade.

5.1.2. Evolução histórica

O liberalismo no campo econômico que vigorava no século XVIII era incompatível com qualquer ideia de interferência na liberdade dos empregadores em, segundo seus próprios interesses, fixar a duração diária de trabalho. As longas horas de trabalho a que eram submetidos os trabalhadores, sem distinção entre adultos, menores e mulheres, agravavam a realidade de exploração a que estavam submetidos como consequência da Revolução Industrial.

Diante das **danosas consequências verificadas como decorrência do excesso de horas de trabalho**, entre as **primeiras leis de proteção aos trabalhadores pós-Revolução Industrial** podem ser citadas as que, na França, na Inglaterra, na Itália e na Alemanha, **limitaram a jornada de trabalho de mulheres e menores**.

Posteriormente, a limitação da jornada também foi estendida aos trabalhadores homens adultos, sendo que, com o **Tratado de Versalhes (1919)**, o controle da jornada de trabalho, com fixação do **limite de oito horas diárias**, ganhou **dimensão universal**.[1]

Mais tarde, foram sendo elaboradas leis tornando obrigatórios períodos de repouso que, até então, eram concedidos por costume fundado em tradições religiosas, como é o caso do descanso semanal.

A partir do final do século XIX, criaram-se, em diversos países europeus, leis que asseguravam aos trabalhadores o direito a férias. Assim, em conjunto com as normas que limitavam as horas diárias de trabalho, as normas que previam os descansos obrigatórios passaram a definir de forma ampla os limites da duração do trabalho.

No Brasil, a jornada de trabalho de oito horas diárias foi prevista pela Constituição Federal de 1934 (art. 121), sendo mantido tal limite em todas as Constituições que se seguiram, e a de **1988**, mesmo mantendo a jornada diária de oito horas, inovou ao reduzir a jornada semanal para quarenta e quatro horas **(art. 7.º, XIII)**.

No âmbito infraconstitucional, a jornada de oito horas diárias foi prevista de forma unificada para todos os trabalhadores em 1940, pelo Decreto-lei n. 2.308, repetido, em grande parte, pela CLT em 1943.

As primeiras leis brasileiras sobre descanso semanal e em feriados foram esparsas. Tais leis foram reunidas em 1940 pelo Decreto-lei n. 2.308. Em 1943, a CLT reproduziu tais normas e, em 1949, a Lei n. 605, regulamentada pelo Decreto n. 27.048, tratou de forma específica e sistemática a matéria.[2]

No âmbito constitucional, o direito ao repouso semanal foi garantido pela primeira vez pela Constituição de 1934, sendo posteriormente previsto por todas as Constituições que se seguiram.

O direito a férias anuais remuneradas no Brasil foi primeiramente concedido a determinados grupos de trabalhadores e, com a Lei n. 4.582, de 24.12.1925, foi estendido a todos os empregados e operários de empresas privadas.[3]

Portanto, após o período histórico de conquista pelos trabalhadores de direitos relativos à limitação temporal do trabalho, atualmente as normas jurídicas sobre duração

---

[1] NASCIMENTO, Amauri Mascaro. *Curso de direito do trabalho*, 24. ed., p. 1139.
[2] NASCIMENTO, Amauri Mascaro. *Curso de direito do trabalho*, 24. ed., p. 1162.
[3] NASCIMENTO, Amauri Mascaro. *Curso de direito do trabalho*, 24. ed., p. 1170.

do trabalho podem ser divididas em dois grupos: um deles abrange as normas que tratam da *jornada de trabalho*; e o outro, composto pelas normas sobre os *períodos de repouso*.

5.2. JORNADA DE TRABALHO

Jornada é uma medida de tempo no qual se inclui o labor diário do empregado; é a quantidade de trabalho que diariamente o empregado cumpre em favor de seu empregador como obrigação decorrente do contrato de trabalho.

O conceito de jornada de trabalho pode ser formulado a partir de duas concepções básicas distintas, ou seja, a doutrina identifica duas teorias a partir das quais pode-se conceituar jornada de trabalho: a) **teoria do tempo efetivamente trabalhado**; e b) **teoria do tempo à disposição do empregador**.

Para a **primeira teoria**, jornada de trabalho é o período do dia em que o empregado trabalha para o empregador. Segundo esta concepção, somente é computado como jornada o tempo em que o empregado esteja efetivamente trabalhando; os períodos de pausa ou de descanso não podem ser considerados para tal fim. Como ensina Amauri Mascaro Nascimento, de acordo com tal teoria, "só é remunerável e de trabalho o período no qual o empregado prestou a sua atividade. Levado às últimas consequências, toda vez que o empregado, mesmo no local de trabalho, deixasse de produzir, não estaria correndo a jornada de trabalho".[4]

Para a **segunda teoria**, jornada de trabalho é o período do dia em que o empregado fica à disposição do empregador, aguardando ou executando ordens, ou seja, mesmo que o empregado não esteja efetivamente trabalhando o período pode ser computado como jornada, desde que esteja, de alguma forma, à disposição do seu empregador. Esta concepção "fundamenta-se na natureza do trabalho do empregado, isto é, na subordinação contratual, de modo que o empregado é remunerado por estar sob a dependência jurídica do empregador e não apenas porque e quando está trabalhando".[5]

O critério do tempo efetivamente trabalhado é afastado pelo **legislador trabalhista brasileiro**, que, adotando a segunda teoria, conceitua *jornada de trabalho* como sendo o período de um dia no qual o empregado permanece à disposição do empregador, trabalhando ou aguardando ordens **(art. 4.º, CLT)**. Assim, como regra, desde o momento em que o empregado chega à empresa até o momento em que vai embora está à disposição do empregador e, portanto, está cumprindo jornada de trabalho.

---

[4] NASCIMENTO, Amauri Mascaro. *Curso de direito do trabalho*, 24. ed., p. 1135.
[5] NASCIMENTO, Amauri Mascaro. *Curso de direito do trabalho*, 24. ed., p. 1136.

Nesse sentido era o entendimento do TST, consubstanciado na Súmula 429:

SÚMULA 429, TST: "Considera-se à disposição do empregador, na forma do art. 4.º da CLT, o tempo necessário ao deslocamento do trabalhador entre a portaria da empresa e o local de trabalho, desde que supere o limite de 10 (dez) minutos diários".

Esta concepção do tempo à disposição do empregador havia sido ampliada com a adoção, primeiro pela jurisprudência e depois pelo legislador, da **teoria do tempo *in itinere***, segundo a qual deveria ser incluída na jornada de trabalho o período em que o empregado está em percurso de casa para o trabalho e, no retorno, do trabalho para casa, quando o local de trabalho fosse de difícil acesso ou não servido por transporte público e, em qualquer caso, o empregador fornecesse a condução.

No entanto, com as alterações trazidas pela **Lei n. 13.467/2017 (*Reforma Trabalhista*)**, passou a ser previsto expressamente pelo legislador **(art. 58, § 2.º, CLT)** que o **tempo despendido pelo empregado desde a sua residência até a efetiva ocupação do posto de trabalho e para o seu retorno**, caminhando ou por qualquer meio de transporte, inclusive o fornecido pelo empregador, **não será computado na jornada de trabalho**, por não ser tempo à disposição do empregador.

A teoria do tempo *in itinere* permanece prevista, porém, no serviço ferroviário, no caso das turmas de conservação da via permanente, quando o tempo efetivo do trabalho será contado desde a hora da saída da casa da turma até a hora em que cessar o serviço em qualquer ponto compreendido dentro dos limites da respectiva turma, e, quando o empregado trabalhar fora dos limites da sua turma, ser-lhe-á também computado como de trabalho efetivo o tempo gasto no percurso de volta a esses limites **(art. 238, § 3.º, CLT)**.

No mesmo sentido, **não se consideram como tempo à disposição** do empregador os períodos em que o empregado, por escolha própria, buscar proteção pessoal, em caso de insegurança nas vias públicas ou más condições climáticas, bem como adentrar ou permanecer nas dependências da empresa para exercer atividades particulares, como, entre outras: práticas religiosas, descanso, lazer, estudo, alimentação, atividades de relacionamento social, higiene pessoal e troca de roupa ou uniforme, quando não houver obrigatoriedade de realizar a troca na empresa **(art. 4.º, § 2.º, CLT)**.

Diversas são as possibilidades de **classificação da jornada de trabalho** apontadas pela doutrina. No entanto, tais classificações podem ser resumidas em dois grupos: a) classificação da jornada de trabalho *quanto à sua duração*; e b) classificação da jornada de trabalho *quanto ao período em que é prestada*.

Quanto à duração, a jornada pode ser classificada em *jornada normal* que, por sua vez, divide-se em *jornada normal máxima* e *jornada normal especial*, e em *jornada extraordinária* ou **suplementar**.

Quanto ao período em que é prestada, a jornada de trabalho pode ser *diurna, noturna* ou *mista*.

Os tipos de jornada de trabalho serão analisados de forma pormenorizada a seguir. Por ora, cumpre ressaltar que as **normas que tratam da jornada de trabalho** caracterizam-se, de maneira geral, como sendo **imperativas**, pois asseguram ao trabalhador a proteção de sua saúde e de sua integridade física. Por tal razão, como regra, é inválida a renúncia pelo trabalhador de qualquer vantagem ou proteção que resultem das normas jurídicas sobre jornada de trabalho. Em relação à transação, é admitida quando decorrente de negociação coletiva, na qual a transação meramente bilateral, acordada entre o empregado e o empregador sem a participação sindical, somente terá validade se não provocar prejuízo ao trabalhador (princípio da inalterabilidade contratual lesiva previsto no **art. 468 da CLT**).[6]

No entanto, a **Lei n. 13.467/2017 (*Reforma Trabalhista*)** trouxe **profundas alterações em relação às questões que envolvem jornada de trabalho**:

- **art. 611-A, CLT** — passou a prever que a convenção coletiva e o acordo coletivo de trabalho têm prevalência sobre a lei quando, entre outros, dispuserem sobre:[7]
    - pacto quanto à jornada de trabalho, observados os limites constitucionais;
    - banco de horas anual;
    - regime de sobreaviso;
    - modalidade de registro de jornada;
    - prorrogação de jornada em ambientes insalubres, sem licença prévia das autoridades competentes do Ministério do Trabalho;
- **art. 611-B, CLT** — embora preveja que constituem objeto ilícito de convenção coletiva ou de acordo coletivo de trabalho: remuneração do trabalho noturno superior à do diurno e remuneração do serviço extraordinário superior, no mínimo, em 50% à do normal, afirma expressamente que regras sobre duração do trabalho não são consideradas como normas de saúde, higiene e segurança do trabalho **(parágrafo único)**, podendo, portanto, ser objeto de negociação coletiva;
- **art. 444, parágrafo único, CLT** — os empregados "hipersuficientes" podem negociar diretamente com seus empregadores as questões relativas à duração do trabalho (incluindo as previsões do art. 611-A, CLT, e outras que digam respeito ao tema, conforme parágrafo único do art. 611-B, CLT), não havendo que se falar em relação a esses empregados de imperatividade das normas sobre jornada de trabalho.

---

[6] DELGADO, Mauricio Godinho. *Curso de direito do trabalho*, 18. ed., p. 1049.
[7] O STF fixou a Tese 1046 de Repercussão Geral: "São constitucionais os acordos e as convenções coletivos que, ao considerarem a adequação setorial negociada, pactuam limitações ou afastamentos de direitos trabalhistas, independentemente da explicitação especificada de vantagens compensatórias, desde que respeitados os direitos absolutamente indisponíveis". Trânsito em julgado em 09.05.2023.

Assim, se é certo que a Constituição Federal de 1988 permitiu a **flexibilização das normas sobre jornada de trabalho** ao prever a possibilidade de compensação ou redução da jornada (**art. 7.º, XIII**) e a possibilidade de modificação por meio de negociação coletiva da jornada estipulada para os turnos ininterruptos de revezamento (**art. 7.º, XIV**), a **Lei n. 13.467/2017 (Reforma Trabalhista) ampliou enormemente as possibilidades de flexibilização das normas sobre jornada e duração do trabalho**, seja pela via da negociação coletiva, seja por negociação individual quando se tratar de empregado "hipersuficiente".

Vale destacar, porém, que se **pactuada cláusula que reduza** o salário ou **a jornada**, a convenção coletiva ou o acordo coletivo de trabalho deverão prever a **proteção dos empregados contra dispensa imotivada** durante o prazo de vigência do instrumento coletivo (**art. 611-A, § 3.º, CLT**).

As normas sobre jornada de trabalho são aplicáveis a todas as relações de emprego, inclusive às de natureza doméstica (**art. 7.º, parágrafo único, CF e art. 2.º, Lei Complementar n. 150/2015**).

5.2.1. Jornada normal

A jornada normal de trabalho é o tempo que o empregado fica à disposição do empregador, aguardando ou executando ordens, em dado período (dia ou semana), como decorrência do contrato de trabalho. É o tempo máximo previsto para a execução dos encargos decorrentes da relação de emprego, sem a prestação de serviços extraordinários.[8]

A jornada normal pode ser *máxima* ou *especial*.

Jornada normal máxima é aquela cuja duração é o limite máximo de tempo que o empregado pode ficar à disposição do empregador autorizado pelo ordenamento jurídico; é a prevista pelo **art. 7.º, XIII, da Constituição Federal**, que assim dispõe: "XIII — duração do trabalho normal não superior a oito horas diárias e quarenta e quatro horas semanais, facultada a compensação de horários e a redução da jornada, mediante acordo ou convenção coletiva de trabalho".

A jornada normal máxima é fixada tanto em razão do **dia de trabalho** como em relação ao total das **horas na semana**. Tal previsão do texto constitucional caracteriza maior flexibilização das jornadas de trabalho, permitindo, por exemplo, a supressão do trabalho aos sábados, com a distribuição do total de horas semanais entre segunda-feira e sexta-feira (o empregado deixa de trabalhar aos sábados, e as quarenta e quatro horas semanais são distribuídas de segunda-feira a sexta-feira, em regime de compensação) e também uma distribuição diferenciada pelo empregador das horas trabalhadas nos dias da semana, conforme as necessidades de produção (desde que não sejam ultrapassadas as oito horas

---

[8] SÜSSEKIND, Arnaldo et al. *Instituições de direito do* trabalho, 22. ed., v. 2, p. 812.

diárias, o empregador pode distribuir as quarenta e quatro horas semanais nos seis dias úteis da semana da forma como seja mais conveniente para as atividades da empresa).

Jornada normal especial é aquela regida por parâmetros distintos da jornada normal máxima e, em geral, dizem respeito a certas categorias profissionais por força de características especiais que regem sua atividade laborativa (por exemplo, mineiros, ascensoristas) ou por força de um nível de organização que lhes permitiu alcançar uma proteção legal diferenciada (por exemplo, bancários), ou, ainda, a determinadas situações em que o trabalhador está submetido a uma sistemática diferenciada de trabalho em decorrência do processo produtivo (turnos de revezamento ou tempo parcial, por exemplo).[9]

As jornadas especiais são inferiores à jornada normal máxima e em geral decorrem de previsão legal, podendo, no entanto, ser fixadas ainda por normas coletivas, por regulamento de empresa ou pelo próprio contrato de trabalho.

Algumas das hipóteses legais de jornadas especiais serão analisadas no item 5.2.2 *infra*.

5.2.1.1. Sobreaviso e prontidão

O regime de **sobreaviso** foi previsto pelo **art. 244, § 2.º, da CLT** para os ferroviários, estabelecendo tal dispositivo legal que o empregado aguardará eventual chamado em sua própria casa, de acordo com escalas de sobreaviso estabelecidas pelo empregador, com duração de no máximo 24 horas. Durante o período de sobreaviso, os ferroviários fazem jus a 1/3 do valor da hora normal de trabalho. Chamados a prestar serviço, o período trabalhado será remunerado normalmente.

A doutrina e a jurisprudência entendem ser **aplicável o regime de sobreaviso, por analogia, a qualquer empregado cuja atividade justifique sua adoção** (por exemplo, os eletricitários — **Súmula 229, TST**). No entanto, o TST tem adotado entendimento no sentido de que os gerentes que exercem cargo de gestão, nos termos do art. 62, II, da CLT, não fazem jus às horas de sobreaviso, pois não estão sujeitos às regras legais de limitação da jornada de trabalho.

"RECURSO DE EMBARGOS EM RECURSO DE REVISTA. INTERPOSIÇÃO SOB A ÉGIDE DA LEI N. 13.015/2014. EMPREGADO EXERCENTE DE CARGO DE CONFIANÇA NA FORMA DO ART. 62, II, DA CLT. HORAS DE SOBREAVISO. PAGAMENTO INDEVIDO. 1. Nos termos do art. 62, II, da CLT, os gerentes, assim considerados os exercentes de cargos de gestão, aos quais se equiparam, para efeito do disposto neste artigo, os diretores e chefes de departamento e filial, não são abrangidos pelo regime previsto no capítulo II da CLT, que trata da "duração do trabalho". 2. Isso porque, pela natureza e pelas prerrogativas do cargo ocupado, presume-se que há incompatibilidade entre a atividade exercida pelo empregado enquadrado no art. 62, II, da CLT e a sistemática de controle da jornada de trabalho. E, não havendo fiscalização dos horários de trabalho, não há como aferir a

---

[9] DELGADO, Mauricio Godinho. *Curso de direito do trabalho*, 18. ed., p. 1076.

prestação de horas extraordinárias pelo trabalhador. 3. No caso, o reclamante, prestando serviços como "Coordenador de TI", exercia cargo de confiança nos moldes do art. 62, II, da CLT. E a questão devolvida à apreciação do TST diz respeito ao direito desse empregado ao pagamento de horas de sobreaviso. 4. É certo que o art. 244, § 2.º, da CLT, que disciplina o pagamento de horas de sobreaviso aos ferroviários e que é analogicamente aplicável às demais categorias profissionais, não está inserido no capítulo II da CLT. Não obstante, a previsão nele contida diz respeito aos limites da jornada laboral, sendo exigível, para a sua aplicação, que os horários de trabalho sejam controlados. Com efeito, nos termos do item II da Súmula 428 do TST, "considera-se em sobreaviso o empregado que, à distância e submetido a controle patronal por instrumentos telemáticos ou informatizados, permanecer em regime de plantão ou equivalente, aguardando a qualquer momento o chamado para o serviço durante o período de descanso". 5. Conclui-se, assim, que o empregado exercente do cargo de confiança de que trata o art. 62, II, da CLT não faz jus ao pagamento de horas de sobreaviso. 6. Precedente da SDI-I do TST. Recurso de embargos conhecido e não provido" (E-RR-10070-04.2015.5.01.0065, Subseção I Especializada em Dissídios Individuais, rel. Min. Hugo Carlos Scheuermann, *DEJT* 20.08.2021).

O entendimento prevalecente é no sentido de que não é necessário que o empregado permaneça em sua própria casa durante a escala de sobreaviso, bastando que permaneça em local ajustado com o empregador para que possa ser chamado para a execução de eventuais serviços que venham a ser necessários, restando caracterizada a restrição de locomoção do trabalhador.[10]

---

[10] "AGRAVO. AGRAVO DE INSTRUMENTO EM RECURSO DE REVISTA. PROCESSO SOB A ÉGIDE DAS LEIS N. 13.015/2014 E N. 13.467/2017 . 1. HORAS DE SOBREAVISO. NÃO COMPROVAÇÃO. SÚMULAS N. 126 E 428, I, DO TST. 2. HONORÁRIOS ADVOCATÍCIOS. INVERSÃO DA SUCUMBÊNCIA. O avanço tecnológico tem propiciado situações novas que suscitam debate acerca da possibilidade da incidência analógica da figura especial do tempo de sobreaviso. É o que se passa com a utilização, pelo empregado, fora do horário de trabalho, de aparelhos de comunicação (BIPs, pagers ou telefones celulares), instrumentos que viabilizariam seu contato direto com o empregador e consequente imediato retorno ao trabalho. O argumento em favor da aplicação do dispositivo celetista do tempo de sobreaviso respalda-se no juízo de que tais aparelhos colocariam, automaticamente, o trabalhador em posição de relativa disponibilidade perante o empregador, 'aguardando a qualquer momento o chamado para o serviço' (art. 244, § 2.º, da CLT). Esse contingenciamento à plena liberdade pessoal do empregado, ainda que potencialmente, é que aproximaria essa moderna situação vivenciada por certos trabalhadores àquele tipo legal construído por tal dispositivo. Por outro lado, sustenta-se que a figura celetista teria se construído na suposição de o empregado ' permanecer em sua própria casa, aguardando a qualquer momento o chamado para o serviço', o que significaria uma restrição à disponibilidade pessoal do empregado, que estaria obrigado a permanecer em sua residência, à espera do chamado do empregador. Cabe registrar que este tem sido o entendimento adotado por este Tribunal, aplicável inclusive ao uso de celular, consubstanciado na Súmula 428, I do TST, com o seguinte teor: 'O uso de instrumentos telemáticos ou informatizados fornecidos pela empresa ao empregado, por si só, não caracteriza regime de sobreaviso'. Para que se configure o denominado sobreaviso é necessária a existência de um sistema de trabalho na empresa que restrinja com maior intensidade a disponibilidade temporal do empregado quando já fora dos limites da planta empresarial, tal como escala de

Para que o empregado tenha direito às horas de sobreaviso, é necessário que tenha sua locomoção restringida, à medida que deve ficar aguardando um chamado do empregador para a prestação de eventual serviço. Assim, o simples fato de o empregador fornecer ao empregado instrumentos telemáticos ou informatizados, não caracteriza o sobreaviso, desde que ao empregado não tenha sido dada ordem expressa no sentido de que permaneça em determinado local ou em uma determinada distância máxima do local de trabalho, para que possa atender rapidamente eventual convocação do empregador.[11]

SÚMULA 428, TST: "I — O uso de instrumentos telemáticos ou informatizados fornecidos pela empresa ao empregado, por si só, não caracteriza o regime de sobreaviso.

---

plantão ou similar. É o que dispõe o item II da Súmula 428 do TST: ' Considera-se em sobreaviso o empregado que, à distância e submetido a controle patronal por instrumentos telemáticos ou informatizados, permanecer em regime de plantão ou equivalente, aguardando a qualquer momento o chamado para o serviço durante o período de descanso'. Na hipótese , a Corte de origem, com alicerce no conjunto fático-probatório produzido nos autos, manteve a sentença, que indeferiu o pleito de recebimento de horas de sobreaviso, por assentar que 'a reclamada entrava em contato com outros trabalhadores a fim de repor a mão de obra, sem que esse fato impusesse qualquer restrição de locomoção aos marinheiros, dentre eles o autor'. Desse modo, extrai-se do acórdão regional a ausência de prova de que o empregado tinha limitação ou restrição na sua liberdade de locomoção, não cabendo falar, portanto, em pagamento das horas de sobreaviso. De outra face, decidida a matéria com base no conjunto probatório produzido nos autos, o processamento do recurso de revista fica novamente obstado, por depender do reexame de fatos e provas (Súmula n. 126/TST). Assim sendo, a decisão agravada foi proferida em estrita observância às normas processuais (art. 557, *caput* , do CPC/1973; arts. 14 e 932, IV, 'a', do CPC/2015), razão pela qual é insuscetível de reforma ou reconsideração. Agravo desprovido" (Ag-AIRR-987-50.2022.5.17.0007, 3.ª T., rel. Min. Mauricio Godinho Delgado, *DEJT* 03.05.2024).

[11] "AGRAVO. AGRAVO DE INSTRUMENTO EM RECURSO DE REVISTA. LEI N. 13.467/2017. SOBREAVISO. INEXISTÊNCIA DE ESCALA DE REGIME DE PLANTÃO. USO DE CELULAR. SÚMULA N. 428, II, DO TST. O Regional foi categórico ao consignar que não restou devidamente configurado o estado de sobreaviso, registrando que não foi produzida prova robusta no sentido de que a reclamante era acionada de madrugada, destacando, ainda, que a autora não detinha conhecimentos técnicos, uma vez que exercia função administrativa, não sendo crível que era acionada de madrugada para resolver problemas de incorreção de ponto e holerites. A SDI-1 desta Corte, no julgamento do processo E-ED-RR-655-53.2012.5.09.0655, firmou a tese de que, para a configuração do regime de sobreaviso, não basta a simples possibilidade de o empregado ser chamado pelo empregador para lhe prestar serviço fora do horário de expediente: 'é imprescindível, igualmente, que o empregado esteja de prontidão, preparado para o serviço, caso seja chamado durante as horas em que estiver de sobreaviso'. Diante da inexistência do regime de escala de plantão e da falta da prova de que ao encerrar sua jornada, a autora tivesse sua liberdade restringida em razão dos telefonemas que, eventualmente, poderia vir a receber após o término da jornada de trabalho, a decisão está em consonância com a diretriz traçada na Súmula n. 428, II, do TST. Agravo interno a que se nega provimento" (Ag-AIRR-1000121-49.2021.5.02.0501, 6.ª T., rel. Des. Convocado Jose Pedro de Camargo Rodrigues de Souza, *DEJT* 07.06.2024).

II — Considera-se em sobreaviso o empregado que, à distância e submetido a controle patronal por instrumentos telemáticos ou informatizados, permanecer em regime de plantão ou equivalente, aguardando a qualquer momento o chamado para o serviço durante o período de descanso".

A convenção coletiva e o acordo coletivo de trabalho têm prevalência sobre a lei quando dispuserem sobre regime de sobreaviso **(art. 611-A, VIII, CLT)**.

O empregado "hipersuficiente", assim considerado o que tem diploma de nível superior e ganha salário mensal igual ou superior a duas vezes o teto de benefícios do Regime Geral de Previdência Social, pode negociar diretamente com seu empregador sobre regime de sobreaviso **(art. 444, parágrafo único, CLT)**.

O regime de **horas de prontidão** também é previsto para os ferroviários **(art. 244, § 3.º, CLT)** e é caracterizado quando o trabalhador fica nas dependências da empresa ou da via férrea, aguardando ordens. A escala de prontidão não poderá ultrapassar 12 horas. As horas de prontidão serão remuneradas à base de 2/3 do valor da hora normal de trabalho. Chamados a prestar serviço, o período trabalhado será remunerado normalmente.

A doutrina e a jurisprudência entendem ser **aplicável o regime de prontidão, por analogia, a qualquer empregado cuja atividade justifique sua adoção.**

5.2.2. Jornadas especiais

As **jornadas especiais de trabalho** são módulos temporais de período à disposição do empregador que se diferenciam do parâmetro fixado pelo ordenamento jurídico como jornada máxima. Como regra, são jornadas inferiores à jornada máxima e decorrem de previsão em lei, em convenção ou acordo coletivo de trabalho ou no contrato de trabalho.[12]

Entre as jornadas especiais de trabalho, muitas decorrem de especificidades das atividades exercidas por determinadas categorias de trabalhadores. Entre elas, destacaremos a jornada de trabalho dos bancários, dos professores, dos telefonistas e dos advogados empregados.

Algumas outras jornadas especiais de trabalho são fixadas em razão da submissão do trabalhador a determinada modalidade de organização do trabalho ou sistemática especial de atividade laborativa, tal como ocorre com os turnos ininterruptos de revezamento, com a jornada a tempo parcial, além da jornada dos motoristas profissionais empregados.

---

[12] Jornadas especiais superiores à jornada máxima somente podem ser consideradas válidas se acolhida, pelo menos, a duração semanal máxima de 44 horas fixada na Constituição Federal. Nesse sentido, DELGADO, Mauricio Godinho. *Curso de direito do trabalho*, 18. ed., p. 1076-1077.

5.2.2.1. Bancário

A duração normal do trabalho dos empregados de bancos, casas bancárias e da Caixa Econômica Federal (denominados bancários) é de **6 horas contínuas nos dias úteis** (de 2.ª a 6.ª feira), perfazendo um total de **30 horas de trabalho por semana (art. 224, CLT)**.

A jurisprudência considera que o **sábado** do bancário não é repouso semanal remunerado, mas, sim, **dia útil não trabalhado**.

> **SÚMULA 113, TST:** "O sábado do bancário é dia útil não trabalhado, não dia de repouso remunerado. Não cabe repercussão do pagamento de horas extras habi-tuais em sua remuneração".

Esta é a regra que, no entanto, pode ser modificada mediante ajuste individual expresso ou coletivo que considere o sábado como dia de repouso semanal remunerado.

A duração normal de trabalho dos bancários poderá ser excepcionalmente prorrogada até 8 horas diárias, não excedendo 40 horas semanais **(art. 225, CLT)**.

Em relação ao **divisor aplicável para o cálculo das horas extras do bancário**, a jurisprudência fixou critérios específicos, nos termos da **Súmula 124 do TST**.

> **SÚMULA 124, TST:** "I — O divisor aplicável para o cálculo das horas extras do bancário será:
> a) 180, para os empregados submetidos à jornada de seis horas, prevista no *caput* do art. 224 da CLT;
> b) 220, para os empregados submetidos à jornada de oito horas, nos termos do § 2.º do art. 224 da CLT.
> II — Ressalvam-se da aplicação do item anterior as decisões de mérito sobre o tema, qualquer que seja o seu teor, emanadas de Turma do TST ou da SBDI-I, no período de 27.09.2012 até 21.11.2016, conforme a modulação aprovada no precedente obrigatório firmado no Incidente de Recursos de Revista Repetitivos n. TST-IRR-849-83.2013.5.03.0138, *DEJT* 19.12.2016.

A contratação do serviço suplementar, quando da admissão do trabalhador bancário, é nula. Os valores assim ajustados apenas remuneram a jornada normal, sendo devidas as horas extras com o adicional de, no mínimo, 50%, as quais não configuram pré-contratação, se pactuadas após a admissão do bancário **(Súmula 199, I, TST)**.

Importante destacar que, em se tratando de horas extras pré-contratadas, opera-se a prescrição total se a ação não for ajuizada no prazo de cinco anos a partir da data em que foram suprimidas **(Súmula 199, II, TST)**.

A **gratificação por tempo de serviço** integra o cálculo das horas extras do bancário **(Súmula 226, TST)**.

A jornada de trabalho do bancário ficará **compreendida entre as 7 e as 22 horas**, sendo assegurado um **intervalo intrajornada diário de 15 minutos para alimentação (§ 1.º, art. 224, CLT)**, que não é computado na jornada de trabalho **(OJ SDI-1 178, TST)**.

O Decreto-lei n. 546/69 autorizou o **trabalho noturno em bancos**, restringindo-o, porém, aos serviços pertinentes à compensação de cheques ou à computação eletrônica.

Os empregados de empresas de crédito, financiamento ou investimento, também denominadas *financeiras*, equiparam-se aos bancários, cumprindo, portanto, jornada de trabalho de 6 horas diárias e 30 horas semanais **(Súmula 55, TST)**. Já os empregados de **empresas distribuidoras e corretoras de títulos de valores mobiliários** não têm direito à jornada especial dos bancários **(Súmula 119, TST)**. Da mesma forma, os empregados de **cooperativas de crédito** não se equiparam a bancário, para efeito de aplicação do art. 224 da CLT, em razão da inexistência de expressa previsão legal, considerando, ainda, as diferenças estruturais e operacionais entre as instituições financeiras e as cooperativas de crédito **(OJ SDI-1 379, TST)**.

Não se beneficiam do regime legal relativo aos bancários os empregados de estabelecimento de crédito pertencentes a categorias profissionais diferenciadas **(Súmula 117, TST)**.

É bancário e, portanto, tem direito à jornada especial **o empregado de empresa de processamento de dados que presta serviço a banco integrante do mesmo grupo econômico**, exceto quando a empresa de processamento de dados presta serviços a banco e a empresas não bancárias do mesmo grupo econômico ou a terceiros **(Súmula 239, TST)**.

O regime especial de jornada de trabalho também se aplica aos empregados de portaria e de limpeza, tais como porteiros, telefonistas de mesa, contínuos e serventes, empregados em bancos **(art. 226, CLT)**. Não é considerado bancário, porém, o vigilante, contratado diretamente por banco ou por intermédio de empresas especializadas **(Súmula 257, TST)**.

As regras especiais sobre jornada de trabalho do bancário não se aplicam aos que exercem **funções de direção, gerência, fiscalização, chefia e equivalentes, ou que desempenhem outros cargos de confiança**, desde que o valor da **gratificação de função** não seja inferior a 1/3 do salário do cargo efetivo **(§ 2.º, art. 224, CLT)**. Portanto, os bancários que exercem cargos de confiança têm jornada de 8 horas diárias, sendo consideradas extraordinárias as trabalhadas além da 8.ª **(Súmula 102, IV, TST)**. A gratificação não inferior a 1/3 do seu salário já remunera as duas horas extraordinárias excedentes de seis **(Súmula 102, II, TST)**. Assim, no período em que receber gratificação menor tem direito a receber a 7.ª e a 8.ª horas como extras **(Súmula 102, III, TST)**. O bancário exercente de função de confiança que percebe a gratificação não inferior a 1/3, ainda que norma coletiva contemple percentual superior, não tem direito às 7.ª e 8.ª horas como extras, mas tão somente às diferenças de gratificação de função, se postuladas **(Súmula 102, VII, TST)**.

Nos termos da **Súmula 109, TST**, o bancário não enquadrado no § 2.º do art. 224 da CLT, que receba gratificação de função, não pode ter o salário relativo a horas extraordinárias compensado com o valor daquela vantagem.[13]

A configuração, ou não, do cargo de confiança para o fim de se definir a jornada de trabalho do empregado depende da prova das reais atribuições do empregado **(Súmula 102, I, TST)**. No entanto, o **art. 611-A, V, da CLT** prevê a possibilidade de que a identificação dos cargos que se enquadram como funções de confiança seja prevista em convenção coletiva ou acordo coletivo de trabalho.

O advogado empregado de banco, pelo simples exercício da advocacia, não exerce cargo de confiança e, portanto, tem direito a jornada de 6 horas diárias e 30 horas semanais **(Súmula 102, V)**.

O caixa bancário não exerce cargo de confiança, ainda que seja caixa executivo. Caso receba gratificação igual ou superior a 1/3 do salário do cargo efetivo, tal gratificação remunera apenas a maior responsabilidade do cargo, e não as duas horas extraordinárias além da sexta **(Súmula 102, VI, TST)**.

Estão enquadrados no **art. 224, § 2.º, da CLT**, os **gerentes de agência**, que não se confundem com o **gerente-geral de agência bancária**. Este último exerce cargo de gestão, ou seja, cargo do qual decorrem um grau excepcional de confiança e uma remuneração mais elevada, o que faz com que não lhe sejam aplicáveis as normas relativas à limitação da jornada de trabalho, nos termos do **art. 62, II, da CLT (Súmula 287, TST)**.

BANCÁRIOS — REGRAS SOBRE JORNADA DE TRABALHO
▪ *Jornada* = 6 horas diárias e 30 horas semanais.
▪ *Período de desenvolvimento da jornada* = das 7h às 22h
▪ *Pré-contratação de horas extras* = nulidade.
▪ *Trabalho noturno* = somente em serviços de compensação e de computação.

---

[13] Esse entendimento adotado pelo TST sempre foi objeto de muita discussão, sendo que nas inúmeras reclamações trabalhistas de bancários nas quais se reconhecia o direito às 7.ª e 8.ª horas como extras, não se podia compensar os valores da gratificação recebida ao longo da vigência do contrato de trabalho, apesar desta, historicamente, ser prevista nas convenções coletivas da categoria em valor muito superior ao previsto pela lei. Portanto, nas situações em que a Justiça do Trabalho não julgasse a fidúcia do cargo suficientemente provada, os bancos eram condenados a pagar novamente a 7.ª e a 8.ª horas trabalhadas, independentemente da gratificação paga em valor superior ao legalmente previsto. Diante desse cenário, considerando a vigência da Lei n. 13.467/17, no final de 2018 os sindicatos dos estabelecimentos bancários optaram por renegociar as questões atinentes à gratificação de função, a fim de dirimir os riscos decorrentes dos desvirtuamentos posteriores do cargo de confiança bancário pelo Poder Judiciário. De comum acordo, sindicato patronal e sindicato dos empregados optaram por manter a gratificação de função no percentual historicamente estabelecido de 55%. Em contrapartida, definiram que, caso o empregado fosse desenquadrado da exceção do § 2.º do art. 224 da CLT por decisão judicial, a gratificação de função seria deduzida/compensada com as horas extras deferidas, alterando a redação da cláusula 11.ª da Convenção Coletiva de Trabalho.

> ▫ *Intervalo intrajornada* = 15 minutos.
> ▫ *Aplicação da jornada especial* = empregados de financeiras/empregados de empresa de processamento de dados que somente prestam serviço a banco integrante do mesmo grupo econômico/empregados de banco que trabalhem na portaria, limpeza, telefonistas de mesa, contínuos e serventes.
> ▫ *Não aplicação da jornada especial* = empregados de empresas distribuidoras e corretoras de títulos de valores mobiliários/empregados de estabelecimento de crédito pertencentes a categorias profissionais diferenciadas/vigilantes contratados diretamente por banco ou por intermédio de empresas especializadas/empregados de cooperativas de crédito.
> ▫ *Bancários que exercem cargos de confiança* (direção, gerência, fiscalização, chefia e equivalentes) = jornada de 8 horas diárias.
> ▫ *Requisito para a caracterização do cargo de confiança* = desde que o valor da gratificação de função não seja inferior a 1/3 do salário do cargo efetivo.
> ▫ *Exercente de cargo de confiança* (ex. gerente de agência bancária) ≠ *exercente de cargo de gestão* (ex. gerente-geral de agência bancária).
> ▫ *Exercente de cargo de confiança* = horas extras a partir da 8.ª diária (Súmula 102, IV, TST).
> ▫ *Cargo de confiança* = pode ser identificado em convenção coletiva ou acordo coletivo de trabalho (art. 611-A, CLT).
> ▫ *Exercente de cargo de gestão* = não tem direito a horas extras (art. 62, II, CLT).
> ▫ *Dedução ou compensação* = do valor devido relativo a horas extras e reflexos, no valor da gratificação de função e reflexos.

5.2.2.2. Professor

O professor poderá lecionar em um mesmo estabelecimento por mais de um turno, desde que não ultrapasse a jornada de trabalho semanal estabelecida legalmente, assegurado e não computado o intervalo para refeição **(art. 318, CLT)**.

Excedida a jornada máxima prevista no **art. 318 da CLT**, as horas excedentes devem ser remuneradas com o adicional de, no mínimo, 50% sobre a hora normal **(art. 7.º, XVI, CF e OJ SDI-1, 206, TST)**.

As chamadas ***atividades extraclasse*** (preparação de aulas, correção de provas e trabalhos etc.) não são consideradas como extras, sendo inerentes à função e já remuneradas pelo salário recebido pelo professor.

Na hipótese de o professor ter horário vago entre uma aula e outra (***janelas***), considera-se tal período como tempo à disposição do curso, devendo ser remunerado como aula, no limite de uma hora diária por unidade **(PN 31, TST)**.

A redução de carga horária do professor, em virtude da diminuição do número de alunos, não constitui alteração contratual, uma vez que não implica em redução do valor da hora-aula **(OJ SDI-1 244, TST)**.

Na hipótese de aulas ministradas após as 22 horas, o professor faz jus ao adicional noturno de 20% sobre o valor da hora diurna **(art. 7.º, IX, CF, e art. 73, CLT)**.

A contraprestação mensal devida ao professor, que trabalha no limite máximo da jornada prevista no art. 318 da CLT, é de um salário mínimo integral, não se cogitando do pagamento proporcional em relação a jornada prevista no art. 7.º, XIII, da CF **(OJ SDI-1, 393, TST)**.

> **PROFESSORES — REGRAS SOBRE JORNADA DE TRABALHO**
>
> ▣ *Jornada* = jornada de trabalho semanal estabelecida legalmente, assegurado e não computado o intervalo para refeição.
>
> ▣ *Atividades extraclasse* (preparação de aulas, correção de provas etc.) = não são consideradas como horas extras.
>
> ▣ *Janela (horário vago entre uma aula e outra)* = tempo à disposição do curso, que deve ser remunerado como aula, no limite de uma hora diária por unidade.
>
> ▣ *Redução de carga horária do professor* = se decorrente da diminuição do número de alunos, não constitui alteração contratual, sendo válida.
>
> ▣ *Trabalho noturno* = a partir das 22h, remunerado com adicional de 20% sobre a hora diurna.

5.2.2.3. Telefonista (empregado nos serviços de telefonia, de telegrafia submarina e subfluvial, de radiotelegrafia e radiotelefonia)

Nas empresas que explorem o serviço de telefonia, telegrafia submarina ou subfluvial, de radiotelegrafia ou de radiotelefonia, a jornada de trabalho dos empregados operadores terá duração máxima de 6 horas contínuas ou 36 horas semanais **(art. 227, CLT)**.

A redação do **art. 227 da CLT** levou a uma acirrada discussão na doutrina e na jurisprudência sobre o campo de aplicação do preceito. Alguns, com fundamento na expressão "que explorem" utilizada pelo dispositivo legal, sustentavam que o regime especial de jornada somente poderia ser aplicado aos empregados de empresas que explorassem, como atividade econômica-fim, os serviços de telefonia. Outros reconheciam a possibilidade de aplicação da jornada reduzida para todos os empregados que executassem atividade de telefonia, mesmo que não trabalhassem em empresas de exploração de tal atividade.

Hoje, porém, prevalece o segundo entendimento, ou seja, é aplicável à **telefonista de mesa de empresa que não explore o serviço de telefonia** o disposto no art. 227 da CLT **(Súmula 178, TST)**. Há que se diferenciar, contudo, a situação da telefonista, que faz jus à jornada reduzida, da recepcionista que, embora tenha o atendimento telefônico como uma de suas atividades, não apenas recebe e transmite ligações, razão pela qual não tem direito à jornada especial. Para ter direito à jornada reduzida é necessário que a atividade preponderante desempenhada pelo empregado seja realizar e receber ligações telefônicas.[14]

---

[14] "AGRAVO EM RECURSO DE REVISTA. ACÓRDÃO REGIONAL PUBLICADO NA VIGÊNCIA DA LEI N. 13.467/2017. HORAS EXTRAS. JORNADA ESPECIAL. ARTIGO 227 DA CLT. EXERCÍCIO PREPONDERANTE DE ATIVIDADES DE TELEFONIA. DECISÃO EM CONFORMIDADE COM EN-TENDIMENTO PACIFICADO DESTA CORTE SUPERIOR. TRANSCENDÊNCIA NÃO RECONHECIDA. 1. Tendo em vista a finalidade precípua desta instância extraordinária na uniformização de teses jurídicas, a existência de entendimento sumulado ou representativo de iterativa e notória jurisprudência, em consonância com a decisão recorrida, configura impeditivo ao processamento do recurso de revista, por imperativo legal. 2. Na hipótese dos autos, o acórdão regional, nos moldes em que proferido, encontra-se em conformidade com iterativa,

O trabalho além da jornada prevista no **art. 227 da CLT** caracteriza jornada extraordinária, remunerada com adicional de no mínimo 50% sobre o valor da hora normal de trabalho **(art. 227, § 1.º, CLT, e art. 7.º, XVI, CF)**. O trabalho aos domingos, feriados e dias santos de guarda será considerado extraordinário e obedecerá, quanto à sua execução e remuneração, ao que dispuserem empregadores e empregados em acordo, ou os respectivos sindicatos em normas coletivas **(art. 227, § 2.º, CLT)**.

O **operador de telex de empresa**, cuja atividade econômica não se identifica com qualquer uma das previstas no **art. 227 da CLT**, não se beneficia de jornada reduzida **(OJ SDI-1 213, TST)**.

Questão que sempre gerou discussão diz respeito à aplicabilidade ou não da jornada reduzida do telefonista para os operadores de televendas/telemarketing. O TST, por meio da OJ SDI-1 273, adotou entendimento no sentido de que a jornada reduzida prevista no **art. 227 da CLT** não seria aplicável, por analogia, ao **operador de televendas (*telemarketing*)**, que não exercesse suas atividades exclusivamente como telefonista, pois, naquela função, não operava mesa de transmissão, fazendo uso apenas dos telefones comuns para atender e fazer as ligações exigidas no exercício da função. No entanto, referida Orientação Jurisprudencial foi cancelada pelo TST, passando a ser reconhecida pelo TST **a aplicabilidade da jornada reduzida do art. 227 da CLT a essa categoria de trabalhadores**.[15]

Na hipótese de o empregado em serviços de telefonia estar sujeito a **horários variáveis**, a jornada de trabalho será de no máximo 7 horas diárias de trabalho, sendo obrigatória a concessão de um intervalo interjornadas de 17 horas consecutivas. Para

---

notória e atual jurisprudência desta Corte Superior, no sentido de que, para a aplicação da jornada reduzida prevista no art. 227 da CLT, basta que o empregado exerça de forma preponderante atividades análogas as de telefonista, como no caso em apreço. Mantém-se a decisão recorrida. Agravo conhecido e desprovido." (TST, Ag-RR: 0000919-04.2017.5.09.0006, rel. Morgana de Almeida Richa, 5.ª T., *DEJT* 24.05.2024).

[15] "AGRAVO INTERNO EM AGRAVO DE INSTRUMENTO EM RECURSO DE REVISTA. INTERPOSIÇÃO NA VIGÊNCIA DA LEI N. 13.467/2017. ENQUADRAMENTO COMO OPERADOR DE *TELEMARKETING*. APLICAÇÃO DA JORNADA REDUZIDA PREVISTA NO ART. 227 DA CLT. AUSÊNCIA DE TRANSCENDÊNCIA DA CAUSA. DEBATE ATRELADO AO REEXAME DO CONJUNTO FÁTICO-PROBATÓRIO PRODUZIDO NOS AUTOS. ÓBICE DA SÚMULA N. 126 DO TST. A jurisprudência desta Corte Superior é firme no sentido de que se aplica a jornada reduzida de que trata o art. 227 da CLT, por analogia, aos operadores de *telemarketing*, quando há o exercício de atividades exclusivas ou preponderantes de telefonista. No caso, o Regional, soberano no exame das provas, concluiu que a reclamante desempenhava atividade exclusiva de telefonista, razão pela qual lhe concedeu o benefício da jornada de seis horas prevista no art. 227 da CLT. Para se concluir, portanto, que a atividade principal da empregada não se equiparava à de telefonista, como alega a reclamada, seria imprescindível o revolvimento de fatos e provas, medida obstada nesta fase recursal (Súmula n. 126 do TST). Verificado que o tema trazido à discussão não ultrapassa os interesses subjetivos do processo, mantém-se a decisão agravada que denegou seguimento ao apelo, por ausência de transcendência da causa, à luz do que disciplina o art. 896-A, *caput*, e § 1.º, da CLT. Agravo conhecido e não provido." (TST, Ag-AIRR: 0010542-06.2020.5.15.0076, rel. Luiz Jose Dezena Da Silva, 1.ª T., *DEJT* 20.05.2024).

estes empregados, é assegurado também, além do intervalo para repouso e alimentação de 1 a 2 horas, conforme previsto no **art. 71 da CLT**, um intervalo de 20 minutos a cada 3 horas de trabalho contínuo, deduzindo-se este período da jornada de trabalho **(art. 229, CLT)**.

As escalas de trabalho em horários variáveis devem ser organizadas de forma que os horários de refeição dos empregados ocorram entre 10 e 13 horas (almoço) e, se for o caso de jantar, entre 16 e 19h30 **(art. 230, § 2.º, CLT)**.

EMPREGADOS EM SERVIÇOS DE TELEFONIA — REGRAS SOBRE JORNADA DE TRABALHO
▫ *Jornada* = 6 horas diárias e 36 horas semanais.
▫ *Jornada especial* = aplicável à telefonista de mesa de empresa que não explore o serviço de telefonia (Súmula 178, TST).
▫ *Jornada especial* = inaplicável aos operadores de telex em empresas que não exerçam as atividades previstas no art. 227, CLT (OJ SDI-1 213, TST).
▫ *Jornada especial* = aplicável aos operadores de televendas/telemarketing (entendimento decorrente do cancelamento da OJ SDI-1 273, TST).
▫ *Empregados em empresas de telefonia sujeitos a horários variáveis* =   ▫ jornada normal de 7 horas diárias;   ▫ intervalo interjornadas de 17 horas consecutivas;   ▫ intervalo intrajornada para repouso e alimentação de 1 a 2 horas;   ▫ intervalo de 20 minutos a cada 3 horas de serviço contínuo, deduzido da jornada de trabalho;   ▫ horário de almoço entre 10h e 13h e horário de jantar entre 16h e 19h30min.

5.2.2.4. *Advogado empregado*

Até recentemente a jornada de trabalho do advogado empregado era prevista como especial, não podendo exceder de 4 horas diárias e de 20 horas semanais, salvo acordo ou convenção coletiva ou em caso de dedicação exclusiva. No entanto, o **art. 20, Lei n. 8.906/94**, foi alterado pela Lei n. 14.365/2022, passando a prever que a jornada de trabalho do advogado empregado, quando prestar serviços para empresas, não poderá exceder a duração diária de 8 horas contínuas e a de 40 horas semanais.

Portanto, não há mais previsão de jornada de 4 horas diárias nem exigência de exclusividade no exercício da atividade para que a jornada de trabalho fosse de 8 horas.

Considera-se como período de trabalho o tempo em que o advogado estiver à disposição do empregador, aguardando ou executando ordens, no seu escritório ou em atividades externas, sendo-lhe reembolsadas as despesas feitas com transporte, hospedagem e alimentação **(art. 20, § 1.º, Lei n. 8.906/94)**.

Em caso de trabalho em **horas extras**, serão remuneradas com adicional não inferior a 100% **(art. 20, § 2.º, Lei n. 8.906/94)**.

Considera-se trabalho do advogado empregado em **horário noturno** o realizado entre as 20 horas de um dia e as 5 horas do dia seguinte, sendo as horas noturnas remuneradas com adicional de 25% sobre a hora normal **(art. 20, § 3.º, Lei n. 8.906/94)**.

5.2.2.5. Turno ininterrupto de revezamento

O trabalho em atividades empresariais ininterruptas organiza-se por meio de *turnos*, que nada mais são do que grupos de trabalhadores que se sucedem no desempenho de suas atividades de tal sorte que a atividade empresarial não seja interrompida. Os turnos podem ser organizados de duas formas distintas: os *turnos ininterruptos fixos*, que são aqueles em que o empregado sempre trabalha no mesmo turno, tendo seu horário de entrada e saída definido, sem sofrer modificação; e os *turnos ininterruptos de revezamento*, nos quais há constante modificação dos horários de trabalho dos empregados, com alternância fixada por escalas de revezamento.

Em razão do prejuízo à saúde do trabalhador que decorre da alternância constante de horário de trabalho, o **art. 7.º, XIV, da Constituição Federal** estabelece que a **jornada** dos turnos ininterruptos de revezamento é de **6 horas diárias**.

Especificamente em relação aos petroleiros, a Lei n. 5.811/72 foi recepcionada pela CF/88 no que se refere à duração da jornada de trabalho em regime de revezamento **(Súmula 391, I, TST)**.

A **concessão de intervalo** intrajornada dentro de cada turno e de repouso semanal **não descaracteriza o turno de revezamento** com jornada de 6 horas diárias **(Súmula 360, TST, e Súmula 675, STF)**.

Por meio de regular **negociação coletiva** de trabalho, pode ser estabelecida **jornada superior a 6 horas e limitada a 8 horas diárias**, sem que a 7.ª e a 8.ª horas sejam consideradas como extras **(Súmula 423, TST)**. No entanto, é inválido o instrumento normativo que, regularizando situações **pretéritas**, estabelece jornada de 8 horas para o trabalho em turnos **ininterruptos** de **revezamento (OJ SDI-1 420, TST)**. Inexistindo instrumento coletivo fixando jornada diversa, o empregado horista submetido a turno ininterrupto de revezamento tem direito ao pagamento das horas extraordinárias laboradas além da 6.ª, acrescidas do respectivo adicional **(OJ SDI-1 275, TST)**. Também o ferroviário submetido a escalas variadas, com alternância de turnos, faz jus à jornada especial de 6 horas **(OJ SDI-1 274, TST)**.

No que tange aos petroleiros, a previsão contida no art. 10 da Lei n. 5.811/72, possibilitando a mudança do regime de revezamento para horário fixo, constitui alteração lícita, não violando os arts. 468 da CLT e 7.º, VI, da CF/88 **(Súmula 391, II, TST)**.

O trabalho em regime de turnos ininterruptos de revezamento não retira o direito à hora noturna reduzida **(OJ SDI-1, 395, TST)**.

No regime de revezamento, as horas trabalhadas em seguida ao repouso semanal de 24 horas, com prejuízo do intervalo mínimo de 11 horas consecutivas para descanso entre jornadas, devem ser remuneradas como extraordinárias, inclusive com o respectivo adicional **(Súmula 110, TST)**.

Para o cálculo do salário-hora do empregado horista, submetido a turnos ininterruptos de revezamento, considerando a alteração da jornada de 8 para 6 horas diárias, aplica-se o divisor 180, em observância ao disposto no art. 7.º, VI, da CF, que assegura a irredutibilidade salarial **(OJ SDI-1 396, TST)**.

TURNOS ININTERRUPTOS DE REVEZAMENTO — REGRAS
▣ *Jornada* = 6 horas diárias.
▣ *Jornada especial* = inaplicável aos turnos fixos.
▣ *Concessão de intervalo intrajornada dentro de cada turno e de repouso semanal* = não descaracteriza o turno de revezamento com jornada de 6 horas diárias (Súmula 360, TST, e Súmula 675, STF).
▣ *Negociação coletiva* = pode validamente estabelecer jornada superior a 6 horas, limitada a 8 horas diárias para os turnos de revezamento (Súmula 423, TST).

5.2.2.6. Jornada a tempo parcial

Trabalho a tempo parcial é aquele cuja duração não exceda a **(art. 58-A, CLT)**:

▣ **trinta horas semanais**, **sem** a possibilidade de **horas suplementares** semanais; **OU**

▣ **vinte e seis horas semanais**, **com** a possibilidade de acréscimo de **até seis horas suplementares** semanais.

Em contrato de trabalho em regime de tempo parcial que estabeleça **jornada semanal inferior a vinte e seis horas**, as horas suplementares a este quantitativo serão consideradas horas extras, estando também **limitadas a seis horas suplementares** semanais **(art. 58-A, § 4.º, CLT)**.

As **horas suplementares** à duração do trabalho semanal normal serão pagas com o acréscimo de **50%** (cinquenta por cento) sobre o salário-hora normal **(art. 58-A, § 3.º, CLT)**.

As **horas suplementares** da jornada de trabalho normal **poderão ser compensadas** diretamente **até a semana imediatamente posterior à da sua execução**. Caso não sejam compensadas, a quitação dessas horas deverá ser feita na folha de pagamento do mês subsequente **(art. 58-A, § 5.º, CLT)**.

Aos empregados contratados sob regime de tempo parcial, **pode ser pago salário proporcional à sua jornada**, em relação aos empregados que cumprem, nas mesmas funções, tempo integral **(§ 1.º, art. 58-A, CLT)**, sendo lícita tal proporcionalidade **mesmo em relação ao salário mínimo ou ao piso salarial (OJ SDI-1 358, I, TST)**. Na Administração Pública direta, autárquica e fundacional não é válida remuneração de empregado público inferior ao salário mínimo, ainda que cumpra jornada de trabalho reduzida, conforme precedentes do Supremo Tribunal Federal **(OJ SDI-1 358, II, TST)**.

Para aqueles que já sejam empregados da empresa, o regime de tempo parcial somente pode ser adotado após opção expressamente manifestada pelo empregado perante a empresa, na forma prevista em instrumento decorrente de negociação coletiva **(§ 2.º, art. 58-A, CLT)**.

As **férias anuais** dos empregados contratados a tempo parcial têm **duração** normal de **30 dias corridos**, podendo excepcionalmente a duração ser reduzida dependendo do número de faltas injustificadas que o empregado tiver durante o período aquisitivo, nos exatos termos do **art. 130 da CLT**, conforme previsto no **art. 58-A, § 7.º, CLT**.

NÚMERO DE FALTAS INJUSTIFICADAS	NÚMERO DE DIAS DE FÉRIAS
Até 5 (cinco) faltas	30
De 6 (seis) a 14 (quatorze) faltas	24
De 15 (quinze) a 23 (vinte e três) faltas	18
De 24 (vinte e quatro) a 32 (trinta e duas) faltas	12

É facultado ao empregado contratado sob regime de tempo parcial converter um terço do período de férias a que tiver direito em abono pecuniário (**abono de férias**), nos termos previstos no § 3.º do art. 143 da CLT (**art. 58-A, § 6.º, CLT**).

JORNADA A TEMPO PARCIAL — REGRAS
▫ *Caracterização* = jornada semanal máxima de 30 horas, sem horas extras, OU jornada semanal máxima de 26 horas, com possibilidade de 6 horas extras semanais.
▫ *Jornada inferior a 26 horas semanais* = possibilidade de 6 horas extras semanais.
▫ *Valor das horas extras* = 50% sobre o salário-hora normal.
▫ *Compensação de jornada* = possibilidade — até a semana imediatamente posterior à sua execução, sob pena de pagamento das horas extras no mesmo mês da prestação.
▫ *Salário* = possibilidade de ser pago de forma proporcional em relação à jornada, mesmo quando se trate de salário mínimo ou piso salarial, exceto para empregado da Administração Pública direta, autárquica e fundacional (OJ SDI 1 358, I e II, TST).
▫ *Férias* = 30 dias, ou com duração menor, na forma do art. 130, CLT.
▫ *Abono de férias* = aplicável.

5.2.2.7. Motorista profissional empregado

A **profissão de motorista**, integrada pelos **motoristas profissionais de veículos automotores** cuja condução exija formação profissional e que exerçam atividade mediante vínculo empregatício, no transporte rodoviário de passageiros e no transporte rodoviário de cargas, é regulamentada pela **Lei n. 13.103, de 2 de março de 2015, e pelos arts. 235-A a 235-H da CLT.**

O art. 235-B da CLT estabelece como deveres do motorista profissional empregado:

■ estar atento às condições de segurança do veículo;

■ conduzir o veículo com perícia, prudência, zelo e com observância aos princípios de direção defensiva;

■ respeitar a legislação de trânsito e, em especial, as normas relativas ao tempo de direção e de descanso controlado e registrado na forma prevista no art. 67-E da Lei n. 9.503/97 (Código de Trânsito Brasileiro);

■ zelar pela carga transportada e pelo veículo;

■ colocar-se à disposição dos órgãos públicos de fiscalização na via pública;

■ submeter-se a exames toxicológicos com janela de detecção mínima de 90 (noventa) dias e programa de controle de uso de drogas e de bebida alcoólica, instituído pelo empregador, com sua ampla ciência, pelo menos a cada 2 (dois) anos e 6 (seis) meses, podendo ser utilizado para esse fim o exame obrigatório previsto no Código de Trânsito Brasileiro, desde que realizado nos últimos 60 (sessenta) dias.

Importante ressaltar que a **recusa do empregado em submeter-se ao teste ou ao programa de controle de uso de droga e de bebida alcoólica** será considerada **infração disciplinar**, passível de penalização nos termos da lei **(art. 235-B, parágrafo único, CLT)**.

A **jornada diária de trabalho do motorista profissional** será de 8 (oito) horas, sendo admitida a prorrogação da jornada por até 2 (duas) **horas extraordinárias ou, mediante previsão em convenção ou acordo coletivo, por até 4 (quatro) horas extraordinárias (art. 235-C, *caput*, CLT)**, pagas com o acréscimo estabelecido na Constituição Federal ou compensadas na forma do § 2.º do art. 59 da CLT **(§ 5.º)**.[16]

A jornada diária do motorista profissional de 8 (oito) horas diárias **aplica-se também** aos operadores de automotores destinados a puxar ou a arrastar maquinaria de qualquer natureza ou a executar trabalho de construção ou pavimentação e aos operadores de tratores, colheitadeiras, autopropelidos e demais aparelhos automotores destinados a puxar ou a arrastar maquinaria agrícola ou a executar trabalhos agrícolas **(art. 235-C, § 17, CLT)**.

Salvo previsão contratual, a jornada de trabalho do motorista empregado não tem horário fixo de início, de final ou de intervalos **(art. 235-C, § 13, CLT)**.

Considera-se como **trabalho efetivo** o tempo em que o motorista estiver à disposição do empregador, excluídos os intervalos para refeição, repouso e descanso **(art. 235-C, § 1.º, CLT)**. Em relação ao tempo de espera, o STF, no julgamento da ADI n. 5.322, declarou a "inconstitucionalidade na exclusão do tempo de trabalho efetivo do motorista profissional, quando está à disposição do empregador durante o carregamento/descarregamento de mercadorias, ou ainda durante fiscalização em barreiras fiscais ou alfandegárias, conhecido como 'tempo de espera'. Impossibilidade de decote da jornada normal de trabalho e nem da jornada extraordinária, sob pena de desvirtuar a própria relação jurídica trabalhista reconhecida". No julgamento dos embargos de declaração opostos, o STF modulou os efeitos da declaração de inconstitucionalidade, atribuindo-lhes eficácia *ex nunc*, a contar da publicação da ata do julgamento de mérito da ADI. Decisão transitada em julgado em 08.11.2024.

São consideradas **tempo de espera** as horas em que o motorista profissional empregado ficar aguardando carga ou descarga do veículo nas dependências do

---

[16] O STF, julgando a ADI n. 5.322, decidiu que a CF não determinou um limite máximo de prestação de serviço extraordinário, de modo que compete à negociação coletiva de trabalho examinar a possibilidade de prorrogação da jornada da categoria por até quatro horas, em sintonia com a previsão do art. 7.º, XXVI, da CF. Decisão transitada em julgado em 08.11.2024.

embarcador ou do destinatário e o período gasto com a fiscalização da mercadoria transportada em barreiras fiscais ou alfandegárias **(art. 235-C, § 8.º, CLT)**.[17]

Em nenhuma hipótese o tempo de espera do motorista empregado prejudicará o direito ao recebimento da remuneração correspondente ao salário-base diário **(art. 235-C, § 10, CLT)**. Quando o tempo de espera for superior a 2 (duas) horas ininterruptas e for exigida a permanência do motorista empregado junto ao veículo, caso o local ofereça condições adequadas, o tempo será considerado como de repouso para os fins do intervalo para repouso e alimentação e do intervalo interjornadas de 11 (onze) horas consecutivas **(§ 11)**.[18]

Durante o tempo de espera o motorista poderá realizar movimentações necessárias do veículo **(§ 12)**.[19]

Nas **viagens de longa distância** com duração superior a 7 (sete) dias, o repouso semanal será de 24 (vinte e quatro) horas por semana ou fração trabalhada, sem prejuízo do intervalo de repouso diário de 11 (onze) horas, totalizando 35 (trinta e cinco) horas, **(art. 235-D, CLT)**.[20]

O motorista empregado, em viagem de longa distância, que ficar com o veículo parado após o cumprimento da jornada normal ou das horas extraordinárias fica dispensado do serviço, exceto se for expressamente autorizada a sua permanência junto ao veículo pelo empregado, hipótese em que o tempo será considerado de espera **(art. 235-D, § 3.º, CLT)**.[21]

Tendo em vista as características do trabalho do motorista em viagens de longa distância, o legislador prevê as seguintes peculiaridades em relação aos intervalos interjornadas **(art. 235-D, CLT)**:[22]

- ■ não será considerado como jornada de trabalho, nem ensejará o pagamento de qualquer remuneração, o período em que o motorista empregado ou o ajudante ficarem espontaneamente no veículo usufruindo dos intervalos de repouso **(§ 4.º)**;

---

[17] A parte final do dispositivo (que previa: "não sendo computados como jornada de trabalho nem como horas extraordinárias") foi declarada inconstitucional pelo STF (ADI n. 5.322 — decisão transitada em julgado em 08.11.2024). Da mesma forma, e por consequência, declarado inconstitucional o § 9.º, do art. 235-C da CLT.

[18] Redação conforme decisão do STF no julgamento da ADI n. 5.322.

[19] Redação conforme decisão do STF no julgamento da ADI n. 5.322.

[20] Redação conforme decisão do STF no julgamento da ADI n. 5.322.

[21] "[...] MOTORISTA DE CAMINHÃO. PERNOITE. TEMPO À DISPOSIÇÃO. A jurisprudência desta Corte consolidou o entendimento de que o pernoitamento pelo empregado no caminhão não configura tempo à disposição do empregador, uma vez que não permanece aguardando ordens a qualquer momento. Precedentes. Óbice da Súmula 333/TST. Agravo de instrumento a que se nega provimento. [...]" (AIRR-10550-37.2014.5.03.0040, 2.ª T., rel. Min. Maria Helena Mallmann, *DEJT* 23.09.2022).

[22] Os §§ 1.º, 2.º e 5.º, do art. 235-D da CLT foram fulgados inconstitucionais — ADI n. 5.322.

- em situações excepcionais de inobservância justificada do limite de jornada prevista pela lei, devidamente registradas, e desde que não se comprometa a segurança rodoviária, a duração da jornada de trabalho do motorista profissional empregado poderá ser elevada pelo tempo necessário até o veículo chegar a um local seguro ou ao seu destino (**§ 6.º**);
- nos casos em que o motorista tenha de acompanhar o veículo transportado por qualquer meio onde ele siga embarcado e em que o veículo disponha de cabine-leito ou a embarcação disponha de alojamento para gozo do intervalo de repouso diário, esse tempo será considerado como tempo de descanso (**§ 7.º**);
- para o transporte de cargas vivas, perecíveis e especiais em longa distância ou em território estrangeiro, poderão ser aplicadas regras conforme a especificidade da operação de transporte realizada, cujas condições de trabalho serão fixadas em convenção ou acordo coletivo de modo a assegurar as adequadas condições de viagem e entrega ao destino final (**§ 8.º**).

Será **assegurado ao motorista profissional empregado** intervalo mínimo de 1 (uma) hora para refeição, podendo esse período coincidir com o tempo de parada obrigatória na condução do veículo estabelecida no Código de Trânsito Brasileiro, exceto quando se tratar de motorista nos serviços de operação de veículos rodoviários, empregados no setor de transporte coletivo de passageiros, cujo intervalo é regulado pelo § 5.º do art. 71 da CLT (**art. 235-C, § 2.º, CLT**).

Dentro do período de 24 (vinte e quatro) horas, são asseguradas 11 (onze) horas de descanso (**art. 235-C, § 3.º, CLT**).[23]

Nas **viagens de longa distância**, assim consideradas aquelas em que o motorista profissional empregado permanece fora da base da empresa, matriz ou filial e de sua residência por mais de 24 (vinte e quatro) horas, o repouso diário pode ser feito no veículo ou em alojamento do empregador, do contratante do transporte, do embarcador ou do destinatário ou em outro lugar que ofereça condições adequadas (**art. 235-C, § 4.º, CLT**).

Convenção e acordo coletivo poderão prever jornada especial de 12 (doze) horas de trabalho por 36 (trinta e seis) horas de descanso para o trabalho do motorista profissional empregado em regime de compensação (**art. 235-F, CLT**).

O empregado é responsável pela guarda, preservação e exatidão das informações contidas nas anotações em diário de bordo, papeleta ou ficha de trabalho externo, ou no registrador instantâneo inalterável de velocidade e tempo, ou nos rastreadores ou sistemas e meios eletrônicos instalados nos veículos, normatizados pelo Contran, até que o veículo seja entregue à empresa, sendo que tais dados poderão ser enviados a distância, a critério do empregador, facultando-se a anexação do documento original posteriormente (**art. 235-C, §§ 14 e 15, CLT**).

---

[23] Redação conforme decisão do STF no julgamento da ADI n. 5.322.

Todas as disposições referentes à jornada de trabalho e períodos de repouso previstas no art. 235-C e seus parágrafos aplicam-se ao ajudante empregado nas operações em que acompanhe o motorista **(art. 235-C, § 16, CLT)**.

Em relação ao transporte de passageiros, o **art. 235-E da CLT** estabelece as seguintes regras relativas aos **intervalos para descanso e refeição:**[24]

- é facultado o fracionamento do intervalo de condução do veículo previsto no Código de Trânsito Brasileiro, em períodos de no mínimo 5 (cinco) minutos (I);
- será assegurado ao motorista intervalo mínimo de 1 (uma) hora para refeição, podendo ser fracionado em 2 (dois) períodos e coincidir com o tempo de parada obrigatória na condução do veículo estabelecido pelo Código de Trânsito Brasileiro, exceto quando se tratar do motorista nos serviços de operação de veículos rodoviários, empregados no setor de transporte coletivo de passageiros (II).

O **intervalo para repouso e alimentação** dos motoristas, cobradores, fiscalização de campo e afins nos serviços de operação de veículos rodoviários, empregados no setor de transporte coletivo de passageiros, ante a natureza do serviço e em virtude das condições especiais de trabalho a que são submetidos **(art. 71, § 5.º, CLT)**:

- quando de no mínimo 1 (uma) hora e no máximo 2 (duas) horas, poderá ser reduzido e/ou fracionado;
- quando de 15 minutos, poderá ser fracionado.

No entanto, para que se revista de validade, a redução e/ou o fracionamento, em qualquer um desses casos, devem estar compreendidos entre o término da primeira hora trabalhada e o início da última hora trabalhada, desde que previsto em convenção ou acordo coletivo de trabalho, mantida a remuneração e concedidos intervalos para descanso menores ao final de cada viagem.

5.2.3. Jornada e horário de trabalho

Jornada de trabalho é o tempo que o empregado fica à disposição do empregador, aguardando ou executando ordens (**o § 2.º do art. 4.º da CLT** prevê situações de permanência na empresa que não são consideradas como tempo à disposição do empregador), em dado período (dia ou semana), como decorrência do contrato de trabalho.

Horário de trabalho é a identificação de início e de término do período no qual se desenvolve a jornada de trabalho, considerando-se o intervalo intrajornada para repouso e alimentação.

Assim, por exemplo, um determinado empregado tem uma jornada de trabalho de 8 horas diárias e 44 horas semanais, cumprindo-a de 2.ª a 6.ª feira, das 9 às 18 horas, com uma 1 hora de intervalo para repouso e alimentação, e aos sábados das 9 às 13 horas.

---

[24] O inciso III do art. 235-E da CLT foi declarado inconstitucional — ADI n. 5.322.

JORNADA DE TRABALHO	HORÁRIO DE TRABALHO
■ Tempo à disposição do empregador, como decorrência do contrato de trabalho.	■ Início e término do período que engloba jornada de trabalho e intervalo intrajornada.

5.2.3.1. Controle de horário

Os **estabelecimentos com mais de 20 trabalhadores** são obrigados a efetuar o **controle de horário** de entrada e saída dos trabalhadores (**§ 2.º, art. 74, CLT**). O controle de horário pode ser feito em registro manual (livro de ponto), mecânico (relógio de ponto) ou, ainda, eletrônico (cartões magnéticos, controle biométrico etc.), conforme instruções expedidas pelo Ministério do Trabalho. O referido dispositivo legal não exige anotação específica pelo empregado do intervalo para repouso e alimentação, bastando que tenha sido pré-assinalado nos cartões de ponto, que é expressamente autorizada por lei.

Se o trabalho for executado fora do estabelecimento, o horário dos empregados constará do registro manual, mecânico ou eletrônico em seu poder, também sendo permitida a pré-assinalação do período de repouso (**§ 3.º, art. 74, CLT**).

O registro eletrônico de controle de jornada será realizado por meio de sistemas e de equipamentos que atendam aos requisitos técnicos, na forma estabelecida em ato do Ministro do Trabalho, de modo a coibir fraudes, a permitir o desenvolvimento de soluções inovadoras e a garantir a concorrência entre os ofertantes desses sistemas, no qual os procedimentos de análise de conformidade dos equipamentos e sistemas considerarão os princípios da temporalidade, da integridade, da autenticidade, da irrefutabilidade, da pessoalidade e da auditabilidade, na forma estabelecida pelo Ministro do Trabalho (**art. 31, Decreto n. 10.854/2021**).

A lei permite expressamente a utilização de registro de ponto por exceção à jornada regular de trabalho, mediante acordo individual escrito, convenção coletiva ou acordo coletivo de trabalho (**§ 4.º, art. 74, CLT**). A **marcação de ponto por exceção** consiste na anotação, pelo empregado, no seu registro de ponto, apenas das atividades não compreendidas na jornada diária normal de trabalho, tais como: horas extras, ausências injustificadas ou justificadas, folgas compensadas, saídas antecipadas, atrasos e assemelhados, presumindo-se, se nada for apontado, o cumprimento da jornada normal de trabalho prevista.

Os equipamentos e os sistemas de registro eletrônico de jornada registrarão fielmente as marcações efetuadas e atenderão aos seguintes critérios (**§ 2.º, art. 31, Decreto n. 10.854/2021**):

- ■ não permitir:
    - ■ alteração ou eliminação dos dados registrados pelo empregado;
    - ■ restrições de horário às marcações de ponto;
    - ■ marcações automáticas de ponto, tais como horário predeterminado ou horário contratual;

■ não exigir autorização prévia para marcação de sobrejornada.

■ permitir:

■ pré-assinalação do período de repouso;

■ assinalação de ponto por exceção à jornada regular de trabalho.

Para **fins de fiscalização**, os sistemas de registro eletrônico de jornada deverão **(art. 32, Decreto n. 10.854/2021)**:

■ permitir a identificação do empregador e do empregado;

■ possibilitar a extração do registro fiel das marcações realizadas pelo empregado.

Inobstante as formas de controle de jornada sejam previstas expressamente em lei, é possível **que convenção coletiva ou acordo coletivo de trabalho** disponham sobre modalidade de registro de jornada, tendo prevalência sobre a lei **(art. 611-A, X, CLT)**.

O **horário de trabalho** será anotado em registro de empregados **(art. 74, *caput*, CLT)**.

Na hipótese de reclamação trabalhista na qual o trabalhador alega trabalho em horas extras e pleiteia o respectivo pagamento, a não apresentação injustificada pelo empregador que conta com mais de 20 empregados[25] dos registros da jornada de trabalho geram presunção relativa de veracidade da jornada alegada pelo trabalhador, a qual poderá ser elidida por prova em contrário **(Súmula 338, I, TST)**.

A presunção de veracidade da jornada de trabalho, ainda que prevista em norma coletiva, pode ser elidida por prova em sentido contrário **(Súmula 338, II, TST)**.

Não serão descontadas nem computadas como jornada extraordinária as variações de horário no registro de ponto não excedentes de cinco minutos, observado o limite máximo de dez minutos diários (§ 1.º, art. 58, CLT). Sendo ultrapassado, porém, esse limite, será considerada como extra a totalidade do tempo que exceder a jornada normal, pois configurado tempo à disposição do empregador, não importando as atividades desenvolvidas pelo empregado ao longo do tempo residual, como troca de uniforme, lanche, higiene pessoal etc. **(Súmula 366, TST)**.

Tendo em vista que convenção ou acordo coletivo podem dispor sobre jornada de trabalho **(art. 611-A, I, CLT)**, observados os limites constitucionais, cláusula de instrumento normativo coletivo pode estabelecer critérios distintos para os minutos que antecedem e sucedem a jornada de trabalho para fins de apuração das horas extras.[26]

Por não se considerar tempo à disposição do empregador, **não será computado como período extraordinário o que exceder a jornada normal, ainda que ultrapasse o limite de cinco minutos previsto no § 1.º do art. 58 da CLT**, quando o empregado, por

---

[25] A Lei n. 13.874/2019 alterou o § 2.º do art. 74, CLT, passando a prever a exigência do controle de jornada para os estabelecimentos com mais de 20 empregados — logo, a previsão da Súmula deve se adequar à nova redação da lei.

[26] Em razão da ampliação da negociação coletiva pela Lei n. 13.467/2017 (*Reforma Trabalhista*), a Súmula 449, TST, não mais prevalece.

escolha própria, buscar proteção pessoal, em caso de insegurança nas vias públicas ou más condições climáticas, bem como adentrar ou permanecer nas dependências da empresa para exercer atividades particulares, como, por exemplo, práticas religiosas, descanso, lazer, estudo, alimentação, atividades de relacionamento social, higiene pessoal e troca de roupa ou uniforme, quando não houver obrigatoriedade de realizar a troca na empresa **(art. 4.º, § 2.º, CLT)**.

Os cartões de ponto que demonstram horários de entrada e saída uniformes são inválidos como meio de prova, invertendo-se o ônus da prova relativo às horas extras, que passa a ser do empregador, prevalecendo a jornada indicada na inicial se dele não se desincumbir **(Súmula 338, III, TST)**.[27]

Imperioso concluir que é dever do **empregador manter controle de horário de entrada e saída dos empregados**, registrado de forma manual, mecânica ou eletrônica, que aponte as efetivas horas trabalhadas durante o dia, **na forma prevista no art. 74, § 2.º, da CLT**, ou **outra modalidade de controle de jornada**, na forma prevista em convenção ou acordo coletivo de trabalho **(art. 611-A, X, CLT)**.

5.2.4. Jornada extraordinária

Jornada extraordinária é aquela prestada além da jornada normal de cada empregado, seja máxima, seja especial. A jornada extraordinária pode ser realizada tanto antes do início da jornada normal como após o seu término, ou ainda, durante a jornada, quando exista trabalho nos intervalos intrajornada remunerados.

A **jornada extraordinária** deve ser prestada apenas excepcionalmente e sua **regularidade** depende do cumprimento dos **requisitos** previstos em lei **(art. 59, CLT, e art. 7.º, XVI, CF)**:

■ **Existência de acordo de prorrogação de jornada** — pode ser celebrado individualmente (entre empregado e empregador) ou coletivamente (mediante convenção co-

---

[27] "RECURSO DE REVISTA. ACÓRDÃO REGIONAL PUBLICADO APÓS A VIGÊNCIA DA LEI N. 13.467/2017. [...] CARTÕES DE PONTO. HORÁRIOS DE ENTRADA INVARIÁVEIS. SÚMULA N. 338, III, TST. ÔNUS DA PROVA. Em que pese os registros apresentados pela Reclamada se mostrassem uniformes, o Tribunal Regional considerou válidos os documentos apresentados. Concluiu que competia ao Autor o ônus probatório acerca da jornada extraordinária, afastando a aplicação da Súmula n. 338, III, TST. A Súmula 338, III, do TST consagra que '"Os cartões de ponto que demonstram horários de entrada e saída uniformes são inválidos como meio de prova, invertendo-se o ônus da prova, relativo às horas extras, que passa a ser do empregador, prevalecendo a jornada da inicial se dele não se desincumbir'. Conforme a diretriz contida no aludido verbete sumular, controles de ponto que apresentam horários de entrada invariáveis não merecem ser considerados como meio de prova. Ademais, a apresentação de cartões de ponto inidôneos gera a inversão do ônus probatório, que passa a ser do empregador, prevalecendo a jornada narrada na inicial se dele não se desincumbir. Desse modo, o Tribunal Regional, ao considerar válidos os cartões de ponto, muito embora registrassem horários de entrada britânicos, consignando que o ônus probatório acerca da jornada extraordinária competia ao Reclamante, proferiu acórdão contrário à Súmula n. 338, III, do TST. Recurso de revista conhecido e provido. [...]" (RR-727-60.2021.5.12.0002, 2.ª T., rel. Min. Liana Chaib, *DEJT* 19.12.2024).

letiva ou acordo coletivo de trabalho). Pode ser celebrado por prazo determinado ou indeterminado.

Em relação aos empregados que trabalham em **atividades insalubres**, o trabalho em horas extras é permitido, sendo necessária, porém, licença prévia do Ministério do Trabalho **(art. 60, CLT)**. Excetuam-se dessa exigência as jornadas de doze horas de trabalho por trinta e seis horas ininterruptas de descanso **(parágrafo único, art. 60, CLT)**. No entanto, a convenção coletiva e o acordo coletivo de trabalho poderão dispor sobre prorrogação de jornada em ambientes insalubres, sem licença prévia das autoridades competentes do Ministério do Trabalho **(art. 611-A, XIII, CLT)**.

■ **Cumprimento de no máximo 2 horas extras** — nos dias em que houver trabalho em horas extras, este não poderá ultrapassar 2 horas. No entanto, a limitação legal da jornada suplementar a duas horas diárias não exime o empregador de pagar todas as horas trabalhadas, mesmo que em número superior às duas autorizadas por lei **(Súmula 376, I, TST)**, sem prejuízo, ainda, da punição administrativa aplicável pelo Ministério do Trabalho ao empregador faltoso.

■ **Pagamento das horas extras** — as horas extras deverão ser remuneradas com, no mínimo, 50% a mais do que a hora normal **(adicional de horas extras)**. Assim, o valor de cada hora extra corresponde ao valor da hora normal, **integrado por parcelas de natureza salarial** e acrescido do adicional previsto em lei, contrato, acordo coletivo de trabalho, convenção coletiva de trabalho ou sentença normativa **(Súmula 264, TST)**. Portanto, a base de cálculo das horas extras inclui todas as verbas salariais que o empregado receba, inclusive outros adicionais (insalubridade, periculosidade etc.). Em relação aos **portuários**, porém, o cálculo das horas extras observará somente o salário básico percebido, excluídos os adicionais de risco e produtividade **(OJ SDI-1 60, II, TST)**.

Para o cálculo do valor do salário-hora do empregado, devem ser aplicados os seguintes divisores:

■ jornada de 44 horas semanais = divisor 220;

■ jornada de 40 horas semanais = divisor 200;

SÚMULA 431, TST: "Para os empregados a que alude o art. 58, *caput*, da CLT, quando sujeitos a 40 horas semanais de trabalho, aplica-se o divisor 200 (duzentos) para o cálculo do valor do salário-hora".

■ jornada de 6 horas diárias = divisor 180.

Para o cálculo do valor do salário-hora do empregado bancário, devem ser aplicados os seguintes divisores:[28]

■ jornada de 6 horas diárias = divisor 180;

---

[28] Súmula 124, TST.

■ jornada de 8 horas diárias = divisor 220.

O empregado, sujeito a controle de horário, **remunerado à base de comissões**, tem direito ao adicional de, no mínimo, 50% pelo trabalho em horas extras, calculado sobre o valor-hora das comissões recebidas no mês, considerando-se como divisor o número de horas efetivamente trabalhadas **(Súmula 340, TST)**.

> **OJ SDI-1 397, TST:** "O empregado que recebe remuneração mista, ou seja, uma parte fixa e outra variável, tem direito a horas extras pelo trabalho em sobrejornada. Em relação à parte fixa, são devidas as horas simples acrescidas do adicional de horas extras. Em relação à parte variável, é devido somente o adicional de horas extras, aplicando-se à hipótese o disposto na Súmula n. 340 do TST".

> **OJ SDI-1 235, TST:** "O empregado que recebe salário por produção e trabalha em sobrejornada tem direito à percepção apenas do adicional de horas extras, exceto no caso do empregado cortador de cana, a quem é devido o pagamento das horas extras e do adicional respectivo".

As **horas extras habitualmente recebidas pelo trabalhador** integram seu salário para todos os efeitos legais, refletindo em parcelas trabalhistas (13.º salário — **Súmula 45, TST**, férias, FGTS, DSR, aviso prévio), nas gratificações semestrais **(Súmula 115, TST)**, na indenização por tempo de serviço **(Súmula 24, TST)** e em parcelas previdenciárias (salário de contribuição).

Assim, o valor das horas extras habitualmente prestadas integra o cálculo dos haveres trabalhistas, independentemente da limitação prevista no *caput* do art. 59 da CLT **(Súmula 376, II, TST)**.

A majoração do valor do repouso semanal remunerado, decorrente da integração das horas extras habituais, deve repercutir no cálculo, efetuado pelo empregador, das demais parcelas que têm como base de cálculo o salário, não se cogitando de *bis in idem* por sua incidência no cálculo das férias, da gratificação natalina, do aviso prévio e do FGTS **(OJ SDI-1 394, TST)**.

O cálculo do valor das horas extras habituais, para efeito de reflexos em verbas trabalhistas, observará o número de horas efetivamente prestadas e a ela aplica-se o valor do salário-hora da época do pagamento daquelas verbas **(Súmula 347, TST)**.

Com a **revogação do art. 384 da CLT** pela **Lei n. 13.467/2017** (*Reforma Trabalhista*) não há mais que se falar em concessão obrigatória de descanso de 15 minutos antes da prorrogação do horário normal de trabalho da mulher e do menor de 18 anos. Sobre o tema, o STF adotou a Tese de Repercussão Geral 528, definindo que "O art. 384 da CLT, em relação ao período anterior à edição da Lei n. 13.467/2017, foi recepcionado pela Constituição Federal de 1988, aplicando-se a todas as mulheres trabalhadoras".[29]

---

[29] O Tribunal Pleno do TST, em 25.11.2024, no julgamento do Tema 23 da Tabela de Recursos de Revista Repetitivos (IncJulgRREmbRep-528-80.2018.5.14.0004), firmou a tese de que a Lei

5.2.4.1. Horas extras decorrentes de força maior ou de serviços inadiáveis

Situação excepcional em relação ao trabalho em jornada suplementar diz respeito às **horas extras por necessidade imperiosa, decorrentes de força maior ou de serviços inadiáveis**, com previsão no **art. 61 da CLT**.

Considera-se como *força maior* todo acontecimento inevitável em relação à vontade do empregador, e para a realização do qual este não concorreu, direta ou indiretamente. A imprevidência do empregador exclui a razão de força maior **(art. 501, CLT)**.

Serviços inadiáveis são aqueles que devem ser terminados no mesmo dia, sob pena de se causar um prejuízo manifesto ao empregador **(art. 61, CLT)**.

As horas extras decorrentes de força maior ou de serviços inadiáveis **podem ser exigidas** independentemente de convenção coletiva ou acordo coletivo de trabalho, **não mais havendo previsão legal** de necessidade de **comunicação** da realização dessas ao **Ministério do Trabalho (art. 61, § 1.º, CLT)**.

Por força do disposto no **art. 7.º, XVI, da Constituição Federal**, as horas extras prestadas em decorrência tanto de força maior quanto de serviços inadiáveis serão remuneradas com adicional de no mínimo 50% da hora normal.

Nestas hipóteses de força maior ou de serviços inadiáveis, não poderá ser ultrapassada duração de 12 horas de trabalho (duração esta que abrange a jornada normal máxima, mais as horas extras = 8 + 4). Ressalte-se que, embora a leitura do **art. 61, § 2.º, da CLT** pareça indicar que no caso de horas extras decorrentes de força maior não exista limite de duração para o trabalho suplementar, o entendimento da doutrina e da jurisprudência em relação a esta situação excepcional é no sentido de que aqui também se deve aplicar o limite de 12 horas de trabalho indicado no referido dispositivo legal.[30]

Situação distinta prevista no **§ 3.º, do art. 61, da CLT** é o trabalho para recuperação de horas decorrente de **paralisação temporária do serviço em razão de força maior ou de causas acidentais**. Nestes casos poderá a jornada normal de trabalho ser posteriormente prorrogada pelo número de dias indispensáveis à *recuperação* **do tempo perdido** com a interrupção, até o máximo de 45 dias por ano. Esta compensação não poderá exceder de 2 horas por dia e depende de autorização do Ministério do Trabalho.

5.2.4.2. Supressão das horas extras

A **prestação de serviços em horas extras** pode ser **suprimida pelo empregador**, caso em que o empregado deixará de receber o pagamento pelo trabalho extraordinário.

---

n. 13.467/2017 possui aplicação imediata aos contratos de trabalho em curso, passando a regular os direitos decorrentes de lei cujos fatos geradores tenham se efetivado a partir de sua vigência.

[30] Nesse sentido, *vide* DELGADO, Mauricio Godinho. *Curso de direito do trabalho*, 18. ed., p. 1102. BARROS, Alice Monteiro de. *Curso de direito do trabalho*, p. 663; e SÜSSEKIND, Arnaldo et al. *Instituições de direito do trabalho*, 22. ed., v. 2, p. 839.

No entanto, na hipótese de **supressão total ou parcial, pelo empregador, do serviço suplementar prestado com habitualidade durante pelo menos um ano**, o empregado terá direito a uma indenização correspondente ao valor de 1 mês das horas suprimidas para cada ano ou fração igual ou superior a seis meses de prestação de serviço acima da jornada normal. O cálculo deverá observar a média das horas suplementares efetivamente trabalhadas nos últimos 12 meses, multiplicada pelo valor da hora extra do dia da supressão **(Súmula 291, TST)**.[31]

5.2.4.3. Compensação de jornada

Ocorre *compensação de jornada* sempre que o acréscimo de horas em um dia for compensado pela correspondente diminuição em outro dia, desde que não seja ultrapassada a duração da jornada semanal. Havendo compensação, **não será devido o adicional de horas extras**.

A compensação de jornada de trabalho está expressamente autorizada pelo **art. 7.º, XIII, da Constituição Federal**.

O **§ 2.º, do art. 59, da CLT** instituiu o chamado **"banco de horas"**, prevendo que a compensação de jornada pode ser feita no período máximo de um ano, não podendo neste período ser ultrapassada a soma das jornadas semanais de trabalho previstas, nem ser ultrapassado o limite máximo de dez horas diárias (8 horas de jornada normal + 2 horas extras). Ressalte-se que o limite máximo de 2 horas extras deve ser respeitado qualquer que seja a jornada de trabalho do empregado, não se podendo considerar o limite total de 10 horas previsto pelo **§ 2.º, do art. 59, da CLT**, pois o legislador considera sempre como parâmetro para fixação de limites relativos à jornada as 8 horas máximas de jornada normal prevista pelo ordenamento jurídico (assim, por exemplo: 6 horas de jornada normal + 2 horas extras).

A convenção coletiva e o acordo coletivo de trabalho têm prevalência sobre a lei quando dispuserem sobre **banco de horas anual (art. 611-A, II, CLT)**.

O banco de horas poderá ser pactuado por **acordo individual escrito**, desde que a **compensação** ocorra no **período máximo de seis meses (art. 59, § 5.º, CLT)**.

É lícito o regime de compensação de jornada estabelecido por **acordo individual, tácito ou escrito,** para a **compensação no mesmo mês (art. 59, § 6.º, CLT)**.

---

[31] "AGRAVO INTERNO. RECURSO DE REVISTA. ACÓRDÃO REGIONAL PUBLICADO NA VIGÊNCIA DA LEI N. 13.467/2017. HORAS EXTRAS. HABITUALIDADE. SUPRESSÃO. IMPOSSIBILIDADE. SÚMULA N. 291 DO TST. INCIDÊNCIA. TRANSCENDÊNCIA RECONHECIDA NA DECISÃO UNIPESSOAL. I . Não merece reparos a decisão unipessoal agravada, em que provido o recurso de revista para restabelecer a condenação da reclamada ao pagamento da indenização compensatória decorrente da redução das horas extras habituais, uma vez que o Tribunal Regional decidiu em desacordo com a jurisprudência desta Corte Superior, no sentido de que, independentemente da origem da alteração contratual, a supressão ou redução das horas extraordinárias prestadas habitualmente por, pelo menos, um ano gera o direito à indenização prevista na Súmula 291 do TST. II. Agravo interno de que se conhece e a que se nega provimento" (Ag-RR-1001670-19.2017.5.02.0442, 7.ª T., rel. Min. Evandro Pereira Valadao Lopes, *DEJT* 02.08.2024).

PERÍODO DE COMPENSAÇÃO	FORMA DO ACORDO DE COMPENSAÇÃO
Anual	Convenção coletiva (CCT) ou acordo coletivo de trabalho (ACT)
Semestral	CCT, ACT ou acordo individual escrito
Mensal	CCT, ACT ou acordo individual, tácito ou escrito

O **não atendimento das exigências legais** para a compensação de jornada, inclusive quando estabelecida mediante acordo tácito, **não implica a repetição do pagamento das horas** excedentes à jornada normal diária, se não ultrapassada a duração máxima semanal, **sendo devido apenas o adicional**. Paga-se apenas o adicional para cada hora, e não o valor da hora normal mais o adicional **(art. 59-B, CLT)**.

A prestação de **horas extras habituais** não descaracteriza o acordo de compensação de jornada e o banco de horas **(art. 59-B, parágrafo único, CLT)**.

Na hipótese de **rescisão do contrato de trabalho sem** que tenha havido a **compensação integral da jornada extraordinária**, o trabalhador terá direito ao pagamento das horas não compensadas, calculadas sobre o valor da remuneração na data da rescisão **(art. 59, § 3.º, CLT)**.

A partir da nova regulamentação do regime de compensação de jornada, inclusive na modalidade de banco de horas, instituída pela **Lei n. 13.467/2017 (*Reforma Trabalhista*)**, as previsões da **Súmula 85, V, TST**, perderam sentido, não mais podendo servir de balizamento para a análise de situações concretas.

A **compensação** de jornada de trabalho dos **trabalhadores menores de 18 anos** só pode ocorrer mediante convenção ou acordo coletivo de trabalho **(art. 413, I, CLT)**.

Regime específico de compensação de jornada é chamado de *semana espanhola*, assim considerado aquele que alterna a prestação de 48 horas em uma semana e 40 horas em outra. Tal regime não viola o art. 59, § 2.º, da CLT, nem o art. 7.º, XIII, da Constituição Federal **(OJ SDI-1 323, TST)**.

Outra hipótese de compensação de jornada que encontra respaldo no ordenamento jurídico é a chamada *semana inglesa*, que é caracterizada pela compensação decorrente da supressão das horas trabalhadas aos sábados, com a respectiva distribuição das horas nos demais dias da semana, desde que seja respeitado o limite máximo de 10 horas de trabalho por dia (considerando a jornada normal máxima e as horas extras eventualmente prestadas), não ultrapassando 44 horas por semana.

O regime de compensação por meio de **escalas de 12 horas seguidas de trabalho por 36 horas ininterruptas de descanso** pode ser pactuado mediante **acordo individual escrito, convenção coletiva ou acordo coletivo de trabalho**, observados ou indenizados os intervalos para repouso e alimentação **(art. 59-A, CLT)**.

A **remuneração mensal pactuada** pelo horário 12 x 36 **abrange** os pagamentos devidos **pelo descanso semanal remunerado** e pelo **descanso em feriados**, e serão considerados compensados os feriados e as prorrogações de trabalho noturno, quando houver **(art. 59-A, parágrafo único, CLT)**.

5.2.4.4. Empregados excluídos do direito a horas extras

O art. 62 da CLT indica três tipos de empregados em relação aos quais não é possível o empregador exercer efetivos controle e fiscalização sobre a jornada realizada, razão pela qual **não fazem jus à percepção de horas extras:**

> ▪ **Empregados que exercem atividades externas** incompatíveis com a fixação de horário de trabalho, devendo tal condição ser anotada na sua CTPS e no registro de empregados.[32]

Em relação à ausência de controle ou de fiscalização da jornada de trabalho, o legislador estabelece uma presunção relativa que pode ser elidida por prova em sentido contrário produzida pelo empregado, ou seja, provando o empregado que ocorria controle ou fiscalização de qualquer tipo em relação ao seu horário de trabalho, a exclusão não será aplicável, sendo devidas as horas extras eventualmente prestadas.[33]

---

[32] "AGRAVO. AGRAVO DE INSTRUMENTO EM RECURSO DE REVISTA. ACÓRDÃO PUBLICADO NA VIGÊNCIA DA LEI N. 13.467/2017. [...] HORAS EXTRAS. TRABALHO EXTERNO. AUSÊNCIA DE TRANSCENDÊNCIA. Conforme se verifica do acórdão regional, as questões ora devolvidas foram solucionadas pelo e. TRT a partir do exame do conjunto probatório. Com efeito, o e. TRT, com base nos elementos de prova, concluiu que o autor enquadrava-se na exceção prevista no art. 62, I, da CLT, na medida em que exercia atividade externa sem fiscalização da jornada de trabalho. Consignou, nesse sentido, que restou demonstrada a impossibilidade de controle de jornada por parte do empregador, ressaltando que tal circunstância 'se encontra prevista no contrato de trabalho firmado entre as partes [...], além da ficha de registro [...]'. Registrou que é inovatória a alegação do reclamante de que havia 'controle visual, ligações telefônicas, comparecimento ao estabelecimento, acesso a sistemas *online*', ressaltando 'ser inviável admitir a existência de controle visual ou comparecimento à ré, eis que o próprio autor reconheceu em depoimento que atendia diariamente três municípios distintos, empreendendo visitas em 15 a 20 revendas por dia. Logo, inequívoca a sua atuação externa, sem efetivo comparecimento em estabelecimento da reclamada'. As razões veiculadas no recurso de revista, por sua vez, estão calcadas em realidade fática diversa. Nesse contexto, para se chegar a uma conclusão diversa desta Corte, necessário seria o reexame de fatos e provas, o que atrai o óbice contido na Súmula n. 126 do TST. Registre-se, ainda, que a decisão regional, tal como proferida, está em harmonia com a jurisprudência desta Corte, segundo a qual a ausência de anotação formal em CTPS ou demais registros não afasta a possibilidade de aplicação do art. 62, I, da CLT, devendo ser considerado o 'contrato realidade', ou seja, a realidade de a jornada de trabalho ser (ou não) passível de controle pela reclamada, mediante análise das provas colhidas. Precedentes. Nesse contexto, incide a Súmula n. 333 do TST como obstáculo à extraordinária intervenção deste Tribunal Superior no feito. A existência de obstáculo processual apto a inviabilizar o exame da matéria de fundo veiculada, como no caso, acaba por evidenciar, em última análise, a própria ausência de transcendência do recurso de revista, em qualquer das suas modalidades. Agravo não provido. [...]" (AIRR-0000600-09.2020.5.12.0051, 5.ª T., rel. Min. Breno Medeiros, *DEJT* 23.08.2024).

[33] "AGRAVO. AGRAVO DE INSTRUMENTO EM RECURSO DE REVISTA. REGIDO PELA LEI N. 13.467/2017. [...] 2. HORAS EXTRAS. TRABALHO EXTERNO. SÚMULA N. 126/TST. TRANSCENDÊNCIA NÃO RECONHECIDA NA DECISÃO AGRAVADA. 1. A realização de trabalho externo, por si só, não obsta o direito do empregado ao recebimento de horas extras, porquanto o artigo 62, I, da CLT impôs a necessidade da conjugação de dois fatores para excluir alguns empregados do regime de duração do trabalho, quais sejam, atividade desenvolvida fora do estabe-

■ **Os gerentes**, assim considerados os exercentes de cargos de gestão, aos quais se equiparam os diretores e chefes de departamento ou filial. A exclusão do direito a horas extras, neste caso, somente ocorrerá quando o salário do cargo de confiança, compreendendo a gratificação de função, se houver, não for inferior ao valor do respectivo salário efetivo acrescido de 40% **(parágrafo único, art. 62, CLT)**.

Trata-se de presunção relativa de que tais trabalhadores, por sua posição hierárquica diferenciada na estrutura funcional da empresa, não estão submetidos a controle ou fiscalização de jornada e de horário de trabalho, sendo admitida, porém, prova em sentido contrário. Assim, comprovado pelo empregado que sofria controle ou fiscalização de horário de trabalho, apesar de ser detentor de poderes de gestão e de receber remuneração igual ou superior a 40% do salário efetivo, terá o mesmo direito às horas extras eventualmente prestadas.[34]

---

lecimento e inviabilidade da fiscalização da jornada. Portanto, caso comprovado que a empresa detinha meios suficientes para conhecer a rotina de trabalho do empregado, não é crível que, podendo, deixe de considerar a jornada laboral com intuito de desvirtuar as diretrizes perfilhadas no artigo 62, I, da CLT, de forma a se esquivar do pagamento de horas extras. 2. No caso, o Tribunal Regional, com amparo nas provas dos autos, registrou que a jornada de trabalho cumprida pela Reclamante era passível de controle pela Demandada. Anotou que a única testemunha ouvida em juízo depôs que a 'reclamante cumpria mesma jornada do depoente; que marcava seu horário de trabalho através de aplicativo, registrando entrada, saída e almoço'. Após afastar a incidência do artigo 62, I, da CLT, concluiu que a Autora cumpria jornada 'de segunda a sábado, das 8h30min às 19h, com 30 minutos de intervalo. Quanto ao labor em domingos, considerando o depoimento pessoal da obreira, em cotejo com a prova oral e o depoimento do preposto, considero razoável fixar em um domingo por mês, das 8h às 14h, sem intervalo'. Nesse contexto, somente com o revolvimento de provas seria possível conclusão diversa, expediente vedado nesta instância extraordinária, ante o óbice da Súmula n. 126/ do TST. Decisão mantida com acréscimo de fundamentação. Agravo não provido, com acréscimo de fundamentação. [...]" (Ag-AIRR-644-70.2021.5.05.0024, 5.ª T., rel. Min. Douglas Alencar Rodrigues, *DEJT* 08.11.2024).

[34] "RECURSO DE REVISTA COM AGRAVO. I — AGRAVO DE INSTRUMENTO EM RECURSO DE REVISTA DE COMPANHIA BRASILEIRA DE DISTRIBUIÇÃO. CARGO DE CONFIANÇA. HORAS EXTRAS. ART. 62, II, DA CLT. MATÉRIA FÁTICA. SÚMULA 126 DO TST. AUSÊNCIA DE TRANSCENDÊNCIA. No caso, o v. acórdão regional, após análise do conjunto fático-probatório, notadamente da prova testemunhal e documental, consignou que a empregada não exercia função de confiança e não se enquadrava na exceção do art. 62, II, da CLT, visto não possuir, sequer, autonomia para modificar o próprio horário de trabalho, e que a alegada remuneração elevada que recebia foi decorrente da sua progressão profissional dentro da empresa, *in verbis*: 'Entretanto, o representante da reclamada afirmou em depoimento (fls. que a demandante estava subordinada ao gerente geral da loja, sendo que as testemunhas das partes foram uníssonas ao afirmar que a reclamante dependia de autorização do gerente da loja para modificar seu horário de trabalho. Logo, patente que era o gerente e não a autora que atuava como alter ego do empregador. O fato da reclamante receber uma remuneração superior àquela habitualmente paga aos comerciários, por si só, não dá azo ao acolhimento da tese da ré. A uma, porque este diferencial remunera a maior responsabilidade da empregada; a duas, porque a reclamante recebeu diversas promoções no decorrer dos dezoito anos de contrato havido com a ré, como já citado linhas acima' (*sic*. p. 571-572). Para divergir dessas premissas, concluindo pelo exercício de cargo de confiança, tal como pretende a empresa, seria necessário o reexame das provas produzidas no processo, o que

Destaque-se que a **convenção e o acordo coletivo de trabalho** podem **identificar os cargos que se enquadram como função de confiança (art. 611-A, V, CLT)**, caso em que geram uma presunção de exercício de funções que afastam o direito a horas extras (a presunção, porém, é relativa, admitindo prova em sentido contrário, sendo do empregador o ônus).[35]

Os empregados em regime de teletrabalho, assim considerada a prestação de serviços preponderantemente fora das dependências do empregador, com a utilização de tecnologias de informação e de comunicação que, por sua natureza, não se constituam como trabalho externo **(art. 75-B, *caput*, CLT)**. O comparecimento às dependências do empregador para a realização de atividades específicas que exijam a presença do empregado no estabelecimento não descaracteriza o regime de teletrabalho **(art. 75-B, parágrafo único, CLT)**.

A prestação de serviços na modalidade de teletrabalho **deverá constar expressamente do contrato individual de trabalho**, que especificará as atividades que serão realizadas pelo empregado, **podendo ser realizada a alteração entre regime presencial e de teletrabalho** desde que haja mútuo acordo entre as partes, registrado em aditivo contratual **(art. 75-C, *caput* e § 1.º, CLT)**.

5.2.5. Trabalho noturno

Trabalho noturno é aquele prestado em *horário noturno*.

é vedado a esta Corte Superior, dada a natureza extraordinária do recurso de revista. A incidência da Súmula 126 do TST inviabili-za o reconhecimento da transcendência da causa. Não se enquadrando, portanto, o recurso de revista em nenhuma das hipóteses de transcendência previstas no artigo 896-A da CLT, não prospera o agravo de instrumento que visa a destrancá-lo. Agravo de instrumento conhecido e desprovido. [...]" (RRAg-1001508-82.2016.5.02.0434, 7.ª T., rel. Min. Alexandre de Souza Agra Belmonte, *DEJT* 13.12.2024).

[35] "AGRAVO DE INSTRUMENTO EM RECURSO DE REVISTA. HORAS EXTRAS. CARGO DE CONFIANÇA. ENQUADRAMENTO NA JORNADA DO ARTIGO 224, § 2.º, DA CLT PREVISTO EM NORMA COLETIVA. VALIDADE. TEMA 1046 DA TABELA DE REPERCUSSÃO GERAL DO STF. TRANSCENDÊNCIA JURÍDICA RECONHECIDA. O Regional concluiu pela validade da norma coletiva que prevê o enquadramento do bancário ocu-pante do cargo de 'Executivo de Contas' na hipótese do art. 224, § 2.º, da CLT, não fazendo jus, assim, ao pagamento das 7ª e 8ª horas como extraordinárias. Em recente julgamento do Tema 1046 da Repercussão Geral, o STF, fixou a seguinte tese jurídica: 'São constitucionais os acordos e as convenções coletivas que, ao considerarem a adequação setorial negociada, pactuem limitações ou afastamentos de direitos trabalhistas, independentemente da explicitação especificada de vantagens compensatórias, desde que respeitados os direitos absolutamente indisponíveis'. Depreende-se da referida tese que é válida norma coletiva que limita ou restringe direito trabalhista, desde que não pertença ao rol dos direitos indisponíveis. Nesta senda, não se tratando de direito indisponível o enquadramento do bancário ocupante do cargo de 'Executivo de Contas' na hipótese do art. 224, § 2.º, da CLT, deve prevalecer o disposto na norma coletiva. Neste contexto, a decisão regional está em consonância com a tese fixada no precedente de repercussão geral, de efeito vinculante. Agravo de instrumento conhecido e não provido" (AIRR-1000280-15.2021.5.02.0073, 8.ª T., rel. Min. Dora Maria da Costa, *DEJT* 13.01.2025).

O horário noturno é definido por lei, sendo diferenciado para os empregados urbanos e para os empregados rurais.

Para os **empregados urbanos**, considera-se trabalho noturno aquele realizado **entre as 22 horas de um dia e as 5 horas do dia seguinte (§ 2.º, art. 73, da CLT)**.

Para os **rurais**, o horário noturno para os **empregados que trabalham na agricultura** é definido **entre 21 horas de um dia e 5 horas do dia seguinte**. O trabalho noturno dos **empregados que trabalham na pecuária** é aquele realizado **entre 20 horas de um dia e 4 horas do dia seguinte (art. 7.º, Lei n. 5.889/73 e art. 92, Decreto n. 10.854/2021)**.

O trabalho em horário noturno é mais desgastante para o trabalhador, trazendo-lhe inegáveis prejuízos à saúde, além de dificultar-lhe o convívio familiar e social.

Exatamente por isso, nos termos do **art. 7.º, IX, da Constituição Federal**, a remuneração do trabalho noturno será superior à do diurno. Assim, o trabalho noturno é remunerado com o adicional noturno, ou seja, as horas trabalhadas em horário noturno devem ser remuneradas sempre com acréscimo do adicional noturno. Nos horários mistos, assim entendidos os que abrangem períodos diurnos e noturnos, as horas noturnas devem ser remuneradas com o respectivo adicional **(§ 4.º, art. 73, CLT)**.

O **adicional noturno** dos **empregados urbanos** é de, pelo menos, **20% sobre a hora diurna (art. 73, CLT)**. O **empregado rural** (tanto da agricultura como da pecuária) recebe adicional noturno de **25% sobre a remuneração normal (parágrafo único, art. 7.º, Lei n. 5.889/73 e art. 92, Decreto n. 10.854/2021)**.

O empregado que deixa de trabalhar no horário noturno, sendo transferido para o horário diurno, perde o direito ao adicional. Não há que se falar em direito adquirido ou em redução salarial **(Súmula 265, TST)**.

> **SÚMULA 265, TST:** "A transferência para o período diurno de trabalho implica a perda do direito ao adicional noturno".

O adicional noturno pago com habitualidade integra a remuneração do empregado para todos os efeitos: férias, 13.º salário, aviso prévio, FGTS, descanso semanal remunerado **(Súmula 60, I, TST)**.

Para os **trabalhadores urbanos**, a lei instituiu uma ficção jurídica no sentido de que a **hora noturna é considerada reduzida**, ou seja, a hora noturna **equivale a 52 minutos e 30 segundos (§ 1.º, art. 73, CLT, OJ SDI-1 127, TST)**. Assim, cada hora noturna trabalhada corresponde a 52min e 30s, e não a uma hora de 60min, constituindo uma vantagem ao empregado. Tal benefício não se estende aos empregados rurais.

Nos **portos**, é considerado trabalho noturno aquele realizado **entre 19 horas de um dia e 7 horas do dia seguinte**, sendo a **hora noturna de 60 minutos** remunerada com **adicional de 20%** sobre a hora diurna **(OJ SDI-1 60, I, TST)**.

Para os **advogados empregados**, considera-se horário noturno o compreendido **entre 20 horas de um dia e 5 horas do dia seguinte**, remunerado com **adicional de 25%** sobre a hora diurna **(art. 20, § 3.º, Lei n. 8.906/94 — EOAB)**.

É assegurado ao vigia sujeito ao trabalho noturno o direito ao respectivo adicional, bem como à hora reduzida de 52 minutos e 30 segundos **(Súmulas 140 e 65, TST)**.

A previsão do **art. 73, *caput*, da CLT** no sentido da inaplicabilidade do adicional noturno nos regimes de revezamento não encontra amparo no texto constitucional atual, que prevê de forma ampla e genérica, como direito dos trabalhadores urbanos e rurais, a remuneração do trabalho noturno superior à do diurno. Portanto, é devido o adicional noturno para o empregado sujeito a regime de revezamento **(Súmula 213, STF)**.

Assim sendo, a jurisprudência pacificou o entendimento no sentido de que o trabalho em regime de turnos ininterruptos de revezamento não retira o direito à hora noturna reduzida, não havendo incompatibilidade entre as disposições contidas nos arts. 73, § 1.º, da CLT e 7.º, XIV, da Constituição Federal **(OJ SDI-1 395, TST)**.

O trabalho em horas extras noturnas gera direito ao empregado de recebimento dos dois adicionais, considerando-se, ainda, para o trabalhador urbano, a hora extra reduzida. O adicional noturno integra a base de cálculo das horas extras prestadas no período noturno **(OJ SDI-1 97, TST)**.

As horas extras prestadas após o integral cumprimento da jornada normal no período noturno serão remuneradas como horas extras noturnas **(Súmula 60, II, TST)**.

> **SÚMULA 60, TST:** "I — O adicional noturno, pago com habitualidade, integra o salário do empregado para todos os efeitos.
>
> II — Cumprida integralmente a jornada no período noturno e prorrogada esta, devido é também o adicional quanto às horas prorrogadas".

A **remuneração mensal pactuada** pelo horário 12 x 36 abrange os pagamentos devidos pelo descanso semanal remunerado e pelo descanso em feriados, e **serão considerados compensados** os feriados e **as prorrogações de trabalho noturno, quando houver** (art. 59-A, parágrafo único, CLT).

O trabalho em horário noturno é proibido aos empregados menores de 18 anos, conforme previsão do **art. 7.º, XXXIII, da Constituição Federal**, do **art. 404 da CLT** e do **art. 8.º da Lei n. 5.889/73** e do **art. 93 do Decreto n. 10.854/2021**.

TRABALHO NOTURNO	
EMPREGADO URBANO	▪ Das 22h às 5h ▪ Hora noturna reduzida = 52'30'' ▪ Adicional noturno = 20% sobre a hora diurna
EMPREGADO RURAL	▪ Agricultura = das 21h às 5h ▪ Pecuária = das 20h às 4h ▪ Não há hora noturna reduzida ▪ Adicional noturno = 25% sobre a hora diurna
PORTUÁRIOS	▪ Das 19h às 7h ▪ Não há hora noturna reduzida ▪ Adicional noturno = 20% sobre a hora diurna

ADVOGADOS EMPREGADOS	▪ Das 20h às 5h ▪ Não há hora noturna reduzida ▪ Adicional noturno = 25% sobre a hora diurna
MENOR DE 18 ANOS	▪ Proibido

5.3. PERÍODOS DE REPOUSO

O estudo da duração do trabalho abrange não só a análise da jornada de trabalho, considerada como o tempo em que o empregado se coloca à disposição do empregador como decorrência do contrato de trabalho, mas também e necessariamente dos **períodos de repouso** que são assegurados ao empregado.

Os períodos de repouso podem ser considerados tanto em relação à jornada diária de trabalho como ao módulo semanal de jornada. No primeiro caso, abrangem os intervalos que devem ser concedidos durante a jornada de trabalho (*intervalos intrajornadas*) e aqueles que separam uma jornada de trabalho de outra (*intervalos interjornadas*). Na segunda hipótese, referem-se aos *descansos semanais* que devem ser concedidos entre uma semana e outra de trabalho e, ainda, aos *feriados* que, por força de lei, excepcionalmente impõem descanso aos empregados. Por fim, também deve ser considerado o descanso que é assegurado anualmente aos empregados (*férias*).

A concessão pelo empregador de períodos de repouso tem por objetivo a preservação da saúde e da integridade física do trabalhador e, por tal razão, devem obrigatoriamente ser concedidos pelo empregador ao empregado. Assim, a **renúncia** pelo trabalhador em relação a tais períodos de repouso é **absolutamente inválida**. A transação, como regra, deve ser respaldada em negociação coletiva, sendo inválida a meramente bilateral, decorrente de negociação direta entre o empregado e o empregador, sendo válida, porém, em relação ao empregado "hipersuficiente" (**art. 444, parágrafo único, CLT**). De acordo com a previsão do **art. 611-B, parágrafo único, da CLT**, as regras sobre intervalos não são consideradas como normas de saúde, higiene e segurança do trabalho, podendo ser objeto de negociação coletiva mais ampla, na forma prevista no **art. 611-A, III e XI, CLT**.

5.3.1. Intervalos intrajornadas

Os **intervalos intrajornadas** são períodos de descanso regularmente concedidos durante a jornada de trabalho, em que o empregado deixa de trabalhar e de estar à disposição do empregador. Podem ser remunerados ou não remunerados, conforme sejam ou não computados na duração da jornada de trabalho.

Os intervalos intrajornadas visam permitir que o empregado recupere suas energias durante os períodos de cumprimento da jornada de trabalho. "Seus objetivos, portanto, concentram-se essencialmente em torno de considerações de saúde e segurança do trabalho, como instrumento relevante de preservação da higidez física e mental do trabalhador ao longo da prestação diária de serviços".[36]

5.3.1.1. Intervalo intrajornada não remunerado

O intervalo intrajornada não remunerado é o **intervalo para repouso e alimentação**, previsto no **art. 71 da CLT**.

O cumprimento pelo empregado de **jornada de trabalho** de duração **de 4 a 6 horas** dá direito a um intervalo obrigatório de **15 minutos (§ 1.º, art. 71, CLT)**. Na hipótese de **jornada superior a 6 horas, até o limite de 8 horas**, o empregado tem direito a um intervalo de, **no mínimo, 1 hora e, no máximo, 2 horas (art. 71, *caput*, CLT)**.

Referidos intervalos **não são computados na duração da jornada de trabalho**, ou seja, são deduzidos da jornada normal de trabalho, não sendo considerados como tempo à disposição do empregador e, portanto, **não são remunerados (§ 2.º, art. 71, CLT)**.

O **intervalo mínimo de 1 hora** para quem trabalha mais de 6 horas **pode ser reduzido por ato do Ministério do Trabalho**, ouvida Secretaria de Segurança e Medicina do Trabalho, desde que a **empresa possua refeitório próprio de acordo com os padrões exigidos** e que os **empregados não estejam sob regime de horas extras (§ 3.º, art. 71, CLT)**. A partir da **Lei n. 13.467/2017 (*Reforma Trabalhista*)** passou a ser considerada válida cláusula de acordo ou convenção coletiva de trabalho que **reduza o intervalo intrajornada**, respeitado o **limite mínimo de trinta minutos** para jornadas superiores a seis horas **(art. 611-A, III, CLT)**[37-38].

Em relação aos motoristas, cobradores, fiscalização de campo e afins nos serviços de **operação de veículos rodoviários**, empregados no setor de transporte coletivo de passageiros, ante a natureza dos serviços e em virtude das condições especiais de trabalho a que são submetidos, o **§ 5.º do art. 71 da CLT** (com a redação dada pela Lei n. 13.103/2015) prevê a possibilidade de:

- redução e/ou fracionamento do intervalo intrajornada para repouso e alimentação, quando este for, no mínimo, de uma hora e, no máximo, de duas horas;
- fracionamento do intervalo intrajornada para repouso e alimentação, quando este for de 15 minutos.

A redução e/ou fracionamento nesses casos, no entanto, somente será válida:

- quando os intervalos estiverem compreendidos entre o término da primeira hora trabalhada e o início da última hora trabalhada;

---

[36] DELGADO, Mauricio Godinho. *Curso de direito do trabalho*, 18. ed., p. 1129.
[37] Em razão do quanto previsto pela Lei n. 13.467/2017 (*Reforma Trabalhista*), a Súmula 437, II, TST, não mais prevalece.
[38] O STF fixou a Tese 1046 de Repercussão Geral: "São constitucionais os acordos e as convenções coletivos que, ao considerarem a adequação setorial negociada, pactuam limitações ou afastamentos de direitos trabalhistas, independentemente da explicitação especificada de vantagens compensatórias, desde que respeitados os direitos absolutamente indisponíveis". Trânsito em julgado em 09.05.2023.

■ desde que tal previsão conste em convenção ou acordo coletivo de trabalho;
■ se mantida a remuneração; e
■ se concedidos intervalos para descanso menores ao final de cada viagem

Duração do intervalo **superior ao máximo de 2 horas** somente poderá ocorrer em decorrência de **previsão em convenção ou acordo coletivo de trabalho (art. 71,** *caput***, CLT).**

A **não concessão** ou a **concessão parcial** de referidos períodos de descanso a empregados urbanos e rurais sujeita o empregador a **pagamento de natureza indenizatória, apenas do período suprimido, com acréscimo de no mínimo 50% sobre o valor da remuneração da hora normal de trabalho (§ 4.º, art. 71, CLT).**

Verifica-se, portanto, que a parcela paga pelo empregador em decorrência da não concessão do intervalo para repouso e alimentação **tem natureza indenizatória**, conforme expressa disposição legal.

Ultrapassada habitualmente a jornada de seis horas de trabalho, é devido o gozo do intervalo intrajornada mínimo de uma hora, obrigando o empregador a remunerar o período para descanso e alimentação não usufruído, na forma prevista no § 4.º do art. 71 da CLT **(Súmula 437, IV, TST** — redação da Súmula tem que ser adaptada à redação do § 4.º, do art. 71 da CLT, dada pela **Lei n. 13.467/2017).**

Para os **empregados rurais**, em qualquer **trabalho contínuo de duração superior a 6 horas**, será obrigatória a concessão de **intervalo** para repouso e alimentação **de acordo com os usos e costumes da região (art. 5.º, Lei n. 5.889/73).**

O **intervalo intrajornada** para repouso e alimentação é **assegurado ao maquinista ferroviário**, não havendo incompatibilidade entre as regras do art. 71, § 4.º, e do art. 238, § 5.º, ambos da CLT.

SÚMULA 446, TST: "A garantia ao intervalo intrajornada, prevista no art. 71 da CLT, por constituir-se em medida de higiene, saúde e segurança do empregado, é aplicável também ao ferroviário maquinista integrante da categoria 'c' (equipagem de trem em geral), não havendo incompatibilidade entre as regras inscritas nos arts. 71, § 4.º, e 238, § 5.º, da CLT".

INTERVALO INTRAJORNADA NÃO REMUNERADO		
Jornada de trabalho	Duração do intervalo	Possibilidade de alteração
■ De 4 até 6 horas (art. 71, CLT)	■ 15 minutos	■ Não
■ Superior a 6 e até 8 horas (art. 71, CLT)	■ 1 a 2 horas	■ *Redução para menos de 1 hora =* por ato do Ministro do Trabalho e Emprego, desde que a empresa possua refeitórios compatíveis e que inexista trabalho em horas extras. ■ *Aumento para mais de 2 horas =* por previsão em convenção ou acordo coletivo. ■ *Redução para até 30 minutos =* convenção coletiva ou acordo coletivo (art. 611-A, II, CLT).

| Superior a 6 e até 8 horas (rurais — Lei n. 5.889/73) | Conforme usos e costumes da região | Não |

5.3.1.2. Intervalos intrajornadas remunerados

A legislação trabalhista estabelece algumas hipóteses nas quais o intervalo concedido durante a jornada de trabalho é **computado na duração da jornada de trabalho**, contando como tempo à disposição do empregador, sendo, portanto, remunerado. São exemplos de tais intervalos:

- **serviços de mecanografia (art. 72, CLT):** nos serviços permanentes de mecanografia (datilografia, escrituração e cálculo), a cada **90 minutos de trabalho consecutivo** haverá um **intervalo de 10 minutos**, que será computado na duração normal de trabalho. Os **digitadores**, por aplicação analógica do art. 72 da CLT, equiparam-se aos trabalhadores nos serviços de mecanografia, razão pela qual **têm direito a intervalos de descanso de 10 minutos a cada 90 minutos de trabalho consecutivo (Súmula 346, TST)**;

- **serviços frigoríficos (art. 253, CLT):** nos serviços no interior de câmaras frias, ou com movimentação de mercadorias do ambiente quente ou normal para o frio e vice-versa, após **1 hora e 40 minutos de trabalho consecutivo** haverá um **intervalo de 20 minutos**, que não será deduzido da duração normal de trabalho.

O TST adotou entendimento ampliativo acerca da aplicação desse intervalo previsto no art. 253 da CLT (para recuperação térmica), estendendo o direito a todos os empregados submetidos a trabalho contínuo em ambiente artificialmente frio:

> **SÚMULA 438, TST:** "O empregado submetido a trabalho contínuo em ambiente artificialmente frio, nos termos do parágrafo único do art. 253 da CLT, ainda que não labore em câmara frigorífica, tem direito ao intervalo intrajornada previsto no *caput* do art. 253 da CLT".

- **trabalho em minas de subsolo (art. 298, CLT):** nos serviços no interior de minas, após **3 horas de trabalho consecutivo** haverá um **intervalo de 15 minutos**, que não será deduzido da duração normal de trabalho;

- **empregados em serviços de telefonia, telegrafia submarina e subfluvial, radiotelegrafia e radiotelefonia, sujeitos a jornada variável (art. 229, CLT):** a cada **3 horas de trabalho contínuo**, haverá um **intervalo de 20 minutos** para descanso, que será computado na jornada de trabalho;

- **amamentação até o filho completar 6 meses de idade (art. 396, CLT):** para **amamentar o próprio filho**, até que este complete 6 meses (ou por período maior se, a critério da autoridade competente, a saúde da criança exigir — **§ 1.º**), a mulher tem direito, **durante a jornada de trabalho, a dois descansos de meia hora cada um**. Os horários dos descansos neste caso deverão ser definidos em acordo individual entre a mulher e o empregador (**§ 2.º**).

A concessão pelo empregador de qualquer outro intervalo não previsto em lei não pode implicar em acréscimo de tempo ao final da jornada de trabalho, sob pena de caracterizar prejuízo ao empregado. Nesse sentido, o entendimento pacífico da jurisprudência: os **intervalos concedidos pelo empregador**, na jornada de trabalho, não previstos em lei, representam tempo à disposição da empresa, remunerados como serviço extraordinário, se acrescido ao final da jornada **(Súmula 118, TST)**.

INTERVALOS INTRAJORNADAS REMUNERADOS		
Atividade	Duração do trabalho contínuo	Duração do intervalo
Serviços de mecanografia/digitação	90 minutos	10 minutos
Serviços frigoríficos (e qualquer serviço em ambiente artificialmente frio)	1 hora e 40 minutos	20 minutos
Trabalho em minas de subsolo	3 horas	15 minutos
Serviço de telefonia/telegrafia/radiotelegrafia	3 horas	20 minutos
Amamentação	—	2 intervalos de 30 minutos cada

5.3.2. Intervalos interjornadas

Os **intervalos interjornadas** são aqueles que devem ser concedidos pelo empregador entre o término de uma jornada de trabalho e o início de outra ou, ainda, entre o término de uma semana de trabalho e o início da semana subsequente. Portanto, são intervalos que têm incidência diária e semanal, podendo ser não remunerados ou remunerados.

Estes intervalos também têm por objetivo a proteção da saúde e da integridade física do trabalhador à medida que visam recuperar as energias gastas no cumprimento de sua jornada diária e de sua jornada semanal.

5.3.2.1. Intervalo interjornada não remunerado

Nos termos do **art. 66 da CLT**, entre duas jornadas de trabalho deve haver um **período mínimo de 11 horas consecutivas**, para descanso, as quais não podem ser interrompidas. Trata-se de intervalo obrigatório, que visa a preservação da saúde e da integridade física do trabalhador.

O **desrespeito a este intervalo** causa inegáveis prejuízos ao empregado, razão pela qual se deve **pagar a ele a integralidade das horas que foram subtraídas do intervalo, acrescidas de adicional de, no mínimo, 50%**, por aplicação analógica do § 4.º, do art. 71, da CLT e da **Súmula 110 do TST (OJ SDI-1 355, TST)**.

No regime de revezamento, as horas trabalhadas em seguida ao repouso semanal de 24 horas, com prejuízo do intervalo mínimo de 11 horas consecutivas para descanso entre jornadas, devem ser remuneradas como extraordinárias, inclusive com o respectivo adicional **(Súmula 110, TST)**.

Para os empregados que cumprem **horários variáveis**, com jornada diária de 7 horas, nos **serviços de telefonia**, telegrafia submarina e subfluvial, radiotelegrafia e radiotelefonia, o **intervalo interjornada mínimo é de 17 horas consecutivas**.

Diversas outras categorias de empregados têm intervalo interjornada diferenciado previsto em lei, como ocorre, por exemplo, com os jornalistas (10 horas consecutivas — **art. 308, CLT**), operadores cinematográficos (12 horas consecutivas — **art. 235, § 2.º, CLT**) e ferroviários — cabineiros (10 horas contínuas — **art. 239, § 1.º, CLT**).

Situação excepcional e peculiar de intervalo interjornada é o que decorre dos chamados **"plantões"** oriundos de **sistemas de compensação de jornada**, como o regime de 12 x 36 (12 horas de trabalho por 36 horas de descanso) e o de 24 x 72 (24 horas de trabalho por 72 horas de descanso).

5.3.2.2. *Intervalo interjornada remunerado*

O intervalo entre duas jornadas de trabalho que deve ser remunerado pelo empregador é o repouso semanal remunerado, cujas regras são analisadas a seguir.

5.3.2.2.1. *Repouso semanal remunerado*

Também chamado de **descanso semanal remunerado (DSR)**, vem a ser o período de **24 horas consecutivas** em que o empregado deixa de prestar serviços ao empregador, uma vez por semana, **preferencialmente aos domingos**, mas recebe a respectiva remuneração.

O direito ao repouso semanal remunerado é garantido pelo **art. 7.º, XV**, da Constituição Federal e regulamentado pelo **art. 67 da CLT**, pela **Lei n. 605/49** e pelo **Decreto n. 10.854/2021**, e é assegurado aos empregados urbanos, rurais e domésticos. Constitui **objeto ilícito** de convenção coletiva ou de acordo coletivo de trabalho a **supressão ou a redução do descanso semanal remunerado (art. 611-B, IX, CLT)**.

Algumas empresas, em razão do interesse público (transporte, saúde, energia elétrica etc.) ou de atividades peculiares (hotel, mercado, comunicação, fundição, usinas etc.) funcionam ininterruptamente, ou seja, suas atividades não são paralisadas aos domingos, razão pela qual o descanso semanal deve ser concedido aos empregados em outros dias da semana, por **escala de folgas**. O **trabalho aos domingos** e aos feriados, seja total ou parcial, será sempre subordinado à permissão prévia do Ministério do Trabalho **(art. 68, *caput*, CLT)**.

A permissão será concedida a título permanente nas atividades que, por sua natureza ou pela conveniência pública, devem ser exercidas aos domingos, cabendo ao Secretário Especial de Trabalho expedir instruções em que sejam especificadas tais atividades.[39] Nos demais casos, a autorização para trabalho aos domingos e feriados será

---

[39] A Portaria MTP n. 671, de 08.11.2021 indica, no Anexo IV, as atividades às quais é concedida essa autorização permanente.

dada de forma transitória, com discriminação do período autorizado, o qual, de cada vez, não excederá de 60 (sessenta) dias **(art. 68, parágrafo único, CLT)**.

Excepcionalmente, admite-se o trabalho em dia de repouso: (i) quando ocorrer motivo de força maior; ou (ii) quando, para atender à realização ou à conclusão de serviços inadiáveis ou cuja inexecução possa acarretar prejuízo manifesto, a empresa obtiver autorização prévia da autoridade competente em matéria de trabalho, com discriminação do período autorizado, o qual, de cada vez, não excederá a 60 dias **(art. 155, Decreto n. 10.854/2021)**. Ressalte-se que, nos dias de repouso em que for permitido o trabalho, é vedada às empresas a execução de serviços que não se enquadrem nos motivos determinantes da permissão **(art. 156, Decreto n. 10.854/2021)**.

O trabalho aos domingos é autorizado nas atividades do comércio em geral, observada a legislação de cada município, mas o repouso semanal deverá coincidir com o domingo pelo menos uma vez no período máximo de três semanas **(art. 6.º, Lei n. 10.101/2000)**.[40]

Para as empregadas, havendo trabalho aos domingos, será organizada escala de revezamento quinzenal, que favoreça o repouso dominical **(art. 386, CLT)**.[41]

Mesmo no caso de empregados que cumprem jornada semanal de 40 horas, razão pela qual não trabalham aos sábados, o descanso semanal é apenas de 24 horas, sendo o sábado considerado dia útil não trabalhado (nesse sentido, o entendimento da **Súmula 113, TST**).

O direito ao descanso semanal remunerado depende do cumprimento integral da jornada de trabalho durante a semana, ou seja, as **faltas injustificadas** do empregado ao serviço **durante a semana** implicam na **perda da remuneração do descanso semanal**, além do desconto da remuneração do dia da falta **(art. 6.º, Lei n. 605/49)**.[42]

São consideradas **faltas justificadas ao serviço** e, portanto, não implicam na perda da remuneração do descanso semanal, aquelas previstas no **art. 473 da CLT** e no **§ 1.º, do art. 6.º, da Lei n. 605/49**:

■ até 2 dias consecutivos, em caso de falecimento de cônjuge, ascendente, descendente, irmão ou pessoa que, declarada na Carteira de Trabalho e Previdência Social

---

[40] Redação dada pela Lei n. 11.603/2007. Essa previsão foi considerada constitucional pelo STF no julgamento das ADIs 4027 e 3975.

[41] O STF reconheceu que a escala diferenciada de repouso semanal, prevista na CLT, é norma protetiva dos direitos fundamentais sociais das mulheres. No julgamento do RE 1403904 a Relatora, Ministra Cármen Lúcia afirmou que, ao se reconhecer que a escalar diferenciada é norma protetiva com total respaldo constitucional, está de acordo com a jurisprudência firmada pelo STF na Tese de Repercussão Geral 528 que, embora tratando de outro tema — intervalo do art. 384, CLT — reconhece que a Constituição da República traz parâmetros legitimadores de tratamento diferenciado entre homens e mulheres, para dar eficácia aos direitos fundamentais sociais das mulheres.

[42] O empregado não perde o descanso em si, mas deixa de receber a remuneração correspondente ao dia.

(CTPS) do empregado, viva sob sua dependência econômica (para os professores, até 9 dias consecutivos, no caso de falecimento do cônjuge, do pai ou mãe, ou de filho — **art. 320, § 3.º, CLT**);

- até 3 dias consecutivos, em virtude de casamento (para os professores, até 9 dias consecutivos — **art. 320, § 3.º, CLT**);
- por 5 dias consecutivos, em caso de nascimento de filho, de adoção ou guarda compartilhada (licença-paternidade, prevista no **art. 7.º, XIX, da Constituição Federal** e regulada pelo **art. 10, § 1.º, do ADCT**), contado a partir da data do nascimento do filho (**parágrafo único, art. 473, CLT**);
- por 1 dia, em cada 12 meses de trabalho, em caso de doação voluntária de sangue devidamente comprovada;
- até 2 dias, consecutivos ou não, para se alistar eleitor;
- no período em que tiver de cumprir as exigências do serviço militar;
- nos dias em que estiver comprovadamente realizando provas de exame vestibular para ingresso em estabelecimento de ensino superior;
- pelo tempo que se fizer necessário, quando tiver que comparecer a juízo;

SÚMULA 155, TST: "As horas em que o empregado falta ao serviço para comparecimento necessário, como parte, à Justiça do Trabalho não serão descontadas de seus salários".

- pelo tempo que se fizer necessário, quando, na qualidade de representante de entidade sindical, estiver participando de reunião oficial de organismo internacional do qual o Brasil seja membro;
- a ausência do empregado devidamente justificada pelo empregador;
- a paralisação do serviço nos dias em que, por conveniência do empregador, não tenha havido trabalho;
- a falta ao serviço com fundamento na lei sobre acidente do trabalho;
- a doença do empregado, devidamente comprovada;
- pelo tempo necessário para acompanhar sua esposa ou companheira em até 6 (seis) consultas médicas, ou em exames complementares, durante o período de gravidez;
- por 1 (um) dia por ano para acompanhar filho de até 6 (seis) anos em consulta médica.
- até 3 (três) dias, em cada 12 (doze) meses de trabalho, em caso de realização de exames preventivos de câncer devidamente comprovada.

No caso de doença do empregado, a justificativa da falta depende de **apresentação de atestado médico**, na ordem prevista no **§ 2.º, do art. 6.º, da Lei n. 605/49**. Nesse sentido, a **Súmula 15 do TST**, que estabelece:

> "A justificação da ausência do empregado motivada por doença, para a percepção do salário-enfermidade e da remuneração do repouso semanal, **deve observar a ordem preferencial dos atestados médicos estabelecida em lei**".

O **repouso semanal é remunerado**, ou seja, mesmo sem trabalhar ou sem estar à disposição do empregador o empregado recebe uma remuneração correspondente ao dia do descanso, que deve ser calculada da seguinte forma:

- **para quem trabalha por dia, semana, quinzena ou mês**, a remuneração correspondente ao descanso semanal remunerado é **igual a um dia de trabalho**, computadas as horas extraordinariamente prestadas **(art. 7.º, a, Lei n. 605/49)**;

SÚMULA 172, TST: "Computam-se no cálculo do repouso remunerado as horas extras habitualmente prestadas".

- **para os que trabalham por hora**, a remuneração do repouso semanal **equivale à sua jornada normal de trabalho**, computadas as horas extras habitualmente prestadas **(art. 7.º, b, Lei n. 605/49)**;
- **para os que trabalham por tarefa ou peça**, a remuneração do descanso semanal **equivale ao salário correspondente às tarefas ou peças feitas durante a semana, no horário normal de trabalho, dividido pelos dias de serviço efetivamente prestados (art. 7.º, c, Lei n. 605/49)**.

Importante ressaltar que é **devida a remuneração do repouso semanal** e dos dias feriados **ao empregado comissionista**, ainda que pracista **(Súmula 27, TST)**.

Consideram-se **já remunerados** os dias de repouso semanal **do empregado mensalista ou quinzenalista**, cujo cálculo do salário mensal ou quinzenal ou cujos descontos por faltas sejam efetuados na base de 30 dias ou de 15 dias respectivamente **(art. 7.º, § 2.º, Lei n. 605/49)**. No caso dos **empregados que recebem salário calculado por produção**, o descanso semanal **deve ser pago** considerando-se o valor de um dia de trabalho (volume total de produção dividido pelo número de dias trabalhados) multiplicado pelo número de descansos no mês.

O **repouso semanal** é um descanso previsto em normas de ordem pública e **sua concessão é obrigatória**. Assim, caso o empregador exija que o **empregado trabalhe no dia que corresponderia ao descanso semanal**, deve conceder outro dia de **folga compensatória ou pagar em dobro a remuneração pelo trabalho** neste dia **(art. 9.º, Lei n. 605/49)**.

Viola o **art. 7.º, XV, da CF** a concessão de repouso semanal remunerado após o sétimo dia consecutivo de trabalho, importando no seu pagamento em dobro **(OJ SDI-1 410, TST)**.

Portanto, caso não seja concedido um outro dia de descanso na semana para compensar o trabalho no dia que originalmente estava destinado ao repouso do empregado, o empregador deve pagar a remuneração do dia do repouso e, ainda, pagar o dia de trabalho em dobro, ou seja, "mantém-se devido o dia de repouso (que não foi efetivamente gozado), acrescentando-se, ainda, o pagamento dobrado da respectiva remuneração, em decorrência do trabalho irregularmente tomado".[43]

Nesse sentido, a **Súmula 146 do TST**, que prevê:

> "O trabalho prestado em domingos e feriados, não compensado, deve ser pago em dobro, sem prejuízo da remuneração relativa ao repouso semanal".

O pagamento em dobro pelo trabalho no dia do repouso semanal não compensado tem **natureza nitidamente salarial**, nele repercutindo, portanto, todos os direitos trabalhistas do empregado.

Para os empregados que cumprem **jornada de trabalho de 12 x 36**, a **remuneração** mensal pactuada **abrange** o pagamento devido pelo **descanso semanal remunerado** e pelo descanso em **feriados**, e serão considerados compensados os feriados **(art. 59-A, parágrafo único, CLT)**. No regime de trabalho de 12 x 36 o trabalho prestado em dias destinados à folga semanal remunerada já se encontra compensado com outro dia de folga na semana (os DSR estão compreendidos nas 36 horas subsequentes às 12 horas trabalhadas).

5.3.2.2.2. Feriados civis e religiosos

Os **feriados** não se confundem com o descanso semanal. São dias sem trabalho em razão de **comemorações cívicas ou religiosas** previstas em lei. As normas e as regras aplicáveis aos feriados são as mesmas que se aplicam ao descanso semanal remunerado **(Lei n. 605/49 e Decreto n. 10.854/2021)**.

O descanso nos feriados é obrigatório e remunerado. A remuneração dos feriados é calculada da mesma forma que o descanso semanal, também tendo natureza salarial.

Nos termos da **Lei n. 9.093/95**, são **feriados civis** os declarados em lei federal, a data magna do Estado fixada em lei estadual e os dias do início e do término do ano do centenário de fundação do Município, fixados em lei municipal. São **feriados religiosos** os dias de guarda, declarados em lei municipal, de acordo com a tradição local e em número não superior a quatro, neste incluída a Sexta-Feira da Paixão.

Importante ressaltar que somente são feriados os dias previstos em lei e desde que respeitados os limites indicados na **Lei n. 9.093/95**. Assim, dias sem trabalho por costume local ou por previsão em lei, mas que ultrapassa o número-limite de feriados previstos pela **Lei n. 9.093/95**, não são feriados para fins trabalhistas, podendo o empregador validamente exigir trabalho nestes dias.

O **trabalho realizado em dia feriado civil ou religioso**, desde que não compensado em outro dia, mediante a concessão de descanso, deverá ser remunerado em dobro **(art. 9.º, Lei n. 605/49)**. Aplica-se aqui também a previsão da **Súmula 146 do TST**.

---

[43] DELGADO, Mauricio Godinho. *Curso de direito do trabalho*, 18. ed., p. 1151.

A convenção coletiva e o acordo coletivo de trabalho têm prevalência sobre a lei quando dispuserem sobre **troca de dia de feriado (art. 611-A, XI, CLT)**.

É **permitido o trabalho em feriados nas atividades do comércio em geral**, desde que autorizado em convenção coletiva de trabalho e observada a legislação municipal **(art. 6.º-A, Lei n. 10.101/2000)**.

Para os empregados que cumprem **jornada de trabalho de 12 x 36**, a **remuneração** mensal pactuada **abrange** o pagamento devido pelo descanso semanal remunerado e pelo **descanso em feriados**, e serão considerados compensados os feriados **(art. 59-A, parágrafo único, CLT)**.[44]

5.4. FÉRIAS

As **férias** constituem um direito do empregado de deixar de trabalhar e de estar à disposição do empregador durante um determinado número de dias consecutivos por ano, sem prejuízo da remuneração, desde que preenchidos alguns requisitos exigidos por lei.[45]

A concessão de férias também tem por objetivo a **preservação da saúde e da integridade física do empregado**, à medida que o repouso a ser usufruído nesse período visa recuperar as energias gastas e permitir que o trabalhador retorne ao serviço em melhores condições físicas e psíquicas.

5.4.1. Natureza jurídica

A **natureza jurídica das férias** é dúplice. Constitui um **direito** do empregado de gozá-las nos prazos e pelo período previstos em lei e também um **dever** de não trabalhar para outro empregador nesse período, a menos que esteja obrigado a fazê-lo em virtude de contrato de trabalho regularmente mantido com aquele **(art. 138, CLT)**. De outro lado, constitui um **dever** do empregador de conceder as férias ao empregado e um **direito** de exigir que o empregado não trabalhe durante o curso das férias, salvo se estiver obrigado a fazê-lo em virtude de outro contrato de trabalho.

Não obstante se caracterize como um período sem trabalho e no qual o empregado não está à disposição do empregador, as férias são consideradas como **tempo de serviço para todos os efeitos legais (art. 130, § 2.º, CLT)**.

A **Constituição Federal**, em seu art. 7.º, **XVII**, assegura aos trabalhadores urbanos, rurais e domésticos "gozo de férias anuais **remuneradas com, pelo menos, um terço a mais do que o salário normal**". A **CLT, em seus arts. 129 e seguintes**, e a **Convenção n. 132 da OIT**, sobre férias **(Decreto n. 10.088/2019)** disciplinam a questão das férias.

---

[44] Com a previsão legal autorizadora da jornada 12 x 36, prevendo expressamente que são considerados compensados os feriados, deixa de prevalecer o entendimento adotado pelo TST na Súmula 444.

[45] BARROS, Alice Monteiro de. *Curso de direito do trabalho*, p. 735.

Assim, sendo remuneradas e computadas, para todos os efeitos, como tempo de serviço, as férias caracterizam-se como **período de interrupção do contrato de trabalho**.

5.4.2. Irrenunciabilidade

A **natureza imperativa das normas sobre férias** faz com que o **direito** a elas seja **irrenunciável** pelo empregado. A indisponibilidade do direito tem como objetivo garantir o repouso do empregado durante o período respectivo.[46]

Assim, o **descanso deve obrigatoriamente ser observado pelo empregado**, que não poderá, durante as férias, prestar serviços a outro empregador, salvo se estiver obrigado a fazê-lo em virtude de contrato de trabalho regularmente mantido com aquele **(art. 138, CLT)**.

Além disso, **não pode o empregado substituir o período de descanso por parcela em dinheiro**, sendo inválida a chamada "venda de férias".

No entanto, o legislador amenizou esta imperatividade ao permitir a conversão parcial do período de férias em pecúnia. Trata-se do **abono de férias**, que é caracterizado pela **faculdade concedida ao empregado de converter 1/3 do período de**

---

[46] "[...] III — RECURSO DE REVISTA. ACÓRDÃO REGIONAL PUBLICADO NA VIGÊNCIA DA LEI 13.467/2017. DANO EXISTENCIAL. NÃO CONCESSÃO DE FÉRIAS POR LONGO PERÍODO (QUATRO ANOS). CONFIGURAÇÃO. TRANSCENDÊNCIA JURÍDICA. 1. Cinge--se a controvérsia a se saber se a supressão das férias, 'por longo período', configura por si só prejuízo ao convívio familiar e social do empregado, apto a ensejar a condenação da empresa ao pagamento de indenização por dano existencial. 2. Consoante define Flaviana Rampazzo Soares, o dano existencial consiste na 'lesão ao complexo de relações que auxiliam no desenvolvimento normal da personalidade do sujeito, abrangendo a ordem pessoal ou a ordem social. É uma afetação negativa, total ou parcial, permanente ou temporária, seja a uma atividade, seja a um conjunto de atividades que a vítima do dano, normalmente, tinha como incorporado ao seu cotidiano e que, em razão do efeito lesivo, precisou modificar em sua forma de realização, ou mesmo suprimir de sua rotina [...]'. (in *Responsabilidade por dano existencial*. Porto Alegre: Livraria do Advogado, 2009, p. 44-45). 3. Trata-se, portanto, de dano externo, alheio à vontade da vítima, que lhe afeta a rotina e a qualidade de vida, na medida em que cria uma privação de se realizar algo que normalmente poderia ser feito no cotidiano, trazendo, assim, prejuízos ao projeto de vida pessoal. 4. No âmbito do direito do trabalho, o dano existencial pode decorrer do excesso da jornada de trabalho ou da supressão de outros direitos que afetem a rotina e a saúde física ou psíquica do trabalhador, tal como ao direito social ao lazer, assegurado constitucionalmente (art. 6.º). 5. Contudo, como o dano existencial não se classifica como dano *in re ipsa*, exige-se, em regra geral, a comprovação pelo trabalhador de que teve efetiva restrição em seu convívio familiar e social, passível de indenização. 6. No caso, ficou registrado no v. acórdão regional que houve supressão das férias 'por longo período'. 'Por longo período', entenda-se a não fruição das férias por quatro anos — períodos de '2010/2011, 2011/2012, 2012/2013, 2013/2014', conforme constou do v. acórdão regional (p. 676). 7. Trata-se de situação que demonstra de forma inequívoca a frustação ao projeto de vida de pessoal do empregado, com privação ao lazer e seu convívio social, o que leva à constatação da supressão ao direito ao lazer e das consequências jurídicas impeditivas do convívio familiar e social. Precedentes da Corte. Recurso de revista conhecido por violação do art. 5.º, X, da CR e provido" (RR-101882-49.2016.5.01.0015, 7.ª T., rel. Min. Alexandre de Souza Agra Belmonte, *DEJT* 19.12.2023).

férias a que tiver direito **em trabalho, recebendo**, como consequência, abono pecuniário no valor da **remuneração correspondente aos dias trabalhados (art. 143, CLT)**. O abono de férias deverá ser requerido pelo empregado até 15 dias antes do término do período aquisitivo **(art. 143, § 1.º, CLT)**. O pagamento do abono será feito no mesmo prazo e da mesma forma que o pagamento da remuneração das férias, ou seja, até dois dias antes do empregado sair de férias **(art. 145, CLT)**.

Com a **revogação do art. 143, § 3.º, CLT**, pela **Lei n. 13.467/2017 (*Reforma Trabalhista*)**, o abono de férias também pode ser requerido pelos empregados contratados sob **regime de tempo parcial**.

Em se tratando de **férias coletivas**, o abono de férias deve ser objeto de acordo coletivo e, ainda, ser requerido individualmente pelo empregado que tenha interesse na conversão **(art. 143, § 2.º, CLT)**.

O abono de férias tem **natureza indenizatória, não integrando a remuneração do empregado** para os efeitos da legislação trabalhista **(art. 144, CLT)**.

Constituem **objeto ilícito de convenção coletiva ou de acordo coletivo de trabalho** a disposição sobre **número de dias de férias** devidas ao empregado e sobre **gozo de férias anuais** remuneradas com, pelo menos, um terço a mais do que o salário mensal **(art. 611-B, XI e XII, CLT)**.

5.4.3. Aquisição do direito

O **direito a férias** depende da implementação de um **período aquisitivo**, que corresponde a **12 meses de vigência do contrato de trabalho**, ou seja, a cada 12 meses de vigência do contrato o empregado adquire o direito a férias, enquanto durar o referido contrato **(art. 130, CLT)**.

Importante ressaltar que o período aquisitivo corresponde a doze meses de vigência do contrato de trabalho, e não a doze meses de trabalho. Assim, como o **período de férias** é tempo de serviço para todos os efeitos legais, **deve necessariamente ser incluído na contagem dos períodos aquisitivos** (exceto em relação ao primeiro período aquisitivo, pois neste caso o empregado está contratado há menos de doze meses e ainda não implementou a condição necessária para aquisição do direito às suas primeiras férias).

O **início de fluência dos períodos aquisitivos** coincide com a data de início de vigência do contrato de trabalho (ex.: empregado contratado em 17.03.2019 = o primeiro período aquisitivo iniciou-se em 17.03.2019 e terminou em 16.03.2020; o segundo período aquisitivo iniciou-se em 17.03.2020 e terminou em 16.03.2021, e assim sucessivamente).

O tempo de trabalho anterior à apresentação do empregado para serviço militar obrigatório será computado no período aquisitivo, desde que ele retorne ao serviço dentro de 90 dias da data em que se verificar a respectiva baixa **(art. 132, CLT)**.

Nos termos do **art. 133 da CLT**, não terá direito a férias o empregado que, no curso do período aquisitivo:

- deixar o emprego e não for readmitido dentro de 60 dias subsequentes à sua saída;

■ permanecer no gozo de licença remunerada por mais de 30 dias;

■ deixar de trabalhar, com percepção de salário, por mais de 30 dias, em virtude de paralisação parcial ou total dos serviços da empresa (a paralisação deve necessariamente ser comunicada pelo empregador ao Ministério do Trabalho e ao sindicato dos trabalhadores, com antecedência mínima de 15 dias, bem como deve ser afixado aviso nos respectivos locais de trabalho — **art. 133, § 3.º, CLT**);

■ receber da Previdência Social por mais de 6 meses, embora descontínuos, prestações de acidentes de trabalho ou de auxílio-doença.

Após o retorno do empregado ao término de qualquer um dos fatores acima indicados, terá início um novo período aquisitivo (**§ 2.º, art. 133, CLT**).

5.4.4. Duração das férias

A **duração das férias** é fixada de forma objetiva pelo legislador a partir do critério *assiduidade* do empregado no emprego. A regra geral, inclusive para os empregados contratados sob o regime de tempo parcial, é que sua duração é de 30 dias corridos. No entanto, a duração do período de férias poderá ser menor em razão do número de **faltas injustificadas** ao trabalho que o empregado tiver **durante o período aquisitivo**, conforme a proporção prevista no **art. 130 da CLT**:

DURAÇÃO DO PERÍODO DE FÉRIAS	
Número de faltas	Número de dias de férias
■ Até 5 faltas	30 dias
■ De 6 a 14 faltas	24 dias
■ De 15 a 23 faltas	18 dias
■ De 24 a 32 faltas	12 dias

Para fins de apuração do número de dias de férias do empregado, não são consideradas as faltas justificadas ao serviço, que são as previstas no **art. 131 da CLT**:

■ as faltas indicadas no **art. 473 da CLT** (já indicadas de forma expressa no item 5.3.2.2.1 *supra*, que trata do repouso semanal remunerado);

■ durante o período de licença-maternidade (**art. 7.º, XVIII, CF, e art. 392, CLT**) ou de licença decorrente de aborto (**art. 395, CLT**);[47]

■ por motivo de acidente do trabalho ou enfermidade atestada pelo INSS (nesse sentido, a **Súmula 46, TST**);

■ justificada pela empresa, entendendo-se como tal a que não tiver determinado o desconto do correspondente salário;

---

[47] Considera-se também como falta justificada para fins de apuração da duração das férias, o período de licença-maternidade concedida à empregada, ou ao empregado (art. 392-C, CLT) que adotar ou obtiver guarda judicial para fins de adoção de criança, nos termos do **art. 392-A da CLT**.

■ durante a suspensão preventiva para responder a inquérito administrativo ou de prisão preventiva, quando for impronunciado ou absolvido;

■ nos dias em que não tenha havido serviço, salvo no caso de paralisação total ou parcial da empresa por mais de 30 dias, com percepção de salário.

Assim, se as faltas já são justificadas pela lei, consideram-se como ausências legais e não serão descontadas para o cálculo do período de férias **(Súmula 89, TST)**.

De acordo com o previsto no § 1.º do art. 130 da CLT, é **vedado descontar** da remuneração do período de férias **as faltas do empregado ao serviço**. Portanto, o empregado terá menos dias de descanso, na proporção das faltas injustificadas que teve no período aquisitivo, mas a remuneração das férias será correspondente aos trinta dias.

É **vedado o início das férias** no período de dois dias que antecede feriado ou dia de repouso semanal remunerado **(art. 134, § 3.º, CLT)**.

5.4.5. Concessão das férias

O legislador estabelece de forma objetiva um prazo para que o empregador conceda as férias ao empregado, chamado de **período concessivo das férias**.

Assim, as férias serão **concedidas por ato do empregador** no período concessivo, que corresponde aos **12 meses subsequentes ao período aquisitivo (art. 134, CLT)**.

A **época da concessão das férias** será a que melhor consulte os interesses do empregador, devendo este, porém, respeitar o período concessivo respectivo **(art. 136, CLT)**.

No entanto, as férias dos **empregados menores de 18 anos, estudantes,** serão coincidentes com as férias escolares e as férias de **membros de uma mesma família** que trabalhem para o mesmo empregador serão concedidas em conjunto, salvo se disto resultar prejuízo para o serviço **(art. 136, §§ 1.º e 2.º, CLT)**.

A **concessão** das férias será **comunicada por escrito ao empregado**, com antecedência de, no mínimo, 30 dias. Desta comunicação, o empregado dará recibo ao empregador **(art. 135, CLT)**. O período de gozo das férias deve ser anotado na CTPS do empregado e também no registro de empregados **(art. 135, §§ 1.º e 2.º, CLT)**.

> **PN 116, TST:** "Comunicado ao empregado o período do gozo de férias individuais ou coletivas, o empregador somente poderá cancelar ou modificar o início previsto se ocorrer necessidade imperiosa e, ainda assim, mediante o ressarcimento, ao empregado, dos prejuízos financeiros por este comprovados".

As férias deverão, como regra, ser **concedidas em um só período**, sendo que, havendo **concordância do empregado**, poderão ser **usufruídas em até 3 (três) períodos**, sendo que um deles não poderá ser inferior a **14 dias corridos** e os demais não poderão ser inferiores a **5 dias corridos** cada um **(art. 134, *caput* e § 1.º, CLT)**.

Com a **revogação do § 2.º do art. 134 da CLT pela Lei n. 13.467/2017** (*Reforma Trabalhista*), não há mais vedação para o fracionamento das férias dos empregados **maiores de 50 anos e menores de 18 anos**.

É **vedado o início das férias** no período de dois dias que antecede feriado ou dia de repouso semanal remunerado **(art. 134, § 3.º, CLT)**.

Nos termos do **art. 137 da CLT**, a **concessão** das férias **após o período concessivo** implica na obrigação do empregador **pagar em dobro** a respectiva remuneração [(remuneração normal + 1/3) x 2].

Os dias de férias gozados após o período legal de concessão deverão ser remunerados em dobro **(Súmula 81, TST)**. Por exemplo: as férias de 30 dias são concedidas pelo empregador faltando 10 dias para o término do período concessivo. Os 10 dias gozados ainda na vigência do período concessivo são remunerados de forma simples; os 20 dias gozados após o término do período concessivo são remunerados em dobro.

No entanto, estando **vencido o período concessivo** e se mesmo assim o **empregador não concede as férias**, o empregado pode ajuizar **reclamação trabalhista** pedindo a fixação por sentença da época de gozo das férias (art. 137, § 1.º, CLT). A sentença determinará pena diária de 5% do salário mínimo, devida ao empregado, até que seja cumprida. Cópia da decisão transitada em julgado será remetida ao Ministério do Trabalho para a aplicação das sanções administrativas cabíveis **(art. 137, §§ 2.º e 3.º, CLT)**. Evidente que neste caso a remuneração das férias também será em dobro, pois concedida fora do período concessivo.

Importante ressaltar que a indenização pelo não deferimento das férias no tempo oportuno será calculada com base na remuneração devida ao empregado na época da reclamação ou, se for o caso, na da extinção do contrato de trabalho **(Súmula 7, TST)**.

5.4.6. Remuneração das férias

A remuneração das férias equivale à remuneração normal do empregado, ou seja, o mesmo valor que o empregado receberia caso trabalhasse no respectivo período, acrescida de 1/3 **(art. 142, CLT, e art. 7.º, XVII, CF)**.

SÚMULA 328, TST: "O pagamento das férias, integrais ou proporcionais, gozadas ou não, na vigência da CF/1988, sujeita-se ao acréscimo do terço previsto no respectivo art. 7.º, XVII".

Para fins de cálculo das férias, deve ser considerada a remuneração do empregado na época da concessão, e não na época da aquisição do direito. A forma de cálculo da remuneração deve seguir as regras dos parágrafos do **art. 142 da CLT**:

- quando o salário for pago por hora, com jornadas variáveis = apura-se a média do período aquisitivo, multiplicando-se pelo valor da hora na data da concessão das férias;

■ quando o salário for pago por tarefa = apura-se a média da produção no período aquisitivo, multiplicando-se pelo valor da remuneração da tarefa (tarifa) da data da concessão das férias (nesse sentido, a **Súmula 149, TST**);

■ quando o salário for pago por comissão, porcentagem ou viagem = apura-se a média do valor do salário recebido pelo empregado nos 12 meses anteriores à concessão das férias.

OJ SDI-1 181, TST: "O valor das comissões deve ser corrigido monetariamente para em seguida obter-se a média para efeito de cálculo das férias, 13.º salário e verbas rescisórias".

A parte do salário paga em utilidades e os adicionais de hora extra, noturno, de insalubridade e de periculosidade **integram o salário do empregado** para fins de cálculo das férias, ou seja, devem ser somados ao salário-base para o cálculo das férias **(art. 142, §§ 4.º e 5.º, CLT)**. Caso o valor adicional na época da concessão das férias não seja o mesmo que o valor recebido durante o período aquisitivo, ou caso tenha havido variações de valores ao longo do período aquisitivo, deve ser calculada a média daquele período, com incidência dos eventuais reajustes salariais supervenientes **(art. 142, § 6.º, CLT)**.

Como visto anteriormente, no caso de concessão extemporânea das férias (fora do período concessivo), a remuneração das férias será em dobro [(remuneração normal + 1/3) x 2].

O **pagamento da remuneração das férias** deve ser feito até 2 dias antes do empregado iniciar o período respectivo, mediante recibo, do qual deve constar indicação do início e do término das férias **(art. 145, CLT)**.[48]

O **pagamento do abono de férias** previsto no **art. 143 da CLT** será feito no mesmo prazo e da mesma forma que o pagamento da remuneração das férias, ou seja, **até dois dias antes de o empregado sair de férias (art. 145, CLT)**.

5.4.7. Efeitos da cessação do contrato de trabalho nas férias

As férias são períodos de descanso que devem ser usufruídos ao longo da vigência do contrato de trabalho, pois têm a finalidade de permitir que o empregado recomponha suas energias físicas e mentais após um longo período de trabalho, para poder retomar suas atividades com preservação de sua saúde e integridade física.

No entanto, é possível que ocorra a extinção do contrato de trabalho sem que o empregado tenha gozado suas férias, sejam as relativas ao último período aquisitivo completo, sejam as relativas a **períodos aquisitivos anteriores** ou sejam, ainda, as relativas ao

---

[48] De acordo com o TST, o não pagamento das férias no prazo previsto no art. 145, CLT, geraria como consequência o pagamento em dobro (Súmula 450, TST). No entanto, no julgamento da **ADPF 501**, o STF, por maioria, declarou **inconstitucional a Súmula 450 do TST**. O entendimento adotado foi no sentido de que o verbete ofende os preceitos fundamentais da legalidade e da separação de Poderes.

período aquisitivo que está em curso no momento da rescisão do contrato. Por tal razão, o legislador prevê de forma expressa as consequências da extinção do contrato de trabalho do empregado em relação aos seus períodos de férias.

Assim, na **cessação do contrato de trabalho**, qualquer que seja sua causa, será devida ao empregado a **remuneração simples ou em dobro**, conforme o caso, correspondente ao período de férias cujo direito tenha adquirido **(férias indenizadas)**, ou seja, havendo férias que não foram gozadas nos períodos concessivos corretos que já terminaram **(férias vencidas)**, serão indenizadas em dobro; já as férias cujo período concessivo respectivo ainda estava em curso por ocasião da rescisão contratual **(férias simples)** serão indenizadas de forma simples **(art. 146, CLT)**.

OJ SDI-1 195, TST: "Não incide a contribuição para o FGTS sobre as férias indenizadas".

Na cessação do contrato de trabalho também são devidas as **férias proporcionais** em relação ao **período aquisitivo incompleto**, na proporção de 1/12 (um doze avos) por mês completo de serviço ou fração superior a 14 dias, ainda que se trate de término do contrato de trabalho a termo pelo cumprimento de seu prazo **(parágrafo único, art. 146, CLT, e art. 147, CLT)**.

Salvo na hipótese de dispensa por justa causa, a extinção do contrato de trabalho sujeita o empregador ao pagamento da remuneração das férias proporcionais, ainda que incompleto o período aquisitivo de 12 meses, salvo se o empregado tiver sido dispensado por justa causa **(Súmula 171, TST)**.

As férias proporcionais também são devidas ao empregado que se demite antes de completar 12 meses de serviço **(Súmula 261, TST)**. No caso de culpa recíproca, o empregado tem direito a apenas 50% do valor das férias proporcionais **(Súmula 14, TST)**.

As férias proporcionais também são remuneradas com a gratificação de 1/3 prevista no **art. 7.º, XVII, da Constituição Federal (Súmula 328, TST)**.

Portanto, na extinção do contrato de trabalho o empregado receberá de forma indenizada (férias indenizadas) as férias proporcionais e, se for o caso, as férias simples e as férias vencidas pendentes, todas acrescidas de 1/3.

FÉRIAS SIMPLES	▪ São aquelas cujo período aquisitivo já se completou, sendo que o período concessivo está em curso por ocasião da extinção do contrato de trabalho.
FÉRIAS VENCIDAS	▪ São aquelas cujos períodos aquisitivos e concessivos já se completaram, sem que o empregado tivesse gozado o respectivo descanso.
FÉRIAS PROPORCIONAIS	▪ São aquelas cujo período aquisitivo ainda não se completou por ocasião da extinção do contrato de trabalho.

Nos termos do **art. 149 da CLT**, a **prescrição do direito de reclamar a concessão das férias** e o respectivo pagamento é contada do término do período concessivo (prescrição quinquenal) ou, se for o caso, da cessação do contrato de trabalho (prescrição quinquenal e prescrição bienal).

5.4.8. Férias coletivas

Férias coletivas são aquelas concedidas, por interesse do empregador ou em virtude de negociação coletiva, a todos os empregados da empresa ou de determinado estabelecimento ou setor da empresa. Trata-se de **situação excepcional**, tendo em vista que o normal é a concessão de férias individuais a cada empregado, respeitados os respectivos períodos aquisitivos e concessivos.

Ao mesmo tempo em que faculta ao empregador conceder férias coletivas, o **art. 139 da CLT** prevê determinados **requisitos formais** que este deve respeitar para a validade desta modalidade excepcional de concessão de férias.

Assim, o legislador apenas autoriza o **fracionamento das férias coletivas** em até **dois períodos anuais**, desde que nenhum deles seja inferior a 10 dias **(art. 139, § 1.º, CLT)**. Além disso, a concessão das férias coletivas deve ser **comunicada** pelo empregador, **com antecedência mínima de 15 dias**: a) ao órgão local do Ministério do Trabalho; b) ao sindicato dos trabalhadores; e c) aos próprios trabalhadores **(art. 139, §§ 2.º e 3.º, CLT)**.

A **remuneração das férias coletivas** é calculada da mesma forma que as férias individuais, devendo também ser paga até dois dias antes do empregado sair de férias.

Conforme visto anteriormente, em se tratando de férias coletivas, o **abono de férias** previsto no **art. 143 da CLT** deverá ser objeto de acordo coletivo e ser requerido expressamente pelo empregado.

Situação específica diz respeito às férias coletivas em relação aos **empregados contratados há menos de 12 meses**. Neste caso, os empregados gozarão de férias proporcionais, iniciando-se, então, novo período aquisitivo **(art. 140, CLT)**.

5.5. QUESTÕES

6

SALÁRIO E REMUNERAÇÃO

6.1. CONCEITO E DISTINÇÕES

Salário e remuneração correspondem à **contraprestação pecuniária** paga ao empregado em decorrência da sua prestação de serviços.

Remuneração é gênero, do qual *salário* é espécie.

Remuneração é o conjunto de todas as verbas recebidas pelo empregado como contraprestação pelos serviços prestados, abrangendo aquela que é paga pelo próprio empregador (salário), como aquelas pagas por terceiros (gorjetas).[1]

Salário é uma das parcelas da remuneração, equivalente ao valor pago diretamente pelo empregador ao empregado como contraprestação decorrente da relação de emprego, abrangendo os períodos de prestação de serviços, o tempo à disposição do empregador e os períodos de interrupção do contrato de trabalho **(art. 457, CLT)**. O valor do salário abrange as parcelas contraprestativas que o empregador paga ao empregado.

6.2. GORJETA

Considera-se **gorjeta** não só a importância espontaneamente dada pelo cliente ao empregado, como também o valor cobrado pela empresa, como serviço ou adicional, a qualquer título, e destinada à distribuição aos empregados **(§ 3.º, art. 457, CLT)**.

As **gorjetas, no sentido próprio** do termo, são aquelas dadas espontaneamente pelos clientes aos empregados do estabelecimento. Considera-se como **gorjeta imprópria** a que é cobrada do cliente na nota de serviços.

As gorjetas integram a remuneração para todos os efeitos legais **(art. 457, *caput*, CLT)**.

De acordo com o entendimento adotado pelo TST, as **gorjetas não servem de base de cálculo** para os seguintes direitos:

■ aviso prévio;

---

[1] Qualquer outro pagamento feito ao empregado por terceiros, como contraprestação pelos serviços prestados, como as *gueltas*, também se inclui na remuneração. Para mais informações sobre o tema, *vide* **item 6.2 *infra***.

- adicional noturno;
- horas extras;
- repouso semanal remunerado.

SÚMULA 354, TST: "As gorjetas, cobradas pelo empregador na nota de serviço ou oferecidas espontaneamente pelos clientes, integram a remuneração do empregado, não servindo de base de cálculo para as parcelas de aviso prévio, adicional noturno, horas extras e repouso semanal remunerado".

Observação:

Outra modalidade de pagamento feito por terceiro ao empregado são as chamadas **gueltas**. Constituem-se em forma de pagamento típico do comércio e têm a finalidade de incentivo de vendas. Os fabricantes, como forma de incentivar o vendedor da loja a oferecer seus produtos aos clientes, pagam-lhe um determinado valor por cada venda realizada.

O entendimento prevalecente na doutrina e na jurisprudência é no sentido de conferir natureza retributiva às gueltas e, consequentemente, considerá-las como valor integrante da remuneração do empregado. "A onerosidade reside na oportunidade que o empregador concede ao empregado para auferi-la, à semelhança do que ocorre com a gorjeta".[2]

---

[2] BARROS, Alice Monteiro de. *Curso de direito do trabalho*, p. 781. Nesse sentido: "AGRAVO INTERNO. AGRAVO DE INSTRUMENTO EM RECURSO DE REVISTA INTERPOSTO SOB A ÉGIDE DA LEI N. 13.467/2017. [...] GUELTAS — APLICAÇÃO POR ANALOGIA DA SÚMULA/TST 354. Constatado que o acórdão regional encontra-se em dissonância com a jurisprudência desta Corte, impõe-se o provimento do agravo, a fim de que o agravo de instrumento em recurso de revista seja regularmente processado. Agravo interno provido. AGRAVO DE INSTRUMENTO EM RECURSO DE REVISTA INTERPOSTO SOB A ÉGIDE DA LEI N. 13.467/2017. GUELTAS — APLICAÇÃO POR ANALOGIA DA SÚMULA/TST 354. Ante a provável contrariedade à Súmula/TST 354, recomendável o processamento do recurso de revista, para melhor exame da matéria veiculada em suas razões. Agravo de instrumento provido. RECURSO DE REVISTA — SOB ÉGIDE DA LEI N. 13.467/2017. GUELTAS — APLICAÇÃO POR ANALOGIA DA SÚMULA/TST 354. O Regional determinou a integração dos valores pagos a título de guelta na base de cálculo do aviso prévio. Agindo assim, acabou por negar vigência à integralidade da Súmula/TST 354 que prevê que 'As gorjetas, cobradas pelo empregador na nota de serviço ou oferecidas espontaneamente pelos clientes, integram a remuneração do empregado, não servindo de base de cálculo para as parcelas de aviso prévio, adicional noturno, horas extras e repouso semanal remunerado'. Ademais disso, contrariou jurisprudência do TST que defende a aplicação por analogia da referida Súmula às gueltas, visto que, conquanto pagas por terceiros, decorrem do contrato de trabalho e servem de incentivo ao empregado, sendo concedidas com habitualidade. Em decorrência da aplicação da Súmula/TST 354 às gueltas, embora ela seja considerada com natureza salarial, integrando a remuneração do empregado, não é possível que ela sirva de base de cálculo para o aviso prévio, como determinado pelo Regional no caso dos autos. Precedentes. Recurso de revista conhecido e parcialmente provido" (RR-101398-24.2017.5.01.0007, 2.ª T., rel. Min. Liana Chaib, *DEJT* 23.02.2024).

6.3. CARACTERES DO SALÁRIO

As características do salário são os traços distintivos que permitem que se reconheça em um determinado pagamento a natureza de contraprestação decorrente da relação de emprego. A enumeração destes caracteres do salário não é feita de forma pacífica pela doutrina, não havendo, portanto, uma sistematização uniforme.

Segundo Mauricio Godinho Delgado, são características do salário:[3]

- **caráter alimentar** — o salário tem por finalidade suprir as necessidades pessoais e essenciais do trabalhador e de sua família. Qualquer que seja o valor do salário, o fato é que se constitui na fonte de sustento do trabalhador e de sua família;

- **caráter "forfetário"** — o salário constitui-se em uma obrigação absoluta do empregador que não pode deixar de ser cumprida. O salário não está atrelado à sorte do empreendimento do empregador, razão pela qual, mesmo diante de situações de dificuldades financeiras, o empregador não se exime do dever de pagar os salários de seus empregados. No contexto da relação de emprego, os riscos da atividade econômica são assumidos pelo empregador **(art. 2.º, CLT)**. Ocorrendo, porém, a cessação das atividades da empresa, os salários só são devidos até a data da extinção;

SÚMULA 173, TST: "Extinto, automaticamente, o vínculo empregatício com a cessação das atividades da empresa, os salários só são devidos até a data da extinção".

- **indisponibilidade** — o salário não pode ser objeto de renúncia ou de transação por parte do empregado, pois se insere no conjunto de direitos indisponíveis que lhe são assegurados pelo ordenamento jurídico;

- **irredutibilidade** — em razão do seu caráter alimentar, o salário não pode ser reduzido. A fonte de sustento do trabalhador e de sua família não pode ser reduzida por ato unilateral ou bilateral. A irredutibilidade como característica do salário foi relativizada pelo texto constitucional, que passou a permitir como exceção a sua redução, desde que mediante convenção ou acordo coletivo de trabalho **(art. 7.º, VI, CF)**;

- **periodicidade** — o salário constitui-se em obrigação sucessiva, renascendo após cada cumprimento. Por ter a finalidade de manter o sustento do trabalhador e de sua família, o salário deve ser pago em períodos cuja duração é preestabelecida pelo legislador **(art. 459, CLT)**;

- **persistência ou continuidade** — a obrigação de pagamento do salário é sucessiva, perdurando enquanto vigorar a relação de emprego. Trata-se, portanto, de obrigação persistente e revestida de continuidade no tempo. "No âmbito justrabalhista, nem a teoria da imprevisão ou mesmo a força maior seriam capazes, por si somente, de desobrigar o empregador de responder por sua obrigação de pagar a obrigação contínua e persistente dos salários obreiros";[4]

---

[3] DELGADO, Mauricio Godinho. *Curso de direito do trabalho*, 18. ed., p. 874-881.
[4] DELGADO, Mauricio Godinho. *Curso de direito do trabalho*, 18. ed., p. 876.

■ **natureza composta** — o salário compõe-se não só de uma parcela básica (salário-base), mas também de diversas outras frações econômicas de natureza salarial (adicionais, gratificações, comissões etc.);

■ **tendência à determinação heterônoma** — o valor do salário é fixado mediante o exercício da vontade unilateral ou bilateral das partes contratantes. No entanto, à vontade das partes somam-se expressões de vontade externa decorrentes de normas jurídicas. Assim, a vontade das partes é restringida, por exemplo, pela fixação por lei ou por normas coletivas de valores mínimos de salários (salário mínimo, salário profissional, salário normativo, piso salarial), devendo, ainda, obedecer às determinações normativas no que diz respeito aos reajustes a serem aplicados aos salários, fixados por normas coletivas;

■ **pós-numeração** — o salário é pago após a prestação dos serviços pelo empregado, ou seja, o pagamento é feito em relação a um período vencido, e não em relação a período vincendo.

Às características acima indicadas, somam-se aquelas apresentadas por Amauri Mascaro Nascimento:[5]

■ **essencialidade** — o salário é da essência do próprio contrato de trabalho. A onerosidade é característica essencial do pacto laboral;

■ **reciprocidade** — a causa do salário reside no fato de alguém atuar como empregado e, nessa condição, colocar-se à disposição do empregador, prestando-lhe serviços. O empregado presta serviços, e o empregador paga salário como contraprestação. Esta característica é chamada por uma parte da doutrina de "caráter sinalagmático" do salário;

■ **sucessividade** — que nada mais é do que a característica da persistência ou continuidade indicada por Godinho: o salário é pago em função de uma obrigação assumida pelo empregado em uma relação jurídica que se prolonga no tempo e, por tal razão, a cada cumprimento, renasce enquanto obrigação contratual.

6.4. CLASSIFICAÇÃO DO SALÁRIO

Segundo Mauricio Godinho Delgado, o salário pode ser classificado: a) quanto ao posicionamento original da parcela no conjunto do Direito; b) quanto à origem de fixação da parcela remuneratória; c) quanto à forma de pagamento da parcela; e d) quanto ao modo de aferição.[6]

■ **Classificação do salário quanto ao posicionamento original da parcela no conjunto do Direito** — trata-se de uma classificação feita em razão da natureza da estipulação salarial e abrange duas modalidades de salário:

---

[5] NASCIMENTO, Amauri Mascaro. *Teoria jurídica do salário*. 2. ed. São Paulo: LTr, 1997. p. 79.
[6] DELGADO, Mauricio Godinho. *Curso de direito do trabalho*, 18. ed., p. 881.

■ **parcelas salariais de caráter típico** — são as modalidades de remuneração que decorrem do contrato de trabalho como sua consequência natural. Incluem-se nesta modalidade o salário básico, os adicionais, as gratificações, entre outros;

■ **parcelas salariais de caráter apenas compatível com o Direito do Trabalho** — são as modalidades de remuneração que têm origem em outros ramos do Direito, mas que foram, com o passar do tempo, sendo assimiladas pelo Direito do Trabalho e consideradas como forma de remuneração de alguns tipos de trabalhadores. Como exemplo, a doutrina cita as comissões, que têm origem no Direito Comercial.

■ **Classificação do salário quanto à origem de fixação da parcela remuneratória** — também abrange duas modalidades de salário:

■ **parcelas salariais espontâneas** — aquelas estipuladas a partir da vontade das partes, seja unilateralmente pelo empregador ou bilateralmente;

■ **parcelas salariais imperativas** — aquelas decorrentes de previsão em normas jurídicas, podendo ser oriundas de normas autônomas (convenção ou acordo coletivo de trabalho) ou de normas heterônomas (leis).

■ **Classificação do salário quanto à forma de pagamento da parcela** — abrange duas modalidades de salário:

■ **salário pago em dinheiro** — o valor em pecúnia (moeda corrente) pago pelo empregador como contraprestação pelos serviços é a forma comum, normal, de pagamento do salário;

■ **salário pago em utilidades** — o legislador permite que o pagamento do salário seja feito por meio do fornecimento pelo empregador ao empregado de bens *in natura*. O salário-utilidade será estudado de forma detalhada no item 6.8.1 do presente capítulo.

■ **Classificação do salário quanto ao modo de aferição** — abrange as seguintes modalidades de salário:

■ **salário por unidade de tempo** — é aquele que é fixado a partir do período de tempo que o empregado fica à disposição do empregador, ou seja, existe uma correspondência entre a jornada de trabalho e o salário;

■ **salário por unidade de obra** — é aquele que adota como parâmetro de fixação a produção do empregado. A produção alcançada pelo empregado é o critério utilizado para o cálculo do valor final do salário;

■ **salário por tarefa** — é aquele que é fixado levando-se em conta tanto o critério tempo, como o critério quantidade de produção, sendo determinada pelo empregador uma tarefa mínima que deve ser cumprida pelo empregado em um determinado período de tempo.

Observação:

Apesar de caracterizarem, de certa forma, modos de aferição de valores pagos ao empregado pelo empregador, não se confundem com as modalidades acima indicadas:

- **salário básico** — é o valor fixado no contrato de trabalho e que corresponde à contraprestação pelos serviços. A este valor podem ser somados outros, compondo-se, assim, o complexo salarial do empregado. No entanto, o salário básico é a **"plataforma"**, estipulada quando da contratação do empregado e sobre a qual incidirão reajustes e outras parcelas de natureza salarial;
- **salário complessivo** — consiste em pagamento ao empregado de valor único com a pretensão de quitar não só o salário, mas também diversos títulos decorrentes do contrato de trabalho. A fixação do valor do salário é feita previamente (à *forfait*), evitando-se o cálculo posterior e individualizado do que realmente deve ser pago ao empregado por vários títulos.

O pagamento de salário complessivo **é vedado por nosso ordenamento jurídico**. Nesse sentido, o entendimento pacífico da jurisprudência:

> **SÚMULA 91, TST:** "Nula é a cláusula contratual que fixa determinada importância ou percentagem para atender englobadamente vários direitos legais ou contratuais do trabalhador".

6.5. COMPOSIÇÃO DO SALÁRIO

A **contraprestação pelo serviço** devida e paga diretamente pelo empregador ao empregado **não se limita ao salário**. Nesse sentido, **o art. 457, § 1.º, da CLT** prevê que, além da importância fixa estipulada **(salário base)**, **integram o salário** as gratificações legais e as comissões pagas pelo empregador.

As importâncias, **ainda que habituais**, pagas a título de ajuda de custo, auxílio-alimentação, vedado o seu pagamento em dinheiro, diárias para viagem, prêmios e abonos **não integram a remuneração** do empregado, **não se incorporam ao contrato** de trabalho e **não constituem base de incidência de qualquer encargo** trabalhista e previdenciário **(art. 457, § 2.º, CLT)**.

Também a lei estipula situações que geram obrigatoriamente pagamentos de natureza salarial ao empregado, como é o caso da gratificação de Natal e dos adicionais de remuneração, quando pagos com habitualidade.

Além do pagamento em dinheiro, **compreendem-se no salário**, para todos os efeitos legais, a alimentação, a habitação, o vestuário ou outras **prestações *in natura* (utilidades)** que a empresa fornecer habitualmente ao empregado, por força do contrato ou do costume **(art. 458, CLT)**. Trata-se do chamado *salário-utilidade*.

> **Salário** = salário-base + comissões pagas pelo empregador + gratificações legais + utilidades.

A importância de se caracterizar um pagamento feito pelo empregador ao empregado como salário reside no fato de que, sendo considerado salário, **integrará a base de cálculo dos demais direitos trabalhistas**.

Por suas peculiaridades e importância, o salário-utilidade, a gratificação de Natal e os adicionais de remuneração serão estudados em itens específicos, respectivamente, itens 6.8.1, 6.13 e 6.12 *infra*.

A convenção coletiva e o acordo coletivo de trabalho têm **prevalência sobre a lei** quando dispuserem sobre remuneração por produtividade, incluídas as gorjetas percebidas pelo empregado, e remuneração por desempenho individual **(art. 611-A, IX, CLT)**.

6.5.1. Salário-base

O **salário-base (ou básico)** é a contraprestação salarial fixa paga pelo empregador ao empregado em decorrência do contrato de trabalho. Conforme visto anteriormente, ao salário-base recebido pelo empregado podem ser agregados outros pagamentos feitos pelo empregador, com natureza salarial, somando-se a ele na composição do *complexo salarial*[7] do empregado.

Os direitos trabalhistas do empregado são calculados ou sobre o salário-base ou sobre o complexo salarial por ele recebido, dependendo do caso e da previsão normativa específica.

6.5.2. Comissões

A comissão constitui **modalidade de contraprestação variável**, condicionada ao serviço realizado ou à produção alcançada pelo trabalhador.

Trata-se de modalidade de *salário por unidade de obra*, constituindo verba calculada levando-se em conta o montante produzido pelo trabalhador.

Parte da doutrina considera, porém, que as comissões se caracterizam como modalidade de percentagens, à medida que abrangem estas últimas. Nesse sentido, as comissões distinguem-se das percentagens por serem mais amplas, abrangendo estas últimas.[8]

Adotando tal posicionamento, Arnaldo Süssekind conceitua comissões como "modalidade de retribuição condicionada ao serviço realizado pelo trabalhador; é, assim, 'uma feição especial da remuneração por unidade de obra', correspondendo, normalmente, a uma percentagem ajustada sobre o valor do serviço ou negócio executado ou encaminhado pelo trabalhador".[9]

---

[7] SÜSSEKIND, Arnaldo. *Curso de direito do trabalho*, p. 410-411.
[8] BARROS, Alice Monteiro de. *Curso de direito do trabalho*, p. 762.
[9] SÜSSEKIND, Arnaldo. *Curso de direito do trabalho*, p. 422.

Afirmando ser a primeira corrente a que mais se coaduna com a dinâmica do instituto, Mauricio Godinho Delgado ensina que "mesmo sendo a comissão, regra geral, calculada à base de percentuais sobre o valor do negócio levado à frente pelo obreiro em nome da empresa, este mecanismo não é imperativo. De fato, nada obsta que ela seja também aferida mediante o uso de uma tabela diferenciada de valores fixos, sem referência a percentuais. Nas duas modalidades de cálculo das comissões, entretanto, desponta seu caráter de verba computada segundo o montante produzido pelo trabalhador — o que denuncia sua natureza de salário-produção".[10]

Assim, em relação à sua **natureza jurídica**, as comissões são **modalidade de salário pago por unidade de obra ou serviço**.

Em nosso ordenamento jurídico, as comissões são pagas a determinados tipos de empregados, como, por exemplo, vendedores e viajantes ou pracistas, podendo ou não constituir-se na forma exclusiva de pagamento do salário. O empregado que recebe a integralidade de seu salário exclusivamente à base de comissões é chamado de *comissionista puro*. Recebendo parcela fixa **(salário por unidade de tempo)** e parcela variável à base de comissão **(salário por unidade de obra)**, o empregado será considerado como *comissionista misto*.

PN 5, TST: "O empregador é obrigado a anotar, na CTPS, o percentual das comissões a que faz jus o empregado".

O empregado remunerado exclusivamente à base de comissão tem garantido recebimento de **salário nunca inferior ao mínimo (art. 7.º, VII, CF)**, sendo vedado qualquer desconto em mês subsequente a título de compensação **(art. 78, CLT)**.

Como salário que é, a comissão também **não pode ser reduzida** (irredutibilidade salarial), salvo o disposto em convenção ou acordo coletivo de trabalho **(art. 7.º, VI, CF)**. Considerando que o salário pago à base de comissão é tipicamente variável, pois depende da quantidade de produção do empregado, importante ressaltar que **a irredutibilidade não se refere ao valor final pago a ele, mas, sim, ao parâmetro de cálculo das comissões**. Qualquer alteração feita pelo empregador na forma de cálculo das comissões que implique em redução dos ganhos salariais do trabalhador será nula em razão do princípio da irredutibilidade salarial, salvo se decorrente de negociação coletiva.

Havendo redução das comissões, o empregado tem o prazo de cinco anos para reclamar as diferenças salariais decorrentes da redução **(prescrição parcial)**, se o contrato estiver em vigor, ou o prazo de dois anos para reclamar referidas diferenças **(prescrição total)**, caso tenha havido a ruptura do contrato. Nesta última hipótese, a jurisprudência dominante adotou entendimento de que incide a prescrição tendo em vista que o percentual de comissão não é fixado em lei, estando jungido à livre negociação entre as partes.

---

[10] DELGADO, Mauricio Godinho. *Curso de direito do trabalho*, 18. ed., p. 915.

> **OJ SDI-1 175, TST:** "A supressão das comissões, ou a alteração quanto à forma ou ao percentual, em prejuízo do empregado, é suscetível de operar a prescrição total da ação, nos termos da Súmula n. 294 do TST, em virtude de cuidar-se de parcela não assegurada por preceito de lei".

A **Súmula 294 do TST** revela o entendimento da jurisprudência sobre a ocorrência de prescrição em caso de alteração do contrato de trabalho envolvendo prestações sucessivas, como é o caso do pagamento das comissões, que são pagas mensalmente (a alteração lesiva do percentual da comissão terá reflexo em todos os pagamentos feitos mensalmente após a efetivação da modificação):

> **SÚMULA 294, TST:** "Tratando-se de ação que envolva pedido de prestações sucessivas decorrente de alteração do pactuado, a prescrição é total, exceto quando o direito à parcela esteja também assegurado por preceito de lei".

Importante ressaltar que essa regra relativa à incidência da prescrição aplica-se aos casos em que a alteração se deu uma única vez, não sendo possível falar-se em prescrição total quando as alterações nos percentuais ou na forma de cálculo das comissões se derem reiteradamente (por exemplo, todo ano ou semestralmente o empregador efetua modificações prejudiciais nas comissões, caso em que a prescrição é parcial).

Integrando o conjunto salarial do empregado, as **comissões refletirão** no cálculo do **descanso semanal remunerado** e **das horas extras**.

> **SÚMULA 27, TST:** "É devida a remuneração do repouso semanal e dos dias feriados ao empregado comissionista, ainda que pracista".

O **cálculo do descanso semanal e dos feriados** quando o empregado recebe comissões é feito de acordo com o disposto no **art. 7.º, c e d, da Lei n. 605/49**, ou seja: **1)** para o empregado que trabalha por tarefa ou peça, o valor do repouso semanal (e do feriado, quando houver) será equivalente ao salário correspondente às tarefas ou peças feitas durante a semana, no horário normal de trabalho (somatório), dividido pelos dias de serviços efetivamente prestados ao empregador na semana; **2)** para o empregado que trabalha em domicílio, o valor do repouso semanal (e do feriado, quando houver) será equivalente ao quociente de divisão por 6 (seis) da importância total da sua produção na semana.

A forma de cálculo das **horas extras do empregado comissionista** é definida pela **Súmula 340, do TST:**

> **SÚMULA 340, TST:** "O empregado, sujeito a controle de horário, remunerado à base de comissões, tem direito ao adicional de, no mínimo, 50% (cinquenta por cento) pelo trabalho em horas extras, calculado sobre o valor-hora das comissões recebidas no mês, considerando-se como divisor o número de horas efetivamente trabalhadas".

Para os empregados que recebem remuneração mista (uma parte fixa e outra variável, à base de comissões), as horas extras são calculadas e pagas de forma distinta:

> **OJ SDI-1 397, TST:** "O empregado que recebe remuneração mista, ou seja, uma parte fixa e outra variável, tem direito a horas extras pelo trabalho em sobrejornada. Em relação à parte fixa, são devidas as horas simples acrescidas do adicional de horas extras. Em relação à parte variável, é devido somente o adicional de horas extras, aplicando-se à hipótese o disposto na Súmula n. 340 do TST".

As comissões também repercutirão durante a vigência do contrato de trabalho no **FGTS (art. 15, Lei n. 8.036/90)** e, pela média, **nas férias acrescidas de 1/3 (art. 142, § 3.º, CLT)**, no **13.º salário (art. 77.º, Decreto n. 10.854/2021)**, no **aviso prévio (art. 487, § 3.º, CLT)** e nas **verbas rescisórias**, compondo também o **salário de contribuição** do empregado.

> **OJ SDI-1 181, TST:** "O valor das comissões deve ser corrigido monetariamente para em seguida obter-se a média para efeito de cálculo de férias, 13.º salário e verbas rescisórias".

O **pagamento das comissões sobre vendas realizadas pelos empregados**, regulado pelas regras constantes do **art. 466 da CLT** e da **Lei n. 3.207/57**, só é **exigível** depois de ultimada a transação a que se referem **(art. 466, *caput*, CLT)**. Considera-se **ultimada a transação** se a empresa não recusar a proposta por escrito, dentro de dez dias. Tratando-se, porém, de transações a serem ultimadas com comerciante ou empresa estabelecida em outro Estado ou no estrangeiro, o prazo para a recusa da proposta é de noventa dias, podendo, ainda, ser prorrogada, por tempo determinado, mediante comunicação escrita dirigida ao empregado **(art. 3.º, Lei n. 3.207/57)**. A jurisprudência considera ultimada a transação no momento em que o negócio é efetivado e não àquele em que há o cumprimento das obrigações decorrentes desse negócio jurídico.[11]

---

[11] "AGRAVO DE INSTRUMENTO EM RECURSO DE REVISTA INTERPOSTO PELA RECLAMADA NA VIGÊNCIA DA LEI N. 13.467/2017. [...] 3 — DIFERENÇAS DE COMISSÕES — VENDAS CANCELADAS. 3.1 — O Tribunal Regional verificou, com fundamento nas provas trazidas aos autos, que a parcela de remuneração variável era, na verdade, o pagamento de comissões sobre as vendas feitas pela equipe das gerentes, função desempenhada pela reclamante, não havendo dúvidas sobre essa questão. Manteve, ainda, a sentença quanto à condenação ao pagamento de diferenças de comissões em razão dos descontos, apurados por meio de perícia contábil, relativos às vendas canceladas e devolvidas, com fundamento nos arts. 2.º e 466 da CLT e 2.º da Lei n. 3.207/1957. 3.2 — Nesse contexto, o exame das alegações da reclamada no sentido de que a parcela denominada 'renda adicional (remuneração variável)' não corresponde ao pagamento de comissões, porque a reclamante não exercia a atividade de vendas, mas de gerente, bem como, de que o pagamento da parcela em questão observou corretamente as normas internas da empresa e a disposição legal, encontra óbice na Súmula n. 126 do TST. 3.3 — De outra parte, observa-se que, ao deferir as diferenças de comissões relativas às vendas canceladas e estornos, o Tribunal Regional adotou tese convergente com o entendimento desta Corte que se consolidou no sentido de que o direito à comissão surge no momento em que há transação entre vendedor e cliente, quanto ao

O empregado **receberá mensalmente** as comissões, devendo a empresa expedir, no fim de cada mês, a conta respectiva com as cópias das faturas correspondentes aos negócios concluídos (**art. 4.º,** *caput,* **Lei n. 3.207/57**). Empregado e empregador podem fixar outra época para pagamento das comissões, não podendo o período, porém, exceder de um trimestre, contado da aceitação do negócio (**art. 4.º, parágrafo único, Lei n. 3.207/57**).

Nas transações realizadas por **prestações sucessivas**, o pagamento das comissões que lhes disserem respeito é exigível proporcionalmente à respectiva liquidação (**art. 466, § 1.º, CLT, e art. 5.º, Lei n. 3.207/57**).

O vendedor terá **direito à comissão convencionada**, sobre as vendas que realizar ou sobre as que forem feitas diretamente pela empresa ou por preposto desta, em zona cuja exclusividade lhe tenha sido expressamente assegurada (**art. 2.º,** *caput,* **Lei n. 3.207/57**). A **zona de trabalho** do empregado vendedor pode ser **ampliada ou restringida** de acordo com a necessidade da empresa, devendo, no entanto, sempre ser respeitado o princípio da irredutibilidade salarial (**art. 2.º, § 1.º, Lei n. 3.207/57**). Em caso de **transferência do empregado**, por conveniência da empresa, para outra zona de trabalho, **com redução de vantagens**, a ele deve ser assegurado, como **mínimo de remuneração**, um salário correspondente à média dos 12 (doze) meses anteriores à transferência (**art. 2.º, § 2.º, Lei n. 3.207/57**).

A **cessação do contrato de trabalho**, qualquer que seja o motivo, ou a **não consumação do negócio** por ato ou omissão do empregador, **não prejudicará a percepção das comissões devidas** em relação às vendas já ultimadas (**art. 466, § 2.º, CLT, e art. 6.º, Lei n. 3.207/57**).

---

produto ofertado. A ocorrência de fato superveniente à manutenção do negócio, como o cancelamento ou a inadimplência pelo comprador, não autoriza a empresa a efetuar os descontos das comissões pagas ao vendedor porque, assim, estaria transferindo ao empregado os riscos da atividade econômica, o que encontra vedação no artigo 2.º da CLT, pois se trata de prerrogativa específica do empregador. Julgados desta Corte. 3.4 — No caso, não se verifica nenhum dos indicadores de transcendência previstos no art. 896-A, § 1.º, da CLT. Agravo de instrumento não provido quanto ao tema. [...]" (AIRR-0000259-22.2022.5.08.0116, 8.ª T., rel. Min. Delaide Alves Miranda Arantes, *DEJT* 14.11.2024).

"RECURSO DE REVISTA DA RECLAMANTE INTERPOSTO SOB A ÉGIDE DA LEI N. 13.467/2017 — DIFERENÇAS DE COMISSÕES — CANCELAMENTO DA COMPRA — ESTORNO INDEVIDO — TRANSCENDÊNCIA POLÍTICA RECONHECIDA 1. No que se refere à demonstração da existência de diferenças de comissões inadimplidas à luz dos critérios erigidos para seu pagamento, o Eg. TRT bem aplicou o ônus da prova ao atribuí-lo à Autora. Inteligência do art. 373, I, do CPC c/c o art. 818 da CLT. 2. A jurisprudência consolidada desta Eg. Corte Superior é no sentido de que o cancelamento da venda pelo comprador não implica estorno da comissão do empregado, tendo em vista que o risco da atividade econômica é do empregador. Ademais, é firme o entendimento de que a transação é consumada quando ocorre acordo entre o comprador e o vendedor, sendo irrelevante o cancelamento posterior. Julgados. Recurso de Revista parcialmente conhecido e provido" (RR-0020049-25.2021.5.04.0411, 4.ª T., rel. Min. Maria Cristina Irigoyen Peduzzi, *DEJT* 16.08.2024).

Excepcionando a regra do art. 2.º da CLT, que estabelece que é o empregador que assume o risco da atividade econômica, o **art. 7.º da Lei n. 3.207/57** prevê que, em caso de **insolvência do comprador**, ao empregador é assegurado o direito de **estornar as comissões** que já houver pago ao empregado em relação ao negócio respectivo.

> **PN 97, TST:** "Ressalvada a hipótese prevista no art. 7.º da Lei n. 3.207/1957, fica vedado às empresas o desconto ou estorno das comissões do empregado, incidentes sobre mercadorias devolvidas pelo cliente, após a efetivação de venda".

Em relação a essa questão, Mauricio Godinho Delgado alerta que tal **regra deve ser interpretada restritivamente**, de modo que "somente a insolvência do adquirente — e não seu mero inadimplemento — é que autoriza o estorno mencionado pela lei especial".[12]

Quanto ao tema relativo aos riscos dos negócios concluídos, importante se analisar a possibilidade ou não de se aplicar no campo do Direito do Trabalho a *cláusula "star del credere"*. Trata-se de cláusula que prevê pagamento de uma sobrecomissão ao vendedor (ou uma comissão suplementar), assegurando-se, em contrapartida, que este proceda ao ressarcimento de uma percentagem sobre o montante da venda não cumprida pelo comprador.

Caso admitida no contrato de trabalho, referida cláusula teria o condão de tornar o empregado solidariamente responsável pela solvabilidade e pela pontualidade do comprador, dividindo com o empregador os riscos da atividade econômica. Exatamente por caracterizar inegável imputação ao empregado de parcela considerável dos riscos do empreendimento, referida cláusula não é aceita como válida pela maior parte da doutrina e da jurisprudência.

A respeito do tema, Mauricio Godinho Delgado ressalta que, tendo a **Lei n. 8.420/92** dado **nova redação à Lei n. 4.886/65** (Lei dos Representantes Comerciais Autônomos), passando a **proibir expressamente em relação aos contratos de representação comercial a adoção da cláusula** *star del credere*, resta evidente que **para os empregados vendedores, que têm condição e proteção diferenciada, referida cláusula também não pode ser aplicada**. Segundo o autor, "se a cláusula é vedada até para o profissional autônomo — que pode assumir, em geral, certos riscos concernentes a seu trabalho —, muito mais inadmissível será para os contratos empregatícios (onde o empregado não pode, por definição, assumir semelhantes riscos)".[13]

Questão que também pode gerar dúvidas no que tange ao pagamento de comissões diz respeito às **vendas realizadas para a Administração Pública por meio de participação**

---

[12] DELGADO, Mauricio Godinho. *Curso de direito do trabalho*, 18. ed., p. 917.
[13] DELGADO, Mauricio Godinho. *Curso de direito do trabalho*, 18. ed., p. 919.

em licitação. Segundo ensinamentos de Alice Monteiro de Barros, "a jurisprudência tem entendido que a participação do vendedor na fase preparatória da licitação, levando o empregador a participar da concorrência pública, não gera o direito às comissões caso este último vença a licitação e realize a venda a ente público. Isso porque, além de a lei de licitações proibir a intermediação, a venda é resultado da vitória da proposta apresentada, de acordo com a decisão do órgão licitador, não intervindo aqui a capacidade de convencimento do vendedor".[14]

Ao empregado que **acumula as funções de vendedor viajante ou pracista com as de inspeção e fiscalização**, o **art. 8.º da Lei n. 3.207/57** assegura o direito ao recebimento de adicional equivalente a 1/10 da remuneração que lhe é normalmente atribuída.

A convenção coletiva e o acordo coletivo de trabalho têm **prevalência sobre a lei** quando dispuserem sobre remuneração por produtividade e remuneração por desempenho individual **(art. 611-A, IX, CLT)**.

Desde que preenchidos os requisitos do **art. 461 da CLT**, é **possível a equiparação salarial entre vendedores**. O fato de os vendedores atuarem em áreas distintas ou atenderem clientes diferentes não é, por si só, suficiente para excluir o direito à equiparação salarial, sendo que somente critérios objetivos apresentados e comprovados pelo empregador podem excluir o referido direito.[15]

6.5.3. Gratificações legais

Gratificação significa demonstração de agradecimento, retribuição e, no campo do Direito do Trabalho, originariamente tinha uma conotação de recompensa ou prêmio pago pelo empregador ao empregado, por mera liberalidade e sem qualquer promessa de repetição de pagamento.

O legislador fazia a distinção entre gratificações ajustadas (decorrentes de ajuste prévio, tácito ou expresso, gerando expectativa de recebimento) e gratificações pagas por mera liberalidade do empregador (sem ajuste prévio e sem expectativa de recebimento), para o fim de definir sua integração ou não ao salário do empregado.

No entanto, a **Lei n. 13.467/2015 (*Reforma Trabalhista*)** acabou com referida distinção para fins de definição de integração ao salário, tendo modificado a redação dos **parágrafos 1.º e 2.º do art. 457** e redefinido a abrangência do salário e, consequentemente, da remuneração para fins de incidência de encargos trabalhistas e previdenciários[16].

Assim, somente as **gratificações legais** (por exemplo, a gratificação por exercício de função paga, nos termos do art. 62, parágrafo único, CLT, em decorrência do cargo de confiança) **integram o salário do empregado**.

---

[14] BARROS, Alice Monteiro de. *Curso de direito do trabalho*, p. 764.
[15] BARROS, Alice Monteiro de. *Curso de direito do trabalho*, p. 770.
[16] Com isso, perderam sentido as previsões da Súmula 152, TST, e da Súmula 207, STF.

Não se tratando de gratificação legal, a **gratificação paga pelo empregador** ao empregado, **ainda que de forma habitual, não integram o salário** deste.

No que tange à **gratificação de função** prevista no **parágrafo único do art. 62, CLT, que concerne ao exercício de cargo de confiança**, ela é paga enquanto o empregado permanecer no exercício do cargo, **não sendo assegurado** ao mesmo o **direito à manutenção** do seu pagamento **em caso de reversão**, com ou sem justo motivo, ao cargo anteriormente ocupado, não sendo a gratificação, portanto, incorporada ao salário, independentemente do tempo de exercício da respectiva função **(art. 468, § 2.º, CLT)**.[17] No entanto, há de se considerar que referida gratificação de função **tem natureza salarial** e não pode ser reduzida durante o período em que o referido cargo estiver sendo ocupado.[18-19]

Importante ressaltar que as gratificações criadas por normas jurídicas (por exemplo, convenções e acordos coletivos) terão sua natureza definida pela norma instituidora. Assim, ao analisar a gratificação estipulada em norma jurídica, o intérprete deve "ater-se aos limites expressamente fixados pela norma jurídica instituidora da norma"[20] para definir se tem ou não natureza salarial. Nesse sentido, Mauricio Godinho Delgado ressalta que, "se essa norma jurídica vedar, inequivocamente, a repercussão salarial da gratificação, deverá ser respeitada. Contudo, se o diploma normativo instituidor não especificar, claramente, a regra esterilizadora da natureza salarial da concessão, ou não tratar de semelhante aspecto, incidirá o comando geral da ordem justrabalhista, que é de caráter objetivo quanto à integração contratual da parcela gratificatória".[21]

Sendo paga mensalmente **por força de previsão em norma coletiva**, a **gratificação por tempo de serviço** (anuênios, biênios, quinquênios) integra o salário do empregado para os efeitos legais **(Súmulas 203 e 226, TST)**, exceto para fins de repouso semanal remunerado **(Súmula 225, TST)**, isso porque, sendo pagas em valor fixo mensal, já incluem no seu cálculo o referido descanso.

---

[17] Com a alteração procedida pela Lei n. 13.467/2017 (*Reforma Trabalhista*) ao referido dispositivo legal, perdeu sentido a previsão do item I da Súmula 372, TST.

[18] A previsão do item II da Súmula 372, TST não foi alterada pela Lei n. 13.467/2017 (*Reforma Trabalhista*), permanecendo possível, portanto, sua aplicação: "II — Mantido o empregado no exercício da função comissionada, não pode o empregador reduzir o valor da gratificação".

[19] Mesmo na hipótese de o empregado já contar com mais de 10 anos no exercício de cargo de confiança, com o recebimento da respectiva gratificação por esse período, antes da entrada em vigor da Lei n. 13.467/2017 (*Reforma Trabalhista*), e da consequente inclusão do § 2.º ao art. 468 da CLT, a gratificação poderá ser suprimida. Isso porque oTribunal Pleno do TST, em 25.11.2024, no julgamento do Tema 23 da Tabela de Recursos de Revista Repetitivos (IncJulgRREmbRep-528-80.2018.5.14.0004), firmou a tese de que a Lei n. 13.467/2017 possui aplicação imediata aos contratos de trabalho em curso, passando a regular os direitos decorrentes de lei cujos fatos geradores tenham se efetivado a partir de sua vigência.

[20] DELGADO, Mauricio Godinho. *Curso de direito do trabalho*, 18. ed., p. 911.

[21] DELGADO, Mauricio Godinho. *Curso de direito do trabalho*, 18. ed., p. 911.

SÚMULA 203, TST: "A gratificação por tempo de serviço integra o salário para todos os efeitos legais".

SÚMULA 225, TST: "As gratificações por tempo de serviço e produtividade, pagas mensalmente, não repercutem no cálculo do repouso semanal remunerado".

SÚMULA 226, TST: "A gratificação por tempo de serviço integra o cálculo das horas extras".

A gratificação por tempo de serviço prevista por norma coletiva não se cumula com a gratificação por tempo de serviço paga por liberalidade do empregador, tendo o empregado direito a receber apenas a que lhe for mais benéfica **(Súmula 202, TST)**.

SÚMULA 202, TST: "Existindo, ao mesmo tempo, gratificação por tempo de serviço outorgada pelo empregador e outra da mesma natureza prevista em acordo coletivo, convenção coletiva ou sentença normativa, o empregado tem direito a receber, exclusivamente, a que lhe seja mais benéfica".

O valor das horas extras habituais integra a remuneração do empregado para fins de cálculo da **gratificação semestral (Súmula 115, TST)**. Esta, por sua vez, integra a remuneração do empregado para o cálculo de demais direitos trabalhistas, inclusive as horas extras:

SÚMULA 253, TST: "A gratificação semestral não repercute no cálculo das horas extras, das férias e do aviso prévio, ainda que indenizados. Repercute, contudo, pelo seu duodécimo na indenização por antiguidade e na gratificação natalina".

A gratificação de Natal será estudada detalhadamente no item 6.13 *infra*.

6.5.4. Outras modalidades de verbas de natureza salarial

Além das modalidades previstas em lei de pagamentos feitos pelo empregador ao empregado, com natureza salarial, podemos encontrar ainda outros tipos de retribuição que também podem ser caracterizados como verbas de natureza salarial.

6.5.4.1. "Bicho"

Entende-se por **"bicho"** a importância **paga ao jogador**, a título de **gratificação ou prêmio**, como regra, **por vitória alcançada ou título conquistado**,[22] e o pagamento habitual dessa verba torna indiscutível sua **natureza salarial**. Isto porque a estipulação prévia para pagamento em caso de vitória confere-lhe inegável característica de

---

[22] Os "bichos" podem ser pagos em caso de empate e, excepcionalmente, até em derrotas, quando verificado o bom desempenho da equipe. "Isso porque a obrigação do atleta é de meio e não de resultado, ou seja, sua atividade não está circunscrita à obtenção de um resultado positivo, exitoso, mas ao fato de executar as funções com diligência ou estar à disposição do clube para fazê-lo" (BARROS, Alice Monteiro de. *Curso de direito do trabalho*, p. 780-781).

gratificação ajustada, não podendo ser considerado como mera liberalidade paga pelo empregador.[23]

A natureza salarial de referido pagamento está consignada no **art. 31, § 1.º, da Lei n. 9.615/98**, que estipula: "São entendidos como salário, para efeitos do previsto no *caput*, o abono de férias, o décimo terceiro salário, as gratificações, os prêmios e demais verbas inclusas no contrato de trabalho".

Como ensina Alice Monteiro de Barros, "a importância intitulada 'bicho' pela linguagem futebolística é, frise-se, paga ao atleta, em geral, por ocasião de vitórias ou empates, possuindo natureza de prêmio individual, resultante de trabalho coletivo, pois visa não só a compensar os atletas, mas também a estimulá-los; essa verba funda-se em uma valorização objetiva, consequentemente, dado o seu pagamento habitual e periódico, tem feição retributiva".[24]

Os valores pagos a título de "bicho" podem ser **fixos ou variáveis**, de acordo com o que foi estipulado pelo empregador, sendo certo que, por se constituírem em ajuste prévio, obrigam-no a seu pagamento aos jogadores.

6.5.4.2. "Luvas"

As **"luvas"** caracterizam-se como uma **importância paga pelo empregador ao empregado**, na forma do que for convencionado, **pela assinatura do contrato de trabalho**.

Tradicionalmente pagas aos jogadores de futebol, as "luvas" eram previstas expressamente na **Lei n. 6.354/76**, com inclusão de tal pagamento no rol das parcelas que, segundo referida Lei, compunham a remuneração do atleta profissional de futebol.

---

[23] "[...] B) RECURSO DE REVISTA DO RECLAMANTE. PROCESSO SOB A ÉGIDE DA LEI N. 13.014/2015 E ANTERIOR À LEI N. 13.467/2017. [...] 3. ATLETA PROFISSIONAL DE FUTEBOL. 'LUVAS' E 'BICHOS'. NATUREZA JURÍDICA SALARIAL. LEIS N. 9.615/98 E 12.395/2011. 3.1 A parcela 'luvas', nos moldes em que foi legislativamente prevista, consiste na retribuição material paga pela entidade empregadora ao atleta profissional, em vista da celebração de seu contrato de trabalho, seja originalmente, seja por renovação. Tem sua natureza salarial reconhecida pelo Direito Brasileiro, tanto no art. 12 da antiga Lei n. 6.354/76 (revogada pela Lei n. 12.395/2011), como no art. 31, § 1.º, da Lei n. 9.615/98. Assim, considerando que o pagamento se deu 'em razão do contrato de trabalho', é inconteste a natureza salarial de que se reveste. Releva ponderar que a parcela, no caso em exame, não teve por escopo compensar ou ressarcir o Reclamante, na medida em que foi paga em parcelas a partir de sua admissão. Logo, por todos os ângulos que se analise a controvérsia, resulta afastado o caráter indenizatório e evidenciada a natureza contraprestativa, salarial. Julgados. 3.2 A mesma conclusão se aplica à parcela 'bichos', que se trata de parcela econômica variável e condicional, usualmente paga ao atleta pela entidade empregadora em vista dos resultados positivos alcançados pela equipe desportiva (títulos alcançados, vitórias e, até mesmo, empates obtidos, se for o caso). A verba possui nítida natureza contraprestativa, sendo entregue como incentivo ao atleta ou em reconhecimento por sua boa prestação de serviços (ou boa prestação pelo conjunto da equipe desportiva). Observa-se, assim, que possui nítida característica de prêmio trabalhista e, por isso, é indubitável salário, em sentido amplo (art. 31, § 1.º, da Lei Pelé; art. 457, *caput* e § 1.º, da CLT). Recurso de revista conhecido e provido no particular. [...]" (ARR-10149-08.2014.5.01.0068, 3.ª T., rel. Min. Mauricio Godinho Delgado, *DEJT* 04.10.2019).

[24] BARROS, Alice Monteiro de. *Curso de direito do trabalho*, p. 780.

A **Lei n. 12.395/2011**, que **revogou a Lei n. 6.354/76**, **não contém mais previsão acerca das "luvas" pagas aos atletas**, o que, no entanto, não retirou da prática desportiva tal modalidade de pagamento, podendo, porém, verificar-se a partir de agora o início de nova discussão sobre a natureza salarial ou não de referida parcela.

Vale ressaltar, no entanto, que o **entendimento da jurisprudência** encontra-se **bastante solidificado** no sentido da **natureza salarial das chamadas "luvas" desportivas**, à medida que caracterizam uma modalidade de contraprestação paga pelo empregador ao empregado. O dinheiro pago com tal rubrica ao atleta profissional de futebol leva em conta a eficiência do jogador; é prêmio ou reconhecimento não apenas pela arte ou excelência de seu jogo, mas também pelos resultados alcançados em sua carreira, podendo ser pago de uma única vez ou em parcelas.[25]

O **pagamento de "luvas" não se restringe, porém, ao mundo desportivo**. As empresas no mercado competitivo buscam atrair para o seu quadro de profissionais aqueles trabalhadores que se destacam pela competência no mercado de trabalho. Para **incentivá-los à adesão à proposta de emprego**, utilizam de pactuação de antecipação de salários pelo **pagamento das denominadas "luvas"**.

Inegável, pois, que nesses casos as **"luvas" caracterizam autênticos adiantamentos salariais**, com vistas à atração de mão de obra qualificada.[26]

---

[25] "RECURSO DE REVISTA. PROCESSO ANTERIOR À LEI 13.467/2017. "HIRING BÔNUS". LUVAS. NATUREZA SALARIAL. LIMITES DOS REFLEXOS. Esta Corte Superior possui o entendimento de que a bonificação paga ao obreiro, no momento da sua contratação, possui natureza salarial, na medida em que equivale às "luvas" percebidas por atletas profissionais, independentemente de o pagamento realizar-se em parcela única. Contudo, tratando-se de parcela paga uma única vez, seus reflexos devem ser limitados, aplicando-se analogicamente a Súmula 253 do TST. Recurso de revista conhecido e parcialmente provido no aspecto" (TST — RR 392-17.2013.5.04.0302, 3.ª T., rel. Min. Mauricio Godinho Delgado, *DEJT* 07.12.2018).

[26] A utilização de denominações distintas, para a mesma finalidade, equivale às "luvas":
"I — AGRAVO DO RECLAMADO. RECURSO DE REVISTA DO RECLAMANTE. OBSERVÂNCIA DO ART. 896, § 1.º-A, I, DA CLT. 'LUVAS'. INTEGRAÇÃO NO SALÁRIO. ÓBICE DA SÚMULA N. 333 DO TST. 1. Quanto ao óbice do art. 896, § 1.º-A, I, da CLT, embora haja transcrição do inteiro teor do capítulo pertinente às 'luvas' nas razões do recurso de revista, considera-se cumprida a exigência constante do citado dispositivo em face da fundamentação sucinta adotada no acórdão regional, que permite o confronto das teses jurídicas. Precedente. 2. Na hipótese, o Tribunal Regional entendeu que a parcela 'luvas' paga pela empresa ao reclamante trata-se de bônus oferecido a executivos com perfil altamente especializado, a fim de atraí-los a seus quadros, e que tem natureza eventual e indenizatória, sem caráter contraprestativo. Todavia, em decisão monocrática, entendeu-se que o julgado do TRT está em dissonância com a jurisprudência desta Corte, a qual pacificou entendimento de que as 'luvas' percebidas possuem natureza salarial. Com efeito, a jurisprudência desta Corte fixou o entendimento de que os valores pagos a título de luvas possuem natureza salarial, e, quando paga em única parcela, os reflexos devem ficar limitados ao depósito do FGTS referente ao mês de pagamento da verba e à respectiva multa de 40%, não se estendendo sobre todas as parcelas que têm o salário como base de cálculo. Precedentes . Agravo do Banco reclamado provido em parte. [...]" (Ag-RR-1707-37.2014.5.03.0023, 2.ª T., rel. Min. Maria Helena Mallmann, *DEJT* 24.05.2024).

Assim, em qualquer dos casos de pagamento (para atletas ou para os demais empregados), "as **luvas têm natureza de salário pago por antecipação**, não se confundindo com indenização, pois nelas não se encontra presente o caráter ressarcitório advindo de perda",[27] **integrando, pela média mensal, a remuneração do empregado para todos os efeitos legais** (FGTS, 13.º salário, férias + 1/3 etc.).

6.5.4.3. Direito de arena

Instituto tipicamente verificado no âmbito das **relações de emprego desportivo**, especialmente do jogador profissional de futebol, o chamado **"direito de arena"** tem origem no direito de imagem, matéria da seara civil, **constituindo uma modalidade de remuneração pelo trabalho realizado em decorrência do contrato de trabalho**.

O direito de arena está garantido pelo **art. 5.º, XXVII, *a*, da Constituição Federal**, que assegura a proteção às participações individuais em obras coletivas e à reprodução da imagem e voz humanas, inclusive em atividades desportivas.

O art. 42 da Lei n. 9.615/98,[28] **com a redação dada pela Lei n. 12.395/2011, prevê que pertence às entidades de prática desportiva o direito de arena** consistente na prerrogativa exclusiva de negociar, autorizar ou proibir a captação, a fixação, a emissão, a transmissão, a retransmissão ou a reprodução de imagens, por qualquer meio ou processo, de espetáculo desportivo de que participem, **não havendo que se falar em direito de arena** no caso de exibição de flagrantes de espetáculo ou evento desportivo para fins exclusivamente jornalísticos, desportivos ou educativos ou para a captação de apostas legalmente autorizadas, respeitadas as seguintes condições **(§ 2.º, com a redação dada pela Lei n. 13.155/2015)**:

- a captação das imagens para a exibição de flagrante de espetáculo ou evento desportivo dar-se-á em locais reservados, nos estádios e ginásios, para não detentores de direitos ou, caso não disponíveis, mediante o fornecimento das imagens pelo detentor de direitos locais para a respectiva mídia;
- a duração de todas as imagens do flagrante do espetáculo ou evento desportivo exibidas não poderá exceder 3% (três por cento) do total do tempo de espetáculo ou evento;
- é proibida a associação das imagens exibidas com base neste artigo a qualquer forma de patrocínio, propaganda ou promoção comercial.

Salvo convenção coletiva de trabalho em contrário, **5% (cinco por cento) da receita proveniente da exploração de direitos desportivos audiovisuais serão repassados aos sindicatos de atletas profissionais, e estes distribuirão, em parcelas iguais, aos**

---

[27] BARROS, Alice Monteiro de. *Curso de direito do trabalho*, p. 782. *Vide* TST — RR 244-35.2010.5.04.0003, rel. Min. Maria de Assis Calsing, 4.ª T., *DEJT* 08.05.2015.

[28] A Lei n. 9.615/98 institui normas gerais sobre o desporto.

atletas profissionais participantes do espetáculo, como parcela de natureza civil **(art. 42, § 1.º, Lei n. 9.615/98, com redação dada pela Lei n. 12.395/2011)**.

Diante da ausência de qualquer previsão legal acerca da natureza de tal parcela, a jurisprudência trabalhista foi fixando entendimento no sentido de ter o valor pago a título de direito de arena nítida natureza salarial. Como fundamento para tal posicionamento, sempre se utilizou o argumento de que exatamente porque o direito de arena decorre da exibição do espetáculo do qual o atleta está participando, e não pela sua atuação individualizada, é que a parcela se revestiria de caráter remuneratório para o jogador. O pagamento do direito de arena somente é devido porque é dever do atleta de futebol, como empregado da entidade desportiva, participar do jogo televisionado, e este dever decorre exclusivamente do contrato de trabalho existente entre o atleta e a entidade desportiva.[29]

No nosso entender, no entanto, com a **nova redação dada pela Lei n. 12.395/2011**, o § 1.º do art. 42 da Lei n. 9.615/98 passou a prever expressamente que **o direito de arena é pago** *como parcela de natureza civil*, ou seja, **a lei excluiu expressamente a natureza salarial do referido pagamento**, estando em desconformidade com a lei o entendimento que vem sendo adotado pela doutrina e jurisprudência acerca do tema.[30]

No mesmo sentido o legislador define o **direito ao uso da imagem do atleta**, que pode ser por ele cedido ou explorado, mediante ajuste contratual de **natureza civil** e

---

[29] "RECURSO DE REVISTA. ACÓRDÃO REGIONAL. PUBLICAÇÃO ANTES DA VIGÊNCIA DA LEI N. 13.015/2014. 1. DIREITO DE ARENA. PERÍODO CONTRATUAL ANTERIOR À LEI N. 12.395/2011. PERCENTUAL MÍNIMO DE 20%. ARTIGO 42 DA LEI N. 9.615/98. I. Neste Tribunal Superior do Trabalho, é pacífico o entendimento de que o percentual de 20%, a título de direito de arena, previsto no art. 42, § 1.º, da Lei n. 9.615/98, não pode ser reduzido, seja por acordo individual ou judicial, em razão do princípio da irrenunciabilidade dos direitos trabalhistas e por constituir o mínimo assegurado para distribuição entre os atletas profissionais do futebol. II. No caso vertente, em que o contrato de trabalho foi firmado na vigência da Lei n. 9.615/98, o Tribunal Regional entendeu que a previsão contratual e o acordo judicial celebrado legitimaram o recebimento do direito de arena no percentual ajustado de 5%. III. Tal como proferido, o acórdão recorrido está dissonante da atual e iterativa jurisprudência desta Corte Superior e viola o art. 42, § 1.º, da Lei n. 9.615/98. IV. Recurso de revista de que se conhece e a que se dá provimento. [...]" (RR-1212-55.2012.5.02.0034, 7.ª T., rel. Min. Evandro Pereira Valadão Lopes, *DEJT* 06.05.2022).

[30] O posicionamento do TST é no sentido de reconhecer a natureza salarial do direito de arena: "AGRAVO. AGRAVO DE INSTRUMENTO. RECURSO DE REVISTA. PROCESSO SOB A ÉGIDE DAS LEIS N. 13.015/2014 E 13.467/2017. ATLETA PROFISSIONAL. JOGADOR DE FUTEBOL. DIREITO DE ARENA. CONTRATO INICIADO SOB A ÉGIDE DA LEI N. 9.615/98 E EXTINTO POSTERIORMENTE AO ADVENTO DA LEI N. 12.395/2011. [...] NATUREZA JURÍDICA. A jurisprudência do TST é a de que o direito de arena não decorre apenas do uso da imagem do profissional de futebol, mas, também, de sua prestação de serviço ao longo dos 90 minutos da partida. Dessa forma, deve integrar a remuneração do atleta, nos termos do artigo 457 da CLT, equiparando-se à gorjeta para efeito da Súmula/TST n. 354. O processamento do recurso de revista encontra óbice na Súmula n. 333 do TST e no art. 896, § 7.º, da CLT. Precedentes. Agravo conhecido e desprovido" (Ag-AIRR-21087-94.2015.5.04.0019, 7.ª T., rel. Min. Alexandre de Souza Agra Belmonte, *DEJT* 08.11.2024).

com fixação de direitos, **deveres e condições inconfundíveis com o contrato especial de trabalho desportivo (art. 87-A, Lei n. 9.615/98)**. Quando houver, por parte do atleta, a cessão de direitos ao uso de sua imagem para a entidade de prática desportiva detentora do contrato especial de trabalho desportivo, o valor correspondente ao uso da imagem não poderá ultrapassar 40% (quarenta por cento) da remuneração total paga ao atleta, composta pela soma do salário e dos valores pagos pelo direito ao uso da imagem **(art. 87-A, parágrafo único, Lei n. 9.615/98)**.[31]

---

[31] "[...] D) RECURSO DE REVISTA DO RECLAMADO. PROCESSO SOB A ÉGIDE DA LEI N. 13.015/2014 E ANTERIOR À LEI N.) 13.467/2017. ATLETA PROFISSIONAL DE FUTEBOL. CONTRATO DE CESSÃO DO DIREITO DE USO DA IMAGEM. NATUREZA CIVIL. FRAUDE À LEGISLAÇÃO TRABALHISTA NÃO CONFIGURADA. A garantia do direito de imagem, inerente à personalidade do ser humano, encontra inspiração no Texto Máximo de 1988, com suporte em seu art. 5.º, quer nos incisos V e X, quer na clara regência feita pelo inciso XXVIII, 'a': 'a proteção às participações individuais em obras coletivas e à reprodução da imagem e voz humanas, inclusive nas atividades desportivas'. Embora a imagem da pes-soa humana seja em si inalienável, torna-se possível a cessão do uso desse direito, como parte da contratação avençada, tendo tal cessão evidente conteúdo econômico. Nesse quadro, o reconhecimento normativo do direito à imagem e à cessão do respectivo direito de uso tornou-se expresso no art. 87 da Lei n. 9.615/98, realizando os comandos constitucionais mencionados. No tocante à natureza jurídica do direito de imagem, a jurisprudência dominante a considera salarial, em vista de o art. 87 da Lei n. 9.615/98, em sua origem, não ter explicitado tal aspecto, fazendo incidir a regra geral salarial manifestada no art. 31, § 1.º, da mesma lei ('São entendidos como salário [...] demais verbas inclusas no contrato de trabalho'); afinal, esta regra geral é também clássica a todo o Direito do Trabalho (art. 457, CLT). Para esta interpretação, a cessão do direito de uso da imagem corresponde a inegável pagamento feito pelo empregador ao empregado, ainda que acessório ao contrato principal, enquadrando-se como verba que retribui a existência do próprio contrato de trabalho. Entretanto, a inserção, na Lei Pelé, de nova regra jurídica, por meio da atual Lei n. 12.395, de 2011, pode introduzir certa alteração na linha interpretativa até então dominante. É que o novo preceito legal enquadra, explicitamente, o negócio jurídico da cessão do direito de imagem como ajuste contratual de natureza civil, que fixa direitos, deveres e condições inconfundíveis com o contrato de trabalho entre o atleta e a entidade desportiva. Assim dispõe o novo art. 87-A da Lei Pelé, em conformidade com a redação dada pela Lei n. 12.395/11: 'o direito ao uso da imagem do atleta pode ser por ele cedido ou explorado, mediante ajuste contratual de natureza civil e com fixação de direitos, deveres e condições inconfundíveis com o contrato especial de trabalho desportivo'. A nova regra jurídica busca afastar o enquadramento salarial ou remuneratório da verba paga pela cessão do direito de uso da imagem do atleta profissional, ainda que seja resultante de pacto conexo ao contrato de trabalho. Opta, o novo dispositivo, pela natureza meramente civil da parcela, desvestida de caráter salarial. Esclareça--se que a ordem jurídica, como é natural, ressalva as situações de fraude, simulação e congêneres (art. 9.º, CLT). Desse modo, o contrato adjeto de cessão do direito de imagem tem de corresponder a efetivo conteúdo próprio, retribuir verdadeiramente o direito ao uso da imagem, ao invés de emergir como simples artifício para encobrir a efetiva contraprestação salarial do trabalhador. Julgados desta Corte. No caso concreto, o Tribunal Regional entendeu que o contrato sobre o direito de imagem possui natureza jurídica salarial, pelo simples fato de que tal ajuste decorre do desempenho do atleta profissional em suas atividades desportivas, sem, contudo, constatar a existência de elementos que demonstrassem a ocorrência de fraude ou de desvirtuamento da finalidade do contrato civil celebrado entre as partes, decidindo de forma dissonante da jurisprudência iterativa, notória e atual desta Corte. Recurso de revista conhecido e provido

A **Lei n. 14.205/2021** acrescentou o **art. 42-A** à Lei n. 9.615/98, prevendo que pertence à entidade de prática desportiva de futebol mandante o direito de arena sobre o espetáculo desportivo, sendo que o direito de arena consiste na prerrogativa exclusiva de negociar, de autorizar ou de proibir a captação, a fixação, a emissão, a transmissão, a retransmissão ou a reprodução de imagens do espetáculo desportivo, por qualquer meio ou processo (**§ 1.º**). Na hipótese de realização de eventos desportivos sem definição do mando de jogo, a captação, a fixação, a emissão, a transmissão, a retransmissão ou a reprodução de imagens, por qualquer meio ou processo, dependerão da anuência das entidades de prática desportiva de futebol participantes (**§ 6.º**).

O art. 42-A reforça a **natureza civil da distribuição** feita aos atletas profissionais (em partes iguais, 5% da receita proveniente da exploração de direitos desportivos audiovisuais do espetáculo desportivo), exceto se houver disposição em contrário constante de convenção coletiva de trabalho (**§§ 2.º e 3.º**).

6.6. PARCELAS NÃO SALARIAIS

Nem todos os valores recebidos pelo empregado em decorrência do contrato de trabalho têm natureza salarial. O legislador prevê alguns tipos de pagamento recebidos pelo empregado que **não são incluídos no salário**, como a ajuda de custo, o auxílio-alimentação, vedado seu pagamento em dinheiro, as diárias para viagem, os prêmios e os abonos **(art. 457, § 2.º, CLT)**. Outros pagamentos, embora não previstos expressamente por lei, têm reconhecida sua natureza não salarial pela doutrina e pela jurisprudência.

Além das verbas não salariais que serão analisadas nos itens a seguir, importante destacar que, para o enfrentamento do estado de calamidade pública reconhecido pelo Decreto Legislativo n. 6/2020 e da emergência de saúde pública internacional decorrente do coronavírus, de que tratou a Lei n. 13.979/2020, a **Lei n. 14.020, de 6 de julho de 2020**, instituiu o Programa Emergencial de Manutenção do Emprego e da Renda e, com objetivos de preservar o emprego e a renda, garantir a continuidade das atividades laborais e empresariais e reduzir o impacto social decorrente, instituiu as medidas de pagamento do Benefício Emergencial de Preservação do Emprego e da Renda, a redução proporcional da jornada de trabalho e de salário e a suspensão temporária do contrato de trabalho.

Nesse contexto, o Benefício Emergencial, custeado com recursos da União **(art. 5.º, § 1.º)**, pôde ser acumulado com o pagamento, pelo empregador, de **ajuda compensatória mensal**, em decorrência da redução proporcional de jornada de trabalho e de salário ou da suspensão temporária do contrato de trabalho **(art. 9.º)**, sendo sua **natureza indenizatória** expressamente indicada pelo legislador, que assim previu (**§ 1.º**): "A ajuda compensatória mensal de que trata o *caput* deste artigo: I — deverá ter o valor definido em negociação coletiva ou no acordo individual escrito pactuado; II — **terá natureza**

---

no aspecto" (RRAg-1583-58.2014.5.05.0036, 3.ª T., rel. Min. Mauricio Godinho Delgado, *DEJT* 09.08.2024).

indenizatória; III — **não integrará a base de cálculo** do imposto sobre a renda retido na fonte ou da declaração de ajuste anual do imposto sobre a renda da pessoa física do empregado; IV — **não integrará a base de cálculo** da contribuição previdenciária e dos demais tributos incidentes sobre a folha de salários; V — **não integrará a base de cálculo** do valor dos depósitos no Fundo de Garantia do Tempo de Serviço (FGTS), instituído pela Lei n. 8.036, de 11 de maio de 1990, e pela Lei Complementar n. 150, de 1.º de junho de 2015; VI — poderá ser considerada despesa dedutível na determinação do lucro real e da base de cálculo da Contribuição Social sobre o Lucro Líquido (CSLL) das pessoas jurídicas tributadas pelo lucro real".

A natureza indenizatória foi reconhecida para as ajudas compensatórias pagas a partir do mês de abril de 2020 (**§ 1.º**), sendo que, na hipótese de redução proporcional de jornada de trabalho e de salário, esta **não integra o salário** devido pelo empregador (**§ 2.º**).

6.6.1. Ajuda de custo

Como regra, **ajuda de custo** corresponde a um valor pago ao empregado, em **uma única parcela, em razão de transferência** para local distinto do que resultar do contrato de trabalho. Exatamente em razão da motivação do seu pagamento, a ajuda de custo tem sempre natureza indenizatória **(art. 457, § 2.º, CLT)**.

Dois são, portanto, os **requisitos da ajuda de custo como verba indenizatória**:

- pagamento em uma única parcela;
- decorrência de transferência do empregado.

No entanto, ainda que a ajuda de custo seja **paga a outro título e de forma habitual** (como forma de indenizar o empregado por alguma situação específica decorrente da prestação de serviços, ou até para auxiliá-lo, por um determinado tempo, com despesas extras e pessoais que tenha que arcar em razão de transferência), por expressa previsão legal **(art. 457, § 2.º, CLT)** não terá natureza salarial, mas sim natureza indenizatória.

6.6.2. Diárias para viagem

As **diárias para viagem** não têm natureza salarial, contraprestativa ou remuneratória, à medida que traduzem, em sua essência, **ressarcimento de despesas** feitas em razão do estrito cumprimento do contrato de trabalho.[32] Destinam-se a ressarcir despesas provenientes de deslocamentos constantes do empregado no exercício de suas funções.

Como ensina Arnaldo Süssekind, "normalmente fazem jus às diárias os empregados que têm de viajar, continuamente, a fim de realizar os serviços contratados, como é

---

[32] DELGADO, Mauricio Godinho. *Curso de direito do trabalho*, 18. ed., p. 858-859.

o caso dos vendedores pracistas. Em caráter excepcional, recebem também essas diárias os empregados que, eventualmente, são designados para executar determinadas tarefas para as quais se torna indispensável sua locomoção para local diverso daquele em que prestam seus serviços".[33]

Analisadas sob esse contexto, resta evidente que as diárias para viagem, chamadas por Alice Monteiro de Barros de "diárias próprias",[34] **não têm natureza salarial**, mas meramente indenizatória.

Com a **Lei n. 13.467/2017 (Reforma Trabalhista)** deixou de ter importância o valor das diárias para viagem pagas a empregado, não havendo mais que se falar em diária para viagem integrando o salário do empregado **(art. 457, §§ 1.º e 2.º, CLT)**.[35]

6.6.3. Prêmios ou bônus

Prêmio é modalidade de salário vinculada a fatores de ordem pessoal do trabalhador ou de ordem coletiva dos trabalhadores da empresa, tal como produtividade e eficiência, sendo seu **pagamento**, portanto, **condicional**. "O fato eleito como hábil a ensejar o prêmio tende a ser favorável ao empregador, porém *vinculado à conduta do trabalhador ou grupo destes*".[36]

Consideram-se prêmios as **liberalidades** concedidas pelo empregador, em forma de bens, serviços ou valor em dinheiro, a empregado, grupo de empregados em razão do **desempenho superior ao ordinariamente esperado** no exercício de suas atividades **(art. 457, § 4.º, CLT)**.

Os prêmios, também chamados de bônus, constituem-se em verdadeiro **salário--condição**, sempre dependente de certas circunstâncias subjetivas ou objetivas vivenciadas em decorrência do contrato de trabalho.

Os prêmios (ou bônus), ainda que pagos de forma habitual, **não têm natureza salarial**, não se incorporam ao contrato de trabalho e não constituem base de incidência de qualquer encargo trabalhista e previdenciário **(art. 457, § 2.º, CLT)**.

Portanto, os prêmios ou bônus podem deixar de ser pagos, não caracterizando seu cancelamento pelo empregador alteração contratual lesiva.[37]

Convenção coletiva ou acordo coletivo de trabalho podem dispor sobre **prêmios de incentivo** em bens ou serviços, eventualmente concedidos em programas de incentivo **(art. 611-A, XIV, CLT)**.

---

[33] SÜSSEKIND, Arnaldo. *Curso de direito do trabalho*, p. 429.
[34] BARROS, Alice Monteiro de. *Curso de direito do trabalho*, p. 778.
[35] Com isso, perdem efeito as previsões das Súmulas 101 e 318, TST.
[36] DELGADO, Mauricio Godinho. *Curso de direito do trabalho*, 18. ed., p. 919-921.
[37] Com a alteração inserida no art. 457, CLT, pela Lei n. 13.467/2017 (*Reforma Trabalhista*), deixa de ter efeito a previsão da Súmula 209, STF.

6.6.4. Stock options

Stock options ("Stock Options Plans") caracterizam-se como um regime pelo qual uma empresa outorga ao seu empregado o **direito de comprar, em uma data futura, ações** da empresa por um preço especificado ao tempo em que a opção lhe é conferida, e não ao tempo em que as ações são adquiridas.[38]

Prevista no **art. 168, § 3.º, da Lei n. 6.404/76** (Lei das Sociedades Anônimas), a adoção desse regime permite aos empregados **no futuro exercerem a opção** para compra das ações da empresa pelo preço que foi ajustado na data da opção, revendendo-as de imediato pelo preço atual e **ficando com o lucro** obtido com a transação, ou guardar os seus títulos, tornando-se um empregado acionista. Trata-se de uma **participação na valorização futura das ações da empresa**.

Discute-se sobre a **natureza do ganho obtido pelo empregado** decorrente da diferença do preço das ações na data da opção e na data em que a opção for exercida.

Não há, na legislação trabalhista brasileira, regulamentação da *stockoption*, não havendo, portanto, definição sobre a natureza do valor correspondente ao ganho do empregado, se salarial ou não.

O direito de opção de ações **não se enquadra nas hipóteses previstas no § 1.º do art. 457 da CLT**, não guardando qualquer relação com comissão.

Assim, a doutrina e a jurisprudência vêm se posicionando no sentido de **não ter a *stock option* natureza salarial**, já que o momento do acréscimo patrimonial vai depender da opção do empregado, e não da determinação do empregador. Trata-se de uma **expectativa de direito** que só se concretizará depois do término do prazo de carência (que em geral é de três ou de cinco anos), **não tendo o empregado qualquer garantia de que haverá lucro na operação**.[39-40]

6.6.5. Participação nos lucros e resultados

A **participação nos lucros ou resultadas (PLR)**, prevista há muito tempo por nosso ordenamento jurídico[41] e reiterada de forma expressa pela **Constituição Federal** de 1988 entre os direitos dos trabalhadores urbanos e rurais **(art. 7.º, XI)**, representa um **mecanismo de equilíbrio e integração entre capital e trabalho**, podendo ser utilizado como um importante **fator de incentivo à produção**.

---

[38] MARTINS, Sérgio Pinto. *Direito do trabalho*, p. 229.

[39] MARTINS, Sergio Pinto. *Direito do trabalho*, p. 232-233. Nesse sentido, *vide* TST-ARR 20900-85.2007.5.15.0108, rel. Min. Cláudio Mascarenhas Brandão, 7.ª T., *DEJT* 20.03.2015.

[40] Em julgamento realizado em 12.11.2021, a 2.ª Turma Ordinária da 4.ª Câmara da 2.ª Seção do Conselho Administrativo de Recursos Fiscais (CARF) entendeu que os ganhos obtidos por meio de *stock options* têm caráter mercantil e, portanto, sem natureza remuneratória, não incidindo sobre eles o IRRF (Processo Administrativo n.º 10880.734908/2018-43).

[41] Foi a Constituição de 1946 que, pela primeira vez no Brasil, determinou a participação direta dos empregados nos lucros da empresa. Para informações históricas sobre a participação nos lucros, *vide* SÜSSEKIND, Arnaldo et al. *Instituições de direito do trabalho*, 22. ed., v. 1, p. 477-480.

Conceitua-se a participação nos lucros da empresa como "método de remuneração complementar do empregado, com o qual se lhe garante uma parcela dos lucros auferidos pelo empreendimento econômico do qual participa".[42]

Visando **incentivar a adoção de tal mecanismo** por parte dos empregadores, o **art. 218, § 4.º, da Constituição Federal** estabelece diretrizes no sentido de se estabelecer **apoio legal às empresas que pratiquem** sistema de remuneração que assegure ao empregado, desvinculada do salário, **participação nos ganhos econômicos**, resultantes da produtividade do seu trabalho.

Doutrinariamente, sempre se considerou a PLR como parcela de natureza salarial. No entanto, ao assegurar aos trabalhadores tal direito, a **Constituição de 1988** adotou posição em sentido contrário, prevendo expressamente que **a participação nos resultados é desvinculada da remuneração (art. 7.º, XI), não tendo, portanto, natureza salarial e não servindo de base para incidência do FGTS e das contribuições previdenciárias, nem refletindo em férias + 1/3 e no 13.º salário.**

Sobre a participação nos lucros ou resultados recebida pelo empregado, incide, porém, imposto de renda, que será retido na fonte, em separado dos demais rendimentos recebidos no mês, como antecipação do imposto de renda devido na declaração de rendimentos da pessoa física, competindo à pessoa jurídica a responsabilidade pela retenção e pelo recolhimento do imposto. A retenção na fonte será feita em separado dos demais rendimentos recebidos, no ano do recebimento ou crédito, com base na tabela progressiva anual, e não integrará a base de cálculo do imposto devido pelo beneficiário na Declaração de Ajuste Anual **(art. 3.º, §§ 5.º e 6.º, Lei n. 10.101/2000)**. O regramento referente à tributação incidente sobre a participação nos lucros ou resultados é completado pelas disposições dos **§§ 7.º a 11 do art. 3.º, da Lei n. 10.101/2000**.

A participação nos lucros ou resultados, **regulamentada pela Lei n. 10.101/2000**, com a redação dada pela Lei n. 12.832/2013, deverá ser **objeto de negociação entre a empresa e seus empregados**, mediante **um dos seguintes procedimentos escolhido de comum acordo pelas partes (art. 2.º)**:

- comissão paritária escolhida pelas partes, integrada, também, por um representante indicado pelo sindicato da respectiva categoria;
- convenção ou acordo coletivo.

De acordo com o disposto no **art. 2.º, § 1.º, da Lei n. 10.101/2000**, o instrumento decorrente da negociação, que será arquivado na entidade sindical dos trabalhadores **(art. 2.º, § 2.º)**, deverá conter **regras claras e objetivas** quanto à fixação dos direitos substantivos da participação e das regras adjetivas, inclusive mecanismos de aferição das informações pertinentes ao cumprimento do acordado, periodicidade da distribuição, período de vigência e prazos para revisão do acordo. Na **fixação do valor da PLR**

---

[42] SÜSSEKIND, Arnaldo et al. *Instituições de direito do trabalho*, 22. ed., v. 1, p. 483.

podem ser considerados índices de produtividade, qualidade ou lucratividade da empresa ou, ainda, programas de metas, resultados e prazos, pactuados previamente.

Uma vez considerados os critérios e condições definidos no **§ 1.º, do art. 2.º**, a empresa deverá prestar aos representantes dos trabalhadores na comissão paritária informações que colaborem para a negociação, não se aplicando para a fixação do valor da PLR as metas referentes a saúde e segurança do trabalho **(art. 2.º, § 4.º, Lei n. 10.101/2000)**.

Para fins de apuração do lucro real, a **pessoa jurídica poderá deduzir como despesa operacional as participações atribuídas aos empregados nos lucros ou resultados**, dentro do próprio exercício de sua constituição **(art. 3.º, § 1.º, Lei n. 10.101/2000)**.

Não estão sujeitos ao pagamento de participação nos lucros ou resultados aos seus empregados os seguintes empregadores **(art. 2.º, § 3.º, Lei n. 10.101/2000)**:

- pessoa física;
- entidade sem fins lucrativos, desde que, **cumulativamente, preencha os seguintes requisitos:**
    - não distribua resultados, a qualquer título, ainda que indiretamente, a dirigentes, administradores ou empresas vinculadas;
    - aplique integralmente os seus recursos em sua atividade institucional e no país;
    - destine seu patrimônio a entidade congênere ou ao poder público, em caso de encerramento de suas atividades;
    - mantenha escrituração contábil capaz de comprovar a observância dos demais requisitos acima e, ainda, das normas fiscais, comerciais e de direito econômico que lhe sejam aplicáveis.

Em relação aos **empregados de empresas estatais,**[43] a PLR deverá observar diretrizes específicas fixadas pelo Poder Executivo (art. 5.º, Lei n. 10.101/2000).

A participação nos lucros ou resultados **não substitui ou complementa a remuneração devida ao empregado**, nem constitui base de incidência de qualquer encargo trabalhista, não se lhe aplicando o princípio da habitualidade **(art. 3.º, Lei n. 10.101/2000)**.

A **lei veda o pagamento de qualquer antecipação ou distribuição de valores a título de participação nos lucros ou resultados de empresa em periodicidade inferior a um trimestre civil**, ou mais de duas vezes no mesmo ano civil (art. 3.º, § 2.º, Lei n. 10.101/2000).

No entanto, o fato é que **o Tribunal Superior do Trabalho, privilegiando a autonomia privada coletiva, já vinha adotando entendimento no sentido de reconhecer como válido o pagamento da participação nos lucros ou resultados em periodicidade menor do que a fixada por lei**, inclusive mensalmente, sem que isso retire a

---

[43] São assim consideradas as empresas públicas, sociedades de economia mista, suas subsidiárias e controladas e demais empresas em que a União, direta ou indiretamente, detenha a maioria do capital social com direito a voto.

natureza não salarial da verba. Tal entendimento agora foi corroborado pela previsão do **art. 611-A, XV, CLT**, incluído pela **Lei n. 13.467/2017 (Reforma Trabalhista)**, no sentido de que a convenção coletiva e o acordo coletivo de trabalho têm prevalência sobre a lei quando dispuserem sobre participação nos lucros ou resultados da empresa. Assim, a previsão em norma coletiva de pagamento de PLR mensal, com indicação de que tal pagamento não tem natureza salarial, será **plenamente válida**.

O empregado que tenha seu **contrato de trabalho rescindido, antes da data fixada para a distribuição dos lucros**, tem **direito ao recebimento da referida participação proporcionalmente** aos meses trabalhados, sob pena de afronta ao princípio da isonomia.

> **SÚMULA 451, TST:** "Fere o princípio da isonomia instituir vantagem mediante acordo coletivo ou norma regulamentar que condiciona a percepção da parcela participação nos lucros e resultados ao fato de estar o contrato de trabalho em vigor na data prevista para a distribuição dos lucros. Assim, inclusive na rescisão contratual antecipada, é devido o pagamento da parcela de forma proporcional aos meses trabalhados, pois o ex-empregado concorreu para os resultados positivos da empresa".

Todos os pagamentos efetuados em decorrência de planos de participação nos lucros ou resultados, mantidos espontaneamente pela empresa, **poderão ser compensados** com as obrigações decorrentes de acordos ou convenções coletivos de trabalho atinentes ao mesmo instituto jurídico **(art. 3.º, § 3.º, Lei n. 10.101/2000)**.

Discute-se a questão da **obrigatoriedade ou da facultatividade de que o empregador institua um programa de participação nos lucros ou resultados**.

Embora haja entendimento em sentido contrário,[44] tem **prevalecido a posição que defende não ser obrigatória sua instituição**. Fundamentando tal posicionamento, os precisos argumentos de Amauri Mascaro Nascimento, com os quais concordamos inteiramente: "a participação é sempre condicionada à existência de lucros ou resultados, não havendo a menor possibilidade de ordenar a empresa a atribuí-la quando não existente a sua causa constitutiva, o lucro ou resultado, situação que se altera de empresa para empresa e, na mesma empresa, de exercício financeiro para outro. A sua previsão constitucional em 1988 não é razão suficiente para a sua exigibilidade, uma vez que é um direito constitucional, mas condicionado pela sua própria natureza, de modo que não pode ser exigida só porque está relacionada na lei como um direito do empregado, raciocínio que se fosse lógico obrigaria a empresa mesmo sem horas extras a pagar adicional de 50% de horas extras, mesmo sem trabalho noturno a pagar remuneração do trabalho noturno superior ao diurno e assim por diante. A lei submete, sempre, a um procedimento de negociação,

---

[44] Alice Monteiro de Barros entende que a "situação deficitária" da empresa não é argumento convincente para não pagar a participação nos lucros e resultados, pactuada em norma coletiva que não contenha essa ressalva. *Curso de direito do trabalho*, p. 805.

coletiva ou pluri-individual, com o que submeteu a sua gênese à vontade das partes. Não há sanção legal para a falta de pactuação, como acontece em relação a toda negociação, embora esta, como procedimento, possa ser obrigatória".[45]

O posicionamento acima não prevalece, porém, quando se trata de participação nos lucros ou resultados prevista em convenção coletiva de trabalho, à medida que, neste caso, a estipulação de pagamento decorre de norma jurídica negociada pelas categorias profissional e econômica respectivas. Exatamente por isso, normalmente os valores de participação nos lucros ou resultados previstos em convenções coletivas são fixos, sem qualquer embasamento em critérios quantitativos e qualitativos individualizados e sem aferição individualizada de lucros ou de resultados (até porque a negociação é coletiva, abrangendo indistintamente todas as empresas integrantes da categoria econômica). O pagamento de PLR estipulada em convenção coletiva de trabalho é obrigatório, não podendo o empregador deixar de efetuá-lo sob o argumento de que não teve lucro ou resultado. Por isso mesmo, entendemos que previsão de PLR dessa forma (em valor fixo, estipulado por convenção coletiva) não corresponde efetivamente a uma participação nos lucros ou resultados, caracterizando-se como um pagamento de outra natureza, como gratificação, por exemplo.

Em caso de **impasse surgido na estipulação do plano de participação nos lucros ou resultados**, as partes **poderão**[46] utilizar-se da **mediação ou da arbitragem de ofertas finais**[47] **como mecanismos de solução do litígio, sendo que o mediador ou o árbitro devem ser escolhidos de comum acordo pelas partes (art. 4.º, *caput* e § 2.º, Lei n. 10.101/2000)**. No caso de arbitragem, deve-se utilizar, no que couber, os termos da Lei n. 9.307/96 (art. 4.º, II, Lei n. 10.101/2000). Firmado o compromisso arbitral, não será admitida a desistência unilateral de qualquer das partes, sendo que utilizada esta via heterocompositiva de conflito, o laudo arbitral terá força normativa, independentemente de homologação judicial **(art. 4.º, §§ 3.º e 4.º, Lei n. 10.101/2000)**.

6.7. SALÁRIO E INDENIZAÇÃO

O salário não se confunde com valores que o empregado eventualmente receba do empregador, mas como indenização por lesões de direitos por este causadas.

Salário é a retribuição devida e paga diretamente pelo empregador ao empregado como contraprestação pelos serviços e pelo tempo que este fica à sua disposição.

---

[45] NASCIMENTO, Amauri Mascaro. *Curso de direito do trabalho*, 24. ed., p. 1057.
[46] As partes não são obrigadas a utilizarem-se das formas de solução de litígio previstas pela Lei n. 10.101/2000. Assim, embora não seja o desejável, os impasses que possam surgir na estipulação do plano de participação nos lucros ou resultados podem resultar simplesmente em sua não concretização, porque nenhuma das partes está obrigada a aceitar a proposta/pretensão da outra.
[47] Considera-se arbitragem de ofertas finais aquela em que o árbitro deve restringir-se a optar pela proposta apresentada, em caráter definitivo, por uma das partes **(art. 4.º, § 1.º, Lei n. 10.101/2000)**.

A **indenização** não guarda qualquer relação com a obrigação do empregado de prestação de serviços, mas, ao contrário, é devida na relação de emprego quando há lesão ou perda de direitos provocada por culpa ou dolo do empregador ou de seus prepostos.

6.8. MEIOS DE PAGAMENTO DO SALÁRIO

O ordenamento jurídico trabalhista permite que o salário, como contraprestação pelos serviços prestados, seja pago em pecúnia, ou seja, em moeda corrente do país, ou em bens ou serviços, caracterizando o chamado **salário-utilidade ou salário *in natura*** (art. 458, CLT).

6.8.1. Salário-utilidade

Salário-utilidade é a prestação *in natura* que o empregador, por força do contrato de trabalho ou do costume, atribui ao empregado em retribuição dos serviços prestados. Constitui **modalidade de remuneração paralela ao salário pago em dinheiro**.

Assim, conclui-se que o salário pode ser pago em *dinheiro* ou em *bens* de outra natureza, com valor econômico significativo para o empregado, especificamente denominados ***utilidades***. O pagamento de salário em utilidades é permitido expressamente pela legislação trabalhista, no **art. 458 da CLT**.

Este dispositivo legal não é taxativo no que diz respeito à enumeração das utilidades que são consideradas salário. Portanto, além da habitação e do vestuário, a doutrina e a jurisprudência trabalhistas são unânimes em aceitar como salário outras utilidades.

Em caso algum, será permitido o pagamento com bebidas alcoólicas ou drogas nocivas **(art. 458, *caput*, CLT)**.

Para a caracterização das prestações *in natura* como salário, é necessário, porém, que sejam preenchidos os seguintes **requisitos: a) habitualidade** — nem toda utilidade fornecida pelo empregador é salário; uma utilidade só terá natureza salarial quando presente o requisito da habitualidade. A habitualidade constitui, pois, elemento intrínseco do conceito de utilidade como prestação remuneratória; **b) a prestação *in natura* deve representar um ganho para o trabalhador** — isto é, deve satisfazer total ou parcialmente um consumo; se a utilidade não fosse fornecida pelo empregador, o trabalhador só teria podido adquiri-la a suas próprias expensas; **c) a prestação *in natura* não é indispensável para a realização do trabalho** — sendo fornecida *pelo* trabalho, ou seja, como contraprestação pelo serviço prestado, a utilidade terá natureza salarial; ao contrário, a utilidade necessária para que o empregado possa realizar seu trabalho, ou seja, que é fornecida *para o trabalho*, não tem natureza salarial.

O fato de a utilidade ser ou não fornecida gratuitamente ao empregado, ou seja, sem ou com onerosidade, em geral não é considerado pela doutrina e pela jurisprudência como mais um elemento caracterizador do salário-utilidade. Em relação à onerosidade da utilidade, Mauricio Godinho Delgado esclarece que "a validade deste suposto requisito tem sido bastante questionada por parte expressiva da doutrina e da jurisprudência.

São dois os principais argumentos contrários a tal requisito: em primeiro lugar, a circunstância de ser imprecisa a própria tipificação do requisito, uma vez que não se sabe até que ponto o montante de pagamento obreiro poderia significar efetiva participação do trabalhador nos custos do fornecimento da utilidade e não mera simulação trabalhista. Em segundo lugar, a circunstância da adesão do trabalhador a esse pacto acessório de fornecimento da utilidade subsidiada pode ser fruto de contingenciamento da vontade do empregado no contexto da relação empregatícia".[48]

No entanto, em **algumas poucas situações** reconhecidamente vantajosas para o empregado, a jurisprudência vem reconhecendo a **validade de sua adesão onerosa a alguns programas subsidiados pelo empregador**, afastando, então, a natureza salarial da utilidade fornecida. Trata-se, porém, de exceção, que somente se verifica em alguns poucos casos concretos realmente convincentes.

Algumas prestações *in natura*, embora fornecidas habitualmente ao empregado e apesar de representarem um ganho para ele, não são consideradas pelo legislador como utilidades salariais.

Nesse sentido, **o § 2.º do art. 458 da CLT** estabelece que **não serão consideradas como salário** as seguintes utilidades concedidas pelo empregador:

I — vestuários, equipamentos e outros acessórios fornecidos aos empregados e utilizados no local de trabalho, para a prestação do serviço;

II — educação, em estabelecimento de ensino próprio ou de terceiros, compreendendo os valores relativos a matrícula, mensalidade, anuidade, livros e material didático;

III — transporte destinado ao deslocamento para o trabalho e retorno, em percurso servido ou não por transporte público;

IV — assistência médica, hospitalar e odontológica, prestada diretamente ou mediante seguro-saúde;

V — seguros de vida e de acidentes pessoais;

VI — previdência privada;[49]

VIII — valor correspondente ao vale-cultura.[50]

---

[48] DELGADO, Mauricio Godinho. *Curso de direito do trabalho*, 18. ed., p. 893-894.
[49] O inciso VII do art. 458 da CLT foi vetado.
[50] Inciso incluído pela Lei n. 12.761, de 27.12.2012, que institui o Programa de Cultura do Trabalhador e cria o vale-cultura.
Nos termos do art. 11 da referida Lei, a parcela do valor do vale-cultura cujo ônus seja da empresa beneficiária (pessoa jurídica optante pelo Programa de Cultura do Trabalhador e autorizada a distribuir o vale-cultura a seus trabalhadores com vínculo empregatício, fazendo jus aos incentivos fiscais previstos na Lei): não tem natureza salarial nem se incorpora à remuneração para quaisquer efeitos; não constitui base de incidência de contribuição previdenciária ou do Fundo de Garantia do Tempo de Serviço — FGTS; não se configura como rendimento tributável ao trabalhador.

Destaque-se que o valor relativo à assistência prestada por serviço médico ou odontológico, próprio ou não, inclusive o reembolso de despesas com medicamentos, óculos, aparelhos ortopédicos, próteses, órteses, despesas médico-hospitalares e outras similares, mesmo quando concedido em diferentes modalidades de planos e coberturas, **não integram o salário do empregado para qualquer efeito nem o salário de contribuição**, para efeitos do previsto na alínea *q* do § 9.º do art. 28 da Lei n. 8.212/1991 (**art. 458, § 5.º, CLT**).

Também a **Lei n. 7.418/85**, que instituiu o **vale-transporte**, prevê que tal benefício, desde que concedido nas condições e limites definidos na referida lei, **não tem natureza salarial** e nem se incorpora à remuneração para quaisquer efeitos (**art. 2.º**).

Em relação a **alguns outros tipos de utilidades** fornecidas pelo empregador ao empregado por força do contrato de trabalho, **sua natureza salarial ou não, é fixada pela jurisprudência**:

■ **Vale-refeição fornecido pelo empregador**

> **SÚMULA 241, TST:** "O vale para refeição, fornecido por força do contrato de trabalho, tem caráter salarial, integrando a remuneração do empregado, para todos os efeitos legais".

■ **Alimentação fornecida com base no Programa de Alimentação do Trabalhador (PAT)**

> **OJ SDI-1 133, TST:** "A ajuda-alimentação fornecida por empresa participante do programa de alimentação do trabalhador, instituído pela Lei n. 6.321/76, não tem caráter salarial. Portanto, não integra o salário para nenhum efeito".

> **OJ SDI-1 413, TST:** "A pactuação em norma coletiva conferindo caráter indenizatório à verba 'auxílio-alimentação' ou a adesão posterior do empregador ao Programa de Alimentação do Trabalhador — PAT — não altera a natureza salarial da parcela, instituída anteriormente, para aqueles empregados que, habitualmente, já percebiam o benefício, a teor das Súmulas ns. 51, I, e 241 do TST".

■ **Habitação, energia elétrica, veículo e cigarro**

> **SÚMULA 367, TST:** "I — A habitação, a energia elétrica e veículo fornecidos pelo empregador ao empregado, quando indispensáveis para a realização do trabalho, não têm natureza salarial, ainda que, no caso do veículo, seja ele utilizado pelo empregado também em atividades particulares.
> II — O cigarro não se considera salário-utilidade em face de sua nocividade à saúde".

A **obrigação de pagar salário-utilidade** pode resultar de **acordo expresso** entre o empregado e o empregador ou de **ajuste tácito** oriundo do costume atinente à empresa ou à atividade profissional empreendida. Tem-se por configurado o ajuste tácito se, habitualmente, for a utilidade fornecida ao empregado.

Em relação ao **valor da utilidade** a ser considerado para fins de integração na remuneração do empregado, de acordo com o § 3.º do art. 458 da CLT, a **habitação** e a **alimentação** fornecidas como salário-utilidade deverão atender aos fins a que se destinam e não poderão exceder, respectivamente, 25% e 20% do salário contratual do empregado.

Tratando-se de **habitação coletiva**, o valor do salário-utilidade a ela correspondente será obtido mediante a divisão do justo valor da habitação pelo número de coocupantes, sendo vedada, em qualquer hipótese, a utilização da mesma unidade residencial por mais de uma família (§ 4.º, art. 458, CLT).

Em relação às **demais utilidades**, o § 1.º do art. 458 da CLT prevê que o valor a elas atribuído deve ser justo e razoável, não podendo exceder, em cada caso, os dos percentuais das parcelas componentes do salário mínimo, que são estabelecidos pelo Ministério do Trabalho em conformidade com os critérios indicados pelos **arts. 81 e 82 da CLT**.

No entanto, o Tribunal Superior do Trabalho adotou posicionamento restritivo em relação à utilização dos percentuais das parcelas componentes do salário mínimo:

> **SÚMULA 258, TST:** "Os percentuais fixados em lei relativos ao salário *in natura* apenas se referem às hipóteses em que o empregado recebe salário mínimo, apurando-se, nas demais, o real valor da utilidade".

Nos termos do **art. 82, parágrafo único, da CLT**, recebendo o empregado apenas o salário mínimo legal como contraprestação pelos serviços prestados, apenas 70% (setenta por cento) do valor da remuneração podem ser fornecidos em utilidades, sendo necessário que 30% (trinta por cento) sejam pagos em dinheiro. Esta proporcionalidade não pode ser aplicada ao empregado que recebe remuneração maior do que o salário mínimo legal. Nos casos de salários contratuais mais elevados, também deve ser respeitado o limite de 70% do valor do salário mínimo para fins de fornecimento de utilidades.[51]

Tratando-se de hipótese em que a prestação é habitual e se destina à satisfação de um interesse útil do trabalhador que, de outro modo, só poderia ser satisfeito com recursos próprios, é inegável que este pagamento constitui parcela integrante da remuneração do empregado, não podendo ser retirada, sob pena de caracterização de redução salarial, que é vedada expressamente pela **Constituição Federal**, em seu **art. 7.º, VI**.

---

[51] DELGADO, Mauricio Godinho. *Curso de direito do trabalho*, 18. ed., p. 809.

Em relação ao **trabalho rural**, o salário-utilidade tem algumas especificidades previstas na **Lei n. 5.889/73**, que são as seguintes:

■ o **art. 9.º**, *caput*, da referida Lei **indica de forma taxativa** a **moradia** e a **alimentação** como as utilidades que podem ser ofertadas pelo empregador ao trabalhador rural, somente permitindo que outras utilidades sejam fornecidas se houver autorização legal ou decisão judicial a respeito;

■ a **moradia** e a **alimentação**, que deve ser "sadia e farta", fornecidas como salário-utilidade não poderão exceder, respectivamente, 20% e 25% do salário mínimo legal. Portanto, para o cálculo do salário-utilidade do trabalhador rural, não importa o real valor do bem e nem o salário contratual recebido por ele. Em relação à utilidade habitação, sempre que **mais de um empregado residir na mesma morada**, o valor deverá sofrer **redução proporcional** ao número de ocupantes (**§ 2.º**);

■ as deduções relativas ao salário-utilidade deverão ser previamente autorizadas, sem o que serão nulas de pleno direito (**§ 1.º**);

■ a cessão, pelo empregador, de moradia e de sua infraestrutura básica, assim como de bens destinados à produção para sua subsistência e de sua família, poderá não ser considerada salário-utilidade, desde que haja previsão expressa nesse sentido em contrato escrito celebrado pelas partes, com assinatura de testemunhas, devendo o sindicato de trabalhadores rurais ser obrigatoriamente notificado de tal pactuação (**§ 5.º**). Assim, a partir da inclusão deste parágrafo pela Lei n. 9.300/96, passou a "ser possível à cláusula contratual expressa elidir a natureza salarial da habitação e bens alimentares ofertados pelo empregador ao obreiro no contexto empregatício".[52]

6.9. REGRAS DE PROTEÇÃO AO SALÁRIO

A ordem jurídica estabelece um conjunto de regras que cria um **sistema de proteção ao salário** e que tem por fundamento sua **natureza alimentar**. Servindo para o sustento do trabalhador e de sua família, não pode o salário ficar sujeito a abusos do empregador ou ser atingido pelos credores tanto do empregador como do próprio empregado.

Por tais razões, as regras de proteção ao salário previstas no ordenamento jurídico podem ser classificadas em: **a)** regras de proteção em relação ao empregador; **b)** regras de proteção em relação aos credores do empregador; e **c)** regras de proteção em relação aos credores do empregado.

a) Regras de proteção ao salário em relação ao empregador — são as medidas adotadas pelo ordenamento jurídico para proteção do salário do empregado contra os abusos que possam ser cometidos pelo empregador em relação a ele, abrangendo as seguintes hipóteses:

---

[52] DELGADO, Mauricio Godinho. *Curso de direito do trabalho*, 18. ed., p. 901.

■ **Irredutibilidade salarial:** prevista pelo **art. 7.º, VI, da Constituição Federal**, trata-se de regra de **proteção em relação ao valor do salário**, impedindo que o empregador o diminua. Assim, a redução unilateral dos salários é nula. No entanto, a Constituição Federal flexibilizou a regra da irredutibilidade salarial, que até então era absoluta, passando a prever a possibilidade de redução do salário mediante convenção ou acordo coletivo de trabalho. Portanto, embora não seja vedada, a redução do salário é condicionada, dependendo sua validade de negociação coletiva com o sindicato dos trabalhadores.

Nesse sentido, o **art. 503 da CLT** — que prevê a redução unilateral dos salários nas hipóteses de força maior, assim consideradas as circunstâncias imprevisíveis em relação à vontade do empregador, para as quais ele não contribuiu direta ou indiretamente **(art. 501, CLT)** — foi revogado com o advento da Constituição Federal de 1988, sendo certo que **a redução deverá, em qualquer caso, ainda que se verifique circunstância de força maior, decorrer de negociação coletiva**.

A regra da irredutibilidade abrange tanto os **salários estipulados com base no tempo** e pagos em valor fixo mensal quanto os **salários estipulados com base na produtividade do empregado** e pagos em valor variável. Neste último caso, a irredutibilidade aplica-se à *tarifa*, que é o valor correspondente a cada *unidade de produção*, por exemplo, valor do percentual sobre vendas, valor de cada peça produzida, valor de cada hora-aula etc.

O princípio da irredutibilidade salarial visa a manutenção do nível salarial fixado pelas partes quando da celebração do contrato de trabalho. Exatamente por essa razão é possível deduzir-se do quanto previsto nos arts. 468 e 483, *g*, da CLT, "não só a proibição da redução direta do salário (diminuição do salário ajustado por unidade de tempo ou de obra), como de sua diminuição indireta (fornecimento de menos serviço ao empregado pago em razão de seu rendimento)".[53]

Em relação à regra da irredutibilidade salarial, importante o posicionamento do TST, consubstanciado na seguinte Orientação Jurisprudencial:

> **OJ SDI-1 325, TST:** "O aumento real, concedido pela empresa a todos os seus empregados, somente pode ser reduzido mediante a participação efetiva do sindicato profissional no ajuste, nos termos do art. 7.º, VI, da CF/1988".

Especificamente em relação aos professores, muito se discute sobre a possibilidade de redução do salário em razão da diminuição pelo empregador do número de aulas atribuídas a ele. O TST adota entendimento no sentido de que somente é possível essa redução quando haja inevitável diminuição do número de aulas, como, por exemplo, no caso de

---

[53] SÜSSEKIND, Arnaldo. *Curso de direito do trabalho*, p. 439.

diminuição de turmas em razão de número menor de alunos, ou no caso de aulas eventuais que estavam sendo ministradas pelo professor.

PN 78, TST: "Não configura redução salarial ilegal a diminuição de carga horária motivada por inevitável supressão de aulas eventuais ou de turmas".

Se **pactuada cláusula que reduza o salário** ou a jornada, a convenção coletiva ou o acordo coletivo de trabalho deverão prever a **proteção dos empregados contra dispensa imotivada** durante o prazo de vigência do instrumento coletivo **(art. 611-A, § 3.º, CLT)**.

Situação excepcional de redução de jornada e de salário foi prevista como uma das medidas para o enfrentamento do estado de calamidade pública reconhecido pelo Decreto Legislativo n. 6/2020 e da emergência de saúde pública internacional decorrente do coronavírus, de que tratou a Lei n. 13.979/2020. Nesse sentido, a **Lei n. 14.020, de 6 de julho de 2020**, instituiu o Programa Emergencial de Manutenção do Emprego e da Renda e, com objetivos de preservar o emprego e a renda, garantir a continuidade das atividades laborais e empresariais e reduzir o impacto social decorrente, instituiu as medidas de pagamento do Benefício Emergencial de Preservação do Emprego e da Renda, a redução proporcional da jornada de trabalho e de salário e a suspensão temporária do contrato de trabalho.

Assim, durante o estado de calamidade pública, o empregador pôde acordar a redução proporcional de jornada de trabalho e de salário de seus empregados, de forma setorial, departamental, parcial ou na totalidade dos postos de trabalho, por até 90 dias, prorrogáveis por prazo determinado em ato do Poder Executivo **(art. 7.º)**.

Para referida redução, deveu-se observar os seguintes requisitos:

■ preservação do valor do salário-hora de trabalho;
■ pactuação por convenção coletiva de trabalho, acordo coletivo de trabalho ou acordo individual escrito entre empregador e empregado;
■ na hipótese de pactuação por acordo individual escrito, encaminhamento da proposta de acordo ao empregado com antecedência de, no mínimo, 2 dias corridos, e redução da jornada de trabalho e do salário exclusivamente nos seguintes percentuais: 25%, 50% ou 70%.

Verifica-se, portanto, a **possibilidade excepcional de redução de salário por meio de acordo individual**, devendo este, porém, ser acordado por escrito.[54] No entanto, o **art. 12** da referida Lei restringiu a pactuação de tais medidas por meio do acordo individual, prevendo sua **validade em relação aos empregados**: I — com salário igual ou inferior a R$ 2.090,00, na hipótese de o empregador ter auferido, no ano-calendário de 2019, receita bruta superior a R$ 4.800.000,00; II — com salário igual ou inferior a R$ 3.135,00, na hipótese de o empregador ter auferido, no ano-calendário de 2019,

---

[54] A constitucionalidade da previsão de acordo individual para redução de salário e jornada em razão da situação de emergência pública decorrente da pandemia do coronavírus foi reconhecida pelo STF em relação à MP n. 936/2020 (convertida na Lei n. 14.020/2020), no julgamento da ADI 6363.

receita bruta igual ou inferior a R$ 4.800.000,00; III — portadores de diploma de nível superior e que percebam salário mensal igual ou superior a 2 vezes o limite máximo dos benefícios do Regime Geral de Previdência Social.

O **§ 1.º do art. 12** prevê que para os empregados não enquadrados nas situações gerais previstas no *caput*, a redução proporcional de jornada e de salário somente poderia ser estabelecida por convenção coletiva ou acordo coletivo de trabalho, salvo nas seguintes hipóteses, nas quais se admitiu a pactuação por acordo individual escrito: I — redução proporcional de 25%; II — redução proporcional quando do acordo não resultar diminuição do valor total recebido mensalmente pelo empregado, incluídos nesse valor o Benefício Emergencial de Preservação do Emprego e da Renda, a ajuda compensatória mensal e o salário pago pelo empregador em razão das horas de trabalho.

Para os empregados já aposentados quando da implementação da redução proporcional da jornada de trabalho e do salário, o acordo individual escrito somente foi admitido quando, além do enquadramento em alguma das hipóteses de autorização do acordo individual de trabalho previstas na Lei, houvesse o pagamento pelo empregado de ajuda compensatória mensal **(§ 2.º)**.

Os atos necessários à pactuação dos acordos individuais escritos para a redução proporcional de jornada de trabalho e de salário puderam ser realizados por quaisquer meios físicos ou eletrônicos eficazes **(§ 3.º)**.

Os acordos individuais de redução de jornada de trabalho e de salário tiveram que ser comunicados pelos empregadores ao respectivo sindicato da categoria profissional, no prazo de até 10 dias corridos, contados de sua celebração **(§ 4.º)**.

Na hipótese de, após a pactuação da redução de jornada de trabalho e de salário por acordo individual, ter sido celebrada convenção coletiva ou acordo coletivo de trabalho com cláusulas conflitantes com as do acordo individual, o legislador estabeleceu as seguintes regras: I — a aplicação das condições estabelecidas no acordo individual em relação ao período anterior ao da negociação coletiva; II — a partir da entrada em vigor da norma coletiva, a prevalência das condições estipuladas na negociação coletiva, naquilo em que conflitarem com as condições estipuladas no acordo individual **(§ 5.º)**, sendo que, quando as condições do acordo individual forem mais favoráveis ao trabalhador, estas devem prevalecer sobre a negociação coletiva **(§ 6.º)**.

As irregularidades constatadas pelos Auditores Fiscais do Trabalho em relação à redução proporcional de jornada de trabalho e de salário decorrente dessa situação excepcional sujeitarão os infratores às multas previstas em lei **(art. 14)**.

■ **Inalterabilidade do salário:** decorre do princípio da inalterabilidade contratual, assegurado, de forma ampla, pelo **art. 468 da CLT**. Relaciona-se, em geral, com as **formas e meios de pagamento do salário**.[55]

---

[55] Em relação à alteração do valor do salário, deve ser aplicado o princípio específico da irredutibilidade salarial, com as dimensões e limites estabelecidos pelo **art. 7.º, VI, CF**.

Como ensina Arnaldo Süssekind, "o princípio atinente à inalterabilidade do salário funda-se, não apenas na ideia de tutela do trabalhador, mas, igualmente, na de cumprimento do contrato de trabalho: o salário não pode ser modificado por ato unilateral do empregador, nem por acordo do qual resultem prejuízos para o empregado".[56] Isto porque a lei **(art. 468, CLT)** presume **viciada a vontade do empregado** manifestada quando concorda com uma alteração durante a vigência do contrato de trabalho, **quando esta alteração lhe é prejudicial**.

Algumas questões relativas à regra da inalterabilidade merecem destaque:

- **salário constituído de parcela fixa, acrescida de salário *in natura* — não se pode alterar a forma contratada**, salvo em caso de comprovada impossibilidade de o empregador continuar a fornecer a utilidade, caso em que se admite a novação, com sua substituição por dinheiro;
- **empregado que recebe salário fixo mais comissões** — em regra, **não será possível suprimir uma dessas partes**, passando o empregado a receber a totalidade do salário de forma fixa ou, ao contrário, deixando de existir a parte fixa, o empregado passa a receber salário integralmente variável, à base de comissões;
- **data de pagamento do salário** — a data em que o salário será pago deve ser acordada no contrato de trabalho (desde que respeitado o prazo previsto no **art. 459, parágrafo único, CLT**: no mais tardar, até o 5.º dia útil do mês subsequente ao vencido) e **deve ser cumprida pelo empregador**. No entanto, em relação à **alteração desta data**, o TST entende ser **possível**, sem que se verifique violação ao **art. 468, CLT**.

OJ SDI-1 159, TST: "Diante da inexistência de previsão expressa em contrato ou em instrumento normativo, a alteração da data de pagamento pelo empregador não viola o art. 468, desde que observado o parágrafo único, do art. 459, ambos da CLT".

A regra da **inalterabilidade do salário**, no entanto, foi **mitigada** pela **Lei n. 13.467/2017 (Reforma Trabalhista)** especificamente em relação aos chamados **empregados "hipersuficientes"** (que tenham diploma de nível superior e recebam salário igual ou superior a duas vezes o valor do teto dos benefícios do Regime Geral de Previdência Social), que podem negociar livremente com seus empregadores, entre outros temas relativos a remuneração e salário, sobre remuneração por produtividade, incluídas as gorjetas percebidas, e remuneração por desempenho individual, sobre prêmios de incentivo em bens ou serviços, eventualmente concedidos em planos de incentivo, e sobre participação nos lucros ou resultados **(art. 444, parágrafo único, CLT)**. Assim, será válida pactuação sobre alteração de formas e meios de pagamento de salário efetuada por tais empregados.

---

[56] SÜSSEKIND, Arnaldo. *Curso de direito do trabalho*, p. 438.

◼ **Intangibilidade ou integralidade:** caracteriza-se como a **restrição** imposta pelo legislador **em relação aos descontos** que o empregador pode efetuar **nos salários** de seus empregados. A intangibilidade do salário ampliou-se a partir da **Constituição Federal de 1988**, que passou a prever como crime a **retenção dolosa do salário (art. 7.º, X).**[57] Ressalte-se, sobre esse tema, que constitui objeto ilícito de convenção coletiva ou de acordo coletivo de trabalho previsão contrária à proteção do salário na forma da lei e à caracterização de sua retenção dolosa como crime **(art. 611-B, VII, CLT).**

O empregador somente pode realizar descontos no salário do empregado nas hipóteses e nos **limites** previstos pelo **art. 462 da CLT.**

Assim, como **regra geral, somente são possíveis os descontos** quando estes resultarem de:

◼ adiantamento;[58]

◼ dispositivos de lei (como, por exemplo, contribuição previdenciária, contribuição sindical, desde que autorizado o desconto pelo trabalhador, imposto de renda);

◼ convenção ou acordo coletivo de trabalho (como, por exemplo, **contribuição assistencial** e **contribuição confederativa**). Em relação ao desconto de tais contribuições para os sindicatos, deve-se ressaltar, porém, que o TST adotava entendimento no sentido de ser possível apenas em relação aos trabalhadores sindicalizados.

> **OJ SDC 17, TST:** "As cláusulas coletivas que estabeleçam contribuição em favor de entidade sindical, a qualquer título, obrigando trabalhadores não sindicalizados, são ofensivas ao direito de livre associação e sindicalização, constitucionalmente assegurado, e, portanto, nulas, sendo passíveis de devolução, por via própria, os respectivos valores eventualmente descontados".

No entanto, o STF, no julgamento do ARE 1.018.459, por maioria, decidiu no sentido de **admitir a cobrança da contribuição assistencial** prevista no art. 513 da Consolidação das Leis do Trabalho, **inclusive aos não filiados ao sistema sindical**, assegurando ao trabalhador o direito de oposição. Em decorrência, foi alterada a tese fixada no

---

[57] Embora exista Projeto de Lei em trâmite no Congresso Nacional, referido dispositivo constitucional ainda não foi regulamentado. No entanto, Mauricio Godinho Delgado entende que "não há por que considerar-se ineficaz tal preceito constitucional. É que o tipo penal da apropriação indébita (art. 168, Código Penal) ajusta-se plenamente à hipótese (limitado, evidentemente, às situações de dolo), conferindo absoluta e cabal tipificação ao ilícito nos casos de retenção dolosa do salário-base incontroverso, por exemplo" (*Curso de direito do trabalho*, 18. ed., p. 950).

[58] Arnaldo Süssekind entende que juridicamente não se pode conceituar como desconto as deduções no salário do empregado referente a adiantamentos, porque nesse caso ele já recebeu, antecipadamente, a parcela materialmente deduzida do salário que lhe foi entregue no dia do pagamento. In: *Instituições de direito do trabalho*, 22. ed., v. 1, p. 447. No mesmo sentido, DELGADO, Mauricio Godinho. *Curso de direito do trabalho*, 18. ed., p. 951.

julgamento de mérito, nos seguintes termos (**Tema 935 da Repercussão Geral**): "É constitucional a instituição, por acordo ou convenção coletivos, de contribuições assistenciais a serem impostas a todos os empregados da categoria, ainda que não sindicalizados, desde que assegurado o direito de oposição".

Quanto à **contribuição confederativa**, o STF adotou o seguinte entendimento:

> **SÚMULA 666, STF:** "A contribuição confederativa de que trata o art. 8.º, IV, da Constituição, só é exigível dos filiados ao sindicato respectivo".

Questão relevante diz respeito aos **descontos autorizados pelo empregado**, em relação a bens ou serviços colocados a sua disposição pelo empregador ou por entidade a este vinculada, tais como seguro de vida em grupo, previdência privada, convênio médico e odontológico.

A jurisprudência e a doutrina entendem que a validade de tais descontos depende do preenchimento de dois requisitos: **a) inexistência de vício** de consentimento; e **b)** o desconto referir-se a **efetiva vantagem** ao trabalhador ou a sua família.

> **SÚMULA 342, TST:** "Descontos salariais efetuados pelo empregador, com autorização prévia e por escrito do empregado, para ser integrado em planos de assistência odontológica, médico-hospitalar, de seguro, de previdência privada, ou de entidade cooperativa, cultural ou recreativo-associativa de seus trabalhadores, em seu benefício e de seus dependentes, não afrontam o disposto no art. 462 da CLT, salvo se ficar demonstrada a existência de coação ou de outro defeito que vicie o ato jurídico".

Cumpre ressaltar que não se pode presumir a existência de vício de consentimento quando o **empregado autoriza o desconto no momento da sua contratação**. O **vício de consentimento precisa sempre ser comprovado**.

> **OJ SDI-1 160, TST:** "É inválida a presunção de vício de consentimento resultante do fato de ter o empregado anuído expressamente com descontos salariais na oportunidade da admissão. É de se exigir demonstração concreta do vício de vontade".

De toda sorte, os descontos efetuados com a autorização válida do empregado **não podem ultrapassar o limite de 70% de seu salário**, devendo ser **preservado o recebimento de pelo menos 30%**, para que seja assegurado um mínimo capaz de suprir as necessidades básicas de sustento.

> **OJ SDC 18, TST:** "Os descontos efetuados com base em cláusula de acordo firmado entre as partes não podem ser superiores a 70% do salário-base percebido pelo empregado, pois deve-se assegurar um mínimo de salário em espécie ao trabalhador".

A regra da **intangibilidade ou integralidade do salário**, no entanto, foi **mitigada** pela **Lei n. 13.467/2017 (*Reforma Trabalhista*)** especificamente em relação aos chamados **empregados "hipersuficientes"** (que tenham diploma de nível superior e recebam salário igual ou superior a duas vezes o valor do teto dos benefícios do Regime Geral de Previdência Social), que podem negociar livremente com seus empregadores, entre outros temas relativos a remuneração e salário, sobre remuneração por produtividade, incluídas as gorjetas percebidas, e remuneração por desempenho individual, sobre prêmios de incentivo em bens ou serviços, eventualmente concedidos em planos de incentivo, e sobre participação nos lucros ou resultados **(art. 444, parágrafo único, CLT)**. Assim, será válida pactuação sobre previsão e autorização de descontos no salário efetuada por tais empregados.

A **Lei n. 10.820/2003** ampliou as hipóteses de desconto nos salários, e também nas verbas devidas na rescisão do contrato de trabalho, no tocante aos valores referentes a **pagamentos de empréstimos (empréstimos consignados), financiamentos, cartões de crédito e operações de arrendamento mercantil concedidas por instituições financeiras e sociedades de arrendamento mercantil**, quando previsto nos respectivos contratos e desde que o desconto seja **autorizado pelo empregado (art. 1.º)**.

O referido desconto também poderá incidir sobre as verbas rescisórias devidas pelo empregador, se assim previsto no respectivo contrato de empréstimo, financiamento, cartão de crédito ou arrendamento mercantil, até o limite de 40%, sendo 35% destinados exclusivamente a empréstimos, financiamentos e arrendamentos mercantis e 5% destinados exclusivamente à amortização de despesas contraídas por meio de cartão de crédito, ou à utilização com a finalidade de saque por meio de cartão de crédito consignado **(art. 1.º, § 1.º, Lei n. 10.820/2003, com redação dada pela Lei n. 14.431/2022)**.

O empregado poderá solicitar o bloqueio, a qualquer tempo, de novos descontos **(art. 1.º, § 3.º, Lei n. 10.820/2003)**.

Nas operações de crédito consignado, o empregado poderá oferecer em garantia, de forma irrevogável e irretratável: I — até 10% do saldo de sua conta vinculada no FGTS; II — até 100% do valor da multa paga pelo empregador, em caso de despedida sem justa causa ou de despedida por culpa recíproca ou força maior **(art. 1.º, § 5.º, Lei n. 10.820/2003)**. Essa garantia só poderá ser acionada na ocorrência de despedida sem justa causa, inclusive a indireta, ou de despedida por culpa recíproca ou força maior, sendo que nesse caso a conta do FGTS deixa de ser impenhorável, não se aplicando a garantia prevista no § 2.º do art. 2.º da Lei n. 8.036/90 **(art. 1.º, § 6.º, Lei n. 10.820/2003)**.

O Conselho Curador do FGTS poderá definir o número máximo de parcelas e a taxa máxima mensal de juros a ser cobrada pelas instituições consignatárias nas operações de crédito consignado de que trata este artigo **(art. 1.º, § 7.º, Lei n. 10.820/2003)**, cabendo ao agente operador do FGTS definir os procedimentos operacionais necessários à execução dessas regras relativas ao FGTS como garantia a empréstimo consignado **(art. 1.º, § 8.º, Lei n. 10.820/2003)**.

No momento da contratação da operação, a autorização para a efetivação dos descontos permitidos pela Lei n. 10.820/2003, para cada mutuário, observará os seguintes limites **(art. 2.º, § 2.º, Lei n. 10.820/2003)**:

■ a soma dos descontos não poderá exceder a 40% da remuneração disponível, conforme definido em regulamento;

■ o total das consignações voluntárias não poderá exceder a 40% da remuneração disponível, conforme definido em regulamento.

Entre as obrigações do empregador, previstas no **art. 3.º da Lei n. 10.820/2003**, está a de efetuar os descontos autorizados pelo empregado, inclusive sobre as verbas rescisórias, e repassar o valor à instituição consignatária **(III)**.

É vedado ao empregador impor ao mutuário e à instituição consignatária escolhida pelo empregado qualquer condição que não esteja prevista na Lei n. 10.820/2003 para a efetivação do contrato e a implementação dos descontos autorizados **(art. 3.º, § 1.º)**, sendo facultado ao empregador descontar na folha de pagamento do mutuário os custos operacionais decorrentes da realização da operação objeto da Lei **(art. 3.º, § 2.º)**.

Cabe ao empregador informar, no demonstrativo de rendimentos do empregado, de forma discriminada, o valor do desconto mensal decorrente de cada operação de empréstimo, financiamento, cartão de crédito ou arrendamento mercantil e os custos operacionais **(art. 3.º, § 3.º, Lei n. 10.820/2003)**.

O **art. 3.º, § 4.º, da Lei n. 10.820/2003** prevê que os descontos autorizados terão preferência sobre outros descontos da mesma natureza que venham a ser autorizados posteriormente.

O empregador será o responsável pelas informações prestadas, pelo desconto dos valores devidos e pelo seu repasse às instituições consignatárias, que deverá ser realizado até o 5.º dia útil após a data de pagamento ao mutuário de sua remuneração disponível **(art. 5.º, Lei n. 10.820/2003)**.

O empregador, salvo disposição contratual em contrário, não será corresponsável pelo pagamento dos empréstimos, financiamentos, cartões de crédito e arrendamentos mercantis concedidos aos seus empregados, mas responderá como devedor principal e solidário perante a instituição consignatária por valores a ela devidos em razão de contratações por ele confirmadas que deixarem, por sua falha ou culpa, de ser retidos ou repassados **(art. 5.º, § 1.º, Lei n. 10.820/2003)**.

Na hipótese de comprovação de que o pagamento mensal do empréstimo, financiamento, cartão de crédito ou arrendamento mercantil tenha sido descontado do mutuário e não tenha sido repassado pelo empregador, ou pela instituição financeira mantenedora, fica esta proibida de incluir o nome do mutuário em cadastro de inadimplentes **(art. 5.º, § 2.º, Lei n. 10.820/2003)**.

Nos termos do § 1.º do art. 462 da CLT, os **descontos no salário** do empregado **relativo aos danos causados** por ele ao empregador (*danos indenizatórios*)[59] somente podem ser efetuados se: **a)** em caso de **dano decorrente de culpa** do empregado, o desconto tiver sido acordado; ou **b)** o **dano for doloso**.

A concordância do empregado com o desconto por dano decorrente de negligência, imprudência ou imperícia (culpa) pode ser manifestada no contrato de trabalho ou em instrumento específico que integrará o contrato e, segundo Arnaldo Süssekind, pode também ser previsto no regulamento da empresa, ao qual o empregado adere quando celebra o contrato de trabalho.[60]

Mauricio Godinho Delgado ressalta, porém, que há uma "tendência jurisprudencial de exigir-se uma intensificação especial da culpa do trabalhador no evento em que se verificou o dano. Interpreta-se, assim, a expressão celetista culpa como culpa grave".[61]

OJ SDI-1 251, TST: "É lícito o desconto salarial referente à devolução de cheques sem fundos, quando o frentista não observar as recomendações previstas em instrumento coletivo".

PN 14, TST: "Proíbe-se o desconto no salário do empregado dos valores de cheques não compensados ou sem fundos, salvo se não cumprir as resoluções da empresa".

PN 118, TST: "Não se permite o desconto salarial por quebra de material, salvo nas hipóteses de dolo ou recusa de apresentação dos objetos danificados, ou ainda, havendo previsão contratual, de culpa comprovada do empregado".

Por fim, ainda em relação aos descontos decorrentes de danos culposos causados pelo empregado, há forte tendência na jurisprudência no sentido de diferenciar *culpa do empregado* de *risco da atividade empresarial*, sendo certo que nesta última hipótese não se pode imputar ao empregado qualquer responsabilidade e, consequentemente, não se admite que seja efetuado desconto em seu salário pelo prejuízo sofrido pelo empregador, como, por exemplo, no caso de quebra acidental de máquinas e equipamentos quando estão sendo utilizados pelo empregado no exercício de suas funções e de acordo com os procedimentos e técnicas necessárias. "Nesse contexto, enquadrando-se o dano em ocorrência que pode ser também imputada ao risco da atividade empresarial, prevalece o princípio geral da assunção dos riscos pelo empregador em contraponto à ressalva da responsabilidade obreira pelo dano".[62]

Quando, porém, os **danos** causados ao empregador são **resultantes de ato doloso praticado pelo empregado**, ou seja, ato praticado intencionalmente, com o propósito de causar prejuízo, **podem ser descontados do salário independentemente de autorização** por parte do empregado (**art. 462, § 1.º, CLT**).

---

[59] SÜSSEKIND, Arnaldo et al. *Instituições de direito do trabalho*, 22. ed., v. 1, p. 451.
[60] SÜSSEKIND, Arnaldo et al. *Instituições de direito do trabalho*, 22. ed., v. 1, p. 451.
[61] DELGADO, Mauricio Godinho. *Curso de direito do trabalho*, 18. ed., p. 952.
[62] DELGADO, Mauricio Godinho. *Curso de direito do trabalho*, 18. ed., p. 952-953.

O **desconto no salário em decorrência de dano** causado pelo empregado (desconto indenizatório) **não se confunde com multas**. Estas se constituem em penalidade pela violação de dever contratual e, salvo se previstas expressamente em convenção ou acordo coletivo de trabalho, não podem ser utilizadas pelo empregador no exercício de seu poder disciplinar.

No que tange aos **empregados rurais**, diante de previsão específica sobre a possibilidade de descontos nos salários constante do **art. 9.º da Lei n. 5.889/73**, não se aplica a norma geral do **art. 462 da CLT**.

Assim, para tais trabalhadores rurais, salvo as hipóteses de autorização legal ou decisão judicial, somente poderão ser descontadas as seguintes parcelas, calculadas sobre o salário mínimo:

- **até o limite de 20%** pela ocupação de **moradia**, sendo que sempre que mais de um empregado residir na mesma morada, o desconto será dividido proporcionalmente ao número de empregados, sendo **vedada**, em qualquer hipótese, a **moradia coletiva de famílias (§ 2.º)**;
- **até o limite de 25%** pelo fornecimento de **alimentação sadia e farta**, atendidos os preços vigentes na região;
- **adiantamentos** em dinheiro.

As deduções acima deverão ser **previamente autorizadas**, sem o que serão nulas de pleno direito (**§ 1.º**).

- **Periodicidade e tempestividade do pagamento:** trata-se de regra que **diz respeito ao tempo em que o salário deve ser pago** e **fundamenta-se em sua natureza alimentar**.

A regularidade no pagamento do salário, seja em relação à fixação do período máximo para que isso ocorra **(periodicidade)**, seja quanto à estipulação de data exata para recebimento **(tempestividade)**, prende-se à **necessidade que o trabalhador tem de poder contar com o salário em determinados momentos**, para a ordenação econômica de suas despesas e para suprimento do sustento próprio e da família.

Assim, independentemente da forma de estipulação do salário (por tempo, por produção ou por tarefa), o pagamento deve ser feito em **períodos máximos mensais (art. 459, CLT)**, salvo no que concerne a comissões e percentagens, que dependem da ultimação de negócios, e a gratificações, que decorrem de acordo expresso ou tácito que as institui.

Especificamente em relação às comissões, a **Lei n. 3.207/57** autoriza a estipulação do prazo para pagamento do salário em até três meses, por meio de ajuste, no tocante a empregados vendedores, viajantes ou praticistas, ou que exercem funções iguais, semelhantes ou equivalentes, valendo ressaltar que, se o empregado é remunerado exclusivamente de forma variável, "terá direito a perceber, em intervalos não excedentes de um mês, quantia não inferior ao salário mínimo",[63] nos termos do **art. 7.º, VII, da Constituição Federal**.

O salário sempre é pago em relação ao mês vencido de trabalho, sendo que o legislador estipulou, no caso de pactuação de pagamento por mês, o **prazo máximo para pagamento até o 5.º dia útil do mês subsequente (art. 459, § 1.º, CLT**, com a redação dada pela Lei n. 7.855/89, da qual não consta § 2.º). "Na hipótese de ter sido estipulado o pagamento do salário por prazo inferior a uma semana, o crédito será exigível de imediato (inteligência do art. 952 do Código Civil de 1916, que encontra preceito correspondente no art. 331 do Código Civil de 2002)."[64]

Para fins de pagamento de salários, **sábado é considerado dia útil** (Instrução Normativa n. 2/2021 do Ministério do Trabalho, art. 14). Importante ressaltar que a regra de que o pagamento do salário deve ser feito até o 5.º dia útil do mês subsequente ao vencido significa, na realidade, que **o salário deve estar disponível para o trabalhador** até esta data-limite, razão pela qual, "quando o empregador utilizar sistema bancário, os valores salariais deverão estar à disposição dos respectivos empregados até o quinto dia útil".[65]

Ultrapassado o prazo para pagamento, o salário deve ser corrigido monetariamente, de acordo com o seguinte entendimento adotado pelo TST:

> **SÚMULA 381, TST:** "O pagamento dos salários até o 5.º dia útil do mês subsequente ao vencido não está sujeito à correção monetária. Se essa data-limite for ultrapassada, incidirá o índice de correção monetária do mês subsequente ao da prestação dos serviços, a partir do dia 1.º"".

A incidência de multa em caso de atraso no pagamento de salários decorre de previsão em normas coletivas, nos limites estabelecidos pelo TST:

> **PN 72, TST:** "Estabelece-se multa de 10% sobre o saldo salarial, na hipótese de atraso no pagamento de salário até 20 dias, e de 5% por dia no período subsequente".

O atraso no pagamento do salário caracteriza a chamada *mora salarial*, sendo que o atraso por prazo igual ou superior a três meses é considerado como *mora contumaz*. Nos termos do **Decreto-lei n. 368/68**, a **empresa em débito salarial** com seus empregados **não poderá: a)** pagar honorário, gratificação, *pro labore* ou qualquer outro tipo de retribuição ou retirada a seus diretores, sócios, gerentes ou titulares da firma individual; **b)** distribuir quaisquer lucros, bonificações, dividendos ou interesses a seus sócios, titulares, acionistas, ou membros de órgãos dirigentes, fiscais ou consultivos; **c)** ser dissolvida **(art. 1.º)**. A **empresa em mora contumaz** relativamente

---

[63] SÜSSEKIND, Arnaldo et al. *Instituições de direito do trabalho*, 22. ed., v. 1, p. 465-466.
[64] BARROS, Alice Monteiro de. *Curso de direito do trabalho*, p. 824.
[65] SÜSSEKIND, Arnaldo et al. *Instituições de direito do trabalho*, 22. ed., v. 1, p. 466.

a salários **não poderá** também ser favorecida com qualquer benefício de natureza fiscal, tributária, ou financeira, por parte de órgãos da União, dos Estados ou dos Municípios, ou de que estes participem **(art. 2.º)**.[66]

O **atraso ou a falta de pagamento, total ou parcial, dos salários** "propiciam ao empregado o *direito de optar* entre a sobrevivência do contrato de trabalho ou sua rescisão, assegurando-se-lhe, sempre, o direito de cobrar os salários não pagos".[67] A **rescisão**, nesse caso, dar-se-á **por justa causa**, com fundamento no **art. 483, *d*, da CLT**.

De acordo com o **art. 467 da CLT**, em caso de rescisão do contrato de trabalho, havendo controvérsia sobre o montante das verbas rescisórias (entre as quais se incluem os salários em atraso), o empregador é obrigado a pagar ao trabalhador, à data do comparecimento à Justiça do Trabalho, a parte incontroversa dessas verbas, sob pena de pagá-las acrescidas de cinquenta por cento.[68] No entanto, o pagamento dos salários em audiência **não elide a mora salarial** capaz de caracterizar a justa causa do empregador e, consequentemente, gerar a rescisão do contrato de trabalho.

> **SÚMULA 13, TST:** "O só pagamento dos salários atrasados em audiência não ilide a mora capaz de determinar a rescisão do contrato de trabalho".

Além das regras acima analisadas, **a proteção ao salário em face do empregador também pode ser considerada sob os seguintes aspectos, chamadas de** *medidas regulamentadoras de pagamento do salário*:

■ **Proibição ao *truck system*:** não se considera válido o pagamento de salários mediante instrumentos que configurem o chamado *truck system*, caracterizado pelo **pagamento mediante o fornecimento de vales, fichas ou bônus** que vinculem o empregado a somente poder comprar mercadorias em armazéns ou outros locais de fornecimento vinculados ao empregador.

Nesse sentido, o **art. 462 da CLT** estabelece que **é vedado** à empresa que mantiver armazém para venda de mercadorias aos empregados ou serviços estimados a proporcionar-lhes prestações *in natura* **exercer qualquer coação ou induzimento** no sentido de que os empregados se utilizem do armazém ou dos serviços **(§ 2.º)**, sendo que sempre que não for possível o acesso dos empregados a armazéns ou serviços não mantidos pela empresa, é lícito à autoridade competente determinar a adoção de medidas adequadas,

---

[66] O atraso reiterado no pagamento de salários pode gerar dano moral, individual ou coletivo (caso seja verificado em relação a todos ou a diversos trabalhadores da empresa). O dano moral, nesse caso, é *in re ipsa*, sendo desnecessária a prova pelo trabalhador das lesões decorrentes do inadimplemento empresarial. Nesse sentido o posicionamento pacificado do TST: Ag-AIRR-10578-64.2021.5.15.0027, 7.ª T., rel. Min. Evandro Pereira Valadao Lopes, *DEJT* 19.12.2024.

[67] SÜSSEKIND, Arnaldo et al. *Instituições de direito do trabalho*, 22. ed., v. 1, p. 466.

[68] O disposto no *caput* **do art. 467 da CLT** não se aplica à União, aos Estados, ao Distrito Federal, aos Municípios e a suas autarquias e fundações públicas **(parágrafo único)**, nem à massa falida **(Súmula 388, TST)**. A revelia e a confissão do empregador não elidem a incidência do art. 467 da CLT em sua condenação **(Súmula 69, TST)**.

visando que as mercadorias sejam vendidas e os serviços sejam prestados a preços razoáveis, sem intuito de lucro e sempre em benefício dos empregados (§ 3.º).

■ **Estipulação do salário:** nos termos do **art. 460 da CLT**, na falta de estipulação do salário, não havendo prova sobre a importância ajustada, o **empregado terá direito a receber salário igual ao daquele que, na mesma empresa, fizer serviço equivalente ou do que for habitualmente pago para serviço semelhante**.

Trata-se de dispositivo utilizado em caso de **desvio de função** sem que tenha havido o correspondente ajuste salarial relativo à nova função exercida pelo empregado. O salário contratual resulta do trabalho a ser realizado. Quando, porém, altera-se substancialmente sua natureza ou quantidade, devem as partes ajustar o preço substitutivo. Do contrário, tem plena aplicação o princípio do **art. 460 da CLT**, com arbitramento do novo salário em função do que se pagar por serviço equivalente.

OJ SDI-1 125, TST: "O simples desvio funcional do empregado não gera direito a novo enquadramento, mas apenas às diferenças salariais respectivas, mesmo que o desvio de função haja iniciado antes da vigência da CF/1988".

■ **Prova do pagamento:** o salário deve ser **pago pessoalmente ao empregado, mediante recibo assinado por ele**. Em se tratando de empregado analfabeto, mediante sua impressão digital, ou, não sendo possível, a seu rogo **(art. 464, CLT)**.

PN 93, TST: "O pagamento do salário será feito mediante recibo, fornecendo-se cópia ao empregado, com a identificação da empresa, e do qual constarão a remuneração, com a discriminação das parcelas, a quantia líquida paga, os dias trabalhados ou o total da produção, as horas extras e os descontos efetuados, inclusive para a Previdência Social, e o valor correspondente ao FGTS".

PN 58, TST: "O pagamento de salário ao empregado analfabeto deverá ser efetuado na presença de 2 (duas) testemunhas".

Terá força de recibo o **comprovante de depósito em conta bancária**, aberta para esse fim em nome de cada empregado, com o seu consentimento, em estabelecimento de crédito próximo ao local de trabalho **(art. 464, parágrafo único, CLT)**.

Trata-se de **regra de proteção**, à medida que **restringe a prova do pagamento do salário a meio documental**, não se admitindo, como regra, testemunhas ou outro meio de prova para comprovação do cumprimento da obrigação essencial do empregador relativa ao pagamento do salário ao empregado. A falta de recibo gera **presunção *juris tantum* de que o pagamento não se realizou**, cabendo ao empregador o ônus de apresentar prova cabal em sentido contrário. O recibo ainda traz em si a **presunção, também relativa, de que o valor dele constante foi pago**, impondo ao empregado a apresentação de prova cabal para demonstrar que as anotações constantes do recibo não são verdadeiras. "A natureza probatória do dispositivo legal possibilita, portanto, ao empregador destruir a presunção *juris tantum* da falta de pagamento do salário, decorrente da ausência do recibo; e, ao empregado, comprovar a parcialidade de um pagamento, embora conste do recibo sua percepção integral, ou, ainda, o recebimento periódico de salário complementar não anotado na Carteira de Trabalho e que não figura nos respectivos recibos."[69]

O **pagamento em cheque**, embora possa ser considerado em sintonia com a previsão do parágrafo único do art. 464 da CLT, deve observar as seguintes **regras**:

- o cheque deve ser de **emissão do próprio empregador**, não se admitindo pagamento de salário com cheques de terceiros;
- o empregador deverá **garantir ao empregado**: horário que permita o desconto imediato do cheque; transporte, caso o acesso ao estabelecimento de crédito exija sua utilização; e condição que impeça qualquer atraso no recebimento dos salários.

PN 117, TST: "Se o pagamento do salário for feito em cheque, a empresa dará ao trabalhador o tempo necessário para descontá-lo, no mesmo dia".

O pagamento em cheque ou por depósito bancário **limita-se às empresas localizadas no perímetro urbano**. Tratando-se de **empregado analfabeto**, é vedado o pagamento em cheque ou em depósito bancário.

- **Pagamento em moeda corrente do país:** a prestação em espécie do salário será paga em **moeda corrente do país (art. 463, CLT). Considera-se como não feito** o pagamento do salário realizado com inobservância dessa regra **(parágrafo único)**.

O **fundamento da vedação** geral de pagamento do salário em moeda estrangeira prevista no **art. 463 da CLT** reside na **proteção ao trabalhador**, que não pode ficar sujeito às **variações cambiais** e, muito menos, ao **pagamento de taxas relativas à operação cambial de conversão** da moeda estrangeira em moeda nacional.

Assim, o **entendimento prevalecente** na jurisprudência e na doutrina é no sentido de que a **cláusula contratual que fixa o salário do empregado em moeda estrangeira é nula**, devendo o empregador converter em moeda nacional o valor ajustado em moeda estrangeira, "ao câmbio em vigor na data da celebração do último contrato, aplicando ao resultado os reajustamentos compulsórios subsequentes alusivos à correspondente categoria profissional, salvo se o contrato de trabalho já foi desfeito, quando a conversão se dá com base no câmbio do dia da cessação da relação de emprego".[70]

Excepcionam a regra prevista no **art. 463 da CLT** os salários dos **técnicos estrangeiros** contratados para trabalhar no Brasil **(Decreto-lei n. 691/69)** e dos empregados **brasileiros transferidos para trabalhar no exterior (Lei n. 7.064/85)**. Mas, em relação aos salários dos técnicos estrangeiros, importante ressaltar que se **trata de norma excepcional**, que tende a autorizar "a indexação em moeda estrangeira nesses casos

---

[69] SÜSSEKIND, Arnaldo et al. *Instituições de direito do trabalho*, v. 1, 22. ed., p. 459.
[70] SÜSSEKIND, Arnaldo et al. *Instituições de direito do trabalho*, 22. ed., v. 1, p. 462.

especificados, determinando que o pagamento efetivo verificado no país seja feito em moeda nacional".[71]

A **fixação dos salários dos técnicos estrangeiros em moeda estrangeira**, para pagamento em moeda nacional, gera discussão a respeito de **qual o câmbio que se deve utilizar para cálculo do valor do salário** em moeda nacional: uma primeira corrente entende que se deve utilizar o **câmbio da data da celebração do contrato**; outro posicionamento é no sentido de que o **câmbio é o da data em que cada pagamento for efetuado**.

No entanto, considerando que o **art. 3.º do Decreto-lei n. 691/69** estabelece que a taxa de conversão da moeda estrangeira será, para todos os efeitos, a da data do vencimento da obrigação, **prevalece o entendimento** segundo o qual o pagamento faz-se em moeda nacional, **convertido o salário fixado em moeda estrangeira pela taxa de câmbio da data da contratação do empregado**, observados os valores mais favoráveis em caso de variação cambial.[72]

▪ **Local, dia e hora do pagamento:** o pagamento do salário deverá ser efetuado em dia útil e no local de trabalho, dentro do horário do serviço ou imediatamente após o encerramento deste, salvo quando efetuado por depósito em conta bancária **(art. 465, CLT)**, porque "a intenção da ordem jurídica é tornar o pagamento procedimento funcional, ágil, prático. Em síntese, procedimento que, a um só tempo, transfira imediatamente para a posse do trabalhador a parcela salarial devida, como também o desonere de se submeter, depois da jornada, a longa espera ou a peregrinação em busca do pagamento cabível".[73]

---

[71] DELGADO, Mauricio Godinho. *Curso de direito do trabalho*, 18. ed., p. 948.

[72] "[...] AGRAVO DO RECLAMANTE. RECURSO DE REVISTA. ACÓRDÃO PUBLICADO NA VIGÊNCIA DA LEI N. 13.467/2017. [...] DIFERENÇAS SALARIAIS. SALÁRIO FIXADO EM MOEDA ESTRANGEIRA. DATA DA CONVERSÃO DO PAGAMENTO EM MOEDA NACIONAL. AUSÊNCIA DE TRANSCENDÊNCIA. A decisão regional está em perfeita harmonia com a jurisprudência desta Corte, segundo a qual é inválida a fixação do salário em moeda estrangeira, devendo o pagamento ser efetuado pelo valor da moeda corrente utilizando-se a cotação do câmbio da data da contratação do empregado. Precedentes. Nesse contexto, estando a decisão regional em harmonia com a jurisprudência pacífica desta Corte, incide a Súmula n. 333 do TST como obstáculo à extraordinária intervenção deste Tribunal Superior no feito. A existência de obstáculo processual apto a inviabilizar o exame da matéria de fundo veiculada, como no caso, acaba por evidenciar, em última análise, a própria ausência de transcendência do recurso de revista, em qualquer das suas modalidades. Agravo não provido. [...]" (RRAg-793-39.2017.5.09.0010, 5.ª T., rel. Min. Breno Medeiros, *DEJT* 19.12.2023).
"[...] 2 — DIFERENÇA SALARIAL. REMUNERAÇÃO EM MOEDA ESTRANGEIRA — MOMENTO DA CONVERSÃO EM MOEDA NACIONAL. A jurisprudência desta Corte é no sentido de ser inválida a fixação do salário em moeda estrangeira, devendo ser considerado o valor em reais de acordo com o câmbio da data da contratação, observados os valores mais favoráveis no caso de variação cambial, em obediência ao princípio da irredutibilidade, previsto no art. 7.º, VI, da Constituição Federal. Agravo não provido. [...]" (Ag-RR-11139-13.2016.5.09.0001, 8.ª T., rel. Min. Delaide Alves Miranda Arantes, *DEJT* 27.05.2022).

[73] DELGADO, Mauricio Godinho. *Curso de direito do trabalho*, 18. ed., p. 946.

Em relação ao empregado rural, o TST adota o seguinte entendimento:

> **PN 65, TST:** "O pagamento do salário será efetuado em moeda corrente e no horário de serviço, para isso permitido o seu prolongamento até duas horas após o término da jornada de trabalho".

■ **Pagamento ao próprio empregado:** o salário deve ser pago ao próprio empregado, ainda que menor de 18 anos **(art. 439, CLT)**, que assinará o recibo respectivo **(art. 464, CLT)**. Em caso de pagamento de salário por depósito bancário, deve ser efetuado em conta de titularidade do próprio empregado **(art. 464, parágrafo único, CLT)**, considerando-se como não pago o salário se o depósito for feito em conta bancária de terceiro, salvo se comprovado que houve anuência expressa do trabalhador nesse sentido.

Especificamente em relação ao empregado menor de 18 anos, Alice Monteiro de Barros entende que, "efetuado o pagamento dos salários aos pais do empregado menor, sem sua anuência, é tido como não realizado, devendo ser repetido, a não ser que o empregador prove, em Juízo, que o salário reverteu-se em benefício do menor".[74]

b) Regras de proteção ao salário em relação aos credores do empregador — em razão de seu caráter alimentar, necessário que o ordenamento jurídico estipule regras que visem proteger o salário do empregado em casos de **insuficiência do patrimônio do empregador** para satisfazer todas as suas dívidas. Nessas hipóteses, o legislador estabelece um **conjunto de proteções em favor do crédito trabalhista** quando confrontado com os créditos dos demais credores.

No caso de **falência do empregador**, os créditos trabalhistas, incluindo os salários e indenizações, e os créditos acidentários devidos diretamente pelo empregador constituem **crédito privilegiado (art. 449, CLT)**. No entanto, com o advento da nova Lei de Falências, o privilégio dos créditos trabalhistas ficou **limitado ao valor de 150 (cento e cinquenta) salários mínimos**, por credor **(art. 83, I, Lei n. 11.101/2005)**. O valor excedente do crédito trabalhista constitui crédito quirografário **(art. 83, VI, c, Lei n. 11.101/2005)**. Os **créditos acidentários não se sujeitam a essa restrição** em relação ao seu valor.

Os créditos trabalhistas de natureza estritamente salarial **vencidos nos 3 (três) meses anteriores à decretação da falência**, até o limite de 5 (cinco) salários mínimos por trabalhador, serão pagos tão logo haja disponibilidade em caixa **(art. 151, Lei n. 11.101/2005)**.

A **liquidação extrajudicial de instituições financeiras**, regulada pela **Lei n. 6.024/74**, também gera um interesse de todos os credores em relação ao patrimônio do devedor. Nesse caso, os créditos trabalhistas e os créditos acidentários devidos diretamente pelo empregador possuem **privilégio integral** em relação aos demais créditos, não se aplicando a limitação de valor dos créditos trabalhistas prevista pela Lei de

---

[74] BARROS, Alice Monteiro de. *Curso de direito do trabalho*, p. 828.

Falências. Nas hipóteses de liquidação extrajudicial, a execução dos créditos trabalhistas é realizada pela Justiça do Trabalho **(OJ SDI-1 143, TST)**.

Mauricio Godinho Delgado ensina que "a nova Lei de Falências (n. 11.101), em vigência desde 09 de junho de 2005, criou, em substituição à tradicional concordata, as alternativas da recuperação judicial ou extrajudicial da empresa".[75]

Pela **recuperação extrajudicial**, o devedor que preencher os requisitos exigidos pela **Lei n. 11.101/2005** poderá propor e negociar com credores plano de recuperação extrajudicial. A sujeição dos **créditos de natureza trabalhista e por acidente de trabalho** à recuperação extrajudicial exige negociação coletiva com o sindicato da respectiva categoria profissional **(art. 161)**.

A **recuperação judicial** tem por objetivo viabilizar a superação da situação de crise econômico-financeira do devedor, a fim de **permitir a manutenção da fonte produtora, do emprego dos trabalhadores e dos interesses dos credores**, promovendo, assim, a preservação da empresa, sua função social e o estímulo à atividade econômica **(art. 47, Lei n. 11.101/2005)**.

Nesse sentido, a Lei estabelece que o **plano de recuperação judicial** não poderá prever prazo superior a 1 (um) ano para pagamento dos créditos derivados da legislação do trabalho ou decorrentes de acidentes de trabalho vencidos até a data do pedido de recuperação judicial, bem como **não poderá prever prazo superior a 30 (trinta) dias** para o **pagamento, até o limite de 5 (cinco) salários mínimos por trabalhador, dos créditos de natureza estritamente salarial vencidos nos 3 (três) meses anteriores ao pedido de recuperação judicial (art. 54)**.

O tratamento dispensado pelo legislador aos créditos trabalhistas e acidentários em caso de recuperação judicial é bastante criticado por parte da doutrina trabalhista, que afirma serem as regras estipuladas pela **Lei n. 11.101/2005** extremamente danosas aos trabalhadores. Mauricio Godinho Delgado entende que os dispositivos legais que tratam da recuperação judicial ferem a Constituição Federal, à medida que violam princípios e direitos indisponíveis dos trabalhadores.[76]

c) Regras de proteção ao salário em relação aos credores do empregado — também em razão de seu **caráter alimentar**, o salário é protegido contra os credores do próprio empregado. Ao contrário do que possa parecer à primeira vista, as regras de proteção que têm essa finalidade não representam um excesso de tutela e não se fundamentam na simples condição de hipossuficiência do empregado. Na realidade, o Direito do Trabalho apenas não permite que os compromissos de caráter material firmados pelo trabalhador "ingressem na relação de emprego, antecipando-se ao recebimento do crédito trabalhista devido a esse trabalhador. O objetivo pretendido pelo Direito do Trabalho é assegurar, portanto, que o obreiro receba livre e prontamente suas parcelas contratuais trabalhistas. Apenas em seguida, através de outras relações jurídicas — incomunicáveis com a empre-

---

[75] DELGADO, Mauricio Godinho. *Curso de direito do trabalho*, 18. ed., p. 1009.
[76] DELGADO, Mauricio Godinho. *Curso de direito do trabalho*, 18. ed., p. 1010-1011.

gatícia específica —, é que passará a responder por seus compromissos no contexto societário".[77]

Assim, as regras de proteção do salário do empregado contra os seus credores abrangem as seguintes hipóteses:

▫ **Impenhorabilidade do salário:** o **salário** é indicado no **art. 833, IV, do CPC** como um dos bens em relação aos quais recai a **impenhorabilidade**. Assim, os salários são impenhoráveis para pagamento de dívidas do empregado, **não podendo sofrer constrições extrajudiciais ou judiciais**.

A única **exceção** expressamente autorizada por lei é no caso de **pensão alimentícia**, independentemente de sua origem. Assim, a impenhorabilidade do salário não é oponível em relação a prestação alimentícia devida pelo empregado **(art. 833, § 2.º, CPC)**.

No mesmo sentido da impenhorabilidade dos salários, é o **art. 48 da Lei n. 8.112/90**, segundo o qual: "O vencimento, a remuneração e o provento não serão objeto de arresto, sequestro ou penhora, exceto nos casos de prestação de alimentos resultante de decisão judicial".

Portanto, tendo em vista que a regra da impenhorabilidade visa garantir a subsistência do trabalhador e de sua família, também **se aplica aos benefícios da previdência social** por ele recebidos.[78]

Questão que gera importante discussão diz respeito à possibilidade ou não de penhora de salários para pagamento de créditos trabalhistas. O TST vinha adotando entendimento no sentido de **não ser possível a penhora de conta salário para satisfação de crédito trabalhista, com previsão, inclusive, em verbete de jurisprudência pacificada**:

> **OJ SDI-2 153 TST:** "Ofende direito líquido e certo decisão que determina o bloqueio de numerário existente em conta salário, para satisfação de crédito trabalhista, ainda que seja limitado a determinado percentual dos valores recebidos ou a valor revertido para fundo de aplicação ou poupança, visto que o art. 649, IV, do CPC contém norma imperativa que não admite interpretação ampliativa, sendo a exceção prevista no art. 649, § 2.º, do CPC espécie e não gênero de crédito de natureza alimentícia, não englobando o crédito trabalhista".[79]

No entanto, com o advento do **CPC de 2015**, que contém previsão expressa de **relativização da impenhorabilidade dos salários** para pagamento de prestação alimentícia, independentemente de sua origem, bem como às importâncias excedentes a 50

---

[77] DELGADO, Mauricio Godinho. *Curso de direito do trabalho*, 18. ed., p. 1016-1017.
[78] Alice Monteiro de Barros entende que a regra da impenhorabilidade também abrange as parcelas do seguro-desemprego. *Curso de direito do trabalho*, p. 828.
[79] Os argumentos que vinham sendo adotados pela jurisprudência do TST sobre a questão podem ser analisados por meio do seguinte julgado: TST — RO 61000-26.2009.5.05.0000, SBDI-2, rel. Min. Antônio José de Barros Levenhagen, *DEJT* 14.05.2010.

(cinquenta) salários mínimos mensais **(art. 833, § 2.º)**, o **TST** começou a **alterar sua jurisprudência**, como pode se ver nas decisões abaixo:

"AGRAVO EM RECURSO DE REVISTA REGIDO PELA LEI N. 13.467/2017. PENHORA. PROVENTOS DE APOSENTADORIA. DETERMINAÇÃO EXARADA NA VIGÊNCIA DO CPC DE 2015. ARTIGO 833, IV E § 2.º, DO CPC DE 2015. OJ 153 DA SBDI-2 DO TST. PERCENTUAL. LEGALIDADE. TRANSCENDÊNCIA POLÍTICA RECONHECIDA NA DECISÃO AGRAVADA. 1. Hipótese em que, mediante decisão monocrática, foi determinada a penhora sobre os proventos de aposentadoria e pensões recebidos pelo Executado. 2. Com o advento do CPC de 2015, o debate sobre a impenhorabilidade dos salários, remunerações, vencimentos, subsídios e proventos de aposentadoria ganhou novos contornos, pois, nos termos do § 2.º do artigo 833 do CPC de 2015, tal impenhorabilidade não se aplica 'à hipótese de penhora para pagamento de prestação alimentícia, independentemente de sua origem, bem como às importâncias excedentes a 50 (cinquenta) salários-mínimos mensais'. Em conformidade com a inovação legislativa, a par de viável a apreensão judicial mensal dos valores remuneratórios do executado que excederem 50 (cinquenta) salários mínimos mensais, tratando-se de execução de prestação alimentícia, qualquer que seja sua origem, também será cabível a penhora, limitado, porém, o desconto em folha de pagamento a 50% (cinquenta por cento) dos ganhos líquidos do devedor, por força da regra inserta no § 3.º do artigo 529 do CPC de 2015, compatibilizando-se os interesses legítimos de efetividade da jurisdição no interesse do credor e de não aviltamento ou da menor gravosidade ao devedor. A norma inscrita no referido § 2.º do artigo 833 do CPC de 2015, ao excepcionar da regra da impenhorabilidade as prestações alimentícias, qualquer que seja sua origem, autoriza a penhora de percentual de salários, honorários e proventos de aposentadoria com o escopo de satisfazer créditos trabalhistas, dotados de evidente natureza alimentar. De se notar que foi essa a compreensão do Tribunal Pleno desta Corte ao alterar, em setembro de 2017, a redação da OJ 153 da SBDI-2, visando a adequar a diretriz ao CPC de 2015, mas sem interferir nos fatos ainda regulados pela legislação revogada. 3. À luz dessas considerações, é de se concluir que a impenhorabilidade prevista no inciso IV do artigo 833 do CPC de 2015 não pode ser oposta na execução para satisfação do crédito trabalhista típico, devendo ser observado apenas que o desconto em folha de pagamento estará limitado a 50% (cinquenta por cento) dos ganhos líquidos do devedor, na forma do § 3.º do artigo 529 do mesmo diploma legal. 4. No caso, a decisão agravada foi exarada, sob a disciplina do CPC de 2015, não havendo espaço, consequentemente, para reforma. Nesse contexto, não afastados os fundamentos da decisão agravada, nenhum reparo merece a decisão. Diante dos fundamentos expostos, resta caracterizada a manifesta inviabilidade do agravo interposto e o caráter protelatório da medida eleita pela parte, razão pela qual se impõe a aplicação da multa prevista no artigo 1.021, § 4.º, do CPC/2015. Agravo não provido, com aplicação de multa" (Ag--RR-471-56.2011.5.09.0001, 5.ª T., rel. Min. Douglas Alencar Rodrigues, *DEJT* 20.10.2023).

"[...] B) RECURSO DE REVISTA. ACÓRDÃO REGIONAL PUBLICADO NA VIGÊNCIA DA LEI N. 13.467/2017. EXECUÇÃO. PENHORA SOBRE SALÁRIOS E PROVENTOS DA APOSENTADORIA. POSSIBILIDADE. MANUTENÇÃO DA

SUBSISTÊNCIA DO DEVEDOR. FIXAÇÃO DE CRITÉRIOS. SALÁRIO MÍNIMO. TRANSCENDÊNCIA JURÍDICA DA CAUSA RECONHECIDA. I. Com a vigência do CPC/2015, passou-se a admitir a penhora de percentual de salários e proventos de aposentadoria para pagamento de prestações alimentícias 'independentemente de sua origem', o que abrange os créditos trabalhistas típicos, em razão de sua natureza alimentar. II. Contudo, a SBDI-2 deste TST entende que a eficiência na proteção do crédito trabalhista não pode vir em detrimento do mínimo essencial à subsistência do devedor, notadamente quando se cuida de pessoa física, de modo que a constrição de vencimentos que reduzam a renda do executado a valor inferior ao salário mínimo revela-se abusiva. III. Diante desse contexto, deve-se prestigiar a jurisprudência que se consolida nesta Corte de uniformização, no sentido de que é cabível a penhora sobre salários e proventos de aposentadoria, mesmo no valor inferior a 50 salários mínimos, limitada a 50% dos ganhos líquidos do executado e preservado, sempre, o recebimento de um salário mínimo. Precedentes. IV. Recurso de revista conhecido e parcialmente provido" (RR-0002026-28.2012.5.02.0241, 4.ª T., rel. Min. Alexandre Luiz Ramos, *DEJT* 19.12.2024).

■ **Restrições à compensação de créditos**: as **dívidas** do empregado **não podem ser compensadas** dos seus **créditos de natureza trabalhista**. Portanto, dívidas de natureza civil, tributária, comercial, contraídas pelo empregado, não podem ser compensadas com seus salários.

Da mesma forma, **sendo o credor do empregado o próprio empregador** que, por exemplo, vendeu-lhe alguma mercadoria ou foi seu avalista, tais **créditos não podem ser compensados do salário do empregado** por desconto em folha de pagamento.

"Nesses casos, dada sua natureza alimentar, o empregador não poderá efetuar nenhuma compensação com o salário, pois dívidas de natureza civil não se compensam com créditos trabalhistas. Resta, portanto, ao empregador cobrar o débito na área cível."[80]

Nesse sentido, o entendimento do TST a respeito da compensação de créditos:

SÚMULA 18, TST: "A compensação, na Justiça do Trabalho, está restrita a dívidas de natureza trabalhista".

Vale ressaltar, porém, que **compensações de dívidas trabalhistas** do empregado feitas **nas verbas rescisórias** não poderão exceder ao limite equivalente a 1 (um) mês de sua remuneração **(art. 477, § 5.º, CLT)**.

A regra relativa à **inviabilidade da compensação de créditos com o salário do empregado** deriva de previsão contida no **Código Civil**, mais especificamente no **art. 373, III**, que estabelece não ser passível de compensação dívida concernente à coisa impenhorável. Assim, **sendo o salário impenhorável, não pode ser objeto de compensação**.

■ **Inviabilidade da cessão do crédito salarial**: a cessão importa na transferência do direito de crédito. O *cedente* ou *credor* transfere o seu direito ao *cessionário*, adquirente

---

[80] BARROS, Alice Monteiro de. *Curso de direito do trabalho*, p. 828.

desse direito.[81] A cessão de créditos trabalhistas, entre os quais o salário do empregado, não é admitida pelo ordenamento jurídico pátrio, sendo inválida qualquer autorização, ainda que expressa, do empregado ao empregador para que pague seu salário diretamente a um credor.

A CLT não contém dispositivo expresso proibindo a cessão do crédito salarial, mas a previsão do **art. 464** no sentido de que o salário deve ser pago pessoalmente ao empregado, mediante recibo, ou por depósito em conta bancária de sua própria titularidade, é a forma utilizada pelo legislador para coibir tal prática.

Às **regras de proteção** acima indicadas, podem ser acrescidas aquelas previstas no texto constitucional e **que se voltam contra discriminações** no âmbito da relação de emprego.

■ **Regras constitucionais de proteção ao salário que se voltam contra discriminações** — tais regras têm por fundamento o *princípio da não discriminação* ou *princípio de isonomia*[82] estampados de forma expressa pela Constituição Federal de 1988:

■ **Art. 7.º, XXX** — proibição de diferença de salários por motivo de sexo, idade, cor ou estado civil.

Como decorrência da regra constitucional, o **art. 5.º da CLT** estabelece que a todo trabalho de igual valor corresponderá igual salário, sem distinção de sexo, e o **art. 373-A da CLT** prevê que é vedado considerar o sexo, a idade, a cor ou a situação familiar como variável determinante para fins de remuneração **(inc. III)**.

■ **Art. 7.º, XXXI** — proibição de qualquer discriminação no tocante a salário do trabalhador portador de deficiência.

Constitui objeto ilícito de convenção coletiva ou acordo coletivo de trabalho previsão contrária ao disposto no art. 7.º, XXXI, CF **(art. 611-B, XXII, CLT)**.

6.10. SALÁRIO MÍNIMO, SALÁRIO NORMATIVO, SALÁRIO PROFISSIONAL E PISO SALARIAL

Também pode ser caracterizada como uma forma de proteção ao salário a fixação por lei ou por norma coletiva de um **patamar mínimo de valor a ser pago ao empregado pelos serviços prestados**, visando, com isso, **evitar o pagamento de salários excessivamente baixos** e, consequentemente, **assegurar uma condição digna para o trabalhador e sua família**.

Este patamar pode ser fixado de **forma geral**, para abranger todos os trabalhadores, ou de **forma especial**, dirigido aos trabalhadores de determinadas profissões ou

---

[81] GOMES, Orlando; GOTTSCHALK, Elson. *Curso de direito do trabalho*, 17. ed., p. 285.
[82] Para um estudo sobre a diferença entre esses princípios, *vide* DELGADO, Mauricio Godinho. *Curso de direito do trabalho*, 18. ed., p. 955-958.

categorias profissionais específicas. No primeiro caso, fala-se em salário mínimo geral e em piso salarial. No segundo, os patamares são definidos por salário profissional e por salário normativo.

6.10.1. Salário mínimo

Previsto no **art. 7.º, IV, da Constituição Federal** entre os direitos dos trabalhadores, o salário mínimo, chamado de *salário mínimo legal*, caracteriza-se como o **menor valor de salário que pode ser pago para qualquer empregado em nosso país**.

Devendo ser **previsto em lei**, o valor do salário mínimo é **nacionalmente unificado**, ou seja, não há variação de valor entre as diversas regiões do país. Assim, a partir da Constituição Federal de 1988, não mais existe o chamado salário mínimo regional.

Ampliando o rol previsto no **art. 76 da CLT**, a **Constituição Federal** estipula que o salário mínimo **deve ser capaz de atender** às necessidades vitais básicas do trabalhador e de sua família com:

- moradia;
- alimentação;
- educação;
- saúde;
- lazer;
- vestuário;
- higiene;
- transporte;
- previdência social.

O texto constitucional impõe **reajustes periódicos** ao valor do salário mínimo, visando **preservar o seu poder aquisitivo**.

Ao **proibir a vinculação do salário mínimo para qualquer fim**, o **art. 7.º, IV, da Constituição Federal** institui regra que veda que o valor de qualquer prestação instituída por lei ou estipulada em contrato seja indexado conforme o reajuste do salário mínimo.

Nesse sentido, o Supremo Tribunal Federal adotou a Súmula Vinculante 4, que assim dispõe:

> **SÚMULA VINCULANTE 4:** "Salvo nos casos previstos na Constituição, o salário mínimo não pode ser usado como indexador de base de cálculo de vantagem de servidor público ou de empregado, nem ser substituído por decisão judicial".

A cláusula constitucional que veda a vinculação do salário mínimo *"para qualquer finalidade"* tem o sentido de proibir a sua indevida utilização como indexador econômico, de modo a preservar o poder aquisitivo inerente ao salário mínimo contra os riscos decorrentes de sua exposição às repercussões inflacionárias negativas na economia nacional resultantes da indexação de salários e preços.

Além disso, a norma protetiva inserida no quadro do sistema constitucional de garantias salariais protege os trabalhadores em geral contra o surgimento de conjunturas político-econômicas que constituam obstáculo ou tornem difícil a implementação efetiva de planos governamentais de progressiva valorização do salário-mínimo, motivadas pela aversão aos impactos econômicos indesejados que, por efeito da indexação salarial, atingiriam as contas públicas, especialmente as despesas com o pagamento de servidores e empregados públicos.

No entanto, em julgamento de ADPFs que questionaram dispositivos de leis que fixam em número de salários-mínimos pisos salariais para determinadas profissões (ADPF 325, ADPF 53, ADPF 149 e ADPF 171), o STF adotou o posicionamento no sentido de que o texto constitucional **não proíbe** a utilização de múltiplos do salário-mínimo como **mera referência paradigmática** para definição do valor justo e proporcional do piso salarial destinado à remuneração de categorias profissionais especializadas (CF, art. 7.º, V), **impedindo**, no entanto, **reajustamentos automáticos futuros**, destinados à adequação do salário inicialmente contratado aos **novos** valores vigentes para o salário-mínimo nacional. Assim, fixada interpretação conforme a Constituição Federal, nos julgamentos das referidas ADPFs o STF adotou como técnica o "congelamento" da base de cálculo dos pisos salariais, a fim de que sejam calculados de acordo com o valor do salário mínimo vigente na data da publicação da ata da sessão de julgamento, não sendo permitidos os reajustes do piso a partir de então considerando os reajustes do salário-mínimo (se isso ocorresse seria verdadeira indexação — o que é vedado pelo art. 7.º, IV, CF).

Constitui objeto ilícito de convenção coletiva ou acordo coletivo de trabalho supressão ou redução do salário mínimo **(art. 611-B, IV, CLT)**.

6.10.2. Piso salarial

O **art. 7.º, V, da Constituição Federal** prevê a fixação de **piso salarial** proporcional à extensão e à complexidade do trabalho.

Com fundamento no **parágrafo único do art. 22 da Constituição Federal**, que estabelece que lei complementar poderá autorizar os Estados a legislar sobre questões específicas das matérias relacionadas no artigo, entre elas, Direito do Trabalho, a **Lei Complementar n. 103/2000** autoriza os Estados e o Distrito Federal a instituir, mediante proposta de iniciativa do Poder Executivo respectivo, **piso salarial para empregados que não o tenham fixado por lei federal ou norma coletiva** (ou seja, para os trabalhadores que não têm salário profissional e nem salário normativo fixados em valores maiores).

Diante de tal previsão, leis estaduais podem instituir validamente piso salarial no respectivo Estado, desde que **superior ao valor do salário mínimo** nacionalmente unificado.

6.10.3. Salário profissional

Salário profissional, fixado por lei, corresponde ao valor mínimo de salário que pode ser **pago aos integrantes de determinada profissão regulamentada**, assim considerada a regulada por estatuto próprio, como, por exemplo, médicos, dentistas e engenheiros.

> **SÚMULA 358, TST:** "O salário profissional dos técnicos em radiologia é igual a 2 (dois) salários mínimos e não a 4 (quatro)".

Considerando válida a estipulação de salário profissional em múltiplos do salário mínimo, o TST assim se posiciona:

> **OJ SDI-2 71, TST:** "A estipulação do salário profissional em múltiplos do salário mínimo não afronta o art. 7.º, inciso IV, da Constituição Federal de 1988, só incorrendo em vulneração do referido preceito constitucional a fixação de correção automática do salário pelo reajuste do salário mínimo".[83]

Alguns estatutos profissionais que preveem um salário profissional também estipulam limite de jornada de trabalho a ser cumprida pelos trabalhadores, o que, muitas vezes, traz discussões acerca da relação existente entre o número de horas de trabalho e o salário. Em relação a essa questão, assim tem se posicionado o TST:

> **SÚMULA 143, TST:** "O salário profissional dos médicos e dentistas guarda proporcionalidade com as horas efetivamente trabalhadas, respeitado o mínimo de 50 (cinquenta) horas".

> **SÚMULA 370, TST:** "Tendo em vista que as Leis n. 3.999/1961 e 4.950-A/1966 não estipulam a jornada reduzida, mas apenas estabelecem o salário mínimo da categoria

---

[83] No mesmo sentido o entendimento adotado pelo STF. *Vide* ADPF 171, sobre o salário profissional dos engenheiros, previsto na art. 5.º da Lei n. 4.950-A/1966, que fixa em seis salários mínimos o piso salarial desses profissionais, julgada em 23.02.2022: "O Tribunal, por maioria, conheceu parcialmente da arguição de descumprimento de preceito fundamental e, nessa extensão, julgou parcialmente procedente o pedido formulado, para atribuir interpretação conforme a Constituição ao art. 5.º da Lei n. 4.950-A/1966, de modo a congelar a base de cálculo dos pisos profissionais nele fixados na data da publicação da ata do presente julgamento, nos termos do voto do Ministro Roberto Barroso, vencidos, em parte, os Ministros Rosa Weber (Relatora), Cármen Lúcia, Alexandre de Moraes e Ricardo Lewandowski, que entendiam que o *quantum* deveria ser calculado com base no valor do salário-mínimo vigente na data do trânsito em julgado desta decisão. *Vide* ADPF 325, sobre salário profissional dos médicos, cirurgiões dentistas e respectivos auxiliares, previsto na Lei n. 3.999/61, julgada em 21.03.2022: "O Tribunal, por unanimidade, conheceu da arguição de descumprimento e julgou parcialmente procedente o pedido nela formulado, para reconhecer a compatibilidade do art. 5.º da Lei federal n. 3.999/61 com o texto constitucional e, com apoio na técnica da interpretação conforme, determinar o congelamento do valor dos pisos salariais, devendo o quantum ser calculado com base no valor do salário-mínimo vigente na data da publicação da ata da sessão deste julgamento, nos termos do voto da Relatora".

para uma jornada de 4 horas para os médicos e de 6 horas para os engenheiros, não há que se falar em horas extras, salvo as excedentes à oitava, desde que seja respeitado o salário mínimo/horário das categorias".

6.10.4. Salário normativo

O **salário normativo**, também chamado de **piso da categoria**, é **fixado em convenção ou acordo coletivo de trabalho ou em sentença normativa**, constituindo o valor mínimo de salário que pode ser **pago a trabalhador integrante de determinada categoria profissional**.

Mauricio Godinho Delgado diferencia o salário mínimo instituído em convenção ou acordo coletivo daquele fixado por sentença normativa, chamando o primeiro de *salário convencional* e o último de *salário normativo*.[84] Tal distinção, no entanto, não é adotada pela maior parte da doutrina, que considera para definição do salário normativo o fato de o patamar mínimo ser fixado em **norma coletiva**, qualquer que seja ela, beneficiando os trabalhadores da categoria abrangida.

Em relação à fixação do valor do salário normativo, o TST adota os seguintes posicionamentos:

OJ SDC 25, TST: "Não fere o princípio da isonomia salarial (art. 7.º, XXX, da CF/88) a previsão de salário normativo tendo em vista o fator tempo de serviço".

OJ SDC 26, TST: "Os empregados menores não podem ser discriminados em cláusula que fixa salário mínimo profissional para a categoria".

PN 67, TST: "Quando o serviço for contratado por produção, a remuneração não poderá ser inferior à diária correspondente ao salário normativo".

Considerando que no Direito do Trabalho sempre vigora a **norma mais favorável ao trabalhador**, este sempre **terá direito ao salário mínimo de maior valor que lhe possa ser aplicado**, conforme as regras abaixo:

SALÁRIO	FIXAÇÃO	DIRIGIDO A	APLICAÇÃO
MÍNIMO	▪ Lei federal	▪ todos os trabalhadores do país	▪ Só se não existir piso salarial, salário profissional ou salário normativo aplicáveis ao trabalhador
PISO SALARIAL	▪ Lei estadual	▪ todos os trabalhadores de um Estado, que não tenham direito a salário profissional ou salário normativo	▪ Só se não existir salário profissional ou salário normativo aplicáveis ao trabalhador

---

[84] DELGADO, Mauricio Godinho. *Curso de direito do trabalho*, 18. ed., p. 943.

PROFISSIONAL	▪ Lei (estatuto profissional)	▪ todos os trabalhadores integrantes de uma profissão regulamentada	▪ Só se o trabalhador exercer a profissão regulamentada, e se o valor previsto for maior que o salário normativo aplicável à categoria
NORMATIVO	▪ Norma coletiva	▪ todos os trabalhadores de uma categoria profissional	▪ Só se o trabalhador for integrante da categoria profissional respectiva

Havendo contratação para cumprimento de jornada reduzida, inferior à previsão constitucional de oito horas diárias ou quarenta e quatro semanais, inclusive no regime de tempo parcial (art. 58-A, § 1.º, CLT), é lícito o pagamento do piso salarial ou do salário mínimo proporcional ao tempo trabalhado. No entanto, de acordo com precedentes do Supremo Tribunal Federal, na Administração Pública direta, autárquica e fundacional não é válida remuneração de empregado público inferior ao salário mínimo, ainda que cumpra jornada de trabalho reduzida (**OJ SDI-1 358, TST**).

6.11. EQUIPARAÇÃO SALARIAL

Como visto anteriormente, o **art. 7.º, incisos XXX e XXXI, da Constituição Federal** consagram o *princípio da não discriminação salarial*, proibindo diferença de salário por motivo de sexo, idade, cor ou estado civil, ou por ser o trabalhador portador de deficiência.

Como decorrência da garantia constitucional, nos **arts. 5.º e 373-A, III, ambos da CLT**, está inserida a **garantia da isonomia salarial**, enunciada pela regra básica de que *a todo trabalho de igual valor deve corresponder salário igual*.

A *igualdade salarial* (ou *isonomia salarial*) é disciplinada pelo **art. 461 da CLT**, que, prevendo que a todo trabalho de igual valor corresponderá igual salário, sem distinção de sexo, etnia, nacionalidade ou idade, estabelece os **requisitos para o direito à equiparação salarial**, ou seja, para que, diante de trabalho de igual valor, reconheça-se o direito de recebimento de idêntico valor de salário.

Assim, considerando que a equiparação salarial "é a figura jurídica mediante a qual se assegura ao trabalhador idêntico salário ao do colega perante o qual tenha exercido, simultaneamente, função idêntica, na mesma localidade, para o mesmo empregador",[85] sempre que estejam presentes os requisitos previstos no **art. 461 da CLT** o empregado que ganhar menos do que outro (*paradigma*)[86] pode pleitear a equiparação salarial.

São requisitos da equiparação salarial:

▪ **Trabalho em idêntica função (art. 461, *caput*, CLT)** — existe **identidade de função** sempre que os trabalhadores que estão sendo comparados realizem concretamente o mesmo trabalho, assim consideradas as mesmas atividades. Portanto, emprega-

---

[85] DELGADO, Mauricio Godinho. *Curso de direito do trabalho*, 18. ed., p. 979.
[86] Também chamado pela doutrina e pela jurisprudência de *modelo* ou *espelho*.

do e paradigma devem exercer a **mesma função**, desempenhando as mesmas tarefas, não importando se os cargos têm, ou não, a mesma denominação (**Súmula 6, III, TST**).

Resta evidente, portanto, que cargo é diferente de função: **cargo é nomenclatura** ("cargo, ocupa-se"); **função é um conjunto de atividades, de tarefas** ("função, exerce-se").

Importante ressaltar que a palavra *identidade* traz em si um conteúdo de **igualdade plena**, afastando qualquer interpretação no sentido de que as atividades entre os empregados comparados possam ser similares ou parecidas. As **funções têm que ser *idênticas***, ou seja, ***absolutamente* iguais**, e não *praticamente* ou *mais ou menos* iguais.

Nesse sentido, Mauricio Godinho Delgado afirma que: "apenas se o conjunto unitário de tarefas, identificador do trabalho no universo empresarial, surgir como idêntico (a mesma função, portanto), é que caberá falar-se no cumprimento do tipo legal do art. 461 da CLT".[87]

▪ **Trabalho para o mesmo empregador (art. 461, *caput*, CLT)** — somente é possível reconhecer-se a equiparação salarial entre empregados que trabalhem para o mesmo empregador. Em relação a empregados que trabalhem para empregadores distintos, a equiparação salarial é inviável, já que cada empregador adota política salarial própria, tem condições financeiras específicas e possui regras de organização de seu pessoal e distribuição de atividades que não podem ser comparadas com as de outro empregador.

Em relação a este requisito, discute-se, porém, a possibilidade ou não de se reconhecer o direito à **equiparação salarial entre empregados** que trabalhem em **empresas distintas**, mas que pertençam ao mesmo **grupo econômico**.

Considerando que a **jurisprudência dominante do TST** acolhe a tese de que o grupo econômico enseja solidariedade ativa e passiva **(solidariedade dual)**, entre os seus integrantes, formando o chamado *empregador único*, é **possível considerar-se a incidência da figura da equiparação** envolvendo empregadores vinculados a distintas empresas do mesmo grupo, desde que os empregados exerçam suas funções para todas as empresas do grupo. Desse modo, e somente caso se verifique tal situação é viável falar-se em equiparação entre empregados contratados por diferentes empresas do grupo, exigindo-se, ainda, que estejam presentes os demais requisitos da figura previstos no **art. 461 da CLT**.

Também a **cessão de empregado** de uma empresa para outra não exclui o direito à equiparação salarial, **desde que** presentes os demais requisitos do **art. 461 da CLT** e que os **salários do empregado cedido e do paradigma** sejam **pagos pela cessionária**.[88]

---

[87] DELGADO, Mauricio Godinho. *Curso de direito do trabalho*, 18. ed., p. 980.
[88] Essa regra não vale quando na empresa vigorem dois regimes de pessoal distintos (regime estatutário e regime celetista) e o empregado que pretende a equiparação e o paradigma não estejam sob o mesmo regime. SÜSSEKIND, Arnaldo et al. *Instituições de direito do trabalho*, 22. ed., v. 1, p. 433-434.

SÚMULA 6, V, TST: "A cessão de empregados não exclui a equiparação salarial, embora exercida a função em órgão governamental estranho à cedente, se esta responde pelos salários do paradigma e do reclamante".

■ **Trabalho no mesmo estabelecimento (art. 461, caput, CLT)** — considerando que a igualdade de salários depende de condições idênticas de trabalho, o legislador limita o direito à equiparação salarial entre empregados que trabalham no **mesmo estabelecimento empresarial**. Assim, ainda que se trate do mesmo empregador, não há que se falar em direito de receber salário igual entre empregados que executam suas funções em estabelecimentos distintos.

Para efeitos de equiparação salarial, portanto, **o conceito de "mesma localidade" foi restringido** pela **Lei n. 13.467/2017 (*Reforma Trabalhista*)** — mesmo estabelecimento, sendo certo que, em decorrência disto, a previsão da Súmula 6, X, TST, não mais prevalece.

■ **Trabalho de igual valor** — de acordo com a previsão do **art. 461, § 1.º, da CLT**, trabalho de igual valor é o que for feito com **igual produtividade** e com a **mesma perfeição técnica**, entre pessoas cuja **diferença de tempo de serviço para o mesmo empregador não seja superior a quatro anos** e a **diferença de tempo na função não seja superior a dois anos**.

Assim, **para ser caracterizado o trabalho de igual valor** deve haver verificação simultânea (todas ao mesmo tempo) das seguintes condições concretas entre o empregado que pleiteia a equiparação salarial e o paradigma:

■ **trabalho com igual produtividade** — para o reconhecimento da equiparação salarial exige-se que o trabalho prestado tenha igual valor, assim entendido aquele **desenvolvido com igual produtividade (critério quantitativo)**. Deve-se analisar a **intensidade laborativa** dos empregados para se poder aferir se existe ou não o direito à equiparação salarial entre eles.

Mauricio Godinho Delgado, deixando de considerar apenas a quantificação numérica do trabalho (produção), afirma que "a demonstração de maior qualificação técnico-profissional do paradigma (cursos e estágios relevantes, significativa experiência anterior na função, mais elevada titulação profissional ou acadêmica etc.) é conduta que pode favorecer, substantivamente, à tese da diferenciação na produtividade do trabalho prestado. É que, normalmente, a maior qualificação, titulação e prestígio profissionais do trabalhador comparado agregam reconhecimento e notoriedade ao produto ou serviço ofertado à comunidade pela empresa, favorecendo o alcance, por esta, de maior e melhor mercado. Nesse quadro, a produtividade do paradigma pode medir-se, na prática, por critério mais abrangente do que a estrita quantidade de labor efetivada diretamente por ele".[89]

■ **trabalho com a mesma perfeição técnica** — para o reconhecimento da equiparação salarial exige-se que o trabalho prestado tenha igual valor, assim entendido

---

[89] DELGADO, Mauricio Godinho. *Curso de direito do trabalho*, 18. ed., p. 984-985.

aquele **desenvolvido com igual perfeição técnica (critério qualitativo)**. Trata-se de **alegação valorativa** (e, portanto, subjetiva), que é caracterizada como **fato modificativo que deve ser provado pelo empregador (Súmula 6, VIII, TST)**.

A comprovação pelo empregador de que o **paradigma tem maior qualificação técnico-profissional** (cursos, estágios, significativa experiência anterior na função, maior titulação acadêmica ou profissional etc.) será capaz de **afastar o reconhecimento de trabalho de igual valor**, na medida em que favorece significativamente a tese de diferenciação na qualidade do trabalho prestado.[90]

Não se pode confundir diferença de perfeição técnica com **exigência de habilitação técnica específica para o exercício da profissão**. Havendo imposição legal no sentido de que o trabalho só pode ser exercido por quem tem habilitação técnica específica para tal fim (como, por exemplo, advogado ou médico), a **inexistência desta habilitação impede a equiparação salarial pretendida**. Nesse sentido, o posicionamento do TST:

> **OJ SDI-1 296, TST:** "Sendo regulamentada a profissão de auxiliar de enfermagem, cujo exercício pressupõe habilitação técnica, realizada pelo Conselho Regional de Enfermagem, impossível a equiparação salarial do simples atendente com o auxiliar de enfermagem".

Por fim, cumpre destacar que, desde que preenchidos os requisitos do **art. 461 da CLT**, é possível a equiparação salarial de **trabalho intelectual**, que pode ser avaliado por sua **perfeição técnica**, cuja aferição terá **critérios objetivos (Súmula 6, VII, TST)**.

- **diferença de tempo de serviço para o empregador não superior a quatro anos;**
- **diferença de tempo na função não superior a dois anos.**

Em relação a essas duas condições relativas ao tempo de serviço (para o mesmo empregador e na função), o legislador reconhece que, não obstante o fato de o trabalho ser desenvolvido com a mesma produtividade e a mesma perfeição técnica, **pode o empregado mais antigo receber salário maior do que o mais novo**.

Com as modificações introduzidas pela **Lei n. 13.467/2017** (*Reforma Trabalhista*), a previsão da Súmula 6, II, TST, não mais prevalece.

Tais situações constituem *fatos modificativos, extintivos ou impeditivos* da equiparação salarial, incumbindo ao empregador o ônus da prova em relação a eles **(Súmula 6, VIII)**.

Importante destacar que a equiparação salarial só será possível entre empregados contemporâneos no cargo ou na função (**contemporaneidade do trabalho**), ficando

---

[90] DELGADO, Mauricio Godinho. *Curso de direito do trabalho*, 18. ed., p. 985.

vedada a indicação de paradigmas remotos, ainda que o paradigma contemporâneo tenha obtido a vantagem em ação judicial própria **(art. 461, § 5.º, CLT)**. Para que haja a possibilidade de confrontação ou comparação entre os dois empregados, necessária a **simultaneidade na prestação de serviços**.

No entanto, é **desnecessário** que, ao tempo da reclamação sobre equiparação salarial, **reclamante e paradigma ainda estejam a serviço do estabelecimento**. O que importa é que o pedido se relacione com situação pretérita **(Súmula 6, IV, TST)**.

Com as modificações introduzidas pela **Lei n. 13.467/2017 (*Reforma Trabalhista*)**, também a previsão da Súmula 6, VI, TST, não mais prevalece.

6.11.1. Efeitos da equiparação salarial

Preenchidos os requisitos legais, o empregado equiparado terá **direito ao mesmo salário do paradigma** a partir do reconhecimento do direito **(parcelas vincendas)** e às diferenças salariais do período pretérito **(parcelas vencidas**, consideradas a partir do momento em que os requisitos se verificaram e o direito pôde ser reconhecido**)** e os respectivos **reflexos nos demais direitos trabalhistas** (13.º salário, férias + 1/3, DSR e feriados, FGTS**) e nas contribuições previdenciárias** do **período imprescrito**.

SÚMULA 6, IX, TST: "Na ação de equiparação salarial, a **prescrição** é parcial e só alcança as diferenças salariais no período de 5 (cinco) anos que precedeu o ajuizamento".

No caso de **comprovada discriminação por motivo de sexo, raça, etnia, origem ou idade**, o pagamento das **diferenças salariais devidas** ao empregado discriminado, não afasta seu direito de ação de indenização por danos morais, consideradas as especificidades do caso concreto. Além disso, no caso de diferenças salariais por motivos discriminatórios, será devida multa no valor de 10 vezes o valor do novo salário devido pelo empregador ao empregado discriminado, elevada ao dobro, no caso de reincidência, sem prejuízo de demais cominações legais **(art. 461, §§ 6.º e 7.º, CLT)**.[91]

6.11.2. Fatores impeditivos da equiparação salarial

O direito à equiparação salarial não será reconhecido quando o empregador tiver seu pessoal organizado em **quadro de carreira** ou adotar, por meio de norma interna da empresa ou de negociação coletiva, **plano de cargos e salários (art. 461, §§ 2.º e 3.º, CLT)**, ou em caso de diferença de salário decorrente de **readaptação de função (art. 461, § 4.º, CLT)**.

---

[91] Redação dada pela Lei n. 14.611/2023, que dispõe sobre a igualdade salarial e de critérios remuneratórios entre mulheres e homens. Sobre o tema, *vide* também o Decreto n. 11.795/2023, que regulamenta a Lei n. 14.611/2023.

Referidos **fatores impeditivos** da equiparação salarial têm as seguintes **regras e características**:

■ **Existência de quadro de carreira ou de plano de cargos e salários**: trata-se de hipótese em que o empregador institui uma organização e um planejamento dos cargos, das funções, das promoções e das faixas salariais existentes na empresa, com previsão de promoções aos empregados, por antiguidade e/ou por merecimento.

O empregador não está obrigado a instituir um quadro de carreira ou um plano de cargo e salários. No entanto, se o fizer, por força da previsão contida no **art. 461, § 2.º, da CLT**, não haverá que se falar em equiparação salarial.

Mauricio Godinho Delgado, ao justificar o quadro de carreira como causa excludente da equiparação salarial, afirma que a ordem jurídica supõe "que esse fato cria mecanismo suficiente e adequado para a evolução funcional do trabalhador na empresa, afastando, assim, o remédio jurídico equiparatório, corretivo de discriminações salariais".[92]

Para que o **quadro de carreira** ou o **plano de cargos e salários** possam ser fatores impeditivos da equiparação salarial, devem prever **sistemática de promoções por merecimento e por antiguidade (art. 461, § 3.º, CLT)** — devem instituir, dentro de cada categoria ou classe profissional de empregados da empresa, a previsão de cargos e as respectivas funções, com uma sistemática objetiva de promoções por merecimento e/ou antiguidade, que impliquem em ascensão funcional aliada a aumento salarial, sendo que as promoções poderão ser feitas por merecimento e antiguidade (requisitos cumulativos e alternados) ou por apenas um desses critérios.[93]

> **OJ SDI-1 418, TST:** "Não constitui óbice à equiparação salarial a existência de plano de cargos e salários que, referendado por norma coletiva, prevê critério de promoção apenas por merecimento ou antiguidade, não atendendo, portanto, o requisito de alternância dos critérios, previsto no art. 461, § 2.º, da CLT".

Importante destacar que a **Lei n. 13.467/2017 (*Reforma Trabalhista*)** excluiu a exigência de homologação, para a validade do quadro de carreira ou do plano de cargos e salários. Aliás, a norma prevê expressamente que é **"dispensada qualquer forma de homologação ou registro em órgão público" (art. 461, § 2.º, CLT)**. Assim, resta prejudicada a previsão da Súmula 6, I, do TST.

Em relação aos **servidores públicos**, o TST adota o seguinte entendimento:

---

[92] DELGADO, Mauricio Godinho. *Curso de direito do trabalho*, 18. ed., p. 986.
[93] O quadro de carreira ou o plano de cargos e salários não necessariamente precisam prever sistemática de promoções por merecimento e por antiguidade. Ou seja, o empregador pode organizar e adotar quadro de carreira ou o plano de cargos e salários apenas com a previsão, por exemplo, de promoção por merecimento, sem prever a antiguidade como critério (poder de organização do empregador). Mas somente se contiverem essa previsão é que servirão como impeditivo para a equiparação salarial.

> **OJ SDI-1 297, TST:** "O art. 37, inciso XIII, da CF/1988, veda a equiparação de qualquer natureza para o efeito de remuneração do pessoal do serviço público, sendo juridicamente impossível a aplicação da norma infraconstitucional prevista no art. 461 da CLT quando se pleiteia equiparação salarial entre servidores públicos, independentemente de terem sido contratados pela CLT".

Quanto aos **empregados de sociedades de economia mista**, o TST entende que a restrição contida no art. 37, XIII, da Constituição Federal não se aplica:

> **SÚMULA 455, TST:** "À sociedade de economia mista não se aplica a vedação à equiparação prevista no art. 37, XIII, da CF/1988, pois, ao admitir empregados sob o regime da CLT, equipara-se a empregador privado, conforme disposto no art. 173, § 1.º, II, da CF/1988".

Existindo quadro de carreira ou plano de cargos e salários com previsão de sistemática de promoções por merecimento e por antiguidade na forma da lei, os trabalhadores não poderão invocar o **art. 461 da CLT** e pleitear o reconhecimento do direito à equiparação salarial. Poderão, no entanto, ajuizar reclamações trabalhistas que tenham por objeto direito fundado no quadro de carreira, pleiteando o **correto enquadramento ou a promoção**, quando presentes as previsões dele constantes.[94]

> **SÚMULA 127, TST:** "Quadro de pessoal organizado em carreira, aprovado pelo órgão competente, excluída a hipótese de equiparação salarial, não obsta reclamação fundada em preterição, enquadramento ou reclassificação". (OBS.: a parte da Súmula que prevê a aprovação por órgão competente não pode mais ser aplicada; o restante do texto está em consonância com as regras legais vigentes.)

■ **Readaptação de função:** estabelece o **art. 461, § 4.º, da CLT** que, estando o paradigma em processo de **readaptação funcional** por motivo de deficiência física ou mental atestada pela Previdência Social, **impossível seu salário ser invocado para fins de equiparação.**

A questão se coloca em razão do fato de o salário do readaptado não poder ser reduzido, mesmo que passe a exercer função hierarquicamente inferior à anterior. A manutenção do salário do empregado readaptado ocorre tendo em vista o **princípio da irredutibilidade salarial**, razão pela qual se permite que este labore em nova função juntamente com outros empregados, que podem receber salários menores que o seu, **sem que isso gere direito à equiparação destes para com aquele.**

6.11.3. Desvio de função, acúmulo de função e substituição

O denominado *desvio de função*, segundo definição de João de Lima Teixeira Filho, "consiste no descasamento fático e jurídico entre o cargo em que o empregado está

---

[94] **Súmula 19, TST:** "A Justiça do Trabalho é competente para apreciar reclamação de empregado que tenha por objeto direito fundado em quadro de carreira".

formalmente enquadrado e aquele cujas funções de fato e inequivocamente exerce".[95] De acordo com os princípios da primazia da realidade e da justa retribuição salarial, não resta dúvida de que este **empregado faz jus às diferenças salariais** considerando o valor do salário relativo ao cargo cujas atribuições efetivamente desempenha, **além das demais vantagens deste cargo.**

O *acúmulo de funções* caracteriza-se pelo fato de o empregado estar formalmente enquadrado para o exercício de uma ou mais funções inerentes a seu cargo e de fato, com o passar do tempo, **acumular outras funções que não apenas aquelas que devia efetivamente exercer.** Por exemplo, o empregado que, após a dispensa de seu superior hierárquico, passa a exercer a função deste, com mais responsabilidades e atribuições, sem, no entanto, receber qualquer reajustamento ou acréscimo salarial por este fato.

Portanto, a **designação de um empregado para desempenhar funções de outro**, com as mesmas responsabilidades daquele e integral jornada de trabalho, **sem prejuízo do desempenho das suas próprias funções e da sua jornada de trabalho**, não será considerada substituição, mas **acúmulo de funções** e, nesta hipótese, o **empregado fará jus a um adicional na sua remuneração.**

O acúmulo deve retratar o **exercício habitual e contínuo de outra função**, de tal forma que o empregador aproveite um só empregado para atividades distintas entre si e que normalmente demandariam dois ou mais trabalhadores para sua execução.

O deferimento de um valor a mais acrescido ao salário do empregado, no entanto, está condicionado à **demonstração inequívoca de que as atividades inerentes às duas funções eram executadas concomitantemente.**

Importante ressaltar, ainda, que o exercício de atividades variadas em torno da função contratual, apesar de não expressamente previsto, se **compatível com o cargo ocupado e padrão salarial**, não dá causa ao reconhecimento do acúmulo de função.

Isto porque, nos termos do **art. 456, parágrafo único, da CLT**, à falta de prova ou inexistindo cláusula expressa a respeito, **o obreiro se obriga a todo e qualquer serviço compatível com a sua condição pessoal**. Além disso, a CLT não obsta que um único salário seja fixado para remunerar todas as atividades executadas durante a jornada laboral. Assim, o exercício de atividades diversas, compatíveis com a condição pessoal do empregado, não enseja o pagamento de um *plus* salarial por acúmulo de funções, restando remuneradas pelo salário todas as tarefas desempenhadas dentro da jornada de trabalho.[96]

---

[95] SÜSSEKIND, Arnaldo et al. *Instituições de direito do trabalho*, 22. ed., v. 1, p. 547.
[96] Nesse sentido, o entendimento que vem sendo adotado pelo TST: "AGRAVO DE INSTRUMENTO EM RECURSO DE REVISTA — INSTRUÇÃO NORMATIVA N. 40 DO TST — ACÚMULO DE FUNÇÃO — SERVIÇO COMPATÍVEL COM O CARGO — LIVRE ESTIPULAÇÃO — *JUS VARIANDI* DO EMPREGADOR. O art. 456, parágrafo único, da CLT preceitua que, inexistindo ressalva a respeito no contrato de trabalho, o empregado se obriga a qualquer serviço compatível com a sua condição pessoal — qualificação e atributos físicos e intelectuais. Na presente situação, todas as atividades desempenhadas pela autora estão relacionadas com a função para a qual foi contratada e são compatíveis com a sua condição física e intelectual. Logo, não houve acumulação ilícita de funções. [...]" (AIRR-189-02.2015.5.02.0024, 7.ª T., rel. Min. Luiz Philippe Vieira de Mello Filho, *DEJT* 18.10.2019).

Segundo esclarece Mauricio Godinho Delgado, a *substituição de empregados* envolve três situações distintas:[97]

1) substituição provisória ou interina (aquela que abrange prazo delimitado, porém capaz, por sua extensão, de provocar efeitos salariais diferenciados em favor do empregado substituto);
2) substituição meramente eventual (aquela que se concretiza por curtíssimo período, sem possibilidade de gerar estabilização contratual minimamente necessária para propiciar efeitos salariais diferenciados em benefício do trabalhador);
3) substituição permanente (aquela que se relaciona à ocupação definitiva, pelo obreiro, do cargo anteriormente provido por outro trabalhador, em face de este ter sido deslocado da função ou de ter tido o contrato encerrado).

Em relação à substituição, cumpre destacar os termos do **art. 450 da CLT**:

> "Ao empregado chamado a ocupar, em comissão, interinamente, ou em substituição eventual ou temporária, cargo diverso do que exercer na empresa, serão garantidas a contagem de tempo naquele serviço, bem como volta ao cargo anterior".

O dispositivo legal supracitado consagra uma garantia ao empregado substituto, seja em decorrência de uma substituição provisória, seja em decorrência de uma substituição meramente eventual, vez que **assegura a este trabalhador a contagem do tempo de serviço como substituto e seu retorno ao cargo efetivo após o término da substituição**.

Em razão da omissão da legislação celetista quanto ao pagamento ao substituto de diferenças salariais considerando o valor do salário do substituído, o TST definiu posicionamento sobre a questão:

> **SÚMULA 159, TST:** "I — Enquanto perdurar a substituição que não tenha caráter meramente eventual, inclusive nas férias, o empregado substituto fará jus ao salário contratual do substituído.
> II — Vago o cargo em definitivo, o empregado que passa a ocupá-lo não tem direito a salário igual ao do antecessor".

Assim, a *substituição provisória* é a única espécie que assegura ao empregado substituto o direito a salário igual ao do substituído, a contagem de tempo de serviço do período da substituição e o posterior retorno ao cargo ou função anterior.

No que tange à *substituição meramente eventual* e à *substituição permanente*, embora garantida a contagem de tempo de serviço do período da substituição e o posterior retorno ao cargo ou função anterior, o efeito salarial não ocorre, ou seja, o substituto não tem direito a receber, durante o período da substituição, o salário do substituído.

---

[97] DELGADO, Mauricio Godinho. *Curso de direito do trabalho*, 18. ed., p. 996-999.

Em relação à hipótese de o cargo ficar vago de forma definitiva, embora a doutrina utilize a denominação **substituição permanente**, segundo o entendimento do TST não se trata efetivamente de substituição, não se assegurando ao empregado o salário igual ao do antecessor.

6.12. ADICIONAIS DE REMUNERAÇÃO

Os **adicionais** são valores **acrescidos à remuneração** do empregado em razão de **condições de trabalho mais gravosas** nas quais se encontra. Os adicionais, como parcelas suplementares ao salário-base, visam, portanto, compensar o empregado pela maior dificuldade ou pelo risco que tem que enfrentar na execução do contrato de trabalho.

Mauricio Godinho Delgado afirma que a parcela adicional que o empregado recebe é "nitidamente contraprestativa: paga-se um *plus* em virtude do desconforto, desgaste ou risco vivenciados, da responsabilidade e encargos superiores recebidos, do exercício cumulativo de funções, etc. Ela é, portanto, nitidamente salarial, não tendo, em consequência, caráter indenizatório (ressarcimento de gastos, despesas, reparação de danos, etc.)".[98]

Importante ressaltar que, embora de natureza salarial, os adicionais fundamentam-se em condições mais gravosas de trabalho que, idealmente, não deveriam existir. Exatamente por essa razão, não se mantêm vinculados ao contrato de trabalho, podendo deixar de ser pagos se desaparecidas as circunstâncias que geraram o seu pagamento. "São desse modo, o exemplo mais transparente do chamado *salário-condição*, acolhido reiteradamente pela jurisprudência (ilustrativamente, Súmulas 60 e 265, 291, 80 e 248, TST) e por textos legais trabalhistas (ilustrativamente, arts. 194 e 469, § 3.º, CLT)".[99]

Os adicionais classificam-se em:

▪ **adicionais legais** — previstos em lei e aplicáveis a qualquer empregado (*adicionais legais abrangentes*), ou a categorias específicas e delimitadas de empregados, como, por exemplo, o adicional por acúmulo de função, aplicável aos radialistas por força da Lei n. 6.615/78 ou aos vendedores conforme Lei n. 3.207/57 (*adicionais legais restritos*);[100]

▪ **adicionais convencionais** — previstos em normas coletivas e aplicáveis a empregados integrantes da categoria profissional respectiva.

6.12.1. Adicionais legais

Pela generalidade e, portanto, pela maior aplicabilidade na prática das relações trabalhistas, analisaremos apenas os **adicionais legais chamados de abrangentes**, ou seja,

---

[98] DELGADO, Mauricio Godinho. *Curso de direito do trabalho*, 18. ed., p. 907.
[99] DELGADO, Mauricio Godinho. *Curso de direito do trabalho*, 18. ed., p. 907.
[100] DELGADO, Mauricio Godinho. *Curso de direito do trabalho*, 18. ed., p. 907-908.

aqueles que se aplicam indistintamente a qualquer empregado que se encontre na situação fática originária da incidência do pagamento do adicional, que são os seguintes:

■ **Adicional de horas extras:** previsto no **art. 7.º, XVI, da Constituição Federal** e no **art. 59, § 1.º, da CLT**, este adicional é devido aos empregados urbanos e rurais em razão do trabalho em jornada suplementar ou extraordinária.[101]

O adicional é de, **no mínimo, 50% (cinquenta por cento) sobre o valor da hora normal de trabalho**. Assim, o valor de cada hora extra corresponde ao valor da hora normal, **integrado por parcelas de natureza salarial** e acrescido do adicional previsto em lei, contrato, acordo coletivo de trabalho, convenção coletiva de trabalho ou sentença normativa **(Súmula 264, TST)**.

As **horas extras habitualmente recebidas pelo trabalhador** integram seu salário para todos os efeitos legais, refletindo em parcelas trabalhistas (13.º salário, férias, FGTS, DSR, aviso prévio) e em parcelas previdenciárias (salário de contribuição).

■ **Adicional noturno:** previsto no **art. 7.º, IX, da Constituição Federal**, no **art. 73 da CLT** (para os empregados urbanos) e no **art. 7.º da Lei n. 5.889/73** (para os empregados rurais), o adicional noturno é devido em razão do trabalho prestado em horário considerado noturno, na forma da lei: das 22h às 5h para os **empregados urbanos**; das 21h às 5h para os **empregados rurais que trabalham na agricultura**; e das 20h às 4h para os **empregados rurais que exercem atividades na pecuária**.[102]

Para os **empregados urbanos**, nos termos do **art. 73 da CLT**, a hora noturna é reduzida (52'30") e o adicional corresponde a **20% (vinte por cento) sobre o valor da hora diurna de trabalho**.

Aos **empregados rurais**, não se aplica a redução da hora noturna, sendo o valor do adicional de **25% (vinte e cinco por cento) sobre o valor da hora diurna de trabalho**.

O adicional noturno pago com habitualidade integra a remuneração do empregado para todos os efeitos: férias, 13.º salário, aviso prévio, FGTS, descanso semanal remunerado **(Súmula 60, I, TST)**.

■ **Adicional de transferência:** nos termos do **art. 469, § 3.º, da CLT**, o adicional de transferência é devido nos casos em que o empregado é **transferido provisoriamente** para prestar serviços em outra localidade distinta da que resultar do contrato de trabalho.[103]

A transferência provisória dá **direito ao empregado** de receber um **adicional de remuneração** equivalente a **25% (vinte e cinco por cento) da sua remuneração mensal** e que **será pago enquanto durar a transferência**. Retornando o empregado à localidade

---

[101] Para estudo mais aprofundado sobre *jornada extraordinária*, seu conceito, seus limites e regras, *vide* **item 5.2.4 (Parte II)**.

[102] Para estudo mais aprofundado sobre *trabalho noturno*, seu conceito, seus limites e regras, *vide* **item 5.2.5 (Parte II)**.

[103] Para estudo mais aprofundado sobre *transferência*, suas regras e consequências, *vide* **item 7.4 (Parte II)**.

originária de prestação de serviços, cessa o pagamento do respectivo adicional, mas enquanto estiver sendo pago **integrará a sua remuneração para todos os efeitos legais**.

■ **Adicional de insalubridade**: com fundamento no **art. 7.º, XXIII, da Constituição Federal** e de acordo com o previsto no **art. 189 da CLT**, o trabalho em atividades ou operações insalubres, assim consideradas aquelas que, por sua natureza, condições ou métodos de trabalho, exponham os empregados a agentes nocivos à saúde, acima dos limites de tolerância fixados em razão da natureza e da intensidade do agente e do tempo de exposição aos seus efeitos, assegura o direito ao adicional de insalubridade.[104]

A **base de cálculo** do adicional de insalubridade é o **salário mínimo (a eficácia da Súmula 228, TST está suspensa por decisão liminar do STF)** e o seu valor varia de acordo com o grau de insalubridade a que o empregado está exposto. Assim, o adicional será de: **10% (dez por cento) do salário mínimo** em caso de insalubridade em **grau mínimo**; **20% (vinte por cento) do salário mínimo** em caso de insalubridade em **grau médio**; e **40% (quarenta por cento) do salário mínimo** em caso de insalubridade em **grau máximo**.

O direito ao adicional de insalubridade cessará com a eliminação do risco à saúde do trabalhador **(art. 194, CLT)**. No entanto, enquanto percebido, referido adicional **integra a remuneração** para todos os efeitos legais **(Súmula 139, TST)**.

■ **Adicional de periculosidade**: com fundamento no **art. 7.º, XXIII, da Constituição Federal** e de acordo com o previsto no **art. 193 da CLT**, o trabalho em atividades ou operações perigosas, assim consideradas aquelas que, por sua natureza ou métodos de trabalho, impliquem risco acentuado em virtude de exposição permanente do trabalhador a inflamáveis, explosivos ou energia elétrica, a roubos ou outras espécies de violência física nas atividades profissionais de segurança pessoal ou patrimonial,[105] a colisões, atropelamentos ou outras espécies de acidentes ou violências nas atividades profissionais dos agentes das autoridades de trânsito, além das atividades de trabalhador em motocicleta (§ 3.º),[106] assegura o direito ao adicional de periculosidade.[107]

O trabalho em condições de periculosidade assegura ao empregado um adicional de **30% (trinta por cento) sobre seu salário-base**.

---

[104] Para estudo mais aprofundado sobre *insalubridade*, vide **item 13.3 (Parte II)**.

[105] O Ministério do Trabalho editou a Portaria n. 1.885/2013, que acrescentou o anexo 3 à NR 16, fixando os parâmetros necessários ao correto enquadramento das atividades perigosas em decorrência de exposição a roubos ou outras espécies de violência física nas atividades profissionais de segurança pessoal ou patrimonial. A última modificação da NR 16 foi feita pela Portaria SEPRT n. 1.357, de 9 de dezembro de 2019.

[106] O Ministério do Trabalho e Emprego editou a Portaria n. 1.565/2014, que acrescentou o anexo 5 à NR 16, fixando os parâmetros necessários ao correto enquadramento das atividades perigosas em motocicleta. A última modificação da NR 16 foi feita pela Portaria SEPRT n. 1.357, de 9 de dezembro de 2019.

[107] Para estudo mais aprofundado sobre *periculosidade*, vide **item 13.2 (Parte II)**.

O direito ao adicional de periculosidade cessará com a eliminação do risco à integridade física do trabalhador **(art. 194, CLT)**. No entanto, enquanto percebido, referido adicional **integra a remuneração** para todos os efeitos legais.

■ **Adicional de penosidade:** devido em decorrência de trabalho em condições penosas, o adicional de penosidade, previsto no **art. 7.º, XXIII**, da Constituição Federal, depende de regulamentação por norma infraconstitucional que venha a definir a hipótese concreta que originará o pagamento, bem como seu valor (dispositivo constitucional de eficácia limitada).[108]

No tocante aos adicionais de insalubridade, periculosidade e penosidade, cumpre destacar que o **art. 611-B, CLT**, prevê que constituem objeto ilícito de convenção coletiva ou de acordo coletivo de trabalho previsões que visem suprimir ou reduzir normas de saúde, higiene e segurança do trabalho, previstas em lei ou em normas regulamentadoras do Ministério do Trabalho **(inciso XVII)**, e o adicional de remuneração para atividades penosas, insalubres ou perigosas **(inciso XVIII)**.

6.13. GRATIFICAÇÃO DE NATAL (DÉCIMO TERCEIRO SALÁRIO)

A **gratificação de Natal**, também chamada de **décimo terceiro salário**, foi instituída pela Lei n. 4.090/62, com regulamentação pelo Decreto n. 10.854/2021, e pelos acréscimos trazidos pela Lei n. 4.749/65.

A **Constituição Federal de 1988** estendeu o direito à gratificação de Natal a **todos os empregados**, inclusive domésticos **(art. 7.º, VIII e parágrafo único)**.

Por força do disposto no **inciso XXXIV, do art. 7.º, da Constituição Federal**, aos **trabalhadores avulsos** são assegurados todos os direitos trabalhistas, razão pela qual **têm direito ao décimo terceiro salário**. A **responsabilidade pelo pagamento** do décimo terceiro aos trabalhadores avulsos é do sindicato **(Lei n. 12.023/2009)** e, no caso do trabalhador avulso portuário, o pagamento fica a cargo do órgão gestor de mão de obra **(Lei n. 8.630/93)**.

Embora não previsto expressamente pela **Lei n. 6.019/74** como direito do **trabalhador temporário**, a jurisprudência trabalhista adota entendimento no sentido de estender a essa categoria de trabalhadores o **direito ao décimo terceiro salário**. Como ensina Mauricio Godinho Delgado, "a regra isonômica lançada pelo art. 12, *a*, da Lei n. 6.019, garantindo 'remuneração equivalente à percebida pelos empregados da mesma categoria da empresa tomadora ou cliente [...]', fez a jurisprudência considerar devida também aos temporários a presente gratificação legal".[109]

Os **servidores públicos cedidos** têm direito ao décimo terceiro salário, que será **pago pela empresa cessionária**, enquanto durar a cessão.

---

[108] Para mais informações sobre *condições penosas de trabalho*, vide **item 13.4 (Parte II)**.
[109] DELGADO, Mauricio Godinho. *Curso de direito do trabalho*, 18. ed., p. 913.

> **SÚMULA 50, TST:** "A gratificação natalina, instituída pela Lei n. 4.090, de 13.07.1962, é devida pela empresa cessionária do servidor público cedido enquanto durar a cessão".

A gratificação de Natal é um direito recebido com **periodicidade anual**, com valor equivalente à **remuneração que o empregado receber em dezembro** de cada ano, compreendendo o salário e todos os seus componentes, inclusive salário *in natura* **(art. 80, Decreto n. 10.854/2021)** e gorjetas **(Súmula 354, TST)**.

> **SÚMULA 354, TST:** *"As gorjetas, cobradas pelo empregador na nota de serviço ou oferecidas espontaneamente pelos clientes, integram a remuneração do empregado,* não servindo de base de cálculo para as parcelas de aviso prévio, adicional noturno, horas extras e repouso semanal remunerado" (grifos nossos).

Os demais valores pagos pelo empregador ao empregado que tenham natureza salarial, tais como **adicional de horas extras** e **adicional noturno** pagos habitualmente, adicionais de **insalubridade**, de **periculosidade** e de **transferência, integram o cálculo da gratificação natalina**.

> **SÚMULA 45, TST:** "A remuneração do serviço suplementar, habitualmente prestado, integra o cálculo da gratificação natalina prevista na Lei n. 4.090, de 13.07.1962".
>
> **SÚMULA 60, TST:** *"I — O adicional noturno, pago com habitualidade, integra o salário do empregado para todos os efeitos.* II — Cumprida integralmente a jornada no período noturno e prorrogada esta, devido é também o adicional quanto às horas prorrogadas" (grifos nossos).
>
> **SÚMULA 139, TST:** "Enquanto percebido, o adicional de insalubridade integra a remuneração *para todos os efeitos legais*" (grifos nossos).

Outras **gratificações** recebidas pelo empregado com periodicidade **semestral** integram o décimo terceiro salário pelo seu duodécimo (o cálculo é feito da seguinte forma: somam-se as duas gratificações semestrais e divide-se por 12; o resultado da operação, isto é, **o duodécimo, será integrado ao cálculo do décimo terceiro**).

> **SÚMULA 253, TST:** "A gratificação semestral não repercute no cálculo das horas extras, das férias e do aviso prévio, ainda que indenizados. *Repercute, contudo, pelo seu duodécimo na indenização por antiguidade e na gratificação natalina"* (grifos nossos).

Para os **empregados que recebem salário variável**, o cálculo da gratificação natalina será feito na base de 1/11 (um onze avos) da soma das importâncias variáveis devidas nos meses trabalhados até novembro de cada ano. A essa gratificação será somado o valor que corresponder ao salário contratual fixo, se houver. Até o dia 10 de janeiro do ano seguinte, computada a parcela variável recebida pelo empregado no mês de dezembro, o cálculo da gratificação de Natal será revisto para 1/12 (um doze avos), processando-se a **correção do valor** da respectiva gratificação com o **pagamento do valor faltante** ou com a **compensação das possíveis diferenças (art. 77, Decreto n. 10.854/2021)**.

> **OJ SDI-1 181, TST:** "O valor das comissões deve ser corrigido monetariamente para em seguida obter-se a média para efeito de cálculo de férias, 13.º salário e verbas rescisórias".

De acordo com o **art. 611-B, V, CLT**, constituem objeto ilícito de convenção coletiva ou de acordo coletivo de trabalho previsões que visem suprimir ou reduzir o valor nominal do décimo terceiro salário.

Devido à sua **natureza** inegavelmente **salarial**, a gratificação natalina sofrerá descontos das **contribuições sociais (art. 28, § 7.º, Lei n. 8.212/91)**, devendo o empregador recolher o **FGTS** incidente sobre ela **(art. 15, Lei n. 8.036/90)**.

O pagamento do décimo terceiro salário será efetuado pelo empregador em duas parcelas: a primeira, **a título de adiantamento**, será paga de uma só vez ao empregado **entre os meses de fevereiro e novembro de cada ano**, sendo o seu valor calculado à base de cinquenta por cento do salário do mês anterior ao seu pagamento **(art. 2.º, Lei n. 4.749/65, e art. 78, Decreto n. 10.854/2021)**; a **segunda** será paga **até o dia 20 de dezembro** de cada ano, tomando-se por base a remuneração de dezembro e compensando-se o valor do adiantamento **(art. 1.º, Lei n. 4.749/65, e art. 76, *caput*, e art. 78, § 3.º, Decreto n. 10.854/2021)**.

Tratando-se de empregados que recebam apenas remuneração variável, o adiantamento será calculado na base da soma das importâncias variáveis devidas nos meses trabalhados até o anterior àquele em que for pago o adiantamento **(art. 78, § 1.º, Decreto n. 10.854/2021)**.

O empregador não está obrigado a pagar o adiantamento do décimo terceiro salário no mesmo mês para todos os empregados **(art. 2.º, § 1.º, Lei n. 4.749/65, e art. 78, § 2.º, Decreto n. 10.854/2021)**. No entanto, para o empregado que requeira expressamente no mês de janeiro do respectivo ano, o adiantamento será pago por ocasião de suas férias **(art. 2.º, § 2.º, Lei n. 4.749/65, e art. 79, Decreto n. 10.854/2021)**.

Caso o contrato de trabalho não tenha vigorado durante todo o ano, a gratificação natalina será **devida de forma proporcional**, calculada à base de 1/12 (um doze avos) da remuneração devida em dezembro, por mês de serviço, sendo que a fração igual ou superior a 15 (quinze) dias será considerada como mês integral **(art. 1.º, §§ 1.º e 2.º, Lei n. 4.090/62, e art. 76, Decreto n. 10.854/2021)**.

> **SÚMULA 157, TST:** "A gratificação instituída pela Lei n. 4.090, de 13.07.1962, é devida na resilição contratual de iniciativa do empregado".

A gratificação natalina também será paga de forma proporcional na **extinção dos contratos a prazo**, incluídos os de safra, e na cessação da relação de emprego resultante da **aposentadoria (art. 1.º, § 3.º, Lei n. 4.090/62)**, não sendo devida, porém, em caso de dispensa por **justa causa (art. 3.º, Lei n. 4.090/62, e art. 82, Decreto n. 10.854/2021)**. No entanto, em caso de rescisão contratual por **culpa recíproca**, o empregado receberá 50% do valor da gratificação natalina que seria devida.

> **SÚMULA 14, TST:** "Reconhecida a culpa recíproca na rescisão do contrato de trabalho (art. 484 da CLT), o empregado tem direito a 50% (cinquenta por cento) do valor do aviso prévio, do décimo terceiro salário e das férias proporcionais".

No caso de **morte do empregado**, seus dependentes receberão a gratificação natalina, integral ou proporcional, conforme o caso. Não havendo dependentes, a referida gratificação será recebida pelos sucessores na forma da lei civil **(art. 1.º, Lei n. 6.858/80)**.

Na hipótese de **rescisão do contrato de trabalho antes de dezembro**, e já tendo sido pago o adiantamento da gratificação natalina, o valor correspondente a tal adiantamento poderá ser compensado com o valor da gratificação proporcional devida e, se não bastar, com outro crédito de natureza trabalhista que possua o respectivo empregado **(art. 3.º, Lei n. 4.749/65, e art. 78, § 3.º, Decreto n. 10.854/2021)**.

As ausências legais e justificadas do empregado, inclusive as decorrentes de acidente de trabalho, não serão descontadas do cálculo da gratificação natalina **(art. 2.º, Lei n. 4.090/62, e art. 81, Decreto n. 10.854/2021)**.

> **SÚMULA 46, TST:** "As faltas ou ausências decorrentes de acidente do trabalho não são consideradas para os efeitos de duração de férias e cálculo da gratificação natalina".

Questão controvertida na doutrina e na jurisprudência diz respeito à hipótese em que o empregado é dispensado por justa causa, quando já tenha sido pago o adiantamento da gratificação natalina, questionando-se a possibilidade de descontar das demais verbas a serem pagas ao empregado o valor do referido adiantamento.

Alice Monteiro de Barros sustenta que "se o empregador já tiver realizado o adiantamento de parte do 13.º salário antes da prática da justa causa, o pagamento subsistirá. É que a falta cometida não produz efeito *ex tunc*, capaz de descompor ato jurídico perfeito e acabado". Afirma, ainda, que só seria possível estornar o valor do adiantamento do décimo terceiro salário se tal valor exceder ao montante correspondente ao período trabalhado no respectivo ano.[110]

Adotamos, porém, posicionamento contrário, seguindo entendimento doutrinário que sustenta poder o empregador descontar das outras verbas que o empregado tenha para receber o valor correspondente ao adiantamento. Isso porque o legislador expressamente exclui o direito do empregado de receber a gratificação natalina em caso de justa causa **(art. 3.º, Lei n. 4.090/62, e art. 82, Decreto n. 10.854/2021)**, sem fazer qualquer exclusão de aplicação dessa regra. Tendo em vista o caráter de gratificação que o décimo terceiro possui, não faria sentido impor ao empregador qualquer pagamento a esse título ao empregado que pratica justa causa.[111]

---

[110] BARROS, Alice Monteiro de. *Curso de direito do trabalho*, p. 776-777.
[111] Tal entendimento também é adotado por MARTINS, Sérgio Pinto. *Direito do trabalho*, p. 259.

6.14. QUESTÕES

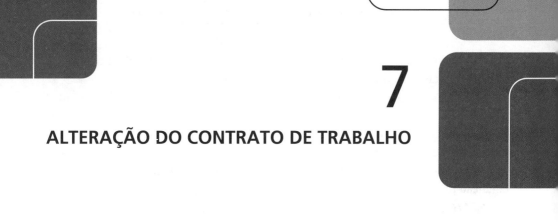

7

ALTERAÇÃO DO CONTRATO DE TRABALHO

7.1. CARACTERIZAÇÃO

Entre os princípios fundamentais do direito contratual, encontra-se o princípio da obrigatoriedade da convenção, pelo qual o que foi estipulado livremente deve ser fielmente cumprido (*pacta sunt servanda*).

Tal princípio tem por objetivo dar segurança jurídica às relações contratuais e, nesse sentido, assegura aos contratantes o direito de exigirem o cumprimento do que foi pactuado, buscando, inclusive, a intervenção estatal se assim for necessário para assegurar a execução das obrigações.

A fundamentação do **princípio da força obrigatória** reside na regra de que o contrato é considerado lei entre as partes e, desde que estipulado validamente, torna-se intangível e imutável, somente podendo ser alterado por vontade de ambas as partes (e, mesmo assim, dentro de certos limites) ou por força maior ou caso fortuito **(art. 478, do Código Civil)**.

Assim, há que se ressaltar que, como consequência da força vinculante que o contrato gera, decorre a **inalterabilidade unilateral do pacto**, de tal maneira que a vontade exclusiva de uma das partes não pode, por si, produzir efeito modificativo no avençado.

As alterações do contrato de trabalho são disciplinadas pela **Consolidação das Leis do Trabalho** no **art. 468**, no seu aspecto geral, e no **art. 469**, em relação à situação específica de transferência do empregado.

A preocupação do legislador, nos dois casos, centrou-se nos aspectos da vontade das partes, da natureza da alteração e dos efeitos que esta gerará, para determinar se será válida ou não. Em razão disso, excluem-se naturalmente da análise da legalidade as alterações obrigatórias, que são imperativamente impostas por lei ou por normas coletivas.

Desta forma, em relação aos aspectos gerais das alterações que decorrem da vontade das partes, o **art. 468 da CLT** dispõe:

> **Art. 468.** Nos contratos individuais de trabalho só é lícita a alteração das respectivas **condições** por **mútuo consentimento**, e ainda assim desde que não resultem, direta ou indiretamente, **prejuízos ao empregado**, sob pena de nulidade da cláusula infringente desta garantia.

O estudo das regras que regem as alterações do contrato de trabalho exige necessariamente a análise de três aspectos que decorrem do texto legal:

■ **Condições de trabalho:** correspondem às cláusulas contratualmente estipuladas e que se encontram em plena vigência. Excluem-se, desta forma, as cláusulas que têm seus efeitos subordinados a acontecimentos futuros e incertos. Importante ressaltar ainda que, se o empregador fizer concessões de caráter habitual e permanente, estas passam a se identificar com o pacto laboral de tal maneira que a ele aderem, tornando-se condição imodificável.

■ **Mútuo consentimento:** a indicação do legislador de que a alteração do contrato depende de mútuo consentimento leva à diferença entre **alteração unilateral** e **alteração bilateral**. Em relação à primeira, como ato emanado do empregador, existe a **presunção absoluta de ilicitude**. As **alterações bilaterais**, ao contrário, revestem-se de **presunção relativa de licitude**, entendendo o legislador que, se a modificação originou-se do mútuo consentimento das partes, será válida, a menos que se comprove que dela resultou prejuízo ao empregado.

Questão importante que envolve a discussão sobre alterações unilaterais e bilaterais e suas consequências é a que diz respeito ao *regulamento de empresa*. Este, como conjunto de regras sobre condições gerais de trabalho, contém normas sobre organização da atividade, disciplina interna e vantagens conferidas aos empregados. Assim sendo, é preciso saber se o regulamento pode ou não ser modificado pelo empregador. O regulamento, originariamente, é ato unilateral do empregador, o que, a princípio, confere-lhe o direito de modificá-lo no exercício de seu poder de comando. Mas, a partir do momento em que os empregados aderem ao regulamento, tácita ou expressamente, as cláusulas regulamentares tornam-se bilaterais, passando automaticamente a integrar os contratos individuais de trabalho.

Esta situação, conforme ensina Délio Maranhão[1] cria para os empregados "um direito contratualmente adquirido", gerando a impossibilidade de alteração. Tal entendimento foi consagrado pela jurisprudência do Tribunal Superior do Trabalho:

> **SÚMULA 51, TST:** "I — As cláusulas regulamentares, que revoguem ou alterem vantagens deferidas anteriormente, só atingirão os trabalhadores admitidos após a revogação ou alteração do regulamento.
> II — Havendo a coexistência de dois regulamentos da empresa, a opção do empregado por um deles tem efeito jurídico de renúncia às regras do sistema do outro".

A convenção coletiva e o acordo coletivo de trabalho podem dispor sobre o regulamento empresarial **(art. 611-A, VI, CLT)**.

■ **Prejuízos ao empregado:** em relação aos prejuízos que a alteração do contrato de trabalho pode gerar ao empregado, podem ser diretos ou indiretos, podem ser ou não de natureza econômica, **mas devem ser efetivos**, ou seja, realmente devem ser verificados.

---

[1] SÜSSEKIND, Arnaldo et al. *Instituições de direito do trabalho*, 22. ed., v. 1, p. 535.

O prejuízo resultante da alteração do contrato de trabalho não necessariamente precisa implicar em dano patrimonial. Pode ser de natureza patrimonial, atingindo o salário do empregado, pode ser de natureza funcional, mas também pode ser de natureza moral ou psicológica, considerando o conjunto de atributos pessoais do empregado. Uma alteração, que a princípio pareça vantajosa, pode revelar-se, na prática, prejudicial ao empregado.

Importante ressaltar, então, que é indiferente que o prejuízo seja imediato ou mediato para que a cláusula alterada seja considerada nula, não tendo relevância também o fato de serem os prejuízos previsíveis ou não no ato da novação. Assim, mesmo que no momento em que se proceda a alteração seja possível que qualquer das partes preveja as desvantagens que o empregado terá como consequência dela, a nulidade perdurará. Este posicionamento baseia-se em uma concepção objetiva, segundo a qual a nulidade das alterações prejudiciais ao empregado deve ser analisada levando-se em conta o fato de que ninguém aceitará livremente uma modificação das condições contratuais quando esta for contrária aos seus interesses.

Então, a regra genérica proibitiva da alteração *in pejus* das condições contratuais, que vem traçada de forma explícita no **caput** do art. 468 da CLT, é que deve ser aplicada quando, na sua execução, o contrato de trabalho sofre uma alteração em qualquer de suas condições essenciais.

"[...] C) RECURSO DE REVISTA. PROCESSO SOB A ÉGIDE DAS LEIS N. 13.015/2014 E 13.467/2017. DIRIGENTE SINDICAL. LICENÇA REMUNERADA. CONDIÇÃO MAIS BENÉFICA. ADESÃO AO CONTRATO DE TRABALHO. PRINCÍPIO DA INALTERABILIDADE CONTRATUAL LESIVA. A formação do contrato de trabalho leva ao estabelecimento de um diversificado número de cláusulas contratuais aplicáveis às partes. É verdade que grande parte dessas cláusulas consiste em mera incorporação de preceitos normativos obrigatórios oriundos da normatividade heterônoma estatal ou autônoma negociada, como característico ao Direito do Trabalho (conteúdo imperativo mínimo do contrato). Mas há também, em contrapartida, uma larga dimensão de cláusulas que se estabelecem a partir do simples exercício da vontade privada, em especial do empregador. Entre estas últimas, citam-se, ilustrativamente, cláusulas referentes à função contratual, à modalidade de pagamento de salários e ao montante salarial (respeitado, neste caso, o mínimo obrigatório), ao montante da jornada (respeitado o parâmetro obrigatório), à distribuição do horário de trabalho, à ambientação de realização dos serviços, e inúmeras outras cláusulas cotidianamente criadas no âmbito empregatício. Os contatos, de maneira geral, podem alterar-se subjetivamente ou objetivamente. Alterações contratuais subjetivas são aquelas que atingem os sujeitos contratuais, substituindo-os ao longo do desenrolar do contrato. Alterações contratuais objetivas são aquelas que atingem as cláusulas do contrato (o conteúdo contratual), alterando tais cláusulas ao longo do desenvolvimento do pacto. A dinâmica das alterações objetivas dos contratos empregatícios submete-se à regência de alguns princípios informativos do Direito do Trabalho. Três diretrizes justrabalhistas aplicam-se à dinâmica das alterações objetivas do contrato de trabalho: trata-se do princípio da inalterabilidade contratual lesiva; também o princípio do direito de resistência obreiro (*jus resistentiae*); finalmente do *jus variandi* empresarial. Os três princípios — dotados de aparente assincronia entre si — harmonizam-se para estabelecer parâmetros orientadores do potencial de rigidez e de mutabilidade deferido pela ordem jurídica ao contrato de trabalho. Realmente, um dos mais importantes princípios gerais do Direito que foi importado pelo ramo justrabalhista é o da inalterabilidade dos contratos, que se expressa, no estuário civilista originário, pelo conhecido aforismo *pacta sunt servanda* ('os pactos devem ser cumpridos'). Informa tal princípio, em sua matriz civilista, que as convenções firmadas pelas partes não podem ser unilateralmente modificadas no curso do prazo de sua vigência, impondo-se o seu cumprimento fiel pelos pactuantes. Sabe-se, porém, que esse princípio jurídico geral (*pacta sunt servanda*) já sofreu claras atenuações no próprio âmbito do Direito Civil, através da fórmula *rebus sic stantibus*. Por essa fórmula atenuadora, a inalterabilidade unilateral deixou de ser absoluta, podendo ser suplantada por uma compatível retificação das cláusulas do contrato ao longo de seu andamento. Essa possibilidade retificadora surgiria caso fosse evidenciado que as condições objetivas despontadas durante o prazo contratual — condições criadas sem o concurso das partes — provocaram grave desequilíbrio contratual, inexistente e impensável no instante de formulação do contrato e fixação dos respectivos direitos e obrigações. Tais circunstâncias novas e involuntárias propiciariam à parte prejudicada, desse modo, a lícita pretensão de modificação do contrato. O princípio geral da inalterabilidade dos contratos sofreu forte e complexa adequação ao ingressar no Direito do Trabalho — tanto que passou a se melhor enunciar, aqui, através de uma diretriz específica, a da inalterabilidade contratual lesiva. Em primeiro lugar, a noção genérica de inalterabilidade perde-se no ramo justrabalhista. É que o Direito do Trabalho não contingencia — ao contrário, incentiva as alterações contratuais favoráveis ao empregado; estas tendem a ser naturalmente permitidas (art. 468, CLT). Em segundo lugar, a noção de inalterabilidade torna-se sumamente rigorosa caso contraposta a alterações desfavoráveis ao trabalhador — que tendem a ser vedadas pela normatividade justrabalhista (arts. 444 e 468, CLT). Em terceiro lugar, a atenuação civilista da fórmula *rebus sic stantibus* (atenuação muito importante no Direito Civil) tende a ser genericamente rejeitada pelo Direito do Trabalho. É que este ramo jurídico especializado coloca sob ônus do empregador os riscos do empreendimento (art. 2.º, *caput*, CLT), independentemente do insucesso que possa se abater sobre este. As obrigações trabalhistas empresariais preservam-se intocadas ainda que a atividade econômica tenha sofrido revezes efetivos em virtude de fatos externos à atuação do empregador. Fatores relevantes como a crise econômica geral ou a crise específica de certo segmento, mudanças drásticas na política industrial do Estado ou em sua política cambial — fatores que, obviamente, afetam a atividade da empresa — não são acolhidos como excludentes ou atenuantes da responsabilidade trabalhista do empregador. Nesse sentido, regra geral, o empregador só pode impor unilateralmente alterações contratuais que não violem as normas estatais heterônomas e que (independentemente de terem sido consentidas) não resultem em prejuízos contratuais ou extracontratuais ao trabalhador, conforme bem preconiza o art. 468 da CLT: 'Art. 468. Nos contratos individuais de trabalho só é lícita a alteração das respectivas condições por mútuo consentimento, e ainda assim desde que não resultem, direta ou indiretamente, prejuízos ao empregado, sob pena de nulidade da cláusula infringente desta garantia. Parágrafo único. Não se considera alteração unilateral a determinação do empregador para que o respectivo empregado reverta ao cargo efetivo, anteriormente ocupado, deixando o exercício de função de confiança'. No caso em exame, extraem-se do acórdão proferido pelo TRT as seguintes premissas fáticas: a) o Autor foi eleito como dirigente sindical em 01.05.2008, exercendo-o ininterruptamente até 30.04.2020 (data de término do atual mandato); b) consta do comunicado de fl. 144 o requerimento datado de 28.04.2011, elaborado por parte do sindicato profissional, para que a empresa liberasse o Autor sem prejuízo da sua remuneração, com base na cláusula 52 da CCT; c) a cláusula 52 da CCT de 2013 assegurava a 'liberação pela empresa que possua mais de 100 (cem) empregados, de um dirigente sindical eleito, a critério do sindicato, para o exercício de suas atividades de representação classista, sem prejuízo de sua remuneração, como se trabalhando estivesse', ao passo que, após o término da vigência da mencionada CCT, não houve mais pactuações de novas convenções coletivas; d) a Reclamada assentiu voluntariamente em arcar com a remuneração obreira até o mês de junho de 2019 . No caso de empregado eleito para exercer cargo na administração sindical, o seu afastamento do trabalho para o exercício das funções sindicais, via de regra, é considerado como licença não remunerada, a teor do que dispõe o art. 543, § 2.º, da CLT. Note-se que, conforme o parágrafo segundo do dispositivo supra, a licença poderá ser remunerada mediante consentimento da empresa ou cláusula contratual. Na hipótese, como já visto, até o término da vigência da CCT 2013, havia cláusula convencional que previa que a empresa pagaria o salário do Autor durante o período em que este fosse dirigente sindical, tratando-se, portanto, de vantagem legitimamente criada por norma coletiva. Outrossim, pontuou o TRT que após a vigência da referida negociação coletiva, o empregador, voluntariamente, continuou a pagar a remuneração ao obreiro por aproximadamente cinco anos, mais exatamente até o mês de junho de 2019. Nesse contexto, compreende-se que o pagamento espontâneo consistiu em vantagem unilateral concedida pelo empregador, estabelecendo condição mais benéfica ao Autor, que se incorporou ao seu contrato de trabalho, sendo que a alteração unilateral promovida pela Reclamada, por ser comprovadamente prejudicial — consistente na supressão do benefício anteriormente garantido —, viola os princípios da inalterabilidade contratual lesiva e do direito adquirido, sendo nula de pleno direito , nos termos dos arts. 444 e 468 da CLT. Tal compreensão encontra, ainda, guarida no entendimento jurisprudencial deste Tribunal Superior, consubstanciado na Súmula n. 51, I, do TST, segundo o qual as cláusulas regulamentares que revoguem ou alterem vantagens deferidas anteriormente, só atingirão os trabalhadores admitidos após a revogação ou alteração do regulamento. Importante salientar, também, que o Supremo Tribunal Federal julgou procedente a ADPF 323/DF para 'declarar a inconstitucionalidade da Súmula n. 277 do Tribunal Superior do Trabalho, na versão atribuída pela Resolução 185, de 27 de setembro de 2012, assim como a inconstitucionalidade de interpretações e de decisões judiciais que entendem que o art. 114, parágrafo segundo, da Constituição Federal, na redação dada pela Emenda Constitucional n. 45/2004, autoriza a aplicação do princípio da ultratividade de normas de acordos e de convenções coletivas, nos termos do voto do Relator' e a decisão do STF, por ser vinculante, deve ser plenamente cumprida, na forma e no sentido por ela exposta. No presente caso, contudo, a situação é diversa, pois não se há falar em ultratividade da norma coletiva, mas sim de decisão reiterada por longo prazo do empregador, democrática, que se incorporou ao patrimônio jurídico do Obreiro, sendo a sua supressão considerada alteração contratual lesiva. A propósito, tal entendimento tem o condão de proteger a estabilidade financeira do empregado, impedindo que, após perceber voluntariamente a vantagem concedida de forma unilateral pelo empregador, possa tê-la suprimida, ocasionando-lhe redução salarial e, consequentemente, queda do seu poder aquisitivo, violando a garantia de irredutibilidade salarial prevista no art. 7.º, VI, da CF, e a proibição de alteração contratual lesiva (art. 468 da CLT). O princípio da estabilidade financeira tem por objetivo assegurar a manutenção do padrão econômico do empregado, adquirido durante o longo período de tempo em que percebeu a vantagem concedida voluntariamente pelo empregador. Desse modo, deve ser restabelecida a sentença no aspecto em que declarou nula a alteração contratual lesiva e, por conseguinte, deferiu o pedido de continuidade de pagamento da licença remunerada até término do mandato em 30.04.2020, enquanto o Reclamante permanecer afastado do trabalho para exercício de mandato de dirigente sindical. Recurso de revista conhecido e provido" (RR-513-33.2019.5.09.0096, 3.ª T., rel. Min. Mauricio Godinho Delgado, *DEJT* 14.11.2024).

Após a análise dos aspectos acima, importante ressaltar que, embora o **art. 468 da CLT** expresse o **princípio da inalterabilidade do contrato de trabalho**, determinando o legislador que as cláusulas convencionais, regra geral, não podem sofrer transformações, o que se verifica na prática é uma realidade que se distancia desta ideia. Isso porque o tempo imprime ao contrato de trabalho uma característica peculiar: com fundamento no **princípio da continuidade**, o contrato de trabalho é feito para durar, para se estender no tempo, e quanto maior o tempo de vigência do contrato de trabalho, mais sujeito a alterações durante seu curso ele estará.

Vários são os fatores que influenciam o contrato de trabalho, tais como a criação de novas técnicas, a expansão do empreendimento, ou a diversificação das atividades; e, como ajuste de trato sucessivo que é, o contrato de trabalho deve adaptar-se às novas circunstâncias, sendo maleável para manter a sua própria continuidade.

Em razão disso, surge o questionamento acerca de como é possível compatibilizar a alterabilidade inata do contrato de trabalho, que se revela claramente em virtude de ser de trato sucessivo, com o disposto no **art. 468 da CLT**.

O dispositivo legal sob análise reflete forte intervenção na autonomia da vontade, o que, no entanto, é inegavelmente necessário. Se assim não fosse, o empregador poderia, aproveitando-se de sua situação de superioridade econômica, coagir o empregado a aceitar alterações de cláusulas essenciais do contrato, mesmo que isso lhe fosse prejudicial. Portanto, diante de qualquer prova de prejuízo (e não é necessário que este seja direto), a declaração da nulidade da alteração é a solução apresentada pela lei, fundando-se no **art. 9.º da própria CLT**.

A violação contratual derivada da alteração gera, portanto, a consequência natural da nulidade do ato, restituindo as partes às condições de trabalho vigentes antes da alteração. Tratando-se de **alteração bilateral**, a cláusula alterada, eivada de vício, torna-se nula. Quando, porém, a **alteração for unilateral**, além da nulidade do ato, o empregado pode rescindir o contrato de trabalho e receber a respectiva indenização (rescisão indireta, por violação das obrigações contratuais por parte do empregador).

Em relação à alteração de local de trabalho especificamente, o *caput* do art. 469 da **Consolidação das Leis do Trabalho** também expressa a inalterabilidade como regra geral, e assim dispõe:

> **Art. 469.** Ao empregador é vedado transferir o empregado, sem a sua anuência, para localidade diversa da que resultar do contrato, não se considerando transferência a que não acarretar necessariamente a mudança de seu domicílio.

Portanto, em relação a este tipo específico de alteração do contrato de trabalho, o **mútuo consentimento** é ressaltado pelo legislador, sendo **vedada a transferência** do empregado **por vontade unilateral do empregador**.

Importante destacar, porém, que a **Lei n. 13.467/2017 (*Reforma Trabalhista*)** ampliou consideravelmente o âmbito de exercício da autonomia da vontade no contrato de trabalho, em especial em relação aos chamados empregados "hipersuficientes" (que têm diploma de nível superior e recebem remuneração mensal igual ou superior a duas vezes o valor do teto máximo dos benefícios do Regime Geral de Previdência Social). Assim, como decorrência dessa ampla autonomia de vontade que lhes é assegurada pelo **art. 444, parágrafo único, da CLT**, esses empregados podem pactuar e aceitar alterações do contrato de trabalho, sem que se possa falar em nulidade destas em razão de prejuízos decorrentes. A alteração, nesse caso, não será válida apenas em caso de comprovação da ocorrência de vício de consentimento.

7.1.1. Diferença entre alteração do contrato de trabalho e *jus variandi* do empregador

Aspecto relevante em relação às modificações que podem ocorrer ao longo da relação entre empregado e empregador é o que diz respeito à diferenciação entre alteração contratual e *jus variandi*.

A comparação entre estas duas situações relativas ao contrato de trabalho é importante porque, na prática, é difícil identificar a modificação procedida pelo empregador como **alteração contratual** ou como **exercício do *jus variandi***. Ambas se aproximam em muitos pontos e somente a partir de um paralelo entre os aspectos diferenciais de cada uma delas é possível uma conclusão mais acertada.

A questão, na realidade, reside no dinamismo do contrato de trabalho e nos limites de tolerância às modificações de seu conteúdo, ou seja, quem pode modificar, e até que ponto, o conteúdo contratual, identificando-se quais as cláusulas que podem ser atingidas por modificações.

As possíveis **modificações no contrato de trabalho** podem ser **classificadas** da seguinte forma:

- variações procedidas pelo empregador de forma unilateral dentro do âmbito contratual, constituindo expressão do *jus variandi*;
- **alterações das condições essenciais do pacto**, que, quando determinadas unilateralmente pelo empregador, importam em violação do contrato e, quando ajustadas bilateralmente e não tragam prejuízos para o empregado, são consideradas válidas.

O *jus variandi* é o poder de direção exercido nos espaços em branco do contrato de trabalho, ou seja, em relação ao que não foi ajustado previamente, sendo que por meio dele o empregador introduz unilateralmente, mas sempre dentro de certos limites, variações em relação à prestação de serviço do empregado e à organização empresarial.

Os limites do *jus variandi* encontram-se exatamente nas cláusulas essenciais do contrato de trabalho e em necessidades reais da empresa, coibindo-se seu uso indiscriminado e abusivo.

Assim, o exercício do *jus variandi* como faculdade do empregador deve efetuar-se e ser reconhecido quando seja utilizado de forma razoável, e não arbitrariamente.

Embora a nossa legislação não contenha um dispositivo específico sobre o *jus variandi*, o **art. 2.º da CLT**, concedendo ao empregador a faculdade de dirigir a prestação de serviços, exercendo seu poder de direção, permite, indiretamente, que possa, quando necessário e para tornar a atividade mais produtiva, variar a forma de prestação desses serviços, desde que as variações implementadas não impliquem em modificações de cláusulas essenciais do contrato de trabalho.

O exercício do *jus variandi* pelo empregador não atinge o conteúdo básico do contrato de trabalho, mas apenas aspectos circunstanciais que o envolvem. Caso o empregador proceda a variações substanciais, atingindo cláusulas essenciais do contrato, tais como as relativas a localidade da prestação dos serviços, jornada de trabalho, salário e função exercida, não mais estaremos diante do *jus variandi*, mas passaremos ao campo das alterações contratuais. Se as modificações importam em uma alteração substancial do contrato, já se saiu do âmbito do *jus variandi*.

Desta forma, as **alterações do contrato individual de trabalho** são modificações de seu conteúdo essencial, daquilo que decorre do ajuste preliminar entre empregado e empregador e de cláusulas que são obrigatoriamente inseridas no contrato por força de lei ou de norma coletiva, como reflexo do ***dirigismo contratual***, e têm fundamento no caráter de trato sucessivo de que o contrato é revestido.

As cláusulas básicas do contrato de trabalho não podem ser modificadas porque são revestidas de obrigatoriedade que assegura às partes uma segurança jurídica e evita que o empregado, como contratante mais fraco que é, fique constantemente submetido às alterações impostas pelo empregador economicamente mais forte.

Assim, a inalterabilidade é a regra, sendo a alteração a exceção, que somente terá validade quando procedida nos limites previstos pelo **art. 468 da CLT** e, no caso de alteração da localidade da prestação dos serviços, pelo **art. 469 da CLT**.

Portanto, o exercício do *jus variandi* pelo empregador não se confunde com alteração do contrato de trabalho, embora ambas as situações refiram-se a hipóteses de modificações que são verificadas no curso da relação de emprego mantida pelas partes.

Referimo-nos anteriormente aos limites impostos tanto no que diz respeito ao *jus variandi* como em relação às alterações contratuais. Na esteira deste raciocínio, podemos dizer que esses limites estão contidos em um espaço demarcado, de um lado, pela possibilidade de variar a prestação de serviços como faculdade decorrente do poder de direção do empregador (***jus variandi***) e, de outro lado, pela possibilidade que tem o empregado de resistir ao cumprimento de ordens que impliquem em modificações essenciais do contrato ou lhe acarretem prejuízos (*jus resistentiae*). Então, o *jus variandi* e o *jus resistentiae* funcionam como balizas, dentro das quais o conjunto de condições contratuais é capaz de flutuar com intensa mutabilidade. Caso se ultrapasse o terreno delimitado por estas balizas, a violação de direito torna-se evidente, gerando consequências que irão variar em intensidade, podendo culminar, inclusive, com a ruptura do vínculo contratual.

O poder de resistência que é conferido ao empregado funciona, portanto, como um instrumento importante na preservação de sua dignidade. Diante de um arbítrio do empregador, com o desrespeito à pessoa do empregado, o interesse social é frontalmente vulnerado, além de evidenciar-se uma lesão contratual com a afronta ao princípio da força obrigatória dos contratos. Assim, **o direito de resistência é uma possibilidade de autodefesa do empregado em face do seu empregador.**

O *jus resistentiae* caracteriza-se, então, como uma contraposição ao *jus variandi* e à possibilidade de alteração contratual pelo empregador. Isso não significa que estas faculdades possam ser exercidas concomitantemente, uma anulando a outra. Somente a partir do uso irregular e abusivo do *jus variandi,* ou em virtude de alguma alteração do conteúdo do contrato que gere prejuízo, é que surgirá a possibilidade do empregado exercer seu direito de resistência.

7.2. CLASSIFICAÇÃO

As alterações contratuais podem ocorrer tanto em relação aos sujeitos da relação de emprego como em relação ao trabalho prestado ou à organização da empresa. Denominam-se as primeiras **alterações subjetivas**, e as demais, **alterações objetivas**.

Ocorre **alteração subjetiva** nos casos de sucessão de empresas ou de alteração na estrutura jurídica da empresa. No entanto, nestes casos, com fundamento nos princípios da continuidade da relação de emprego e da despersonalização do empregador, o legislador preservou, por meio das regras contidas nos arts. 10 e 448 da CLT, a intangibilidade dos contratos de trabalho, que são mantidos tendo em vista a organização, e não as pessoas que estejam eventualmente à frente dessa organização, como seus titulares.

Em relação às **alterações objetivas**, estas, sim, objeto de preocupação do legislador em relação aos seus limites, os autores as classificam a partir dos seguintes critérios:

- **Quanto à origem** — levando-se em conta a origem da alteração, ou seja, a influência ou não da vontade das partes nas modificações das condições de trabalho, as alterações classificam-se em:

    - **alterações obrigatórias** — aquelas que independem da vontade dos contratantes, resultando de lei ou de norma coletiva. Desta forma, o conteúdo contratual sofrerá influência de leis, de sentenças normativas ou de convenções coletivas de trabalho supervenientes à celebração do contrato.[2] A alteração nestes casos ocorre e justifica-se pelo princípio da supremacia da ordem pública, pelo qual estas normas sobrepõem-se às cláusulas contratuais, substituindo-as automaticamente;

- **alterações voluntárias** — aquelas determinadas pela vontade das partes, caracterizando-se como:
    - **unilaterais**, quando emanadas da vontade de apenas uma delas;[3] e
    - **bilaterais**, se decorrentes do consentimento de ambos os contratantes.

Relativamente às alterações bilaterais, estas resultam de um novo ajuste contratual, realizado pelas partes por mútuo consentimento. A inalterabilidade contratual é amenizada pela possibilidade que é dada aos contratantes de reverem as cláusulas originais do contrato, desde que desta nova situação, porém, não resulte prejuízo ao empregado.

- **Quanto ao objeto** — quanto ao objeto, ou conteúdo do contrato, as alterações podem ser:
    - **alterações qualitativas** — são as alterações relativas à qualidade do trabalho. Afetam a qualidade do trabalho em si mesma, ou por meio de mudanças relativas à qualificação profissional do empregado. Esta qualificação diz respeito à posição funcional conferida ao empregado na organização empresarial, às atribuições que são por ele assumidas quando da celebração do contrato de trabalho, constituindo um verdadeiro *status* profissional. Deste *status* decorrem direitos e obrigações e, portanto, qualquer alteração neste aspecto precisa ser cuidadosamente examinada. A alteração de função representa uma das principais modalidades de modificação contratual;
    - **alterações quantitativas** — são as alterações que se referem à quantidade de trabalho ou ao valor do salário. Referem-se a situações que afetam, para mais ou para menos, o próprio teor da prestação de serviços, podendo verificar-se em relação ao tempo (jornada de trabalho e horário de trabalho), em relação ao salário ou ainda da forma de produção (aumento das tarefas a serem cumpridas). Em cada uma destas situações, a validade da alteração dependerá dos efeitos que produzir, ou seja, será válida quando beneficiar o empregado e nula se lhe causar prejuízo;[4]

---

[2] O exemplo mais comum de alteração de condições de trabalho em decorrência de norma legal ou coletiva refere-se ao salário. Este pode ser elevado em razão de aumento dos níveis do salário mínimo ou ainda pode ser aumentado por força de negociação coletiva, por meio de instrumentos coletivos ou de sentença normativa.

[3] Na realidade, a alteração unilateral é aquela procedida pelo empregador, uma vez que em relação ao empregado é impossível que altere o contrato ou sua execução, "em face da atuação do binômio poder diretivo/subordinação jurídica, formado dentro da relação de emprego. Consideramos, por isso, uma inadvertência afirmar que qualquer das partes poderá alterar o contrato, nos limites do *jus variandi*, pois o empregado não dispõe dele". PINTO, José Augusto Rodrigues. *Curso de direito individual do trabalho*, p. 396.

[4] Em relação à jornada de trabalho, por exemplo, a alteração será válida se implicar em sua redução

■ **alterações circunstanciais** — são as alterações concernentes à localidade da prestação de serviços. A intransferibilidade é a regra geral adotada por nosso legislador no **art. 469 da CLT**, sendo atenuada quando houver a concordância do empregado e, ainda assim, limitada pela necessidade de que da transferência não resulte dano para o empregado.

■ **Quanto à natureza** — quanto à sua natureza, as alterações podem ser:

■ **alterações favoráveis** — são as alterações que melhorem a situação de trabalho do empregado, considerando-a como um todo. Tais alterações são autorizadas pelo legislador e, portanto, são lícitas;

■ **alterações prejudiciais** — quando rebaixem ou piorem a situação de trabalho do empregado. Este tipo de alteração é vedado pelo legislador, sendo elas ilícitas, e, por isso, geram consequências punitivas ou resilitivas do contrato de trabalho.

■ **Quanto aos seus efeitos temporais** — quanto aos seus efeitos no tempo, as alterações podem ser:

■ **alterações provisórias** — são as alterações que têm duração limitada no tempo. Após um determinado período, a condição original volta a existir;

■ **alterações permanentes** — são as alterações que implicam em mudança definitiva das condições contratuais.

A análise da classificação das alterações contratuais permite concluir que a movimentação do conteúdo do contrato de trabalho é **extensa**, pois pode abranger inúmeras hipóteses, e **intensa**, pois ocorre com frequência. Justamente por estes motivos, é absolutamente necessário um extremo cuidado na análise da validade das alterações, mesmo que tenham sido bilateralmente convencionadas, fruto de mútuo consenso. Os limites a serem observados são os estipulados no **art. 468 da CLT**, quanto às alterações em geral, e no **art. 469 do mesmo diploma legal**, para a transferência do empregado.

7.3. ALTERAÇÃO DE FUNÇÃO

O empregador tem a faculdade de reorganizar a empresa, o que lhe permite efetuar uma redistribuição de funções. O limite sempre será o prejuízo que a alteração eventualmente acarretar ao empregado.

---

com manutenção do valor do salário, pois implica em condição mais benéfica para o empregado, mas, ao contrário, o aumento da jornada com a manutenção do salário será nulo, uma vez que o prejuízo ao empregado torna-se evidente. Este é o raciocínio que deve ser utilizado em relação às alterações quantitativas, a fim de que se preserve o equilíbrio contratual e se evite abusos por parte do empregador. Ressalte-se que o princípio da irredutibilidade salarial previsto no art. 7.º, VI, da Constituição Federal pode ser flexibilizado no sentido de alteração quantitativa para menos. A própria Constituição permite a redução do salário, desde que estabelecida em convenção ou acordo coletivo de trabalho, acompanhada ou não de redução de jornada de trabalho (art. 7.º, XIII).

Assim, também em relação à função, o que vale é a regra geral contida no **art. 468 da CLT**, ou seja, serão lícitas as alterações de função quando forem bilaterais e não acarretarem prejuízo ao empregado. As modificações unilaterais somente serão toleradas quando realizadas no exercício estrito do *jus variandi*.

A análise do **art. 468 da CLT** permite que, no que se refere ao prejuízo que esse tipo de alteração pode causar, surjam inúmeras dúvidas, como, por exemplo, saber se apenas o prejuízo patrimonial implicaria em nulidade da alteração, ou se também o prejuízo moral geraria esse efeito. Além disso, é necessário analisar se sempre haverá a possibilidade de o empregado resistir à alteração funcional, ou se em alguns casos ele não pode exercer esse direito.

As alterações de função podem ocorrer tanto no **sentido horizontal**, mantendo-se o mesmo nível hierárquico, como no **sentido vertical**, de maneira ascendente ou descendente.

■ **Alteração horizontal** — aquela pela qual o empregado passa a exercer **outra função**, mas **dentro do mesmo nível hierárquico**. Assim, o empregado é deslocado de um serviço para outro, ou para um setor diverso da empresa, com a consequente modificação de seus encargos ou atribuições, sem que isso, porém, afete de forma significativa a sua situação funcional. Alice Monteiro de Barros denomina este tipo de alteração funcional **aproveitamento**.[5]

Em princípio, esta espécie de alteração, desde que justificada, é permitida, porque compreendida no âmbito do poder de direção do empregador. Será ilícita, no entanto, se implicar em prejuízos profissionais graves ou ainda em prejuízos salariais.

Assim, o empregador não pode proceder a alteração horizontal por mero capricho ou como uma forma de perseguir o empregado e, menos ainda, se resultar em desclassificação profissional ou redução salarial.

Desta forma, existindo razões que justifiquem a alteração, havendo concordância do empregado e se dela não resultar prejuízo grave para ele, estamos diante de legítimo exercício do *jus variandi* do empregador.

■ **Remoção** — trata-se de situação que decorre da transferência do empregado para outra localidade, com mudança de sua residência. A remoção pode ou não vir acompanhada de alteração qualitativa do trabalho, ou seja, pode ou não vir acompanhada de promoção.

Tratando-se de modificação da localidade da prestação do trabalho, este tipo de alteração depende do preenchimento dos requisitos previstos no **art. 469 da CLT**.

■ **Alteração vertical ascendente** — é verificada quando o empregado tiver **elevado o seu nível hierárquico** dentro da empresa, sendo hipótese de **promoção** que, segundo Octavio Bueno Magano, "constitui o ato pelo qual o empregado é transferido de uma categoria para outra, superior, com efetivas vantagens".[6]

---

[5] BARROS, Alice Monteiro de. *Curso de direito do trabalho*, p. 852.
[6] MAGANO, Octavio Bueno. *Manual de direito do trabalho*: direito individual do trabalho, p. 301.

A promoção deve sempre implicar em melhoria das condições econômica e hierárquica do empregado para que não seja considerada prejudicial e, portanto, ilícita, ou seja, dela deve decorrer inevitavelmente uma alteração qualitativa e quantitativa benéfica para o trabalhador.

◾ **Alteração vertical descendente** — neste caso o empregado passa a exercer função que se encaixa em **nível hierárquico inferior** ao da função anteriormente ocupada. Engloba as situações de retorno (ou reversão), rebaixamento e retrocessão.

◾ **Rebaixamento de função** — é a alteração que implica na imposição ao empregado de retorno à função anteriormente ocupada. O rebaixamento não é admitido pela legislação trabalhista, sendo nulo de pleno direito, com fundamento no **art. 9.º da CLT**, qualquer ato que venha a configurá-lo. Nem por mútuo consentimento poderá o rebaixamento prevalecer, uma vez que o prejuízo dele decorrente é evidente.

O rebaixamento, seja como forma de reajustamento de funções na empresa, seja como forma de punição disciplinar, não é admitido pela doutrina e pela jurisprudência em razão de que dele sempre resultam danos ao empregado, geralmente em relação ao salário. Mas o prejuízo também se revela sob o aspecto moral, pois ao ter sua função rebaixada o empregado sentir-se-á humilhado perante seus companheiros e seus superiores.

◾ **Retrocessão** — é caracterizada quando ocorre o retorno do empregado de um cargo efetivo mais alto para um cargo efetivo mais baixo. Também constitui uma alteração vertical descendente, sendo imposta unilateralmente pelo empregador. O que distingue esta situação da hipótese de rebaixamento, é que este último, invariavelmente, tem caráter punitivo.

A retrocessão, tal como o rebaixamento, é vedada pelo nosso ordenamento jurídico, sendo que ambas as situações, se configuradas, implicam na possibilidade de rescisão indireta do contrato de trabalho. A ilegalidade destas alterações resulta do fato de que pressupõem uma anterior promoção do empregado, sendo que depois o empregador determina a sua volta ao cargo exercido anteriormente.

◾ **Retorno ou reversão** — é o retorno ao cargo efetivo anteriormente ocupado após ter o empregado exercido função de confiança. É medida absolutamente legítima, significando a reversão do empregado à função originária anteriormente exercida, nos casos expressamente previstos pela lei. Assim, o retorno, mesmo constituindo alteração vertical descendente, é perfeitamente lícito, nas seguintes situações:

a) Art. 450 da CLT — o retorno à função primitiva ocorre porque o empregado estava investido de determinada função em caráter provisório. Referido dispositivo trata de duas situações distintas: o **comissionamento interino**; e a **substituição temporária e eventual** que se destina a suprir as faltas e os impedimentos de outros empregados.

Assim, o empregado que estiver ocupando em comissão, interinamente, ou em substituição eventual ou temporária, cargo diverso do que exercer na empresa voltará a exercer sua função originária assim que cessar o comissionamento ou a substituição.

Em relação ao retorno do substituto ao seu cargo, o Tribunal Superior do Trabalho adota o seguinte entendimento:

> **SÚMULA 159, TST:** "I — Enquanto perdurar a substituição que não tenha caráter meramente eventual, inclusive nas férias, o empregado substituto fará jus ao salário contratual do substituído.
> II — Vago o cargo em definitivo, o empregado que passa a ocupá-lo não tem direito a salário igual ao do antecessor".

Portanto, havendo investidura do empregado em cargo diverso do que exercer na empresa, interinamente ou em substituição eventual ou temporária, enquanto perdurar o efêmero exercício desta função, deverá perceber o salário do cargo substituído. No entanto, cessados os motivos da substituição, será lícito seu retorno à função de origem, deixando de receber o valor correspondente à substituição. Tratando-se de explícita convocação em caráter precário, o retorno não implica em prejuízo, não havendo qualquer afronta ao disposto no **art. 468 da CLT**.

b) Art. 468, parágrafo único, CLT — trata-se de hipótese de retorno em relação aos ocupantes de cargo de confiança. Não se considera alteração unilateral a determinação do empregador para que o respectivo empregado reverta ao cargo efetivo, anteriormente ocupado, deixando o exercício de função de confiança.

A justificativa para o retorno nesta situação é a de estar o empregado no exercício de função de confiança, que não lhe gera o direito de permanência no cargo porque o que fundamentou a sua condução a ele foi justamente um critério estritamente subjetivo.

Não se trata da confiança genérica que qualquer empregado deve inspirar como pressuposto de sua relação de emprego, mas, sim, de uma confiança estrita que o empregador deposita em determinados empregados que ocuparão postos-chave na empresa.

Definir cargo de confiança não é uma tarefa fácil. No entanto, tomando-se por base os **arts. 499 e 62 da CLT**, podemos conceituá-lo como o relativo às funções de diretor, gerente e outras semelhantes. O fato é que a interpretação em relação aos cargos de confiança deve ser sempre restritiva, considerando que este tipo de função pressupõe um alto grau de decisão que o empregador transfere ao seu empregado, em virtude da confiança que nele deposita.

O empregado, ao assumir uma função de confiança, terá um acréscimo no seu ganho, propiciado por uma parcela a mais que será somada à remuneração do seu cargo efetivo (gratificação de função).

A reversão do empregado para o cargo anteriormente ocupado, com ou sem justo motivo, não assegura ao empregado o direito à manutenção do pagamento da gratificação correspondente, que não será incorporada, independentemente do tempo de exercício da respectiva função **(art. 468, § 2.º, CLT)**. Com essa previsão incluída pela **Lei n. 13.467/2017 (*Reforma Trabalhista*)** deixa de ser aplicado o entendimento previsto no item I da Súmula 372, TST. A previsão do item II da referida Súmula, porém, mantém-se válida ("II — Mantido o empregado no exercício da função comissionada, não pode o empregador reduzir o valor da gratificação").[7]

Existem algumas **outras situações em que o empregador pode validamente proceder à alteração de função no sentido vertical descendente**. Estas hipóteses, porém, não constituem exercício do poder de direção do empregador no seu sentido estrito, mas são permitidas pela lei porque derivadas de situações alheias à vontade das partes e que têm por objetivo a manutenção dos contratos de trabalho existentes. São os casos de:

a) Extinção do cargo — o fato de ser o empregador o detentor dos meios de produção e do poder de direção, e de assumir os riscos da atividade econômica (**art. 2.º da CLT**), permite-lhe proceder a reestruturações organizacionais na empresa, buscando um aumento de produtividade. A extinção de cargos por este motivo possibilita que o empregador aproveite os empregados em outras funções, sem que haja violação ao princípio geral da inalterabilidade contratual previsto no **art. 468 da CLT**. Aliás, esta solução é a mais desejável, tendo um caráter social, uma vez que os contratos de trabalho são mantidos, com respeito ao princípio da continuidade.

b) Readaptação de função — significa o reaproveitamento do empregado acometido por deficiência física ou mental no exercício de função diferente da por ele exercida anteriormente. O **art. 461, § 4.º, da CLT**, ao estipular que o empregado readaptado em nova função em virtude dos motivos referidos acima não pode servir de paradigma para efeito de equiparação salarial, permite, implicitamente, a alteração de função, **mantendo-se, porém, o mesmo salário anteriormente percebido**. Caso esta readaptação não fosse possível, os empregados acometidos de incapacidade física ou mental teriam seus contratos de trabalho extintos, o que lhes causaria grandes prejuízos, tendo em vista a dificuldade de conseguir novo emprego. Assim, o legislador, encontrando uma solução socialmente desejável, permite a alteração funcional.

Por fim, existem situações de alteração de função que necessariamente devem ser procedidas pelo empregador, pois decorrem de previsão expressa de lei. São as chamadas **alterações qualitativas imperativas (ou obrigatórias)**, previstas nos seguintes dispositivos legais:

a) Art. 407, CLT — verificando a autoridade competente que o trabalho executado pelo menor é prejudicial à sua saúde, ao seu desenvolvimento físico ou à sua moralidade, poderá obrigá-lo a abandonar o serviço, devendo o empregador, quando for o caso, proporcionar ao menor todas as facilidades para mudar de função. A negligência do

---

[7] Considerando que o Tribunal Pleno do TST, em 25.11.2024, no julgamento do Tema 23 da Tabela de Recursos de Revista Repetitivos (IncJulgRREmbRep-528-80.2018.5.14.0004), firmou a tese de que a Lei n. 13.467/2017 possui aplicação imediata aos contratos de trabalho em curso, passando a regular os direitos decorrentes de lei cujos fatos geradores tenham se efetivado a partir de sua vigência. Em relação aos contratos que já vigoravam quando da entrada em vigor da Lei n. 13.467/2017 (*Reforma Trabalhista*), a gratificação que vinha sendo recebida há mais de 10 anos pode ser suprimida.

empregador em relação à alteração de função do menor, quando recomendada tal atitude pela autoridade competente, autoriza a rescisão indireta do contrato de trabalho.

b) Art. 300, CLT — em relação aos empregados que trabalham em minas de subsolo, sempre que, por motivo de saúde e a juízo da autoridade competente, for necessária a transferência dos serviços no subsolo para os de superfície, o empregador é obrigado a realizar essa alteração, sendo assegurada ao empregado a mesma remuneração atribuída ao trabalhador de superfície em serviço equivalente, respeitada a capacidade profissional do interessado.

c) Art. 392, § 4.º, I, CLT — é garantido à empregada, durante a gravidez, sem prejuízo do salário e dos demais direitos, a transferência de função, quando as condições de saúde a exigirem, assegurada a retomada da função anteriormente exercida, logo após o retorno ao trabalho no término da licença-maternidade.

d) Art. 394-A, I e II, CLT — é garantido à empregada, enquanto durar a gestação, o afastamento de atividades consideradas insalubres em qualquer grau (máximo, médio ou mínimo), devendo exercer suas atividades em local salubre, sem prejuízo de sua remuneração, nesta incluído o adicional de insalubridade.[8]

e) Art. 394-A, III, CLT — é garantido à empregada lactante o afastamento de atividades consideradas insalubres em qualquer grau, durante a lactação.[9]

7.4. ALTERAÇÃO DE LOCALIDADE DA PRESTAÇÃO DE SERVIÇOS — TRANSFERÊNCIA

No momento da celebração do contrato de trabalho, há a determinação do **lugar onde o empregado deverá prestar serviços** a seu empregador. Ao obrigar-se pelo contrato à prestação de serviços, o empregado também se obriga a prestá-lo em determinado lugar. Portanto, podemos dizer que a **localidade da prestação dos serviços**, considerada genericamente, corresponde a **uma das cláusulas essenciais do contrato de trabalho**, que se submete, em princípio, à regra geral da inalterabilidade, sempre presente ao longo de toda a duração da relação empregatícia.

A localidade da prestação de serviços é elemento relevante não só para a situação profissional do empregado, mas também para a sua convivência social.

Tendo em vista a determinação contratual do local da prestação de serviços, **a regra é a intransferibilidade do empregado**, ou seja, a transferência não pode resultar de ato unilateral do empregador, somente tendo validade se decorrer de mútuo

---

[8] Em 29.05.2019 foi julgada procedente a Ação Direta de Inconstitucionalidade (ADI) 5938. O STF julgou procedente o pedido formulado na ação para declarar a inconstitucionalidade da expressão "quando apresentar atestado de saúde, emitido por médico de confiança da mulher, que recomende o afastamento", contida nos incisos II e III do art. 394-A da CLT, inseridos pelo art. 1.º da Lei n. 13.467/2017.

[9] *Vide* nota anterior sobre o julgamento da Ação Direta de Inconstitucionalidade (ADI) 5.938.

consentimento. Mas, mesmo sendo fruto de acordo entre as partes, não pode haver prejuízo direto ou indireto para o empregado (**arts. 469 e 468, CLT**).

Segundo o disposto no *caput* do art. 469 da CLT, há transferência quando o empregado passa a trabalhar em *localidade* diversa da que resulta de seu contrato de trabalho, desde que para isso tenha que mudar de domicílio.

Para o entendimento de tal comando legal, necessário diferenciar **local** de **localidade** da prestação de serviços. O conceito de localidade é mais abrangente, sendo que a intransferibilidade prevista pela lei somente diz respeito a ela, e não ao local. Falar em *local* significa referir-se ao "espaço físico" de prestação de serviços, ou seja, onde exatamente o empregado executa suas tarefas (por exemplo, a oficina, o escritório etc.). A *localidade* diz respeito à cidade, ao município ou à região econômica onde o empregado exerce suas atividades.

Portanto, para a nossa legislação, **transferência é a modificação da localidade de prestação de serviços**, não havendo, em princípio, que se falar em alteração ilícita do contrato de trabalho quando o empregador, no exercício legítimo do *jus variandi*, determina a alteração do local de trabalho do empregado, mesmo sem a sua anuência, desde que não haja mudança da localidade. A localidade resultante do contrato é a que foi pactuada expressamente no início ou a fixada durante o decorrer de sua vigência.

A regra geral da intransferibilidade prevista no *caput* **do art. 469 da CLT** é amenizada pelo próprio legislador, que expressamente estipula hipóteses em que é possível haver transferência resultante de ato unilateral do empregador. Estas exceções são tratadas no **§ 1.º do art. 469 da CLT**, e são as seguintes:

a) empregado exercente de cargo de confiança — a possibilidade que é dada ao empregador de transferir o empregado que exerça este tipo de cargo tem por fundamento a posição especial que ele ocupa na organização empresarial, como representante do empregador que é e em quem este deposita uma confiança diferente em relação à confiança genérica presente em todo contrato de trabalho;

b) contrato de trabalho com cláusula expressa de transferência — sendo a celebração do contrato resultante do acordo de vontade das partes, seus efeitos já são esperados por elas. Assim, tendo o empregado concordado com a possibilidade de ser transferido, em princípio não pode opor-se à transferência;

c) contrato de trabalho do qual decorre condição implícita de transferência — tal hipótese refere-se à condição de trabalho que não foi pactuada de maneira inequívoca pelas partes, ou seja, a respeito da qual o ajuste de vontades não se verificou de forma expressa, mas cuja identificação é possível, considerando-se a atividade da empresa, ou a natureza do serviço desempenhado pelo empregado, ou ainda as duas situações juntas.

Existem atividades empresariais e funções exercidas pelo empregado que trazem em si, por sua própria natureza, certa mobilidade. Encontramos na doutrina exemplos típicos, tais como os aeronautas e os ferroviários. Nestes casos, a transferência também será válida. Embora não haja expressa manifestação de vontade, as partes já sabem de antemão que a modificação da localidade de prestação laboral pode ocorrer a qualquer momento, pois se trata do exercício de funções que os próprios usos e costumes encarregaram-se de marcar com a característica da transferibilidade.

Portanto, nestes casos, o exercício do poder de direção pelo empregador, no sentido de transferir seu empregado, é legítimo.

Importante ressaltar, porém, que em todas as hipóteses previstas no **§ 1.º do art. 469 da CLT** o limite para se evitar os abusos por parte do empregador é a comprovação de que a transferência decorre de **necessidade de serviço**, presumindo-se abusiva transferência em relação à qual não haja tal comprovação. Nesse sentido, o Tribunal Superior do Trabalho consagrou posicionamento:

> **SÚMULA 43, TST:** "Presume-se abusiva a transferência de que trata o § 1.º do art. 469 da CLT, sem comprovação da necessidade de serviço".

Por **necessidade de serviço**, deve-se entender a impossibilidade de a empresa desenvolver a atividade a contento, sem o concurso do empregado que transfere, como, por exemplo, nas hipóteses de não haver no local profissional habilitado ou de não poder o serviço ser executado por outro empregado.

Portanto, sempre que a transferência do empregado se dê sem a devida comprovação de necessidade de serviço, será considerada abusiva, gerando a possibilidade de o empregado recusá-la e, se necessário, pleitear judicialmente liminar para evitá-la ou torná-la sem efeito **(art. 659, IX, CLT)**.

Além da necessidade de serviço comprovada, a validade da transferência nestes casos também depende da inocorrência de prejuízo para o empregado, conforme a regra geral emanada do **art. 468 da CLT**.

Nas situações em que há cláusula expressa de transferência no contrato de trabalho e também na que decorra de condição implícita de transferência, o prejuízo deve ser considerado no sentido de que, embora haja um compromisso do empregado de aceitar a transferência quando seja necessária, pode ser que em determinado momento esta situação venha a causar-lhe um dano tão grande que não se justifique exigir que ele aceite a modificação do seu lugar de prestação de serviços. É a aplicação da teoria da imprevisão (*rebus sic stantibus*) em razão da mudança na situação de fato que torna extremamente gravoso para uma das partes o cumprimento de suas obrigações contratuais.

A regra geral da intransferibilidade prevista no *caput* **do art. 469 da CLT** também é amenizada na situação prevista no **§ 2.º do art. 469 da CLT**:

■ **Transferência decorrente da extinção do estabelecimento** — com a extinção do estabelecimento, o empregador pode ter interesse em transferir os empregados para outro estabelecimento da própria organização empresarial. Trata-se de hipótese de transferência definitiva que ocorrerá justamente porque o local onde o empregado trabalhava não mais existe.

Este dispositivo legal revela a preocupação do legislador em fazer com que o empregado não se veja abruptamente sem emprego, mesmo porque, entre a transferência com a manutenção do emprego e uma situação de desemprego, a primeira hipótese revela-se muito mais benéfica ao empregado. Exatamente por este motivo o legislador resolveu expressamente permitir que o empregador utilize a mão de obra de seus empregados em outro estabelecimento da sua empresa.

Caso o empregado não concorde com a transferência quando da extinção do estabelecimento, a única solução possível é a rescisão do contrato de trabalho. Trata-se de hipótese de rescisão contratual que gera os efeitos de dispensa sem justa causa.

A última hipótese de transferência prevista no **art. 469, § 3.º, da CLT** é a de **transferência provisória**. Este tipo de transferência, para sua validade, depende do preenchimento de alguns requisitos que a própria lei prevê:

- só se aplicará o disposto nesse artigo quando a mudança do local de prestação de serviços do empregado for transitória, assim considerada aquela necessária por um curto período, em situações de emergência nas quais o empregador não tenha naquele exato momento outra forma de resolver o problema, e que perdurará apenas enquanto outra solução não for encontrada ou até que o serviço que estava sendo executado pelo empregado termine;
- a transferência nesse caso deve decorrer de necessidade de serviço imperiosa.

A transferência provisória dá **direito ao empregado** de receber um **adicional de remuneração** equivalente a **25%** (vinte e cinco por cento) da sua remuneração mensal e que **será pago enquanto durar a transferência**. Retornando o empregado à localidade originária de prestação de serviços, cessa o pagamento do respectivo adicional, mas enquanto estiver sendo pago integrará a sua remuneração para todos os efeitos legais.

A transferência provisória dispensa a anuência do empregado, tratando-se de exercício regular do poder hierárquico do empregador, visando alcançar os objetivos empresariais.[10]

---

[10] Sobre a caracterização de transferência provisória, o TST tem adotado entendimento no sentido de que a sucessividade de transferências no curso da contratualidade é circunstância suficiente para a caracterização da natureza provisória dos deslocamentos e, por conseguinte, atrai a aplicação da Orientação Jurisprudencial n. 113 da SDI-1. Para a aferição de tal sucessividade das transferências devem ser levadas em consideração, inclusive, as transferências havidas no período prescrito (sem efeitos financeiros), de modo que, mesmo ultrapassado o lapso de dois anos da última transferência havida no contrato de trabalho, havendo hipótese de sucessivas transferências, é devido o respectivo adicional. Nesse sentido: "I — AGRAVO DE INSTRUMENTO EM RECURSO DE REVISTA. REGIDO PELA LEI N. 13.467/2017. ADICIONAL DE TRANSFERÊNCIA. CARATER PROVISÓRIO. ORIENTAÇÃO JURISPRUDENCIAL 113 DA SBDI-1 DO TST. NATUREZA SALARIAL. TRANSCENDÊNCIA NÃO CARACTERIZADA. 1 . Esta Corte Superior, nos termos da Orientação Jurisprudencial 113 da SBDI-1, sedimentou o entendimento de que o adicional de transferência somente é devido nos casos em que a transferência é provisória. 2. No caso presente, a Corte Regional registrou ser 'incontroverso que o reclamante foi transferido para variadas agências no período imprescrito do pacto e em todas elas houve o caráter da provisoriedade'. Concluiu que, 'quanto à caracterização da provisoriedade, resta comprovada levando-se em consideração o tempo de contratação, o tempo de transferência e o número de mudanças de domicílio que o empregado foi submetido. In casu, verifica-se que a transferência se deu de forma provisória, tendo em vista o número de transferências e o tempo em que o reclamante permaneceu em cada localidade'. 3. Nesse cenário, o Tribunal Regional, ao entender devido o pagamento do adicional

O fato de o empregado exercer cargo de confiança ou a existência de previsão de transferência no contrato de trabalho não exclui o direito ao adicional. O pressuposto legal apto a legitimar a percepção do mencionado adicional é a transferência provisória **(OJ SDI-1 113, TST)**.[11]

Ainda no que diz respeito à transferência como alteração das condições do contrato de trabalho, não poderíamos deixar de examinar a **transferência do empregado para o exterior**.

Tratando-se de trabalhadores contratados no Brasil ou transferidos por seus empregadores para prestar serviço no exterior, a questão é regulada pela **Lei n. 7.064/82**, sendo que esta não se aplica a empregado designado para prestar serviços de natureza transitória, por período não superior a noventa dias, desde que tenha ciência expressa dessa transitoriedade e receba, além da passagem de ida e volta, diárias durante o período de trabalho no exterior, as quais, seja qual for o respectivo valor, não terão natureza salarial.

Questão que se coloca no caso de transferência para o exterior é saber qual lei deve ser aplicada nestes casos. Indaga-se se é a lei brasileira ou a lei do local da prestação de serviços. Trata-se de questão referente a conflito espacial de normas, em relação à qual as divergências são inúmeras. A **Lei n. 7.064/82** prevê **(art. 3.º)** a aplicação da lei brasileira, quando mais favorável, sempre que o trabalhador seja cedido, removido ou de início contratado por empresa sediada no Brasil **(art. 2.º)**.[12]

---

de transferência diante do seu caráter provisório, atribuindo, ainda, caráter salarial à parcela, proferiu acórdão em consonância com a firme jurisprudência desta Corte. Agravo de instrumento não provido. [...]" (RRAg-392-43.2017.5.20.0007, 5.ª T., rel. Min. Douglas Alencar Rodrigues, *DEJT* 19.12.2024).

[11] Nesse sentido: RR 10588-61.2014.5.15.0025, Ministro Luiz José Dezena da Silva, *DEJT* 23.05.2022.

[12] "AÇÃO RESCISÓRIA AJUIZADA SOB A ÉGIDE DO CPC DE 2015. SERVIÇOS PRESTADOS NO EXTERIOR. LEGISLAÇÃO APLICÁVEL. VIOLAÇÃO DOS ARTIGOS 198 DO CÓDIGO DE BUSTAMANTE (DECRETO N. 18.871/1929); 6.º, § 1.º, DA LINDB; 5.º, II, XXXVI, 444 E 468 DA CLT. O autor maneja a presente Ação Rescisória com o propósito de rescindir o acórdão prolatado pela 4.ª Turma, que, à luz do art. 3.º da Lei n. 7.064/82, não conheceu de seu Recurso de Revista, por entender correta a aplicação da legislação pátria para disciplinar a relação trabalhista vertente. Na espécie, o então reclamante foi contratado no Brasil, onde prestou inicialmente seus serviços, e posteriormente foi transferido para Alemanha, tendo rescindido o contrato de trabalho quando de seu retorno. 2. O autor, com base no princípio da segurança jurídica, defende a aplicação da diretriz consagrada na Súmula n. 207 do Tribunal Superior do Trabalho, cujo cancelamento, segundo alega, não poderia ter alcançado a situação dos autos, uma vez que consolidada sob a sua vigência. Aponta violação dos artigos 198 do Código de Bustamante (Decreto n. 18.871/1929); 6.º, § 1.º, da LINDB; 5.º, II, XXXVI, 444 e 468 da CLT. 2. Não prospera a argumentação de que deveriam ser reconhecidos efeitos prospectivos à alteração da jurisprudência, relativamente ao cancelamento da Súmula n. 207 deste Tribunal Superior, na linha do que preconiza a técnica de julgamento *prospective overruling*. A Turma não emitiu juízo de valor acerca dessa abordagem, como orienta a Súmula n. 298 deste Tribunal Superior do Trabalho, tampouco essa narrativa sustenta-se em alguma das causas de pedir do art. 966 do CPC. Superado esse questionamento, é certo que com o cancelamento do referido verbete jurisprudencial não subsiste o entendimento calcado no princípio da *lex loci executionis*, que atribui às leis vigentes no país da prestação de serviços a regência da relação jurídica trabalhista. Aliás, muito antes desse cancelamento, o entendimento ali

A transferência de empregados brasileiros para o exterior é possível, desde que preenchidos dois requisitos: **a)** que haja previsão expressa no contrato de trabalho; e **b)** que a transferência decorra de real necessidade de serviço. Satisfeitas estas condições, a transferência será plenamente válida.

O retorno do empregado ao Brasil poderá ser determinado pela empresa quando não se tornar mais necessário ou conveniente o serviço do empregado no exterior ou quando der o empregado justa causa para a rescisão do contrato de trabalho (**art. 7.º**). Ao empregado é assegurado seu retorno ao Brasil ao término do período da transferência ou, antes deste: (i) após três anos de trabalho contínuo; (ii) para atender a necessidade grave de natureza familiar, devidamente comprovada; (iii) por motivo de saúde, conforme recomendação constante de laudo médico; (iv) quando der o empregador justa causa para rescisão do contrato; (v) quando não se tornar mais necessário ou conveniente o serviço do mesmo no exterior (**parágrafo único**).

O valor do adicional a ser recebido pelo empregado transferido para o exterior será ajustado por escrito entre empregado e empregador (**art. 4.º**).

7.5. ALTERAÇÃO DE JORNADA E DO TURNO DE TRABALHO

A **alteração da jornada de trabalho** pode ocorrer no sentido de sua ampliação ou redução. Em qualquer um desses casos, a **validade da alteração contratual** depende da **concordância do empregado** e, ainda, da **inexistência de prejuízo direto ou indireto** para ele.

---

consagrado já havia perdido força, em razão da interpretação que vinha sendo dada à Lei n. 7.064/82. Conquanto destinada aos empregados de empresas prestadoras de serviços de engenharia no exterior, foi-se construindo o entendimento de que a hipótese prevista no art. 3.º daquela lei, que assegura a aplicação da norma mais favorável ao empregado contratado para trabalhar no Brasil e posteriormente transferido para outro país — como nos autos matriz —, também se aplicava a outras empresas. Por fim, a Lei n. 11.962/2009 deu nova redação ao art. 1.º da Lei n. 7.064/82, ampliando a sua destinação a todos os brasileiros contratados no Brasil ou transferidos por seus empregadores para prestar serviços no exterior. A Turma, portanto, aplicou o art. 3.º da Lei n. 7.064/82 já em consonância com a reiterada jurisprudência da época. Registre-se, ademais, que a Turma não examinou a matéria sob o prisma da impossibilidade de aplicação do referido preceito, a pretexto de consumados os fatos antes da alteração levada a efeito pela Lei n. 11.962/2009. A par do que já consignado, verifica-se que, especialmente sob esse prisma, não houve nem sequer pronunciamento judicial, de forma que não apenas esse preceito, como os artigos 5.º, II, da Constituição Federal e 6.º, § 1.º, da LINDB revelam-se incólumes, diante do óbice da Súmula n. 298 deste Tribunal Superior. Inócua, por fim, a alegação de violação dos artigos 444 e 468 da CLT, pois, como consignado na decisão rescindenda, a controvérsia não se situou no campo da alteração contratual, de forma a dar relevância a aspectos fáticos invocados pela parte — que, diga-se de passagem, não poderiam ser revolvidos. Ao examinar a matéria sob o prisma da legislação mais benéfica, se a pátria ou a alemã, a Turma desprezou a abordagem que leva em conta tais dispositivos, incidindo, mais uma vez, a hipótese da Súmula n. 298 deste Tribunal Superior. Pedido de rescisão julgado improcedente. [...]" (AR-1000006-04.2019.5.00.0000, Subseção II Especializada em Dissídios Individuais, rel. Min. Luiz Jose Dezena da Silva, *DEJT* 20.08.2021).

A questão mais sensível em relação aos prejuízos que podem decorrer da alteração da jornada de trabalho é a relativa à redução do salário que pode acompanhá-la. Neste aspecto, inegável que a redução salarial decorrente da redução ou de ampliação da jornada de trabalho somente é possível se pactuada por meio de convenção ou acordo coletivo de trabalho **(art. 7.º, VI, CF)**.

Assim, mesmo com a concordância do empregado, a **alteração ampliativa da jornada de trabalho** somente será considerada válida se acompanhada do aumento salarial correspondente, de tal sorte que o valor pago por cada hora de trabalho do empregado não sofra redução. Da mesma forma, a **alteração redutora da jornada de trabalho**, mesmo com a concordância do empregado, somente é válida se não for acompanhada de redução de salário. Somente por meio de negociação coletiva é possível pactuar redução de jornada com redução de salário.[13]

Se for pactuada cláusula que reduza o salário ou a jornada, a convenção coletiva ou o acordo coletivo de trabalho deverão prever a proteção dos empregados contra dispensa imotivada durante o prazo de vigência do instrumento coletivo **(art. 611-A, § 3.º, CLT)**.

O retorno do empregado à jornada inicialmente contratada, após cumprir por um determinado período jornada distinta, caracteriza alteração do contrato de trabalho, que está sujeita às regras do **art. 468 da CLT**, ou seja, depende da concordância do empregado e não lhe pode gerar qualquer tipo de prejuízo.

No entanto, tratando-se de servidor público, o Tribunal Superior do Trabalho tem adotado entendimento distinto:

OJ SDI-1 308, TST: "O retorno do servidor público (administração direta, autárquica e fundacional) à jornada inicialmente contratada não se insere nas vedações do art. 468 da CLT, sendo a sua jornada definida em lei e no contrato de trabalho firmado entre as partes".

Em relação à **alteração do horário de trabalho**, quando esta ocorrer dentro do mesmo horário-padrão (por exemplo, o empregado tem seu horário de entrada e de saída modificados, mas sem deixar de trabalhar em horário diurno), estaremos diante do exercício do *jus variandi* do empregador. Trata-se, porém, de alteração do contrato de trabalho quando houver **modificação do turno de trabalho**, ou seja, do diurno para o horário noturno, ou vice-versa. Nestes casos, a alteração depende da concordância do empregado, somente sendo válida se dela não lhe resultar prejuízo.

Em relação à alteração do turno de trabalho, é admitida implicitamente pela jurisprudência do Tribunal Superior do Trabalho:

---

[13] Situação excepcional ocorreu em razão da pandemia do coronavírus: a constitucionalidade da previsão de acordo individual para redução de salário e jornada em razão da situação de emergência pública decorrente da pandemia do coronavírus foi reconhecida pelo STF em relação à MP n. 936/2020 (convertida na Lei n. 14.020/2020), no julgamento da ADI 6363.

> **SÚMULA 265, TST:** "A transferência para o período diurno de trabalho implica a perda do direito ao adicional noturno".

7.6. ALTERAÇÃO DE SALÁRIO

Alteração do salário ocorre tanto em relação ao seu valor como também em relação à forma e ao meio de pagamento.

◘ **Alteração do salário quanto ao valor** — a alteração do valor do salário pode ser **positiva**, quando há aumento salarial, ou **negativa**, quando é reduzido.

◘ **Aumento do salário (alteração salarial positiva)** — é, em geral, plenamente válido, tendo em vista que é mais favorável ao trabalhador.

No entanto, como alerta Mauricio Godinho Delgado, o aumento salarial pode não corresponder ao direito do empregado, como, por exemplo, no caso de desvio funcional ou acúmulo de função. Nestes casos, sendo o aumento salarial em valor menor do que o correspondente ao salário que deveria ser pago em razão do exercício de outra função ou do acúmulo de funções, o empregado tem direito às diferenças salariais correspondentes.[14]

◘ **Redução do salário (alteração salarial negativa)** — é, em geral, vedada pelo ordenamento jurídico. A **regra é a irredutibilidade salarial**, sendo admitida, porém, como exceção, desde que pactuada por convenção ou acordo coletivo de trabalho **(art. 7.º, VI, CF)**.

O **art. 503 da CLT** prevê ser lícita, em caso de força maior ou prejuízos devidamente comprovados, a redução geral dos salários dos empregados da empresa, proporcionalmente aos salários de cada um, não podendo, entretanto, ser superior a 25%, respeitado em qualquer caso o salário mínimo. A nosso ver, a redução salarial prevista neste artigo depende de negociação coletiva, devendo ater-se ao limite percentual previsto pela norma e não exonerando o empregador do pagamento dos demais direitos trabalhistas devidos aos empregados.

Se for pactuada cláusula que reduza o salário ou a jornada, a convenção coletiva ou o acordo coletivo de trabalho deverão prever a proteção dos empregados contra dispensa imotivada durante o prazo de vigência do instrumento coletivo **(art. 611-A, § 3.º, CLT)**.

Importante ressaltar que não caracterizam redução salarial as hipóteses em que os **adicionais de remuneração deixam de ser pagos** em razão de não estar mais o empregado laborando nas condições que geraram o seu pagamento (adicional de horas extras: **Súmula 291, TST**;[15] adicional noturno: **Súmula 265, TST**; adicional de transferência: **art. 469, § 3.º, CLT**; adicional de insalubridade e adicional de periculosidade: **art. 194, CLT**).

---

[14] DELGADO, Mauricio Godinho. *Curso de direito do trabalho*, 18. ed., p. 1242.

[15] A supressão pelo empregador das horas extras habitualmente prestadas gera, porém, ao empregado o direito ao recebimento de uma indenização, calculada com base na média das horas extras prestadas no período e paga no momento da supressão.

Em relação à **gratificação de função paga ao empregado que ocupa cargo de confiança**, o empregador pode validamente deixar de pagá-la se o empregado retornar, com ou sem justo motivo, ao cargo efetivamente ocupado, independentemente do tempo de exercício da respectiva função **(art. 468, § 2.º, CLT)**. A gratificação não se incorpora ao salário do empregado, não havendo que se falar de aplicação da regra geral da irredutibilidade salarial. Mantido, porém, o empregado no exercício da função comissionada, não pode o empregador reduzir o valor da gratificação **(Súmula 372, II, TST)**.[16]

■ **Alteração do salário quanto à forma e ao meio de pagamento** — a alteração da forma ou do meio de pagamento do salário (salário fixo é alterado para salário variável, ou vice-versa; modificação da forma de cálculo de comissões; reduzir propositadamente o trabalho do empregado quando este recebe por peça; etc.) pode gerar sua **redução indireta**, hipótese em que não será válida.

Portanto, a alteração da forma ou do meio de pagamento do salário somente terá validade mediante concordância do empregado e, mesmo assim, desde que dela não lhe resulte prejuízo, ou seja, não haja redução salarial (**art. 468, CLT**, e **art. 7.º, VI, CF**).

Em relação à **modificação da data do pagamento do salário**, adota-se o seguinte entendimento:

> **OJ SDI-1 159, TST:** "Diante da inexistência de previsão expressa em contrato ou em instrumento normativo, a alteração de data de pagamento pelo empregador não viola o art. 468, desde que observado o parágrafo único, do art. 459, ambos da CLT".

7.7. QUESTÕES

---

[16] O Tribunal Pleno do TST, em 25.11.2024, no julgamento do Tema 23 da Tabela de Recursos de Revista Repetitivos (IncJulgRREmbRep-528-80.2018.5.14.0004), firmou a tese de que a Lei n. 13.467/2017 possui aplicação imediata aos contratos de trabalho em curso, passando a regular os direitos decorrentes de lei cujos fatos geradores tenham se efetivado a partir de sua vigência.

8

INTERRUPÇÃO E SUSPENSÃO DO CONTRATO DE TRABALHO

Como um dos princípios do Direito do Trabalho, a **continuidade da relação de emprego** reflete-se no ordenamento jurídico, entre outros, por meio de dispositivos que determinam a manutenção da relação laboral, "mesmo que, em virtude de certos acontecimentos, ocorra a inexecução provisória da prestação de serviço".[1]

Assim, diante de alguma causa específica, não obstante o contrato de trabalho permaneça em vigor, os seus principais efeitos deixam de ser verificados, falando-se, genericamente, em sua suspensão.

Ocorre a **suspensão do contrato de trabalho** quando se verifica a **paralisação temporária de sua execução**.

A legislação de diversos países diferencia a suspensão em: **a) total** — quando empregador e empregado ficam desobrigados, transitoriamente, do cumprimento das obrigações pertinentes ao contrato; e **b) parcial** — quando o empregador deve remunerar o empregado sem que este lhe preste serviço.

No entanto, o legislador brasileiro não utiliza tal nomenclatura, preferindo denominar *suspensão* as hipóteses de paralisação total dos efeitos do contrato de trabalho, e *interrupção*, as situações em que ocorre apenas uma paralisação parcial dos efeitos do pacto laboral. As **causas** que dão origem à suspensão e à interrupção **sempre têm caráter transitório**, pois, caso contrário, não se justificaria a conservação do vínculo contratual.

Portanto, a **suspensão** desobriga as partes contratantes de cumprirem o contrato durante determinado período. Nos **períodos de suspensão do contrato**, não há trabalho, não há pagamento de salário e não se conta tempo de serviço para fins trabalhistas, correspondendo "à sustação ampliada e recíproca dos efeitos contratuais, preservado, porém, o vínculo entre as partes".[2]

A **interrupção** acarreta a inexecução provisória da prestação de serviço, sem embargo da eficácia de outras cláusulas contratuais. Assim, quando o contrato está interrompido, não há trabalho, mas o salário é pago e conta-se o tempo de serviço para fins trabalhistas, correspondendo tal período a uma "sustação restrita e unilateral de efeitos contratuais".[3]

---

[1] BARROS, Alice Monteiro de. *Curso de direito do trabalho*, p. 867.
[2] DELGADO, Mauricio Godinho. *Curso de direito do trabalho*, 18. ed., p. 1261.
[3] DELGADO, Mauricio Godinho. *Curso de direito do trabalho*, 18. ed., p. 1261.

As paralisações do contrato de trabalho **têm por fundamento razões de índole:**

- biológica-social (exs.: enfermidade, maternidade, férias etc.);
- físico-econômica (exs.: acidentes, crises econômicas etc.);
- político-social (exs.: greves, exercício de representação sindical etc.);
- jurídico-penal (exs.: suspensão disciplinar, detenção policial etc.).

Arnaldo Süssekind afirma que, na análise do sistema legal brasileiro, cumpre distinguir três situações distintas: *rescisão,* que corresponde à cessação do contrato de trabalho; *suspensão,* que desobriga as partes contratantes de cumprirem o contrato durante determinado período; e *interrupção,* que acarreta a inexecução provisória da prestação de serviços, sem prejuízo da eficácia das demais cláusulas contratuais.[4]

As hipóteses de interrupção e de suspensão do contrato de trabalho podem ser: **a)** previstas em lei; **b)** ajustadas pelos contratantes, desde que objetive atender aos interesses do empregado; **c)** previstas em convenções ou acordos coletivos de trabalho.

As regras básicas sobre suspensão e interrupção do contrato de trabalho encontram-se nos **arts. 471 a 476-A da CLT**.

De início, cumpre ressaltar que o **art. 471 da CLT assegura ao empregado**, após o período de interrupção ou de suspensão do contrato de trabalho, o **retorno ao cargo que exercia**, bem como **todas as vantagens** que, em sua ausência, tenham sido atribuídas à categoria a que pertence na empresa, tanto as derivadas de lei ou de normas coletivas como aquelas concedidas por ato espontâneo do próprio empregador.

O prazo para o empregado retornar ao trabalho é de trinta dias contados da cessão da causa do afastamento, salvo as exceções previstas em lei. Não retornando o empregado ao trabalho neste prazo, considera-se caracterizado o abandono de emprego (**art. 474, CLT, e Súmula 32, TST**).

> **SÚMULA 32, TST:** "Presume-se o abandono de emprego se o trabalhador não retornar ao serviço no prazo de 30 (trinta) dias após a cessação do benefício previdenciário nem justificar o motivo de não o fazer".

Situação específica em relação ao retorno do empregado é a que diz respeito ao afastamento do trabalho em virtude de exigência do **serviço militar ou de encargo público**. Nestas hipóteses, para que o empregado tenha direito a voltar a exercer o cargo do qual se afastou, é **indispensável que notifique o empregador dessa intenção**, por telegrama ou carta registrada, dentro do prazo máximo de trinta dias, contados da data em que se verificar a respectiva baixa ou a terminação do encargo a que estava obrigado (**§ 1.º, art. 472, CLT**).

O **empregador não pode rescindir o contrato de trabalho** durante períodos em que esteja suspenso ou interrompido, ainda que arque com todas as reparações devidas, **salvo em caso de justa causa** cometida pelo empregado devidamente reconhecida pela

---

[4] SÜSSEKIND, Arnaldo et al. *Instituições de direito do trabalho,* 22. ed., v. 1, p. 495.

Justiça do Trabalho ou em caso de **extinção da empresa**, impossibilitando a continuidade das relações de emprego.

A possibilidade de reconhecimento da prática de justa causa durante períodos de suspensão ou de interrupção do contrato de trabalho decorre do fato de que, embora com diversos efeitos paralisados, não perdem eficácia as regras decorrentes do contrato, **impositivas de condutas do empregado vinculadas aos deveres de lealdade e fidelidade**, como, por exemplo, as condutas de não violação de segredos da empresa ou de abstenção da prática de concorrência desleal, tipificadas no **art. 482 da CLT**.[5] Da mesma forma, também é possível que nesse período o **empregador pratique uma falta grave**, nos termos do **art. 483 da CLT**, levando o empregado a requerer a **rescisão indireta do contrato** de trabalho.

Em princípio, o **pedido de demissão** do empregado durante um período de suspensão ou de interrupção do contrato de trabalho **é válido**. No entanto, como alerta Mauricio Godinho Delgado, "em tal caso, o operador jurídico deverá examinar, cuidadosamente, os sujeitos, fatores e circunstâncias envolvidos, aferindo se houve (ou não) burla às finalidades protetivas perseguidas pelo Direito do Trabalho".[6] Isso porque o pedido de demissão pode significar renúncia a algum tipo garantia, o que é vedado por nosso ordenamento jurídico.

Assim, como forma de evitar discussões acerca da validade ou não do pedido de demissão, o melhor é que se faça com **assistência do sindicato representativo do trabalhador** ou, na ausência de órgão sindical na localidade, com assistência do **Ministério do Trabalho**.

8.1. CASOS DE INTERRUPÇÃO DO CONTRATO DE TRABALHO

Como paralisações parciais dos efeitos do contrato de trabalho, são **exemplos típicos de interrupção** do contrato de trabalho:

■ **Licença à gestante** — à empregada gestante é assegurado o direito a licença de cento e vinte dias, sem prejuízo do emprego e do salário **(art. 7.º, XVIII, CF)**.

Ao segurado ou segurada da Previdência Social que adotar ou obtiver guarda judicial para fins de adoção de criança é devido salário-maternidade pelo período de cento e vinte dias **(art. 71-A, Lei n. 8.213/91)**.

---

[5] Como bem ressalta Mauricio Godinho Delgado, também persistem em vigência durante os períodos de suspensão e interrupção do contrato de trabalho as regras impositivas de certas condutas omissivas do empregador, como, por exemplo, preservar a integridade física e moral do trabalhador, podendo ser caracterizada justa causa patronal capaz de determinar a rescisão indireta do contrato. *Curso de direito do trabalho*, 18. ed., p. 1272.

[6] DELGADO, Mauricio Godinho. *Curso de direito do trabalho*, 18. ed., p. 1272-1273.

A **Lei n. 11.770/2008**[7] instituiu o programa empresa cidadã, destinado à prorrogação da licença-maternidade mediante concessão de incentivo fiscal. A prorrogação da licença-maternidade por sessenta dias além do período previsto no **art. 7.º, XVIII, da Constituição Federal** à empregada da pessoa jurídica que aderir ao programa, desde que a empregada a requeira até o final do primeiro mês após o parto, é concedida imediatamente após a fruição da licença-maternidade **(art. 1.º)**.

A prorrogação será garantida, na mesma proporção à empregada que adotar ou obtiver guarda judicial para fins de adoção de criança **(art. 1.º, § 2.º)**.

Durante a licença-maternidade, a empregada se afasta do trabalho, mas tem direito à remuneração integral. Todos os demais efeitos do contrato são verificados, como, por exemplo, a contagem do tempo de serviço para todos os fins e a efetivação pelo empregador dos depósitos do FGTS na conta vinculada da trabalhadora.

No período de prorrogação da licença-maternidade a empregada não poderá exercer nenhuma atividade remunerada, e a criança deverá ser mantida sob seus cuidados, sendo que, em caso de descumprimento, perderá o direito à prorrogação **(art. 4.º)**.

Em relação ao pagamento do salário, o fato de passar a ser suportado pela Previdência Social **(Lei n. 8.213/91)** não descaracteriza a hipótese de interrupção contratual, porque "a ordem jurídica buscou minorar os custos normalmente assumidos pelo empregador, isso em decorrência de uma política social dirigida a eliminar discriminações à mulher no mercado de trabalho".[8]

■ **Afastamento em caso de aborto espontâneo** — nos termos do **art. 395 da CLT**, em caso de aborto não criminoso, comprovado por atestado médico oficial, a mulher terá direito a um período de repouso de duas semanas, devidamente remunerado, sendo-lhe assegurado o retorno à função que ocupava antes de seu afastamento.

Constitui objeto ilícito de convenção coletiva ou de acordo coletivo de trabalho a supressão ou a redução do período de repouso previsto no art. 395, CLT **(art. 611-B, XXX, CLT)**.

■ **Licença-paternidade** — ao empregado é assegurado licença de cinco dias, por ocasião do nascimento de filho, período este remunerado e computado como tempo de serviço **(art. 7.º, XIX, CF, e art. 10, § 1.º, ADCT)**.

A **Lei n. 11.770/2008**,[9] que instituiu o programa empresa cidadã, prevê a prorrogação da licença-paternidade por quinze dias além do período previsto no **art. 10, § 1.º, do ADCT**, a empregado da pessoa jurídica que aderir ao programa, desde que o empregado a requeira no prazo de 2 (dois) dias úteis após o parto e comprove participação em programa ou atividade de orientação sobre paternidade responsável **(art. 1.º)**.

---

[7] Regulamentada pelo Decreto n. 10.854/2021.
[8] DELGADO, Mauricio Godinho. *Curso de direito do trabalho*, 18. ed., p. 1287.
[9] Regulamentada pelo Decreto n. 10.854/2021.

A prorrogação será garantida, na mesma proporção, ao empregado que adotar ou obtiver guarda judicial para fins de adoção de criança **(art. 1.º, § 2.º)**.

Durante o período de prorrogação da licença-paternidade o empregado terá direito à remuneração integral **(art. 3.º)**.

No referido período o empregado não poderá exercer nenhuma atividade remunerada, e a criança deve ser mantida sob seus cuidados **(art. 4.º)**, sendo que, em caso de descumprimento, perderá o direito à prorrogação **(art. 4.º, parágrafo único)**.

■ **Férias** — período de descanso anual remunerado que, como regra, tem duração de trinta dias e é computado como tempo de serviço para todos os efeitos **(art. 7.º, XVII, CF, e art. 130, CLT)**.

■ **Demais descansos trabalhistas, desde que remunerados** — os intervalos intrajornada remunerados, o descanso semanal remunerado e os feriados caracterizam típicos períodos de interrupção do contrato de trabalho.

■ **Faltas justificadas** — os dias de afastamento previstos no art. 473 da CLT (faltas justificadas) são remunerados e considerados como tempo de serviço para todos os efeitos. Tais hipóteses são as seguintes:

HIPÓTESE	NÚMERO DE DIAS
■ Falecimento do cônjuge, ascendente, descendente, irmão ou pessoa que, declarada na CTPS, viva sob a dependência econômica do empregado	■ Até 2 dias consecutivos ■ OBS.: *para o **professor** — 9 dias (falecimento de cônjuge, ascendente e descendente) — art. 320, § 3.º, CLT*
■ Casamento	■ Até 3 dias consecutivos ■ OBS.: *para o **professor** — 9 dias — art. 320, § 3.º, CLT*
■ Licença-paternidade	■ 5 dias, podendo ser prorrogada por 15 dias (Lei n. 11.770/2008).
■ Doação voluntária de sangue devidamente comprovada	■ 1 dia, em cada 12 meses de trabalho
■ Alistamento eleitoral	■ Até 2 dias, consecutivos ou não
■ Cumprimento de exigências do serviço militar	■ Pelo tempo necessário
■ Realização de exame vestibular	■ Pelos dias comprovados
■ Comparecimento a juízo	■ Pelo tempo necessário
■ Como representante de entidade sindical, participando de reunião oficial de organismo internacional do qual o Brasil seja membro	■ Pelo tempo necessário
■ Para acompanhar consultas médicas e exames complementares durante o período de gravidez de sua esposa ou companheira	■ Até 6 consultas ou exames
■ Para acompanhar filho de até 6 (seis) anos em consulta médica	■ 1 dia por ano
■ Em caso de realização de exames preventivos de câncer devidamente comprovada	■ Até 3 dias, em cada 12 meses de trabalho

■ **Licença remunerada concedida pelo empregador** — como permissão concedida pelo empregador ao empregado (a pedido deste ou voluntariamente) para ausentar-se do trabalho temporariamente, com pagamento da remuneração e cômputo do período como tempo de serviço para todos os efeitos, considera-se como período de interrupção do contrato.

8.2. CASOS DE SUSPENSÃO DO CONTRATO DE TRABALHO

"Como sustação ampla e bilateral de efeitos do contrato empregatício",[10] são **exemplos de suspensão** do contrato de trabalho:

■ **Suspensão disciplinar** — trata-se de punição disciplinar aplicada pelo empregador ao empregado que pratica atos considerados faltosos, podendo ter duração de um a trinta dias, conforme a gravidade da falta **(art. 474, CLT)**. Não sendo relevada pelo empregador, nem cancelada pela Justiça do Trabalho, inegável sua caracterização como período de suspensão do contrato de trabalho.

■ **Eleição para cargo de diretor de sociedade anônima** — conforme entendimento adotado pelo TST, durante o período em que o empregado estiver exercendo cargo de diretor de sociedade anônima, seu contrato de trabalho ficará suspenso, salvo se permanecer a subordinação jurídica dele em relação ao empregador.

> **SÚMULA 269, TST:** "O empregado eleito para ocupar cargo de diretor tem o respectivo contrato de trabalho suspenso, não se computando o tempo de serviço desse período, salvo se permanecer a subordinação jurídica inerente à relação de emprego".

Em consonância com o posicionamento do TST, Alice Monteiro de Barros afirma que, "no plano jurídico, ocorre a suspensão contratual quando, modificando-se a relação jurídica, o empregado passa a autêntico diretor de sociedade anônima (e não diretor empregado, situação em que os efeitos são os inerentes aos empregados de confiança), integrante de um de seus órgãos, assumindo, como consequência, a posição de empregador".[11]

Importante ressaltar, porém, que é possível a manutenção dos depósitos do FGTS do trabalhador durante o período do mandato, caso assim queira o empregador **(art. 16 e art. 15, § 4.º, Lei n. 8.036/90)**, sem que isso desnature a suspensão do contrato de trabalho.

■ **Licença não remunerada** — concedida pelo empregador a pedido do empregado, para atendimento de necessidades pessoais. Ressalte-se que, por inexistir qualquer previsão legal autorizadora de tal modalidade de licença, para que se caracterize como suspensão do contrato de trabalho é necessário que decorra de solicitação expressa do empregado, configurando ajuste bilateral.

■ **Suspensão bilateral para qualificação profissional do empregado**[12] — o **art. 476-A da CLT** prevê hipótese de suspensão do contrato de trabalho para **participação**

---

[10] DELGADO, Mauricio Godinho. *Curso de direito do trabalho*, 18. ed., p. 1266.
[11] BARROS, Alice Monteiro de. *Curso de direito do trabalho*, p. 882.
[12] Esse período é chamado, na prática empresarial, de *lay-off*.

do empregado em curso ou programa de qualificação profissional oferecido pelo empregador.

A suspensão do contrato de trabalho neste caso **depende de previsão em convenção ou acordo coletivo de trabalho** e **aquiescência formal do empregado**. Terá **duração** de, no mínimo, **dois meses** e, no máximo, **cinco meses**.

Este prazo **pode ser prorrogado** mediante **previsão em convenção ou acordo coletivo** de trabalho e **aquiescência formal do empregado, desde que** o empregador arque com o valor da bolsa de qualificação profissional no respectivo período (§ 7.º).

O contrato de trabalho **não poderá** ser suspenso para tal finalidade **mais de uma vez** no **período de dezesseis meses (§ 2.º)**.

Tratando-se de suspensão do contrato, o empregado não recebe remuneração. No entanto, **terá direito aos benefícios** voluntariamente concedidos pelo empregador (§ 4.º), sendo que este **poderá conceder** ao empregado **ajuda compensatória mensal**, sem natureza salarial, com **valor definido** em **convenção ou acordo coletivo (§ 3.º)**.

O contrato de trabalho **voltará a ter o seu curso normal**, cessando a suspensão, se durante o período previsto o **curso ou programa de qualificação não for ministrado** ou se o **empregado permanecer trabalhando para o empregador (§ 6.º)**.

Neste caso, o empregador ficará sujeito ao **pagamento imediato dos salários** e dos **encargos sociais** referentes ao período, às **penalidades previstas em lei**, bem como às **sanções previstas em convenção ou acordo coletivo** de trabalho.

Como em qualquer das hipóteses de suspensão do contrato de trabalho, durante o período de suspensão ora em estudo o empregador **não pode dispensar o empregado**. No entanto, neste caso, o legislador institui uma **espécie de "estabilidade"** para o empregado, prevendo que, se ocorrer a dispensa durante o período da suspensão ou nos três meses subsequentes ao seu retorno ao trabalho, **o empregador lhe pagará**, além das parcelas indenizatórias previstas por lei, **multa estabelecida em convenção ou acordo coletivo**, sendo de, **no mínimo, cem por cento sobre o valor da última remuneração mensal** anterior à suspensão do contrato (§ 5.º).

Situação excepcional de suspensão do contrato de trabalho foi prevista como uma das medidas para o enfrentamento do estado de calamidade pública reconhecido pelo Decreto Legislativo n. 6/2020 e da emergência de saúde pública internacional decorrente do coronavírus, de que tratou a Lei n. 13.979/2020. Nesse sentido, a **Lei n. 14.020, de 6 de julho de 2020**, instituiu o Programa Emergencial de Manutenção do Emprego e da Renda e, com objetivos de preservar o emprego e a renda, garantir a continuidade das atividades laborais e empresariais e reduzir o impacto social decorrente, instituiu as medidas de pagamento do Benefício Emergencial de Preservação do Emprego e da Renda, a redução proporcional da jornada de trabalho e de salário e a suspensão temporária do contrato de trabalho.

Assim, durante o estado de calamidade pública, o empregador pôde acordar a **suspensão temporária do contrato de trabalho** de seus empregados, de forma setorial, departamental, parcial ou na totalidade dos postos de trabalho, pelo prazo máximo de

60 dias, fracionável em 2 períodos de até 30 dias, podendo ser prorrogado por prazo determinado em ato do Poder Executivo **(art. 8.º)**.

A suspensão temporária do contrato de trabalho pôde ser pactuada por convenção coletiva de trabalho, acordo coletivo de trabalho ou acordo individual escrito entre empregado e empregador, devendo a proposta de acordo, neste último caso, ter sido encaminhada ao empregado com antecedência de no mínimo 2 dias corridos (**§ 1.º**). Durante o período de suspensão, o empregado fez jus a todos os benefícios concedidos pelo empregador aos seus empregados (**§ 2.º**).

A manutenção pelo empregado, durante o período de suspensão temporária do contrato de trabalho, das atividades de trabalho, ainda que parcialmente, por meio de teletrabalho, trabalho remoto ou trabalho a distância, descaracterizaria a suspensão, e o empregador estaria sujeito ao pagamento imediato da remuneração e dos encargos sociais e trabalhistas referentes a todo o período, às penalidades previstas na legislação em vigor e às sanções previstas em convenção coletiva ou acordo coletivo de trabalho (**§ 4.º**).

A empresa que tenha auferido, no ano-calendário de 2019, receita bruta superior a R$ 4.800.000,00 somente pôde suspender o contrato de trabalho de seus empregados mediante o pagamento de ajuda compensatória mensal no valor de 30% do salário do empregado, durante o período de suspensão que foi pactuado (**§ 5.º**).

A Lei (**§ 3.º**) previu que o contrato de trabalho deveria ser restabelecido no prazo de 2 dias corridos, contados da: I — cessação do estado de calamidade pública; II — data estabelecida como termo de encerramento do período de suspensão pactuado; ou III — data de comunicação do empregador informando ao empregado sua decisão de antecipar o fim do período de suspensão pactuado.

O **art. 12 da Lei n. 14.020/2020** restringiu a pactuação de suspensão temporária do contrato de trabalho por meio do acordo individual, prevendo sua **validade em relação aos empregados**: I — com salário igual ou inferior a R$ 2.090,00, na hipótese de o empregador ter auferido, no ano-calendário de 2019, receita bruta superior a R$ 4.800.000,00; II — com salário igual ou inferior a R$ 3.135,00, na hipótese de o empregador ter auferido, no ano-calendário de 2019, receita bruta igual ou inferior a R$ 4.800.000,00; III — portadores de diploma de nível superior e que percebam salário mensal igual ou superior a 2 vezes o limite máximo dos benefícios do Regime Geral de Previdência Social.

O **§ 1.º do art. 12** prevê que para os empregados não enquadrados nas situações gerais previstas no *caput*, a suspensão temporária do contrato de trabalho somente poderia ser estabelecida por convenção coletiva ou acordo coletivo de trabalho, salvo quando do acordo não resultar diminuição do valor total recebido mensalmente pelo empregado, incluídos nesse valor o Benefício Emergencial de Preservação do Emprego e da Renda e a ajuda compensatória mensal, hipótese em que se admitiu o acordo individual escrito.

Para os empregados já aposentados quando da implementação da suspensão temporária do contrato de trabalho, o acordo individual escrito somente foi admitido quando, além do enquadramento em alguma das hipóteses de autorização do acordo individual de trabalho previstas na Lei, houvesse o pagamento pelo empregado de ajuda compensatória mensal **(§ 2.º)**.

Os atos necessários à pactuação dos acordos individuais escritos para a suspensão temporária do contrato de trabalho puderam ser realizados por quaisquer meios físicos ou eletrônicos eficazes **(§ 3.º)**.

Os acordos individuais de suspensão temporária do contrato de trabalho tiveram que ser comunicados pelos empregadores ao respectivo sindicato da categoria profissional, no prazo de até 10 dias corridos, contados de sua celebração **(§ 4.º)**.

Na hipótese de, após a pactuação da suspensão temporária do contrato de trabalho por acordo individual, ter sido celebrada convenção coletiva ou acordo coletivo de trabalho com cláusulas conflitantes com as do acordo individual, o legislador estabeleceu as seguintes regras: I — a aplicação das condições estabelecidas no acordo individual em relação ao período anterior ao da negociação coletiva; II — a partir da entrada em vigor da norma coletiva, a prevalência das condições estipuladas na negociação coletiva, naquilo em que conflitarem com as condições estipuladas no acordo individual **(§ 5.º)**, sendo que, quando as condições do acordo individual forem mais favoráveis ao trabalhador, estas devem prevalecer sobre a negociação coletiva **(§ 6.º)**.

As irregularidades constatadas pelos Auditores Fiscais do Trabalho em relação à suspensão temporária do contrato de trabalho decorrente dessa situação excepcional sujeitarão os infratores às multas previstas em lei **(art. 14)**.

Durante o estado de calamidade pública, o curso ou o programa de qualificação profissional de que trata o **art. 476-A da CLT** pôde ser oferecido pelo empregador exclusivamente na modalidade não presencial, com duração não inferior a 1 mês e não superior a 3 meses **(art. 17, I)**.

8.3. SITUAÇÕES CONTROVERTIDAS DE INTERRUPÇÃO E SUSPENSÃO DO CONTRATO DE TRABALHO

Algumas situações de afastamento do empregado **não são passíveis de fácil caracterização** como hipótese de suspensão ou de interrupção do contrato de trabalho, gerando diversas discussões na doutrina e na jurisprudência.

Na prática da relação de emprego, diversas são as situações duvidosas e que demandam uma análise mais cuidadosa do operador do direito, entre as quais estão as seguintes:

■ **Afastamento por incapacidade temporária** — nos termos do **art. 75 do Decreto n. 3.048/99**, com redação dada pelo **Decreto n. 10.410/2020**, incumbe ao empregador o pagamento do salário ao empregado referente aos **quinze primeiros dias consecutivos de afastamento** da atividade por motivo de incapacidade temporária. Assim, durante referido período, o **contrato de trabalho fica interrompido**.

Em caso de doença do empregado, deve ser comprovada por meio de **atestado médico**, devendo ser observada a ordem preferencial estabelecida em lei **(art. 6.º, § 2.º, Lei n. 605/49)**:

- médico da Previdência Social; ou, na falta deste e sucessivamente:
- médico do Serviço Social do Comércio ou da Indústria;
- médico da empresa ou por ela designado;
- médico de instituições federais, estaduais ou municipais de saúde;
- não existindo os anteriores na localidade em que trabalhar, médico de livre escolha do trabalhador.

SÚMULA 15, TST: "A justificação da ausência do empregado motivada por doença, para a percepção do salário-enfermidade e da remuneração do repouso semanal, deve observar a ordem preferencial dos atestados médicos estabelecida em lei".

SÚMULA 282, TST: "Ao serviço médico da empresa ou ao mantido por esta última mediante convênio compete abonar os primeiros 15 (quinze) dias de ausência ao trabalho".

Havendo necessidade de prolongamento do afastamento, **a partir do 16.º dia** o empregado deve submeter-se a perícia médica **do INSS**, e o encargo de pagamento (agora de benefício) é transferido para o órgão previdenciário, ficando o empregador desonerado do pagamento dos salários para o empregado **(art. 476, CLT, e art. 75, § 2.º, Decreto n. 3.048/99**, com redação dada pelo **Decreto n. 10.410/2020), passando a situação a ser de suspensão contratual**.

Nos termos do **art. 80 do Decreto n. 3.048/99**, com redação dada pelo **Decreto n. 10.410/2020**), o segurado empregado, inclusive o doméstico, em gozo de auxílio por incapacidade temporária é considerado pela empresa e pelo empregador doméstico como licenciado, sendo que, no caso de empresa, se esta garantir aos seus empregados, por previsão em regulamento de empresa, licença remunerada, ficará obrigada a pagar durante o período do auxílio por incapacidade temporária a eventual diferença entre o valor deste e a importância garantida pela licença.

Considerado apto pela perícia do órgão previdenciário, o empregado retorna ao trabalho e o **contrato retoma seu curso normal**.

15 primeiros dias consecutivos	→	interrupção;
a partir do 16.º dia	→	suspensão.

Se concedido novo benefício decorrente do mesmo motivo que gerou a incapacidade no prazo de sessenta dias, contado da data da cessação do benefício anterior, a empresa fica desobrigada do pagamento relativo aos quinze primeiros dias de afastamento, prorrogandose o benefício anterior e descontando-se os dias trabalhados, se for o caso **(art. 75, § 3.º, Decreto n. 3.048/99**, com redação dada pelo **Decreto n. 10.410/2020)**.

Se o segurado empregado, por motivo de incapacidade, afastar-se do trabalho durante o período de quinze dias, retornando à atividade no 16.º dia, e se dela voltar a se afastar no prazo de sessenta dias, contado da data do seu retorno, em decorrência do mesmo motivo que gerou a incapacidade, fará jus ao auxílio por incapacidade temporária a partir da data do novo afastamento **(art. 75, § 4.º, Decreto n. 3.048/99**, com redação dada pelo **Decreto n. 10.410/2020)**.

Muito embora o afastamento por incapacidade temporária após o 16.º dia seja considerado como período de suspensão do contrato de trabalho, alguns dos seus efeitos são mantidos em favor do trabalhador:

■ contagem do tempo intercalado de recebimento de benefício por incapacidade, exceto para efeito de carência **(art. 19-C, § 1.º, Decreto n. 3.048/99,** incluído pelo **Decreto n. 10.410/2020)**;

■ cômputo do período de afastamento previdenciário por acidente do trabalho ou doença, desde que não superior a 6 meses, para fins de período aquisitivo do direito a férias **(art. 133, CLT)**;

■ obrigatoriedade de continuidade dos depósitos do FGTS durante o tempo de afastamento por acidente do trabalho **(art. 15, § 5.º, Lei n. 8.036/90)**.

Serão **computados na contagem de tempo de serviço**, para efeito de indenização e estabilidade, os períodos em que o empregado estiver afastado do trabalho por motivo de acidente do trabalho **(art. 4.º, § 1.º, CLT)**.

■ **Aposentadoria provisória por incapacidade permanente** — a aposentadoria por incapacidade permanente, uma vez cumprido o período de carência exigido, quando for o caso, será devida ao segurado que, estando ou não em gozo de auxílio, por incapacidade temporária, for considerado **incapaz para o trabalho e insuscetível de reabilitação para o exercício de atividade** que lhe garanta a subsistência, que lhe será paga enquanto permanecer nessa condição **(art. 43, Decreto n. 3.048/99,** com redação dada pelo **Decreto n. 10.410/2020)**. A sua concessão dependerá da verificação da condição de incapacidade, mediante **exame médico pericial** a cargo da Perícia Médica Federal, de modo que o segurado possa, às suas expensas, ser acompanhado por médico de sua confiança.

O empregado que for aposentado por incapacidade permanente terá **suspenso o seu contrato de trabalho** durante o prazo correspondente ao período em que perceber o benefício **(art. 475, CLT)**, estando obrigado, a qualquer tempo, sob pena de suspensão do pagamento do benefício, a submeter-se a **exame médico-pericial** pela Perícia Médica Federal, a **processo de reabilitação profissional** a cargo do INSS e a tratamento dispensado gratuitamente, exceto o cirúrgico e a transfusão de sangue, que são facultativos **(art. 46, Decreto n. 3.048/99,** com redação dada pelo **Decreto n. 10.410/2020)**.

Verificada a **recuperação da capacidade de trabalho** do aposentado por incapacidade permanente:

■ Quando a **recuperação for total e ocorrer no prazo de cinco anos, contado da data de início da aposentadoria por incapacidade permanente ou do auxílio sem interrupção**: → o benefício cessará de imediato, para o segurado empregado, tendo este direito a retornar à função que desempenhava na empresa ao se aposentar, valendo como documento, para tal fim, o certificado de capacidade fornecido pela previdência social; → o benefício cessará após tantos meses quantos forem os anos de duração do auxílio por incapacidade temporária e da aposentadoria por incapacidade permanente, para os demais segurados **(art. 475, § 1.º, CLT, e art. 49, Decreto n. 3.048/99, com redação dada pelo Decreto n. 10.410/2020).**

> **SÚMULA 160, TST:** "Cancelada a aposentadoria por invalidez, mesmo após cinco anos, o trabalhador terá direito a retornar ao emprego, facultado, porém, ao empregador, indenizá-lo na forma da lei".

Se o empregador houver admitido substituto para o aposentado, poderá rescindir, com este, o respectivo contrato de trabalho sem indenização, desde que tenha havido ciência inequívoca da interinidade ao ser celebrado o contrato **(art. 475, § 2.º, CLT)**.

■ Quando a **recuperação for parcial ou ocorrer após cinco anos contados da data do início da aposentadoria por incapacidade permanente ou do auxílio por incapacidade temporária que a antecedeu sem interrupção**, ou ainda quando o **segurado for declarado apto para o exercício de trabalho diverso do qual habitualmente exerça** → a aposentadoria será mantida, sem prejuízo da volta à atividade:

a) pelo seu valor integral, durante seis meses contados da data em que for verificada a recuperação da capacidade;

b) com redução de cinquenta por cento, no período seguinte de seis meses; e

c) com redução de setenta e cinco por cento, também por igual período de seis meses, ao término do qual cessará definitivamente.

> **OBS.:** durante o período de afastamento do empregado em razão de acidente do trabalho, com percepção auxílio por incapacidade temporária ou do auxílio por incapacidade permanente, o plano de saúde ou assistência médica oferecido pela empresa deve ser mantido.

> **SÚMULA 440, TST:** "Assegura-se o direito à manutenção de plano de saúde ou de assistência médica oferecido pela empresa ao empregado, não obstante suspenso o contrato de trabalho em virtude de auxílio-doença acidentário ou de aposentadoria por invalidez".

■ **Prestação de serviço militar** — durante o período de prestação obrigatória do serviço militar, verifica-se a **suspensão do contrato** de trabalho de empregado, não sendo devidos salários pelo empregador **(art. 472, CLT, e art. 60, Lei n. 4.375/64)**.

No entanto, muito embora durante tal afastamento do trabalho o contrato de trabalho esteja suspenso, **alguns dos seus efeitos são mantidos** em favor do trabalhador:

■ contagem de tempo de serviço, para fins de concessão de benefícios previstos no RGPS, inclusive de aposentadoria em decorrência de trabalho, convenção ou acordo internacional **(art. 125, I, Decreto n. 3.048/99, com redação dada pelo Dereto n. 10.410/2020)**;

■ cômputo do período de trabalho anterior à prestação do serviço militar, para fins de período aquisitivo do direito a férias, desde que o empregado retorne ao trabalho dentro de 90 dias da data em que se verificar a respectiva baixa **(art. 132, CLT)**;

■ obrigatoriedade de continuidade dos depósitos do FGTS durante o período de prestação do serviço militar **(art. 15, § 5.º, Lei n. 8.036/90)**.

O empregado tem assegurado o retorno ao emprego dentro dos 30 dias que se seguirem ao licenciamento, salvo se declarar, por ocasião da incorporação, que não pretende voltar **(art. 60, Lei n. 4.375/64)**.

Hipótese distinta, e que gera discussão em relação aos efeitos incidentes sobre o contrato de trabalho (suspensão ou interrupção) é aquela na qual o **empregado é incorporado às Forças Armadas em razão de convocação para manobras, manutenção da ordem interna ou guerra externa**.

Isso porque, nesse caso, o empregado receberá 2/3 da respectiva remuneração, enquanto permanecer incorporado **(art. 61, Lei n. 4.375/64)**, podendo optar, em vez de receber a remuneração contratual reduzida à base de 2/3, pelo recebimento das gratificações regulamentares do segmento das Forças Armadas a que estiver incorporado (§ 1.º). Nessas hipóteses, o empregado também terá assegurado o retorno ao emprego que exercia ao ser convocado.

Optando por receber a **retribuição pecuniária de origem administrativa**, o empregado terá seu **contrato de trabalho suspenso**, embora permaneçam alguns efeitos, como visto *supra* (contagem de tempo, recolhimento do FGTS e período aquisitivo de férias). Ao contrário, sendo a **opção no sentido de permanecer recebendo sua remuneração contratual trabalhista**, ainda que reduzida, tratar-se-á de típica hipótese de **interrupção do contrato de trabalho**.[13]

Será **computado na contagem de tempo de serviço**, para efeito de indenização e estabilidade, o período em que o empregado estiver afastado do trabalho prestando serviço militar **(art. 4.º, § 1.º, CLT)**.

■ **Desempenho de encargo público** — o afastamento do empregado em virtude do desempenho de encargo público **(art. 472, CLT)** não é questão simples de ser analisada, pois se trata de situação que envolve inúmeras possibilidades, entre as quais podemos citar, exemplificativamente, algumas que se caracterizam como **períodos de interrupção do contrato de trabalho** (comparecimento à Justiça como jurado, testemunha ou parte; cumprimento de obrigações da Justiça Eleitoral) e outras que são típicos **períodos de suspensão do contrato de trabalho** (prestação do serviço militar obrigatório).

---

[13] DELGADO, Mauricio Godinho. *Curso de direito do trabalho*, 18. ed., p. 1281.

A dúvida recai em relação aos encargos públicos que decorrem de um ato de vontade do empregado **(candidatar-se a um cargo eletivo)** e implicam no cumprimento de um **mandato de longa duração**. Nessas situações, a doutrina e a jurisprudência vêm reconhecendo a ocorrência de **suspensão do contrato de trabalho**, desonerando o empregador de qualquer obrigação trabalhista durante o afastamento do empregado.

Trata-se de situação que, não obstante o fato de decorrer exclusivamente de manifestação da vontade do empregado e, como consequência, independer da concordância do empregador, **não permite que este último rescinda o contrato de trabalho**, mesmo que arque com as verbas trabalhistas decorrentes.

Cessado o *munus* público, o trabalhador tem **direito a retornar ao emprego**, desde que notifique o empregador dessa intenção dentro do prazo máximo de 30 dias a contar da data em que se verificar a respectiva terminação do encargo a que estava obrigado **(art. 472, § 1.º, CLT)** e, não sendo ele amparado por estabilidade, aí sim poderá o empregador rescindir o contrato de trabalho, dispensando-o.

■ **Eleição para cargo de direção sindical** — como decorrência da liberdade sindical garantida pelo **art. 8.º da Constituição Federal**, qualquer empregado integrante de categoria profissional e filiado ao sindicato respectivo pode **candidatar-se a um cargo de direção no referido sindicato**.

O empregado **eleito para cargo de administração sindical** não poderá ser impedido do exercício de suas funções, nem transferido para lugar ou mister que lhe dificulte ou torne impossível o desempenho de suas atribuições sindicais **(art. 543, CLT)**.

As seguintes situações podem ser verificadas quando ocorre a **eleição do empregado para cargo de direção do sindicato**:

■ a função para a qual foi eleito impõe seu afastamento contínuo do trabalho;
■ a função para a qual foi eleito exige um afastamento do trabalho intercalado com a sua permanência no desempenho de suas funções na empresa.

Em qualquer uma das situações, porém, **considera-se de licença não remunerada** (**suspensão do contrato** de trabalho, portanto) o tempo em que o empregado se ausentar do trabalho no desempenho das funções de direção sindical, **salvo se** o empregador concordar em continuar pagando salários ao empregado nesse período, ou se houver cláusula de convenção ou acordo coletivo com tal previsão, caso em que o **afastamento caracterizar-se-á como simples interrupção do contrato** de trabalho **(art. 543, § 2.º, CLT)**.

■ **Greve** — a participação do empregado em greve constitui-se em afastamento do trabalho caracterizado como período de **suspensão do contrato de trabalho**, independentemente de ser ou não abusiva **(art. 7.º, Lei n. 7.783/89)**.[14]

---

[14] "AGRAVO INTERNO. AGRAVO DE INSTRUMENTO. ACÓRDÃO REGIONAL PUBLICADO NA VIGÊNCIA DA LEI N. 13.467/2017. [...] 2. DIREITO DE GREVE. DESCONTOS PELOS

No entanto, o instrumento jurídico que puser fim à greve (convenção ou acordo coletivo de trabalho, laudo arbitral ou sentença normativa) poderá e deverá **dispor sobre as obrigações pertinentes ao período de paralisação**. Assim, dependendo do que for previsto em um desses instrumentos, a **suspensão poderá transformar-se em interrupção do contrato** de trabalho, com o pagamento dos salários e a contagem do tempo de paralisação para todos os efeitos legais.

É **vedada a rescisão do contrato** de trabalho durante a greve (**art. 7.º, parágrafo único, Lei n. 7.783/89)**.[15]

■ **Afastamento de empregado estável durante inquérito para apuração de falta grave** — trata-se de situação que leva à sustação dos efeitos contratuais, determinada pelo empregador, preventivamente à propositura do inquérito para apuração de falta grave, requisito necessário para que se reconheça a prática de justa causa pelo empregado detentor de estabilidade, quando assim se exigir, como, por exemplo, no caso do dirigente sindical **(Súmula 379, TST)**.

A suspensão do empregado estável durante inquérito para apuração de falta grave não se confunde com suspensão disciplinar: esta tem caráter punitivo, aquela tem natureza meramente preventiva.

Por tratar-se de um afastamento das funções caracterizado como suspensão prévia e preventiva ao inquérito para apuração de falta grave, o empregado sofrerá os efeitos da sentença proferida em tal ação, de forma retroativa.

Assim, não sendo reconhecida a prática da justa causa e, consequentemente, sendo **julgado improcedente o pedido** de rescisão contratual, os efeitos da sentença retroagirão à data da suspensão, reintegrando-se o empregado nas mesmas

---

DIAS NÃO TRABALHADOS. TRANSCENDÊNCIA. NÃO RECONHECIMENTO. I. Nos termos do art. 896-A da CLT, cabe a esta Corte Superior examinar, previamente, se a causa oferece transcendência sob o prisma de quatro vetores taxativos (econômico, político, social e jurídico), que se desdobram em um rol de indicadores meramente exemplificativo, referidos nos incisos I a IV do dispositivo em apreço. II. No caso dos autos, verifica-se que o tema 'descontos pelos dias não trabalhados' não oferece transcendência, pois o Tribunal Regional decidiu de acordo com a jurisprudência desta Corte Superior, segundo a qual o movimento grevista, em regra, suspende o contrato de trabalho daqueles empregados que optaram por paralisar suas atividades e, por esse motivo, em princípio, não é devido o pagamento dos dias não trabalhados. III. Agravo interno de que se conhece e a que se nega provimento" (Ag-AIRR-101631-30.2016.5.01.0080, 7.ª T., rel. Min. Evandro Pereira Valadão Lopes, *DEJT* 23.08.2024).

[15] "RECURSO DE REVISTA INTERPOSTO PELA RECLAMADA. ACÓRDÃO REGIONAL PUBLICADO NA VIGÊNCIA DAS LEIS N. 13.015/2014 E 13.467/2017. 1. ESTADO DE GREVE. SUSPENSÃO DO CONTRATO DE TRABALHO. IMPOSSIBILIDADE DE RESCISÃO DO CONTRATO DE TRABALHO. TRANSCENDÊNCIA NÃO RECONHECIDA. NÃO CONHECIMENTO I. No caso, a decisão da Corte Regional está em conformidade com o entendimento desta Corte Superior, no sentido de que, uma vez declarado o "estado de greve", o contrato de trabalho se encontra suspenso. II. Ausente a transcendência da causa. III. Recurso de revista de que não se conhece. [...]" (RR-1000763-25.2016.5.02.0007, 4.ª T., rel. Min. Alexandre Luiz Ramos, *DEJT* 03.09.2021).

condições anteriores e com o pagamento dos salários, caracterizando, portanto, o **período em que ficou afastado como de interrupção contratual**.

Ao contrário, sendo **julgado procedente o pedido** de rescisão do contrato de trabalho, com o reconhecimento da prática da justa causa, o contrato será rescindido com a sentença, considerando-se como **suspensão o período de afastamento do empregado**.

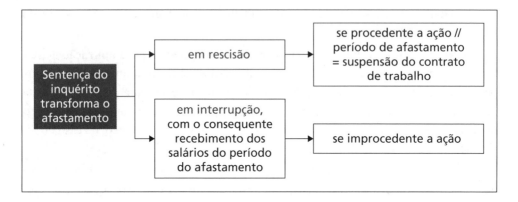

8.4. CONTRATO DE TRABALHO POR PRAZO DETERMINADO — EFEITOS DA SUSPENSÃO E DA INTERRUPÇÃO

Como visto, as hipóteses de suspensão e de interrupção, como regra,[16] impedem a rescisão do contrato de trabalho no seu curso, ou seja, o empregador somente poderá dispensar o empregado ao término da causa suspensiva ou interruptiva. Como ensina Mauricio Godinho Delgado, "na verdade, apenas após o retorno à plena vigência das cláusulas contratuais é que poderá o empregador denunciar o contrato indeterminado, iniciando-se, então, o fluxo do aviso prévio".[17]

Em relação aos **contratos de trabalho por prazo determinado**, porém, pela própria característica da pactuação antecipada do termo final ou da condição resolutiva que levará ao término do contrato, a ocorrência de algum fato capaz de gerar a **suspensão ou a interrupção** dos seus efeitos **gera controvérsia** na doutrina e na jurisprudência quanto ao momento efetivo em que a extinção do pacto ocorrerá.

Uma **primeira corrente** entende que a causa interruptiva ou suspensiva não terá qualquer influência em relação ao momento de extinção do contrato de trabalho, não gerando efeitos para depois do termo final e não obstando, portanto, o término do

---

[16] Excepciona-se apenas a hipótese de suspensão do contrato de trabalho para qualificação profissional do empregado, prevista no art. 476-A da CLT, já que o legislador reconhece a possibilidade de rescisão no curso do período de afastamento, impondo ao empregador, se isso ocorrer, o pagamento de uma multa a ser prevista em norma coletiva, sem prejuízo das verbas rescisórias a que o empregado faz jus (§ 5.º).

[17] DELGADO, Mauricio Godinho. *Curso de direito do trabalho*, 18. ed., p. 1304.

contrato no momento que havia sido pactuado pelas partes. Tais efeitos não teriam "o condão de alargar o prazo contratual primitivo; assim, extinguir-se-ia o prazo do contrato no termo final prefixado".[18]

Nesse sentido, o **§ 2.º do art. 472 da CLT** dispõe que: "Nos contratos por prazo determinado, o tempo de afastamento, se assim acordarem as partes interessadas, não será computado na contagem do prazo para a respectiva terminação".

Outro entendimento a respeito da questão é no sentido de que a causa interruptiva ou suspensiva teria o condão de adiar o momento da extinção do contrato a termo para o momento da cessação do afastamento do empregado. Assim, o contrato permaneceria por tempo determinado, mas "se o termo final desse contrato ocorrer em data anterior ao final do fator suspensivo ou interruptivo, prorrogar-se-ia o término do contrato até o primeiro dia seguinte ao término da referida causa de suspensão do contrato".[19]

Situação bastante importante diz respeito à hipótese em que o **empregado é afastado do trabalho em razão de acidente do trabalho ou doença profissional** por mais de quinze dias, percebendo o benefício previdenciário respectivo.

Preenchidos os requisitos acima indicados, o empregado tem direito a estabilidade no emprego pelo período de 12 meses após o retorno ao trabalho **(art. 118, Lei n. 8.213/91, e Súmula 378, TST)**.

Há direito à garantia provisória no emprego, na hipótese de contrato por prazo determinado, inclusive o de experiência, ante o acidente de trabalho. Isso porque a força normativa da **Constituição Federal**, que atribui especial destaque às normas de saúde e segurança do trabalhador **(art. 7.º, XXII e XXVIII)**, impõe a interpretação sistemática da legislação infraconstitucional que trata da matéria, de maneira a reconhecer a compatibilidade entre o contrato por prazo determinado e a garantia provisória no emprego.

O **art. 118 da Lei n. 8.213/91** é aplicável no caso de contrato a termo, porquanto o afastamento relacionado ao acidente de trabalho integra a essência sociojurídica da relação laboral. Assim, o contrato por prazo determinado não se transforma em contrato por prazo indeterminado, sendo direito do trabalhador somente a garantia provisória no emprego pelo prazo de um ano, contado da data do término do benefício previdenciário.[20]

> **SÚMULA 378, III, TST:** "O empregado submetido a contrato de trabalho por tempo determinado goza da garantia provisória de emprego decorrente de acidente de trabalho prevista no art. 118 da Lei n. 8.213/91".

---

[18] DELGADO, Mauricio Godinho. *Curso de direito do trabalho*, 18. ed., p. 1305.
[19] DELGADO, Mauricio Godinho. *Curso de direito do trabalho*, 18. ed., p. 1306.
[20] TST-RR 161200-55.2004.5.15.0059, j. 05.05.2010, rel. Min. Kátia Magalhães Arruda, 5.ª T., *DEJT* 14.05.2010.

Destaque-se, ainda, o período de **licença maternidade**. **A Súmula 244, III, do TST** prevê que "a empregada gestante tem direito à estabilidade provisória prevista no art. 10, II, *b*, do Ato das Disposições Constitucionais Transitórias, mesmo na hipótese de admissão mediante contrato por tempo determinado". Logo, considerando que a estabilidade vai desde a confirmação da gravidez, até 5 meses após o parto, o período de licença gestante, que é de 120 dias **(art. 7.º, XVIII, CF)** e caracteriza-se como **período de interrupção do contrato de trabalho**, insere-se nesse período da estabilidade. Assim, o contrato por prazo determinado não se transforma em contrato por prazo indeterminado, sendo direito da trabalhadora somente a garantia provisória no emprego até 5 meses após o parto.

8.5. QUESTÕES

9
TÉRMINO DO CONTRATO DE TRABALHO

Como negócio jurídico que é, **o contrato de trabalho cumpre um ciclo existencial**: nasce em determinado momento por mútuo consentimento das partes, durante sua vigência sofre diversas vicissitudes que impõem, não raro, sua alteração ou a paralisação total ou parcial de seus efeitos e, por fim, chega ao seu final, extinguindo-se pelo adimplemento da prestação, por ato volitivo das partes, pela impossibilidade de execução de suas obrigações em decorrência de fatos alheios à vontade das partes, ou por inadimplemento pelas partes das obrigações contratuais.

Desta forma, fala-se em *dissolução do contrato de trabalho*, com a classificação pela doutrina das hipóteses concretas que levam ao término contratual em diversas causas de dissolução.

Não há, porém, unanimidade doutrinária a respeito dessa classificação: Orlando Gomes e Elson Gottschalk falam em *resolução, resilição ou rescisão* e *caducidade*;[1] para Délio Maranhão, as causas de dissolução são *resilição, resolução, revogação, rescisão* e *força maior*;[2] Arnaldo Süssekind fala em *resolução, resilição unilateral, rescisão* e *extinção*.[3]

Como se não bastasse a divergência em relação à enumeração e à nomenclatura adotada em relação às causas de dissolução do contrato de trabalho, referidos autores apresentam diferentes definições de cada uma das referidas causas.

Adotamos, porém, a classificação feita por Délio Maranhão, indicando as seguintes **causas de dissolução do contrato de trabalho**:[4]

▪ **Resilição** — ocorre quando as próprias partes desfazem o ajuste que haviam firmado.

Como regra, decorre de mútuo acordo, mas, por tratar-se o contrato de trabalho de um pacto do qual decorrem prestações sucessivas, a lei autoriza sua resilição uni-

---

[1] GOMES, Orlando; GOTTSCHALK, Elson. *Curso de direito do trabalho*. 17. ed., p. 358.
[2] SÜSSEKIND, Arnaldo et al. *Instituições de direito do trabalho*, 22. ed., v. 1, p. 559.
[3] SÜSSEKIND, Arnaldo. *Curso de direito do trabalho*, p. 330-331.
[4] SÜSSEKIND, Arnaldo et al. *Instituições de direito do trabalho*, 22. ed., v. 1, p. 560-566.

lateral (seja por iniciativa do empregado — pedido de demissão; seja por iniciativa do empregador — dispensa sem justa causa).

Como ensina Délio Maranhão, "em consequência da força obrigatória dos contratos, o que caracteriza a resilição, em princípio, é o *mútuo acordo* para extinguir o contrato antes da expiração do seu termo ou de obtidos os seus fins normais. Excepcionalmente, pode a lei autorizar a resilição pela vontade unilateral, que supõe, sempre, um contrato *em curso*, de prestações *sucessivas*".[5]

■ **Resolução** — ocorre quando se verifica a inexecução faltosa por um dos contratantes (justa causa).

Délio Maranhão fala também em resolução em caso de ocorrência da condição resolutiva prevista no contrato.

No entanto, no nosso ordenamento jurídico, somente os contratos por prazo determinado podem conter condição resolutiva. O **art. 443, § 1.º, da CLT** define contrato de trabalho por prazo determinado como sendo aquele cuja vigência dependa de termo prefixado ou da execução de certo acontecimento suscetível de previsão aproximada.

Assim, os contratos por prazo determinado, como regra, são extintos pela sua *execução normal*, ou seja, quando o termo prefixado é atingido ou quando alcança seu objetivo, implementando-se a condição resolutiva.

Assim, não há que se falar em resolução do contrato por prazo indeterminado por implemento de condição resolutiva, mas somente em caso de prática de justa causa por um dos seus sujeitos.

■ **Rescisão** — verifica-se quando é declarada a nulidade do contrato.

■ **Força maior** — o contrato é dissolvido pela ocorrência de alguma situação que impossibilita sua execução.

Apesar da discussão doutrinária sobre as modalidades de dissolução do contrato de trabalho, o rigorismo técnico neste caso é deixado de lado tanto pelo legislador como pela jurisprudência, sendo certo que, na prática, são utilizadas indistintamente as expressões ***extinção do contrato, término do contrato e rescisão do contrato***, independentemente da causa que levou a este momento final do contrato.

De toda forma, pelas consequências que gera (de ordem jurídica, social e econômica), o término do contrato de trabalho, qualquer que seja sua causa, é de **grande relevância para o Direito do Trabalho**, envolvendo a análise de **diversos aspectos jurídicos**: desde os princípios aplicáveis a esse fato, passando pelas modalidades de término, até os efeitos jurídicos dele decorrentes.

---

[5] SÜSSEKIND, Arnaldo et al. *Instituições de direito do trabalho*, 22. ed., v. 1, p. 560.

9.1. PRINCÍPIOS APLICÁVEIS

Alguns dos princípios do Direito do Trabalho incidem no momento do término do contrato de trabalho e são importantes para a compreensão das regras do Direito positivo referentes a cada hipótese de dissolução do pacto laboral.

Os **princípios justrabalhistas mais relevantes nesta fase de término do contrato de trabalho** são:

▪ **Princípio da continuidade da relação de emprego** — o Direito do Trabalho adota diversas regras que visam dar a maior duração possível ao contrato de trabalho. As consequências advindas da extinção do contrato de trabalho transcendem o interesse individual das partes (empregado e empregador), atingindo, de forma mais ampla, a sociedade e a economia.

Como regra basilar decorrente da aplicação desse princípio, o **art. 7.º, I, da Constituição Federal** indica, entre os direitos dos trabalhadores, a proteção da relação de emprego contra despedida arbitrária ou sem justa causa, estabelecendo que por meio de lei complementar devem ser previstos, entre outros direitos, indenização compensatória.

No entanto, o princípio em comento impõe a adoção de outras medidas restritivas ao término do contrato de trabalho, entre as quais se destacam a limitação de utilização de contratos por prazo determinado, a previsão de hipóteses de estabilidade e garantias de emprego e a regulamentação da suspensão e da interrupção do contrato de trabalho. Tais medidas serão melhor analisadas a seguir, no item 9.2 *infra*.

▪ **Princípio das presunções favoráveis** — a aplicação deste princípio no momento do término do contrato de trabalho se verifica sob três aspectos distintos:

▪ **presume-se** que o contrato de trabalho **foi celebrado por prazo indeterminado**, somente se admitindo tratar-se de contrato a termo se houver comprovação de ajuste nesse sentido e, principalmente, de que o contrato foi celebrado de acordo com as exigências da lei para este tipo de pacto;

▪ **presume-se a continuidade da relação de emprego** caso não seja incontroverso e nem haja prova de que houve seu rompimento;

▪ caso seja incontroverso ou haja prova de que ocorreu o término do contrato de trabalho, **presume-se que sua dissolução se deu por iniciativa do empregador**, sob a modalidade de dispensa sem justa causa. Tal presunção funda-se em outra: presume-se que o empregado não tem interesse em romper o vínculo empregatício.

O princípio da presunção favorável é reconhecido pela jurisprudência, sendo consubstanciado pela **Súmula 212 do TST**:

> **SÚMULA 212, TST:** "O ônus de provar o término do contrato de trabalho, quando negados a prestação de serviço e o despedimento, é do empregador, pois o princípio da continuidade da relação de emprego constitui presunção favorável ao empregado".

■ **Regra da norma mais favorável** — como corolário do princípio protetor, tal regra impõe a aplicação, no caso de término do contrato de trabalho, da previsão normativa mais favorável ao trabalhador.

A importância desta regra no contexto do término do contrato de trabalho é inegável, pois, como bem esclarece Mauricio Godinho Delgado, "confere suporte à prevalência dos contratos de duração indeterminada em contraponto aos contratos a termo, além de assegurar respaldo ao conjunto de presunções favoráveis ao obreiro no tocante à continuidade da relação empregatícia e à forma de sua dissolução".[6]

9.2. RESTRIÇÕES AO TÉRMINO DO CONTRATO DE TRABALHO

O princípio da continuidade da relação de emprego consubstancia um **ideal de preservação do contrato de trabalho pelo maior tempo possível**, sendo certo que, em decorrência, o ordenamento jurídico estabelece um conjunto de parâmetros e critérios a serem seguidos visando uma **restrição à extinção contratual**.

Nesse sentido, encontramos na legislação trabalhista brasileira as seguintes **medidas restritivas ao término do contrato de trabalho**:

■ **Imposição de restrições à adoção dos contratos por prazo determinado:** os contratos por prazo determinado já são celebrados com a previsão de sua extinção, não permitindo, portanto, a efetivação da continuidade da relação empregatícia. Exatamente por isso, o ordenamento jurídico adota o contrato de trabalho por prazo indeterminado como regra, permitindo **apenas excepcionalmente** a celebração de **contratos a termo**.

A preferência dada pelo legislador aos contratos por prazo indeterminado faz presumir, em situações concretas, que a contratação se deu desta forma, somente se reconhecendo a **pactuação a termo** quando houver **prova inequívoca** dela.

Como corolário da restrição imposta pelo legislador, o reconhecimento da validade do contrato por prazo determinado só se dá nas hipóteses expressamente previstas pela lei (**art. 443, § 2.º, CLT, Lei n. 9.601/98, Lei n. 5.889/73** e outras hipóteses de contratos especiais, como, por exemplo, o contrato de trabalho de artistas, atletas profissionais etc.).[7]

■ **Previsão de hipóteses de estabilidade e de garantias de emprego:** como medidas restritivas ao término do contrato de trabalho, as estabilidades impedem a rescisão por iniciativa do empregador, salvo se houver a prática de uma justa causa pelo empregado.

Atualmente, o ordenamento jurídico brasileiro somente contém previsão das chamadas *estabilidades provisórias no emprego*, que são garantias apenas temporárias de

---

[6] DELGADO, Mauricio Godinho. *Curso de direito do trabalho*, 18. ed., p. 1317.

[7] Para estudo dos contratos por prazo determinado, suas hipóteses e regras, *vide* **item 4.3.1 (Parte II)**.

permanência no emprego, independentemente da vontade do empregador, e que podem decorrer de previsão em lei (estabilidades legais) ou em normas coletivas de trabalho (estabilidades convencionais).

No entanto, inegável que a permanência do pacto laboral, ainda que apenas por um lapso temporal definido, constitui-se em importante hipótese de restrição à dispensa sem justa causa, caracterizando medida de efetividade à continuidade da relação de emprego.[8]

■ **Regulamentação dos casos de suspensão e de interrupção do contrato de trabalho:** em determinadas situações em que os efeitos do contrato de trabalho não podem ser verificados, o legislador opta pela não extinção, determinando apenas a sua suspensão ou interrupção até que, com o desaparecimento da causa que levou à paralisação dos seus efeitos, seja possível a retomada de seu curso normal.

Conforme visto no capítulo anterior, nas hipóteses de **suspensão do contrato de trabalho** não haverá trabalho por parte do empregado e o empregador ficará desobrigado, durante o período, do pagamento de salário e de contagem de tempo de serviço para fins trabalhistas (exemplo: suspensão disciplinar do empregado). Nas hipóteses de **interrupção do contrato de trabalho**, não haverá trabalho, mas o empregador continua com a obrigação de pagar salário e contar o tempo de serviço do período para fins trabalhistas (exemplo: férias).

Durante os períodos de suspensão e de interrupção, o **contrato de trabalho não pode ser rescindido pelo empregador**, sendo assegurado ao empregado, por ocasião da sua volta, todas as vantagens que, em sua ausência, tenham sido atribuídas à categoria a que pertencia na empresa **(art. 471, CLT)**.[9]

Importante medida restritiva à extinção do contrato de trabalho é a exigência de **motivação jurídica por parte do empregador para a dispensa do empregado**, nos termos previstos na **Convenção n. 158 da OIT**. No entanto, diferentemente de outros países nos quais a eficácia desta medida é comprovada, o **Brasil não ratificou referida Convenção** e nosso ordenamento jurídico confere ao **empregador o direito de dispensar seus empregados sem justa causa, ou seja, sem necessidade de motivação**.[10]

---

[8] Para estudo da estabilidade no emprego, *vide* **item 10 (Parte II)**.

[9] Para estudo da suspensão e da interrupção do contrato de trabalho, *vide* **item 8 (Parte II)**.

[10] Na verdade, a Convenção n. 158 da OIT foi ratificada pelo Brasil em 05.01.1995 e promulgada pelo Decreto n. 1.855, de 10.04.1996. No entanto, o Presidente da República, em 20.12.1996, denunciou a referida ratificação, retornando aos efeitos da situação anterior, qual seja, a não ratificação. O ato do Presidente da República de denúncia da Convenção n. 158 da OIT foi questionado através da ADI 1.625-DF, sendo que o STF fixou a seguinte tese de julgamento: "A denúncia pelo Presidente da República de tratados internacionais aprovados pelo Congresso Nacional, para que produza efeitos no ordenamento jurídico interno, não prescinde da sua aprovação pelo Congresso, entendimento que deverá ser aplicado a partir da publicação da ata do julgamento, mantendo-se a eficácia das denúncias realizadas até esse marco temporal". Decisão transitada em julgado em 05.11.2024.

Mauricio Godinho Delgado afirma que "o mais importante incentivo à permanência do contrato de trabalho — e, consequentemente, o mais importante elemento de afirmação jurídica do princípio da continuidade da relação de emprego — seria, entretanto, a incorporação, pelo Direito do Trabalho, do critério motivado para validação das rupturas contratuais trabalhistas. A incorporação, em síntese, de uma sistemática de causas jurídicas relevantes como fatores propiciadores da extinção do contrato empregatício".[11]

De acordo com posicionamento adotado em setembro de 1997 pelo Supremo Tribunal Federal, ao acolher arguição de inconstitucionalidade da **Convenção n. 158 da OIT**, a previsão do **art. 7.º, I, da Constituição Federal**, que indica entre os direitos do trabalhador a proteção contra a despedida arbitrária ou sem justa causa, depende, com exceção da imposição de indenização compensatória já expressamente prevista, de **regulamentação por lei complementar** e, portanto, somente em caso de previsão legislativa específica nos limites constitucionais impostos é que se poderia adotar em nosso País a exigência de que o empregador apresente motivação jurídica relevante para validamente promover a dispensa do empregado.[12]

9.3. AVISO PRÉVIO

Aviso prévio é a notificação dada por uma das partes do contrato de trabalho à outra parte, comunicando sua intenção de rescindir o contrato, sem justa causa.

Trata-se de instituto **típico dos contratos por prazo indeterminado** e tem por finalidade evitar a surpresa da ruptura abrupta do contrato de trabalho.

O TST, no entanto, adotou entendimento no sentido de ser **cabível** o aviso prévio **nos contratos por prazo determinado**, em caso de **rescisão antecipada**:

> **SÚMULA 163, TST:** "Cabe aviso prévio nas rescisões antecipadas dos contratos de experiência, na forma do art. 481 da CLT".

O aviso prévio é previsto pelo **art. 7.º, XXI, da Constituição Federal** como um direito dos trabalhadores urbanos e rurais, sendo estendido aos trabalhadores avulsos **(art. 7.º, XXXIV, CF)** e aos domésticos **(art. 7.º, parágrafo único, CF)**.

A regulamentação do aviso prévio está contida nos **arts. 487 a 491 da CLT**. A **Lei n. 12.506/2011** regulou a proporcionalidade da duração do aviso prévio em relação ao tempo de serviço do empregado.

---

[11] DELGADO, Mauricio Godinho. *Curso de direito do trabalho*, 18. ed., p. 1322.
[12] Para mais explicações sobre motivação da dispensa e Convenção n. 158 da OIT, *vide* **item 10.3 (Parte II)**.

Não há formalidade prevista em lei para a concessão do aviso prévio, mas, como em decorrência do quanto previsto nos §§ 1.º e 2.º do art. 487 da CLT é necessário que seja comprovada a sua concessão, torna-se conveniente que seja dado por escrito.

De acordo com a previsão constitucional, a **duração** do aviso prévio deve ser **proporcional ao tempo de serviço**, sendo no **mínimo de 30 (trinta) dias**. Assim, a partir da Constituição Federal de 1988, restou revogado o inciso I do art. 487 da CLT, que previa aviso prévio de 8 (oito) dias para os empregados que recebem salário por dia ou por semana.

No entanto, a norma constitucional, por não ser autoaplicável, dependia de regulamentação por norma infraconstitucional.

Como visto, a proporcionalidade da duração do aviso prévio de acordo com o tempo de serviço do empregado foi regulamentada pela **Lei n. 12.506/2011**, sendo certo, portanto, que a partir de então os empregados podem exigir o aviso prévio com **duração que irá variar** conforme o tempo de serviço que tenham em relação aos seus empregadores, **garantido** sempre o prazo **mínimo de 30 (trinta) dias**.

SÚMULA 441, TST: "O direito ao aviso prévio proporcional ao tempo de serviço somente é assegurado nas rescisões de contrato de trabalho ocorridas a partir da publicação da Lei n. 12.506, de 13 de outubro de 2011".

Em relação à **proporcionalidade**, dispõe a Lei que:

- o aviso prévio será concedido na proporção de 30 (trinta) dias aos empregados que contem até 1 (um) ano de serviço na mesma empresa;
- ao aviso prévio de 30 (trinta) dias, serão acrescidos 3 (três) dias por ano de serviço prestado na mesma empresa, até o máximo de 60 (sessenta) dias, perfazendo um total de até 90 (noventa) dias.

Em relação ao cômputo do acréscimo da duração do aviso prévio, a **Lei n. 12.506/2011** prevê uma *regra-base* (art. 1.º, *caput*) e uma *regra adicional* (art. 1.º, **parágrafo único**).

Assim, o cálculo para saber a quantos dias de aviso prévio o empregado tem direito por ocasião de sua dispensa, deve ser feito em duas etapas:

1. aplica-se a *regra-base* = 30 dias (pouco importa se o contrato foi de 1 mês ou de 10 anos, a regra-base não muda);

2. aplica-se a *regra adicional*, segundo a qual para cada ano de serviço em favor do empregador serão acrescidos 3 dias (até no máximo 60 dias).

Desse modo, **exemplificativamente**:

- 11 meses e 29 dias de serviço = 30 dias de aviso prévio (não incide a regra adicional porque não há 1 ano completo);

- 1 ano e 1 dia de serviço = 33 dias de aviso prévio (regra base + 1 ano completo = 30 dias + 3 dias);
- 1 ano, 11 meses e 29 dias de serviço = 33 dias de aviso prévio;
- 2 anos e 9 meses de serviço = 36 dias de aviso prévio.

Isso porque a **Lei n. 12.506/2011** não dispõe que a regra adicional é para cada ano adicional ao 1.º ano. Dispõe simplesmente que a cada ano de contrato somam-se 3 dias ao período mínimo de aviso prévio (aos 30 dias).

Nesse sentido a jurisprudência do Tribunal Superior do Trabalho:

"[...] B) AGRAVO DE INSTRUMENTO EM RECURSO DE REVISTA INTERPOSTO PELA RECLAMANTE. ACÓRDÃO REGIONAL PUBLICADO NA VIGÊNCIA DA LEI N. 13.015/2014 E DA LEI N. 13.467/2017. [...] 2. AVISO PRÉVIO PROPORCIONAL AO TEMPO DE SERVIÇO. TRANSCENDÊNCIA POLÍTICA RECONHECIDA. PROVIMENTO. I. A jurisprudência pacífica desta Corte Superior é no sentido de que o primeiro ano de serviço deve ser computado para a concessão do aviso-prévio proporcional. II. Ao decidir que a Autora tem direito ao aviso prévio proporcional de 33 dias, considerando-se o vínculo de 16.06.2012 e dispensada em 15.12.2014, portanto, com duração superior a 2 anos, a Corte Regional contrariou a jurisprudência pacífica dessa Corte Superior. Assim sendo, reconheço a existência de transcendência política da causa. III. Agravo de instrumento de que se conhece e a que se dá provimento, para determinar o processamento do recurso de revista, observando-se o disposto no ATO SEGJUD.GP N. 202/2019 do TST. [...] C) RECURSO DE REVISTA INTERPOSTO PELA RECLAMANTE 1. AVISO PRÉVIO PROPORCIONAL AO TEMPO DE SERVIÇO. TRANSCENDÊNCIA POLÍTICA RECONHECIDA. CONHECIMENTO E PROVIMENTO. I. O recurso de revista preenche os pressupostos intrínsecos de admissibilidade previstos no art. 896 da CLT, bem como oferece transcendência política (art. 896-A, § 1.º, II, da CLT) . II. Nos termos da ju-risprudência pacífica desta Corte Superior e ao contrário do que decidiu a Corte Regional, o primeiro ano de serviço deve ser computado para a concessão do aviso--prévio proporcional. III. Recurso de revista de que se conhece, por violação do art. 1.º, parágrafo único, da Lei n. 12.506/2011, e a que se dá provimento, para deferir à Autora o pagamento de aviso prévio de 36 dias. [...]" (RRAg-1002104-21.2015.5.02.0719, 4.ª T., rel. Min. Alexandre Luiz Ramos, *DEJT* 30.06.2023).

Cláusulas de convenções coletivas ou de acordos coletivos de trabalho que tratam do aviso prévio proporcional e que contêm previsão de **proporcionalidade mais benéfica** ao trabalhador do que a prevista pela **Lei n. 12.506/2011 devem ser observadas**, prevalecendo sobre a regra legal por serem mais favoráveis ao trabalhador.

Ao contrário, constitui objeto ilícito de convenção coletiva ou de acordo coletivo de trabalho a supressão ou a redução do aviso prévio proporcional ao tempo de serviço, sendo, no mínimo, de 30 dias **(art. 611-B, XVI, CLT)**.

Aos empregados que tinham sido **dispensados antes da publicação da Lei n. 12.506/2011** e que estavam com o **aviso prévio em curso** (cumprindo o aviso prévio) **não foi assegurado o direito à proporcionalidade**. A regra é de que a partir do recebimento da comunicação do aviso se estabelecem os seus efeitos jurídicos **(Súmula 441, TST)**.[13]

> **SÚMULA 441, TST:** "O direito ao aviso prévio proporcional ao tempo de serviço somente é assegurado nas rescisões de contrato de trabalho ocorridas a partir da publicação da Lei n. 12.506, de 13 de outubro de 2011".

Outro aspecto importante a ser ressaltado é de que a **proporcionalidade** do aviso prévio refere-se **apenas ao aviso prévio concedido pelo empregador** em caso de dispensa sem justa causa ou em caso de rescisão indireta do contrato de trabalho e, no caso de rescisão por comum acordo, caso em que, sendo o aviso prévio indenizado, a referida proporcionalidade será considerada pela metade. Isso porque o intuito do legislador com a **Lei n. 12.506/2011** foi o de regular o disposto no **art. 7.º, XXI, da Constituição Federal**. Tal dispositivo constitucional é **voltado estritamente em benefício de todos os trabalhadores** urbanos, rurais e domésticos e aos trabalhadores avulsos, **não se dirigindo aos empregadores**. A Constituição fala em *direito dos trabalhadores*. Portanto, a proporcionalidade **apenas se aplica em favor do trabalhador**, em caso de dispensa sem justa causa ou dispensa indireta e, no caso de rescisão por comum acordo, será considerada pela metade, se indenizado. Esse é o entendimento majoritário da jurisprudência.[14]

---

[13] Veja-se, no entanto, julgado recente do TST, com fundamento em julgamento proferido pelo STF em julgamento de recurso extraordinário: "A) AGRAVO DE INSTRUMENTO. AVISO PRÉVIO PROPORCIONAL. MANDADO DE INJUNÇÃO. DECISÃO DO STF EM RECURSO EXTRAORDINÁRIO. Diante de decisão prolatada pelo STF em recurso extraordinário, impõe-se acolher o recurso, em face da determinação oriunda do STF. Agravo de instrumento provido. B) RECURSO DE REVISTA. AVISO PRÉVIO PROPORCIONAL. MANDADO DE INJUNÇÃO. DECISÃO DO STF EM RECURSO EXTRAORDINÁRIO. A 3.ª Turma do TST prolatou acórdão por meio do qual se negou provimento ao agravo de instrumento em recurso de revista interposto pelos Reclamantes, ao fundamento de que 'a jurisprudência do TST está pacificada no sentido de que somente depois do advento da Lei n. 12.506/2011 é que cabe o pagamento da proporcionalidade do pré-aviso, não tendo a decisão do STF efetivamente alterado essa jurisprudência, mas apenas compelido o Poder Legislativo a regulamentar a matéria, sanando a sua mora em legislar'. Contudo, o Supremo Tribunal Federal, no julgamento dos embargos de declaração em recurso extraordinário n. 1.112.320/SE, de relatoria do Ministro Gilmar Mendes, cassou o acórdão proferido pela 3.ª Turma do TST, ao constatar que, mediante decisão monocrática de relatoria do Min. Dias Toffoli no julgamento do Mandado de Injunção 1007, 'foi reconhecido, em caráter retroativo à edição da Lei n. 12.506/11, o direito de José Goulart de Melo ao aviso prévio proporcional ao tempo de serviço', o que também se deu no julgamento do Mandado de Injunção 1.008, impetrado pelo Reclamante Carlos Eli dos Santos, no qual se assegurou, 'do mesmo modo, o direito ao aviso prévio proporcional, fixando-se como parâmetro de observância aos efeitos retroativos da decisão os critérios fixados pela Lei n. 12.506/11'. Por conseguinte, com o retorno dos autos para novo julgamento por esta Turma, impõe-se acolher o recurso, em face da determinação oriunda do STF. Recurso de revista conhecido e provido" (RR-93200-51.2009.5.20.0006, 3.ª T., rel. Min. Mauricio Godinho Delgado, *DEJT* 18.02.2022).

[14] "AGRAVO EM AGRAVO DE INSTRUMENTO EM RECURSO DE REVISTA. REGIDO PELA LEI N. 13.467/2017. AVISO PRÉVIO PROPORCIONAL. LEI N. 12.506/2011. DIREITO EXCLU-

Segundo entendimento adotado pelo TST, a **contagem do prazo** do aviso prévio é feita nos termos do *caput* do **art. 132 do Código Civil**:

> **SÚMULA 380, TST:** "Aplica-se a regra prevista no *caput* do art. 132 do Código Civil de 2002 à contagem do prazo do aviso prévio, excluindo-se o dia do começo e incluindo o do vencimento".

A dispensa sem justa causa dá ao empregado o direito ao aviso prévio, ou seja, o empregador deve avisá-lo da ruptura contratual com a antecedência cabível em razão do tempo de serviço que o empregado tenha. É **devido** o aviso prévio na **despedida indireta (art. 487, § 4.º, CLT)**. Em caso de **culpa recíproca**, o empregado terá direito a **50% (cinquenta por cento)** do valor correspondente ao aviso prévio **(Súmula 14, TST)**. Tratando-se de **rescisão por comum acordo** entre empregado e empregador, o aviso prévio, se indenizado, será devido **pela metade (art. 484-A, I, *a*, CLT)**.

Conforme entendimento adotado pelo TST, o empregado tem **direito** ao aviso prévio no caso de **cessação das atividades da empresa**:

> **SÚMULA 44, TST:** "A cessação da atividade da empresa, com o pagamento da indenização, simples ou em dobro, não exclui, por si só, o direito do empregado ao aviso prévio".

A confirmação do estado de **gravidez, durante o prazo do aviso prévio** trabalhado ou indenizado, **garante à empregada gestante a estabilidade provisória.** A mesma garantia é prevista para o empregado adotante ao qual tenha sido concedida guarda provisória para fins de adoção **(art. 391-A, CLT)**.

O aviso prévio **integra o tempo de serviço para todos os efeitos legais**, razão pela qual, como regra, durante o período do aviso o contrato de trabalho continua a gerar todos os seus efeitos, inclusive o trabalho por parte do empregado. Fala-se, assim, em *aviso prévio trabalhado*. No entanto, o legislador, prevendo a possibilidade de que o empregador não queira mais que o empregado trabalhe, para assegurar-lhe o direito que

---

SIVO DO TRABALHADOR. EXIGÊNCIA DE CUMPRIMENTO DOS PRIMEIROS 30 DIAS. DIREITO À INDENIZAÇÃO PELO PERÍODO EXCEDENTE. SÚMULA N. 333/TST. TRANSCENDÊNCIA NÃO RECONHECIDA NA DECISÃO AGRAVADA. A decisão agravada encontra-se em consonância com a jurisprudência consolidada por esta Corte Superior, no sentido de que o aviso prévio proporcional, previsto na Lei n. 12.506/2011, é direito social exclusivo do trabalhador, de modo que o empregador somente pode exigir o cumprimento do aviso prévio trabalhado nos primeiros 30 dias. Assim, é ilícita a exigência pelo empregador de cumprimento integral do aviso prévio proporcional, no caso 60 dias, implicando o pagamento de indenização pelo período que excede 30 dias. Julgados da SBDI-1 e das Turmas. Nesse contexto, não afastados os fundamentos da decisão agravada, nenhum reparo merece a decisão. Agravo não provido, com acréscimo de fundamentação" (Ag-AIRR-1534-90.2021.5.06.0182, 5.ª T., rel. Min. Douglas Alencar Rodrigues, *DEJT* 26.08.2024).

lhe é garantido constitucionalmente, estabelece que a **falta do aviso prévio** por parte do empregador dá ao empregado o **direito aos salários correspondentes** ao prazo do aviso. O aviso prévio, neste caso, é *indenizado* **(art. 487, § 1.º, CLT)**, em valor correspondente aos salários a que o empregado teria direito neste período.

Em se tratando de **salário variável**, pago na base de tarefa, o cálculo do aviso prévio indenizado deverá ser feito levando em conta a **média dos últimos 12 (doze) meses de serviço (art. 487, § 3.º, CLT)**.

O valor das **horas extras habituais integra o aviso prévio indenizado (art. 487, § 5.º, CLT)**. As **gorjetas** recebidas pelo empregado, no entanto, **não repercutem no cálculo** do aviso prévio **(Súmula 354, TST)**.

Assim, a **rescisão do contrato de trabalho torna-se efetiva** apenas depois do prazo do aviso prévio **(art. 489, CLT)**, gerando os seguintes efeitos:

◘ O período do aviso prévio integra o tempo de serviço para todos os efeitos, ainda que seja indenizado:

SÚMULA 305, TST: "O pagamento relativo ao período de aviso prévio, trabalhado ou não, está sujeito a contribuição para o FGTS".

◘ Com exceção da indenização de 40% dos depósitos do FGTS, as verbas rescisórias devem ser calculadas considerando a projeção do aviso prévio indenizado:

OJ SDI-1 42, TST: "[...] II — O cálculo da multa de 40% do FGTS deverá ser feito com base no saldo da conta vinculada na data do efetivo pagamento das verbas rescisórias, desconsiderada a projeção do aviso prévio indenizado, por ausência de previsão legal".

◘ Na CTPS do empregado deve ser anotada como data de saída aquela que corresponde à do término do aviso prévio, ainda que este tenha sido indenizado:

OJ SDI-1 82, TST: "A data de saída a ser anotada na CTPS deve corresponder à do término do prazo do aviso prévio, ainda que indenizado".

◘ A concessão de auxílio-doença no curso do aviso prévio, ainda que indenizado, faz com que os efeitos da dispensa sem justa causa somente se verifiquem após expirado o benefício previdenciário:

SÚMULA 371, TST: "A projeção do contrato de trabalho para o futuro, pela concessão do aviso prévio indenizado, tem efeitos limitados às vantagens econômicas obtidas no período de pré-aviso, ou seja, salário, reflexos e verbas rescisórias. No caso de concessão de auxílio-doença no curso do aviso prévio, todavia, só se concretizam os efeitos da dispensa depois de expirado o benefício previdenciário".

■ O início do prazo prescricional de dois anos para o empregado reclamar na Justiça do Trabalho direitos decorrentes do contrato de trabalho começa a ser computado a partir do término do aviso prévio, ainda que este tenha sido indenizado:

> **OJ SDI-1 83, TST:** "A prescrição começa a fluir no final da data do término do aviso prévio. Art. 487, § 1.º, da CLT".

Caso haja **reajuste salarial coletivo** no curso do aviso prévio, o empregado terá direito a ele, ainda que o aviso prévio tenha sido indenizado **(art. 487, § 6.º, CLT)**.

O cômputo do período do aviso prévio como tempo de serviço para todos os efeitos legais é verificado inclusive em relação ao aviso prévio com duração maior do que a prevista em lei, assegurada por norma coletiva.

> **OJ SDI-1 367, TST:** "O prazo de aviso prévio de 60 dias, concedido por meio de norma coletiva que silencia sobre alcance de seus efeitos jurídicos, computa-se integralmente como tempo de serviço, nos termos do § 1.º do art. 487 da CLT, repercutindo nas verbas rescisórias".

Na hipótese de o **aviso prévio ser dado pelo empregador**, durante o período do aviso o **horário de trabalho do empregado será reduzido** de acordo com uma das seguintes regras, escolhida pelo empregado, sem prejuízo do salário integral **(art. 488, CLT)**:

■ redução de 2 (duas) horas diárias durante todo o período do aviso;
■ redução de 7 (sete) dias corridos do período do aviso prévio, sem que haja a redução de duas horas nos dias trabalhados.

A **redução do horário de trabalho** durante o aviso prévio dado pelo empregador é **impositiva**, não podendo ser substituída pelo pagamento das horas que foram trabalhadas.

> **SÚMULA 230, TST:** "É ilegal substituir o período que se reduz da jornada de trabalho, no aviso prévio, pelo pagamento das horas correspondentes".

Ressalte-se que a **Lei n. 12.506/2011** em nada alterou a aplicabilidade do **art. 488 da CLT**, uma vez que não contém qualquer previsão específica sobre essa questão. A proporcionalidade foi fixada apenas em relação à duração do prazo do aviso prévio, não podendo ser interpretada ampliativamente para abranger uma possível ampliação do benefício de duração de jornada durante o prazo do aviso prévio.[15]

---

[15] "PROCESSO ANTERIOR À LEI N. 13.467/2017. RECURSO DE REVISTA EM FACE DE ACÓRDÃO PUBLICADO NA VIGÊNCIA DAS LEIS 13.015/2014 E 13.105/2015. PROPORCIONALIDADE DO AVISO PRÉVIO DETERMINADA PELA LEI N. 12.506/2011 — EFEITOS SOBRE A FACULDADE DO ART. 488, PARÁGRAFO ÚNICO, DA CLT — AUSÊNCIA DO

O aviso prévio é um **direito irrenunciável por parte do empregado**, não ficando o empregador isento de seu pagamento caso aceite pedido do empregado de dispensa de seu cumprimento. Somente a **comprovação de que o empregado obteve um novo emprego** exime o empregador deste pagamento.

> **SÚMULA 276, TST:** "O direito ao aviso prévio é irrenunciável pelo empregado. O pedido de dispensa de cumprimento não exime o empregador de pagar o respectivo valor, salvo comprovação de haver o prestador dos serviços obtido novo emprego".

O **empregado professor**, dispensado sem justa causa ao término do ano letivo ou no curso das férias escolares, tem direito ao aviso prévio.

> **SÚMULA 10, TST:** "O direito aos salários do período de férias escolares assegurado aos professores (art. 322, *caput* e § 3.º, da CLT) não exclui o direito ao aviso prévio, na hipótese de dispensa sem justa causa ao término do ano letivo ou no curso das férias escolares".

Por força do disposto no **art. 487, § 2.º, da CLT**, o **empregado que pede demissão** também deve **conceder aviso prévio ao empregador**. Referido aviso deve ser dado com antecedência de 30 (trinta) dias e sua falta dá ao empregador o direito de descontar os salários correspondentes ao prazo respectivo.

A parte que deu o aviso prévio à outra pode **reconsiderar o ato** antes do seu término, mas tal reconsideração somente vai gerar efeitos se a **outra parte aceitar (art. 489, CLT)**.

A aceitação ou não do pedido de reconsideração do aviso prévio é uma faculdade da parte que foi notificada pela outra da intenção que esta tinha de rescindir o contrato. Caso aceite, o contrato continuará o seu curso normal **(art. 489, parágrafo único, CLT)**.

O pedido de reconsideração e sua aceitação podem se dar de forma tácita, caso haja continuidade da prestação dos serviços após o término do período do aviso prévio **(art. 489, parágrafo único, CLT)**.

TRABALHO POR 7 DIAS CORRIDOS. Com o advento da Lei n. 12.506/2011, restou garantido aos trabalhadores com mais de um ano de serviço prestado ao mesmo empregador um acréscimo de 3 dias de aviso prévio proporcional para cada ano trabalhado, até o limite de 60 dias, perfazendo um total de 90 dias. É interessante notar que o novo regramento não estendeu a relação de proporcionalidade do aviso prévio superior a 30 dias à prerrogativa conferida ao trabalhador pelo art. 488 da CLT — redução de 2 horas diárias ou falta ao serviço por 7 dias corridos. Esse entendimento é compactuado pelo Ministério do Trabalho, o qual declinou o seu posicionamento no item III. 4 da Nota Técnica n. 184/2012: "A jornada reduzida ou a faculdade de ausência ao trabalho, durante o aviso prévio, previstas no art. 488 da CLT, não foram alteradas pela Lei 12.506/11". Recurso de revista conhecido por divergência jurisprudencial e provido. CONCLUSÃO: Recurso de revista parcialmente conhecido e provido" (TST — RR 336-71.2015.5.12.0049, 3.ª T., rel. Min. Alexandre de Souza Agra Belmonte, *DEJT* 10.05.2019).

A hipótese de cancelamento (reconsideração) do aviso prévio por mútuo acordo entre empregado e empregador foi prevista como situação autorizada pela **Lei n. 14.020, de 6 de julho de 2020**, que instituiu o Programa Emergencial de Manutenção do Emprego e da Renda para o enfrentamento do estado de calamidade pública reconhecido pelo Decreto Legislativo n. 6/2020 e da emergência de saúde pública internacional decorrente do coronavírus, de que tratou a Lei n. 13.979/2020. Nesse sentido, o **art. 23** da referida Lei, em caso de cancelamento do aviso prévio, permitiu às partes a adoção das medidas do Programa Emergencial de Manutenção do Emprego e da Renda.

A **prática de justa causa por parte do empregado** no curso do aviso prévio implica na perda do direito ao restante do prazo do aviso **(art. 491, CLT)**, bem como de qualquer direito às verbas rescisórias de natureza indenizatória.

> **SÚMULA 73, TST:** "A ocorrência de justa causa, salvo a de abandono de emprego, no decurso do prazo do aviso prévio dado pelo empregador, retira do empregado qualquer direito às verbas rescisórias de natureza indenizatória".

Na hipótese de **justa causa praticada pelo empregador** no curso do aviso prévio, o empregado terá direito a receber a remuneração correspondente ao período do aviso, sem prejuízo da indenização que for devida **(art. 490, CLT)**.

A **estabilidade no emprego**, que se caracteriza como uma garantia de que o contrato de trabalho não vai ser rescindido por iniciativa do empregador, é **incompatível com o instituto do aviso prévio**, que é concedido quando ocorre a dispensa sem justa causa. Diante disso, o TST adota entendimento no sentido de ser inválida a concessão de aviso prévio durante o período de estabilidade do empregado:

> **SÚMULA 348, TST:** "É inválida a concessão do aviso prévio na fluência da garantia de emprego, ante a incompatibilidade dos dois institutos".

Adotando entendimento coerente com o acima exposto, especificamente em relação à estabilidade do dirigente sindical, o TST entende que, se o aviso prévio está em curso, os efeitos da estabilidade no emprego cuja causa tem origem nesse período não são verificados.

> **SÚMULA 369, TST:** "[...] V — O registro da candidatura do empregado a cargo de dirigente sindical durante o período de aviso prévio, ainda que indenizado, não lhe assegura a estabilidade, visto que inaplicável a regra do § 3.º do art. 543 da Consolidação das Leis do Trabalho".

Não importando se o aviso prévio é trabalhado ou se é indenizado, o pagamento das verbas rescisórias deve ser feito em até dez dias contados a partir do término do contrato de trabalho **(art. 477, § 6.º, CLT)**.

Tendo em vista a alteração inserida pela **Lei n. 13.467/2017 (*Reforma Trabalhista*)** em relação ao pagamento das verbas rescisórias, perdeu efeito a previsão contida na OJ SDI-1 14, TST sobre **"aviso prévio cumprido em casa"**.

9.4. VERBAS RESCISÓRIAS

As chamadas *verbas rescisórias* são compostas pelos **direitos trabalhistas devidos ao empregado** por ocasião do **término do seu contrato de trabalho**, direitos estes que variam conforme a modalidade de dissolução do pacto laboral.

São consideradas *verbas rescisórias*:

▪ **Saldo de salários** — correspondente ao salário dos dias trabalhados pelo empregado antes do término do contrato, e que ainda não foram pagos, já que o salário sempre é pago em relação ao mês vencido de trabalho.

Exemplificando: o contrato de trabalho é extinto em 17 de novembro; considerando que o salário referente ao mês de novembro seria pago somente ao final do mês ou até o 5.º dia útil de dezembro **(art. 459, CLT)**, por ocasião do término do contrato de trabalho o empregado deve receber o valor de salário correspondente aos 17 (dezessete) dias trabalhados.

▪ **Aviso prévio** — nas modalidades de dissolução do contrato de trabalho por iniciativa de uma das partes, sem que a outra parte tenha praticado qualquer falta grave (pedido de demissão e dispensa sem justa causa), a rescisão deve ser comunicada com antecedência de, no mínimo, 30 (trinta) dias **(art. 7.º, XXI, CF)**. Sendo do empregador a iniciativa da rescisão, deverá pagar ao empregado os dias trabalhados (aviso prévio trabalhado) ou os dias correspondentes caso não queira que o empregado trabalhe no período (aviso prévio indenizado), nos termos do **art. 487, § 1.º, da CLT**, constituindo este valor parte integrante das *verbas rescisórias*, salvo se comprovado que o empregado arrumou um novo emprego:

> **SÚMULA 276, TST:** "O direito ao aviso prévio é irrenunciável pelo empregado. O pedido de dispensa de cumprimento não exime o empregador de pagar o respectivo valor, salvo comprovação de haver o prestador dos serviços obtido novo emprego".

Ocorrendo a rescisão por iniciativa do empregado, a regra é que o aviso prévio seja trabalhado por ele, com o pagamento do salário correspondente a título de *verbas rescisórias*. No entanto, caso se recuse a cumprir o aviso prévio, o valor correspondente não só não será pago, como o legislador permite que o salário relativo ao aviso seja descontado das verbas rescisórias que o empregado terá para receber **(art. 487, § 2.º, CLT)**.[16]

---

[16] "RECURSO DE REVISTA. ACÓRDÃO REGIONAL PUBLICADO NA VIGÊNCIA DA LEI N. 13.015/2014 E DA LEI N. 13.467/2017. 1. AVISO PRÉVIO DO EMPREGADO. NÃO CUMPRI-

No caso de rescisão do contrato de trabalho por acordo entre empregado e empregador, o aviso prévio, se indenizado, será devido pela metade **(art. 484, I, *a*, CLT)**.

■ **Férias vencidas, acrescidas de 1/3** — nos termos do **art. 146 da CLT**, tal verba corresponde à remuneração simples ou em dobro, conforme o caso, referente aos períodos de férias cujo direito o empregado tenha adquirido, mas que não foram gozadas durante a vigência do contrato, acrescida do terço constitucional (férias indenizadas simples ou em dobro).

■ **Férias proporcionais, acrescidas de 1/3** — tal verba corresponde à remuneração relativa ao período incompleto de férias, na proporção de 1/12 (um doze avos) por mês de serviço ou fração superior a 14 (quatorze dias), acrescida do terço constitucional **(art. 146, parágrafo único, e art. 147, CLT)**.

■ **13.º salário proporcional** — correspondente a 1/12 (um doze avos) da remuneração do empregado, por mês de serviço no ano correspondente, ou fração igual ou superior a 15 (quinze) dias de trabalho **(art. 1.º, §§ 1.º e 2.º, Lei n. 4.090/62)**.

■ **Indenização de 40% dos depósitos do FGTS** — calculada na forma do **art. 18 da Lei n. 8.036/90**, que, no entanto, será devida pela metade no caso de rescisão do contrato de trabalho por acordo entre empregado e empregador **(art. 484-A, I, *b*, CLT)**.

■ **Indenização por rescisão antecipada do contrato por prazo determinado, se for o caso** — equivalente aos salários correspondentes ao período faltante para o término do contrato, pela metade, quando a rescisão antecipada se der por iniciativa do empregador **(art. 479, CLT)**; e equivalente ao valor dos prejuízos sofridos pelo empregador em decorrência da rescisão antecipada, quando esta se deu por iniciativa do empregado, não podendo, porém, neste caso, exceder àquela que teria direito de receber se a rescisão antecipada tivesse sido promovida pelo empregador **(art. 480, CLT)**. Havendo previsão contratual assegurando a rescisão antecipada por ambas as partes, não há que se falar em indenização **(art. 481, CLT)**.

Como salientado anteriormente, as verbas rescisórias devidas ao empregado variam conforme a modalidade de extinção contratual a que se refiram. Nos itens

---

MENTO. PEDIDO DE DEMISSÃO. DESCONTO DEVIDO. TRANSCENDÊNCIA POLÍTICA RECONHECIDA. CONHECIMENTO E PROVIMENTO. I. A jurisprudência desta Corte, na esteira do que dispõe o art. 487, § 2.º, da CLT, firmou-se no sentido de que é lícito ao empregador promover o desconto do salário correspondente ao período do aviso prévio não trabalhado, no momento do pagamento das verbas rescisórias. II. Na hipótese dos autos, o rompimento do vínculo de emprego se deu por iniciativa da Reclamante, que pediu demissão e não cumpriu o aviso prévio. Restou consignado na decisão regional, ainda, que a Reclamada não dispensou a Reclamante do cumprimento do aviso prévio. III. Ao considerar irregular o desconto efetuado pela Reclamada no TRCT, no que diz respeito à falta de aviso prévio por parte da Reclamante, o Tribunal Regional decidiu em desconformidade com a jurisprudência desta Corte e violou o art. 487, § 2.º, da CLT. Transcendência política reconhecida. IV. Recurso de revista de que se conhece e a que se dá provimento" (RR-21575-32.2017.5.04.0002, 4.ª T., rel. Min. Alexandre Luiz Ramos, *DEJT* 18.06.2021).

seguintes, após a análise de cada uma das formas de dissolução do contrato de trabalho, serão indicadas as verbas rescisórias respectivas.

O empregado poderá autorizar, de forma irrevogável e irretratável, o desconto nas verbas rescisórias devidas pelo empregador, se assim previsto no respectivo contrato de empréstimo, financiamento, cartão de crédito ou arrendamento mercantil, até o limite de 35%, sendo 5% destinados exclusivamente para a amortização de despesas contraídas por meio de cartão de crédito ou a utilização com a finalidade de saque por meio do cartão de crédito (art. 1.º, § 1.º, Lei n. 10.820/2003, com a redação dada pela Lei n. 13.172/2015).

■ **Controvérsia sobre as verbas rescisórias — art. 467, CLT:** em caso de rescisão do contrato de trabalho, havendo controvérsia sobre o montante das verbas rescisórias, o empregador é obrigado a pagar ao trabalhador, à data do comparecimento à Justiça do Trabalho, a parte incontroversa dessas verbas, sob pena de pagá-las acrescidas de cinquenta por cento (**art. 467, CLT**).

Os efeitos do **art. 467 da CLT** são aplicáveis em caso de revelia e confissão.

SÚMULA 69, TST: "A partir da Lei n. 10.272, de 05.09.2001, havendo rescisão do contrato de trabalho e sendo revel e confesso quanto à matéria de fato, deve ser o empregador condenado ao pagamento das verbas rescisórias, não quitadas na primeira audiência, com acréscimo de 50% (cinquenta por cento)".

9.5. FORMAS DE TÉRMINO DO CONTRATO DE TRABALHO

A extinção do contrato de trabalho vai ocorrer de forma distinta, conforme se trate de contrato a termo ou de pacto celebrado por prazo indeterminado.

Os **contratos por prazo indeterminado**, celebrados para perdurarem o maior tempo possível, não contêm qualquer definição quanto ao tempo que vigorarão, estando seu término condicionado à ocorrência de uma das diversas causas extintivas previstas pelo ordenamento jurídico.

Assim, os **efeitos jurídicos** decorrentes das várias formas de extinção do contrato serão **distintos**, incidindo verbas rescisórias de tipo e de valor diferentes conforme o caso. Tais efeitos serão estudados especificamente no item 9.6 *infra*.

Tendo em vista a dificuldade concreta encontrada pela doutrina para classificar as modalidades de extinção dos contratos de trabalho por prazo indeterminado, já que nem todos os tipos se encaixam como resilição, resolução ou rescisão, apenas para fins didáticos podemos dividi-las basicamente em quatro grupos, considerando o fator *vontade das partes* como critério classificador:

■ formas de extinção do contrato de trabalho por iniciativa do empregador (dispensa sem justa causa e dispensa por justa causa);

■ formas de extinção do contrato de trabalho por iniciativa do empregado (pedido de demissão e dispensa indireta);

■ forma de extinção do contrato de trabalho por comum acordo entre as partes;

■ formas de extinção do contrato de trabalho por fatos alheios à vontade das partes (morte do empregado ou do empregador pessoa física, extinção decorrente de ato de terceiro e *factum principis*).

As demais formas de extinção do contrato de trabalho, por conterem algumas peculiaridades, não podem ser analisadas a partir desse critério classificatório que, repita-se, é utilizado meramente para fins didáticos.

9.5.1. Extinção dos contratos por prazo determinado

A **extinção do contrato de trabalho por prazo determinado** pode ocorrer devido ao cumprimento do prazo previsto **(extinção normal)**, mas também de forma antecipada, com a dispensa do empregado pelo empregador, com o pedido de demissão formulado pelo empregado ou em decorrência da prática de justa causa por qualquer das partes **(extinção anormal)**.

Ocorrendo a extinção normal do contrato de trabalho, pelo decurso do prazo estipulado para sua vigência, são devidas as seguintes verbas rescisórias:

■ saldo de salário;

■ 13.º salário proporcional;

■ férias vencidas, acrescidas de 1/3, se houver;

■ férias proporcionais, acrescidas de 1/3;

■ liberação do FGTS (sem a indenização de 40%).

A **extinção anormal** do contrato por prazo determinado pode se dar pelos seguintes motivos:

■ **Rescisão antecipada por iniciativa do empregador** (dispensa sem justa causa): Neste caso, são devidas as seguintes verbas rescisórias:

■ saldo de salário;

■ 13.º salário proporcional;

■ férias vencidas, acrescidas de 1/3, se houver;

■ férias proporcionais, acrescidas de 1/3;

■ liberação do FGTS;

■ indenização do art. 479 da CLT, correspondente ao valor da metade dos salários que lhe seriam devidos pelo período faltante do contrato.

9 ■ Término do Contrato de Trabalho

SÚMULA 125, TST: "O art. 479 da CLT aplica-se ao trabalhador optante pelo FGTS admitido mediante contrato por prazo determinado, nos termos do art. 30, § 3.º, do Decreto n. 59.820, de 20.12.1966".

Em relação à indenização de 40% dos depósitos do FGTS, os **arts. 14 e 9.º, §§ 1.º e 2.º do Decreto n. 99.684/90** (Regulamento do FGTS) preveem que, na hipótese de rescisão antecipada do contrato por iniciativa do empregador, é devida a indenização de 40% dos depósitos do FGTS.

■ **Rescisão antecipada por iniciativa do empregado** (pedido de demissão):
Neste caso, são devidas as seguintes verbas rescisórias:

- saldo de salário;
- 13.º salário proporcional;
- férias vencidas, acrescidas de 1/3, se houver;
- férias proporcionais, acrescidas de 1/3.

O empregado, no entanto, deverá **indenizar o empregador pelos prejuízos que resultarem desta ruptura antecipada**, nos termos e limites do **art. 480 da CLT**.

■ **Rescisão antecipada por iniciativa de qualquer uma das partes, em contrato contendo cláusula assecuratória de rescisão antecipada:**
Trata-se da hipótese decorrente da inserção pelas partes, no contrato de trabalho por prazo determinado, de cláusula que assegure reciprocamente o direito de rescindir o pacto antecipadamente, nos termos do **art. 481 da CLT**.

Assim, sendo aplicáveis à hipótese os mesmos princípios que regem a rescisão dos contratos por prazo indeterminado, são devidas as seguintes verbas rescisórias:

- saldo de salário;
- aviso prévio;
- 13.º salário proporcional;
- férias vencidas, acrescidas de 1/3, se houver;
- férias proporcionais, acrescidas de 1/3;
- no caso de dispensa sem justa causa, é devida a indenização de 40% dos depósitos do FGTS.

■ **Rescisão antecipada em decorrência de prática de justa causa:**
A prática de **justa causa pelo empregado** implica na rescisão imediata do contrato de trabalho por prazo determinado.

Neste caso, são devidas as seguintes verbas rescisórias:

- saldo de salário;
- férias vencidas, acrescidas de 1/3, se houver.

Sendo a **justa causa praticada pelo empregador**, ocorre a rescisão indireta do contrato, sendo devidas as seguintes verbas rescisórias:

- saldo de salário;

- aviso prévio;
- 13.º salário proporcional;
- férias vencidas, acrescidas de 1/3, se houver;
- férias proporcionais, acrescidas de 1/3;
- indenização de 40% dos depósitos do FGTS.

■ **Rescisão antecipada por culpa recíproca:**
A ocorrência de culpa recíproca (justa causa de ambas as partes) implica na rescisão imediata do contrato a termo, sendo devidas as seguintes verbas rescisórias:

- saldo de salário;
- 50% do valor do aviso prévio;
- 50% do valor do 13.º salário proporcional;
- férias vencidas, acrescidas de 1/3, se houver;
- 50% do valor das férias proporcionais acrescidas de 1/3;
- indenização de 20% dos depósitos do FGTS.

9.5.2. Extinção dos contratos por prazo indeterminado

Como salientado anteriormente, o **término do contrato de trabalho por prazo indeterminado** está condicionado à ocorrência de uma das diversas causas extintivas previstas pelo ordenamento jurídico.

Algumas dessas modalidades de extinção do contrato de trabalho decorrem da **iniciativa do empregador**, outras são fruto da **vontade do empregado**, uma delas decorre de **acordo entre as partes** e, por fim, algumas ocorrem sem que tenha havido iniciativa de qualquer das partes, sendo causadas, portanto, por **motivos alheios à vontade das partes**. Outras, ainda, pelas particularidades de que se revestem, não se encaixam especificamente em nenhum desses grupos.

Em sentido convergente com a classificação acima, Mauricio Godinho Delgado fala em "extinção contratual decorrente de fatores que envolvam a conduta do empregado, lícita ou ilícita; extinção contratual decorrente de fatores que envolvam a conduta lícita ou ilícita do empregador; extinção contratual decorrente de fatores excepcionais, situados fora da estrita conduta de qualquer das partes contratuais".[17]

9.5.2.1. Dispensa sem justa causa

A **dispensa sem justa causa** constitui-se na modalidade de **extinção do contrato de trabalho** decorrente da **vontade do empregador**, independentemente da vontade do

---
[17] DELGADO, Mauricio Godinho. *Curso de direito do trabalho*, 9. ed., p. 1045.

empregado. Tradicionalmente sempre se entendeu tratar-se a dispensa de um **direito potestativo do empregador**, que não comporta oposição, nem do empregado, nem da autoridade pública; de uma **declaração unilateral de vontade**, de **natureza receptícia** e **constitutiva**.

Assim, inexistindo fator impeditivo da dispensa, como, por exemplo, estabilidade no emprego, o empregador pode dispensar o empregado.

No entanto, "a perda do emprego tem uma dimensão que transcende a esfera jurídica. Atinge a subsistência de uma pessoa, de sua família e de seus dependentes econômicos. Assim, não pode ser disciplinada segundo um princípio de plena liberdade de uma das partes, o empregador, porque o uso indiscriminado do poder de despedir pode assumir proporções que afetam o sentido de Justiça Social, valor fundamental que deve presidir as relações individuais e coletivas de trabalho".[18]

Exatamente por isso, passou-se a adotar posicionamento no sentido de que o **empregador não pode ter um poder absoluto de dispensar o empregado**, devendo este **poder ser limitado** pelos ordenamentos jurídicos. Embora um poder potestativo do empregador, a dispensa somente pode ser realizada dentro dos limites previstos pelo ordenamento jurídico.

Nesse sentido, a **Constituição Federal de 1988** aboliu a estabilidade decenal do ordenamento jurídico brasileiro e generalizou o sistema do fundo de garantia do tempo de serviço (**art. 7.º, III, CF**). O **direito de dispensar o empregado sem justa causa**, no entanto, embora não tenha sido proibido, **passou a ser restringido**, à medida que o texto constitucional indicou, entre os direitos dos trabalhadores, a **proteção da relação de emprego contra despedida arbitrária ou sem justa causa**, prevendo que (nos termos da lei, que poderá prever outros direitos) será devida uma indenização compensatória ao empregado (**art. 7.º, I, CF**).

A **indenização compensatória** a que se refere o **art. 7.º, I, da Constituição Federal** está prevista no **art. 18, § 1.º, da Lei n. 8.036/90** e corresponde a **40% de todos os depósitos efetuados na conta do FGTS do empregado durante a vigência do contrato de trabalho**, atualizados monetariamente e acrescidos dos respectivos juros.

Portanto, em caso de dispensa arbitrária ou sem justa causa, a única reparação do empregado constitui-se no recebimento da **indenização compensatória** acima referida.

Não há restrição para a dispensa sem justa causa dos **empregados de empresas públicas e de sociedades de economia mista**. Em relação aos **demais empregados públicos**, no entanto, sua dispensa está condicionada à motivação.

> **OJ SDI-1 247, TST:** "I — A despedida de empregados de empresa pública e de sociedade de economia mista, mesmo admitidos por concurso público, independe de ato motivado para sua validade.
> II — A validade do ato de despedida do empregado da Empresa Brasileira de Correios e Telégrafos (ECT) está condicionada à motivação, por gozar a empresa do

---

[18] NASCIMENTO, Amauri Mascaro. *Curso de direito do trabalho*, 24. ed., p. 955.

mesmo tratamento destinado à Fazenda Pública em relação à imunidade tributária e à execução por precatório, além das prerrogativas de foro, prazos e custas processuais".

As **verbas rescisórias** devidas ao empregado em razão da dispensa sem justa causa, são:

- saldo de salário;
- aviso prévio;
- 13.º salário proporcional;
- férias vencidas, acrescidas de 1/3, se houver;
- férias proporcionais, acrescidas de 1/3;
- indenização de 40% dos depósitos do FGTS.

No que tange aos **professores**, o TST adota entendimento no sentido de que, no saldo de salários, deve ser incluído o período das férias escolares caso a dispensa sem justa causa ocorra ao término do ano letivo ou no curso das férias escolares, sem prejuízo do pagamento do aviso prévio.

SÚMULA 10, TST: "O direito aos salários do período de férias escolares assegurado aos professores (art. 322, *caput* e § 3.º, da CLT) não exclui o direito ao aviso prévio, na hipótese de dispensa sem justa causa ao término do ano letivo ou no curso das férias escolares".

A dispensa sem justa causa **não mais** sujeita o **empregador** ao pagamento de **contribuição social**, de valor equivalente a **10% (dez) por cento dos depósitos do FGTS** efetuados durante a vigência do contrato de trabalho, tendo em vista que **a mesma foi extinta**, a partir de 01.01.2020, pela **Lei n. 13.932, de 11.12.2019 (art. 12)**.

As **dispensas imotivadas individuais, plúrimas ou coletivas** equiparam-se para todos os fins, **não havendo necessidade de autorização prévia** de entidade sindical ou de celebração de convenção coletiva ou acordo coletivo para sua efetivação **(art. 477-A, CLT)**.[19]

Visando reduzir seu quadro de empregados, o empregador pode adotar um **programa de incentivo à demissão voluntária (PDV)**, oferecendo àqueles que quiserem deixar o emprego direitos mais amplos do que os previstos em lei para o caso de dispensa sem justa causa.

---

[19] Em 08.06.2022 o Plenário do STF decidiu que é imprescindível a participação prévia dos sindicatos nos casos de demissões coletivas. Foi adotada a Tese 638 de Repercussão Geral: "A intervenção sindical prévia é exigência procedimental imprescindível para a dispensa em massa de trabalhadores, que não se confunde com autorização prévia por parte da entidade sindical ou celebração de convenção ou acordo coletivo".

Como ensina Amauri Mascaro Nascimento, "os custos da dispensa voluntária são mais elevados, por ser parte integrante da motivação para que os empregados a aceitem oferecer um *plus*, que é o que os induzirá a aceitar a dispensa, e que poderá ser a indenização especial ou outra vantagem, como complementação de aposentadoria — no caso de coincidir a extinção do contrato com a aposentadoria —, um plano de seguro de vida, continuidade da assistência à saúde nos planos da empresa, cursos de reciclagem profissional, prioridade para eventual readmissão e outras concessões".[20]

O PDV pode ser **instituído unilateralmente** pelo empregador, ou pode ser **fruto de acordo coletivo** celebrado com o sindicato representativo dos trabalhadores, **não havendo formalidade** definida em lei para sua elaboração. A **validade do PDV**, em ambos os casos, é admitida pela doutrina e pela jurisprudência.

O Plano de Demissão Voluntária ou Incentivada, para dispensa individual, plúrima ou coletiva, **previsto em convenção ou acordo coletivo de trabalho**, enseja **quitação plena e irrevogável** dos direitos decorrentes da relação empregatícia, **salvo** disposição em contrário estipulada pelas partes **(art. 477-B, CLT)**.

Nesse sentido o STF adotou a **Tese 152 de Repercussão Geral**: "A transação extrajudicial que importa rescisão do contrato de trabalho, em razão de adesão voluntária do empregado a plano de dispensa incentivada, enseja quitação ampla e irrestrita de todas as parcelas objeto do contrato de emprego, caso esta condição tenha constado expressamente do acordo coletivo que aprovou o plano, bem como dos demais instrumentos celebrados com o empregado".

No entanto, no caso de PDV **instituído unilateralmente pelo empregador**, a adesão do empregado ao plano implica **quitação parcial**, apenas das parcelas e valores constantes do recibo:

> **OJ SDI-1 270, TST:** "A transação extrajudicial que importa rescisão do contrato de trabalho ante a adesão do empregado a plano de demissão voluntária implica quitação exclusivamente das parcelas e valores constantes do recibo".

Reconhece-se o direito do empregado de **impugnar judicialmente** a conduta do empregador que descumprir as obrigações a que se propôs em virtude do oferecimento do plano e, ainda, a natureza indenizatória do valor recebido a título de incentivo à demissão.

> **OJ SDI-1 207, TST:** "A indenização paga em virtude de adesão a programa de incentivo à demissão voluntária não está sujeita à incidência do imposto de renda".

---

[20] NASCIMENTO, Amauri Mascaro. *Curso de direito do trabalho*, 24. ed., p. 979.

9.5.2.2. Extinção da empresa ou do estabelecimento e falência

Com exceção às hipóteses de força maior ou de *factum principis*, a cessação das atividades empresariais do empregador, ainda que decorrente de **falência**, leva à **extinção dos contratos de trabalho** dos empregados, sendo-lhes devidas as mesmas **verbas rescisórias** que seriam pagas na **dispensa sem justa causa**.

Especificamente em relação à falência, embora geralmente desta situação decorra a extinção do contrato de trabalho, não se pode olvidar que o **art. 117, *caput*, da Lei n. 11.101/2005** estabelece que os contratos bilaterais não se resolvem pela falência e podem ser cumpridos pelo administrador judicial se o cumprimento reduzir ou evitar o aumento do passivo da massa falida ou for necessário à manutenção e preservação de seus ativos, mediante autorização do Comitê.

Assim, decretada a falência, o **contrato de trabalho somente estará rescindido** em caso de efetiva paralisação das atividades econômicas, pelo inadimplemento das obrigações laborais ou pela manifestação de vontade do administrador.

Importante ressaltar que a **falência não** pode ser considerada **hipótese de força maior**, pois decorre do insucesso do empregador nos negócios, sendo, por isso mesmo, fato previsível, inserido nos **riscos da atividade econômica**, riscos estes que, de acordo com o **art. 2.º da CLT**, são assumidos pelo empregador.

Nos termos do **art. 83, I, da Lei n. 11.101/2005**, os créditos trabalhistas, até o valor de 150 (cento e cinquenta) vezes o salário mínimo, neles incluídas as verbas rescisórias devidas em razão da extinção do contrato de trabalho, são créditos privilegiados.

As **estabilidades provisórias** no emprego **não impedem a extinção do estabelecimento pelo empregador**, não havendo que se falar em reintegração ou em indenização pelo período da estabilidade.

Nesse sentido, o TST se posicionou tanto em relação à **estabilidade do dirigente sindical** como à **do membro da CIPA**:

> **SÚMULA 369, IV, TST:** "[...] IV — Havendo extinção da atividade empresarial no âmbito da base territorial do sindicato, não há razão para subsistir a estabilidade".

> **SÚMULA 339, II, TST:** "[...] II — A estabilidade provisória do cipeiro não constitui vantagem pessoal, mas garantia para as atividades dos membros da CIPA, que somente tem razão de ser quando em atividade a empresa. Extinto o estabelecimento, não se verifica a despedida arbitrária, sendo impossível a reintegração e indevida a indenização do período estabilitário".

Em caso de extinção da empresa ou do estabelecimento ou, ainda, de falência do empregador, implicando em extinção do contrato de trabalho, são devidas as seguintes **verbas rescisórias** ao empregado:

- saldo de salário;
- aviso prévio;

- 13.º salário proporcional;
- férias vencidas, acrescidas de 1/3, se houver;
- férias proporcionais, acrescidas de 1/3;
- indenização de 40% dos depósitos do FGTS.

Em relação aos **salários**, são **devidos até a data da extinção da empresa** e, consequentemente, do contrato de trabalho.

> **SÚMULA 173, TST:** "Extinto, automaticamente, o vínculo empregatício com a cessação das atividades da empresa, os salários só são devidos até a data da extinção".

O TST pacificou o entendimento em relação ao **aviso prévio**, entendendo ser **devido**.

> **SÚMULA 44, TST:** "A cessação da atividade da empresa, com o pagamento da indenização, simples ou em dobro, não exclui, por si só, o direito do empregado ao aviso prévio".

9.5.2.3. Dispensa por justa causa

A dispensa por justa causa decorre da **prática de falta grave pelo empregado**. A conduta por ele adotada torna **impossível a manutenção do vínculo de emprego**, impondo-se a rescisão do contrato de trabalho por iniciativa do empregador.

Trata-se de modalidade de extinção do contrato de trabalho na qual é suprimida a maior parte das **verbas rescisórias** a serem recebidas pelo empregado, restando o direito apenas ao recebimento das verbas caracterizadas como direito adquirido:

- saldo de salário;
- férias vencidas, acrescidas de 1/3, se houver.

Isso porque a dispensa por **justa causa caracteriza-se** como uma **pena disciplinar**; aliás, a mais grave de todas as penas que o ordenamento jurídico autoriza que sejam aplicadas ao empregado pelo empregador em razão da prática de alguma falta.

O legislador brasileiro adotou um sistema de **indicação taxativa** das justas causas. Assim, somente podem ser consideradas justas causas os atos que se encaixem em uma das **hipóteses taxativamente indicadas pela lei**.

As **figuras de justa** causa estão previstas no **art. 482 da CLT** e podem assim ser entendidas:

- **improbidade:** caracteriza-se como qualquer ato lesivo ao patrimônio do empregador ou de terceiro relacionado com o trabalho. Exs.: furto, roubo, desvio de mercadorias etc.;
- **incontinência de conduta:** consiste no comportamento irregular do empregado no ambiente de trabalho, incompatível com a moral sexual. Exs.: divulgação de fotos pornográficas, acesso a sites pornográficos, prática de atos libidinosos etc.;

- **mau procedimento:** é o comportamento irregular do empregado incompatível com as normas exigidas pelo senso comum do homem médio. Exs.: adulteração de cartão de ponto ou de atestado médico, uso de equipamentos ou materiais da empresa para fins pessoais sem autorização etc.;
- **negociação habitual ou em serviço:** no primeiro caso, caracteriza-se como o ato de concorrência desleal ao empregador, exigindo a habitualidade, sem permissão do empregador. A negociação habitual em serviço é o comércio praticado pelo empregado, no ambiente de trabalho e durante a jornada, sem consentimento do empregador. Em qualquer um dos casos, a negociação pode se dar por conta própria ou alheia;
- **condenação criminal sem *sursis*:** é a condenação do empregado, transitada em julgado, da qual decorra sua prisão, sem direito à suspensão da execução da pena. Desnecessário que o fato esteja relacionado com o trabalho. A impossibilidade de comparecer ao trabalho enseja a dispensa;
- **desídia:** é o ato de negligência, displicência habitual, desinteresse no desempenho de suas funções. Exs.: falta de assiduidade e de pontualidade etc.;
- **embriaguez habitual ou em serviço:** uso abusivo de álcool ou outra substância entorpecente. Nesta hipótese, o ato garante a imediata dispensa, se a embriaguez se deu em serviço, e depende da habitualidade, se fora do serviço.

No entanto, a questão tem gerado muita discussão, principalmente em relação à embriaguez habitual, que caracteriza alcoolismo, e ao vício em drogas, reconhecidos como doenças que merecem ser tratadas, e não punidas com dispensa por justa causa.

O TST tem adotado entendimento no sentido de que o alcoolismo crônico é visto como doença a ensejar tratamento adequado, e não dispensa por justa causa.

"EMBARGOS DE DECLARAÇÃO EM AGRAVO EM AGRAVO DE INSTRUMENTO EM RECURSO DE REVISTA DA RECLAMADA INTERPOSTO NA VIGÊNCIA DA LEI N. 13.467/2017. REVERSÃO DA JUSTA CAUSA. DEPENDÊNCIA QUÍMICA. OMISSÃO NÃO CONFIGURADA. 1 — O acórdão embargado fundamentou expressamente que o reclamante não possuía discernimento para determinar-se para os atos da vida cotidiana, por ser dependente químico, fato de conhecimento da reclamada. Assim, registrou que a decisão do Tribunal Regional 'encontra-se em consonância com o entendimento predominante desta Corte, no sentido de que a dependência química retira do indivíduo a capacidade de discernimento sobre seus atos, não ensejando a aplicação da dispensa por justa causa' e citou precedentes. 2 — A invalidade da justa causa fora mantida, ainda, sob o fundamento de que 'não há nos autos 'prova da alegada convocação do autor para retorno às atividades laborativas, após as faltas injustificadas, ou sequer comprovação das alegadas punições de advertência e suspensão que lhe foram aplicadas. Também não foi juntado ASO demissional pela ré". 3 - Nesse cenário, foi afastada a transcendência política da causa, e, consequentemente, o argumento de violação dos arts. 5.º, II, da Constituição Federal, 482 da

CLT ou em contrariedade à Súmula 443 do TST. 4 -— Ausência de omissão no acórdão embargado, na forma dos arts. 897-A da CLT e 1.022 do CPC/2015. A mera pretensão de reforma da decisão não condiz com a via dos embargos declaratórios. Embargos de declaração conhecidos e não providos" (ED-Ag-AIRR-100362-56.2020.5.01.0066, 8.ª T., rel. Min. Delaide Alves Miranda Arantes, *DEJT* 09.09.2024).

■ **violação de segredo da empresa:** consiste na divulgação não autorizada de informações que possa causar dano ao empregador. Para a caracterização da justa causa, a informação tem que ser realmente sigilosa, e sua divulgação, capaz de causar dano efetivo ao empregador;

■ **indisciplina:** significa descumprimento de ordem geral de serviço, dada pelo empregador a todos os empregados da empresa ou a todos os empregados de um ou de alguns setores da empresa;

■ **insubordinação:** é o descumprimento de ordem pessoal de serviço, dirigida pelo empregador individualmente ao empregado;

■ **abandono de emprego:** requer ausência continuada e ânimo de não mais trabalhar para o empregador.[21]

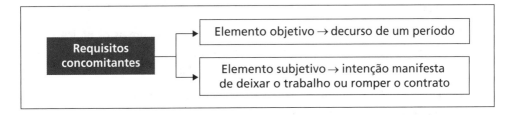

---

[21] Sobre a situação denominada "limbo previdenciário", decorrente da cessação do benefício previdenciário e continuidade da incapacidade do empregado de retorno ao trabalho, o TST tem adotado entendimento no sentido de não caracterização do abandono de emprego: "AGRAVO. AGRAVO DE INSTRUMENTO EM RECURSO DE REVISTA INTERPOSTO NA VIGÊNCIA DA LEI N. 13.467/2017. ABANDONO DE EMPREGO. ELEMENTO SUBJETIVO. MATÉRIA FÁTICA. SÚMULA N. 126 DO TST. AUSÊNCIA DE TRANSCENDÊNCIA. A Corte Regional, valorando o conjunto fático-probatório, registrou que, 'independentemente de o reclamante encontrar-se em período de garantia provisória, a reclamada o dispensou por justa causa em 10.01.2020, alegando que este abandou o emprego'. O Tribunal de origem também relatou que 'a reclamada sabia da possibilidade do obreiro recorrer administrativamente da decisão proferida pela autarquia previdenciária, inclusive tendo sido notificada de tal possibilidade e tendo ciência do pedido de renovação do benefício, negado apenas em 21.01.2020'. Nesse contexto, a argumentação da agravante em sentido diverso — de que o reclamante, embora convocado diversas vezes para retornar ao trabalho (13.12.2019, 16.12.2019, 02.01.2020 e 06.01.2020), teria se mantido inerte e demonstrado ânimo de abandonar o emprego — implica reexame de fatos e de provas, procedimento que não se admite nesta fase recursal de natureza extraordinária, nos termos da Súmula n. 126 do TST. Ademais, a jurisprudência deste Tribunal Superior entende que se presume a ausência de elemento subjetivo de abandono de emprego na hipótese de o trabalhador não gozar de plena capacidade física/mental ou estar em processo de renovação do be-nefício previdenciário. Precedentes. Agravo não provido" (Ag-AIRR-1000087-16.2020.5.02.0467, 1.ª T., rel. Des. Convocado Joao Pedro Silvestrin, *DEJT* 18.09.2023).

A jurisprudência fixou em 30 dias o prazo que caracteriza o abandono de emprego:

> **SÚMULA 32, TST:** "Presume-se o abandono de emprego se o trabalhador não retornar ao serviço no prazo de 30 (trinta) dias após a cessação do benefício previdenciário nem justificar o motivo de não o fazer".

■ **ato lesivo da honra e boa fama:** prática pelo empregado de atos, por gestos ou palavras, que ofendam a honra ou a boa fama de qualquer pessoa ligada ao serviço (empregador, superiores hierárquicos, colegas de trabalho, clientes, fornecedores etc.).

Não é caracterizada a justa causa quando o empregado agir em legítima defesa, própria ou de outrem;

■ **ofensas físicas:** praticadas pelo empregado contra qualquer pessoa ligada ao trabalho (empregador, superiores hierárquicos, colegas de trabalho, clientes, fornecedores etc.);

Não é caracterizada a justa causa quando o empregado agir em legítima defesa, própria ou de outrem;

■ **prática de jogos de azar:** prática de jogos ilícitos, não previstos na legislação. Exs.: jogo do bicho; rifas não autorizadas; apostas de corrida de cavalo, fora do hipódromo ou casas autorizadas. Requer habitualidade.

■ **perda da habilitação ou dos requisitos estabelecidos em lei para o exercício da profissão**, em razão de conduta dolosa do empregado: hipótese somente aplicável aos casos em que a profissão efetivamente não pode ser exercida sem a habilitação e desde que o dolo do empregado tenha sido comprovado.

Além destas figuras, a **CLT** traz as hipóteses de justa causa previstas no **art. 158, parágrafo único** e no **art. 240**.

> "Art. 158. Cabe aos empregados: [...]
> Parágrafo único. Constitui ato faltoso do empregado a recusa injustificada:
> *a*) à observância das instruções expedidas pelo empregador na forma do item II do artigo anterior;
> *b*) ao uso dos equipamentos de proteção individual fornecidos pela empresa."
> "Art. 240. Nos casos de urgência ou de acidente, capazes de afetar a segurança ou regularidade do serviço, poderá a duração do trabalho ser excepcionalmente elevada a qualquer número de horas, incumbindo à Estrada zelar pela incolumidade dos seus empregados e pela possibilidade de revezamento de turmas, assegurando ao pessoal um repouso correspondente e comunicando a ocorrência ao Ministério do Trabalho e Previdência Social dentro de 10 (dez) dias da sua verificação.
> Parágrafo único. Nos casos previstos neste artigo, a recusa, sem causa justificada, por parte de qualquer empregado, à execução do serviço extraordinário será considerada falta grave."

A **Lei Complementar n. 150/2015**, que regulamenta a relação de emprego doméstico, prevê, no **art. 27**, que se considera justa causa do empregado doméstico:

- submissão a maus-tratos de idoso, de enfermo, de pessoa com deficiência ou de criança sob cuidado direto ou indireto do empregado;
- prática de ato de improbidade;
- incontinência de conduta ou mau procedimento;
- condenação criminal do empregado transitada em julgado, caso não tenha havido suspensão da execução da pena;
- desídia no desempenho das respectivas funções;
- embriaguez habitual ou em serviço;
- ato de indisciplina ou de insubordinação;
- abandono de emprego, assim considerada a ausência injustificada ao serviço por, pelo menos, 30 (trinta) dias corridos;
- ato lesivo à honra ou à boa fama ou ofensas físicas praticadas em serviço contra qualquer pessoa, salvo em caso de legítima defesa, própria ou de outrem;
- ato lesivo à honra ou à boa fama ou ofensas físicas praticadas contra o empregador doméstico ou sua família, salvo em caso de legítima defesa, própria ou de outrem;
- prática constante de jogos de azar.

Questão discutida pela doutrina diz respeito à possibilidade de a **participação do empregado em greve** abusiva ser **considerada justa causa** para a rescisão do seu contrato de trabalho. Como esclarece Délio Maranhão, "a ilegalidade ou abusividade da greve pronunciada pelo Tribunal do Trabalho não produz, por si só, a possibilidade de rescisão por justa causa dos contratos de trabalho dos empregados que participaram do movimento de forma pacífica".[22]

Nesse sentido, a Súmula 316 do STF:

SÚMULA 316, STF: "A simples adesão a greve não constitui falta grave".

Dentro deste contexto, **somente ato abusivo, que ultrapasse os limites do exercício do direito de greve**, pode ser caracterizado como **justa causa** para a rescisão do contrato de trabalho do empregado.

Assim, com fundamento no **art. 6.º, I e §§ 1.º e 3.º**, no **art. 9.º** e no **art. 14 da Lei n. 7.783/89**, poderão ser consideradas **justas causas**:

- participação do empregado em piquete obstativo, com uso de violência ou coação;
- prática de atos pelo empregado que visem violar ou constranger garantias fundamentais de outrem;

---

[22] SÜSSEKIND, Arnaldo et al. *Instituições de direito do trabalho*, 22. ed., v. 1, p. 592.

■ prática de atos pelo empregado que causem ameaça ou dano à propriedade ou pessoa;

■ ausência injustificada do empregado escalado para participar de equipe de emergência montada por acordo entre as partes;

■ persistência de abstenção do serviço após a celebração de acordo, convenção ou decisão da Justiça do Trabalho.

Ressalte-se que a justa causa pode ser praticada no curso do aviso prévio, o que importa na perda pelo empregado do direito ao restante do respectivo prazo **(art. 491, CLT)**.

SÚMULA 73, TST: "A ocorrência de justa causa, salvo a de abandono de emprego, no decurso do aviso prévio dado pelo empregador, retira do empregado qualquer direito às verbas rescisórias de natureza indenizatória".

A extinção do contrato de trabalho por **justa causa** é **informada pelos seguintes requisitos**:

■ **Legalidade** — somente são consideradas justas causas as **condutas expressamente indicadas em lei**. O legislador brasileiro optou por uma **enumeração rígida das justas causas**, adotando princípio semelhante ao vigente no Direito Penal: **não há justa causa sem lei que a defina**.

Como consequência, a **enumeração legal** das justas causas é **taxativa**, e não meramente exemplificativa, sendo certo que somente o legislador pode ampliar ou reduzir o rol de justas causas previstas no ordenamento.

■ **Proporcionalidade** — o poder disciplinar atribuído por lei ao empregador autoriza-o a **aplicar punições ao empregado** que descumpra as determinações que lhe são dadas e as obrigações que deve cumprir por força do contrato de trabalho. No entanto, o exercício pelo empregador do **poder disciplinar sofre limitações**: primeiro, porque só pode aplicar ao empregado as **sanções autorizadas pelo ordenamento jurídico** (advertência, suspensão e dispensa por justa causa); segundo, porque deve **respeitar uma proporcionalidade entre a gravidade da falta e o tipo de punição aplicada**, devendo ser aplicadas as penas menos severas para as infrações mais leves, reservando-se a dispensa por justa causa apenas para as faltas graves praticadas pelo empregado.

A proporcionalidade decorre, portanto, da **gravidade do ato faltoso**.

Cabe ao Poder Judiciário o controle do requisito da proporcionalidade, descaracterizando a justa causa quando a gravidade da falta não seja verificada, com a consequente condenação do empregador no pagamento das verbas rescisórias.

Wagner Giglio esclarece que a **análise da gravidade** da falta deve sempre ser **feita sob dois pontos de vista**: "**objetivamente**, levando em consideração os fatos e circunstâncias materiais que envolveram a prática do ato faltoso, tais como o local e o momento; e **subjetivamente**, considerando a personalidade do agente, isto é, os antecedentes do faltoso, seu grau de cultura, etc."[23]

Assim, somente haverá a justa causa quando o ato praticado pelo empregado constituir uma violação séria das principais obrigações decorrentes do contrato de trabalho **(aspecto objetivo)**, resultando irremediavelmente destruída a confiança que o empregador tinha no empregado, tornando-se impossível a manutenção do vínculo de emprego **(aspecto subjetivo)**.

■ **Imediatidade** — também chamada de **atualidade do ato faltoso**, significa que, **assim que o empregador tomar conhecimento** da prática de uma falta grave, **deve aplicar a punição** ao empregado, dispensando-o por justa causa. O fundamento de tal requisito reside na confiança e na boa-fé que deverão existir na relação de emprego: se a falta foi tão grave a ponto de abalar a confiança que existia, a reação deve ser imediata. Deixando o empregador **passar o tempo** sem aplicar a punição, a impressão que se tem é de que a gravidade não foi tal e, consequentemente, ocorreu o **perdão tácito**.

"Configura-se a renúncia ou o perdão tácito quando o empregador toma ciência do comportamento faltoso do empregado e mesmo assim permite que ele trabalhe por um lapso de tempo relativamente longo, não comprovando estivesse neste período aguardando investigação contínua, cautelosa e criteriosa, a fim de, depois, romper o ajuste."[24]

Para saber se houve ou não imediatidade, deve-se considerar o **momento em que o empregador tomou conhecimento da falta**, e não o momento em que foi praticada. Pode até ser que haja coincidência entre esses dois momentos, como, por exemplo, na justa causa de ofensas físicas, mas é possível também que somente algum tempo depois que a falta foi praticada o empregador a descubra, como, por exemplo, quando o empregado pratica ato de improbidade caracterizado pelo desvio de dinheiro ou de mercadorias da empresa.

Em relação ao **prazo para aferição da imediatidade**, não há qualquer **critério objetivo fixado pelo legislador**, ficando ao **prudente arbítrio do juiz** a análise e a conclusão, em relação a cada situação concreta, se houve ou não imediatidade na aplicação da justa causa. Para fazer essa análise, o juiz deve, entre outros elementos, levar em consideração as dimensões da empresa e a complexidade de sua organização funcional. De toda forma, é **conveniente** que o empregador sempre **observe o menor prazo possível** entre o momento em que tomou conhecimento da falta e a dispensa por justa causa, evitando, com isso, questionamentos sobre a imediatidade da punição.

■ *Non bis in idem* — **não é permitido** ao empregador **punir a mesma falta** com **mais de uma sanção**. O **direito de punir** que lhe é assegurado **esgota-se**, em relação

---

[23] GIGLIO, Wagner D. *Justa causa*. 7. ed. rev. e atual. São Paulo: Saraiva, 2000, p. 18.
[24] BARROS, Alice Monteiro de. *Curso de direito do trabalho*, p. 889.

a **cada falta** praticada pelo empregado, com a **aplicação da punição**. O empregador não pode reconsiderar o ato punitivo para agravá-lo ou repeti-lo. **Veda-se**, portanto, a **dupla penalidade**.

Alguns autores ainda acrescentam aos requisitos supracitados os seguintes:

▪ **Caráter determinante da falta** — a prática do ato faltoso deve ser, efetivamente, a causa do despedimento, e este deve, realmente, ser a consequência da falta praticada. Este requisito visa impedir que a dispensa do empregado se dê por justa causa quando na realidade o motivo para o rompimento do contrato de trabalho seja outro, por exemplo, o empregador quer dispensar o empregado, mas não quer lhe pagar as verbas rescisórias e, por isso, imputa-lhe uma justa causa que de fato não existiu.

Visando dar efetividade a este requisito, alguns autores afirmam que "o ideal seria atribuir ao empregador a obrigação de comunicar ao empregado, no ato de despedi-lo, o motivo determinante da rescisão contratual. Esta obrigação, existente em alguns países, impossibilitaria a alegação posterior, em juízo, de outros motivos, com o fito único de dificultar e protelar a solução do litígio".[25]

▪ **Nexo causal** — pode ser analisado sob dois ângulos distintos.

Primeiramente, somente é possível considerar justa causa a falta praticada nos contornos do contrato de trabalho, ou seja, deve haver um nexo de causalidade entre o ato praticado pelo empregado e o exercício das atividades decorrentes do contrato de trabalho. Assim, um ato grave, capaz de, por exemplo, caracterizar mau procedimento, se praticado em uma festa dada pela empresa aos seus clientes e fornecedores, certamente possui a causalidade necessária para ser considerado justa causa. O mesmo ato, se praticado em uma festa que não guarde relação com o trabalho, ainda que nela estejam presentes algumas pessoas do trabalho, não gera o nexo causal necessário para a caracterização da justa causa.

Além disso, deve haver um nexo causal entre a conduta praticada pelo empregado e a figura da justa causa que se está considerando para fins de aplicação da punição, ou seja, a conduta do empregado deve se encaixar no tipo da justa causa prevista em lei — correto enquadramento do fato à norma legal.

A reversão da justa causa reconhecida pela Justiça do Trabalho, por si só, não implica dano moral do trabalhador. Ou seja, reversão da justa causa, por si só, não gera dano moral.

"[...] Agravo de instrumento provido. RECURSO DE REVISTA. ACÓRDÃO PUBLICADO NA VIGÊNCIA DA LEI N. 13.467/2017. JUSTA CAUSA NÃO COMPROVADA. DANOS MORAIS. DECISÃO EM DESCONFORMIDADE COM A REITERADA JURISPRUDÊNCIA DO TST. TRANSCENDÊNCIA POLÍTICA RECONHECIDA.

---

[25] GIGLIO, Wagner D. *Justa causa*, p. 25.

> O Tribunal Regional, ao reverter a justa causa aplicada ao reclamante, entendeu fazer jus o trabalhador ao pagamento de indenização por danos morais, ao fundamento de que a conduta patronal 'resultou de ato discriminatório do empregador que dispensou o obreiro por participar de movimento paredista'. No entanto, ainda que aplicação da justa causa seja considerada equivocada, e a dispensa nessa modalidade acarrete aborrecimento ínsito à relação de emprego, ela por si só é incapaz de ensejar dano moral. Com efeito, esta Corte tem firme jurisprudência no sentido de que a mera reversão da justa causa não dá ensejo à indenização por danos morais, exceção feita quanto aos casos de improbidade, o que não é a hipótese. Destaca-se que, embora a ruptura contratual tenha ocorrido após o movimento paredista dos trabalhadores, é certo que a dispensa do empregado não decorreu de sua mera participação na greve, mas em decorrência de supostas ameaças e xingamentos proferidos pelo autor a empregado da empresa. Não obstante tais ofensas não se revestissem da gravidade suficiente a ensejar uma dispensa por justa causa, não há como concluir pelo caráter discriminatório da ruptura, pois não decorreu do mero exercício do direito constitucional de greve. Recurso de revista conhecido e provido" (RRAg-Ag--AIRR-110-66.2020.5.17.0012, 5.ª T., rel. Min. Breno Medeiros, *DEJT* 18.10.2024).

9.5.2.4. Pedido de demissão

O **pedido de demissão** caracteriza-se como o **ato de iniciativa do empregado** praticado com a intenção de extinguir **o contrato de trabalho por prazo indeterminado**. Trata-se de **ato de vontade unilateral**, **receptícia** e **constitutiva**.

A rescisão antecipada dos contratos de trabalho celebrados por prazo determinado representa descumprimento contratual, tendo, portanto, natureza distinta.

Em princípio, o **direito** do empregado de pedir demissão **é absoluto**. No entanto, se for detentor de **estabilidade no emprego**, o **pedido de demissão só será válido** quando feito com a assistência do respectivo **sindicato** e, se não o houver, perante órgão local do **Ministério do Trabalho** ou perante a **Justiça do Trabalho (art. 500, CLT)**.

Com fundamento no princípio da **continuidade da relação de emprego**, presume-se que o empregado tem interesse em manter vigente seu contrato de trabalho, até porque dele decorre o recebimento de remuneração que visa suprir seu sustento e o de sua família. Desta forma, **presume-se** que, se houve **rescisão do contrato de trabalho**, esta se deu por **iniciativa do empregador**, sem justa causa, e não do empregado, cabendo àquele a **prova de eventual pedido de demissão** feito por este.

> **SÚMULA 212, TST:** "O ônus de provar o término do contrato de trabalho, quando negados a prestação de serviços e o despedimento, é do empregador, pois o princípio da continuidade da relação de emprego constitui presunção favorável ao empregado".

O empregado que pede demissão tem que dar **aviso prévio** ao empregador, sob pena de perder o direito aos salários do período, podendo o empregador descontar o respectivo valor **(art. 487, § 2.º, CLT)**.

O pedido de demissão sempre gerou dúvidas em relação aos direitos rescisórios assegurados ao empregado, sendo que muitos entendimentos foram, com o tempo, sendo cristalizados pela jurisprudência, especialmente em relação às questões a seguir analisadas.

O pedido de demissão não afasta do empregado o **direito às férias proporcionais**.

> **SÚMULA 171, TST:** "Salvo na hipótese de dispensa do empregado por justa causa, a extinção do contrato de trabalho sujeita o empregador ao pagamento da remuneração das férias proporcionais, ainda que incompleto o período aquisitivo de 12 (doze) meses (art. 147 da CLT)".

Deixando de lado qualquer dúvida, o TST adotou entendimento expresso no sentido de que mesmo o empregado que pede **demissão antes de completar um ano de serviço** para o empregador tem **direito às férias proporcionais**.

> **SÚMULA 261, TST:** "O empregado que se demite antes de completar 12 (doze) meses de serviço tem direito a férias proporcionais".

O **décimo terceiro salário proporcional** também é devido ao empregado que pede demissão.

> **SÚMULA 157, TST:** "A gratificação instituída pela Lei n. 4.090, de 13.07.1962, é devida na resilição contratual de iniciativa do empregado".

Portanto, ao empregado que pede demissão, são asseguradas as seguintes **verbas rescisórias:**

- saldo de salário;
- 13.º salário proporcional;
- férias vencidas, acrescidas de 1/3, se houver;
- férias proporcionais, acrescidas de 1/3.

Com o pedido de demissão, o montante existente na **conta de FGTS** do empregado permanece sob sua titularidade, **mas não pode ser sacado** por ocasião da extinção do contrato, transformando-se a respectiva conta em **conta inativa**, à medida que não receberá mais depósitos, sendo **apenas corrigida monetariamente**. O **saque do valor existente nesta conta inativa** somente poderá ser feito pelo trabalhador no futuro, se **permanecer três anos ininterruptos fora do regime do FGTS**, por exemplo, porque passou a trabalhar como autônomo ou servidor público estatutário **(art. 20, VIII, Lei n. 8.036/90)**, e também em caso de **aposentadoria** ou **falecimento**.

9.5.2.5. Dispensa indireta

A **dispensa indireta** caracteriza-se como a forma de **extinção do contrato** de trabalho por **iniciativa do empregado**, provocada por **ato faltoso do empregador**. Trata-se do "ato que manifesta a resolução do contrato de trabalho pelo empregado, em virtude de inexecução contratual por parte do empregador".[26]

A dispensa indireta, embora decorra de ato do empregado, **não se confunde com o pedido de demissão**. O **pedido de demissão** tem como causa o **interesse do empregado**, que não quer mais continuar com o vínculo de emprego, enquanto a **dispensa indireta** está relacionada ao **comportamento do empregador**.

Na dispensa indireta, tendo em vista que **se funda em falta grave praticada pelo empregador, não há** que se falar em **aviso prévio**, sendo o contrato de trabalho rescindido de imediato. No entanto, não obstante a inexigência legal de aviso, é **aconselhável que o empregado faça alguma comunicação** da sua intenção de desligar-se imediatamente em decorrência da justa causa do empregador, posto que deixará de prestar serviços, o que poderá ser entendido como abandono de emprego.

Além disso, cumpre ressaltar que, tendo em vista que **dificilmente o empregador concordará com a alegação de que praticou um ato faltoso**, a dispensa indireta é seguida de **processo judicial**, pelo qual o empregado requer o reconhecimento judicial da prática da justa causa pelo empregador e a sua condenação no pagamento das verbas rescisórias correspondentes.

Todavia, o § 3.º do art. 483 da CLT garante ao empregado a **faculdade de permanecer trabalhando** até decisão final do processo nas hipóteses das letras *d* e *g* (descumprimento pelo empregador das obrigações do contrato e redução pelo empregador do trabalho do empregado, sendo este por peça ou tarefa, afetando a remuneração).

As justas causas que podem ser **praticadas pelo empregador**, ou por seus **prepostos, superiores hierárquicos do empregado**, estão **numeradas, de forma taxativa**, no art. 483 da CLT e são as seguintes:

■ **exigir do empregado serviços superiores às suas forças**: serviços que exijam esforço físico ou intelectual excessivo, fora do normal ou do que seja considerado razoável levando em conta as limitações impostas por lei;

■ **exigir do empregado serviços defesos por lei**: serviços que a lei proíba para aqueles que tenham uma determinada condição (ex.: trabalho insalubre para menores de 18 anos) ou que sejam caracterizados como crime ou contravenção penal;

■ **exigir do empregado serviços contrários aos bons costumes**: serviços que sejam contrários à moral do homem médio, reprováveis pela sociedade;

■ **exigir do empregado serviços alheios ao contrato**: serviços que não decorram do cargo para o qual o empregado foi contratado, caracterizando típico desvio ou acúmulo de função;

---

[26] MARANHÃO, Délio. In: SÜSSEKIND, Arnaldo et al. *Instituições de direito do trabalho*, 22. ed., v. 1, p. 570.

■ **tratar o empregado com rigor excessivo:** exercício excessivo, desmedido, pelo empregador, do seu poder de comando, extrapolando os limites da dignidade humana e do respeito que deve pautar a relação entre os sujeitos do contrato de trabalho;

■ **colocar o empregado em situação em que corra perigo manifesto de mal considerável:** submeter o empregado a condições de trabalho que ponham em risco sua integridade física acima do que é razoavelmente decorrente das atividades que exerce;

■ **não cumprir as obrigações do contrato:** descumprimento de qualquer obrigação em relação aos direitos do empregado. Trata-se da figura mais ampla entre todas as hipóteses de justa causa do empregador, nela se enquadrando toda inadimplência relativa ao que está previsto na lei ou no contrato de trabalho.

■ **praticar contra o empregado, ou pessoas de sua família, ato lesivo da honra e boa fama:** prática pelo empregador ou por seus prepostos de atos, por gestos ou palavras, que ofendam a honra ou a boa fama do empregado ou de qualquer pessoa de sua família.

Não é caracterizada a justa causa quando o empregador ou seus prepostos agirem em legítima defesa, própria ou de outrem;

■ **ofender fisicamente o empregado, salvo em caso de legítima defesa, própria ou de outrem:** ofensas físicas praticadas pelo empregador ou por seus prepostos contra o empregado.

Não é caracterizada a justa causa quando o empregador ou seus prepostos agirem em legítima defesa, própria ou de outrem;

■ **reduzir o trabalho do empregado, sendo este por peça ou tarefa, de forma a afetar sensivelmente a importância dos salários:** redução salarial provocada diretamente pelo empregador em face da redução proposital e considerável do trabalho do empregado quando este tenha sido contratado por peça ou por tarefa. A redução decorrente da diminuição efetiva de serviço da empresa, contrária também ao interesse do próprio empregador, não caracteriza justa causa.

Além disso, se a redução for de pequena monta, sem que tenha um peso real e efetivo nos ganhos do empregado, também não resta configurada a justa causa.

A **Lei Complementar n. 150/2015**, que regulamenta a relação de emprego doméstico, prevê, no **art. 27, parágrafo único**, que se considera justa causa do empregador doméstico:

■ o empregador exigir serviços superiores às forças do empregado doméstico, defesos por lei, contrários aos bons costumes ou alheios ao contrato;

■ o empregado doméstico for tratado pelo empregador ou por sua família com rigor excessivo ou de forma degradante;

■ o empregado doméstico correr perigo manifesto de mal considerável;

■ o empregador não cumprir as obrigações do contrato;

■ o empregador ou sua família praticar, contra o empregado doméstico ou pessoas de sua família, ato lesivo à honra e à boa fama;

■ o empregador ou sua família ofender o empregado doméstico ou sua família fisicamente, salvo em caso de legítima defesa, própria ou de outrem;

■ o empregador praticar qualquer das formas de violência doméstica ou familiar contra mulheres.

Os **requisitos da estrutura da justa causa** (legalidade, proporcionalidade, imediatidade, *non bis in idem,* caráter determinante da falta, nexo causal), analisados no item 9.5.2.3 *supra*, por ocasião do estudo da dispensa por justa causa praticada pelo empregado, **aqui também se aplicam**.

Na hipótese de dispensa indireta, o empregado tem direito a receber todas as **verbas rescisórias** que receberia caso tivesse sido dispensado sem justa causa, a saber:

■ saldo de salário;
■ aviso prévio;
■ 13.º proporcional;
■ férias vencidas, acrescidas de 1/3, se houver;
■ férias proporcionais, acrescidas de 1/3;
■ indenização de 40% dos depósitos do FGTS.

9.5.2.6. Culpa recíproca

Caracteriza-se a **culpa recíproca** sempre que se verifique, **simultaneamente**, a **prática de ato faltoso grave** pelo **empregado** e pelo **empregador**.

Nos termos do **art. 484 da CLT**, havendo culpa recíproca no ato que determinou a rescisão do contrato de trabalho, a **indenização** que seria devida em caso de culpa exclusiva do empregador (40% dos depósitos do FGTS) **será reduzida pela metade (20% dos depósitos do FGTS)**.

Quanto às **demais verbas rescisórias**, especificamente em relação ao aviso prévio, ao décimo terceiro proporcional e às férias proporcionais, o TST adotou posicionamento no sentido de que também serão pagas pela metade:

> **SÚMULA 14, TST:** "Reconhecida a culpa recíproca na rescisão do contrato de trabalho (art. 484 da CLT), o empregado tem direito a 50% (cinquenta por cento) do valor do aviso prévio, do décimo terceiro salário e das férias proporcionais".

Assim, a extinção do contrato de trabalho fundada em culpa recíproca de empregado e de empregador gera ao empregado o direito ao recebimento das seguintes **verbas rescisórias**:

- saldo de salário;
- 50% do valor do aviso prévio;
- 50% do valor do 13.º salário proporcional;
- férias vencidas, acrescidas de 1/3, se houver;
- 50% do valor das férias proporcionais acrescidas de 1/3;
- indenização de 20% dos depósitos do FGTS.

9.5.2.7. Rescisão por acordo entre empregado e empregador

Não havendo mais interesse recíproco na manutenção da relação de emprego, empregado e empregador podem, por **comum acordo**, extinguir o contrato de trabalho, na forma prevista no **art. 484-A, CLT**.

Nessa hipótese, o aviso prévio e a indenização prevista no § 1.º do art. 18 da Lei n. 8.036/90 serão **devidos pela metade**, sendo devidas **integralmente as demais verbas** rescisórias.

A extinção por acordo entre as partes permite a **movimentação da conta vinculada** do trabalhador no FGTS, mas **limitada a 80% do valor dos depósitos** efetuados ao longo da vigência do contrato de trabalho **(art. 484-A, § 1.º, CLT)**.

A extinção do contrato de trabalho por acordo entre as partes **não autoriza** o ingresso no Programa de **Seguro-Desemprego (art. 484-A, § 2.º, CLT)**.

Assim, a extinção do contrato de trabalho decorrente de acordo entre empregado e empregador gera ao empregado o direito ao recebimento das seguintes **verbas rescisórias**:

- saldo de salário;
- 50% do valor do aviso prévio;
- 13.º salário proporcional;
- férias vencidas, acrescidas de 1/3, se houver;
- férias proporcionais acrescidas de 1/3;
- indenização de 20% dos depósitos do FGTS.

9.5.2.8. Morte do empregado ou do empregador pessoa física

A **morte do empregado** determina a extinção do contrato de trabalho tendo em vista que, ao celebrar o pacto, assumiu uma **obrigação pessoal** de prestação de serviços. A *pessoalidade* é uma das características da relação de emprego, não sendo permitido ao empregado fazer-se substituir no cumprimento de sua obrigação contratual.

Assim, com a **morte do empregado**, o **vínculo contratual dissolve-se** automaticamente, não sendo possível que seus herdeiros assumam o seu lugar, continuando a relação jurídica.

Verifica-se, portanto, um obstáculo à continuação da eficácia do contrato, decorrente de um fato natural que determina, para sempre, a **impossibilidade de execução**.[27]

Ocorrendo a morte do empregado, são devidas pelo empregador as seguintes **verbas rescisórias**:

- saldo de salário;
- 13.º salário proporcional;
- férias vencidas, acrescidas de 1/3, se houver;
- férias proporcionais, acrescidas de 1/3.

Nos termos da **Lei n. 6.858/80**, os valores devidos pelo empregador e os montantes das contas do FGTS e do Fundo de Participação PIS-PASEP, não recebidos em vida pelo empregado, serão pagos, em quotas iguais, aos dependentes habilitados perante a Previdência Social e, na sua falta, aos sucessores previstos na lei civil, indicados em alvará judicial independentemente de inventário ou arrolamento **(art. 1.º, *caput*)**.

As quotas atribuídas a menores ficarão depositadas em caderneta de poupança, rendendo juros e correção monetária, e só serão disponíveis após o menor completar 18 (dezoito) anos, salvo autorização do juiz para aquisição de imóvel destinado à residência do menor e de sua família ou para o dispêndio necessário à subsistência e educação do menor **(art. 1.º, § 1.º)**.

Caso inexistam dependentes ou sucessores, os valores devidos pelo empregador e os montantes das contas do FGTS e do PIS-PASEP reverterão em favor, respectivamente, do Fundo de Previdência e Assistência Social do Fundo de Garantia do Tempo de Serviço ou do Fundo de Participação PIS-PASEP **(art. 1.º, § 2.º)**.

Em caso de morte do empregado, ainda que as verbas rescisórias não sejam pagas no prazo previsto no art. 477, § 6.º, da CLT, não incide a multa do § 8.º do mesmo dispositivo legal.[28]

---

[27] GOMES, Orlando; GOTTSCHALK, Elson. *Curso de direito do trabalho*. 17. ed., p. 366.
[28] "RECURSO DE REVISTA. LEI N. 13.467/2017. MULTA DO ART. 477,§ 8.º, DA CLT. FALECIMENTO DO EMPREGADO. TRANSCENDÊNCIA RECONHECIDA. A jurisprudência desta Corte firmou entendimento de que a multa do art. 477, § 8.º, da CLT não se aplica aos casos em que a extinção do contrato decorre da morte do empregado. Ademais, o empregador não está obrigado ao ajuizamento da ação de consignação em pagamento para se proteger da referida penalidade. No caso, o Regional entendeu que a multa por atraso no pagamento das verbas rescisórias não excepciona a morte do trabalhador e que, no caso de recusa do recebimento, deveria a parte reclamada propor ação de consignação em pagamento. Demonstrada divergência capaz de autorizar o proces-

A **morte do empregador pessoa física** pode ou não levar à extinção do contrato de trabalho, dependendo de ser o empreendimento econômico mantido ou não em atividade pelos herdeiros do empregador falecido.

Cessando a atividade econômica em decorrência da **morte do empregador**, o **contrato de trabalho** do empregado será automaticamente **rescindido (art. 485, CLT)**, sendo devidas ao empregado as seguintes **verbas rescisórias**, que serão de responsabilidade dos herdeiros do falecido:

- saldo de salário;
- aviso prévio;[29]
- 13.º salário proporcional;
- férias vencidas, acrescidas de 1/3, se houver;
- férias proporcionais, acrescidas de 1/3;
- indenização de 40% dos depósitos do FGTS.

Mesmo não se tratando de empregador pessoa física que exerce atividade econômica, como o empregador doméstico, a morte deste gera ao empregado doméstico o direito às verbas rescisórias acima indicadas.

Questão relevante sobre a morte do empregador pessoa física é a que se refere à estabilidade no emprego. Nesse caso, o entendimento da jurisprudência é no sentido de que em se tratando de extinção do contrato decorrente da total impossibilidade de

---

samento do recurso de revista. Recurso de revista conhecido e provido" (RR-100009-02.2021.5.01.0027, 6.ª T., rel. Des. Convocado Jose Pedro de Camargo Rodrigues de Souza, *DEJT* 15.12.2023).

[29] A incidência do aviso prévio nesse caso não é pacífica. Há entendimento na jurisprudência no sentido de que, no caso, a extinção do contrato não decorre da vontade da parte, não sendo devido o aviso prévio. *Vide*: "RECURSO DE REVISTA EM FACE DE DECISÃO PUBLICADA ANTES DA VIGÊNCIA DA LEI N. 13.015/2014. AVISO PRÉVIO. EMPREGADO DOMÉSTICO. MORTE DO EMPREGADOR PESSOA FÍSICA. O Tribunal Regional, soberano na análise do conjunto fático-probatório, registrou que a "morte do empregador extingue o contrato de trabalho e, como não se admite que a reclamante tenha continuado a prestar serviços após o falecimento da Sra. Ilsy, conclui-se que esse fato é que motivou a cessação do ajuste". Ademais, constatou que a autora "foi contratada como empregada doméstica". Assim, concluiu que é "devido o pagamento do aviso prévio em caso de morte do empregador", pois, embora "não exista o ato de vontade determinante do fim do relacionamento, é certo que incide a norma do art. 487, parágrafo primeiro da CLT, pois se configura a razão justificadora do instituto, que é a de assegurar a busca de um novo emprego no interregno dos prazos fixados na norma legal". No caso, considerando a impossibilidade de continuidade do vínculo empregatício com a morte do empregador pessoa física, houve a extinção do contrato de trabalho doméstico sem vinculação com a vontade das partes e com a cessação da prestação de serviços. Desse modo, é indevido o pagamento do aviso prévio indenizado. Recurso de revista de que se conhece e a que se dá provimento" (TST — RR — 63500-35.2003.5.04.0281, 7.ª T., rel. Min. Cláudio Mascarenhas Brandão, *DEJT* 07.10.2016).

continuidade da relação de emprego e inteiramente desvinculada da vontade das partes, não há que se falar em indenização substitutiva da estabilidade provisória.

"AGRAVO INTERNO EM AGRAVO DE INSTRUMENTO EM RECURSO DE REVISTA DA AUTORA. LEI N. 13.467/2017. GESTANTE. ESTABILIDADE PROVISÓRIA. EMPREGADA DOMÉSTICA. CUIDADORA DE IDOSOS. FALECIMENTO DA EMPREGADORA. EXTINÇÃO AUTOMÁTICA DO CONTRATO DE TRABALHO. DIREITO À INDENIZAÇÃO SUBSTITUTIVA. INEXISTÊNCIA. TRANSCENDÊNCIA SOCIAL CONSTATADA. A estabilidade provisória da gestante é garantia constitucional a direitos fundamentais da mãe e do nascituro, especialmente no que diz respeito à proteção da gestante contra a dispensa arbitrária, com vistas a proteger a vida que nela se forma com dignidade desde a concepção. A efetividade dessa garantia tem respaldo no artigo 7.º, XVIII, da Constituição Federal. Contudo, não se trata de direito absoluto, porquanto condicionado às peculiaridades e à natureza da relação à que busca preservar. No caso, o quadro fático registrado pelo Tribunal Regional revela que o contrato de trabalho doméstico foi encerrado em 02.06.2016, em razão do falecimento da empregadora da reclamante. Consta, ainda, que, à época, a autora estava grávida e que durante o contrato de trabalho recebeu ordens exclusivamente da falecida, sem que ninguém mais se beneficiasse de seus serviços. Ora, a morte do empregador pessoa física é causa automática de extinção do contrato de trabalho, notadamente quando incontroversa ausência de interesse dos herdeiros na continuidade na prestação de serviços, como se depreende no presente caso. Por outro lado, em se tratando de extinção do contrato decorrente da total impossibilidade de continuidade da relação de emprego e inteiramente desvinculada da vontade das partes, não há que se falar em indenização substitutiva da estabilidade provisória. Com efeito, esta somente é devida na hipótese de ato volitivo do empregador, que, direta ou indiretamente, dê causa ao encerramento do liame trabalhista, o que não ocorreu no presente caso. Decisão regional que se mantém. Transcendência social constatada. Agravo conhecido e não provido. [...]" (Ag-AIRR-11857-25.2016.5.15.0136, 7.ª T., rel. Min. Claudio Mascarenhas Brandão, *DEJT* 03.09.2021).

Ao contrário, **mantido em funcionamento o empreendimento econômico** pelos herdeiros do empregador falecido, o **art. 483, § 2.º, da CLT** dá ao **empregado a faculdade de continuar com o contrato de trabalho**, caso em que nenhum efeito rescisório se verificará, ocorrendo, então, típica **sucessão de empregador**, nos termos dos **arts. 10 e 448 da CLT**.

Caso, porém, o **empregado opte por rescindir o contrato de trabalho** mesmo havendo a continuidade do empreendimento por meio dos sucessores, serão devidas a ele as seguintes **verbas rescisórias**:

- saldo de salário;
- aviso prévio;
- 13.º salário proporcional;
- férias vencidas, acrescidas de 1/3, se houver;

■ férias proporcionais, acrescidas de 1/3.

Em relação à **indenização de 40% dos depósitos do FGTS**, há divergência na doutrina sobre ser devida ou não nesta hipótese.

Mauricio Godinho Delgado entende que "sendo a dissolução contratual do interesse do obreiro, ela far-se-á sem os ônus do pedido de demissão, embora também sem as vantagens rescisórias da dispensa injusta ou rescisão indireta. Ou seja, o trabalhador saca o FGTS, mas sem os 40% [...]".[30]

Arnaldo Süssekind, porém, adota entendimento em sentido contrário e, analisando a previsão do **art. 483, § 2.º, da CLT**, afirma: "Em caso de morte do empregador constituído em uma firma individual, o § 2.º do mesmo artigo faculta ao empregado a resilição do contrato de trabalho. Nessas hipóteses, como reza o *caput* do artigo, o empregado terá direito à indenização compensatória que se soma aos depósitos do FGTS — indenização a que não tem direito, em regra, o trabalhador que resolve despedir-se".[31]

A análise do dispositivo legal aplicável à hipótese nos leva a aceitar como **correto este segundo posicionamento**, pois a previsão que dá ao empregado a faculdade de rescindir o contrato de trabalho em caso de morte do empregador constituído em empresa individual está contida no **§ 2.º do art. 483 da CLT**, artigo este que trata das hipóteses em que se reconhece o direito do empregado de promover a **rescisão indireta do contrato de trabalho**, com o recebimento de todas as verbas rescisórias a que teria direito caso fosse dispensado sem justa causa pelo empregador, inclusive a **indenização de 40% dos depósitos do FGTS**. Assim, se o legislador colocou esta previsão em um dos parágrafos desse artigo, certamente teve a intenção de dar à hipótese o mesmo tratamento da rescisão indireta calcada em justa causa do empregador.

A jurisprudência vem reconhecendo que a previsão do **art. 483, § 2.º, da CLT** trata-se de hipótese de rescisão indireta do contrato de trabalho, sendo **devida a indenização de 40% dos depósitos do FGTS** caso o empregado exerça a faculdade que o legislador lhe conferiu.

> **RECURSO DE REVISTA. MORTE DO EMPREGADOR PESSOA FÍSICA. CONSEQUÊNCIAS JURÍDICAS. MULTA DO FGTS. SEGURO-DESEMPREGO.** Os efeitos jurídicos da **morte do empregador** constituído em firma individual assemelham-se aos da rescisão indireta do contrato de trabalho, que garante ao trabalhador todas as verbas rescisórias devidas por ocasião de despedida imotivada. Inteligência do art. 483, § 2.º, da CLT. Recurso de Revista parcialmente conhecido e provido (RR 31100-30.2008.5.09.0094, 8.ª T., rel. Min. Maria Cristina Irigoyen Peduzzi, *DEJT* 09.10.2009).

---

[30] DELGADO, Mauricio Godinho. *Curso de direito do trabalho*, 18. ed., p. 1360.
[31] SÜSSEKIND, Arnaldo. *Curso de direito do trabalho*, p. 347.

9.5.2.9. Extinção decorrente de *força maior* e factum principis

Entende-se como **força maior** todo **acontecimento inevitável**, em relação à vontade do empregador, e para a realização do qual este não concorreu, direta ou indiretamente **(art. 501, CLT)**. A **imprevidência do empregador exclui** a razão de **força maior (art. 501, § 1.º, CLT)**.

Ocorrendo a **extinção da empresa ou de um de seus estabelecimentos** por motivo de força maior, e se em razão disso os contratos de trabalho dos empregados tiverem que ser rescindidos, a **indenização** que seria devida caso a extinção decorresse da vontade do empregador (dispensa sem justa causa ou rescisão antecipada nos contratos por prazo determinado) **será reduzida pela metade (art. 502, CLT)**.

Assim, as **verbas rescisórias** devidas na rescisão do contrato de trabalho por prazo indeterminado decorrente de força maior são as seguintes:

- saldo de salário;
- aviso prévio;
- 13.º salário proporcional;
- férias vencidas, acrescidas de 1/3, se houver;
- férias proporcionais, acrescidas de 1/3;
- indenização de 20% dos depósitos do FGTS.

Na rescisão antecipada do contrato por prazo determinado decorrente de força maior, o **empregado faz jus a**:

- saldo de salário;
- 13.º salário proporcional;
- férias vencidas, acrescidas de 1/3, se houver;
- férias proporcionais, acrescidas de 1/3;
- liberação do FGTS;
- metade da indenização do art. 479 da CLT.

Comprovada a falsa alegação do motivo de força maior, os empregados têm direito ao complemento da indenização percebida **(art. 504, CLT)**.

Fala-se em *factum principis* quando a **paralisação do serviço** for motivada por **ato de autoridade municipal, estadual ou federal, ou pela promulgação de lei ou resolução** que impossibilite a continuação da atividade **(art. 486, CLT)**.

Nos termos do referido dispositivo legal, decorrendo a extinção do contrato de trabalho desta imposição da autoridade pública, a **indenização devida** ficará **a cargo do governo responsável**.

Havendo culpa do empregador, ainda que indireta, não há que se falar em *factum principis*, restando impedida a aplicação do art. 486 da CLT.

Da mesma forma, como ensina Délio Maranhão, "o cancelamento de uma concessão a título precário não configura o *factum principis*, mesmo que impossibilite a continuação do contrato". Sobre a questão, prossegue o autor: "O empregador que explora uma atividade econômica em virtude de uma concessão precária sabe, de antemão, que esta a qualquer momento lhe pode ser cassada. O fato não está, portanto, fora de sua consciência. Exercendo a atividade em tais condições, contribui, indiretamente, para a realização do evento, que assume, no caso, o aspecto de um 'risco' voluntariamente assumido".[32]

Na hipótese de extinção do contrato de trabalho em decorrência de ato de terceiro ou de *factum principis*, serão devidas as seguintes **verbas rescisórias**:

- saldo de salário;
- aviso prévio;
- 13.º salário proporcional;
- férias vencidas, acrescidas de 1/3, se houver;
- férias proporcionais, acrescidas de 1/3;
- indenização de 40% dos depósitos do FGTS, a cargo do governo responsável pela extinção da atividade da empresa.

A **Lei n. 14.020, de 6 de julho de 2020**, que instituiu o Programa Emergencial de Manutenção do Emprego e da Renda, previu expressamente no **art. 29** não ser aplicável o disposto no art. 486 da CLT na hipótese de paralisação ou suspensão de atividades empresariais determinada por ato de autoridade municipal, estadual ou federal para o enfrentamento do estado de calamidade pública reconhecido pelo Decreto Legislativo n. 6/2020 e da emergência de saúde pública internacional decorrente do coronavírus, de que tratou a Lei n. 13.979/2020.

9.5.2.10. *Aposentadoria*

Em princípio, parece não haver dúvida acerca de ser a aposentadoria causa de extinção do contrato de trabalho.

No entanto, a questão não é tão simples assim e, tendo em vista as diversas espécies de aposentadoria previstas na **Lei n. 8.213/91**, necessária se faz uma análise detalhada acerca da questão, com o intuito de definir em quais hipóteses realmente a concessão do benefício leva à extinção do contrato de trabalho.

- **Aposentadoria por idade ou por tempo de serviço**

Havendo a **cessação do trabalho** em virtude de **aposentadoria do empregado**, por idade ou por tempo de serviço, verificar-se-á a **extinção do contrato de trabalho**.

Neste caso, o empregado terá direito a receber as seguintes **verbas rescisórias**:

- saldo de salário;
- 13.º salário proporcional;

---

[32] SÜSSEKIND, Arnaldo et al. *Instituições de direito do trabalho*, 22. ed., v. 1, p. 621.

◼ férias vencidas, acrescidas de 1/3, se houver;
◼ férias proporcionais, acrescidas de 1/3.

No entanto, caso o **empregado continue a trabalhar** para o mesmo empregador **depois da concessão da aposentadoria** pelo órgão previdenciário, não há que se falar em extinção do contrato de trabalho, **permanecendo em curso o vínculo entre as partes**.

Sobre essa questão, cumpre ressaltar que a **Lei n. 8.213/91** não condiciona a concessão da aposentadoria por idade ou da aposentadoria por tempo de serviço à prova de que o segurado foi desligado da empresa.

A questão, no entanto, nem sempre foi pacífica, sendo que o cerne da discussão, fundada na previsão do art. 453 da CLT, residia no questionamento sobre a base de cálculo da indenização de 40% dos depósitos do FGTS quando o empregado, tendo permanecido trabalhando mesmo após aposentado, era posteriormente dispensado sem justa causa pelo empregador.

Caso se adotasse o entendimento de que a **aposentadoria espontaneamente requerida pelo empregado extingue o contrato de trabalho**, sua permanência trabalhando para o empregador se daria em virtude de um novo contrato de trabalho iniciado após a aposentadoria. Assim, a dispensa sem justa causa geraria o direito ao recebimento da **indenização de 40% calculada apenas sobre os depósitos do FGTS feitos na vigência desse novo contrato**, não se computando os depósitos do FGTS referentes ao contrato de trabalho anterior.

Ao contrário, entendendo-se que a **aposentadoria voluntária não extingue o contrato de trabalho**, a **indenização de 40% deveria ser calculada sobre a totalidade dos depósitos do FGTS**, considerando tanto o período anterior à aposentadoria como o posterior.

Na tentativa de pacificar a discussão, o TST adotou, à época, uma Orientação Jurisprudencial, fixando entendimento de acordo com a segunda corrente. Assim, a OJ SDI-1 177, TST previa: "A aposentadoria espontânea extingue o contrato de trabalho, mesmo quando o empregado continua a trabalhar na empresa após a concessão do benefício previdenciário. Assim sendo, indevida a multa de 40% do FGTS em relação ao período anterior à aposentadoria".

No entanto, ao julgar as **Ações Diretas de Inconstitucionalidade (ADI) 1.721-3-DF e 1.770-4/DF** em relação, respectivamente, aos **§§ 1.º e 2.º do art. 453 da CLT**, o SFT decidiu que a **aposentadoria voluntária do empregado não rompe o contrato de trabalho**.

Assim, desde que o empregado continue a prestar serviços de forma ininterrupta, sua **aposentadoria em nada interfere** no desenvolvimento do contrato de trabalho.

O julgamento proferido pelo STF levou ao cancelamento em 30.10.2006 da OJ SDI-1 177, sendo que, após diversos precedentes de julgamento, o TST, em 23.05.2008, adotou nova Orientação Jurisprudencial refletindo posicionamento de acordo com a decisão do STF:

OJ SDI-1 361, TST: "A aposentadoria espontânea não é causa de extinção do contrato de trabalho se o empregado permanece prestando serviços ao empregador após a jubilação. Assim, por ocasião da sua dispensa imotivada, o empregado tem direito à multa de 40% do FGTS sobre a totalidade dos depósitos efetuados no curso do pacto laboral".

Aposentadoria por invalidez

Nos termos do **art. 42 da Lei n. 8.213/91**, a aposentadoria por invalidez é o benefício previdenciário concedido aos trabalhadores que, por doença ou acidente, forem considerados pela perícia médica da Previdência Social incapacitados para exercer suas atividades ou outro tipo de serviço que lhes garanta o sustento. A aposentadoria deixa de ser paga quando o segurado recupera a capacidade e volta ao trabalho.

A aposentadoria por invalidez **não é**, porém, **causa de extinção do contrato de trabalho**.

O **art. 475 da CLT** é claro e dispõe que, no caso de aposentadoria por invalidez, o contrato de trabalho é suspenso durante o prazo fixado pelas leis previdenciárias para a efetivação do benefício. O § 1.º do referido dispositivo estabelece que, havendo a recuperação da capacidade de trabalho e o cancelamento da aposentadoria, é assegurado ao obreiro o retorno à função que ocupava, ocasião em que se faculta ao empregador o direito de indenizá-lo por rescisão do contrato de trabalho, nos termos dos **arts. 477, 478 e 497 da CLT**, no caso de ser portador de estabilidade.

Por sua vez, o **art. 47 da Lei n. 8.213/91** dispõe:

"Art. 47. Verificada a recuperação da capacidade de trabalho do aposentado por invalidez, será observado o seguinte procedimento:

I — quando a recuperação ocorrer dentro de 5 (cinco) anos, contados da data do início da aposentadoria por invalidez ou do auxílio-doença que a antecedeu sem interrupção, o benefício cessará:

a) de imediato, para o segurado empregado que tiver direito a retornar à função que desempenhava na empresa quando se aposentou, na forma da legislação trabalhista, valendo como documento, para tal fim, o certificado de capacidade fornecido pela Previdência Social; ou

b) após tantos meses quantos forem os anos de duração do auxílio-doença ou da aposentadoria por invalidez, para os demais segurados;

II — quando a recuperação for parcial, ou ocorrer após o período do inciso I, ou ainda quando o segurado for declarado apto para o exercício de trabalho diverso do qual habitualmente exercia, a aposentadoria será mantida, sem prejuízo da volta à atividade:

a) no seu valor integral, durante 6 (seis) meses contados da data em que for verificada a recuperação da capacidade;

b) com redução de 50% (cinquenta por cento), no período seguinte de 6 (seis) meses;

c) com redução de 75% (setenta e cinco por cento), também por igual período de 6 (seis) meses, ao término do qual cessará definitivamente".

Com fundamento em todos estes dispositivos legais, o TST definiu o seguinte posicionamento:

> **SÚMULA 160, TST:** "Cancelada a aposentadoria por invalidez, mesmo após cinco anos, o trabalhador terá direito de retornar ao emprego, facultado, porém, ao empregador, indenizá-lo na forma da lei".

☐ **Aposentadoria compulsória, por iniciativa patronal**

Nos termos do **art. 51 da Lei n. 8.213/91**, a **aposentadoria por idade** pode ser **requerida pela empresa**, desde que o segurado empregado tenha cumprido o período de carência e completado **70 (setenta) anos de idade**, se do **sexo masculino**, ou **65 (sessenta e cinco) anos**, se do **sexo feminino, sendo compulsória**.

Trata-se, portanto, de **inegável** hipótese de **extinção do contrato de trabalho**.

No entanto, tratando-se de **extinção do contrato de trabalho** que teve **origem em ato voluntário do empregador**, o referido dispositivo legal prevê expressamente que, neste caso, será **garantida ao empregado a indenização** prevista na legislação trabalhista **(40% dos depósitos do FGTS)**, considerada como data da rescisão do contrato de trabalho a imediatamente anterior à do início da aposentadoria.

Aliás, não poderia ser diferente, tendo em vista que, não tendo o empregado intenção de se aposentar e sendo obrigado a tanto por iniciativa do empregador, donde o nome compulsória, inegável que lhe é **devida a indenização prevista para a dispensa sem justa causa**, decorrente do exercício do poder potestativo pelo empregador no sentido de extinguir a relação de emprego.

9.5.2.11. Outras hipóteses

O **art. 483, § 1.º, CLT** prevê que o empregado poderá suspender a prestação de serviços ou **rescindir o contrato de trabalho** quando tiver de desempenhar **obrigações legais, incompatíveis com a continuação do serviço**, como, por exemplo, no caso de ter sido eleito para mandato de prefeito, deputado etc.

Tendo em vista que a **faculdade colocada à disposição do empregado** nesta hipótese está prevista em um dos parágrafos do **art. 483 da CLT**, parece-nos evidente que aqui também o legislador pretendeu dar a esta forma de extinção do contrato de trabalho a conotação de dispensa indireta, assegurando ao empregado as **verbas rescisórias** que seriam devidas em caso de dispensa sem justa causa.

9.6. EFEITOS DO TÉRMINO DO CONTRATO DE TRABALHO

Como principal efeito do término do contrato de trabalho, decorre a incidência das chamadas ***verbas rescisórias***, correspondentes a um valor pecuniário equivalente aos direitos trabalhistas do empregado que são devidos em decorrência da modalidade específica de extinção do pacto laboral.

Assim, a **extinção dos contratos de trabalho por prazo determinado** pode gerar o pagamento para o empregado das **seguintes verbas rescisórias**:

MODALIDADE DE EXTINÇÃO	VERBAS RESCISÓRIAS DEVIDAS
Extinção normal do contrato por prazo determinado (cumprimento do prazo pactuado)	▫ saldo de salário; ▫ 13.º salário proporcional; ▫ férias vencidas, acrescidas de 1/3, se houver; ▫ férias proporcionais, acrescidas de 1/3; ▫ liberação do FGTS (sem a indenização de 40%).
Rescisão antecipada por iniciativa do empregador (dispensa sem justa causa)	▫ saldo de salário; ▫ 13.º salário proporcional; ▫ férias vencidas, acrescidas de 1/3, se houver; ▫ férias proporcionais, acrescidas de 1/3; ▫ liberação do FGTS; ▫ indenização do art. 479 da CLT, correspondente ao valor da metade dos salários que lhe seriam devidos pelo período faltante do contrato. OBS.: indenização de 40% dos depósitos do FGTS — o tema não é pacífico na doutrina e na jurisprudência, mas o **art. 14 e o art. 9.º, §§ 1.º e 2.º, do Decreto n. 99.684/90** (Regulamento do FGTS) preveem que, na hipótese de rescisão antecipada do contrato por iniciativa do empregador, é devida a indenização de 40% dos depósitos do FGTS.
Rescisão antecipada por iniciativa do empregado (pedido de demissão)	▫ saldo de salário; ▫ 13.º salário proporcional; ▫ férias vencidas, acrescidas de 1/3, se houver; ▫ férias proporcionais, acrescidas de 1/3. OBS.: o empregado, no entanto, deverá **indenizar o empregador pelos prejuízos que resultarem desta ruptura antecipada**, nos termos e limites do **art. 480 da CLT**.
Rescisão antecipada decorrente de força maior	▫ saldo de salário; ▫ 13.º salário proporcional; ▫ férias vencidas, acrescidas de 1/3, se houver; ▫ férias proporcionais, acrescidas de 1/3; ▫ liberação do FGTS; ▫ metade da indenização do art. 479 da CLT.
Rescisão antecipada por iniciativa de qualquer uma das partes, em contrato contendo cláusula assecuratória de rescisão antecipada	▫ saldo de salário; ▫ aviso prévio; ▫ 13.º salário proporcional; ▫ férias vencidas, acrescidas de 1/3, se houver; ▫ férias proporcionais, acrescidas de 1/3; ▫ no caso de dispensa sem justa causa, devida a indenização de 40% dos depósitos do FGTS. OBS.: inserida pelas partes no contrato de trabalho por prazo determinado cláusula que assegure reciprocamente o direito de rescindir o pacto antecipadamente, exercido o direito, a extinção do contrato será regida pelas regras dos contratos por prazo indeterminado (**art. 481, CLT**).

◘ Rescisão antecipada em decorrência de prática de justa causa	◘ Justa causa do empregado — apenas saldo de salário e férias vencidas, acrescidas de 1/3, se houver. ◘ Justa causa do empregador — saldo de salário, aviso prévio, 13.º salário proporcional, férias vencidas acrescidas de 1/3 se houver, férias proporcionais acrescidas de 1/3 e indenização de 40% dos depósitos do FGTS.
◘ Rescisão antecipada por culpa recíproca	◘ saldo de salário; ◘ 50% do valor do aviso prévio; ◘ 50% do valor do 13.º salário proporcional; ◘ férias vencidas, acrescidas de 1/3, se houver; ◘ 50% do valor das férias proporcionais acrescidas de 1/3; ◘ indenização de 20% dos depósitos do FGTS.

Na **extinção do contrato de trabalho por prazo indeterminado**, são devidas as seguintes **verbas rescisórias**:

MODALIDADE DE EXTINÇÃO	VERBAS RESCISÓRIAS DEVIDAS
◘ Dispensa sem justa causa	◘ saldo de salário; ◘ aviso prévio; ◘ 13.º salário proporcional; ◘ férias vencidas, acrescidas de 1/3, se houver; ◘ férias proporcionais, acrescidas de 1/3; ◘ indenização de 40% dos depósitos do FGTS.
◘ Dispensa por justa causa	◘ saldo de salário; ◘ férias vencidas, acrescidas de 1/3, se houver.
◘ Extinção da empresa ou do estabelecimento ou falência	◘ saldo de salário; ◘ aviso prévio; ◘ 13.º salário proporcional; ◘ férias vencidas, acrescidas de 1/3, se houver; ◘ férias proporcionais, acrescidas de 1/3; ◘ indenização de 40% dos depósitos do FGTS.
◘ Pedido de demissão	◘ saldo de salário; ◘ 13.º salário proporcional; ◘ férias vencidas, acrescidas de 1/3, se houver; ◘ férias proporcionais, acrescidas de 1/3. OBS.: o aviso prévio somente será pago se o empregado cumpri-lo, trabalhando durante o período. A recusa no cumprimento do aviso, sem que o empregado tenha encontrado novo emprego, permite que o empregador desconte o valor do salário do aviso das verbas rescisórias devidas.
◘ Dispensa indireta	◘ saldo de salário; ◘ aviso prévio; ◘ 13.º proporcional; ◘ férias vencidas, acrescidas de 1/3, se houver; ◘ férias proporcionais, acrescidas de 1/3; ◘ indenização de 40% dos depósitos do FGTS.
◘ Culpa recíproca	◘ saldo de salário; ◘ 50% do valor do aviso prévio; ◘ 50% do valor do 13.º salário proporcional; ◘ férias vencidas, acrescidas de 1/3, se houver; ◘ 50% do valor das férias proporcionais acrescidas de 1/3; ◘ indenização de 20% dos depósitos do FGTS.

◙ Acordo entre as partes	◙ saldo de salário; ◙ 50% do valor do aviso prévio; ◙ 13.º salário proporcional; ◙ férias vencidas, acrescidas de 1/3, se houver; ◙ férias proporcionais acrescidas de 1/3; ◙ indenização de 20% dos depósitos do FGTS.
◙ Morte do empregado ou do empregador pessoa física	◙ Morte do empregado: saldo de salário, 13.º salário proporcional, férias vencidas acrescidas de 1/3 se houver, férias proporcionais acrescidas de 1/3. OBS.: as verbas rescisórias serão pagas, em quotas iguais, aos dependentes habilitados perante a Previdência Social e, na sua falta, aos sucessores previstos na lei civil, indicados em alvará judicial, independentemente de inventário ou arrolamento (art. 1.º, Lei n. 6.858/80). ◙ Morte do empregador pessoa física havendo continuidade da atividade (art. 483, § 2.º, CLT): saldo de salário, aviso prévio, 13.º salário proporcional, férias vencidas acrescidas de 1/3 se houver, férias proporcionais acrescidas de 1/3. OBS.: em relação à indenização de 40% dos depósitos do FGTS, há divergência na doutrina sobre ser devida ou não nesta hipótese. No entanto, a jurisprudência vem reconhecendo que se trata de hipótese de rescisão indireta do contrato de trabalho, sendo devida a referida indenização. ◙ Morte do empregador pessoa física não havendo continuidade da atividade (art. 485, CLT): saldo de salário, aviso prévio, 13.º salário proporcional, férias vencidas acrescidas de 1/3 se houver, férias proporcionais acrescidas de 1/3, indenização de 40% dos depósitos do FGTS.
◙ Extinção decorrente de força maior e *factum principis*	"Força maior": ◙ saldo de salário; ◙ aviso prévio; ◙ 13.º salário proporcional; ◙ férias vencidas, acrescidas de 1/3, se houver; ◙ férias proporcionais, acrescidas de 1/3; ◙ indenização de 20% dos depósitos do FGTS. "*Factum principis*": ◙ saldo de salário; ◙ aviso prévio; ◙ 13.º salário proporcional; ◙ férias vencidas, acrescidas de 1/3, se houver; ◙ férias proporcionais, acrescidas de 1/3; ◙ indenização de 40% dos depósitos do FGTS, a cargo do governo responsável pela extinção da atividade da empresa.
◙ Aposentadoria	◙ saldo de salário; ◙ 13.º salário proporcional; ◙ férias vencidas, acrescidas de 1/3, se houver; ◙ férias proporcionais, acrescidas de 1/3.

Na hipótese de dispensa sem justa causa, ocorrendo esta nos **trinta dias anteriores à data-base do empregado**, o empregador deverá pagar-lhe uma **indenização adicional** equivalente a **um salário mensal (art. 9.º, Lei n. 6.708/79, e art. 9.º, Lei n. 7.238/84)**.

SÚMULA 242, TST: "A indenização adicional, prevista no art. 9.º da Lei n. 6.708, de 30.10.1979 e no art. 9.º da Lei n. 7.238, de 28.10.1984, corresponde ao salário mensal, no valor devido na data da comunicação do despedimento, integrado pelos adicionais legais ou convencionados, ligados à unidade de tempo mês, não sendo computável a gratificação natalina".

Para fins de verificação da incidência de referida indenização, deve ser considerada a **projeção do aviso prévio** no contrato de trabalho.

SÚMULA 182, TST: "O tempo do aviso prévio, mesmo indenizado, conta-se para efeito da indenização adicional prevista no art. 9.º da Lei n. 6.708, de 30.10.1979".

OJ SDI-1 268, TST: "Somente após o término do período estabilitário é que se inicia a contagem do prazo do aviso prévio para efeito das indenizações previstas nos artigos 9.º da Lei n. 6.708/79 e 9.º da Lei n. 7.238/84".

A **indenização adicional** devida por força dos dispositivos legais supracitados deve ser **paga** ao empregado **juntamente com o pagamento das verbas rescisórias**, sendo devida a indenização mesmo que as verbas rescisórias já tenham sido calculadas e pagas considerando o reajuste da categoria.

SÚMULA 314, TST: "Se ocorrer a rescisão contratual no período de 30 (trinta) dias que antecede à data-base, observada a Súmula n. 182 do TST, o pagamento das verbas rescisórias com o salário já corrigido não afasta o direito à indenização adicional prevista nas Leis ns. 6.708, de 30.10.1979 e 7.238, de 28.10.1984".

9.7. FORMALIDADES NA EXTINÇÃO DO CONTRATO DE TRABALHO

O ordenamento jurídico prevê a necessidade de cumprimento de algumas **formalidades** que devem cercar o ato de extinção do contrato de trabalho, com o pagamento das verbas rescisórias devidas.

A finalidade de tais formalidades é **permitir mais clareza e transparência** em relação às verbas e aos valores que estão sendo pagos ao empregado, bem como a **isenção da manifestação de vontade das partes**, principalmente do empregado, no momento da ruptura contratual. A certeza em relação à validade do ato de extinção do contrato, às verbas que estão sendo pagas e aos seus valores respectivos, bem como o pagamento delas em um prazo especificado, dá ao empregado uma segurança que o legislador entendeu ser essencial para a sua proteção.

Nesse sentido, as **formalidades que devem cercar o ato de extinção do contrato de trabalho** são as seguintes:

- **Documento de formalização:** a rescisão do contrato de trabalho deve ser formalizada por meio de um **termo de rescisão (TRCT) ou de recibo de quitação**, no qual, qualquer que seja a causa ou forma de dissolução do contrato, deverá ser especificada a natureza **de cada parcela paga ao empregado e discriminado o seu valor (art. 477, § 2.º, CLT)**.

■ **Capacidade do empregado:** o termo de rescisão ou o recibo de quitação de contrato de trabalho de **empregado menor de 18 (dezoito) anos, aprendiz ou não**, deve ser firmado com **assistência do seu responsável legal (art. 439, CLT)**.

O legislador reconhece a capacidade do menor de 18 anos para firmar recibos de salários, mas não para a quitação das verbas rescisórias devidas em decorrência da ruptura contratual.

Importante ressaltar que **não se aplica ao contrato de trabalho** a previsão do **parágrafo único, V, do art. 5.º do Código Civil**, segundo a qual cessa a incapacidade civil pela existência de relação de emprego que assegure economia própria ao menor com 16 (dezesseis) anos completos. "A diretriz civilista não invade o Direito do Trabalho no campo em que este firme regras imperativas específicas, por fundamentos e objetivos próprios".[33] Assim, a quitação em relação ao contrato de trabalho do menor de 18 (dezoito) anos sempre deverá ocorrer com assistência do responsável legal do trabalhador.

■ **Formalidades a serem adotadas pelo empregador na rescisão do contrato de trabalho**: na extinção do contrato de trabalho, o empregador deverá **(art. 477, *caput* e § 6.º, CLT)**:

■ proceder à anotação na Carteira de Trabalho e Previdência Social (CTPS);

■ comunicar a dispensa aos órgãos competentes;

■ realizar o pagamento das verbas rescisórias no prazo e na forma previstos em lei;

■ entregar ao empregado os documentos que comprovem a comunicação da extinção contratual aos órgãos competentes.

Importante ressaltar que a anotação da extinção do contrato na CTPS é documento hábil para requerer o benefício do seguro-desemprego e a movimentação da conta vinculada do FGTS, nas hipóteses legais, desde que o empregador tenha feito as devidas comunicações da dispensa aos órgãos competentes **(art. 477, § 10, CLT)**.

■ **Quitação:** a quitação dada pelo empregado no momento da rescisão do contrato de trabalho **somente abrange as parcelas expressamente especificadas no instrumento de rescisão ou recibo de quitação (art. 477, § 2.º, CLT)**.

■ Tendo em vista que a **Lei n. 13.467/2017** (*Reforma Trabalhista*) não mais exige a homologação da rescisão do contrato de trabalho, perde efeito a previsão da Súmula 330, TST.

■ **Prazo para pagamento das verbas rescisórias:** o pagamento das verbas rescisórias, que poderá ser em **dinheiro, depósito bancário ou cheque visado**, conforme acordem as partes (**salvo se o empregado for analfabeto**, caso em que somen-

---

[33] DELGADO, Mauricio Godinho. *Curso de direito do trabalho*, 18. ed., p. 1368.

te poderá ser em dinheiro ou depósito bancário — **art. 477, § 4.º, CLT**), deverá ser feito **no prazo de até dez dias** contados a partir do término do contrato de trabalho **(art. 477, § 6.º, CLT)**.

A **contagem do prazo para pagamento das verbas rescisórias** deve ser feita adotando-se o seguinte critério:

> **OJ SDI-1 162, TST:** "A contagem do prazo para quitação das verbas decorrentes da rescisão contratual prevista no art. 477 da CLT exclui necessariamente o dia da notificação da demissão e inclui o dia do vencimento, em obediência ao disposto no art. 132 do Código Civil de 2002 (art. 125 do Código Civil de 1916)".

O **pagamento das verbas rescisórias fora do prazo** previsto no **art. 477, § 6.º, da CLT** sujeita o empregador ao pagamento da **multa administrativa** e de **multa em favor do empregado**, no valor equivalente ao seu salário, devidamente corrigido, exceto quando o trabalhador comprovadamente der causa à mora **(art. 477, § 8.º, CLT)**.

A **multa prevista no art. 477, § 8.º, da CLT** também é **devida por pessoa jurídica de direito público** que não observe o prazo para pagamento das verbas rescisórias de seus empregados.

> **OJ SDI-1 238, TST:** "Submete-se à multa do art. 477 da CLT a pessoa jurídica de direito público que não observa o prazo para pagamento das verbas rescisórias, pois nivela-se a qualquer particular, em direitos e obrigações, despojando-se do *jus imperii* ao celebrar um contrato de emprego".

À **massa falida não se aplica** a penalidade prevista no **art. 477, § 8.º, da CLT**.

> **SÚMULA 388, TST:** "A Massa Falida não se sujeita à penalidade do art. 467 e nem à multa do § 8.º do art. 477, ambos da CLT".

Inaplicável a previsão do **art. 1.216 do Código Civil** (indenização por frutos percebidos pela posse de má-fé) em caso de não pagamento das verbas trabalhistas.

> **SÚMULA 445, TST:** "A indenização por frutos percebidos pela posse de má-fé, prevista no art. 1.216 do Código Civil, por tratar-se de regra afeta a direitos reais, mostra-se incompatível com o Direito do Trabalho, não sendo devida no caso de inadimplemento de verbas trabalhistas".

O TST pacificou o entendimento sobre a incidência da multa do **§ 8.º do art. 477 da CLT** quando o vínculo de emprego e as respectivas verbas rescisórias somente tenham sido reconhecidos em juízo:

SÚMULA 462, TST: "A circunstância de a relação de emprego ter sido reconhecida apenas em juízo não tem o condão de afastar a incidência da multa prevista no art. 477, § 8.º, da CLT. A referida multa não será devida apenas quando, comprovadamente, o empregado der causa à mora no pagamento das verbas rescisórias".

■ **Limitação à compensação de valores das verbas rescisórias:** qualquer **compensação no pagamento das verbas rescisórias** constantes do termo de rescisão ou do recibo de quitação **não poderá exceder o equivalente a 1 (um) mês de remuneração do empregado (art. 477, § 5.º, CLT).**

9.8. SEGURO-DESEMPREGO

O **seguro-desemprego** é um direito assegurado ao trabalhador urbano e rural em decorrência de **desemprego involuntário (art. 7.º, II, CF)**. Em virtude do disposto no parágrafo único do art. 7.º da CF, o seguro-desemprego é devido ao trabalhador doméstico.

Regulamentado pela **Lei n. 7.998/90**, o seguro-desemprego é um benefício integrante da seguridade social e tem por **finalidade prover assistência financeira temporária ao trabalhador em caso de dispensa sem justa causa ou dispensa indireta**, auxiliando-o na manutenção e na busca de emprego e promovendo, para tanto, ações integradas de orientação, recolocação e qualificação profissional.

Para ter **direito ao seguro-desemprego**, o trabalhador deve **comprovar que (art. 3.º, Lei n. 7.998/90):**

■ que recebeu salários de pessoa jurídica ou de pessoa física a ela equiparada, relativos a: a) pelo menos 12 (doze) meses nos últimos 18 (dezoito) meses imediatamente anteriores à data de dispensa, quando da primeira solicitação; b) pelo menos 9 (nove) meses nos últimos 12 (doze) meses imediatamente anteriores à data de dispensa, quando da segunda solicitação; e c) cada um dos 6 (seis) meses imediatamente anteriores à data de dispensa, quando das demais solicitações;

■ que não está em gozo de qualquer benefício previdenciário de prestação continuada, excetuado o auxílio-acidente e o auxílio suplementar, previstos na Lei n. 6.367/76, e o abono de permanência em serviço, previsto na Lei n. 5.890/73;

■ que não está em gozo de auxílio-desemprego;

■ que não possui renda própria de qualquer natureza suficiente à sua manutenção e de sua família;

■ estar matriculado e ter frequência, quando aplicável, nos termos do regulamento, em curso de formação inicial e continuada ou de qualificação profissional habilitado pelo Ministério da Educação, nos termos do art. 18 da Lei n. 12.513, de 26 de outubro de 2011, ofertado por meio da Bolsa-Formação Trabalhador concedida no âmbito do Programa Nacional de Acesso ao Ensino Técnico e Emprego (Pronatec), instituído pela Lei n. 12.513, de 26 de outubro de 2011, ou de vagas gratuitas na rede de educação profissional e tecnológica.

O **art. 4.º da Lei n. 7.998/90** estabelece critérios para a concessão de **parcelas do benefício do seguro-desemprego:**

■ O benefício será concedido ao trabalhador desempregado, por período máximo variável de 3 a 5 meses, de forma contínua ou alternada, a cada período aquisitivo, contados da data de dispensa que deu origem à última habilitação, cuja duração será definida pelo Conselho Deliberativo do Fundo de Amparo ao Trabalhador (CODEFAT).

■ O benefício poderá ser retomado a cada novo período aquisitivo, satisfeitas as condições arroladas nos incisos I, III, IV e V do *caput* do art. 3.º (**§ 1.º**).

■ A determinação do período máximo de concessão do benefício observará a seguinte relação entre o número de parcelas mensais do benefício e o tempo de serviço do trabalhador nos 36 meses que antecederem a data de dispensa que originou o requerimento do seguro-desemprego, vedado o cômputo de vínculos empregatícios utilizados em períodos aquisitivos anteriores (**§ 2.º**):

I. para a primeira solicitação: a) 4 parcelas, se o trabalhador comprovar vínculo empregatício com pessoa jurídica ou pessoa física a ela equiparada de, no mínimo, 12 meses e, no máximo, 23 meses, no período de referência; ou b) 5 parcelas, se o trabalhador comprovar vínculo empregatício com pessoa jurídica ou pessoa física a ela equiparada de, no mínimo, 24 meses, no período de referência;

II. para a segunda solicitação: a) 3 parcelas, se o trabalhador comprovar vínculo empregatício com pessoa jurídica ou pessoa física a ela equiparada de, no mínimo, 9 meses e, no máximo, 11 meses, no período de referência; b) 4 parcelas, se o trabalhador comprovar vínculo empregatício com pessoa jurídica ou pessoa física a ela equiparada de, no mínimo, 12 meses e, no máximo, 23 meses, no período de referência; ou c) 5 parcelas, se o trabalhador comprovar vínculo empregatício com pessoa jurídica ou pessoa física a ela equiparada de, no mínimo, 24 meses, no período de referência;

III. a partir da terceira solicitação: a) 3 parcelas, se o trabalhador comprovar vínculo empregatício com pessoa jurídica ou pessoa física a ela equiparada de, no mínimo, 6 meses e, no máximo, 11 meses, no período de referência; b) 4 parcelas, se o trabalhador comprovar vínculo empregatício com pessoa jurídica ou pessoa física a ela equiparada de, no mínimo, 12 meses e, no máximo, 23 meses, no período de referência; ou c) 5 parcelas, se o trabalhador comprovar vínculo empregatício com pessoa jurídica ou pessoa física a ela equiparada de, no mínimo, 24 meses, no período de referência.

■ Para determinação do período máximo de concessão do benefício, a fração igual ou superior a 15 dias de trabalho será havida como mês integral (§ 3.º).

■ Nos casos em que o cálculo da parcela do seguro-desemprego resultar em valores decimais, o valor a ser pago deverá ser arredondado para a unidade inteira imediatamente superior (§ 4.º).

■ O período máximo de concessão do benefício poderá ser excepcionalmente prolongado por até 2 meses, para grupos específicos de segurados, a critério do CODEFAT, desde que o gasto adicional representado por esse prolongamento não ultrapasse, em cada semestre, 10% do montante da reserva mínima de liquidez de que trata o § 2.º do art. 9.º da Lei n. 8.019/90 (§ 5.º).

■ Na hipótese de prolongamento do período máximo de percepção do benefício do seguro-desemprego, o CODEFAT observará, entre outras variáveis, a evolução geográfica e setorial das taxas de desemprego no País e o tempo médio de desemprego de grupos específicos de trabalhadores (§ 6.º).

■ O CODEFAT observará as estatísticas do mercado de trabalho, inclusive o tempo médio de permanência no emprego, por setor, e recomendará ao Ministro de Estado do Trabalho e Emprego a adoção de políticas públicas que julgar adequadas à mitigação da alta rotatividade no emprego (§ 7.º).

O pagamento do **benefício do seguro-desemprego será suspenso** nas seguintes situações **(art. 7.º, Lei n. 7.998/90)**:

■ admissão do trabalhador em novo emprego;

■ início de percepção de benefício de prestação continuada da Previdência Social, exceto o auxílio-acidente, o auxílio suplementar e o abono de permanência em serviço;

■ início de percepção de auxílio-desemprego;

■ recusa injustificada por parte do trabalhador desempregado em participar de ações de recolocação de emprego, conforme regulamentação do CODEFAT.

O benefício do **seguro-desemprego será cancelado (art. 8.º, Lei n. 7.998/90)**:

■ pela recusa por parte do trabalhador desempregado de outro emprego condizente com sua qualificação registrada ou declarada e com sua remuneração anterior;

■ por comprovação de falsidade na prestação das informações necessárias à habilitação;

■ por comprovação de fraude visando a percepção indevida do benefício do seguro-desemprego;

■ por morte do segurado.

Nas três primeiras hipóteses supracitadas, será **suspenso** por um período de **2 (dois) anos**, ressalvado o prazo de carência, o **direito do trabalhador à percepção do seguro-desemprego**, dobrando-se este período em caso de reincidência (**art. 8.º, § 1.º, Lei n. 7.998/90**).

Ao **trabalhador comprovadamente resgatado de regime de trabalho forçado ou da condição análoga à de escravo**, é assegurado o pagamento de **três parcelas de seguro-desemprego** no valor de **um salário mínimo** cada (**art. 2.º, I, e art. 2.º-C, Lei n. 7.998/90**).

O **pescador profissional**, desde que exerça sua atividade profissional ininterruptamente, de forma artesanal e individualmente ou em regime de economia familiar, fará jus ao benefício do seguro-desemprego, no valor de 1 salário mínimo mensal, durante o período de defeso de atividade pesqueira para a preservação da espécie (**art. 1.º, Lei n. 10.779/2003**), considerando-se como:

- **profissão habitual ou principal meio de vida:** a atividade exercida durante o período compreendido entre o defeso anterior e o em curso, ou nos 12 (doze) meses imediatamente anteriores ao do defeso em curso, o que for menor (**§ 1.º**);
- **ininterrupta:** a atividade exercida durante o período compreendido entre o defeso anterior e o em curso, ou nos 12 meses imediatamente anteriores ao do defeso em curso, o que for menor (**§ 3.º**).

Somente terá direito ao seguro-desemprego o segurado especial pescador artesanal que não disponha de outra fonte de renda diversa da decorrente da atividade pesqueira (**§ 4.º**).

O pescador profissional artesanal não fará jus, no mesmo ano, a mais de um benefício de seguro-desemprego decorrente de defesos relativos a espécies distintas (**§ 5.º**).

A concessão do benefício não será extensível às atividades de apoio à pesca nem aos familiares do pescador profissional que não satisfaçam os requisitos e as condições estabelecidos nesta Lei (**§ 6.º**).

O benefício do seguro-desemprego é pessoal e intransferível (**§ 7.º**), e o período de recebimento do benefício não poderá exceder o limite máximo variável previsto para os demais trabalhadores pela Lei n. 7.998/90 (**§ 8.º**).

Para fazer jus ao benefício, o pescador não poderá estar em gozo de nenhum benefício decorrente de benefício previdenciário ou assistencial de natureza continuada, exceto pensão por morte e auxílio-acidente (**art. 2.º, § 1.º, Lei n. 10.779/2003**).

Para se habilitar ao benefício, o pescador deverá apresentar ao INSS os seguintes documentos (**art. 2.º, § 2.º, Lei n. 10.779/2003**):

- registro como pescador profissional, categoria artesanal, devidamente atualizado no Registro Geral da Atividade Pesqueira (RGP), emitido pelo Ministério da Pesca e Aquicultura com antecedência mínima de 1 ano, contado da data de requerimento do benefício;

■ cópia do documento fiscal de venda do pescado a empresa adquirente, consumidora ou consignatária da produção, em que conste, além do registro da operação realizada, o valor da respectiva contribuição previdenciária, ou comprovante de recolhimento da contribuição previdenciária, caso tenha comercializado sua produção a pessoa física;

■ outros estabelecidos em ato do Ministério da Previdência Social que comprovem: a) o exercício da profissão; b) que se dedicou à pesca durante o período definido pela Lei como atividade ininterrupta; c) que não dispõe de outra fonte de renda diversa da decorrente da atividade pesqueira.

O INSS, no ato de habilitação ao benefício, deverá verificar a condição de segurado pescador artesanal e o pagamento da contribuição previdenciária, nos últimos 12 meses imediatamente anteriores ao requerimento do benefício ou desde o último período de defeso até o requerimento do benefício, o que for menor **(art. 2.º, § 3.º, Lei n. 10.779/2003)**.

O Ministério da Previdência Social e o Ministério da Pesca e Aquicultura desenvolverão atividades que garantam ao INSS acesso às informações cadastrais disponíveis no RGP, necessárias para a concessão do seguro-desemprego **(art. 2.º, § 4.º, Lei n. 10.779/2003)**.

O Ministério da Previdência Social poderá, quando julgar necessário, exigir outros documentos para a habilitação do benefício **(art. 2.º, § 6.º, Lei n. 10.779/2003)** e deverá divulgar mensalmente lista com todos os beneficiários que estão em gozo do seguro--desemprego no período de defeso, detalhados por localidade, nome, endereço e número e data de inscrição no RGP **(art. 2.º, § 7.º, Lei n. 10.779/2003)**.

Desde que atendidos os demais requisitos previstos pela Lei, o benefício de seguro-desemprego será concedido ao pescador profissional artesanal cuja família seja beneficiária de programa de transferência de renda com condicionalidades, e caberá ao órgão ou à entidade da administração pública federal responsável pela manutenção do programa a suspensão do pagamento pelo mesmo período da percepção do benefício de seguro-desemprego **(art. 2.º, § 8.º, Lei n. 10.779/2003)**, sendo que, para esse fim, o INSS disponibilizará aos órgãos ou às entidades da administração pública federal responsáveis pela manutenção de programas de transferência de renda com condicionalidades as informações necessárias para identificação dos beneficiários e dos benefícios de seguro-desemprego concedidos, inclusive as relativas à duração, à suspensão ou à cessação do benefício **(art. 2.º, § 9.º, Lei n. 10.779/2003)**.

O **empregado doméstico** que for dispensado sem justa causa fará jus ao benefício do seguro-desemprego no valor de um salário mínimo, pelo período máximo de 3 meses, de forma contínua ou alternada, sendo que a concessão do benefício se dará nos termos do regulamento do Conselho Deliberativo do Fundo de Amparo ao Trabalhador — CODEFAT **(art. 26, *caput* e § 1.º, Lei Complementar n. 150/2015)**.

Para se habilitar ao benefício do seguro-desemprego, o trabalhador doméstico deverá apresentar ao órgão competente do Ministério do Trabalho e Emprego **(art. 28, Lei Complementar n. 150/2015)**:

■ CTPS, na qual deverão constar a anotação do contrato de trabalho doméstico e a data da dispensa, de modo a comprovar o vínculo empregatício, como empregado doméstico, durante pelo menos 15 meses nos últimos 24 meses;
■ termo de rescisão do contrato de trabalho;
■ declaração de que não está em gozo de benefício de prestação continuada da Previdência Social, exceto auxílio-acidente e pensão por morte;
■ declaração de que não possui renda própria de qualquer natureza suficiente à sua manutenção e de sua família.

O seguro-desemprego deverá ser requerido pelo doméstico de 7 a 90 dias contados da data da dispensa **(art. 29, Lei Complementar n. 150/2015)**.

O benefício do seguro-desemprego será cancelado, sem prejuízo das demais sanções civis e penais cabíveis **(art. 26, § 2.º, Lei Complementar n. 150/2015)**:

■ pela recusa, por parte do trabalhador desempregado, de outro emprego condizente com sua qualificação registrada ou declarada e com sua remuneração anterior;
■ por comprovação de falsidade na prestação das informações necessárias à habilitação;
■ por comprovação de fraude visando à percepção indevida do benefício do seguro-desemprego;
■ por morte do segurado.

Novo seguro-desemprego só poderá ser requerido pelo empregado doméstico após o cumprimento de novo período aquisitivo, cuja duração será definida pelo CODEFAT **(art. 30, Lei Complementar n. 150/2015)**.

Em qualquer caso, a anotação da extinção do contrato na CTPS é documento hábil para requerer o benefício do seguro-desemprego, desde que o empregador tenha feito a devida comunicação da dispensa ao órgão competente **(art. 477, § 10, CLT)**.

Constitui objeto ilícito de convenção coletiva ou de acordo coletivo de trabalho a supressão ou a redução do seguro-desemprego, em caso de desemprego involuntário **(art. 611-B, II, CLT)**.

A **Lei n. 14.020, de 6 de julho de 2020**, que instituiu o Programa Emergencial de Manutenção do Emprego e da Renda para o enfrentamento do estado de calamidade pública reconhecido pelo Decreto Legislativo n. 6/2020 e da emergência de saúde pública internacional decorrente do coronavírus, de que tratou a Lei n. 13.979/2020, previu expressamente que o recebimento do Benefício Emergencial de Preservação do Emprego e da Renda não impediria a concessão e não alteraria o valor do seguro-desemprego a que o empregado viesse a ter direito, desde que cumpridos os requisitos previstos pela legislação própria, no momento de eventual dispensa **(art. 5.º, § 5.º)**.

9.9. QUESTÕES

QUESTÕES DE CONCURSOS
> uqr.to/1z7eh

10

ESTABILIDADE NO EMPREGO

10.1. NOÇÕES INTRODUTÓRIAS

A palavra *estabilidade* pode assumir duas acepções, falando-se em *estabilidade* do *emprego* e em *estabilidade* no *emprego*.

Estabilidade *do* emprego é a estabilidade no **sentido econômico**, referindo-se, como ensina Amauri Mascaro Nascimento, a "uma política geral que se caracteriza pelo conjunto de medidas do Governo destinadas a fazer com que não falte trabalho na sociedade. Sendo um dever social, o trabalho deve merecer posição especial nos programas estatais, com a abertura de frentes de trabalho, serviços públicos de emprego, assistência pecuniária ao desempregado, etc.".[1]

No **sentido jurídico**, **estabilidade *no* emprego** é expressão que se relaciona com a dispensa do empregado.

É o **direito do trabalhador de permanecer no emprego, mesmo contra a vontade do empregador**, enquanto inexistir uma causa relevante expressa em lei e que permita a sua dispensa. É o direito de não ser despedido. É a garantia assegurada ao empregado de que seu **emprego somente será perdido se houver uma causa que justifique a dispensa, indicada pela lei**. Funda-se, portanto, no **princípio da causalidade da dispensa**. Destina-se a impedir a dispensa imotivada, arbitrária, abusiva.

Estabilidade no emprego difere de **medidas destinadas a dificultar a dispensa do empregado**, sem impedi-la, mesmo sem causa. Exemplifique-se com o pagamento de indenização: o empregado pode ser despedido, mas, se a dispensa não se fundar em justa causa, ele terá direito a uma indenização em valor equivalente a 40% dos depósitos do FGTS. O mesmo se pode dizer quanto ao aviso prévio, que, caracterizando-se como um dever do empregador de avisar o empregado com antecedência sobre a ocorrência da dispensa, é tido como um instituto que visa retardar o término do contrato quando da dispensa sem justa causa. Como se observa, esses direitos não impedem a dispensa. Dificultam-na apenas, em especial a indenização. Não são, a rigor, medidas de estabilidade.

---

[1] NASCIMENTO, Amauri Mascaro. *Curso de direito do trabalho*, 24. ed., p. 981.

Estabilidade no emprego também difere de **garantia de emprego**. Não se identificam as duas figuras, embora próximas. Garantia de emprego é um instituto mais amplo que estabilidade. Compreende, além da estabilidade, outras medidas destinadas a fazer com que o trabalhador obtenha o primeiro emprego, como também à manutenção do emprego conseguido. Relaciona-se com a política de emprego. Se, por exemplo, uma lei obriga as empresas a admitirem um determinado número de menores, essa é uma lei de garantia de emprego, mas não é uma lei de estabilidade. Nesse sentido, por exemplo, o **art. 429 da CLT**, que prevê a imposição de emprego de menores aprendizes, e o **art. 93 da Lei n. 8.213/91**, que obriga a empresa com 100 (cem) ou mais empregados a preencher de 2% (dois por cento) a 5% (cinco por cento) dos seus cargos com beneficiários reabilitados ou pessoas portadoras de deficiência, habilitadas.

10.2. ESTABILIDADE GERAL E ESTABILIDADE ESPECIAL

Em relação à estabilidade no emprego, podemos falar de **estabilidade geral** e **estabilidade especial**.

A **estabilidade geral** é aquela dirigida e aplicada a todo empregado que esteja em determinada condição prevista pela norma que fundamenta o direito assegurado. A estabilidade decenal, que será estudada a seguir, caracterizava-se como forma de estabilidade geral.

Atualmente, em nosso país, a estabilidade geral só pode resultar de negociação coletiva. A lei ordinária não pode mais instituí-la, uma vez que a **Constituição Federal (art. 7.º, I)** faculta a dispensa mediante pagamento de indenização, adotando a teoria do **despedimento como direito potestativo do empregador**. A penalidade que sofre o empregador no caso de ruptura do contrato de trabalho de forma arbitrária ou sem justa causa é o **pagamento da indenização de 40% dos depósitos do FGTS**. Assim, lei ordinária que viesse a reavivar a estabilidade geral entraria em choque com o preceito constitucional.

Estabilidade especial é a que é **dirigida a um determinado grupo de empregados**, definido pela norma que a institui, podendo decorrer essa escolha de uma condição diferenciada na qual se encontram os empregados beneficiados e que justifica sua instituição. A estabilidade especial é plenamente compatível com o ordenamento constitucional brasileiro, podendo decorrer de previsão legal ou convencional. Caracterizam-se como especiais as estabilidades provisórias no emprego previstas em nosso ordenamento jurídico.

10.3. ESTABILIDADE DEFINITIVA E ESTABILIDADES PROVISÓRIAS

A estabilidade no emprego subdivide-se em *estabilidade definitiva* e *estabilidade provisória*. A primeira produz efeitos para toda a relação de emprego; e da última decorrem as chamadas *garantias provisórias de emprego*, que se fundamentam em causas especiais que as motivam e somente persistem enquanto existirem referidas causas.

No nosso ordenamento jurídico, surgiu inicialmente a **estabilidade definitiva**, chamada de **estabilidade decenal**. Instituída primeiramente como especial, já que prevista para um determinado grupo de empregados (a Lei Elói Chaves, de 1923, a instituiu para os trabalhadores ferroviários), generalizou-se posteriormente, passando a ser garantida a todos os industriários e comerciários (Lei n. 62/35) e, por fim, a todos os empregados urbanos, exceto aos domésticos (CF/37, art. 137, *f*, depois a CLT, art. 492, e a CF/46, art. 157, XII). Posteriormente, foi estendida aos empregados rurais (Lei n. 4.214/63).

A **estabilidade decenal** consistia em uma garantia de emprego **concedida a empregados após completarem 10 (dez) anos de serviço para o mesmo empregador**. Portanto, o fundamento para a aquisição da estabilidade no emprego era o tempo de serviço: trabalhando para o mesmo empregador por 10 (dez) anos, **o empregado não poderia ser dispensado sem justa causa, permanecendo tal garantia de forma definitiva até que se aposentasse ou morresse**. A dispensa somente era possível caso o empregado cometesse uma falta grave passível de ser caracterizada como justa causa, ou em caso de força maior **(art. 492, CLT)**.[2]

O empregado que contasse **com menos de 10 (dez) anos de serviço** para o mesmo empregador **poderia ser dispensado sem justa causa**, recebendo uma **indenização** correspondente a 1 (um) mês de remuneração por ano de serviço efetivo, ou por fração igual ou superior a 6 (seis) meses **(art. 478, CLT)**.

Como ensina Arnaldo Süssekind, "porque essa garantia importava em restringir demasiadamente a faculdade de despedir o trabalhador, muitos empregadores passaram a denunciar os contratos de trabalho aos oito ou nove anos de vigência",[3] passando a estabilidade, que visava a segurança individual e familiar do trabalhador, à medida que assegurava a manutenção de sua fonte de sustento, a se caracterizar como motivo de sua insegurança.[4]

Amauri Mascaro Nascimento afirma que as **dispensas obstativas** dos empregados pré-estáveis (8 ou 9 anos de serviço), bem como transferências dos empregados para locais bem distantes, com o único intuito de forçá-los a pedir demissão, práticas adotadas por alguns empregadores à época, levaram a um enfraquecimento da estabilidade definitiva no emprego, com a adoção pelo ordenamento jurídico de sistema alternativo mais flexível à dispensa, qual seja, o sistema do Fundo de Garantia do Tempo de Serviço (FGTS).[5]

A **Lei n. 5.107/66** instituiu o **regime do FGTS** como uma **opção ao sistema da estabilidade decenal** assegurado pela CLT. Assim, ao ser contratado, o **empregado deveria optar entre o regime da estabilidade decenal ou o regime do FGTS**, passando o regime escolhido a ser adotado em relação ao seu contrato de trabalho. **A opção do trabalhador pelo FGTS importava em renúncia à estabilidade**.

---

[2] Nos termos do art. 501 da CLT, considera-se como força maior "todo acontecimento inevitável, em relação à vontade do empregador, e para a realização do qual este não concorreu, direta ou indiretamente", sendo que "a imprevidência do empregador exclui a razão de força maior" (§ 1.º).

[3] SÜSSEKIND, Arnaldo. *Curso de direito do trabalho*, p. 371.

[4] Em razão de tal prática, à época a jurisprudência passou a adotar entendimento no sentido de que seria presumida obstativa à estabilidade, e, portanto, nula, a despedida, sem justo motivo, do empregado que alcançasse nove anos de serviço na empresa (Súmula 26, TST, hoje cancelada).

[5] NASCIMENTO, Amauri Mascaro. *Curso de direito do trabalho*, 24. ed., p. 982-983.

A Constituição Federal de 1967 passou a prever expressamente a alternativa entre os dois sistemas (art. 158, XIII), disciplinando a partir daí dois regimes jurídicos de garantia de emprego: "um econômico, com depósitos bancários de que se utiliza o empregado despedido sem justa causa; outro meramente jurídico, com as mesmas figuras já existentes, da indenização quando o empregado tem menos de 10 anos de emprego, e da estabilidade a partir desse período".[6]

Os dois regimes — estabilidade decenal e FGTS — coexistiram até o advento da Constituição Federal de 1988 que, tornando obrigatório o regime do FGTS para todos os empregados urbanos e rurais **(art. 7.º, III)**, eliminou do ordenamento jurídico o sistema da estabilidade definitiva no emprego obtida após 10 (dez) anos de serviço para o mesmo empregador, restando revogado o art. 492 da CLT. Evidente, porém, que os **empregados que se tornaram estáveis** de forma definitiva antes do advento da Carta Magna de 1988 **conservam esse direito**, conforme previsão no **art. 14 da Lei n. 8.036/90**.

Os **§§ 2.º, 3.º e 4.º do art. 14 da Lei n. 8.036/90** contêm previsões sobre a **possibilidade de transição** do trabalhador detentor do direito à estabilidade definitiva, para o sistema do FGTS, sendo que o tempo de serviço anterior à Constituição Federal de 1988 pode ser transacionado entre empregador e empregado, respeitando o limite mínimo de 60 (sessenta) por cento da indenização prevista **(§ 2.º)**.

A rescisão do contrato de trabalho do empregado que era detentor da estabilidade decenal e que, após a Constituição de 1988, optou pelo regime do FGTS pode se dar por meio de acordo com o empregador, sendo-lhe, porém, assegurada indenização, conforme entendimento pacificado pelo TST:

> **SÚMULA 54, TST:** "Rescindindo por acordo seu contrato de trabalho, o empregado estável optante tem direito ao mínimo de 60% (sessenta por cento) do total da indenização em dobro, calculada sobre o maior salário percebido no emprego. Se houver recebido menos do que esse total, qualquer que tenha sido a forma de transação, assegura-se-lhe a complementação até aquele limite".

Com a universalização do sistema do FGTS inaugurada pela Constituição de 1988 **(art. 7.º, III)**, os empregados contratados a partir de então inserem-se automaticamente nesse sistema, sem necessidade de opção, e, não sendo estáveis, podem ser despedidos sem justa causa pelo empregador.

O **inciso I do art. 7.º da Constituição Federal** contém diretriz no sentido de "dificultar a despedida do empregado, tornando-a mais onerosa, ao invés de proibi-la, ainda que arbitrária. Se o preceito adotado manda a lei complementar prever 'indenização compensatória' — indenização que só pode ser devida em casos de resilição contratual, e não nos de reintegração —, é porque parte do princípio de que o contrato

---

[6] NASCIMENTO, Amauri Mascaro. *Curso de direito do trabalho*, 24. ed., p. 983.

de trabalho pode ser denunciado unilateralmente pelo empregador, mesmo quando arbitrário o seu ato".[7]

Resta evidente, portanto, que em nosso País passamos de uma condição que assegurava a estabilidade definitiva aos trabalhadores para uma situação de inegável ampliação do direito de despedir. **A possibilidade de dispensa do empregado passou a ser a regra** adotada pela **Constituição Federal de 1988**, constituindo **exceções** apenas os **casos de estabilidade provisória**, condicionados a determinadas situações previstas e autorizadas pelo ordenamento constitucional.

Como visto anteriormente, a **Constituição Federal de 1988** prevê expressamente a dispensa sem justa causa e a dispensa arbitrária **(art. 7.º, I)**, sendo certo que as restrições previstas no texto constitucional (indenização compensatória, entre outros direitos que deverão ser assegurados por lei complementar) não impedem a constatação de que em nosso País se **assegura aos empregadores uma ampla liberdade de dispensa dos empregados**.

A atual previsão da nossa legislação está, no entanto, em dissonância com a proteção ao emprego mais efetiva que é assegurada por diversos outros países em decorrência de ratificação da **Convenção n. 158 da OIT**.

Segundo Mauricio Godinho Delgado, "o mais importante incentivo à permanência do contrato de trabalho — e, consequentemente, o mais importante elemento de afirmação jurídica do princípio da continuidade da relação de emprego — seria, entretanto, a incorporação, pelo Direito do Trabalho, do *critério motivado* para validação das rupturas contratuais trabalhistas. A incorporação, em síntese, de uma sistemática de *causas jurídicas relevantes* como fatores propiciadores da extinção do contrato empregatício".[8]

Nesse sentido, Amauri Mascaro Nascimento ensina que "o problema da dispensa do empregado, pelas dimensões de que se reveste, adquiriu nível internacional, passando a figurar nos estudos desenvolvidos pela OIT",[9] sendo diversos os documentos internacionais destinados à matéria.

A **Recomendação n. 119 da OIT**, de 1963, ao estabelecer que "não se deve proceder à terminação da relação de trabalho, a menos que exista uma causa justificada relacionada com a capacidade ou a conduta do trabalhador ou se baseie nas necessidades do funcionamento da empresa, do estabelecimento ou do serviço", representou importante passo, à medida que **exerceu grande influência em diversos países, que inovaram ou reformularam as respectivas legislações**,[10] "conciliando a efetivação do direito do

---

[7] SÜSSEKIND, Arnaldo. *Curso de direito do trabalho*, p. 378.
[8] DELGADO, Mauricio Godinho. *Curso de direito do trabalho*, 18. ed., p. 1322.
[9] NASCIMENTO, Amauri Mascaro. *Curso de direito do trabalho*, 24. ed., p. 965.
[10] Como esclarece Amauri Mascaro Nascimento, "de acordo com pesquisa da Comissão de Peritos da OIT, após a adoção da Recomendação n. 119, 45 países a adotaram expressamente em suas legislações ou convenções coletivas de trabalho, outros 12 países promoveram medidas contra dispensas abusivas ou injustificadas, dados que revelam a tendência do direito internacional e com-

trabalhador à segurança no emprego com a preservação de respeitáveis interesses da empresa e da própria economia nacional",[11] e permitiu uma ampliação posterior da garantia por meio da **Convenção n. 158 da OIT**.

Referida Convenção, aprovada pela Assembleia Geral da OIT em 1982, **trata das questões relativas à dispensa de empregado**, contendo **normas gerais destinadas a proteger o trabalhador contra dispensas imotivadas**.

O **art. 4.º da Convenção**, considerado o **mais importante do texto**, prevê que não se porá fim à relação de trabalho, a menos que exista uma causa justificada relacionada com a capacidade ou conduta do trabalhador ou baseada nas necessidades de funcionamento da empresa.

Os **arts. 5.º e 6.º** esclarecem que **não serão consideradas causas justificadas para a dispensa do trabalhador** a filiação sindical, a participação em atividades sindicais fora do horário de trabalho ou, em horário de trabalho, com o consentimento do empregador, a candidatura do empregado a cargo de representação sindical, ajuizamento de reclamação trabalhista ou apresentação de reclamações perante órgãos administrativos competentes em matéria de trabalho, a raça, a cor, o sexo, o estado civil, as responsabilidades familiares, a gravidez, a religião, as opiniões políticas, a origem nacional ou social do trabalhador e a ausência ao serviço durante o período de licença-maternidade ou em razão de enfermidade do trabalhador.

Ainda de acordo com a Convenção n. 158, a dispensa do empregado, motivada por sua conduta ou rendimento, não poderá ser efetivada sem que lhe seja concedida a **oportunidade de se defender** das acusações formuladas contra ele **(art. 7.º)**, devendo-lhe ser concedido o **direito de recorrer a um Tribunal do Trabalho ou a um árbitro** contra o ato da dispensa **(art. 8.º)**.

Segundo o disposto no **art. 10 da Convenção n. 158**, a dispensa imotivada do trabalhador deve gerar, **como regra, a sua reintegração**, desde que haja previsão expressa na legislação do país respectivo. O fim perseguido pela Convenção é "a anulação do ato patronal que não se fundar, comprovadamente, em quaisquer dos motivos previstos no art. 4.º".[12] No entanto, não havendo previsão legislativa para a reintegração, o órgão encarregado de julgar a dispensa deverá ordenar o **pagamento de uma indenização ou outra reparação que considere apropriada**.

Ainda segundo a Convenção n. 158 da OIT, no caso de **dispensas coletivas por motivos econômicos, técnicos, estruturais ou análogos**, "o empregador deverá informar oportunamente à representação dos trabalhadores, manter negociações com essa representação e notificar a autoridade competente, cientificando-a da sua pretensão, dos

---

parado no sentido de dar à ruptura do contrato de trabalho por ato do empregador uma nova disciplina jurídica" (*Curso de direito do trabalho*, 24. ed., p. 966).

[11] SÜSSEKIND, Arnaldo. *Curso de direito do trabalho*, p. 372.

[12] SÜSSEKIND, Arnaldo. *Curso de direito do trabalho*, p. 374.

motivos da dispensa, do número de trabalhadores atingidos e do período durante o qual as dispensas ocorrerão".[13]

O **Brasil ratificou a Convenção n. 158 da OIT** em 04 de janeiro de 1995, após sua aprovação pelo Congresso Nacional (Decreto Legislativo n. 68, de 1992), sendo que sua eficácia no território nacional se deu com o Decreto de Promulgação n. 1.855, de 10 de abril de 1996. No entanto, poucos meses depois, em 20 de novembro de 1996, **o Governo brasileiro resolveu denunciá-la** (Decreto n. 2.100, de 20.11.1996), com o que a **referida Convenção deixou de vigorar em nosso País**.

A denúncia da referida Convenção foi bastante questionada. Arnaldo Süssekind fala em "ato de duvidosa constitucionalidade".[14] A respeito da constitucionalidade ou não da denúncia da Convenção n. 158 da OIT, no julgamento da ADI n. 1.625-DF, o STF fixou a seguinte tese de julgamento: "A denúncia pelo Presidente da República de tratados internacionais aprovados pelo Congresso Nacional, para que produza efeitos no ordenamento jurídico interno, não prescinde da sua aprovação pelo Congresso, entendimento que deverá ser aplicado a partir da publicação da ata do julgamento, mantendo-se a eficácia das denúncias realizadas até esse marco temporal". Decisão transitada em julgado em 05.11.2024.

Assim, **diferentemente da posição** adotada pela legislação de diversos países, no sentido da adoção de nítidos instrumentos de controle da dispensa do trabalhador, **o sistema brasileiro não segue a teoria da** *dispensa causada* **recomendada pela OIT**, sendo que as bases da disciplina jurídica da dispensa em nosso país podem ser resumidas nas seguintes regras: **a)** o empregador tem o direito de rescindir o contrato de trabalho, sem necessidade de apresentar qualquer motivação para tanto; **b)** caracterizada a dispensa como arbitrária ou sem justa causa, o empregador pagará uma indenização ao empregado equivalente a 40% dos depósitos do FGTS. Logo, **nada impede a dispensa**.

A única restrição à dispensa imotivada verifica-se no caso de o empregado ser portador de algum tipo de **estabilidade provisória**, caso em que a **dispensa será nula**, comportando a reintegração do trabalhador durante o período da estabilidade.

10.3.1. Estabilidade de empregados públicos

Questão relevante sobre a estabilidade definitiva no emprego que merece ser analisada diz respeito à situação dos empregados públicos, ou seja, dos servidores públicos celetistas.

Muito embora tenha extinguido a tradicional estabilidade decenal prevista pela CLT, em relação aos **servidores públicos** a **Constituição Federal de 1988** criou regras

---

[13] NASCIMENTO, Amauri Mascaro. *Curso de direito do trabalho*, 24. ed., p. 967.
[14] SÜSSEKIND, Arnaldo. *Curso de direito do trabalho*, p. 373.

específicas de favorecimento, previstas no **art. 19 do Ato das Disposições Transitórias (ADCT)** e no **art. 41 do texto principal**.

O **art. 19 do ADCT** adotou regra de estabilidade a ser aplicada aos **servidores públicos civis da administração direta, autárquica e fundacional, da União, dos Estados, do Distrito Federal e dos Municípios**, "em exercício na data da promulgação da Constituição, há pelo menos cinco anos continuados", que não tenham sido admitidos mediante aprovação em concurso público.

> **OJ SDI-1 364, TST:** "Fundação instituída por lei e que recebe dotação ou subvenção do Poder Público para realizar atividades de interesse do Estado, ainda que tenha personalidade jurídica de direito privado, ostenta a natureza de fundação pública. Assim, seus servidores regidos pela CLT são beneficiários da estabilidade excepcional prevista no art. 19 do ADCT".

A dúvida que pode surgir da leitura do referido dispositivo constitucional é no sentido de definir se é aplicável apenas aos servidores sob regime administrativo (chamados de *estatutários*), ou se se estende também aos servidores celetistas (*empregados públicos*). Segundo Mauricio Godinho Delgado, referida regra é genérica e indiferenciada, não permitindo vislumbrar distinção entre as duas espécies de servidores públicos. "Em consequência, tais servidores civis vinculados, por meio da CLT, desde 5 de outubro de 1988, à União, Estados, Distrito Federal e Municípios, com suas respectivas administrações diretas, autárquicas e fundacionais, mesmo não tendo sido admitidos mediante aprovação em concurso público, são inquestionavelmente 'considerados estáveis no serviço público' (art. 19, ADCT/CF-88)".[15]

Ficaram **excluídos da previsão do art. 19 do ADCT** os ocupantes de cargos, empregos e funções de confiança ou em comissão, aqueles que a lei declare de livre exoneração (§ 2.º), bem como os professores de nível superior (§ 3.º).

Muito embora o **art. 37, II, da Constituição Federal** também tenha passado a exigir prévia aprovação em concurso público na administração indireta, o fato é que a estabilidade prevista no **art. 19 do ADCT não se estende aos empregados das empresas públicas e das sociedades de economia mista**, já que a norma em comento é específica, dirigida exclusivamente à administração direta, autárquica e fundacional.

Em relação à validade da dispensa imotivada de servidor celetista concursado de **empresa pública e de sociedade de economia mista**, o TST adota o seguinte posicionamento:

---

[15] DELGADO, Mauricio Godinho. *Curso de direito do trabalho*, 18. ed., p. 1492.
[16] Nesse sentido o Tema 131 de Repercussão Geral, definida a partir do julgamento pelo STF do RE 589998, com decisão transitada em julgado em 02.02.2019.

OJ SDI-1 247, TST: "I — A despedida de empregados de empresa pública e de sociedade de economia mista, mesmo admitidos por concurso público, independe de ato motivado para sua validade;

II — A validade do ato de despedida do empregado da Empresa Brasileira de Correios e Telégrafos (ECT) está condicionada à motivação, por gozar a empresa do mesmo tratamento destinado à Fazenda Pública em relação à imunidade tributária e à execução por precatório, além das prerrogativas de foro, prazos e custas processuais".[16]

Embora não se trate especificamente de hipótese de estabilidade no emprego, importante destacar que o TST adota entendimento no sentido de que "aos empregados das empresas públicas e das sociedades de economia mista regidos pela CLT aplicam-se as vedações dispostas no **art. 15 da Lei n. 7.773, de 8 de junho de 1989" (OJ SDI-1 51)**.

Referido dispositivo legal dispõe: "**Art. 15.** São vedados e considerados nulos de pleno direito, não gerando obrigações de espécie alguma para a pessoa jurídica interessada e nenhum direito para o beneficiário, os atos que, no período compreendido entre o trigésimo dia da publicação desta Lei e o término do mandato do Presidente da República, importarem em nomear, admitir ou contratar ou exonerar *ex officio*, demitir, dispensar, transferir ou suprimir vantagens de qualquer espécie de servidor público, estatutário ou não, da Administração Pública Direta ou Indireta e Fundações instituídas e mantidas pelo Poder Público da União, dos Estados, do Distrito Federal, dos Municípios e dos Territórios. § 1.º. Excetuam-se do disposto neste artigo: I — nomeação de aprovados em concurso público ou de ascensão funcional; II — nomeação ou exoneração de cargos em comissão e designação ou dispensa de função de confiança; III — nomeação para cargos da Magistratura, do Ministério Público, de Procuradores do Estado e dos Tribunais de Contas. § 2.º. Os atos editados com base no § 1.º deste artigo deverão ser fundamentados e publicados dentro de 48 (quarenta e oito) horas após a sua edição, no respectivo órgão oficial".

A outra situação de estabilidade do servidor público civil é regulada pelo **art. 41 da Constituição Federal**, que **assegura estabilidade, após três anos de efetivo exercício**, aos servidores nomeados para cargo de provimento efetivo em virtude de concurso público. O **servidor público estável somente perderá o cargo** em virtude de sentença judicial transitada em julgado, mediante processo administrativo em que lhe seja assegurada ampla defesa ou mediante procedimento de avaliação periódica de desempenho, na forma de lei complementar, assegurada ampla defesa (**§ 1.º**).

Sendo a **demissão do servidor estável invalidada por sentença judicial**, deverá ser **reintegrado**, e o eventual ocupante da vaga, se estável, reconduzido ao cargo de origem, sem direito a indenização, aproveitado em outro cargo ou posto em disponibilidade com remuneração proporcional ao tempo de serviço (**§ 2.º**).

Como **condição para a aquisição da estabilidade**, é obrigatória avaliação especial de desempenho por comissão instituída para essa finalidade (**§ 4.º**).

Referida estabilidade **abrange** o servidor público celetista da administração direta, autárquica ou fundacional **(Súmula 390, I, TST)**, mas **não é garantida** ao empregado de empresa pública ou de sociedade de economia mista, ainda que admitido mediante aprovação em concurso público **(Súmula 390, II, TST)**.

> **SÚMULA 390, TST:** "I — O servidor público celetista da administração direta, autárquica ou fundacional é beneficiário da estabilidade prevista no art. 41 da CF/1988.
>
> II — Ao empregado de empresa pública ou de sociedade de economia mista, ainda que admitido mediante aprovação em concurso público, não é garantida a estabilidade prevista no art. 41 da CF/1988".

10.4. GARANTIAS OU ESTABILIDADES PROVISÓRIAS DE EMPREGO

10.4.1. Gestante

Uma das medidas de **proteção à gestante** é a **estabilidade no emprego** a que tem direito por força do disposto no **art. 10, II, *b*, do Ato das Disposições Constitucionais Transitórias**, que declara que fica vedada a dispensa arbitrária ou sem justa causa "da empregada gestante, **desde a confirmação da gravidez até cinco meses após o parto**".

A estabilidade no emprego é garantida às empregadas **urbanas**, às empregadas **rurais** e, nos termos do **art. 25, parágrafo único, da Lei Complementar n. 150/2015**, também às empregadas **domésticas**.

Em relação ao **termo final do período de estabilidade** assegurada à empregada gestante, o constituinte adotou um critério objetivo que não gera dúvida, bastando que se contem os cinco meses após a ocorrência do parto.

No entanto, em relação ao **termo inicial do período estabilitário**, a previsão de "confirmação da gravidez" gerou muita discussão e divergência tanto doutrinária como jurisprudencial. De um lado, a corrente que sustenta ser a confirmação da gravidez um ato formal a ser praticado pela empregada, que deve comunicar e comprovar ao empregador que está grávida. Não cumprindo esta formalidade, inexistiria o direito à estabilidade. De outro lado, outra parte da doutrina sustenta a desnecessidade de qualquer comunicação da gravidez ao empregador, tendo em vista que o direito à estabilidade fundamenta-se na teoria do risco objetivo, na teoria do risco social e, principalmente, na proteção à maternidade.

A jurisprudência, porém, foi gradativamente se pacificando, adotando o entendimento no sentido de que **o desconhecimento do estado gravídico pelo empregador não afasta o direito ao pagamento da indenização decorrente da estabilidade (Súmula 244, I, TST)**. Ao adotar este entendimento, o TST assumiu posição convergente com a corrente doutrinária que afirma que "a reparação proveniente da dispensa imotivada da empregada gestante se impõe, independentemente do conhecimento pelo empregador, do estado de gravidez da trabalhadora. A responsabilidade patronal, no caso, parte de um dado objetivo, constituindo a gravidez um risco empresarial assumido pelo empregador ao firmar o contrato de trabalho com uma mulher. Em consequência, a responsabilidade do empregador prescinde de sua culpa, autorizando a reparação não só na dispensa injusta, como no encerramento total ou parcial das atividades empresariais e ainda nas rescisões indiretas, que, evidentemente, pressupõem culpa".[17]

O desconhecimento da gravidez pela própria empregada no momento da dispensa também não impede o reconhecimento do direito à estabilidade. O que importa é que a empregada esteja grávida no momento da extinção do contrato de trabalho.

A dispensa sem justa causa da empregada gestante implica, em princípio, na sua reintegração ao emprego. No entanto, a garantia de emprego à gestante só autoriza a reintegração se esta se der durante o período da estabilidade. Do contrário, a garantia restringe-se aos salários e demais direitos correspondentes ao período da estabilidade **(Súmula 244, II, TST)**.

Mesmo durante o período da estabilidade, pode o juiz converter a reintegração em indenização correspondente nas seguintes hipóteses: **a)** quando o empregador se recusar a reintegrar a empregada; **b)** quando haja comprovada incompatibilidade entre as partes; ou **c)** quando haja outro motivo justificável.

A negativa da trabalhadora em retornar ao emprego não impede o seu direito à indenização compensatória decorrente da estabilidade prevista no art. 10, II, "b", do ADCT.[18]

---

[17] BARROS, Alice Monteiro de. *Curso de direito do trabalho*, p. 1111.
[18] "AGRAVO INTERNO EM RECURSO DE REVISTA COM AGRAVO. MATÉRIAS ANALISADAS NO AGRAVO DE INSTRUMENTO DA RECLAMADA. NULIDADE DO ACÓRDÃO REGIONAL POR NEGATIVA DE PRESTAÇÃO JURISDICIONAL. JORNADA DE TRABALHO. AUSÊNCIA DE IMPUGNAÇÃO DOS FUNDAMENTOS ADOTADOS NA DECISÃO AGRAVADA. INCIDÊNCIA DA *RATIO* CONTIDA NO ITEM I DA SÚMULA N. 422 DO TST. Uma vez que as razões recursais não atacam os fundamentos erigidos na decisão agravada para denegar seguimento ao Agravo de Instrumento, nos termos em que proferida, não se conhece do Agravo, por força do art. 1.021, § 1.º, do CPC e da exegese jurisprudencial contida na Súmula 422, I, do TST. Agravo não conhecido, nos temas. MATÉRIA ANALISADA NO RECURSO DE REVISTA DA RECLAMANTE. ESTABILIDADE GESTANTE. RECUSA DE RETORNO AO EMPREGO. INDENIZAÇÃO SUBSTITUTIVA. Este Relator deu provimento ao Recurso de Revista da reclamante para condenar a reclamada ao pagamento da indenização substitutiva pela estabilidade provisória à gestante. A controvérsia, portanto, cinge-se a estabelecer a permanência ou não do direito à indenização substitutiva da estabilidade, nos casos em que demonstrado que a gestante se negou a retornar ao emprego. Nos termos do art. 10, II, 'b', do ADCT e da Súmula 244, I, do TST, o direito à estabilidade gestante decorre da concepção no curso do vínculo empregatício, sendo, ainda, desnecessário o conhecimento da gravidez seja pelo empregador seja pela própria empregada. Assim, diante dessa diretriz, firmou-se nesta Corte o entendimento de que o fato de a autora não ter pleiteado a sua reintegração no emprego, mas tão somente a indenização referente ao perí-

A estabilidade é assegurada à empregada gestante admitida mediante contrato por tempo determinado (**Súmula 244, III, TST**).

> **SÚMULA 244, TST:** "I — O desconhecimento do estado gravídico pelo empregador não afasta o direito ao pagamento da indenização decorrente da estabilidade.
>
> II — A garantia de emprego à gestante só autoriza a reintegração se esta se der durante o período de estabilidade. Do contrário, a garantia restringe-se aos salários e demais direitos correspondentes ao período de estabilidade.
>
> III — A empregada gestante tem direito à estabilidade provisória prevista no art. 10, inciso II, alínea 'b', do Ato das Disposições Constitucionais Transitórias, mesmo na hipótese de admissão mediante contrato por tempo determinado".

A trabalhadora gestante tem direito à estabilidade provisória, independentemente do regime jurídico aplicável, se contratual ou administrativo, ainda que ocupe cargo em comissão ou seja contratada por tempo determinado (**Tema 542 de Repercussão Geral**).

O STF, adotando tese de Repercussão Geral, decidiu: "A incidência da estabilidade prevista no art. 10, inc. II, do ADCT, somente exige a anterioridade da gravidez à dispensa sem justa causa" (**Tema 497**).[19]

---

odo de estabilidade, ou mesmo ter recusado o retorno ao emprego, não afasta o direito à estabilidade. Estando a decisão agravada em sintonia com a jurisprudência do TST, não há falar-se na modificação do *decisum*. Agravo conhecido e não provido, no tema" (Ag-ARR-11366-28.2017.5.03.0100, 1.ª T., rel. Min. Luiz Jose Dezena da Silva, *DEJT* 08.11.2024).

[19] Originado do julgamento do RE 629.053: "DIREITO À MATERNIDADE. PROTEÇÃO CONSTITUCIONAL CONTRA DISPENSA ARBITRÁRIA DA GESTANTE. EXIGÊNCIA UNICAMENTE DA PRESENÇA DO REQUISITO BIOLÓGICO. GRAVIDEZ PREEXISTENTE À DISPENSA ARBITRÁRIA. MELHORIA DAS CONDIÇÕES DE VIDA AOS HIPOSSUFICIENTES, VISANDO À CONCRETIZAÇÃO DA IGUALDADE SOCIAL. DIREITO À INDENIZAÇÃO. RECURSO EXTRAORDINÁRIO DESPROVIDO. 1. O conjunto dos Direitos sociais foi consagrado constitucionalmente como uma das espécies de direitos fundamentais, se caracterizando como verdadeiras liberdades positivas, de observância obrigatória em um Estado Social de Direito, tendo por finalidade a melhoria das condições de vida aos hipossuficientes, visando à concretização da igualdade social, e são consagrados como fundamentos do Estado democrático, pelo art. 1.º, IV, da Constituição Federal. 2. A Constituição Federal proclama importantes direitos em seu artigo 6.º, entre eles a proteção à maternidade, que é a *ratio* para inúmeros outros direitos sociais instrumentais, tais como a licença-gestante e, nos termos do inciso I do artigo 7.º, o direito à segurança no emprego, que compreende a proteção da relação de emprego contra despedida arbitrária ou sem justa causa da gestante. 3. A proteção constitucional somente exige a presença do requisito biológico: gravidez preexistente a dispensa arbitrária, independentemente de prévio conhecimento ou comprovação. 4. A proteção contra dispensa arbitrária da gestante caracteriza-se como importante direito social instrumental protetivo tanto da mulher, ao assegurar-lhe o gozo de outros preceitos constitucionais — licença maternidade remunerada, princípio da paternidade responsável —; quanto da criança, permitindo a efetiva e integral proteção ao recém-nascido, possibilitando sua convivência integral com a mãe, nos primeiros meses de vida, de maneira harmônica e segura — econômica e psicologicamente, em face da garantia de estabilidade no emprego —, consagrada com absoluta prioridade, no artigo 227 do texto constitucional, como dever inclusive da sociedade (em-

Especificamente em relação à **estabilidade da gestante nos contratos de trabalho temporário** regidos pela Lei n. 6.019/74, o Pleno do Tribunal Superior do Trabalho, no julgamento do **IAC 5639-31.2013.5.12.0051**, decidiu ser **inaplicável** a esse regime de trabalho temporário a garantia de estabilidade provisória à empregada gestante, prevista no art. 10, II, *b*, do Ato das Disposições Constitucionais Transitórias (Redatora Ministra Maria Cristina Irigoyen Peduzzi, *DEJT* 29.07.2020). A decisão tem efeito vinculante, conforme o art. 947, § 3.º, do CPC, e pode ser aplicada em processos que ainda não transitaram em julgado.[20]

Em relação à aprendiz gestante, o TST adota entendimento no sentido de assegurar-lhe a estabilidade:

> "[...] II — AGRAVO DE INSTRUMENTO EM RECURSO DE REVISTA DE BRASIL TELECOM CALL CENTER S/A E OUTRO. ACÓRDÃO REGIONAL PUBLICADO NA VIGÊNCIA DA LEI N. 13.467/2017. GESTANTE. GARANTIA PROVISÓRIA. ESTABILIDADE. APRENDIZAGEM. DECISÃO EM CONFORMIDADE COM ENTENDIMENTO PACIFICADO DESTA CORTE SUPERIOR. TRANSCENDÊNCIA NÃO RECONHECIDA. 1.1. Tendo em vista a finalidade precípua desta instância extraordinária na uniformização de teses jurídicas, a existência de entendimento sumulado ou representativo de iterativa e notória jurisprudência, em consonância com a decisão recorrida, configura impeditivo ao processamento do recurso de revista, por imperativo legal. 1.2. Na hipótese dos autos, o Tribunal Regional consignou que a reclamante estava grávida durante o curso do contrato e que fora despedida sem justa causa. Acerca deste ponto, reitera-se que tais fatos não são passíveis de rediscussão em sede extraordinária, consoante Súmula 126/TST. 1.3. Ainda, registre-se que o STF, quando do julgamento do Tema 497 do repositório de repercussão geral, não afastou o citado entendimento sumulado, tendo firmado tese no sentido de que 'a incidência da estabilidade prevista no art. 10, inc. II, do ADCT, somente exige a anterioridade da gravidez à dispensa sem justa causa'. 1.4. Deste modo, incide o entendimento firmando nesta Corte Superior segundo o qual em contratos de aprendizagem é devida a estabilidade provisória no caso de gravidez, em consonância com a prioridade absoluta e a doutrina da proteção integral (art. 227 da Constituição Federal c/c art. 1.º do Estatuto da Criança e do Adolescente). Neste sentido, foi elaborada a Súmula 244, II, do TST. Precedentes. Agravo de instrumento conhecido e desprovido. [...]" (RRAg-24680-21.2015.5.24.0005, 5.ª T., rel. Min. Morgana de Almeida Richa, *DEJT* 08.11.2024).

A confirmação do estado de **gravidez, durante o prazo do aviso prévio** trabalhado ou indenizado, **garante à empregada gestante a estabilidade provisória (art. 391-A, CLT)**.

A confirmação do estado de gravidez durante o curso do contrato de trabalho, ainda que durante o prazo do aviso prévio trabalhado ou indenizado, garante à empregada

---

pregador). 5. Recurso Extraordinário a que se nega provimento com a fixação da seguinte tese: A incidência da estabilidade prevista no art. 10, inc. II, do ADCT, somente exige a anterioridade da gravidez à dispensa sem justa causa" (Tribunal Pleno, rel. Min. Marco Aurélio, red. do acórdão Min. Alexandre de Moraes, j. 10.10.2018, publicação 27.02.2019).

[20] *Vide* TST — Ag-RR 1000445-58.2018.5.02.0464, rel. Min. Hugo Scheuermann, *DEJT* 03.11.2021.

doméstica gestante a estabilidade provisória **(art. 25, parágrafo único, Lei Complementar n. 150/2015)**.

Questões que merecem análise dizem respeito à interrupção da gravidez por aborto espontâneo e à morte da criança logo após o parto. Indaga-se se nessas circunstâncias o direito à estabilidade no emprego permanece e se estende até seu termo final.

No caso de aborto espontâneo, o entendimento adotado pela jurisprudência do TST tem sido no sentido de que, tendo sido interrompida a gravidez por aborto não criminoso, **a empregada faz jus ao reconhecimento do direito à estabilidade somente em relação ao período em que esteve grávida**, com o limite do **art. 395 da CLT**, ou seja, até o término do período de licença de duas semanas assegurado por tal dispositivo legal.[21]

---

[21] Nesse sentido:
"AGRAVO DE INSTRUMENTO. RECURSO DE REVISTA. PROCESSO SOB A ÉGIDE DAS LEIS N. 13.015/2014 E 13.467/2017. GESTANTE. ABORTO ESPONTÂNEO. ESTABILIDADE PROVISÓRIA. ART. 395 DA CLT. SÚMULA 333/TST. A empregada gestante possui direito à estabilidade provisória, desde a confirmação da gravidez até cinco meses após o parto (art. 10, II, 'b', do ADCT). O dispositivo constitucional tem por finalidade tanto a proteção da gestante contra a dispensa arbitrária quanto relativamente aos direitos do nascituro. A proteção à maternidade e à criança advém do respeito, fixado na ordem constitucional, à dignidade da pessoa humana e à própria vida (art. 1.º, III, e 5.º, *caput*, da CF). E, por se tratar de direito constitucional fundamental, deve ser interpretado de forma a conferir-se, na prática, sua efetividade. Nessa linha, tem-se o disposto no item III da Súmula 244 do TST, que, incorporando, com maior clareza, a diretriz constitucional exposta, estabelece que '"a empregada gestante tem direito à estabilidade provisória prevista no art. 10, inciso II, alínea 'b', do Ato das Disposições Constitucionais Transitórias, mesmo na hipótese de admissão mediante contrato por tempo determinado'. Registre-se ainda que, sendo inviável a reintegração, por decurso do prazo de estabilidade, faz-se cabível a indenização substitutiva, nos termos da Súmula 396, I, do TST. Importante relembrar que esta Corte adotou a teoria da responsabilidade objetiva, considerando que a garantia constitucional tem como escopo a proteção da maternidade e do nascituro, independentemente da comprovação da gravidez perante o empregador. Este é o comando constitucional do art. 10, II, 'b', do ADCT, lido em conjugação com o conjunto dos princípios, regras e institutos constitucionais. Nesse sentido, a Súmula 244, I, do TST, cujo teor se transcreve: 'O desconhecimento do estado gravídico pelo empregador não afasta o direito ao pagamento da indenização decorrente da estabilidade. (Art. 10, II, 'b' do ADCT)'. No que concerne à circunstância de ter havido interrupção da gravidez por aborto, a jurisprudência desta Corte pacificou-se no sentido de que a indenização devida corresponde somente ao período de duração da gravidez, considerando-se, ainda, o prazo de duas semanas referentes ao repouso remunerado previsto no art. 395 da CLT. Julgados. Na hipótese, o TRT consignou que a Reclamante estava grávida quando do término da relação de emprego e que sofreu abortoespontâneo — premissas fáticas incontestes à luz da Súmula 126/TST. Nesse cenário, concluiu que: 'Restando demonstrado que a reclamante se encontrava grávida quando da dispensa, mas, que posteriormente, sofreu aborto espontâneo, tem assegurada somente a indenização de que trata o art. 395 da CLT. Assim, dou provimento parcial ao recurso, para minorar a condenação do pagamento da indenização a duas semanas após o aborto espontâneo, qual seja, até 15.12.2019, conforme o disposto no art. 395 da CLT, observados os demais parâmetros definidos pela origem'. Harmonizando-se a decisão regional com a jurisprudência consolidada desta Corte, a admissibilidade do recurso de revista encontra óbice na Súmula 333 do TST e no art. 896, § 7.º, da CLT. Agravo de instrumento desprovido" (AIRR-10177-22.2020.5.15.0085, 3.ª T., rel. Min. Mauricio Godinho Delgado, *DEJT* 19.12.2022).

Na hipótese de **morte da criança após o parto**, o **direito à estabilidade é garantido até o quinto mês após o parto**. O entendimento é no sentido de que não há nessa hipótese antecipação do termo *ad quem* da estabilidade.[22]

No caso de morte da mãe, com sobrevivência da criança, o direito à **estabilidade** provisória no emprego é assegurado a **quem detiver a guarda do seu filho (Lei Complementar n. 146/2014)**.

Com a previsão do **art. 10, II, *b*, do ADCT**, a estabilidade da gestante, como um dos aspectos da proteção à maternidade, foi erigida à condição de garantia constitucional, tornando-se irrenunciável pela trabalhadora. Nem mesmo cláusula de convenção ou acordo coletivo de trabalho pode conter previsão de renúncia ao direito da gestante à estabilidade no emprego, sendo nula a previsão nesse sentido em cláusula normativa.

> **OJ SDC 30, TST:** "Nos termos do art. 10, II, *b*, do ADCT, a proteção à maternidade foi erigida à hierarquia constitucional, pois retirou do âmbito do direito potestativo do empregador a possibilidade de despedir arbitrariamente a empregada em estado gravídico. Portanto, a teor do art. 9.º, da CLT, torna-se nula de pleno direito a cláusula que estabelece a possibilidade de renúncia ou transação, pela gestante, das garantias referentes à manutenção do emprego e salário".

10.4.2. Dirigente sindical

De acordo com o disposto no **art. 8.º, VIII, da Constituição Federal**, "é vedada a dispensa do empregado sindicalizado *a partir do registro da candidatura* a cargo de direção ou representação sindical e, se eleito, ainda que suplente, *até um ano após o final do mandato*, salvo se cometer falta grave nos termos da lei".

A proteção em relação ao dirigente sindical visa resguardar sua independência no exercício do mandato, "assegurando-lhe condições para a ampla defesa dos interesses da categoria que representa, sem que daí lhe advenham prejuízos no contrato de trabalho".[23] Exatamente por isso, o **fundamento da estabilidade** do dirigente sindical é o *interesse coletivo da categoria* representada.

---

[22] Nesse sentido:
"[...] II — RECURSO DE REVISTA INTERPOSTO NA VIGÊNCIA DA LEI N. 13.467/2017. GESTANTE. NATIMORTO. ESTABILIDADE PROVISÓRIA. INDENIZAÇÃO SUBSTITUTIVA. O art. 10, inciso II, alínea 'b', do ADCT, ao prever a estabilidade 'desde a confirmação da gravidez até cinco meses após o parto', não faz qualquer ressalva ao natimorto. Logo, é forçoso concluir que a garantia provisória ao emprego prevista no referido dispositivo não está condicionada ao nascimento com vida. Indenização substitutiva do período de estabilidade devida desde a data seguinte à dispensa até cinco meses após o parto. Recurso de revista conhecido e provido" (RR-1001880-03.2016.5.02.0023, 2.ª T., rel. Min. Delaide Miranda Arantes, *DEJT* 14.06.2019).

[23] BARROS, Alice Monteiro de. *Curso de direito do trabalho*, p. 982.

Anteriormente à constitucionalização dessa modalidade de estabilidade no emprego, a CLT já continha previsão a respeito, nos mesmos moldes do texto constitucional (**art. 543**).

O primeiro aspecto relevante que decorre da análise da previsão constitucional é identificar a quem se dirige a referida garantia à estabilidade no emprego, ou seja, o que se considera como *cargo de direção ou representação sindical*.

Considera-se **cargo de direção ou de representação sindical** aquele cujo exercício decorre de eleição, nos termos dos **arts. 522 e 524 da CLT**, e que tem como atribuições, entre outras, a administração do sindicato e a atuação em nome da categoria representada.

De acordo com entendimento adotado pelo TST, a referida estabilidade não alcança os **membros do Conselho Fiscal do sindicato**.

> **OJ SDI-1 365, TST:** "Membro de conselho fiscal de sindicato não tem direito à estabilidade prevista nos arts. 543, § 3.º, da CLT e 8.º, VIII, da CF/1988, porquanto não representa ou atua na defesa de direitos da categoria respectiva, tendo sua competência limitada à fiscalização da gestão financeira do sindicato (art. 522, § 2.º, da CLT)".

Da mesma forma, os **delegados sindicais** não são abrangidos pela proteção de garantia de emprego assegurada constitucionalmente:

> **OJ SDI-1 369, TST:** "O delegado sindical não é beneficiário da estabilidade provisória prevista no art. 8.º, VIII, da CF/1988, a qual é dirigida, exclusivamente, àqueles que exerçam ou ocupem cargos de direção nos sindicatos, submetidos a processo eletivo".

Em razão da previsão contida no **art. 543 da CLT** ("O empregado eleito para cargo de administração sindical ou *representação profissional*, inclusive junto a órgão de deliberação coletiva, não poderá ser impedido do exercício de suas funções, nem transferido para lugar ou mister que lhe dificulte ou torne impossível o desempenho das suas atribuições sindicais"), questiona-se se a garantia de emprego, de que tratam o **art. 8.º, VIII, da Constituição Federal** e o referido dispositivo legal, também abrange os profissionais eleitos para os Conselhos incumbidos de disciplinar e fiscalizar o exercício de profissões liberais (exs.: OAB, CREA, CRM etc.).

Arnaldo Süssekind esclarece que "tais entidades são autarquias corporativas e não associações sindicais. A autonomia que hoje se lhes reconhece não as caracteriza como sindicatos",[24] razão pela qual **aos seus representantes eleitos não é assegurada a estabilidade de emprego** em comento.

Assim, **não há que se falar em direito a estabilidade provisória no emprego** dos dirigentes de entidades que congregam profissionais liberais e atuam na fiscalização do

---

[24] SÜSSEKIND, Arnaldo. *Curso de direito do trabalho*, p. 384.

exercício da profissão, uma vez que **tais órgãos não são sindicatos** e a extinção de eventual vínculo de emprego do dirigente da entidade não prejudicará a continuidade de seu mandato. Para ser dirigente desse tipo de entidade, basta ser integrante da profissão, não sendo necessário estar empregado.

Com o **cancelamento** da **Súmula 222**, o TST passou a adotar o entendimento de que **aos dirigentes das associações profissionais não é assegurada a estabilidade no emprego**, uma vez que tal garantia não foi recepcionada pelo texto da Constituição Federal de 1988, sendo certo que os sindicatos, para serem constituídos, não necessitam mais ter sido previamente associações profissionais, como se exigia no sistema de organização sindical anterior.

Discutia-se a extensão da estabilidade no emprego aos representantes dos trabalhadores nas empresas, eleitos de conformidade com a previsão do **art. 11 da Constituição Federal**: "Nas empresas de mais de duzentos empregados, é assegurada a eleição de um representante destes com a finalidade de promover-lhes o entendimento direto com os empregadores".

A esse respeito, o TST adotou o seguinte Precedente Normativo:

> **PN 86, TST:** "Nas empresas com mais de 200 (duzentos) empregados é assegurada a eleição direta de um representante, com as garantias do art. 543, e seus parágrafos, da CLT".

No entanto, com a regulamentação do dispositivo constitucional pelos arts. 510-A a 510-D da CLT **(incluído pela Lei n. 13.467/2017 — *Reforma Trabalhista*)**, a questão da estabilidade restou definida. Assim, desde o registro da candidatura até um ano após o fim do mandato, o membro da comissão de representantes dos empregados não poderá sofrer despedida arbitrária, entendendo-se como tal a que não se fundar em motivo disciplinar, técnico, econômico ou financeiro **(art. 510-D, § 3.º, CLT)**.

Assim, a estabilidade provisória é **assegurada ao administrador de sindicato, federação ou confederação de empregados** e aos **representantes eleitos pelos trabalhadores em empresas de mais de 200 empregados**.

Segundo Alice Monteiro de Barros, a expressão *representação profissional* contida no **art. 543 da CLT** refere-se aos representantes dos empregados no Conselho Nacional da Previdência Social e no Conselho Curador do FGTS, os quais, aliás, têm hoje previsões legais expressas relativas à sua estabilidade no emprego, como será visto nos itens a seguir.[25]

A **estabilidade** do dirigente sindical **abrange** tanto os empregados eleitos como **titulares** quanto os **suplentes (art. 8.º, Constituição Federal)**.

De acordo com o entendimento prevalecente na jurisprudência atual do TST, o **registro do sindicato no Ministério do Trabalho não é requisito essencial** para que se

---

[25] BARROS, Alice Monteiro de. *Curso de direito do trabalho*, p. 981.

assegure a estabilidade no emprego de seus diretores eleitos. Nesse sentido, destacamos o julgado a seguir.

> "AGRAVO. RECURSO DE REVISTA. ACÓRDÃO PUBLICADO NA VIGÊNCIA DA LEI N. 13.467/2017. ESTABILIDADE SINDICAL. AUSÊNCIA DE REGISTRO SINDICAL NO MINISTÉRIO DO TRABALHO E EMPREGO. TRANSCENDÊNCIA POLÍTICA RECONHECIDA NA DECISÃO AGRAVADA. O e. TRT manteve a improcedência do pedido de reconhecimento da estabilidade sindical, sob o fundamento de que 'como o SINDIPETROQUIMICA-IPOJUCA não possui o registro sindical, não há como reconhecer a validade da eleição do reclamante como dirigente sindical e, por conseguinte, sua estabilidade'. Com efeito, esta Corte tem firme jurisprudência no sentido de que a estabilidade do empregado eleito dirigente sindical não está vinculada à concessão do registro sindical pelo Ministério do Trabalho e Emprego. Precedentes. Correta, portanto, a decisão agravada. Agravo não provido" (RR-0000165-28.2021.5.06.0193, 5.ª T., rel. Min. Breno Medeiros, *DEJT* 27.09.2024).

Em razão da importância e das dimensões que cercam a estabilidade do dirigente sindical, diversas são as questões e as dúvidas que surgiram na jurisprudência após a Constituição Federal de 1988. Atualmente, a **Súmula 369 do TST** representa importante parâmetro, uma vez que consolida entendimento pacificado a respeito dessas questões, nos seguintes sentidos:

■ **Empregado eleito dirigente de sindicato representativo de categoria que não guarda qualquer correspondência com a função por ele exercida na empresa** — se a função exercida pelo empregado na empresa não corresponde à da categoria profissional do sindicato para o qual foi eleito, inexistindo nexo de causalidade entre a sua categoria e o seu emprego, a **estabilidade no emprego não lhe é assegurada (Súmula 369, III, TST)**.[26]

---

[26] "AGRAVO. AGRAVO DE INSTRUMENTO EM RECURSO DE REVISTA. REGIDO PELA LEI N. 13.467/2017. ESTABILIDADE PROVISÓRIA. DIRIGENTE SINDICAL. SÚMULA 369, III, DO TST. TRANSCENDÊNCIA NÃO RECONHECIDA NA DECISÃO AGRAVADA. 1. Situação em que o Tribunal Regional, soberano na análise do conjunto fático-probatório dos autos, manteve a sentença de origem em que reconhecida a estabilidade provisória do Reclamante no emprego e deferida a indenização correspondente. Assentou que 'o reclamante foi eleito dirigente sindical de categoria profissional diferenciada (art. 511, § 3.º, CLT) de Técnico Industrial, que abrange os Técnicos em Telecomunicações, cargo para o qual o trabalhador foi contratado pela reclamada'. 2. A Súmula 369/TST, em seu item III, estabelece que 'O empregado de categoria diferenciada eleito dirigente sindical só goza de estabilidade se exercer na empresa atividade pertinente à categoria profissional do sindicato para o qual foi eleito dirigente'. 3. Depreende-se do contexto fático delineado pelo Regional, inalterável nesta esfera recursal ante o óbice da Súmula 126/TST, que o Autor integra categoria profissional diferenciada representada pelo SINTEC-PI e, portanto, na esteira da jurisprudência desta Corte Superior, tem o empregado dirigente sindical direito à garantia da estabilidade, nos moldes da Súmula 369, III, do TST. Nesse contexto, não afastados os fundamentos da decisão agravada, nenhum reparo enseja a decisão. Agravo não provido, com acréscimo de fundamentação" (Ag-AIRR-1026-61.2021.5.22.0001, 5.ª T., rel. Min. Douglas Alencar Rodrigues, *DEJT* 24.05.2024).

■ **Número de dirigentes sindicais abrangidos pela garantia da estabilidade** — a resposta a essa questão passa pela necessidade de se responder à seguinte indagação: o **art. 522 da CLT** está em vigor, mesmo diante do disposto no art. 8.º, *caput* e inciso I, da CF/88? O TST adotou entendimento no sentido de que referido dispositivo legal foi recepcionado pela Constituição Federal, **ficando limitada, assim, a estabilidade no emprego a sete dirigentes sindicais e igual número de suplentes (Súmula 369, II, TST)**. O STF confirmou esse entendimento no julgamento da **ADPF 276**.[27]

■ **Comunicação a que alude o art. 543, § 5.º, da CLT** — como ensina Alice Monteiro de Barros, a garantia de emprego prevista no art. 8.º, VIII, da Constituição Federal "traduz hipótese de garantia de emprego ou estabilidade provisória, que atua como limitação temporária ao direito potestativo de resilição contratual por parte do empregador".[28] Como a estabilidade inicia-se com o registro da candidatura do empregado e estende-se, se for eleito, até um ano após o término do mandato, dois são os marcos temporais relevantes para a aquisição do direito à estabilidade e que restringem o direito potestativo do empregador de dispensar o empregado: o registro da candidatura e a eleição, atos e momentos que em geral são de total desconhecimento por parte do empregador.

No entanto, o TST adotou entendimento no sentido de ser **assegurada a estabilidade** provisória ao empregado dirigente sindical, **ainda que a comunicação do registro da candidatura ou da eleição e da posse seja realizada fora do prazo previsto no art. 543, § 5.º, da CLT**, desde que a ciência ao empregador, por qualquer meio, ocorra na vigência do contrato de trabalho (**Súmula 369, I, TST**).

A não comunicação nos prazos definidos por lei não implica na perda do direito à estabilidade, mas apenas **terá retardado o início do período da estabilidade**, ou seja, "a comunicação fora desse prazo, **porém no curso do contrato**, não afasta a garantia pelo período posterior à efetiva comunicação até um ano após o término do mandato, caso o empregado seja eleito".[29]

Neste aspecto, o TST inclusive tem considerado não ser necessária a comunicação formal prevista no **art. 543, § 5.º, da CLT** para a garantia do direito à estabilidade, quando o empregador toma conhecimento, por outras formas, da candidatura, eleição e posse do empregado.[30]

---

[27] "ARGUIÇÃO DE DESCUMPRIMENTO DE PRECEITO FUNDAMENTAL. ART. 522 DA CONSOLIDAÇÃO DAS LEIS DO TRABALHO. INC. II DA SÚMULA N. 369 DO TRIBUNAL SUPERIOR DO TRABALHO. DEFINIÇÃO DE NÚMERO MÁXIMO DE DIRIGENTES SINDICATOS COM ESTABILIDADE NO EMPREGO. RECEPÇÃO DO ART. 522 DA CONSOLIDAÇÃO DAS LEIS DO TRABALHO. PRECEDENTES DO SUPREMO TRIBUNAL. AUSÊNCIA DE ESVAZIAMENTO DO NÚCLEO DA LIBERDADE SINDICAL PELA NORMA LEGAL E PELO ENUNCIADO. ARGUIÇÃO DE DESCUMPRIMENTO DE PRECEITO FUNDAMENTAL IMPROCEDENTE" (STF — Plenário — rel. Min. Cármen Lúcia).

[28] BARROS, Alice Monteiro de. *Curso de direito do trabalho*, p. 985.

[29] BARROS, Alice Monteiro de. *Curso de direito do trabalho*, p. 985.

[30] ERR 22920062.2001.5.05.0004, SDI-1, rel. Min. Rosa Maria Weber, *DEJT* 18.02.2011; EEDRR 4980009.2002.5.17.0008, SDI-1, rel. Min. Aloysio Corrêa da Veiga, *DEJT* 07.10.2011.

■ **Extinção da atividade empresarial no âmbito da base territorial do sindicato** — tendo em vista que a estabilidade sindical não é garantia pessoal do empregado, mas, sim, uma prerrogativa da categoria para possibilitar o exercício da representação sindical, não há motivo para manutenção da referida estabilidade em caso de extinção da atividade empresarial no âmbito da base territorial do sindicato (**Súmula 369, IV, TST**).[31]

Importante ressaltar, porém, que, se a empresa continua com outro ou outros estabelecimentos em funcionamento na base territorial do sindicato, deverá o empregador promover a remoção do empregado dirigente sindical para o outro estabelecimento, permitindo que continue a exercer o mandato, sob pena de, não o fazendo, ter que lhe pagar os salários e direitos do período da estabilidade.[32]

---

[31] "AGRAVO INTERNO EM RECURSO DE REVISTA COM AGRAVO. INTERPOSIÇÃO NA VIGÊNCIA DA LEI N. 13.467/2017. DIRIGENTE SINDICAL . PARALISAÇÃO DA ATIVIDADE PRODUTIVA. MANUTENÇÃO DE QUADRO REDUZIDO DE EMPREGADOS PARA ATIVIDADES ADMINISTRATIVAS E DE MANUTENÇÃO. INSUBSISTÊNCIA DA ESTABILIDADE PROVISÓRIA. TEMA EXAMINADO NO ÂMBITO DO RECURSO DE REVISTA . 1. A concessão de novo enquadramento jurídico à situação de fato expressamente retratada no acórdão regional não configura desrespeito à Súmula 126 do TST. 2. A estabilidade provisória concedida ao dirigente sindical, prevista no art. 8.º, VIII, da CF/88 e no art. 543, § 3.º, da CLT, tem como objetivo favorecer a prática da representação sindical. Seu propósito não é assegurar a proteção individual do empregado investido no cargo de dirigente, como é o caso, por exemplo, das estabilidades à gestante e acidentária. 3. Ocorrendo o encerramento da atividade finalística da empresa, a circunstância de ter sido mantido um quadro reduzido de trabalhadores , para tarefas essenciais de manutenção de equipamentos e realização de serviços administrativos residuais , não afasta a pertinência da aplicação da Súmula 369, IV, do TST, segundo a qual 'havendo extinção da atividade empresarial no âmbito da base territorial do sindicato, não há razão para subsistir a estabilidade'. Precedente da SBDI-1. 4. Agravo conhecido e não provido" (Ag-RRAg-414-87.2020.5.09.0594, 1.ª T., rel. Min. Luiz Jose Dezena da Silva, *DEJT* 28.06.2024).

[32] "RECURSO DE REVISTA SOB A ÉGIDE DA LEI N. 13.015/2014. DIRIGENTE SINDICAL. ESTABILIDADE PROVISÓRIA. ENCERRAMENTO DAS ATIVIDADES DO SETOR PRODUTIVO. MANUTENÇÃO DOS POSTOS DE TRABALHO. Trata-se de controvérsia a respeito da estabilidade provisória do dirigente sindical quando há extinção das atividades do setor produtivo e manutenção de outros postos de trabalho. É incontroverso que o autor ocupava o cargo de suplente da Diretoria Executiva do Sindicato dos Trabalhadores nas Usinas de Açúcar, nas Indústrias de Suco Concentrado, do Café Solúvel dos Laticínios e da Alimentação e Afins de Catanduva e Região, para o exercício 2013/2019, quando foi dispensado sem justa causa, em 2015, em virtude do encerramento do setor de produção de biscoitos, do qual fazia parte. Extrai-se do acórdão regional que 'no local de trabalho do autor continuava a funcionar o escritório da parte Agrícola onde permanecem trabalhando apenas os empregados do escritório. A diligência do Oficial de Justiça confirma, ainda, a inexistência de empregados no setor produtivo e manutenção dos empregados apenas do escritório e para o setor agrícola'. Diante disso, concluiu que 'somente na hipótese da extinção de todo o empreendimento a jurisprudência tem entendido pela extinção da garantia de emprego com a impossibilidade de reintegração. [...] Entretanto, remanescendo postos de trabalho, independentemente do setor, coaduna-se a jurisprudência com a manutenção do direito ao emprego'. Por vezes, acontece de ser extinto o estabelecimento em que trabalha o dirigente sindical, inviabilizando-se, aparentemente, a manutenção do emprego. Por muito tempo se questionou a responsabilidade de o empregador pagar, nesse caso, indenização de valor equivalente aos salários do período restante de estabilidade, a pretexto de o risco da atividade econômica recair

■ **Registro da candidatura no curso do aviso prévio** — tendo o registro da candidatura do empregado a cargo de dirigente sindical sido feito no curso do aviso prévio, ainda que indenizado, não lhe é assegurado o direito à estabilidade no emprego **(Súmula 369, V, TST)**.

O registro da candidatura do dirigente sindical no curso de **contrato de experiência ou de outra modalidade de contrato por prazo determinado** não lhe assegura o direito à estabilidade no emprego, tendo em vista que ao celebrarem o contrato as partes validamente estipularam sua duração e antecipadamente já sabiam a data de sua extinção. O **registro da candidatura** do empregado a cargo de direção sindical é **fato superveniente** que não tem o condão de se sobrepor ao limite temporal do contrato que foi estipulado pelas partes de forma válida e de acordo com a boa-fé. Assim, ao término do prazo estipulado para sua duração, o contrato será extinto, não havendo que se falar em projeção do período da estabilidade para além deste prazo. Interpretação diversa caracterizaria afronta ao princípio da razoabilidade e não pode ser aceita.

Portanto, se de um lado a proteção à garantia de emprego se impõe, de outro não se pode esquecer a boa-fé do empregador, que ajustou contrato experimental, por prazo certo, e se viu surpreendido com alguma espécie de manobra política sindical.

Garante-se a estabilidade apenas durante o período de vigência do contrato por prazo determinado, que não poderá ser rescindido antes do prazo estipulado pelas partes. Nesse sentido, a previsão do **art. 1.º, § 4.º, da Lei n. 9.601/98**.

A estabilidade impede que o dirigente sindical, ainda que suplente, seja dispensado sem justa causa, sendo cabível medida judicial específica para o fim de reintegrá-lo caso a dispensa sem justa causa tenha ocorrido: compete ao juiz da Vara do Trabalho conceder **liminar de reintegração do empregado dirigente sindical**, até a decisão final do processo, caso seja dispensado ou afastado do trabalho **(art. 659, X da CLT)**.

Isso porque, em razão do **interesse coletivo** que se visa assegurar com tal garantia, os efeitos jurídicos da dispensa do dirigente sindical, embora seja portador de estabilidade provisória, são os mesmos da estabilidade definitiva prevista no art. 492 da CLT, ou seja, a **única consequência** decorrente da dispensa sem justa causa é a **reintegração do empregado**, não sendo possível converter a reintegração em pagamento de indenização compensatória.

OJ SDI-2 65, TST: "Ressalvada a hipótese do art. 494 da CLT, não fere direito líquido e certo a determinação liminar de reintegração no emprego de dirigente sindical, em face da previsão do inciso X do art. 659 da CLT".

---

exclusivamente sobre o empregador. A construção jurisprudencial que se consolidou com a Súmula 369, IV, representou uma solução moderada para essa situação, ao preconizar que a estabilidade não subsiste se há a extinção da atividade empresarial no âmbito da base territorial do sindicato. Extinguindo-se apenas o estabelecimento, mas havendo outro na base territorial do sindicato, obriga-se o empregador a manter o empregado investido de estabilidade sindical. Precedentes. Impende ainda salientar que os trabalhadores remanescentes nos setores de escritório e agrícola continuam representados pelo sindicato que tem o autor como dirigente. A decisão regional se encontra em consonância com a jurisprudência desta Corte. Recurso de revista não conhecido" (RR-0010964-72.2015.5.15.0070, 6.ª T., rel. Min. Augusto Cesar Leite de Carvalho, *DEJT* 11.12.2024).

> **OJ SDI-2 142, TST:** "Inexiste direito líquido e certo a ser oposto contra ato de Juiz que, antecipando a tutela jurisdicional, determina a reintegração do empregado até a decisão final do processo, quando demonstrada a razoabilidade do direito subjetivo material, como nos casos de anistiado pela Lei n. 8.878/94, aposentado, integrante de comissão de fábrica, dirigente sindical, portador de doença profissional, portador de vírus HIV ou detentor de estabilidade provisória prevista em norma coletiva".

O dirigente sindical somente poderá ser **dispensado por falta grave**, mediante a apuração em **inquérito judicial**, nos termos do **art. 494 da CLT (Súmula 379, TST)**.

Entendendo que o empregado tenha praticado falta grave capaz de ser caracterizada como justa causa, pode o empregador suspendê-lo, ajuizando o respectivo inquérito judicial para apuração de falta grave.[33]

> **OJ SDI-2 137, TST:** "Constitui direito líquido e certo do empregador a suspensão do empregado, ainda que detentor de estabilidade sindical, até a decisão final do inquérito em que se apure a falta grave a ele imputada, na forma do art. 494, *caput* e parágrafo único, da CLT".

Não sendo reconhecida pela Justiça do Trabalho a prática da **justa causa** imputada ao empregado, será **determinada a reintegração do dirigente sindical**, com o pagamento dos salários e direitos do período da suspensão.

Reconhecida a justa causa, o juiz considerará o **contrato de trabalho rescindido** desde a data da suspensão do empregado.

10.4.3. Representante dos empregados na CIPA

Nos termos do **art. 10, II, a, do Ato das Disposições Constitucionais Transitórias (ADCT)**, fica vedada a dispensa arbitrária ou sem justa causa do empregado eleito para cargo de Comissão Interna de Prevenção de Acidentes (CIPA), *desde o registro de sua candidatura, até um ano após o término do mandato.*

O **mandato** dos membros eleitos da CIPA terá a **duração de 1 (um) ano**, permitida uma reeleição **(art. 164, § 3.º, CLT)**.

A análise do **art. 10, II, a, do ADCT** permite concluir que "o legislador constitucional ampliou o benefício reconhecido pelo art. 165 da CLT ao representante dos empregados eleito membro da CIPA, equiparando sua garantia de emprego àquela do dirigente sindical. Até a garantia constitucional a despedida poderia ocorrer por motivo disciplinar, técnico, econômico ou financeiro, no interesse da empresa, ainda que o empregado não desse causa ao rompimento. Com a estabilidade provisória, fundada no

---

[33] *Vide* Súmula 62, TST, e Súmula 403, STF, sobre prazo decadencial de 30 (trinta) dias para ajuizamento do inquérito judicial para apuração de falta grave.

interesse dos empregados representados, a dispensa só pode ocorrer por falta grave do empregado, estando vedada a dispensa arbitrária ou sem justa causa".[34]

A garantia constitucional da estabilidade é **assegurada apenas aos representantes dos empregados na CIPA** (cipeiros), que são eleitos, conforme previsão do **art. 164, § 2.º, da CLT**. Os **representantes do empregador** que, de acordo com o **§ 3.º** do referido dispositivo legal, são por ele designados, **não são detentores da garantia** da estabilidade no emprego.

O **fundamento desta estabilidade** está no fato de que "esses empregados têm o dever de zelar por condições de trabalho seguras. Compete-lhes relatar área de risco, solicitar ao empregador as medidas necessárias para reduzi-lo ou eliminá-lo, com o objetivo de prevenir a ocorrência de acidentes e doenças ocupacionais. Por essa razão estão eles quase sempre em confronto com a vontade patronal, achando-se constantemente suscetíveis a represálias ou, ao menos, a intimidação no cumprimento desse mister", ou seja, a garantia de emprego visa "conferir ao cipeiro autonomia no exercício do mandato".[35]

Tendo em vista que o **art. 165 da CLT** contém previsão expressa no sentido de que a estabilidade é garantida aos *titulares* da representação dos empregados na CIPA, entendia-se que a garantia da estabilidade no emprego não se estendia aos membros suplentes da referida Comissão.

No entanto, como o **art. 10, II, *a*, do ADCT** fala genericamente em *empregado eleito*, sem fazer qualquer referência à condição de titular desse empregado, o TST passou adotar o entendimento no sentido de que **aos suplentes da representação dos empregados na CIPA também é assegurada a estabilidade no emprego**.

> **SÚMULA 339, TST:** "I — O suplente da CIPA goza da garantia de emprego prevista no art. 10, II, *a*, do ADCT a partir da promulgação da Constituição Federal de 1988".

A **dispensa sem justa causa** do cipeiro implica na sua **reintegração ou**, quando não for conveniente ou possível a reintegração, no **pagamento de indenização** correspondente aos salários e direitos trabalhistas do período da estabilidade.

Em caso de **dispensa por justa causa, não é necessário inquérito judicial** para a apuração do eventual ato faltoso praticado pelo cipeiro.

Conforme entendimento adotado pelo TST, a **extinção do estabelecimento implica no término da estabilidade** do cipeiro, não se falando em reintegração, nem em pagamento de indenização.

---

[34] MANUS, Pedro Paulo Teixeira; ROMAR, Carla Teresa Martins. *CLT e legislação complementar em vigor*. 8. ed. São Paulo: Atlas, 2010, p. 56.
[35] BARROS, Alice Monteiro de. *Curso de direito do trabalho*, p. 990.

> **SÚMULA 339, TST:** "II — A estabilidade provisória do cipeiro não constitui vantagem pessoal, mas garantia para as atividades dos membros da CIPA, que somente tem razão de ser quando em atividade a empresa. Extinto o estabelecimento, não se verifica a despedida arbitrária, sendo impossível a reintegração e indevida a indenização do período estabilitário".

Admite-se a **renúncia por parte do trabalhador ao direito à estabilidade** no emprego quando este manifesta expressamente sua intenção de deixar o emprego, mormente se o termo de rescisão do contrato de trabalho foi homologado pelo sindicato dos trabalhadores.[36]

10.4.4. Empregado acidentado

O **art. 118 da Lei n. 8.213/91** garantiu ao empregado acidentado no trabalho, pelo período de 12 (doze) meses após a cessação do benefício previdenciário (auxílio-doença acidentário), a garantia de emprego.

> "Art. 118. O segurado que sofreu acidente do trabalho tem garantida, pelo prazo mínimo de 12 (doze) meses, a manutenção do seu contrato de trabalho na empresa, após a cessação do auxílio-doença acidentário, independentemente de percepção de auxílio-acidente."

O **fundamento de tal estabilidade** reside na grande dificuldade que o empregado que tenha sofrido acidente de trabalho ou, por equiparação, que seja portador de doença profissional encontra para se recolocar no mercado de trabalho. "A garantia visa a remediar esse mal, proporcionando ao trabalhador segurança em uma fase em que poderá apresentar certa fragilidade, com redução do ritmo normal de trabalho".[37]

A constitucionalidade do **art. 118 da Lei n. 8.213/91** foi bastante questionada, tendo o TST, no entanto, ao adotar posicionamento no sentido de ser possível ao legislador ordinário estabelecer casos de estabilidade provisória no emprego, reconhecido ser **constitucional** o referido dispositivo:

> **SÚMULA 378, TST:** "I — É constitucional o art. 118 da Lei n. 8.213/1991 que assegura o direito à estabilidade provisória por período de 12 meses após a cessação do auxílio-doença ao empregado acidentado".

Para que a **estabilidade possa ser reconhecida em favor do trabalhador**, é necessário que sejam preenchidos **dois pressupostos:**

- que o empregado fique afastado do trabalho por período superior a 15 (quinze) dias em razão do acidente ou da doença profissional;
- que o empregado receba o auxílio-doença acidentário.

---

[36] Nesse sentido: RR 1106840-18.2007.5.11.0009, j. 11.10.2011, rel. Min. Milton de Moura França, 4.ª T., *DEJT* 28.10.2011.

[37] BARROS, Alice Monteiro de. *Curso de direito do trabalho*, p. 993.

Excepciona-se a exigência de preenchimento de tais pressupostos no caso de **constatação, após a despedida** do empregado, de que ele é portador de **doença profissional** que guarde relação de causalidade com a execução do emprego.

Reafirmando a necessidade do preenchimento dos pressupostos acima indicados para aquisição do direito à estabilidade provisória no emprego pelo período de 12 (doze) meses, e reconhecendo expressamente como válida a exceção relativa à doença profissional constatada após o término do contrato de trabalho, o TST adota o seguinte entendimento pacificado:

> **SÚMULA 378, TST:** "II — São pressupostos para a concessão da estabilidade o afastamento superior a 15 dias e a consequente percepção do auxílio-doença acidentário, salvo se constatada, após a despedida, doença profissional que guarde relação de causalidade com a execução do contrato de emprego".

Em razão do caráter imperativo da norma e da natureza do direito assegurado, a garantia decorrente do **art. 118 da Lei n. 8.213/91 não pode ser objeto de transação**, ainda que por meio de acordo coletivo de trabalho. Nesse sentido, o TST adota o seguinte entendimento:

> **OJ SDC 31, TST:** "Não é possível a prevalência de acordo sobre legislação vigente, quando ele é menos benéfico do que a própria lei, porquanto o caráter imperativo dessa última restringe o campo de atuação da vontade das partes".

A **estabilidade no emprego será assegurada** ao empregado mesmo na hipótese de o acidente ter ocorrido no curso de **contrato de trabalho celebrado por prazo determinado**, ou de **contrato de experiência**. Não existe incompatibilidade entre o contrato por prazo determinado, em qualquer de suas modalidades, e a estabilidade decorrente de acidente do trabalho.[38]

> **SÚMULA 378, TST:** "III — O empregado submetido a contrato de trabalho por tempo determinado goza da garantia provisória de emprego decorrente de acidente de trabalho prevista no art. 118 da Lei n. 8.213/91".

---

[38] "[...] RECURSO DE REVISTA DA RECLAMADA. [...] ESTABILIDADE PROVISÓRIA. CONTRATO POR PRAZO DETERMINADO. NÃO CONHECIMENTO. O artigo 118 da Lei n. 8.213/91, ao garantir estabilidade provisória ao segurado que sofre acidente de trabalho, não faz distinção entre contrato de trabalho por prazo determinado e contrato de trabalho por prazo indeterminado. Assim, mesmo quando se trata de contrato por tempo determinado, faz jus o reclamante à garantia provisória de emprego decorrente de doença profissional ou acidente de trabalho ocorrido durante a vigência do contrato de trabalho por prazo determinado. Inteligência da Súmula n. 378, III. Precedentes. Incidência da Súmula n. 333 e do artigo 896, § 7.º, da CLT. Recurso de revista de que não se conhece. [...]" (RR-130100-81.2009.5.04.0231, 4.ª T., rel. Min. Guilherme Augusto Caputo Bastos, *DEJT* 05.11.2021).

Importante ressaltar que, nessa hipótese, o **contrato por prazo determinado** não se transforma em contrato por prazo indeterminado, sendo direito do trabalhador somente a garantia provisória no emprego pelo prazo de um ano, contado da data do término do benefício previdenciário.[39]

O fato de o infortúnio e, por conseguinte, o gozo do auxílio-doença ocorrerem **na vigência do aviso prévio trabalhado**, não retira do empregado o direito à garantia de emprego prevista no **art. 118 da Lei n. 8.213/91**. Inteligência das **Súmulas 371, parte final, e 378, II, do TST**.

> **SÚMULA 371, TST:** "A projeção do contrato de trabalho para o futuro, pela concessão do aviso prévio indenizado, tem efeitos limitados às vantagens econômicas obtidas no período do pré-aviso, ou seja, salários, reflexos e verbas rescisórias. No caso de concessão de auxílio-doença no curso do aviso prévio, todavia, só se concretizam os efeitos da dispensa depois de expirado o benefício previdenciário".

10.4.5. Diretores de sociedades cooperativas

A **Lei n. 5.764, de 1971**, que instituiu o **regime jurídico das sociedades cooperativas** no Brasil, confere **estabilidade no emprego** aos empregados de empresas que sejam eleitos como **diretores de sociedades cooperativas**.

Nesse sentido, o **art. 55** da referida Lei dispõe: "Os empregados de empresas que sejam eleitos diretores de sociedades cooperativas pelos mesmos criadas, gozarão das garantias asseguradas aos dirigentes sindicais pelo art. 543 da Consolidação das Leis do Trabalho (Decreto-lei n. 5.452, de 1.º.05.1943)".

A estabilidade visa proteger o empregado que, em razão das prerrogativas inerentes à representatividade da categoria, pode vir a entrar em algum confronto com os interesses e as atividades do empregador. Não havendo, porém, conflito entre o objeto da cooperativa e os interesses ou a atividade principal do empregador, não há que se falar em estabilidade.[40]

Assim, a estabilidade dos diretores de sociedades cooperativas inicia-se com o *registro da candidatura*, estendendo-se até *um ano após o término do mandato*.

A referida estabilidade abrange apenas os diretores eleitos como titulares, não sendo garantida aos eleitos como suplentes, sendo este o entendimento adotado pelo TST.

---

[39] Nesse sentido: RR 16120055.2004.5.15.0059, 5.ª T., rel. Min. Kátia Magalhães Arruda, *DEJT* 14.05.2010; RR 17990078.2005.5.02.0262, 1.ª T., rel. Min. Luiz Philippe Vieira de Mello Filho, *DEJT* 04.11.2011; RR 10850055.2004.5.04.0012, 1.ª T., rel. Min. Lelio Bentes Corrêa, *DEJT* 28.10.2011.

[40] *Vide* TST — RRAg 1616-48.2017.5.05.0196. rel. Min. Alexandre Agra Belmonte. *DEJT* 01.07.2022.

> **OJ SDI-1 253, TST:** "O art. 55 da Lei n. 5.764/71 assegura a garantia de emprego apenas aos empregados eleitos diretores de Cooperativas, não abrangendo os membros suplentes".

A estabilidade em comento também **não abrange** os **membros do Conselho Fiscal** das sociedades cooperativas, sendo certo que a Lei faz referência **apenas aos *diretores*** dessas entidades.[41]

Tendo em vista que o **art. 55 da Lei n. 5.764/71** prevê expressamente que os diretores de sociedades cooperativas **gozam das garantias asseguradas aos dirigentes sindicais** pelo art. 543, a eles **se aplica a exigência de inquérito judicial para apuração de falta grave**.[42]

10.4.6. Membros de Comissão de Conciliação Prévia

As **Comissões de Conciliação Prévia (CCP)**, criadas pela **Lei n. 9.958/2000** (que acrescentou os arts. 625-A a 625-H na CLT), podem ser constituídas no âmbito dos sindicatos ou no âmbito das empresas **(art. 625-A, CLT)**.

Quando instituída no âmbito da empresa, a CCP será composta de no **mínimo dois e no máximo dez membros**, sendo que a metade será indicada pelo empregador e a outra metade será eleita pelos empregados. Haverá na CCP tantos suplentes quantos forem os membros titulares. O mandato será de um ano, permitida uma recondução **(art. 625-B, CLT)**.

Aos **representantes dos empregados na CCP, titulares e suplentes**, é assegurada **garantia de emprego**, sendo vedada a sua dispensa **até um ano após o término do mandato**, salvo se cometerem falta, nos termos da lei (art. 625-B, § 1.º, CLT).

Muito embora a lei não fixe de forma expressa o **início da referida estabilidade**, o entendimento que vem prevalecendo na doutrina é no sentido de se **aplicar analogicamente o art. 543, § 3.º, da CLT**, ou seja, a estabilidade **começa com o registro da candidatura**.[43]

10.4.7. Representantes dos empregados no Conselho Curador do FGTS

O FGTS é regido por normas e diretrizes estabelecidas por um **Conselho Curador**, composto por representação de trabalhadores, empregadores e órgãos e entidades governamentais, na forma estabelecida pelo Poder Executivo **(art. 3.º, Lei n. 8.036/90)**.

Os **representantes dos trabalhadores e dos empregadores** e seus respectivos suplentes serão indicados pelas respectivas centrais sindicais e confederações nacionais,

---

[41] *Vide*: RR 1409976-74.2004.5.01.0900, 4.ª T., rel. Min. Maria de Assis Calsing, *DEJT* 23.09.2011.
[42] *Vide*: RR 256700-41.1996.5.02.0076, 5.ª T., rel. Min. João Batista Brito Pereira, *DEJT* 26.08.2011; RR 22340-39.2004.5.04.0008, 6.ª T., rel. Min. Mauricio Godinho Delgado, *DEJT* 08.04.2011.
[43] BARROS, Alice Monteiro de. *Curso de direito do trabalho*, p. 995.

serão **nomeados pelo Poder Executivo**, terão **mandato de dois anos**, podendo ser reconduzidos uma única vez, vedada a permanência de uma mesma pessoa como membro titular, como suplente ou, de forma alternada, como titular e suplente, por período consecutivo superior a 4 (quatro) anos no Conselho (§ 3.º, art. 3.º, Lei n. 8.036/90).

Aos membros do Conselho Curador, enquanto **representantes dos trabalhadores, efetivos e suplentes**, é assegurada a **estabilidade no emprego**, *da nomeação até um ano após o término do mandato*, somente podendo ser **demitidos por motivo de falta grave**, regularmente **comprovada por meio de processo sindical** (§ 9.º, art. 3.º, Lei n. 8.036/90).

10.4.8. Representantes dos empregados no Conselho Nacional de Previdência Social

Nos termos do **art. 3.º da Lei n. 8.213/91**, o **Conselho Nacional de Previdência Social (CNPS)** tem como **membros** seis **representantes do Governo Federal** e nove **representantes da sociedade civil**, sendo: a) três representantes dos aposentados e pensionistas; b) três representantes dos trabalhadores em atividade; c) três representantes dos empregadores.

Os **membros do CNPS** e seus respectivos suplentes serão **nomeados pelo Presidente da República**, tendo os representantes titulares da sociedade civil **mandato de dois anos**, podendo ser reconduzidos uma única vez (§ 1.º, art. 3.º, Lei n. 8.213/91).

Os representantes dos trabalhadores em atividade, dos aposentados, dos empregadores e seus respectivos suplentes serão **indicados pelas centrais sindicais e confederações nacionais** (§ 2.º, art. 3.º, Lei n. 8.213/91).

Aos **membros do CNPS**, enquanto **representantes dos trabalhadores** em atividade, **titulares e suplentes**, é assegurada a **estabilidade no emprego**, *da nomeação até um ano após o término do mandato*, somente podendo ser **demitidos por motivo de falta grave**, regularmente **comprovada por meio de processo judicial** (§ 7.º, art. 3.º, Lei n. 8.213/91).

10.4.9. Membro da comissão de representantes dos empregados

Regulamentando o art. 11 da Constituição Federal, a **Lei n. 13.467/2017 (*Reforma Trabalhista*) incluiu os arts. 510-A a 510-D na CLT**, passando a prever a forma e as regras da **representação dos empregados nas empresas**.

Assim, nas **empresas com mais de duzentos empregados**, é assegurada a **eleição de uma comissão** para representá-los, com a finalidade de promover-lhes o entendimento direto com os empregadores **(art. 510-A, caput, CLT)**.

A referida comissão será assim composta **(art. 510-A, § 1.º, CLT)**:

- nas empresas com mais de duzentos e até três mil empregados — **três membros**;
- nas empresas com mais de três mil e até cinco mil empregados — **cinco membros**;
- nas empresas com mais de cinco mil empregados — **sete membros**.

Caso a empresa possua empregados em vários Estados da Federação e no Distrito Federal, será assegurada a eleição de uma **comissão** de representantes dos empregados **por Estado ou no Distrito Federal**, sendo composta do número de membros de acordo com a previsão do § 1.º **(art. 510-A, § 2.º, CLT)**.

Em qualquer caso, se não houver candidatos suficientes na eleição para a criação da comissão de representantes dos empregados, esta poderá ser formada com número de membros inferior ao previsto por lei **(art. 510-C, § 5.º, CLT)**. Não havendo qualquer registro de candidatura para a respectiva eleição, será lavrada ata e convocada nova eleição no prazo de um ano **(art. 510-C, § 6.º, CLT)**.

Nos termos do **art. 510-D, § 3.º, CLT**, desde o registro da candidatura até um ano após o fim do mandato, o membro da comissão de representantes dos empregados **não poderá sofrer despedida arbitrária**, entendendo-se como tal a que não se fundar em motivo disciplinar, técnico, econômico ou financeiro.

O **mandato** dos membros da comissão de representantes dos empregados será de **um ano**, sendo que o membro que houver exercido a função de representante dos empregados na comissão **não poderá ser candidato** nos dois períodos subsequentes **(art. 510-D, *caput* e § 1.º, CLT)**.

O **mandato** do membro da comissão de representantes dos empregados **não implica suspensão ou interrupção do contrato** de trabalho, devendo o empregado permanecer no exercício de suas funções **(art. 510-D, § 2.º, CLT)**.

ESTABILIDADE	PERÍODO	FUNDAMENTO LEGAL
GESTANTE	Desde a confirmação da gravidez até 5 meses após o parto.	Art. 10, II, *b*, ADCT.
DIRIGENTE SINDICAL	Desde o registro da candidatura até 1 ano após o término do mandato. OBS.: assegurada ao dirigente titular e ao suplente.	Art. 8.º, VIII, CF.
MEMBRO DA CIPA (REPRESENTANTE DOS TRABALHADORES)	Desde o registro da candidatura até 1 ano após o término do mandato. OBS.: assegurada ao membro titular e ao suplente.	Art. 10, II, *a*, ADCT.
ACIDENTADO NO TRABALHO	12 meses após a cessação do auxílio-doença acidentário, independentemente do recebimento do auxílio-acidente.	Art. 118, Lei n. 8.213/91.
DIRETOR DE SOCIEDADE COOPERATIVA	Desde o registro da candidatura até 1 ano após o término do mandato. OBS.: assegurada apenas ao titular.	Art. 55, Lei n. 5.764/71.
MEMBRO DE COMISSÃO DE CONCILIAÇÃO PRÉVIA (REPRESENTANTE DOS TRABALHADORES)	Desde o registro da candidatura até 1 ano após o término do mandato. OBS.: assegurada ao membro titular e ao suplente.	Art. 625-B, § 1.º, CLT.

REPRESENTANTE DOS EMPREGADOS DO CONSELHO CURADOR DO FGTS	■ Da nomeação até 1 ano após o término do mandato.	■ Art. 3.º, § 9.º, Lei n. 8.036/90.
REPRESENTANTE DOS TRABALHADORES NO CONSELHO PREVIDENCIÁRIO	■ Da nomeação até 1 ano após o término do mandato.	■ Art. 3.º, § 7.º, Lei n. 8.213/91.
MEMBRO DA COMISSÃO DE REPRESENTANTES DOS EMPREGADOS	■ Desde o registro da candidatura até 1 ano após o término do mandato.	■ Art. 510-D, § 3.º, CLT.

10.4.10. Outras hipóteses de estabilidade no emprego

Além das hipóteses de estabilidade no emprego estudadas, algumas outras podem ser citadas, merecendo análise.

Nesse contexto, e antes de analisar especificamente as hipóteses de estabilidade no emprego indicadas a seguir, importante ressaltar que a **Lei n. 14.020, de 6 de julho de 2020**, que instituiu o Programa Emergencial de Manutenção do Emprego e da Renda para o enfrentamento do estado de calamidade pública reconhecido pelo Decreto Legislativo n. 6/2020 e da emergência de saúde pública internacional decorrente do coronavírus, de que tratou a Lei n. 13.979/2020, reconheceu **garantia provisória no emprego** ao empregado que recebesse o Benefício Emergencial de Preservação do Emprego e da Renda, em decorrência da redução da jornada de trabalho e do salário ou da suspensão temporária do contrato de trabalho **(art. 10)**, nos seguintes termos:

■ durante o período acordado de redução da jornada de trabalho e do salário ou de suspensão temporária do contrato de trabalho;

■ após o restabelecimento da jornada de trabalho e do salário ou do encerramento da suspensão temporária do contrato de trabalho, por período equivalente ao acordado para a redução ou a suspensão;

■ no caso de empregada gestante, por período equivalente ao acordado para a redução da jornada de trabalho ou para a suspensão temporária do contrato de trabalho, contado a partir do término do período de garantia de emprego da gestante, prevista no art. 10, II, *b*, do ADCT.

Nesses casos, a dispensa sem justa causa ocorrida sujeita o empregador ao pagamento, além das parcelas rescisórias, de indenização no valor de (§ 1.º):

■ 50% do salário a que o empregado teria direito no período de garantia provisória no emprego, na hipótese de redução de jornada de trabalho e de salário igual ou superior a 25% e inferior a 50%;

■ 75% do salário a que o empregado teria direito no período de garantia provisória no emprego, na hipótese de redução de jornada de trabalho e de salário igual ou superior a 50% e inferior a 70%;

■ 100% do salário a que o empregado teria direito no período de garantia provisória no emprego, na hipótese de redução de jornada de trabalho e de salário em percentual igual ou superior a 70% ou de suspensão temporária do contrato de trabalho.

A garantia de emprego não se aplica às hipóteses de pedido de demissão ou dispensa por justa causa do empregado (§ 2.º).

10.4.10.1. Reabilitados ou pessoas com deficiência habilitadas

O **art. 93 da Lei n. 8.213/91** prevê que a **empresa com cem ou mais empregados** está **obrigada a preencher de 2% a 5% dos seus cargos com beneficiários reabilitados ou pessoas com deficiência habilitadas**, na seguinte proporção: **a)** de 100 a 200 empregados — 2%; **b)** de 201 a 500 empregados — 3%; **c)** de 501 a 1.000 empregados — 4%; e **d)** de 1.001 empregados em diante — 5%.

Para a reserva de cargos será considerada somente a contratação direta de pessoa com deficiência, excluído o aprendiz com deficiência **(art. 93, § 3.º, Lei n. 8.213/91)**.

A dispensa de pessoa com deficiência ou de beneficiário reabilitado da Previdência Social ao final de contrato por prazo determinado de mais de 90 (noventa) dias e a dispensa imotivada em contrato por prazo indeterminado **somente poderão ocorrer após a contratação de outro trabalhador com deficiência ou beneficiário reabilitado da Previdência Social (§ 1.º, art. 93, Lei n. 8.213/91)**. O TST tem adotado entendimento no sentido de que esta restrição não se aplica quando a cota legal de empregados com deficiência estiver cumprida.

"AGRAVO DE INSTRUMENTO. RECURSO DE REVISTA. APELO SUBMETIDO À LEI N. 13.467/2017. REINTEGRAÇÃO. EMPREGADO COM DEFICIÊNCIA. DISPENSA IMOTIVADA. ATENDIMENTO AO PERCENTUAL MÍNIMO PREVISTO NO ART. 93 DA LEI N. 8.213/91. INEXISTÊNCIA DE OBRIGAÇÃO DE CONTRATAÇÃO PARA IDÊNTICO CARGO. A SBDI-I desta Corte, na sua composição completa, em 04.05.2017, no julgamento do Processo n. E-ED-ED-RR-10740-12.2005.5.17.0012, acórdão publicado no *DEJT* de 12.05.2017, de Relatoria do Exmo. Ministro Renato de Lacerda Paiva consolidou o entendimento no sentido de que a dispensa de empregado com deficiência ou reabilitado sem a subsequente contratação de outro empregado em condições semelhantes somente rende ensejo à reintegração no emprego caso a empresa não tenha observado o percentual mínimo exigido no art. 93 da Lei n. 8.213/91. Uma vez respeitada a cota mínima legal, não há necessidade de que a contratação se dê para idêntico cargo, tendo em vista que tal exigência não se extrai nem do teor expresso do texto legal, nem da teleologia da norma. Precedentes. Óbice da Súmula 333 do TST. Agravo de instrumento conhecido e não provido" (AIRR-1000733-97.2018.5.02.0078, 8.ª T., rel. Des. Convocado Joao Pedro Silvestrin, *DEJT* 03.11.2021).

Na realidade, **trata-se de uma garantia no emprego, e não verdadeiramente de uma forma de estabilidade**, mas o fato é que a jurisprudência tem adotado entendimento no sentido de que, enquanto o empregador não contratar um substituto de condição semelhante, não poderá dispensar sem justa causa o reabilitado ou o deficiente habilitado cujo contrato de trabalho está vigente, salvo se a cota legal já estiver cumprida, como visto acima, sob pena de ter que reintegrá-lo. Ao condicionar a dispensa de um empregado com deficiência por outro, nas mesmas condições, teve o legislador o objetivo de manter o percentual de vagas para pessoas com deficiência. A garantia no emprego não é, nesse contexto, individual, mas sim social.[44]

10.4.10.2. Leis eleitorais

As **leis eleitorais** têm instituído regras que **impedem** a contratação, a transferência e a **dispensa de servidores públicos**, bem como a supressão de vantagens asseguradas a eles, **por ocasião das eleições**.

Referidas leis destinam-se ao servidor público, estatutário ou celetista, da Administração Pública Direta ou Indireta e Fundações instituídas e mantidas pelo Poder Público da União, dos Estados, do Distrito Federal, dos Municípios e dos Territórios.

O fundamento de tais previsões legais reside no fato de que as leis eleitorais "destinam-se, principalmente, a garantir a observância da moralidade administrativa, preservando o interesse público contra desvios de poder motivados pela ingerência de forças emergentes nos períodos eleitorais".[45]

10.4.10.3. Hipóteses asseguradas em Precedentes Normativos do TST

Além das hipóteses de estabilidade de emprego decorrentes da Constituição Federal ou de lei, outras **modalidades de garantia de emprego** podem ser **estipuladas por meio de negociação coletiva**, sendo fixadas em convenções ou acordos coletivos de trabalho **(estabilidades convencionais)**.

Assim, diversas situações especiais nas quais pode se encontrar um empregado, e que fazem com que necessite de uma garantia de emprego, são levadas pelas categorias profissionais à negociação com as categorias econômicas. Muitas vezes, porém, diante do

---

[44] "[...] RECURSO DE REVISTA SOB A ÉGIDE DA LEI 13.015/2014. PESSOA COM DEFICIÊNCIA. DISPENSA IMOTIVADA. NECESSIDADE DE CONTRATAÇÃO PRÉVIA DE SUBSTITUTO EM CONDIÇÃO SEMELHANTE. GARANTIA SOCIAL. REINTEGRAÇÃO. À luz do art. 93, *caput*, § 1.º, da Lei n. 8.213/91, a licitude da dispensa de empregado reabilitado ou com deficiência está condicionada ao cumprimento da cota legal e de prévia contratação de empregado na mesma condição. A atual, iterativa e notória jurisprudência deste Tribunal Superior é a que a validade da dispensa de empregado reabilitado ou com deficiência está condicionada à comprovação de contratação prévia de substituto nas mesmas condições, conforme disposto no art. 93, § 1.º, da Lei n. 8.213/91. Não se vislumbra no acórdão recorrido, entretanto, a comprovação de contratação prévia de empregado nas mesmas condições daquele dispensado, razão pela qual a reforma da decisão regional é medida que se impõe. Há precedentes. Recurso de revista conhecido e provido" (RRAg-1000912-17.2016.5.02.0073, 6.ª T., rel. Min. Augusto Cesar Leite de Carvalho, *DEJT* 18.03.2022).

[45] BARROS, Alice Monteiro de. *Curso de direito do trabalho*, p. 997.

impasse na negociação, o conflito coletivo é levado pelas partes à Justiça do Trabalho que, solucionando-o, profere sentença normativa.

A partir de julgamentos reiterados em dissídios coletivos sobre determinadas matérias, o TST adota **Precedentes Normativos**, consolidando os entendimentos jurisprudenciais.

Desta forma, no que tange à fixação de entendimento da jurisprudência decorrente de julgamentos de cláusulas normativas que tratam de garantias de emprego, destacam-se os seguintes Precedentes Normativos:

■ **Empregado transferido para outra localidade:**

PN 77, TST: "Assegura-se ao empregado transferido, na forma do art. 469 da CLT, a garantia de emprego por 1 (um) ano após a data da transferência".

■ **Empregado alistando no serviço militar:**

PN 80, TST: "Garante-se o emprego do alistando, desde a data da incorporação no serviço militar até 30 dias após a baixa".

■ **Empregado em vias de aposentadoria:**

PN 85, TST: "Defere-se a garantia de emprego, durante os 12 (doze) meses que antecedem a data em que o empregado adquire direito à aposentadoria voluntária, desde que trabalhe na empresa há pelo menos 5 (cinco) anos. Adquirido o direito, extingue-se a garantia".

■ **Representante dos trabalhadores em empresas com mais de 200 empregados (conforme já analisado no item 10.4.2 *supra*):**

PN 86, TST: "Nas empresas com mais de 200 (duzentos) empregados é assegurada a eleição direta de um representante, com as garantias do art. 543, e seus parágrafos, da CLT".

10.4.11. Regras gerais sobre estabilidade no emprego

Além das peculiaridades de cada uma das modalidades de estabilidade no emprego vistas acima, alguns aspectos gerais relativos ao estudo das estabilidades no emprego merecem destaque.

■ **Equivalência e compatibilidade entre estabilidade no emprego e o regime do FGTS**

A opção pelo regime do FGTS exclui automaticamente o empregado do sistema da estabilidade decenal prevista na CLT. Isto porque a **equivalência** entre os dois regimes é **meramente jurídica, e não econômica**.

Ao contrário, a estabilidade contratual ou regulamentar é plenamente compatível com o regime do FGTS, convivendo ambas as garantias concomitantemente.

Nesse sentido, o entendimento do TST:

> **SÚMULA 98, TST:** "I — A equivalência entre os regimes do Fundo de Garantia do Tempo de Serviço e da estabilidade prevista na CLT é meramente jurídica e não econômica, sendo indevidos valores a título de reposição de diferenças.
>
> II — A estabilidade contratual ou a derivada de regulamento de empresa são compatíveis com o regime do FGTS. Diversamente ocorre com a estabilidade legal (decenal, art. 492 da CLT), que é renunciada com a opção pelo FGTS".

■ **Reintegração do empregado após o término do período de estabilidade provisória no emprego**

A garantia de **reintegração no emprego** do empregado detentor de estabilidade provisória dispensado sem justa causa **restringe-se ao período da estabilidade**.

Exaurido o período da estabilidade, a garantia restringe-se à **condenação ao pagamento de salários e demais direitos trabalhistas** até o término do referido período.

Em relação a essa questão, o TST pacificou a jurisprudência, adotando os seguintes entendimentos:

> **SÚMULA 396, TST:** "I — Exaurido o período de estabilidade, são devidos ao empregado apenas os salários do período compreendido entre a data da despedida e o final do período de estabilidade, não lhe sendo assegurada a reintegração no emprego.
>
> II — Não há nulidade por julgamento *extra petita* da decisão que deferir salário quando o pedido for de reintegração, dados os termos do art. 496 da CLT".

> **OJ SDI-2 24, TST:** "Rescinde-se o julgado que reconhece estabilidade provisória e determina a reintegração de empregado, quando já exaurido o respectivo período de estabilidade. Em juízo rescisório, restringe-se a condenação quanto aos salários e consectários até o termo final da estabilidade".

Especificamente em relação à gestante, a **Súmula 244, II, do TST** contém previsão expressa nesse sentido:

> **SÚMULA 244, TST:** "II — A garantia de emprego à gestante só autoriza a reintegração se esta se der durante o período da estabilidade. Do contrário, a garantia restringe-se aos salários e demais direitos correspondentes ao período de estabilidade".

Assim, em razão deste entendimento, não há que se falar em abuso de direito quando o trabalhador ajuizar ação trabalhista pleiteando seus direitos decorrentes da estabilidade quando o respectivo período já tenha se exaurido.

OJ SDI-1 399, TST: "O ajuizamento de ação trabalhista após decorrido o período de garantia de emprego não configura abuso do exercício do direito de ação, pois este está submetido apenas ao prazo prescricional inscrito no art. 7.º, XXIX, da CF/1988, sendo devida a indenização desde a dispensa até a data do término do período estabilitário".

Estabilidade provisória e extinção da empresa

O TST adota entendimento no sentido de que a **extinção da empresa** gera a automática **cessação do contrato de trabalho**.

SÚMULA 173, TST: "Extinto, automaticamente, o vínculo empregatício com a cessação das atividades da empresa, os salários só são devidos até a data da extinção".

Como consequência, os **efeitos da estabilidade provisória cessam** com o encerramento das atividades empresariais.

Tal posicionamento foi adotado expressamente pelo TST em relação ao dirigente sindical e ao cipeiro.

SÚMULA 369, TST: "IV — Havendo extinção da atividade empresarial no âmbito da base territorial do sindicato, não há razão para subsistir a estabilidade".

SÚMULA 339, TST: "II — A estabilidade do cipeiro não constitui vantagem pessoal, mas garantia para as atividades dos membros da CIPA, que somente tem razão de ser quando em atividade a empresa. Extinto o estabelecimento, não se verifica a despedida arbitrária, sendo impossível a reintegração e indevida a indenização do período estabilitário".

No entanto, como **exceções à regra** supracitada, em relação à **gestante** e ao **empregado que sofre acidente do trabalho**, a jurisprudência do TST tem se encaminhado no sentido de garantir a estes empregados o direito ao recebimento da indenização decorrente da estabilidade, mesmo com a extinção da empresa. Os julgados abaixo consubstanciam tal entendimento:

"RECURSO DE REVISTA INTERPOSTO NA VIGÊNCIA DA LEI N. 13.467/2017 E DA IN N. 40 DO TST. RITO SUMARÍSSIMO. ESTABILIDADE PROVISÓRIA. GESTANTE. ENCERRAMENTO DAS ATIVIDADES EMPRESARIAIS. DIREITO À INDENIZAÇÃO SUBSTITUTIVA. TRANSCENDÊNCIA POLÍTICA. No caso em tela, o debate acerca do direito à indenização substitutiva decorrente da estabilidade provisória da empregada gestante quando ocorre o encerramento das atividades empresariais detém transcendência política, nos termos do art. 896-A, § 1.º, II, da CLT. Transcendência reconhecida. RITO SUMARÍSSIMO. ESTABILIDADE PROVISÓRIA. GESTANTE.

ENCERRAMENTO DAS ATIVIDADES EMPRESARIAIS. DIREITO À INDENIZAÇÃO SUBSTITUTIVA. Cinge-se a controvérsia acerca do direito à indenização substitutiva decorrente da estabilidade provisória da empregada gestante quando ocorre o encerramento das atividades empresariais. *In casu*, constou do acórdão (fl. 331) que o exame de ultrassonografia obstétrica, realizado em 16.07.2019, apontou estado gravídico de 5 semanas e 1 dia, o que comprova que a reclamante estava grávida no momento do encerramento do contrato, ocorrido em 27.06.2019, considerando a projeção do aviso prévio. A decisão recorrida, no entanto, indefere o pedido da reclamante e aplica, por analogia, a Súmula 339, II, do TST. Estabelece o art. 10, II, *b*, do ADCT, ser vedada a dispensa arbitrária, ou sem justa causa da empregada gestante, desde a confirmação da gravidez até cinco meses após o parto, não impondo nenhuma restrição quanto à modalidade de contrato de trabalho, mesmo porque a garantia visa à tutela do nascituro. Assim, o entendimento regional apresenta-se em dissonância do desta Corte firmado no sentido de o encerramento das atividades empresariais não afasta o direito à estabilidade da gestante, tampouco à indenização relativa ao período estabilitário, ao fundamento de que o referido artigo não condiciona a estabilidade ao retorno ao emprego, bastando, para tanto, a gravidez no curso da eficácia do contrato de trabalho. Ademais, a alteridade, preconizada no artigo 2.º, da CLT, é uma das características do contrato de trabalho e atribui ao empregador os riscos da atividade econômica, razão pela qual não se deve impor à recorrente um ônus que não lhe cabe. Recurso de revista provido" (RR-11147-81.2019.5.18.0082, 6.ª T., rel. Min. Augusto Cesar Leite de Carvalho, *DEJT* 30.06.2023).

"AGRAVO INTERNO EM AGRAVO DE INSTRUMENTO EM RECURSO DE REVISTA. LEI N. 13.015/2014. CPC/2015. INSTRUÇÃO NORMATIVA N. 40 DO TST. [...] ESTABILIDADE ACIDENTÁRIA. ENCERRAMENTO DAS ATIVIDADES DA EMPRESA. INDENIZAÇÃO DEVIDA. Conforme dispõe o art. 118 da Lei n. 8.213/91, será garantida a manutenção do contrato de trabalho do segurado que, afastado por mais de 15 dias do emprego, em decorrência de acidente de trabalho, tiver percebido o auxílio-doença acidentário, somente não sendo exigido tal requisito nos casos em que, após a despedida, for constatada a existência de doença profissional que guarde relação de causalidade com a execução do contrato (Súmula 378, II, do TST). Trata-se da garantia de emprego do trabalhador acidentado, concedida pelo prazo mínimo de 12 meses após a cessação do aludido benefício. Na hipótese, o Tribunal Regional registrou que 'o fechamento da reclamada se deu no início de 2014, quando o reclamante já havia adquirido o direito à estabilidade provisória'. Concluiu que tem direito à indenização substitutiva, relativo ao período da estabilidade provisória. A decisão regional está em sintonia com o entendimento desta Corte Superior, no sentido de que a estabilidade provisória acidentária prevalece no caso de encerramento das atividades da empresa e o empregado faz jus à indenização substitutiva referente ao período estabilitário. Ademais, nos termos do art. 2.º da CLT, o empregador assume os riscos da atividade empresarial: 'considera-se empregador a empresa, individual ou coletiva, que, assumindo os riscos da atividade econômica, admite, assalaria e dirige a prestação pessoal de serviço" (sublinhei). Precedentes. Correta a decisão regional. Incidência do artigo 896, § 7.º, da CLT e da Súmula 333 do TST. Agravo conhecido e não provido" (Ag-AIRR-1488-80.2014.5.10.0103, 7.ª T., rel. Min. Claudio Mascarenhas Brandao, *DEJT* 11.10.2019).

Alice Monteiro de Barros posiciona-se contrariamente à exclusão em alguns casos do direito ao reconhecimento dos direitos decorrentes da estabilidade em caso de extinção da empresa. Segundo a autora, "a estabilidade provisória assegurada atua como fator de limitação temporária ao direito potestativo de resilição contratual e visa a propiciar a seu destinatário, em última análise, o exercício de direitos fundamentais. Dessa forma, mesmo havendo *extinção da empresa*, entendemos, para qualquer hipótese de estabilidade provisória, não se deva excluir essa proteção legal".[46]

▣ Estabilidade provisória e aviso prévio

Sendo vedada a dispensa sem justa causa do empregado no curso do período de estabilidade provisória, resta evidente a **impossibilidade de concessão de aviso prévio na fluência de tal garantia**. O aviso prévio somente pode ser dado pelo empregador após o término da estabilidade, quando o direito de dispensar o empregado pode ser exercido normalmente.

SÚMULA 348, TST: "É inválida a concessão do aviso prévio na fluência da garantia de emprego, ante a incompatibilidade dos dois institutos".

Situação totalmente distinta diz respeito à **aquisição do direito à estabilidade no curso do aviso prévio**, ou seja, o aviso foi concedido validamente pelo empregador e no seu decorrer verifica-se situação específica que geraria o direito do empregado à estabilidade no emprego.

Conforme visto anteriormente, em relação ao dirigente sindical o TST adotou posicionamento expresso no sentido de que o registro da candidatura no curso do aviso prévio, ainda que indenizado, não assegura ao empregado a estabilidade **(Súmula 369, V, TST)**.

Tal entendimento vem sendo adotado pelo TST geralmente em relação às demais hipóteses de estabilidade provisória, com exceção, porém, da estabilidade da gestante e da estabilidade do acidentado no trabalho.

Nestes dois casos (gestante e acidentado no trabalho), a jurisprudência vem se posicionando em sentido contrário, entendendo estar garantido o direito à estabilidade no curso do aviso prévio, conforme já analisado nos itens 10.4.1 e 10.4.4 *supra*.

▣ Estabilidade provisória e exercício de cargos de confiança

Como o exercício dos cargos de diretoria, gerência ou outros de confiança imediata do empregador sempre se dá de forma interina, não haverá estabilidade provisória para o exercício de tais cargos, ressalvado o cômputo do tempo de serviço para todos os efeitos legais **(art. 499, CLT)**.

No entanto, ao empregado garantido pela estabilidade que deixar de exercer cargo confiança, é assegurada, salvo no caso de falta grave, a reversão ao cargo efetivo que haja anteriormente ocupado **(§ 1.º)**.

---

[46] BARROS, Alice Monteiro de. *Curso de direito do trabalho*, p. 1001-1002.

Vale lembrar que convenção coletiva ou acordo coletivo de trabalho podem dispor validamente sobre a identificação dos cargos que se enquadram como funções de confiança **(art. 611-A, V, CLT)**, sendo certo que a reversão do empregado ao cargo anteriormente ocupado, deixando o exercício de função de confiança, com ou sem justo motivo, não lhe assegura o direito à manutenção do pagamento da gratificação correspondente, que não será incorporada, independentemente do tempo de exercício da respectiva função **(art. 468, § 2.º, CLT)**.

◼ **Estabilidade provisória e pedido de demissão**

O pedido de demissão do empregado estável só será válido quando feito com a assistência do respectivo sindicato e, se não o houver, perante autoridade local competente do Ministério do Trabalho **(art. 500, CLT)**.

10.5. QUESTÕES

11

FUNDO DE GARANTIA DO TEMPO DE SERVIÇO (FGTS)

11.1. CARACTERÍSTICAS

Conforme visto no item 10.3 (Parte II), o **Fundo de Garantia do Tempo de Serviço (FGTS)** foi instituído pela Lei n. 5.107/66, como regime alternativo ao sistema da estabilidade decenal assegurado pela CLT.

A Constituição Federal de 1967 passou a prever expressamente a alternativa entre os dois sistemas (art. 158, XIII), disciplinando a partir daí regimes jurídicos distintos de garantia de emprego, um econômico (FGTS), outro jurídico (estabilidade no emprego).

A **Constituição Federal de 1988**, tornando obrigatório o regime do FGTS para todos os empregados urbanos e rurais **(art. 7.º, III)**, eliminou do ordenamento jurídico o sistema da estabilidade definitiva no emprego obtida após 10 (dez) anos de serviço para o mesmo empregador, **universalizando o sistema do FGTS**.

> "**Art. 7.º** São direitos dos trabalhadores urbanos e rurais, além de outros que visem à melhoria de sua condição social: [...]
> III — fundo de garantia do tempo de serviço; [...]".

Assim, os **empregados urbanos e rurais** contratados a partir de 1988 **inserem-se automaticamente no sistema do FGTS**. A partir da Emenda Constitucional n. 72/2013 aos trabalhadores domésticos passou a ser reconhecido o direito ao FGTS (art. 7.º, parágrafo único, CF). Nesse sentido, a Lei Complementar n. 150/2015 (art. 21) assegura aos empregados domésticos tal direito.

> "**Art. 7.º** São direitos dos trabalhadores urbanos e rurais, além de outros que visem à melhoria de sua condição social: [...]
> Parágrafo único. São assegurados à categoria dos trabalhadores domésticos os direitos previstos nos incisos IV, VI, VII, VIII, X, XIII, XV, XVI, XVII, XVIII, XIX, XXI, XXII, XXIV, XXVI, XXX, XXXI e XXXIII e, atendidas as condições estabelecidas em lei e observada a simplificação do cumprimento das obrigações tributárias, principais e acessórias, decorrentes da relação de trabalho e suas peculiaridades, os previstos nos incisos I, II, III, IX, XII, XXV e XXVIII, bem como a sua integração à previdência social".

A regulamentação do FGTS é feita pela **Lei n. 8.036/90**, com a consolidação das suas normas por meio do **Decreto n. 99.684/90**.

O FGTS consiste em **recolhimentos pecuniários mensais** feitos pelo empregador em uma conta específica aberta em nome do empregado junto à Caixa Econômica Federal, que é o agente operador do Fundo **(art. 4.º, Lei n. 8.036/90)**.

Os empregadores ficam obrigados a depositar na conta do FGTS de cada empregado, **até o dia 7 (sete) de cada mês**, importância correspondente a **8% (oito por cento)**[1] **da remuneração paga ou devida no mês anterior**. Consideram-se como remuneração para fins de incidência do FGTS as parcelas previstas no **art. 457, § 1.º, da CLT**, o salário-utilidade e a gratificação de Natal **(art. 15, *caput*, Lei n. 8.036/90 e art. 34, IV, Lei Complementar n. 150/2015)**.

O **empregador que não realizar os depósitos do FGTS no prazo** responderá pela Taxa Referencial (TR) sobre a importância correspondente, por dia de atraso, incidindo ainda juros de mora de 0,5% (meio por cento) ao mês e multa de 5% (cinco por cento), se o depósito for efetuado no mesmo mês de vencimento da obrigação, ou de 10% (dez por cento), se o depósito for efetuado a partir do mês seguinte ao do vencimento da obrigação **(art. 22, Lei n. 8.036/90)**.

Compete ao Ministério do Trabalho a verificação do cumprimento das normas referentes ao FGTS, especialmente quanto à apuração dos débitos e infrações praticadas pelos empregadores ou tomadores de serviço, que os notificará para efetuarem e comprovarem os depósitos correspondentes e cumprirem as demais determinações legais **(art. 23, Lei n. 8.036/90)**.

Incide FGTS sobre os valores pagos a título de horas extras e sobre outros adicionais de remuneração recebidos pelo empregado.

> **SÚMULA 63, TST:** "A contribuição para o Fundo de Garantia do Tempo de Serviço incide sobre a remuneração mensal devida ao empregado, inclusive horas extras e adicionais eventuais".

Não há incidência de FGTS sobre as parcelas previstas no **art. 457, § 2.º, da CLT**, sobre o valor pago a título de participação nos lucros ou resultados **(art. 7.º, XI, CF)**, sobre férias indenizadas **(art. 146, CLT)** e abono de férias **(art. 143, CLT)**.

> **OJ SDI-1 195, TST:** "Não incide a contribuição para o FGTS sobre as férias indenizadas".

Como visto no Capítulo 8 (Parte II), os depósitos do FGTS são devidos nos casos de **interrupção do contrato de trabalho** e em algumas hipóteses de **suspensão do contrato**, tais como prestação do serviço militar obrigatório e licença por acidente do trabalho **(art. 15, § 5.º, Lei n. 8.036/90)**.

O **empregado eleito diretor de sociedade anônima** tem seu **contrato de trabalho suspenso**, salvo se permanecer a subordinação inerente à condição de empregado,

---

[1] Nos contratos de aprendizagem, a alíquota do FGTS é reduzida para 2% (dois por cento), conforme previsão do art. 15, § 7.º, da Lei n. 8.036/90.

sendo certo que no período da suspensão **não serão efetuados depósitos em sua conta do FGTS (Súmula 269, TST)**.

Ocorrendo **rescisão do contrato de trabalho por parte do empregador**, este ficará obrigado a depositar na conta do FGTS do trabalhador os valores relativos ao mês da rescisão e ao imediatamente anterior que não tenha sido depositado **(art. 18, Lei n. 8.036/90)**.

Tratando-se de empregado doméstico, mensalmente o empregador depositará a importância de 3,2% sobre a remuneração devida no mês anterior, a cada empregado, destinada ao pagamento da indenização compensatória da perda do emprego, sem justa causa ou por culpa do empregador, não se aplicando ao empregado doméstico a indenização de 40% sobre os depósitos do FGTS (art. 22, *caput*, e art. 34, V, Lei Complementar n. 150/2015), sendo que, nas hipóteses de dispensa por justa causa, de pedido de demissão, de término do contrato de trabalho por prazo determinado, de aposentadoria e de falecimento do empregado doméstico, os valores relativos à indenização compensatória da perda do emprego que foi depositada ao longo do período de vigência do contrato serão movimentados pelo empregador **(art. 22, § 1.º, Lei Complementar n. 150/2015)**.

Incide FGTS sobre o valor correspondente ao aviso prévio, trabalhado ou indenizado.

SÚMULA 305, TST: "O pagamento relativo ao período de aviso prévio, trabalhado ou não, está sujeito à contribuição para o FGTS".

Constituem objeto ilícito de convenção coletiva ou de acordo coletivo de trabalho a supressão ou a redução do valor dos depósitos mensais e da indenização rescisória do FGTS **(art. 611-B, III, CLT)**.

Os depósitos são corrigidos monetariamente, além de capitalizarem juros **(art. 13, Lei n. 8.036/90)**. Para as contas vinculadas dos trabalhadores optantes existentes à data de 22 de setembro de 1971, a capitalização dos juros será feita na seguinte proporção **(art. 13, § 3.º, Lei n. 8.036/90)**:

- 3% (três por cento), durante os dois primeiros anos de permanência na mesma empresa;
- 4% (quatro por cento), do terceiro ao quinto ano de permanência na mesma empresa;
- 5% (cinco por cento), do sexto ao décimo ano de permanência na mesma empresa;
- 6% (seis por cento), a partir do décimo primeiro ano de permanência na mesma empresa.

Após a decisão do Plenário do STF, com repercussão geral reconhecida, que declarou a inconstitucionalidade das normas que previam prazo prescricional de trinta anos para ações relativas a valores não depositados no FGTS,[2] o **direito de reclamar, na Justiça do Trabalho, recolhimentos do FGTS** não efetuados pelo empregador **prescreve em cinco anos**.

> **SÚMULA 362, TST:** I — Para os casos em que a ciência da lesão ocorreu a partir de 13.11.2014, é quinquenal a prescrição do direito de reclamar contra o não recolhimento de contribuição para o FGTS, observado o prazo de dois anos após o término do contrato;
> II — Para os casos em que o prazo prescricional já estava em curso em 13.11.2014, aplica-se o prazo prescricional que se consumar primeiro: trinta anos, contados do termo inicial, ou cinco anos, a partir de 13.11.2014 (STF-ARE-709212/DF).

Após dois anos da extinção do contrato de trabalho, a **prescrição é total** e, portanto, não há mais possibilidade de se reclamar qualquer verba decorrente do contrato de trabalho, nem os recolhimentos do FGTS.

Não há como se pretender os recolhimentos do FGTS sobre verbas que já estejam prescritas. Assim, estando prescritas as parcelas principais (por exemplo, horas extras e diferenças de salários), estará prescrita a pretensão de FGTS sobre elas, já que o acessório segue a mesma sorte do principal.

> **SÚMULA 206, TST:** "A prescrição da pretensão relativa às parcelas remuneratórias alcança o respectivo recolhimento da contribuição para o FGTS".

Os valores dos depósitos do FGTS, quando cobrados na Justiça do Trabalho, possuem natureza de débito trabalhista, razão pela qual sobre eles incidem os índices de atualização monetária aplicados por essa Justiça Especializada.

> **OJ SDI-1 302, TST:** "Os créditos referentes ao FGTS, decorrentes de condenação judicial, serão corrigidos pelos mesmos índices aplicáveis aos débitos trabalhistas".

Por força da **Emenda Constitucional n. 45/2004**, as **multas aplicadas** ao empregador **pelos órgãos de fiscalização das relações de trabalho** em face da irregularidade dos recolhimentos do FGTS serão executadas ou discutidas perante a Justiça do Trabalho (art. 114, VII, CF).

As **contas do FGTS** em nome dos trabalhadores são **absolutamente impenhoráveis (art. 2.º, § 2.º, Lei n. 8.036/90)**.

11.1.1. Conselho Curador do FGTS

Conforme previsto no **art. 3.º da Lei n. 8.036/90**, o FGTS será regido por **normas e diretrizes estabelecidas por um Conselho Curador (CCFGTS)**, composto por

---

[2] Recurso Extraordinário com Agravo (ARE) 709.212, rel. Min. Gilmar Mendes.

representação de trabalhadores, empregadores e órgãos e entidades governamentais, na forma estabelecida pelo **art. 24 do Decreto n. 10.905/2021**.

A **presidência** do referido Conselho será exercida pelo **representante do Ministério do Trabalho e Previdência (art. 24, I, Decreto n. 10.905/2021)**.

As **competências do Conselho Curador do FGTS** estão definidas no **art. 5.º da Lei n. 8.036/90**, entre as quais está a de estabelecer as diretrizes e os programas de alocação de todos os recursos do FGTS, em consonância com a política nacional de desenvolvimento urbano e as políticas setoriais de habitação popular, saneamento básico e infraestrutura urbana estabelecidas pelo Governo Federal (inc. I).

11.2. ABRANGÊNCIA

O FGTS é um direito dos empregados urbanos, rurais e domésticos **(art. 7.º, III e parágrafo único, CF)**, estendido aos trabalhadores avulsos por força do **art. 7.º, XXIV, da Constituição Federal**.

O **empregado transferido para o exterior** tem direito ao FGTS sobre todas as parcelas de natureza salarial recebidas.

> **OJ SDI-1 232, TST:** "O FGTS incide sobre todas as parcelas de natureza salarial pagas ao empregado em virtude de prestação de serviços no exterior".

Em relação aos **diretores não empregados**, não há esta obrigatoriedade, somente sendo depositado o FGTS por deliberação da empresa, caso em que serão consideradas como remuneração para fins de incidência da alíquota as retiradas efetuadas por eles **(art. 15, § 4.º, e art. 16, Lei n. 8.036/90)**.

11.3. HIPÓTESES DE SAQUE

A **conta do FGTS** aberta em nome do empregado junto à Caixa Econômica Federal é *vinculada*, ou seja, sua **movimentação é restrita** às hipóteses previstas na **Lei n. 8.036/90** e somente pode ser feita nos termos fixados por referida Lei. O empregado não pode se utilizar livremente dos depósitos feitos em seu nome no FGTS.

As **hipóteses de movimentação da conta do FGTS**, expressamente previstas no **art. 20 da Lei n. 8.036/90**, podem ser divididas em dois grupos: **a)** hipóteses de movimentação em caso de extinção do contrato de trabalho; e **b)** hipóteses de movimentação durante a vigência do contrato de trabalho.

■ Hipóteses de movimentação em caso de extinção do contrato de trabalho

■ *Dispensa sem justa causa, dispensa indireta, extinção do contrato de trabalho por culpa recíproca ou força maior* **(inc. I)** — nessas hipóteses, permite-se a **movimentação imediata da conta do FGTS** pelo trabalhador, com o saque dos valores depositados relativos ao último contrato de trabalho **(art. 35, § 2.º, Decreto n. 99.684/90)**.

■ Tratando-se de contrato de trabalho de empregado doméstico, na hipótese de culpa recíproca, metade dos valores referentes à indenização compensatória da perda do emprego será movimentada pelo empregado, enquanto a outra metade será movimentada pelo empregador **(art. 22, § 2.º, Lei Complementar n. 150/2015)**.

O saque em todos esses casos depende da **apresentação do recibo de quitação das verbas rescisórias (art. 36, I, Decreto n. 99.684/90)**.

O empregado **não pode sacar o FGTS** se for **dispensado por justa causa** ou se **pedir demissão**. Nessas hipóteses, a conta do FGTS continua a ser de titularidade do trabalhador, mas se transforma em **conta inativa**, ou seja, conta que, embora continue a ser corrigida monetariamente, não recebe mais depósitos **(art. 21 e art. 13, § 2.º, Lei n. 8.036/90)**.

Os valores existentes nas **contas inativas podem ser sacados** quando o **trabalhador permanecer três anos ininterruptos fora do regime do FGTS**, por exemplo, porque passou a trabalhar como autônomo ou servidor público estatutário **(art. 20, VIII, Lei n. 8.036/90)**, e também em caso de **aposentadoria** ou **falecimento** do trabalhador.

Importante ressaltar que o fato de o trabalhador ter sido dispensado por justa causa não o impede de sacar os valores de sua conta do FGTS caso se aposente ou para compra ou quitação de parcelas da casa própria, nem impede o levantamento dos referidos valores por seus dependentes ou herdeiros em caso de seu falecimento **(art. 15, Decreto n. 99.684/90)**.

■ *Extinção do contrato de trabalho por acordo entre empregado e empregador* **(inc. I-A)** — a extinção do contrato de trabalho em decorrência de acordo entre as partes, na forma prevista no art. 484-A, *caput*, da CLT, permite a movimentação da conta vinculada do trabalhador no FGTS, mas **limitada a até 80%** (oitenta por cento) do valor dos depósitos **(art. 484-A, § 1.º, CLT)**.

■ *Extinção total da empresa, fechamento de quaisquer de seus estabelecimentos, filiais ou agências ou supressão de parte de suas atividades, desde que qualquer dessas situações implique em rescisão do contrato de trabalho* **(inc. II)** — não decorrendo de iniciativa do empregado, tais hipóteses de extinção do contrato de trabalho permitem o saque dos valores depositados em sua conta do FGTS, em relação ao último contrato de trabalho **(art. 35, § 2.º, Decreto n. 99.684/90)**.

■ *Declaração de nulidade do contrato de trabalho de empregado público contratado sem prévia aprovação em concurso, conforme exigência do art. 37, II, da Constituição Federal* **(inc. II)**.

■ *Falecimento do empregador individual, desde que não haja continuidade do contrato de trabalho* **(inc. II)** — com a cessação da atividade da empresa por morte do empregador individual, os contratos de trabalho são extintos (**art. 485, CLT**), podendo os empregados sacar os valores do FGTS depositados em seu nome durante a vigência deles.

■ *Aposentadoria* (**inc. III**) — concedida pelo Órgão Previdenciário, a aposentadoria **requerida voluntariamente** por empregado e deixando este de trabalhar em razão de tal concessão, não resta dúvida de que se opera a extinção do contrato de trabalho e, consequentemente, autoriza-se o saque dos depósitos do FGTS feitos em seu nome.

No entanto, por muito tempo discutiu-se se ocorreria a extinção do contrato de trabalho quando o **empregado continuasse a trabalhar para o empregador mesmo após ter sido concedida sua aposentadoria**. Tal discussão ganha relevância quando ocorre uma dispensa sem justa causa do empregado já aposentado, que continuou a trabalhar para o mesmo empregador, pois, dependendo do entendimento adotado, a indenização de 40% dos depósitos atualizados do FGTS devida nesse caso terá uma base de cálculo maior ou menor. **Por exemplo:** empregado trabalhou para o empregador por 11 anos antes de obter a aposentadoria; após ter se aposentado, continuou trabalhando para o mesmo empregador por mais 8 anos, quando, então, foi dispensado sem justa causa. Caso se considere que a aposentadoria extinguiu o contrato de trabalho, o período trabalhado após tal concessão refere-se a um novo contrato de trabalho e, portanto, os 40% da indenização serão calculados apenas em relação aos depósitos do FGTS efetuados nesses 8 anos; ao contrário, entendendo-se que não ocorreu a extinção do contrato de trabalho com a concessão da aposentadoria, a dispensa sem justa causa vai gerar uma indenização de 40% dos depósitos do FGTS efetuados durante todo o período do contrato, ou seja, 19 anos.

O TST, por meio da OJ SDI-1 177, havia adotado entendimento no sentido de considerar que a aposentadoria espontânea extinguia o contrato de trabalho, calculando-se a indenização apenas em relação ao segundo contrato.

No entanto, em decorrência do **julgamento pelo STF da ADI n. 1770-4**, que declarou a inconstitucionalidade do § 1.º do art. 453 da CLT, o **TST cancelou a OJ SDI-1 177**, sendo que, após diversos precedentes de julgamento, o TST, em 23.05.2008, adotou nova Orientação Jurisprudencial refletindo posicionamento de acordo com a decisão do STF:

> **OJ SDI-1 361, TST:** "A aposentadoria espontânea não é causa de extinção do contrato de trabalho se o empregado permanece prestando serviços ao empregador após a jubilação. Assim, por ocasião da sua dispensa imotivada, o empregado tem direito à multa de 40% do FGTS sobre a totalidade dos depósitos efetuados no curso do pacto laboral".

O prazo prescricional aplicável à cobrança de valores não depositados no Fundo de Garantia por Tempo de Serviço (FGTS) é quinquenal, nos termos do art. 7.º, XXIX, da Constituição Federal (**Tema 608 de Repercussão Geral**).

■ *Falecimento do trabalhador* (**inc. IV**) — nesse caso, os valores existentes na conta do FGTS do trabalhador serão **pagos a seus dependentes**, para esse fim habilitados perante a Previdência Social, segundo o critério adotado para a concessão de pensões por morte.

Na falta de dependentes, farão jus ao recebimento dos referidos valores **os sucessores do trabalhador**, na forma prevista na lei civil, indicados em alvará judicial, expedido a requerimento do interessado, independentemente de inventário ou arrolamento.

■ *Extinção normal do contrato a termo, inclusive o dos trabalhadores temporários* **(inc. IX)**.

Embora não seja uma hipótese típica de saque em decorrência de extinção do contrato de trabalho, a doutrina equipara a esta situação a *suspensão total do trabalho avulso por período igual ou superior a 90 (noventa) dias comprovada por declaração do sindicato representativo da categoria profissional* **(inc. X)**.

■ **Hipóteses de movimentação durante a vigência do contrato de trabalho** — o art. 20 da Lei n. 8.036/90 também prevê algumas situações em que o saque do FGTS pode se dar mesmo durante o regular desenvolvimento do contrato de trabalho.

■ **Pagamento de parte das prestações decorrentes de financiamento habitacional concedido no âmbito do Sistema Financeiro de Habitação (SFH), desde que (inc. V):**

■ conte com o mínimo de 3 (três) anos de trabalho sob o regime do FGTS, na mesma empresa ou em empresas distintas;

■ o valor bloqueado seja utilizado, no mínimo, durante o prazo de 12 (doze) meses;

■ o valor do abatimento atinja, no máximo, 80% (oitenta por cento) do montante da prestação.

■ **Liquidação ou amortização extraordinária do saldo devedor de financiamento imobiliário, observadas as condições estabelecidas pelo Conselho curador, dentre elas (inc. VI):**

■ o financiamento seja concedido no âmbito do SFH;

■ haja interstício de 2 (dois) anos para cada movimentação.

■ **Pagamento total ou parcial do preço da aquisição de moradia própria, ou lote urbanizado de interesse social não construído, respeitando as seguintes condições (inc. VII):**

■ o mutuário deverá contar com o mínimo de 3 (três) anos de trabalho sob o regime do FGTS, na mesma empresa ou empresas diferentes;

■ seja a operação financiável nas condições vigentes para o SFH.

■ Para aplicação em Fundos Mútuos de Privatização, regidos pela Lei n. 6.385/76, em valor máximo de 50% (cinquenta por cento) do saldo existente e disponível na conta do FGTS na data em que exercer a opção (inc. XII).

■ Quando o trabalhador ou qualquer de seus dependentes for acometido de neoplasia maligna (câncer), ou for portador do vírus HIV, ou, ainda, estiver em estágio terminal em razão de doença grave (incs. XI, XIII e XIV).

■ Quando o trabalhador tiver idade igual ou superior a setenta anos (inc. XV).

■ Em caso de necessidade pessoal, cuja urgência e gravidade decorra de desastre natural, observadas as seguintes condições: a) o trabalhador deverá ser residente em áreas comprovadamente atingidas de Município ou do Distrito Federal em situação de emergência ou em estado de calamidade pública, formalmente reconhecidos pelo Governo Federal; b) a solicitação de movimentação da conta vinculada será admitida até 90 (noventa) dias após a publicação do ato de reconhecimento, pelo Governo Federal, da situação de emergência ou de estado de calamidade pública; e c) o valor máximo do saque da conta vinculada será definido na forma do regulamento (inc. XVI).

■ Integralização de cotas do FI-FGTS, permitida a utilização máxima de 30% (trinta por cento) do saldo existente e disponível na data em que exercer a opção (inc. XVII).

■ Suspensão total do trabalho avulso por período igual ou superior a 90 dias, comprovada por declaração do sindicato representativo da categoria profissional (inc. X).

■ Em caso de necessidade do trabalhador com deficiência, por prescrição, de adquirir órtese ou prótese para promoção de acessibilidade e de inclusão social (inc. XVIII).

■ Pagamento total ou parcial do preço de aquisição de imóveis da União inscritos em regime de ocupação ou aforamento, observadas as seguintes condições: a) o mutuário deverá contar com o mínimo de três anos de trabalho sob o regime do FGTS, na mesma empresa ou em empresas diferentes; b) seja a operação financiável nas condições vigentes para o Sistema Financeiro da Habitação (SFH) ou ainda por intermédio de parcelamento efetuado pela Secretaria do Patrimônio da União (SPU), mediante a contratação da Caixa Econômica Federal como agente financeiro dos contratos de parcelamento; c) sejam observadas as demais regras e condições estabelecidas para uso do FGTS (inc. XIX).

■ Anualmente, no mês de aniversário do trabalhador, observado o disposto no art. 20-D da Lei n. 8.036/90 (inc. XX).

Em qualquer caso, a **movimentação da conta** vinculada do FGTS **por menor de dezoito anos** dependerá da assistência do responsável legal (**art. 42, Decreto n. 99.684/90**).

11.4. ACRÉSCIMO RESCISÓRIO

A relação de emprego é protegida contra despedida arbitrária ou sem justa causa, nos termos de lei complementar, que preverá indenização compensatória, dentre outros direitos **(art. 7.º, I, CF)**.

Até que seja promulgada referida lei complementar, a **indenização devida ao empregado na hipótese de dispensa sem justa causa** corresponde a **40% (quarenta por cento) do montante de todos os depósitos realizados em sua conta vinculada** durante a vigência do contrato de trabalho, atualizados monetariamente e acrescidos dos respectivos juros. A indenização deve ser depositada pelo empregador na conta vinculada do trabalhador no FGTS **(art. 18, § 1.º, Lei n. 8.036/90)**.

A multa rescisória é devida também em caso de extinção do contrato de trabalho por falta grave do empregador (dispensa indireta).

OJ SDI-1 42, TST: "I — É devida a multa do FGTS sobre os saques corrigidos monetariamente ocorridos na vigência do contrato de trabalho. Art. 18, § 1.º, da Lei n. 8.036/90 e art. 9.º, § 1.º, do Decreto n. 99.684/90.

II — O cálculo da multa de 40% do FGTS deverá ser feito com base no saldo da conta vinculada na data do efetivo pagamento das verbas rescisórias, desconsiderada a projeção do aviso prévio indenizado, por ausência de previsão legal".

Tratando-se de empregado doméstico, mensalmente o empregador depositará a importância de 3,2% sobre a remuneração devida no mês anterior, a cada empregado, destinada ao pagamento da indenização compensatória da perda do emprego, sem justa causa ou por culpa do empregador, não se aplicando ao empregado doméstico a indenização de 40% sobre os depósitos do FGTS **(art. 22, *caput*, e art. 34, V, Lei Complementar n. 150/2015)**.

Decorrendo a rescisão do contrato de trabalho de **culpa recíproca ou força maior**, reconhecida pela Justiça do Trabalho, a **indenização será de 20% (vinte por cento) dos depósitos atualizados do FGTS (art. 18, § 2.º, Lei n. 8.036/90)**.

Tratando-se de contrato de trabalho de empregado doméstico, na hipótese de culpa recíproca, metade dos valores referentes à indenização compensatória da perda do emprego será movimentada pelo empregado, enquanto a outra metade será movimentada pelo empregador **(art. 18, § 2.º, Lei n. 8.036/90)**.

Tratando-se de **extinção do contrato** de trabalho **por acordo** entre empregado e empregador, **a indenização será de 20% (vinte por cento) dos depósitos atualizados do FGTS (art. 484-A, I, *b*, CLT)**.

Questão discutida pela doutrina e pela jurisprudência diz respeito à multa rescisória em caso de **adesão do empregado aos programas de desligamentos incentivados (PDV)**.

Alguns entendem que, embora a adesão ao programa tenha sido feita voluntariamente pelo empregado, o fato é que foi o empregador quem criou o programa, podendo sua atitude ser interpretada como iniciativa na rescisão do contrato que, porém, apenas se concretiza em relação àqueles empregados que fizeram a adesão. Assim, seria devida a multa rescisória de 40% dos depósitos atualizados do FGTS neste caso.

Outra corrente, porém, sustenta que a adesão voluntária do empregado a programa de desligamento incentivado não gera o direito à percepção da multa de 40% do FGTS, primeiro porque tal verba é inerente à dispensa sem justa causa e, segundo, porque tais programas já asseguram aos empregados que aderirem a eles o recebimento de uma indenização.[3]

As hipóteses de **extinção da empresa** e de **falência** são questões tormentosas que também levam a discussões em relação aos efeitos incidentes na extinção dos contratos de trabalho dos empregados, tendo prevalecido o entendimento no sentido de que referidas situações inserem-se no risco do empreendimento econômico, que deverá ser suportado pelo empregador **(art. 2.º, CLT)**, razão pela qual não há como deixar de reconhecer o **direito do empregado ao recebimento da indenização de 40% dos depósitos atualizados do FGTS**.

Tratando-se de contrato de trabalho doméstico, nas hipóteses de dispensa por justa causa, de pedido de demissão, de término do contrato de trabalho por prazo determinado, de aposentadoria e de falecimento do empregado, os valores relativos à indenização compensatória da perda do emprego que foi depositada ao longo do período de vigência do contrato serão movimentados pelo empregador **(art. 22, § 1.º, Lei Complementar n. 150/2015)**.

11.4.1. Contribuição social — Lei Complementar n. 110/2001

A **Lei Complementar n. 110/2001** instituiu **contribuição social** devida pelos empregadores em caso de despedida de empregado sem justa causa, à **alíquota de 10%** (dez por cento) **sobre o montante de todos os depósitos devidos, referentes ao FGTS**, durante a vigência do contrato de trabalho, acrescido das remunerações aplicáveis às contas vinculadas **(art. 1.º)**.

Com isso, em caso de **dispensa sem justa causa do empregado**, o empregador deve fazer o depósito da **multa rescisória de 40%** (quarenta por cento) dos depósitos atualizados do FGTS, prevista no **art. 18, § 1.º, da Lei n. 8.036/90**, e **mais** o depósito da **contribuição social equivalente a 10%** (dez por cento) dos depósitos atualizados do FGTS.

O STF reconheceu a constitucionalidade da contribuição social prevista no art. 1.º da Lei Complementar n. 110/2001, tendo em vista a persistência do objeto para a qual foi instituída (Tema 846, de Repercussão Geral).

---

[3] BARROS, Alice Monteiro de. *Curso de direito do trabalho*, p. 1001-1015.

11.5. FINALIDADE SOCIAL

Embora se trate de instituto de inegável natureza trabalhista, o FGTS "também consubstancia, em seu conjunto global e indiferenciado de depósitos, um fundo social de destinação variada, que se especifica expressamente na ordem jurídica".[4]

Portanto, **sob o ponto de vista do trabalhador**, o FGTS constitui-se em um **direito** dele, correspondente a parcelas pecuniárias mensais que vão sendo depositadas pelo empregador ao longo da vigência do contrato de trabalho em uma conta em nome do empregado, conta esta de movimentação restrita exatamente para que o valor depositado possa formar um "fundo" a ser utilizado por ele em hipóteses autorizadas pelo legislador.

No entanto, o legislador institui uma outra finalidade para o FGTS (*finalidade social*), prevendo que a totalidade dos seus recursos deverá ser aplicada em habitação, saneamento básico e infraestrutura urbana, e em operações de crédito destinadas às entidades hospitalares filantrópicas, bem como a instituições que atuam no campo para pessoas com deficiência, e sem fins lucrativos que participem de forma complementar do SUS, desde que as disponibilidades financeiras sejam mantidas em volume que satisfaça as condições de liquidez e de remuneração mínima necessária à preservação do poder aquisitivo da moeda **(art. 9.º, § 2.º, Lei n. 8.036/90)**.

O programa de aplicações deverá destinar, no mínimo, 60% (sessenta por cento) para investimentos em habitação popular e 5% (cinco por cento) para operações de crédito destinadas às entidades hospitalares filantrópicas, bem como a instituições que atuam no campo para pessoas com deficiência, e sem fins lucrativos, que participem de forma complementar do SUS. Os projetos de saneamento básico e infraestrutura urbana financiados com os recursos do FGTS deverão ser complementares aos programas habitacionais **(art. 9.º, §§ 3.º e 4.º, Lei n. 8.036/90)**.

Para dar cumprimento às finalidades trabalhista e social previstas, o FGTS é formado não só dos depósitos mensais feitos pelo empregador, mas também por dotações orçamentárias específicas, por resultados das aplicações dos seus próprios recursos, pelas multas, correção monetária e juros moratórios devidos e por outras receitas patrimoniais e financeiras **(art. 2.º, § 1.º, Lei n. 8.036/90)**.

Como decorrência desta estrutura legal do instituto em comento, identificam-se três tipos de relações, que geram obrigações distintas em relação ao FGTS:

- uma relação jurídica **entre empregador e empregado**, da qual decorrem um dever para o primeiro de efetuar os depósitos e um direito aos valores correspondentes para o segundo;

---

[4] DELGADO, Maurício Godinho. *Curso de direito do trabalho*, 9. ed., p. 1187.

■ uma relação jurídica **entre o empregador e o Estado**, à medida que aquele tem o dever de efetuar os recolhimentos e este tem o direito de cobrar os recolhimentos que não tenham sido feitos ou que tenham sido feitos incorretamente;

■ uma relação jurídica **entre o Estado**, como gestor do FGTS, **e a sociedade**, que é destinatária dos benefícios sociais decorrentes da aplicação dos recursos do Fundo.

Por todas essas características, pode-se afirmar que a **natureza jurídica do FGTS** é "multidimensional, complexa, com preponderante estrutura e fins justrabalhistas, os quais se combinam, porém, harmonicamente, a seu caráter de fundo social de destinação variada, tipificada em lei".[5]

11.6. QUESTÕES

---

[5] DELGADO, Maurício Godinho. *Curso de direito do trabalho*, 9. ed., p. 1187.

12

PRESCRIÇÃO E DECADÊNCIA NO DIREITO DO TRABALHO

12.1. PRESCRIÇÃO NO DIREITO DO TRABALHO

A **prescrição** ocorre em **função do tempo**; ela é um **efeito do tempo nas relações jurídicas**, à medida que, em razão da **inércia do titular do direito**, conduz à **extinção da relação jurídica**.

O **direito em si não é atingido** pela prescrição, sendo certo que **o que desaparece é a sua exigibilidade por intermédio do Poder Judiciário**.

O direito, para se afirmar, para ter eficácia e produzir os resultados desejados por seu titular, tem de exercitar-se, e a ação é a forma pela qual se pode alcançar esse fim. Assim, **violado o direito, nasce para o titular a pretensão (art. 189, CC)**.

No entanto, "a atividade do titular do direito tem de ser estimulada, sob pena de se verificar uma situação de expectativa que impede o próprio desenvolvimento social, tornando-se, pois, de interesse público e até mesmo de ordem pública, a advertência que passa a ser expressa pela ameaça da perda do direito de ação, pelo decurso de certo prazo".[1]

Portanto, a **pretensão**, que nasceu com a violação do direito, **extingue-se, pela prescrição, nos prazos previstos por lei (art. 189, CC)**.

O **objetivo da prescrição da ação** é, portanto, **impedir a perturbação da ordem social**, à medida que impede que indefinidamente no tempo possa ocorrer a revivescência de situações duvidosas que mantinham credor e devedor na incerteza de seu direito.

A prescrição **atinge diretamente a ação**, e só como **consequência será atingido o direito**. Mas, embora a prescrição refira-se à ação, em regra a extinção da ação e a do direito ocorrem ao mesmo tempo, porque um direito não será eficaz se não houver meio de fazê-lo valer perante terceiros.

Dessa forma, pode-se concluir que, se de um lado, em nome do princípio da justiça, o ordenamento jurídico assegura a reparação das violações de direitos, de outro lado o

---

[1] ALMEIDA, Isis de. *Manual da prescrição trabalhista*. 3. ed. São Paulo: LTr, 1999. p. 18.

mesmo ordenamento impõe a prescritibilidade da oportunidade de o titular do direito exercer essa reparação. Embora aparentemente antagônicas e conflitantes essas posturas assumidas pelo ordenamento jurídico, o fato é que são absolutamente conciliáveis, resolvendo-se a questão pelo princípio da proporcionalidade, que impõe reconhecer que "a reparação é um direito, mas que deve ser exercido num certo prazo em nome do princípio da estabilidade ou segurança, de forma a possibilitar a consolidação das relações sociais. Enfim, tanto a prescrição como a reparação de direitos são formas de realização do Direito".[2]

O Direito consagra duas espécies de prescrição:

■ **Prescrição extintiva ou liberatória** — trata-se de um modo de extinguir direitos pela perda da ação que os assegurava, devido à inércia do credor durante um decurso de tempo determinado pela lei. Ou seja, significa a perda, pelo decurso de certo tempo, da faculdade de pleitear um direito, por meio da ação judicial competente. Essa é a modalidade de prescrição aplicada no âmbito do Direito do Trabalho.

■ **Prescrição aquisitiva** — por meio da qual, pelo decurso do tempo, surge o direito, adquire-se o direito (ex.: usucapião). Não se fala de prescrição aquisitiva no campo do Direito do Trabalho.

Independentemente de tratar-se de uma ou de outra das situações supracitadas, o fato é que **na prescrição há sempre um patrimônio que se perde e outro que se aumenta**.

12.1.1. Fundamentos da prescrição

O **fundamento da prescrição** reside na **busca da paz social e da tranquilidade da ordem jurídica**, pois há um interesse de ordem pública no afastamento das incertezas em torno da existência e eficácia dos direitos. Assim, a prescrição justifica-se basicamente como uma **forma de pacificação das relações sociais**.

É uma regra de ordem, de harmonia, de paz, imposta pela necessidade de certeza das relações jurídicas.

Tendo sido desrespeitado um direito, se o seu titular tiver interesse em resguardá-lo ou em vê-lo reconhecido por intermédio do Poder Judiciário, deverá estar atento ao tempo, pois, decorrido o lapso temporal estipulado pela lei, não mais poderá buscar a tutela do Judiciário, o que torna seu direito ineficaz e inexigível.

Assim, podemos dizer que a **prescrição é uma consequência do tempo**, pura e simplesmente, **aliada à inércia do titular do direito**.

Questiona-se a **aplicabilidade da prescrição em relação aos créditos trabalhistas**, sob o argumento de que, por sua natureza alimentar, revestem-se de proteção diferenciada e são irrenunciáveis, razão pela qual não poderiam estar sujeitos aos efeitos da prescrição.

---

[2] BELMONTE, Alexandre Agra. *Instituições civis no direito do trabalho*, cit., p. 282.

No entanto, só se poderia entender desse modo se a prescrição resultasse apenas de uma regra moral ou de concepções subjetivas alheias à ordem jurídica. Nesse caso, uma "dívida de honra", sagrada para quem a ela se obrigara, ou uma "dívida social", existente em relação a uma parte mais fraca, não deveriam beneficiar-se com a prescrição. Adotando-se, porém, uma concepção de ordem jurídica e de sociedade, a prescrição funciona como elemento de tranquilidade e de pacificação, do qual não se pode abrir mão em nome de uma proteção que, de fato, não se justifica no contexto de ordem jurídica justa e de afastamento das incertezas em torno da existência e eficácia dos direitos.

O instituto da **prescrição se encontra no mundo dos bens juridicamente resguardados**, e a norma legal a impõe à sociedade, independentemente de especulações éticas ou de proteção individual diferenciada em detrimento do contexto social, que deve ser pacificado.

A prescrição é um instituto que encontra sua razão de ser nas **exigências da segurança jurídica e na proteção da coletividade**, à medida que assegura a **paz social**.

Nesse sentido, Américo Plá Rodriguez cita que "as normas do Direito do Trabalho através do princípio da irrenunciabilidade garantem a intangibilidade dos direitos, mas disso não se pode derivar a proteção de seu não exercício e da inércia ou inação, que afetam o interesse social tanto quanto sua perda pelo transcurso do tempo. Se constitui uma atitude socialmente reprovável não exercer um direito em cuja realização está interessada a ordem jurídica integral, a lei não pode propiciar a subsistência sem término da situação de dúvida, prestando uma assistência a quem não exerceu seu direito estando apto a fazê-lo".[3]

Referido autor, de forma precisa e certeira, afirma ser o **fundamento da prescrição no Direito do Trabalho** o mesmo que no direito comum, qual seja, a **segurança jurídica**, "que alcança plena vigência naquele, mesmo quando, através dela, se possa levar a um resultado (como é a perda do direito por parte do trabalhador), que pareceria antiético em relação à finalidade protetora de nossa disciplina. Esta deve ser lograda através do exercício dos direitos, não mediante a eternização de situações de conflitos ou duvidosas, que conspiram contra a ordem e a paz social, que constituem, afinal, o resultado a que aspira a proteção concedida ao trabalhador mediante disposições mais ou menos rígidas, no que concerne à disponibilidade dos direitos que lhe são atribuídos".[4]

Não se pode considerar, portanto, que da irrenunciabilidade dos direitos trabalhistas possa decorrer a imprescritibilidade. Isso porque a prescrição não depende diretamente da vontade do titular do direito, mas de uma situação contínua de inércia, encontrando sua razão de ser em um **interesse público que o ordenamento jurídico considera prevalente em relação a outro interesse público, qual seja, a proteção do trabalhador**, que justifica a irrenunciabilidade do direito por parte do titular.

---

[3] PLÁ RODRIGUEZ, Américo. *Princípios de direito do trabalho*, p. 212.

[4] PLÁ RODRIGUEZ, Américo. *Princípios de direito do trabalho*, p. 214-215.

12.1.2. Evolução legislativa da prescrição trabalhista

Quando falamos em prescrição no Direito do Trabalho, estamos nos referindo ao prazo que o empregado tem para pleitear, perante o Poder Judiciário, direitos que tenha deixado de receber do seu empregador.

A legislação que trata da prescrição trabalhista foi, ao longo do tempo, sofrendo alterações, até chegar aos dias de hoje. Assim, e a partir dessas alterações, podemos identificar a seguinte **evolução legislativa da prescrição trabalhista:**

▪ A prescrição no Direito do Trabalho estava regulada apenas pelo **art. 11 da CLT**.

▪ A **Constituição Federal de 1988** trouxe previsão expressa sobre a prescrição trabalhista no **art. 7.º, XXIX, alíneas *a* e *b***, e no **art. 233**.

▪ Assim, até maio de 2000, a **alínea *a* do art. 7.º, XXIX, da CF** previa o prazo prescricional em relação aos **trabalhadores urbanos**, e a **alínea *b* do art. 7.º, XXIX, da CF** e, também, o **art. 233 da CF** regulavam a prescrição em relação aos **trabalhadores rurais**.

▪ Em maio de 2000, a **EC n. 28, de 29.05.2000**, modificou a redação do **art. 7.º, XXIX**, e revogou o **art. 233**, ambos da Constituição Federal, passando a prescrição trabalhista para os urbanos e para os rurais a ter prazo único, definido no mesmo dispositivo **(art. 7.º, XXIX, CF)**.

▪ A **Lei n. 13.467/2017 (*Reforma Trabalhista*)** alterou a redação do *caput* do art. 11 da CLT, adequando-a à previsão do art. 7.º, XXIX, CF.

12.1.3. Elementos da prescrição no direito do trabalho

Segundo a doutrina,[5] são **elementos integrantes da prescrição:**

1. *existência de uma ação exercitável (actio nata)* — tal elemento é entendido como a exigibilidade da pretensão ou o nascimento da pretensão.

Somente é possível falar-se em prescrição quando o **direito tenha sido adquirido por seu titular** (não se inserem no campo da prescrição os direitos futuros, entre os quais se incluem o direito condicional e o direito eventual, nem uma expectativa de direito) e quando tenha ocorrido **sua violação por terceiro**;

2. *inércia do titular da ação pelo seu não exercício* — o titular do direito deixa de buscar a reparação dos danos causados pela violação de seu direito;

3. *continuidade dessa inércia durante um certo lapso de tempo* — o titular deixa passar o prazo fixado em lei para a busca da reparação dos danos causados pela violação de seu direito;

4. *ausência de algum fato ou ato, a que a lei atribua eficácia impeditiva, suspensiva ou interruptiva do curso prescricional* — ainda que se verifiquem a exigibilidade da pretensão e a inércia do titular, determinadas circunstâncias previstas em lei podem impedir o curso da prescrição.

---

[5] SÜSSEKIND, Arnaldo et al. *Instituições de direito do trabalho*, 22. ed., v. 2, p. 1522.

As causas impeditivas, suspensivas ou interruptivas não afastam a inércia do titular, mas a justificam, à medida que caracterizam situações nas quais o titular do direito não tem condições de exigi-lo.

Por força da previsão contida no **art. 8.º da CLT**, que permite a aplicação subsidiária do Direito Comum ao Direito do Trabalho, referidos elementos são **aplicáveis no âmbito da prescrição trabalhista**.

12.1.4. Normas gerais sobre a prescrição

O estudo da prescrição no Direito do Trabalho passa pela análise de alguns aspectos importantes que compõem o que pode ser chamado de *normas gerais sobre prescrição*.

■ **Alcance da prescrição**

A prescrição corre tanto contra pessoas físicas como contra pessoas jurídicas.

Os relativamente incapazes e as pessoas jurídicas têm ação contra os seus assistentes ou representantes legais, que derem causa à prescrição, ou não a alegarem oportunamente **(art. 195, CC)**.

A prescrição iniciada contra uma pessoa continua a correr contra o seu herdeiro ou sucessor **(art. 196, CC)**. Assim, na sucessão do empregado falecido, a prescrição iniciada contra o sucedido continua a correr contra os sucessores quanto aos créditos resultantes da extinta relação de emprego.

■ **Imprescritibilidade**

Alguns interesses são imprescritíveis, porque destituídos de pretensão contra o sujeito que com o interessado manteve relação jurídica, como, por exemplo, o interesse na declaração de existência de vínculo de emprego apenas para fins de aposentadoria (interesse meramente declaratório). Nesse sentido, o **§ 1.º do art. 11 da CLT** estabelece que "o disposto neste artigo não se aplica às ações que tenham por objeto anotações para fins de prova junto à Previdência Social".

■ **Legitimidade para arguição da prescrição**

A legitimidade para arguição da prescrição é conferida àquele a quem ela aproveita.

Nesse sentido, o **art. 193 do Código Civil** dispõe: "A prescrição pode ser alegada em qualquer grau de jurisdição, pela parte a quem aproveita".

No processo do trabalho, admite-se a **arguição da prescrição pelo responsável subsidiário**, desde que esteja incluído no polo passivo da ação. Sua legitimidade para arguir a prescrição decorre do interesse econômico que tem em relação aos efeitos liberatórios dela decorrentes, que lhe proporcionarão inegável proveito patrimonial.

Muito se discutiu acerca de ter o **Ministério Público do Trabalho** legitimidade, na qualidade de fiscal da lei, para arguir a prescrição na remessa de ofício quando a ação fosse movida contra ente da Administração Pública direta ou indireta.

Atualmente, porém, em relação a esta questão, o entendimento majoritário da doutrina e da jurisprudência é no sentido de **não se conferir tal legitimidade ao Ministério Público do Trabalho**.

> **OJ SDI-1 130, TST:** "Ao exarar o parecer na remessa de ofício, na qualidade de *custos legis*, o Ministério Público não tem legitimidade para arguir a prescrição em favor de entidade de direito público, em matéria de direito patrimonial".

■ **Renúncia à prescrição**

De acordo com o disposto no **art. 191 do Código Civil**, a renúncia da prescrição pode ser expressa ou tácita e só valerá, sendo feita, sem prejuízo de terceiro, depois que a prescrição se consumar. Tácita é a renúncia quando se presume de fatos do interessado, incompatíveis com a prescrição.

O referido dispositivo legal permite a renúncia à prescrição, mas estabelece **dois critérios condicionantes para sua validade:**

■ que seja feita após consumado o prazo prescricional;
■ que dela não decorram prejuízos a terceiros.

A limitação imposta à renúncia à prescrição decorre de sua estreita conexão com o interesse social. Trata-se de um instituto de ordem pública, criado para estabilizar as relações jurídicas. Segundo Alice Monteiro de Barros, caso não fossem estabelecidas restrições previstas no **art. 191 do Código Civil**, a prescrição tornar-se-ia ilusória, e o instituto desapareceria, pois os dispositivos atinentes à matéria seriam reduzidos a letra morta.[6]

Em relação ao primeiro critério (deve ser **feita após consumado o prazo prescricional**), é imposto para evitar que a renúncia passe a ser exigida antecipadamente daquele a quem a prescrição aproveita, por exemplo, quando da celebração de um contrato.

A exigência de que a renúncia à prescrição **não prejudique terceiros** visa evitar sua utilização maliciosa com o propósito de desfalque patrimonial para prejudicar credores.

A **renúncia expressa** pode ser feita em juízo ou fora dele. Não exigindo a lei qualquer formalidade para sua expressão, pode ser manifestada inclusive verbalmente.

A **renúncia tácita** da prescrição presume-se de fatos do interessado, incompatíveis com a intenção de exercício do direito.

---

[6] BARROS, Alice Monteiro de. *Curso de direito do trabalho*, p. 1036.

Tratando-se de ato de disposição, a renúncia à prescrição **depende de capacidade do titular do direito**. Em relação aos absolutamente incapazes, não corre prazo de prescrição, razão pela qual não há que se falar em renúncia. No entanto, em relação aos relativamente incapazes, a renúncia só será válida se feita por representante legal devidamente habilitado.

Prescrição do acessório

A **prescrição do direito principal** leva à **prescrição dos direitos acessórios**.

Assim, **estando prescrita a verba de natureza salarial sobre a qual incide FGTS**, está prescrito também o direito de reclamar os depósitos do FGTS devidos em relação a essa verba.

Em relação ao tema, o TST adotou posicionamento já pacificado no sentido de que os recolhimentos do FGTS, por serem **acessórios à verba principal**, sofrem a **incidência da prescrição daquela verba**.

SÚMULA 206, TST: "A prescrição da pretensão relativa às parcelas remuneratórias alcança o respectivo recolhimento da contribuição para o FGTS".

Contagem do prazo prescricional

Primeiro aspecto a ser considerado em relação à contagem do prazo prescricional diz respeito à definição do que se considera "ano", já que os prazos prescricionais, inclusive os trabalhistas, são fixados em anos (cinco anos, até o limite de dois anos após a extinção do contrato de trabalho — **art. 7.º, XXIX, CF**).

Nesse sentido, a **Lei n. 810/49**, que define o ano civil, estabelece que "considera-se ano o período de 12 (doze) meses contados do dia do início ao dia e mês correspondentes do ano seguinte" **(art. 1.º)**. Adotando o mesmo entendimento, o **art. 132, § 3.º, do Código Civil** prevê: "Os prazos de meses e anos expiram no dia de igual número do de início, ou no imediato, se faltar exata correspondência".

Assim, em relação à **prescrição bienal** (2 anos após a extinção do contrato de trabalho), considera-se como termo final do prazo prescricional o mesmo dia em que ocorreu a extinção do contrato, mas dois anos depois.

Exemplificativamente: extinto o contrato de trabalho em 25 de abril de 2021, o prazo prescricional extinguir-se-á em 25 de abril de 2023.

Em relação à **prescrição quinquenal**, também deve ser considerada a mesma regra. Assim, violado um direito na vigência do contrato de trabalho, o empregado tem o prazo de 5 (cinco) anos para ajuizar a ação, contando o prazo da data da violação; extinto o contrato de trabalho, o empregado poderá reclamar os direitos dos 5 (cinco) anos anteriores à data do ajuizamento da ação (desde que respeitada a prescrição bienal).

Como **exemplos**, temos:

■ empregador não efetuou o pagamento ao empregado de um direito, cujo vencimento era no dia 15 de agosto de 2018 → o empregado terá até 15 de agosto de 2023 para ajuizar a ação (desde que o contrato continue vigente até esta data);

■ empregado ajuíza em 07 de junho de 2019 ação trabalhista pleiteando direitos não cumpridos durante a vigência do contrato de trabalho → o prazo de 5 anos retroage até 07 de junho de 2014.

Com fundamento no **art. 132, § 1.º, do Código Civil**, no **art. 224, § 1.º, do CPC** e no **art. 775 da CLT**, parcela majoritária da doutrina e da jurisprudência vem adotando entendimento segundo o qual, se o dia do vencimento do prazo prescricional cair em sábados, domingos, feriados ou em dias em que não há expediente forense, fica prorrogado para o primeiro dia útil seguinte, ou seja, ocorre a prorrogação do ***dies ad quem*** do **prazo prescricional**.

No que diz respeito ao **termo *a quo* do prazo prescricional**, ou seja, do início de sua fluência, alguns aspectos merecem ser analisados.

■ Primeiramente, como ensina João de Lima Teixeira Filho, "para que a prescrição comece a correr é preciso que o titular do direito violado tenha ciência dessa violação".[7] Assim, se este sequer sabe da existência de uma violação a um direito seu, é impossível exercer esse direito, não havendo que se falar em prescrição. O titular do direito não pode ser responsabilizado por uma suposta inércia sua quando ele sequer sabia que houve uma violação a seu direito.[8]

Tal posicionamento fundamenta-se no **art. 189 do Código Civil**, que dispõe que, violado o direito, nasce para o titular a pretensão.

Invocando o fundamento supraindicado, em relação a um tema bastante específico, mas que à época gerou uma intensa discussão, qual seja, o **prazo prescricional para o empregado pleitear em juízo as diferenças da multa de 40% do FGTS decorrentes dos expurgos inflacionários**, o TST adotou posicionamento no sentido de considerar como termo inicial do prazo o início de vigência da **Lei Complementar n. 110/2001**.

---

[7] SÜSSEKIND, Arnaldo et al. *Instituições de direito do trabalho*, 22. ed., v. 2, p. 1526.
[8] "RECURSO DE REVISTA. LEI N. 13.015/2014. PRESCRIÇÃO. CONCURSO PÚBLICO. CANDIDATO APROVADO. RECUSA DE ADMISSÃO. FASE PRÉ-CONTRATUAL. PRAZO PRESCRICIONAL APLICÁVEL. QUINQUENAL. A jurisprudência desta Corte possui entendimento no sentido de que é quinquenal o prazo prescricional aplicável nos casos de lesão na fase pré-contratual por não haver contrato de trabalho, tampouco rescisão contratual. Outrossim, de acordo com a teoria da *actio nata*, o prazo prescricional começa a fluir a partir do momento em que o trabalhador tem ciência da violação do direito. Precedentes. Recurso de revista conhecido e provido" (TST — RR 597-48.2013.5.10.0021, 2.ª T., rel. Min. Maria Helena Mallmann, *DEJT* 05.04.2019).

OJ SDI-1 344, TST: "O termo inicial do prazo prescricional para o empregado pleitear em juízo diferenças da multa do FGTS, decorrentes dos expurgos inflacionários, deu-se com a vigência da Lei Complementar n. 110, em 30.06.2001, salvo comprovado trânsito em julgado de decisão proferida em ação proposta anteriormente na Justiça Federal, que reconheça o direito à atualização do saldo da conta vinculada".

■ Tendo sido **celebrado mais de um contrato de trabalho entre as partes**, o prazo prescricional de dois anos para o ajuizamento da ação que visa o reconhecimento da unicidade contratual começa a fluir da extinção do último contrato.

SÚMULA 156, TST: "Da extinção do último contrato começa a fluir o prazo prescricional do direito de ação em que se objetiva a soma de períodos descontínuos de trabalho".

■ Pacificando a divergência que havia na doutrina e na jurisprudência acerca do **marco inicial da prescrição** nas hipóteses em que o trabalhador, embora dispensado pelo empregador, não cumpre o **aviso prévio**, sendo este **indenizado**, o TST adotou o seguinte entendimento:

OJ SDI-1 83, TST: "A prescrição começa a fluir no final da data do término do aviso prévio. Art. 487, § 1.º, CLT".

Em relação a essa questão, importante ressaltar que na contagem do aviso prévio deve ser observada a regra do **art. 132 do Código Civil**, ou seja, exclui-se o dia do começo e inclui-se o dia do vencimento.

SÚMULA 380, TST: "Aplica-se a regra prevista no 'caput' do art. 132 do Código Civil de 2002 à contagem do prazo do aviso prévio, excluindo-se o dia do começo e incluindo o do vencimento".

■ O prazo para reivindicar as vantagens inseridas em sentença normativa só começa a fluir a partir do trânsito em julgado da decisão.

SÚMULA 350, TST: "O prazo de prescrição com relação à ação de cumprimento de decisão normativa flui apenas da data de seu trânsito em julgado".

■ Em caso de falecimento do empregado, o prazo prescricional para seus dependentes ou sucessores pleitearem complementação de pensão ou do auxílio-funeral é contado da data do óbito.

OJ SDI-1 129, TST: "A prescrição extintiva para pleitear judicialmente o pagamento da complementação de pensão e do auxílio-funeral é de 2 (dois) anos, contados a partir do óbito do empregado".

■ Havendo ação declaratória pendente de julgamento, a dispensa do empregado não altera o marco inicial da contagem do prazo prescricional para o ajuizamento de ação condenatória, qual seja, o trânsito em julgado da declaratória, desde que essa tenha a mesma causa de pedir remota.

> **OJ SDI-1 401, TST:** "O marco inicial da contagem do prazo prescricional para o ajuizamento de ação condenatória, quando advém a dispensa do empregado no curso de ação declaratória que possua a mesma causa de pedir remota, é o trânsito em julgado da decisão proferida na ação declaratória e não a data da extinção do contrato de trabalho".

■ **Alteração dos prazos prescricionais**

Os prazos de prescrição são estabelecidos por lei, constituindo-se em matéria de ordem pública, razão pela qual **não podem ser alterados por acordo das partes (art. 192, CC)**.

12.1.5. Prazo prescricional no direito do trabalho

Como consequência das alterações legislativas indicadas no item 12.1.2 *supra*, podemos identificar a seguinte **evolução dos prazos prescricionais trabalhistas**:

■ O prazo prescricional trabalhista era de dois anos para todos os direitos (**art. 11, CLT**).

■ A **Constituição Federal de 1988**, no entanto, modificou este prazo para cinco anos para o **trabalhador urbano**, como regra geral, sendo que no caso de rescisão do contrato de trabalho o prazo foi reduzido para dois anos, contados da data da extinção do vínculo empregatício.

Em relação ao **trabalhador rural**, o legislador constituinte manteve o prazo da prescrição da ação em dois anos contados da extinção do contrato de trabalho. Assim, para estes trabalhadores não corria a prescrição durante a relação de emprego. Isto significa que, se o empregado tivesse 14 anos de trabalho para o empregador, ao ser dispensado poderia reclamar os direitos de todo este período, desde que ajuizasse a ação no prazo de dois anos após a rescisão do contrato de trabalho.

Contudo, a Constituição Federal, em relação ao trabalhador rural, permitia ao empregador comprovar perante a Justiça do Trabalho, de cinco em cinco anos, o cumprimento de suas obrigações trabalhistas, conforme o estipulado no **art. 233**. Tratava-se de regra ligada à controvérsia sobre os direitos passados, em relação aos quais o empregador podia quitar o tempo anterior aos últimos cinco anos.

Assim, tendo o empregador utilizado da faculdade que lhe era assegurada pelo **art. 233 da Constituição**, o empregado somente poderia reclamar direitos relativos ao período em relação ao qual não houve comprovação, ajuizando ação trabalhista nos dois anos após a rescisão do contrato de trabalho.

> **OJ SDI-1 271, TST:** "O prazo prescricional da pretensão do rurícola, cujo contrato de emprego já se extinguira ao sobrevir a Emenda Constitucional n. 28, de 26 de maio de 2000, tenha sido ou não ajuizada a ação trabalhista, prossegue regido pela lei vigente ao tempo da extinção do contrato de emprego".

■ A **EC n. 28/2000** alterou a redação do **inciso XXIX, do art. 7.º, da Constituição Federal** e revogou o **art. 233, da Constituição Federal**, passando a prescrição trabalhista a ser de cinco anos para os **trabalhadores urbanos e rurais**, até o limite de dois anos após a extinção do contrato de trabalho **(art. 7.º, XXIX, CF)**.

Portanto, o trabalhador urbano e o trabalhador rural têm o **prazo de cinco anos para reclamar seus direitos**, mas, **em caso de extinção do contrato de trabalho**, o direito de ação **prescreve em dois anos**, podendo o trabalhador **reclamar os direitos trabalhistas dos últimos cinco anos** contados, retroativamente, da data do ajuizamento da ação **(art. 7.º, XXIX, CF, e art. 11, *caput*, CLT)**.

> **SÚMULA 308, TST:** "I — Respeitado o biênio subsequente à cessação contratual, a prescrição da ação trabalhista concerne às pretensões imediatamente anteriores a cinco anos, contados da data do ajuizamento da reclamação e, não, às anteriores ao quinquênio da data da extinção do contrato.
>
> II — A norma constitucional que ampliou o prazo de prescrição da ação trabalhista para 5 (cinco) anos é de aplicação imediata e não atinge pretensões já alcançadas pela prescrição bienal quando da promulgação da CF/1988".

Em relação aos trabalhadores rurais que estavam com seus contratos em curso por ocasião da promulgação da EC n. 28/2000, o TST adotou o seguinte entendimento:

> **OJ SDI-1 417, TST:** "Não há prescrição total ou parcial da pretensão do trabalhador rural que reclama direitos relativos a contrato de trabalho que se encontrava em curso à época da promulgação da Emenda Constitucional n. 28, de 26.05.2000, desde que ajuizada a demanda no prazo de cinco anos de sua publicação, observada a prescrição bienal".

Importante ressaltar que são considerados trabalhadores rurais os **empregados que trabalham em empresa de reflorestamento**, cuja atividade está diretamente ligada ao manuseio da terra e de matéria-prima, razão pela qual a eles se **aplica o prazo prescricional trabalhista (OJ SDI-1 38, TST)**.

Em relação ao prazo prescricional para o **trabalhador doméstico**, anteriormente à Lei Complementar n. 150/2015, eram encontradas na jurisprudência e na doutrina divergências acerca da norma a ser aplicada.

Nesse sentido, três eram as correntes preponderantes:

■ **1.ª corrente** — defendia a aplicação analógica do art. 7.º, XXIX, da CF aos trabalhadores domésticos, sob o fundamento de que referida norma constitucional é geral, abrangendo todo e qualquer trabalhador;

■ **2.ª corrente** — sustentava ser aplicável aos domésticos, também por analogia, o art. 11 da CLT. Os adeptos desse entendimento afirmavam não ser possível a aplicação do art. 7.º, XXIX, da CF, pois o parágrafo único deste art. 7.º, que enumera taxativamente os direitos dos trabalhadores domésticos, não faz menção ao inciso XXIX;

■ **3.ª corrente** — defendia a aplicação supletiva do § 5.º do art. 206 do Código Civil em relação à prescrição dos trabalhadores domésticos.

Não obstante as divergências acima apontadas, **prevalecia** na doutrina e na jurisprudência o **entendimento da 1.ª corrente**, qual seja, a aplicação analógica aos trabalhadores domésticos do prazo prescricional previsto no **art. 7.º, XXIX, da Constituição Federal**.

Com o advento da **Lei Complementar n. 150/2015**, porém, a discussão perdeu sentido, tendo em vista a previsão expressa do art. 43, no sentido de que o direito de ação quanto a créditos resultantes das relações de trabalho doméstico prescreve em 5 anos, até o limite de 2 anos após a extinção do contrato de trabalho.

Aos **trabalhadores avulsos**, por força do disposto no art. 7.º, XXXIV, da Constituição Federal, aplica-se o prazo prescricional trabalhista.

12.1.5.1. Prescrição parcial e prescrição total

A **prescrição** pode ser **total**, quando afeta o próprio direito, tendo em vista que não se poderá mais pleiteá-lo em juízo, ou **parcial**, quando afeta apenas parte do direito, em razão do decurso do tempo.

No Direito do Trabalho, fala-se em **prescrição total**, por exemplo, quando o titular do direito violado deixa transcorrer o **prazo de dois anos após a extinção do contrato de trabalho** para o ajuizamento da ação, sem exercitar o referido direito, ou seja, deixa de propor a ação neste prazo.

> **SÚMULA 382, TST:** "A transferência do regime jurídico de celetista para estatutário implica extinção do contrato de trabalho, fluindo o prazo da prescrição bienal a partir da mudança de regime".

A **prescrição parcial** incide em relação às **prestações periódicas** decorrentes do contrato de trabalho. A cada violação de uma prestação devida em decorrência do contrato, nasce para o titular o direito de reclamar seu cumprimento, devendo tal direito ser **exercido no prazo máximo de cinco anos**.

Assim, ocorrendo, durante a vigência do contrato de trabalho, a supressão de uma determinada vantagem ou o descumprimento de uma obrigação legal ou contratual, o empregado tem cinco anos para reclamar em juízo o seu restabelecimento ou o seu cumprimento. Conforme o tempo vai passando, o direito de reclamar violações ocorridas vai ficando para trás, sendo certo que aquelas que não tenham sido reclamadas dentro do prazo previsto por lei vão sendo sepultadas pela prescrição.

Tal hipótese se verifica, por exemplo, no caso de diferenças salariais devidas em razão da não observância dos critérios de promoção previstos no plano de cargos e salários, com a preterição do trabalhador.

SÚMULA 452, TST: "Tratando-se de pedido de pagamento de diferenças salariais decorrentes da inobservância dos critérios de promoção estabelecidos em Plano de Cargos e Salários criado pela empresa, a prescrição aplicável é a parcial, pois a lesão é sucessiva e se renova mês a mês".

Portanto, em relação ao prazo prescricional trabalhista temos, exemplificativamente:

■ **Ajuizada a ação 2 anos e 1 dia após a extinção do contrato de trabalho =**

prescrição total em relação a todos os direitos.

■ **Ajuizada a ação no último dia dos 2 anos após a extinção do contrato de trabalho =**

subsistem os direitos referentes aos 3 últimos anos de vigência do contrato de trabalho, já que, retroagindo 5 anos da data do ajuizamento da ação, em relação aos dois anos após a extinção do contrato não há direitos a serem exigidos, pois não havia mais contrato vigente.

■ **Ajuizada a ação 1 ano após a extinção do contrato de trabalho =**

subsistem os direitos referentes aos 4 últimos anos de vigência do contrato de trabalho, já que, retroagindo 5 anos da data do ajuizamento da ação, em relação a um ano após a extinção do contrato não há direitos a serem exigidos, pois não havia mais contrato vigente.

■ **Ajuizada a ação na vigência do contrato de trabalho =**

aplica-se apenas a prescrição parcial, ou seja, podem ser reclamados direitos dos últimos 5 anos contados retroativamente da data do ajuizamento da ação.

No que tange à prescrição total e à prescrição parcial, o **TST** adotou inúmeros entendimentos com o intuito de **pacificar a grande discussão que havia na jurisprudência** em relação aos **seguintes temas:**

■ **Complementação de aposentadoria** — em relação à pretensão do empregado em receber os valores relativos a complementação de aposentadoria, há que se distinguir a situação em que a **complementação jamais foi recebida** por ele da hipótese em que se pleiteia **diferenças de complementação** que não foi paga integralmente. No **primeiro caso**, a **prescrição** incidente **é a total**, enquanto no **segundo** a **prescrição é parcial**.

> **SÚMULA 326, TST:** "A pretensão à complementação de aposentadoria jamais recebida prescreve em 2 (dois) anos contados da cessação do contrato de trabalho".

> **SÚMULA 327, TST:** "A pretensão a diferenças de complementação de aposentadoria sujeita-se à prescrição parcial e quinquenal, salvo se o pretenso direito decorrer de verbas não recebidas no curso da relação de emprego e já alcançadas pela prescrição, à época da propositura da ação".

■ **Equiparação salarial** — na ação em que se pleiteia o reconhecimento da **equiparação salarial** e as diferenças salariais decorrentes, incide a **prescrição parcial**.

> **SÚMULA 6, TST:** "[...] IX — Na ação de equiparação salarial, a prescrição é parcial e só alcança as diferenças salariais vencidas no período de 5 (cinco) anos que precedeu o ajuizamento".

■ **Gratificações** — havendo pagamento de gratificação semestral, mas tendo sido **congelado o seu valor**, em relação ao direito de pleitear as diferenças incidirá a **prescrição parcial**.

> **SÚMULA 373, TST:** "Tratando-se de pedido de diferença de gratificação semestral que teve seu valor congelado, a prescrição aplicável é a parcial".

■ **Desvio funcional e reenquadramento** — em relação à ação na qual se pleiteiam diferenças salariais decorrentes de **desvio funcional**, a **prescrição é parcial**, enquanto o pedido de **reenquadramento funcional** sofre a incidência da **prescrição total**.

> **SÚMULA 275, TST:** "I — Na ação que objetive corrigir desvio funcional, a prescrição só alcança as diferenças salariais vencidas no período de 5 (cinco) anos que precedeu o ajuizamento.
> II — Em se tratando de pedido de reenquadramento, a prescrição é total, contada da data do enquadramento do empregado".

■ **Adicional de horas extras** — em relação aos pedidos que envolvam a **supressão de horas extras**, a **prescrição** incidente **é a total**.

> **SÚMULA 199, TST:** "[...] II — Em se tratando de horas extras pré-contratadas, opera-se a prescrição total se a ação não for ajuizada no prazo de cinco anos, a partir da data em que foram suprimidas".

> **OJ SDI-1 242, TST:** "Embora haja previsão legal para o direito à hora extra, inexiste previsão para a incorporação ao salário do respectivo adicional, razão pela qual deve incidir a prescrição total".

■ **Planos econômicos** — aplica-se a prescrição total à ação pela qual se vise pleitear diferenças salariais resultantes de planos econômicos.

> **OJ SDI-1 243, TST:** "Aplicável a prescrição total sobre o direito de reclamar diferenças salariais resultantes de planos econômicos".

12.1.5.2. FGTS

A definição relativa ao prazo prescricional aplicável para cobrança pelo empregado dos **depósitos do FGTS não efetuados pelo empregador no curso do contrato de trabalho** passa pela discussão acerca da natureza desses recolhimentos, tendo em vista que a doutrina e a jurisprudência divergem sobre classificarem-se ou não como tributos.

A **primeira corrente**, com fundamento no quanto previsto pelo **art. 149, *caput*, e no art. 146, ambos da Constituição Federal**, entende que o FGTS caracteriza-se como verdadeiro tributo, tendo em vista que as contribuições feitas ao Fundo visam a realização da política nacional de desenvolvimento urbano, habitação popular, saneamento básico e infraestrutura urbana. Como consequência, a prescrição a ser aplicável para reclamar o não recolhimento de tais contribuições seria a prevista no **art. 174 do Código Tributário Nacional**.

A **segunda corrente**, que encontra respaldo em entendimento adotado pelo Supremo Tribunal Federal (STF-RE 100.249-2-SP, Rel. Min. Néri da Silveira), entende ser diversa a natureza do FGTS, consistindo no **pagamento indireto de uma indenização pelo tempo de serviço**, à qual o empregado faz jus qualquer que seja a causa de cessação da relação de emprego (apesar das restrições impostas pela lei à movimentação do valor do FGTS pelo trabalhador em algumas das hipóteses de extinção do contrato de trabalho, ele não perde o direito ao valor depositado ao longo da relação de emprego, que permanece sob sua titularidade). Assim, não há que se falar em natureza de tributo, sendo, portanto, inaplicável a regra prescricional tributária.

Prevalecente este último posicionamento, entendia-se ser **trintenária (30 anos) a prescrição para reclamar os depósitos do FGTS**, posicionamento este que era amparado pelo disposto no **art. 7.º, III, da Constituição Federal** e no **art. 23, § 5.º, da Lei n. 8.036/90**.

Conjugando os dois dispositivos legais indicados, o TST havia adotado o entendimento acerca da prescrição trintenária do FGTS, com a Súmula 362.

No entanto, em decisão, com repercussão geral reconhecida, o Plenário do STF declarou a inconstitucionalidade das normas que previam prazo prescricional de 30 anos para ações relativas a valores não depositados no FGTS (art. 23 da Lei n. 8.036/90 e art. 55 do Decreto n. 99.684/90). O fundamento da decisão pautou-se no entendimento de que o FGTS está expressamente definido na Constituição Federal como direito dos trabalhadores urbanos e rurais e, portanto, deve se sujeitar à prescrição trabalhista, de cinco anos.[9]

Após dois anos da extinção do contrato de trabalho, a prescrição é total e, portanto, não há mais possibilidade de se reclamar qualquer verba decorrente do contrato de trabalho, nem os recolhimentos do FGTS.

Tendo em vista a decisão do STF em relação à prescrição do FGTS, o TST alterou a redação da Súmula 262, definindo a regra a ser aplicada em relação aos casos em que o prazo prescricional já estava em curso em 13.11.2014:

> **SÚMULA 362, TST:** "I — Para os casos em que a ciência da lesão ocorreu a partir de 13.11.2014, é quinquenal a prescrição do direito de reclamar contra o não recolhimento de contribuição para o FGTS, observado o prazo de dois anos após o término do contrato;
> II — Para os casos em que o prazo prescricional já estava em curso em 13.11.2014, aplica-se o prazo prescricional que se consumar primeiro: trinta anos, contados do termo inicial, ou cinco anos, a partir de 13.11.2014" (STF-ARE 709212/DF).

Estando **prescrita a verba de natureza salarial sobre a qual incide FGTS**, estará prescrito também o direito de reclamar os depósitos do FGTS devidos em relação a essa verba.

Em relação ao tema, o TST adotou posicionamento já pacificado no sentido de que os recolhimentos do FGTS, por serem acessórios à verba principal, sofrem a incidência da prescrição daquela verba.

> **SÚMULA 206, TST:** "A prescrição da pretensão relativa às parcelas remuneratórias alcança o respectivo recolhimento da contribuição para o FGTS".

---

[9] Recurso Extraordinário com Agravo (ARE) 709.212, Rel. Min. Gilmar Mendes.

12.1.5.3. Férias

A dinâmica estabelecida por lei para aquisição do direito a férias e para o gozo delas decorre das previsões contidas, respectivamente, nos **arts. 130 e 134 da CLT**: a cada período de doze meses de vigência do contrato de trabalho o empregado terá direito a férias **(período aquisitivo)**, devendo ser concedidas pelo empregador nos doze meses subsequentes à aquisição do direito **(período concessivo)**.

Expirado o período concessivo sem que o empregador tenha oportunizado o descanso, surge para o empregado o direito de ação, visando reparar o direito violado. Portanto, **somente a partir do término do período concessivo é que começa a fluir o prazo prescricional**.

Nesse sentido, o **art. 149 da CLT**, que dispõe: "A prescrição do direito de reclamar a concessão das férias ou o pagamento da respectiva remuneração é contada do término do prazo mencionado no art. 134 ou, se for o caso, da cessação do contrato de trabalho".

12.1.5.4. Alterações contratuais

Questão relevante acerca do tema e que gera intensa e árdua discussão na doutrina e na jurisprudência diz respeito à **prescrição a ser aplicada em caso de alterações contratuais ilícitas**, que geram violações sucessivas a direitos do empregado.

Sobre esse tema, Isis de Almeida explica que "a supressão de uma vantagem ou o descumprimento de uma condição resultam quase sempre em uma infração continuada, uma vez que os efeitos se repetem ao longo da prestação laboral, tendo em vista o trato sucessivo do ajuste, que não se revela em uma única operação de débito e crédito".[10]

Tal afirmação leva, aparentemente, à conclusão de que o ato violador produz efeitos repetidos, caracterizando uma infração continuada, razão pela qual poderia se concluir que **a prescrição se operaria em relação a cada ação na qual se pleitearia especificamente a parcela sonegada**. Cada violação geraria o direito de ação, que deveria ser exercido no prazo máximo de cinco anos contados da respectiva violação.

No entanto, é necessário definir se a lesão do direito atingiu **prestações sucessivas previstas em lei** ou se, ao contrário, decorreu de ato do empregador caracterizado em **alteração do contrato de trabalho**.

Como ensina Alice Monteiro de Barros, no primeiro caso (**prestações sucessivas previstas em lei**), "a **prescrição será sempre parcial** e só alcançará as verbas que se vencerem há mais de cinco anos, contados do ajuizamento da reclamatória, pois a infração não compromete o direito em si, nem sua causa jurídica, fundada em norma imperativa. Na hipótese, a lesão do direito renova-se mês a mês, sempre que se tornar exigível a prestação quitada indevidamente, surgindo, a cada vez, a prescrição". Tratando-se,

---
[10] ALMEIDA, Isis de. *Manual da prescrição trabalhista*, p. 94.

porém, de **alteração do contrato de trabalho**, situação decorrente da livre contratualidade, a **prescrição será total** "e começará a fluir a partir do momento em que se consolidou o ato único do empregador. É que a lesão, no caso, compromete a causa ensejadora do direito, do qual se originaram as prestações sucessivas".[11]

Tal entendimento foi consolidado pelo legislador, que prevê que quando se trata de pretensão que envolva **pedido de prestações sucessivas decorrente de alteração ou descumprimento do pactuado**, a **prescrição é total**, exceto quando o direito à parcela esteja também **assegurado por preceito de lei (art. 11, § 2.º, CLT)**.

Especificamente em relação à supressão do pagamento ou a alteração quanto à forma ou ao percentual de **comissões fixadas no contrato de trabalho**, o TST adotou o seguinte posicionamento:

> **OJ SDI-1 175, TST:** "A supressão das comissões, ou a alteração quanto à forma ou ao percentual, em prejuízo do empregado, é suscetível de operar a prescrição total da ação, nos termos da Súmula 294 do TST, em virtude de cuidar-se de parcela não assegurada por preceito de lei".

12.1.5.5. Ato nulo

O **ato nulo** no Direito do Trabalho está **sujeito à incidência da prescrição**.

Assim, passados dois anos do término do contrato de trabalho, ou cinco anos contados retroativamente a partir do ajuizamento da ação trabalhista, estará **prescrito o direito do trabalhador de pleitear direitos decorrentes de ato nulo** praticado pelo empregador.

Assim, por exemplo, nula a dispensa de empregado estável, o direito de ação para pleitear a reintegração ou a indenização compensatória correspondente prescreve em dois anos após a prática pelo empregador do ato nulo, qual seja, a dispensa.

Importante ressaltar que "para efeito do disposto no art. 7.º, XXIX, da Constituição de 1988, e nos arts. 9.º e 11 da CLT, não há distinção entre ato nulo e anulável",[12] sendo certo que no campo do Direito do Trabalho esses atos encontram-se no mesmo patamar e em relação a eles o prazo prescricional aplicável é sempre o mesmo.

12.1.5.6. Empregado menor

Contra os menores de 18 anos não corre nenhum prazo prescricional, segundo dispõe o **art. 440 da CLT**.

Como causa impeditiva do início do prazo prescricional, referida previsão legal garante que o menor de 18 anos, que começou a trabalhar como empregado aos 16 anos (idade mínima para o trabalho prevista no **art. 7.º, XXXIII, CF**), poderá ter deferido os direitos

---

[11] BARROS, Alice Monteiro de. *Curso de direito do trabalho*, p. 1045-1046.
[12] BARROS, Alice Monteiro de. *Curso de direito do trabalho*, p. 1049-1050.

trabalhistas desde essa idade e só a partir dos dezoito anos terá correndo contra si a prescrição quinquenal, salvo se houve rescisão do contrato de trabalho nesse período (depois de ter completado 18 anos), porque aí a prescrição de dois anos se instalará a partir da data da dissolução do contrato de trabalho.

Assim, o atingimento da maioridade no curso do contrato de trabalho não altera a incidência da previsão legal do **art. 440 da CLT**: contra o menor de 18 anos não corre prescrição, desde que na época do ajuizamento da demanda a retroação do quinquênio prescricional alcance momento contratual em que existia a condição de menor do trabalhador.

Extinto o contrato de trabalho antes de o empregado completar 18 anos, o marco inicial para a contagem do prazo prescricional, para ajuizar reclamação trabalhista relativa a pedidos decorrentes do referido contrato, é o dia em que completar esta idade, e seu termo, dois anos depois.

Situação distinta, e que gera discussão na doutrina e na jurisprudência, diz respeito aos prazos prescricionais a serem aplicados quando o **menor de 18 anos** não esteja pleiteando direitos trabalhistas próprios, mas **compareça em juízo na condição de sucessor ou herdeiro de trabalhador falecido**.

Em relação a esta questão, duas são as correntes que se destacam: a **primeira** afirma que o benefício previsto no **art. 440 da CLT** é restritivo e, portanto, somente se aplica quando o menor de 18 anos é o próprio trabalhador; uma **segunda corrente** defende a plena aplicação da regra de proteção prevista em tal dispositivo legal ao menor de 18 anos, mesmo quando este esteja em juízo na condição de sucessor de trabalhador falecido.

Prevalece o posicionamento de que a melhor interpretação do **art. 440 da CLT** é a que **estende o benefício** nele previsto **ao menor que pleiteie direitos trabalhistas como sucessor ou herdeiro**. No entanto, vale ressaltar que a prescrição total já consumada em relação ao trabalhador falecido deve ser respeitada, não se alterando tal situação pelo fato de que tem herdeiros menores. Tendo transcorrido parte do prazo prescricional antes do falecimento, o período prescrito também deve ser respeitado, aplicando-se o benefício do **art. 440 da CLT** aos herdeiros menores somente em relação ao prazo faltante da prescrição.

Outra questão discutida sobre o tema é a que se refere à hipótese em que **há herdeiros menores e também maiores**, indagando-se se a prescrição correria contra os últimos, mas não contra os primeiros.

O entendimento prevalecente neste caso é no sentido de que, em razão da indivisibilidade da universalidade de direitos a ser postulado em juízo, basta que haja um herdeiro menor para que o benefício do **art. 440 da CLT** se opere em relação a todos os demais herdeiros.

Por fim, importante também analisar a situação dos prazos prescricionais em relação a **direitos de trabalhador menor falecido, que são pleiteados por seus sucessores**.

Nesta hipótese, o entendimento corrente é no sentido de que o benefício previsto no **art. 440 da CLT** não se transfere aos sucessores, quando estes são maiores.

12.1.6. Prazo prescricional no direito do trabalho — situações especiais decorrentes da ampliação da competência da Justiça do Trabalho

A **ampliação da competência da Justiça do Trabalho**, decorrente da **Emenda Constitucional n. 45/2004**, trouxe a convivência de critérios distintos de prazos prescricionais a serem aplicados, ou seja, passaram a ser adotadas diferentes regras normativas a respeito da prescrição.

Como salienta Mauricio Godinho Delgado, as relações regidas pelo Direito Civil, Direito Administrativo, Direito Tributário e Direito Processual Civil não são marcadas pelas especificidades do Direito do Trabalho e do Direito Processual do Trabalho, sendo certo que naqueles campos "as lides tendem a surgir entre seres com razoável equivalência de poder (caso dos conflitos intersindicais ou entre sindicatos e empregadores, por exemplo: art. 114, III, CF/88) ou se trata de lides contrapondo seres poderosos, mesmo que reconhecida a prevalência fático-jurídica do credor/Estado (caso dos conflitos entre empregadores apenados e Estado/fiscalizador das relações de trabalho, ilustrativamente: art. 114, VII, CF/88)".[13]

Assim, em relação a essas situações substancialmente distintas das relações empregatícias e conexas, aplicam-se os **prazos prescricionais próprios**, previstos na legislação que regula a situação fática tratada.

No entanto, em relação a dois temas tem havido grande discussão no dia a dia da Justiça do Trabalho: a questão relativa aos prazos prescricionais a serem aplicáveis nas ações em que se discute responsabilidade do empregador por acidente do trabalho e nas ações em que se pleiteiam, em geral, indenizações por danos materiais e por danos morais. Assim, a seguir, analisaremos especificamente estas questões.

12.1.6.1. Acidente do trabalho

Atualmente, constata-se a existência de uma grande discussão sobre o **prazo prescricional** a ser aplicado em relação às **ações pelas quais se pleiteie o reconhecimento da responsabilidade do empregador por acidente do trabalho ou doença profissional do empregado**, podendo ser identificadas duas correntes na doutrina e na jurisprudência.

■ **1.ª corrente** — no tocante às ações acidentárias que versem sobre danos exsurgidos durante a execução do contrato de trabalho subordinado, a prescrição aplicável é

---

[13] DELGADO, Mauricio Godinho. *Curso de direito do trabalho*, 18. ed., p. 329.

a do **art. 7.º, XXIX, da Constituição Federal**. Isto porque não se trata de "responsabilidade extracontratual" decorrente de ato ilícito previsto em regramento civil, mas, sim, de responsabilidade contratual.

Segundo esta corrente, a partir de uma leitura atenta da legislação, é possível verificar-se que o embasamento legal para as ações trabalhistas acidentárias encontra-se no **art. 7.º, XXVIII, da Constituição Federal**, sendo imprescindível para a análise da questão referente à prescrição observar-se a localização desse dispositivo constitucional: imediatamente anterior ao inciso relativo à prescrição quinquenal dos créditos trabalhistas e junto com os demais direitos trabalhistas contidos no rol do **art. 7.º da Carta da República**. Para os defensores desta posição, não há como negar, portanto, a sobreposição entre esses dois incisos (**XXVIII e XXIX, art. 7.º, CF**).

Assim, as ações de indenização de danos materiais e morais decorrentes de acidentes ocorridos na execução de um contrato de emprego não são aquilianas, mas se enquadram na **responsabilidade civil do tipo contratual**, atraindo-se a **prescrição quinquenal** própria do crédito trabalhista previsto na Constituição Federal (**art. 7.º, XXIX**). Caso o acidente pessoal envolvesse um trabalhador autônomo que foi vítima de um ato culposo do tomador, a competência para julgar eventual pedido de indenização seria da Justiça do Trabalho (**art. 114, I e VI, CF**) e a prescrição aplicável seria a do Código Civil, vez que a relação jurídica subjacente que liga agente e vítima é de natureza civil.[14]

Nesse sentido, o entendimento do TST, que pode ser verificado a partir da seguinte ementa de lavra do Ministro Barros Levenhagen:

RECURSO DE REVISTA DO RECLAMANTE — AÇÃO DE INDENIZAÇÃO POR DANOS PROVENIENTES DE INFORTÚNIOS DO TRABALHO. — PRESCRIÇÃO TRABALHISTA EM DETRIMENTO DA PRESCRIÇÃO CIVIL — INTELIGÊNCIA DA JURISPRUDÊNCIA DOMINANTE NO TST. I — Não é demais enfatizar a peculiaridade de as indenizações por danos material e moral, provenientes de infortúnios do trabalho, terem sido equiparadas aos direitos trabalhistas, por conta da norma do art. 7.º, inc. XXVIII, da Constituição, não se revelando, desse modo, juridicamente consistente a tese de que a prescrição do direito de ação devesse observar o prazo prescricional do Direito Civil. II — Com efeito, se o acidente de trabalho e a moléstia profissional são infortúnios intimamente relacionados ao contrato de emprego, e por isso só os empregados é que têm direito aos benefícios acidentários, impõe-se a conclusão de a indenização prevista no art. 7.º, inc. XXVIII, da Constituição se caracterizar, realmente, como direito genuinamente trabalhista, atraindo por conta disso a prescrição trabalhista. III — Sequer se poderia invocar a pretensa circunstância de a indenização prevista na norma constitucional achar-se vinculada à responsabilidade civil do empregador. Isso nem tanto pela evidência de ela reportar-se, em verdade, ao próprio art. 7.º, inc. XXVIII, da Constituição, mas sobretudo pela constatação de a pretensão indenizatória provir não

---

[14] DALLEGRAVE NETO, José Affonso. *Responsabilidade civil no direito do trabalho*. 3. ed. São Paulo: LTr, 2008. p. 356.

da culpa aquiliana, mas da culpa contratual do empregador, extraída da não observância dos deveres, integrados ao contrato de emprego, contidos no art. 157 da CLT. IV — A matéria inclusive integra o elenco dos temas que serão convertidos em orientações jurisprudenciais, a partir de precedentes da SBDI-I de que a prescrição da ação de indenização por danos morais e materiais, oriundos de infortúnios do trabalho, é a prescrição trabalhista prevista no art. 7.º, inc. XXIX da Constituição, pelo que o recurso não logra conhecimento na esteira da Súmula 333, inclusive à sombra do aresto oriundo da SBDI-1, por encontrar-se superado no âmbito deste Tribunal. V — Recurso não conhecido (TST-RR 237200-96. 2006.5.02.0315, 4.ª T., rel. Min. Barros Levenhagen, *DEJT* 26.02.2010).

Os defensores dessa corrente enfatizam a peculiaridade das indenizações por danos material e moral, provenientes de infortúnios do trabalho, que foram equiparadas aos direitos trabalhistas, por conta da norma do **art. 7.º, inciso XXVIII, da Constituição**, razão pela qual a elas, como já mencionado, aplica-se o prazo prescricional trabalhista.

Portanto, tendo em vista que o acidente de trabalho e a moléstia profissional são **infortúnios intimamente relacionados ao contrato de emprego**, e por isso só os empregados é que têm direito aos benefícios acidentários, impõe-se a conclusão de a indenização prevista no **art. 7.º, inciso XXVIII, da Constituição** se caracterizar, realmente, como direito genuinamente trabalhista, atraindo por conta disso a **prescrição trabalhista**.

Somente quando a lesão for anterior à **Emenda Constitucional n. 45/2004**, o prazo prescricional aplicável será o previsto no **art. 206, § 3.º, V, do Código Civil** de 2002, observada a regra de transição prevista no **art. 2.028** desse mesmo diploma legal. Quando, porém, a lesão for posterior à referida Emenda, não resta dúvida de que o prazo prescricional aplicável será o trabalhista, previsto no **art. 7.º, XXIX, da CF**.

Nesse sentido a jurisprudência majoritária do TST:

"AGRAVO DE INSTRUMENTO. RECURSO DE REVISTA. ACIDENTE DE TRABALHO. PRESCRIÇÃO. MARCO INICIAL. CIÊNCIA INEQUÍVOCA DA LESÃO. Na hipótese, o acórdão deslocou o *dies a quo* do prazo prescricional da pretensão de indenização por danos decorrentes de acidente de trabalho por entender que a ciência inequívoca da incapacidade se deu em data diversa daquela do acidente. A jurisprudência desta Corte é no sentido de que o marco inicial da contagem do prazo prescricional em caso de acidente de trabalho típico nem sempre começa a fluir na data do infortúnio, estabelecendo-se a partir da data da ciência inequívoca da real extensão da lesão e da incapacidade para o trabalho em toda a sua extensão. Precedentes. Óbice do art. 896, § 7.º, da CLT e da Súmula 333 do TST . Agravo de instrumento a que se nega provimento" (AIRR-850-73.2021.5.09.0024, 2.ª T., rel. Min. Maria Helena Mallmann, *DEJT* 19.12.2024).

AÇÃO RESCISÓRIA AJUIZADA NA VIGÊNCIA DO CPC/1973. [...] PRESCRIÇÃO. AÇÃO DE INDENIZAÇÃO POR DANOS MORAIS E MATERIAIS. ACIDENTE DE TRABALHO OCORRIDO ANTES DO ADVENTO DA EMENDA CONSTITUCIONAL N. 45/2004. INCIDÊNCIA DA PRESCRIÇÃO TRIENAL (ART. 206, § 3.º, V, DO

CÓDIGO CIVIL). Trata-se de Ação Rescisória, calcada no art. 485, V, do CPC/1973, mediante a qual a parte autora pretende a desconstituição do acórdão proferido pela 8.ª Turma do TST, que conheceu do Recurso de Revista patronal, por violação do art. 206, § 3.º, V, do Código Civil, e, no mérito, deu-lhe provimento para pronunciar a prescrição total da pretensão indenizatória. No caso, a questão controvertida diz respeito à legislação que deve regular o prazo prescricional para se postular indenização por danos morais e estéticos decorrentes de acidente de trabalho, a trabalhista ou a civil. Conforme a jurisprudência desta Corte, firmada inclusive antes da prolação do acórdão rescindendo, tem-se que, se a ciência inequívoca da lesão decorrente do acidente de trabalho ou da doença profissional ocorreu antes da entrada em vigor da Emenda Constitucional n. 45/2004, a prescrição será regulada pela legislação cível; e se a ciência for posterior à EC 45/2004, a prescrição aplicável será a trabalhista, prevista no art. 7.º, XXIX, da Constituição Federal. *In casu*, diante da moldura fática delineada no processo matriz, verifica-se que a ciência inequívoca da lesão decorrente do acidente de trabalho ocorreu em 18/10/2003. Assim, deve ser aplicada a prescrição trienal, prevista no art. 206, § 3.º, V, do CC/2002, a partir da *actio nata*, qual seja: a efetiva data da ciência da lesão. Nessa senda, tendo decorrido mais de 3 anos entre a ciência da lesão (18/10/2003) e o ajuizamento do processo matriz (28.05.2007), deve ser confirmado o acórdão rescindendo que pronunciou a prescrição da pretensão obreira à percepção de indenização por danos morais e estéticos decorrentes do acidente de trabalho. Pleito rescisório julgado improcedente" (AR-8942-79.2012.5.00.0000, Subseção II Especializada em Dissídios Individuais, rel. Min. Luiz Jose Dezena da Silva, *DEJT* 25.02.2022).

■ **2.ª corrente** — adota entendimento diverso, no sentido de ser sempre aplicável a **regra prescricional do Direito Civil** às ações envolvendo pedido de indenizações por danos material e moral decorrentes de acidente do trabalho.

Assim, para os adeptos de tal corrente, tratando-se de pretensão de reparação civil, o prazo prescricional aplicável é o do **inciso V, do § 3.º, do art. 206, do Código Civil**, que assim dispõe:

"Art. 206. Prescreve: [...]

§ 3.º Em 3 (três) anos: [...] V — a pretensão de reparação civil".

Portanto, a prescrição para pleitear indenização por acidente do trabalho é de três anos.

Adotando-se este entendimento, deve-se ter em conta ainda que o **art. 2.028 do Código Civil** estabelece uma *regra de transição* em relação ao prazo prescricional, para os acidentes ocorridos antes da data de entrada em vigor do Código Civil, qual seja, 10.01.2003, prevendo: "Serão os da lei anterior os prazos, quando reduzidos por este Código, e se, na data de sua entrada em vigor, já houver transcorrido mais da metade do tempo estabelecido na lei revogada".

Assim, no caso de acidente ocorrido antes de 10.01.2003 e desde que, na data de entrada em vigor do novo Código Civil, não tenha transcorrido mais da metade do tempo estabelecido na lei revogada, devem ser aplicados os prazos prescricionais previstos no **art. 177 do Código Civil de 1916**.

A jurisprudência da SBDI-1 do TST é no sentido de o **marco inicial da prescrição** em ações de indenização por danos morais e materiais, decorrentes de **acidente de trabalho**, ser a data do retorno ao trabalho, na hipótese de abrandamento da doença, ou a data da concessão da aposentadoria por invalidez, ou, ainda, na data do trânsito em julgado da decisão em ação em que se pleiteou a concessão do benefício auxílio-doença, considerando, dependendo da situação, essas datas como o momento da **inequívoca ciência da incapacidade laboral**.

"RECURSO DE REVISTA DA RECLAMADA INTERPOSTO SOB A ÉGIDE DA LEI N. 13.015/2014 E DO NCPC — PRESCRIÇÃO — TERMO INICIAL — ACIDENTE DO TRABALHO — DANOS MORAIS E MATERIAIS — CIÊNCIA INEQUÍVOCA DA LESÃO — ALTA PREVIDENCIÁRIA. 1. Ocorrida a ciência inequívoca da lesão posteriormente à vigência da Emenda Constitucional n. 45/2004, o prazo prescricional aplicável será o trabalhista, previsto no artigo 7.º, inciso XXIX, da Constituição da República. 2. Esta Eg. Corte pacificou o entendimento de que o marco inicial da prescrição da pretensão indenizatória por danos morais e materiais decorrentes de acidente de trabalho é a data da ciência inequívoca da consolidação das lesões. Se, em decorrência do acidente de trabalho ou da doença ocupacional a ele equiparada, o empregado fica afastado percebendo auxílio-doença, a ciência inequívoca da consolidação das lesões ocorre com o término do auxílio-previdenciário e o retorno ao trabalho ou com a aposentadoria por invalidez. Julgados. 3. Tendo em vista que o Reclamante permaneceu em benefício previdenciário até 2015 e a presente ação foi ajuizada em 12.12.2014 , não há falar em prescrição da pretensão. Recurso de Revista não conhecido" (RR-1816-15.2014.5.17.0006, 4.ª T., rel. Min. Maria Cristina Irigoyen Peduzzi, *DEJT* 20.04.2023).

"AGRAVO INTERNO EM AGRAVO DE INSTRUMENTO EM RECURSO DE REVISTA INTERPOSTO PELA RECLAMANTE — PRESCRIÇÃO — DOENÇA DO TRABALHO — CIÊNCIA INEQUÍVOCA DAS LESÕES — APOSENTADORIA POR INVALIDEZ. 1. Embora tormentosa a questão relativa à data a ser considerada para se definir o início da fluência do prazo prescricional, em se tratando de acidente de trabalho típico ou atípico, o Supremo Tribunal Federal e o Superior Tribunal de Justiça consagraram entendimentos consubstanciados nas respectivas Súmulas 230 e 278, de que o termo inicial do prazo é a data em que o empregado teve ciência inequívoca da incapacidade laboral. 2. Nesse passo, a jurisprudência oriunda desta Corte é no sentido de que a contagem do prazo prescricional se dá a partir da ciência inequívoca dos efeitos gerados por acidente de trabalho ou doença ocupacional que, em casos similares ao descrito no presente feito, é a data do término do auxílio-doença e da concessão da alta médica pelo órgão previdenciário oficial ou da conversão do auxílio-doença em aposentadoria por invalidez. Precedentes. Agravo interno desprovido" (Ag-AIRR-1663-27.2019.5.09.0653, 2.ª T., rel. Des. Convocada Margareth Rodrigues Costa, *DEJT* 02.07.2024).

12.1.6.2. *Indenização por danos morais*

Também a prescrição para a ação na qual o trabalhador pleiteie de seu empregador uma **indenização por danos morais** sofridos é tema que tem gerado bastante discussão na doutrina e na jurisprudência. Desta forma, três são as correntes que se firmaram em relação ao tema.

■ **1.ª corrente** — entende que o direito de ação quanto a pedido de dano moral oriundo da relação empregatícia está subordinado à observância dos prazos prescricionais previstos no art. 7.º, XXIX, da Constituição Federal.

Para os adeptos desta corrente, a matéria relativa à indenização ora pleiteada, quanto ao dano moral decorrente do ato perpetrado pelo empregador ao abusar de suas prerrogativas, sempre esteve inserida na competência absoluta desta Justiça Especializada, ante a obviedade de decorrer diretamente da relação de trabalho — diferentemente dos danos morais e materiais consequentes de acidentes de trabalho e/ou doenças profissionais, antes sujeitos à competência material da Justiça Comum e hoje de exclusiva análise pela Justiça do Trabalho, após o advento da Emenda Constitucional n. 45/2004. Por tal razão, a prescrição aplicável sempre foi a prescrição trabalhista.

■ **2.ª corrente** — entende que após a Emenda Constitucional n. 45/2004 o direito de ação quanto a pedido de dano moral oriundo da relação empregatícia está subordinado à observância dos prazos prescricionais previstos no art. 7.º, XXIX, da Constituição Federal.

No entanto, antes da Emenda n. 45/2004, o prazo prescricional aplicável era o previsto no Código Civil. Sendo assim, deve-se aplicar a regra de transição prevista no art. 2.028 do Código Civil para o caso de pretensão de indenização por danos morais decorrente de ato ilícito do empregador anterior à entrada em vigor da Emenda Constitucional n. 45/2004, impondo-se a aplicação do prazo prescricional civil em respeito aos princípios da segurança jurídica e do direito adquirido, se o ato ilícito foi praticado antes da fixação da competência da Justiça do Trabalho para a apreciação de tais questões.

"RECURSO DE REVISTA DO RECLAMADO. INTERPOSIÇÃO EM FACE DE ACÓRDÃO PUBLICADO ANTES DA VIGÊNCIA DA LEI N. 13.015/2014. [...] PRESCRIÇÃO — DANO MORAL — ASSÉDIO SEXUAL. (violação aos artigos 7.º, XXIX, da Constituição Federal e 206, § 3.º, do Código Civil) Firmou-se na jurisprudência deste Colendo TST o entendimento segundo o qual o prazo prescricional para reclamar indenização decorrente de dano moral sofrido no curso da relação de emprego é o previsto no artigo 7.º, XXIX, da Constituição da República, para demandas ajuizadas após a vigência da Emenda Constitucional n. 45/2004, por tratar-se de dano decorrente daquele tipo de contrato laboral. Precedentes. Nesse contexto, incontroverso nos autos que o contrato de trabalho da autora foi encerrado em 16.04.2012 e que a ação foi ajuizada em 11.07.2012 (portanto, após a vigência da EC n. 45/04), resta afastada a prescrição bienal trabalhista. Tampouco há que se cogitar da prescrição quinquenal, eis que, mesmo que considerada a data rescisão do contrato do empregado indicado como autor do assédio, em 03/09/2007, não incidiria a prescrição, visto que, protocolada a reclamação em 11/07/2012, tem-se como deflagrada a contagem do prazo prescricional em 11/07/2012. Recurso de revista não conhecido. [...]" (RR-928-09.2012.5.09.0016, 7.ª T., rel. Min. Renato de Lacerda Paiva, *DEJT* 18.06.2021).

■ **3.ª corrente** — O prazo de prescrição do direito de ação de reparação por dano moral trabalhista é o previsto no Código Civil. À Justiça do Trabalho não se antepõe qualquer obstáculo para que aplique prazos prescricionais diversos dos previstos nas leis trabalhistas, podendo valer-se das normas do Código Civil e da legislação esparsa.

De outro lado, embora o dano moral trabalhista encontre matizes específicos no Direito do Trabalho, a indenização propriamente dita resulta de normas de Direito Civil, ostentando, portanto, natureza de crédito não trabalhista.

Por fim, sustenta esta corrente que a prescrição é um instituto de direito material e, portanto, não há como olvidar a inarredável vinculação entre a sede normativa da pretensão de direito material e as normas que regem o respectivo prazo prescricional.

12.1.7. Prescrição em ações coletivas

Questão relevante diz respeito à aplicação, no campo do Direito do Trabalho, do instituto da **prescrição** às **ações coletivas**, em especial à **ação civil pública**. Ainda que se reconheça a especial relevância do instituto processual para a proteção de interesses coletivos e/ou difusos, não há como se acolher a tese de imprescritibilidade das pretensões deduzidas em ação civil pública.

A Constituição de 1988, ao evidenciar a cidadania como fundamento para o controle dos atos da Administração Pública, institucionalizou os alicerces normativos de um verdadeiro **microssistema de tutela de interesses públicos, difusos e coletivos**, constituído pelo mandado de segurança coletivo, pela ação popular e pela ação civil pública.

Posteriormente, com a Lei n. 8.078/90, o Código de Defesa do Consumidor criou mecanismos que se agregaram a esses instrumentos, tornando-os essenciais à proteção dos direitos fundamentais. Reconhecido o microssistema de proteção dos interesses transindividuais, torna-se imperioso assentir que eventuais lacunas normativas no regime específico de um desses instrumentos devem ser supridas à luz das normas aplicáveis aos demais mecanismos processuais de tutela de tais direitos, por meio de uma análise sistemática dos diplomas legais correlatos.

Nesse sentido, ainda que a legislação de regência não disponha sobre o prazo prescricional aplicável às ações civis públicas, daí não se segue a sua imprescritibilidade — ainda que se reconheça a ímpar relevância dos interesses protegidos.

Considerando, portanto, o entendimento majoritário no sentido de que as ações civis públicas estão sujeitas à prescrição, a discussão envolve a questão específica do prazo, sendo que, para alguns, a prescrição aplicável é a trienal, com fundamento no art. 206, § 3.º, V, do Código Civil, e, para outros, a prescrição quinquenal prevista na Lei de Ação Popular.

A própria ação popular se sujeita a prazo prescricional quinquenal (art. 21 da Lei n. 4.717/65), muito embora seja também um instrumento processual hábil à proteção de interesses públicos e metaindividuais, como a preservação do meio ambiente e do patrimônio histórico e cultural. Por essa razão, inclusive, o STJ tem aplicado o prazo prescricional da ação popular às ações civis públicas, com fundamento em interpretação sistemática dos institutos (AgRg nos EREsp 995.995/DF, rel. Min. Raul Araújo, Segunda Seção, *DJE* 09.04.2015; AgRg nos EAREsp 104.692/PR, rel. Min. Herman Benjamin, Corte Especial, *DJe* 27.09.2013).

Assim, a pretensão deduzida em sede de ação civil pública **prescreve em cinco anos**.

"AGRAVO EM AGRAVO DE INSTRUMENTO. RECURSO DE REVISTA SOB A ÉGIDE DA LEI N. 13.467/2017. [...] AÇÃO CIVIL PÚBLICA. PRESCRIÇÃO QUINQUENAL. APLICAÇÃO DO PRAZO PRESCRICIONAL PREVISTO NA LEI DE AÇÃO POPULAR. O posicionamento firmado pela SBDI-1, no julgamento do E-ED-RR-2302-73.2014.5.17.0014, de relatoria do Ministro Aloysio Correa da Veiga, publicado no *DEJT* de 14.05.2021, é no sentido de que os direitos difusos e coletivos dos trabalhadores se submetem à prescrição quinquenal prevista no art. 21 da Lei n. 4.717/65 (Lei de Ação Popular), aplicável analogicamente à Ação Civil Pública. Como, no caso dos autos, o Ministério Público do Trabalho teve ciência dos fatos alegados mediante denúncia formulada em agosto/2010, ajuizando, a presente Ação Civil Pública em 09.04.2015, não havia escoado o prazo prescricional quinquenal. Não ficou demonstrado o desacerto da decisão monocrática que negou provimento ao agravo de instrumento. Agravo não provido. [...]" (Ag-AIRR-10666-39.2015.5.15.0116, 6.ª T., rel. Min. Augusto Cesar Leite de Carvalho, *DEJT* 18.10.2024).

Em relação às ações coletivas, questão relevante é a definição do prazo prescricional para a execução individual da sentença condenatória proferida. O TST adota entendimento no sentido de que o prazo prescricional para essas execuções individuais é de cinco anos, contados a partir do trânsito em julgado da decisão proferida na ação plúrima.[15]

12.1.8. Prescrição intercorrente

A **prescrição intercorrente** é instituto que se verifica durante a tramitação da ação na Justiça, incidindo sempre que esta fique **paralisada por negligência do autor**, que deixa de praticar atos de sua responsabilidade.

Ocorre a prescrição intercorrente no processo do trabalho **no prazo de dois anos**, sendo que a **fluência do prazo inicia-se** quando o exequente deixa de cumprir

---

[15] "[...] III — RECURSO DE REVISTA. LEI N. 13.467/2017. EXECUÇÃO INDIVIDUAL DE TÍTULO EMANADO DE AÇÃO COLETIVA. PRESCRIÇÃO. TRANSCENDÊNCIA JURÍDICA RECONHECIDA. Na esteira da jurisprudência desta Corte, o prazo prescricional para execução individual de sentença coletiva é quinquenal e deve ser contado a partir da data do trânsito em julgado do título executivo judicial formado na ação coletiva. No caso de já ter sido iniciada anteriormente execução coletiva, e havendo determinação judicial de desmembramento dessa execução em execuções individuais, tem-se reconhecido que o prazo será contado da data da determinação desse desmembramento. O Regional, ao aplicar a prescrição bienal, contrariou a jurisprudência desta Corte, daí a necessidade da adequação, à luz da interpretação do art. 7.º XXIX, da Constituição da República. Recurso de revista conhecido e provido" (RR-100230-33.2022.5.01.0032, 6.ª T., rel. Min. Antonio Fabricio de Matos Goncalves, *DEJT* 19.12.2024).

determinação judicial no curso da execução (**art. 11-A**, *caput* e **§ 1.º, CLT**). Com a previsão legal sobre prescrição intercorrente, introduzida pela **Lei n. 13.467/2017 (*Reforma Trabalhista*)**, a Súmula 114, TST, perdeu sentido, não podendo mais ser aplicada.

A **Súmula 327 do STF** já dispunha ser aplicável ao Processo Trabalhista a prescrição intercorrente.

A aplicação da prescrição intercorrente no processo do trabalho justifica-se com base no **art. 884 da CLT** que, tratando dos meios de defesa na execução (embargos à execução e impugnação à sentença de liquidação), no **§ 1.º** assim dispõe: "A matéria de defesa será restrita às alegações de cumprimento da decisão ou do acordo, quitação ou *prescrição da dívida*".

Ora, devendo a prescrição ordinária ser arguida na fase de conhecimento, na primeira oportunidade em que a parte que dela se beneficia deve falar nos autos, resta evidente que a prescrição a que se refere o **§ 1.º do art. 884 da CLT** é a intercorrente, verificada no curso da execução sempre que, por inércia do autor, o processo ficar paralisado por mais de dois anos.

Para que se possa reconhecer a incidência da prescrição intercorrente é necessário, porém, que **tenha havido expressa intimação para que o autor dê andamento ao processo**, sempre que **a providência a ser adotada não possa ser realizada de ofício pelo Magistrado**.

Sobre a questão, importante ressalvar que, por força da aplicação subsidiária à execução trabalhista da **Lei n. 6.830/80 (art. 899, CLT)**, na hipótese de não localização do devedor ou quando não forem encontrados bens suficientes e desembaraçados que possam satisfazer o crédito, deverá o juiz suspender a execução, durante um ano, período em que não fluirá o prazo prescricional **(art. 40, Lei n. 6.830/80)**.

Após tal prazo, sem que tenha havido qualquer manifestação do credor, os autos serão arquivados, passando, então, a fluir o prazo prescricional **(art. 40, § 4.º, Lei n. 6.830/80)**. Nesse contexto, importante destacar que **o § 3.º do art. 40 da Lei n. 6.830/80** — que prevê: "Encontrados que sejam, a qualquer tempo, o devedor ou os bens, serão desarquivados os autos para prosseguimento da execução" — não tem o condão de impedir a aplicação da prescrição intercorrente no processo, já que tal previsão refere-se a uma possibilidade que pode ser verificada antes do transcurso do prazo prescricional de dois anos. Após os dois anos do arquivamento, a prescrição intercorrente gerará todos os seus efeitos, sem possibilidade de se retomar o curso da execução, ainda que se encontrem bens ou o próprio devedor.

Ressalte-se que, mesmo admitida pelo legislador, resta evidente que a aplicação da prescrição intercorrente no Processo do Trabalho **não pode incidir em situações em que a paralisação do processo decorreu de omissão dos órgãos judiciários, ou foi motivada pelo executado, e não da inércia do autor**.

A **declaração da prescrição intercorrente** pode ser requerida ou declarada de ofício em qualquer grau de jurisdição **(art. 11-A, § 2.º, CLT)**.

12.1.9. Interrupção e suspensão da prescrição

Os arts. 197 a 199 e 202 do Código Civil indicam diversas causas que não permitem a fluência do prazo prescricional, causas essas que podem ser caracterizadas como hipóteses impeditivas, de suspensão ou de interrupção da prescrição.

Muitas das hipóteses previstas pela lei civil são aplicáveis ao Direito do Trabalho, sendo que algumas delas necessitam de certas adequações na seara trabalhista.

■ **Causas impeditivas** — são aquelas que não permitem que o prazo prescricional se inicie, ou seja, ele sequer começa a fluir. As causas impeditivas são anteriores, portanto, ao início da prescrição.

São **causas impeditivas da prescrição** aplicáveis no âmbito do Direito do Trabalho:

- ■ **incapacidade absoluta (art. 198, I, CC)** — nos termos do **art. 440 da CLT**, contra os menores de 18 anos não corre nenhum prazo de prescrição. Assim, a **menoridade trabalhista** é fator impeditivo da prescrição;
- ■ **ausência do país em serviço público da União, dos Estados ou dos Municípios (art. 198, II, CC);**
- ■ **prestação de serviço militar, em tempo de guerra (art. 198, III, CC);**
- ■ **pendência de condição suspensiva (art. 199, I, CC);**
- ■ **não vencimento do prazo (art. 199, II, CC).**

Especificamente em relação às duas últimas hipóteses (pendência de condição suspensiva e não vencimento do prazo) é que se fala do **critério da *actio nata***, segundo o qual *"a prescrição somente inicia seu curso no instante em que nasce a ação, em sentido material, para o titular do direito. Isto é,* antes de poder ele exigir do devedor seu direito, não há como falar-se em início do lapso prescricional".[16]

No Direito do Trabalho, é **exemplo de aplicação do critério da *actio nata*** o direito dos empregados exigirem diferenças de FGTS, inclusive quanto ao acréscimo rescisório de 40% sobre o Fundo, que só surgiu na data da publicação da **Lei Complementar n. 110/2001**, que conferiu aos trabalhadores o direito a complementação de atualização monetária sobre seus depósitos do FGTS de mais de dez anos atrás.

> **OJ SDI-1 344, TST:** "O termo inicial do prazo prescricional para o empregado pleitear em juízo diferenças da multa do FGTS, decorrentes dos expurgos inflacionários, deu-se com a vigência da Lei Complementar n. 110, em 30.06.2001, salvo comprovado trânsito em julgado de decisão proferida em ação proposta anteriormente na Justiça Federal, que reconheça o direito à atualização do saldo da conta vinculada".

---

[16] DELGADO, Mauricio Godinho. *Curso de direito do trabalho*, 18. ed., p. 300.

Visando facilitar o entendimento sobre o tema, colacionamos a ementa abaixo, que revela uma outra hipótese de aplicação pelo TST do critério da *actio nata*:

"AGRAVO. EMBARGOS DE DIVERGÊNCIA. RECURSO DE REVISTA. PRETENSÃO DE REPARAÇÃO DE DANOS DECORRENTES DE ACIDENTE DE TRABALHO. EMENDA CONSTITUCIONAL N. 45/2004. PRESCRIÇÃO. ART. 7.º, XXIX, DA CRFB. PRAZO DE CINCO ANOS DA DATA DO CONHECIMENTO INEQUÍVOCO DA LESÃO. DIVERGÊNCIA JURISPRUDENCIAL. SÚMULA 296, I, DO TST E ART. 894, § 2.º, DA CLT. NÃO PROVIMENTO. I. No tema 'Prescrição — Acidente de Trabalho — Ciência Inequívoca da Lesão', a Turma julgadora deu provimento ao recurso de revista da reclamante para afastar a prescrição pronunciada pelo Tribunal de origem. Para o alcance desse desfecho, amparou-se nas premissas fáticas registradas pelo acórdão regional, quais sejam: a) a reclamante sofreu o acidente de trabalho em 26.07.2011; b) gozou de auxílio previdenciário a partir de 11.08.2011; c) teve a ciência inequívoca de sua lesão, por meio da perícia do INSS, em 12.03.2015; d) foi dispensada em 05.09.2016; e) ajuizou a presente demanda em 06.11.2017. Nesse contexto, concluiu pelo afastamento da prescrição total, pois 'o ajuizamento da reclamação trabalhista ocorreu no período de dois anos da rescisão contratual e de cinco anos da data do conhecimento inequívoco da lesão', em consonância com o art. 7.º, XXIX, da CRFB. II. Nos embargos, a reclamada não impugna a 'actio nata' considerada pela Turma julgadora. Limita-se a defender que, em se tratando de acidente de trabalho, a prescrição incidente ao caso é a bienal, contada a partir da constatação dos danos em 12.03.2015. Colaciona julgados para o confronto de teses. III . Ocorre que, a decisão embargada está em consonância com a atual jurisprudência deste Tribunal Superior do Trabalho, no sentido de que, após o advento da EC n. 45/2004, em se tratando de pretensão de reparação de danos decorrentes de acidente de trabalho, incide a prescrição quinquenal, cuja contagem se efetua a partir da ciência inequívoca do dano, respeitado o biênio a partir da rescisão do contrato de trabalho. Assim, considerando que a presente ação foi ajuizada em 06.11.2017 e sendo incontroverso que a ciência inequívoca da lesão ocorreu após a vigência da EC n. 45/2004, em 12.03.2015, não há falar em consumação da prescrição, porquanto observado o prazo prescricional quinquenal previsto no art. 7.º, XXIX, da Constituição da República, bem como o prazo de dois anos a partir da rescisão do contrato, em 05.09.2016. IV. Assim, constata-se que os julgados transcritos na peça de embargos não possuem aptidão de propiciar a abertura da cognição desta Subseção por dissenso jurisprudencial, ora porque se referem a casos em que a ciência inequívoca dos danos ocorreu anteriormente à vigência da EC n. 45/2004, a atrair o disposto na Súmula 296, I, do TST, ora porque superados pela iterativa, notória e atual jurisprudência do Tribunal Superior do Trabalho, nos termos do art. 894, § 2.º, da CLT. V. Agravo de que se conhece e a que se nega provimento" (Ag-E-RR-101618-24.2017.5.01.0265, Subseção I Especializada em Dissídios Individuais, rel. Min. Evandro Pereira Valadão Lopes, *DEJT* 06.12.2024).

◙ **Causas suspensivas** — paralisam o curso da prescrição já iniciada. Cessada a causa que determinou a suspensão, o prazo prescricional faltante será adicional ao prazo já transcorrido antes da suspensão.

São **causas impeditivas da prescrição** aplicáveis no âmbito do Direito do Trabalho:

◙ **incapacidade absoluta (art. 198, I, CC)** — sempre que sobrevier a incapacidade do titular da ação após o início da prescrição;

◙ **ausência do país em serviço público da União, dos Estados ou dos Municípios (art. 198, II, CC)** — sempre que a ausência se der após o início da prescrição;

◙ **prestação de serviço militar, em tempo de guerra (art. 198, III, CC)** — sempre que a guerra, com a convocação do titular do direito para a prestação de serviço militar, iniciar-se após o início da prescrição;

◙ **ocorrência de obstáculo judicial e previsão de obstáculo legal** — caracteriza-se como **obstáculo judicial** a paralisação das atividades judiciárias por força maior, impedindo o titular do direito de ajuizar a ação.

Como **obstáculo legal**, pode-se citar a hipótese prevista no **art. 625-G da CLT**: a submissão de qualquer demanda à Comissão de Conciliação Prévia suspende o curso prescricional a partir da provocação da Comissão, recomeçando a fluir, pelo que lhe resta, a partir da tentativa frustrada de conciliação ou do esgotamento do prazo previsto no **art. 625-F, CLT**.

Em relação à situação em que o contrato de trabalho fica suspenso, em virtude da percepção do auxílio-doença ou da aposentadoria por invalidez, o TST adota o seguinte entendimento:

> **OJ SDI-1 375, TST:** "A suspensão do contrato de trabalho, em virtude da percepção do auxílio-doença ou da aposentadoria por invalidez, não impede a fluência da prescrição quinquenal, ressalvada a hipótese de absoluta impossibilidade de acesso ao Judiciário".

◙ **Causas interruptivas** — são aquelas decorrentes de fatos provocados e determinados pelas partes. Paralisam o curso prescricional já iniciado, sendo que o prazo será contado por inteiro após o término da causa interruptiva, ou seja, **o período do prazo que já havia corrido antes da interrupção é desprezado**.

A aplicabilidade do **art. 202 do Código Civil** no campo do Direito do Trabalho é restrita, sendo que mesmo aquelas hipóteses que podem ser reconhecidas como aplicáveis nesse ramo do Direito devem ser interpretadas de acordo com suas regras próprias.

Assim, a **interrupção da prescrição** somente ocorrerá pelo ajuizamento de reclamação trabalhista, mesmo que em juízo incompetente, ainda que venha a ser extinta sem resolução de mérito, mas somente produzirá efeitos em relação aos pedidos idênticos **(art. 11, § 3.º, CLT)**.

Tal entendimento já havido sido anteriormente pacificado pelo TST em relação ao **arquivamento da ação trabalhista** decorrente do não comparecimento do autor à audiência **(art. 844, CLT)**:

> **SÚMULA 268, TST:** "A ação trabalhista, ainda que arquivada, interrompe a prescrição somente em relação aos pedidos idênticos".

A prescrição também é **interrompida pelo protesto judicial** e pessoal feito ao devedor ou **por qualquer ato judicial que o constitua em mora** (interpelações, notificações, medidas preventivas etc.), conforme previsão do **art. 202, II e V, do Código Civil**.

> **OJ SDI-1 392, TST:** "O protesto judicial é medida aplicável no processo do trabalho, por força do art. 769 da CLT e do art. 15 do CPC de 2015. O ajuizamento da ação, por si só, interrompe o prazo prescricional, em razão da inaplicabilidade do § 2.º do art. 240 do CPC de 2015 (§ 2.º do art. 219 do CPC de 1973), incompatível com o disposto no art. 841 da CLT".

> **OJ SDI-1 370, TST:** "O ajuizamento de protesto judicial dentro do biênio posterior à Lei Complementar n. 110, de 29.06.2001, interrompe a prescrição, sendo irrelevante o transcurso de mais de dois anos da propositura de outra medida acautelatória, com o mesmo objetivo, ocorrida antes da vigência da referida lei, pois ainda não iniciado o prazo prescricional, conforme disposto na Orientação Jurisprudencial n. 344 da SBDI-1".

A interrupção da prescrição somente poderá ocorrer uma única vez **(art. 202, caput, CC)**.

Por ser a interrupção da prescrição um benefício de ordem pessoal, "efetuada por um dos credores não favorece os demais cocredores, nem prejudica os codevedores. Excepcionam-se dessa regra obrigações solidárias, indivisíveis ou as próprias ao fiador"[17] **(art. 204, CC)**.

É **inaplicável** o **art. 200 do Código Civil** no campo do Direito do Trabalho:

> "AGRAVO. AGRAVO DE INSTRUMENTO EM RECURSO DE REVISTA. REGIDO PELA LEI N. 13.015/2014. [...] INDENIZAÇÃO POR DANOS MORAIS. AÇÃO PENAL. SUSPENSÃO DO PRAZO PRESCRICIONAL. INAPLICABILIDADE DO ART. 200 DO CÓDIGO CIVIL. Caso em que o Tribunal Regional, soberano na análise dos fatos e provas, pronunciou a prescrição da pretensão relativa ao pagamento da indenização por dano moral, destacando que o conhecimento do fato que embasou a pretensão ocorreu em 2009 e a reclamação trabalhista foi ajuizada somente em 10/04/2017, observando que não houve a interrupção do prazo prescricional. Esta Corte Superior vem firmando entendimento no sentido de que o art. 200 do Código Civil é inaplicável ao processo trabalhista, não ocorrendo a suspensão do prazo prescricional em decorrência de ação penal em trâmite. Ileso o artigo 200 do CC. [...] Agravo não provido, com acréscimo de

---

[17] DELGADO, Mauricio Godinho. *Curso de direito do trabalho*, 18. ed., p. 304.

fundamentação" (Ag-AIRR-100783-22.2017.5.01.0205, 5.ª T., rel. Min. Douglas Alencar Rodrigues, *DEJT* 03.11.2021).

12.1.10. Arguição da prescrição no direito do trabalho

A prescrição é um **direito do devedor** oponível à pretensão do credor, que se conservou inerte por determinado tempo em relação à cobrança da dívida.[18]

Questão importante sobre a prescrição diz respeito a saber se precisa ser arguida por aquele a quem ela aproveita, ou se, em razão do interesse público que se visa preservar com a sua incidência, pode, ou deve, ser declarada de ofício pelo juiz da causa.

O **art. 194 do Código Civil** dispunha que: "O juiz não pode suprir, de ofício, a alegação de prescrição, salvo se favorecer a absolutamente incapaz".

A redação original do **§ 5.º, do art. 219, do CPC/73**, corroborava essa vedação, afirmando expressamente que somente a prescrição relativa a direitos não patrimoniais podia ser conhecida de ofício.

Em relação ao momento em que deveria ocorrer a arguição da prescrição, o **art. 193 do Código Civil** prevê: "A prescrição pode ser alegada em qualquer grau de jurisdição, pela parte a quem aproveita".

Com base nesses dispositivos legais, sempre se considerou que a prescrição no Direito do Trabalho precisava ser alegada pela parte interessada, não podendo ser declarada de ofício pelo juiz. Sempre se entendeu que os direitos trabalhistas são patrimoniais e, ainda, que a prescrição é direito disponível (do demandado), que pode ou não invocá-la de acordo com seus interesses, não tendo sentido, portanto, a prescrição ser pronunciada pelo juiz do trabalho. Como nas lides trabalhistas os direitos envolvidos são, em sua maioria, de natureza patrimonial, não seria possível o juiz conhecer a prescrição de ofício, sendo indispensável sua invocação pela parte interessada, como matéria de defesa.

No entanto, a **Lei n. 11.280/2006**, conferindo nova redação ao **art. 219, § 5.º, do CPC/73** e revogando o **art. 194 do Código Civil**, estabeleceu que "o juiz pronunciará, de ofício, a prescrição".

Discutiu-se muito sobre ter ou não referida modificação legislativa aplicação no campo do Direito do Trabalho ou se, ao contrário, o reconhecimento da prescrição trabalhista continuaria necessariamente dependendo da arguição pela parte interessada. O TST vinha adotando entendimento pacificado no sentido da inaplicabilidade ao Direito do Trabalho da previsão do art. 219, § 5.º, do CPC/73.

A previsão do art. 219, § 5.º, do CPC/73, embora não tenha sido repetida de forma explícita pelo CPC/2015, foi absorvida pelo mesmo na previsão do art. 487, II, que

---

[18] ALMEIDA, Isis de. *Manual da prescrição trabalhista*, p. 76.

indica como uma das causas de resolução de mérito, a decisão, de ofício ou a requerimento, sobre a ocorrência de decadência ou prescrição.

No entanto, o parágrafo único do art. 487 do CPC/2015 dispõe que: "Ressalvada a hipótese prevista no § 1.º do art. 332, a prescrição e a decadência não serão reconhecidas sem que antes seja dada às partes oportunidade de manifestar-se".

O CPC prestigia o contraditório prévio, ratificando a noção genérica de que "não se proferirá decisão contra uma das partes sem que ela seja previamente ouvida" (art. 9.º, CPC/2015).

No tocante à exceção da primeira parte do parágrafo único do art. 487, esclareça-se que o § 1.º do art. 332 cuida da improcedência liminar do pedido, como uma renovada espécie de julgamento antecipado do mérito, anterior à citação. Se a prescrição for identificada pelo juiz nessa fase, dispensa-se a prévia oitiva das partes, pois na apelação há a excepcional previsão de um juízo de retratação pelo magistrado (art. 332, § 3.º, CPC/2015), momento em que o contraditório será exercitado e o juiz poderá rever o seu entendimento quanto à existência da prescrição.

O TST pacificou entendimento no sentido de também ser inaplicável ao Direito do Trabalho o disposto no art. 487, II e no § 1.º, do art. 332 do CPC/2015, reafirmando o posicionamento de que **no Direito do Trabalho o reconhecimento da prescrição depende sempre da arguição da parte interessada.**

Nesse sentido os seguintes julgados:

"[...] IV — RECURSO DE REVISTA. ACÓRDÃO REGIONAL PUBLICADO NA VIGÊNCIA DA LEI N. 13.467/2017. PRESCRIÇÃO. PRONÚNCIA DE OFÍCIO PELO TRT. ART. 487, II, DO CPC. INCOMPATIBILIDADE COM O PROCESSO DO TRABALHO. TRANSCENDÊNCIA POLÍTICA RECONHECIDA. A iterativa, notória e atual jurisprudência desta Corte Superior pacificou-se no sentido de ser incompatível com o processo do trabalho a declaração de ofício da prescrição, conforme prevista no art. 487, II, do CPC (art. 219, § 5.º, do CPC/1973). Precedentes. Recurso de revista conhecido e provido" (RRAg-Ag-1000063-94.2019.5.02.0443, 5.ª T., rel. Min. Morgana de Almeida Richa, *DEJT* 13.12.2024).

Definida a questão relativa à necessidade de arguição da prescrição pela parte interessada, cumpre analisar qual é o **momento próprio para arguir a prescrição**, definindo-se até que fase processual é juridicamente viável apresentar tal arguição.

O **art. 193 do Código Civil** afirma poder ser a prescrição alegada em qualquer grau de jurisdição.

No entanto, como consequência do entendimento adotado pelo STF na **Súmula 282**, afirma-se ser inadmissível a arguição da prescrição em sede de recurso extraordinário.

Adotando posicionamento restritivo em relação à **arguição da prescrição** no campo trabalhista, o TST adotou o seguinte posicionamento:

SÚMULA 153, TST: "Não se conhece da prescrição não arguida na instância ordinária".

Como ensina Mauricio Godinho Delgado, "por instância ordinária compreende-se a fase do processo caracterizada pelo natural exame amplo das questões componentes da lide, quer seja matéria de direito, quer seja matéria de fato. Trata-se, pois, da fase processual de contraditório amplo e de regular oportunidade de veiculação de matérias novas".[19]

Portanto, no processo do trabalho, a prescrição poderá ser arguida na instância ordinária, que abrange a **contestação** e o **recurso ordinário**. Não se pode argui-la na instância extraordinária, ou seja, no recurso de revista.

Na fase executória, não poderá ser arguida a prescrição em relação ao mérito da questão; a alegação da prescrição em execução, portanto, não pode ser acolhida.

Destarte, pode-se dizer que a **prescrição é matéria de defesa**, e, ao se dizer isso, reafirma-se a necessidade da **invocação pela parte** a quem aproveita: o demandado.

Questão relevante a ser analisada diz respeito à hipótese em que o empregador alega a prescrição em defesa. A ação é julgada improcedente, sem que o juiz manifeste-se sobre a prescrição. Neste caso, indaga-se se seria necessário e/ou possível o empregador alegar a prescrição em contrarrazões de recurso ordinário, ou se o Tribunal Regional pode se pronunciar sobre a prescrição, mesmo que esta não tenha sido renovada pelo empregador em contrarrazões.

Alice Monteiro de Barros esclarece que "as contrarrazões constituem uma faculdade e que, considerando que o efeito devolutivo do recurso ordinário devolve ao Tribunal todas as questões trazidas ao debate nos limites da *litiscontestatio* (art. 515, § 1.º e art. 516 do Código de Processo Civil), deve ser enfrentada a prescrição. Sustenta-se que a assertiva tem amparo nos princípios da finalidade e utilidade processuais, bem como na economia e celeridade".[20]

12.2. DECADÊNCIA NO DIREITO DO TRABALHO

O efeito do tempo nas relações jurídicas institui o requisito de validade de alguns direitos, que somente podem ser exercidos dentro de um certo prazo, sob pena de perecerem.

Assim, a **decadência é causa extintiva de direito** pelo seu não exercício no prazo estipulado pela lei. "É a perda de um direito potestativo de sujeitar outrem à constituição, desconstituição, modificação ou extinção de uma relação jurídica, pela inércia do titular em exercitá-lo, num determinado prazo, legal ou convencional".[21]

No Direito do Trabalho, o exemplo mais claro de decadência é o do inquérito para apuração de falta grave que se segue à suspensão de empregado detentor de estabilidade no emprego **(art. 853, CLT)**. Neste caso, o legislador estipulou um prazo de 30 dias para

---

[19] DELGADO, Mauricio Godinho. *Curso de direito do trabalho*, 18. ed., p. 323.
[20] BARROS, Alice Monteiro de. *Curso de direito do trabalho*, p. 1030. A autora se refere ao CPC/73. Atual art. 1.013, § 1.º, CPC/2015.
[21] BELMONTE, Alexandre Agra. *Instituições civis no direito do trabalho*, cit., p. 282.

decadência do direito. Suspenso o empregado, em 30 dias decai o empregador do seu direito de ingressar em juízo com o referido inquérito. Note-se que é um prazo para o exercício de um direito (o do empregador de ajuizar inquérito para poder dispensar empregado estável faltoso).

> **SÚMULA 62, TST:** "O prazo de decadência do direito do empregador de ajuizar inquérito em face do empregado que incorre em abandono de emprego é contado a partir do momento em que o empregado pretendeu seu retorno ao serviço".

Como ensina Mauricio Godinho Delgado, "embora não sejam inúmeros os prazos decadenciais criados pela legislação heterônoma estatal, a figura pode assumir grande recorrência na normatividade autônoma (convenções, acordos ou contratos coletivos de trabalho). Mais do que isso, têm sido relativamente comuns os prazos decadenciais propiciados ainda por regulamentos de empresa. Todos esses instrumentos podem criar prazos fatais para exercícios de faculdades de aquisição de vantagens novas no âmbito concreto da relação de emprego — prazos, assim, de natureza decadencial".[22]

Trata-se também de prazo decadencial a previsão de dois anos para o ajuizamento da ação rescisória **(art. 975, CPC/2015)**.

> **SÚMULA 100, TST:** "I — O prazo de decadência, na ação rescisória, conta-se do dia imediatamente subsequente ao trânsito em julgado da última decisão proferida na causa, seja de mérito ou não.
> II — Havendo recurso parcial no processo principal, o trânsito em julgado dá-se em momentos e em tribunais diferentes, contando-se o prazo decadencial para a ação rescisória do trânsito em julgado de cada decisão, salvo se o recurso tratar de preliminar ou prejudicial que possa tornar insubsistente a decisão recorrida, hipótese em que flui a decadência a partir do trânsito em julgado da decisão que julgar o recurso parcial.
> III — Salvo se houver dúvida razoável, a interposição de recurso intempestivo ou a interposição de recurso incabível não protrai o termo inicial do prazo decadencial.
> IV — O juízo rescindente não está adstrito à certidão de trânsito em julgado juntada com a ação rescisória, podendo formar sua convicção através de outros elementos dos autos quanto à antecipação ou postergação do "dies a quo" do prazo decadencial.
> V — O acordo homologado judicialmente tem força de decisão irrecorrível, na forma do art. 831 da CLT. Assim sendo, o termo conciliatório transita em julgado na data da sua homologação judicial.
> VI — Na hipótese de colusão das partes, o prazo decadencial da ação rescisória somente começa a fluir para o Ministério Público, que não interveio no processo principal, a partir do momento em que tem ciência da fraude.

---

[22] DELGADO, Mauricio Godinho. *Curso de direito do trabalho*, 18. ed., p. 292.

VII — Não ofende o princípio do duplo grau de jurisdição a decisão do TST que, após afastar a decadência em sede de recurso ordinário, aprecia desde logo a lide, se a causa versar questão exclusivamente de direito e estiver em condições de imediato julgamento.

VIII — A exceção de incompetência, ainda que oposta no prazo recursal, sem ter sido aviado o recurso próprio, não tem o condão de afastar a consumação da coisa julgada e, assim, postergar o termo inicial do prazo decadencial para a ação rescisória.

IX — Prorroga-se até o primeiro dia útil, imediatamente subsequente, o prazo decadencial para ajuizamento de ação rescisória quando expira em férias forenses, feriados, finais de semana ou em dia em que não houver expediente forense. Aplicação do art. 775 da CLT.

X — Conta-se o prazo decadencial da ação rescisória, após o decurso do prazo legal previsto para a interposição do recurso extraordinário, apenas quando esgotadas todas as vias recursais ordinárias".

12.3. DISTINÇÃO ENTRE PRESCRIÇÃO, DECADÊNCIA, PEREMPÇÃO E PRECLUSÃO

Na Ciência do Direito, encontramos não só diferenciação entre o instituto da prescrição e o da decadência, mas também entre aquela e os institutos da preclusão e da perempção.

Distinção entre prescrição e decadência

	PRESCRIÇÃO	DECADÊNCIA
1	Extingue a ação vinculada ao direito; extingue a pretensão para exercício do direito.	Extingue o próprio direito.
2	Dirige-se aos direitos subjetivos.	Dirige-se de preferência aos direitos potestativos.
3	A ação nasce depois do direito, após sua violação.	São simultâneos o nascimento do direito e o da ação.
4	Flui desde o momento em que a pretensão é descumprida.	Começa a fluir no momento em que nasce o direito.
5	Prazo prescricional é fixado por lei.	Prazo decadencial pode ser fixado em lei, em normas coletivas, em regulamentos de empresa.
6	Prazo prescricional pode ser interrompido ou suspenso.	Prazo decadencial corre continuamente, sem interrupção ou suspensão.
7	No Direito do Trabalho, deve ser arguida pela parte.	Pode ser decretada em face de alegação da parte, do Ministério Público ou de ofício pelo juiz.

Distinção entre prescrição e preclusão

	PRESCRIÇÃO	PRECLUSÃO
1	Perda da ação; perda da pretensão de exigir o direito.	Perda de uma faculdade processual.
2	É instituto do Direito Material.	É instituto do Direito Processual.

3	▫ Resulta exclusivamente do efeito do tempo.	▫ Resulta do efeito do tempo (preclusão temporal), da prática anterior do ato (preclusão consumativa) ou da prática de ato incompatível com a faculdade que agora se pretende exercer (preclusão lógica).

▫ **Distinção entre prescrição e perempção**

	PRESCRIÇÃO	PEREMPÇÃO
1	▫ Perda da ação; perda da pretensão de exigir o direito. ▫ Não exige repetição de ações para poder ser alegada.	▫ É a perda da possibilidade de propositura de ação contra a mesma parte e com o mesmo objeto, em virtude do autor já ter provocado, anteriormente, por 3 vezes, por sua omissão, a extinção de idênticos processos.
2	▫ Não é penalidade.	▫ É penalidade.
3	▫ Não tem natureza processual.	▫ Tem natureza processual.
4	▫ No Direito do Trabalho, deve ser arguida pela parte.	▫ Pode ser acolhida de ofício pelo juiz.

Não se aplica no processo do trabalho a perempção prevista no Código de Processo Civil. O instituto do processo do trabalho que mais se aproxima da perempção, mas que não se confunde com ela, é a **perda provisória (pelo prazo de seis meses) da possibilidade jurídica de propositura de ação**, por ter o trabalhador anteriormente, por duas vezes, em relação ao mesmo empregador, provocado a extinção do processo sem julgamento do mérito em decorrência de sua ausência à audiência **(arts. 732 e 844, CLT)**.

Também sofre a **perda provisória (pelo prazo de seis meses) da possibilidade jurídica de propositura de ação**, aquele que apresentar reclamação verbal e não comparecer para tomá-la a termo no prazo de cinco dias **(arts. 731 e 786, CLT)**.

12.4. QUESTÕES

13

SEGURANÇA E MEDICINA DO TRABALHO

A constatação de que o exercício de qualquer atividade profissional gera **riscos à saúde e à integridade física do trabalhador** fez com que, gradativamente, desde a Revolução Industrial, fosse sendo construída, em todos os países, uma **estrutura de proteção ao trabalhador**, passando a questão relativa a segurança e medicina do trabalho a ser vista a partir de uma concepção profundamente humana, sendo considerada, inclusive, como um dos aspectos dos **direitos fundamentais do trabalhador**.

A Revolução Industrial, como marco histórico, trouxe como consequência, além do progresso, problemas de saúde e higiene para a classe operária. Foram criados, então, mecanismos de defesa do trabalhador para **prevenir doenças e acidentes do trabalho**, por meio da **legislação** e da **fiscalização** no cumprimento das normas de higiene e segurança do trabalho.

Importante ressaltar que "a finalidade de evitar ou reduzir os riscos do trabalho sempre foi acentuada pelos estudiosos da questão social e das atividades do trabalhador, especialmente porque, a cada dia, com o crescimento no progresso da maquinaria e a invenção de novos instrumentos, aumentavam os riscos profissionais".[1]

Assim, além de se caracterizar como **um dos fundamentos da segurança social**, a **segurança do trabalhador** é um **dever do empregador**, decorrente do contrato de trabalho, sendo certo que, além dos deveres éticos e econômicos que lhe são atribuídos, ele assume esse **dever de proteção à integridade física e à saúde dos seus empregados**, desdobrado em **quatro deveres específicos**:

- organização racional do trabalho;
- higiene e segurança dos locais de trabalho;
- prevenção de acidentes;
- reparação de sinistros ou incapacidades.

---

[1] VIANNA, Segadas. In: SÜSSEKIND, Arnaldo et al. *Instituições de direito do trabalho*, 22. ed., v. 2, p. 922.

Os esforços da OIT — que, além de dedicar ao tema diversas Convenções e Recomendações, mantém programa permanente de cooperação técnica para a segurança e a saúde do trabalhador — não são suficientes para evitar os **alarmantes índices de acidentes do trabalho e de doenças profissionais** verificados nos diversos países, entre eles o Brasil. Entre as inúmeras Convenções e Recomendações da OIT que tratam do tema, merecem destaque a **Convenção n. 155**, que determina que os países-membros adotem políticas nacionais em matéria de segurança e saúde dos trabalhadores e de meio ambiente de trabalho, e a **Convenção n. 161**, que se refere aos serviços de saúde no trabalho.

A **legislação brasileira** referente às questões de segurança e medicina do trabalho é adequada e, até certo ponto, extensa.

Prevê a **Constituição Federal**:

> "Art. 7.º São direitos dos trabalhadores urbanos e rurais, além de outros que visem à melhoria de sua condição social: [...]
> XXII — redução dos riscos inerentes ao trabalho, por meio de normas de saúde, higiene e segurança;
> XXIII — adicional de remuneração para as atividades penosas, insalubres ou perigosas, na forma da lei; [...]
> XXVIII — seguro contra acidentes de trabalho, a cargo do empregador, sem excluir a indenização a que este está obrigado, quando incorrer em dolo ou culpa; [...]".

Os **arts. 193 e 196**, também da **Constituição Federal**, dispõem:

> "Art. 193. A ordem social tem como base o primado do trabalho, e como objetivo o bem-estar e a justiça sociais";
> "Art. 196. A saúde é direito de todos e dever do Estado, garantido mediante políticas sociais e econômicas que visem à redução do risco de doença e de outros agravos e ao acesso universal e igualitário às ações e serviços para sua promoção, proteção e recuperação".

É **imposta ao Estado pela Constituição** a **efetivação de tais medidas**, que deverão ser implementadas pelos Poderes Legislativo, Executivo e Judiciário, cada um na sua esfera de atuação.

A **CLT**, em capítulo específico sobre o tema, dispõe sobre as **condições de segurança e medicina do trabalho**:

■ **Seção I, do Capítulo V, da CLT (arts. 154 a 159)** — estabelece quem são as **pessoas e os órgãos encarregados de zelar pelo cumprimento das normas de segurança e medicina do trabalho**, abrangendo os órgãos governamentais encarregados desses assuntos, o empregador e também o empregado.

Ao **órgão de âmbito nacional competente em matéria de segurança e medicina do trabalho**, incumbe (**art. 155, CLT**):

- estabelecer normas sobre aplicação dos preceitos relativos a segurança e medicina do trabalho;
- coordenar, orientar, controlar e supervisionar a fiscalização e as demais atividades relacionadas com a segurança e a medicina do trabalho em todo o território nacional;
- conhecer, em último instante, dos recursos, voluntários ou de ofício, as decisões proferidas pelo Superintendente Regional do Trabalho, em matéria de segurança e medicina do trabalho.

Disposições sobre segurança e medicina do trabalho podem ser incluídas em códigos de obras ou regulamentos sanitários dos Estados ou Municípios, bem como em convenções coletivas de trabalho, estando os empregadores obrigados ao seu cumprimento **(art. 154, CLT)**.

A **Superintendência Regional do Trabalho** deve, nos limites de sua jurisdição **(art. 156, CLT)**:

- fiscalizar o cumprimento das normas de segurança e medicina do trabalho;
- determinar realização de obras e reparos que, em qualquer local de trabalho, se façam necessárias para preservação da segurança e da saúde dos trabalhadores;
- impor as penalidades cabíveis pelo descumprimento das normas de segurança e medicina do trabalho.

Aos **empregadores**, incumbe **(art. 157, CLT)**:

- cumprir e fazer cumprir as normas de segurança e medicina do trabalho;
- instruir os empregados, por meio de ordens de serviço, quanto às precauções a tomar para evitar acidentes do trabalho ou doenças ocupacionais;
- adotar as medidas de proteção à segurança e à saúde dos trabalhadores que lhe sejam determinadas pela Gerência Regional do Trabalho;
- facilitar o exercício da fiscalização dos locais de trabalho pela autoridade competente.

Por fim, aos **empregados**, incumbe **(art. 158, CLT)**:

- observar as normas de segurança e medicina do trabalho, inclusive as instruções dadas pelo empregador nesse tocante;
- colaborar com o empregador na aplicação de todas as normas de proteção à saúde e à segurança no trabalho.

Importante destacar que o legislador considera como **falta grave do empregado** a conduta consistente na **recusa injustificada** em obedecer às instruções de segurança e saúde expedidas pelo empregador e em usar os equipamentos de proteção individual fornecidos pelo empregador **(art. 158, parágrafo único, CLT)**.

■ **Seção II (arts. 160 e 161, CLT)** — dispõe sobre a possibilidade de embargo ou interdição do estabelecimento, em caso de irregularidade.

O Superintendente Regional do Trabalho, à vista do laudo técnico do serviço competente que demonstre grave e iminente risco para o trabalhador, poderá **interditar** atividade, estabelecimento, setor de serviço, máquina ou equipamento, ou **embargar** obra, indicando na decisão tomada, com a brevidade que a ocorrência exigir, as providências que deverão ser adotadas para a prevenção de infortúnios do trabalho **(art. 161, CLT)**.

As autoridades federais, estaduais, distritais e municipais prestarão apoio imediato às medidas determinadas pelo Superintendente Regional do Trabalho **(art. 161, § 1.º, CLT)**.

A interdição ou embargo poderão ser requeridos pelo serviço competente da Superintendência Regional do Trabalho e, ainda, por agente da inspeção do trabalho ou por entidade sindical **(art. 161, § 2.º, CLT)**. Da decisão que determinar o embargo ou a interdição cabe recurso, no prazo de 10 dias, dirigido ao Ministério do Trabalho, podendo ser concedido efeito suspensivo ao recurso **(art. 161, § 3.º, CLT)**.

Responderá por **desobediência**, além de ser submetido às **medidas penais** cabíveis, quem, após determinada a interdição ou embargo, **ordenar ou permitir** o funcionamento do estabelecimento ou de um de seus setores, a utilização de máquina ou equipamento, ou o prosseguimento de obra, se, em consequência, houver **danos a terceiros** **(art. 161, § 4.º, CLT)**.

Durante a paralisação dos serviços, em decorrência de interdição ou embargo, os **empregados receberão os salários** como se estivessem em efetivo exercício **(art. 161, § 6.º, CLT)**.

A **interdição ou o embargo poderão ser levantados** pelo Superintendente Regional do Trabalho, independentemente de recurso, após relatório técnico do serviço competente **(art. 161, § 5.º, CLT)**.

Seção III (arts. 162 a 165, CLT) — dispõe sobre os órgãos de segurança e de medicina do trabalho nas empresas, regulando também a criação das Comissões Internas de Prevenção de Acidentes (CIPAs) e a forma de sua composição e funcionamento.

A análise desses órgãos será feita de forma detalhada no item 13.6 *infra*.

Seção IV (arts. 166 e 167, CLT) — obriga o fornecimento dos equipamentos de proteção individual **(EPIs)** aos empregados, **gratuitamente**.

O EPI deve ser **adequado ao risco**, estar em **perfeito estado de conservação e funcionamento**, bem como ter **Certificado de Aprovação** do Ministério do Trabalho.

A regulamentação dos EPIs encontra-se na **NR-6** da **Portaria** do Ministério do Trabalho **n. 3.214/78**, segundo a qual se considera equipamento de proteção individual todo **dispositivo ou produto**, de uso individual, utilizado pelo trabalhador, **destinado à proteção de riscos suscetíveis de ameaçar a segurança e a saúde no trabalho.**

■ **Seção V (arts. 168 e 169, CLT)** — dispõe sobre a **medicina preventiva**, no caso de admissão do trabalhador, além de prever **exames médicos** que devem ser feitos **obrigatoriamente** pelo trabalhador.

Tais dispositivos são regulamentados pela **NR-7** da **Portaria** do Ministério do Trabalho **n. 3.214/78**, que estabelece a **obrigatoriedade** de os empregadores elaborar e implementar um **Programa de Controle Médico de Saúde Ocupacional (PCMSO)**, com o objetivo de **promoção e preservação da saúde** do conjunto de seus trabalhadores.

O **PCMSO** deve ter **caráter de prevenção, rastreamento e diagnóstico precoce** dos agravos à saúde relacionados ao trabalho, além da constatação da existência de casos de doenças profissionais ou danos irreversíveis à saúde dos trabalhadores.

São **obrigatórios** os seguintes **exames médicos**, que devem ser realizados por conta do empregador:

■ admissional;
■ demissional;
■ periódicos.

Nos termos do § 2.º do art. 168 da CLT, a **NR-7** da **Portaria** do Ministério do Trabalho **n. 3.214/78** prevê a possibilidade de realização, a critério médico, de **exames médicos complementares** para apuração da capacidade ou aptidão física e mental do empregado para a função que deva exercer.

A **periodicidade dos exames médicos** é definida pelo Ministério do Trabalho de acordo com o **risco da atividade** e o **tempo de exposição** do trabalhador ao risco **(art. 168, § 3.º, CLT)**.

O **resultado dos exames** médicos, inclusive o exame complementar, deve ser **comunicado ao trabalhador**, observados os preceitos da ética médica **(art. 168, § 5.º, CLT)**.

Para atendimento de **primeiros socorros médicos**, o empregador deve **manter** no estabelecimento o **material necessário**, de acordo com o risco da atividade **(art. 168, § 4.º, CLT)**.

De acordo com o **art. 169 da CLT**, o empregador é obrigado a emitir notificação das doenças profissionais e das produzidas em virtude de condições especiais de trabalho, comprovadas ou objeto de suspeita **(Comunicação de Acidente de Trabalho — CAT)**.

■ **Seções VI a XII (arts. 170 a 188, CLT)** — cuidam das **condições de trabalho** no seu aspecto material, ou seja, os requisitos mínimos concernentes às instalações destinadas ao trabalho (edificações, iluminação, temperatura, movimentação de materiais, eletricidade, máquinas, equipamentos, caldeiras, fornos etc.).

Entre as regras referentes às **edificações**, previstas nos **arts. 170 a 174 da CLT**, destacam-se:

■ pé-direito (altura entre o chão e o teto) dos locais de trabalho de, no mínimo, 3 (três) metros;
■ pisos dos locais de trabalho sem saliências nem depressões que prejudiquem a circulação de pessoas ou a movimentação de materiais;
■ aberturas em pisos e paredes devidamente protegidas para impedir queda de pessoas ou objetos;
■ paredes, escadas, rampas de acesso, passarelas, pisos, corredores, coberturas e passagens dos locais de trabalho que obedeçam às condições de segurança e de higiene, mantidas em perfeito estado de conservação e limpeza.

Em relação à **iluminação** no ambiente de trabalho, a CLT estabelece as seguintes regras **(art. 175):**

■ em todos os locais de trabalho, deve ser adequada, natural ou artificial, apropriada à natureza da atividade;
■ deve ser uniformemente distribuída, geral e difusa, a fim de evitar ofuscamento, reflexos incômodos, sombras e contrastes excessivos;
■ deve obedecer aos níveis mínimos de iluminamento estabelecidos pelo Ministério do Trabalho.

Quanto ao **conforto térmico**, os **arts. 176 a 178 da CLT** estabelecem que o empregador deve observar as seguintes determinações:

■ existência de ventilação natural no ambiente de trabalho, compatível com o serviço realizado;
■ instalação de ventilação artificial sempre que a natural não preencha as condições de conforto térmico;
■ uso de vestimenta adequada e instalação, no ambiente de trabalho, de capelas, anteparos, paredes duplas, isolamento térmico ou outros recursos similares, para que os trabalhadores fiquem protegidos contra as radiações térmicas em virtude de instalações geradoras de frio ou de calor.

Nos termos dos **arts. 179 a 181 da CLT**, em relação às **instalações elétricas** devem ser observadas as seguintes disposições:

■ as condições de segurança e as medidas especiais a serem observadas relativamente a instalações elétricas, em qualquer das fases de produção, transmissão, distribuição ou consumo de energia, serão estabelecidas pelo Ministério do Trabalho;

■ somente profissional qualificado pode instalar, operar, inspecionar ou reparar instalações elétricas;

■ os que trabalham em serviços de eletricidade ou instalações elétricas devem estar familiarizados com os métodos de socorro a acidentados por choque elétrico.

Em relação à **movimentação, armazenagem e manuseio de materiais**, o **art. 183 da CLT** prevê que as pessoas que trabalharem com esse tipo de atividade deverão estar familiarizadas com os métodos racionais de levantamento de cargas, e o **art. 182 da CLT** estabelece que o Ministério do Trabalho deve estabelecer normas sobre:

■ as precauções de segurança na movimentação de materiais nos locais de trabalho, os equipamentos a serem obrigatoriamente utilizados e as condições especiais a que estão sujeitas a operação e a manutenção desses equipamentos, inclusive exigências de pessoal habilitado;

■ as exigências similares relativas ao manuseio e à armazenagem de materiais, inclusive quanto às condições de segurança e higiene relativas aos recipientes e locais de armazenagem e aos equipamentos de proteção individual;

■ a obrigatoriedade de indicação de carga máxima permitida nos equipamentos de transporte, dos avisos de proibição de fumar e de advertência quanto à natureza perigosa ou nociva à saúde das substâncias em movimentação ou em depósito, bem como das recomendações de primeiros socorros e de atendimento médico e símbolo de perigo, segundo padronização internacional, nos rótulos dos materiais ou substâncias armazenados ou transportados.

Entre as regras referentes às **máquinas e equipamentos**, previstas nos **arts. 184 a 186 da CLT**, destacam-se:

■ as máquinas e equipamentos devem ser dotados de dispositivos de partida e parada e outros que se fizerem necessários para a prevenção de acidentes do trabalho, especialmente quanto ao risco de acionamento acidental, sendo proibida a fabricação, a importação, a venda, a locação e o uso daqueles que não atendam a essas exigências;

■ os reparos, limpezas e ajustes somente podem ser realizados com as máquinas paradas, salvo se a movimentação for indispensável à realização do ajuste;

■ medidas de segurança das máquinas e equipamentos, relativas, entre outros, a proteção das partes móveis, distância entre elas, vias de acesso às máquinas e equipamentos de grandes dimensões, emprego de ferramentas, sua adequação bem como medidas de proteção exigidas quando motorizadas ou elétricas, serão estabelecidas pelo Ministério do Trabalho.

Por fim, entre as regras referentes às **caldeiras, fornos e recipientes sobre pressão**, previstas nos **arts. 187 e 188 da CLT**, destacam-se:

■ caldeiras, equipamentos e recipientes em geral que operam sob pressão devem dispor de válvula e outros dispositivos de segurança, que evitem seja ultrapassada a pressão interna de trabalho compatível com a sua resistência, além de estarem sujeitos a outras normas complementares expedidas pelo Ministério do Trabalho, relativas, especialmente, ao revestimento interno, à localização, à ventilação dos locais e a outros meios de eliminação de gases ou vapores prejudiciais à saúde;

■ inspeções periódicas das caldeiras realizadas por engenheiro ou empresa especializada, inscritos no Ministério do Trabalho;

■ toda caldeira deve ser acompanhada de "Prontuário", com documentação original do fabricante, abrangendo, no mínimo: especificação técnica, desenhos, detalhes, provas e testes realizados durante a fabricação e a montagem, características funcionais e a pressão máxima permitida, esta última indicada em local visível, na própria caldeira;

■ o proprietário da caldeira deve organizar, manter atualizado e apresentar, quando exigido pela autoridade competente, o Registro de Segurança, no qual serão anotadas, sistematicamente, as indicações das provas efetuadas, inspeções, reparos e quaisquer outras ocorrências;

■ os projetos de instalação de caldeiras, fornos e recipientes sob pressão devem ser submetidos à aprovação prévia do órgão regional competente em matéria de segurança do trabalho.

■ **Seção XIII (arts. 189 a 197, CLT)** — trata do trabalho insalubre e do trabalho perigoso. O legislador conceitua o que seja o **trabalho insalubre (art. 189)** e **perigoso (art. 193)**, bem como estabelece as diversas formas de prevenção, finalização e diminuição dos riscos.

A análise dessas condições de trabalho é feita a seguir, nos itens 13.2 e 13.3.

■ **Seção XVI (arts. 198 e 199, CLT)** — cuida da **prevenção à fadiga**, estabelecendo o peso máximo a ser suportado pelo trabalhador e a adoção de medidas que garantam postura adequada àqueles que trabalham sentados, destacando-se as seguintes regras:

■ peso máximo que um empregado pode remover individualmente:

■ homem — 60 kg **(art. 198, CLT)**;

■ mulher — 20 kg para trabalho contínuo ou 25 kg para o trabalho ocasional **(art. 390, CLT)**;

■ menor — 20 kg para trabalho contínuo ou 25 kg para o trabalho ocasional **(art. 405, § 5.º, CLT)**;

■ as restrições relativas ao peso não se aplicam em relação à remoção de material feita por impulsão ou tração de vagonetes sobre trilhos, carros de mão ou de quaisquer outros aparelhos mecânicos, podendo, em tais casos, o Ministério do Trabalho fixar limites diversos, que evitem sejam exigidos do empregado serviços superiores a suas forças;

■ colocação obrigatória de assentos que assegurem postura correta ao trabalhador, capazes de evitar posições incômodas ou forçadas, sempre que a execução da tarefa exija que trabalhe sentado;

■ disponibilização aos empregados que trabalham de pé de assentos para serem utilizados nas pausas que o serviço permitir.

■ **Seção XV (art. 200, CLT)** — prevê que **medidas especiais de proteção** devem ser objeto de normas complementares estatuídas pelo Ministério do Trabalho, especialmente em relação a:

■ medidas de prevenção de acidentes e equipamentos de proteção individual em obras de construção, demolição ou reparos;

■ depósitos, armazenagem e manuseio de combustíveis, inflamáveis e explosivos, bem como trânsito e permanência nas áreas respectivas;

■ trabalho em escavações, túneis, galerias, minas e pedreiras, sobretudo quanto à prevenção de explosões, incêndios, desmoronamentos e soterramentos, eliminação de poeiras, gases etc. e facilidades de rápida saída dos empregados;

■ proteção contra incêndio em geral e medidas preventivas adequadas, com exigências ao especial revestimento de portas e paredes, construção de paredes contra fogo, diques e outros anteparos, assim como garantia geral de fácil circulação, corredores de acesso e saídas amplas e protegidas, com suficiente sinalização;

■ proteção contra insolação, calor, frio, umidade e ventos, sobretudo no trabalho a céu aberto, com provisão, quanto a este, de água potável, alojamento e profilaxia de endemias;

■ proteção do trabalhador exposto a substâncias químicas nocivas, radiações ionizantes e não ionizantes, ruídos, vibrações e trepidações ou pressões anormais ao ambiente de trabalho, com especificação das medidas cabíveis para eliminação ou atenuação desses efeitos, limites máximos quanto ao tempo de exposição, à intensidade da ação ou de seus efeitos sobre o organismo do trabalhador, exames médicos obrigatórios, limites de idade, controle permanente dos locais de trabalho e das demais exigências que se façam necessárias;

■ higiene nos locais de trabalho, com discriminação das exigências, instalações sanitárias, com separação de sexos, chuveiros, lavatórios, vestiários e armários individuais, refeitórios ou condições de conforto por ocasião das refeições, fornecimento de água potável, condições de limpeza dos locais de trabalho e modo de sua execução, tratamento de resíduos industriais;

■ emprego das cores nos locais de trabalho, inclusive nas sinalizações de perigo;

■ adoção de medidas especiais para trabalho com radiações ionizantes e explosivos;

◘ trabalho realizado em arquivos, em bibliotecas, em museus e em centros de documentação e memória, exposto a agentes patogênicos.

◘ **Seção XVI (art. 201, CLT)** — quase totalmente revogada pela Lei n. 6.514/77, dispõe, em um único artigo, sobre a **multa** a ser aplicada, no caso de **infração a qualquer dos artigos precedentes**.

As **Normas Regulamentadoras (NRs)** sobre Segurança e Medicina do Trabalho constam da **Portaria n. 3.214/78**, do Ministério do Trabalho e Emprego, e detalham e complementam todas as disposições legais sobre segurança e saúde no trabalho.

Cumpre destacar que o **art. 611-B, CLT**, prevê que constituem objeto ilícito de convenção coletiva ou de acordo coletivo de trabalho previsões que visem suprimir ou reduzir normas de saúde, higiene e segurança do trabalho, previstas em lei ou em normas regulamentadoras do Ministério do Trabalho **(inciso XVII)** e o adicional de remuneração para atividades penosas, insalubres ou perigosas **(inciso XVIII)**.

13.1. MEIO AMBIENTE DO TRABALHO

Meio ambiente do trabalho corresponde ao local onde as pessoas desempenham suas atividades laborais.

Assim, caracterizado como o ambiente que cerca o trabalhador durante todo o período do dia em que exerce suas atividades laborais, o local de trabalho deve manter **condições que assegurem a preservação da sua saúde e da sua integridade físico-psíquica**, independentemente da sua condição pessoal (homem, mulher, menor, idoso etc.).

A definição de meio ambiente do trabalho é a mais ampla possível e insere-se "no contexto maior assecuratório do meio ambiente equilibrado para todos, como estabelece a Constituição (art. 225, *caput*), uma vez que a definição geral de meio ambiente abarca todo cidadão e, a de meio ambiente do trabalho, todo trabalhador que desempenha alguma atividade, remunerada ou não, homem ou mulher, celetista, autônomo ou servidor público de qualquer espécie, porque realmente todos receberam a proteção constitucional de um ambiente de trabalho adequado e seguro, necessário à sadia qualidade de vida".[2]

O **meio ambiente do trabalho** é considerado como um dos **mais importantes e fundamentais direitos do trabalhador**, razão pela qual diversas normas internacionais da OIT determinam aos países-membros a adoção de medidas que assegurem uma proteção à sua saúde e à sua integridade físico-psíquica.

Como visto no item anterior, em cumprimento à normativa internacional, no Brasil incumbe **ao Ministério do Trabalho** e a outros órgãos governamentais o estabelecimento de normas de segurança, higiene e medicina do Trabalho e a fiscalização do seu cumprimento (por exemplo, a **CLT** e a **Portaria n. 3.214/78**).

---

[2] MELO, Raimundo Simão de. *Direito ambiental do trabalho e a saúde do trabalhador*. 3. ed. São Paulo: LTr, 2008. p. 27.

Na proteção ao meio ambiente prevista na **Constituição Federal**, insere-se também o meio ambiente do trabalho, pois "todos têm direito ao meio ambiente ecologicamente equilibrado, bem de uso comum do povo e essencial à sadia qualidade de vida, impondo-se ao Poder Público e à coletividade o dever de defendê-lo e preservá-lo para as presentes e futuras gerações", além de competir ao sistema único de saúde "colaborar na proteção ao meio ambiente, nele compreendido o do trabalho" **(arts. 225 e 200, VIII)**. Além disso, a **Carta Magna** estabelece expressamente como direito social dos trabalhadores urbanos e rurais a "redução dos riscos inerentes ao trabalho, por meio de normas de saúde, higiene e segurança" **(art. 7.º, XXII)**.

Constituindo-se como **direito difuso fundamental** inerente às normas sanitárias e de saúde do trabalhador **(art. 196, CF)**, o meio ambiente do trabalho deve ter toda a proteção dos Poderes Públicos e da sociedade organizada **(art. 225, CF)**.

A garantia de um **meio ambiente do trabalho seguro e saudável** está entre as prioridades do **Ministério Público do Trabalho (MPT)**. Em sua atuação nessa área, o MPT baseia-se no conceito de saúde e segurança elaborado pela Organização Mundial da Saúde (OMS), nas normas da Organização Internacional do Trabalho, na Constituição Federal, na CLT, bem como nas Portarias e Normas Regulamentadoras do Ministério do Trabalho e Emprego. O **objetivo principal** da atuação do MPT é **prevenir** a ocorrência de acidentes do trabalho ou doenças profissionais, para dar reais condições de saúde e segurança ao trabalhador. Para atingir tal objetivo, o MPT adota todas as providências cabíveis para afastar ou minimizar os riscos à saúde e à integridade física dos trabalhadores, **obrigando o cumprimento das normas referentes ao meio ambiente de trabalho**, adotando, sempre que necessário, procedimentos investigatórios, instaurando inquéritos civis e ajuizando ações civis públicas.

O fundamento desta atuação decorre das **funções institucionais do MPT**, previstas no **art. 129, III, da Constituição Federal** e nos **arts. 6.º, VII, *c* e *d*, 83, III, e 84, II, todos da Lei Complementar n. 75/93**.

Existem determinadas atividades que expõem o empregado a **condições adversas de trabalho**, colocando a sua saúde ou a sua integridade física em situação de ameaça de dano em potencial.

Entre as condições adversas de trabalho que se revelam mais prejudiciais ao empregado, estão o **trabalho em situações insalubres ou perigosas** e os **acidentes do trabalho**, assim considerados os acidentes propriamente ditos e as doenças ocupacionais, situações estas que serão analisadas nos itens seguintes.

Como ensina Raimundo Simão de Melo, o trabalho em condições inadequadas e em ambientes insalubres, perigosos e penosos ou em razão de acidentes de trabalho pode gerar **responsabilidades de diversas naturezas**, a saber:[3]

■ **Responsabilidade administrativa** — imputação pelos órgãos de fiscalização do trabalho de multas pela prática de infrações relativas à medicina e segurança do

---

[3] MELO, Raimundo Simão de. *Direito ambiental do trabalho e a saúde do trabalhador*, p. 140.

trabalho. Independentemente da imposição de multas, existindo grave e iminente risco para o trabalhador, o órgão de fiscalização do trabalho pode determinar a interdição do estabelecimento, do setor de serviço, das máquinas ou dos equipamentos ou, em caso de obra, pode embargá-la **(art. 161, CLT)**.

■ **Responsabilidade previdenciária** — caracterizada pelas reparações previdenciárias a cargo do INSS, consistentes, para as hipóteses de acidente do trabalho e de doença ocupacional, em auxílio-doença acidentário, aposentadoria por invalidez, auxílio-acidente, pensão por morte e habilitação e reabilitação profissional e social.

■ **Responsabilidade trabalhista** — compreende o pagamento de adicionais (periculosidade e insalubridade) e a garantia de estabilidade no emprego para o acidentado no trabalho e para o representante dos trabalhadores na CIPA.

■ **Responsabilidade penal** — caracterização, dependendo das consequências do acidente do trabalho, dos crimes de homicídio, de lesão corporal ou de perigo, previstos respectivamente nos **arts. 121, 129 e 132 do Código Penal**.

A responsabilidade penal, que é pessoal, pode ser imputada ao empregador, ao preposto do empregador, ao membro da CIPA, ao engenheiro ou ao técnico de segurança do trabalho, ou a qualquer outra pessoa que seja responsável pela adoção de medidas de proteção e segurança no trabalho.

O **art. 19, § 2.º, da Lei n. 8.213/91** prevê que constitui contravenção penal, punida com multa, deixar a empresa de cumprir as normas de segurança e higiene do trabalho.

Em relação à imputação penal por descumprimento das normas de segurança e saúde no trabalho podem ainda ser citados os seguintes dispositivos legais: **art. 15 da Lei n. 6.938/81; arts. 3.º, 8.º, 21 e 22 da Lei n. 9.605/98; e art. 16 da Lei n. 7.802/89**.

■ **Responsabilidade civil** — consistente no pagamento pelo empregador de indenizações por danos material, moral e estético decorrentes de acidente do trabalho, com fundamento no **art. 7.º, XXVIII, da Constituição Federal**.

Os aspectos da responsabilidade civil por acidente do trabalho serão analisados no item 13.5 *infra*.

13.2. TRABALHO EM CONDIÇÕES PERIGOSAS

Quanto ao conceito de periculosidade, o **art. 193 da CLT** assim dispõe: "São consideradas atividades ou operações perigosas, na forma da regulamentação aprovada pelo Ministério do Trabalho e Emprego, aquelas que, por sua natureza ou métodos de trabalho, impliquem risco acentuado em virtude de exposição permanente do trabalhador a: I — inflamáveis, explosivos ou energia elétrica; II — roubos ou outras espécies de violência física nas atividades profissionais de segurança pessoal ou patrimonial; III — colisões, atropelamentos ou outras espécies de acidentes ou violências nas atividades profissionais dos agentes das autoridades de trânsito". O § 4.º do art. 193, acrescentado pela Lei n. 12.997/2014, prevê que também são consideradas perigosas as **atividades de trabalhador em motocicleta**, que foram definidas pela **Portaria do Ministério do Trabalho e Emprego n. 1.565/2014**.

Da análise deste dispositivo legal, é possível perceber que o conceito de **trabalho perigoso** é muito mais restrito do que se possa imaginar. Assim, segundo a CLT, somente o trabalho em contato com **inflamáveis, explosivos ou energia elétrica, o trabalho nas atividades profissionais de segurança pessoal ou patrimonial que exponha o trabalhador a roubo ou outras espécies de violência física, o trabalho dos agentes das autoridades de trânsito que estão expostos a colisões, atropelamentos ou outras espécies de acidentes ou violências e o trabalho em atividades em que se utilize motocicleta** são considerados perigosos.

O TST reconhece os termos da **Portaria do Ministro do Trabalho n. 518/2003** e da **NR 16**, em consequência, adota entendimento no sentido de que a **exposição do empregado a radiação ionizante ou a substância radioativa** também enseja o pagamento do adicional de periculosidade.

> **OJ SDI-1 345, TST:** "A exposição do empregado à radiação ionizante ou à substância radioativa enseja a percepção do adicional de periculosidade, pois a regulamentação ministerial (Portarias do Ministério do Trabalho n. 3.393, de 17.12.1987, e 518, de 07.04.2003), ao reputar perigosa a atividade, reveste-se de plena eficácia, porquanto expedida por força de delegação legislativa contida no art. 200, *caput*, e inciso VI, da CLT. No período de 12.12.2002 a 06.04.2003, enquanto vigeu a Portaria n. 496 do Ministério do Trabalho, o empregado faz *jus* ao adicional de insalubridade".

O direito ao recebimento do adicional de periculosidade é reconhecido a todos os **trabalhadores urbanos e rurais que exerçam suas atividades em área de risco**, independentemente de manipularem ou estarem em contato direto com o agente perigoso. O ingresso ou a permanência em área de risco é que gera o direito ao adicional. Assim, se **o empregador colocar o empregado em área de risco** (por exemplo, empresa prestadora de serviços de informática tem seus empregados trabalhando em plataforma de petróleo do tomador dos serviços), **terá que lhe pagar o adicional de periculosidade**.

Embora a Constituição Federal preveja como direito dos empregados domésticos a redução dos riscos inerentes ao trabalho, por meio de normas de saúde, higiene e segurança (art. 7.º, parágrafo único), e, como consequência, as normas de segurança do trabalho tenham sido estendidas aos trabalhadores domésticos, o direito aos adicionais de insalubridade e periculosidade não foram concedidos a essa categoria, nem mesmo pela Lei Complementar n. 150/2015. Assim, não há que se falar em direito dos **trabalhadores domésticos** ao recebimento de adicional de periculosidade, tendo em vista a **inaplicabilidade** a eles das regras relativas a segurança e medicina do trabalho e do disposto no **art. 7.º, XXIII, da Constituição Federal**.

Em relação às condições de trabalho com inflamáveis e com energia elétrica, o TST pacificou algumas questões derivadas da interpretação das normas relativas à condição perigosa de trabalho, fixando os entendimentos a seguir:

■ *Inflamáveis*
   ■ empregado que exerce suas atividades em edifício onde estão instalados tanques para armazenamento de líquido inflamável

> **OJ SDI-1 385, TST:** "É devido o pagamento de adicional de periculosidade ao empregado que desenvolve suas atividades em edifício (construção vertical), seja em pavimento igual ou distinto daquele onde estão instalados tanques para armazenamento de líquido inflamável, em quantidade acima do limite legal, considerando-se como área de risco toda a área interna da construção vertical".

Não se aplica o conceito de risco para fins de periculosidade às quantidades de inflamáveis contidas nos tanques de combustíveis originais de fábrica e suplementares, para consumo próprio de veículos de carga e de transporte coletivo de passageiros, de máquinas e de equipamentos, certificados pelo órgão competente, e nos equipamentos de refrigeração de carga (**art. 193, § 5.º, CLT**).

   ■ bomba de gasolina

> **SÚMULA 39, TST:** "Os empregados que operam em bomba de gasolina têm direito ao adicional de periculosidade (Lei n. 2.573, de 15.08.1955)".

   ■ permanência a bordo durante o abastecimento de aeronave

> **SÚMULA 447, TST:** "Os tripulantes e demais empregados em serviços auxiliares de transporte aéreo que, no momento do abastecimento da aeronave, permanecem a bordo não têm direito ao adicional de periculosidade a que aludem o art. 193 da CLT e o Anexo 2, item 1, 'c', da NR 16 do MTE".

■ *Energia elétrica:*
   ■ sistema elétrico de potência

> **OJ SDI-1 324, TST:** "É assegurado o adicional de periculosidade apenas aos empregados que trabalham em sistema elétrico de potência em condições de risco, ou que o façam com equipamentos e instalações elétricas similares, que ofereçam risco equivalente, ainda que em unidade consumidora de energia elétrica".

   ■ cabistas, instaladores e reparadores de linhas e aparelhos em empresas de telefonia

> **OJ SDI-1 347, TST:** "É devido o adicional de periculosidade aos empregados cabistas, instaladores e reparadores de linhas e aparelhos de empresas de telefonia, desde que, no exercício de suas funções, fiquem expostos a condições de risco equivalente ao do trabalho exercido em contato com sistema elétrico de potência".

O trabalho em condições perigosas dá direito ao empregado ao recebimento de um adicional de remuneração (**art. 7.º, XXIII, CF**). O **adicional de periculosidade** corresponde a **30%** (trinta por cento) sobre o **salário contratual, sem os acréscimos** resultantes de **gratificações, prêmios** ou **participação nos lucros ou resultados** (art. 193, § 1.º, CLT).

Assim, o adicional de periculosidade **incide apenas sobre o salário básico**, e não sobre este acrescido de outros adicionais.

Em relação aos **eletricitários**, porém, o cálculo do referido adicional deve ser feito levando-se em conta a **totalidade das parcelas de natureza salarial**.

> **SÚMULA 191, TST:** "I — O adicional de periculosidade incide apenas sobre o salário básico e não sobre este acrescido de outros adicionais.
> II — O adicional de periculosidade do empregado eletricitário, contratado sob a égide da Lei n. 7.369/1985, deve ser calculado sobre a totalidade das parcelas de natureza salarial. Não é válida norma coletiva mediante a qual se determina a incidência do referido adicional sobre o salário básico.
> III — A alteração da base de cálculo do adicional de periculosidade do eletricitário promovida pela Lei n. 12.740/2012 atinge somente contrato de trabalho firmado a partir de sua vigência, de modo que, nesse caso, o cálculo será realizado exclusivamente sobre o salário básico, conforme determina o § 1.º do art. 193 da CLT".

O adicional de periculosidade **integra a remuneração do empregado**, devendo ser **considerado para fins de cálculo de indenização e de horas extras**.

Importante ressaltar que o referido adicional **não integra o cálculo do sobreaviso**, tendo em vista que durante esse período o empregado não está sob a condição de risco.

> **SÚMULA 132, TST:** "I — O adicional de periculosidade, pago em caráter permanente, integra o cálculo de indenização e de horas extras.
> II — Durante as horas de sobreaviso, o empregado não se encontra em condições de risco, razão pela qual é incabível a integração do adicional de periculosidade sobre as mencionadas horas".

O trabalho em condições perigosas no **horário noturno** dá direito ao recebimento pelo empregado dos dois adicionais, sendo que o **adicional de periculosidade deve compor a base de cálculo do adicional noturno**.

> **OJ SDI-1 259, TST:** "O adicional de periculosidade deve compor a base de cálculo do adicional noturno, já que também neste horário o trabalhador permanece sob as condições de risco".

Serão descontados ou compensados do adicional de periculosidade outros da mesma natureza eventualmente já concedidos ao vigilante por meio de acordo coletivo **(art. 193, § 3.º, CLT)**.

Nos termos do **art. 195 da CLT**, a periculosidade é **apurada por meio de perícia** realizada por **médico ou engenheiro do trabalho**, registrado no Ministério do Trabalho.

> **OJ SDI-1 165, TST:** "O art. 195 da CLT não faz qualquer distinção entre o médico e o engenheiro para efeito de caracterização e classificação da insalubridade e periculosidade, bastando para a elaboração do laudo seja o profissional devidamente qualificado".

A **realização de perícia** para apuração de periculosidade é **desnecessária** quando há o reconhecimento espontâneo da condição perigosa de trabalho pelo próprio empregador, com o pagamento do respectivo adicional.

> **SÚMULA 453, TST:** "O pagamento de adicional de periculosidade efetuado por mera liberalidade da empresa, ainda que de forma proporcional ao tempo de exposição ao risco ou em percentual inferior ao máximo legalmente previsto, dispensa a realização da prova técnica exigida pelo art. 195 da CLT, pois torna incontroversa a existência do trabalho em condições perigosas".

É facultado às empresas e aos sindicatos das categorias profissionais interessadas requererem ao Ministério do Trabalho a realização de perícia em estabelecimento ou setor deste, com o objetivo de caracterizar e classificar ou delimitar as atividades perigosas **(art. 195, § 1.º, CLT)**.

A perícia pode ser realizada por determinação judicial, quando arguida em juízo a periculosidade **(art. 195, § 2.º, CLT)**, ou em decorrência de ação fiscalizadora do Ministério do Trabalho **(art. 195, § 3.º, CLT)**.

Importante ressaltar que a periculosidade **dificilmente pode ser eliminada** pelo uso de equipamentos de proteção (principalmente quando se trata de contato com inflamáveis ou explosivos), sendo mais eficientes as medidas coletivas de proteção previstas pelas normas. Certo é que o adicional visa compensar o risco a que está submetido o empregado quando trabalha nessas condições. Assim, embora **medidas de segurança possam, e devam, ser adotadas**, nem sempre impedem ou eliminam o risco à integridade física do trabalhador.

Em qualquer caso, porém, sendo eliminado o risco à integridade física, cessa o direito do empregado à percepção do adicional de periculosidade **(art. 194, CLT)**. **Não há** que se falar, portanto, em **incorporação do adicional ao salário** do empregado.

> **OJ SDI-1 172, TST:** "Condenada ao pagamento do adicional de insalubridade ou periculosidade, a empresa deverá inserir, mês a mês e enquanto o trabalho for executado sob essas condições, o valor correspondente em folha de pagamento".

Em relação ao **tempo de exposição ao agente perigoso**, mesmo que esta se dê de forma **intermitente**, o empregado terá **direito ao recebimento do adicional de periculosidade de forma integral**, não havendo que se falar em pagamento proporcional ao tempo de exposição. O contato meramente **eventual ou habitual, mas de curta duração, não dá direito ao recebimento do adicional de periculosidade**. Este é o posicionamento do TST:

> **SÚMULA 364, TST:** "I — Tem direito ao adicional de periculosidade o empregado exposto permanentemente ou que, de forma intermitente, sujeita-se a condições de risco. Indevido, apenas, quando o contato dá-se de forma eventual, assim considerado o fortuito, ou o que, sendo habitual, dá-se por tempo extremamente reduzido.
> II — Não é válida a cláusula de acordo ou convenção coletiva de trabalho fixando o adicional de periculosidade em percentual inferior ao estabelecido em lei e proporcional ao tempo de exposição ao risco, pois tal parcela constitui medida de higiene, saúde e segurança do trabalho, garantida por norma de ordem pública (arts. 7.º, XXII e XXIII, da CF e 193, § 1.º, da CLT)".

Quanto aos **eletricitários**, seu **ingresso ou** sua **permanência eventual** em área de risco, **conforme previa o art. 2.º, § 1.º, do Decreto n. 93.412/86, que regulamentava a Lei n. 7.369/85, não geravam direito** ao adicional de periculosidade, sendo que, em relação ao **contato intermitente**, não havia previsão legal que autorizasse o pagamento do adicional proporcional ao tempo de permanência na área de risco.

Nesse sentido, e com base na legislação que regulava o trabalho em condições perigosas dos eletricitários, o TST adotou o seguinte entendimento:

> **SÚMULA 361, TST:** "O trabalho exercido em condições perigosas, embora de forma intermitente, dá direito ao empregado a receber o adicional de periculosidade de forma integral, porque a Lei n. 7.369, de 20 de setembro de 1985, não estabeleceu nenhuma proporcionalidade em relação ao seu pagamento".

No entanto, com a revogação da Lei n. 7.369/85 e, consequentemente, de seu Decreto regulamentador, pela **Lei n. 12.740/2012**, será necessário aguardar o posicionamento do TST acerca da questão, com a manutenção, alteração ou cancelamento da referida Súmula. Ressalte-se, ainda, que o **adicional de periculosidade não é acumulável com o adicional de insalubridade**. Isto significa que, nos termos do § 2.º do art. 193 da CLT, havendo condições de periculosidade e de insalubridade no ambiente de trabalho, o **empregado poderá optar por um dos adicionais**, escolhendo o que lhe for mais favorável. O que **não pode é receber os dois adicionais**, pois é vedada a acumulação.

13.3. TRABALHO EM CONDIÇÕES INSALUBRES

O direito ao recebimento de adicional de remuneração por trabalho em atividades insalubres é previsto pelo **art. 7.º, XXIII, da Constituição Federal**.

Considera-se **trabalho insalubre** a atividade que pode abalar a saúde do trabalhador de forma grave, ocasionando doenças. A insalubridade diz respeito, portanto, a um **risco à saúde do trabalhador**.

O **art. 189 da CLT** assim conceitua o trabalho insalubre: "Serão consideradas atividades ou operações insalubres aquelas que, por sua natureza, condições ou métodos de trabalho, exponham os empregados a agentes nocivos à saúde, acima dos limites de tolerância fixados em razão da natureza e da intensidade do agente e do tempo de exposição aos seus efeitos".

Desse modo, para a caracterização de uma atividade como insalubre, deve-se levar em conta a **natureza do agente**, as **condições ou métodos de trabalho**, e estes devem expor o empregado a **situação de trabalho agressiva à sua saúde** acima dos **limites de tolerância** ao agente insalubre, fixados pelo Ministério do Trabalho e Emprego.

Ao Ministério do Trabalho cabe a indicação das condições e métodos de trabalho que definem uma atividade como insalubre:

> **OJ SDI-1 171, TST:** "Para efeito de concessão de adicional de insalubridade não há distinção entre fabricação e manuseio de óleos minerais — Portaria n. 3.214 do Ministério do Trabalho, NR 15, Anexo XIII".

Para a fixação pelo Ministério do Trabalho dos **limites de tolerância** de cada agente insalubre, deverão ser considerados:

- a natureza do agente;
- a intensidade do agente;
- o tempo de exposição aos efeitos do agente.

O **tempo de exposição** aos efeitos do agente insalubre influencia na **definição**, pela Secretaria de Previdência e Trabalho do Ministério da Economia, do **limite de tolerância** e dos **graus de insalubridade**. No entanto, o **contato intermitente** do empregado com o agente insalubre **não lhe retira o direito à percepção do respectivo adicional**.

> **SÚMULA 47, TST:** "O trabalho executado em condições insalubres, em caráter intermitente, não afasta, só por essa circunstância, o direito à percepção do respectivo adicional".

Por força do disposto na CLT, o Ministério do Trabalho elabora um **quadro de atividades insalubres**, estabelecendo **quais são os agentes insalubres** e, ainda, os vários **graus de insalubridade** de cada um deles, tendo em vista as condições do ambiente de trabalho do empregado.

Tais agentes podem ser:

- **físicos**, como ruído excessivo, altas temperaturas etc.;
- **químicos**, como graxas, óleos, solventes, ácidos etc.;
- **biológicos**, que são agentes de contaminação, como, por exemplo, os encontrados em hospitais e laboratórios de análises clínicas.

Após a realização de uma **perícia técnica** no local de trabalho, que é realizada por médico ou engenheiro do trabalho **(art. 195, CLT)**, é possível constatar-se ou não a presença de agentes insalubres que afetam a saúde do trabalhador.

> **OJ SDI-1 165, TST:** "O art. 195 da CLT não faz qualquer distinção entre o médico e o engenheiro do trabalho para efeito de caracterização e classificação da insalubridade e periculosidade, bastando para a elaboração do laudo seja o profissional devidamente qualificado".

A **perícia** no local de trabalho para apuração da insalubridade é **obrigatória, salvo** se tiver ocorrido o **fechamento da empresa**.

> **OJ SDI-1 278, TST:** "A realização de perícia é obrigatória para a verificação de insalubridade. Quando não for possível sua realização, como em caso de fechamento da empresa, poderá o julgador utilizar-se de outros meios de prova".

No entanto, **não basta que a perícia constate** a existência no ambiente de trabalho de agentes agressores à saúde do trabalhador. Para que o direito ao recebimento ao adicional seja reconhecido, **o agente agressor deve estar indicado expressamente** como agente insalubre na relação elaborada pelo Ministério do Trabalho **(Portaria n. 3.214/78)**.

> **SÚMULA 448, TST:** "I — Não basta a constatação da insalubridade por meio de laudo pericial para que o empregado tenha direito ao respectivo adicional, sendo necessária a classificação da atividade insalubre na relação oficial elaborada pelo Ministério do Trabalho [...]".

Somente o perito tem condições técnicas de definir o agente agressor à saúde que estava presente no ambiente de trabalho. Exatamente por isso, o fato de o pedido de adicional de insalubridade formulado em reclamação trabalhista não corresponder ao agente agressor encontrado pela perícia no local de trabalho não impede o reconhecimento do direito ao recebimento do adicional.

> **SÚMULA 293, TST:** "A verificação mediante perícia de prestação de serviços em condições nocivas, considerado agente insalubre diverso do apontado na inicial, não prejudica o pedido de adicional de insalubridade".

Em relação a algumas atividades que não estão indicadas como insalubres pelo Ministério do Trabalho, o TST tem definido posicionamento no sentido de **não ser devido o adicional**:

> **SÚMULA 448, TST:** "[...] II — A higienização de instalações sanitárias de uso público ou coletivo de grande circulação, e a respectiva coleta de lixo, por não se equiparar à limpeza em residências e escritórios, enseja o pagamento de adicional de insalubridade em grau máximo, incidindo o disposto no Anexo 14 da NR-15 da Portaria do MTE n. 3.214/78 quanto à coleta e industrialização de lixo urbano".

> **OJ SDI-1 173, TST:** "I — Ausente previsão legal, indevido o adicional de insalubridade ao trabalhador em atividade a céu aberto, por sujeição à radiação solar (art. 195 da CLT e Anexo 7 da NR 15 da Portaria n. 3.214/78 do MTE).
>
> II — Tem direito ao adicional de insalubridade o trabalhador que exerce atividade exposto ao calor acima dos limites de tolerância, inclusive em ambiente externo com carga solar, nas condições previstas no Anexo 3 da NR 15 da Portaria n. 3.214/78 do MTE".

Deixando o agente agressor **de ser indicado pelo Ministério do Trabalho** como tal, ou sendo reclassificado, **o empregado deixará de receber o adicional**, sem que isso caracterize redução salarial ou ofensa a direito adquirido.

> **SÚMULA 248, TST:** "A reclassificação ou a descaracterização da insalubridade, por ato da autoridade competente, repercute na satisfação do respectivo adicional, sem ofensa a direito adquirido ou ao princípio da irredutibilidade salarial".

Constatada pela perícia a insalubridade no local de trabalho, o empregado faz jus ao **adicional de insalubridade** em percentuais de **40%, 20% ou 10%**, calculados **sobre o salário mínimo**, conforme a insalubridade constatada seja em **grau máximo, médio ou mínimo**, respectivamente.[4]

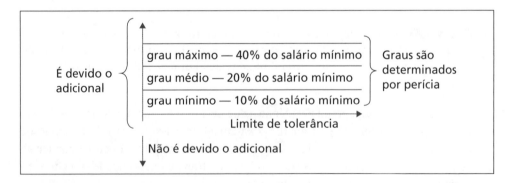

---

[4] A Súmula 228, TST, que prevê que "a partir de 9 de maio de 2008, data da publicação da Súmula Vinculante 4 do Supremo Tribunal Federal, o adicional de insalubridade será calculado sobre o salário básico, salvo critério mais vantajoso fixado em instrumento coletivo", está com sua eficácia suspensa por decisão liminar do STF.

A despeito de o **art. 611-B, CLT** prever que constituem objeto ilícito de convenção coletiva ou de acordo coletivo de trabalho previsões que visem suprimir ou reduzir normas de saúde, higiene e segurança do trabalho, previstas em lei ou em normas regulamentadoras do Ministério do Trabalho **(inciso XVII)** e o adicional de remuneração para atividades penosas, insalubres ou perigosas **(inciso XVIII)**, o **art. 611-A, XII**, permite que através da negociação coletiva seja feito o **enquadramento do grau de insalubridade** (convenção coletiva ou acordo coletivo de trabalho têm prevalência sobre a lei quando dispuserem sobre enquadramento do grau de insalubridade).

Portanto, o adicional de insalubridade corresponde a uma parcela remuneratória destinada a **compensar o trabalho** prestado em condições que possibilitem a atuação de **agentes nocivos à saúde**.

O adicional de insalubridade **integra a remuneração do empregado** para todos os efeitos legais.

SÚMULA 139, TST: "Enquanto percebido, o adicional de insalubridade integra a remuneração para todos os efeitos legais".

O valor do adicional de insalubridade, por ser pago mensalmente, **já remunera** os dias de **descanso semanal** e de **feriados**, não havendo que falar em reflexos.

OJ SDI-1 103, TST: "O adicional de insalubridade já remunera os dias de repouso semanal e feriados".

O adicional de insalubridade **é base de cálculo das horas extras**.

OJ SDI-1 47, TST: "A base de cálculo da hora extra é o resultado da soma do salário contratual mais o adicional de insalubridade".

Nos termos do § 2.º do art. 193 da CLT, havendo **insalubridade e periculosidade no ambiente de trabalho**, o empregado deverá **optar por um dos adicionais**, escolhendo o que lhe for mais favorável. O que não pode é receber os dois adicionais, pois é **vedada a acumulação**. O TST firmou posicionamento nesse sentido, ao julgar Incidente de Recursos Repetitivos, fixando a seguinte tese: "O art. 193, § 2.º, da CLT foi recepcionado pela Constituição Federal e veda a cumulação dos adicionais de insalubridade e de periculosidade, ainda que decorrentes de fatos geradores distintos e autônomos." (Tema 17).

A insalubridade que gera o direito à percepção do adicional previsto na lei é aquela **insuscetível de ser neutralizada ou eliminada**.

Assim, adotando o empregador **medidas de proteção no ambiente de trabalho**, fornecendo equipamentos de proteção individual **(EPIs)** e implantando **medidas coletivas de proteção**, poderá **neutralizar ou eliminar** a atuação de agentes insalubres, de sorte que o empregado **não mais fará jus ao adicional**. No entanto, se mesmo com a adoção de medidas de proteção a **insalubridade não puder ser eliminada** ou neutralizada, mas se a adoção das medidas de proteção no ambiente de trabalho **minimize o impacto do agente agressor à saúde** dos trabalhadores e, consequentemente, diminua o grau de insalubridade, o **adicional** poderá ser pago no **valor correspondente a esta nova condição**.

Portanto, **eliminada** a insalubridade, poderá o empregador **deixar de pagar** o respectivo adicional, visto que, cessada a causa, cessará o efeito. **Diminuído** o grau de insalubridade, o empregador poderá pagar adicional em **valor menor**.

> **SÚMULA 80, TST:** "A eliminação da insalubridade mediante fornecimento de aparelhos protetores aprovados pelo órgão competente do Poder Executivo exclui a percepção do respectivo adicional".

Assim, em qualquer caso, sendo eliminado o risco à saúde, cessa o direito do empregado à percepção do adicional de insalubridade **(art. 194, CLT)**. **Não há** que se falar, portanto, em **incorporação do adicional ao salário** do empregado.

> **OJ SDI-1 172, TST:** "Condenada ao pagamento do adicional de insalubridade ou periculosidade, a empresa deverá inserir, mês a mês e enquanto o trabalho for executado sob essas condições, o valor correspondente em folha de pagamento".

O empregador é **obrigado a fornecer** aos empregados, gratuitamente, equipamento de proteção individual adequado ao risco e em perfeito estado de conservação e funcionamento, sempre que as medidas de ordem geral não ofereçam completa proteção contra os riscos de acidentes e danos à saúde dos empregados **(art. 166, CLT)**, devendo, ainda, **fiscalizar o uso** por eles. **A recusa injustificada do empregado** em usar os EPIs fornecidos pelo empregador caracteriza **ato faltoso (art. 158, parágrafo único, CLT)**.

> **SÚMULA 289, TST:** "O simples fornecimento do aparelho de proteção pelo empregador não o exime do pagamento do adicional de insalubridade. Cabe-lhe tomar as medidas que conduzam à diminuição ou eliminação da nocividade, entre as quais as relativas ao uso efetivo do equipamento pelo empregado".

O direito ao recebimento do adicional de insalubridade é reconhecido a todos os **trabalhadores urbanos e rurais que exerçam suas atividades em condições de risco à saúde**.

Embora a Constituição Federal preveja como direito dos empregados domésticos a redução dos riscos inerentes ao trabalho, por meio de normas de saúde, higiene e segurança (art. 7.º, parágrafo único), e, como consequência, as normas de segurança do trabalho tenham sido estendidas aos trabalhadores domésticos, o direito aos adicionais de insalubridade e periculosidade não foram concedidos a essa categoria, nem mesmo pela Lei Complementar n. 150/2015. Assim, não há que se falar em direito dos **trabalhadores domésticos** ao recebimento de adicional de insalubridade, tendo em vista a

inaplicabilidade a eles das regras relativas à segurança e medicina do trabalho e do disposto no **art. 7.º, XXIII, da Constituição Federal**.

Sem prejuízo de sua remuneração, nesta incluído o valor do adicional de insalubridade, a empregada deverá ser afastada de atividades consideradas insalubres em qualquer grau, enquanto durar a gestação **(art. 394-A, I e II, CLT)**.[5]

A empregada lactante deverá ser afastada de atividades consideradas insalubres em qualquer grau **(art. 394-A, III, CLT)**.[6]

13.4. TRABALHO EM CONDIÇÕES PENOSAS

Entre os direitos dos trabalhadores urbanos e rurais previstos pelo **art. 7.º, XXIII, da Constituição Federal**, está o de recebimento de adicional de remuneração por trabalho em atividades penosas.

No entanto, referido direito decorre de **norma constitucional de eficácia limitada**, necessitando de uma lei integrativa infraconstitucional.[7]

Assim, a definição do que seja atividade penosa, bem como do adicional a ser pago ao trabalhador que exerça suas atividades nessas condições, **depende de regulamentação legal**, para que possa ser pleiteado.

De toda forma, a doutrina analisa a questão e, sempre afirmando a necessidade de elaboração de lei sobre o tema, sugere que poderiam ser consideradas como penosas as atividades nas quais o empregado é submetido a condições de trabalho mais gravosas, mais difíceis, mais desgastantes do que o normal e que podem, até, levar a um prejuízo à saúde ou à integridade física dele, mas que não são classificadas como atividades perigosas ou insalubres.

13.5. ACIDENTES DO TRABALHO

Acidente do trabalho típico é o que ocorre pelo exercício do trabalho a serviço de empresa ou de empregador doméstico, provocando lesão corporal ou perturbação funcional que cause a morte ou a perda ou redução, permanente ou temporária, da capacidade para o trabalho **(art. 19, Lei n. 8.213/91)**.

Além do acidente típico, consideram-se acidente do trabalho **(art. 20, Lei n. 8.213/91)**:

- a **doença profissional**, assim entendida a produzida ou desencadeada pelo exercício do trabalho peculiar a determinada atividade e constante da respectiva relação elaborada pelo Ministério do Trabalho e da Previdência Social;

---

[5] ADI 5938 — DF.
[6] ADI 5938 — DF.
[7] LENZA, Pedro. *Direito constitucional esquematizado*. 12. ed. rev., atual. e ampl. São Paulo: Saraiva, 2008. p. 107.

■ a **doença do trabalho**, assim entendida a adquirida ou desencadeada em função de condições especiais em que o trabalho é realizado e com ele se relacione diretamente, constante da relação elaborada pelo Ministério do Trabalho e da Previdência Social.

Constatando-se que **determinada doença** não incluída na relação específica **resultou das condições** especiais em que o **trabalho** é executado e com ele se relaciona diretamente, a Previdência Social **deve considerá-la acidente do trabalho (§ 2.º, art. 20, Lei n. 8.213/91)**.

Não são consideradas como **doença do trabalho (§ 1.º, art. 20, Lei n. 8.213/91)**:

■ a doença degenerativa;
■ a inerente a grupo etário;
■ a que não produza incapacidade laborativa;
■ a doença endêmica adquirida por segurado habitante de região em que ela se desenvolva, salvo comprovação de que é resultante de exposição ou contato direto determinado pela natureza do trabalho.

Equiparam-se também **ao acidente do trabalho (art. 21, Lei n. 8.213/91)**:

■ o acidente ligado ao trabalho que, embora não tenha sido a causa única, haja contribuído diretamente para a morte do segurado, para redução ou perda da sua capacidade para o trabalho, ou produzido lesão que exija atenção médica para a sua recuperação;

■ o acidente sofrido pelo segurado no local e no horário do trabalho, em consequência de:

a) ato de agressão, sabotagem ou terrorismo praticado por terceiro ou companheiro de trabalho;
b) ofensa física intencional, inclusive de terceiro, por motivo de disputa relacionada ao trabalho;
c) ato de imprudência, de negligência ou de imperícia de terceiro ou de companheiro de trabalho;
d) ato de pessoa privada do uso da razão;
e) desabamento, inundação, incêndio e outros casos fortuitos ou decorrentes de força maior;

■ a doença proveniente de contaminação acidental do empregado no exercício de sua atividade;

■ o acidente sofrido pelo segurado ainda que fora do local e horário de trabalho:

a) na execução de ordem ou na realização de serviço sob a autoridade da empresa;
b) na prestação espontânea de qualquer serviço à empresa para lhe evitar prejuízo ou proporcionar proveito;

c) em viagem a serviço da empresa, inclusive para estudo quando financiada por ela dentro de seus planos para melhor capacitação da mão de obra, independentemente do meio de locomoção utilizado, inclusive veículo de propriedade do segurado;

d) no percurso da residência para o local de trabalho ou deste para aquela, qualquer que seja o meio de locomoção, inclusive veículo de propriedade do segurado.

Nos **períodos destinados a refeição ou descanso**, ou por ocasião da satisfação de **outras necessidades fisiológicas**, no local do trabalho ou durante este, o empregado é **considerado no exercício do trabalho (§ 1.º, art. 21, Lei n. 8.213/91)**.

Não é considerada agravação ou complicação de acidente do trabalho a lesão que, resultante de acidente de outra origem, associe-se ou se superponha às consequências do anterior (**§ 2.º, art. 21, Lei n. 8.213/91**).

A natureza acidentária da **incapacidade do trabalhador** para o trabalho decorre da constatação da ocorrência de nexo técnico epidemiológico entre o trabalho e o agravo, decorrente da relação entre a atividade da empresa ou do empregado doméstico e a entidade mórbida motivadora da incapacidade elencada na Classificação Internacional de Doenças (CID) — **(art. 21-A, Lei n. 8.213/91)**.

Cópia da Comunicação de Acidente de Trabalho (CAT) deve ser fornecida ao acidentado ou a seus dependentes, bem como ao sindicato a que corresponda a sua categoria (**§ 1.º, art. 22, Lei n. 8.213/91**).

Na **falta de comunicação por parte da empresa**, podem formalizá-la (**§ 2.º, art. 22, Lei n. 8.213/91**):

- o próprio acidentado;
- os dependentes do acidentado;
- a entidade sindical competente;
- o médico que o assistiu;
- qualquer autoridade pública.

Considera-se como **dia do acidente**, no caso de doença profissional ou do trabalho, a **data do início da incapacidade laborativa para o exercício da atividade habitual**, ou o **dia da segregação compulsória**, ou o **dia em que for realizado o diagnóstico**, valendo para este efeito **o que ocorrer primeiro (art. 23, Lei n. 8.213/91)**.

A empresa ou o empregador doméstico deverão comunicar o acidente do trabalho à Previdência Social até o primeiro dia útil seguinte ao da ocorrência e, em caso de morte, de imediato, à autoridade competente, sob pena de multa variável entre o limite mínimo e o limite máximo do salário de contribuição, sucessivamente aumentada nas reincidências, aplicada e cobrada pela Previdência Social **(art. 22, Lei n. 8.213/91)**.

Com o intuito de evitar a ocorrência de acidentes do trabalho e de doenças profissionais, a empresa é responsável pela adoção e uso das medidas coletivas e individuais de proteção e segurança da saúde do trabalhador (**§ 1.º, art. 19, Lei n. 8.213/91**).

Exatamente por isso, a **ocorrência de acidente do trabalho** ou das situações a ele equiparáveis pode **acarretar diversas consequências jurídicas para o empregador**, entre as quais está a **responsabilidade civil**, caracterizada pelo **dever de indenizar** os **danos** sofridos pelo trabalhador em decorrência do acidente **(morais, materiais, estéticos)**.

Nesse sentido, o **art. 7.º, XXVIII, da Constituição Federal** estabelece, como direito dos trabalhadores urbanos e rurais, o "**seguro contra acidentes de trabalho**, a cargo do empregador, sem excluir a **indenização** a que este está obrigado, **quando incorrer em dolo ou culpa**".

O **seguro contra acidentes de trabalho** abrange diversos benefícios acidentários, entre os quais estão, principalmente, as prestações de serviços, que correm às expensas do **INSS**, mediante financiamento do Estado e dos empregadores **(art. 22, II, Lei n. 8.212/91)**.

Já a **indenização**, fundamentada na culpa aquiliana *lato sensu* **(art. 186, Código Civil)**,[8] é suportada pelo próprio **empregador responsável**, em caso de ação ou omissão decorrente de **culpa ou dolo**.[9]

No entanto, a questão relativa à natureza da **responsabilidade do empregador** pelos danos causados ao empregado decorrentes de **acidente do trabalho** é bastante **polêmica**, podendo ser identificadas diversas **correntes** a respeito do tema, entre as quais destacam-se: **a)** teoria da responsabilidade subjetiva; **b)** teoria da responsabilidade objetiva em atividades de risco; **c)** teoria da responsabilidade objetiva como regra geral; e **d)** teoria da responsabilidade com culpa presumida.

■ **Teoria da responsabilidade subjetiva do empregador**

Fundamentada no **art. 7.º, XXVIII, da Constituição Federal**, referida teoria defende que a **responsabilidade do empregador** pela reparação dos danos causados ao empregado em decorrência de **acidente do trabalho** é **sempre subjetiva**, dependendo da comprovação do **dolo ou da culpa**.

O sistema da responsabilidade subjetiva funda-se na **teoria da culpa**, segundo a qual "para que haja o dever de indenizar é necessária a existência: a) do dano; b) do nexo de causalidade entre o fato e o dano; c) da culpa *lato sensu* (culpa — imprudência, negligência ou imperícia — ou dolo) do agente".[10]

O **art. 927, parágrafo único, do Código Civil**, como norma infraconstitucional, **não pode ser aplicado** na hipótese de acidente do trabalho, em detrimento da regra constitucional que é clara e exige a existência de culpa ou de dolo do empregador para responsabilizá-lo pelo acidente do trabalho sofrido por seu empregado.

---

[8] "Art. 186. Aquele que, por ação ou omissão voluntária, negligência ou imprudência, violar direito e causar dano a outrem, ainda que exclusivamente moral, comete ato ilícito."

[9] De acordo com texto constitucional, não mais se exige "culpa grave" para a imputação do dever de indenizar, como dispunha a Súmula 229 do STF.

[10] NERY JUNIOR, Nelson; NERY, Rosa Maria de Andrade. *Código Civil comentado*. 8. ed. rev., ampl. e atual. São Paulo: RT, 2011. p. 797.

Teoria da responsabilidade objetiva do empregador

Por força do **art. 2.º da CLT**, o **empregador** assume os **riscos da atividade econômica**. Assim, tendo em vista que em decorrência da atividade econômica exercida foi **gerada uma situação de risco para o empregado**, deve o **empregador responder** por isso, **independentemente de** ter agido com **culpa ou** com **dolo**.

O sistema da responsabilidade civil objetiva que decorre da previsão do **art. 927 do Código Civil** funda-se na **teoria do risco**, segundo a qual "para que haja o dever de indenizar é irrelevante a conduta (dolo ou culpa) do agente, pois basta a existência: a) do dano; e b) do nexo de causalidade entre o fato e o dano".[11]

Teoria da responsabilidade subjetiva com culpa presumida do empregador

Segundo essa teoria, por força da hierarquia da **norma constitucional**, mais especificamente do **art. 7.º, XXVIII**, não há como se aplicar o disposto no **art. 927, parágrafo único, do Código Civil**, nem como se adotar interpretação ampla à previsão do risco da atividade econômica previsto no **art. 2.º da CLT**, para se definir como objetiva a responsabilidade do empregador por acidente de trabalho sofrido por seu empregado.

A **responsabilidade** do empregador por acidente do trabalho **é subjetiva**.

No entanto, considerando que é obrigação do empregador adotar todas as medidas necessárias e decorrentes da lei para garantir a incolumidade física de seus empregados, mantendo, para isso, um meio ambiente salubre e sem riscos, **presume-se** que o acidente decorreu de **culpa do empregador**, cabendo, no entanto, **prova em sentido contrário**.

Como esclarece Mauro Schiavi, isso "não significa dizer que o empregador irá fazer prova contra si mesmo, apenas terá que comprovar em juízo que observou todas as normas de segurança do trabalho e que também o meio ambiente do trabalho estava equilibrado quando do sinistro. Caso o empregador faça essa prova, o ônus da prova de demonstrar a culpa transfere-se ao empregado".[12]

Teoria da responsabilidade objetiva do empregador que exerce atividade de risco

Segundo essa teoria, **como regra**, é **subjetiva a responsabilidade** do empregador pelo acidente do trabalho sofrido pelo empregado.

No entanto, quando tratar-se de **atividade de risco**, assim considerada aquela na qual a probabilidade da ocorrência de acidente ou de danos à saúde do trabalhador é mais evidente e provável, a **responsabilidade do empregador**, com fundamento no **art. 927, parágrafo único, do Código Civil, é objetiva**.

Após muita discussão e uma evolução na análise da questão relativa à responsabilidade do empregador por acidente do trabalho, a jurisprudência do TST foi se firmando

---

[11] NERY JUNIOR, Nelson; NERY, Rosa Maria de Andrade. *Código Civil comentado*, p. 797.
[12] SCHIAVI, Mauro. *Ações de reparação por danos morais decorrentes da relação de trabalho*. 3. ed. São Paulo: LTr, 2009. p. 40.

no sentido de que a previsão constitucional de responsabilidade subjetiva prevista no **inciso XXVIII do art. 7.º da Carta Política** não afasta a incidência do **art. 927, parágrafo único, do Código Civil, sendo possível**, portanto, a **responsabilização do empregador de forma objetiva** pelos danos sofridos pelo empregado no desenvolvimento da atividade laboral.

Segundo esse posicionamento, o **art. 927, parágrafo único, do Código Civil** poderá ser aplicado à relação de trabalho, particularmente à responsabilidade direta do empregador, podendo haver, **dependendo da atividade desempenhada pelo empregado, responsabilidade objetiva** daquele.

O **art. 7.º, XXVIII, da CF** estabelece que é direito do trabalhador "seguro contra acidentes de trabalho, a cargo do empregador, sem excluir a indenização a que este está obrigado, quando incorrer em dolo ou culpa".

Contudo, vale lembrar que o referido artigo está inserido no **rol das garantias mínimas do trabalhador (art. 7.º,** *caput*), de modo que a edição de legislação infraconstitucional consagrando uma maior responsabilidade do empregador nas hipóteses acidentárias, em casos específicos (atividades de risco), não encontra na Constituição Federal nenhum impedimento, até mesmo em razão dos princípios do Direito do Trabalho, como o da proteção, o da norma mais favorável, o da condição mais benéfica, dentre outros. Obstáculo haveria se a norma infraconstitucional trouxesse diretriz contrária aos valores que a Carta Magna buscou preservar.

Nesse sentido, os **seguintes julgados:**

"[...] III — RECURSO DE REVISTA. DANO EXTRAPATRIMONIAL. ASSALTO À AGÊNCIA BANCÁRIA. RESPONSABILIDADE CIVIL OBJETIVA DO EMPREGADOR. 1. O Tribunal Regional, valorando fatos e provas, registrou que a autora, bancária, foi vítima de dois assaltos ocorridos na agência em que prestava serviços ao réu. Consignou que 'a Autora foi feita refém no primeiro assalto, e que, no segundo assalto à agência bancária de Piraporinha foi encontrada uma pasta com informações sobre funcionários em poder dos assaltantes, o que por si só já acarreta abalo psicológico suficiente para ensejar a indenização'. Contudo, concluiu ser indevida a indenização pelo dano extrapatrimonial sofrido, ao fundamento de que o empregador não praticou qualquer ato ilícito. 2. A jurisprudência desta Corte Superior é firme no sentido de que é objetiva a responsabilidade da instituição bancária pelos danos extrapatrimoniais causados por terceiros a seus empregados, resultantes de atos de violência decorrentes de assalto em agência bancária, em razão do risco da atividade empresarial, à luz do disposto no parágrafo único do art. 927 do Código Civil, independentemente de demonstração de culpa do empregador. 3. Desse modo, constitui dever jurídico do banco réu compensar o dano extrapatrimonial infligido à autora em seus atributos valorativos como ser humano. Recurso de revista conhecido e provido" (RR-1001961-39.2015.5.02.0264, 1.ª T., rel. Min. Amaury Rodrigues Pinto Junior, *DEJT* 05.04.2024).

"[...] RECURSO DE REVISTA. RECURSO DE REVISTA. LEI N. 13.467/2017. RECLAMANTE. DANO MORAL. INDENIZAÇÃO. VENDEDOR. TRANSPORTE DE

VALORES. *IN RE IPSA*. 1 — O acórdão recorrido registra que o reclamante, vendedor, habitualmente transportava numerário, com valores variando entre R$ 5.000,00 a R$ 10.000,00, e por isso considerou que 'e a exploração de atividade de vendas externas, com transporte de mercadorias especialmente cobiçadas por criminosos, pela facilidade de seu repasse e comercialização futuros, chama a incidência do art. 927, parágrafo único, do CCB/02', porém diante da ausência de comprovação do evento danoso, assalto, concluiu pela inexistência de dano moral, e, consequentemente, pelo não pagamento de indenização. 2 — O art. 7.º, XXII, da Constituição Federal estabelece a garantia aos trabalhadores da redução dos riscos inerentes ao exercício da atividade, por meio de normas, que amparem melhores condições de saúde, higiene e segurança. Por seu turno o art. 2.º, § 2.º, da CLT estabelece que os riscos da atividade econômica são assumidos pelo empregador. 3 — Nos termos da Lei n. 7.102/83, verifica-se que a atividade relativa a transporte de valores só pode ser desempenhada por profissional habilitado, de modo que a reclamada, ao descumprir a lei (e, portanto, praticar ato ilícito), expôs o reclamante a risco. A conduta abusiva do empregador verifica-se pela exposição do empregado a risco acentuado no exercício de atividade para a qual não foi contratado, quando na realidade é da empresa a obrigação de contratar pessoal especializado. 4 — Ressalta-se que nos casos em que o empregado não seja bancário, esse aspecto deverá ser levado em conta apenas para o fim de fixação do montante da indenização por danos morais, conforme a capacidade econômica da empregadora. 5 — Os danos morais (dor psicológica) se presumem a partir da violação dos direitos de personalidade e são aferidos de forma *in re ipsa*, ou seja, prescindem da apresentação de provas que demonstrem a ofensa moral da pessoa. O próprio fato já configura o dano, independentemente da comprovação do abalo psicológico sofrido pelo vitimado, em consequência da conduta antijurídica ensejadora da responsabilização do ofensor em compensar a lesão moral. 6 — A jurisprudência mais recente desta Corte Superior, estabelece que é devido o pagamento de indenização quando o empregado desempenha a atividade de transporte de valores, que não é inerente à função normal para a qual foi contratado. Há julgados. 7 — Recurso de revista a que se dá provimento" (RR-1153-48.2020.5.07.0034, 6.ª T., rel. Min. Katia Magalhaes Arruda, *DEJT* 11.12.2023).

A discussão foi definitivamente solucionada pelo Plenário do **Supremo Tribunal Federal (STF)** que, por maioria, aprovou **tese de repercussão geral (Tema 932)** que garante ao trabalhador que atua em atividade de risco o direito a indenização em razão de danos decorrentes de acidente de trabalho, independentemente da comprovação de culpa ou dolo do empregador.

No julgamento do Recurso Extraordinário (RE) 828040, realizado em setembro de 2019, os Ministros entenderam, por maioria de votos, que é **constitucional a imputação da responsabilidade civil objetiva do empregador por danos decorrentes de acidentes de trabalho em atividades de risco**, julgamento esse que deu origem à aprovação da tese sugerida pelo relator do caso, Ministro Alexandre de Moraes: *"O artigo 927, parágrafo único, do Código Civil é compatível com o artigo 7.º, XXVIII, da Constituição Federal, sendo constitucional a responsabilização objetiva do empregador por danos decorrentes de acidentes de trabalho nos casos especificados em lei ou quando a atividade normalmente desenvolvida, por sua natureza, apresentar exposição habitual a risco especial, com potencialidade lesiva, e implicar ao trabalhador ônus maior do que aos demais membros da coletividade".*

A **Lei n. 13.467/2017 (*Reforma Trabalhista*)** instituiu regramento próprio para a **reparação de danos de natureza extrapatrimonial decorrentes da relação de trabalho (arts. 223-A a 223-G, CLT)**, sendo esses dispositivos são aplicáveis a situações decorrentes de ação ou omissão das quais decorram ofensa à esfera moral ou existencial da pessoa física ou jurídica, as quais são **titulares exclusivas do direito à reparação (arts. 223-A e 223-B, CLT)**.[13] Para estudo da reparação do dano extrapatrimonial decorrente do contrato de trabalho, *vide* item 4.7.2.3.

13.6. ÓRGÃOS DE SEGURANÇA E MEDICINA DO TRABALHO — CIPA E SESMT

Entre as diversas medidas previstas pelo legislador para garantir a proteção à saúde e à segurança do trabalhador, está a previsão e a regulamentação de **órgãos de segurança e medicina do trabalho** a serem instituídos pelo empregador **(art. 162, CLT)**, especialmente a Comissão Interna de Prevenção de Acidentes **(CIPA)** e o Serviço Especializado em Engenharia de Segurança e em Medicina do Trabalho **(SESMT)**.

As normas relativas a segurança e medicina do trabalho devem estabelecer **critérios a serem adotados para a instituição dos referidos órgãos**, prevendo:

■ a classificação das empresas segundo o número de empregados e a natureza do risco de suas atividades;

■ o número mínimo de profissionais especializados exigido de cada empresa, segundo o grupo de risco em que se classifique;

■ a qualificação exigida para os profissionais especializados e o seu regime de trabalho;

■ as demais características e atribuições desses serviços especializados.

■ **Comissão Interna de Prevenção de Acidentes e de Assédio (CIPA)**

A CIPA tem como **objetivo** a **prevenção de acidentes e doenças** decorrentes do trabalho, de modo a tornar permanentemente compatível o trabalho com a **preservação da vida** e a **promoção da saúde** do trabalhador. A **Lei n. 14.457/2022** ampliou a atuação da CIPA também para a **prevenção de assédio** no ambiente de trabalho.

A **tarefa da CIPA** é "cuidar e zelar por adequadas e seguras condições nos ambientes de trabalho, observando e relatando condições de risco, solicitando ao empregador medidas para reduzi-los e eliminá-los, bem como para prevenir a ocorrência de acidentes e

---

[13] O art. 223-B, CLT, ao prever que as pessoas físicas ou jurídicas ofendidas são as titulares exclusivas do direito à reparação, aparentemente teria afastado o chamado "dano em ricochete", ou seja, afastaria a possibilidade de reconhecimento da legitimidade ativa de herdeiros (ascendentes ou descendentes) do trabalhador para pleitear indenização por dano extrapatrimonial causado a este último, o que vinha gerando bastante discussão. No entanto, a questão foi dirimida pelo STF no julgamento das ADIs n. 6.050, 6.069 e 6.082, restando definido que "As redações conferidas aos arts. 223-A e 223-B, da CLT, não excluem o direito à reparação por dano moral indireto ou dano em ricochete no âmbito das relações de trabalho, a ser apreciado nos termos da legislação civil". Decisão transitada em julgado em 26.08.2023.

doenças. Cabe-lhes, ainda, orientar os trabalhadores e empregadores quanto à prevenção de tais eventos".[14]

Sua **constituição é obrigatória** em todos os estabelecimentos especificados nas instruções expedidas pelo Ministério do Trabalho (**NR-5, Portaria do Ministério do Trabalho n. 3.214/78**).[15]

Devem **constituir CIPA, por estabelecimento**, e mantê-la em regular funcionamento:

- empresas privadas;
- empresas públicas;
- sociedades de economia mista;
- órgãos da administração direta e indireta;
- instituições beneficentes;
- associações recreativas;
- cooperativas;
- bem como outras instituições que admitam trabalhadores como empregados.

O **número de empregados** e o **grau de risco** são os critérios adotados pela **NR-5 da Portaria do Ministério do Trabalho n. 3.214/78** para se avaliar se a CIPA deve ou não ser constituída.

As CIPAs são **órgãos paritários de representação**, sendo que parte de seus membros é composta por **representantes do empregador**, e a outra parte, por **representantes dos trabalhadores (art. 164, CLT)**. O número total de integrantes da CIPA depende do número de empregados do estabelecimento.

Os **representantes do empregador** na CIPA, titulares e suplentes, serão por ele **designados (art. 164, § 1.º, CLT)**, e os **representantes dos empregados**, titulares e suplentes, serão **eleitos** em escrutínio secreto, do qual participem, independentemente de filiação sindical, exclusivamente os empregados interessados **(art. 164, § 2.º, CLT)**.

Para que possam atuar de forma mais eficaz e para que tenham mais liberdade de agir na defesa da saúde e da segurança de todos os empregados do estabelecimento, garante-se aos **representantes dos trabalhadores** na CIPA **estabilidade provisória no emprego**, desde o registro da candidatura, até um ano após o término do mandato **(art. 165, CLT, e art. 10, II, *a*, ADCT)**. Aos **suplentes** eleitos também é **assegurada a estabilidade** provisória no emprego **(Súmula 339, TST)**. A estabilidade **não se estende** aos **representantes do empregador** na CIPA.

O **mandato** dos membros da CIPA tem **duração de 1 (um) ano**, permitida **uma reeleição (art. 164, § 3.º, CLT)**. O membro suplente que, durante seu mandato, tenha

---

[14] MELO, Raimundo Simão de. *Direito ambiental do trabalho e a saúde do trabalhador*, p. 86.
[15] A NR-5 foi atualizada pela Portaria SEPRT 915, de 30.07.2019.

participado de menos da metade do número de reuniões da CIPA, não pode ser reeleito (**art. 164, § 4.º, CLT**).

Anualmente, o **empregador** designa, dentre seus representantes, o **Presidente da CIPA**, e os **empregados** elegem, entre os seus representantes, o **Vice-Presidente** (art. 164, § 5.º, CLT).

■ **Serviço Especializado em Engenharia de Segurança e em Medicina do Trabalho (SESMT)**

O **art. 162 da CLT** determina que as empresas **obrigatoriamente mantenham serviços especializados em segurança e medicina do trabalho**, de acordo com as normas expedidas pelo Ministério do Trabalho.

Regulamentando o referido artigo e dando cumprimento às exigências previstas em seu parágrafo único, a **NR-4 da Portaria n. 3.214/78** do Ministério do Trabalho disciplina detalhadamente a constituição, a composição e as atribuições nas empresas do **Serviço Especializado em Engenharia de Segurança e em Medicina do Trabalho (SESMT)**.

O SESMT tem a **finalidade** de **promover a saúde** e **proteger a integridade** do trabalhador no local de trabalho.

A empresa está **obrigada a manter o SESMT** de acordo com a **quantidade de empregados** e o **grau de risco da atividade principal**, composto, conforme o caso e de acordo com o dimensionamento estabelecido pela **NR-4 da Portaria n. 3.214/78** do Ministério do Trabalho, por médico do trabalho, engenheiro de segurança do trabalho, enfermeiro do trabalho, técnico de segurança do trabalho e auxiliar de enfermagem do trabalho.

Os profissionais que compõem o SESMT devem ser empregados da empresa e devem ser **devidamente habilitados**, de acordo com as determinações constantes da NR-4 da Portaria n. 3.214/78. Como forma de garantir uma dedicação desses profissionais às questões relativas a segurança e saúde no ambiente de trabalho, é vedado o exercício por eles de outras atividades na empresa durante o horário de sua atuação no SESMT.

O SESMT é caracterizado como um **órgão essencialmente prevencionista**, estando voltado para a **eliminação dos riscos** existentes no ambiente de trabalho. Nesse sentido, deve exercer atividades de conscientização, educação e orientação dos trabalhadores e do empregador para a prevenção de acidentes do trabalho e doenças ocupacionais.

Compete também aos profissionais integrantes do SESMT:

■ aplicar os conhecimentos de engenharia de segurança e de medicina do trabalho ao ambiente de trabalho e a todos os seus componentes, inclusive máquinas e equipamentos, de modo a reduzir até eliminar os riscos ali existentes à saúde do trabalhador;

■ determinar, quando esgotados todos os meios conhecidos para a eliminação do risco e este persistir, mesmo reduzido, a utilização, pelo trabalhador, de EPIs.

De acordo com **a NR-6** da **Portaria** do Ministério do Trabalho **n. 3.214/78**, compete ao SESMT, ouvida a CIPA, e trabalhadores usuários, recomendar ao empregador o EPI adequado ao risco existente em determinada atividade;

- colaborar, quando solicitado, nos projetos e na implantação de novas instalações físicas e tecnológicas da empresa;
- responsabilizar-se tecnicamente pela orientação quanto ao cumprimento do disposto nas NRs aplicáveis às atividades executadas pela empresa e/ou seus estabelecimentos;
- manter permanente relacionamento com a CIPA, valendo-se ao máximo de suas observações;
- analisar e registrar em documento específico todos os acidentes ocorridos na empresa ou estabelecimento, com ou sem vítima, e todos os casos de doença ocupacional, descrevendo a história e as características do acidente e/ou da doença ocupacional, os fatores ambientais, as características do agente e as condições dos indivíduos portadores de doença ocupacional ou acidentados;
- registrar mensalmente os dados atualizados de acidentes do trabalho, doenças ocupacionais e agentes de insalubridade, devendo a empresa encaminhar um mapa contendo a avaliação anual dos mesmos dados à Secretaria de Segurança e Medicina do Trabalho até o dia 31 de janeiro, por intermédio do órgão regional do Ministério do Trabalho;
- manter acessíveis todos os registros relativos a doenças, acidentes e risco;
- elaborar planos de controle de efeitos de catástrofes, de disponibilidade de meios que visem o combate a incêndios e o salvamento e de imediata atenção à vítima de qualquer acidente no local de trabalho.

13.7. INSTRUMENTOS DE PREVENÇÃO E TUTELA DO MEIO AMBIENTE DO TRABALHO

Além dos órgãos de segurança e medicina do trabalho analisados no item antecedente, compõem o conjunto de instrumentos de prevenção e tutela do meio ambiente do trabalho o Programa de Gerenciamento de Riscos (PGR) e o Programa de Controle Médico de Saúde Ocupacional (PCMSO).

A obrigação do empregador de emitir um documento histórico-laboral pessoal/individual do trabalhador (Perfil Profissiográfico Previdenciário — PPP) também pode ser incluída nesse conjunto de regras.

Programa de Gerenciamento de Riscos (PGR)

Previsto pela **NR-1 da Portaria n. 3.214/78** do Ministério do Trabalho, o Programa de Gerenciamento de Riscos **(PGR)** é parte integrante do conjunto mais amplo das iniciativas da empresa no campo da **preservação da saúde e da integridade dos trabalhadores**, faz parte do GRO (Gerenciamento de Riscos Ambientais) e deve estar articulado com o disposto pelas demais normas relativas à segurança e medicina do trabalho, em especial com o Programa de Controle Médico de Saúde Ocupacional (PCMSO).

Esse programa deve ser adotado pelas empresas com o **objetivo de gerenciar os riscos existentes no local de suas atividades**. Os riscos considerados ambientais, quando relacionados à segurança no trabalho, podem ser físicos, químicos, biológicos, ergonômicos e de acidentes.

O principal objetivo do programa é evitar, ou seja, **prevenir que acidentes ambientais ocorram**. O foco é que não haja prejuízo à vida dos colaboradores, à propriedade privada, nem ao meio ambiente. Ou seja, o programa visa utilizar técnicas eficazes que não permitam a possibilidade de um acidente.

Para isso, o PGR é **estruturado através de requisitos necessários** que previnem possíveis acidentes ambientais. E, no caso de ocorrerem, são definidas ações para minimização dos danos a curto, médio e longo prazo. Se existe um ou mais riscos em um ambiente laboral, existe um processo a ser seguido:

- identificação de quais são os riscos;
- avaliação criteriosa dos riscos;
- adoção de medidas corretas em relação aos riscos;
- controle e monitoramento em relação aos riscos que não podem ser eliminados.

■ **Programa de Controle Médico de Saúde Ocupacional (PCMSO)**

Previsto pela **NR-7 da Portaria n. 3.214/78** do Ministério do Trabalho, o Programa de Controle Médico de Saúde Ocupacional **(PCMSO)** é parte integrante do conjunto mais amplo das iniciativas da empresa no campo da **preservação da saúde dos trabalhadores**, devendo estar articulado com o disposto pelas demais normas relativas à medicina do trabalho.

Todos os empregadores e instituições que admitam trabalhadores como empregados estão **obrigados a elaborar o PCMSO**, visando a promoção e a preservação da saúde do conjunto de seus trabalhadores.

Em caso de **terceirização**, a **empresa contratante** de mão de obra prestadora de serviços **deve informar** a **empresa contratada** sobre os **riscos existentes**, auxiliando na elaboração e implementação do **PCMSO** nos locais de trabalho onde os serviços estão sendo prestados.

O **PCMSO** deve ser planejado e implantado com base nos riscos à saúde dos trabalhadores, tendo **caráter de prevenção, rastreamento e diagnóstico precoce** dos agravos à saúde relacionados ao trabalho, inclusive de natureza subclínica, além da constatação da existência de casos de doenças profissionais ou danos irreversíveis à saúde dos trabalhadores.

Compete ao empregador:

- garantir a elaboração e efetiva implementação do PCMSO, bem como zelar pela sua eficácia;

- custear, sem ônus para o empregado, todos os procedimentos relacionados ao PCMSO;
- indicar, dentre os médicos do SESMT da empresa, um coordenador responsável pela execução do PCMSO;
- no caso de a empresa estar desobrigada de manter médico do trabalho, indicar médico do trabalho, empregado ou não da empresa, para coordenar o PCMSO;
- inexistindo médico do trabalho na localidade, contratar médico de outra especialidade para coordenar o PCMSO.

Perfil Profissiográfico Previdenciário (PPP)

Previsto pelo **art. 68 do Decreto n. 3.048/99**, o **PPP** é um documento histórico-laboral pessoal/individual do trabalhador, emitido com finalidade previdenciária, para obtenção de informações relativas aos registros ambientais resultados de monitoração biológica e dados administrativos referentes ao local de trabalho. Visa, portanto, a **identificação de riscos e da existência de agentes nocivos no ambiente de trabalho**, para orientar e subsidiar o INSS nos pedidos de reconhecimento de aposentadoria especial.

Além disso, poderá ser solicitado para **orientar programa de reabilitação profissional** e **subsidiar o reconhecimento** do nexo causal para a concessão de benefícios por **incapacidade**.

A empresa deverá **elaborar e manter atualizado** o PPP de cada empregado, abrangendo as atividades desenvolvidas pelo trabalhador e **garantir** a este, o acesso às informações nele contidas, sob pena de sanções **(art. 68, § 8.º, Decreto n. 3.048/99)**.

O PPP também é de **emissão obrigatória:**

- para as microempresas e as empresas de pequeno porte, em relação a seus empregados;
- para o Órgão Gestor de Mão de Obra (OGMO), em relação aos trabalhadores avulsos portuários, e para o sindicato, em relação aos trabalhadores avulsos não portuários;
- para as cooperativas, em relação a seus associados.

13.8. QUESTÕES

QUESTÕES DE CONCURSOS
> uqr.to/1z7el

14

TRABALHO DA CRIANÇA, DO MENOR E DA MULHER

14.1. TRABALHO DA CRIANÇA

Atualmente, **milhões de meninos e meninas trabalham em todo o mundo**.

Desse total, mais da metade está envolvida em trabalhos perigosos. Em muitos casos, essas crianças vivem em países nos quais o trabalho infantil é proibido, o que não as impede de trabalhar, devido à situação de pobreza de suas famílias, à indisponibilidade de uma educação adequada e de baixo custo, ou a normas sociais que consideram o trabalho infantil aceitável.

Além disso, o **trabalho infantil** persiste não apenas porque essas crianças oferecem seu trabalho, mas também porque **há demanda por ele** em plantações, fazendas, fábricas, empresas e residências.

No Brasil, também vivenciamos esta realidade, e a situação é realmente grave.

Poucas coisas podem ser consideradas tão degradantes quanto a exploração de menores nas carvoarias, nos canaviais, nas plantações de sisal, nos garimpos, no trabalho doméstico, que, infelizmente, podem ser citados entre tantos exemplos de exploração de trabalho infantil que se espalham por todas as regiões do País.

O problema existe **não** em razão de **ausência de dispositivos legais de proteção à criança**, mas, sim, em razão de descumprimento dessas normas e da falta de capacidade de realização de uma fiscalização realmente eficiente por parte do Poder Público.[1] É preciso também mudar a consciência social a respeito, isto porque, em muitos casos, o trabalho infantil não existe em razão de uma intenção proposital de exploração. Obedece antes a necessidades econômicas que dizem mais respeito às famílias dos menores do que a seus empregadores (embora haja exceções). E isto ocorre tanto nas áreas rurais como

---

[1] Nos julgamentos dos processos E-RR — 44-21.2013.5.06.0018 (rel. Min. Lélio Bentes Correa, *DEJT* 12.11.202) e E-RR — 24325-63.2014.5.24.0096 (rel. Min. Augusto César Leite de Carvalho, *DEJT* 03.12.2021), a Subseção I Especializada em Dissídios Individuais (SDI-1) do TST afirmou a competência da Justiça do Trabalho para julgar pedidos do Ministério Público do Trabalho (MPT) para levar municípios brasileiros a elaborar e implementar políticas públicas de combate e erradicação do trabalho infantil.

nas áreas urbanas, onde é comum que as crianças entrem cedo no mercado de trabalho, para complementar orçamentos familiares insuficientes para a subsistência.

Deve-se salientar que a **Constituição Federal, em seu art. 7.º, XXXIII**, estabelece a "proibição de trabalho noturno, perigoso ou insalubre a menores de 18 (dezoito) e de qualquer trabalho a menores de 16 (dezesseis) anos, salvo na condição de aprendiz, a partir de 14 (quatorze) anos". Portanto, o trabalho infantil é expressamente proibido pelo texto constitucional.

No âmbito da legislação ordinária, a **CLT**, no capítulo dedicado à proteção do trabalho do menor **(arts. 402 a 441)**, também se refere à limitação de idade para o trabalho, proibindo, portanto, o trabalho infantil.

É importante ressaltar ainda a **Lei n. 8.069/90 (Estatuto da Criança e do Adolescente)**, que tem um objetivo claro de proteger a criança em todos os aspectos e, nesse sentido, também estipula a proibição do trabalho infantil **(art. 60)** e prevê punições para os infratores da norma.

O Decreto n. 11.496/2023 regulamenta a composição, o funcionamento e as competências da Comissão Nacional de Erradicação do Trabalho Infantil.

Portanto, **não é por falta de normatização** que ainda nos encontramos como um dos países do mundo com alto índice de exploração de trabalho infantil.

É necessário ter presente que o menor é uma pessoa em **desenvolvimento físico, psicológico, emocional, cultural e educacional**. Em razão disso, devemos sempre lembrar que o lugar dessa "pessoa em desenvolvimento" é na escola, na família, no grupo social, e não em minas de carvão, em canaviais ou em qualquer outro local em que trabalhe.

14.2. TRABALHO DO MENOR

No **âmbito internacional**, busca-se instituir um **sistema de proteção em relação ao trabalho do menor**, sendo certo que, nesse sentido, a **Convenção n. 138** e a **Recomendação n. 146** da OIT tratam da idade mínima para a admissão em qualquer emprego, e a **Convenção n. 182** e a **Recomendação n. 190** da OIT estabelecem regras com o intuito de eliminar as piores formas de trabalho infantil.

As referidas Convenções da OIT foram **ratificadas pelo Brasil**, que também adotou as determinações das Recomendações respectivas.

O **fundamento** de todo o sistema de **proteção ao trabalho do menor** reside na "necessidade do Estado em resguardar a integridade física e psíquica do ser humano que está em fase de desenvolvimento", sendo certo que referida proteção "está balizada em motivos de ordem fisiológica; de segurança pessoal; de salubridade; de moralidade; e de cultura".[2]

Nesse sentido, o **art. 7.º, XXXIII, da Constituição Federal** estabelece que é proibido o trabalho de menores de dezesseis anos, salvo na condição de aprendiz.

---

[2] NASCIMENTO, Nilson de Oliveira. *Manual do trabalho do menor*. São Paulo: LTr, 2003. p. 69-70.

Assim, considera-se **menor**, para fins de trabalho, aquele que tenha **idade inferior a 14 anos**, sendo que o menor **entre 14 e 16 anos somente pode ser aprendiz**, uma vez que a **condição de empregado só** é admitida pelo legislador constituinte **aos maiores de 16 anos**.

Importante ressaltar que **não se aplicam** no campo do Direito do Trabalho as disposições do **parágrafo único do art. 5.º do Código Civil** que tratam da **emancipação**. Isto porque, apesar da emancipação produzir efeitos na órbita da capacidade jurídica para firmar contratos, os emancipados continuam a ser "**pessoas em desenvolvimento**", nos termos do **art. 6.º do Estatuto da Criança e do Adolescente**, merecendo toda a proteção prevista pelo ordenamento jurídico em razão desta situação. Assim, não deixam de ser aplicáveis, ao menor entre dezesseis e dezoito anos, todas as proteções previstas na legislação do trabalho, não sendo legal, portanto, que deles se exija trabalho em horário noturno ou em ambientes insalubres ou perigosos.

Nos termos do **art. 440 da CLT**, contra o trabalhador menor de 18 (dezoito) anos não corre nenhum prazo de prescrição. A contagem do prazo prescricional somente começa a fluir quando o trabalhador alcançar a maioridade, ou seja, aos 18 (dezoito) anos.

Na defesa dos interesses do menor, o **Conselho Tutelar** é órgão permanente e autônomo, não jurisdicional, encarregado pela sociedade de **zelar pelo cumprimento dos direitos da criança e do adolescente**, definidos na **Lei n. 8.069/90 (art. 131)**.

Em cada Município e em cada Região Administrativa do Distrito Federal haverá, no mínimo, 1 (um) Conselho Tutelar como órgão integrante da administração pública local, composto de 5 (cinco) membros, escolhidos pela população local para mandato de 4 (quatro) anos, permitida recondução por novos processos de escolha **(art. 132, Lei n. 8.069/90)**.

Entre as diversas **atribuições do Conselho Tutelar** previstas no **art. 136, Lei n. 8.069/90**, estão o atendimento às crianças e adolescentes e o atendimento e aconselhamento dos pais ou responsável, bem como a execução de suas próprias decisões.

Na **execução de suas decisões**, o **Conselho Tutelar pode**:

- requisitar serviços públicos nas áreas de saúde, educação, serviço social, previdência, trabalho e segurança;
- representar junto à autoridade judiciária nos casos de descumprimento injustificado de suas deliberações.

As **decisões do Conselho Tutelar** somente poderão ser **revistas pela autoridade judiciária** a pedido de quem tenha legítimo interesse **(art. 137, Lei n. 8.069/90)**.

14.2.1. Restrições ao trabalho do menor

Para a **proteção do menor que trabalha**, o ordenamento jurídico estabelece uma série de **regras e restrições** que visam preservar sua saúde e sua integridade física, bem como permitir e promover o seu desenvolvimento intelectual, psicológico e moral.

Entre todas essas regras, **destacam-se:**

■ **Proibição do trabalho insalubre, perigoso**

Com o intuito de preservar a saúde e a integridade física do menor, a Constituição Federal **proíbe o trabalho** em condições **insalubres e perigosas** aos menores de 18 (dezoito) anos **(art. 7.º, XXXIII)**.

Nesse sentido, o **art. 405, I, da CLT** prevê que ao menor de 18 (dezoito) anos não será permitido o trabalho em locais e serviços perigosos e insalubres.

■ **Proibição do trabalho penoso**

Considerando como **penoso** o **trabalho** exercido em condições que geram **mais desgaste físico** e que exigem um **esforço do trabalhador acima do normal** para ser executado, resta evidente que é proibido aos menores de 18 (dezoito) anos.

Nesse sentido, ao empregador é vedado empregar menores de 18 (dezoito) anos em serviço que demande o **emprego de força muscular** superior a 20 (vinte) quilos para o trabalho contínuo, ou 25 (vinte e cinco) quilos para o trabalho ocasional **(art. 390, CLT**, aplicável ao trabalho do menor por força da disposição contida no **art. 405, § 5.º, CLT)**.

Não está compreendida nesta restrição a remoção de material feita por impulsão ou tração de vagonetes sobre trilhos, de carros de mão ou quaisquer aparelhos mecânicos **(art. 390, parágrafo único, CLT)**.

■ **Proibição do trabalho noturno**

A Constituição Federal **proíbe o trabalho noturno** aos menores de 18 (dezoito) anos **(art. 7.º, XXXIII)**.

Considera-se trabalho noturno o **realizado:**

■ entre 22h e 5h, no âmbito urbano **(art. 73, CLT)**;

■ entre 21h e 5h e entre 20h e 4h, no âmbito rural, respectivamente para as atividades na agricultura e na pecuária **(arts. 7.º e 8.º, Lei n. 5.589/73)**.

■ **Proibição do trabalho em condições prejudiciais à formação e ao desenvolvimento físico, psíquico, moral e social**

O trabalho do menor **não pode ser desenvolvido** em locais prejudiciais à sua formação, ao seu desenvolvimento físico, psíquico, moral e social **(parágrafo único, art. 403, CLT)**.

Ao menor de 18 (dezoito) anos **não será permitido** o trabalho **(art. 405, CLT)**:

◾ em locais e serviços perigosos ou insalubres;
◾ em locais ou serviços prejudiciais à sua moralidade.

O trabalho exercido nas **ruas, praças e outros logradouros** dependerá de **prévia autorização do Juiz da Infância e da Juventude**, ao qual cabe verificar se a ocupação é indispensável à sua própria subsistência ou à de seus pais, avós ou irmãos, e dessa ocupação não poderá advir prejuízo à sua formação moral (**§ 2.º, art. 405, CLT)**.

Considera-se **prejudicial à moralidade** do menor o trabalho (§ 3.º, art. 405, CLT):

◾ prestado de qualquer modo em teatros de revista, cinemas, boates, cassinos, cabarés, *dancings* e estabelecimentos análogos;
◾ em empresas circenses, em funções de acrobata, saltimbanco, ginasta e outras semelhantes;
◾ de produção, composição, entrega ou venda de escritos, impressos, cartazes, desenhos, gravuras, pinturas, emblemas, imagens e quaisquer outros objetos que possam, a juízo da autoridade competente, prejudicar sua formação moral;
◾ consistente na venda, a varejo, de bebidas alcoólicas.

O Juiz da Infância e da Juventude[3] poderá **autorizar ao menor o trabalho** em teatros de revista, cinemas, boates, cassinos, cabarés, *dancings* e estabelecimentos análogos ou em empresas circenses, em funções de acrobata, saltimbanco, ginasta e outras semelhantes, desde que **(art. 406, CLT)**:

◾ a representação tenha fim educativo ou a peça de que participe não possa ser prejudicial à sua formação moral;
◾ certifique-se ser a ocupação do menor indispensável à sua própria subsistência ou à de seus pais, avós ou irmãos, e dessa ocupação não advenha prejuízo à sua formação moral.

Verificado pela autoridade competente **que o trabalho executado pelo menor é prejudicial** à sua saúde, ao seu desenvolvimento físico ou à sua moralidade, poderá **obrigá-lo a abandonar o serviço**, devendo a respectiva empresa, quando for o caso, proporcionar ao menor todas as facilidades para mudar de função **(art. 407, CLT)**. Quando a empresa não adotar as medidas possíveis e recomendadas pela autoridade competente para que o menor mude de função, configurar-se-á a rescisão do contrato de trabalho por **falta grave** do empregador **(parágrafo único, art. 407, CLT)**.

---

[3] ADI 5.326 — DF.

Ao **responsável legal do menor**, é facultado **pleitear a extinção do contrato de trabalho**, desde que o serviço possa acarretar para ele prejuízos de ordem física ou moral **(art. 408, CLT)**.

▣ Proibição do trabalho que impeça a frequência à escola

O trabalho do menor não pode ser realizado em horários e locais que não permitam a frequência à escola **(art. 403, parágrafo único, CLT)**.

O empregador, cuja empresa ou estabelecimento empregar menores de 18 (dezoito) anos, será obrigado a conceder-lhes o tempo que for necessário para a frequência às aulas **(art. 427, CLT)**.

▣ Limitações à duração do trabalho

As limitações à duração do trabalho do empregado menor de 18 (dezoito) anos estão previstas nos **arts. 411 a 414 da CLT**.

A **duração normal do trabalho** do empregado menor é de 8 horas diárias e 44 horas semanais (art. 411, CLT, e art. 7.º, XIII, CF), sendo-lhe assegurado, após cada período de trabalho efetivo, quer contínuo, quer dividido em 2 (dois) turnos, um **intervalo de repouso não inferior a 11 (onze) horas (art. 412, CLT)**.

Como regra, ao menor é **vedado o trabalho em horas extras**, salvo **(art. 413, CLT)**:

▪ **até mais 2 (duas) horas**, independentemente de acréscimo salarial, mediante convenção ou acordo coletivo, desde que o excesso de horas em um dia seja **compensado** pela diminuição em outro, de modo que seja observado o limite máximo de 44 horas semanais;

▪ excepcionalmente, **por motivo de força maior**, até o máximo de 12 (doze) horas, **com acréscimo salarial** de, pelo menos, 50% (cinquenta por cento) sobre a hora normal e **desde que** o **trabalho do menor** seja **imprescindível** ao funcionamento do estabelecimento.

Quando o menor de 18 (dezoito) for **empregado em mais de um estabelecimento**, as **horas de trabalho** em cada um serão **totalizadas (art. 414, CLT)**.

Por força do **art. 7.º, XV, da Constituição Federal**, os trabalhadores menores de 18 (dezoito) anos têm direito ao **repouso semanal remunerado**, na forma prevista na **Lei n. 605/49**.

Para maior segurança do trabalho e garantia da saúde dos menores, a autoridade fiscalizadora poderá **proibir**-lhes o **gozo dos períodos de repouso** intrajornada **nos locais de trabalho (art. 409, CLT)**.

▣ Proibição de diferença de salário

O **art. 7.º, IV, da Constituição Federal** garante a todos os trabalhadores, inclusive aos menores de 18 (dezoito) anos, o direito ao recebimento de um **salário mínimo**. Ao **menor aprendiz** também é assegurado o recebimento do salário mínimo **(art. 428, § 2.º, CLT)**.

Além disso, o **art. 7.º, XXX, da Constituição Federal** veda a diferença de salário por motivo de idade (não discriminação por motivo de idade).

O empregado menor de 18 (dezoito) anos **pode firmar recibo de pagamento** (semanal, mensal), **não podendo**, porém, **firmar o recibo de quitação final** do contrato de trabalho. O **recibo de quitação final** relativo à extinção do contrato de trabalho **somente terá validade** se for assinado por seu **responsável legal (art. 439, CLT)**.

■ **Proteção ao período de férias**

Nos termos do **§ 2.º do art. 136 da CLT**, o empregado estudante, menor de 18 (dezoito) anos, terá direito a fazer **coincidir suas férias com as férias escolares**.

14.2.2. Aprendizagem

A **aprendizagem** pode ser definida como o "sistema em virtude do qual o empregador se obriga, por contrato, a empregar um jovem trabalhador e a lhe ensinar ou a fazer que se lhe ensine metodicamente um ofício, durante período previamente fixado, no transcurso do qual o aprendiz se obriga a trabalhar a serviço do dito empregador".[4]

De acordo com o **art. 62 da Lei n. 8.069/90** (Estatuto da Criança e do Adolescente), "considera-se aprendizagem a formação técnico-profissional ministrada segundo as diretrizes e bases da legislação de educação em vigor".

O contrato de aprendizagem **não poderá ser estipulado por mais de 2 anos**, exceto quando se tratar de aprendiz portador de deficiência **(art. 428, § 3.º)**.

Nos termos do mesmo dispositivo legal, são **sujeitos do contrato de aprendizagem:**

■ **empregador** — empresas de qualquer natureza (o empregador deve necessariamente ser pessoa jurídica);

■ **aprendiz** — maior de 14 e menor de 24 anos inscrito em programa de aprendizagem.

A idade máxima **não se aplica** a aprendizes portadores de deficiência **(art. 428, § 5.º)**.

Como **obrigações decorrentes do contrato de aprendizagem**, referido dispositivo legal ressalta:

■ **para o empregador** — assegurar ao aprendiz formação técnico-profissional metódica, compatível com o seu desenvolvimento físico, moral e psicológico. A **formação técnico-profissional** caracteriza-se por atividades teóricas e práticas, metodicamente organizadas em tarefas de complexidade progressiva desenvolvidas no ambiente de trabalho **(art. 428, § 4.º)**;

---

[4] MAGANO, Octavio Bueno. *Manual de direito do trabalho*: direito tutelar do trabalho, p. 145.

■ **para o aprendiz** — executar com zelo e diligência as tarefas necessárias à sua formação técnico-profissional.

A **comprovação da escolaridade** de aprendiz **portador de deficiência mental** deve considerar, sobretudo, as habilidades e competências relacionadas com a profissionalização **(art. 428, § 6.º)**.

O aprendiz é **empregado regido pelo Direito do Trabalho**, sendo-lhe, portanto, aplicáveis os **direitos** assegurados pelas normas trabalhistas.

O contrato de aprendizagem será **extinto nas seguintes hipóteses (art. 433, CLT)**:

■ no término de seu prazo;
■ quando o aprendiz completar 24 anos, salvo no caso de aprendiz portador de deficiência;
■ antecipadamente, no caso de:
    ■ desempenho insuficiente ou inadaptação do aprendiz;
    ■ falta disciplinar grave;
    ■ ausência injustificada à escola que implique em perda do ano letivo;
    ■ a pedido do aprendiz.

O Estatuto da Criança e do Adolescente **(Lei n. 8.069/90)** também garante o direito à profissionalização **(art. 69)**, observados os seguintes aspectos:

■ respeito à condição peculiar de pessoa em desenvolvimento;
■ capacitação profissional adequada ao mercado de trabalho.

A profissionalização deve ser assegurada ao adolescente, conforme preceito constitucional **(art. 227, CF)**.

A formação técnico-profissional do aprendiz obedecerá aos seguintes princípios **(art. 63, Lei n. 8.069/90)**:

■ garantia de acesso e frequência obrigatória ao ensino regular;
■ atividade compatível com o desenvolvimento do adolescente;
■ horário especial para o exercício das atividades.

Para uma análise mais aprofundada sobre a aprendizagem, *vide* **item 3.1.9 (Parte II)**.

14.2.3. Trabalho educativo

O **art. 68 da Lei n. 8.069/90** prevê que o programa social que tenha por base o **trabalho educativo**, sob responsabilidade de entidade governamental ou não governamental sem fins lucrativos, deverá **assegurar** ao adolescente que dele participe **condições de capacitação** para o exercício de atividade regular remunerada.

Entende-se por **trabalho educativo** a atividade laboral em que as **exigências pedagógicas** relativas ao desenvolvimento pessoal e social do educando **prevalecem sobre o aspecto produtivo (art. 68, § 1.º, Lei n. 8.069/90)**.

A **remuneração** que o adolescente recebe pelo trabalho efetuado ou a participação na venda dos produtos de seu trabalho **não desfigura o caráter educativo (art. 68, § 1.º, Lei n. 8.069/90)**.

O **adolescente tem direito** à **profissionalização** e à **proteção no trabalho**, observados, entre outros aspectos, o respeito à condição peculiar de pessoa em desenvolvimento e a capacitação profissional adequada ao mercado de trabalho **(art. 69, Lei n. 8.069/90)**.

14.2.4. Trabalho em regime familiar

Regime de economia familiar é a atividade em que o trabalho dos membros da família é indispensável à **própria subsistência** e ao desenvolvimento socioeconômico do núcleo familiar e é **exercido em condições de mútua dependência e colaboração**, sem a utilização de empregados permanentes **(art. 11, § 1.º, Lei n. 8.213/91)**.

O **trabalho do menor em regime de economia familiar** não gera vínculo empregatício, sendo que, nos termos do parágrafo único do **art. 402 da CLT**, com exceção do quanto disposto nos **arts. 404 e 405** e das regras sobre duração do trabalho, **ao trabalho realizado pelo menor** em oficinas em que trabalhem exclusivamente pessoas de sua família e que esteja sob a direção do pai, mãe ou tutor, **não se aplicam as disposições** do capítulo da CLT que trata da **proteção ao trabalho do menor**.

Importante ressaltar, porém, que os **direitos fundamentais das crianças e dos adolescentes** previstos pela Constituição Federal e pelo Estatuto da Criança e do Adolescente **devem ser respeitados, não podendo os pais ou responsáveis**, sob pena de aplicação das sanções legais cabíveis, **impedirem o ingresso e a frequência** de seus filhos menores **à escola**, ou **exigirem trabalho** em horário **noturno** ou em condições **insalubres** ou **perigosas**.

Não há que se falar em **trabalho em regime de economia familiar** quando a **mão de obra da família** estiver sendo **arregimentada por um terceiro**, situação em que restará configurado o vínculo de emprego entre os membros da família e o tomador dos serviços, incidindo todas as regras de proteção ao trabalho do menor previstas nas normas específicas.

14.2.5. Estágio

O estágio, regulado pela **Lei n. 11.788, de 25.09.2008**, é definido como o "ato educativo escolar supervisionado, desenvolvido no ambiente de trabalho, que visa à preparação para o trabalho produtivo de educandos que estejam frequentando o ensino regular em instituições de educação superior, de educação profissional, de ensino médio, da educação especial e dos anos finais do ensino fundamental, na modalidade profissional da educação de jovens e adultos" **(art. 1.º)**.

São **objetivos do estágio:**

■ ao fazer parte do projeto pedagógico do curso, **integrar o itinerário formativo do educando (§ 1.º, art. 1.º)**;

■ ao visar o aprendizado de competências próprias da atividade profissional e a contextualização curricular, **desenvolver o educando para a vida cidadã e para o trabalho (§ 2.º, art. 1.º)**.

O estágio **classifica-se em:**

■ **estágio obrigatório** — aquele definido como tal no projeto do curso, cuja carga horária é requisito para aprovação e obtenção do diploma **(§ 1.º, art. 2.º)**;

■ **estágio não obrigatório** — aquele desenvolvido como atividade opcional, acrescida à carga horária regular e obrigatória **(§ 2.º, art. 2.º)**.

O **estágio** não poderá, em relação à mesma parte concedente, ter **duração** superior a **2 anos**, exceto quando se tratar de estagiário portador de deficiência **(art. 11)**.

Para uma análise mais aprofundada sobre o estágio, *vide* **item 2.6 (Parte II)**.

14.3. TRABALHO DA MULHER

Uma das consequências da Revolução Industrial foi o **ingresso da mulher no mercado de trabalho**. No entanto, a exploração daí decorrente, caracterizada desde o pagamento de menores salários do que aos homens, até a ausência de qualquer preocupação em relação à gestação e à maternidade, foi tão grande que levou à **formação de um sistema de proteção à mulher**, desenvolvido a partir do século XIX.

A Organização Internacional do Trabalho, desde sua criação em 1919, institui **normas de proteção especial ao trabalho da mulher**, visando dar efetividade às trabalhadoras nos ordenamentos jurídicos internos de seus Estados-membros.

Assim, várias Convenções e Recomendações da OIT adotaram regras abarcando diversos aspectos de proteção à mulher em relação, entre outros, à inserção no mercado de trabalho, à não discriminação no trabalho, à proteção à gestação e à maternidade e ao respeito às suas características físicas.

14.3.1. O princípio da não discriminação e a igualdade

A questão da igualdade entre homens e mulheres no trabalho deve ser tratada como uma **questão de direitos humanos** e como um **requisito indispensável ao regime democrático**.

Nesse sentido, a **Constituição Federal de 1988** estabelece que "todos são iguais perante a lei", sendo que "homens e mulheres são iguais em direitos e obrigações" **(art. 5.º, *caput* e I)**.

A previsão constitucional da igualdade entre homens e mulheres se aplica a diversos aspectos da relação de emprego, como, por exemplo, em relação à capacidade para trabalhar e celebrar contrato de trabalho, ao cumprimento de jornada de trabalho igual e ao recebimento do mesmo salário para trabalho de igual valor.

A mulher, como qualquer outro trabalhador, adquire **capacidade para trabalhar e para celebrar contrato de trabalho aos 18 anos**. Exatamente por isso o **art. 446 da CLT**, que tratava da autorização do marido para a mulher casada poder trabalhar, foi revogado.

Com o advento da **Constituição Federal** de 1988, a **duração normal do trabalho**, para qualquer trabalhador, é de **8 horas diárias e 44 horas semanais**, facultada a compensação de redução mediante acordo ou convenção coletiva de trabalho (art. 7.º, XIII).

Também em relação ao **salário pago para a mulher**, não pode haver qualquer discriminação. Diante do disposto no **art. 7.º, XXX, da Constituição Federal**, não se justifica diferença de salário entre o homem e a mulher.

A **Lei n. 14.611/2023** dispõe sobre a igualdade salarial e de critérios remuneratórios entre mulheres e homens para a realização de trabalho de igual valor ou no exercício da mesma função, bem como, alterando o **art. 461, da CLT**, com a inclusão dos §§ 6.º e 7.º, prevê as consequências da discrimnação salarial.

Com o advento da **Lei n. 7.855/89**, que revogou os arts. 379 e 380 da CLT, não há mais qualquer restrição para o **trabalho noturno da mulher**.

O **trabalho em condições insalubres e perigosas** também passou a ser permitido às mulheres a partir da revogação do art. 387 da CLT, pela **Lei n. 7.855/89**.

Algumas **normas internacionais** estabelecem importantes regras de proteção à mulher, em relação ao trabalho.

A **Convenção n. 100 da OIT**, ratificada pelo Brasil, disciplina o princípio da igualdade de remuneração para a mão de obra masculina e feminina, por um trabalho de igual valor.

A **Convenção n. 111 da OIT**, também ratificada pelo Brasil, proíbe a discriminação no emprego ou profissão.

Esta Convenção enumera as hipóteses em que ocorre discriminação em matéria de emprego e profissão, delimita o campo de incidência dos termos "emprego" e "profissão", estabelece as obrigações dos Estados-membros e indica hipóteses que não serão consideradas discriminatórias.

Para os fins da **Convenção n. 111 da OIT**, discriminação significa **(art. 1.º)**: "a) toda distinção, exclusão ou preferência, com base em raça, cor, sexo, religião, opinião política, nacionalidade ou origem social, que tenha por efeito anular ou reduzir a igualdade de oportunidade ou de tratamento no emprego ou profissão; b) qualquer outra distinção, exclusão ou preferência, que tenha por efeito anular ou reduzir a igualdade de oportunidades, ou tratamento no emprego ou profissão, conforme pode ser determinado pelo país-membro concernente, após consultar organizações representativas de empregadores e de trabalhadores, se as houver, e outros organismos adequados".

Segundo a Convenção, não são considerados como discriminatórios os atos de distinção, exclusão ou preferência, baseados em qualificações exigidas para um determinado emprego **(art. 1.º, item 2)**, bem como as medidas que afetem uma pessoa suspeita (a suspeita há de ser legítima) de envolvimento ou prática de atividades prejudiciais à segurança do Estado, desde que lhe seja garantido o direito de apelar para uma instância competente, segundo a prática nacional **(art. 4.º)**. Também não são consideradas discriminatórias as medidas especiais de proteção ou de assistência asseguradas em outros instrumentos normativos (Convenções e Recomendações) da OIT **(art. 5.º, item 1)**.

Com base em todas essas normas, e com o intuito de complementar o sistema de proteção a partir de uma intenção de coibir práticas discriminatórias contra a mulher, **o art. 373-A da CLT** estabelece ser **vedado ao empregador:**

- publicar ou fazer publicar anúncio de emprego no qual haja referência ao sexo, à idade, à cor ou situação familiar, salvo quando a natureza da atividade a ser exercida, pública e notoriamente, assim o exigir;
- recusar emprego, promoção ou motivar a dispensa do trabalho em razão de sexo, idade, cor, situação familiar ou estado de gravidez, salvo quando a natureza da atividade seja notória e publicamente incompatível;
- considerar o sexo, a idade, a cor ou situação familiar como variável determinante para fins de remuneração, formação profissional e oportunidades de ascensão profissional;
- exigir atestado ou exame, de qualquer natureza, para comprovação de esterilidade ou gravidez, na admissão ou permanência no emprego;
- impedir o acesso ou adotar critérios subjetivos para deferimento de inscrição ou aprovação em concursos, em empresas privadas, em razão de sexo, idade, cor, situação familiar ou estado de gravidez;
- proceder o empregador ou preposto a revistas íntimas nas empregadas ou funcionárias.

Constituem objeto ilícito de convenção coletiva ou de acordo coletivo de trabalho as disposições que contenham qualquer previsão contrária ao quanto disposto pelo art. 373-A da CLT, em especial se estabelecerem supressão ou redução dos direitos relativos à proibição de práticas discriminatórias em relação à mulher **(art. 611-B, XXX, CLT)**.

A **Lei n. 14.457/2022** instituiu o Programa Emprega + Mulheres, destinado à inserção e à manutenção de mulheres no mercado de trabalho por meio de implementação das seguintes medidas:

- **para apoio à parentalidade na primeira infância:**
    - pagamento de reembolso-creche

- manutenção ou subvenção de instituições de educação infantil pelos serviços sociais autônomos

■ para apoio à parentalidade por meio da flexibilização do regime de trabalho:
- teletrabalho
- regime de tempo parcial
- regime especial de compensação de jornada de trabalho por meio de banco de horas
- jornada de 12 horas trabalhadas por 36 horas ininterruptas de descanso, quando a atividade permitir
- antecipação de férias individuais
- horários de entrada e de saída flexíveis

■ para qualificação de mulheres, em áreas estratégicas para a ascensão profissional:
- suspensão do contrato de trabalho para fins de qualificação profissional
- estímulo à ocupação das vagas em cursos de qualificação dos serviços nacionais de aprendizagem por mulheres e priorização de mulheres hipossuficientes vítimas de violência doméstica e familiar

■ para apoio ao retorno ao trabalho das mulheres após o término da licença-maternidade:
- suspensão do contrato de trabalho de pais empregados para acompanhamento do desenvolvimento dos filhos
- flexibilização do usufruto da licença-maternidade, conforme previsto na Lei n. 11.770/2008

■ reconhecimento de boas práticas na promoção da empregabilidade das mulheres, por meio da instituição do Selo Emprega + Mulher

■ prevenção e combate ao assédio sexual e a outras formas de violência no âmbito do trabalho

■ estímulo ao microcrédito para mulheres

A **Lei n. 14.457/2022** institui o Programa Emprega + Mulher, com objetivo de reconhecer as empresas que se destaquem pela organização, pela manutenção e pelo provimento de creches e pré-escolas para atender às necessidades de suas empregadas e de seus empregados e reconhecer as boas práticas de empregadores que visem, entre outros objetivos:

- ao estímulo à contratação, à ocupação de postos de liderança e à ascensão profissional de mulheres, especialmente em áreas com baixa participação feminina, tais como ciência, tecnologia, desenvolvimento e inovação;
- à divisão igualitária das responsabilidades parentais;

- à promoção da cultura de igualdade entre mulheres e homens;
- à oferta de acordos flexíveis de trabalho;
- à concessão de licenças para mulheres e homens que permitam o cuidado e a criação de vínculos com seus filhos;
- ao efetivo apoio às empregadas de seu quadro de pessoal e das que prestem serviços no seu estabelecimento em caso de assédio, violência física ou psicológica ou qualquer violação de seus direitos no local de trabalho; e
- à implementação de programas de contratação de mulheres desempregadas em situação de violência doméstica e familiar e de acolhimento e de proteção às suas empregadas em situação de violência doméstica e familiar.

14.3.2. Proteções específicas em relação ao trabalho da mulher

O ordenamento jurídico contém diversas normas que enumeram regras de proteção específicas em relação ao trabalho da mulher, entre as quais estão as seguintes:

- **Métodos e locais de trabalho**

Toda **empresa é obrigada** a **(art. 389, CLT):**

- prover os estabelecimentos de medidas concernentes à higienização dos métodos e locais de trabalho, tais como ventilação e iluminação e outros que se fizerem necessários à segurança e ao conforto das mulheres, a critério da autoridade competente;
- instalar bebedouros, lavatórios, aparelhos sanitários; dispor de cadeiras ou bancos, em número suficiente, que permitam às mulheres trabalhar sem grande esgotamento físico;
- instalar vestiários com armários individuais privativos das mulheres, exceto os estabelecimentos comerciais, escritórios, bancos e atividades afins, em que não seja exigida a troca de roupa, e outros, a critério da autoridade competente em matéria de segurança e higiene do trabalho, admitindo-se como suficientes as gavetas ou escaninhos, onde possam as empregadas guardar seus pertences;
- fornecer, gratuitamente, a juízo da autoridade competente, os recursos de proteção individual, tais como óculos, máscaras, luvas e roupas especiais, para a defesa dos olhos, do aparelho respiratório e da pele, de acordo com a natureza do trabalho.

Os estabelecimentos em que trabalharem pelo menos 30 (trinta) mulheres com mais de 16 (dezesseis) anos de idade terão **local apropriado** onde seja permitido às empregadas **guardar sob vigilância e assistência os seus filhos no período da amamentação (§ 1.º, art. 389, CLT, e art. 5.º, Lei n. 14.457/2022)**. Essa **exigência poderá ser suprida** por meio de creches distritais mantidas, diretamente ou mediante convênios, com outras entidades públicas ou privadas, pelas próprias empresas, em regime comunitário, ou a cargo do SESI, do SESC, da LBA ou de entidades **sindicais (§ 2.º, art. 389, CLT)**, ou pela adoção do benefício de reembolso-creche, nos termos do **art. 2.º da Lei n. 14.457/2022**.

■ Emprego de força muscular

Ao empregador é vedado empregar a mulher em serviço que demande o emprego de **força muscular** superior a 20 (vinte) quilos para o trabalho contínuo, ou 25 (vinte e cinco) quilos para o trabalho ocasional. **Não está compreendida nesta proibição** a remoção de material feita por impulsão ou tração de vagonetes sobre trilhos, de carros de mão ou quaisquer aparelhos mecânicos **(art. 390, CLT)**.

■ Trabalho em horas extras

Havendo trabalho aos domingos, será organizada uma escala de revezamento quinzenal, que favoreça o repouso dominical (art. 386, CLT).

Em relação à obrigatoriedade de concessão de intervalo de 15 minutos à empregada mulher, antes de ela iniciar trabalho em horas extras, a **Lei n. 13.467/2017 (*Reforma Trabalhista*)** revogou o art. 384, CLT, não sendo, portanto, mais obrigatória a concessão desse intervalo.

■ Formação profissional

As **vagas dos cursos de formação** de mão de obra, ministrados por instituições governamentais, pelos próprios empregadores ou por qualquer órgão de ensino profissionalizante, serão **oferecidas aos empregados de ambos os sexos (art. 390-B, CLT)**.

As empresas com mais de cem empregados, de ambos os sexos, deverão manter programas especiais de incentivos e aperfeiçoamento profissional da mão de obra **(art. 390-C, CLT)**.

A Lei n. 14.457/2022 prevê medidas para qualificação de mulheres: suspensão do contrato de trabalho para qualificação profissional (art. 15) e estímulo à ocupação das vagas de gratuidade dos serviços sociais autônomos (art. 16).

■ Afastamento do trabalho como medida de proteção

A **Lei n. 11.340/2006**, conhecida como Lei Maria da Penha, criou novos dispositivos para coibir a violência doméstica e familiar contra a mulher, bem como dispôs sobre a criação de Juizados de Violência Doméstica e Familiar contra a mulher.

Observa-se, entretanto, que a abrangência do diploma em tela não se limita aos procedimentos criminais, implicando em consideráveis repercussões e acréscimos em diversos campos do Direito. Dentre as várias medidas previstas no referido diploma, merece destaque a previsão inserta em seu **art. 9.º, § 2.º, II**, que prevê que "o juiz assegurará à mulher em situação de violência doméstica e familiar, para preservar sua integridade física e psicológica", a **manutenção do vínculo trabalhista, quando necessário o afastamento do local de trabalho, por até seis meses.**

14.3.3. Proteção à gravidez e à maternidade

Não constitui justo motivo para a **rescisão do contrato de trabalho** da mulher o fato de haver contraído matrimônio ou de encontrar-se em estado de gravidez, não sendo permitidos em regulamentos de qualquer natureza ou em contratos de trabalho restrições ao direito da mulher ao seu emprego, por motivo de casamento ou de gravidez **(art. 391, CLT)**.

A Constituição Federal **(art. 7.º, XVIII)** confere à mulher gestante o direito a **licença-maternidade** de 120 dias, sem prejuízo do emprego e do salário. **O art. 71-A da Lei n. 8.213/93** garante que à **segurada da Previdência Social que adotar ou obtiver guarda judicial para fins de adoção** de criança é devido salário-maternidade pelo período de cento e vinte dias.

A **Lei n. 11.770/2008** ampliou a **licença-maternidade de 120 para 180 dias**, beneficiando primeiro o funcionalismo público federal (Programa Empresa Cidadã).[5]

No caso da iniciativa privada, a medida começou a valer efetivamente apenas a partir de janeiro de 2010, prevendo **incentivo fiscal** para as empresas que **aderirem à prorrogação** da licença-maternidade de 120 para 180 dias.

Segundo a Lei, **durante a prorrogação da licença-maternidade** a empregada terá **direito à remuneração integral**. Os dois meses adicionais de licença serão concedidos imediatamente após o período de 120 dias previsto na Constituição.

No período de prorrogação da licença, a empregada **não poderá exercer qualquer atividade remunerada** e a criança deverá ser mantida sob seus cuidados, não podendo ser mantida em creche ou organização similar, já que tais situações estariam contra o objetivo do programa.

Entre as medidas protetivas às crianças com Síndrome Congênita do Zika Vírus nascidas até 31.12.2019, a **Lei n. 13.985, de 7 de abril de 2020**, assegura às mães licença-maternidade de 180 dias, com pagamento de salário-maternidade pelo mesmo período **(art. 5.º)**.

À empregada que adotar ou obtiver guarda judicial para fins de adoção de criança, será concedida licença-maternidade, mediante apresentação do termo judicial de guarda à adotante ou guardiã **(art. 392-A, CLT)**. Nos termos da Lei n. 11.770/2008, a prorrogação da licença-maternidade será garantida, na mesma proporção, à empregada que adotar ou obtiver guarda judicial para fins de adoção de criança. A adoção ou guarda judicial conjunta ensejará a concessão de licença-maternidade a apenas um dos adotantes ou guardiães empregado ou empregada **(art. 392-A, § 5.º, CLT)**.

Os prazos da licença adotante não podem ser inferiores aos prazos da licença gestante, o mesmo valendo para as respectivas prorrogações. Em relação à licença adotante, não é possível fixar prazos diversos em função da idade da criança (**Tese 782 de Repercussão Geral**).

---

[5] Regulamentada pelo Decreto n. 10.854/2021.

Em caso de **parto antecipado**, a mulher terá direito aos 120 (cento e vinte) dias de licença-maternidade **(§ 3.º, art. 392, CLT)**.

A empregada que tiver **mais de um emprego** concomitantes terá direito à **licença-maternidade** e correspondente tratamento econômico relativos a cada emprego **(art. 98, Decreto n. 3.048/99)**.

O **salário-maternidade** é pago pela **Previdência Social (art. 93, Decreto n. 3.048/99)**.

Para a **segurada empregada**, o salário-maternidade consiste em uma renda mensal igual à sua remuneração integral e será pago pela empresa, efetivando-se a compensação quando do recolhimento das contribuições incidentes sobre a folha de salários e demais rendimentos pagos ou creditados, a qualquer título, à pessoa física que lhe preste serviço **(art. 94, Decreto n. 3.048/99)**.

O salário-maternidade da **segurada trabalhadora avulsa**, pago diretamente pela previdência social, consiste em renda mensal igual à sua remuneração integral equivalente a um mês de trabalho **(art. 100, Decreto n. 3.048/99)**.

O **art. 10, II, *b*, do Ato das Disposições Constitucionais Transitórias** garante à gestante estabilidade no emprego desde a confirmação da gravidez até cinco meses após o parto.

Neste período, a empregada **não pode ser dispensada**, exceto se cometer falta grave caracterizada de justa causa. Havendo dispensa imotivada nesse período, o TST fixou jurisprudência **(Súmula 244, TST)** segundo a qual "a garantia de emprego à gestante só autoriza a reintegração se esta se der durante o período de estabilidade. Do contrário, a garantia restringe-se aos salários e demais direitos correspondentes ao período de estabilidade".

De acordo com a **Súmula 244 do TST**, "o desconhecimento do estado gravídico pelo empregador não afasta o direito ao pagamento da indenização decorrente da estabilidade". Referida súmula garante, ainda, a estabilidade provisória no emprego na hipótese de admissão mediante contrato por prazo determinado, inclusive contrato de experiência (item III).

Em caso de falecimento da trabalhadora gestante e sobrevivência do seu filho, é assegurada a estabilidade provisória no emprego a quem detiver a guarda da criança **(Lei Complementar n. 146/2014)**.

Há diversas outras normas de proteção à maternidade, como, por exemplo:

- direito de mudar de função **(art. 392, § 4.º, CLT)**;
- de rescindir o contrato se prejudicial à gestação;
- de afastamento da empregada gestante, enquanto durar a gestação, de atividades insalubres **(art. 394-A, CLT)**;[6]

---

[6] ADI 5938 — DF.

- de dois intervalos especiais de meia hora cada um para amamentação até que o filho complete seis meses **(art. 396, CLT)**;
- de contar com creche no estabelecimento desde que nele trabalhem mais de 30 mulheres com mais de 16 anos **(art. 389, CLT)**;
- no caso de aborto não criminoso, o direito de licença de duas semanas **(art. 395, CLT)**.

Considera-se como falta justificada ao serviço **(art. 473, X e XI, CLT)**:

- pelo tempo necessário para acompanhar sua esposa ou companheira em até 6 (seis) consultas médicas, ou em exames complementares, durante o período de gravidez;
- por 1 (um) dia por ano para acompanhar filho de até 6 (seis) anos em consulta médica.

Quanto à proteção da mulher que trabalha em condições insalubres, durante o período da gestação e da lactação, *vide* **item 13.3 (Parte II)**.

A **Lei n. 14.020, de 6 de julho de 2020**, que instituiu o **Programa Emergencial de Manutenção do Emprego e da Renda** em razão do estado de calamidade pública e da emergência de saúde pública de importância internacional decorrente do coronavírus, assegurou à empregada gestante, inclusive a doméstica, e também a segurado ou segurada da Previdência Social que adotar ou obtiver guarda judicial para fins de adoção a participação no Programa Emergencial. No entanto, ocorrido o evento caracterizador do início do benefício de salário-maternidade, é dever do empregador efetuar a imediata comunicação ao Ministério da Economia, sendo cessadas as medidas previstas no Programa que estejam sendo aplicadas no momento **(art. 22)**.

A **Lei n. 14.151/2021** dispõe sobre o afastamento da empregada gestante das atividades de trabalho presencial durante a emergência de saúde pública de importância internacional decorrente do coronavírus, sem prejuízo de sua remuneração. A empregada afastada ficará à disposição para exercer as atividades em seu domicílio, por meio de teletrabalho, trabalho remoto ou outra forma de trabalho a distância.

A Lei n. 14.457/2022 estabeleceu medidas de apoio ao retorno ao trabalho após o término da licença-maternidade: suspensão do contrato de trabalho de pais empregados para acompanhamento do desenvolvimento dos filhos; e flexibilização do usufruto da prorrogação da licença-maternidade, conforme prevista na Lei n. 11.770/2008.

A mãe servidora ou trabalhadora não gestante em união homoafetiva tem direito ao gozo de licença-maternidade. Caso a companheira tenha utilizado o benefício, fará jus à licença pelo período equivalente ao da licença-paternidade (**Tese 1.072 de Repercussão Geral**).

14.4. QUESTÕES

15

DISCRIMINAÇÃO NO TRABALHO

A promoção da **igualdade de oportunidades** e a **eliminação de todas as formas de discriminação** são alguns dos elementos fundamentais da Declaração dos Direitos e Princípios Fundamentais do Trabalho, de 1998, e da Agenda do Trabalho Decente da OIT.

Uma condição para que o crescimento econômico dos países se traduza em menos pobreza e mais bem-estar e justiça social é **melhorar a situação relativa aos grupos discriminados da sociedade e aumentar sua possibilidade e acesso a empregos capazes de garantir uma vida digna** para si próprios e suas famílias. A pobreza está diretamente relacionada aos níveis e padrões de emprego, assim como às desigualdades e à discriminação existentes na sociedade.

Além disso, as **diferentes formas de discriminação** estão fortemente associadas aos fenômenos de exclusão social que dão origem à desigualdade em todos os seus matizes e à pobreza, além de serem responsáveis pelos diversos tipos de vulnerabilidade e pela criação de barreiras adicionais para que as pessoas e grupos discriminados superem a situação em que se encontram.

Gênero, raça, cor, condição física, convicções religiosas e políticas, opção sexual, entre outros, são fatores muito importantes para determinar as diferentes **possibilidades dos indivíduos de terem acesso a um emprego** e as suas **condições de trabalho**: remunerações, benefícios e possibilidades de proteção social.

Desse modo, a **discriminação no trabalho**, em qualquer de suas formas, condiciona a maneira pela qual os indivíduos e as famílias vivenciam a situação de desigualdade e de pobreza e conseguem ou não superá-la.

Como salienta Alice Monteiro de Barros, "a ideia de pessoa é incompatível com a desigualdade entre elas", sendo que "a não discriminação é, provavelmente, a mais expressiva manifestação do princípio da igualdade, cujo reconhecimento, como valor constitucional, inspira o ordenamento jurídico brasileiro no seu conjunto".[1]

---

[1] BARROS, Alice Monteiro de. *Curso de direito do trabalho*, p. 1127-1128.

Através do **Decreto n. 10.932/2022** o Brasil promulgou a Convenção Interamericana contra o Racismo, a Discriminação Racial e Formas Correlatas de Intolerância. Entre os artigos da Convenção está o que diz que os países que assinaram o texto devem se comprometer "a formular e implementar políticas cujo propósito seja proporcionar tratamento equitativo e gerar igualdade de oportunidades para todas as pessoas". O texto fala expressamente nas "políticas de caráter educacional, medidas trabalhistas ou sociais, ou qualquer outro tipo de política promocional".

15.1. PROTEÇÃO CONSTITUCIONAL

A **proteção constitucional** em face da discriminação emana de **diversos dispositivos da Constituição Federal**.

O capítulo dos direitos individuais é iniciado com a adoção expressa do **princípio da igualdade**, enunciado pela previsão de que "todos são iguais perante a lei, sem distinção de qualquer natureza" **(art. 5.º, *caput*, CF)**.

O texto constitucional "reforça o princípio com muitas outras normas sobre igualdade, ou buscando a igualização dos desiguais pela outorga de direitos sociais substanciais".[2] Algumas das previsões preveem a **igualdade** no seu **sentido jurídico-formal**, outras explicitam regras de **igualdade material**.

Logo em seu Preâmbulo, a Constituição Federal alude à **igualdade como valor supremo** de uma **sociedade** fraterna, pluralista e **sem preconceitos**, fundada na harmonia social. Além disso, encontramos previsões sobre a não discriminação nos seguintes dispositivos constitucionais:

- **art. 5.º, I** — declara que "homens e mulheres são iguais em direitos e obrigações";
- **art. 7.º, XXX** — proíbe qualquer "diferença de salários, de exercício de funções e de critério de admissão por motivo de sexo, idade, cor, ou estado civil";
- **art. 7.º, XXXI** — proíbe qualquer "discriminação no tocante a salário e critérios de admissão do trabalhador portador de deficiência";
- **art. 7.º, XXXII** — proíbe distinções "entre trabalho manual, técnico e intelectual ou entre os profissionais respectivos";
- **art. 3.º, III** — prevê entre os objetivos fundamentais da República a redução das "desigualdades sociais e regionais";
- **art. 3.º, IV** — repele qualquer forma de discriminação prevendo que entre os objetivos fundamentais da República está o de "promover o bem de todos, sem preconceitos de origem, raça, sexo, cor, idade e quaisquer outras formas de discriminação";
- **arts. 170, 193, 196 e 205** — estabelecem a universalidade da seguridade social, a garantia do direito à saúde, da educação baseada em princípios democráticos e de igualdade de condições para o acesso e a permanência na escola.

---

[2] SILVA, José Afonso. *Comentário contextual à Constituição*. 4. ed. São Paulo: Malheiros, 2007. p. 70.

Assim, pode-se afirmar que o texto constitucional contém um conjunto de regras que "constituem reais promessas de busca da igualdade material".[3]

15.2. NORMAS INTERNACIONAIS

A **preocupação internacional com todas as formas de discriminação** é refletida nos textos de diversas **normas internacionais**, dentre as quais se destacam:

◼ **Convenções da Organização das Nações Unidas (ONU) sobre discriminação**
  ◼ Declaração Universal dos Direitos do Homem, de 1948.
  ◼ Convenção Internacional sobre a Eliminação de Todas as Formas de Discriminação Racial, de 1965.
  ◼ Convenção sobre a Eliminação de Todas as Formas de Discriminação contra a Mulher, de 1979.

◼ **Convenções da Organização dos Estados Americanos (OEA) sobre discriminação**
  ◼ Convenção Americana sobre Direitos Humanos.
  ◼ Convenção Interamericana para Prevenir, Punir e Erradicar a Violência contra a Mulher, de 1994.
  ◼ Convenção Interamericana para a Eliminação de Todas as Formas de Discriminação contra as Pessoas Portadoras de Deficiência, de 2001 — esclarece que não constituirá discriminação a diferenciação ou preferência adotada para promover a integração social ou o desenvolvimento pessoal das pessoas com deficiência, desde que a diferenciação ou preferência não limite em si mesma o direito à igualdade dessas pessoas, e que elas não sejam obrigadas a aceitar tal diferenciação ou preferência.

◼ **Convenções da Organização Internacional do Trabalho (OIT) sobre discriminação**
  ◼ Convenção **n. 100** sobre Salário Igual para Trabalho de Igual Valor entre o Homem e a Mulher, de 1951.
  ◼ Convenção **n. 111** sobre Discriminação em Matéria de Emprego e Ocupação, de 1959 — indica a possibilidade de o Estado-membro aplicar uma política nacional que tenha por fim promover a igualdade de oportunidades e de tratamento em matéria de emprego e profissão, com o objetivo de eliminar toda discriminação. A adoção de reserva de cargos em empresas com cem ou mais empregados para trabalhadores com deficiência e beneficiários reabilitados é exemplo de aplicação do princípio da igualdade de oportunidades.

---

[3] SILVA, José Afonso. *Comentário contextual à Constituição*, p. 70.

■ Convenção **n. 159** sobre Reabilitação Profissional e Emprego de Pessoas Deficientes, de 1983.

■ Declaração da OIT sobre **Princípios e Direitos Fundamentais no Trabalho**, de 1998, segundo a qual **são direitos fundamentais do trabalhador:**

a) a liberdade sindical e o reconhecimento efetivo do direito de negociação coletiva;

b) a eliminação de todas as formas de trabalho forçado ou obrigatório;

c) a abolição efetiva do trabalho infantil;

d) a eliminação da discriminação em matéria de emprego e ocupação.

O **Brasil ratificou todas essas Convenções da OIT** sobre discriminação no trabalho e, como Estado-membro da Organização, tem o **compromisso de adotar no âmbito interno as medidas necessárias para efetivação das normas e princípios** delas decorrentes.

A **Convenção n. 111 da OIT** fixa alguns parâmetros que facilitam o trato das questões jurídicas envolvendo o problema da discriminação no trabalho, ou, em outras palavras, da ausência de igualdade no trabalho.

Referida Convenção **enumera as hipóteses em que ocorre discriminação** em matéria de emprego e profissão, delimita o campo de incidência dos termos "emprego" e "profissão", estabelece as obrigações dos Estados-membros, enumera hipóteses que não serão consideradas discriminatórias e fixa as regras de sua ratificação, vigência e denúncia.

Para os fins da **Convenção n. 111 da OIT, discriminação** significa **(art. 1.º):**

a) toda distinção, exclusão ou preferência, com base em raça, cor, sexo, religião, opinião política, nacionalidade ou origem social, que tenha por efeito anular ou reduzir a igualdade de oportunidade ou de tratamento no emprego ou profissão;

b) qualquer outra distinção, exclusão ou preferência, que tenha por efeito anular ou reduzir a igualdade de oportunidades, ou tratamento no emprego ou profissão, conforme pode ser determinado pelo país-membro concernente, após consultar organizações representativas de empregadores e de trabalhadores, se as houver, e outros organismos adequados.

Em contrapartida, a **Convenção n. 111** prevê que **não são considerados** como **discriminatórios:**

a) os atos de distinção, exclusão ou preferência, baseados em qualificações exigidas para um determinado emprego **(art. 1.º, item 2);**

b) as medidas que afetem uma pessoa suspeita (a suspeita há de ser legítima) de envolvimento ou prática de atividades prejudiciais à segurança do Estado, desde que lhe seja garantido o direito de apelar para uma instância competente, segundo a prática nacional **(art. 4.º);**

c) as medidas especiais de proteção ou de assistência asseguradas em outros instrumentos normativos (Convenções e Recomendações) da OIT **(art. 5.º, item 1)**.

A Convenção faculta, ainda, aos Estados-membros, mediante consulta aos órgãos de representação de trabalhadores e empregadores, se houver, a **definição de outras medidas especiais destinadas ao atendimento das necessidades particulares de pessoas que precisem de proteção ou assistência especial**, em razão do sexo, idade, invalidez, encargos de família ou nível social ou cultural, sem que tais medidas especiais sejam consideradas discriminatórias **(art. 5.º, item 2)**.

15.3. ESPÉCIES DE DISCRIMINAÇÃO NO TRABALHO

A análise das diversas espécies de discriminação inicia-se com a **distinção** que deve ser feita **entre preconceito e discriminação**.

Etimologicamente, *preconceito* significa conceito ou opinião formados antecipadamente, ideia preconcebida, intolerância, ódio irracional ou aversão a outras raças, convicções, religiões etc. *Discriminação* significa distinguir, diferenciar, segregar, dar preferência.

Preconceito é uma **concepção interior**. **Discriminação** é a **exteriorização do preconceito**, sendo, por essa razão, **objeto de tratamento pela ordem jurídica**.

Importante ressaltar que **nem toda distinção, exclusão ou preferência pode ser considerada como conduta discriminatória**. O ordenamento reconhece que **não constitui discriminação o tratamento desigual que tenha um fundamento juridicamente aceito**, como, por exemplo, no caso do trabalho, a distinção feita entre homens e mulheres em relação aos empregos que demandam uso da força muscular. O **princípio da igualdade**, fundamento da não discriminação, assegura **tratamento igual àqueles que têm a mesma condição**, permitindo que se estabeleçam **critérios de proteção distintos àqueles que têm condição desigual entre si**.

A discriminação pode ser praticada pelo Estado ou pelos particulares e, não raro, antecede a própria relação de emprego, pois atinge certos grupos, classes ou categorias de pessoas, cujo acesso aos postos de trabalho em geral ou a postos de trabalho específicos é obstado ou dificultado pelos mais variados motivos, tais como raça, cor, idade, sexo, religião, ideologia política etc.

Assim, **diversas** são as **espécies de discriminação** encontradas **na relação de emprego**, sendo que podem ocorrer:

■ **no ato da contratação** — no momento da formação da relação de emprego, poderá o empregador praticar ato discriminatório, por exemplo, publicando anúncios de emprego com exigências discriminatórias ou a exigência, para a contratação de mulheres, de entrega de atestado de esterilização ou que comprove que não está grávida;

■ **no curso do contrato de trabalho** — durante a vigência do pacto laboral, a discriminação poderá ser caracterizada por pagamentos de salários menores e a adoção de restrições e até de medidas que impeçam a promoção em relação a determinados empregados, com fundamento em critérios discriminatórios. Pode-se verificar, ainda, por tratamento extremamente rigoroso em relação a determinados empregados, adoção de condutas humilhantes ou exposição a situações constrangedoras no ambiente de trabalho, também com base unicamente em critérios discriminatórios.

O empregador deve usar os seus poderes diretivo, hierárquico e disciplinar para garantir um meio ambiente de trabalho sadio, que preserve a saúde física e mental, a dignidade e a integridade moral do trabalhador. A discriminação no ambiente de trabalho, portanto, não pode ser admitida;

■ **no momento da dissolução do ajuste laboral** — a dispensa do empregado não tem qualquer motivação relacionada com o serviço executado por ele ou com problemas financeiros da empresa, mas, ao contrário, funda-se apenas em critérios discriminatórios, como, por exemplo, no caso de **dispensa da empregada pelo fato de ter ficado grávida**.

Muito embora já exista uma preocupação com a inibição dessas práticas por diversos meios de tutela, especificamente no campo da discriminação ressalta em importância no meio jurídico a criação de um **sistema normativo protetivo**, que a partir da base constitucional concretiza-se principalmente no texto da **Lei n. 9.029/95**, que proibiu a "adoção de qualquer prática discriminatória e limitativa para efeito de acesso a relação de emprego, ou sua manutenção, por motivo de sexo, origem, raça, cor, estado civil, situação familiar, deficiência, reabilitação profissional, idade, entre outros, ressalvadas, neste caso, as hipóteses de proteção à criança e ao adolescente previstas no **inciso XXXIII do art. 7.º da Constituição Federal**" (art. 1.º) e, ainda, o "rompimento da relação de trabalho por ato discriminatório", facultando ao empregado, neste caso, a possibilidade de reintegração com ressarcimento integral de todo o período de afastamento, mediante pagamento das remunerações devidas, corrigidas monetariamente e acrescidas de juros legais, ou indenização dobrada (**art. 4.º**).

No campo específico da discriminação contra a mulher, a **Lei n. 9.029/95** foi um marco significativo, à medida que passou a prever a punição criminal da exigência de atestado de gravidez e esterilização e outras práticas discriminatórias e limitativas do acesso e permanência da mulher no emprego (**art. 2.º**).

Outro diploma normativo de grande importância em matéria de discriminação no trabalho foi a **Lei n. 9.799/99**, que inseriu na **CLT o art. 373-A**, estabelecendo ser **vedado ao empregador:**

■ publicar ou fazer publicar anúncio de emprego no qual haja referência ao sexo, à idade, à cor ou situação familiar, salvo quando a natureza da atividade a ser exercida, pública e notoriamente, assim o exigir;

▣ recusar emprego, promoção ou motivar a dispensa do trabalho em razão de sexo, idade, cor, situação familiar ou estado de gravidez, salvo quando a natureza da atividade seja notória e publicamente incompatível;

▣ considerar o sexo, a idade, a cor ou situação familiar como variável determinante para fins de remuneração, formação profissional e oportunidades de ascensão profissional;

▣ exigir atestado ou exame, de qualquer natureza, para comprovação de esterilidade ou gravidez, na admissão ou permanência no emprego;

▣ impedir o acesso ou adotar critérios subjetivos para deferimento de inscrição ou aprovação em concursos, em empresas privadas, em razão de sexo, idade, cor, situação familiar ou estado de gravidez;

▣ proceder o empregador ou preposto a revistas íntimas nas empregadas ou funcionárias.

Constituem objeto ilícito de convenção coletiva ou de acordo coletivo de trabalho as disposições que contenham qualquer previsão contrária ao quanto disposto pelo art. 373-A da CLT, em especial se estabelecerem supressão ou redução dos direitos relativos à proibição de práticas discriminatórias **(art. 611-B, XXX, CLT)**.

A Lei n. 14.611, de 03.07.2023, dispõe sobre igualdade salarial e de critérios remuneratórios entre mulheres e homens, vedando a discriminação e prevendo sanções caso haja discriminação.

As **práticas discriminatórias** nem sempre se manifestam de forma clara e direta, mas sutil e indireta, quando, sob a aparência de neutralidade, nada mais fazem que criar desigualdades em relação a certos grupos de pessoas com as mesmas características.

São exemplos as situações em que o acesso a um determinado emprego aparentemente está aberto a todos, indistintamente, mas o critério de seleção adotado, da "boa aparência", tem impacto negativo sobre certos grupos de pessoas que na realidade se pretendia excluir.

Neste contexto, a discriminação nas relações de trabalho pode ser:

▣ **direta** — pela adoção de disposições gerais que estabelecem distinções baseadas em critérios proibidos pela lei;

▣ **indireta** — relacionada com situações, regulamentações ou práticas aparentemente neutras, mas que, na realidade, criam desigualdades em relação a pessoas que têm as mesmas características.

15.3.1. Hipóteses de discriminação no trabalho

Diversas são as hipóteses de discriminação que são verificadas nas relações de emprego. No entanto, algumas delas são mais comuns e, exatamente por isso, mereceram tratamento legal ou jurisprudencial mais específico, além de serem objeto de maior discussão no âmbito doutrinário.

■ **Trabalhador negro:** insere-se entre os princípios constitucionais que regem as relações internacionais da República Federativa do Brasil o repúdio ao racismo **(art. 4.º, VIII, CF)**.

Através do **Decreto n. 10.932/2022** o Brasil promulgou a Convenção Interamericana contra o Racismo, a Discriminação Racial e Formas Correlatas de Intolerância.

Pratica ato discriminatório o empregador que adota como prática genérica a não admissão de negros, ou que durante a relação de trabalho deixa de reconhecer ao trabalhador negro a qualificação profissional para eventual promoção ou aumento de salário, ou, ainda, simplesmente o demite.

A prática do racismo constitui crime inafiançável e imprescritível, sujeito à pena de reclusão, nos termos da lei **(art. 5.º, XLII, CF)**.

Destaque-se que STF julgou a constitucionalidade e a compatibilidade das ações afirmativas de reserva de vagas para pessoas negras com o princípio da igualdade, previsto nos arts. 5.º, *caput* e 7.º, XXX, da Constituição da República (ADPF 186 e ADC 41).[4]

■ **Trabalhador indígena:** a discriminação em relação ao trabalhador indígena se verifica sempre que o empregador, em razão da cultura e da prática da vida comunitária que os índios adotam, paga-lhes salários menores e não permite o acesso deles a uma profissionalização, impedindo que ocupem funções hierarquicamente mais elevadas.

■ **Trabalhador portador do vírus HIV:** o fato de o trabalhador ser infectado pelo vírus da imunodeficiência (HIV) ou pela síndrome da imunodeficiência adquirida (doente de AIDS) é comumente utilizado pelo empregador como motivo para o rompimento da relação de emprego, mesmo estando o infectado habilitado, sob o ponto de vista médico, a desempenhar suas funções.

Além disso, ocorre de empresas exigirem exames que comprovem que o candidato ao emprego não é portador da doença, ou para o levantamento de possíveis empregados infectados.

---

[4] Muito debatido foi o Programa de Trainee divulgado em 2020 pelo Magazine Luiza, com vagas exclusivas para pessoas negras. Analisando as diversas denúncias recebidas em razão dessa divulgação, o MPT concluiu que não se trata de violação trabalhista, mas de uma ação afirmativa de reparação histórica. No indeferimento das denúncias, o MPT afirmou que a política da empresa é legítima, que não existe ato ilícito no processo de seleção e que a reserva de vagas à população negra é plenamente válida e configura ação afirmativa, além de "elemento de reparação histórica da exclusão da população negra do mercado de trabalho digno".

Em relação à dispensa do empregado portador do vírus HIV, ela é presumida como sendo discriminatória. Se o empregador não provar que não houve discriminação e que outro foi o motivo da dispensa, a presunção de discriminação prevalecerá e o empregado terá direito à reintegração no emprego. O TST adotou o mesmo entendimento para empregados portadores de quaisquer outras doenças que suscitem estigma ou preconceito.

> **SÚMULA 443, TST:** "Presume-se discriminatória a despedida de empregado portador do vírus HIV ou de outra doença grave que suscite estigma ou preconceito. Inválido o ato, o empregado tem direito à reintegração no emprego".

Nesse sentido, e com o intuito de coibir as práticas discriminatórias em relação aos portadores do vírus HIV, foi promulgada a **Lei n. 12.984/2014**, que **define como crime** diversas condutas, entre as quais: negar emprego ou trabalho, exonerar ou demitir de seu cargo ou emprego, segregar no ambiente de trabalho e divulgar a condição do portador do vírus HIV ou de doente de AIDS, com intuito de ofender-lhe a dignidade.

■ **Trabalhador com deficiência:** há uma grande resistência dos empregadores em relação à contratação de trabalhadores com deficiência, o que caracteriza inegável discriminação.

Por sua peculiaridade e pelo tratamento legal dispensado aos trabalhadores com deficiência, a questão será tratada de forma mais detalhada no item 15.4 *infra*.

■ **Trabalhador idoso:** a **Lei n. 10.741/2003 (Estatuto do Idoso)** caracteriza-se como um importante instrumento contra a discriminação dos idosos, prevendo expressamente que nenhum idoso será objeto de qualquer tipo de discriminação **(art. 4.º)**.

No tocante à inserção dos idosos no mercado de trabalho, a Lei estabelece o direito deles ao exercício de atividade profissional, respeitadas suas condições físicas, intelectuais e psíquicas **(art. 26)**.

Na admissão do idoso em qualquer trabalho ou emprego, é vedada a discriminação e a fixação de limite máximo de idade, inclusive para concursos, ressalvados os casos em que a natureza do cargo o exigir **(art. 27)**.

Em relação aos concursos públicos, o primeiro critério de desempate será a idade, dando-se preferência ao de idade mais elevada **(art. 27, parágrafo único)**.

A **Lei n. 10.741/2003** impõe ao Poder Público a criação e o estímulo a programas de **(art. 28):**

■ profissionalização especializada para os idosos, aproveitando seus potenciais e habilidades para atividades regulares e remuneradas;
■ preparação dos trabalhadores para a aposentadoria, com antecedência mínima de 1 (um) ano, por meio de estímulo a novos projetos sociais, conforme seus interesses, e de esclarecimento sobre os direitos sociais e de cidadania;
■ estímulo às empresas privadas para admissão de idosos ao trabalho.

"AGRAVO INTERNO. RECURSO DE REVISTA. ACÓRDÃO REGIONAL PUBLICADO NA VIGÊNCIA DA LEI N. 13.467/2017. DISPENSA DISCRIMINATÓRIA. EMPREGADOS APOSENTADOS. TRANSCENDÊNCIA RECONHECIDA. PRECEDENTES SDI-I. ÓBICE DE NATUREZA PROCESSUAL. SÚMULA 126 TST. MANTIDA DECISÃO UNIPESSOAL. I. Não merece reparos a decisão unipessoal em relação ao tema 'dispensa discriminatória/empregados aposentados', na qual foi reconhecida a transcendência do tema e dado provimento ao recurso de revista, pois há precedente julgado pela SDI-I no tema e óbice processual contido no enunciado da Súmula 126 do TST a inviabilizar a intelecção da matéria, tal como posta, deduzida ou apresentada no agravo interno. II. No acórdão regional foi negado provimento ao recurso do reclamante, mantendo-se a sentença que julgou improcedente o pedido de pagamento, em dobro, da remuneração referente ao período de afastamento, na forma do art. 4.º, II, da Lei n. 9.029/95, em razão de dispensa discriminatória. O reclamante interpôs embargos de declaração e em seguida recurso de revista contra o acórdão regional, o qual foi admitido pelo despacho de admissibilidade. Em sede de decisão unipessoal, o recurso de revista do reclamante teve a transcendência política reconhecida e foi conhecido por violação ao art. 1.º da Lei n. 9.029/95, e, no mérito, lhe foi dado provimento para reconhecer a dispensa discriminatória por idade, determinando o retorno dos autos à vara de origem, para que prossiga no exame dos pedidos constantes na petição inicial. III. A reclamada interpôs agravo interno, requerendo a reforma da decisão, alegando que a dispensa não foi discriminatória, mas se deu em razão da necessidade de ajustar o equilíbrio financeiro da empresa, e que, como a dispensa foi realizada por acordo coletivo, a decisão unipessoal contrariou entendimento do Tema 1046 da repercussão geral julgada pelo STF. IV. Quanto à alegação de necessidade de ajuste financeiro, encontra-se sedimentado nesta Corte Superior, conforme consta na decisão unipessoal, que tal argumento não é suficiente para afastar o reconhecimento de dispensa discriminatória em razão da idade perpetrada pela reclamada. V. No que diz respeito à afirmação de que a dispensa foi realizada por acordo coletivo e, por isso, a decisão unipessoal que deu provimento ao recurso de revista teria contrariado o entendimento do Tema 1.046 da repercussão geral julgada pelo STF, não há como ser analisada, pois há óbice previsto na Súmula 126 do TST. No acórdão que negou provimento ao recurso ordinário do reclamante não consta qualquer informação sobre acordo coletivo estabelecido pela reclamada para promover a dispensa coletiva de empregados aposentados, ao contrário, consta que o reclamante aduz que 'a demissão coletiva praticada pela ré está eivada de nulidade, eis que: [...] II) não foi objeto de efetiva negociação coletiva' (fl. 1.983 — visualização todos os PDFs). Portanto, para rever a decisão unipessoal quanto ao argumento da reclamada seria necessário o reexame de fatos e provas, o que inviabiliza a intelecção da matéria, tal como posta, deduzida ou apresentada no agravo interno, conforme previsto na Súmula 126 do TST, uma vez que é vedado nesta Instância Superior o reexame de fatos e provas. VI. Agravo interno de que se conhece e a que se nega provimento" (Ag-RR-20547-69.2017.5.04.0021, 7.ª T., rel. Min. Evandro Pereira Valadão Lopes, *DEJT* 23.08.2024).

■ **Trabalho da mulher:** como esclarece Alice Monteiro de Barros, "a discriminação contra a mulher possui vinculação com conceitos relativos à vida familiar e social. São fruto de uma inferioridade presumida, advinda, muitas vezes, de mitos e crenças, como também de outras considerações arbitrárias".[5]

A discriminação contra a mulher caracteriza-se, geralmente, pela diferença de remuneração existente em relação ao trabalho prestado por homem,[6] pelas maiores dificuldades enfrentadas pelas mulheres em promoções, principalmente quando se trata de cargos de hierarquia mais elevada, e também pela resistência que encontram em relação à gravidez e à qualidade de mães.

■ **Outras formas de discriminação:** podemos identificar, ainda, outras situações concretas de discriminação no trabalho:

■ *"Empregados de boa aparência"* — práticas discriminatórias para a admissão no emprego de "empregado de boa aparência".

■ *"Lista negra"* — ex-empregado que passa a compor o cadastro de informação da empresa ("lista negra") pelo fato de ter exercitado o seu direito de ação previsto no **art. 5.º, XXXIV, *a*, da Constituição Federal**, ao reclamar seus direitos na Justiça do Trabalho.

■ *Readaptação de empregado acidentado* — práticas discriminatórias levadas a efeito quando da readaptação do empregado acidentado, sobretudo pela falta de política regulamentar nas empresas para receber esse trabalhador.

■ *Dependentes químicos e de álcool* — o empregado é alvo de chacotas, e o empregador não o encaminha aos programas de apoio e reabilitação a dependentes químicos e de álcool.

■ *Crença religiosa* — preferência na contratação de empregados de determinada crença ou religião.

■ *Orientação sexual* — não contratação de empregado, prática de chacotas ou de atos que humilhem ou coloquem o empregado em situação constrangedora, dispensa do empregado em razão de sua opção sexual. Trata-se de discriminação que viola a dignidade da pessoa e cria um clima intimidatório, hostil e humilhante no ambiente de trabalho.

15.4. PESSOA COM DEFICIÊNCIA

Visando **inserir as pessoas com deficiência no mercado trabalho**, o ordenamento jurídico prevê **medidas que lhes asseguram um percentual de vagas**, tanto no **setor público** como no **âmbito privado**.

Assim, o **art. 37, VIII, da Constituição Federal** prevê que "a lei reservará **percentual dos cargos e empregos públicos** para as pessoas com deficiência", e o **art. 93 da**

---

[5] BARROS, Alice Monteiro de. *Curso de direito do trabalho*, p. 1139.
[6] A Lei n. 14.611/2023 dispõe sobre igualdade salarial e de critérios remuneratórios entre mulheres e homens e prevê sanções em caso de discriminação (com a inclusão dos §§ 6.º e 7.º no art. 461 da CLT).

Lei n. 8.213/91 impõe que seja observada a **reserva legal de vagas** em empresas com 100 (cem) ou mais empregados, no percentual mínimo **de 2% a 5% de trabalhadores** da empresa, para os portadores de deficiência física, visual, auditiva e mental, bem como beneficiários reabilitados, de maneira a **inseri-los no mercado trabalho**.

Com isso, busca-se garantir o posto de trabalho para o trabalhador com deficiência e o beneficiário reabilitado na empresa, além de lhes permitir, por intermédio do INSS e de outras Instituições voltadas para portadores de deficiência, qualificação profissional adequada e a certificação de suas habilidades, sempre observando as especificidades necessárias para sua inserção no mercado de trabalho, assim como os procedimentos e apoios especiais de que necessitam.

A **Lei n. 13.146/2015** institui a **Lei Brasileira da Pessoa com Deficiência (Estatuto da Pessoa com Deficiência)**, destinada a assegurar e a promover, em condições de igualdade, o exercício dos direitos e das liberdades fundamentais por pessoa com deficiência, visando à sua **inclusão social e cidadania**.

Segundo o Estatuto, "toda pessoa com deficiência tem direito à igualdade de oportunidades com as demais pessoas e não sofrerá nenhuma espécie de discriminação" **(art. 4.º)**, considerando-se como discriminação em razão da deficiência toda forma de distinção, restrição ou exclusão, por ação ou omissão, que tenha o propósito ou o efeito de prejudicar, impedir ou anular o reconhecimento ou o exercício dos direitos e das liberdades fundamentais de pessoa com deficiência, incluindo a recusa de adaptações razoáveis e de fornecimento de tecnologias assistivas **(§ 1.º)**.

A pessoa com deficiência será protegida de toda forma de negligência, discriminação, exploração, violência, tortura, crueldade, opressão e tratamento desumano ou degradante, sendo que, para os fins dessa proteção, são considerados especialmente vulneráveis a criança, o adolescente, a mulher e o idoso, com deficiência **(art. 5.º)**.

A pessoa com deficiência tem direito ao trabalho de sua livre escolha e aceitação, em ambiente acessível e inclusivo, em igualdade de oportunidades com as demais pessoas, sendo que as pessoas jurídicas de direito público, privado ou de qualquer natureza são obrigadas a garantir ambientes de trabalho acessíveis e inclusivos **(art. 34, *caput* e § 1.º)**.

A pessoa com deficiência tem direito, em igualdade de oportunidades com as demais pessoas, a condições justas e favoráveis de trabalho, incluindo igual remuneração por trabalho de igual valor, sendo vedada restrição ao trabalho da pessoa com deficiência e qualquer discriminação em razão de sua condição, inclusive nas etapas de recrutamento, seleção, contratação, admissão, exames admissional e periódico, permanência no emprego, ascensão profissional e reabilitação profissional, bem como exigência de aptidão plena **(art. 34, §§ 2.º e 3.º)**.

A pessoa com deficiência tem direito à participação e ao acesso a cursos, treinamentos, educação continuada, planos de carreira, promoções, bonificações e incentivos profissionais oferecidos pelo empregador, em igualdade de oportunidades com os demais empregados, sendo garantida aos trabalhadores com deficiência acessibilidade em cursos de formação e de capacitação **(art. 34, §§ 4.º e 5.º)**.

A empresa com 100 (cem) ou mais empregados está obrigada a preencher de 2% a 5% dos seus cargos com beneficiários reabilitados ou pessoas com deficiência, habilitadas **(cota de empregados com deficiência)**, na seguinte proporção: a) até 200 empregados — 2%; de 201 a 500 empregados — 3%; c) de 501 a 1.000 empregados — 4%; d) de 1.001 empregados em diante — 5% **(art. 93, Lei n. 8.213/91)**.[7]

A dispensa de pessoa com deficiência ou de beneficiário reabilitado da Previdência Social ao final de contrato por prazo determinado de mais de 90 dias e a dispensa imotivada em contrato por prazo indeterminado somente poderão ocorrer após a contratação de outro trabalhador com deficiência ou beneficiário reabilitado da Previdência Social **(art. 93, § 1.º, Lei n. 8.213/91)**.[8]

"RECURSO DE REVISTA DA PARTE AUTORA. LEI N. 13.467/2017. COTA PARA REABILITADOS OU PESSOAS COM DEFICIÊNCIA. BASE DE CÁLCULO. CÔMPUTO SOBRE O NÚMERO TOTAL DE EMPREGADOS. ARTIGO 93 DA LEI N. 8.213/91. CONVENÇÃO DAS NAÇÕES UNIDAS SOBRE OS DIREITOS DA PESSOA COM DEFICIÊNCIA E SEU PROTOCOLO FACULTATIVO (APROVADOS NO BRASIL COM EQUIVALÊNCIA A EMENDA CONSTITUCIONAL — DECRETO N. 6.949/2009) E LEI BRASILEIRA DE INCLUSÃO DA PESSOA COM DEFICIÊNCIA (ESTATUTO DA PESSOA COM DEFICIÊNCIA — LEI N. 13.146/2015). 'BLOCO DE

---

[7] A SDI-1 do TST, ao julgar o recurso de embargos interposto em face do acórdão proferido pela 8.ª Turma, reconheceu que as empresas não podem ser punidas com multas e indenizações por dano moral coletivo se não conseguirem profissionais no mercado para preenchimento de vagas de pessoas com deficiência, a despeito de terem comprovadamente se esforçado para tal fim (TST — E-ED-RR — 658200-89.2009.5.09.0670, rel. Min. João Batista Brito Pereira, *DEJT* 20.05.2016).
"[...] RECURSO DE REVISTA. VAGAS DESTINADAS A PESSOAS COM DEFICIÊNCIA. DIFICULDADE NA CONTRATAÇÃO. DANO MORAL COLETIVO. INDENIZAÇÃO. Esta Corte Superior tem jurisprudência no sentido de que não é cabível a condenação da reclamada pelo não preenchimento das vagas destinadas, por lei, aos portadores de deficiência ou reabilitados quando a empresa empreendeu esforços para a ocupação das cotas legais, deixando de contratar a cota mínima por motivos alheios à sua vontade. Nesse contexto, em que a empresa descumpriu, por determinado tempo, o seu dever, e que o fato se deu por circunstâncias alheias a sua vontade, afigura-se indevida a condenação ao pagamento de indenização por dano moral coletivo. Precedentes. Recurso de revista conhecido e provido" (RRAg-11953-16.2015.5.15.0026, 8.ª T., rel. Min. Dora Maria da Costa, *DEJT* 07.02.2022).

[8] "AGRAVO DE INSTRUMENTO. RECURSO DE REVISTA. APELO SUBMETIDO À LEI N. 13.467/2017. REINTEGRAÇÃO. EMPREGADO COM DEFICIÊNCIA. DISPENSA IMOTIVADA. ATENDIMENTO AO PERCENTUAL MÍNIMO PREVISTO NO ART. 93 DA LEI N. 8.213/91. INEXISTÊNCIA DE OBRIGAÇÃO DE CONTRATAÇÃO PARA IDÊNTICO CARGO. A SBDI-I desta Corte, na sua composição completa, em 04.05.2017, no julgamento do Processo n. E-ED-ED-RR-10740-12.2005.5.17.0012, acórdão publicado no *DEJT* de 12.05.2017, de Relatoria do Exmo. Ministro Renato de Lacerda Paiva consolidou o entendimento no sentido de que a dispensa de empregado com deficiência ou reabilitado sem a subsequente contratação de outro empregado em condições semelhantes somente rende ensejo à reintegração no emprego caso a empresa não tenha observado o percentual mínimo exigido no art. 93 da Lei n. 8.213/91. Uma vez respeitada a cota mínima legal, não há necessidade de que a contratação se dê para idêntico cargo, tendo em vista que tal exigência não se extrai nem do teor expresso do texto legal, nem da teleologia da norma. Precedentes. Óbice da Súmula 333 do TST. Agravo de instrumento conhecido e não provido" (AIRR-1000733-97.2018.5.02.0078, 8.ª T., rel. Des. Convocado Joao Pedro Silvestrin, *DEJT* 03.11.2021).

CONSTITUCIONALIDADE'. PRINCÍPIO DA IGUALDADE DE OPORTUNIDADES. IMPOSSIBILIDADE DE LIMITAÇÃO PRÉVIA E OBJETIVA DA OFERTA DE VAGAS ÀS PESSOAS COM DEFICIÊNCIA. PRECEDENTE DO STF. TRANSCENDÊNCIA POLÍTICA CONSTATADA. Segundo a jurisprudência cristalizada nesta Corte, **os percentuais previstos no artigo 93 da Lei n. 8.213/91 aplicam-se independentemente da atividade desempenhada pela empresa e devem considerar o número total de empregados, sem excluir cargos ou funções.** Desde o advento da denominada 'Convenção de Nova York' — a Convenção Internacional sobre os Direitos das Pessoas com Deficiência — e seu Protocolo Facultativo, aprovados no Brasil com equivalência a emenda constitucional — Decreto n. 6.949/2009, inaugurou-se um novo cenário normativo voltado à inclusão das pessoas com deficiência, de modo particular ao direito à igualdade de oportunidades por meio do trabalho. Tais normas, complementadas pela Lei n. 13.146/2015 — a Lei Brasileira de Inclusão da Pessoa com Deficiência (Estatuto da Pessoa com Deficiência) —, passam a reger de forma integral o tema e afastam qualquer possibilidade de interpretação que conflite com os princípios e as regras nelas inseridos. O Princípio da Igualdade de Oportunidades e a vedação de qualquer forma de discriminação (artigo 4.º da LBI) reconhecem o direito de trabalhar mediante a adoção de todos os meios e recursos procedimentais, normativos, materiais e tecnológicos necessários para efetivar um patamar de igualdade com as demais pessoas que não possuem nenhuma forma de impedimentos. Nesse contexto, a implementação das medidas de acessibilidade, do uso de tecnologias assistivas ou ajudas técnicas, a remoção de barreiras e as adaptações razoáveis aptas a viabilizar o exercício do trabalho e propiciar a convivência entre os diferentes, para que, com isso, todos vejam a importância da igualdade plena, e não apenas como objeto de retórica. **Qualquer forma de cálculo do percentual destinado às cotas de inclusão das pessoas com deficiência que represente limitação ao direito plenamente assegurado a todas elas configura claro e direto atentado à Constituição.** Não cabe limitar, por qualquer meio, o direito à inclusão e tratar igualmente situações que, individualmente, são desiguais, como se esse universo de pessoas compusesse uma massa uniforme de corpos e mentes incapazes de realizar as atividades cotidianas, nelas incluídas o trabalho. A limitação prévia e objetiva é, pois, inconstitucional. Esse, aliás, foi o pronunciamento inquestionável do Supremo Tribunal Federal, ao declarar inconstitucional a limitação promovida nos postos de trabalho marítimo prevista no artigo 16-A da Lei n. 7.573/1986, inserido pelo artigo 1.º da Lei n. 13.194/2015, em julgamento da ADI n. 5760, em 13 de setembro de 2019. Na hipótese, o Tribunal Regional, ao consignar que tais percentuais devem ser calculados não sobre a totalidade do número de empregados da empresa, mas, sim, de empregados ocupantes de funções que podem ser desempenhadas mesmo com deficiência, dissente do posicionamento desta Corte. Ademais, a obrigação não é afastada pelo argumento encampado pela decisão regional no sentido de que a reclamada 'tem enviadado esforços no sentido de cumprir a legislação, não o fazendo apenas por impossibilidade de encontrar mão de obra qualificada'. O tratamento normativo atribuído à temática, a partir da legislação mencionada, a primeira delas com equivalência a Emenda Constitucional, impõe o dever de qualificação por parte do empregador, o que significa não mais adaptar a pessoa ao posto de trabalho, mas este àquela, até mesmo para não caracterizar a denominada 'discriminação em razão da deficiência' por meio da recusa em promover as adaptações razoáveis (artigo 4.º, § 1.º, da Lei n. 13.146/2015). Recurso de revista conhecido e provido" (RR-100941-85.2018.5.01.0482, 7.ª T., rel. Min. Claudio Mascarenhas Brandao, *DEJT* 26.08.2022).

Durante o estado de calamidade pública previsto pela **Lei n. 14.020, de 6 de julho de 2020**, que instituiu o Programa Emergencial de Manutenção do Emprego e da Renda para o enfrentamento do estado de calamidade pública reconhecido pelo Decreto Legislativo n. 6/2020 e da emergência de saúde pública internacional decorrente do coronavírus, de que tratou a Lei n. 13.979/2020, restou **vedada a dispensa sem justa causa** do empregado pessoa com deficiência **(art. 17, V)**.

15.5. REPARAÇÃO PELOS DANOS CAUSADOS EM DECORRÊNCIA DA DISCRIMINAÇÃO

Como os **atos discriminatórios** podem causar **prejuízos** de ordem tanto **moral** como **material**, os **danos** causados ao trabalhador em decorrência de tais atos **devem ser reparados pelo empregador** (ou pretenso empregador, quando o trabalhador não é contratado por motivos discriminatórios).

Caracterizados o dano moral e o dano material, cabe a **fixação de indenização compensatória**, em valor a ser arbitrado pelo juiz do trabalho sempre com vistas a não gerar enriquecimento sem causa da vítima, mas assegurando o caráter pedagógico da punição a quem gerou o dano.

Ainda, constatando-se que a **prática discriminatória** do tomador dos serviços não se resume a caso isolado, mas **atinge um grupo específico de pessoas** que sofre as consequências dos atos discriminatórios do empregador, cabe a **atuação de entes legitimados na esfera dos direitos coletivos**, como associações, Ministério Público do Trabalho etc., visando a assinatura de termo de ajustamento de conduta (TAC) ou, se for necessário, a proposição de ação civil pública que tutele os interesses dessas pessoas e de toda a sociedade, sendo, em ambos os casos, fixada indenização pelos danos morais individuais ou coletivos, a ser paga pelo causador do dano.

Em relação à reparação por danos extrapatrimoniais, suas regras e limites, *vide* **item 4.7.2.3 (Parte II)**.

15.6. QUESTÕES

QUESTÕES DE CONCURSOS
> uqr.to/1z7en

16

IDENTIFICAÇÃO PROFISSIONAL

16.1. CARTEIRA DE TRABALHO E PREVIDÊNCIA SOCIAL (CTPS)

A **Carteira de Trabalho e Previdência Social (CTPS)** é obrigatória para o exercício de qualquer emprego, inclusive de natureza rural, ainda que em caráter eventual, bem como para o exercício por conta própria de atividade profissional remunerada **(art. 13, *caput*, CLT)**.

Em princípio, é **vedada a contratação de um empregado que não possui CTPS**. A CTPS obedecerá aos modelos que o Ministério da Economia adotar **(art. 13, § 2.º, CLT)**.

16.1.1. Emissão da CTPS

A CTPS é **emitida pelo Ministério da Economia**, preferencialmente em meio eletrônico **(art. 14, CLT)**.[1] Excepcionalmente poderá ser emitida em meio físico, desde que nas unidades descentralizadas do Ministério da Economia que forem habilitadas para a emissão, mediante convênio, por órgãos federais, estaduais e municipais da administração direta ou indireta, ou mediante convênio com serviços notariais e de registro, sem custo para a administração, garantidas as condições de segurança das informações **(parágrafo único)**.

A **CTPS** terá como identificação única do empregado o número de inscrição no Cadastro de Pessoas Físicas — CPF **(art. 16, CLT)**.

16.1.2. Anotações na CTPS

O empregador tem o **prazo de 5 dias úteis** para **anotar na CTPS**, em relação aos trabalhadores que admitir, a data de admissão, a remuneração e as condições especiais, se houver, facultada a adoção de sistema manual, mecânico ou eletrônico, conforme instruções a serem expedidas pelo Ministério da Economia **(art. 29, CLT)**.

---

[1] *Vide* Portaria n. 1.065/2019, que disciplina a emissão da CTPS em meio eletrônico — Carteira de Trabalho Digital.

O trabalhador deverá ter acesso às informações da sua CTPS no prazo de até 48 horas a partir de sua anotação **(art. 29, § 8.º, CLT)**.

Em relação à **remuneração**, o empregador deve anotar especificamente o salário, qualquer que seja sua forma de pagamento, seja ele em dinheiro ou em utilidades, bem como a estimativa de gorjeta **(art. 29, § 1.º, CLT)**.

Os principais **dados a serem preenchidos na CTPS** no **curso do contrato de trabalho** são:

- alterações de salário;
- alterações de função;
- alterações na figura do empregador (por exemplo, sucessão de empregadores);
- contribuições sindicais;
- férias (período aquisitivo e período concessivo);
- eventuais afastamentos do empregado.

Os registros eletrônicos gerados pelo empregador nos sistemas informatizados da CTPS em meio digital equivalem às anotações **(art. 29, § 7.º, CLT)**.

As **anotações na CTPS** devem ser feitas **(art. 29, § 2.º, CLT)**:

- na data-base;
- a qualquer tempo, por solicitação do trabalhador;
- no caso de rescisão contratual;
- quando houver necessidade de comprovação perante a Previdência Social.

A falta de cumprimento pelo empregador do disposto neste artigo acarretará a lavratura do auto de infração pelo Auditor Fiscal do Trabalho, que deverá, de ofício, comunicar a falta de anotação ao órgão competente, para o fim de instaurar o processo de anotação **(art. 29, § 3.º, CLT)**.

É **vedado** ao empregador **efetuar anotações desabonadoras** à conduta do empregado em sua CTPS, sob pena de multa **(art. 29, §§ 4.º e 5.º, CLT)**.

A comunicação pelo trabalhador do número de inscrição no CPF ao empregador equivale à apresentação da CTPS em meio digital, dispensado o empregador da emissão de recibo **(art. 29, § 6.º, CLT)**.

16.1.3. Reclamações por falta ou recusa de anotação

Recusando-se a empresa a assinar a CTPS, o empregado que se sentir lesado pode, antes de ajuizar uma reclamação trabalhista, dirigir-se, pessoalmente ou por intermédio do sindicato, a uma GRTE e fazer uma reclamação, verbal ou escrita, para que sua CTPS seja assinada **(art. 36, CLT)**.

Nesse caso, a GRTE lavrará o termo de reclamação e determinará a realização de diligência para a instrução do feito, marcando dia e hora para efetuar as devidas anotações na CTPS **(art. 37, CLT)**.

Caso o empregador não atenda ao chamado da GRTE e se **recuse a assinar a CTPS do seu empregado**, será lavrado termo de ausência, sendo considerado revel e confesso sobre os termos da reclamação feita, devendo as anotações ser efetuadas por despacho da autoridade que tenha processado a reclamação, que também abrirá um processo administrativo de fiscalização **(art. 37, parágrafo único, CLT)**.

Comparecendo o empregador, mas, ainda sim, recusando-se a assinar a CTPS, a GRTE lavrará um termo de comparecimento e concederá um prazo de 48 horas para o empregador apresentar sua defesa administrativa **(art. 38, CLT)**.

Sendo verificado que não há relação de emprego, ou sendo impossível verificar essa condição, o processo administrativo será encaminhado à Justiça do Trabalho, ficando, nesse caso, sobrestado o julgamento do auto de infração **(art. 39, CLT)**.

O juiz determinará que o empregador assine a CTPS do empregado uma vez transitada em julgado a decisão, sob pena de fazê-lo a Secretaria da Vara do Trabalho, e comunicará a autoridade competente para o fim de aplicar a multa cabível **(art. 39, *caput* e § 2.º, CLT)**.

Não havendo acordo, o Juiz do Trabalho, em sua sentença, ordenará que a Secretaria da Vara do Trabalho efetue as devidas anotações, uma vez transitada em julgado, e faça a comunicação à autoridade competente para o fim de aplicar a multa cabível **(art. 39, § 1.º, CLT)**.

16.1.4. Valor das anotações

A CTPS regularmente emitida e anotada servirá de **prova (art. 40, CLT)**:

- nos casos de dissídio na Justiça do Trabalho entre o empregado e o empregador;
- para cálculo de indenização por acidente do trabalho ou moléstia profissional.

As **anotações** apostas pelo empregador na CTPS do empregado **não geram presunção absoluta**, mas apenas presunção relativa. Nesse sentido, o entendimento do TST:

> **SÚMULA 12, TST:** "As anotações apostas pelo empregador na carteira profissional do empregado não geram presunção *juris et de jure*, mas apenas *juris tantum*".

O STF adota o mesmo entendimento em relação ao valor probante das anotações apostas na CTPS:

SÚMULA 225, STF: "Não é absoluto o valor probatório das anotações da Carteira Profissional".

Sobre essa questão, João de Lima Teixeira Filho afirma que "a anotação gera sempre uma presunção contra o empregador. A presunção é contra o empregador porque não se compreende que ele mantenha o empregado a seu serviço, sem conhecer as anotações de sua CTPS, ou sem que a anotação tenha sido feita por pessoa por ele autorizada. Mesmo que a anotação não tenha sido autorizada, se foi efetuada pelo preposto do empregador, responde este pela anotação, em razão do princípio da responsabilidade objetiva do empregador por atos do preposto".[2]

No entanto, por tratar-se de presunção apenas relativa, **admite-se prova em sentido contrário**, sendo certo, porém, que a **prova deve ser cabal**, não sendo descaracterizada a presunção mediante simples negativa do empregador.

Provado que a anotação não foi feita pelo empregador ou por qualquer de seus prepostos, trata-se de **anotação falsa**, o que lhe retira qualquer validade.

16.2. LIVRO DE REGISTRO DE EMPREGADOS

Além das anotações na CTPS, o empregador deverá efetuar o **registro de seus empregados**, por meio do preenchimento dos dados funcionais, tais como admissão, duração e efetividade do trabalho, férias, acidentes e demais circunstâncias que interessem à proteção do trabalhador **(art. 41, parágrafo único, CLT)**.

Para tanto, o empregador pode adotar **livros, fichas ou sistema eletrônico**, preenchendo-os de acordo com as instruções expedidas pelo Ministério do Trabalho **(art. 41, CLT)**.

Ao empregador que não registrar seus empregados serão aplicadas **multas administrativas**, CLT, acrescidas de igual valor em cada reincidência **(art. 47, CLT)**.

O **Decreto n. 11.905/2024** instituiu o Livro de Inspeção do Trabalho Eletrônico — eLIT, a ser adotado como uma das funcionalidades do Domicílio Eletrônico Trabalhista (DET), destinado a cientificar o empregador de quaisquer atos administrativos, ações fiscais, intimações e avisos em geral e receber a documentação eletrônica exigida do empregador no curso das ações fiscais ou na apresentação de defesa e de recurso no âmbito dos processos administrativos.

16.3. PENALIDADES

O empregador que mantiver **empregado não registrado** ficará sujeito a **multas administrativas**, acrescidas de igual valor em cada reincidência **(art. 47, *caput*, CLT)**, sendo certo que referida infração constitui exceção ao critério da dupla visita **(§ 2.º)**.

---

[2] SÜSSEKIND, Arnaldo et al. *Instituições de direito do trabalho*, 22. ed., v. 2, p. 781.

Na hipótese de **não serem informados**, quando do registro do empregado, **todos os dados exigidos** por lei **(art. 41, CLT)**, o empregador ficará sujeito a multa nos termos do inciso II do *caput* do art. 634-A, CLT **(art. 47-A, CLT)**.

Conforme previsto no **art. 49 da CLT**, em caso de **falsificação ou tentativa de desvirtuar os dados pessoais ou funcionais anotados na CTPS** do seu objetivo principal, ou seja, de atestar o histórico de uma relação de emprego, os infratores estarão sujeitos às **penalidades previstas na lei penal (art. 299, CP)**.

O extravio ou inutilização da CTPS do empregado por culpa da empresa sujeitará esta a multa administrativa **(art. 52, CLT)**.

Os empregadores que não cumprem as exigências e determinações que obrigam o registro funcional em CTPS dos empregados estarão sujeitos a multa administrativa **(art. 55, CLT)**.

16.4. QUESTÕES

PARTE III

DIREITO INTERNACIONAL DO TRABALHO

ORGANIZAÇÃO INTERNACIONAL DO TRABALHO (OIT)

A **Organização Internacional do Trabalho (OIT)** é a instituição mundial **responsável pela elaboração e supervisão da aplicação das normas internacionais do trabalho**.

Como **uma das agências da Organização das Nações Unidas (ONU)**, é a **única que possui caráter tripartite**, já que representantes de governos, de empregadores e de trabalhadores participam em conjunto da elaboração de suas políticas e programas, assim como da promoção do trabalho decente para todos.

Esta **estrutura tripartite faz da OIT** um foro singular, no qual os governos e os interlocutores sociais de seus Estados-membros podem livre e abertamente confrontar experiências e comparar políticas nacionais em matéria de trabalho.

Atualmente, a OIT tem 187 (cento e oitenta e sete) **Estados-membros**. Além dos Estados que eram membros em 1.º.11.1945, qualquer membro originário da ONU e qualquer Estado admitido como membro da ONU por decisão de sua Assembleia Geral pode ser membro da OIT, devendo comunicar formalmente ao Diretor-Geral da OIT a aceitação das obrigações que emanam da Constituição da OIT.

A Conferência Geral da OIT também pode admitir um Estado como membro por maioria de 2/3 dos delegados presentes na reunião, incluídos 2/3 dos delegados de governos que estejam presentes.

Qualquer dos **Estados-membros da OIT poderá desligar-se** dela, preenchidos os seguintes **requisitos:**

- concessão de aviso prévio ao Diretor-Geral da Repartição Internacional do Trabalho, o qual surtirá efeito após dois anos do recebimento;
- satisfação, até a última data, de todas as obrigações financeiras;
- validade da ratificação das convenções, durante o período de vigência destas, com todas as obrigações que lhes correspondam.

O Estado-membro poderá **retornar aos quadros da OIT**, desde que obedecidos os preceitos para esse fim estipulados.

Com fundamento na sua missão fundadora — **"a paz no mundo do trabalho é essencial para a prosperidade"** —, a **OIT promove a justiça social e os direitos humanos e trabalhistas reconhecidos internacionalmente**. Para tanto, incentiva a criação de **trabalho decente** e de condições econômicas e trabalhistas que permitam a participação de trabalhadores e empregadores na paz duradoura, na prosperidade e no progresso.

A **missão atual da OIT** tem por base quatro **objetivos estratégicos:**

■ promover e cumprir as normas, os princípios e os direitos fundamentais no trabalho;

■ criar melhores oportunidades para que homens e mulheres possam ter empregos e salários dignos;

■ melhorar a cobertura e a eficiência de uma seguridade social para todos;

■ fortalecer o tripartismo e o diálogo social.

Para possibilitar o **atingimento desses objetivos**, a OIT:

■ formula políticas e programas internacionais para promover os direitos humanos fundamentais, melhorar as condições de trabalho e de vida e aumentar as oportunidades de emprego;

■ elabora normas internacionais do trabalho, respaldadas por um sistema de controle de sua aplicação;

■ formula e implementa, em associação com os Estados-membros, um amplo programa de cooperação técnica internacional, para ajudar os países a colocar em prática as políticas de promoção dos direitos humanos fundamentais;

■ realiza atividades de formação, educação e pesquisa que contribuem para o desenvolvimento de todos esses esforços.

O **trabalho decente**, conceito formalizado pela OIT em 1999, sintetiza a sua missão histórica de promover oportunidades para que homens e mulheres possam ter um **trabalho produtivo e de qualidade**, em condições de **liberdade, equidade, segurança e dignidade humana**, sendo considerado condição fundamental para a superação da pobreza, a redução das desigualdades sociais, a garantia da governabilidade democrática e o desenvolvimento sustentável.

1.1. ORIGENS E HISTÓRIA

A OIT foi **criada em 1919, como parte do Tratado de Versalhes** (que encerrou a Primeira Guerra Mundial), e refletiu a convicção de que a **justiça social é essencial para se alcançar uma paz universal e permanente**.

Desde seus primeiros dias de existência, a OIT tem sido de grande importância para o mundo do trabalho e suas realizações vêm se concretizando como essenciais para o **atingimento da justiça social no mundo**.

A primeira Conferência Internacional do Trabalho realizada em Washington em outubro de 1919 adotou seis Convenções Internacionais do Trabalho, referindo-se às horas de trabalho na indústria, ao desemprego, à proteção à maternidade, ao trabalho noturno das mulheres, à idade mínima para o trabalho e ao trabalho noturno para os menores na indústria.

1.1.1. Constituição da OIT

Entre janeiro e abril de 1919, foi elaborada, por uma Comissão do Trabalho criada pela Conferência de Paz e composta por representantes de nove países (Bélgica, Cuba, Checoslováquia, França, Itália, Japão, Polônia, Reino Unido e Estados Unidos), a **Constituição da Organização Internacional do Trabalho**.

O resultado foi a criação de uma **organização tripartite, com representação de governos, trabalhadores e empregadores**. O modelo adotado foi, e continua sendo, único entre os organismos internacionais.

A força que impulsionou a criação da OIT foi provocada por ideias humanitárias, políticas e econômicas. Ao sintetizar tais ideias, o Preâmbulo da Constituição da OIT diz que as Altas Partes Contratantes estavam "movidas por sentimentos de justiça e humanidade e pelo desejo de assegurar uma paz mundial duradoura".

Havia um verdadeiro reconhecimento sobre a importância da justiça social para o atingimento da paz duradoura, em contraste com um passado de exploração dos trabalhadores nos países industrializados da época. Havia também uma compreensão cada vez maior acerca da interdependência econômica do mundo e da necessidade de cooperação para a obtenção da igualdade nas condições de trabalho dos diversos países que competiam no mercado.

O **Preâmbulo da Constituição da OIT**, refletindo tais ideias, adotava as seguintes **premissas:**

1. a paz universal e permanente só pode basear-se na justiça social;
2. existem condições de trabalho que causam um alto grau de injustiça, de miséria e privações para um grande número de seres humanos, e o descontentamento decorrente de tal situação constitui-se em uma ameaça para a paz e para a harmonia universais, sendo urgente melhorar tais condições;
3. a não adoção por qualquer nação de um regime de trabalho realmente humano é uma omissão que se constituirá em um obstáculo aos esforços de outras nações que desejem melhorar a sorte dos trabalhadores em seus próprios países.

Nesse sentido, o Preâmbulo da Constituição da OIT indicou os pontos que poderiam ser melhorados, pontos estes que continuam plenamente atuais:

- regulamentação das horas de trabalho, com a previsão de uma duração máxima de jornada de trabalho semanal;
- regulamentação da contratação de mão de obra, a prevenção do desemprego e o pagamento de um salário digno;

- proteção do trabalhador contra doenças ou acidentes como consequência de seu trabalho;
- proteção de crianças, jovens e mulheres;
- pensão por idade e invalidez;
- proteção dos interesses dos trabalhadores ao executarem atividades em outros países;
- reconhecimento do princípio de igualdade de salário para trabalho em iguais condições;
- reconhecimento da liberdade sindical;
- organização de programas de qualificação profissional e técnica.

Em 1920, a sede da OIT foi fixada em Genebra, tendo como primeiro Presidente da Repartição Internacional do Trabalho o francês Albert Thomas. Em menos de dois anos, foram adotadas mais de 16 (dezesseis) Convenções Internacionais do Trabalho e 18 (dezoito) Recomendações.

Em 1925, foi criada uma Comissão de Peritos composta de juristas independentes, para a supervisão da aplicação das normas da Organização.

A partir de 1932, Harold Butler, sucessor de Albert Thomas na Presidência da Repartição Internacional do Trabalho, teve que enfrentar o problema do desemprego em massa, produto da Grande Depressão. No entanto, neste difícil momento econômico, as Convenções já adotadas pela OIT ofereciam um mínimo de proteção aos desempregados.

Durante seus primeiros quarenta anos de existência, a OIT canalizou a maior parte de suas energias no desenvolvimento de normas internacionais do trabalho e na adoção de garantias para sua aplicação. Entre 1919 e 1939, foram adotadas 67 (sessenta e sete) Convenções e 66 (sessenta e seis) Recomendações. A eclosão da Segunda Guerra Mundial, porém, interrompeu temporariamente esse processo.

Em agosto de 1940, a localização da Suíça no coração de uma Europa em guerra levou o novo Diretor-Geral, John Winant, a mudar temporariamente a sede da Organização, de Genebra para Montreal, no Canadá.

1.1.2. Declaração de Filadélfia

Em 1944, os delegados da Conferência Internacional do Trabalho adotaram a **Declaração de Filadélfia** que, como anexo à sua Constituição, representa, desde então, a **carta de princípios e objetivos da OIT**. Esta Declaração antecipava a adoção da Carta das Nações Unidas (1946) e a Declaração Universal dos Direitos Humanos (1948), para as quais serviu de referência. Reafirmava o princípio de que a paz permanente só pode estar baseada na justiça social e estabelecia **quatro ideias fundamentais**, que são **valores e princípios básicos da OIT até hoje:**

- que o trabalho deve ser fonte de dignidade;

- que o trabalho não é uma mercadoria;
- que a pobreza, em qualquer lugar, é uma ameaça à prosperidade de todos;
- que todos os seres humanos têm o direito de perseguir o seu bem-estar material em condições de liberdade e dignidade, segurança econômica e igualdade de oportunidades.

Ao final da Segunda Guerra Mundial, foi criada a Organização das Nações Unidas (ONU), com o objetivo de manter a paz por meio do diálogo entre as nações. A OIT, em 1946, transformou-se em sua primeira agência especializada.

Em 1969, ano em que comemorava seu 50.º aniversário, a OIT recebeu o Prêmio Nobel da Paz. Ao apresentar o prestigioso prêmio, o Presidente do Comitê do Prêmio Nobel ressaltou que "a OIT tem uma influência perpétua sobre a legislação de todos os países" e deve ser considerada "a consciência social da humanidade".[1]

A OIT desempenhou um papel importante na definição das legislações trabalhistas e na elaboração de políticas econômicas, sociais e trabalhistas durante boa parte do século XX.

1.1.3. Declaração dos Direitos e Princípios Fundamentais no Trabalho

Em 1998, a Conferência Internacional do Trabalho, na sua 87.ª Sessão, adotou a **Declaração dos Direitos e Princípios Fundamentais no Trabalho**, definidos como:

- o respeito à liberdade sindical e de associação e o reconhecimento efetivo do direito de negociação coletiva;
- a eliminação de todas as formas de trabalho forçado ou obrigatório;
- a efetiva abolição do trabalho infantil;
- a eliminação da discriminação em matéria de emprego e ocupação.

A Declaração associa a esses quatro direitos e princípios 8 (oito) Convenções, que passam a ser definidas como as **Convenções fundamentais**. Estabelece que todos os **Estados-membros** da OIT, pelo simples fato de sê-lo e de terem aderido à sua Constituição, são **obrigados a respeitar esses direitos e princípios**, havendo ou não ratificado as convenções a eles correspondentes. A Conferência define também a ratificação universal dessas convenções como um objetivo, bem como assenta as bases para um amplo programa de cooperação técnica da OIT com os seus Estados-membros, com o objetivo de contribuir para sua efetiva aplicação, e define um mecanismo de monitoramento dos avanços realizados.

---

[1] Disponível em: www.ilo.org.

1.1.4. Declaração sobre Justiça Social para uma Globalização Equitativa

Em junho de 2008, durante a 97.ª Sessão da Conferência Internacional do Trabalho, que se realiza anualmente em Genebra, representantes de governos, empregadores e trabalhadores adotaram um dos mais importantes documentos da OIT: a **Declaração sobre Justiça Social para uma Globalização Equitativa**.

O documento corresponde a uma das primeiras manifestações de um organismo internacional com preocupações sobre o mundo globalizado e a grave crise financeira internacional que iria eclodir a partir de setembro de 2008.

É importante assinalar que já existia uma crise do emprego antes da eclosão da crise econômica e financeira internacional. Essa crise se manifestava, entre outros indicadores, na existência de 195 milhões de desempregados no mundo e no fato de que 40% das pessoas que estavam ocupadas (cerca de 1,4 bilhão de pessoas) ganhavam menos de 2 dólares por dia (situando-se, portanto, abaixo da linha da pobreza) e 20% delas ganhavam menos de 1 dólar ao dia (portanto, abaixo da linha da extrema pobreza). Além disso, 8 em cada 10 pessoas não tinham acesso aos regimes de previdência social (OIT, 2007).[2]

Essa situação era resultado de um processo de globalização injusto e inequitativo, tal como assinalado desde 2004 pela Comissão Mundial sobre a Dimensão Social da Globalização, reunida no âmbito da Organização Internacional do Trabalho, e que caracterizou essas desigualdades globais como "inaceitáveis do ponto de vista moral e insustentáveis do ponto de vista político".

A crise foi precedida por um desequilíbrio crescente nos rumos da globalização, que se manifestou, em particular, em uma distribuição muito desigual dos seus benefícios (entre os países e no seu interior) e no aumento das desigualdades de renda, que caracterizou a realidade da maioria dos países, mesmo durante os anos de prosperidade econômica (primeiros anos da década de 2000).

Com efeito, de acordo com dois estudos publicados pela OIT em 2008, entre 1995 e 2007, em 70% dos países analisados, diminuiu a porcentagem dos salários no PIB e aumentou a desigualdade de renda. Um desses estudos assinala ainda que, entre os fatores que impediram o aumento da desigualdade social em alguns desses países, ou fizeram com que ele ocorresse em menor escala, estão as políticas de salário mínimo e os processos de negociação coletiva.[3]

A Declaração foi atualizada em 2022, com inclusão da previsão de um ambiente de trabalho seguro e saudável entre os princípios e direitos fundamentais no trabalho. A partir dessa decisão adotada pela 110.ª Conferência Internacional do Trabalho, passaram a ser previstos cinco categorias de princípios e direitos fundamentais no trabalho (liberdade sindical e o reconhecimento efetivo do direito à negociação coletiva; eliminação de

---

[2] Disponível em: www.ilo.org.br.
[3] Disponível em: www.ilo.org.

todas as formas de trabalho forçado ou obrigatório; abolição efetiva do trabalho infantil; eliminação da discriminação em relação ao emprego e à ocupação; segurança e saúde no trabalho).

1.1.5. Declaração do Centenário da OIT para o Futuro do Trabalho

Na 108.ª Conferência Internacional realizada em 2019 e na qual se comemorou o seu centenário, a Organização Internacional do Trabalho — OIT adotou a **Declaração do Centenário da OIT para o Futuro do Trabalho**.[4]

A comemoração do centenário da OIT ocorre em um momento em que o mundo do trabalho está se transformando radicalmente, impulsionado pelas inovações tecnológicas, pelas mudanças demográficas, do meio ambiente e do clima e, ainda, pela globalização. Além disso, as desigualdades persistem, e têm profundas repercussões na natureza e no futuro do trabalho, colocando em risco a dignidade dos trabalhadores que se encontram nesse contexto.

A OIT afirma ser imprescindível atuar urgentemente para aproveitar as oportunidades e enfrentar os desafios a fim de construir um futuro do trabalho justo, inclusivo e seguro, com pleno emprego e com trabalho decente para todos.

Com esses fundamentos, a Declaração a OIT convoca todos os Estados Membros a agirem no sentido de: assegurar que todas as pessoas possam se beneficiar das transformações do mundo do trabalho, garantir uma relação de trabalho adequada e de longa duração, zelar por uma proteção adequada a todos os trabalhadores, promover um desenvolvimento econômico sustentável e inclusivo, o pleno emprego e o trabalho digno.

A Declaração também estabelece prioridades para a atuação da OIT, conforme previsto em seu Programa para o Futuro do Trabalho que, centrado nas pessoas, busca fortalecer o contrato social, situando os trabalhadores e o trabalho que realizam no centro das políticas econômicas e sociais e na prática empresarial. O Programa prevê três eixos de atuação que, combinados entre si, terão, de acordo com a OIT, capacidade de gerar crescimento, igualdade e sustentabilidade para as gerações atuais e futuras: investimento na capacitação das pessoas, incremento das instituições do trabalho, investimento em trabalho digno e sustentável.

1.2. NATUREZA JURÍDICA E COMPETÊNCIA DA OIT

A Organização das Nações Unidas reconhece que a Organização Internacional do Trabalho é um **organismo especializado**, competente para empreender a ação que considere apropriada, de conformidade com seu instrumento constitutivo básico, para o cumprimento dos propósitos nele expostos.

A OIT tem uma **competência flexível e bastante ampla**, tendo em vista existir uma fronteira entre o social e o econômico que é, ainda que doutrinariamente, difícil de ser traçada.

---

[4] Disponível em: www.ilo.org.

"Amplíssima, portanto, a competência da OIT, *ex-ratione personae* e *ex-ratione materiae*, não se limitando esta a questões específicas do Direito do Trabalho e da Seguridade Social e aquela aos sujeitos das relações individuais ou coletivas de trabalho e às pessoas vinculadas aos sistemas de previdência social".[5]

COMPETÊNCIA MATERIAL	▪ A mais ampla possível; ▪ abrange todas as questões que interessam ao trabalho e para todos aqueles que trabalham.
COMPETÊNCIA *ÉX RATIONE PERSONAE*	Alcança o ser humano: ▪ como trabalhador em potencial; ▪ como homem que trabalha; ▪ como membro da família ou dependente das pessoas indicadas nos itens anteriores.
COMPETÊNCIA *EX RATIONE LOCI*	▪ Universal, excluindo apenas os territórios dos Estados que não a integram, como seus membros; ▪ as deliberações da OIT somente concernem a seus Estados-membros; ▪ as convenções da OIT somente podem ser ratificadas pelos Estados-membros; ▪ apenas os Estados-membros têm obrigação, nos seus territórios, de observar os instrumentos adotados pela OIT.

Embora dotada de personalidade própria e independente, hoje a OIT faz parte da ONU como **organismo especializado**, com autonomia administrativa, financeira e de decisão. Não tem características de entidade supraestatal e não pode impor obrigações aos Estados-membros, exceto até o limite em que tenham concordado voluntariamente quando de sua adesão, o que implica em aceitarem certa **restrição** à sua soberania, conforme preceitos contidos na Constituição da OIT.

Nesse contexto, a OIT é uma *pessoa jurídica de direito público internacional*, de **caráter permanente, integrante do sistema das Nações Unidas como uma de suas agências especializadas**, constituída por Estados-membros que, no exercício de sua soberania, assumem o compromisso de observarem as normas constitucionais da Organização e de fazerem cumprir as Convenções que ratificarem.

Aplicam-se às suas representações os privilégios e imunidades asseguradas às representações das pessoas de direito público externo, aos seus agentes diplomáticos e a certos funcionários de suas missões.

A composição tripartite de seus órgãos "constitui uma das características marcantes da OIT e fator de relevo na formação do alto conceito que desfruta nos planos da cultura, da produção e do trabalho".[6]

---

[5] SÜSSEKIND, Arnaldo. *Convenções da OIT*. 2. ed. ampl. e atual. São Paulo: LTr, 1998. p. 125.
[6] SÜSSEKIND, Arnaldo. *Convenções da OIT*, p. 122.

1.3. ÓRGÃOS DA OIT

A OIT realiza suas atividades por meio de **três órgãos fundamentais**, os quais contam com representantes de governos, de trabalhadores e de empregadores:

- Conferência Internacional do Trabalho.
- Conselho de Administração.
- Repartição (ou Oficina) Internacional do Trabalho.

O trabalho do Conselho de Administração e da Repartição é assistido por **comissões tripartites** que se ocupam de assuntos relativos aos principais setores econômicos. Além disso, recebem apoio dos **comitês de peritos** em matéria de formação profissional, desenvolvimento da capacidade administrativa, segurança e saúde no trabalho, relações trabalhistas, educação dos trabalhadores e problemas específicos que afetam as mulheres e os trabalhadores jovens.

1.3.1. Conferência Internacional do Trabalho

A **Conferência Internacional do Trabalho**, composta por delegados de governos, de trabalhadores e de empregadores dos Estados-membros da OIT, reúne-se em Genebra uma vez por ano, no mês de junho, para estabelecer as normas internacionais do trabalho e definir as políticas da Organização.

A Conferência, que também é denominada Parlamento Internacional do Trabalho, é um foro para a discussão de questões sociais e trabalhistas fundamentais.

Além disso, como órgão deliberativo, a Conferência adota os pressupostos da Organização e elege os integrantes do Conselho de Administração.

Cada Estado-membro é representado na Conferência por uma delegação integrada por dois delegados do governo, um delegado dos empregadores, um delegado dos trabalhadores e seus respectivos conselheiros.

Muitos dos representantes dos governos são ministros do trabalho em seus países. Os delegados de empregadores e de trabalhadores são designados pelas organizações nacionais mais representativas de cada um dos grupos.

Todos os delegados têm os mesmos direitos, podem se expressar livremente e votam de acordo com suas convicções. Assim, pode ocorrer de os delegados dos trabalhadores e dos empregadores votarem em sentido oposto, ou que seus votos sejam contrários ao dos representantes do governo.

Durante a reunião da Conferência, também podem fazer uso da palavra chefes de Estado e de Governos dos Estados-membros. As organizações internacionais, governamentais ou não governamentais, assistem à reunião na qualidade de observadores.

1.3.2. Conselho de Administração

O Conselho de Administração é o órgão executivo da Repartição Internacional do Trabalho (que é a secretaria da Organização).

Reunindo-se três vezes por ano, em março, junho e novembro, o Conselho:

- toma decisões sobre a política da OIT;
- define a ordem do dia da Conferência Internacional do Trabalho;
- adota o Programa e Pressuposto (documento no qual se definem os objetivos estratégicos e os resultados que se esperam do trabalho da OIT) antes de sua apresentação, a cada dois anos, à Conferência, para sua aprovação;
- a cada cinco anos elege o Diretor-Geral da Organização Internacional do Trabalho.

Sujeito às instruções do Conselho de Administração, o Diretor-Geral é responsável pelo funcionamento eficaz da Repartição Internacional do Trabalho e representa a OIT em diversas outras atividades que se inserem em sua competência institucional.

O Conselho é composto por 56 (cinquenta e seis) membros titulares (28 representantes de governos, 14 representantes de empregadores e 14 representantes de trabalhadores) e por 66 (sessenta e seis) membros adjuntos (28 representantes de governos, 19 representantes de empregadores e 19 representantes de trabalhadores).

Dez dos assentos dos governos são reservados aos Estados-membros de maior importância industrial (Alemanha, Brasil, China, Estados Unidos, França, Índia, Itália, Japão, Reino Unido e Rússia). Os demais representantes dos governos e os representantes dos trabalhadores e dos empregadores são eleitos pela Conferência a cada três anos.

1.3.3. Repartição Internacional do Trabalho

A Repartição Internacional do Trabalho (também chamada de Oficina Internacional do Trabalho) é a secretaria permanente da OIT que, atuando sob a supervisão do Conselho de Administração e a direção do Diretor-Geral, é responsável pelo conjunto de atividades da Organização.

A Repartição conta com funcionários de mais de 150 nacionalidades, que desempenham suas atividades na sede da OIT em Genebra e em 40 escritórios sediados em diversos países do mundo. Uma boa parte dos funcionários da Repartição trabalham em programas de cooperação técnica e projetos.

A Repartição também conta com um centro de documentação e pesquisa, publicando estudos, informes e revistas especializados em matéria de trabalho.

1.3.4. Comissão de Peritos na Aplicação de Convenções e Recomendações

A ratificação de uma Convenção por um Estado-membro da OIT gera-lhe a obrigação de apresentar informes regulares sobre as medidas que tem adotado para a aplicação da respectiva Convenção.[7]

Além disso, a cada dois anos os Governos devem enviar para a OIT relatórios com informações detalhadas sobre as medidas que adotaram, na legislação e na prática, para aplicação das oito Convenções fundamentais e sobre as Convenções ratificadas no período. Em relação às demais Convenções, os relatórios devem ser encaminhados para a OIT a cada cinco anos, exceto em relação a Convenções que o país deixou de aplicar (neste caso, a comunicação tem que ser imediata).

Os Governos devem encaminhar cópia desses relatórios às organizações representativas de trabalhadores e de empregadores nacionais, sendo que referidas organizações podem enviar para a OIT comentários sobre eles. Independentemente dessa situação específica, tais organizações também podem encaminhar para a OIT comentários sobre a aplicação de Convenções pelo respectivo país.

A Comissão de Peritos na Aplicação de Convenções e Recomendações tem por finalidade o exame dos referidos relatórios encaminhados pelos governos e a análise da aplicação das normas internacionais do trabalho em cada um dos Estados-membros.

A Comissão realiza uma avaliação técnica imparcial sobre a condição de aplicação das normas internacionais do trabalho nos diversos Estados-membros da OIT.

No exercício dessa função, a Comissão de Peritos elabora dois tipos de documentos:

- **observações** — contêm comentários sobre as questões fundamentais propostas para a aplicação de uma determinada Convenção por parte de um Estado. São publicadas no Informe Anual da Comissão de Peritos;
- **solicitações diretas** — contêm questões mais técnicas ou pedidos de mais informação. São enviadas aos governos respectivos, não sendo publicadas no Informe Anual da Comissão de Peritos.

O Informe Anual da Comissão de Peritos na Aplicação de Convenções e Recomendações é composto de três partes:

- informações gerais, incluindo comentários sobre o respeito pelos Estados-membros das suas obrigações previstas na Constituição da OIT;
- observações sobre a aplicação das normas internacionais do trabalho pelos Estados-membros;

---

[7] Para estudo sobre os mecanismos de controle visando dar efetividade às Convenções e às Recomendações aprovadas pela Conferência Internacional do Trabalho, *vide* **item 2.2 (Parte III)**.

■ informações gerais sobre ratificações e atividades normativas dos Estados-membros.

As atividades regulares da Comissão de Peritos na Aplicação de Convenções e Recomendações incluem uma análise anual sobre o encaminhamento pelos Estados-membros aos seus órgãos legislativos dos instrumentos normativos internacionais adotados pela OIT, para estudo.

Importante ressaltar que o fato de um país decidir não ratificar uma Convenção não impede que harmonize sua legislação com tal Convenção. Ao contrário, os comentários e observações constantes do Informe Anual da Comissão de Peritos na Aplicação de Convenções e Recomendações podem servir de base para que o Estado-membro avalie a necessidade de modificar sua legislação e suas práticas, visando evitar problemas similares aos verificados pela Comissão em relação à aplicação das normas internacionais por outros países.

1.3.5. Comitê de Liberdade Sindical

A liberdade sindical e a negociação coletiva encontram-se entre os princípios que a OIT considera como fundamentais.

Pouco tempo depois da adoção das Convenções n. 87 e 98, a OIT chegou à conclusão de que o princípio da liberdade sindical requeria outros procedimentos de controle para garantia de seu cumprimento nos países que não haviam ratificado referidas Convenções. Como consequência, em 1951 foi criado o Comitê de Liberdade Sindical, com o objetivo de examinar as queixas sobre violações à liberdade sindical pelos Estados-membros, tanto em relação aos que ratificaram as Convenções como em relação aos que não o fizeram.

O Comitê de Liberdade Sindical é um dos Comitês do Conselho de Administração e é composto por um presidente independente e três representantes dos governos, três dos empregadores e três dos trabalhadores.

As organizações de trabalhadores e de empregadores podem apresentar queixas contra os Estados-membros em razão de violação ao princípio da liberdade sindical. Aceitando o caso, o Comitê entra em contato com o governo referido requerendo informações e dados a respeito do que consta da queixa.

Após a análise das informações enviadas pelo governo, caso entenda que houve violação das normas ou dos princípios de liberdade sindical, o Comitê emite um informe por intermédio do Conselho de Administração, formulando proposta sobre como poderia ser resolvida a situação. Posteriormente, solicita ao governo informações sobre a aplicação dessas recomendações.

O Comitê também pode propor uma missão de "contatos diretos" com o governo referido para abordar o problema diretamente com seus funcionários e com os interlocutores sociais, por um processo de diálogo.

1.4. ANEXOS

Como forma de facilitar a consulta e o estudo, anexamos a versão em português dos seguintes textos normativos internacionais:[8]

- Constituição da OIT;
- Convenção de Filadélfia;
- Declaração da OIT sobre os Princípios e Direitos Fundamentais no Trabalho;
- Declaração do Centenário da OIT para o Futuro do Trabalho.

1.4.1. Constituição da OIT e Declaração de Filadélfia

O texto em vigor da Constituição da Organização Internacional do Trabalho foi aprovado na 29.ª reunião da Conferência Internacional do Trabalho (Montreal, 1946) e tem, como anexo, a Declaração referente aos fins e objetivos da Organização, aprovada na 26.ª reunião da Conferência (Filadélfia, 1944).

A Constituição, assim revista, substituiu a adotada em 1919 e que fora emendada em 1922, 1934 e 1945. Sua vigência teve início em 20 de abril de 1948.

O Brasil ratificou o instrumento de emenda da Constituição da OIT em 13 de abril de 1948, conforme Decreto de Promulgação n. 25.696, de 20 de outubro de 1948.

**CONSTITUIÇÃO DA ORGANIZAÇÃO INTERNACIONAL
DO TRABALHO (OIT) E SEU ANEXO
(Declaração de Filadélfia)[9]**

Instrumento para a emenda da Constituição da Organização Internacional do Trabalho

A Conferência Geral da Organização Internacional do Trabalho, convocada pelo Conselho de Administração da Repartição Internacional do Trabalho e reunida em Montreal a 19 de setembro de 1946, em sua vigésima nona sessão, após haver decidido adotar determinadas propostas para a emenda da Constituição da Organização Internacional do Trabalho, questão compreendida no segundo item da ordem do dia da sessão, adota, aos nove de outubro de mil novecentos e quarenta e seis, o instrumento seguinte para a emenda da Constituição da Organização Internacional do Trabalho, instrumento que será denominado: Instrumento para a Emenda da Constituição da Organização Internacional do Trabalho, 1946.

---

[8] A Declaração do Centenário da OIT para o Futuro do Trabalho, adotada em 2019, ainda não teve sua versão em português disponibilizada pela OIT. Assim, embora trate-se de documento de extrema importância, deixamos de transcrever aqui seu texto. Para verificação do conteúdo da Declaração em outros idiomas (inglês, francês, espanhol, italiano, alemão), acesse https://www.ilo.org/ilc/ILCSessions/108/reports/texts-adopted/WCMS_711699/lang--es/index.htm.

[9] Texto extraído de SÜSSEKIND, Arnaldo. *Convenções da OIT*, p. 51-72.

Artigo 1.º
A partir da data da entrada em vigor do presente instrumento, a Constituição da Organização Internacional do Trabalho, cujo texto se encontra reproduzido na primeira coluna do anexo ao citado instrumento, vigorará na forma emendada que consta da segunda coluna.

Artigo 2.º
Dois exemplares autênticos do presente instrumento serão assinados pelo Presidente da Conferência e pelo Diretor-Geral da Repartição Internacional do Trabalho.

Um destes exemplares será depositado no arquivo da Repartição Internacional do Trabalho e o outro será entregue ao Secretário-Geral das Nações Unidas para fins de registro, de acordo com o art. 102 da Carta das Nações Unidas. O Diretor-Geral transmitirá uma cópia, devidamente autenticada, desse instrumento a cada um dos Estados-Membros da Organização Internacional do Trabalho.

Artigo 3.º
1. As ratificações ou aceitações formais do presente instrumento serão comunicadas ao Diretor-Geral da Repartição Internacional do Trabalho, que dará das mesmas conhecimento aos Estados-Membros da Organização.

2. O presente instrumento entrará em vigor nas condições previstas pelo art. 36 da Constituição da Organização Internacional do Trabalho.

3. Assim que o presente instrumento entrar em vigor, tal fato será comunicado, pelo Diretor-Geral da Repartição Internacional do Trabalho, a todos os Estados-Membros da referida Organização, ao Secretário-Geral das Nações Unidas e a todos os Estados signatários da Carta das Nações Unidas.

CONSTITUIÇÃO DA ORGANIZAÇÃO INTERNACIONAL DO TRABALHO

Preâmbulo

Considerando que a paz para ser universal e duradoura deve assentar sobre a justiça social;

Considerando que existem condições de trabalho que implicam, para grande número de indivíduos, miséria e privações, e que o descontentamento que daí decorre põe em perigo a paz e a harmonia universais, e considerando que é urgente melhorar essas condições no que se refere, por exemplo, à regulamentação das horas de trabalho, à fixação de uma duração máxima do dia e da semana de trabalho, ao recrutamento da mão de obra, à luta contra o desemprego, à garantia de um salário que assegure condições de existência convenientes, à proteção dos trabalhadores contra as moléstias graves ou profissionais e os acidentes do trabalho, à proteção das crianças, dos adolescentes e das mulheres, às pensões de velhice e de invalidez, à defesa dos interesses dos trabalhadores empregados no estrangeiro, à afirmação do princípio "para igual trabalho, mesmo salário", à afirmação do princípio de liberdade sindical, à organização do ensino profissional e técnico, e outras medidas análogas;

Considerando que a não adoção por qualquer nação de um regime de trabalho realmente humano cria obstáculos aos esforços das outras nações desejosas de melhorar a sorte dos trabalhadores nos seus próprios territórios.

AS ALTAS PARTES CONTRATANTES, movidas por sentimentos de justiça e humanidade e pelo desejo de assegurar uma paz mundial duradoura, visando os fins enunciados neste preâmbulo, aprovam a presente Constituição da Organização Internacional do Trabalho:

CAPÍTULO I
ORGANIZAÇÃO

Artigo 1.º

1. É criada uma Organização permanente, encarregada de promover a realização do programa exposto no preâmbulo da presente Constituição e na Declaração referente aos fins e objetivos da Organização Internacional do Trabalho, adotada em Filadélfia a 10 de maio de 1944 e cujo texto figura em anexo à presente Constituição.

2. Serão Membros da Organização Internacional do Trabalho os Estados que já o eram a 1.º de novembro de 1945, assim como quaisquer outros que o venham a ser, de acordo com os dispositivos dos parágrafos 3.º e 4.º do presente artigo.

3. Todo Estado-Membro das Nações Unidas, desde a criação desta instituição e todo Estado que for a ela admitido, na qualidade de Membro, de acordo com as disposições da Carta, por decisão da Assembleia Geral, podem tornar-se Membros da Organização Internacional do Trabalho, comunicando ao Diretor-Geral da Repartição Internacional do Trabalho que aceitou integralmente as obrigações decorrentes da Constituição da Organização Internacional do Trabalho.

4. A Conferência Geral da Organização Internacional do Trabalho tem igualmente poderes para conferir a qualidade de Membro da Organização, por maioria de dois terços do conjunto dos votos presentes, se a mesma maioria prevalecer entre os votos dos delegados governamentais. A admissão do novo Estado-Membro tornar-se-á efetiva quando ele houver comunicado ao Diretor-Geral da Repartição Internacional do Trabalho que aceita integralmente as obrigações decorrentes da Constituição da Organização.

5. Nenhum Estado-Membro da Organização Internacional do Trabalho poderá dela retirar-se sem aviso prévio ao Diretor-Geral da Repartição Internacional do Trabalho. A retirada tornar-se-á efetiva dois anos depois que este aviso prévio houver sido recebido pelo Diretor-Geral, sob condição de que o Estado-Membro haja, nesta data, preenchido todas as obrigações financeiras que decorrem da qualidade de Membro. Esta retirada não afetará, para o Estado-Membro que houver ratificado uma convenção, a validez das obrigações desta decorrentes, ou a ela relativas, durante o pedido previsto pela mesma convenção.

6. Quando um Estado houver deixado de ser Membro da Organização, sua readmissão nesta qualidade, far-se-á de acordo com os dispositivos dos parágrafos 3.º e 4.º do presente artigo.

Artigo 2.º

A Organização permanente compreenderá:

a) uma Conferência Geral constituída pelos Representantes dos Estados-Membros;

b) um Conselho de Administração composto como indicado no art. 7.º;

c) uma Repartição Internacional do Trabalho sob a direção de um Conselho de Administração.

Artigo 3.º

1. A Conferência geral dos representantes dos Estados-Membros realizará sessões sempre que for necessário, e, pelo menos, uma vez por ano. Será composta de quatro representantes de cada um dos Membros, dos quais dois serão Delegados do Governo e os outros dois representarão, respectivamente, os empregados e empregadores.

2. Cada Delegado poderá ser acompanhado por consultores técnicos, cujo número será de dois no máximo, para cada uma das matérias inscritas na ordem do dia da sessão. Quando a Conferência discutir questões que interessem particularmente às mulheres, uma ao menos das pessoas designadas como consultores técnicos deverá ser mulher.

3. Todo Estado-Membro responsável pelas relações internacionais de territórios não metropolitanos poderá designar, a mais, como consultores técnicos suplementares de cada um de seus delegados:

a) pessoas, por ele escolhidas, como representantes do território, em relação às matérias que entram na competência das autoridades do mesmo território;

b) pessoas por ele escolhidas como assistentes de seus delegados em relação às questões de interesse dos territórios que não se governam a si mesmos.

4. Tratando-se de um território colocado sob a autoridade conjunta de dois ou mais Estados-Membros, poder-se-á nomear assistentes para os delegados dos referidos Membros.

5. Os Estados-Membros comprometem-se a designar os delegados e consultores técnicos não governamentais de acordo com as organizações profissionais mais representativas, tanto dos empregadores como dos empregados, se essas organizações existirem.

6. Os consultores técnicos não serão autorizados a tomar a palavra senão por pedido feito pelo delegado a que são adidos e com a autorização especial do Presidente da Conferência. Não poderão votar.

7. Qualquer delegado poderá, por nota escrita dirigida ao Presidente, designar um de seus consultores técnicos como seu substituto, e este, nesta qualidade, poderá tomar parte nas deliberações e votar.

8. Os nomes dos delegados e de seus consultores técnicos serão comunicados à Repartição Internacional do Trabalho pelo Governo de cada Estado-Membro.

9. Os poderes dos delegados e de seus consultores técnicos serão submetidos à verificação da Conferência, que poderá, por dois terços, ou mais, dos votos presentes, recusar admitir qualquer delegado ou consultor técnico que julgue não ter sido designado conforme os termos deste artigo.

Artigo 4.º

1. Cada delegado terá o direito de votar individualmente em todas as questões submetidas às deliberações da Conferência.

2. No caso em que um dos Estados-Membros não haja designado um dos delegados não governamentais a que tiver direito, cabe ao outro delegado não governamental o direito de tomar parte nas discussões da Conferência, mas não o de votar.

3. Caso a Conferência, em virtude dos poderes que lhe confere o art. 3.º, recuse admitir um dos delegados de um dos Estados-Membros, as estipulações deste artigo serão aplicadas como se o dito delegado não tivesse sido designado.

Artigo 5.º

As sessões da Conferência realizar-se-ão no lugar determinado pelo Conselho de Administração, respeitadas quaisquer decisões que possam haver sido tomadas pela Conferência no decurso de uma sessão anterior.

Artigo 6.º

Qualquer mudança da sede da Repartição Internacional do Trabalho será decidida pela Conferência por uma maioria de dois terços dos sufrágios dos delegados presentes.

Artigo 7.º

1. O Conselho de Administração será composto de 56 pessoas: 28 representantes dos Governos, 14 representantes dos empregadores e 14 representantes dos empregados.

2. Dos vinte e oito representantes dos Governos, dez serão nomeados pelos Estados-Membros de maior importância industrial e dezoito serão nomeados pelos Estados-Membros designados para esse fim pelos delegados governamentais da Conferência, excluídos os delegados dos dez Membros acima mencionados.

3. O Conselho de Administração indicará, sempre que julgar oportuno, quais os Estados-Membros de maior importância industrial, e, antes de tal indicação, estabelecerá regras para garantir o exame, por uma comissão imparcial, de todas as questões relativas à referida indicação. Qualquer apelo formulado por um Estado-Membro contra a resolução do Conselho de Administração quanto aos Membros de maior importância industrial, será julgado pela Conferência, sem contudo suspender os efeitos desta resolução, enquanto a Conferência não se houver pronunciado.

4. Os representantes dos empregadores e os dos empregados serão, respectivamente, eleitos pelos delegados dos empregadores e pelos delegados dos trabalhadores à Conferência.

5. O Conselho será renovado de três em três anos. Se, por qualquer motivo, as eleições para o Conselho de Administração não se realizarem ao expirar este prazo, será mantido o mesmo Conselho de Administração até que se realizem tais eleições.

6. O processo de preencher as vagas, de designar os suplentes, e outras questões da mesma natureza, poderão ser resolvidas pelo Conselho de Administração, sob ressalva da aprovação da Conferência.

7. O Conselho de Administração elegerá entre os seus membros um presidente e dois vice-presidentes. Dentre os três eleitos, um representará um Governo e os dois outros, empregadores e empregados, respectivamente.

8. O Conselho de Administração estabelecerá o seu próprio regulamento e reunir-se-á nas épocas que determinar. Deverá realizar uma sessão especial, sempre que dezesseis dos seus Membros, pelo menos, formularem pedido por escrito para esse fim.

Artigo 8.º

1. A Repartição Internacional do Trabalho terá um Diretor-Geral, designado pelo Conselho de Administração, responsável, perante este, pelo bom funcionamento da Repartição e pela realização de todos os trabalhos que lhe forem confiados.

2. O Diretor-Geral ou o seu suplente assistirão a todas as sessões do Conselho de Administração.

Artigo 9.º

1. O pessoal da Repartição Internacional do Trabalho será escolhido pelo Diretor-Geral de acordo com as regras aprovadas pelo Conselho de Administração.

2. A escolha deverá ser feita, pelo Diretor-Geral, sempre que possível, entre pessoas de nacionalidades diversas, visando a maior eficiência no trabalho da Repartição.

3. Dentre essas pessoas deverá existir um certo número de mulheres.

4. O Diretor-Geral e o pessoal, no exercício de suas funções, não solicitarão nem aceitarão instruções de qualquer Governo ou autoridade estranha à Organização. Abster-se-ão de qualquer ato incompatível com sua situação de funcionários internacionais, responsáveis unicamente perante a Organização.

5. Os Estados-Membros da Organização comprometem-se a respeitar o caráter exclusivamente internacional das funções do Diretor-Geral e do pessoal e a não procurar influenciá-los quanto ao modo de exercê-las.

Artigo 10

1. A Repartição Internacional do Trabalho terá por funções a centralização e a distribuição de todas as informações referentes à regulamentação internacional da condição dos trabalhadores e do regime do trabalho e, em particular, o estudo das questões que lhe compete submeter às discussões da Conferência para conclusão das convenções internacionais assim como a realização de todos os inquéritos especiais prescritos pela Conferência, ou pelo Conselho de Administração.

2. A Repartição, de acordo com as diretrizes que possa receber do Conselho de Administração:

a) preparará a documentação sobre os diversos assuntos inscritos na ordem do dia das sessões da Conferência;

b) fornecerá, na medida de seus recursos, aos Governos que o pedirem, todo o auxílio adequado à elaboração de leis, consoante as decisões da Conferência, e, também, ao aperfeiçoamento da prática administrativa e dos sistemas de inspeção;

c) cumprirá, de acordo com o prescrito na presente Constituição, os deveres que lhe incumbem no que diz respeito à fiel observância das convenções;

d) redigirá e trará a lume, nas línguas que o Conselho de Administração julgar conveniente, publicações de interesse internacional sobre assuntos relativos à indústria e ao trabalho.

3. De um modo geral, terá quaisquer outros poderes e funções que a Conferência ou o Conselho de Administração julgarem acertado atribuir-lhe.

Artigo 11

Os Ministérios dos Estados-Membros, encarregados de questões relativas aos trabalhadores, poderão comunicar-se com o Diretor-Geral por intermédio do representante do seu Governo no Conselho de Administração da Repartição Internacional do Trabalho, ou, na falta desse representante, por intermédio de qualquer outro funcionário devidamente qualificado e designado para esse fim pelo Governo interessado.

Artigo 12

1. A Organização Internacional do Trabalho cooperará, dentro da presente Constituição, com qualquer organização internacional de caráter geral encarregada de coordenar as atividades de organizações de direito internacional público de funções especializadas, e também, com aquelas dentre estas últimas organizações, cujas funções se relacionem com as suas próprias.

2. A Organização Internacional do Trabalho poderá tomar as medidas que se impuserem para que os representantes das organizações de direito internacional público participem, sem direito de voto, de suas próprias deliberações.

3. A Organização Internacional do Trabalho poderá tomar todas as medidas necessárias para consultar, a seu alvitre, organizações internacionais não governamentais reconhecidas, inclusive organizações internacionais de empregadores, empregados, agricultores e cooperativistas.

Artigo 13

1. A Organização Internacional do Trabalho poderá concluir com as Nações Unidas quaisquer acordos financeiros e orçamentários que pareçam convenientes.

2. Antes da conclusão de tais acordos, ou, se, em dado momento, não os houver em vigor:

a) cada Membro pagará as despesas de viagem e de estada dos seus delegados, consultores técnicos ou representantes, que tomarem parte, seja nas sessões da Conferência, seja nas do Conselho de Administração;

b) quaisquer outras despesas da Repartição Internacional do Trabalho, ou provenientes das sessões da Conferência ou do Conselho de Administração, serão debitadas pelo Diretor-Geral da Repartição Internacional do Trabalho no orçamento da Organização Internacional do Trabalho;

c) as regras relativas à aprovação do orçamento da Organização Internacional do Trabalho, à distribuição das contribuições entre os Estados-Membros, assim como à arrecadação destas, serão estabelecidas pela Conferência por uma maioria de dois terços dos votos presentes. Tais regras estipularão que o orçamento e os acordos relativos à distribuição das despesas entre os Membros da Organização deverão ser aprovados por uma comissão constituída por representantes governamentais.

3. As despesas da Organização Internacional do Trabalho serão custeadas pelos Estados-Membros, segundo os acordos vigentes em virtude do parágrafo 1 ou do parágrafo 2 letra c do presente artigo.

4. Qualquer Estado-Membro da Organização, cuja dívida em relação a esta seja, em qualquer ocasião, igual ou superior ao total da contribuição que deveria ter pago nos dois anos completos anteriores, não poderá tomar parte nas votações da Conferência, do Conselho de Administração ou de qualquer comissão, ou nas eleições para o Conselho de Administração. A Conferência pode, entretanto, por maioria dos dois terços dos votos presentes, autorizar o Estado em questão a tomar parte na votação, ao verificar que o atraso é devido a motivo de força maior.

5. O Diretor-Geral da Repartição Internacional do Trabalho será responsável perante o Conselho de Administração pelo emprego dos fundos da Organização Internacional do Trabalho.

CAPÍTULO II
FUNCIONAMENTO

Artigo 14

1. O Conselho de Administração elaborará a ordem do dia das sessões da Conferência, depois de ter examinado todas as propostas feitas pelos Governos de quaisquer dos Membros, por qualquer organização representativa indicada no artigo 3.º, ou por qualquer organização de direito internacional público, sobre as matérias a incluir nessa ordem do dia.

2. O Conselho de Administração elaborará diretrizes para que a adoção pela Conferência de uma convenção ou de uma recomendação seja, por meio de uma conferência técnica preparatória ou por qualquer outro meio, precedida de um aprofundado preparo técnico e de uma consulta adequada dos Membros principalmente interessados.

Artigo 15

1. O Diretor-Geral exercerá as funções de Secretário-Geral da Conferência e deverá fazer com que cada Estado-Membro receba a ordem do dia, quatro meses antes da abertura da sessão. Deverá, também, por intermédio dos referidos Estados-Membros, enviá-la, com essa antecedência, aos delegados não governamentais já nomeados e, ainda, àqueles que o forem dentro desse prazo.

2. Os relatórios sobre cada assunto inscrito na ordem do dia deverão ser comunicados aos Membros de modo a dar-lhes tempo de estudá-los convenientemente, antes da reunião da Conferência. O Conselho de Administração formulará diretrizes para execução deste dispositivo.

Artigo 16

1. Cada Estado-Membro terá o direito de impugnar a inscrição, na ordem do dia da sessão, de um, ou diversos dos assuntos previstos. Os motivos justificativos dessa oposição

deverão ser expostos numa memória dirigida ao Diretor-Geral, que deverá comunicá-la aos Estados-Membros da Organização.

2. Os assuntos impugnados ficarão, não obstante, incluídos na ordem do dia, se assim a Conferência o decidir por dois terços dos votos presentes.

3. Toda questão, que a Conferência decidir, pelos mesmos dois terços, seja examinada (diversamente do previsto no parágrafo precedente), será incluída na ordem do dia da sessão seguinte.

Artigo 17

1. A Conferência elegerá um presidente e três vice-presidentes. Os três vice-presidentes serão, respectivamente, um delegado governamental, um delegado dos empregadores e um delegado dos trabalhadores. A Conferência formulará as regras do seu funcionamento; poderá instituir comissões encarregadas de dar parecer sobre todas as questões que ela julgar conveniente sejam estudadas.

2. As decisões serão tomadas por simples maioria dos votos presentes, exceto nos casos em que outra fórmula não for prescrita pela presente Constituição, por qualquer convenção ou instrumento que confira poderes à Conferência, ou, ainda, pelos acordos financeiros e orçamentários adotados em virtude do artigo 13.

3. Nenhuma votação será válida, se o número dos votos reunidos for inferior à metade do dos delegados presentes à sessão.

Artigo 18

A Conferência poderá adir às suas comissões consultores técnicos, sem direito de voto.

Artigo 19

1. Se a Conferência pronunciar-se pela aceitação de propostas relativas a um assunto na sua ordem do dia, deverá decidir se essas propostas tomarão a forma: a) de uma convenção internacional; b) de uma recomendação, quando o assunto tratado, ou um de seus aspectos não permitir a adoção imediata de uma convenção.

2. Em ambos os casos, para que uma convenção ou uma recomendação seja aceita em votação final pela Conferência, são necessários dois terços dos votos presentes.

3. A Conferência deverá, ao elaborar uma convenção ou uma recomendação de aplicação geral, levar em conta os países que se distinguem pelo clima, pelo desenvolvimento incompleto da organização industrial ou por outras circunstâncias especiais relativas à indústria, e deverá sugerir as modificações que correspondem, a seu ver, às condições particulares desses países.

4. Dois exemplares da convenção ou da recomendação serão assinados pelo Presidente da Conferência e pelo Diretor-Geral. Um destes exemplares será depositado nos arquivos da Repartição Internacional do Trabalho e o outro entregue ao Secretário-Geral das Nações Unidas. O Diretor-Geral remeterá a cada um dos Estados-Membros uma cópia autêntica da convenção ou da recomendação.

5. Tratando-se de uma convenção:

a) será dado a todos os Estados-Membros conhecimento da convenção para fins de ratificação;

b) cada um dos Estados-Membros compromete-se a submeter, dentro do prazo de um ano, a partir do encerramento da sessão da Conferência (ou, quando, em razão de circunstâncias excepcionais, tal não for possível, logo que o seja, sem nunca exceder o prazo de 18 meses após o referido encerramento), a convenção à autoridade ou autoridades em cuja competência entre a matéria, a fim de que estas a transformem em lei ou tomem medidas de outra natureza;

c) os Estados-Membros darão conhecimento ao Diretor-Geral da Repartição Internacional do Trabalho das medidas tomadas, em virtude do presente artigo, para submeter a convenção à autoridade ou autoridades competentes, comunicando-lhe, também, todas as informações sobre as mesmas autoridades e sobre as decisões que estas houverem tomado;

d) o Estado-Membro que tiver obtido o consentimento da autoridade, ou autoridades competentes, comunicará ao Diretor-Geral a ratificação formal da convenção e tomará as medidas necessárias para efetivar as disposições da dita convenção;

e) quando a autoridade competente não der seu assentimento a uma convenção, nenhuma obrigação terá o Estado-Membro a não ser a de informar o Diretor-Geral da Repartição Internacional do Trabalho — nas épocas que o Conselho de Administração julgar convenientes — sobre a sua legislação e prática observada relativamente ao assunto de que trata a convenção. Deverá, também, precisar nestas informações até que ponto aplicou, ou pretende aplicar, dispositivos da convenção, por intermédio de leis, por meios administrativos, por força de contratos coletivos, ou, ainda, por qualquer outro processo, expondo, outrossim, as dificuldades que impedem ou retardam a ratificação da convenção.

6. Em se tratando de uma recomendação:

a) será dado conhecimento da recomendação a todos os Estados-Membros, a fim de que estes a considerem, atendendo à sua efetivação por meio de lei nacional ou por outra qualquer forma;

b) cada um dos Estados-Membros compromete-se a submeter, dentro do prazo de um ano a partir do encerramento da sessão da Conferência (ou, quando, em razão de circunstâncias excepcionais, tal não for possível, logo que o seja, sem nunca exceder o prazo de 18 meses após o referido encerramento), a recomendação à autoridade ou autoridades em cuja competência entre a matéria, a fim de que estas a transformem em lei ou tomem medidas de outra natureza;

c) os Estados-Membros darão conhecimento ao Diretor-Geral da Repartição Internacional do Trabalho das medidas tomadas, em virtude do presente artigo, para submeter a recomendação à autoridade ou autoridades competentes, comunicando-lhe, também as decisões que estas houverem tomado;

d) além da obrigação de submeter a recomendação à autoridade ou autoridades competentes, o Membro só terá a de informar o Diretor-Geral da Repartição Internacional do Trabalho — nas épocas que o Conselho de Administração julgar convenientes — sobre a sua legislação e prática observada relativamente ao assunto de que trata a recomendação. Deverá também precisar nestas informações até que ponto aplicou ou pretende aplicar dispositivos da recomendação, e indicar as modificações destes dispositivos que sejam ou venham a ser necessárias para adotá-los ou aplicá-los.

7. No caso de um Estado federado serão aplicados os dispositivos seguintes:

a) as obrigações do Estado federado serão as mesmas que as dos Membros que o não forem, no tocante às convenções e às recomendações para as quais o Governo Federal considere que, de acordo com o seu sistema constitucional, é adequada uma ação federal;

b) no que disser respeito às convenções e recomendações para as quais o Governo Federal considere que, de acordo com o seu sistema constitucional, uma ação da parte dos Estados, das províncias ou dos cantões que o compõem, é — relativamente a alguns ou a todos os pontos — mais adequada do que uma ação federal, o referido Governo deverá:

I) concluir, segundo a sua própria constituição e as dos Estados componentes, províncias ou cantões interessados, acordos efetivos para que tais convenções ou recomendações sejam, no prazo máximo de 18 meses após o encerramento da sessão da Conferência, submetidas às devidas autoridades federais ou às dos Estados competentes, províncias ou cantões, para fins de uma ação legislativa ou outra de qualquer natureza;

II) tomar as necessárias medidas — sob reserva do consentimento dos Governos dos Estados componentes, províncias ou cantões interessados — para que, periodicamente, as autoridades federais, de um lado e de outro, a dos Estados componentes, províncias ou cantões, se consultem reciprocamente, a fim de empreenderem uma ação coordenada no sentido de tornarem efetivos, em todo o país, os dispositivos destas convenções e recomendações;

III) informar o Diretor-Geral da Repartição Internacional do Trabalho das medidas tomadas, em virtude do presente artigo, para submeter tais convenções e recomendações às devidas autoridades federais, às dos Estados componentes, províncias ou cantões, comunicando-lhe todas as informações sobre as autoridades consideradas como legítimas e sobre as decisões que estas houverem tomado;

IV) relativamente a uma convenção não ratificada, informar o Diretor-Geral da Repartição Internacional do Trabalho, nas épocas que o Conselho de Administração julgar convenientes, sobre a legislação da federação, dos Estados constituintes, das províncias ou dos cantões, e sobre a prática, por umas e outros, observada, relativamente ao assunto de que trata essa convenção. Deverá, também, precisar até que ponto deu-se ou se pretende dar aplicação a dispositivos da mesma convenção, por intermédio de leis, por meios administrativos, por força de contratos coletivos, ou, ainda por qualquer outro processo;

V) relativamente a uma recomendação, informar o Diretor-Geral da Repartição Internacional do Trabalho, nas épocas que o Conselho de Administração julgar convenientes, sobre a legislação da federação, dos Estados constituintes, das províncias ou dos cantões, e sobre a prática, por umas e outros, observada relativamente ao assunto de que trata essa recomendação. Deverá, também, precisar, nestas informações, até que ponto deu-se ou se pretende dar aplicação a dispositivos da recomendação, indicando as modificações destes dispositivos que sejam ou venham a ser necessárias para adotá-los ou aplicá-los.

8. Em caso algum, a adoção, pela Conferência, de uma convenção ou recomendação, ou a ratificação, por um Estado-Membro, de uma convenção, deverão ser consideradas como afetando qualquer lei, sentença, costumes ou acordos que assegurem aos trabalhadores interessados condições mais favoráveis que as previstas pela convenção ou recomendação.

Artigo 20

Qualquer convenção assim ratificada será comunicada pelo Diretor-Geral da Repartição Internacional do Trabalho ao Secretário-Geral das Nações Unidas, para fins de registro, de acordo com o art. 102 da Carta das Nações Unidas, obrigando apenas os Estados-Membros que a tiverem ratificado.

Artigo 21

1. Todo projeto que, no escrutínio final, não obtiver dois terços dos votos presentes, poderá ser objeto de uma convenção particular entre os Membros da Organização que o desejarem.
2. Toda convenção, assim concluída, será comunicada pelos Governos interessados ao Diretor-Geral da Repartição Internacional do Trabalho e ao Secretário-Geral das Nações Unidas para fins de registro, de acordo com os termos do art. 102 da Carta das Nações Unidas.

Artigo 22

Os Estados-Membros comprometem-se a apresentar à Repartição Internacional do Trabalho um relatório anual sobre as medidas por eles tomadas para execução das convenções a que aderiram. Esses relatórios serão redigidos na forma indicada pelo Conselho de Administração e deverão conter as informações pedidas por este Conselho.

Artigo 23

1. O Diretor-Geral apresentará à Conferência, na sessão seguinte, um resumo das informações e dos relatórios que, de acordo com os artigos 19 e 22, lhe houverem sido transmitidos.
2. Os Estados-Membros remeterão às organizações representativas, reconhecidas como tais, para os fins mencionados no art. 3.º, cópia das informações e dos relatórios transmitidos ao Diretor-Geral, de acordo com os arts. 19 e 22.

Artigo 24

Toda reclamação, dirigida à Repartição Internacional do Trabalho, por uma organização profissional de empregados ou de empregadores, e segundo a qual um dos Estados-Membros não tenha assegurado satisfatoriamente a execução de uma convenção a que o dito Estado haja aderido, poderá ser transmitida pelo Conselho de Administração ao Governo em questão e este poderá ser convidado a fazer, sobre a matéria, a declaração que julgar conveniente.

Artigo 25

Se nenhuma declaração for enviada pelo Governo em questão, num prazo razoável, ou se a declaração recebida não parecer satisfatória ao Conselho de Administração, este último terá o direito de tornar pública a referida reclamação e, segundo o caso, a resposta dada.

Artigo 26

1. Cada Estado-Membro poderá enviar uma queixa à Repartição Internacional do Trabalho contra outro Estado-Membro que, na sua opinião, não houver assegurado

satisfatoriamente a execução de uma convenção que um e outro tiverem ratificado em virtude dos artigos precedentes.

2. O Conselho de Administração poderá, se achar conveniente, antes de enviar a questão a uma comissão de inquérito, segundo o processo indicado adiante, pôr-se em comunicação com o Governo visado pela queixa, do modo indicado no art. 24.

3. Se o Conselho de Administração não julgar necessário comunicar a queixa ao Governo em questão, ou, se essa comunicação, havendo sido feita, nenhuma resposta que satisfaça o referido Conselho, tiver sido recebida dentro de um prazo razoável, o Conselho poderá constituir uma comissão de inquérito que terá a missão de estudar a reclamação e apresentar parecer a respeito.

4. O Conselho também poderá tomar as medidas supramencionadas, quer *ex officio*, quer baseado na queixa de um delegado à Conferência.

5. Quando uma questão suscitada nos termos dos arts. 25 ou 26 for levada ao Conselho de Administração, o Governo em causa, se não tiver representante junto àquele, terá o direito de designar um delegado para tomar parte nas deliberações do mesmo, relativas ao caso. A data de tais deliberações será comunicada em tempo oportuno ao Governo em questão.

Artigo 27
No caso de ser enviada uma queixa em virtude do art. 26, a uma Comissão de Inquérito, todo Estado-Membro, nela diretamente interessado ou não, comprometer-se-á a pôr à disposição da Comissão todas as informações que se acharem em seu poder relativas ao objeto da queixa.

Artigo 28
A Comissão de Inquérito, após exame aprofundado da queixa, redigirá um relatório do qual constarão não só suas verificações sobre todos os pontos que permitam bem medir o valor da contestação, como, também, as medidas que recomenda para dar satisfação ao Governo queixoso e os prazos, dentro dos quais, as mesmas medidas devam ser postas em execução.

Artigo 29
1. O Diretor-Geral da Repartição Internacional do Trabalho transmitirá o relatório da Comissão de Inquérito ao Conselho de Administração e a cada Governo interessado no litígio, assegurando a sua publicação.

2. Cada Governo interessado deverá comunicar ao Diretor-Geral da Repartição Internacional do Trabalho, dentro do prazo de três meses, se aceita ou não as recomendações contidas no relatório da Comissão, e, em caso contrário, se deseja que a divergência seja submetida à Corte Internacional de Justiça.

Artigo 30
Caso um dos Estados-Membros não tome, relativamente a uma convenção ou a uma recomendação, as medidas prescritas nos parágrafos 5 b, 6 b, ou 7 b, I do art. 19, qualquer outro Estado-Membro terá o direito de levar a questão ao Conselho de Administração. O Conselho de Administração submeterá o assunto à Conferência, na hipótese de julgar que o Membro não tomou as medidas prescritas.

Artigo 31
Será inapelável a decisão da Corte Internacional de Justiça sobre uma queixa ou questão que lhe tenha sido submetida, conforme o art. 29.

Artigo 32
As conclusões ou recomendações eventuais da Comissão de Inquérito poderão ser confirmadas, alteradas ou anuladas pela Corte Internacional de Justiça.

Artigo 33
Se um Estado-Membro não se conformar, no prazo prescrito, com as recomendações eventualmente contidas no relatório da Comissão de Inquérito, ou na decisão da Corte Internacional de Justiça, o Conselho de Administração poderá recomendar à Conferência a adoção de qualquer medida que lhe pareça conveniente para assegurar a execução das mesmas recomendações.

Artigo 34
O Governo culpado poderá, em qualquer ocasião, informar o Conselho de Administração que tomou as medidas necessárias a fim de se conformar com as recomendações da Comissão de Inquérito ou com as da decisão da Corte Internacional de Justiça. Poderá, também, pedir ao Conselho que nomeie uma Comissão de Inquérito para verificar suas afirmações. Neste caso, aplicar-se-ão as estipulações dos arts. 27, 28, 29, 31 e 32, e, se o relatório da Comissão de Inquérito ou a decisão da Corte Internacional de Justiça, for favorável ao referido Governo, o Conselho de Administração deverá imediatamente recomendar que as medidas tomadas de acordo com o art. 33 sejam revogadas.

CAPÍTULO III
DISPOSIÇÕES GERAIS

Artigo 35
1. Excetuados os casos em que os assuntos tratados na convenção não se enquadrem na competência das autoridades do território e aqueles em que a convenção for aplicável, dadas as condições locais, os Estados-Membros comprometem-se a aplicar as convenções que — de acordo com os dispositivos da presente Constituição — houverem ratificado aos territórios não metropolitanos, por cujas relações internacionais forem responsáveis, inclusive aos territórios sob tutela cuja administração lhes competir, admitindo-se reserva quanto às modificações necessárias para se adaptarem tais convenções às condições locais.

2. Todo Estado-Membro deve, no mais breve prazo, após haver ratificado uma convenção, declarar ao Diretor-Geral da Repartição Internacional do Trabalho até que ponto se compromete a aplicá-la aos territórios não visados pelos parágrafos 4 e 5 abaixo, e fornecer-lhe, também, todas as informações que possam ser prescritas pela mesma convenção.

3. Todo Estado-Membro, que tiver formulado uma declaração como previsto no parágrafo precedente, poderá, de acordo com os artigos da convenção, fazer, periodicamente, nova declaração que modifique os termos mencionados no parágrafo precedente.

4. Quando os assuntos tratados na convenção forem da competência das autoridades de um território não metropolitano, o Estado-Membro responsável pelas relações internacionais deste território deverá, no mais breve prazo possível, comunicar a convenção ao Governo do mesmo, para que este Governo promulgue leis ou tome outras medidas. Em seguida poderá o Estado-Membro, de acordo com o mencionado Governo, declarar ao Diretor-Geral da Repartição Internacional do Trabalho que aceita as obrigações da convenção em nome do território.

5. Uma declaração de aceitação das obrigações de uma convenção poderá ser comunicada ao Diretor-Geral da Repartição Internacional do Trabalho:

a) por dois ou mais Estados-Membros da Organização, em se tratando de um território sob sua autoridade conjunta;

b) por qualquer autoridade internacional responsável pela administração de um território por força dos dispositivos da Carta das Nações Unidas, ou de qualquer outro dispositivo em vigor que se aplique ao mesmo território.

6. A aceitação das obrigações de uma convenção, segundo os parágrafos 4 e 5, acarretará a aceitação, em nome do território interessado, das obrigações que resultam dos termos da convenção, e, também, daquelas que, de acordo com a Constituição da Organização, decorrem da ratificação. Qualquer declaração de aceitação pode especificar as modificações dos dispositivos da convenção que seriam necessárias para adaptá-las às condições locais.

7. Todo Estado-Membro ou autoridade internacional, que houver feito uma declaração na forma prevista pelos parágrafos 4 e 5 do presente artigo, poderá, de acordo com os artigos da convenção, formular periodicamente nova declaração que modifique os termos de qualquer das anteriores ou que torne sem efeito a aceitação da convenção em nome do território interessado.

8. Se as obrigações decorrentes de uma convenção não forem aceitas quanto a um dos territórios visados pelos parágrafos 4 ou 5 do presente artigo, o Membro, os Membros, ou a autoridade internacional transmitirão ao Diretor-Geral da Repartição Internacional do Trabalho, um relatório sobre a legislação do mesmo território e sobre a prática nele observada, relativamente ao assunto de que trata a convenção. O relatório indicará até que ponto se aplicaram ou se pretendem aplicar dispositivos da convenção, por intermédio de leis, por meios administrativos, por força de contratos coletivos, ou por qualquer outro processo, expondo, outrossim, as dificuldades que impedem ou retardam a ratificação da dita convenção.

Artigo 36

As emendas à presente Constituição, aceitas pela Conferência por dois terços dos votos presentes, entrarão em vigor quando forem ratificadas por dois terços dos Estados-Membros da Organização, incluindo cinco dentre os dez representados no Conselho de Administração como sendo os de maior importância industrial, de acordo com o disposto no artigo 7, parágrafo 3, da presente Constituição.

Artigo 37

1. Quaisquer questões ou dificuldades relativas à interpretação da presente Constituição e das convenções ulteriores concluídas pelos Estados-Membros, em virtude da mesma, serão submetidas à apreciação da Corte Internacional de Justiça.

2. O Conselho de Administração poderá, não obstante o disposto no parágrafo 1 do presente artigo, formular e submeter à aprovação da Conferência, regras destinadas a instituir um tribunal para resolver com presteza qualquer questão ou dificuldade relativa à interpretação de uma convenção que a ele seja levada pelo Conselho de Administração, ou, segundo o prescrito na referida convenção. O Tribunal instituído, em virtude do presente parágrafo, regulará seus atos pelas decisões ou pareceres da Corte Internacional de Justiça. Qualquer sentença pronunciada pelo referido tribunal será comunicada aos Estados-Membros da Organização, cujas observações, a ela relativas, serão transmitidas à Conferência.

Artigo 38
1. A Organização Internacional do Trabalho poderá convocar conferências regionais e criar instituições do mesmo caráter, quando julgar que umas e outras serão úteis aos seus fins e objetivos.
2. Os poderes, as funções e o regulamento das conferências regionais obedecerão às normas formuladas pelo Conselho de Administração e por ele apresentadas à Conferência Geral para fins de confirmação.

CAPÍTULO IV
DISPOSIÇÕES DIVERSAS

Artigo 39
A Organização Internacional do Trabalho deve ter personalidade jurídica, e, precipuamente, capacidade para:
a) adquirir bens, móveis e imóveis, e dispor dos mesmos;
b) contratar;
c) intentar ações.

Artigo 40
1. A Organização Internacional do Trabalho gozará, nos territórios de seus Membros, dos privilégios e das imunidades necessárias a consecução dos seus fins.
2. Os delegados à Conferência, os membros do Conselho de Administração, bem como o Diretor-Geral e os funcionários da Repartição, gozarão, igualmente, dos privilégios e imunidades necessárias para exercerem, com inteira independência, as funções que lhes competem, relativamente à Organização.
3. Tais privilégios serão especificados por um acordo em separado, que será elaborado pela Organização para fins de aceitação pelos Estados-Membros.

ANEXO
DECLARAÇÃO REFERENTE AOS FINS E OBJETIVOS
DA ORGANIZAÇÃO INTERNACIONAL DO TRABALHO
(Declaração de Filadélfia)

A Conferência Geral da Organização Internacional do Trabalho, reunida em Filadélfia em sua vigésima sexta sessão, adota, aos dez de maio de mil novecentos e quarenta e quatro, a presente Declaração, quanto aos itens e objetivos da Organização Internacional do Trabalho e aos princípios que devem inspirar a política dos seus Membros.

I.

A Conferência reafirma os princípios fundamentais sobre os quais repousa a Organização, principalmente os seguintes:

a) o trabalho não é uma mercadoria;

b) a liberdade de expressão e de associação é uma condição indispensável a um progresso ininterrupto;

c) a penúria, seja onde for, constitui um perigo para a prosperidade geral;

d) a luta contra a carência, em qualquer nação, deve ser conduzida com infatigável energia, e por um esforço internacional contínuo e conjugado, no qual os representantes dos empregadores e dos empregados discutam, em igualdade, com os dos Governos, e tomem com eles decisões de caráter democrático, visando o bem comum.

II.

A Conferência, convencida de ter a experiência plenamente demonstrado a verdade da declaração contida na Constituição da Organização Internacional do Trabalho, que a paz, para ser duradoura, deve assentar sobre a justiça social, afirma que:

a) todos os seres humanos de qualquer raça, crença ou sexo, têm o direito de assegurar o bem-estar material e o desenvolvimento espiritual dentro da liberdade e da dignidade, da tranquilidade econômica e com as mesmas possibilidades;

b) a realização de condições que permitam o exercício de tal direito deve constituir o principal objetivo de qualquer política nacional ou internacional;

c) quaisquer planos ou medidas, no terreno nacional ou internacional, máxime os de caráter econômico e financeiro, devem ser considerados sob esse ponto de vista e somente aceitos, quando favorecerem, e não entravarem, a realização desse objetivo principal;

d) compete à Organização Internacional do Trabalho apreciar, no domínio internacional, tendo em vista tal objetivo, todos os programas de ação e medidas de caráter econômico e financeiro;

e) no desempenho das funções que lhe são confiadas, a Organização Internacional do Trabalho tem capacidade para incluir em suas decisões e recomendações quaisquer disposições que julgar convenientes, após levar em conta todos os fatores econômicos e financeiros de interesse.

III.

A Conferência proclama solenemente que a Organização Internacional do Trabalho tem a obrigação de auxiliar as Nações do Mundo na execução de programas que visem:

a) proporcionar emprego integral para todos e elevar os níveis de vida;

b) dar a cada trabalhador uma ocupação na qual ele tenha a satisfação de utilizar, plenamente, sua habilidade e seus conhecimentos e de contribuir para o bem geral;

c) favorecer, para atingir o fim mencionado no parágrafo precedente, as possibilidades de formação profissional e facilitar as transferências e migrações de trabalhadores e de colonos, dando as devidas garantias a todos os interessados;

d) adotar normas referentes aos salários e às remunerações, ao horário e às outras condições de trabalho, a fim de permitir que todos usufruam do progresso e, também, que todos os assalariados, que ainda não o tenham, percebam, no mínimo, um salário vital;

e) assegurar o direito de ajustes coletivos, incentivar a cooperação entre empregadores e trabalhadores para melhoria contínua da organização da produção e a colaboração de uns e outros na elaboração e na aplicação da política social e econômica;

f) ampliar as medidas de segurança social, a fim de assegurar tanto uma renda mínima e essencial a todos a quem tal proteção é necessária, como assistência médica completa;

g) assegurar uma proteção adequada da vida e da saúde dos trabalhadores em todas as ocupações;

h) garantir a proteção da infância e da maternidade;

i) obter um nível adequado de alimentação, de alojamento, de recreação e de cultura;

j) assegurar as mesmas oportunidades para todos em matéria educativa e profissional.

IV.

A Conferência — convencida de que uma utilização mais ampla e completa dos recursos da terra é necessária para a realização dos objetivos enumerados na presente Declaração, e pode ser assegurada por uma ação eficaz nos domínios internacional e nacional, em particular mediante medidas tendentes a promover a expansão da produção e do consumo, a evitar flutuações econômicas graves, a realizar o progresso econômico e social das regiões menos desenvolvidas, a obter maior estabilidade nos preços mundiais de matérias-primas e de produtos, e a favorecer um comércio internacional de volume elevado e constante — promete a inteira colaboração da Organização Internacional do Trabalho a todos os organismos internacionais aos quais possa ser atribuída uma parcela de responsabilidade nesta grande missão, como na melhoria da saúde, no aperfeiçoamento da educação e do bem-estar de todos os povos.

V.

A Conferência afirma que os princípios contidos na presente Declaração convêm integralmente a todos os povos e que sua aplicação progressiva, tanto àqueles que são ainda dependentes, como aos que já se podem governar a si próprios, interessa o conjunto do mundo civilizado, embora deva-se levar em conta, nas variedades dessa aplicação, o grau de desenvolvimento econômico e social atingido por cada um.

1.4.2. Declaração da OIT sobre os Princípios e Direitos Fundamentais no Trabalho[10]

Considerando que a criação da OIT procede da convicção de que a justiça social é essencial para garantir uma paz universal e permanente;

Considerando que o crescimento econômico é essencial, mas insuficiente, para assegurar a equidade, o progresso social e a erradicação da pobreza, o que confirma a necessidade de que a OIT promova políticas sociais sólidas, a justiça e instituições democráticas;

Considerando, portanto, que a OIT deve hoje, mais do que nunca, mobilizar o conjunto de seus meios de ação normativa, de cooperação técnica e de investigação em todos

---

[10] Texto extraído de www.ilo.org.br.

os âmbitos de sua competência, e em particular no âmbito do emprego, a formação profissional e as condições de trabalho, a fim de que no âmbito de uma estratégia global de desenvolvimento econômico e social, as políticas econômicas e sociais se reforcem mutuamente com vistas à criação de um desenvolvimento sustentável de ampla base;

Considerando que a OIT deveria prestar especial atenção aos problemas de pessoas com necessidades sociais especiais, em particular os desempregados e os trabalhadores migrantes, mobilizar e estimular os esforços nacionais, regionais e internacionais encaminhados à solução de seus problemas, e promover políticas eficazes destinadas à criação de emprego;

Considerando que, com o objetivo de manter o vínculo entre progresso social e crescimento econômico, a garantia dos princípios e direitos fundamentais no trabalho reveste uma importância e um significado especiais ao assegurar aos próprios interessados a possibilidade de reivindicar livremente e em igualdade de oportunidades uma participação justa nas riquezas a cuja criação têm contribuído, assim como a de desenvolver plenamente seu potencial humano;

Considerando que a OIT é a organização internacional com mandato constitucional e o órgão competente para estabelecer Normas Internacionais do Trabalho e ocupar-se das mesmas, e que goza de apoio e reconhecimento universais na promoção dos direitos fundamentais no trabalho como expressão de seus princípios constitucionais;

Considerando que numa situação de crescente interdependência econômica urge reafirmar a permanência dos princípios e direitos fundamentais inscritos na Constituição da Organização, assim como promover sua aplicação universal;

A Conferência Internacional do Trabalho,

1. Lembra:

a) que no momento de incorporar-se livremente à OIT, todos os Membros aceitaram os princípios e direitos enunciados em sua Constituição e na Declaração de Filadélfia, e se comprometeram a esforçar-se por alcançar os objetivos gerais da Organização na medida de suas possibilidades e atendendo a suas condições específicas;

b) que esses princípios e direitos têm sido expressados e desenvolvidos sob a forma de direitos e obrigações específicos em convenções que foram reconhecidas como fundamentais dentro e fora da Organização.

2. Declara que todos os Membros, ainda que não tenham ratificado as convenções aludidas, têm um compromisso derivado do fato de pertencer à Organização de respeitar, promover e tornar realidade, de boa-fé e de conformidade com a Constituição, os princípios relativos aos direitos fundamentais que são objeto dessas convenções, isto é:

a) a liberdade sindical e o reconhecimento efetivo do direito de negociação coletiva;
b) a eliminação de todas as formas de trabalho forçado ou obrigatório;
c) a abolição efetiva do trabalho infantil; e
d) a eliminação da discriminação em matéria de emprego e ocupação.

3. Reconhece a obrigação da Organização de ajudar a seus Membros, em resposta às necessidades que tenham sido estabelecidas e expressadas, a alcançar esses objetivos fazendo pleno uso de seus recursos constitucionais, de funcionamento e orçamentários, incluída a mobilização de recursos e apoio externos, assim como estimulando a outras

organizações internacionais com as quais a OIT tenha estabelecido relações, de conformidade com o artigo 12 de sua Constituição, a apoiar esses esforços:

a) oferecendo cooperação técnica e serviços de assessoramento destinados a promover a ratificação e aplicação das convenções fundamentais;

b) assistindo aos Membros que ainda não estão em condições de ratificar todas ou algumas dessas convenções em seus esforços por respeitar, promover e tornar realidade os princípios relativos aos direitos fundamentais que são objeto dessas convenções; e

c) ajudando aos Membros em seus esforços por criar um meio ambiente favorável de desenvolvimento econômico e social.

4. Decide que, para tornar plenamente efetiva a presente Declaração, implementar-se-á um seguimento promocional, que seja crível e eficaz, de acordo com as modalidades que se estabelecem no anexo que será considerado parte integrante da Declaração.

5. Sublinha que as normas do trabalho não deveriam utilizar-se com fins comerciais protecionistas e que nada na presente Declaração e seu seguimento poderá invocar-se nem utilizar-se de outro modo com esses fins; ademais, não deveria de modo algum colocar-se em questão a vantagem comparativa de qualquer país sobre a base da presente Declaração e seu seguimento.

ANEXO
SEGUIMENTO DA DECLARAÇÃO

I. OBJETIVO GERAL

1. O objetivo do seguimento descrito a seguir é estimular os esforços desenvolvidos pelos Membros da Organização com o objetivo de promover os princípios e direitos fundamentais consagrados na Constituição da OIT e a Declaração de Filadélfia, que a Declaração reitera.

2. De conformidade com este objetivo estritamente promocional, o presente seguimento deverá contribuir a identificar os âmbitos em que a assistência da Organização, por meio de suas atividades de cooperação técnica, possa resultar útil a seus Membros com o fim de ajudá-los a tornar efetivos esses princípios e direitos fundamentais. Não poderá substituir os mecanismos de controle estabelecidos nem obstar seu funcionamento; por conseguinte, as situações particulares próprias ao âmbito desses mecanismos não poderão discutir-se ou rediscutir-se no âmbito do referido seguimento.

3. Os dois aspectos do presente seguimento, descritos a seguir, recorrerão aos procedimentos existentes; o seguimento anual relativo às convenções não ratificadas somente suporá certos ajustes às atuais modalidades de aplicação do artigo 19, parágrafo 5, *e)* da Constituição, e o relatório global permitirá otimizar os resultados dos procedimentos realizados em cumprimento da Constituição.

II. SEGUIMENTO ANUAL RELATIVO ÀS CONVENÇÕES FUNDAMENTAIS NÃO RATIFICADAS

A. Objeto e âmbito de aplicação

1. Seu objetivo é proporcionar uma oportunidade de seguir a cada ano, mediante um procedimento simplificado que substituirá o procedimento quadrienal introduzido em

1995 pelo Conselho de Administração, os esforços desenvolvidos de acordo com a Declaração pelos Membros que não ratificaram ainda todas as convenções fundamentais.
2. O seguimento abrangerá a cada ano as quatro áreas de princípios e direitos fundamentais enumerados na Declaração.

B. Modalidades

1. O seguimento terá como base relatórios solicitados aos Membros em virtude do artigo 19, parágrafo 5, *e)* da Constituição. Os formulários de memória serão estabelecidos com a finalidade de obter dos governos que não tiverem ratificado alguma das convenções fundamentais, informação sobre as mudanças que ocorreram em sua legislação e sua prática, considerando o artigo 23 da Constituição e a prática estabelecida.
2. Esses relatórios, recopilados pela Repartição, serão examinados pelo Conselho de Administração.
3. Com o fim de preparar uma introdução à compilação dos relatórios assim estabelecida, que permita chamar a atenção sobre os aspectos que mereçam em seu caso uma discussão mais detalhada, a Repartição poderá recorrer a um grupo de peritos nomeados com este fim pelo Conselho de Administração.
4. Deverá ajustar-se o procedimento em vigor do Conselho de Administração para que os Membros que não estejam nele representados possam proporcionar, da maneira mais adequada, os esclarecimentos que no seguimento de suas discussões possam resultar necessárias ou úteis para completar a informação contida em suas memórias.

III. RELATÓRIO GLOBAL

A. *Objeto e âmbito de aplicação*

1. O objeto deste relatório é facilitar uma imagem global e dinâmica de cada uma das categorias de princípios e direitos fundamentais observada no período quadrienal anterior, servir de base à avaliação da eficácia da assistência prestada pela Organização e estabelecer as prioridades para o período seguinte mediante programas de ação em matéria de cooperação técnica destinados a mobilizar os recursos internos e externos necessários a respeito.
2. O relatório tratará sucessivamente cada ano de uma das quatro categorias de princípios e direitos fundamentais.

B. *Modalidades*

1. O relatório será elaborado sob a responsabilidade do Diretor-Geral sobre a base de informações oficiais ou reunidas e avaliadas de acordo com os procedimentos estabelecidos. Em relação aos países que ainda não ratificaram as convenções fundamentais, referidas informações terão como fundamento, em particular, no resultado do seguimento anual antes mencionado. No caso dos Membros que tenham ratificado as convenções correspondentes, estas informações terão como base, em particular, os relatórios (memórias) tal como são apresentados e tratados em virtude do artículo 22 da Constituição.
2. Este relatório será apresentado à Conferência como um relatório do Diretor-Geral para ser objeto de uma discussão tripartite. A Conferência poderá tratá-lo de um modo distinto do inicialmente previsto para os relatórios aos quais se refere o artigo 12 de seu

Regulamento, e poderá fazê-lo numa sessão separada dedicada exclusivamente a esse informe ou de qualquer outro modo apropriado. Posteriormente, corresponderá ao Conselho de Administração, durante uma de suas reuniões subsequentes mais próximas, tirar as conclusões de referido debate no relativo às prioridades e aos programas de ação em matéria de cooperação técnica que deva implementar durante o período quadrienal correspondente.

IV. FICA ENTENDIDO QUE:

1. O Conselho de Administração e a Conferência deverão examinar as emendas que resultem necessárias a seus regulamentos respectivos para executar as disposições anteriores.

2. A Conferência deverá, em determinado momento, reexaminar o funcionamento do presente seguimento considerando a experiência adquirida, com a finalidade de comprovar se este mecanismo está ajustado convenientemente ao objetivo enunciado na Parte I.

3. O texto anterior é o texto da Declaração da OIT relativa aos princípios e direitos fundamentais no trabalho e seu seguimento devidamente adotada pela Conferência Geral da Organização Internacional do Trabalho durante a Octogésima sexta reunião, realizada em Genebra e cujo encerramento foi declarado em 18 de junho de 1998.

1.4.3. Declaração do Centenário da OIT para o Futuro do Trabalho[11]

A Conferência Internacional do Trabalho, reunida em Genebra na sua centésima oitava sessão por ocasião do Centenário da Organização Internacional do Trabalho (OIT),

Considerando que a experiência do último século confirmou que uma ação contínua e concertada dos governos e dos representantes dos empregadores e trabalhadores é essencial para a prossecução da justiça social, da democracia e a promoção de uma paz universal duradoura;

Reconhecendo que, graças a essa ação, foram realizados avanços históricos ao nível do progresso econômico e social que conduziram a condições de trabalho mais humanas,

Considerando ainda que a persistência da pobreza, das desigualdades e das injustiças, bem como a fragilidade e os conflitos em muitas partes do mundo colocam em risco esses progressos e para assegurar uma prosperidade comum e trabalho digno para todas as pessoas;

Recordando e reafirmando os objetivos, finalidades, princípios e o mandato estabelecidos na Constituição da OIT e na Declaração de Filadélfia (1944);

Sublinhando a importância da Declaração da OIT sobre os Princípios e Direitos Fundamentais no Trabalho (1998) e da Declaração da OIT sobre Justiça Social para uma Globalização Justa (2008);

Inspirada pelo imperativo da justiça social que presidiu à criação da OIT há cem anos e pela convicção de que está ao alcance dos governos, trabalhadores e empregadores de

---

[11] Texto extraído de: https://www.ilo.org/sites/default/files/wcmsp5/groups/public/@europe/@ro--geneva/@ilo-lisbon/documents/genericdocument/wcms_749808.

todo o mundo revitalizar a Organização e construir um futuro do trabalho que concretize a sua visão fundadora;

Reconhecendo que o diálogo social contribui para a coesão global das sociedades e que é crucial para uma economia eficiente e produtiva;

Reconhecendo ainda a importância do papel das empresas sustentáveis enquanto geradoras de emprego e promotoras da inovação e do trabalho digno.

Reafirmando que o trabalho não é uma mercadoria;

Comprometendo-se com um mundo do trabalho livre de violência e assédio;

Sublinhando ainda a importância de promover o multilateralismo, em particular para configurar o mundo que queremos e para lidar com os desafios do mundo do trabalho.

Instando todos os constituintes da OIT a reafirmarem o seu compromisso inabalável e a revitalizarem os seus esforços em prol da justiça social e a paz universal duradoura que está no cerne do compromisso por eles assumido em 1919 e em 1944; e

Movida pelo desejo de democratizar a governação da OIT através de uma representação equitativa de todas as regiões e de consagrar o princípio da igualdade entre os Estados-membros,

Adota, aos 21 dias do mês de junho do ano dois mil e dezanove, a presente Declaração do Centenário da OIT para o Futuro do Trabalho.

I

A Conferência declara que:

A. A OIT celebra o seu centenário num momento em que o mundo do trabalho atravessa mudanças profundas, impulsionadas por inovações tecnológicas, oscilações demográficas, alterações ambientais e climáticas e globalização, e das desigualdades persistentes que tem repercussões profundas sobre a natureza e o futuro do trabalho, bem como sobre o lugar que as pessoas ocupam nesse mundo e a sua própria dignidade.

B. É imperativo agir com urgência para aproveitar as oportunidades e enfrentar os desafios para construir um futuro do trabalho mais justo, inclusivo e mais seguro, com pleno emprego produtivo e livremente escolhido e trabalho digno para todas as pessoas.

C. Esse futuro do trabalho é fundamental para o desenvolvimento sustentável que põe fim à pobreza e não deixa ninguém para trás.

D. A OIT deve transpor para o seu segundo século de existência, com uma determinação inabalável, o seu mandato constitucional ao serviço da justiça social, desenvolvendo a abordagem ao futuro do trabalho centrada no ser humano, fazendo dos direitos, necessidades e aspirações das pessoas os objetivos principais das políticas económicas, sociais e ambientais.

E. A evolução da Organização ao longo dos últimos 100 anos no sentido de uma adesão universal significa que a justiça social pode ser alcançada em todas as regiões do mundo e que o contributo pleno dos constituintes da OIT para este esforço só poderá ser assegurado se estes participarem de forma plena, igualitária e democrática na sua governação tripartida.

II

A Conferência declara que:

A. No cumprimento do seu mandato constitucional, e tendo em conta as profundas transformações no mundo do trabalho e o desenvolvimento da sua abordagem ao futuro do trabalho centrada no ser humano, a OIT deve concentrar os seus esforços no sentido de:

(i) assegurar uma transição justa para um futuro do trabalho que contribua para o desenvolvimento sustentável nas suas dimensões económica, social e ambiental.

(ii) explorar todo o potencial do progresso tecnológico e do crescimento da produtividade, inclusive através do diálogo social, para alcançar o trabalho digno e o desenvolvimento sustentável que garantem a dignidade, a realização pessoal e que os seus benefícios sejam equitativamente partilhados entre todas as pessoas;

(iii) promover a aquisição de competências, capacidades e qualificações para todos os trabalhadores e trabalhadoras em todas as fases da sua vida profissional, como uma responsabilidade partilhada de governos e parceiros sociais a fim de:

– colmatar as lacunas de competências existentes e previstas;

– dedicar especial atenção a assegurar que os sistemas de ensino e formação respondam às necessidades do mercado de trabalho tendo em conta a evolução do trabalho;

– reforçar a capacidade dos trabalhadores e trabalhadoras de tirarem partido das oportunidades de trabalho digno disponíveis.

(iv) desenvolver políticas eficazes destinadas a criar pleno emprego produtivo e livremente escolhido e oportunidades de trabalho digno para todas as pessoas e, em particular, a facilitar a transição da educação e da formação para o trabalho, com ênfase na integração efetiva dos jovens no mundo do trabalho;

(v) apoiar medidas que ajudem os trabalhadores mais idosos a expandir as suas escolhas, otimizando as suas oportunidades de trabalhar em boas condições, produtivas e saudáveis até à sua reforma e que permitam um envelhecimento ativo.

(vi) promover os direitos dos trabalhadores e trabalhadoras como um elemento-chave para a prossecução de um crescimento inclusivo e sustentável, focado na liberdade de associação e no reconhecimento efetivo do direito à negociação coletiva como direitos habilitantes;

(vii) concretizar a igualdade de género no trabalho através de uma agenda transformadora procedendo regularmente a uma avaliação dos progressos alcançados que:

– assegure a igualdade de oportunidades, a igualdade de participação e a igualdade de tratamento, incluindo a igualdade de remuneração para mulheres e homens por trabalho de igual valor;

– permita uma partilha mais equilibrada das responsabilidades familiares;

– ofereça a possibilidade de uma melhor conciliação entre a vida profissional e a familiar, permitindo aos trabalhadores e trabalhadoras e aos empregadores encontrar soluções, inclusive ao nível do tempo de trabalho, que tenham em consideração as suas necessidades e benefícios respetivos; e

– promova investimentos na economia do cuidado;

(viii) assegurar igualdade de oportunidades e tratamento no mundo do trabalho para pessoas com deficiência, bem como para outras pessoas em situação de vulnerabilidade;

(ix) apoiar o papel do setor privado como principal fonte de crescimento económico e criação de emprego promovendo um ambiente favorável ao empreendedorismo, e às empresas sustentáveis, em especial as micro, pequenas e médias empresas, bem como as cooperativas e a economia social e solidária, por forma a gerar trabalho digno, emprego produtivo e melhores condições de vida para todas as pessoas;

(x) apoiar o papel do setor público como um importante empregador e fornecedor de serviços públicos de qualidade;

(xi) reforçar a administração e a inspeção do trabalho;

(xii) assegurar que diversas formas de organização do trabalho, de produção e modelos de negócios, inclusive nas cadeias de abastecimento nacionais e globais, incentivem oportunidades de progresso social e económico, proporcionem trabalho digno e favoreçam o emprego pleno, produtivo e livremente escolhido;

(xiii) erradicar o trabalho forçado e o trabalho infantil e promover o trabalho digno para todas as pessoas incentivando a cooperação transfronteiriça, inclusive nos domínios e setores de elevada integração internacional;

(xiv) promover a transição da economia informal para a economia formal concedendo a devida atenção às zonas rurais;

(xv) desenvolver e aperfeiçoar sistemas de proteção social adequados, sustentáveis e adaptados à evolução do mundo do trabalho;

(xvi) aprofundar e intensificar a sua ação no domínio da migração laboral internacional em resposta às necessidades dos constituintes e assumir um papel de liderança em matéria de trabalho digno na migração laboral;

(xvii) intensificar o seu empenhamento e cooperação no âmbito do sistema multilateral no sentido de reforçar a coerência das políticas em consonância com o reconhecimento de que:

– o trabalho digno é fundamental para o desenvolvimento sustentável, para a luta contra as desigualdades de rendimento e a eliminação da pobreza, prestando especial atenção às áreas afetadas por conflitos, catástrofes naturais e outras emergências humanitárias e,

– num contexto de globalização, o fracasso de qualquer país em adotar condições humanas de trabalho é mais do que nunca um obstáculo ao progresso em todos os outros países.

B. O diálogo social, incluindo a negociação coletiva e a cooperação tripartida por via do diálogo social entre governos e organizações de empregadores e trabalhadores constitui a base essencial de todas as ações da OIT e contribui para o sucesso das políticas e decisões adotadas nos seus Estados-membros.

C. A cooperação efetiva no local de trabalho é uma ferramenta para ajudar a garantir locais de trabalho seguros e produtivos, de modo a respeitar a negociação coletiva e os seus resultados, sem pôr em causa o papel dos sindicatos.

D. Condições de trabalho seguras e saudáveis são fundamentais para o trabalho digno.

III

A Conferência apela a todos os Estados-membros, tomando em consideração a sua situação nacional, para trabalharem individual e coletivamente, numa base tripartida e de diálogo social e com o apoio da OIT a continuarem a desenvolver a abordagem ao futuro do trabalho centrada no ser humano, adotando medidas no sentido de:

A. Reforçar as capacidades de todas as pessoas para aproveitar as oportunidades de um mundo do trabalho em mudança mediante:

(i) a efetiva realização da igualdade de género em matéria de oportunidades e tratamento;

(ii) um sistema eficaz de aprendizagem ao longo da vida e de uma educação de qualidade para todas as pessoas;

(iii) acesso universal a uma proteção social, abrangente e sustentável; e

(iv) medidas ativas para apoiar as pessoas durante as transições, que irão enfrentar ao longo da sua vida profissional.

B. Reforçar as instituições do trabalho para assegurar a proteção adequada de todos os trabalhadores e trabalhadoras e reafirmar a pertinência da relação de trabalho como forma de providenciar segurança e proteção jurídica aos trabalhadores e trabalhadoras, reconhecendo a extensão da informalidade e a necessidade de adotar medidas eficazes para a transição para a formalidade. Todos os trabalhadores e trabalhadoras devem gozar de proteção adequada de acordo com a Agenda do Trabalho Digno, tendo em consideração os seguintes elementos:

(i) o respeito pelos seus direitos fundamentais;

(ii) um salário mínimo adequado, legalmente instituído ou negociado;

(iii) limites à duração do trabalho;

(iv) a segurança e saúde no trabalho;

C. Promover o crescimento económico sustentado, inclusivo e sustentável, o pleno emprego produtivo e livremente escolhido e o trabalho digno para todos através de:

(i) políticas macroeconômicas orientadas para o cumprimento destes objetivos;

(ii) políticas comerciais, industriais e setoriais que promovam o trabalho digno e aumentem a produtividade;

(iii) investimento em infraestruturas e setores estratégicos para abordar os fatores geradores da profunda transformação no mundo do trabalho;

(iv) políticas e incentivos que promovam o crescimento económico sustentável e inclusivo, a criação e o desenvolvimento de empresas sustentáveis, a inovação e a transição da economia informal para a economia formal e que promovam o alinhamento das práticas empresariais com os objetivos desta Declaração; e

(v) políticas e medidas que assegurem a privacidade adequada e a proteção de dados pessoais e respondam a desafios e oportunidades no mundo do trabalho decorrentes da transformação digital do trabalho, incluindo o trabalho em plataformas.

IV
A Conferência declara que:

A. A definição, promoção, ratificação das normas internacionais do trabalho e a fiscalização do seu cumprimento reveste-se de importância fundamental para todas as atividades da OIT. Como tal, a Organização deve dispor e promover um corpus claro, sólido, atualizado e pertinente de normas internacionais do trabalho e melhorar a sua transparência. As normas internacionais do trabalho devem igualmente responder aos padrões de mudança do mundo do trabalho, proteger os trabalhadores e trabalhadoras e levar em conta as necessidades das empresas sustentáveis, e estar sujeitas a uma supervisão autorizada e efetiva. A OIT apoiará os seus membros na ratificação e aplicação efetiva das normas.

B. Todos os Membros devem trabalhar para a ratificação e implementação das Convenções fundamentais da OIT e periodicamente considerar, em consulta com as organizações de empregadores e trabalhadores, a ratificação de outras normas da OIT.

C. Compete à OIT reforçar a capacidade dos seus constituintes tripartidos para:

(i) incentivar o desenvolvimento de organizações de parceiros sociais sólidas e representativas;

(ii) participar em todos os processos relevantes inclusive com as instituições, programas e políticas do mercado de trabalho, ao nível nacional e transnacional; e

(iii) abordar todos os princípios e direitos fundamentais no trabalho, a todos os níveis, conforme apropriado, através de mecanismos fortes, influentes e inclusivos de diálogo social, na convicção de que tal representação e diálogo contribuem para a coesão geral das sociedades e servem o interesse público e são essenciais ao bom funcionamento e produtividade da economia.

D. Os serviços que a OIT oferece aos seus Estados-membros e parceiros sociais, especialmente através da cooperação para o desenvolvimento, devem ser coerentes com o seu mandato e assentar numa compreensão profunda e tomar em consideração as suas diversas circunstâncias, necessidades e prioridades, nomeadamente através de uma cooperação Sul-Sul e triangular alargada.

E. A OIT deve manter as suas capacidades e conhecimentos no domínio da estatística, da investigação e da gestão do conhecimento ao mais alto nível, a fim de maximizar a qualidade da sua assistência sobre políticas assente em dados concretos.

F. Com base no seu mandato constitucional, a OIT deve assumir um papel relevante no sistema multilateral, reforçando a cooperação e estabelecendo acordos institucionais com outras organizações, tendo em vista a promoção da coerência das políticas em prol da sua abordagem ao futuro do trabalho centrada no ser humano, reconhecendo as ligações fortes, complexas e cruciais que existem entre as políticas sociais, comerciais, financeiras, económicas, socias e ambientais.

O texto precedente constitui a Declaração do Centenário da OIT para o Futuro do Trabalho, devidamente adotada pela Conferência Geral da Organização Internacional do

Trabalho durante a sua Centésima e Oitava Sessão (Centenária), realizada em Genebra e encerrada em 21 de junho de 2019.

FAZENDO FÉ apomos as nossas assinaturas neste vigésimo primeiro dia de junho de 2019.

O Presidente da Conferência
JEAN-JACQUES ELMIGER

O Diretor-geral do *Bureau* Internacional do Trabalho
GUY RYDER

1.5. QUESTÕES

NORMAS INTERNACIONAIS DO TRABALHO

Entre as diversas **competências da Conferência Internacional do Trabalho**, como Assembleia Geral da OIT, está o exercício de uma **ação normativa** que tem por finalidade criar um sistema global de abordagem de todos os tipos de questões importantes para as relações de trabalho, fomentando, com isso, a universalização da justiça social.

A atividade normativa — que vem se desenvolvendo desde a criação da OIT em 1919 e que se instrumentaliza por meio da elaboração de Convenções e de Recomendações, as chamadas *normas internacionais do trabalho* — é a principal razão de ser da OIT.

As normas internacionais do trabalho têm por objetivo a promoção de oportunidades para que homens e mulheres consigam trabalhos decentes e produtivos, em condições de liberdade, igualdade, segurança e dignidade. Em uma economia globalizada, as normas internacionais do trabalho constituem um componente essencial no cenário internacional para garantir que o crescimento da economia traga benefícios para todos.

Em 1919, as nações signatárias do Tratado de Versalhes que criaram a OIT reconheceram a existência de condições de trabalho que implicavam em um tal grau de injustiça, miséria e privações para grande número de seres humanos que o descontentamento causado constituía uma ameaça para a paz e a harmonia mundial.

Para fazer frente a esse problema, a nova Organização criada estabeleceu um **sistema de normas internacionais de trabalho — Convenções e Recomendações** internacionais elaboradas por representantes dos governos, dos empregadores e dos trabalhadores de todo o mundo —, abrangendo todos os temas relacionados com o trabalho.

Os fundadores da OIT reconheceram, portanto, já naquela época, que a economia mundial necessitava de regras claras para garantir que o progresso econômico estivesse em sintonia com a justiça social, a prosperidade e a paz para todos.

Nos dias de hoje, os fundamentos que deram origem à ideia de elaboração de normas internacionais do trabalho para auxiliar no atingimento de um equilíbrio entre o desenvolvimento econômico e o desenvolvimento social continuam vivos e mais atuais do que nunca.

O crescimento da economia global não encontra precedentes históricos: a facilidade e a rapidez com que, com a ajuda das novas tecnologias, as pessoas, os capitais e as mercadorias se movem entre os diversos países fizeram com que surgisse uma economia global interdependente que repercute praticamente em todos os habitantes do planeta.

A globalização trouxe oportunidades e benefícios para muitos, mas, ao mesmo tempo, milhares de trabalhadores e de empregadores em todo o mundo encontram-se em situação bastante difícil e estão diante de novos desafios na busca da prosperidade e do respeito à dignidade humana. Apesar do otimismo inicial, a economia globalizada não significou o começo de uma era de prosperidade para todos; ao contrário, nas últimas décadas tem aumentado exponencialmente a desigualdade econômica entre os países e, ainda, a desigualdade social entre os cidadãos de muitos países.

Não é sustentável, nem desejável, que a economia global continue desenvolvendo-se nesta direção. A desigualdade gera pobreza, determina um decréscimo da produção, gera instabilidade social e conflitos que colocam em risco a paz social.

Assim, esses desafios da globalização levam à conclusão de que as normas internacionais do trabalho são mais relevantes do que nunca para o atingimento da justiça social.

A criação de normas internacionais do trabalho, o reconhecimento de sua importância e, consequentemente, o seu cumprimento trazem os seguintes benefícios para todos os Estados-membros da OIT e seus cidadãos:

◼ criação de melhores condições para se atingir o trabalho decente;
◼ criação de um cenário jurídico internacional para uma globalização justa e estável;
◼ estabelecimento de condições de igualdade;
◼ criação de meios para a melhora de resultados econômicos;
◼ criação de uma rede de proteção em caso de crises econômicas;
◼ estabelecimento de estratégias para a redução da pobreza;
◼ reunião de experiências e conhecimentos internacionais para a abordagem dos problemas trabalhistas concretos existentes nos diversos países.

2.1. CRIAÇÃO DAS NORMAS INTERNACIONAIS DO TRABALHO

A criação de uma norma internacional do trabalho deriva do aumento da preocupação internacional sobre alguma questão trabalhista concreta e sobre como enfrentar os problemas dela derivados, como, por exemplo, proporcionar proteção às trabalhadoras em condição de gravidez ou garantir condições seguras de trabalho aos trabalhadores agrícolas.

Constatando a importância da questão e reconhecendo a necessidade de discussão sobre ela pelos Estados-membros para, se for o caso, adotar-se uma norma internacional do trabalho específica, a OIT dá início ao processo de elaboração de normas internacionais do trabalho, previsto na sua Constituição.

Trata-se de um procedimento singular, do qual participam representantes dos governos, dos trabalhadores e dos empregadores de todos os Estados-membros.[1]

Primeiramente, o Conselho de Administração concorda em colocar o tema na ordem do dia de uma futura Conferência Internacional do Trabalho. A partir daí, a Repartição Internacional do Trabalho prepara um informe que analisa a legislação e a prática dos Estados-membros em relação ao assunto específico. Este informe é enviado aos Estados-membros e às organizações de trabalhadores e de empregadores de cada um dos países, para que formulem comentários a respeito da questão e para que possam discuti-la na Conferência Internacional do Trabalho.

Posteriormente, a Repartição prepara um segundo informe, que contém um projeto de instrumento normativo, sobre o qual os Estados-membros e as organizações de empregadores e trabalhadores também podem formular comentários.

O projeto de norma é submetido a discussão na Conferência seguinte. Considerando-se necessário, é feita uma emenda e, em seguida, propõe-se a sua adoção.

Esta "dupla discussão" permite que os participantes da Conferência tenham tempo suficiente para analisar o projeto de norma e formular comentários sobre ele.

O projeto é colocado em votação na Conferência e, para sua adoção como norma internacional do trabalho, requer-se maioria de dois terços dos votos.

Ao pronunciar-se a favor da adoção de alguma proposição de norma constante da ordem do dia, a Conferência determinará se será adotada a forma de Convenção, ou de Recomendação quando em relação à questão tratada, ou a um de seus aspectos, não seja conveniente, naquele momento, a adoção de uma Convenção.

Os Estados-membros da OIT têm a obrigação de submeter qualquer Convenção adotada pela Conferência Internacional do Trabalho às autoridades nacionais competentes para a promulgação da respectiva legislação ou para a adoção de outras medidas, como a ratificação.

A ratificação é um procedimento formal pelo qual os Estados aceitam a Convenção como um instrumento legalmente vinculante. O instrumento de ratificação deve ser encaminhado ao Diretor-Geral da OIT, para que se torne eficaz no âmbito do direito internacional.

Em geral, quando de sua adoção, uma Convenção entra em vigor 12 (doze) meses depois de ter sido ratificada pelo Estado-membro.

---

[1] As regras sobre criação de normas internacionais do trabalho estão previstas no Manual sobre Procedimentos da OIT. *Vide* www.ilo.org.

Ao ratificar a Convenção, o Estado passa a estar sujeito ao controle regular da OIT para garantir sua aplicação.

O fato de as normas internacionais do trabalho serem adotadas pelo voto majoritário de dois terços dos Estados-membros faz com que sejam a expressão de princípios universalmente reconhecidos. No entanto, não se pode deixar de admitir o fato de que os países têm diferentes bagagens culturais e históricas, além de distintos sistemas jurídicos e níveis de desenvolvimento econômico.

Exatamente por isso, a maioria das normas internacionais do trabalho são elaboradas para que possam ter uma suficiente flexibilidade que permita sua adoção pelas legislações e pelas práticas nacionais.

Por exemplo, as normas sobre salários mínimos não exigem que os Estados-membros adotem um salário mínimo específico, mas, sim, que instaurem um sistema e os mecanismos necessários para fixar os níveis salariais mínimos adequados ao seu desenvolvimento econômico. Outras normas incluem as chamadas *cláusulas de flexibilidade*, que estabelecem regras provisórias mais restritas que as normalmente prescritas, com a finalidade de excluir determinadas categorias de trabalhadores da aplicação de uma Convenção, ou para aplicar-lhes apenas algumas partes da Convenção.

Desde 1919, foram adotadas 188 Convenções e 199 Recomendações, sendo certo que alguns desses instrumentos normativos contêm regras que não se compatibilizam com as necessidades atuais. Para resolver essas situações, a OIT adota *Convenções revisoras*, que substituem as Convenções mais antigas.

A Conferência Internacional do Trabalho pode aprovar a retirada de Convenções ou de Recomendações que não tenham entrado em vigor por não terem sido ratificadas.

Entre 1995 e 2002, o Conselho de Administração realizou uma análise das normas internacionais do trabalho adotadas antes de 1985, exceto das Convenções consideradas como fundamentais e prioritárias,[2] com a finalidade de verificar se necessitavam de revisão. Como consequência dessa revisão, 71 Convenções adotadas antes de 1985, as Convenções consideradas fundamentais e as Convenções adotadas após 1985 foram consideradas como "atualizadas", recomendando-se sua adoção de forma efetiva pelos Estados-membros.

2.2. APLICAÇÃO DAS NORMAS INTERNACIONAIS DO TRABALHO

As normas internacionais do trabalho são instrumentos para os governos que, em consenso com os empregadores e os trabalhadores, propõem-se a atualizar e aplicar

---

[2] Para análise e estudo das Convenções consideradas pela OIT como fundamentais, *vide* o **item 2.4 deste capítulo**.

uma legislação trabalhista e a adotar políticas sociais que estejam em conformidade com referidas normas, que são aceitas internacionalmente.

Para muitos países, esse processo inicia-se com a decisão de ratificar uma Convenção da OIT. Como regra, os países realizam uma análise e, se necessário, uma atualização de sua legislação e de suas políticas, com o objetivo de dar cumprimento ao instrumento normativo internacional que desejam ratificar.

Assim, evidente que as normas internacionais do trabalho se constituem no meio para a harmonização entre a legislação e a prática nacionais em relação a uma questão determinada. Nada impede que a ratificação somente seja feita posteriormente, quando já se esteja aplicando, na prática, as regras e os preceitos da norma internacional. Assim, existem países que:

- ratificam a Convenção e depois realizam a adequação de sua legislação e de suas práticas ao instrumento normativo internacional;
- primeiramente realizam a adequação de sua legislação e de suas práticas à Convenção e só depois a ratificam;
- não ratificam a Convenção, mas realizam a adequação de sua legislação e de suas práticas ao instrumento normativo internacional.

Na realidade, o que interessa para a OIT é que o país faça cumprir os preceitos e as regras contidas na Convenção, independentemente de sua ratificação.

Nos termos do art. 19 da Constituição da OIT, como regra básica, tem-se que a Convenção entrará em vigor, em relação a cada Estado-membro, 12 (doze) meses após a data em que houver sido registrada sua ratificação na OIT, desde que a Convenção já vigore no âmbito internacional. O prazo de validade de cada ratificação é de 10 (dez) anos.

Após a fluência dos 10 (dez) anos, o Estado-membro poderá denunciar sua ratificação, mediante comunicação oficial dirigida ao Diretor-Geral da Repartição Internacional do Trabalho, para o devido registro. Todavia, a denúncia surtirá efeito somente 12 (doze) meses após o referido registro.

Decorrido o prazo de 12 (doze) meses após o período de validade da ratificação (10 anos), sem que o respectivo Estado-membro use da faculdade de oferecer denúncia, verificar-se-á a renovação tácita da ratificação, por mais 10 (dez) anos. Nesta hipótese, a faculdade de denúncia renascerá após o decurso do segundo decênio de vigência da ratificação, aplicando-se a mesma regra aos decênios que se sucederem.

A faculdade de se retirar das Convenções, portanto, é garantida aos Estados-membros da OIT. Tratando-se de questão relativa à soberania interna, sobre a qual a OIT não dispõe de competência, cada Estado, de acordo com seu sistema, livremente definirá o órgão competente para realizar a denúncia.

A OIT fiscaliza regularmente a aplicação das normas internacionais do trabalho nos Estados-membros e aponta as áreas em relação às quais o país pode melhorar a aplicação delas. Caso verifique algum problema em relação à aplicação das normas internacionais do trabalho, a OIT adota medidas de diálogo social e de assistência técnica para auxiliar o país nesse aspecto.

A OIT criou os seguintes mecanismos de controle visando dar efetividade às Convenções e às Recomendações aprovadas pela Conferência Internacional do Trabalho:

■ **Sistema de controle periódico:** exame dos relatórios apresentados periodicamente pelos Estados-membros sobre as medidas que adotaram para permitir a execução das Convenções a que tenham aderido.

De acordo com o art. 22 da Constituição da OIT, o envio anual desses relatórios para a Repartição Internacional do Trabalho é obrigatório para todos os Estados-membros, sendo que deles devem constar todos os dados solicitados pelo Conselho de Administração.

O sistema de controle periódico é realizado pela Comissão de Peritos na Aplicação de Convenções e Recomendações[3] e pela Comissão Tripartite de Aplicação de Convenções e Recomendações da Conferência Internacional do Trabalho.

■ **Procedimentos especiais:** incluem um procedimento de reclamações e um procedimento de queixas, que são de aplicação geral, assim como um procedimento especial em matéria de liberdade sindical.

As **reclamações**, regidas pelos arts. 24 e 25 da Constituição da OIT, constituem-se no meio colocado à disposição das organizações profissionais de empregadores e de trabalhadores para que informem ao Conselho de Administração da OIT que, em sua opinião, um determinado Estado-membro não adotou as medidas para o cumprimento satisfatório, no seu território, de uma Convenção.

As **queixas**, regidas pelos arts. 26 a 34 da Constituição da OIT, constituem-se no meio pelo qual um dos Estados-membros pode informar a Repartição Internacional do Trabalho que, em sua opinião, um outro Estado-membro não assegurou satisfatoriamente a execução de uma Convenção que um e outro tiverem ratificado.

As **queixas por violação do exercício da liberdade sindical**, apresentadas pelas organizações de trabalhadores e de empregadores, são examinadas pelo Comitê de Liberdade Sindical, pelo Conselho de Administração e pela Comissão de Investigação e de Conciliação em Matéria de Liberdade Sindical.

---

[3] Sobre a Comissão de Peritos em Aplicação de Convenções e Recomendações, *vide* **item 1.3.4 (Parte III)**.

2.3. CONVENÇÕES DA OIT

As **Convenções** da Organização Internacional do Trabalho são **tratados**:

■ **multilaterais** — porque têm um número irrestrito de partes (todos os Estados-membros da OIT);

■ **abertos** — porque podem ser ratificados, a qualquer tempo, por qualquer um dos Estados-membros da OIT, mesmo por aqueles que não tenham participado da Conferência na qual foi adotado;

■ **de caráter normativo** — porque contêm normas que se destinam a incorporar-se ao ordenamento jurídico interno dos países que os ratificarem.

As Convenções da OIT não são leis supranacionais, pois somente com a adesão do Estado-membro ao tratado, por meio de ato soberano, é que haverá vinculação a ele, gerando, no plano interno, os direitos e as obrigações previstos em suas normas.

2.3.1. Vigência e aplicação no Brasil

Como Membro da OIT e signatário da sua Constituição, o Brasil contraiu a obrigação formal de submeter as Convenções e Recomendações adotadas pela Conferência Internacional do Trabalho à *autoridade competente* para aprovar tratados, elaborar leis ou adotar outras medidas sobre o tema objeto da norma internacional.

Compete privativamente ao Presidente da República celebrar tratados, convenções e atos internacionais, sujeitos a referendo do Congresso Nacional (art. 84, VIII, CF).

Nos termos do art. 49, I, da Constituição Federal, é da competência exclusiva do Congresso Nacional resolver definitivamente sobre tratados, acordos ou atos internacionais que acarretem encargos ou compromissos gravosos ao patrimônio nacional.

Assim, o Presidente da República, por seus representantes diplomáticos acreditados, celebra o tratado (no caso, Convenção da OIT), que, devidamente assinado, é remetido ao Congresso Nacional para ser submetido a referendo.

Sobre os procedimentos a serem adotados após a celebração do tratado internacional, José Afonso da Silva aponta os seguintes:[4]

1. Discussão e votação da matéria na Câmara dos Deputados, nas seguintes etapas:

■ o Presidente da Câmara submete a mensagem do Presidente da República à Comissão de Relações Exteriores, que decidirá por sua aprovação ou rejeição;

■ decidido pela aprovação, o relator elabora o respectivo projeto de decreto legislativo;

■ o projeto é encaminhado para a Comissão de Constituição e Justiça para exame dos aspectos constitucionais do ato;

---

[4] SILVA, José Afonso. *Comentário contextual à Constituição*, p. 402.

■ o projeto é submetido ao Plenário, para votação;

■ aprovado o decreto legislativo — o que implica em aprovação do tratado internacional —, a matéria é remetida ao Senado Federal.

2. Discussão e votação da matéria no Senado Federal, que aprovará ou rejeitará o tratado.

Em relação aos procedimentos indicados nos itens 1 e 2 *supra*, alguns aspectos merecem ser destacados:

■ se a Câmara dos Deputados rejeitar o tratado, não caberá remessa ao Senado, porque isso significa rejeitá-lo definitivamente; da mesma forma, a rejeição pelo Senado é definitiva, não voltando a matéria à discussão na Câmara. Assim, o referendo do tratado internacional deve ser bicameral;

■ o tratado submetido a referendo não comporta emenda legislativa: ou aprova-se como foi celebrado pelo Poder Executivo, ou não se referenda;

■ o referendo do Congresso Nacional é ato-condição para a ratificação e promulgação do tratado internacional pelo Poder Executivo.

3. Referendado, o tratado será devolvido ao Poder Executivo, a quem compete ratificá-lo e promulgá-lo, o que é feito por decreto. Com a ratificação, o procedimento chega ao seu final.

O **Decreto n. 10.088, de 5.11.2019**, consolida os atos normativos editados pelo Poder Executivo Federal que dispõem sobre a promulgação de Convenções e Recomendações da OIT ratificadas pelo Brasil.

Com fundamento em tais dispositivos constitucionais, Arnaldo Süssekind adota a seguinte posição em relação à vigência no Brasil das normas internacionais do trabalho: "a) as **convenções** adotadas pela Conferência devem ser submetidas, obrigatoriamente, ao Congresso Nacional para que sejam ou não aprovadas, transformando-se, na hipótese afirmativa, depois de depositado o instrumento de ratificação e quando vigente no âmbito internacional, em verdadeira lei nacional; b) as **recomendações**, por tratarem, como geralmente ocorre, de matéria sobre a qual à União Federal compete legislar, devem ser submetidas ao Congresso Nacional, para que delas tome conhecimento e promova ou não, total ou parcialmente, com a sanção do Presidente da República, a conversão de suas normas em lei. Excepcionalmente, quando a recomendação versar matéria da competência dos decretos executivos ou regulamentos, caberá apenas ao Presidente da República adotar as medidas adequadas que entender (art. 84, IV, da CF)".[5]

A integração das normas do tratado internacional ratificado na legislação brasileira "independe de medidas legislativas complementares, declaratórias da alteração ou revogação das leis anteriores cujas disposições sejam incompatíveis com o diploma

---

[5] SÜSSEKIND, Arnaldo et al. *Instituições de direito do trabalho*, 22. ed., v. 2, p. 1570.

internacional. Tal conclusão não significa que qualquer convenção possa ser aplicada sem a prévia adoção de **medidas complementares**, visando propiciar-lhe a efetiva execução".[6]

Em relação à posição hierárquica dos tratados internacionais (entre eles incluídas as Convenções da OIT), José Afonso da Silva afirma que "não padece dúvida de que no sistema brasileiro todos esses ajustes internacionais são hierarquicamente inferiores à Constituição, tanto que esta prevê o controle de sua constitucionalidade (art. 102, III, 'b')".[7]

No entanto, a partir da Emenda n. 45/2004, os tratados e as convenções internacionais sobre direitos humanos aprovados, em cada Casa do Congresso Nacional, em dois turnos, por três quintos dos votos dos respectivos membros, passaram a ser considerados equivalentes às emendas constitucionais **(art. 5.º, § 3.º, CF)**.

2.4. CONVENÇÕES FUNDAMENTAIS

O Conselho de Administração da OIT estabeleceu que, entre todas as Convenções adotadas, oito delas são *fundamentais*, tendo em vista que abrangem temas que são considerados como princípios e direitos fundamentais no trabalho:

- liberdade de associação e liberdade sindical;
- reconhecimento efetivo do direito à negociação coletiva;
- eliminação de todas as formas de trabalho forçado ou obrigatório;
- abolição do trabalho infantil;
- eliminação da discriminação em matéria de emprego e ocupação.

Esses princípios estão previstos na Declaração da OIT relativa aos Princípios e Direitos Fundamentais no Trabalho, de 1998.[8] Em 1995, a OIT iniciou uma campanha para obter a ratificação universal destas oito Convenções, o que resultou, até agora, em mais de 1.200 (uma mil e duzentas) ratificações, representando 86% (oitenta e seis por cento) do número possível de ratificações.

As chamadas "convenções fundamentais" da OIT são:

- Convenção n. 87 — sobre liberdade sindical e proteção do direito de sindicalização;
- Convenção n. 98 — sobre direito de sindicalização e de negociação coletiva;
- Convenção n. 29 — sobre trabalho forçado;
- Convenção n. 105 — sobre abolição do trabalho forçado;

---

[6] SÜSSEKIND, Arnaldo et al. *Instituições de direito do trabalho*, 22. ed., v. 2, p. 1576.
[7] SILVA, José Afonso. *Comentário contextual à Constituição*, p. 403.
[8] Para consulta do texto integral de tal Declaração, *vide* **item 1.4.2 (Parte III)**.

- Convenção n. 138 — sobre idade mínima para o trabalho;
- Convenção n. 182 — sobre as piores formas de trabalho infantil;
- Convenção n. 100 — sobre igualdade de remuneração;
- Convenção n. 111 — sobre discriminação (emprego e ocupação).

De acordo com a Declaração relativa aos Princípios e Direitos Fundamentais no Trabalho, de 1998, os Estados-membros da OIT, ainda que não tenham ratificado referidas Convenções, têm um compromisso, que deriva do simples fato de pertencerem à Organização, de respeitar, promover e tornar realidade, de boa-fé e em conformidade com a Constituição da OIT, os princípios relativos aos direitos fundamentais que são objeto delas.

2.4.1. Convenção n. 87 — sobre liberdade sindical e proteção do direito de sindicalização

A Convenção n. 87 foi aprovada em 1948, na 31.ª reunião da Conferência Internacional do Trabalho, entrando em vigor no plano internacional em 1950.

Tratando sobre liberdade sindical e proteção do direito de sindicalização, é considerada uma das mais importantes Convenções da OIT, tendo sido, até o presente momento, ratificada por 157 (cento e cinquenta e sete) dos 187 Estados-membros da Organização.

A Convenção n. 87 não foi, até o presente momento, ratificada pelo Brasil.

A liberdade sindical caracteriza-se como um dos princípios fundamentais de todas as sociedades democrático-pluralistas. Decorrente do reconhecimento por parte do Estado do direito de associação, que posteriormente adquiriu a qualidade de um dos direitos fundamentais do homem, ao se assegurar a liberdade sindical confere-se a trabalhadores, empregadores, e suas respectivas organizações, um amplo direito, em relação ao Estado e às contrapartes, de:

- constituição de organizações sindicais em todos os níveis e âmbitos territoriais;
- filiação sindical;
- militância e ação, inclusive nos locais de trabalho.

Assim, considerada como direito gerador de autonomia coletiva, a liberdade sindical funciona como instrumento da efetiva atuação e participação democrática dos atores sociais nas relações de trabalho, em todas as suas esferas: econômicas, sociais, administrativas e públicas.

Preservada mediante a sua garantia contra todo e qualquer ato voltado a impedir ou dificultar o exercício dos direitos a ela inerentes, a liberdade sindical é protegida contra atos antissindicais e pelo direito à informação.

O art. 2.º da Convenção n. 87 dispõe:

> "Os trabalhadores e os empregadores, sem distinção de qualquer espécie, têm o direito, sem autorização prévia, de constituir organizações de sua escolha, assim como o de se filiar a estas organizações, à condição única de se conformarem com os estatutos destas últimas".

O direito de sindicalização é conferido, portanto, a todo trabalhador e a todo empregador, sem qualquer discriminação. A única exceção é a prevista no art. 9.º, que faculta à legislação nacional excluir desse direito os membros das forças armadas e da polícia.

A partir da análise do art. 2.º da Convenção n. 87 da OIT, podem ser identificados dois aspectos do conceito de liberdade sindical:

- **liberdade sindical coletiva** — assegura aos grupos de empregadores ou de trabalhadores, vinculados por interesses econômicos ou profissionais comuns, o direito de constituir o sindicato de sua escolha, com a representatividade (categoria, profissão, empresa etc.) e a base territorial que lhes convierem, independentemente da existência de outro sindicato com a mesma representatividade. Nesse contexto, a Convenção n. 87 da OIT assegura a pluralidade sindical, vedando, como consequência, a unicidade sindical;

- **liberdade sindical individual** — faculta às empresas e aos trabalhadores a filiação ao sindicato de sua preferência, representativo do grupo a que pertencem, e garante-lhes o direito de desfiliarem-se quando não mais quiserem ser representados pelo sindicato. Como corolário dessa garantia, a Convenção n. 87 não permite que sejam empregadores e trabalhadores compelidos a contribuir para os seus respectivos sindicatos, se a eles não estiverem filiados.

Portanto, para a OIT, a liberdade sindical é composta pelos seguintes elementos:

- liberdade de organização e constituição dos sindicatos;
- liberdade de elaboração dos estatutos dos sindicatos de acordo com as leis gerais do país, que não podem estabelecer regras restritivas em relação a eles;
- liberdade de escolha dos dirigentes do sindicato e de estipulação das normas de administração de acordo com seus estatutos e sem ingerência do Estado;
- liberdade de filiação e de desfiliação;
- liberdade de constituição de órgãos de representação mais abrangentes, como federações, confederações e centrais sindicais;
- vedação de dissolução dos sindicatos por via administrativa.

2.4.2. Convenção n. 98 — sobre direito de sindicalização e de negociação coletiva

A Convenção n. 98 foi aprovada em 1949, na 32.ª reunião da Conferência Internacional do Trabalho, entrando em vigor no plano internacional em 1951.

Visando assegurar a livre sindicalização e a ampla possibilidade de negociação coletiva, até o presente momento a referida Convenção foi ratificada por 168 (cento e sessenta e oito) dos 187 Estados-membros da Organização.

O Brasil ratificou a Convenção n. 98 em 18 de novembro de 1952.

A Convenção n. 98 complementa a Convenção n. 87: enquanto a Convenção n. 87 objetiva garantir a liberdade sindical diante dos poderes públicos (liberdade de constituição e de organização de sindicatos e liberdade de associação), a Convenção n. 98 tem por finalidade:

- proteger os direitos sindicais dos trabalhadores em relação aos respectivos empregadores e suas organizações;
- assegurar a independência das associações de trabalhadores em face das de empregadores, e vice-versa;
- fomentar a negociação coletiva como solução ideal para os conflitos coletivos de trabalho.

2.4.3. Convenção n. 29 — sobre trabalho forçado

A Convenção n. 29 foi aprovada em 1930, na 14.ª reunião da Conferência Internacional do Trabalho, entrando em vigor no plano internacional em 1932.

Visando a supressão por todos os Estados-membros do trabalho forçado ou obrigatório em todas as suas formas, até o presente momento a referida Convenção foi ratificada por 179 (cento e setenta e nove) dos 187 Estados-membros da Organização.

O Brasil ratificou a Convenção n. 29 em 25 de abril de 1957.

De forma geral, entende-se como trabalho forçado todo trabalho ou serviço exigido de alguma pessoa sob ameaça de penalização e para o qual a pessoa não se ofereceu voluntariamente.

A OIT exclui do conceito de trabalho forçado os trabalhos exigidos pelo serviço militar obrigatório e no cumprimento das obrigações cívicas normais e, ainda, o trabalho decorrente de condenação judicial, sob a condição de que este trabalho ou serviço se realize sob a vigilância e o controle das autoridades públicas e que o indivíduo não seja cedido ou posto à disposição de particulares, empresas ou pessoas jurídicas de caráter privado.

A Convenção n. 29 da OIT dispõe que o fato de exigir ilegalmente um trabalho forçado ou obrigatório será objeto de sanções penais e que todo o Estado-membro da Organização que ratifique a referida Convenção terá a obrigação de assegurar-se de que as sanções impostas por lei sejam realmente eficazes e se apliquem de forma eficiente.

2.4.4. Convenção n. 105 — sobre abolição do trabalho forçado

A **Convenção n. 105** foi aprovada em 1957, na 40.ª reunião da Conferência Internacional do Trabalho, entrando em vigor no plano internacional em 1959.

Também **visando a supressão** por todos os Estados-membros **do trabalho forçado ou obrigatório** em todas as suas formas, até o presente momento a referida Convenção foi ratificada por 176 (cento e setenta e seis) dos 187 Estados-membros da Organização.

O Brasil ratificou a Convenção n. 105 em 18 de junho de 1965.

Esta Convenção **proíbe o trabalho forçado ou obrigatório**:

- como meio de coerção ou de educação políticas;
- como castigo pela expressão de opiniões políticas ou pela manifestação de oposição ideológica contrária à ordem política, social ou econômica vigentes;
- como método de mobilização e de utilização de mão de obra para fins de fomento econômico;
- como medida de disciplina no trabalho;
- como castigo por participação em greves;
- como medida de discriminação racial, social, nacional ou religiosa.

Importante ressaltar que o trabalho forçado ou obrigatório é considerado pela **Convenção n. 182 da OIT** como uma das piores formas de trabalho infantil.

2.4.5. Convenção n. 138 — sobre idade mínima para o trabalho

A Convenção n. 138 foi aprovada em 1973, na 58.ª reunião da Conferência Internacional do Trabalho, entrando em vigor no plano internacional em 1976.

Em relação à idade mínima para admissão no emprego ou no trabalho, referida Convenção estabelece:

- regra geral: **15 anos**;
- quando a economia e a educação do Estado-membro não sejam suficientemente desenvolvidas, e desde que haja prévia consulta às organizações de empregadores e de trabalhadores, se existirem: **14 anos**;
- nos trabalhos que, por sua natureza ou pelas condições em que se realizam, possam resultar em perigo para a saúde, a segurança ou a moralidade dos menores: **18 anos**.

Até o presente momento, a Convenção n. 138 da OIT foi ratificada por 173 (cento e setenta e três) dos 187 Estados-membros da Organização.

O Brasil ratificou a Convenção n. 138 em 28 de junho de 2001.

2.4.6. Convenção n. 182 — sobre as piores formas de trabalho infantil

A Convenção n. 182 foi aprovada em 1999, na 87.ª reunião da Conferência Internacional do Trabalho, entrando em vigor no plano internacional em 2000.

Até o presente momento, referida Convenção foi ratificada por 187 (cento e oitenta e sete) dos 187 Estados-membros da Organização, ou seja, todos os Estados-membros.

O Brasil ratificou a Convenção n. 138 em 02 de fevereiro de 2000.

Definindo "criança" como toda pessoa menor de 18 anos de idade, essa Convenção estabelece que os Estados-membros da OIT devem erradicar as piores formas de trabalho infantil, nelas incluídas:

- todas as formas de escravidão ou de práticas análogas à escravidão, como a venda e o tráfico de menores, a servidão por dívidas e o trabalho forçado ou obrigatório, incluindo o recrutamento obrigatório ou forçado de menores para serem utilizados em conflitos armados;
- a prostituição e a pornografia infantis;
- a utilização de menores para atividades ilícitas, especialmente a produção e o tráfico de entorpecentes;
- o trabalho que possa causar danos à saúde, à segurança ou à moralidade dos menores.

A Convenção n. 182 exige que os Estados-membros que a ratifiquem adotem medidas de assistência direta e adequada para libertar os menores que estejam em condições consideradas como piores formas de trabalho infantil e para a reabilitação e a integração social deles. Além disso, estabelece que os Estados deverão garantir o acesso gratuito dos menores que tenham sido libertados de condições consideradas como piores formas de trabalho infantil à educação básica e, sempre que seja possível e adequado, à formação profissional.

2.4.7. Convenção n. 100 — sobre igualdade de remuneração

Estabelecendo que os Estados-membros que a ratificarem deverão garantir a todos os trabalhadores a aplicação do princípio da igualdade de remuneração entre homens e mulheres para todo trabalho de igual valor, a Convenção n. 100 da OIT foi aprovada em 1951, na 34.ª reunião da Conferência Internacional do Trabalho, entrando em vigor no plano internacional em 1953.

Até o presente momento, referida Convenção foi ratificada por 173 (cento e setenta e três) dos 187 Estados-membros da Organização.

O Brasil ratificou a Convenção n. 100 em 25 de abril de 1957.

De acordo com referida Convenção, compreende-se como remuneração o salário-base ou mínimo e qualquer outro valor em dinheiro ou em utilidades pago, direta ou indiretamente, pelo empregador ao empregado.

2.4.8. Convenção n. 111 — sobre discriminação (emprego e ocupação)

A Convenção n. 111 da OIT define discriminação como qualquer distinção, exclusão ou preferência baseadas em motivos de raça, cor, sexo, religião, opinião política, ascendência nacional ou origem social, das quais derive uma situação de desigualdade de oportunidades ou de tratamento no emprego ou ocupação.

Aprovada em 1958, na 42.ª reunião da Conferência Internacional do Trabalho, e tendo entrado em vigor no plano internacional em 1960, até o presente momento referida Convenção foi ratificada por 175 (cento e setenta e cinco) dos 187 Estados-membros da Organização.

O Brasil ratificou a Convenção n. 111 em 26 de novembro de 1965.

De acordo com a Convenção n. 111, os Estados-membros que a ratificarem devem elaborar e implementar uma política nacional que promova, por métodos adequados às práticas e condições nacionais, a igualdade de oportunidades e de tratamento em matéria de emprego e ocupação, com o objetivo de eliminar qualquer discriminação, incluindo a discriminação em relação ao acesso à formação profissional, ao emprego e a determinadas ocupações, e também em relação às condições de emprego.

2.5. RECOMENDAÇÕES DA OIT

As **Recomendações da OIT destinam-se** "a sugerir normas que podem ser adotadas por qualquer das fontes diretas ou autônomas do Direito do Trabalho, embora visem, basicamente, ao legislador de cada um dos países vinculados à OIT".[9]

Sempre que a Conferência Internacional do Trabalho pronunciar-se pela aceitação de propostas relativas a um assunto na sua ordem do dia, mas tal assunto, ou um de seus aspectos, **não permitir a adoção de uma Convenção**, as propostas tomarão a forma de uma Recomendação **(art. 19, Constituição da OIT)**.

Para que uma Recomendação seja aceita em votação final pela Conferência, são necessários **dois terços dos votos dos presentes**.

Assim, as **Recomendações da OIT** somente sugerem normas que podem ser adotadas pela legislação ou pelas fontes formais autônomas de cada Estado-membro.

Exatamente por isso, **não têm força juridicamente obrigatória**, constituindo **fonte material de direito**, "porquanto servem de inspiração e modelo para a atividade legislativa nacional, os atos administrativos de natureza regulamentar, os instrumentos da negociação coletiva e os laudos de arbitragem voluntária ou compulsória de conflitos coletivos de interesse, neste último caso compreendidas as decisões dos tribunais do trabalho dotados de poder normativo".[10]

---

[9] SÜSSEKIND, Arnaldo. *Convenções da OIT*, p. 28.
[10] SÜSSEKIND, Arnaldo. *Direito internacional do trabalho*, p. 181.

As Recomendações não são objeto de ratificação, devendo apenas ser submetidas à autoridade competente para legislar sobre as matérias nelas tratadas, que poderá "transformar em lei todos, alguns ou apenas um dos dispositivos de recomendação, adotar outras medidas em relação aos mesmos, ou, simplesmente, tomar conhecimento do diploma internacional, sem aprovar qualquer ato que lhe seja pertinente".[11]

Cada um dos Estados-membros compromete-se a submeter, dentro do prazo de um ano a partir do encerramento da sessão da Conferência (ou, quando, em razão de circunstâncias excepcionais, tal não for possível, logo que o seja, sem nunca exceder o prazo de 18 meses após o referido encerramento), a Recomendação à autoridade competente.

Os Estados-membros darão conhecimento ao Diretor-Geral da Repartição Internacional do Trabalho das medidas tomadas para submeter a Recomendação à autoridade competente, comunicando-lhe também as decisões que esta houver tomado.

Além da obrigação de submeter a Recomendação à autoridade competente, o Membro terá a de informar o Diretor-Geral da Repartição Internacional do Trabalho — nas épocas que o Conselho de Administração julgar convenientes — sobre a sua legislação e prática observada relativamente ao assunto de que trata a Recomendação. Deverá também precisar nestas informações até que ponto aplicou ou pretende aplicar dispositivos da Recomendação, bem como indicar as modificações destes dispositivos que sejam ou venham a ser necessárias para adotá-los ou aplicá-los.

Arnaldo Süssekind esclarece que a Conferência Internacional do Trabalho vem utilizando a Recomendação como instrumento normativo para:[12]

■ disciplinar um tema sobre o qual ainda não haja soluções amplamente aceitas no âmbito internacional;

■ enunciar regras ainda avançadas para um grande número de Estados-membros, mas cuja universalização a Conferência deseja promover;

■ regulamentar a aplicação de princípios inseridos em muitas Convenções, possibilitando flexibilidade aos diversos países para aplicá-los por meio de regulamentação adequada às condições nacionais.

2.5.1. Recomendação n. 146 — sobre idade mínima para o trabalho

Adotada em 1973, na 58.ª reunião da Conferência Internacional do Trabalho, a Recomendação n. 146 da OIT sugere regramentos visando a consecução dos objetivos da Convenção n. 138 e o desenho de políticas nacionais pelos Estados-membros para:

■ abolir o trabalho infantil;

---

[11] SÜSSEKIND, Arnaldo. *Direito internacional do trabalho*, p. 195.
[12] SÜSSEKIND, Arnaldo. *Direito internacional do trabalho*, p. 197.

■ aumentar progressivamente a idade mínima para o trabalho.

2.5.2. Recomendação n. 190 — sobre as piores formas de trabalho infantil

Adotada em 1999, na 87.ª reunião da Conferência Internacional do Trabalho, a Recomendação n. 190 da OIT, visando a consecução dos objetivos da Convenção n. 182, sugere aos Estados-membros a adoção, em caráter de urgência, de medidas imediatas e eficazes para eliminar as piores formas de trabalho infantil, independentemente do nível de desenvolvimento do país, abrangendo programas que tenham por objetivo:

■ identificar e denunciar as piores formas de trabalho infantil;
■ impedir a utilização de menores nas piores formas de trabalho ou livrá-los delas;
■ proteger os menores contra represálias e garantir sua inserção social com medidas que permitam atender a suas necessidades educativas, físicas e psicológicas;
■ prestar especial atenção:
   ■ aos mais vulneráveis (crianças pequenas e mulheres);
   ■ ao problema do trabalho oculto (por exemplo, trabalho doméstico), em relação ao qual as mulheres são mais suscetíveis;
■ identificar as comunidades em que existam menores particularmente expostos a riscos, com a finalidade de entrar em contato direto e trabalhar com elas;
■ informar, sensibilizar e mobilizar a opinião pública e os grupos interessados, incluindo os menores e seus familiares.

2.6. QUESTÕES

QUESTÕES DE CONCURSOS
> uqr.to/1z7eq

3
ORGANIZAÇÃO MUNDIAL DO COMÉRCIO (OMC) E CONCORRÊNCIA INTERNACIONAL

A **Organização Mundial do Comércio (OMC)** é a organização internacional que se ocupa das normas que regem o **comércio entre os diversos países**. Tais normas, chamadas de **Acordos da OMC**, são negociadas e assinadas pela grande maioria dos países que participam do comércio mundial, sendo ratificadas por seus respectivos parlamentos.[1]

Por meio dessas normas, a OMC visa ajudar os produtores de bens e de serviços, os exportadores e importadores a executarem suas atividades de forma livre e eficiente.

Entre as **características da OMC**, podem ser destacadas:

- é uma Organização que visa a abertura do comércio em nível mundial;
- é um foro para que os governos negociem acordos comerciais;
- é um local onde podem ser resolvidas diferenças e problemas comerciais entre governos;
- é um Organismo que aplica normas internacionais no exercício de suas funções.

A inegável transformação que a **globalização da economia** trouxe para o mundo fez com que a OMC passasse a ser considerada como o **núcleo da redefinição das bases comerciais do futuro na ordem internacional**.

Se é verdade que em alguns países em desenvolvimento houve uma diminuição da pobreza como consequência do crescimento econômico derivado da globalização, também é verdade que o desenvolvimento, como fonte de bem-estar e de melhoria das condições de vida da população e dos trabalhadores, não foi verificado em grande parte desses países. Ao contrário, em diversos deles **o desenvolvimento econômico cada vez maior parece revelar condições de violação aos direitos humanos dos trabalhadores cada vez maiores**.

Diante de tal quadro internacional, surgem as seguintes **questões**:

- **sob o aspecto jurídico:**
    - não há argumentos suficientes para permitir a inclusão dos direitos humanos fundamentais no trabalho nas normas da OMC?

---

[1] Disponível em: www.wto.org.

■ **sob o aspecto econômico:**

■ pode-se justificar o *dumping* social sob o argumento de desenvolvimento econômico?

■ **sob o aspecto das normas da OMC:**

■ não devem buscar um desenvolvimento sustentável no sentido de garantir a efetividade dos direitos fundamentais no trabalho?

Assim, considerando que as regras da economia mundial deveriam ter em vista a melhoria dos direitos, dos meios de subsistência e da segurança das pessoas, das famílias e das coletividades de todo o mundo, bem como o aumento das possibilidades que lhes são oferecidas, é que se discute até que ponto podem ser celebrados acordos comerciais e podem ser adotadas práticas de mercado que levem a uma condição de *dumping* social. Nesse sentido, e como forma de minimizar os danosos efeitos sociais que podem derivar de negociações comerciais no âmbito internacional, é que se fala em *cláusulas sociais* e em *selo social*.

Tais temas — *dumping* social, cláusula social e selo social —, de inegável importância no mundo atual, serão tratados nos itens a seguir.

3.1. DUMPING SOCIAL

Buscando um menor custo da produção, alguns países ofertam no mercado internacional produtos com preço competitivo, mas isso em decorrência de salários aviltantes, excessivas jornadas de trabalho, exploração de trabalho infantil ou, em alguns casos, até mesmo de trabalho forçado ou em condições análogas à de escravo.[2] Denomina-se esta prática ***dumping* social**, ou seja, a **busca de vantagens comerciais pela adoção de condições desumanas de trabalho**.

O *dumping* social exige, quase sempre, uma relação entre o que se faz em mais de um país: a economia de um país pode revitalizar-se com o *dumping* social, o que, além de ser indesejável na medida em que sejam sacrificados os direitos do trabalhador, gera concorrência desleal com os demais países no mercado internacional.

Atualmente, reconhece-se, cada vez mais, que não se pode permitir que o desenvolvimento econômico seja alcançado às custas de um baixo nível de respeito às condições de trabalho e de uma exploração dos trabalhadores. Como reação à situação econômica mundial nos dias de hoje e visando impedir que países que adotem tais condutas aufiram

---

[2] No Brasil, uma das medidas de combate à exploração de trabalho em condições análogas à de escravo é a inclusão do empregador em cadastro denominado "lista suja do trabalho escravo", após decisão administrativa irrecorrível de procedência de auto de infração em que for constatada a exploração de trabalho em condições análogas à de escravo. O nome do empregador permanecerá no cadastro por dois anos, período durante o qual será realizado monitoramento para verificar a regularidade das condições de trabalho. O STF julgou constitucional a criação do Cadastro de Empregadores que tenham submetido trabalhadores a essa condição. A decisão, por maioria de votos, foi proferida na ADPF 509.

vantagens comerciais, verifica-se cada vez mais uma preocupação com a universalização das normas internacionais protetivas aos trabalhadores.

Como muitos países e diversas empresas neles situadas entendem que o respeito aos direitos dos trabalhadores representa um alto componente no custo final do produto, inviabilizando-lhe a produção e a competitividade, a questão da inclusão de cláusulas sociais nos contratos internacionais de comércio coloca-se como um ponto a ser enfrentado pelos organismos internacionais, principalmente a Organização Mundial do Comércio (OMC) e a Organização Internacional do Trabalho (OIT).

Nesse sentido, em 20 de setembro de 2011 foi lançada uma publicação conjunta da Oficina Internacional do Trabalho e da Secretaria da Organização Mundial do Comércio, visando a busca de meios para permitir o equilíbrio entre uma maior proteção social, maiores investimentos em bens públicos e o bom funcionamento dos mercados, fatores fundamentais para que a globalização econômica seja socialmente sustentável.

Nessa publicação, "Para uma globalização socialmente sustentável", destaca-se o potencial da globalização para estimular a produtividade e o crescimento, mas se ressalta que, para se atingir esse potencial, é importante executar ao mesmo tempo políticas comerciais, sociais e de emprego que estejam em equilíbrio entre si.

Tal documento:

- reafirma o papel positivo que pode desempenhar a liberalização do comércio, melhorando a eficiência produtiva e, consequentemente, o crescimento econômico;
- realça a importante função que cumprem os governos ao fazerem investimentos públicos visando o funcionamento dos mercados, aspecto-chave para que a globalização estimule o crescimento econômico dos países;
- reafirma e realça a importância fundamental da proteção social, assim como da necessidade de ajustar os sistemas de proteção social às condições específicas de cada país.

Para a OIT e a OMC, três são os desafios na busca da sustentabilidade social da globalização:

- a estrutura e os níveis de emprego resultantes de uma maior abertura econômica podem ser mais ou menos favoráveis à população economicamente ativa e ao crescimento econômico;
- a abertura econômica ajuda a enfrentar as dificuldades econômicas internas, mas pode deixar os mercados de trabalho internos mais vulneráveis a fatores externos;
- os benefícios da globalização não são distribuídos de forma equitativa e alguns trabalhadores e algumas empresas podem sair perdendo com isso no curto e no médio prazo.

Exatamente por isso, fala-se na inserção de cláusulas sociais nos tratados internacionais de comércio.

3.2. CLÁUSULA SOCIAL

A partir de uma análise econômica, pode-se constatar que, embora este não seja o único componente a ser considerado, o fato é que o custo da mão de obra determina, em grande parte, a competitividade das empresas de um determinado país no mercado internacional. Exatamente por tal razão, muitos países e muitas empresas invocam este argumento para justificar o não cumprimento de direitos trabalhistas, amenizando, com isso, seus gastos com a mão de obra.

Condutas dessa natureza geram, porém, um **desequilíbrio econômico**, à medida que o preço final das mercadorias produzidas vai determinar a competitividade internacional das empresas e do país onde estão sediadas, sem falar na desigualdade social derivada dessa situação.

Em razão disso, surgiu internacionalmente a discussão acerca da inclusão das chamadas *cláusulas sociais* nos tratados internacionais de comércio, sendo esse um ponto que vem sendo largamente discutido pelos organismos internacionais, principalmente a Organização Internacional do Trabalho (OIT) e a Organização Mundial do Comércio (OMC).

A discussão ocorre, de um lado, com os **países desenvolvidos contestando a injusta competição** estabelecida em sede internacional, uma vez que outras nações ofertam produtos a preços mais atraentes às custas de mão de obra extremamente barata e, de outro lado, com os **países em desenvolvimento** afirmando que somente o desenvolvimento de suas economias será capaz de elevar o nível de vida dos trabalhadores, ou seja, afirmam que precisam **primeiramente crescer economicamente para posteriormente terem condições de implementar as políticas sociais e trabalhistas adequadas ao desenvolvimento social almejado**.

Para os países em desenvolvimento, a adoção de tratados de comércio contendo cláusulas sociais impossibilitará que sejam competitivos no comércio internacional, gerando, por consequência, desemprego, o que só viria a piorar a situação de seus trabalhadores. A *cláusula social*, segundo eles, não passaria de um artifício pelo qual os Estados mais industrializados reafirmariam seus interesses protecionistas, sem qualquer fundamento na preocupação com a melhoria das condições de trabalho.

Concordando que há necessidade de progredir no campo das condições de trabalho, os países em desenvolvimento, todavia, não aceitam o controle da aplicação das cláusulas sociais pela OMC e de aplicação de sanções comerciais aos países infratores, afirmando ser a OIT o órgão competente para instituir e fiscalizar tais normas, diante de sua pressão moral e outros mecanismos de persuasão.

Inegável tratar-se de um **debate de extrema importância** na atualidade, mormente porque, diante dos efeitos sociais danosos que a globalização tem produzido, mais relevante se torna a convicção de que "reconhecendo, embora, a importância dos aspectos econômicos que fundamentam o Direito Internacional do Trabalho, afigura-se-nos, todavia, que seu principal esteio é de caráter social e concerne à universalização dos princípios da justiça social e da dignificação do trabalhador. É certo que razões de ordem econômica constituíam sério obstáculo a consecução desses ideais; mas são exatamente esses ideais que configuram a finalidade preponderante do direito universal do trabalho".[3]

3.3. SELO SOCIAL

Selo social pode ser definido como selos/logomarcas que são afixados a um produto ou à sua embalagem, ou distribuídos em materiais de comunicação empresarial e publicidade, para certificar a adesão voluntária de uma empresa a um código de conduta socialmente responsável, com significados que variam segundo o propósito desses códigos de conduta.

No campo trabalhista, o *selo social* pode ser instituído para demonstrar ao público em geral e aos consumidores que os **produtos são produzidos por trabalhadores que têm seus direitos trabalhistas respeitados e cumpridos pelo empregador**.

A adoção dos chamados *selos sociais* em geral tem origem em um procedimento prévio adotado pela empresa no sentido de obter uma certificação internacional, por meio da realização de auditorias por entidades independentes que comprovam que as **relações de trabalho** por ela mantidas estão **de acordo com as Convenções da Organização Internacional do Trabalho** (especialmente as que tratam do trabalho infantil, do trabalho forçado, da não discriminação, da liberdade sindical e de negociação coletiva e de saúde e segurança no trabalho), a **Convenção das Nações Unidas sobre os Direitos da Criança**, a **Declaração dos Direitos Humanos** e a **Convenção das Nações Unidas para Eliminar Todas as Formas de Discriminação contra as Mulheres**.

O *selo social* vem atender a uma necessidade de consumidores mais esclarecidos que se preocupam com a forma como os produtos são produzidos, e não apenas com a sua qualidade.

Pelo *selo social*, a empresa demonstra que está preocupada com o respeito aos direitos fundamentais de seus empregados e adota em relação a eles uma conduta de responsabilidade social.

3.4. QUESTÕES

QUESTÕES DE CONCURSOS
> uqr.to/1z7er

---

[3] SÜSSEKIND, Arnaldo et al. *Instituições de direito do trabalho*, 22. ed., v. 2, p. 1538.

PARTE IV

DIREITO COLETIVO DO TRABALHO

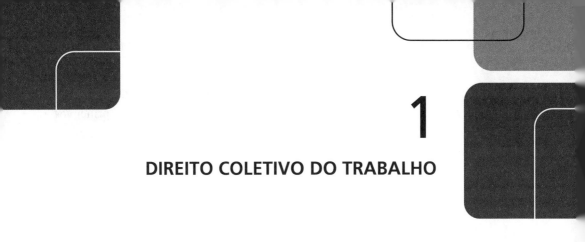

DIREITO COLETIVO DO TRABALHO

1.1. DEFINIÇÃO, DENOMINAÇÃO, CONTEÚDO E FUNÇÃO

No âmbito do Direito do Trabalho distinguem-se as normas que compõem o chamado Direito Individual do Trabalho e outras que integram o denominado Direito Coletivo do Trabalho.

O **Direito Individual** é composto pelas normas que regem a relação que se estabelece entre um trabalhador e um empregador individualmente considerados, fundada no contrato de trabalho **(relações individuais)**. O **Direito Coletivo**, ao contrário, agrega as normas que se referem às relações que envolvem um empregador ou um grupo de empregadores com os grupos de trabalhadores ou com as organizações que os representam **(relações coletivas)**.

Para que uma relação configure matéria regulada pelo Direito Coletivo do Trabalho, é condição necessária que ela vincule uma **pluralidade de trabalhadores**. No entanto, à existência desse elemento quantitativo deve-se agregar um elemento qualitativo, qual seja, a existência de um **interesse coletivo**, que não é resultado da soma dos interesses individuais de vários trabalhadores, mas expressa um interesse qualitativamente distinto referente aos trabalhadores como grupo: **grupo definido, mas interesse indivisível**.

O estudo das relações coletivas compreende dois tipos de questões: de um lado, as que envolvem as organizações de trabalhadores e patronais; de outro, as que se referem à ação coletiva dos trabalhadores e dos empregadores.

No primeiro caso, abrangem-se a liberdade sindical e suas manifestações, a representação dos trabalhadores na empresa, o direito de reunião e a associação patronal. Em relação às segundas questões, estão abrangidas a negociação coletiva, a greve, os procedimentos judiciais e extrajudiciais de solução dos conflitos coletivos de trabalho, tais como a conciliação, a mediação e a arbitragem.

A denominação "Direito Coletivo do Trabalho" não é aceita pacificamente, sendo que parte da doutrina adota a nomenclatura "Direito Sindical", considerando o fenômeno sindical como originador das relações e dos interesses coletivos.

Os autores que adotam a denominação **"Direito Coletivo do Trabalho"** afirmam que o fenômeno sindical não esgota o conteúdo da matéria objeto do estudo e da abordagem dessa parte do Direito do Trabalho, entendendo que, ao se utilizar da expressão "Direito Sindical", estar-se-ia reduzindo o conteúdo das normas e dos princípios aplicáveis, deixando de lado, por exemplo, o estudo e a regulamentação das relações coletivas e dos interesses tutelados (coletivos).[1]

Amauri Mascaro Nascimento adota a expressão **"Direito Sindical"**, assim explicando a opção: "Não há dúvida de que a expressão não é aceita de modo pacífico entre os doutrinadores. Muitos preferem direito coletivo. Sustentam que as relações coletivas de trabalho não são apenas sindicais, no que estão certos. Há relações coletivas de trabalho nas quais o sindicato pode não estar envolvido. Existem representações de trabalhadores, na empresa, não sindicais. Porém, é preciso convir que as relações coletivas, das quais o sindicato participa, não só ocupam a quase totalidade do espaço das relações coletivas do direito do trabalho com o que, pelo critério da preponderância, justifica-se a expressão direito sindical, como, ainda, é o sindicato o centro de gravidade desse setor a que muitos dão o nome de direito coletivo do trabalho, o que leva à mesma conclusão. É possível, e justificado, designar esse campo do direito do trabalho pela sua nota característica mais importante, que é a organização e a ação sindical, motivos, portanto, que abonam a escolha pela expressão 'direito sindical', que valoriza o movimento sindical, principal artífice das relações coletivas de trabalho".[2]

As normas que compõem o **conteúdo do Direito Coletivo do Trabalho** ordenam-se da seguinte forma:

a) **organização sindical** — referem-se aos tipos de entes sindicais existentes previstos pelo ordenamento jurídico, ao critério de agrupamento dos representados, às formas e à base geográfica de representação, à estrutura interna e ao funcionamento dos entes sindicais;

b) **ação e funções dos entes sindicais, em especial a negociação coletiva** — referem-se à atuação concreta dos entes sindicais, em especial à sua função principal e essencial, que é a negociação coletiva:

c) **conflitos coletivos de trabalho e suas formas de solução** — referem-se ao estudo das disputas decorrentes das relações coletivas de trabalho, entre as quais a greve é a principal, e das formas de solução estabelecidas pelo ordenamento jurídico;

d) **representação não sindical dos trabalhadores na empresa** — referem-se aos canais de comunicação previstos pelo ordenamento, visando melhorar o diálogo e o relacionamento entre trabalhadores e empregadores no que tange a questões de rotina.

---

[1] Entre os autores que se utilizam da denominação "Direito Coletivo do Trabalho" citamos Octavio Bueno Magano e Mauricio Godinho Delgado.
[2] NASCIMENTO, Amauri Mascaro. *Compêndio de direito sindical*. 4. ed. São Paulo: LTr, 2005, p. 23.

O **Direito Coletivo do Trabalho**, além das **funções** gerais do Direito do Trabalho como um todo, tem funções específicas, como a geração de normas coletivas de trabalho, mediante o exercício da negociação coletiva e da afirmação da autonomia privada dos grupos (autonomia coletiva) e a solução dos conflitos coletivos de trabalho, diretamente pelos entes coletivos (formas autônomas) ou com a intervenção de terceiros (formas heterônomas), além de funções sociopolítica e econômica, a primeira derivada do exercício democrático de distribuição de poder, e a segunda caracterizada pela busca da adequação das relações de trabalho às realidades econômicas.

1.2. FONTES DO DIREITO COLETIVO DO TRABALHO

Fontes formais são os modos pelos quais se manifestam as normas jurídicas, enquanto que as fontes materiais são todos os fatores sociais, econômicos, históricos etc., que determinam o conteúdo concreto dessas normas.

No plano formal, as **fontes do Direito Coletivo do Trabalho** são: a) os atos internacionais; b) a Constituição Federal; c) as leis; d) os pactos sociais; e) a convenção coletiva e o acordo coletivo; f) as decisões normativas; g) a jurisprudência.

■ Atos internacionais

Como fontes formais do Direito Coletivo do Trabalho encontramos diversos atos internacionais.

No âmbito da OIT, várias são as Convenções que tratam de matéria de Direito Coletivo, destacando-se, entre outras,[3] a de n. 87, sobre a liberdade sindical e a proteção do direito sindical (1948); a de n. 98, sobre o direito de organização e de negociação coletiva (1949); a de n. 135, sobre proteção dos representantes dos trabalhadores (1971); e a de n. 154, sobre a promoção da negociação coletiva (1981).

Fora do âmbito da OIT, são considerados como mais importantes a Declaração Universal dos Direitos do Homem, de 1948; a Carta Internacional Americana de Garantias Sociais, de 1948; a Convenção Europeia de Direitos Humanos, de 1950; a Carta Social Europeia, de 1961; o Pacto Internacional sobre Direitos Econômicos, Sociais e Culturais, de 1966; e a Convenção Americana sobre Direitos Humanos (Pacto de São José da Costa Rica), de 1969.

Em decorrência de todos os atos internacionais referidos, aos trabalhadores são assegurados o direito de se organizarem em sindicatos e o direito de celebrarem convenções coletivas de trabalho. Cumpre ressaltar que na esfera da OIT a greve não é objeto de proteção expressa, adotando-se pacificamente, porém, o entendimento de que constitui um dos meios essenciais à defesa e à promoção dos interesses profissionais.

---

[3] Octavio Bueno Magano cita, ainda, a Convenção n. 11, de 1921, que trata do direito de associação na agricultura, e a Convenção n. 84, de 1947, que trata do direito de associação nos territórios não metropolitanos. MAGANO, Octavio Bueno. *Manual de direito do trabalho*: direito coletivo do trabalho. 3. ed. rev. e atual. São Paulo: LTr, 1993. v. III, p. 18.

Por essa razão, a OIT recomenda reiteradamente que somente em circunstâncias excepcionais e razoáveis seja limitado o seu exercício, assim consideradas as que envolvem serviços essenciais ou as relativas à função pública.

No campo internacional, mas fora do âmbito da OIT, existem ao menos quatro textos que se referem expressamente à greve como atividade merecedora de proteção, entre os quais, o mais abrangente é o Pacto Internacional sobre Direitos Econômicos, Sociais e Culturais, de 1966. Não se pode deixar de considerar, também, os textos de âmbito regional, como a Ata de Chapultepec, de 1945; a Carta de Bogotá, de 1948; e a Carta Social Europeia, de 1961.

Constituição

A Constituição Federal de 1988 trata de temas específicos no campo do Direito Coletivo do Trabalho: a liberdade de associação profissional, prevista no art. 8.º; o reconhecimento das convenções e dos acordos coletivos de trabalho, indicado expressamente pelo art. 7.º, XXVI, como um dos direitos dos trabalhadores; as fontes de receita das entidades sindicais, com previsão das contribuições confederativa e sindical, no art. 8.º, IV; a greve, fixando seu exercício e os seus limites nos arts. 9.º e 37, VII; no art. 114, a competência da Justiça do Trabalho para dirimir conflitos coletivos de trabalho. Além disso, no que tange aos direitos individuais dos trabalhadores, estabelecem-se os limites de flexibilização pela via da negociação coletiva (art. 7.º, VI, XIII e XIV).

Leis

Contrariamente do que ocorre em outros ordenamentos jurídicos, como nos EUA e nos países da Europa, em que o Direito Coletivo se forma preponderantemente em razão do exercício da autonomia coletiva, notadamente a prática da negociação coletiva, no Brasil a formação do Direito Coletivo do Trabalho decorre, em sua maior parte, da legislação. As regras sobre organização sindical, sobre campo de aplicação, conteúdo, efeitos e condições de validade da convenção coletiva de trabalho, sobre conflitos coletivos e suas formas de solução, decorrem das diversas leis que tratam do tema, em especial a Consolidação das Leis do Trabalho.

Convenções e acordos coletivos de trabalho

A autonomia dos grupos profissionais e econômicos é exteriorizada por meio das convenções e dos acordos coletivos de trabalho, que contêm normas que determinam o conteúdo dos contratos individuais de trabalho dos trabalhadores aos quais se aplicam (cláusulas econômicas), além das cláusulas obrigacionais, que vinculam as partes convenentes.

As normas coletivas dão maleabilidade ao conteúdo da lei, ampliando a gama de direitos e garantias legais assegurados aos trabalhadores (condições *in mellius*) e, em outros casos, prevendo situações de flexibilização que, aparentemente, geram condições *in pejus* (redução de salário, compensação de jornada, aumento da jornada dos turnos ininterruptos de revezamento). Nesse sentido, importante destacar que a **Lei n. 13.467/2017 (*Reforma Trabalhista*)** ampliou enormemente as possibilidades da negociação coletiva, estabelecendo que a convenção coletiva e o acordo coletivo de trabalho têm prevalência sobre a lei quando dispuserem, entre outros (rol exemplificativo, portanto), sobre as matérias indicadas no **art. 611-A, CLT**.[4] Ao contrário, em âmbito muito mais restrito, as previsões de convenções coletivas e acordos coletivos de trabalho que são consideradas ilícitas são indicadas taxativamente no **art. 611-B, CLT**.

▪ Decisões normativas

Através das decisões normativas (sentenças normativas) se traduz o poder normativo da Justiça do Trabalho, previsto no art. 114, § 2.º da Constituição Federal, mediante o qual, na ausência ou impossibilidade da negociação coletiva, são estabelecidas condições de trabalho aos membros de categoria profissional e de categoria econômica em conflito e que são partes do dissídio coletivo levado à apreciação do Judiciário.

▪ Jurisprudência

No Brasil, a jurisprudência, em especial através das Orientações Jurisprudenciais da Seção de Dissídios Coletivos e dos Precedentes do TST, tem grande relevância no que concerne à esfera de conflitos coletivos, determinando o campo de aplicação do poder normativo da Justiça do Trabalho, estabelecendo os limites do exercício do direito de greve, fixando os limites da atuação das entidades sindicais, entre outros aspectos.

1.3. PRINCÍPIOS DO DIREITO COLETIVO DO TRABALHO

O Direito Coletivo do Trabalho não é um ramo autônomo da ciência do Direito, caracterizando-se como uma das áreas em que se divide o Direito do Trabalho.

Amauri Mascaro Nascimento afirma que o Direito Coletivo do Trabalho não possui princípios próprios, "a não ser o princípio da liberdade sindical, necessário para que se assegure a autonomia da ordem sindical em função das normas a serem produzidas para os contratos individuais de trabalho".[5]

Referido autor afirma ser a liberdade sindical o "princípio básico que deve presidir os sistemas legais. [...] Interpenetra-se com os princípios do pluralismo, com a concepção do direito social e com a autonomia coletiva dos particulares, fundamento da organização sindical e da negociação coletiva".[6]

Outros autores, no entanto, entendem que o Direito Coletivo do Trabalho tem princípios próprios, que são construídos a partir do seu ponto central: a noção de ser coletivo.

---

[4] O STF fixou a Tese 1046 de Repercussão Geral: "São constitucionais os acordos e as convenções coletivos que, ao considerarem a adequação setorial negociada, pactuam limitações ou afastamentos de direitos trabalhistas, independentemente da explicitação especificada de vantagens compensatórias, desde que respeitados os direitos absolutamente indisponíveis". Trânsito em julgado em 09.05.2023.

[5] NASCIMENTO, Amauri Mascaro. *Direito sindical*, p. 19.

[6] NASCIMENTO, Amauri Mascaro. *Compêndio de direito sindical*, p. 143.

Nesse sentido, segundo a classificação apresentada por Mauricio Godinho Delgado,[7] pode-se afirmar que os **princípios do Direito Coletivo do Trabalho**, segundo a matéria e objetivos neles enfocados, dividem-se em três grandes grupos, a saber:

a) princípios assecuratórios das condições de emergência e afirmação da figura do ser coletivo obreiro, que abrangem:

▪ **princípio da liberdade associativa e sindical** — refere-se à ampla prerrogativa de associação dos trabalhadores e, como consequência, de sindicalização;

▪ **princípio da autonomia sindical** — assegura condições à existência dos sindicatos de trabalhadores.

Verifica-se que são princípios "cuja observância viabiliza o florescimento das organizações coletivas dos trabalhadores, a partir das quais serão tecidas as relações grupais que caracterizam esse segmento jurídico específico".[8]

b) princípios que tratam das relações entre os seres coletivos obreiros e empresariais, no contexto da negociação coletiva, que abrangem:

▪ **princípio da interveniência sindical na normatização coletiva** — define a obrigatoriedade de participação dos sindicatos de trabalhadores nas negociações coletivas;

▪ **princípio da equivalência dos contratantes coletivos** — estabelece um tratamento igualitário para os sindicatos de trabalhadores e patronais;

▪ **princípio da lealdade e transparência nas negociações coletivas** — fixa premissas essenciais ao desenvolvimento democrático e eficaz das negociações coletivas.

Esses princípios regem as relações entre os grupos, definindo o "*status*, poderes e parâmetros de conduta dos seres coletivos trabalhistas".[9]

c) princípios que tratam das relações entre normas coletivas negociadas e normas estatais, que abrangem:

▪ **princípio da criatividade jurídica da negociação coletiva** — os instrumentos decorrentes da negociação coletiva (convenção e acordo coletivo de trabalho) caracterizam-se como efetivas normas jurídicas (com suas características próprias: generalidade, abstração e força coercitiva), que integram o ordenamento jurídico, convivendo em harmonia com as normas de origem estatal;

---

[7] DELGADO, Mauricio Godinho. *Curso de direito do trabalho*. 18. ed., p. 1554.
[8] DELGADO, Mauricio Godinho. *Curso de direito do trabalho*, 18. ed., p. 1554.
[9] DELGADO, Mauricio Godinho. *Curso de direito do trabalho*, 18. ed., p. 1554.

■ **princípio da adequação setorial negociada** — permite que as normas coletivas possam prevalecer sobre as normas jurídicas individuais de origem estatal, desde que respeitados os seguintes critérios autorizativos: "a) quando as normas autônomas juscoletivas implementam um padrão setorial de direitos superior ao padrão geral oriundo da legislação heterônoma aplicável; b) quando as normas autônomas juscoletivas transacionam setorialmente parcelas justrabalhistas de indisponibilidade apenas relativa (e não de indisponibilidade absoluta)".[10]

Trata-se de princípios que estabelecem "as relações e efeitos entre as normas produzidas pelo Direito Coletivo, através da negociação coletiva, e as normas heterônomas tradicionais do próprio Direito Individual do Trabalho".[11]

No entanto, os chamados **"princípios que tratam das relações entre normas coletivas negociadas e normas estatais"** indicados acima **foram relativizados, podendo se dizer, até, que não mais são aplicáveis**, tendo em vista as profundas alterações na dinâmica da negociação coletiva e sua relação com as previsões legislativas, bem como na ampliação da autonomia privada coletiva trazida pela **Lei n. 13.467/2017 (*Reforma Trabalhista*)**.

De início destaca-se que a **Lei n. 13.467/2017 (*Reforma Trabalhista*)** ampliou enormemente as possibilidades da negociação coletiva, estabelecendo que a convenção coletiva e o acordo coletivo de trabalho **têm prevalência sobre a lei** quando dispuserem, entre outros (rol exemplificativo, portanto), sobre as matérias indicadas no **art. 611-A, CLT**. Ao contrário, em âmbito muito mais restrito, as previsões de convenções coletivas e acordos coletivos de trabalho que são consideradas ilícitas são indicadas taxativamente no **art. 611-B, CLT**.

Além disso, o legislador prevê expressamente que, no exame da convenção coletiva e do acordo coletivo de trabalho, a Justiça do Trabalho analisará exclusivamente a conformidade dos elementos essenciais do negócio jurídico, respeitado o disposto no **art. 104 do Código Civil**, e balizará sua atuação pelo **princípio da intervenção mínima na autonomia da vontade coletiva (art. 8.º, § 3.º, e art. 611-A, § 1.º, CLT)**.[12]

---

[10] DELGADO, Mauricio Godinho. *Curso de direito do trabalho*, 18. ed., p. 1575-1579.

[11] DELGADO, Mauricio Godinho. *Curso de direito do trabalho*, 18. ed., p. 1554.

[12] "AGRAVO DE INSTRUMENTO EM RECURSO DE REVISTA DO SINDICATO-AUTOR INTERPOSTO NA VIGÊNCIA DA LEI 13.467/2017. MULTA POR DESCUMPRIMENTO DE CLÁUSULA DE CONVENÇÃO COLETIVA. INTERPRETAÇÃO DE CONVENÇÃO COLETIVA. TRANSCENDÊNCIA NÃO RECONHECIDA. 1. O Tribunal Regional, no exame da Convenção Coletiva de Trabalho do biênio 2019/2021, concluiu ser indevida a aplicação da multa normativa, pois, as partes, ao conciliarem sobre a impossibilidade de labor no dia do Círio de Nossa Senhora de Nazaré, condicionaram a folga à realização da procissão oficial, que não ocorreu ante a pandemia do Coronavírus. Salientou que, não obstante a realização de procissão não oficial, esta não se encontra albergada pela norma coletiva. 2. O Sindicato Autor defende que a norma coletiva, não estabelece folga apenas com relação à procissão oficial. 3. A tarefa interpretativa consiste, precipuamente, em definir o real objetivo da norma. De acordo com os arts. 8.º, § 3.º, e 611-A, § 1.º, da CLT, **no exame de convenção coletiva ou acordo coletivo de trabalho, a Justiça do Trabalho**

Portanto, previsão contida em convenção coletiva ou em acordo coletivo de trabalho poderá prevalecer sobre o que está disposto em lei, mesmo que não estabeleça uma condição aparentemente *in mellius* (a lógica trazida pela **Lei n. 13.467/2017 — Reforma Trabalhista** é a de que a análise sobre uma determinada condição prevista em norma coletiva somente deve ser feita concretamente, ou seja, considerando a situação fática que levou à sua pactuação, para somente após ser definido se, em relação ao quanto disposto em lei, a referida previsão define condição *in mellius* ou condição *in pejus*)[13].

Em relação à questão da prevalência do negociado sobre o legislado, o TST tem aplicado o Tema 1046 de Repercussão Geral em relação a direitos de indisponibilidade relativa:

"AGRAVO DE INSTRUMENTO EM RECURSO DE REVISTA INTERPOSTO PELA RECLAMANTE — REGÊNCIA PELA LEI N. 13.467/2017 — AUXÍLIO-ALIMENTAÇÃO. NATUREZA JURÍDICA. ALTERAÇÃO POR MEIO DE NORMA COLETIVA. TEMA 1.046 DA TABELA DE REPERCUSSÃO GERAL DO STF. TRANSCENDÊNCIA NÃO RECONHECIDA. Ao julgar o Recurso Extraordinário com Agravo 1.121.633, em regime de repercussão geral (Tema 1.046), o Supremo Tribunal Federal fixou a seguinte tese jurídica: 'São constitucionais os acordos e as convenções coletivas que, ao considerarem a adequação setorial negociada, pactuem limitações ou afastamentos de direitos trabalhistas, independentemente da explicitação especificada de vantagens compensatórias, desde que respeitados os direitos absolutamente indisponíveis'. Em razão da diretriz dada pelo STF na fixação do Tema 1.046, está superado entendimento consolidado na Orientação Jurisprudencial 413 da SBDI-1 do TST, pelo que o direito material postulado (natureza jurídica do auxílio-alimentação) não está albergado no rol de direitos indisponíveis do trabalhador e, portanto, é passível de sofrer flexibilização de seu alcance via ajuste coletivo. No caso concreto, o TRT validou as disposições normativas coletivas mediante as quais se previu a natureza jurídica indenizatória do auxílio-alimentação. Esta Oitava Turma firmou jurisprudência no sentido de considerar lícita norma coletiva que trata da natureza do auxílio-alimentação, por se tratar de direito disponível e passível de

---

balizará a sua atuação pelo princípio da intervenção mínima na autonomia da vontade coletiva. Isso significa dizer que, diante de uma norma coletiva da qual se possa extrair várias interpretações possíveis, deve o julgador trabalhista dar preferência àquela que mais se aproxime da verdadeira intenção das partes na fase de negociação. 4. No caso dos autos, a norma coletiva foi pactuada para o biênio 2019/2021 visando possibilitar o comparecimento dos empregados a procissão do Círio de Nossa Senhora de Nazaré que ocorria de forma oficial. Ocorre que, o ano de 2020 foi marcado por uma trágica pandemia provocada pelo Coronavírus que culminou em diversas medidas restritivas em âmbito mundial, dentre estas a determinação do distanciamento social como medida de combate a disseminação da doença. Neste contexto, a procissão oficial do Círio de Nossa Senhora de Nazaré foi acertadamente cancelada como medida de segurança para a população. Diante disso, fica claro que a verdadeira intenção dos atores sociais ao negociarem a Cláusula 45 da CCT foi possibilitar o comparecimento dos empregados a procissão oficial que ocorria anualmente. 5. Portanto, não vislumbro ofensa aos artigos 7.º, XXVI, CF e 611 e 611-A da CLT. Agravo de instrumento não provido" (AIRR-602-22.2020.5.08.0008, 8.ª T., rel. Min. Delaíde Alves Miranda Arantes, *DEJT* 12.12.2022).

[13] Aguarda julgamento no STF o ARE 1.121.633, sobre validade da norma coletiva de trabalho que limita ou restringe direito trabalhista não assegurado constitucionalmente.

negociação setorial. Assim, a decisão regional está em conformidade com a tese firmada pelo STF em sede de repercussão geral (Tema 1.046). Incólumes os dispositivos indicados. Agravo de instrumento a que se nega provimento" (AIRR-0011019-47.2023.5.18.0009, 8.ª T., rel. Min. Sergio Pinto Martins, *DEJT* 21.01.2025).

"AGRAVO DO RECLAMANTE. ATIVIDADE INSALUBRE. COMPENSAÇÃO DE JORNADA. PREVISÃO EM NORMA COLETIVA. INEXISTÊNCIA DE LICENÇA PRÉVIA DA AUTORIDADE COMPETENTE. VALIDADE. TEMA 1046 DO STF. NÃO PROVIMENTO. 1. Cinge-se a controvérsia em saber se a norma coletiva que previu o elastecimento da jornada de trabalho em atividade insalubre, sem a autorização da autoridade competente, deve ser considerada válida à luz da decisão proferida no julgamento do Tema 1046 da Tabela de Repercussão Geral do Supremo Tribunal Federal. 2. O Supremo Tribunal Federal, no julgamento do Recurso Extraordinário com Agravo 1.121.633, em regime de repercussão geral (Tema 1046), fixou tese jurídica de que as normas coletivas que limitam ou afastam direitos trabalhistas são plenamente válidas, independentemente do estabelecimento de vantagens compensatórias, desde que respeitados direitos absolutamente indisponíveis. 3. Em sendo assim, existindo norma coletiva que prevê jornada em atividade insalubre, não há como se afastar a sua validade, ainda que ausente autorização da autoridade competente, sob pena de descumprimento de decisão vinculante do STF, a qual é de observância obrigatória. 4. O direito em discussão, portanto, não pode ser considerado como absolutamente indisponível, uma vez que a própria lei (artigo 611-A, XIII, da CLT, com redação dada pela Lei n. 13.467/2017) consagrou a possibilidade de haver negociação coletiva objetivando a prorrogação de jornada em atividade insalubre, mesmo sem autorização do órgão competente. 5. Na hipótese, o Tribunal Regional entendeu como válidas as normas coletivas sobre compensação de jornada em atividade insalubre, sem autorização da autoridade competente. 6. Nesse contexto, o Colegiado *a quo* decidiu em consonância com a tese vinculante firmada no julgamento do Tema 1046. Agravo a que se nega provimento" (AIRR-0000076-73.2022.5.12.0008, 8.ª T., rel. Des. Convocado Jose Pedro de Camargo Rodrigues de Souza, *DEJT* 17.01.2025).

Complementando essa nova dinâmica, a nova redação do **art. 620 da CLT** prevê que as condições estabelecidas em acordo coletivo de trabalho **sempre prevalecerão** sobre as estipuladas em convenção coletiva de trabalho, partindo o legislador do pressuposto de que a negociação por empresa, por ser mais próxima às condições concretas envolvidas na relação entre trabalhadores e empregador, contém previsões que concretamente são mais benéficas do que as previstas genericamente para a categoria.

1.4. REPRESENTAÇÃO DOS TRABALHADORES NOS LOCAIS DE TRABALHO

A representação dos trabalhadores nos locais de trabalho, prevista na **Convenção n. 135 da OIT**, promulgada no Brasil pelo Decreto n. 131/1991, tem **caráter democrático** e estabelece, em um âmbito mais restrito de atuação (empresa) do que o dos sindicatos (categoria e base territorial), um vínculo mais estreito mantido entre os trabalhadores e o empregador.

A referida Convenção n. 135 da OIT estabelece que **os representantes dos trabalhadores nas empresas:**

◼ podem ser tanto os representantes nomeados ou eleitos pelo sindicato que representa os trabalhadores, quanto os representantes livremente eleitos pelos trabalhadores da empresa, conforme as disposições da legislação nacional ou de convenções coletivas, cujas funções não se estendam a atividades que sejam reconhecidas como prerrogativas exclusivas dos sindicatos (art. 3.º);

◼ devem ser beneficiados com uma proteção eficiente contra quaisquer medidas que possam prejudicá-los (art. 1.º).

Arnaldo Süssekind fala em "interação empregado-empresa", afirmando, porém, ser da modalidade de representação incomum em nosso País, já que praticamente inexistentes comitês de empresa, ou, mesmo, de comissões de consulta e colaboração, mesmo diante do estatuído no art. 621 da CLT, que prevê que as convenções e os acordos coletivos podem dispor sobre "a constituição e o funcionamento de comissões mistas de consulta e colaboração, no plano da empresa".[14]

No sistema jurídico brasileiro, além da previsão do **art. 621 da CLT**, o que tem apresentado resultados razoáveis como órgão de representação dos trabalhadores internamente nas empresas é a **Comissão Interna de Prevenção de Acidentes e de Assédio (CIPA)**, que tem função restrita às questões de segurança no trabalho e de prevenção ao assédio no ambiente de trabalho.

De instituição compulsória **(art. 163, CLT)**, a CIPA tem composição paritária **(art. 164, CLT)** e a garantia de emprego dos titulares e suplentes da representação dos trabalhadores **(art. 165, CLT, art. 10, II, "a", ADCT e Súmula 339, I, TST)**, sendo suas atribuições e funcionamento objeto de "Normas Regulamentadoras" baixadas pelo Ministério do Trabalho **(NR-5, Portaria Ministério do Trabalho n. 3.214/78)**.

A **Constituição Federal de 1988** contém duas previsões sobre a representação dos trabalhadores na empresa:

a) nas empresas com mais de duzentos empregados é assegurado aos trabalhadores a escolha de um representante para promover o entendimento direto com o empregador **(art. 11)**;

b) participação na gestão da empresa, excepcionalmente, conforme definido em lei **(art. 7.º, XI)**.

Inegável que a previsão do art. 7.º, XI, é meramente programática, dependendo de regulamentação.

A representação dos trabalhadores na empresa instituída pelo art. 11 da Constituição Federal é restrita, não significando participação nos órgãos gestores da empresa.

Importante destacar que, como a Convenção n. 135 da OIT (art. 3.º) ressalva o princípio da reserva sindical ("cujas funções não se estendam a atividades que sejam reconhecidas como dependentes das prerrogativas exclusivas dos sindicatos"), as atribuições do referido representante circunscrevem-se às relações individuais de trabalho. "Ao promover 'o entendimento com os empregadores', como quer a Carta Magna, o

---

[14] SÜSSEKIND, Arnaldo. *Curso de direito do trabalho*. 3. ed. rev. e atual. Rio de Janeiro: Renovar, 2010, p. 595.

representante do pessoal terá de respeitar a 'reserva sindical', que concerne, principalmente, ao âmbito das questões coletivas de trabalho suscetíveis de negociação coletiva".[15]

Regulamentando o art. 11 da Constituição Federal, a **Lei n. 13.467/2017 (*Reforma Trabalhista*)** incluiu os **arts. 510-A a 510-D na CLT**, passando a prever a forma e as regras da **representação dos empregados nas empresas**.

Assim, nas **empresas com mais de duzentos empregados**, é assegurada a **eleição de uma comissão** para representá-los, com a finalidade de promover-lhes o entendimento direto com os empregadores **(art. 510-A, *caput*, CLT)**.

A referida comissão será assim composta **(art. 510-A, § 1.º, CLT)**:

- nas empresas com mais de duzentos e até três mil empregados — **três membros**;
- nas empresas com mais de três mil e até cinco mil empregados — **cinco membros**;
- nas empresas com mais de cinco mil empregados — **sete membros**.

Caso a empresa possua empregados em vários Estados da Federação e no Distrito Federal, será assegurada a eleição de uma **comissão** de representantes dos empregados **por Estado ou no Distrito Federal**, sendo composta do número de membros de acordo com a previsão do § 1.º **(art. 510-A, § 2.º, CLT)**.

A **eleição para a composição da comissão** de representantes dos empregados será **convocada, com antecedência mínima de trinta dias**, contados do término do mandato anterior, por meio de edital que deverá ser fixado na empresa, com ampla publicidade, para inscrição da candidatura **(art. 510-C, *caput*, CLT)**.

Será formada **comissão eleitoral**, integrada por cinco empregados, não candidatos, para a organização e o acompanhamento do processo eleitoral, vedada a interferência da empresa e do sindicato da categoria **(art. 510-C, § 1.º, CLT)**.

Qualquer um dos empregados da empresa **poderá candidatar-se** nas eleições para a composição da comissão de representação de empregados, com exceção daqueles **(art. 510-C, § 2.º, CLT)**:

- com contrato de trabalho por prazo determinado;
- com contrato de trabalho suspenso;
- que estejam em período de aviso prévio, ainda que indenizado.

Em qualquer caso, se não houver candidatos suficientes na eleição para a criação da comissão de representantes dos empregados, esta poderá ser formada com número de membros inferior ao previsto por lei **(art. 510-C, § 5.º, CLT)**. Não havendo qualquer registro de candidatura para a respectiva eleição, será lavrada ata e convocada nova eleição no prazo de um ano **(art. 510-C, § 6.º, CLT)**.

Serão eleitos membros da comissão de representantes dos empregados os candidatos **mais votados**, em votação secreta, sendo vedado o voto por representação

---

[15] SÜSSEKIND, Arnaldo. *Curso de direito do trabalho*. 3. ed. rev. e atual., p. 597.

(art. 510-C, § 3.º, CLT), e a comissão tomará **posse no primeiro dia útil seguinte** à eleição ou ao término do mandato anterior **(art. 510-C, § 4.º, CLT)**.

Os **documentos** referentes ao processo eleitoral devem ser emitidos em duas vias, as quais **permanecerão sob a guarda** dos empregados e da empresa pelo prazo de cinco anos, à disposição para consulta de qualquer trabalhador interessado, do Ministério Público do Trabalho ou do Ministério do Trabalho **(art. 510-D, § 4.º, CLT)**.

Nos termos do **art. 510-D, § 3.º, CLT**, desde o registro da candidatura até um ano após o fim do mandato, o membro da comissão de representantes dos empregados **não poderá sofrer despedida arbitrária**, entendendo-se como tal a que não se fundar em motivo disciplinar, técnico, econômico ou financeiro.

O **mandato** dos membros da comissão de representantes dos empregados será de **um ano**, sendo que o membro que houver exercido a função de representante dos empregados na comissão **não poderá ser candidato** nos dois períodos subsequentes **(art. 510-D**, *caput* e § 1.º, **CLT)**.

O **mandato** do membro da comissão de representantes dos empregados **não implica suspensão ou interrupção do contrato** de trabalho, devendo o empregado permanecer no exercício de suas funções **(art. 510-D, § 2.º, CLT)**.

A comissão de representantes dos empregados, que organizará sua atuação de forma independente, terá as seguintes **atribuições (art. 510-B**, *caput* e § 2.º, **CLT)**:

■ representar os empregados perante a administração da empresa;

■ aprimorar o relacionamento entre a empresa e seus empregados com base nos princípios da boa-fé e do respeito mútuo;

■ promover o diálogo e o entendimento no ambiente de trabalho com o fim de prevenir conflitos;

■ buscar soluções para os conflitos decorrentes da relação de trabalho, de forma rápida e eficaz, visando à efetiva aplicação das normas legais e contratuais;

■ assegurar tratamento justo e imparcial aos empregados, impedindo qualquer forma de discriminação por motivo de sexo, idade, religião, opinião política ou atuação sindical;

■ encaminhar reivindicações específicas dos empregados de seu âmbito de representação;

■ acompanhar o cumprimento das leis trabalhistas, previdenciárias e das convenções coletivas e acordos coletivos de trabalho.

As **decisões** da comissão de representantes dos empregados serão sempre **colegiadas**, observada a **maioria simples (art. 510-B, § 1.º, CLT)**.

1.5. QUESTÕES

2

LIBERDADE SINDICAL

2.1. LIBERDADE SINDICAL NO ÂMBITO INTERNACIONAL

A conquista da **liberdade sindical**, assim considerada como o **reconhecimento por parte do Estado** do **direito de sindicalização** e de **atuação livre dos sindicatos na representação dos seus associados**, é um fenômeno relativamente recente.

A liberdade sindical é reconhecida no âmbito internacional, tendo sido prevista pela primeira vez em 1919, na Constituição da Organização Internacional do Trabalho (OIT).

Posteriormente, ao estabelecer os direitos fundamentais do trabalhador, a Declaração de Filadélfia, aprovada na 26.ª Conferência da OIT, realizada em 1944, reafirmou a liberdade sindical, estabelecendo os princípios fundamentais sobre os quais repousa a Organização, entre os quais: "a liberdade de expressão e de associação é uma condição indispensável a um progresso ininterrupto".

Em 1948 e 1949, no período do pós-guerra e em situação de consenso entre os países, foram adotadas as **Convenções n. 87**[1] **e 98**[2] **da OIT**, relativas à liberdade sindical e ao direito de sindicalização.

A **Declaração dos Direitos Fundamentais no Trabalho, de 1998**, contém valores que representam um consenso mundial acerca das questões sociais e trabalhistas e servem como principal ponto de referência sobre estes temas. A Declaração prevê que:

> ▪ A Conferência Internacional do Trabalho
>
> 2. Declara que todos os Membros, mesmo que não tenham ratificado as Convenções aprovadas, têm o compromisso, derivado do fato de pertencerem à Organização, de respeitar, promover e tornar realidade, de boa-fé e em conformidade com a Constituição de princípios relativos aos direitos fundamentais que são objeto dessas Convenções:
>
> (a) a liberdade de associação e a liberdade sindical e o reconhecimento efetivo do direito de negociação coletiva; [...]

---

[1] Convenção sobre "liberdade sindical e proteção do direito de sindicalização".
[2] Convenção sobre "direitos de sindicalização e de negociação coletiva".

As principais declarações internacionais de direitos humanos incluem, em maior ou menor extensão, a liberdade sindical como um direito fundamental.

Nesse sentido, a **Declaração dos Direitos do Homem de 1948**, que prevê:

▫ **Artigo 20 (direito de associação)**

I) Todo o homem tem direito à liberdade de reunião e associação pacíficas.

II) Ninguém pode ser obrigado a fazer parte de uma associação.

▫ **Artigo 23 (direitos fundamentais do trabalhador)**

I) Todo o homem tem direito ao trabalho, à livre escolha de emprego, a condições justas e favoráveis de trabalho e à proteção contra o desemprego.

II) Todo o homem, sem qualquer distinção, tem direito a igual remuneração por igual trabalho.

III) Todo o homem que trabalha tem direito a uma remuneração justa e satisfatória, que lhe assegure, assim como a sua família, uma existência compatível com a dignidade humana, e a que se acrescentarão, se necessário, outros meios de proteção social.

IV) Todo o homem tem direito a organizar sindicatos e a neles ingressar para proteção de seus interesses.

O **Pacto Internacional sobre Direitos Civis e Políticos, de 1966**, em seu art. 2.º, contempla a liberdade sindical. Também o **Pacto Internacional de Direitos Econômicos, Sociais e Culturais** trata do tema de maneira pormenorizada no art. 8.º e se reporta ao texto da Declaração das Nações Unidas de 1948.

A liberdade sindical, portanto, como um desenvolvimento do princípio de liberdade, corresponde ao ponto de convergência entre a categoria dos direitos civis e políticos e a dos direitos econômicos e sociais, integrando os chamados direitos sociais e caracterizando-se como um dos princípios fundamentais de todas as sociedades democrático-pluralistas.

Compreendida a liberdade sindical na perspectiva dos direitos humanos e à luz da indivisibilidade e da interdependência de tais direitos, observa Oscar Ermida Uriarte ser universalmente admitido que "não é possível o desenvolvimento da liberdade sindical sem a preexistência efetiva dos demais direitos humanos e tampouco é possível o completo exercício destes, sem a vigência daquela".[3]

2.2. DEFINIÇÃO

Liberdade sindical pode ser definida como o conjunto de direitos, prerrogativas e imunidades outorgadas aos trabalhadores e às organizações voluntariamente por eles constituídas, para garantir o desenvolvimento das ações lícitas destinadas à defesa de seus interesses e à melhora de suas condições de vida e de trabalho.

---

[3] URIARTE, Oscar Ermida. *Sindicatos en libertad sindical*. Montevideo: FCU, 1985, p. 24.

É um **direito histórico** decorrente do reconhecimento por parte do Estado do direito de associação, que posteriormente adquiriu a qualidade de um dos direitos fundamentais do homem, conferido a trabalhadores, empregadores e suas respectivas organizações, consistente no amplo direito em relação ao Estado e às contrapartes, de:

- constituição de organizações sindicais em todos os níveis e âmbitos territoriais;
- filiação sindical;
- militância e ação, inclusive nos locais de trabalho.

Direito gerador da autonomia coletiva, a liberdade sindical é preservada mediante a sua garantia contra todo e qualquer ato voltado a impedir ou obstaculizar o exercício dos direitos a ela inerentes, ou de outros a ela conexos. Vale dizer, essa ação coletiva dos trabalhadores organizados é protegida contra atos antissindicais e pelo direito à informação.

Caracteriza-se como **instituto nuclear do Direito do Trabalho**, funcionando como instrumento da efetiva atuação e participação democrática dos atores sociais nas relações de trabalho, em todas as suas esferas: econômicas, sociais, administrativas e públicas.

A liberdade sindical tem como **pressuposto** o reconhecimento da existência do conflito entre trabalhadores e empregadores e tem como uma de suas **consequências** o diálogo e a possibilidade de consenso entre os atores sociais, ou seja, somente existe a liberdade sindical porque existe conflito nas relações de trabalho e porque se deve buscar um meio de solução para ele.

A liberdade sindical consagrada no segundo pós-guerra como um **direito humano fundamental**, mesmo diante das mais agudas crises políticas e econômicas, permaneceu intocada em seus aspectos essenciais, para poder continuar sendo o centro de gravidade do Direito do Trabalho.

O conteúdo atual da liberdade sindical foi evoluindo com o passar dos tempos, adquirindo contornos e características capazes de revestir o instituto da necessária atualidade, assim como de conservá-la como o núcleo fundamental para o desenvolvimento do Direito do Trabalho, principalmente pelos valores da democracia pluralista e participativa.

O **Estado Democrático de Direito não se consolida sem a consagração da liberdade sindical**, com todos os seus atributos e nuances.

O **art. 2.º da Convenção n. 87** prevê:

"Os trabalhadores e os empregadores, sem distinção de qualquer espécie, têm o direito, sem autorização prévia, de constituir organizações de sua escolha, assim como o de se filiar a estas organizações, à condição única de se conformarem com os estatutos destas últimas".

Segundo o **art. 3.º** da referida Convenção:

"1. As organizações de trabalhadores e de empregadores terão o direito de elaborar seus estatutos e regulamentos administrativos, de eleger livremente seus representantes, de organizar a gestão e a atividade dos mesmos e de formular seu programa de ação.
2. As autoridades públicas deverão abster-se de qualquer intervenção que possa limitar esse direito ou entravar o seu exercício legal."

O art. 4.º da Convenção n. 87 dispõe:

"As organizações de trabalhadores e de empregadores não estarão sujeitas à dissolução ou à suspensão por via administrativa".

Referidos dispositivos revelam os **elementos que configuram o conceito de liberdade sindical:**

a) liberdade de organização e constituição de sindicatos, que assegura aos grupos de empresários ou de trabalhadores, intervinculados por interesses econômicos ou profissionais comuns, o direito de constituir o sindicato de sua escolha, com a representatividade qualitativa (categoria, profissão, empresa etc.) e a quantitativa (base territorial) que lhes convierem, independentemente da existência de outro sindicato com a mesma representatividade;
b) liberdade de elaborar seus estatutos de acordo com as leis gerais do país sem que entre elas exista qualquer uma com caráter de exceção restritiva aos sindicatos;
c) liberdade de escolher seus dirigentes e de estabelecer as normas de administração de acordo com seus estatutos e sem ingerência do poder executivo governamental;
d) liberdade de filiação e desfiliação, que faculta a cada empresário ou trabalhador filiar-se ao sindicato de sua preferência, representativo do grupo a que pertence, e dele desfiliar-se, não podendo ser compelido a contribuir para o mesmo, se a ele não estiver filiado;
e) vedação de interferência ou intervenção estatal nas organizações sindicais.

Segundo Amauri Mascaro Nascimento, "numa apreciação resumida sobre os pontos de maior relevância da Convenção n. 87 da Organização Internacional do Trabalho, ressaltam quatro garantias sindicais universais que proclama: as de fundar sindicatos; administrar sindicatos; garantir a atuação dos sindicatos; e a de assegurar o direito de se filiar ou não a um sindicato".[4]

A liberdade de associação e organização consagra um modelo sindical espontâneo. No entanto, seria insuficiente garantir a liberdade no momento do nascimento e organização da entidade sindical se ela não puder permanecer livre durante a sua vida e até

---

[4] NASCIMENTO, Amauri Mascaro. *Compêndio de direito sindical*, p. 101.

mesmo no momento de sua dissolução. Nesse contexto, deve-se também assegurar que os assuntos internos dos sindicatos devem ser decididos democraticamente por seus integrantes e, ainda, que aqueles a quem os sindicatos visam representar tenham liberdade de filiar-se e de desfiliar-se de acordo com seus interesses.

2.3. ASPECTOS INDIVIDUAIS E COLETIVOS DA LIBERDADE SINDICAL. LIBERDADE SINDICAL POSITIVA E NEGATIVA

A partir da análise do conceito e dos elementos feita no item anterior, podem-se distinguir dois aspectos da liberdade sindical, um individual e outro coletivo. A distinção se estabelece a partir de quem seja o titular dos direitos, privilégios e imunidades que constituem a substância da liberdade sindical.

Quando o sujeito titular é o trabalhador, refere-se à liberdade sindical no aspecto individual. Quando, ao contrário, o sujeito titular é a organização sindical, trata-se de liberdade sindical no aspecto coletivo.

A **liberdade sindical individual** se concretiza, entre outros aspectos, em: a) liberdade sindical positiva consistente em uma liberdade de constituir associações sindicais livremente e sem autorização previa (liberdade de constituição), de filiar-se a um sindicato já constituído (liberdade de filiação), liberdade de reunir-se e desenvolver atividades sindicais, liberdade de participar da vida interna dos sindicatos, eleger livremente seus representantes e ser eleito; b) uma liberdade sindical negativa para não filiar-se ou para deixar o sindicato a que estava filiado.

Como decorrência, a liberdade sindical individual abrange, ainda, a proibição de discriminação na contratação do trabalhador e na manutenção do contrato de trabalho e, também, na evolução da dinâmica contratual (promoções, aumentos salariais etc.), ou seja, o empregador não pode condicionar tais atos à não sindicalização do trabalhador, proibindo que este se filie ao sindicato ou pressionando para que dele se desfilie.

Nesse sentido a **Convenção n. 135 da OIT**, que estabelece que os representantes dos trabalhadores nas empresas devem gozar de proteção eficaz contra todas as medidas que possam ser tomadas contra eles, inclusive a despedida, quando motivadas pela qualidade ou pelas atividades decorrentes da representação, da filiação sindical ou da participação em atividades sindicais, desde que eles atuem de conformidade com as leis, convenções coletivas ou outros instrumentos convencionais em vigor.

Sob o aspecto da **liberdade coletiva**, analisa-se o sindicato e sua relação com o Estado, abrangendo, positivamente, a garantia de atuação livre dos sindicatos, sem intervenção ou interferência. Assim, assegura-se a livre constituição e funcionamento da entidade sindical e a autonomia administrativa.

No âmbito coletivo também resguarda-se a liberdade sindical das organizações de trabalhadores perante os empregadores, à medida que os mesmos devem abster-se de limitar a autonomia das associações sindicais e, por outro lado, proíbe-se que as associações sindicais recebam ajuda econômica de empregadores.

2.4. LIBERDADE SINDICAL NO BRASIL

Para que se possa entender o contexto da liberdade sindical atual no Brasil, faz-se necessária uma breve análise histórica, até se chegar à Constituição Federal de 1988, mediante a qual é possível perceber a evolução da referida garantia fundamental.

■ Constituição do Império (1824)

Esta Constituição adotou os postulados filosóficos da Revolução Francesa, assegurando, entre outras coisas, a liberdade de trabalho e abolindo as corporações de ofício que haviam sido constituídas no século XVII por inspiração do padre jesuíta Antonio Vieira.

Não havia, porém, proteção legal aos trabalhadores, o que era justificado pelas seguintes razões:

- preponderava no Brasil a atividade agrícola, seguida da exploração de minérios;
- até 1888 tais atividades econômicas baseavam-se no trabalho escravo;
- a indústria era incipiente, utilizando métodos bastante artesanais.

As condições geográficas e econômicas então vigorantes retardaram o surgimento dos fatores de onde emana o espírito sindical, entre os quais se destaca a concentração operária configurada nas grandes cidades industriais.

■ A Primeira República (1889-1930)

A República trouxe no seu bojo o espírito liberal-individualista da Declaração dos Direitos do Homem da Revolução Francesa (1789) e da Constituição norte-americana (1787).

Em consequência, a Constituição de 1891 apenas garantiu ao trabalho humano o livre exercício de qualquer profissão moral, intelectual e industrial; mas, por assegurar o direito de associação, proporcionou ao Supremo Tribunal Federal o fundamento jurídico para considerar lícita a organização de sindicatos.

A primeira lei brasileira sobre sindicalização é de 1903 (Presidente Rodrigues Alves) — concernente à sindicalização rural (na verdade, o alvo desse diploma era a organização dos agricultores para facilitar-lhes a distribuição de créditos).

Em 1907 foi assinado um Decreto pelo Presidente Afonso Penna, assegurando o direito de sindicalização a todos os trabalhadores, texto que hoje seria compatível com as principais normas da Convenção n. 87 da OIT.

Não obstante limitada a poucas cidades, certo é que a incipiente industrialização brasileira gerou, no primeiro quarto do século XX, alguns movimentos sindicais, dos quais participaram, principalmente, tecelões, gráficos, portuários, ferroviários e cocheiros. Os trabalhadores da indústria receberam forte influência dos anarquistas que imigraram da Itália e da Espanha, os quais promoveram a criação de Uniões Operárias, de intensa atuação sindical.

O Governo Provisório da Revolução de 1930

Getúlio Vargas adotou uma postura de intervenção do Estado na ordem econômica e social, o que era compatível com o atraso socioeconômico brasileiro, capaz de gerar sindicatos com poder para conquistar razoáveis condições de trabalho em um território de grandes dimensões e pouco desenvolvido.

Em 1931 foi elaborado um Decreto Legislativo sobre organização sindical, que tinha as seguintes características: 1) representação unitária do grupo sindicalizado (unicidade sindical compulsória); 2) liberdade de organização por categoria ou indústria, profissão, ofício ou empresa; 3) reconhecimento do sindicato mediante registro no Ministério do Trabalho; 4) proibição de propagar ideologias sectárias de caráter político ou religioso; 5) hierarquia sindical, com sindicatos na base, federações regionais ecléticas ou uniões nos Estados, uma Confederação do Trabalho e uma Confederação da Indústria e do Comércio, de âmbito nacional.

Constituição Federal de 1934

Essa Constituição, embora de vida efêmera, previa que a lei teria de assegurar a pluralidade sindical e a completa autonomia dos sindicatos.

Quatro dias antes da promulgação da Constituição de 1934, Getúlio Vargas expediu um Decreto Legislativo visando adaptar a legislação sindical ao preceito constitucional sobre pluralidade sindical. Todavia, para evitar excessiva divisão das profissões ou das categorias, exigiu o mínimo de 1/3 dos trabalhadores do grupo representado para constituir novo sindicato de empregados e de cinco empresas ou dez sócios individuais para a formação patronal. Por via de consequência, foi mantida, na prática, a unicidade de representação sindical.

Constituição Federal de 1937 e a CLT

A Constituição de 1937, outorgada por Getúlio Vargas, tinha índole corporativa, e previa a intervenção do Estado no domínio econômico.

Esta intervenção tinha por escopo não apenas "suprir as deficiências da iniciativa individual", mas também "coordenar os fatores da produção, de maneira a evitar ou resolver os seus conflitos e introduzir, no jogo das competições individuais, o pensamento dos interesses da Nação, representada pelo Estado".

Preconizava nitidamente o corporativismo, ao prever que "a economia da produção será organizada em corporação, e estas, como entidades representativas das forças do trabalho nacional, colocadas sob a assistência e a proteção do Estado, são órgãos deste e exercem funções delegadas de poder público".

Em face desta concepção, a Constituição Federal de 1937 deu ao sindicato reconhecido pelo Estado: a) o privilégio de representar, monopolisticamente, a todos os que integrassem a correspondente categoria e de defender-lhes os direitos; b) a prerrogativa de estipular contratos coletivos de trabalho, sempre aplicável às respectivas categorias; c) o poder de impor contribuições aos seus representados; d) o direito de exercer funções delegadas do poder público.

A Consolidação das Leis do Trabalho (CLT), de 1943, organizou a legislação trabalhista existente à época, consolidando diversos diplomas legais.

No que tange à organização sindical, a CLT manteve o sistema corporativo da Constituição de 1937, sendo um reflexo do mesmo.

■ **Constituição Federal de 1946**

A Constituição Federal de 1946, elaborada e promulgada por uma Assembleia Constituinte eleita pelo povo, refletia o sopro democrático oriundo da vitória dos aliados na 2.ª Guerra.

No tocante à organização sindical, afirmou a liberdade de associação e atribuiu à lei a regulação da forma de constituição dos sindicatos, a sua representação nas convenções coletivas e o exercício das funções delegadas pelo poder público. Assim dispondo, não criou incompatibilidade com a legislação vigente, recepcionando-a, tal como decidiu a Suprema Corte.

■ **Constituição Federal de 1967 e Emenda Constitucional n. 1 de 1969**

Decretada e promulgada pelo Congresso Nacional, a Constituição Federal de 1967 teve o claro objetivo de assegurar a continuidade da Revolução de 1964.

O texto aprovado sofreu, porém, duro golpe em outubro de 1969, quando a Junta Militar que assumiu o poder impôs-lhe ampla revisão através da Emenda Constitucional n. 1.

Relativamente ao direito coletivo do trabalho, repetiram-se as disposições da Constituição de 1946 sobre a organização sindical, mas incluiu-se desde logo, entre as funções públicas que poderiam ser delegadas aos sindicatos, a de arrecadar contribuições para o custeio dos seus programas e atividades. Legitimou, assim, a arrecadação pelas entidades sindicais da contribuição anual compulsória (conhecida como "imposto sindical"), instituída pela União Federal.

A prevalência do corporativismo estatal do sindicalismo brasileiro, isto é, o sindicato exercendo função delegada do poder público, era evidenciada pelas seguintes características:

■ prévia autorização estatal para a aquisição da personalidade sindical;
■ carta sindical;
■ convenção coletiva de trabalho com natureza jurídica de lei delegada;
■ eficácia *erga omnes* das cláusulas normativas;
■ compulsoriedade e obrigatoriedade da contribuição sindical em razão de sua natureza jurídica parafiscal;
■ poder normativo da Justiça do Trabalho.

Constituição Federal de 1988

A Carta Magna de 1988, depois de enunciar, tal como fizeram a de 1937, a de 1946 e a de 1967, revista em 1969, que: "É livre a associação profissional ou sindical", acrescentou: "observado o seguinte".

Assim, embora represente um importante avanço para a abertura sindical, caracterizando-se como "um instrumento de efetivação do processo democrático e de reordenamento jurídico da Nação", a Carta de 1988 estabeleceu um sistema de organização sindical contraditório, tendo em vista que "tenta combinar a liberdade sindical com a unicidade sindical e a contribuição sindical oficial".[5]

Nesse sentido, verifica-se que a **Constituição de 1988**, pelo art. 8.º, I, afastou a intervenção e interferência administrativas do Estado na vida sindical, eliminando o corporativismo sindical estatal.

No entanto, as disposições dos **incisos II e IV** representam uma afronta ao princípio universalizado de liberdade sindical, visto que impõem a unicidade sindical compulsória por categoria e autorizam a cobrança de contribuições compulsórias em favor das associações que formam o sistema confederativo de representação sindical.

Os incisos **II e IV do art. 8.º da Constituição Federal de 1988** acobertam uma espécie de corporativismo sindical fora do Estado, dominado pelas organizações sindicais monopolistas já constituídas, e caracterizado pela unicidade sindical, pela representação por categoria, pela eficácia *erga omnes* da convenção e do acordo coletivo, pela compulsoriedade e obrigatoriedade da contribuição sindical.

Além disso, a Carta de 1988 manteve o poder normativo da Justiça do Trabalho.

Liberdade sindical na Constituição Federal de 1988: o que mudou em relação ao regime corporativista?

Muitas e importantes foram, porém, as **modificações trazidas pela Constituição Federal de 1988** em relação à liberdade sindical:

- não exigência de autorização do Estado para organização de sindicato;
- não interferência e não intervenção do Poder Público nos sindicatos;
- sindicatos deixaram de exercer função delegada do Poder Público.

A Constituição Federal de 1988 trouxe ares de liberdade sindical, mas tal **liberdade é apenas relativa**, tendo em vista que uma liberdade sindical absoluta somente poderia ser verificada se a Convenção n. 87 fosse ratificada e se todos os resquícios do corporativismo fossem afastados de vez da organização sindical brasileira.

Como ensina Amauri Mascaro Nascimento, "as disposições constitucionais que serviram de base para a nova estrutura sindical respaldam, em alguns pontos, a livre

---

[5] NASCIMENTO, Amauri Mascaro. *Compêndio de direito sindical*, p. 98.

organização e a ação sindical; em outros, são restritivas. Porém, as suas limitações foram defendidas por parte do movimento sindical, não foram impostas pelo Governo e surgiram dos livres debates na Assembleia Nacional Constituinte; daí ser possível dizer que expressam uma legalidade consentida, mas não desejável".[6]

A **Lei n. 13.467/2017 (*Reforma Trabalhista*)** não afetou as características do modelo sindical instituído pela Constituição Federal de 1988, mas trouxe importante e substancial alteração em relação à **contribuição sindical, retirando-lhe a compulsoriedade no pagamento.**

Assim, as contribuições devidas aos sindicatos pelos participantes das categorias econômicas ou profissionais ou das profissões liberais representadas pelas referidas entidades serão, sob a denominação de contribuição sindical, pagas, recolhidas e aplicadas, desde que **prévia e expressamente autorizadas (art. 578, CLT).**

O **desconto da contribuição sindical está condicionado à autorização prévia e expressa** dos que participarem de uma determinada categoria econômica ou profissional, ou de uma profissão liberal, em favor do sindicato representativo da mesma categoria ou profissão **(art. 579, CLT).**[7]

Nesse mesmo sentido as alterações trazidas pela **Lei n. 13.467/2017 (*Reforma Trabalhista*)** aos arts. 545, 582, 583, 587 e 602 da CLT.

2.5. QUESTÕES

---

[6] NASCIMENTO, Amauri Mascaro. *Compêndio de direito sindical*, p. 98.
[7] "[...] II — RECURSO DE REVISTA DO SINDICATO AUTOR. AÇÃO DE COBRANÇA. CONTRIBUIÇÃO SINDICAL. AUTORIZAÇÃO MEDIANTE ASSEMBLEIA. INVALIDADE. NECESSIDADE DE AUTORIZAÇÃO EXPRESSA E INDIVIDUAL DO TRABALHADOR. DECISÃO PROFERIDA PELO STF NOS AUTOS DA ADI 5.794/DF, COM EFICÁCIA *ERGA OMNES*. Hipótese em que o Tribunal Regional entendeu que a autorização prévia e expressa para a cobrança de contribuição sindical não pode se dar mediante deliberação coletiva em assembleia. O Pleno do Supremo Tribunal Federal, em 29.06.2018, ao julgar a ADI n. 5.794, decidiu, por maioria, pela constitucionalidade dos dispositivos da Lei n. 13.467/2017 que retiraram a obrigatoriedade da contribuição sindical. Nesse contexto, a jurisprudência desta Corte firmou o entendimento de que, a partir da vigência da Lei n. 13.467/2017, o recolhimento das contribuições sindicais passou a ser facultativo, exigindo-se, assim, a autorização prévia, expressa e individual dos trabalhadores. Dessa forma, a autorização coletiva para o desconto da contribuição sindical, mediante assembleia geral, não cumpre a exigência legal. Precedentes. Óbice do art. 896, § 7.º, da CLT e da Súmula 333 do TST. Recurso de revista não conhecido" (RRAg-20283-39.2018.5.04.0402, 2.ª T., rel. Min. Maria Helena Mallmann, *DEJT* 13.12.2024).

3

MODELO SINDICAL

3.1. LIBERDADE SINDICAL E ESTRUTURA ORGANIZACIONAL DOS SINDICATOS

Como ensina Amauri Mascaro Nascimento, "a organização dos trabalhadores, da qual a principal, mas não a única forma, é o sindicato, afeta o sistema de relações entre o trabalho e o capital, transpondo do plano individual para o coletivo o diálogo trabalhista, em proveito do trabalhador, que individualmente tem pouca ou nenhuma chance de negociar com o patrão. É uma decorrência da subordinação jurídica e da dependência econômica em que se acha o trabalhador diante da empresa".[1]

A **organização sindical** está fundada na concepção coletiva da liberdade sindical. De fato, a conquista da liberdade sindical individual (titulada pelo trabalhador) pouco significa quando o sindicato, em suas relações com o Estado, não desfruta de uma independência ou autonomia efetivas, assim entendida a liberdade de organização e de funcionamento independentes do Estado (aspecto coletivo da liberdade sindical).

Assim, a liberdade sindical individual deve ser complementada pelo reconhecimento por parte do Estado de uma autonomia ou independência do sindicato em si.

Conclui-se, portanto, que a liberdade sindical influencia diretamente na espontaneidade de organização sindical, tanto no que tange à sua estrutura, como ao seu funcionamento e atuação.

Nos modelos de **liberdade sindical plena**, a organização sindical resulta da **autonomia dos grupos**, que definem seus contornos e critérios.

Ao contrário, quando a **liberdade sindical é restrita**, havendo **interferência do Estado**, é este que preestabelece os delineamentos da organização sindical, sendo o modelo sindical resultante "fechado, restrito, sem margem a escolha, pelos interessados, das formas de organização convenientes".[2]

No conceito de organização sindical estão abrangidas as **liberdades** de: **a) constituição** de sindicatos (direito de criar sindicatos sem a necessidade de autorização do Poder Público); **b) regulamentação** (direito de elaborar seus próprios estatutos e

---

[1] NASCIMENTO, Amauri Mascaro. *Compêndio de direito sindical*, p. 146.
[2] NASCIMENTO, Amauri Mascaro. *Compêndio de direito sindical*, p. 146.

regulamentos); **c) administração** (direito de organização de sua administração interna e de suas atividades, e de formular seu programa de ação).

Entre os diversos aspectos que, em relação à liberdade de constituição de sindicatos, a organização sindical envolve, estão o relativo ao número de sindicatos existentes e que, consequentemente, exercem a representação dos interesses dos trabalhadores (unicidade, pluralidade e unidade sindicais), e, também, o que se refere à escolha, pelos representados, dos critérios de representação (representação por setor, por categoria, por profissão, por local).

Analisaremos a seguir os aspectos que envolvem a autonomia organizativa dos sindicatos, com destaque para a posição adotada pelo ordenamento jurídico brasileiro em relação ao tema.

No entanto, de plano vale ressaltar, em relação à **organização sindical brasileira**, que ela é, "segundo os princípios constitucionais de 1988, um **sistema confederativo** caracterizado pela **autonomia relativa perante o Estado**, a **representação por categoria** e por profissão e a **bilateralidade do agrupamento**".[3]

3.2. CONSTITUIÇÃO DE SINDICATOS E REPRESENTAÇÃO: PLURALIDADE, UNIDADE E UNICIDADE SINDICAIS

Como esclarece Amauri Mascaro Nascimento, "o melhor sistema sindical é o que permite aos próprios interessados escolher o tipo de associação que querem constituir, sem entraves legais que prejudiquem essa escolha".[4]

Nesse sentido, a **Convenção n. 87 da OIT** estatui que os trabalhadores têm o direito de constituir as organizações que julgarem convenientes **(art. 2.º)**, "o que implica a possibilidade de constituírem tantos sindicatos quantos desejarem, no âmbito da mesma profissão".[5]

Assim, a **pluralidade sindical** é uma consequência da liberdade sindical individual e, mais concretamente, da liberdade de constituição de sindicatos, sendo caracterizada pela permissão, na mesma base territorial, da existência de mais de um sindicato atuando na representação de grupos de trabalhadores ou de empregadores.

A **unidade sindical** não é, como pode parecer em um primeiro momento, o contrário de pluralidade. Isso porque, em um regime de liberdade sindical plena, da pluralidade pode decorrer a unidade sindical na representação dos trabalhadores. Explica-se.

Unidade sindical resulta da união espontânea, deliberada pelas próprias organizações sindicais, visando a uma representação mais eficiente; ou seja, "traduz a

---

[3] NASCIMENTO, Amauri Mascaro. *Direito sindical*, p. 135.
[4] NASCIMENTO, Amauri Mascaro. *Compêndio de direito sindical*, p. 163.
[5] MAGANO, Octavio Bueno. *Manual de direito do trabalho*: direito coletivo do trabalho, p. 44.

estruturação ou operação unitárias dos sindicatos, em sua prática, fruto de sua maturidade e não de imposição legal".[6]

Pluralidade diz respeito à constituição de sindicatos: tantos quantos forem do interesse dos representados, sem qualquer restrição por parte do Poder Público. **Unidade** refere-se à representação, decorre da conscientização dos trabalhadores e visa ao fortalecimento das respectivas associações sindicais.

Importante destacar que a pluralidade sindical, em um sistema de liberdade sindical plena, é a consequência lógica, mas, jamais, pode ser considerada como imposição, até porque a Convenção n. 87 da OIT fala em "possibilidade", tendo mais a intenção de indicar que "não cabe à lei regular a estruturação e organização internas aos sindicatos, a quem caberá eleger, sozinhos, a melhor forma de se instituírem (podendo, em consequência, firmar a unidade organizacional e prática)".[7]

Unicidade sindical, ao contrário, caracteriza uma postura intervencionista do Estado nas organizações sindicais, decorrente da imposição por lei do monopólio de representação sindical. Os indivíduos não têm escolha, pois a lei somente permite a existência de um único sindicato relativo a um mesmo ramo de atividade, na mesma base territorial.

Trata-se de **sistema de representação incompatível com a liberdade sindical** prevista pela Convenção n. 87 da OIT.

Implantado no Brasil a partir dos anos 1930, o sistema da unicidade sindical foi mantido pela Constituição Federal de 1988 (art. 8.º, II) e constitui-se um dos obstáculos à ratificação da Convenção n. 87 da OIT por nosso País.

Como ensina Mauricio Godinho Delgado, a **unicidade sindical adotada no Brasil**, e mantida pela Constituição Federal de 1988, tem os seguintes **pontos estruturais**:[8]

- modelo de sindicato único, com monopólio de representação na respectiva base territorial;
- financiamento compulsório do sistema, mediante contribuição sindical obrigatória, de origem legal.

Acresça-se a esses a organização dos grupos de trabalhadores e de empregadores em categorias (profissional, diferenciada e econômica), com efeitos da representação exercida pelo sindicato único a todos os integrantes da categoria, sindicalizados ou não.

Em conclusão, deve-se considerar que a pluralidade sindical deflui, naturalmente, do texto da Convenção n. 87 da OIT. "Isso não significa, contudo, que os trabalhadores e os empregadores de um determinado país não possam preferir a regra da unidade.

---

[6] DELGADO, Mauricio Godinho. *Direito de direito do trabalho.* 18. ed., p. 1597.
[7] DELGADO, Mauricio Godinho. *Direito de direito do trabalho.* 18. ed., p. 1597.
[8] DELGADO, Mauricio Godinho. *Direito de direito do trabalho.* 18. ed., p. 1597-1598.

O que se há de evitar é que seja imposta por intervenção estatal".[9] **Pluralidade e unidade** de um lado, como decorrência da **liberdade sindical**, **unicidade** de outro lado, como característica do **intervencionismo do Estado** nas organizações sindicais, diferenciando-se estas últimas duas a partir da existência ou não da vontade dos representados.

Nesse contexto, as precisas considerações de Amauri Mascaro Nascimento: "Unicidade é a união obrigatória e unidade é a união natural e facultativa. Naquela, impera a autoridade. Nesta, a vontade".[10]

3.3. ESTRUTURA SINDICAL BRASILEIRA

A Constituição Federal de 1988 preservou o **sistema confederativo da organização sindical brasileira**, mantendo a sua estrutura básica prevista na CLT **(arts. 511 a 539)**, que vem desde 1930, com a permissão legal da criação de entidades sindicais cujas formas são fixadas também pelo legislador, e que são sindicatos, federações e confederações, hierarquicamente dispostas.

A organização sindical brasileira é, portanto, um sistema confederativo, caracterizado pela **autonomia relativa perante o Estado**, a **representação por categoria** e por profissão, a **unicidade** e a **bilateralidade do agrupamento**.

Como consequência desse sistema, configuram-se as **pirâmides sindicais por categoria**, sob a forma de uma hierarquia, tendo suporte nos **sindicatos**, acima dos quais constituíram-se as **federações** e, sobre estas, por sua vez, as **confederações**, articulando-se, entre si, esses órgãos, mas cabendo aos sindicatos, pela sua proximidade direta com os trabalhadores, o papel mais atuante.

As **centrais sindicais** foram reconhecidas formalmente como entidades de representação geral dos trabalhadores pela **Lei n. 11.648/2008**. Assim, passaram as centrais sindicais a integrar a estrutura sindical brasileira, criando no ápice da pirâmide um sistema de pluralidade, em oposição ao sistema de unicidade da base.[11]

3.3.1. Sindicatos

Sindicatos são **unidades de base**, ou de primeiro grau, na organização sindical, que atuam como representantes dos grupos de trabalhadores e de empregadores. São associações "de pessoas físicas ou jurídicas, que exercem atividade profissional ou econômica, para a defesa dos respectivos interesses".[12]

O **art. 511 da CLT**, afirmando sua licitude, define sindicato como sendo "a associação para fins de estudo, defesa e coordenação dos seus interesses econômicos ou profissionais de todos os que, como empregadores, empregados, agentes ou

---

[9] MAGANO, Octavio Bueno. *Manual de direito do trabalho*: direito coletivo do trabalho, p. 44.
[10] NASCIMENTO, Amauri Mascaro. *Compêndio de direito sindical*, p. 164.
[11] MANUS, Pedro Paulo Teixeira; ROMAR, Carla Teresa Martins. *CLT e legislação complementar em vigor*. 8. ed. rev. e atual. São Paulo: Atlas, 2010, p. 171.
[12] MAGANO, Octavio Bueno. *Manual de direito do trabalho*: direito coletivo do trabalho, p. 96.

trabalhadores autônomos, ou profissionais liberais, exerçam, respectivamente, a mesma atividade ou profissão ou atividades ou profissões similares ou conexas".

De acordo com a previsão do **art. 8.º, II, da Constituição Federal, a base territorial** de atuação do sindicato será definida pelos trabalhadores ou empregadores interessados, **não podendo ser inferior à área de um município**. Portanto, a área geográfica mínima de representação da categoria é municipal, nada impedindo, porém, que o sindicato, de acordo com decisão dos representados, adote base territorial mais ampla (intermunicipal, estadual, interestadual e até nacional).

Os **arts. 522 a 528 da CLT** contêm disposições referentes à administração do sindicato. No entanto, considerando a previsão do **art. 8.º, I, da Constituição Federal**, que veda a interferência e a intervenção do Poder Público nos sindicatos, resta evidente que os referidos artigos devem ser lidos e interpretados de acordo com essa determinação constitucional, estando tacitamente revogadas todas as disposições que caracterizem intervenção nos sindicatos.

Segundo a previsão do **art. 522 da CLT**, a administração do sindicato é exercida pelos seguintes órgãos: **diretoria, assembleia geral e conselho fiscal**. Os sindicatos, mesmo após a Constituição Federal de 1988, continuam a adotar a estrutura organizativa interna prevista no referido dispositivo legal. No entanto, com base na liberdade de administração derivada do texto constitucional, nada impede que adotem maior número de órgãos, com funções e atribuições administrativas determinadas por seus próprios estatutos.

Questão que merece análise em separado diz respeito à previsão do art. 522 da CLT de **número** mínimo (três) e de número máximo (sete) **de integrantes da diretoria** do sindicato. A vedação constitucional da interferência do Poder Público nos sindicatos faz com a restrição legal seja afastada, sendo permitido a cada sindicato definir, em seus próprios estatutos, o número de diretores, suas atribuições e prerrogativas.

No entanto, tendo em vista que aos dirigentes sindicais é assegurada estabilidade provisória no emprego **(art. 8.º, VIII, CF)**, muito se discutiu após a promulgação da Constituição Federal de 1988 sobre ter sido ou não o art. 522 da CLT recepcionado pelo novo texto constitucional, argumentando-se sobre a possibilidade de abusos por parte dos sindicatos na ampliação do número de dirigentes com a finalidade de lhes assegurar a estabilidade.

Pacificando o entendimento sobre a matéria, o TST definiu que o referido dispositivo legal foi sim recepcionado pela Constituição Federal para fins de reconhecimento do direito à estabilidade provisória no emprego, sendo a mesma assegurada aos diretores titulares (máximo sete) e seus respectivos suplentes (máximo sete).

---

[13] Nesse sentido, um dos precedentes de julgamento que levaram à aprovação do referido item II da Súmula 369, TST: "RECURSO DE REVISTA. DIRIGENTE SINDICAL — ESTABILIDADE PROVISÓRIA — LIMITAÇÃO. O art. 522 da CLT, combinado com o § 3.º do art. 543, determina o número de dirigentes sindicais que terão direito à garantia de emprego, inclusive os suplentes, ou

> **SÚMULA 369, II, TST:** "O art. 522 da CLT foi recepcionado pela Constituição Federal de 1988. Fica limitada, assim, a estabilidade a que alude o art. 543, § 3.º, da CLT a sete dirigentes sindicais e igual número de suplentes".[13]

No julgamento da **ADPF 276**, encerrado em 15.05.2020, o **Supremo Tribunal Federal (STF)** assentou, à unanimidade, a **constitucionalidade** do art. 522 da CLT, bem como do inciso II da Súmula 369 do TST, os quais disciplinam a administração dos sindicatos e a estabilidade dos seus dirigentes. Portanto, a discussão está definitivamente encerrada no que tange ao limite do número de integrantes da diretoria do sindicato a quem a estabilidade no emprego é dirigida.

No que tange à **fundação de sindicatos**, anteriormente à Constituição Federal de 1988, exigia-se a constituição prévia de associação, para, somente então, postular seu reconhecimento junto ao Ministério do Trabalho como sindicato, sendo-lhe outorgada a carta sindical. A personalidade jurídica e as prerrogativas sindicais somente seriam adquiridas após a implementação dessas exigências **(arts. 512 e 558, CLT)**.

No entanto, por força do disposto no **art. 8.º, I, da Constituição Federal de 1988**, tais exigências não mais prevalecem, não sendo possível atrelar-se o sindicato ao Ministério do Trabalho para fins de aquisição de personalidade jurídica pelo mesmo. Não há mais que se falar, portanto, em autorização do Estado para fundação de sindicato, não há mais necessidade da chamada carta sindical.

Ocorre que, como o princípio fundamental que preside a organização sindical brasileira ainda é o da **unicidade sindical**, que proíbe a existência de mais de um sindicato da mesma categoria na mesma base territorial **(art. 8.º, II, CF)**, discutiu-se, após a promulgação do Texto Constitucional de 1988, como seria feito o controle da unicidade sindical, tendo em vista que não mais se poderia exigir a carta sindical.

Pacificando a matéria, o Supremo Tribunal Federal adotou entendimento no sentido de que, até que seja promulgada lei tratando da questão, permanece a **necessidade do registro dos sindicatos no Ministério do Trabalho**, que não mais atuaria como órgão autorizador da criação dos mesmos, mas apenas com o fim de zelar pela observância do princípio da unicidade sindical.

---

seja, a diretoria será composta de no mínimo três e de no máximo sete membros, entre os quais será eleito o presidente do sindicato. Já a Súmula 369 do TST, em seu item II, esclarece que *'o art. 522 da CLT, que limita a sete o número de dirigentes sindicais, foi recepcionado pela Constituição Federal de 1988'*. A jurisprudência desta Corte firmou entendimento de que pode haver até catorze empregados com estabilidade provisória por sindicato, em decorrência do exercício de função de direção ou representação profissional, desde que observado o número máximo de sete dirigentes titulares e de sete suplentes. Ressalvado entendimento do Relator, no sentido de que deveria prevalecer o número fixado nos estatutos sindicais, mesmo superior a 07 + 07, exceto se houvesse exercício abusivo do direito na fixação desse número. Recurso de revista conhecido e provido" (TST — RR 105740-69.2009.5.13.0025, 6.ª T., rel. Min. Maurício Godinho Delgado, *DEJT* 11.02.2011).

> **SÚMULA 677, STF:** "Até que lei venha a dispor a respeito, incumbe ao Ministério do Trabalho proceder ao registro das entidades sindicais e zelar pela observância do princípio da unicidade".

Em relação a essa questão, adota-se o entendimento de que ao Ministério do Trabalho é atribuída a incumbência de praticar tal ato administrativo, procedendo à verificação de observância da unicidade sindical e requisitos atinentes à regularidade, autenticidade e representação, sem que desse controle resulte ofensa ao princípio da liberdade sindical.[14]

O TST, seguindo o posicionamento do STF a respeito da matéria, definiu a necessidade de registro do sindicato no Ministério do Trabalho para fins de reconhecimento da legitimidade processual do mesmo.

> **OJ SDC 15, TST:** "A comprovação da legitimidade *ad processum* da entidade sindical se faz por seu registro no órgão competente do Ministério do Trabalho, mesmo após a promulgação da Constituição Federal de 1988".

No que tange à **personalidade dos sindicatos**, importante destacar que a **personalidade jurídica** não se confunde com a **personalidade sindical**. A primeira é obtida com o registro dos atos constitutivos da entidade no Cartório do Registro Civil das Pessoas Jurídicas, a teor do disposto no art. 45 do Código Civil. Já a aquisição da personalidade sindical depende do registro da pessoa jurídica no Ministério do Trabalho, órgão ao qual compete o controle da unicidade.

Outro aspecto a ser considerado em relação à fundação dos sindicatos diz respeito às situações em que, de acordo com nosso ordenamento jurídico, ela pode ocorrer.

Como ensina Amauri Mascaro Nascimento,[15] tem-se:

- fundação originária — quando inexiste sindicato representante da categoria e o primeiro é criado;
- fundação por transformação de associação em sindicato — quando uma associação não sindical transforma-se em sindicato;
- fundação por desmembramento da categoria — quando, existente um sindicato que representa mais de uma atividade ou profissão, dele se destaca uma delas com o intuito de constituição de um sindicato específico para aquela atividade ou pro-

---

[14] Entendimento reiterado pelo STF no julgamento da Ação Direta de Inconstitucionalidade (ADI) 1.121, segundo o qual não ofende o texto da Constituição Federal a exigência de registro sindical no Ministério do Trabalho.
[15] NASCIMENTO, Amauri Mascaro. *Compêndio de direito sindical*, p. 224.

fissão (espécie de cisão da categoria e, consequentemente, da representação, com previsão no art. 571 da CLT);[16]

■ fundação por divisão de base territorial — quando, existente um sindicato que representa a categoria em uma base territorial ampla, e é criado um novo sindicato que passará a atuar "com exclusividade em uma base menos ampla, caso em que representará a mesma categoria mas na base territorial menor, sem prejuízo da continuidade da representação do sindicato preexistente nas demais bases";

■ fundação por fusão de sindicatos — quando, em decorrência da junção de dois ou mais sindicatos antes existentes, surge um novo sindicato no lugar, com ampliação da base territorial e da representação.

O **art. 8.º, III, da Constituição Federal**, de forma ampla, reconhece a prerrogativa do sindicato de **representação de todos os integrantes da categoria**, tanto na esfera administrativa quanto na judicial.

Dessa representação da categoria decorre a prerrogativa do **exercício da negociação coletiva de trabalho**, celebrando convenções e acordos coletivos no interesse dos representados **(art. 8.º, VI, CF e art. 513, *b*, CLT)**.

---

[16] O TST vem, em processos em que há disputa de representação, adotando o entendimento de que o sindicato mais específico possui melhores condições de representar e lutar pela melhoria das condições da categoria — critério da representatividade mais específica. "AGRAVO DE INSTRUMENTO. 1. REPRESENTAÇÃO SINDICAL. CRITÉRIO DA ESPECIFICIDADE. VIOLAÇÃO AOS ARTIGOS 5.º, DA CONSTITUIÇÃO FEDERAL, 511, §§ 2.º E 3.º, 513 E 579, DA CLT, E À LEI 12.790/2013 1.1. O Tribunal Regional, soberano na análise dos fatos e das provas, registrou em seu acórdão o fato de que o SINDICATO DOS TRABALHADORES NAS INDÚSTRIAS E DISTRIBUIDORAS DE BEBIDAS E SIMILARES DO ESTADO DE RONDÔNIA — SINTIBRON possui representatividade mais específica do que o SINDICATO DOS TRABALHADORES NO COMÉRCIO DE BENS E SERVIÇOS DO ESTADO DE RONDÔNIA — SINTRACOM. Portanto, partindo da premissa fática estabelecida, a decisão regional foi proferida em conformidade com os dispositivos apontados como violados. Isso porque, pelo critério adotado, com fundamento nos arts. 570 e 571 da CLT, o sindicato mais específico possui melhores condições de representar e lutar pela melhoria das condições da categoria. 1.2. O julgamento proferido pelo Colegiado Regional foi extraído do universo fático-probatório, inviabilizando o recurso de revista, por força do entendimento consubstanciado na Súmula n. 126, do TST. Agravo de instrumento a que se nega provimento" (TST — AIRR 405-49.2013.5.14.0007, 1.ª T., rel. Des. Convocado Alexandre Teixeira de Freitas Bastos Cunha, *DEJT* 18.08.2015).

No mesmo sentido o entendimento do STF: "EMBARGOS DE DECLARAÇÃO RECEBIDOS COMO AGRAVO REGIMENTAL EM RECURSO EXTRAORDINÁRIO. SINDICATO. DESMEMBRAMENTO. CATEGORIA ESPECÍFICA. POSSIBILIDADE. PRECEDENTES. A jurisprudência do Supremo Tribunal Federal é firme no sentido de ser possível o desmembramento de entidade sindical quando a nova entidade representa categoria específica. Precedentes. Para dissentir da conclusão do Tribunal de origem, seriam imprescindíveis a análise da legislação infraconstitucional aplicada ao caso e o reexame do conjunto fático-probatório dos autos (Súmula 279/STF), o que torna inviável o processamento do recurso extraordinário. Embargos de declaração recebidos como agravo regimental a que se nega provimento" (STF — RE 607216 ED / DF — DISTRITO FEDERAL, 1.ª T., rel. Min. Roberto Barroso, *DJe* 06.03.2015).

3.3.2. Federações e Confederações

A Constituição Federal de 1988 manteve o sistema confederativo de organização sindical que, como visto acima, é estruturado na forma de pirâmide, tendo os sindicatos na base, as federações como órgãos intermediários e as confederações no topo.

Nesse contexto, pode-se afirmar que federações e confederações são **entidades sindicais de grau superior (art. 533, CLT)**.

Assim, as **federações** situam-se acima dos sindicatos da respectiva categoria, e abaixo das confederações, tendo base de representação estadual e sendo constituídas a partir da reunião de, no mínimo, cinco sindicatos **(art. 534, CLT)**.

As **confederações**, como órgão sindical de cúpula, têm base de representação nacional e são constituídas por, pelo menos, três federações **(art. 535, CLT)**, estando entre suas funções básicas a de coordenação das federações e sindicatos do seu setor.

De acordo com o sistema legal vigente, a **negociação coletiva** é atribuição do sindicato. A **federação e a confederação não têm legitimidade** para originariamente nela figurar, tendo, no entanto, uma função subsidiária, segundo a qual, não havendo sindicato da categoria na base territorial, pode a federação, e, à falta desta, a confederação, figurar na negociação. Nesse sentido, o **art. 611, § 2.º, da CLT**, que deixa claro que o legislador adotou o princípio da complementaridade em relação à negociação coletiva.

Ainda no tocante à negociação coletiva, o **art. 617, § 1.º, da CLT** possibilita que os empregados, depois de constatada a negativa injustificada do sindicato à negociação, busquem as entidades sindicais de grau superior, primeiro a federação, depois a confederação, para que elas assumam a direção dos entendimentos.

3.3.3. Centrais sindicais

Por muito tempo as centrais sindicais foram vistas no Brasil como um ente muito mais político do que efetivamente de representação sindical, tendo sido proibidas inicialmente e, por óbvio, ignoradas na construção do sistema confederativo trazido pela CLT. A proibição foi expressamente revogada pela Portaria n. 3.100/85, do Ministério do Trabalho.

A Constituição Federal de 1988 manteve o sistema confederativo corporativista, não trazendo qualquer previsão sobre as centrais sindicais, ou seja, não as autorizou, nem as proibiu.

Em razão dessa postura do constituinte, embora houvesse divergência na doutrina e na jurisprudência sobre a possibilidade de sua constituição e sobre seu papel de representação, as centrais sindicais passaram a ser uma realidade no Brasil, algumas delas conhecidas pela sociedade, tais como a CUT — Central Única dos Trabalhadores, Força Sindical, UGT — União Geral dos Trabalhadores e outras de menor expressão.

Foi somente em 2008, com a **Lei n. 11.648**, que as centrais sindicais foram introduzidas em nossa estrutura sindical.

Com efeito, a **Lei n. 11.648/2008** marca uma importante mudança do sistema sindical brasileiro, passando as **centrais sindicais** a ser reconhecidas como **entidades de representação geral dos trabalhadores**, de **abrangência** nacional, e que possuem como **atribuição** a coordenação da representação dos trabalhadores e como **prerrogativa** a participação de negociações em diálogo social de composição tripartite, onde haja interesse dos trabalhadores.

O **interesse** das centrais sindicais é **estratégico**, propondo políticas e ações coletivas em benefício geral dos trabalhadores.

Mauricio Godinho Delgado entende que as centrais sindicais "não compõem o modelo corporativista. De certo modo, representam até seu contraponto, a tentativa de sua superação. Porém, constituem, do ponto de vista social, político e ideológico, entidades líderes do movimento sindical, que atuam e influem em toda a pirâmide regulada pela ordem jurídica", e vê a Lei n. 11.648/2008 como um avanço na transição democrática do modelo sindical brasileiro.[17]

Muito embora **não estejam inseridas no sistema confederativo**, que é composto pelos sindicatos, federações e confederações (daí não se falar do grau das centrais sindicais), **fazem parte da estrutura sindical brasileira** e possuem uma relação de conexidade e de vinculação estreita com o sistema confederativo. Segundo Amauri Mascaro Nascimento, as centrais "distinguem-se das confederações. Estas, no modelo brasileiro, são entes de cúpula numa categoria. As centrais, diferentemente, são organizações de cúpula de mais de uma categoria".[18]

Segundo a **Lei n. 11.648/2008**, considera-se central sindical a entidade associativa de direito privado composta por organizações sindicais de trabalhadores **(art. 1.º, parágrafo único)**.

As atribuições e prerrogativas das centrais sindicais são: a) coordenar a representação dos trabalhadores por meio das organizações sindicais a ela filiadas; b) participar de negociações em fóruns, colegiados de órgãos públicos e demais espaços de diálogo social que possuam composição tripartite, nos quais estejam em discussão assuntos de interesse geral dos trabalhadores **(art. 1.º, Lei n. 11.648/2008)**.

Para que possam exercer as atribuições e prerrogativas referentes a negociações que envolvam o interesse geral dos trabalhadores ("b" acima), as centrais sindicais precisam preencher os requisitos previstos no **art. 2.º da Lei n. 11.648/2008**:

■ filiação de, no mínimo, 100 (cem) sindicatos distribuídos nas 5 (cinco) regiões do País;

■ filiação em pelo menos 3 (três) regiões do País de, no mínimo, 20 (vinte) sindicatos em cada uma;

---

[17] DELGADO, Mauricio Godinho. *Direito coletivo do trabalho*, p. 94.
[18] NASCIMENTO, Amauri Mascaro. *Compêndio de direito sindical*, p. 205.

■ filiação de sindicatos em, no mínimo, 5 (cinco) setores de atividade econômica;
■ filiação de sindicatos que representem, no mínimo, 7% (sete por cento) do total de empregados sindicalizados em âmbito nacional.

Os requisitos acima determinam a aferição do índice de representatividade das centrais sindicais, que será feita pelo Ministério do Trabalho **(art. 4.º, Lei n. 11.648/2008)**.

Nesse sentido, o **§ 2.º** do referido artigo prevê que ato do Ministro do Trabalho divulgará, anualmente, relação das centrais sindicais que atendem aos requisitos previstos no **art. 2.º**, indicando seus índices de representatividade.

A Lei n. 11.648/2008 alterou a redação dos **arts. 589, 590, 591 e 593 da CLT**, passando a prever as **centrais sindicais entre os beneficiários das contribuições sindicais** pagas pelos trabalhadores para o custeio do sistema confederativo.

3.4. CATEGORIAS

Como ensina Amauri Mascaro Nascimento, "há três principais formas de grupos representados pelos sindicatos, a categoria, a profissão e a empresa, diferentes, superpostos ou não, com maior destaque para um deles em um país, menor em outro".[19]

Por influência do modelo corporativista italiano, as categorias são o critério de estruturação do sistema sindical brasileiro.

3.4.1. Categorias profissional e econômica

A CLT refere-se à **categoria** como critério associativo de trabalhadores e de empregadores, estabelecendo **(art. 511, §§ 1.º a 3.º)**:

■ em relação aos trabalhadores — a similitude de condições de vida oriundas da profissão ou trabalho em comum, em situação de emprego na mesma atividade econômica ou em atividades econômicas similares ou conexas, como expressão social básica definidora da **categoria profissional**;
■ em relação aos empregadores — a solidariedade de interesses econômicos dos que empreendem atividades idênticas, similares ou conexas, como expressão do vínculo social básico definidor da **categoria econômica**.

Assim, "sindicato por categoria é o que representa os trabalhadores de empresas de um mesmo setor de atividade produtiva ou prestação de serviços. As empresas do mesmo setor, por seu lado, formam a categoria econômica correspondente".[20]

Trata-se, portanto, de um modelo sindical que adota, como corolário da unicidade sindical, a bilateralidade — a toda representação patronal corresponde uma de trabalhadores, para a promoção do diálogo entre as partes.

---

[19] NASCIMENTO, Amauri Mascaro. *Compêndio de direito sindical*, p. 174.
[20] NASCIMENTO, Amauri Mascaro. *Compêndio de direito sindical*, p. 177.

Verifica-se que o legislador brasileiro adotou não só a identidade, mas também a similitude e a conexidade como ponto de agregação da categoria. Nesse sentido, o § 4.º do art. 511 prevê: "Os limites de identidade, similaridade ou conexidade fixam as dimensões dentro das quais a categoria econômica ou profissional é homogênea e a associação é natural".

Concretamente, então, a categoria profissional é formada não pelo trabalho ou atividade efetivamente exercidos pelos trabalhadores, mas sim pela vinculação que todos eles têm ao empregador que integra uma determinada categoria econômica. Por sua vez, também os empregadores se agregam em uma categoria não apenas quando suas atividades econômicas forem idênticas, mas também quando forem similares ou conexas.

Exemplificativamente, o empregado que trabalha como analista contábil em uma indústria metalúrgica integrará a categoria profissional dos metalúrgicos, já que a metalurgia é a atividade preponderante do empregador.

O modelo sindical, também em decorrência da unicidade sindical, adota o **paralelismo simétrico** — categoria profissional formada por paralelismo simétrico às atividades desenvolvidas pela categoria econômica.

Conclui-se, desta forma, que "esse critério de enquadramento faz com que a entidade representativa da categoria profissional seja tida como sindicato vertical (e não horizontal), já que ele abrange, em regra, a ampla maioria dos empregados da respectiva empresa, na respectiva base territorial".[21]

Como já afirmado, a previsão das categorias profissional e econômica decorre do corporativismo adotado pela CLT, com a representação das respectivas categorias, até o advento da Constituição Federal de 1988, sendo feita a partir do enquadramento sindical obrigatório estabelecido pelo legislador ("quadro de atividades e profissões" previsto no art. 577) e fiscalizado pelo Ministério do Trabalho.

A nova ordem constitucional manteve a categoria como critério básico de organização do sistema sindical brasileiro, mas, ao prever que "a lei não poderá exigir autorização do Estado para a fundação de sindicato, ressalvado o registro no órgão competente, vedadas ao Poder Público a interferência e a intervenção na organização sindical" **(art. 8.º, I)**, afastou a criação oficial e artificial de categorias, transformando sua concepção, de fechada para aberta.

Desse modo, conclui-se que "houve modificações na forma da criação e desdobramento de categorias e sindicatos. O enquadramento sindical não corresponde mais à realidade. Inúmeras são as categorias novas, bem como os respectivos sindicatos, não constantes do quadro oficial de categorias do Ministério do Trabalho e Emprego".[22]

---

[21] DELGADO, Mauricio Godinho. *Direito coletivo do trabalho*, p. 96.
[22] NASCIMENTO, Amauri Mascaro. *Compêndio de direito sindical*, p. 182.

Continua Amauri Mascaro Nascimento afirmando que "o sindicato não é mais decorrência de uma categoria. O modelo brasileiro, que era, nesse ponto, fechado, tornou-se aberto. A única exigência constitucional é o registro no órgão competente e a única restrição é a observância do princípio do sindicato único; nenhuma das duas permite concluir que o enquadramento sindical continua em vigor".[23]

A representação das categorias profissionais e econômicas se dá tanto pelas entidades de grau inferior — sindicatos, como também pelas entidades de grau superior — federações e confederações (verticalização).[24]

---

[23] NASCIMENTO, Amauri Mascaro. *Compêndio de direito sindical*, p. 182.

[24] "I — AGRAVO DE INSTRUMENTO EM RECURSO DE REVISTA. REPRESENTAÇÃO SINDICAL. FENEPOSPETRO *VERSUS* SINTRAMICO. Há que ser processado o recurso de revista quando demonstrada possível violação do artigo 8.º, II, da Constituição Federal. Agravo de instrumento conhecido e provido. II — RECURSO DE REVISTA. REPRESENTAÇÃO SINDICAL. FENEPOSPETRO *VERSUS* SINTRAMICO. 1. A liberdade sindical brasileira, prevista no artigo 8.º da Constituição Federal, é caracterizada pelo direito de constituir organizações sindicais destinadas à defesa de direitos coletivos (liberdade constitutiva), com adoção da forma que os fundadores reputarem conveniente, ditando suas regras de funcionamento e ações que devam ser empreendidas (liberdade de funcionamento) e de filiar-se e permanecer filiado ao sindicato (liberdade de filiação) de sua livre escolha e de para ele contribuir (liberdade de contribuição, ressalvada a contribuição obrigatória), na representação da categoria ou profissão. 2. O referido artigo 8.º da CF impõe, no entanto, limites à plena liberdade sindical, que são: a unicidade sindical, a representação unicamente por categorias, com enquadramento obrigatório, independentemente de filiação e a contribuição sindical obrigatória. 3. Como corolário da unicidade sindical, vige a bilateralidade (a toda representação patronal há de corresponder uma de trabalhadores, para a promoção do diálogo entre as partes), o paralelismo simétrico (categoria profissional formada por paralelismo simétrico às atividades desenvolvidas pela categoria econômica) e a verticalização (representação de trabalhadores e empregadores por entidades de grau superior — confederações e federações — e entidades de grau inferior — sindicatos). 4. Assim, a organização sindical brasileira é feita por meio da distribuição dos trabalhadores e empregadores em categorias econômicas e profissionais correlatas, observado o princípio da unicidade sindical e as características da bilateralidade, paralelismo simétrico e verticalização. 5. O enquadramento sindical, destinado a ordenar os sindicatos em categorias econômicas e profissionais, conforme quadro orientador de atividades e profissões dos artigos 570, 577 da CLT, é automático (e não espontâneo), em categorias específicas correspondentes à atividade econômica ou trabalho na atividade, inclusive nas diferenciadas, a partir da constituição do sindicato, observado o princípio da especificidade em relação à atividade preponderante (art. 570, *caput*, da CLT). 6. No presente caso, a FENEPOSPETRO — Federação Nacional dos Empregados em Postos de Combustíveis e Derivados do Petróleo persegue o reconhecimento de sua legitimidade para representar os empregados dos postos de combustíveis e derivados do petróleo em face do SINTRAMICO — Sindicato dos Trabalhadores no Comércio de Minérios e Derivados de Petróleo do Estado do Piauí, onde não há sindicato específico da categoria. 7. O Supremo Tribunal Federal, em acórdão proferido no Recurso Extraordinário 202.097-04/SP, interposto pela FENEPOSPETRO, prestigiando o princípio da especificidade, concluiu que a ela cabe a representatividade da categoria específica dos trabalhadores em postos de gasolina (frentistas). 8. Dessa forma, conclui-se, em respeito ao princípio da especificidade, o qual deve ser aplicado de forma vertical ao presente caso que a FENEPOSPETRO é a entidade que representa a categoria dos frentistas nos Municípios em que não houver sindicato específico da categoria congregado na referida federação.

3.4.2. Categoria diferenciada

O sistema sindical brasileiro contempla ainda as chamadas **categorias profissionais diferenciadas**, que correspondem a grupamentos de trabalhadores organizados em função do exercício de profissões ou funções diferenciadas por força de estatuto profissional especial ou em consequência de condições de vida singulares **(art. 511, § 3.º, CLT)**.

A referida modalidade de organização dos trabalhadores insere-se no chamado **sindicalismo por profissão**.

Como ensina Amauri Mascaro Nascimento, "os exercentes da profissão formam, com a criação do sindicato, uma categoria própria. Farão parte não do sindicato representativo de todos os trabalhadores do setor econômico da empresa, mas do sindicato da profissão que agrupa todos os que a exercem, independentemente da natureza do setor produtivo em que o façam. Assim, para fins de sindicalização, prepondera a profissão e não a atividade econômica da empresa".[25]

O critério de enquadramento das categorias profissionais diferenciadas faz com que a entidade representativa "seja tida como sindicato horizontal (e não vertical), já que abrange empregados exercentes do mesmo ofício em empresas distintas situadas na base territorial da entidade".[26]

Inicialmente indicadas no "quadro de atividades e profissões" previsto no **art. 577**, e, após a Constituição Federal de 1988, constituídas e com atuação sem interferência do Poder Público, as categorias diferenciadas são inúmeras, podendo ser citadas, como exemplo: desenhistas técnicos, artísticos, industriais; publicitários; secretárias; técnicos de segurança do trabalho; trabalhadores em movimentação de mercadoria em geral; condutores de veículos rodoviários (motoristas) etc.

Importante destacar que não há categoria diferenciada no âmbito patronal, sendo uma categoria **exclusivamente de trabalhadores**.

3.4.3. Surgimento e desmembramento de categorias

Como visto nos itens anteriores, no modelo sindical brasileiro a **formação das categorias** — profissionais, econômicas e profissionais diferenciadas — se dá **a partir dos critérios definidos em lei**.

Assim, as **categorias econômicas** são constituídas pelo vínculo social básico formado a partir da solidariedade de interesses econômicos dos que empreendem atividades idênticas, similares ou conexas **(art. 511, § 1.º, CLT)**.

Categoria profissional é a expressão social elementar derivada da similitude de condições de vida oriunda da profissão ou trabalho em comum, em situação de

---

Recurso de revista conhecido por violação do art. 8.º, II, da CF e provido" (TST-RR 5989120125220002, 3.ª T., rel. Min. Alexandre de Souza Agra Belmonte, j. 09.12.2015, *DEJT* 18.12.2015).

[25] NASCIMENTO, Amauri Mascaro. *Compêndio de direito sindical*, p. 183.

[26] DELGADO, Mauricio Godinho. *Direito coletivo do trabalho*, p. 97.

emprego na mesma atividade econômica ou em atividades econômicas similares ou conexas **(art. 511, § 2.º, CLT)**.

Por fim, **categoria profissional diferenciada** é a que se forma por empregados que exerçam profissões ou funções diferenciadas por força do estatuto profissional especial ou em consequência de condições de vida singulares **(art. 511, § 3.º, CLT)**.

Os critérios de surgimento das categorias adotados em nosso país são, pois, decorrentes do quanto previsto em lei.

No que tange à possibilidade de **desmembramento das categorias**, o art. 571 da CLT permite que qualquer das atividades ou profissões concentradas a partir dos critérios de similaridade ou conexidade possa dissociar-se do sindicato principal, formando um sindicato específico. O desmembramento era, porém, no sistema corporativista, dependente de autorização do Ministério do Trabalho.

A partir da vedação de interferência do Poder Público nas organizações sindicais prevista pelo **art. 8.º, I, da Constituição Federal de 1988** e do consequente fim do enquadramento sindical previsto em lei, passou a se verificar uma maior fluidez em relação às ideias de similitude e conexão como critérios de surgimento das categorias, que levou a um reconhecimento mais amplo da possibilidade de desmembramento das categorias.

Categorias surgidas em razão de atividades econômicas similares ou conexas abrangem diversas atividades que, embora estejam de alguma forma ligadas entre si, são diferentes e, exatamente por isso, podem gerar interesses distintos.

Agrega-se a esse fato a amplitude possível da base territorial de representação do sindicato, tendo em vista que o **art. 8.º, II, da Constituição Federal** estabelece a área mínima — um município, mas não a área máxima, podendo existir sindicatos com representação em bases territoriais intermunicipais, interestaduais e até nacionais, o que leva a uma maior dificuldade de uma efetiva representação.

O desmembramento de categorias pode decorrer, então, da busca de uma representação mais específica **(desmembramento por especificidade)** ou de uma representação menos ampla territorialmente falando **(desmembramento da base territorial)**, o que vem sendo reconhecido pela jurisprudência, inclusive do Supremo Tribunal Federal:

> "AGRAVO DE INSTRUMENTO EM RECURSO DE REVISTA. ACÓRDÃO REGIONAL PUBLICADO ANTES DA VIGÊNCIA DA LEI N. 13.015/14. AÇÃO DE CONSIGNAÇÃO EM PAGAMENTO — REPRESENTAÇÃO SINDICAL — DESMEMBRAMENTO. Trata-se de ação de consignação em pagamento, pela qual as empresas autoras — lojas situadas em *shoppings centers* na cidade de Maringá/PR — depositam os valores referente à contribuição sindical descontada em folha de pagamento, tendo em vista que as partes consignadas — SINCOMAR e SINDISHOP — postulam perante o Tribunal de Justiça do Paraná a representatividade dos empregados das consignantes. Da fundamentação da decisão do Tribunal de Justiça do Paraná, transcrita no acordão regional, extrai-se que o SINDISHOP — SINDICATO DOS EMPREGADOS DAS EMPRESAS DE

SHOPPING CENTER E DAS EMPRESAS ESTABELECIDAS EM *SHOPPINGS CENTERS* DO MUNICÍPIO DE MARINGÁ E SARANDI constitui desmembramento da categoria representada pelo SINCOMAR — SINDICATO DOS EMPREGADOS NO COMÉRCIO DE MARINGÁ, para a formação de sindicato mais específico. Nos termos do art. 570 da CLT, o critério definidor do enquadramento sindical é o da especificidade, sendo cabível, assim, o desmembramento quando as atividades similares e conexas, antes concentradas na categoria econômica mais abrangente, adquirem condições de representatividade por meio de sindicato representativo de categoria específica, conforme o art. 571 da CLT. A SBDI-1 desta Corte, no julgamento do E-ED-RR-880-42.2010.5.02.0072, de relatoria do Ministro Alexandre de Souza Agra Belmonte, publicado no *DEJT* de 20.03.2015, anota que: "O desmembramento pode ocorrer para a formação de sindicatos abrangentes ou específicos para atuação em menor base territorial, como também para a formação de sindicatos específicos destinados à atuação em certa base territorial [...]". Segundo a jurisprudência do STF, é possível o desmembramento de entidade sindical quando a nova entidade representar categoria específica, como no caso, sem que isso ofenda o princípio da unicidade sindical. Precedentes. Desse modo, não se divisa afronta aos indicados artigos 8.º, II, da CF/88, 511, §§ 1.º, 2.º e 3.º, 516, 570 a 573 e 577 da CLT, valendo destacar que nenhum desses dispositivos versa sobre a imprescindibilidade do registro junto ao Ministério do Trabalho como requisito para existência e/ou constituição dos sindicatos. Sendo assim, a controvérsia acerca da necessidade do registro do sindicato no Ministério do Trabalho para que ele tenha legitimidade de representação da categoria não logra conhecimento por esta Corte. Agravo de instrumento não provido" (AIRR-1430-96.2012.5.09.0872, 7.ª T., rel. Min. Renato de Lacerda Paiva, *DEJT* 06.08.2021).

"AGRAVO DE INSTRUMENTO. RECURSO DE REVISTA INTERPOSTO NA ÉGIDE DA LEI N. 13.015/2014. REPRESENTAÇÃO SINDICAL. PRINCÍPIO DA ESPECIFICIDADE EM DETRIMENTO DA TERRITORIALIDADE. SINDICATO ESPECÍFICO DE BASE MUNICIPAL E SINDICATO DE BASE ESTADUAL FUNDADO POSTERIORMENTE. Hipótese em que o Tribunal Regional reconheceu o Sindicato dos Servidores Municipais de Vitória como o único representante dos servidores públicos ativos e inativos da Câmara Municipal de Vitória. Cinge-se a controvérsia em definir o legítimo representante dos servidores da Câmara Municipal de Vitória, se o sindicato específico de base municipal (SINDSMUVI) ou o sindicato de base estadual (SINDICÂMARA/ES). O Supremo Tribunal Federal tem entendimento de que a criação de um novo sindicato de categoria mais específica por desdobramento não ofende o princípio da unicidade sindical (precedentes). Contudo, na hipótese dos autos, a delimitação do acórdão regional revela que a base territorial do sindicato preexistente (SINDSMUVI) restringe-se ao Município de Vitória, não se tratando de desmembramento territorial de categoria, pois o novo sindicato (SINDICÂMARA/ES) pretende representar categoria no âmbito da base territorial estadual, em evidente violação ao princípio constitucional da unicidade sindical. Ademais, nos casos de conflito, acerca da representatividade sindical, entre o princípio da especificidade e o da territorialidade, esta Corte superior tem decidido que deve prevalecer o princípio da especificidade, nos termos do art. 570 da CLT. Precedentes. Óbice da Súmula 333/TST. Agravo de instrumento a que se nega provimento. HONORÁRIOS DE SUCUMBÊNCIA. REQUISITO DO ART. 896, § 1.º-A, I, DA CLT NÃO ATENDIDO. AUSÊNCIA DE TRANSCRIÇÃO. Verifica-se que, no recurso de revista, o recorrente não indicou o trecho da decisão regional que consubstancia o prequestionamento da controvérsia objeto do apelo, nos termos do art. 896, § 1.º-A, I, da CLT (incluído pela Lei n. 13.015/2014). Precedente. Agravo de instrumento a que se nega provimento"" (AIRR-904-42.2019.5.17.0006, 2.ª T., rel. Min. Maria Helena Mallmann, *DEJT* 29.09.2023).

A despeito de o desmembramento das categorias poder gerar um certo receio de pulverização das entidades sindicais, com o seu consequente enfraquecimento,[27] o fato é que o critério da especificidade não fere a Constituição Federal, sendo permitido o desmembramento de sindicato, desde que respeitada a base municipal mínima **(art. 8.º, I e II, CF)**.

A formação de sindicato de representatividade categorial específica ou para atuação em base territorial menor (municipal) tem em mira uma melhor representatividade da categoria profissional e, consequentemente, mais eficiência no encaminhamento das reivindicações coletivas e no diálogo com a categoria econômica, permitindo maior atenção e a devida contextualização em relação aos problemas específicos da categoria e às questões locais, atingindo-se assim o verdadeiro objetivo da norma.

3.4.4. Representação e representatividade sindical

Prevê o **art. 513, *a*, da CLT** que é prerrogativa dos sindicatos representar os interesses gerais da respectiva categoria e os interesses individuais dos associados, relativos à atividade ou profissão exercida.

Referida representação foi reafirmada pelo **art. 8.º, III, da Constituição Federal de 1988**: "ao sindicato cabe a defesa dos direitos e interesses coletivos ou individuais da categoria, inclusive em questões judiciais ou administrativas".

Trata-se de **representação decorrente de lei** que, prevendo a categoria como a base sobre a qual se constrói a estrutura sindical, define o sindicato como seu representante.

No entanto, a defesa dos interesses dos integrantes da categoria deve ser analisada não só como decorrente da representação legal, mas também sob o aspecto do **vínculo existente entre representante e representados**.

Nesse sentido a doutrina diferencia representação de representatividade.

REPRESENTAÇÃO	REPRESENTATIVIDADE
▪ Atuação em nome de outrem, na defesa dos seus interesses, em razão de previsão na lei	▪ Atuação em nome de outrem, na defesa dos seus interesses, em decorrência do vínculo de confiança e de credibilidade depositado pelos representados no representante
▪ É uma questão de legalidade	▪ É uma questão de legitimidade
▪ Havendo previsão em lei, a representação existe independentemente de representatividade	▪ Embora a lei preveja a representação, esta é exercida de maneira real e efetiva, tendo em vista a aproximação entre representante e representados

Como ensina Amauri Mascaro Nascimento, "pode um sindicato ter a representação legal, mas não a real e efetiva. Nesse caso, é possível dizer que falta representatividade

---

[27] DELGADO, Mauricio Godinho. *Direito coletivo do trabalho*, p. 97.

ao sindicato, embora portador dos poderes legais de atuar em nome dos representados. Esse problema é mais visível nos sistemas de unicidade sindical. Os sistemas e unidade espontânea ou de pluralidade oferecem maiores possibilidades de aproximação entre representação e representatividade".[28]

O sindicato é o representante por excelência de trabalhadores e de empregadores que, em nosso país, organizam-se em categorias. A representação abrange todos os integrantes da categoria, independentemente de serem filiados ou não ao sindicato.

Portanto, no Brasil essa representação não depende de mecanismos de adesão dos representados, decorrendo de uma "delegação legislativa", que confere ao "sindicato reconhecido o poder de elaborar normas jurídicas que obriguem todos os indivíduos que pertençam, em virtude de seus *status* profissionais, a determinada categoria".[29]

Considerando as categorias econômica, profissional e profissional diferenciada **(art. 511, §§ 1.º a 3.º, CLT)**, a representação dos trabalhadores é definida, concretamente, a partir dos seguintes critérios:[30]

- primeiramente, faz-se o enquadramento dos empregados no respectivo sindicato que corresponde à atividade preponderante do empregador, independentemente da profissão ou da função que cada um exerce na empresa;
- exclui-se do critério da preponderância os profissionais que são sindicalizados em função do tipo de profissão e que, em razão disso, integram categoria diferenciada representada por sindicato específico.

3.4.5. Sindicatos e setor público

A **Convenção n. 87 da Organização Internacional do Trabalho** — OIT, que prevê os aspectos da liberdade sindical, dispõe, em seu **art. 2.º**, que: "Os trabalhadores e os empregadores, sem distinção de qualquer espécie, terão direito de constituir, sem autorização prévia, organizações de sua escolha, bem como o direito de se filiar a essas organizações, sob a única condição de se conformar com os estatutos das mesmas". O art. 9.º da mesma norma prevê: "A medida segundo a qual as garantias previstas pela presente Convenção se aplicarão às forças armadas e à polícia será determinada pela legislação nacional".

Nesse contexto, constata-se que a norma em referência não faz qualquer distinção no tocante à liberdade de organização de sindicatos para os empregados do setor privado e os trabalhadores no setor público, apenas remetendo para a legislação de cada Estado-Membro a questão da sindicalização nas forças armadas e na polícia.

---

[28] NASCIMENTO, Amauri Mascaro. *Compêndio de direito sindical*, p. 189.
[29] GOTTSCHALK, Egon Félix. *Norma pública e privada no direito do trabalho*. Apud NASCIMENTO, Amauri Mascaro. *Compêndio de direito sindical*, p. 190.
[30] NASCIMENTO, Amauri Mascaro. *Compêndio de direito sindical*, p. 250.

Em nosso ordenamento jurídico o "setor público" abrange a Administração Pública direta, autárquica e fundacional, e a Administração indireta, abrangendo as empresas públicas e as sociedades de economia mista.

No que tange à Administração indireta, o **art. 173, § 1.º, da Constituição Federal** prevê que "a lei estabelecerá o estatuto jurídico da empresa pública, da sociedade de economia mista e de suas subsidiárias que explorem atividade econômica de produção ou comercialização de bens ou de prestação de serviços", dispondo, entre outros temas, sobre "a sujeição ao regime jurídico próprio das empresas privadas, inclusive quanto aos direitos e obrigações civis, comerciais, trabalhistas e tributários" (inciso II).

Assim, não resta dúvida sobre a representação, pelos sindicatos, dos empregados dos entes da **Administração Pública indireta**.

No que tange à **Administração direta e às autarquias e fundações públicas**, deve-se observar as disposições do **art. 37 da Carta Magna**, que assegura ao servidor público civil o direito à livre associação sindical **(inciso VI)**, mas restringe o direito de greve aos termos e limites a serem definidos por lei **(inciso VII)**.

Por fim, aos **militares das Forças Armadas**, por força do disposto no **art. 142, § 3.º, IV, da Constituição Federal**, são proibidas a sindicalização e a greve. A proibição abrange também os membros das **Polícias Militares e Corpos de Bombeiros Militares (art. 42, § 1.º, CF)**.

3.5. CUSTEIO DA ESTRUTURA SINDICAL[31]

O **custeio da estrutura sindical** no Brasil deriva de sua principal fonte de obtenção de recursos, as **contribuições pagas pelos representados**.

O ordenamento jurídico prevê quatro tipos de contribuições a serem pagas para as entidades sindicais: contribuição sindical, contribuição confederativa, contribuição assistencial e mensalidade dos associados.

A **contribuição sindical**, instituída pela Constituição Federal de 1937 (antigo imposto sindical), sempre constituiu-se na principal fonte de arrecadação das entidades sindicais. Sempre foi uma contribuição compulsória, que deveria ser paga por todos os representados integrantes das categorias profissional e econômica, independentemente de serem ou não associados ao sindicato. O objetivo da cobrança é o custeio das atividades sindicais.

No entanto, a **Lei n. 13.467/2017 (*Reforma Trabalhista*)** não afetou as características do modelo sindical instituído pela Constituição Federal de 1988, mas trouxe importante e substancial alteração em relação à **contribuição sindical, retirando-lhe a compulsoriedade no pagamento**.

---

[31] Desde a entrada em vigor da Lei n. 13.467/2017 (*Reforma Trabalhista*) o tema tem suscitado diversas controvérsias e embates. Há diversos posicionamentos doutrinários e jurisprudenciais distintos. Enfim, o tema merece acompanhamento de perto, até que os posicionamentos se estabilizem.

Assim, as contribuições devidas aos sindicatos pelos participantes das categorias econômicas ou profissionais ou das profissões liberais representadas pelas referidas entidades serão, sob a denominação de contribuição sindical, pagas, recolhidas e aplicadas, desde que **prévia e expressamente autorizadas (art. 578, CLT)**. Portanto, o pagamento da contribuição sindical não mais é feito por todos os integrantes da categoria, mas apenas para aqueles integrantes da categoria que concordarem e, consequentemente, autorizarem esse recolhimento.

O **desconto da contribuição sindical está condicionado à autorização prévia e expressa** dos que participarem de uma determinada categoria econômica ou profissional, ou de uma profissão liberal, em favor do sindicato representativo da mesma categoria ou profissão **(art. 579, CLT)**.[32]

---

[32] "[...] 4. Põe-se em foco na presente reclamação se, ao reconhecer como válida a autorização dada pela categoria em assembleia geral convocada pelo Sindicato e determinar que a ora reclamante desconte de seus empregados contribuição sindical, a autoridade reclamada teria descumprido o decidido por este Supremo Tribunal na Ação Direta de Inconstitucionalidade n. 5.794/DF. Em 29.06.2018, este Supremo Tribunal Federal julgou improcedentes os pedidos formulados na Ação Direta de Inconstitucionalidade n. 5.794/DF e assentou a constitucionalidade da nova redação dada pela Lei n. 13.467/2017, aos artigos 545, 578, 579, 582, 583, 587 e 602 da Consolidação das Leis do Trabalho, que exigem autorização prévia e expressa daqueles que participam de uma categoria profissional, a fim de que o desconto da contribuição sindical possa ser realizado. O Ministro Luiz Fux, redator para o acórdão, ressaltou que 'a Lei n. 13.467/2017 emprega critério homogêneo e igualitário ao exigir prévia e expressa anuência de todo e qualquer trabalhador para o desconto da contribuição sindical, ao mesmo tempo em que suprime a natureza tributária da contribuição, seja em relação aos sindicalizados, seja quanto aos demais, motivos pelos quais não há qualquer violação ao princípio da isonomia tributária (art. 150, II, da Constituição), até porque não há que se invocar uma limitação ao poder de tributar para prejudicar o contribuinte, expandindo o alcance do tributo, como suporte à pretensão de que os empregados não sindicalizados sejam obrigados a pagar a contribuição sindical' (*DJe* 01.08.2018). 5. Nesse exame preliminar e precário, plausível é a formulação da reclamante no sentido de ter havido descumprimento do decidido na Ação Direta de Constitucionalidade n. 5.794/DF. Na petição inicial da Ação Civil Pública n. 0020275-53.2018.5.04.0405 o Sindicato explica que 'realizou assembleia especificamente convocada, de sócios e não sócios, a qual autorizou expressamente os descontos, condição suficiente para que sejam efetuados' e entende suficiente essa autorização para que se inicie os descontos referentes à contribuição sindical (fl. 16, edoc. 3). O acórdão reclamado reconheceu 'como válida e eficaz a autorização dada pela categoria em assembleia de classe' e determinou que a empresa Aeromatrizes passe a realizar 'desconto e repasse à entidade sindical, efetuando o recolhimento da contribuição sindical de todos os seus empregados, a contar de março/2018, por meio da Guia de Recolhimento de Contribuição Sindical Urbana' (fl. 2, e-doc. 10). Em seu voto, o Relator salientou que a realização de assembleia geral 'preenche[ria] os requisitos legais que justificam a determinação de seu recolhimento' (fl. 5, e-doc. 10). Neste exame preliminar, plausível a argumentação da reclamante no sentido de que aquele entendimento divergiria do decidido por este Supremo Tribunal Federal na Ação Direta de Inconstitucionalidade n. 5.794/DF. Consideradas a plausibilidade jurídica dos argumentos expendidos pela reclamante e a possibilidade de ser ela obrigada a dar início aos descontos relativos à contribuição sindical, impõe-se a suspensão dos efeitos do acórdão reclamado. 6. Pelo exposto, sem prejuízo da reapreciação da matéria no julgamento do mérito, defiro a medida liminar requerida para suspender os efeitos do acórdão proferido pelo Tribunal Regional do Trabalho da Quarta Região no Recurso Ordinário n. 0020275- 53.2018.5.04.0405 (inc. II do art. 989 do Código de Processo Civil). 7. Requisitem-se informações à autoridade reclamada (inc. I do art. 989 do Código de Processo Civil).

Nesse mesmo sentido as alterações trazidas pela **Lei n. 13.467/2017 (*Reforma Trabalhista*)** aos arts. 545, 582, 583, 587 e 602 da CLT.

Assim, regulamentada pelos **arts. 578 a 610 da CLT**, com as alterações da **Lei n. 13.467/2017 (*Reforma Trabalhista*)**, a contribuição sindical — que não mais é compulsória e somente será paga por quem **autorizar expressa e previamente** — é recolhida **uma vez por ano** em favor do sistema sindical, correspondendo:

- para os empregados — valor equivalente a um dia de trabalho, qualquer que seja a forma da remuneração;
- para os empregadores — importância proporcional ao capital social da empresa registrado na Junta Comercial, conforme alíquotas definidas no art. 580, III, da CLT;
- para os trabalhadores autônomos e profissionais liberais — importância correspondente a 30% do maior valor de referência fixado pelo Poder Executivo.

A **destinação da contribuição sindical** é definida pelo **art. 589 da CLT**, sendo:

em relação aos trabalhadores:

a) 5% para a confederação correspondente;
b) 10% para a central sindical;
c) 15% para a federação;
d) 60% para o sindicato respectivo;
e) 10% para a "Conta Especial Emprego e Salário" do Ministério do Trabalho.

O sindicato indicará ao Ministério do Trabalho a central sindical a que estiver filiado como beneficiária da respectiva contribuição sindical, para fins de destinação do crédito (**§ 1.º, art. 589, CLT**). Não sendo feita a referida indicação, o percentual que

---

8. Prestadas as informações, cite-se o interessado, beneficiária da decisão reclamada, para, querendo, contestar esta reclamação (inc. III do art. 989 do Código de Processo Civil). Publique-se" (STF — Medida Cautelar na Reclamação 34.889 — RS, rel. Min. Cármen Lúcia, *DJE* 29.05.2019).
"RECURSO DE REVISTA. ACÓRDÃO PUBLICADO NA VIGÊNCIA DA LEI N. 13.467/2017. CONTRIBUIÇÃO SINDICAL. DESCONTO. AUTORIZAÇÃO INDIVIDUAL, PRÉVIA E EXPRESSA TRANSCENDÊNCIA JURÍDICA RECONHECIDA. Com o advento da reforma trabalhista (Lei n. 13.467/2017), tornou-se facultativo o recolhimento da contribuição sindical, cujos descontos dependem de prévia e expressa autorização do trabalhador. Muito embora o art. 579 da CLT, alterado pela reforma trabalhista, não tenha, inicialmente, feito referência expressa à necessidade de a autorização ser dada de forma individualizada, tal interpretação se coaduna com o espírito da lei, que, ao transformar a contribuição sindical em facultativa, dependente de autorização prévia e expressa, pretendeu resguardar o princípio constitucional da liberdade de associação sindical, preconizado nos arts. 5.º, XX, 8.º, V, da Constituição Federal e que, inclusive, já norteava as questões atinentes à cobrança de contribuição assistencial e confederativa em face de empregados não sindicalizados. Portanto, a autorização coletiva, ainda que aprovada em assembleia geral, não supre a autorização individual prévia e expressa de cada empregado. Recurso de revista conhecido e não provido" (TST-RR-373-97.2018.5.07.0028, 5.ª T., rel. Min. Breno Medeiros, *DEJT* 07.08.2019).

caberia à central sindical será destinado à "Conta Especial Emprego e Salário" do Ministério do Trabalho (**§ 4.º, art. 590, CLT**).

em relação aos empregadores:

a) 5% para a confederação correspondente;

b) 15% para a federação;

c) 60% para o sindicato respectivo;

d) 20% para a "Conta Especial Emprego e Salário" do Ministério do Trabalho.

A distribuição tanto da contribuição sindical dos trabalhadores como a dos empregadores pode ser alterada, dependendo da existência ou não de alguma das entidades indicadas no **art. 589 da CLT**.

Nesse sentido, não havendo confederação, o percentual que a ela seria destinado caberá à federação representativa do grupo **(art. 590, *caput*, CLT)**. Não havendo sindicato, seu percentual será creditado à federação correspondente à mesma categoria econômica ou profissional **(art. 591, *caput*, CLT)**. Nesse caso, (ausência de sindicato), com a federação recebendo o percentual de 60%, o percentual de 15% que originalmente caberia à federação passa para a confederação, que, então, receberá ao todo 20% (5% + 15%), conforme previsto pelo parágrafo único do **art. 591 da CLT**.

Por fim, não havendo sindicato, nem entidade de grau superior ou central sindical, a contribuição sindical será creditada integralmente na "Conta Especial Emprego e Salário" do Ministério do Trabalho **(art. 590, § 3.º, CLT)**.

Importante destacar que a **Lei n. 11.648/2008**, que reconheceu formalmente as centrais sindicais, prevê que os **arts. 578 a 610 da CLT** vigorarão até que a lei venha a disciplinar a contribuição negocial, vinculada ao exercício efetivo da negociação coletiva e à aprovação em assembleia geral da categoria (**art. 7.º**), o que representa, ao menos, uma intenção para a exclusão da contribuição compulsória do ordenamento jurídico e uma maior aproximação da liberdade sindical plena prevista na **Convenção n. 87 da OIT**.

A **contribuição confederativa**, instituída pela **Constituição Federal de 1988 (art. 8.º, IV)**, é **fixada pela assembleia geral** e tem por finalidade o **custeio do sistema confederativo** da representação sindical respectiva. **Não exclui a incidência da contribuição sindical**, e será cobrada, caso aprovada pela assembleia geral, independentemente daquela.

Inobstante a previsão do **art. 545, CLT**, no sentido de que o desconto do salário do empregado das contribuições, em favor do sindicato, somente pode ser feito desde que haja a devida autorização do empregado, sempre houve discussão a respeito do tema, sendo que a jurisprudência do TST pacificou-se em relação ao entendimento de considerar **devida** a contribuição confederativa **apenas pelos associados** ao respectivo sindicato.

OJ SDC 17, TST: "As cláusulas coletivas que estabeleçam contribuição em favor de entidade sindical, a qualquer título, obrigando trabalhadores não sindicalizados, são ofensivas ao direito de livre associação e sindicalização, constitucionalmente assegurado, e, portanto, nulas, sendo passíveis de devolução, por via própria, os respectivos valores eventualmente descontados".

PN 119, TST: "A Constituição da República, em seus arts. 5.º, XX, e 8.º, V, assegura o direito de livre associação e sindicalização. É ofensiva a essa modalidade de liberdade cláusula constante de acordo, convenção coletiva ou sentença normativa estabelecendo contribuição em favor de entidade sindical a título de taxa para custeio do sistema confederativo, assistencial, revigoramento ou fortalecimento sindical e outras da mesma espécie, obrigando trabalhadores não sindicalizados. Sendo nulas as estipulações que inobservem tal restrição, tornam-se passíveis de devolução os valores irregularmente descontados".

No mesmo sentido o posicionamento pacificado pelo STF:

SÚMULA 666, STF: "A contribuição confederativa de que trata o art. 8.º, IV, da Constituição, só é exigível dos filiados ao sindicato respectivo".

SÚMULA VINCULANTE 40, STF: "A contribuição confederativa de que trata o art. 8.º, IV, da Constituição Federal, só é exigível dos filiados ao sindicato respectivo".

A **contribuição assistencial**, também chamada de cota de solidariedade, é pactuada entre os sindicatos patronais e profissionais, nas **negociações coletivas**, em decorrência das vantagens obtidas pelos sindicatos através da norma coletiva pactuada.

Não tendo previsão expressa na lei, tem seu valor, forma e tempo de pagamento **fixados no instrumento coletivo negocial**, estando o empregador obrigado ao desconto correspondente à referida contribuição na folha de pagamento de seus empregados, desde que por eles expressamente autorizado **(art. 545, CLT)**.

Inobstante a previsão do **art. 545, CLT**, no sentido de que o desconto do salário do empregado das contribuições, em favor do sindicato, somente pode ser feito desde que haja a devida autorização do empregado, sempre houve discussão a respeito do tema, sendo que o TST vinha considerando inválida a cobrança da contribuição assistencial de quem não fosse sindicalizado **(OJ SDC 17, TST, e PN 119, TST)**, sob o fundamento de que, ainda que referida contribuição tenha sido autorizada por assembleia geral, sua cobrança dos não sindicalizados ofende os princípios da liberdade de associação e de sindicalização, insculpidos nos **arts. 5.º, XX, e 8.º, V, da Constituição da República**.

No entanto, o STF, no julgamento do ARE 1.018.459, por maioria, decidiu no sentido de **admitir a cobrança da contribuição assistencial** prevista no art. 513 da CLT, **inclusive aos não filiados ao sistema sindical**, assegurando ao trabalhador o direito de oposição. Em decorrência, foi alterada a tese fixada no julgamento de mérito, nos seguintes termos (**Tema 935 da Repercussão Geral**): "É constitucional a instituição, por acordo ou convenção coletivos, de contribuições assistenciais a serem impostas a todos os empregados da categoria, ainda que não sindicalizados, desde que assegurado o direito de oposição".

Reforçando a impossibilidade de qualquer cobrança ou desconto de contribuições, o **art. 611-B, XXVI, CLT**, prevê que constitui objeto ilícito de convenção coletiva ou acordo coletivo de trabalho previsão contrária ao direito de não sofrer, sem sua expressa e prévia anuência, qualquer cobrança ou desconto salarial.

Por fim, a **mensalidade dos associados** corresponde a parcelas mensais **pagas pelos filiados ao sindicato**, correspondendo à sua filiação voluntária à entidade sindical. Constitui-se, assim, em uma obrigação estatutária e segue as regras internas deliberadas na assembleia do sindicato.

3.6. ATIVIDADES DO SINDICATO

Como ensina Amauri Mascaro Nascimento, "ao sindicato devem ser garantidos os meios para o desenvolvimento de sua ação destinada a atingir os fins para os quais foi constituído. De nada adiantaria a lei garantir a existência de sindicatos e negar os meios para que as suas funções pudessem ser cumpridas".[33]

A identificação das funções dos sindicatos não é tarefa das mais simples, tendo em vista que são encontradas na doutrina diversas indicações e discussões acerca do tema.

De toda sorte, há consenso em relação às principais funções dos sindicatos: função de representação e função negocial.

A **função de representação** decorre das previsões do **art. 513 da CLT** e do **art. 8.º, III, da Constituição Federal**:

> **Art. 513, CLT:** "São prerrogativas dos sindicatos: a) representar, perante as autoridades administrativas e judiciárias, os interesses gerais da respectiva categoria ou profissão liberal ou interesses individuais dos associados relativos à atividade ou profissão exercida; [...]"

> **Art. 8.º, III, CF:** "ao sindicato cabe a defesa dos direitos e interesses coletivos ou individuais da categoria, inclusive em questões judiciais ou administrativas; [...]"

Trata-se de função inerente ao sindicato; é a razão de ser de sua própria existência. Nesse sentido, Mauricio Godinho Delgado afirma que "o sindicato organiza-se para falar e agir em nome de sua categoria; para defender seus interesses no plano da relação de trabalho e, até mesmo, em plano social mais largo".[34]

A **função de representação** é exercida em favor de todos os integrantes da categoria, filiados ou não ao sindicato.

Referida função desdobra-se tanto no plano coletivo como no plano individual.

No primeiro caso, o sindicato é o representante da correspondente categoria na sua base territorial, abrangendo a negociação coletiva, o relacionamento com o Estado

---

[33] NASCIMENTO, Amauri Mascaro. *Compêndio de direito sindical*, p. 256-257.
[34] DELGADO, Mauricio Godinho. *Direito coletivo do trabalho*, p. 103.

visando à solução de problemas trabalhistas no plano geral e a atuação judicial na defesa dos interesses dos membros da categoria (por exemplo, o dissídio coletivo), entre outras atribuições e prerrogativas.

Sob o aspecto individual, o sindicato atua na defesa dos interesses de cada um dos integrantes da categoria, por exemplo, praticando os atos necessários para a homologação das rescisões dos contratos de trabalho e, judicialmente, na condição de substituto processual.

A **função negocial** decorre da representação coletiva exercida pelo sindicato e tem importância inegável, tendo em vista que por meio dela busca-se "o diálogo com os empregadores e/ou sindicatos empresariais com vistas à celebração dos diplomas negociais coletivos, compostos por regras jurídicas que irão reger os contratos de trabalho das respectivas bases representadas".[35]

A atuação negocial dos sindicatos permite às próprias partes a solução dos seus conflitos, através da definição das normas que vão reger sua relação. "O sindicato, ao normatizar, pela negociação coletiva, a solução dos seus conflitos age como uma fonte de produção de direito positivo, complementando as lacunas da lei, detalhando onde a lei não desce, criando figuras novas, construindo um direito paralegal indispensável para a melhor ordenação das relações trabalhistas".[36]

A função negocial também é exercida em favor de todos os integrantes da categoria, filiados ou não ao sindicato.

Entre as demais funções dos sindicatos citadas pela doutrina estão a **função assistencial** (prestação de serviços, tais como médicos, odontológicos, jurídicos, preferencialmente aos seus associados e, excepcionalmente, a todos os demais integrantes da categoria) e a **função parafiscal** (impor contribuições aos integrantes da categoria).

As vedações contidas na CLT para o exercício pelos sindicatos de função econômica (art. 564) e de função política (art. 511 e art. 521, *d*) **não foram recepcionadas pela Constituição Federal de 1988**, razão pela qual não há como se entender que se trata de funções que não podem ser exercidas pelos sindicatos, se assim o quiserem ("é vedada a interferência e a intervenção do Poder Público nas organizações sindicais" — **art. 8.º, I, CF**).[37]

3.6.1. Garantias sindicais

Para o pleno exercício da garantia da liberdade sindical não basta a sua previsão formal pelos ordenamentos jurídicos, sendo necessário o estabelecimento de meios jurídicos para sua proteção. Dirigindo-se não só ao sindicato como organização, mas abrangendo também os representantes sindicais, as garantias previstas pelo Direito devem mostrar-se consistentes e eficientes para que se assegure o exercício pelos sindicatos do "seu papel de efetiva expressão da vontade coletiva das respectivas bases trabalhistas organizadas".[38]

---

[35] DELGADO, Mauricio Godinho. *Direito coletivo do trabalho*, p. 104.
[36] NASCIMENTO, Amauri Mascaro. *Compêndio de direito sindical*, p. 257.
[37] DELGADO, Mauricio Godinho. *Direito coletivo do trabalho*, p. 105-106.
[38] DELGADO, Mauricio Godinho. *Direito coletivo do trabalho*, p. 107.

Nesse sentido, "a ordem jurídica estrutura uma coerente teia de proteções à atuação sindical e suas lideranças. Em conjugação com essas proteções, identifica e busca reprimir condutas antissindicais no ambiente empregatício".[39]

Nesse contexto, importante destacar que a Constituição Federal de 1988, em seu art. 8.º, confere ao sindicato a missão de defesa, nas esferas administrativas e judicial, dos membros da categoria que representa.

Assim, para o exercício pleno dessa representação, o ordenamento jurídico dispensa ao dirigente sindical garantias referentes a:

- estabilidade sindical, que concerne à vedação à dispensa do empregado sindicalizado a partir do registro da candidatura ao cargo de direção ou representação sindical, nos termos do art. 8.º, VIII, da CF e art. 543 da CLT;[40]
- inamovibilidade, que deriva da lógica da estabilidade do sindicalista e, portanto, proíbe a sua remoção para funções incompatíveis com a atuação sindical, ou para fora da base territorial do sindicato, conforme art. 543 da CLT.

> **Art. 8.º, VIII, CF:** "é vedada a dispensa do empegado sindicalizado a partir do registro da candidatura a cargo de direção ou representação sindical e, se eleito, ainda que suplente, até um ano após o final do mandato, salvo se cometer falta grave nos termos da lei".

> **Art. 543, CLT:** "O empregado eleito para cargo de administração sindical ou representação profissional, inclusive junto a órgão de deliberação coletiva, não poderá ser impedido do exercício de suas funções, nem transferido para lugar ou mister que lhe dificulte ou torne impossível o desempenho das suas atribuições sindicais".

Especificamente em relação ao **art. 543 da CLT**, verifica-se que ele deixa claro que a proteção dos representantes dos trabalhadores é importante não apenas no caso de dispensa, mas também no caso de transferências ou outros atos tendentes a impedi-lo de realizar suas atividades sindicais.

Como medida de efetivação dessas garantias, o **art. 659, inciso X, da CLT**, autoriza o juiz trabalhista a conceder liminar reintegrativa de dirigente sindical afastado, suspenso ou dispensado.

Destaque-se, ainda, a posição dos Tribunais no sentido de exigir a instauração de inquérito judicial para apuração de falta grave de dirigente sindical como uma medida adicional de proteção. Nesse sentido, a **Súmula 197 do STF** e a **Súmula 379 do TST**.

> **SÚMULA 197, STF:** "O empregado com representação sindical só pode ser despedido mediante inquérito em que se apure falta grave".

> **SÚMULA 379, TST:** "O dirigente sindical somente poderá ser dispensado por falta grave mediante a apuração em inquérito judicial, inteligência dos arts. 494 e 543, § 3.º, da CLT".

---

[39] DELGADO, Mauricio Godinho. *Direito coletivo do trabalho*, p. 106.
[40] Para um estudo mais aprofundado sobre a estabilidade provisória do dirigente sindical, *vide* **Capítulo 10, item 10.4.2, da Parte II** desta obra.

Assim, como salienta Mauricio Godinho Delgado, o ordenamento jurídico implementa "regras jurídicas assecuratórias da plena existência e potencialidade do ser coletivo obreiro. Sem tais garantias, repita-se, a democratização política, social e cultural instigada pelo Direito do Trabalho torna-se, ao menos no plano juscoletivo, mera contrafração".[41]

Importante destacar que o TST vem adotando entendimento no sentido de que a dispensa sem justa causa de dirigente sindical caracteriza **conduta antissindical**:

"AGRAVO DE INSTRUMENTO EM RECURSO DE REVISTA — RECURSO INTERPOSTO SOB A ÉGIDE DO CPC/73 E ANTERIORMENTE À VIGÊNCIA DA LEI N. 13.015/2014. ESTABILIDADE PROVISÓRIA — NORMA COLETIVA QUE CONFERE AO REPRESENTANTE SINDICAL A ESTABILIDADE PREVISTA NO ART. 8.º, VIII, DA CONSTITUIÇÃO FEDERAL — NULIDADE DA DISPENSA POR JUSTA CAUSA — NÃO INSTAURADO O INQUÉRITO PARA A APURAÇÃO DA FALTA GRAVE. 1. Consoante o entendimento assentado na Súmula 379 do TST, o dirigente sindical somente poderá ser dispensado por falta grave mediante a apuração em inquérito judicial. 2. No caso dos autos, a norma coletiva estabelecia que "serão eleitos pelos trabalhadores representantes sindicais na proporção de um representante por grupo de duzentos trabalhadores ou fração que terão as garantias do art. 8.º, inciso VIII, da Constituição Federal". O reclamante foi despedido por justa causa quando detinha a estabilidade prevista em norma coletiva e que expressamente lhe estendia aquela estabelecida na Constituição Federal. 3. Desse modo, como bem sinalado no acórdão regional, afigura-se nula a despedida por justa causa levada a efeito sem a prévia instauração do inquérito para apuração da alegada falta grave. O entendimento adotado pelo Tribunal Regional não viola os dispositivos de lei e da Constituição Federal invocados nas razões do recurso de revista e reiterados na petição do agravo de instrumento. O aresto trazido a cotejo não serve ao intuito de demonstrar a divergência jurisprudencial, pois oriundo de Turma do TST, hipótese não prevista no art. 896, "a", da CLT. DANO MORAL — DEMISSÃO POR JUSTA CAUSA — ESTABILIDADE PROVISÓRIA — REPRESENTANTE SINDICAL E MEMBRO DA CIPA — NORMA COLETIVA. A estabilidade provisória do dirigente sindical, prevista no art. 8.º, VIII, da Constituição Federal, tem o escopo de garantir o mandato do empregado eleito para cargo de direção perante o sindicato profissional, a fim de que ele possa melhor desempenhar suas funções, livre de pressões ou represálias por parte do empregador. Por sua vez, a indenização pelos danos morais destina-se a compensar a afronta ao direito da personalidade (valores morais do cidadão, como a honra, a imagem, o nome, a intimidade e a privacidade) sobre o qual incidiu o comportamento culposo *lato sensu* do agente causador do dano. No caso dos autos, havia norma coletiva que conferia ao representante sindical a estabilidade prevista no referido dispositivo constitucional, de modo que a despedida do reclamante por justa causa sem a prévia instauração do inquérito para a apuração por falta grave constitui conduta antissindical e ofende o direito da personalidade do obreiro, sendo passível de indenização. ARBITRAMENTO — DANO MORAL — DESFUNDAMENTADO. Para possibilitar a reapreciação do montante atribuído aos danos morais, a parte recorrente deve apontar, explicitar e demonstrar inequivocamente

---

[41] DELGADO, Mauricio Godinho. *Direito coletivo do trabalho*, p. 108.

em seu recurso de revista o desequilíbrio entre o valor da indenização e o dano extrapatrimonial causado ao empregado, considerando as condições pessoais e econômicas dos envolvidos e a gravidade da lesão aos direitos fundamentais da pessoa humana, critérios que devem estar devidamente prequestionados na decisão recorrida. Ocorre que, no caso dos autos, a recorrente não cuidou de indicar especificamente elementos que determinassem a redução da indenização arbitrada. Saliento que tampouco tais elementos foram concretamente (e não a título conceitual) prequestionados no acórdão regional. Diante dos frágeis e genéricos fundamentos apresentados pela reclamada em seu recurso de revista, é impossível a revisão do montante fixado a título indenizatório. Agravo de instrumento desprovido" (TST — AIRR 102800-12.2006.5.01.0045, 7.ª T., rel. Min. Luiz Philippe Vieira de Mello Filho, *DEJT* 04.05.2018).

3.6.2. Condutas antissindicais

Às garantias previstas pelo ordenamento jurídico para o exercício pleno da liberdade sindical, em todos os seus aspectos, soma-se a "vedação, pelo Direito, a condutas contrárias à estruturação e desempenho das entidades sindicais, independentemente da origem de tal comportamento ilícito".[42]

Na lição de Oscar Ermida Uriarte, **prática antissindical** "é toda atitude ou conduta que prejudica a causa da atividade sindical ou que limita a mesma além do que surge do jogo normal das relações coletivas. Em outras palavras, os atos ou práticas antissindicais podem ser definidos como aqueles que prejudicam indevidamente a um titular de direitos sindicais no exercício da atividade sindical ou por causa desta, ou aqueles mediante os quais se lhes negue injustificadamente as facilidades ou prerrogativas necessárias para o normal desenvolvimento da ação coletiva".[43]

Não teria sentido declarar formalmente a liberdade sindical sem pôr à disposição das pessoas mecanismos jurídicos de proteção voltados para o resguardo efetivo dos interesses em jogo.

No âmbito internacional, são consideradas práticas antissindicais aquelas que contrariam os direitos expressos nas Convenções da Organização Internacional do Trabalho (OIT) sobre a liberdade de organização sindical e o direito à negociação coletiva.

As Convenções da OIT que tratam diretamente do tema são: **Convenções n. 87 e n. 98** sobre a liberdade sindical e a negociação coletiva; **Convenção n. 135** sobre a proteção dos representantes sindicais; Convenção n. 154 sobre o incentivo à negociação coletiva; **Convenções n. 11 e n. 141** sobre direito de associação dos trabalhadores rurais e seu papel no desenvolvimento econômico e social; e **Convenção n. 151** sobre o direito à organização e negociação coletiva de trabalhadores da função pública. Também pode ser citada a **Convenção n. 158**, relativa ao término da relação de trabalho por iniciativa

---

[42] DELGADO, Mauricio Godinho. *Direito coletivo do trabalho*, p. 109.
[43] URIARTE, Oscar Ermida. *La proteción contra los actos antisindicales*. Montevideo: FCU, 1987.

do empregador, por proibir demissões de trabalhadores em função de sua filiação sindical ou participação em atividades sindicais fora do horário de trabalho, entre outros motivos.

Vale ressaltar que, entre todas as Convenções citadas, o Brasil não ratificou as de n. 87 e n. 158.

Como esclarece Süssekind, "este tratado, aprovado pela Conferência em 1949, complementa a Convenção n. 87, do ano anterior. Enquanto que a 87 objetiva garantir a liberdade sindical diante dos poderes públicos, a 98 tem por finalidade proteger os direitos sindicais dos trabalhadores em relação aos respectivos empregadores e suas organizações, assegurar a independência das associações de trabalhadores em face as de empregadores, e vice-versa, e, bem assim, fomentar a negociação coletiva como solução ideal para os conflitos coletivos de trabalho".[44]

Os **atos de discriminação** estão previstos no **art. 1.º da Convenção n. 98**, nos seguintes termos:

> **Art. 1.º:** "1. Os trabalhadores deverão gozar de adequada proteção contra todo ato de discriminação tendente a reduzir a liberdade sindical com relação a seu emprego.
> 2. A dita proteção deverá ser exercida especialmente contra todo ato que tenha por objeto: a) sujeitar o emprego de um trabalhador à condição de que não se filie a um sindicato ou à de deixar de ser membro de um sindicato; b) demitir um trabalhador ou prejudicá-lo de qualquer outra forma por causa de sua filiação sindical ou de sua participação em atividades sindicais fora das horas de trabalho ou, com o consentimento do empregador, durante as horas de trabalho".

Por sua vez, o **art. 2.º da Convenção n. 98** prevê os atos de ingerência nas organizações sindicais:

> **Art. 2.º:** "[...] 1. As organizações de trabalhadores e de empregadores gozarão de adequada proteção contra atos de ingerência de umas nas outras, ou por agentes ou membros de umas nas outras, na sua constituição, funcionamento e administração.
> 2. Serão principalmente considerados atos de ingerência, nos termos deste artigo, promover a constituição de organização de trabalhadores dominadas por organizações de empregadores ou manter organizações de trabalhadores com recursos financeiros ou de outra espécie com o objetivo de sujeitar essas organizações ao controle de empregadores ou de organizações de empregadores".

São considerados atos antissindicais, portanto, tanto os atos de discriminação (**art. 1.º, Convenção n. 98, OIT**), que visam à proteção do trabalhador propriamente dita, como também os atos de ingerência (**art. 2.º, Convenção n. 98, OIT**), que se dirigem à organização profissional.

Daí por que a doutrina fala em pluriofensividade da conduta antissindical.

---

[44] SÜSSEKIND, Arnaldo. *Direito internacional do trabalho*. 3. ed. atual. e com novos textos. São Paulo: LTr, 2000. p. 344.

Os atos de discriminação e os de ingerência são inválidos, à medida que representam inegável agressão ao princípio da liberdade sindical.

Para efeito de uma melhor análise, as condutas antissindicais podem ser assim agrupadas:

▣ condutas antissindicais contra o trabalhador:

1) Induzir, sugerir ou obrigar os trabalhadores a não se filiarem ou desfiliarem-se do sindicato — a CLT, em seu art. 540, declara: "A toda empresa ou indivíduo que exerça, respectivamente, atividade ou profissão [...] assiste o direito de ser admitido no sindicato da respectiva categoria, salvo o caso de falta de idoneidade, devidamente comprovada". O art. 543, em seu § 6.º, veda que o empregador interfira na decisão individual de o trabalhador se associar ou não no sindicato.[45]

Embora possa ser praticada em qualquer fase do contrato de trabalho, referida conduta é mais comum no ato da contratação, momento de extrema vulnerabilidade do trabalhador, que precisa do emprego e, para consegui-lo, abre mão de sua liberdade de filiação assegurada pelo ordenamento jurídico.

A jurisprudência vem reprimindo condutas como essas:

> "RECURSO DE REVISTA. CONDUTA ANTISSINDICAL. INDENIZAÇÃO POR DANO MORAL COLETIVO. POSSIBILIDADE. A egrégia Corte Regional consignou que a ré, ao contratar seus empregados, exigia que eles firmassem um termo declarando não fazerem parte de diretoria ou organização sindical. Concluiu, então, que tal conduta se caracterizava como antissindical, porquanto tinha o condão de afastar os empregados dos órgãos representativos da categoria profissional correspondente, afrontando, assim, o princípio da liberdade sindical. Nesse passo, condenou a ré ao pagamento de dano moral coletivo, no montante de R$ 300.000,00 (trezentos mil reais), reversíveis ao FAT — Fundo de Amparo ao Trabalhador. [...] Recurso de revista não conhecido" (TST-RR 51500-08.2005.5.03.0007, 2.ª T., rel. Des. Convocada Maria das Graças Silvany Dourado Laranjeira, j. 24.11.2014, *DEJT* 17.12.2010).

2) Admitir preferencialmente trabalhadores sindicalizados, em detrimento dos demais não sindicalizados — considerando que a Constituição Federal, art. 8.º, V, prevê que "ninguém será obrigado a filiar-se ou manter-se filiado a sindicato", também caracteriza-se como conduta antissindical a imposição de sindicalização por parte do empregador, tendo em vista que tal exigência pode estar atrelada a um ajuste feito pelo empregador com o sindicato, como uma "moeda de troca".

---

[45] "A empresa que, por qualquer modo, procurar impedir que o empregado se associe a sindicato, organize associação profissional ou sindical ou exerça os direitos inerentes à condição de sindicalizado fica sujeita à penalidade [...]".

Nesse sentido o posicionamento do TST:

> **OJ SDC 20, TST:** "Viola o art. 8.º, V, da CF/1988 cláusula de instrumento normativo que estabelece a preferência, na contratação de mão de obra, do trabalhador sindicalizado sobre os demais".

3) Dispensar, perseguir, não promover empregado, alterar tarefas, horário e local de trabalho, rebaixar de função e reduzir salário por ser sindicalizado ou por ter sido eleito dirigente sindical — as condutas descritas configuram nítido ato de discriminação, tendo em vista que abrangem tratamento diferenciado a empregado em razão de sua participação em atividades sindicais.

A jurisprudência vem reconhecendo a invalidade de tais atos, como no exemplo abaixo:

> "AGRAVO DE INSTRUMENTO EM RECURSO DE REVISTA. DANO MORAL. CONDUTA ANTISSINDICAL. PROMOÇÃO CONDICIONADA À RENÚNCIA DO RECLAMANTE AO CARGO DE DIRIGENTE SINDICAL. AFRONTA AOS ARTIGOS 5.º, II, V E X, DA CRFB NÃO CONFIGURADA. DESPROVIMENTO DO APELO. O Novo Código Civil foi preciso ao referir que 'também comete ato ilícito o titular de um direito que, ao exercê-lo, excede manifestamente os limites impostos pelo seu fim econômico ou social, pela boa-fé ou pelos bons costumes.' (art. 187). Diante do quadro fático delineado pelo v. acórdão impugnado, resta clara a antijuridicidade da conduta patronal, já que o agravante deixou de promover o reclamante em retaliação pela sua atuação sindical, em flagrante discriminação, com claro escopo de humilhar o trabalhador e estimular que este abdicasse de sua atuação como dirigente sindical, com claro objetivo de minorar sua autoestima, configurando conduta ilícita intencional, o que pode ser inferido pela progressão dos pares do demandante, conforme se infere da prova testemunhal. Tal atitude gerou consequências danosas para o trabalhador e para a coletividade e também serviu como advertência aos demais empregados para que não se envolvessem com as atividades do sindicato da categoria. [...]" (TST-AIRR 112-30.2011.5.01.0551, 2.ª T., rel. Des. Convocado Cláudio Armando Couce de Menezes, *DEJT* 29.10.2015).

4) Impedir o exercício do direito de greve — como direito constitucionalmente garantido (art. 9.º, CF), desde que exercido nos termos e limites previstos em lei, o empregador não pode praticar atos com o intuito de impedir sua ocorrência ou de forçar os empregados a ela não aderirem.

Messe sentido, dispensar empregados pelo simples fato de terem participado de greve e das mobilizações prévias a esta tem sido conduta severamente punida e reprimida nos tribunais:[46]

---

[46] No entanto, no caso de a greve já ter sido considerada ilegal pelo Poder Judiciário, a dispensa de empregados que nela permaneceram é admitida, não sendo considerada prática antissindical. "Houve greve na empresa e o movimento foi posteriormente declarado ilegal. [...] *Embora cessada a greve, alguns empregados, resolveram manter a paralisação*, ficando patente a *prática de ato de insubordinação*,

"RECURSO DE REVISTA — INDENIZAÇÃO POR DANOS MORAIS — DISPENSA DISCRIMINATÓRIA — CONDUTA ANTISSINDICAL — LESÃO A DIREITO DA PERSONALIDADE DO EMPREGADO — OCORRÊNCIA — ILICITUDE DA DEMISSÃO SEM JUSTA CAUSA. Para o deferimento de indenização por danos morais, é necessária a violação de algum dos valores imateriais do cidadão, como a honra, a imagem, o nome, a intimidade e a privacidade, que englobam os chamados direitos da personalidade. A demissão sem justa causa em decorrência da participação do empregado em movimento grevista constitui dispensa discriminatória e conduta antissindical, ofendendo direito da personalidade do empregado. No caso, o Tribunal Regional deixou claro que a demissão do autor deu-se em virtude de sua atuação no movimento paredista. É inadmissível recurso de revista em que, para se chegar à conclusão pretendida pela reclamada, imprescindível o reexame do arcabouço fático-probatório dos autos. Incide a Súmula n. 126 do TST. Recurso de revista não conhecido" (TST-RR 1590-42.2012.5.08.0002, 7.ª T., rel. Min. Luiz Philippe Vieira de Mello Filho, *DEJT* 15.04.2016).

■ **condutas antissindicais contra entidades sindicais:**

1) Criação e manutenção financeira pelo empregador de sindicato de trabalhadores — o sindicato que supostamente representará os interesses dos trabalhadores é criado por incentivo e com o auxílio de empregador, que visa exercer influência direta na vida sindical. Para ampliar esse domínio, muitas vezes o empregador mantém financeiramente o sindicato, com o fim de ampliar seu controle sobre o mesmo.

Efetivamente, a situação mais comum — inclusive expressamente descrita na Convenção n. 98 da OIT, é a manutenção econômica e política de entidades de trabalhadores por empresas. São os chamados "sindicatos fantoches". Como regra geral, qualquer financiamento patronal é visto como fato comprometedor da autonomia e independência sindical.

Nesse sentido o entendimento da jurisprudência:

"RECURSO ORDINÁRIO. CONTRIBUIÇÃO SOCIAL. PAGAMENTO EFETUADO PELA EMPRESA AO SINDICATO PROFISSIONAL. CUSTEIO DE DESPESAS JURÍDICAS VOLTADAS À CELEBRAÇÃO DE ACORDO COLETIVO DE TRABALHO. CLÁUSULA INVÁLIDA. Para o regular exercício da prerrogativa prevista no art. 8.º, III, da Constituição Federal, faz-se necessária a isenção do sindicato profissional. Significa dizer que não pode estar ele envolvido com benesses oriundas do seguimento patronal, para efeitos de sua sustentação econômico-financeira e, por conseguinte, para viabilizar sua atividade sindical. Tal interferência comprometeria, por certo, a liberdade de atuação do sindicato profissional no que tange aos interesses dos empregados por ele representados. Cláusula em dissonância com o que dispõe o art. 8.º, III, da Constituição Federal e o art. 2.º da Convenção n. 98 da OIT. Recurso Ordinário não provido" (TST-RO 560-70.2015.5.08.0000, SDC, rel. Min. Maria de Assis Calsing, *DEJT* 19.10.2016).

[...]. Verifica-se que a reclamada procedeu à *dispensa, por justa causa, de mais de duzentos empregados*" (TST-RR 75500-39.2008.5.24.0086, 4.ª T., rel. Min. Fernando Eizo Ono, *DEJT* 03.08.2012).

O TST também considera ilegítimo o pagamento de taxas pelas empresas aos sindicatos para a homologação de termos de rescisão do contrato de trabalho:

> **OJ SDC 16, TST:** "É contrária ao espírito da lei (artigo 477, § 7.º, da CLT) e da função precípua do Sindicato a cláusula coletiva que estabelece taxa para homologação de rescisão contratual, a ser paga pela empresa a favor do sindicato profissional".

2) Coação e pressão sobre os trabalhadores porque aderiram ou porque não aderiram às reivindicações da entidade sindical — o empregador pressiona os empregados a não aceitarem as reivindicações do sindicato, ameaçando, por exemplo, com a dispensa; ou, ao contrário, as supostas "reivindicações" do sindicato são de interesse do empregador e esse ameaça, também com a dispensa, os empregados que se recusam a aceitar a celebração de acordo coletivo de trabalho.

A jurisprudência vem rechaçando tal conduta, inegavelmente antissindical:

> "RECURSO DE REVISTA. INDENIZAÇÃO POR DANOS MORAIS DECORRENTES DE DISPENSA RETALIATÓRIA PELO FATO DE O RECLAMANTE NÃO VOTAR FAVORAVELMENTE À PROPOSTA DE ACORDO COLETIVO. A dispensa imotivada, por si só, não é motivo jurídico suficiente que viabilize o pleito de indenização por danos morais, uma vez que está dentro dos limites legais do poder diretivo patronal a livre contratação e despedida de trabalhadores, conforme o regime celetista. [...] Na hipótese, constata-se a existência do dano moral a impor a responsabilização da Reclamada, pois, conforme consignado pelo Regional, é incontroverso que o fato ensejador da dispensa foi a não concordância do obreiro — juntamente com outros empregados que também foram dispensados — com as regras estabelecidas em proposta de acordo coletivo, que deixou de ser celebrado em face de tal discordância. Tal atitude da Reclamada também configura, em última análise, ferimento dos princípios de liberdade associativa e sindical (art. 8.º da CF), bem como de liberdade de manifestação de pensamento e de opinião (art. 5.º, IV e VIII, da CF), evidenciando-se a conduta abusiva da empregadora. Registre-se que a adoção de práticas, pela empresa, que pressionem os trabalhadores que possuem significativa atuação sindical, procedendo à ruptura de seus contratos de trabalho, agride o princípio da liberdade associativa. [...] A conduta da Reclamada implicou, portanto, uma prática antissindical, contrária às regras jurídicas assecuratórias da plena existência e potencialidade do ser coletivo obreiro. Recurso de revista não conhecido" (TST-RR 122900-40.2006.5.17.0013, 6.ª T., rel. Min. Mauricio Godinho Delgado, *DEJT* 21.10.2011).

3) Proibição de divulgação de informes sindicais — o direito de informação e o proselitismo sindical são elementos essenciais para a ação sindical e a negociação coletiva. É conduta antissindical a proibição pelo empregador de o sindicato transmitir panfletos, informes e colocação de boletins no quadro de avisos da empresa.

■ **condutas antissindicais praticadas pelas entidades sindicais (contra a empresa ou contra os trabalhadores):**

1) Praticar condutas abusivas na greve — o direito de greve deve ser exercido de acordo e nos limites estabelecidos pelo art. 9.º da Constituição Federal e pela Lei n. 7.783/89. Assim, constituem abuso do direito de greve: a) ameaças e coação de empregados; b) piquetes com bloqueio de acesso ao estabelecimento, sabotagem; c) depreciação da imagem da empresa; d) manutenção da paralisação após a celebração de acordo, convenção ou decisão da Justiça do Trabalho (Lei n. 7.783/89, art. 14); não esgotamento das tentativas de negociação, justificador da eclosão da greve.

2) Impedir que trabalhadores, como gerentes e supervisores, participem de assembleias e de atividades do sindicato — tendo em vista que a representação sindical é exercida em nome da categoria, não pode o sindicato praticar ato discriminatório não permitindo a participação de cargos mais elevados, ou de confiança, nas atividades sindicais.

3) Cobrança excessiva ou abusiva de contribuições assistencial e confederativa — além da contribuição sindical compulsória prevista em lei, o ordenamento jurídico permite aos sindicatos a cobrança de outras contribuições (a confederativa, fixada em assembleia, e a assistencial, prevista em norma coletiva).

O TST adota entendimento no sentido de que é abusiva a cobrança de tais contribuições de trabalhadores não sindicalizados:

OJ SDC 17, TST: "As cláusulas coletivas que estabeleçam contribuição em favor de entidade sindical, a qualquer título, obrigando trabalhadores não sindicalizados, são ofensivas ao direito de livre associação e sindicalização, constitucionalmente assegurado, e, portanto, nulas, sendo passíveis de devolução, por via própria, os respectivos valores eventualmente descontados".

PRECEDENTE NORMATIVO 119, TST: "A Constituição da República, em seus arts. 5.º, XX e 8.º, V, assegura o direito de livre associação e sindicalização. É ofensiva a essa modalidade de liberdade cláusula constante de acordo, convenção coletiva ou sentença normativa estabelecendo contribuição em favor de entidade sindical a título de taxa para custeio do sistema confederativo, assistencial, revigoramento ou fortalecimento sindical e outras da mesma espécie, obrigando trabalhadores não sindicalizados. Sendo nulas as estipulações que inobservem tal restrição, tornam-se passíveis de devolução os valores irregularmente descontados".

Em relação à contribuição confederativa, o tema é objeto, inclusive, de Súmula Vinculante:

SÚMULA VINCULANTE 40, STF: "A contribuição confederativa de que trata o art. 8.º, IV, da Constituição Federal, só é exigível dos filiados ao sindicato respectivo".

Mauricio Godinho Delgado chama atenção para outras sistemáticas de desestímulo à sindicalização e desgaste à atuação dos sindicatos, consistentes na adoção de contratos com cláusulas antissindicais (*yellow dog contracts, company unions, closed shop* etc.).[47]

A mais antiga é a **closed shop**, pela qual o empregador compromete-se com a entidade de classe a admitir somente os candidatos sindicalizados, sendo fechada aos não sindicalizados.

Ao contrário da modalidade mencionada, verifica-se, igualmente, a existência da cláusula **open shop**, que, por sua vez, a empresa contrata tão somente os candidatos não sindicalizados, igualmente deletéria à garantia da livre sindicalização.

Cita-se, ainda, a **preferencial shop**, pela qual o empregador dá preferência de admissão aos empregados filiados; a **union shop**, pela qual o empregado compromete-se a se sindicalizar após a admissão (semelhantes à *closed shop*).

Com a cláusula **yellow dog contract**, o trabalhador assume um compromisso contratual com o empregador de não filiação ao sindicato, sob pena de rescisão contratual por justa causa.

Por fim, com a **company unions**, também chamada de "sindicatos-fantasmas", um grupo de empregados assume o compromisso de constituir um sindicato paralelo (o que nem sempre é possível no direito nacional, haja vista as limitações territoriais e unicidade sindical).

Referido autor cita, ainda, a prática chamada de **mise à l'index**, mediante a qual "as empresas divulgariam entre si os nomes dos trabalhadores com significativa atuação sindical, de modo a praticamente excluí-los do respectivo mercado de trabalho".

3.7. QUESTÕES

---

[47] DELGADO, Mauricio Godinho. *Direito coletivo do trabalho*, p. 56.

4
FORMAS DE SOLUÇÃO DOS CONFLITOS COLETIVOS DE TRABALHO

4.1. RELAÇÕES INDIVIDUAIS E COLETIVAS DE TRABALHO

Dois são os tipos fundamentais de relações jurídicas tuteladas pelo Direito do Trabalho: as relações individuais e as relações coletivas de trabalho, que diferem entre si em razão dos seus sujeitos e dos interesses que as caracterizam.

As **relações individuais de trabalho** são as que se constituem no âmbito do contrato individual do trabalho, tendo como **sujeitos** o empregado e o empregador, singularmente considerados e, como **objeto**, os interesses individuais envolvidos no desenvolvimento da relação de emprego.

Nas **relações coletivas**, os **sujeitos** são os grupos de trabalhadores e de empregadores, representados, em regra, por seus respectivos sindicatos. Também é coletiva a relação desenvolvida entre os trabalhadores, representados por seu sindicato, e o empregador, sem a representação do sindicato patronal.

A razão de ser das relações coletivas está na união dos trabalhadores visando a defesa, em conjunto, de suas reivindicações perante o(s) empregador(es), fundadas em interesses comuns.

Os sujeitos das relações coletivas são os grupos de trabalhadores e de empregadores, constituídos de pessoas abstratamente consideradas, ligadas entre si ou com a parte contrária por uma relação jurídica base (categorias profissional e econômica). O grupo é definido, mas os interesses são indivisíveis **(art. 81, II, CDC)**.

	RELAÇÕES INDIVIDUAIS	RELAÇÕES COLETIVAS
SUJEITOS	▪ empregado e empregador	▪ grupos de trabalhadores e de empregadores (grupos definidos)
OBJETO	▪ interesses individuais	▪ interesses coletivos (indivisíveis)

4.2. CONFLITOS COLETIVOS DE TRABALHO

De maneira genérica, pode-se afirmar que **conflito** é a situação derivada de **interesses resistidos**, de divergência de interesses.

A relação entre trabalhador e empregador é evidente e inegavelmente pautada por interesses antagônicos das partes. Assim, "se uma reivindicação do trabalhador é resistida pelo empregador perante o qual é apresentada, dá-se um conflito de trabalho".[1]

---

[1] NASCIMENTO, Amauri Mascaro. *Compêndio de direito sindical*, p. 289.

Os conflitos trabalhistas podem ser classificados, tendo e vista os sujeitos conflitantes, em conflitos individuais e conflitos coletivos.

Os **conflitos individuais** decorrem da relação entre o trabalhador, individualmente considerado, e seu empregador. Surgem do contrato de trabalho e das controvérsias resultantes da sua execução. Os interesses em contraposição são individuais, determinados e divisíveis.

O **conflito coletivo de trabalho**, por sua vez, "alcança um grupo de trabalhadores e um ou vários empregadores e se refere a interesses gerais do grupo".[2]

Assim, nos conflitos coletivos de trabalho os **interesses em contraposição** são de natureza coletiva. Os **sujeitos envolvidos** são um grupo de trabalhadores, de um lado, e o empregador ou grupo de empregadores, de outro lado, e o **"objeto da divergência** corresponde ao interesse do próprio grupo, ou de seus membros considerados não *uti singuli* mas *uti universi*".[3]

Muito embora sejam determinados, os interesses coletivos são indivisíveis.

	CONFLITO INDIVIDUAL	CONFLITO COLETIVO
SUJEITOS	▪ Trabalhador e empregador	▪ Grupos de trabalhadores e empregador(es)
INTERESSES	▪ Individuais ▪ Determinados ▪ Divisíveis	▪ Coletivos ▪ Determinados ▪ Indivisíveis

Os conflitos coletivos de trabalho classificam-se em jurídicos e econômicos.

Conflito jurídico de trabalho tem por objeto a aplicação ou interpretação de norma jurídica preexistente, sendo verificado, portanto, quando há controvérsia sobre o sentido de cláusula ou cláusulas de uma norma coletiva de trabalho ou sobre sua observância.

Conflito econômico de trabalho é o que visa criar nova norma jurídica. Assim, quando um grupo de trabalhadores inicia um movimento de reivindicação, pretendendo melhores condições de trabalho, e o fazem em conjunto, unidos em torno de um interesse comum, o conflito é econômico. A sua característica essencial é de ordem teleológica. Visa criar novos direitos trabalhistas para uma coletividade.

CONFLITO COLETIVO JURÍDICO	CONFLITO COLETIVO ECONÔMICO
▪ Refere-se à pretensão relativa à norma jurídica vigente.	▪ A pretensão consiste na criação de norma que revisa ou cria condições de trabalho.

Nos conflitos econômicos, "a finalidade é a obtenção de um novo contrato coletivo", enquanto que nos conflitos jurídicos, a finalidade "não é a obtenção, mas a

---

[2] NASCIMENTO, Amauri Mascaro. *Compêndio de direito sindical*, p. 290.
[3] MAGANO, Octavio Bueno. *Manual de direito do trabalho*: direito coletivo do trabalho, p. 181.

declaração sobre o sentido de um contrato coletivo ou de uma ou mais de uma cláusula de um contrato coletivo ou a execução de uma norma que o empregador não cumpre".[4]

4.2.1. Formas de solução dos conflitos coletivos de trabalho

A ocorrência de conflitos coletivos é decorrência natural das relações de trabalho. Sendo tais conflitos próprios da relação mantida entre trabalhadores e empregadores, e, portanto, de impossível eliminação, é preciso que se adote técnicas para solucioná-los da melhor maneira possível, a fim de se obter a harmonia e a paz no seio da sociedade. Esses meios e instrumentos devem ser os mais democráticos possíveis, o que varia em cada ordenamento jurídico.

Nesse sentido, considera-se como formas de solução dos conflitos coletivos de trabalho a autocomposição e a heterocomposição.

A **autocomposição** é a forma por meio da qual os conflitos coletivos são solucionados diretamente pelas partes interessadas, ou seja, as próprias partes chegam à solução de suas controvérsias, sem a intervenção de um terceiro.

Nesse contexto, as partes discutem os seus interesses, fazem concessões recíprocas, enfim, negociam com o objetivo de solucionar o conflito.

A autocomposição é exercida por intermédio da negociação coletiva, que pode ou não ser precedida de mediação.

A **heterocomposição** é a forma de solução dos conflitos coletivos de trabalho mediante a intervenção de um terceiro. Tendo em vista que as partes não são capazes de resolver a questão conflituosa, buscam um terceiro, alheio à relação, para que este, em atuação suprapartes, decida, impondo uma solução.

São mecanismos heterocompositivos de solução dos conflitos coletivos de trabalho a arbitragem e a jurisdição do Estado.

Como ensina Amauri Mascaro Nascimento, "acompanhando essas formas, podem as partes, quando autorizadas ou não proibidas pela legislação do país, pôr em prática técnicas de autodefesa: a greve e o locaute"[5] (*lock-out*).

Por meio da **autodefesa** as próprias partes procedem à defesa de seus interesses. A solução é direta entre os litigantes pela imposição de um sobre o outro. Uma parte impõe à outra parte um sacrifício não consentido por esta; o que decide é a força.

Em nosso país, as formas de solução dos conflitos coletivos de trabalho estão previstas constitucionalmente, tendo a **Constituição Federal de 1988** feito uma clara e nítida opção pela negociação coletiva, privilegiando tal forma autocompositiva de solução dos conflitos coletivos de trabalho **(art. 114, §§ 1.º e 2.º)**.

---

[4] NASCIMENTO, Amauri Mascaro. *Compêndio de direito sindical*, p. 292.
[5] NASCIMENTO, Amauri Mascaro. *Compêndio de direito sindical*, p. 294.

Além da ordem expressa nos §§ 1.º e 2.º **do art. 114**, o constituinte demonstra sua **preferência pela negociação coletiva** nos seguintes dispositivos: **art. 7.º, XXVI, art. 8.º, VI, e art. 7.º, VI, XIII e XIV.**

Portanto, a **negociação coletiva** é a **forma privilegiada pelo ordenamento jurídico** de solução dos conflitos, seguida da arbitragem e, também não sendo possível essa última, da solução jurisdicional. A **greve**, como mecanismo de autodefesa, é permitida, sendo considerada direito dos trabalhadores **(art. 9.º, CF)**. O *lock-out*, por sua vez, é **vedado** em nosso país **(art. 17, Lei n. 7.783/89)**.

4.3. NEGOCIAÇÃO COLETIVA

Privilegiada nos ordenamentos jurídicos democráticos contemporâneos, a **negociação coletiva** é a **mais importante forma de solução dos conflitos coletivos de trabalho**, mediante a qual os trabalhadores e os empregadores, coletivamente considerados, exercem a autonomia coletiva de vontade que lhes é conferida, encontrando conjuntamente um consenso em relação ao conflito.

Como ressalta Maurício Godinho Delgado, a negociação coletiva "é fórmula autocompositiva essencialmente democrática, gerindo interesses profissionais e econômicos de significativa relevância social".[6]

Como já afirmado acima, a **Constituição Federal de 1988 prestigiou** a **autonomia coletiva da vontade** e a **autocomposição dos conflitos coletivos trabalhistas**, acompanhando a tendência mundial ao crescente reconhecimento dos mecanismos de negociação coletiva previstos nas **Convenções n. 98 e 154 da OIT**.

A negociação coletiva, como processo desenvolvido por trabalhadores e empregadores na busca da solução dos conflitos coletivos, visa a um resultado específico, qual seja, a celebração de convenção ou de acordo coletivo de trabalho, destinado a regular, com eficácia normativa, as condições de trabalho aplicáveis aos integrantes das categorias **(elaboração de normas coletivas)**.

Por meio das normas coletivas é possível se estabelecer uma maior adaptabilidade das relações de trabalho à dinâmica dos fatos econômicos e sociais que as cercam, fixando, ao lado das garantias asseguradas por lei, previsões concretas de regulação das relações entre empregados e empregadores, criando **novas condições de trabalho** e, se necessário, **flexibilizando as garantias legais**.

Fonte de produção do direito positivo, a negociação coletiva complementa as lacunas da lei, detalha onde a lei não desce, cria novas figuras e direitos maiores para os empregados (por exemplo, complementação de auxílio-doença e estabilidade pré-aposentadoria) e, se necessário, flexibiliza os direitos previstos pela lei (conforme autorização expressa da Constituição Federal que, por exemplo, permite a redução de salários e a compensação de jornada de trabalho mediante negociação coletiva).

---

[6] DELGADO, Maurício Godinho. *Direito coletivo do trabalho*, p. 150.

4 ■ Formas de Solução dos Conflitos Coletivos de Trabalho

Mais que um direito, a possibilidade de representantes de empregadores e de empregados poderem negociar, firmando convenções e acordos coletivos de trabalho, é uma forma desejável de adaptar as relações de trabalho às mudanças que vêm ocorrendo no mundo do trabalho cada vez com mais frequência e diversidade.

Nesse contexto, a negociação coletiva é o **principal instrumento para a realização concreta das funções do Direito Coletivo do Trabalho**, principalmente no que diz respeito à:

- pacificação de conflitos coletivos de trabalho (forma autocompositiva de solução dos conflitos coletivos de trabalho);
- geração de normas jurídicas (criação de fontes formais do Direito do Trabalho: convenção e acordo coletivo de trabalho) + (normatização dos contratos de trabalho nas respectivas bases representadas na negociação coletiva);
- evolução e modernização das relações de trabalho e, consequentemente, do Direito do Trabalho (à medida que permite uma adaptação das normas às realidades concretas das relações de trabalho).

Em relação a este último aspecto, ganha realce a discussão relativa à **flexibilização do Direito do Trabalho**, tendo em vista que, como destacado acima, a Constituição Federal de 1988 passou a prever a possibilidade de flexibilização mediante os instrumentos da negociação coletiva.

Portanto, desde o advento da Constituição Federal de 1988 a **ampliação da negociação coletiva** constitui-se como um fato, sendo que em diversas situações o TST adotou uma modalização jurisprudencial no sentido de dar validade aos acordos coletivos para diversos fins, como, por exemplo:

> **SÚMULA 85, TST:** "I. A compensação de jornada de trabalho deve ser ajustada por acordo individual escrito, acordo coletivo ou convenção coletiva. II. O acordo individual para compensação de horas é válido, salvo se houver norma coletiva em sentido contrário. [...]. V. As disposições contidas nesta súmula não se aplicam ao regime compensatório na modalidade 'banco de horas', que somente pode ser instituído por negociação coletiva. [...]".

> **SÚMULA 423, TST:** "Estabelecida jornada superior a seis horas e limitada a oito horas por meio de regular negociação coletiva, os empregados submetidos a turnos ininterruptos de revezamento não têm direito ao pagamento da 7.ª e 8.ª horas como extras".

No entanto, se em alguns aspectos a jurisprudência validava a negociação coletiva, em outros a postura era inegavelmente restritiva, invalidando condições estabelecidas nas convenções e acordos coletivos de trabalho, como, por exemplo:

> **SÚMULA 437, TST:** "[...]. II — É inválida cláusula de acordo ou convenção coletiva de trabalho contemplando a supressão ou redução do intervalo intrajornada porque este constitui medida de higiene, saúde e segurança do trabalho, garantido por norma de

ordem pública (art. 71 da CLT e art. 7.º, XXII, da CF/1988), infenso à negociação coletiva. [...]".

OJ SDC 30, TST: "Nos termos do art. 10, II, *b*, do ADCT, a proteção à maternidade foi erigida à hierarquia constitucional, pois retirou do âmbito do direito potestativo do empregador a possibilidade de despedir arbitrariamente a empregada em estado gravídico. Portanto, a teor do art. 9.º da CLT, torna-se nula de pleno direito a cláusula que estabelece a possibilidade de renúncia ou transação, pela gestante, das garantias referentes à manutenção do emprego e salário".

OJ SDC 31, TST: "Não é possível a prevalência de acordo sobre legislação vigente, quando ele é menos benéfico do que a própria lei, porquanto o caráter imperativo dessa última restringe o campo de atuação da vontade das partes".

O tema da **flexibilização das normas trabalhistas** por meio da negociação coletiva, em especial no que diz respeito aos seus **limites**, foi, portanto, muito discutido nos últimos tempos, sendo objeto de decisões importantes proferidas tanto pelo TST como pelo STF.

A **postura do TST foi mais restritiva** no tocante à possibilidade de flexibilização dos direitos trabalhistas,[7] sendo que o **STF**, sob o fundamento de que, como no âmbito do direito coletivo do trabalho não se verifica a mesma assimetria de poder presente nas relações individuais de trabalho, adotou entendimentos no sentido de que a **autonomia coletiva de vontade não se encontra sujeita aos mesmos limites que a autonomia individual**.[8]

Em razão de toda essa discussão sobre o alcance efetivo da negociação coletiva e, portanto, da possibilidade de flexibilização das normas trabalhistas através dela, o legislador adotou recentemente uma posição visando reconhecer e consolidar a autonomia coletiva e, consequentemente, fixar o entendimento no sentido de que o negociado pode prevalecer sobre o legislado.

Nesse sentido, o **art. 611-A da CLT**, incluído pela **Lei n. 13.467/2017 (*Reforma Trabalhista*)**, prevê expressamente que a convenção coletiva e o acordo coletivo de trabalho têm prevalência sobre a lei quando, **entre outros** (indicação meramente exemplificativa), dispuserem sobre:

- pacto quanto à jornada de trabalho, observados os limites constitucionais;

---

[7] Nesse sentido, exemplificativamente, a decisão proferida no Processo n. E-RR 205900-57.2007.5.09.0325, rel. Min. Augusto César Leite de Carvalho, que não validou a flexibilização, por norma coletiva, das horas *in itinere*, sob o fundamento de que "a autonomia negocial coletiva não é absoluta". Julgamento realizado em 26.09.2016.

[8] Veja-se a respeito, exemplificativamente, a decisão proferida no Processo n. RE-895.759 — Pernambuco, rel. Min. Teori Zavascki, que, sobre o mesmo tema de horas *in itinere*, validou a flexibilização prevista em norma coletiva, sob o fundamento de que "não deve ser vista com bons olhos a sistemática invalidação dos acordos coletivos de trabalho com base em uma lógica de limitação da autonomia da vontade exclusivamente aplicável às relações individuais de trabalho". Julgamento realizado em 08.09.2016. Decisão publicada em 13.09.2016.

- banco de horas anual;
- intervalo intrajornada, respeitado o limite mínimo de trinta minutos para jornadas superiores a seis horas;
- adesão ao Programa Seguro-Emprego (PSE), de que trata a Lei n. 13.189/2015;
- plano de cargos e salários e funções compatíveis com a condição pessoal do empregado, bem como identificação dos cargos que se enquadram como funções de confiança;
- regulamento empresarial;
- representante dos trabalhadores no local de trabalho;
- teletrabalho, regime de sobreaviso e trabalho intermitente;
- remuneração por produtividade, incluídas as gorjetas percebidas pelo empregado, e remuneração por desempenho individual;
- modalidade de registro de jornada de trabalho;
- troca do dia de feriado;
- enquadramento do grau de insalubridade e prorrogação de jornada em locais insalubres, incluída a possibilidade de contratação de perícia, afastada a licença prévia das autoridades competentes do Ministério do Trabalho, desde que respeitadas, na integralidade, as normas de saúde, higiene e segurança do trabalho previstas em lei ou em normas regulamentadoras do Ministério do Trabalho;
- prêmios de incentivo em bens ou serviços, eventualmente concedidos em programas de incentivo;
- participação nos lucros ou resultados da empresa.

Complementando a ampliação do alcance da negociação coletiva o legislador prevê expressamente que, no exame da convenção coletiva ou do acordo coletivo de trabalho, a Justiça do Trabalho analisará exclusivamente a conformidade dos elementos essenciais do negócio jurídico, respeitado o disposto no art. 104 do Código Civil, e balizará sua atuação pelo **princípio da intervenção mínima na autonomia da vontade coletiva (art. 8.º, § 3.º, e art. 611-A, § 1.º, CLT)**.

Portanto, previsão contida em convenção coletiva ou em acordo coletivo de trabalho poderá prevalecer sobre o que está disposto em lei, mesmo que não estabeleça uma condição aparentemente *in mellius* (a lógica trazida pela **Lei n. 13.467/2017 — *Reforma Trabalhista*** é a de que a análise sobre uma determinada condição prevista em norma coletiva somente deve ser feita concretamente, ou seja, considerando a situação fática que levou à sua pactuação, para somente após ser definido se, em relação ao quanto disposto em lei, a referida previsão define condição *in mellius* ou condição *in pejus*).[9]

---

[9] O STF fixou a Tese 1046 de Repercussão Geral: "São constitucionais os acordos e as convenções coletivos que, ao considerarem a adequação setorial negociada, pactuam limitações ou afastamentos de direitos trabalhistas, independentemente da explicitação especificada de vantagens com-

Complementando essa nova dinâmica, a nova redação do **art. 620 da CLT** prevê que as condições estabelecidas em acordo coletivo de trabalho **sempre prevalecerão** sobre as estipuladas em convenção coletiva de trabalho, partindo o legislador do pressuposto de que a negociação por empresa, por ser mais próxima às condições concretas envolvidas na relação entre trabalhadores e empregador, contém previsões que concretamente são mais benéficas do que as previstas genericamente para a categoria.

O legislador ressalta ainda que a inexistência de expressa indicação de contrapartidas recíprocas em convenção coletiva ou acordo coletivo de trabalho não ensejará sua nulidade, por não caracterizar um vício do negócio jurídico **(art. 611-A, § 2.º, CLT)**, sendo que, se for pactuada cláusula que reduza o salário ou a jornada, a convenção coletiva ou o acordo coletivo de trabalho deverão prever a proteção dos empregados contra dispensa imotivada durante o prazo de vigência do instrumento coletivo **(art. 611-A, § 3.º, CLT)**.

Por fim, e nessa toada de prevalência do negociado sobre o legislado, o legislador amplia o alcance da **ação anulatória de cláusula de convenção coletiva ou de acordo coletivo de trabalho**, para o fim de, em caso de procedência da ação, ser anulada também cláusula compensatória eventualmente existente na norma, sem repetição de indébito **(art. 611-A, § 4.º, CLT)**.

O legislador prevê, ainda, que os sindicatos subscritores de convenção coletiva ou de acordo coletivo de trabalho deverão participar, como **litisconsortes necessários**, em ação individual ou coletiva, que tenha como objeto a anulação de cláusulas desses instrumentos **(art. 611-A, § 5.º, CLT)**.

Em relação ao que **não pode ser modificado ou suprimido pela convenção coletiva ou pelo acordo coletivo de trabalho**, constituindo objeto ilícito, o legislador **(art. 611-B, CLT)**, apresenta um rol taxativo de direitos (utiliza a expressão "exclusivamente"):

- normas de identificação profissional, inclusive as anotações na CTPS;
- seguro-desemprego, em caso de desemprego involuntário;
- valor dos depósitos mensais e da indenização rescisória do FGTS;
- salário mínimo;
- valor nominal do décimo terceiro salário;
- remuneração do trabalho noturno superior à do diurno;
- proteção do salário na forma da lei, constituindo crime sua retenção dolosa;
- salário-família;
- repouso semanal remunerado;
- remuneração do serviço extraordinário superior, no mínimo, em 50% à do normal;
- número de dias de férias devidas ao empregado;
- gozo de férias anuais remuneradas, com, pelo menos, 1/3 a mais do que o salário normal;

---

pensatórias, desde que respeitados os direitos absolutamente indisponíveis". Trânsito em julgado em 09.05.2023.

■ licença-maternidade com a duração mínima de 120 dias;
■ licença-paternidade, nos termos fixados em lei;
■ proteção ao mercado de trabalho da mulher, mediante incentivos específicos, nos termos da lei;
■ aviso prévio proporcional ao tempo de serviço, sendo, no mínimo, de 30 dias, nos termos da lei;
■ normas de saúde, higiene e segurança do trabalho previstas em lei ou em normas regulamentadoras do Ministério do Trabalho;
■ adicional de remuneração para as atividades penosas, insalubres ou perigosas;
■ aposentadoria;
■ seguro contra acidentes de trabalho, a cargo do empregador;
■ ação, quanto aos créditos resultantes das relações de trabalho, com prazo prescricional de 5 anos para os trabalhadores urbanos e rurais, até o limite de dois anos após a extinção do contrato de trabalho;
■ proibição de qualquer discriminação no tocante a salário e critérios de admissão do trabalhador com deficiência;
■ proibição de trabalho noturno, perigoso ou insalubre aos menores de 18 anos e de qualquer trabalho aos menores de 16 anos, salvo na condição de aprendiz, a partir de 14 anos;
■ medidas de proteção legal de crianças e adolescentes;
■ igualdade de direitos entre o trabalhador com vínculo empregatício permanente e o trabalhador avulso;
■ liberdade de associação profissional ou sindical do trabalhador, inclusive o direito de não sofrer, sem sua expressa e prévia anuência, qualquer cobrança ou desconto salarial estabelecido em convenção coletiva ou acordo coletivo de trabalho;
■ direito de greve, competindo aos trabalhadores decidir sobre a oportunidade de exercê-lo e sobre os interesses que por meio dele devam defender;
■ definição legal sobre os serviços ou atividades essenciais e disposições legais sobre o atendimento das necessidades inadiáveis da comunidade em caso de greve;
■ tributos e outros créditos de terceiros;
■ as disposições de proteção à mulher e à maternidade previstas nos arts. 373-A, 390, 392, 392-A, 394, 394-A, 395, 396 e 400 da CLT.

O legislador ressalta que as regras sobre duração do trabalho e intervalos não são consideradas como normas de saúde, higiene e segurança do trabalho, não caracterizando objeto ilícito negociação coletiva a respeito **(art. 611-B, parágrafo único, CLT)**.

Outro aspecto a ser considerado em relação à negociação coletiva diz respeito à legitimação para negociar, que, sob o ponto de vista dos trabalhadores, é das organizações sindicais e que, sob o ponto de vista dos empregadores, pode ser própria, direta, no que diz respeito aos acordos coletivos de trabalho **(art. 8.º, VI, CF)**.

No caso de categorias inorganizadas em sindicatos, a federação e, na falta desta, a confederação, assume a correspondente legitimidade para a negociação coletiva **(art. 611, § 2.º, CLT)**.

Os sindicatos representativos de categorias econômicas ou profissionais e as empresas, quando provocados, não podem recusar-se à negociação coletiva (**art. 616, CLT**).

O preceito contido no **art. 8.º, VI, da Constituição Federal**, segundo o qual é obrigatória a participação dos sindicatos nas negociações coletivas de trabalho, não retirou a vigência e a eficácia do **art. 617 da CLT**, o qual faculta aos empregados prosseguirem diretamente na negociação coletiva com seus empregadores, caso o sindicato que os represente, ou a federação e a confederação respectivas, não assumam a direção dos entendimentos. Significa dizer que a validade de instrumento negocial firmado entre a empresa e a comissão de empregados está condicionada à comprovação de que o ente sindical profissional, mesmo acionado, mostrou-se inerte ou se recusou a intermediar as negociações.[10]

As centrais sindicais não têm legitimidade para a negociação coletiva, tendo em vista que a **Lei n. 11.648/2008**, que as reconheceu formalmente, não indica, entre suas atribuições e prerrogativas (**art. 1.º**), a celebração de convenções e acordos coletivos de trabalho.

Tema que merece análise diz respeito à **negociação coletiva no âmbito da Administração Pública**.

Nesse tocante, vale ressaltar que a Constituição Federal de 1988 assegura aos servidores públicos estatutários o direito à livre associação sindical e o direito de greve (**art. 37, VI e VII**). No entanto, o **art. 39, § 3.º**, que lhes garante alguns dos direitos trabalhistas assegurados pelo art. 7.º, omite-se quanto ao reconhecimento das convenções e acordos coletivos (inciso XXVI).

Em razão desta omissão, com base nos princípios orçamentários, da legalidade e da reserva legal (**arts. 37, X, e 169, § 1.º**) e, ainda, na indisponibilidade do interesse público, sempre se sustentou ser muito restrito o âmbito da negociação coletiva na Administração Pública, tendo o STF consagrado tal entendimento através da **Súmula 679**, que dispõe:

SÚMULA 679, STF: "A fixação de vencimentos dos servidores públicos não pode ser objeto de convenção coletiva".

Nessa linha, o TST reconheceu a possibilidade de que, frustrada negociação coletiva para fixação de cláusulas sociais apenas (mas não de cláusulas econômicas), possa ser ajuizado dissídio coletivo:

OJ SDC 5, TST: "Em face de pessoa jurídica de direito público que mantenha empregados, cabe dissídio coletivo exclusivamente para apreciação de cláusulas de natureza

---

[10] Nesse sentido: TST-RO 231-09.2015.5.17.0000, SDC, rel. Min. Dora Maria da Costa, *DEJT* 19.10.2016; TST-RR 53-50.2015.5.12.0016, 4.ª T., rel. Des. Convocada Cilene Ferreira Amaro Santos, *DEJT* 07.10.2016.

social. Inteligência da Convenção n. 151 da Organização Internacional do Trabalho, ratificada pelo Decreto Legislativo n. 206/2010".

Em 06.03.2013 foram promulgadas a **Convenção n. 151** e a **Recomendação n. 159 da OIT**, sobre as relações de trabalho na Administração Pública, sendo que o art. 8.º da Convenção prevê que "a solução de conflitos surgidos em razão da fixação das condições de trabalho será buscada de maneira adequada às condições nacionais, por meio da negociação entre as partes interessadas ou por mecanismos que deem garantias de independência e imparcialidade, tais como a mediação, a conciliação ou a arbitragem, instituídos de modo que inspirem confiança às partes interessadas".[11]

Assim, sendo assegurado aos servidores públicos o direito de livre associação sindical e o direito de greve **(art. 37, VI e VII)**, e considerando que há norma incorporada ao ordenamento interno possibilitando a negociação coletiva **(Convenção n. 151 da OIT)**, não há como negar aos servidores públicos este direito.

Os princípios da legalidade, da reserva legal e os pertinentes ao orçamento público deverão ser respeitados, de modo que a negociação coletiva no âmbito da Administração Pública não poderá, por exemplo, criar aumento de salários, por ser matéria que depende de lei **(arts. 37, X, e 169, CF)**. Mas poderão ser objeto da negociação, por exemplo, reivindicações relativas a meio ambiente de trabalho, distribuição dos serviços, qualificação dos servidores, planos de promoção, além do compromisso da Administração quanto ao envio de projetos de lei para atendimento das questões remuneratórias.

4.3.1. Funções da negociação coletiva

A negociação coletiva, como mecanismo de solução dos conflitos coletivos de trabalho, tem diversas funções.

Adotando a indicação das **funções da negociação coletiva** feita por Amauri Mascaro Nascimento,[12] tem-se:

- função compositiva — tendo em vista que, através da autocomposição, busca a superação dos conflitos entre as partes.
- função normativa — pois visa criar normas que serão aplicadas às relações individuais de trabalho desenvolvidas no âmbito territorial de sua de vigência. Essa é a sua função precípua. Possui como vantagem o fato de ser um meio mais rápido e eficaz de regular os interesses dos sujeitos da relação individual de trabalho em relação ao processo legislativo e ao processo judicial.
- função obrigacional — à medida que se criam direitos e deveres entre os próprios sujeitos estipulantes sem nenhum reflexo sobre as relações individuais de trabalho (ex.: multa pelo descumprimento de convenção coletiva de trabalho).

---

[11] *Vide* Decreto n. 10.088/2019, que consolida os atos normativos sobre promulgação das Convenções da OIT ratificadas pelo Brasil.

[12] NASCIMENTO, Amauri Mascaro. *Compêndio de direito sindical*, p. 346-348.

Além das funções tipicamente jurídicas acima mencionadas, a negociação coletiva de trabalho possui outras funções:

■ função política — por ser "um instrumento de estabilidade nas relações entre trabalhadores e as empresas; a sua utilização passa a ter um sentido que ultrapassa a esfera restrita das partes interessadas, para interessar à sociedade política";[13]

■ função econômica — "é meio de distribuição de riquezas numa economia em prosperidade, ou de redução de vantagens do assalariado em uma economia em crise";[14]

■ função social — à medida que representa uma garantia de participação dos trabalhadores no processo de decisão empresarial, em proveito da normalidade das relações coletivas e da harmonia no ambiente de trabalho, dela se valendo inclusive a lei que transfere para a negociação a solução de inúmeras questões de interesse social;[15]

■ função de preservação do equilíbrio dos custos sociais — pois possibilita à empresa prever os custos trabalhistas, diminuindo os riscos que possam afetar a normalidade da sua saúde financeira.

Concluindo a análise sobre as funções da negociação coletiva, Amauri Mascaro Nascimento afirma que elas sofreram alterações ao longo do tempo, "caracterizadas por um processo cumulativo, sem a perda do sentido inicial mas com o acréscimo de outras funções, mantidas as anteriores. As normas jurídicas que regem as relações de trabalho são parte do processo maior da história e do desenvolvimento econômico e cultural, e as suas características estão relacionadas com o tipo de sociedade que temos, com todas as suas condicionantes, políticas, econômicas e sociais, o que explica as transformações da negociação coletiva no tempo".[16]

Nesse sentido, pode-se falar em **"períodos da negociação coletiva"**, apontando o referido autor quatro períodos, com identificação muito clara da evolução da função ampla da negociação coletiva:[17]

■ primeiro período — promover a união dos trabalhadores, fortalecendo-os na relação com os empregadores;

■ segundo período — criação de normas e de condições de trabalho com efeito *erga omnes* (para toda a categoria);

---

[13] NASCIMENTO, Amauri Mascaro. *Compêndio de direito sindical*, p. 347.
[14] NASCIMENTO, Amauri Mascaro. *Compêndio de direito sindical*, p. 347.
[15] NASCIMENTO, Amauri Mascaro. *Compêndio de direito sindical*, p. 347.
[16] NASCIMENTO, Amauri Mascaro. *Compêndio de direito sindical*, p. 348.
[17] NASCIMENTO, Amauri Mascaro. *Compêndio de direito sindical*, p. 349-351.

■ **terceiro período** — estabelecimento e implementação de uma política socioeconômica de bases democráticas, com participação de todos os atores sociais (empregadores, trabalhadores e Governo);

■ **período contemporâneo** — coordenação dos interesses dos trabalhadores e dos empregadores, "passando a ser um instrumento bilateral cujo conteúdo é também gerencial e administrativo, concessivo ou recessivo, perante um sindicalismo mais maleável e disposto a considerar as situações pelas quais uma empresa pode passar, as suas dificuldades e crises e a necessidade de ação conjunta visando o interesse comum da defesa dos empregos".[18]

4.3.2. Níveis de negociação

O **art. 611 da CLT**, estabelecendo os níveis de negociação, define a abrangência das normas coletivas de trabalho.

Nesse sentido, o legislador prevê a possibilidade de que a negociação coletiva tenha uma abrangência mais ampla, envolvendo toda a categoria econômica e toda a categoria profissional em uma determinada base territorial (convenção coletiva de trabalho), ou uma abrangência mais restrita, referindo-se apenas a uma ou mais empresas e seus respectivos empregados (acordo coletivo de trabalho).

4.3.3. Acordo coletivo de trabalho

O **acordo coletivo de trabalho**, como instrumento de caráter normativo, pode ser celebrado pelos sindicatos representativos das categorias profissionais com uma ou mais empresas da correspondente categoria econômica, visando estipular condições de trabalho aplicáveis no âmbito da empresa ou das empresas acordantes às respectivas relações de trabalho **(art. 611, § 1.º, CLT)**.

Portanto, o acordo coletivo de trabalho refere-se à **negociação coletiva desenvolvida em nível de empresa**, com efeitos somente aplicáveis à(s) empresa(s) e trabalhadores envolvidos.

Para a celebração do acordo não é necessária a presença do sindicato representante da categoria econômica, sendo certo que o **art. 8.º, VI da Constituição Federal**, ao considerar obrigatória a participação dos sindicatos nas negociações coletivas de trabalho, não se referiu ao sindicato patronal, mas apenas ao sindicato profissional. Isso porque, como explica Mauricio Godinho Delgado, "o empregador, por sua própria natureza, já é um ser coletivo (já estando, portanto, naturalmente encouraçado pela proteção coletiva), ao passo que os trabalhadores apenas adquirem essa qualidade mediante sua atuação coletiva mesmo".[19]

---

[18] NASCIMENTO, Amauri Mascaro. *Compêndio de direito sindical*, p. 350.
[19] DELGADO, Mauricio Godinho. *Direito coletivo do trabalho*, p. 166.

De **abrangência restrita**, o acordo coletivo de trabalho **não obriga** empresas que não participaram da negociação coletiva respectiva nem abrange seus empregados, ainda que se trate das mesmas categorias econômica e profissional.

4.3.4. Convenção coletiva de trabalho

Convenção coletiva de trabalho "é o acordo de caráter normativo, pelo qual dois ou mais sindicatos representativos de categorias econômicas e profissionais estipulam condições de trabalho aplicáveis, no âmbito das respectivas representações, às relações individuais de trabalho" **(art. 611, CLT)**.

Assim, convenção coletiva de trabalho é um instrumento negociado em nível de categorias econômicas e profissionais, representadas pelos respectivos sindicatos, aplicando-se suas cláusulas a todos os seus integrantes.

A doutrina não é pacífica em relação à **natureza jurídica da convenção coletiva** de trabalho, identificando-se três correntes:

- contratualista — busca no contrato o fundamento da natureza jurídica da convenção coletiva, analisando a questão a partir da sua elaboração, celebração. É considerado um posicionamento falho, pois não explica os efeitos da convenção coletiva, principalmente no que tange à inserção de suas cláusulas nos contratos individuais de trabalho.

- Octavio Bueno Magano, afirmando ser a convenção coletiva de trabalho um negócio jurídico, adota a corrente contratualista.[20]

- normativa — considera a característica própria da convenção coletiva, que, de maneira geral, abstrata e com força coercitiva, cria direitos e obrigações, para afirmar que se trata de um pacto de caráter normativo. A crítica que se faz é que também se trata de um posicionamento parcial, pois limita-se a examinar os efeitos da convenção coletiva, não examinando sua elaboração.

Trata-se da posição adotada pelo legislador ("acordo de caráter normativo").

- **mista — surge a partir das correntes acima indicadas, considerando a natureza jurídica da convenção coletiva tanto do ponto de vista da elaboração, como do ponto de vista dos efeitos: quanto à elaboração realmente estamos diante de um contrato, mas quanto aos seus efeitos é preciso examinar sobre dois aspectos: cláusulas obrigacionais (que vinculam apenas os sujeitos contratuais) e cláusulas normativas (que vinculam e beneficiam todos os trabalhadores).**

---

[20] MAGANO, Octavio Bueno. *Manual de direito do trabalho*: direito coletivo do trabalho, p. 157.

Amauri Mascaro Nascimento afirma que "há cláusulas obrigacionais que vinculam apenas as partes estipulantes e há cláusulas normativas que são aplicáveis aos contratos individuais de trabalho, e desse duplo tipo de cláusula é que resulta sua natureza mista".[21]

Os sujeitos legitimados a negociar convenções coletivas de trabalho são apenas os sindicatos, de um lado, o de trabalhadores, de outro lado, o patronal, e subsidiariamente, na falta de sindicato, poderão a federação e a confederação assumir a negociação (**art. 611, § 2.º, CLT**).

As partes da convenção coletiva são as categorias, profissional e econômica, uma vez que, como instrumento de regulamentação das condições de trabalho, é sobre elas que seus efeitos se projetam.

4.3.5. Cláusulas coletivas

O **art. 2.º da Convenção n. 154 da OIT**[22] estabelece que a expressão "negociação coletiva" compreende todas as negociações que tenham lugar entre, de uma parte, um empregador, um grupo de empregadores ou uma organização ou várias organizações de empregadores, e, de outra parte, uma ou várias organizações de trabalhadores, e indica como seus fins: a) fixar condições de trabalho e emprego; ou b) regular as relações entre empregadores e trabalhadores; ou c) regular as relações entre os empregadores ou suas organizações e uma ou várias organizações de trabalhadores, ou alcançar todos estes objetivos de uma só vez.

Com isso, resta definido o conteúdo possível das contratações coletivas, constatando-se que as cláusulas estipuladas nas normas coletivas podem ser de dois tipos: obrigacionais e normativas.

São consideradas **cláusulas obrigacionais** aquelas que são dirigidas aos sindicatos e empresas signatárias dos acordos, estabelecem obrigações entre as partes convenentes, estipulando, por exemplo, garantias para facilitar o exercício da representação sindical no estabelecimento.

Como ensina Octavio Bueno Magano, referidas cláusulas dividem-se em cláusulas típicas (correspondem aos deveres de paz e de influência) e cláusulas atípicas (dizem respeito aos mecanismos de administração das normas coletivas, como, por exemplo, a instituição de comissão encarregada de dirimir controvérsias dela emergentes).[23]

As **cláusulas normativas**, consideradas como mais importantes, pois representam a própria função normativa das negociações coletivas, preveem condições de trabalho e visam integrar os contratos individuais de trabalho. Como afirma Amauri Mascaro Nascimento, "definem um 'modelo' para as relações individuais de trabalho que se de-

---

[21] NASCIMENTO, Amauri Mascaro. *Direito sindical*, p. 331.
[22] Promulgada pelo Decreto n. 1.256, de 29.09.1994.
[23] MAGANO, Octavio Bueno. *Manual de direito do trabalho*: direito coletivo do trabalho, p. 169.

senvolvam nesse âmbito; são, pois, normas reguladoras dos contratos de trabalho. O conteúdo normativo é o núcleo dos acordos e a sua parte principal, a sua verdadeira razão de ser: a constituição das normas para os contratos individuais de trabalho".[24]

4.3.5.1. Aplicação das cláusulas coletivas

Uma das questões mais relevantes em relação às cláusulas normativas dos acordos e convenções coletivas de trabalho que, como ensina Amauri Mascaro Nascimento,[25] diz respeito à sua **aplicação**, abrangendo a análise diversos aspectos: espaço geográfico, pessoas sobre as quais seus efeitos se projetam, vigência, hierarquia e coercibilidade.

No que tange ao **espaço geográfico de aplicação** da norma coletiva, tratando-se de convenção coletiva de trabalho, é a base territorial de representação do sindicato (que, nos termos do **art. 8.º, II, CF**, será definida pelos trabalhadores ou empregadores interessados, não podendo ser inferior à área de um Município).

Amauri Mascaro Nascimento alerta que a base territorial do sindicato obreiro pode não coincidir com a base territorial do sindicato patronal, sendo que, "quando a base territorial do sindicato patronal é menor do que a do sindicato dos trabalhadores, a esfera geográfica de aplicação da convenção coletiva não pode ultrapassar o limite de representação do sindicato patronal. Nesse caso, se o sindicato dos trabalhadores quiser que a convecção tenha efeitos mais amplos, terá que negociar conjuntamente, com o ou os demais sindicatos patronais que atuam nas outras bases territoriais". Na hipótese inversa, ou seja, a base do sindicato dos trabalhadores ser menos ampla, a mesma limitação não se verificará, sendo que "a convenção coletiva não será aplicada territorialmente além dos limites da base do sindicato dos trabalhadores".[26]

Importante ressaltar que no caso de empresas que têm estabelecimentos em diversas localidades, com representação dos trabalhadores por sindicatos distintos, em cada base será aplicada a convenção coletiva do respectivo sindicato, sendo efeito similar verificado no caso de mudança da empresa para localidade distinta, hipótese em que, tendo ocorrido a mudança da base, será, como consequência, alterada a convenção coletiva aplicável.

Em conclusão, pode-se afirmar que os direitos do empregado são os resultantes da convenção coletiva vigente na localidade da prestação dos serviços.

No caso de acordo coletivo de trabalho, não há que se falar em espaço geográfico, tendo em vista que a abrangência da negociação coletiva aqui é definida em razão dos sujeitos acordantes (uma ou mais empresas e seus respectivos empregados).

Em relação às **pessoas sobre as quais seus efeitos se projetam**, no caso de convenção coletiva de trabalho, estão abrangidas todas as empresas integrantes da categoria econômica na respectiva base territorial, e seus empregados, integrantes da respectiva categoria profissional.

---

[24] NASCIMENTO, Amauri Mascaro. *Compêndio de direito sindical*, p. 344.
[25] NASCIMENTO, Amauri Mascaro. *Direito sindical*, p. 341-353.
[26] NASCIMENTO, Amauri Mascaro. *Direito sindical*, p. 343.

No entanto, como alerta Amauri Mascaro Nascimento, "no local da prestação de serviços, além do sindicato representante da categoria profissional da atividade preponderante da empresa, poderão atuar, também, outros sindicatos, de categorias profissionais diferenciadas, caso em que, na mesma empresa, mais de uma convenção coletiva terá que ser cumprida".[27]

Nesse sentido o entendimento pacificado da jurisprudência:

> **SÚMULA 374, TST:** "Empregado integrante de categoria profissional diferenciada não tem o direito de haver de seu empregador vantagens previstas em instrumento coletivo no qual a empresa não foi representada por órgão de classe de sua categoria".[28]

Portanto, aos integrantes de categoria diferenciada aplica-se a convenção coletiva específica, e não a genérica ou principal, mas desde que a empresa, ou seu sindicato, tenha participado da negociação coletiva respectiva.

Ainda no tocante às pessoas sobre as quais os efeitos das normas coletivas se projetam, resta discutir se há diferenças em relação aos empregados sindicalizados e aos não sindicalizados.

Considerando a função normativa que no Brasil se confere às negociações coletivas de trabalho **(art. 611, CLT e art. 7.º, XXXVI, CF)**, as normas coletivas delas derivadas têm seus efeitos irradiados para todos os membros da categoria, sócios ou não dos respectivos sindicatos, abrangendo toda a categoria econômica e toda a categoria profissional no caso de convenção coletiva, e a(s) empresa(s) e seus respectivos empregados quando se tratar de acordo coletivo. "Em outras palavras, o efeito das cláusulas é *erga omnes*, geral, abrangente, não restrito aos sócios dos sindicatos".[29]

Outra questão a ser analisada diz respeito à **vigência das normas coletivas**.

A legislação trabalhista fixa um prazo de duração de, no **máximo, dois anos**, proibindo estipulação de duração superior e vedando a ultratividade de suas cláusulas **(art. 614, § 3.º, CLT)**. Portanto, os efeitos das cláusulas normativas sobre os contratos de trabalho restringem-se ao período de vigência. A norma coletiva incide sobre os contratos de trabalho dos integrantes da categoria que estão pela norma abrangidos somente durante o período em que vigorarem.

Finda a vigência da norma coletiva e não havendo a sua renovação ou a de algumas de suas cláusulas, os direitos estabelecidos pelas cláusulas não renovadas desaparecem.

A questão da não ultratividade das cláusulas das normas coletivas, que não era pacífica na doutrina e na jurisprudência, foi definitivamente resolvida pela **Lei n. 13.467/2017 (*Reforma Trabalhista*)**.

---

[27] NASCIMENTO, Amauri Mascaro. *Direito sindical*, p. 344-345.
[28] *Vide* também Súmula 117, TST, em relação aos bancários.
[29] NASCIMENTO, Amauri Mascaro. *Direito sindical*, p. 345.

Assim, tanto a previsão da OJ SDI-1 41, TST, como a da Súmula 277, TST, não têm mais sentido.

Em relação à **hierarquia**, as normas coletivas inserem-se no conjunto de normas jurídicas trabalhistas, as quais são aplicadas aos casos concretos de acordo com o princípio da norma mais favorável.

No entanto, coexistindo convenção e acordo coletivo de trabalho aplicáveis em um caso concreto, a controvérsia que se coloca diz respeito à identificação da norma mais favorável.

A antiga redação do **art. 620 da CLT** previa que as condições estabelecidas em convenção coletiva, quando mais favoráveis, prevaleceriam sobre as estipuladas no acordo coletivo de trabalho, o que impunha a análise de cada um dos instrumentos, para a apuração de qual norma apresenta-se mais benéfica ao trabalhador como um todo, em atenção à **teoria do conglobamento**[30] ("apenas será mais favorável o estatuto que globalmente for entendido como tal"[31]), não podendo ser feita referida análise considerando apenas partes das normas confrontadas **(teoria da acumulação)**.

A **Lei n. 13.467/2017** (*Reforma Trabalhista*), porém, alterou a redação do **art. 620, CLT**, e, consequentemente, implementou uma profunda modificação na questão relativa à hierarquia das normas coletivas.

Assim, as condições estabelecidas em acordo coletivo de trabalho **sempre prevalecerão** sobre as estipuladas em convenção coletiva de trabalho. Trata-se do reconhecimento pelo legislador da negociação por empresa, de âmbito mais restrito, mas em

---

[30] Nesse sentido o entendimento pacífico do TST: "AGRAVO. AGRAVO DE INSTRUMENTO EM RECURSO DE REVISTA SOB A ÉGIDE DO CPC/2015 E DA IN 40/2016 DO TST. DIFERENÇAS SALARIAIS. CONVENÇÃO COLETIVA X ACORDO COLETIVO. APLICAÇÃO DA NORMA MAIS BENÉFICA. TEORIA DO CONGLOBAMENTO. MATÉRIA FÁTICA. SÚMULA N. 126 DO TST. Esta Corte adota o entendimento de que prevalece a **aplicação do princípio do conglobamento para a solução do conflito acerca das condições estabelecidas e convenção e acordo coletivo, segundo o qual tais normas devem ser consideradas em seu conjunto para efeito de apuração da norma mais benéfica**. Assim, a interpretação a ser empreendida para a eleição da respectiva norma deve ser compreendida de forma sistemática, ou seja, considerando-se o conjunto da norma, e não aspectos isoladamente, por se revelarem mais vantajosos. Não merece provimento o agravo que não desconstitui os fundamentos da decisão monocrática, pela qual foi mantido o acórdão regional com fundamento na Súmula n. 126 do TST, na medida em que, para se adotar entendimento diverso, tanto acerca da norma mais favorável quanto da irregularidade formal, necessário seria, inequivocamente, o revolvimento da valoração do conteúdo fático-probatório dos autos feita pelas esferas ordinárias, procedimento vedado a esta instância recursal de natureza extraordinária . Agravo desprovido" (Ag-AIRR-101872-54.2016.5.01.0225, 3.ª T., rel. Min. Jose Roberto Freire Pimenta, *DEJT* 01.07.2022).

[31] NASCIMENTO, Amauri Mascaro. *Direito sindical*, p. 352.

maior consonância com as realidades concretas vivenciadas em decorrência do dia a dia das relações de emprego.

Por fim, em relação à **coercibilidade**, diversas são as previsões do ordenamento jurídico no sentido de coagir o empregador ao cumprimento de cláusula de norma coletiva, abrangendo a atuação do Estado, mediante a fiscalização feita pelo Ministério do Trabalho, o ajuizamento de ação de cumprimento pelo sindicato e as reclamações trabalhistas individuais ajuizadas pelos trabalhadores prejudicados.

4.3.6. Aspectos comuns da convenção e do acordo coletivo de trabalho

O estudo da convenção e do acordo coletivo de trabalho exige ainda análise relativa à sua forma, prorrogação, revisão, denúncia, revogação e extensão.

Tendo em vista que são instrumentos através dos quais se criam normas jurídicas, a convenção e o acordo coletivo de trabalho são **instrumentos formais**, **solenes**, que devem ser **celebrados por escrito** e ser submetidos a uma **publicidade razoável**.

Assim, "mesmo se acolhendo a tese da revogação constitucional das exigências e procedimentos fixados pela CLT, não se pode considerar válida negociação coletiva que não cumpra requisitos e formalidades consistentes fixadas no estatuto sindical (convocação ampla, pauta publicizada, *quorum* razoável para instalação e deliberação assemblear, lançamento a termo escrito das regras e cláusula estipuladas etc.)".[32]

Respeitadas as formalidades para a celebração do instrumento normativo, o **art. 614 da CLT** prevê que dentro do prazo de **oito dias**, contados de sua assinatura, deverá o instrumento ser depositado no órgão correspondente do Ministério do Trabalho e, em **cinco dias** após essa providência, o respectivo instrumento deverá também ser afixado nas respectivas sedes e nos estabelecimentos das empresas compreendidas na sua abrangência.

A questão que se coloca nesse tocante é saber se o depósito do instrumento coletivo no Ministério do Trabalho ainda é exigência indispensável para a validade do ajuste, ou seja, se o **art. 614 da CLT** foi recepcionado pela Constituição Federal de 1988.

O TST já firmou entendimento no sentido de que o depósito das convenções e acordos coletivos no Ministério do Trabalho não tem outra finalidade senão conferir publicidade a esses instrumentos normativos perante terceiros interessados, sendo que a ausência da formalidade não gera a nulidade das cláusulas normativas, mas, sendo o caso, infração administrativa.

> "CONVENÇÃO COLETIVA DE TRABALHO. TERMO ADITIVO. DEPÓSITO PERANTE A DELEGACIA REGIONAL DO TRABALHO. EXIGIBILIDADE. VALIDADE.

---

[32] DELGADO, Mauricio Godinho. *Direito coletivo do trabalho*, p. 175.

1. As normas e condições de trabalho negociadas de comum acordo entre as partes convenentes valem por si sós, criando direitos e obrigações entre elas a partir do momento em que firmado o Acordo Coletivo de Trabalho ou a Convenção Coletiva de Trabalho na forma da lei.

2. Os atos relativos ao registro e ao depósito do instrumento coletivo junto à autoridade competente do Ministério do Trabalho constituem mera formalidade administrativa. A finalidade não é outra, senão conferir publicidade a esses instrumentos normativos perante terceiros interessados.

3. Termo Aditivo à Convenção Coletiva de Trabalho 2010/2011 cujo teor e período de vigência foram devidamente informados à Reclamada. Descumprimento da exigência de depósito perante a Delegacia Regional do Trabalho que não tem o condão de invalidá-lo, tampouco de afastar a sua exigibilidade e produção de efeitos perante as partes.

4. Recurso de revista interposto pela Reclamada de que não se conhece, amplamente" (TST-RR 608-03.2011.5.15.0088, 4.ª T., rel. Min. João Oreste Dalazen, *DEJT* 17.06.2016).

Portanto, tratando-se de documento comum às partes, evidente que o depósito a destempo não pode servir de amparo para o descumprimento do pacto. O objetivo do depósito é apenas **tornar público o pacto**, para que surta efeito *erga omnes*, mas não pode servir de óbice à eficácia do instrumento coletivo negociado.

Nos termos do **art. 615 da CLT**, a prorrogação, a revisão, a denúncia ou a revogação total ou parcial da convenção ou do acordo coletivo de trabalho deve ser aprovada em assembleia geral dos sindicatos convenentes, no primeiro caso, ou pelas partes convenentes, no segundo caso.

Trata-se de exigência que em nada afronta a autonomia sindical prevista pela Constituição Federal de 1988, referindo-se, isso sim, ao próprio exercício dessa autonomia, à medida que somente aqueles que aprovam a celebração do acordo ou da convenção podem aprovar sua prorrogação, revisão, denúncia ou revogação total ou parcial.

Especificamente em relação à **extensão da convenção e do acordo coletivo de trabalho**, não há previsão na lei sobre a sua possibilidade para fora das bases profissionais e econômicas representadas. Como consequência da ausência de previsão legislativa a respeito, "caso exista interesse de sujeitos coletivos trabalhistas de importarem diplomas celebrados em outras fronteiras econômicas e profissionais, terão de se submeter ao mesmo procedimento e formalidades da negociação coletiva", ou seja, "o processo será tratado, assim, como celebração própria, específica, nova, de um diploma negocial coletivo".[33]

4.4. MEDIAÇÃO

A **mediação**, ao lado da negociação, é instrumento efetivo de **pacificação social**, resolução e prevenção de litígios, controvérsias e conflitos.

---

[33] DELGADO, Mauricio Godinho. *Direito coletivo do trabalho*, p. 177.

Pode ser definida como a intervenção construtiva de um terceiro imparcial junto às partes envolvidas no conflito, com vistas à busca de uma solução construída pelas próprias partes.

Como ensina Octavio Bueno Magano, "a mediação, portanto, não é o acordo e sim a atividade de terceiro conducente à realização do acordo. Mas, por ser este o ponto de convergência da atividade do mediador, a mediação também se caracteriza como modalidade de autocomposição".[34]

Importante destacar que nem sempre a mediação leva à solução definitiva para o conflito, mas o importante é que as partes tenham avançado rumo à solução, sendo perfeitamente possível que elas prossigam na busca da solução após encerrada a intervenção do terceiro, mediante um diálogo direto.

O mediador, colocando-se em uma posição "supra partes", estabelece diretrizes de atuação na busca do acordo pelas partes, faz propostas, mas efetivamente não decide o conflito (caso contrário, converter-se-ia em árbitro). Nesse contexto, a atuação do mediador é extremamente útil para construir uma interpretação do quadro normativo aplicável à situação concreta que seja aceita pelas partes.

Mediação e negociação, embora sejam formas de solução dos conflitos coletivos de trabalho, são institutos distintos, sendo a principal diferença entre elas o fato de que na mediação há presença de um terceiro facilitador na busca do consenso entre as partes.

Analisando os contornos da mediação, Amauri Mascaro Nascimento indica algumas **características essenciais da atuação do mediador**:[35]

- não substitui a vontade das partes, restringindo-se a propor a solução às mesmas, que poderão livremente aceitar ou não;
- adota discurso persuasivo, e não impositivo.

O **art. 616, § 2.º, da CLT** autoriza a realização de mediação pelo **Ministério do Trabalho** com vistas a solucionar um conflito coletivo, o que é feito, na prática, a partir da convocação das partes para uma mesa-redonda. A mediação também pode ser realizada perante o **Ministério Público do Trabalho**. Além disso, verifica-se a realização de mediação também no âmbito da Justiça do Trabalho, quando, nos processos de dissídio coletivo, é realizada uma fase de conciliação.

Comparando as formas de solução dos conflitos coletivos, Amauri Mascaro Nascimento afirma que a mediação é mais do que conciliação, porque permite uma perspectiva maior de iniciativas, mas é menos do que arbitragem, porque não autoriza atos decisórios nem investe o mediador para tanto.[36]

---

[34] MAGANO, Octavio Bueno. *Manual de direito do trabalho*: direito coletivo do trabalho, p. 216.
[35] NASCIMENTO, Amauri Mascaro. *Compêndio de direito sindical*, p. 298.
[36] NASCIMENTO, Amauri Mascaro. *Compêndio de direito sindical*, p. 298.

4.5. ARBITRAGEM

A **arbitragem**, como forma de solução dos conflitos coletivos de trabalho, decorre de previsão constitucional **(art. 114, §§ 1.º e 2.º, CF)**.

Regida pela **Lei n. 9.307/96**, a arbitragem é uma **forma de heterocomposição**, que tem como características essenciais a eleição pelas partes de um terceiro, que vai solucionar o conflito (árbitro) e o poder de decisão atribuído ao árbitro.

Constata-se, portanto, que, como forma de solução de conflitos coletivos de trabalho, a arbitragem tem **caráter privado e natureza voluntária**.

Destaque-se, porém, que, embora a decisão seja imposta por um terceiro, há, em regra, um teor autocompositivo na solução do conflito, tendo em vista o consenso das partes para a adoção do mecanismo de solução do conflito.

Como ressalta Amauri Mascaro Nascimento, mesmo com a previsão expressa da Constituição Federal a arbitragem não conseguiu, ainda, no Brasil, a mesma aceitação que tem em outros países.[37]

As principais **vantagens da arbitragem** apontadas pela doutrina são: celeridade, informalidade do procedimento, flexibilidade, especialidade, confiabilidade e confidencialidade.

A arbitragem é prevista pela **Lei n. 10.101/2000** (que dispõe sobre a participação nos lucros ou resultados da empresa — PLR) como forma de solução do litígio decorrente de impasse na negociação coletiva envolvendo a fixação dos parâmetros da PLR **(art. 4.º)**.

A **Lei n. 12.815/2013** (que dispõe sobre o trabalho portuário) também prevê a arbitragem como forma de solução dos impasses decorrentes da atuação da comissão paritária de solução de litígios constituída no âmbito do órgão de gestão de mão de obra **(art. 37, § 1.º)**.

Também a **Lei n. 7.783/89** (Lei de Greve) prevê a arbitragem, afirmando que a validade da greve é reconhecida em caso de frustração da negociação coletiva e subsequente inviabilização de recurso à via arbitral **(art. 3.º, *caput*)**.

Nos contratos individuais de trabalho cuja remuneração seja superior a duas vezes o limite máximo estabelecido para os benefícios do Regime Geral de Previdência Social, poderá ser pactuada **cláusula compromissória de arbitragem**, desde que por iniciativa do empregado ou mediante sua concordância expressa, nos termos previstos na Lei n. 9.307/96 **(art. 507-A, CLT)**.

4.6. SOLUÇÃO JUDICIAL

Em razão da intervenção do Poder Público nas organizações sindicais e do modelo corporativista das relações coletivas de trabalho que foi instituído no Brasil, a solução dos conflitos coletivos econômicos sempre foi buscada por intermédio do Poder Judiciário, tendo as Constituições anteriores a 1988 atribuído à Justiça do Trabalho o chamado poder normativo para fixar normas e condições de trabalho.

---

[37] NASCIMENTO, Amauri Mascaro. *Compêndio de direito sindical*, p. 295.

O **poder normativo** referia-se a uma competência anômala conferida à Justiça do Trabalho para que, ao solucionar o conflito de interesse, criasse normas que regulariam as relações entre as partes em conflito (categoria econômica e categoria profissional). Tratava-se, portanto, de um poder de solucionar os conflitos coletivos não apenas aplicando o direito preexistente, mas, efetivamente, criando, dentro de determinados parâmetros, normas jurídicas.

A **Constituição Federal de 1988 privilegiou a negociação coletiva** como forma de solução dos conflitos coletivos de trabalho, prevendo, porém, no **art. 114, §§ 1.º e 2.º**, a possibilidade de adoção de formas heterocompositivas (arbitragem e solução judicial) caso a negociação coletiva restasse frustrada. Ou seja, originalmente a solução jurisdicional dos conflitos coletivos de trabalho e o consequente poder normativo foram mantidos intactos pela Constituição de 1988.

> **Art. 114.** " [...]
> § 1.º Frustrada a negociação coletiva, as partes poderão eleger árbitros.
> § 2.º Recusando-se qualquer das partes à negociação ou à arbitragem, é facultado aos respectivos sindicatos ajuizar dissídio coletivo, podendo a Justiça do Trabalho estabelecer normas e condições, respeitadas as disposições convencionais e legais mínimas de proteção ao trabalho".

A reforma do Poder Judiciário instituída pela **Emenda Constitucional n. 45/2004**, embora tenha mantido a jurisdição como forma de solução dos conflitos coletivos de trabalho, impôs um significativo enfraquecimento do poder normativo da Justiça do Trabalho, estabelecendo:

> **Art. 114.** "Compete à Justiça do Trabalho processar e julgar:
> [...]
> § 1.º Frustrada a negociação coletiva, as partes poderão eleger árbitros.
> § 2.º Recusando-se qualquer das partes à negociação coletiva ou à arbitragem, é facultado às mesmas, de comum acordo, ajuizar dissídio coletivo de natureza econômica, podendo a Justiça do Trabalho decidir o conflito, respeitadas as disposições mínimas legais de proteção ao trabalho, bem como as convencionadas anteriormente".

Como se verifica da nova redação do **§ 2.º do art. 114 da Constituição**, a solução jurisdicional somente pode ser buscada quando ambas as partes estejam em consenso a esse respeito, ou seja, passou a se exigir o **comum acordo** das partes **para o ajuizamento do dissídio coletivo**.

O comum acordo passou a ser entendido como pressuposto processual do dissídio coletivo, sendo extinto o processo sem resolução do mérito em caso de sua não verificação.

> "RECURSO ORDINÁRIO EM DISSÍDIO COLETIVO DE NATUREZA ECONÔMICA — PRELIMINAR DE AUSÊNCIA DE COMUM ACORDO (CF, ART. 114, § 2.º) — PROVIMENTO DO APELO — EXTINÇÃO DO PROCESSO SEM RESOLUÇÃO DO MÉRITO. 1. Nos termos do que dispõe o art. 114, § 2.º, da CF, "recusando-se qualquer das partes à negociação coletiva ou à arbitragem, é facultado às mesmas, de comum acordo,

ajuizar dissídio coletivo de natureza econômica, podendo a Justiça do Trabalho decidir o conflito, respeitadas as disposições mínimas legais de proteção ao trabalho, bem como as convencionadas anteriormente". 2. Com base no aludido dispositivo constitucional, a jurisprudência remansosa da SDC desta Corte segue no sentido de que o comum acordo é indispensável à instauração de dissídio coletivo de natureza econômica, mitigando tal exigência apenas quanto à forma, ao considerar suficiente a concordância tácita do suscitado para o atendimento desse pressuposto. 3. Por sua vez, o Plenário do Supremo Tribunal Federal julgou constitucional o dispositivo da Reforma do Judiciário (EC 45/04) que exige a anuência mútua das partes para o ajuizamento de dissídio coletivo trabalhista, por entender que não há no dispositivo nenhuma violação das cláusulas pétreas da Constituição Federal (ADI 3423, Rel. Min. Gilmar Mendes, julgado em 02/06/20). 4. No caso, tendo em vista que o Regional decidiu em contraposição à jurisprudência uníssona da SDC do TST, merece ser acolhida a preliminar de ausência de comum acordo, porquanto suscitada em contestação e renovada no recurso ordinário, a fim de julgar extinto o processo sem resolução do mérito, por ausência de pressuposto de constituição e desenvolvimento válido do processo, nos termos do art. 485, IV, do CPC. Recurso ordinário provido, para julgar extinto o processo sem resolução do mérito" (ROT-1001883-56.2018.5.02.0000, Seção Especializada em Dissídios Coletivos, rel. Min. Ives Gandra da Silva Martins Filho, *DEJT* 23.02.2022).

O Supremo Tribunal Federal (STF) decidiu que é constitucional a exigência do comum acordo entre as partes para ajuizamento de dissídio coletivo de natureza econômica. A decisão foi tomada no julgamento do Recurso Extraordinário (RE 1.002.295), com **repercussão geral** reconhecida **(Tema 841)**.

O comum acordo não é exigido, no entanto, quando o dissídio coletivo é instaurado em razão de greve deflagrada pelos trabalhadores.[38]

Além disso, a nova redação do referido dispositivo constitucional não mais permite que as decisões dos tribunais criem normas ou condições de trabalho, devendo as mesmas apenas decidir os conflitos ajuizados, respeitando, além das disposições mínimas legais de proteção do trabalho, as convencionadas anteriormente.

O **limite para o exercício do poder normativo** da Justiça do Trabalho foi, portanto, **ampliado:** além da observância e manutenção das condições legais e convencionais

---

[38] "AGRAVO INTERNO — EFEITO SUSPENSIVO A RECURSO ORDINÁRIO — DISSÍDIO COLETIVO DE NATUREZA ECONÔMICA — MANUTENÇÃO DE NORMAS PREEXISTENTES — DESNECESSIDADE DE EXAURIMENTO DAS NEGOCIAÇÕES PRÉVIAS — INEXISTÊNCIA DE ULTRATIVIDADE DE NORMA COLETIVA — COMUM ACORDO DISPENSADO EM FACE DE GREVE DEFLAGRADA PELOS TRABALHADORESDeve ser mantida a decisão agravada, que reflete a jurisprudência da C. SDC no sentido (i) da manutenção de condições de trabalho preexistentes pelo exercício do poder normativo; (ii) da desnecessidade de exaurimento das tratativas para a instauração da instância, sendo suficiente a tentativa efetiva de negociação; (iii) da inexistência de ultratividade de norma coletiva quando a condição preexistente é mantida via exercício do poder normativo; e (iv) da não exigência do comum acordo quando o Dissídio Coletivo é instaurado em razão de greve deflagrada pelos trabalhadores.Agravo Interno a que se nega provimento" (ES-1001353-04.2021.5.00.0000, Seção Especializada em Dissídios Coletivos, null, *DEJT* 25.02.2022).

mínimas de proteção ao trabalho (que já estava prevista na redação original do § 2.º do art. 114, CF), passou a ser exigida a observância às disposições convencionadas anteriormente, as chamadas cláusulas preexistentes.

Como função do Estado que atua em substituição aos titulares dos interesses conflito, para imparcialmente solucioná-lo, a jurisdição é exercida, no campo dos conflitos coletivos, pela Justiça do Trabalho, a partir do **ajuizamento de dissídio coletivo**.

Assim, **dissídio coletivo** é um processo judicial de solução dos conflitos coletivos econômicos e jurídicos que, no Brasil, ganhou máxima expressão como importante mecanismo de criação de normas e condições de trabalho por meio dos Tribunais Trabalhistas, que proferem sentenças denominadas normativas quando as partes que não se compuseram na negociação coletiva acionam a jurisdição.

Os dissídios coletivos podem ser de natureza econômica, de natureza jurídica e de greve.

Dissídio de natureza econômica é o meio pelo qual são analisadas as condições de trabalho pretendidas pelos trabalhadores em substituição às que estão vigentes.

O **dissídio coletivo de natureza jurídica**, por sua vez, é o meio próprio para a interpretação de cláusulas formuladas em normas coletiva de trabalho. Nessa espécie de demanda incumbe ao Poder Judiciário Trabalhista apenas revelar o sentido da regra.

Por fim, pelo **dissídio de greve** a Justiça do Trabalho decide sobre a procedência, total ou parcial, ou improcedência das reivindicações dos trabalhadores **(art. 8.º, Lei n. 7.783/89)**.

Em relação ao **dissídio coletivo de natureza econômica**, a **legitimação ativa** (instauração de instância) é dos sindicatos representantes da categoria profissional. O empregador carece de interesse de agir para suscitar o dissídio coletivo de natureza econômica, por não necessitar de autorização da Justiça do Trabalho, nem de negociação coletiva, para conceder, de modo espontâneo, aos seus empregados quaisquer vantagens, cabendo unicamente ao sindicato da categoria profissional a legitimidade ativa para instaurar a instância com o propósito de obter melhores condições de trabalho em favor dos interesses coletivos e individuais dos trabalhadores. Não se verifica também a legitimidade do Ministério Público do Trabalho para postular a fixação das condições de trabalho reivindicadas pela categoria profissional.

Têm **legitimidade** para suscitar **dissídio coletivo de natureza jurídica** as mesmas partes que figuraram no dissídio coletivo de natureza econômica — ou que poderiam suscitá-lo.

A **legitimidade** para ajuizamento do **dissídio de greve** é, nas atividades não essenciais, do empregador individualmente ou do sindicato representante da categoria econômica. Nas atividades essenciais, é concorrente a legitimidade do Ministério Público do Trabalho e do empregador para o ajuizamento de ação declaratória de abusividade de greve **(art. 114, § 3.º, CF)**.

No tocante ao dissídio coletivo, importante destacar-se os seguintes posicionamentos da jurisprudência pacificada do TST:

OJ SDC 2, TST: "É inviável aplicar condições constantes de acordo homologado nos autos de dissídio coletivo, extensivamente, às partes que não o subscreveram, exceto se observado o procedimento previsto no art. 868 e seguintes, da CLT".

OJ SDC 5, TST: "Em face de pessoa jurídica de direito público que mantenha empregados, cabe dissídio coletivo exclusivamente para apreciação de cláusulas de natureza social. Inteligência da Convenção n. 151 da Organização Internacional do Trabalho, ratificada pelo Decreto Legislativo n. 206/2010".

OJ SDC 7, TST: "Não se presta o dissídio coletivo de natureza jurídica à interpretação de normas de caráter genérico, a teor do disposto no art. 313, II, do RITST".

OJ SDC 8, TST: "A ata da assembleia de trabalhadores que legitima a atuação da entidade sindical respectiva em favor de seus interesses deve registrar, obrigatoriamente, a pauta reivindicatória, produto da vontade expressa da categoria".

OJ SDC 9, TST: "O dissídio coletivo não é meio próprio para o Sindicato vir a obter o reconhecimento de que a categoria que representa é diferenciada, pois esta matéria — enquadramento sindical — envolve a interpretação de norma genérica, notadamente do art. 577 da CLT".

OJ SDC 19, TST: "A legitimidade da entidade sindical para a instauração da instância contra determinada empresa está condicionada à prévia autorização dos trabalhadores da suscitada diretamente envolvidos no conflito".

OJ SDC 22, TST: "É necessária a correspondência entre as atividades exercidas pelos setores profissional e econômico, a fim de legitimar os envolvidos no conflito a ser solucionado pela via do dissídio coletivo".

OJ SDC 29, TST: "O edital de convocação da categoria e a respectiva ata da Assembleia Geral constituem peças essenciais à instauração do processo de dissídio coletivo".

4.7. QUESTÕES

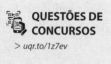

QUESTÕES DE CONCURSOS
> uqr.to/1z7ev

5
A GREVE NO DIREITO BRASILEIRO

Entende-se por **greve** a **paralisação temporária trabalho**, decidida por uma coletividade de trabalhadores, motivada por um conflito e com a finalidade de pressionar o empregador na defesa de seus interesses.

O Estado pode adotar três posições distintas diante da greve: a) pode considerá-la um delito, prevendo sanções penais e contratuais (trabalhistas) em caso de sua realização; b) pode considerá-la uma liberdade, prevendo como consequência dela apenas sanções contratuais (trabalhistas); e c) pode considerá-la um direito, dela não derivando qualquer sanção, sendo punidos apenas os abusos.

No Brasil todas essas fases foram vivenciadas em relação à greve.

A partir de 1900, quando o sistema político era caracterizado pelo ideal liberal, a greve exerceu-se como uma liberdade dos trabalhadores, sem leis que a restringissem ou a disciplinassem.

A partir de 1937 foi declarada pela Constituição um recurso nocivo ao interesse social e prejudicial à economia, como nas concepções que consideram a greve como delito.

Com a Constituição de 1946 foi reconhecida como direito dos trabalhadores.

A Constituição de 1967 e a Emenda Constitucional de 1969 seguiram essa diretriz, porém introduzindo limitações, em especial quanto à paralisação das atividades essenciais e serviços públicos.

Na **Constituição Federal de 1988** a greve é considerada uma **garantia coletiva constitucional (art. 9.º, CF)**; a oportunidade do seu exercício e os interesses por meio dela defendidos são aqueles definidos pelos trabalhadores. O direito não pode, porém, ser exercido de modo abusivo, devendo ser mantido, nas atividades essenciais definidas por lei, o **atendimento das necessidades inadiáveis da comunidade (art. 9.º, §§ 1.º e 2.º, CF)**.

Segundo Mauricio Godinho Delgado, a afirmação da greve, "em um quadro de restrição geral à autotutela, justifica-se do ponto de vista histórico e lógico. É que se trata de um dos principais mecanismos de pressão e convencimento possuídos pelos obreiros, coletivamente considerados, em seu eventual enfrentamento com a força empresarial, no contexto da negociação coletiva trabalhista. Destituir os trabalhadores das potencialidades de tal instrumento é tornar falacioso o princípio juscoletivo da equivalência entre os contratantes coletivos, em vista da magnitude dos instrumentos de pressão coletiva naturalmente detidos pelos empregadores".[1]

O **art. 2.º da Lei n. 7.783/89** (Lei de Greve) afirma ser a greve a **suspensão coletiva, temporária e pacífica, total ou parcial, de prestação pessoal de serviços a empregador.**

A partir desse conceito é possível a identificação das **características da greve:**

- Caráter coletivo do movimento — impossível falar-se em exercício individual de greve, tendo em vista que é do agrupamento de trabalhadores que se extrai a força da paralisação das atividades e que se exercita uma real e concreta pressão sobre o empregador.
- Ainda que a paralisação possa ser apenas parcial, ela necessariamente deve ser coletiva, ou seja, há sempre a ideia de grupo; maior ou menor, mas sempre grupo.
- Sustação das atividades que caracterizam obrigação decorrente do contrato de trabalho — a prestação pessoal de serviços é obrigação do empregado, assumida quando da celebração do contrato de trabalho, e que perdura durante toda a sua vigência. Durante a greve a sustação das atividades não decorre de desídia do empregado nem se caracteriza como mero descumprimento de obrigações contratuais, mas insere-se em um contexto coletivo de exercício de direito, que lhe retira a conotação de descumprimento contratual.
- A paralisação das atividades deve ser sempre temporária. Considerando que a sustação do trabalho tem uma finalidade específica de pressão, o trabalhador tem a intenção de reassumir as suas atividades, o que ocorrerá ao final do movimento paredista.
- Exercício coercitivo coletivo e direto — a finalidade da greve é a pressão sobre o empregador, para que ele faça concessões em relação às reivindicações dos trabalhadores. Assim, "é meio de autotutela, é instrumento direto de pressão coletiva, aproximando-se do exercício direto das próprias razões efetivado por um grupo social. Em certa medida, é 'direito de causar prejuízo'".[2]
- Apesar do uso da força, da coerção que exerce sobre o empregador, a greve não autoriza a prática de atos de violência, contra o empregador, contra seu patrimônio, contra colegas de trabalho ou contra terceiros, devendo sempre ser exercida de forma pacífica.

A Constituição Federal assegura aos **servidores públicos da Administração direta e indireta** o direito de greve, condicionando, porém, seu exercício à lei que deverá regulamentá-lo **(art. 37, VII, CF)**, o que até o momento não ocorreu.

Diante da omissão do legislador, o STF decidiu pela adoção da lei de greve do setor privado como regulamentação das greves do setor público (Mandados de Injunção n.

---

[1] DELGADO, Mauricio Godinho. *Direito coletivo do trabalho*, p. 201.
[2] DELGADO, Mauricio Godinho. *Direito coletivo do trabalho*, p. 209.

670, 708 e 712).³ Conforme voto condutor do Ministro Gilmar Ferreira Mendes, acolheu-se a pretensão dos impetrantes no sentido de que, após um prazo de 60 dias para que o Congresso Nacional legislasse sobre a matéria, caso não o fizesse, determinou-se que, solucionando a omissão legislativa, "se aplique a Lei n. 7.783, de 28 de junho de 1989, no que couber, enquanto a omissão não seja devidamente regulamentada por lei específica para os servidores públicos".

A Administração Pública deve proceder ao desconto dos dias de paralisação decorrentes do exercício do direito de greve pelos servidores públicos, em virtude da suspensão do vínculo funcional que dela decorre, permitida a compensação em caso de acordo. O desconto será, contudo, incabível se ficar demonstrado que a greve foi provocada por conduta ilícita do Poder Público (**Tese 531 de Repercussão Geral**).

A **greve é proibida para os militares das Forças Armadas (art. 142, IV, CF)** e para os **membros das Polícias Militares e Corpos de Bombeiros Militares dos Estados, do Distrito Federal e dos Territórios (art. 42, § 1.º, CF)**.

Ampliando a previsão sobre a proibição da greve na área de segurança pública, o STF adotou entendimento no sentido de que: "I — O exercício do direito de greve, sob qualquer modalidade, é vedado aos policiais civis e a todos os servidores públicos que atuem diretamente na área de segurança pública. II — É obrigatória a participação do poder Público em mediação instaurada pelos órgãos classistas das carreiras de segurança pública, nos termos do art. 165 do CPC, para vocalização dos interesses da categoria" (**Tese 541 de Repercussão Geral**).

5.1. NATUREZA JURÍDICA

A greve pode ser analisada a partir de dimensões distintas: greve como fato; greve como valor e greve como norma.

Considerar a **greve como fato social** afasta-a de qualquer relevância na ordem jurídica, não podendo o Direito, como consequência, qualificá-la. Nesse contexto, "a greve seria, assim, ajurídica fora do direito, mas não contra o direito. Seria um fenômeno social insuscetível de regulamentação".[4]

A partir da **concepção do valor**, a greve é uma liberdade. "Nesse caso, a greve não ficaria dependente de nenhuma lei e se justificaria, por si mesma, em qualquer caso, desvinculada da ordem jurídica".[5]

---

[3] MI 670, Relator Gilmar Mendes, Impetrante: Sindicato dos Servidores Policiais Civis do Estado do Espírito Santo — SINDPOL, Impetrado: Congresso Nacional. MI 708, Relator Gilmar Mendes, Impetrante: SINTEM — Sindicato dos Trabalhadores em Educação do Município de João Pessoa, Impetrado: Congresso Nacional. MI 712, Relator Eros Grau, Impetrante: Sindicato dos Trabalhadores do Poder Judiciário do Estado do Pará — SINJEP, Impetrado: Congresso Nacional. Data de Julgamento: 25.10.2007.

[4] NASCIMENTO, Amauri Mascaro. *Compêndio de direito sindical*, p. 441.

[5] NASCIMENTO, Amauri Mascaro. *Compêndio de direito sindical*, p. 442.

A **greve como norma** leva à concepção de greve como direito, um direito público subjetivo, "garantida, disciplinada e limitada pela lei, pelas cláusulas dos acordos coletivos e pela jurisprudência dos Tribunais"[6] e respaldada pelo acolhimento constitucional.

Como ensina Mauricio Godinho Delgado, a greve "é um **direito fundamental de caráter coletivo**, resultante da autonomia privada coletiva inerente às sociedades democráticas".[7] Decorre da liberdade de trabalho (**art. 5.º, XIII, CF**), da liberdade associativa e sindical (**art. 5.º, XVII a XXI e art. 8.º,** *caput* **e V, CF**) e da autonomia dos sindicatos (**art. 8.º, I, CF**). "Todos esses fundamentos, que se agregam no fenômeno grevista, embora preservando suas particularidades, conferem a esse direito um *status* de essencialidade nas ordens jurídicas contemporâneas. Por isso, é direito fundamental nas democracias".[8]

5.2. GREVES TÍPICAS E ATÍPICAS

Diversos são os tipos de greve que podem ocorrer, sendo diversos os nomes a ela atribuídos.

Assim, como esclarece Amauri Mascaro Nascimento, fala-se em greves típicas (aquelas que observam padrões clássicos e rotineiros) e greves atípicas (aquelas que se distanciam desses padrões tradicionais).[9]

As **greves típicas** podem ser analisadas sob dois enfoques: sua duração e sua extensão.

As **greves típicas, segundo a sua duração**, podem ser:

- Por prazo determinado — em seu início já é fixado pelos trabalhadores seu termo final (por exemplo, greve de 24 horas). Por meio delas os trabalhadores "procuram deixar claro que há mobilização suficiente para a efetivação de uma paralisação de maior amplitude".[10]

- Por prazo indeterminado — no início não há qualquer indicação ou fixação do seu termo final, podendo ser mais ou menos longas, dependendo dos acontecimentos no curso da greve (por exemplo, negociação com o empregador).

Em relação à extensão, as greves típicas podem assumir diversos tipos distintos:

- paralisação total — não há execução de qualquer trabalho;
- paralisação parcial — há prestação de trabalho, com paralisações em determinados momentos. Nesse caso, identificam-se, por exemplo:

---

[6] NASCIMENTO, Amauri Mascaro. *Compêndio de direito sindical*, p. 444.
[7] DELGADO, Mauricio Godinho. *Direito coletivo do trabalho*, p. 230.
[8] DELGADO, Mauricio Godinho. *Direito coletivo do trabalho*, p. 230.
[9] NASCIMENTO, Amauri Mascaro. *Compêndio de direito sindical*, p. 454.
[10] NASCIMENTO, Amauri Mascaro. *Compêndio de direito sindical*, p. 454.

■ greve de horas extraordinárias (os empregados recusam-se a fazer horas extras, sem prejuízo da regular prestação do trabalho durante a jornada normal);

■ greve de curta duração (paralisação do trabalho apenas durante parte da jornada);

■ greve intermitente (os empregados trabalham por um período, na sequência param por outro período, voltam a trabalhar por mais um período, assim por diante);

■ greve rotativa ou articulada, também chamada de greve por turnos (empregados dos diversos setores da empresa se alternam na paralisação, atingindo um setor de cada vez; a pressão é contínua, mesmo sem a paralisação concomitante de todos os empregados);

■ greve trombose, ou nevrálgica ou tampão (paralisação de parte dos trabalhadores, abrangendo apenas aqueles que trabalham nos setores estratégicos, mais importantes da empresa, inviabilizando seu funcionamento);

■ greve geral — trata-se da forma de maior dimensão de greve, abrangendo toda a categoria na base territorial, ou toda a categoria no país inteiro, ou, ainda, todos os trabalhadores do país, independentemente da categoria a que pertençam. Como esclarece Amauri Mascaro Nascimento, "quase sempre tem forte motivação política, e exigindo altíssimo grau de mobilização";[11]

■ greve de solidariedade — paralisação de um grupo de trabalhadores sem uma pretensão específica sobre sua relação de trabalho, tendo por objetivo se solidarizarem com as pretensões apresentadas por outro grupo de trabalhadores. Este tipo de greve, em princípio, é permitido pela Constituição Federal, "uma vez que, ao transferir para os trabalhadores a definição da oportunidade e dos interesses a serem defendidos através da paralisação do trabalho, não ficou excluído o apoio a outra categoria ou, na mesma categoria, a outros trabalhadores".[12]

As **greves atípicas** são apontadas pela doutrina como sendo aquelas nas quais não há paralisação do trabalho. Trata-se, na verdade, de uma greve de colaboração, ou seja, os trabalhadores, embora continuem a trabalhar, o fazem de modo a prejudicar as atividades empresariais, dificultando a fluidez da produção.

Nesse contexto podem ser identificados os seguintes **exemplos:**

■ greve de zelo — os trabalhadores executam o trabalho de forma extremamente detalhada e minuciosa, gerando um atraso considerável e uma consequente desorganização na produção geral;

■ greve de observância dos regulamentos — os trabalhadores seguem à risca todos os regulamentos da empresa, congestionando o andamento das atividades de produção;

---

[11] NASCIMENTO, Amauri Mascaro. *Compêndio de direito sindical*, p. 456.
[12] NASCIMENTO, Amauri Mascaro. *Compêndio de direito sindical*, p. 457.

■ greve de rendimento ou de braços cruzados — os trabalhadores diminuem propositadamente a produção, reduzindo o trabalho a níveis baixíssimos;

■ greve da mala — específica para alguns tipos de atividades, refere-se à não cobrança de tarifas (exemplo: liberação das catracas do metrô);

■ greve de amabilidade — ausência de cortesia por parte dos trabalhadores no atendimento aos clientes da empresa.

Amauri Mascaro Nascimento esclarece que há dúvidas sobre a possibilidade de se caracterizar essas condutas atípicas efetivamente como greve, tendo em vista que o conceito de greve pressupõe a paralisação do trabalho, o que não ocorre nessas hipóteses.[13]

Considerando que o objetivo da greve é se fazer pressão sobre o empregador, para que ele ceda às reivindicações apresentadas pelos trabalhadores, embora a paralisação das atividades pareça ser mais eficiente, essas modalidades de greves atípicas também podem atingir o objetivo de pressão, razão por que pode-se admitir tratar-se de greve.

5.3. SERVIÇOS OU ATIVIDADES ESSENCIAIS E SERVIÇOS INADIÁVEIS

A **Lei n. 7.783/89** diferencia serviços ou atividades essenciais de serviços inadiáveis, estabelecendo regramento específico para cada uma dessas situações.

Os **serviços ou atividades essenciais** são definidos a partir da concepção da população, da comunidade que será atingida pelos efeitos da paralisação dos serviços.

Assim, são identificados pela **Lei n. 7.783/89 (art. 10)** como serviços ou atividades essenciais:

■ tratamento e abastecimento de água, produção e distribuição de energia elétrica, gás e combustíveis;

■ assistência médica e hospitalar;

■ distribuição e comercialização de medicamentos e alimentos;

■ funerários;

■ transporte coletivo;

■ captação e tratamento de esgoto e lixo;

■ telecomunicações;

■ guarda, uso e controle de substâncias radioativas, equipamentos e materiais nucleares;

■ processamento de dados ligados a serviços essenciais;

■ controle de tráfego aéreo e navegação aérea;

■ compensação bancária;

■ atividades médico-periciais relacionadas com o regime geral de previdência social e a assistência social;

---

[13] NASCIMENTO, Amauri Mascaro. *Compêndio de direito sindical*, p. 458.

▪ atividades médico-periciais relacionadas com a caracterização do impedimento físico, mental, intelectual ou sensorial da pessoa com deficiência, por meio da integração de equipes multiprofissionais e interdisciplinares, para fins de reconhecimento de direitos previstos em lei, em especial na **Lei n. 13.146, de 6 de julho de 2015 (Estatuto da Pessoa com Deficiência)**;

▪ outras prestações médico-periciais da carreira de Perito Médico Federal indispensáveis ao atendimento das necessidades inadiáveis da comunidade.

▪ atividades portuárias.

Nos serviços ou atividades essenciais a greve não é proibida. É submetida, porém, a algumas regras especiais.

Nesses serviços, o **aviso prévio ao empregador é de 72 horas**; com igual antecedência os usuários também devem ser avisados **(art. 13)**, e é obrigatório aos sindicatos, de comum acordo com o empregador, garantir, durante a greve, a prestação dos serviços indispensáveis ao atendimento das necessidades inadiáveis da comunidade **(art. 11)**, assim consideradas aquelas que, se não atendidas, coloquem em perigo iminente a sobrevivência, a saúde ou a segurança da população **(art. 11, parágrafo único)**. No caso de inobservância da determinação de manutenção parcial de funcionamento da atividade, o Poder Público deverá assegurar a prestação dos serviços indispensáveis **(art. 12)**.

Serviços inadiáveis, por sua vez, são definidos a partir da concepção do empregador, sendo assim considerados aqueles cuja paralisação resulte em prejuízo irreparável, pela deterioração irreversível de bens, máquinas e equipamentos, bem como a manutenção daqueles essenciais à retomada das atividades da empresa quando da cessação do movimento **(art. 9.º, Lei n. 7.783/89)**.

Nesse caso, durante a greve, o sindicato ou a comissão de negociação, mediante acordo com a entidade patronal ou diretamente com o empregador, deverá manter em atividade equipes de empregados para a realização dos serviços inadiáveis, sendo que em caso de não haver acordo para tal fim, é assegurado ao empregador, enquanto perdurar a greve, o direito de contratar diretamente os serviços necessários **(art. 9.º, *caput* e parágrafo único, Lei n. 7.783/89)**.

5.4. LIMITES LEGAIS E ABUSO DE DIREITO

A greve é um direito assegurado constitucionalmente. No entanto, a Constituição Federal **(art. 9.º, §§ 1.º e 2.º)**, ao prever que a lei definirá os serviços ou atividades essenciais e disporá sobre o atendimento das necessidades inadiáveis da comunidade e ao deixar claro que os abusos cometidos sujeitam os responsáveis às penas da lei, evidenciou que se trata de um **direito que deve ser exercido dentro dos limites e nos termos previstos em lei**. Não se trata, portanto, de um direito irrestrito e ilimitado.

Nesse sentido, a **Lei n. 7.783/89 (art. 14)** prevê que constitui **abuso do direito de greve:**

- a inobservância das normas nela contidas;
- a manutenção da paralisação após a celebração de acordo, convenção ou decisão da Justiça do Trabalho.

Não será caracterizado o abuso se a finalidade da paralisação for exigir o cumprimento de cláusula ou condição ou quando a mesma seja motivada pela superveniência de fatos novos ou acontecimentos imprevistos que venham modificar substancialmente a relação de trabalho **(art. 14, parágrafo único)**.

A **responsabilidade** pelos atos praticados, ilícitos ou crimes cometidos no curso da greve será apurada, conforme o caso, segundo a legislação trabalhista, civil ou penal **(art. 15)**. Portanto, os abusos cometidos no exercício do direito de greve podem gerar **responsabilidade trabalhista, civil e/ou penal**. O Ministério Público pode requisitar a abertura de inquérito e processar criminalmente aqueles que praticaram ilícitos penais. O empregador pode, no caso de abuso, dispensar por justa causa **(arts. 7.º e 14)**. O sindicato é passível de responder por perdas e danos.

5.5. PROCEDIMENTO

Conforme disposto na **Lei n. 7.783/89**, o **procedimento da greve** se desenvolve em duas fases: uma fase preparatória e a fase de desenvolvimento.

Na **fase preparatória**, que ocorre previamente à deflagração, são realizados os seguintes atos:

- Tentativa de negociação — trata-se de ato obrigatório, não sendo autorizado o início da paralisação se não constatada a frustração da negociação **(art. 3.º)**.
- Deliberação em assembleia — frustrada a negociação, deve ser convocada pela entidade sindical, na forma de seu estatuto, assembleia geral, que definirá as reivindicações da categoria e deliberará sobre a greve **(art. 4.º, *caput*)**.
- Na falta de entidade sindical, a assembleia será entre os trabalhadores interessados, que constituirão uma comissão de negociação **(art. 4.º, § 2.º)**.
- A entidade sindical ou comissão especialmente eleita representará os interesses dos trabalhadores nas negociações ou na Justiça do Trabalho **(art. 5.º)**.
- Aviso prévio — a lei não admite a greve surpresa, assegurando ao empregador e, no caso de serviços ou atividades essenciais, também a população diretamente atingida, o direito de saber antecipadamente sobre a futura paralisação dos serviços.
- No caso do empregador, providências são necessárias, antes da cessação do trabalho, diante dos compromissos da empresa em face das suas naturais condições de atividade e de produção.

- No caso da população, a greve que será deflagrada, por se tratar de serviços ou atividades essenciais, pode colocar em risco sua sobrevivência, sua saúde ou sua segurança.
- Daí a necessidade de comunicação. É o aviso prévio de greve.
- Assim, após a deliberação da assembleia geral sobre a deflagração da greve, o aviso ao empregador deve ser dado com antecedência mínima de 48 horas **(art. 3.º, parágrafo único)**, período ampliado para 72 horas nos serviços ou atividades essenciais (art. 13). Nestas, é obrigatório o anúncio da greve para conhecimento dos usuários com a mesma antecedência **(art. 13)**.

Na **fase de desenvolvimento** da greve, são assegurados aos grevistas **(art. 6.º)**:

- o emprego de meios pacíficos tendentes a persuadir ou aliciar os trabalhadores a aderirem à greve, de modo que o piquete é permitido quando não violento;
- a arrecadação de fundos;
- a livre divulgação do movimento.

5.6. DIREITOS E OBRIGAÇÕES RECÍPROCOS

A **Lei n. 7.783/89** assegura, durante o desenvolvimento da greve, os seguintes **direitos e obrigações recíprocos:**

- em nenhuma hipótese os meios adotados por empregados e empregadores poderão violar ou constranger os direitos e garantias fundamentais de outrem **(art. 6.º, § 1.º)**;
- é vedado à empresa adotar meios para forçar o empregado ao comparecimento ao trabalho, bem como capazes de frustrar a divulgação do movimento **(art. 6.º, § 2.º)**;
- os grevistas não podem proibir o acesso ao trabalho daqueles que quiserem fazê-lo **(art. 6.º, § 3.º)**;
- é vedada a rescisão do contrato de trabalho durante a greve não abusiva, bem como a contratação de trabalhadores substitutos **(art. 7.º, parágrafo único)**;
- os salários e demais obrigações trabalhistas serão regulados por acordo com o empregador **(art. 7.º, *caput*)**.

5.7. *LOCK-OUT*

Lock-out é a paralisação das atividades por **iniciativa do empregador**, com o objetivo de frustrar negociação coletiva, ou dificultar o atendimento de reivindicações dos respectivos empregados.

Como ensina Mauricio Godinho Delgado, trata-se de "fechamento provisório, pelo empregador, da empresa, estabelecimento ou simplesmente de algum de seus setores, efetuado com objetivo de provocar pressão arrefecedora de reivindicações operárias".[14]

Trata-se de **prática vedada por nosso ordenamento jurídico (art. 17, Lei n. 7.783/89)**, sendo assegurado aos trabalhadores, caso ocorra o *lock-out*, o direito à percepção dos salários durante o período da paralisação das atividades **(art. 17, parágrafo único)**.

O *lock-out* não pode ser confundido com hipóteses de paralisações lícitas da atividade empresarial, permitidas e previstas pelo ordenamento jurídico, como é o caso da paralisação temporária resultante de causas acidentais, ou de força maior **(art. 61, § 3.º, CLT)**, da paralisação temporária por ocasião da concessão de férias coletivas **(art. 139, CLT)**, entre outras.

5.8. QUESTÕES

---

[14] DELGADO, Mauricio Godinho. *Direito coletivo do trabalho*, p. 201.

REFERÊNCIAS

ALMEIDA, Isis de. *Manual da prescrição trabalhista*. 3. ed. São Paulo: LTr, 1999.

BARROS, Alice Monteiro de. *Curso de direito do trabalho*. 5. ed. rev. e ampl. São Paulo: LTr, 2009.

BELMONTE, Alexandre Agra. *Danos extrapatrimoniais nas relações de trabalho*. Salvador: JusPodivm, 2020.

_____. *Instituições civis no direito do trabalho*: curso completo de Direito Civil com aplicação subsidiária nas relações de trabalho. 5. ed. rev., atual., e ampl. Salvador: JusPodivm, 2020.

_____. *Reparação dos danos patrimoniais nas relações de trabalho*. Salvador: JusPodivm, 2020.

CESARINO JUNIOR, A. F.; CARDONI, Marly. *Direito social*. 2. ed. São Paulo: LTr, 1993. v. I.

COELHO, Fábio Ulhoa. *Curso de direito comercial*. 6. ed. rev. e atual. São Paulo: Saraiva, 2003. v. II.

DALLEGRAVE NETO, José Affonso. *Responsabilidade civil no direito do trabalho*. 3. ed. São Paulo: LTr, 2008.

DELGADO, Mauricio Godinho. *Curso de direito do trabalho*. 18. ed. São Paulo: LTr, 2019.

DIAS, Carlos Eduardo Oliveira. In: DIAS, Carlos Eduardo Oliveira et alli. *Comentários à lei da reforma trabalhista*: dogmática, visão crítica e interpretação constitucional. São Paulo: LTr, 2018.

DINIZ, Maria Helena. *Compêndio de introdução à ciência do direito*. 7. ed. atual. São Paulo: Saraiva, 1995.

_____. *Conflito de normas*. São Paulo: Saraiva, 2003.

GIGLIO, Wagner D. *Justa causa*. 7. ed. rev. e atual. São Paulo: Saraiva, 2000.

GOMES, Orlando; GOTTSCHALK, Elson. *Curso de direito do trabalho*. 15. ed. rev. e atual. Rio de Janeiro: Forense, 1998.

_____. *Curso de direito do trabalho*. 17. ed. rev. e atual. por José Augusto Rodrigues Pinto e Otávio Augusto Reis de Souza. Rio de Janeiro: Forense, 2005.

GRANCONATO, Márcio. Empregador. In: MONTEIRO, Carlos Augusto Marcondes de Oliveira; GRANCONATO, Márcio Mendes (Coord.). *Reforma Trabalhista de acordo com a Lei 13.467/2017*. Indaiatuba: Foco Jurídico, 2017.

LENZA, Pedro. *Direito constitucional esquematizado*. 12. ed. rev., atual. e ampl. São Paulo: Saraiva, 2008.

MAGANO, Octavio Bueno. *Manual de direito do trabalho*. 2. ed. São Paulo: LTr, 1986. v. II.

_____. *Manual de direito do trabalho:* direito individual do trabalho. 4. ed. rev. e atual. São Paulo: LTr, 1993. v. II.

_____. *Manual de direito do trabalho:* direito coletivo do trabalho. 3. ed. rev. e atual. São Paulo: LTr, 1993. v. III.

_____. *Manual de direito do trabalho:* direito tutelar do trabalho. 2. ed. rev. e atual. São Paulo: LTr, 1992. v. IV.

_____. *Manual de direito do trabalho*: parte geral. 4. ed. rev. e atual. 2. tir. São Paulo: LTr, 1993.

MANUS, Pedro Paulo Teixeira; ROMAR, Carla Teresa Martins. *CLT e legislação complementar em vigor*. 7. ed. São Paulo: Atlas, 2009.

_____. *CLT e Legislação complementar em vigor*. 8. ed. São Paulo: Atlas, 2010.

_____. *Consolidação das Leis do Trabalho com interpretação jurisprudencial.* São Paulo: RT, 2013.
MARTINS, Sérgio Pinto. *Direito do trabalho.* 25. ed. São Paulo: Atlas, 2009.
MAXIMILIANO, Carlos. *Hermenêutica e aplicação do direito.* 19. ed. Rio de Janeiro: Forense, 2002.
MELO, Raimundo Simão de. *Direito ambiental do trabalho e a saúde do trabalhador.* 3. ed. São Paulo: LTr, 2008.
MORAES FILHO, Evaristo de; MORAES, Antonio Carlos Flores de. *Introdução ao direito do trabalho.* 8. ed. rev., atual. e ampl. São Paulo: LTr, 2000.
NASCIMENTO, Amauri Mascaro. *Curso de direito do trabalho.* 18. ed. rev. e atual. São Paulo: Saraiva, 2003.
_____. *Compêndio de direito sindical.* 4. ed. São Paulo: LTr, 2005.
_____. *Curso de direito do trabalho.* 24. ed. rev., atual. e ampl. São Paulo: Saraiva, 2009.
_____. *Direito sindical.* 2. ed. rev. e ampl. São Paulo: Saraiva, 1991.
_____. *Iniciação ao direito do trabalho.* 34. ed. São Paulo: LTr, 2009.
_____. *Ordenamento jurídico trabalhista.* São Paulo: LTr, 2013.
_____. *Teoria geral do direito do trabalho.* São Paulo: LTr, 1998.
_____. *Teoria jurídica do salário.* 2. ed. São Paulo: LTr, 1997.
NASCIMENTO, Nilson de Oliveira. *Manual do trabalho do menor.* São Paulo: LTr, 2003.
NERY JUNIOR, Nelson; NERY, Rosa Maria de Andrade. *Código Civil comentado.* 8. ed. rev., ampl. e atual. São Paulo: RT, 2011.
_____. *Código de Processo Civil comentado.* 20. ed. rev., atual. e ampl. São Paulo: RT, 2022.
PINTO, José Augusto Rodrigues. *Curso de direito individual do trabalho.* 4. ed. São Paulo: LTr, 2000.
PLÁ RODRIGUEZ, Américo. *Princípios de direito do trabalho.* 3. ed. atual. São Paulo: LTr, 2000.
REALE, Miguel. *Lições preliminares de direito.* 11. ed. rev. São Paulo: Saraiva, 1984.
ROMAR, Carla Teresa Martins. *Alterações do contrato de trabalho:* função e local. São Paulo: LTr, 2001.
SCHIAVI, Mauro. *Ações de reparação por danos morais decorrentes da relação de trabalho.* 3. ed. São Paulo: LTr, 2009.
SILVA, José Afonso. *Comentário contextual à Constituição.* 4. ed. São Paulo: Malheiros, 2007.
SÜSSEKIND, Arnaldo. *Convenções da OIT.* 2. ed. ampl. e atual. São Paulo: LTr, 1998.
_____. *Curso de direito do trabalho.* 2. ed. rev. e atual. Rio de Janeiro: Renovar, 2004.
_____. *Curso de direito do trabalho.* 3. ed. rev. e atual. Rio de Janeiro: Renovar, 2010.
_____. *Direito constitucional do trabalho.* Rio de Janeiro: Renovar, 1999.
_____. *Direito internacional do trabalho.* 3. ed. atual. São Paulo: LTr, 2000.
SÜSSEKIND, Arnaldo et al. *Instituições de direito do trabalho.* 21. ed. atual. São Paulo: LTr, 2003. v. 1.
_____. *Instituições de direito do trabalho.* 22. ed. atual. São Paulo: LTr, 2005. v. 1.
_____. *Instituições de direito do trabalho.* 22. ed. atual. São Paulo: LTr, 2005. v. 2.
URIARTE, Oscar Ermida. *Sindicatos en libertad sindical.* Montevideo: FCU, 1985.